中国共青团年鉴

2014

共青团中央 编

中国青年出版社

（京）新登字 083 号

图书在版编目（CIP）数据

中国共青团年鉴．2014/共青团中央编．—北京：中国青年出版社，2015.11
ISBN 978-7-5153-3945-0

Ⅰ．①中...　Ⅱ．①共...　Ⅲ．①中国共产主义青年团－2014－年鉴
Ⅳ．①D29－54

中国版本图书馆 CIP 数据核字（2015）第 260155 号

*

中国青年出版社 出版 发行
社址：北京东四 12 条 21 号　邮政编码：100708
网址：www. cyp. com. cn
编辑部电话：（010）57350504　门市部电话：（010）57350370
北京顺诚彩色印刷有限公司印刷　新华书店经销

*

787×1092　1/16　40.5 印张　12 插页　900 千字
2015 年 11 月北京第 1 版　2015 年 11 月北京第 1 次印刷
定价：280.00 元
本图书如有任何印装质量问题，请与印务中心质检部联系调换
联系电话：（010）57350337

《中国共青团年鉴》（2014）

编辑说明

一、《中国共青团年鉴》是综合反映中国共青团工作情况和组织发展情况的大型工具书。编辑宗旨是为各级团组织开展工作提供理论政策指导、工作经验和有关信息，为社会各界提供中国共青团的有关资料。

二、本年鉴共分七个部分：

1. 特载部分，收录了党和国家领导人关于共青团工作和青年工作的重要讲话和指示。

2. 团中央书记处领导讲话部分，收录了团中央书记处领导同志的有关讲话。

3. 重要文件部分，收录了团中央以及与其他相关单位联合下发的重要文件。

4. 重点工作概述部分，记录了团中央年度开展的重点工作和重点活动。

5. 重要表彰部分，记录了团中央单独表彰及与其他部门联合表彰的先进集体和先进个人。

6. 省级团委工作简介部分，记录了各省级团委开展的主要工作情况。

7. 大事记部分，收录了团中央和省级团委年度重要工作与活动的记载。

三、本年鉴记录的只是共青团工作的概况，为了解和研究共青团工作提供一个基本的线索，大量具体工作，特别是各地团组织开展的工作，因篇幅所限未能详尽收录。

四、本年鉴由团中央机关各部门、各省级团委和有关青年组织提供材料。团中央办公厅负责材料整理和编辑工作。

年鉴编辑工作涉及面广，资料收集任务繁杂，难免出现差错和疏漏，不当之处，敬请批评指正。

2015 年 8 月

∧ 2014 年 5 月 4 日，中共中央总书记、国家主席、中央军委主席习近平到北京大学考察，并在校园观看北大师生纪念五四运动 95 周年青春诗会

∧ 2014年 5月30日，中共中央总书记、国家主席、中央军委主席习近平到北京市海淀区民族小学看望少年儿童，参加学校少先队组织开展的“红领巾相约中国梦——今天我入队，争当好队员”主题队日活动，并代表党中央向全国各族少年儿童致以节日问候

∧ 2014 年 5 月 31 日，国务院总理李克强与马来西亚总理纳吉布在北京人民大会堂共同会见中马两国青年代表

∧ 2014 年 8 月 20 日，中共中央政治局委员、国务院副总理刘延东出席在北京人民大会堂举行的第九届中国青少年科技创新奖颁奖大会

∧ 2014 年 5 月 4 日，中共中央政治局委员、国家副主席李源潮看望话剧《牵挂》演职人员和“本禹志愿服务队”报告团成员

∧ 2014 年 9 月 16 日，中共中央政治局委员、国家副主席李源潮参加在北京铁路局大型养路机械运用检修段举办的青年文明号 20 周年交流展示活动

∧ 2014 年 10 月 11 日，中共中央政治局委员、国家副主席李源潮到北京朝阳区呼家楼中心小学调研少先队工作

∧ 2014 年 10 月 24 日，中共中央政治局委员、国家副主席李源潮在北京会见以俄罗斯青年事务署署长波斯佩洛夫为团长的俄罗斯百名青年访华团的全体代表

∧ 2014 年 4 月 15 日，秦宜智同志在山西省灵丘县清泥涧村和村民们交谈

∨ 2014 年 8 月 9 日，秦宜智同志在黑龙江省大唐鸡西热电公司调研时与青年们在一起

∧ 2014 年 8 月 30 日，贺军科同志在重庆市潼南县寿桥镇染房村参加全团“走进青年、转变作风、改进工作”大宣传大调研活动

∨ 2014 年 8 月 13 日，罗梅同志在贵州省赤水县官渡镇洪灾安置点看望慰问受灾群众

∧ 2014 年 8 月 12 日，汪鸿雁同志在湖南长沙参加“走进青年、转变作风、改进工作”大宣传大调研活动

∨ 2014 年 10 月 30 日，周长奎同志在江苏省睢宁调研共青团宣传思想工作，了解基层团组织运用新媒体平台开展工作情况

∧ 2014 年 8 月 26 日，徐晓同志在安徽省五河县群利蔬菜生产合作社调研

∨ 2014 年 8 月 6 日，傅振邦同志在河南省汤阴县五陵镇大宋村小学看望参加暑期实践活动的大学生

∧ 2014 年 1 月 10 日，共青团十七届二中全会在北京召开

∨ 2014 年 1 月 9 日，志工部在海南省陵水黎族自治县椰林第二小学“七彩小屋”开展关爱农民工子女活动

∧ 2014 年 3 月 29 日，"我的中国梦——奋斗的青春最美丽"青春故事分享活动在安徽合肥学院举行

∨ 2014 年 7 月 27 日，"各族少年手拉手"夏令营在陕西省西安中学举行。来自新疆等 9 个省份 24 个少数民族的 160 名少年儿童与西安当地 160 名少年儿童开展体验交流活动

∧ 2014 年 8 月 7 日，中国大学生骨干培养学校第七期学员在河南红旗渠青年洞前宣誓

∨ 2014 年 8 月 16 日，团中央、全国青联志愿者艺术团走进新疆，以艺术为纽带，开展与新疆青少年共话成长主题交流联谊活动

∧ 2014 年 9 月 4 日，团中央、全国学联主办的“全国大中学生培养和践行社会主义核心价值观活动主题宣传月”在北京航空航天大学启动

∨ 2014 年 9 月 26 日，团中央机关举办第 51 次年轻干部学习交流会，秦宜智同志对“团干部如何健康成长”大讨论活动进行部署

∧ 2014 年 11 月 2 日，山西团组织响应权益部号召开展“模拟法庭进校园文明行为伴我行”主题活动

∨ 2014 年 11 月 11 日，开展“各族少年手拉手——百万新疆各族少年儿童与内地少年儿童书信手拉手”活动

∧ 2014 年 11 月 18 日，“筑梦丝路——欧亚青年领导人友好会见暨丝绸之路国际青年圆桌会议”在陕西西安市举行

∨ 2014 年 11 月 20 日，团中央、科技部在北京举行全国国家高新技术产业开发区共青团工作会议暨全国国家高新技术产业开发区共青团工作指导和推进委员会成立大会

∧ 2014 年 12 月 5 日，重庆团组织贯彻落实团中央组织部开展的有关活动，举办入团积极分子志愿服务故事分享会暨入团宣誓仪式

∨ 2014 年 12 月 16 日，全国青少年生态环保组织圆桌会议在北京召开，50 家发起单位负责人共同商议会议机制和工作计划

目　　录

第一部分　特载

第二部分　团中央书记处领导讲话

秦宜智同志讲话

贺军科同志讲话

罗梅同志讲话

汪鸿雁同志讲话

周长奎同志讲话

徐晓同志讲话

傅振邦同志讲话

第三部分 重要文件

第四部分　重点工作概述

第五部分　重要表彰

第六部分　省级团委工作简介

第七部分　2014 年团中央及省级团委工作大事记

第一部分

特　　载

青年要自觉践行社会主义核心价值观

——在北京大学师生座谈会上的讲话

2014 年 5 月 4 日

习近平

各位同学，各位老师，同志们：

今天是五四青年节，很高兴来到北京大学同大家见面，共同纪念五四运动 95 周年。首先，我代表党中央，向北京大学全体师生员工，向全国各族青年，致以节日的问候！向全国广大教育工作者和青年工作者，致以崇高的敬意！

刚才，朱善璐同志汇报了学校工作情况，几位同学、青年教师分别作了发言，大家讲得都很好，听后很受启发。这是我到中央工作以后第五次到北大，每次来都有新的体会。在洋溢着青春活力的校园里一路走来，触景生情，颇多感慨。我感到，当代大学生是可爱、可信、可贵、可为的。

五四运动形成了爱国、进步、民主、科学的五四精神，拉开了中国新民主主义革命的序幕，促进了马克思主义在中国的传播，推动了中国共产党的建立。五四运动以来，在中国共产党领导下，一代又一代有志青年“以青春之我，创建青春之家庭，青春之国家，青春之民族，青春之人类，青春之地球，青春之宇宙”，在救亡图存、振兴中华的历史洪流中谱写了一曲曲感天动地的青春乐章。

北京大学是新文化运动的中心和五四运动的策源地，是这段光荣历史的见证者。长期以来，北京大学广大师生始终与祖国和人民共命运、与时代和社会同前进，在各条战线上为我国革命、建设、改革事业作出了重要贡献。

党的十八大提出了“两个一百年”奋斗目标。我说过，现在，我们比历史上任何时期都更接近实现中华民族伟大复兴的目标，比历史上任何时期都更有信心、更有能力实现这个目标。

行百里者半九十。距离实现中华民族伟大复兴的目标越近，我们越不能懈怠、越要加倍努力，越要动员广大青年为之奋斗。

光阴荏苒，物换星移。时间之河川流不息，每一代青年都有自己的际遇和机缘，都要在自己所处的时代条件下谋划人生、创造历史。青年是标志时代的最灵敏的晴雨表，时代的责任赋予青年，时代的光荣属于青年。

广大青年对五四运动的最好纪念，就是在党的领导下，勇做走在时代前列的奋进者、开拓者、奉献者，以执着的信念、优良的品德、丰富的知识、过硬的本领，同全国各族人民一道，担负起历史重任，让五四精神放射出更加夺目的时代光芒。

同学们、老师们！

大学是一个研究学问、探索真理的地方，借此机会，我想就社会主义核心价值观问题，同各位同学和老师交流交流想法。

我想讲这个问题，是从弘扬五四精神联想

到的。五四精神体现了中国人民和中华民族近代以来追求的先进价值观。爱国、进步、民主、科学，都是我们今天依然应该坚守和践行的核心价值，不仅广大青年要坚守和践行，全社会都要坚守和践行。

人类社会发展的历史表明，对一个民族、一个国家来说，最持久、最深层的力量是全社会共同认可的核心价值观。核心价值观，承载着一个民族、一个国家的精神追求，体现着一个社会评判是非曲直的价值标准。

古人说："大学之道，在明明德，在亲民，在止于至善。"核心价值观，其实就是一种德，既是个人的德，也是一种大德，就是国家的德、社会的德。国无德不兴，人无德不立。如果一个民族、一个国家没有共同的核心价值观，莫衷一是，行无依归，那这个民族、这个国家就无法前进。这样的情形，在我国历史上，在当今世界上，都屡见不鲜。

我国是一个有着13亿多人口、56个民族的大国，确立反映全国各族人民共同认同的价值观"最大公约数"，使全体人民同心同德、团结奋进，关乎国家前途命运，关乎人民幸福安康。

每个时代都有每个时代的精神，每个时代都有每个时代的价值观念。国有四维，礼义廉耻，"四维不张，国乃灭亡。"这是中国先人对当时核心价值观的认识。在当代中国，我们的民族、我们的国家应该坚守什么样的核心价值观？这个问题，是一个理论问题，也是一个实践问题。经过反复征求意见，综合各方面认识，我们提出要倡导富强、民主、文明、和谐，倡导自由、平等、公正、法治，倡导爱国、敬业、诚信、友善，积极培育和践行社会主义核心价值观。富强、民主、文明、和谐是国家层面的价值要求，自由、平等、公正、法治是社会层面的价值要求，爱国、敬业、诚信、友善是公民层面的价值要求。这个概括，实际上回答了我们要建设什么样的国家、建设什么样的社会、培育什么样的公民的重大问题。

中国古代历来讲格物致知、诚意正心、修身齐家、治国平天下。从某种角度看，格物致知、诚意正心、修身是个人层面的要求，齐家是社会层面的要求，治国平天下是国家层面的要求。我们提出的社会主义核心价值观，把涉及国家、社会、公民的价值要求融为一体，既体现了社会主义本质要求，继承了中华优秀传统文化，也吸收了世界文明有益成果，体现了时代精神。

富强、民主、文明、和谐，自由、平等、公正、法治，爱国、敬业、诚信、友善，传承着中国优秀传统文化的基因，寄托着近代以来中国人民上下求索、历经千辛万苦确立的理想和信念，也承载着我们每个人的美好愿景。我们要在全社会牢固树立社会主义核心价值观，全体人民一起努力，通过持之以恒的奋斗，把我们的国家建设得更加富强、更加民主、更加文明、更加和谐、更加美丽，让中华民族以更加自信、更加自强的姿态屹立于世界民族之林。

建设富强民主文明和谐的社会主义现代化国家，实现中华民族伟大复兴，是鸦片战争以来中国人民最伟大的梦想，是中华民族的最高利益和根本利益。今天，我们13亿多人的一切奋斗归根到底都是为了实现这一伟大目标。中国曾经是世界上的经济强国，后来在世界工业革命如火如荼、人类社会发生深刻变革的时期，中国丧失了与世界同进步的历史机遇，落到了被动挨打的境地。尤其是鸦片战争之后，中华民族更是陷入积贫积弱、任人宰割的悲惨状况。这段历史悲剧决不能重演！建设富强民主文明和谐的社会主义现代化国家，是我们的目标，也是我们的责任，是我们对中华民族的责任，对前人的责任，对后人的责任。我们要保持战略定力和坚定信念，坚定不移走自己的路，朝着自己的目标前进。

中国已经发展起来了，我们不认可"国强必霸"的逻辑，坚持走和平发展道路，但中华民族被外族任意欺凌的时代已经一去不复返了！为什么我们现在有这样的底气？就是因为我们的国家发展起来了。现在，中国的国际地位不断提高、国际影响力不断扩大，这是中国人民用自己的百年奋斗赢得的尊敬。想想近代以来中国丧权辱国、外国人在中国横行霸道的悲惨历史，真是形成了鲜明对照！

中华文明绵延数千年，有其独特的价值体系。中华优秀传统文化已经成为中华民族的基因，植根在中国人内心，潜移默化影响着中国人的思想方式和行为方式。今天，我们提倡和弘扬社会主义核心价值观，必须从中汲取丰富营养，否则就不会有生命力和影响力。比如，中华文化强调"民惟邦本"、"天人合一"、"和而不同"，强调"天行健，君子以自强不息"、"大道之行也，天下为公"；强调"天下兴亡，匹夫有责"，主张以德治国、以文化人；强调"君子喻于义"、"君子坦荡荡"、"君子义以为质"；强调"言必信，行必果"、"人而无信，不知其可也"；强调"德不孤，必有邻"、"仁者爱人"、"与人为善"、"己所不欲，勿施于人"、"出入相友，守望相助"、"老吾老以及人之老，幼吾幼以及人之幼"、"扶贫济困"、"不患寡而患不均"，等等。像这样的思想和理念，不论过去还是现在，都有其鲜明的民族特色，都有其永不褪色的时代价值。这些思想和理念，既随着时间推移和时代变迁而不断与时俱进，又有其自身的连续性和稳定性。我们生而为中国人，最根本的是我们有中国人的独特精神世界，有百姓日用而不觉的价值观。我们提倡的社会主义核心价值观，就充分体现了对中华优秀传统文化的传承和升华。

价值观是人类在认识、改造自然和社会的过程中产生与发挥作用的。不同民族、不同国家由于其自然条件和发展历程不同，产生和形成的核心价值观也各有特点。一个民族、一个国家的核心价值观必须同这个民族、这个国家的历史文化相契合，同这个民族、这个国家的人民正在进行的奋斗相结合，同这个民族、这个国家需要解决的时代问题相适应。世界上没有两片完全相同的树叶。一个民族、一个国家，必须知道自己是谁，是从哪里来的，要到哪里去，想明白了、想对了，就要坚定不移朝着目标前进。

去年 12 月 26 日，我在纪念毛泽东同志诞辰 120 周年座谈会上讲话时说：站立在 960 万平方公里的广袤土地上，吸吮着中华民族漫长奋斗积累的文化养分，拥有 13 亿中国人民聚合的磅礴之力，我们走自己的路，具有无比广阔的舞台，具有无比深厚的历史底蕴，具有无比强大的前进定力。中国人民应该有这个信心，每一个中国人都应该有这个信心。我们要虚心学习借鉴人类社会创造的一切文明成果，但我们不能数典忘祖，不能照抄照搬别国的发展模式，也绝不会接受任何外国颐指气使的说教。

我说这话的意思是，实现我们的发展目标，实现中国梦，必须增强道路自信、理论自信、制度自信，"千磨万击还坚劲，任尔东南西北风"。而这"三个自信"需要我们对核心价值观的认定作支撑。

我为什么要对青年讲讲社会主义核心价值观这个问题？是因为青年的价值取向决定了未来整个社会的价值取向，而青年又处在价值观形成和确立的时期，抓好这一时期的价值观养成十分重要。这就像穿衣服扣扣子一样，如果第一粒扣子扣错了，剩余的扣子都会扣错。人生的扣子从一开始就要扣好。"凿井者，起于三寸之坎，以就万仞之深。"青年要从现在做起、从自己做起，使社会主义核心价值观成为自己的基本遵循，并身体力行大力将其推广到全社会去。

广大青年树立和培育社会主义核心价值观，要在以下几点上下功夫。

一是要勤学，下得苦功夫，求得真学问。知识是树立核心价值观的重要基础。古希腊哲学家说，知识即美德。我国古人说："非学无以广才，非志无以成学"大学的青春时光，人生只有一次，应该好好珍惜。为学之要贵在勤奋、贵在钻研、贵在有恒。鲁迅先生说过："哪里有天才，我是把别人喝咖啡的工夫都用在工作上的。"大学阶段，"恰同学少年，风华正茂"，有老师指点，有同学切磋，有浩瀚的书籍引路，可以心无旁骛求知问学。此时不努力，更待何时？要勤于学习、敏于求知，注重把所学知识内化于心，形成自己的见解，既要专攻博览，又要关心国家、关心人民、关心世界，学会担当社会责任。

二是要修德，加强道德修养，注重道德实践。"德者，本也。"蔡元培先生说过："若无德，则虽体魄智力发达，适足助其为恶。"道德之于个人、之于社会，都具有基础性意义，做人做事第一位的是崇德修身。这就是我们的用人标准为什么是德才兼备、以德为先，因为德是首要、是方向，一个人只有明大德、守公德、严私德，其才方能用得其所。修德，既要立意高远，又要立足平实。要立志报效祖国、服务人民，这是大德，养大德者方可成大业。同时，还得从做好小事、管好小节开始起步，"见善则迁，有过则改"，踏踏实实修好公德、私德，学会劳动、学会勤俭，学会感恩、学会助人，学会谦让、学会宽容，学会自省、学会自律。

三是要明辨，善于明辨是非，善于决断选择。"学而不思则罔，思而不学则殆。"是非明，方向清，路子正，人们付出的辛劳才能结出果实。面对世界的深刻复杂变化，面对信息时代各种思潮的相互激荡，面对纷繁多变、鱼龙混杂、泥沙俱下的社会现象，面对学业、情感、职业选择等多方面的考量，一时有些疑惑、彷徨、失落，是正常的人生经历。关键是要学会思考、善于分析、正确抉择，做到稳重自持、从容自信、坚定自励。要树立正确的世界观、人生观、价值观，掌握了这把总钥匙，再来看看社会万象、人生历程，一切是非、正误、主次，一切真假、善恶、美丑，自然就洞若观火、清澈明了，自然就能作出正确判断、作出正确选择。正所谓"千淘万漉虽辛苦，吹尽狂沙始到金"。

四是要笃实，扎扎实实干事，踏踏实实做人。道不可坐论，德不能空谈。于实处用力，从知行合一上下功夫，核心价值观才能内化为人们的精神追求，外化为人们的自觉行动。《礼记》中说："博学之，审问之，慎思之，明辨之，笃行之。"有人说："圣人是肯做工夫的庸人，庸人是不肯做工夫的圣人。"青年有着大好机遇，关键是要迈稳步子、夯实根基、久久为功。心浮气躁，朝三暮四，学一门丢一门，干一行弃一行，无论为学还是创业，都是最忌讳的。"天下难事，必作于易；天下大事，必作于细。"成功的背后，永远是艰辛努力。青年要把艰苦环境作为磨炼自己的机遇，把小事当作大事干，一步一个脚印往前走。滴水可以穿石。只要坚韧不拔、百折不挠，成功就一定在前方等你。

核心价值观的养成绝非一日之功，要坚持由易到难、由近及远，努力把核心价值观的要求变成日常的行为准则，进而形成自觉奉行的信念理念。不要顺利的时候，看山是山、看水是水，一遇挫折，就怀疑动摇，看山不是山、看水不是水了。无论什么时候，我们都要坚守在中国大地上形成和发展起来的社会主义核心价值观，在时代大潮中建功立业，成就自己的宝贵人生。

同学们、老师们！

党中央作出了建设世界一流大学的战略决策，我们要朝着这个目标坚定不移前进。办好中国的世界一流大学，必须有中国特色。没有特色，跟在他人后面亦步亦趋，依样画葫芦，是不可能办成功的。这里可以套用一句话，越是民族的越是世界的。世界上不会有第二个哈佛、牛津、斯坦福、麻省理工、剑桥，但会有第一个北大、清华、浙大、复旦、南大等中国著名学府。我们要认真吸收世界上先进的办学治学经验，更要遵循教育规律，扎根中国大地办大学。

鲁迅先生说:“北大是常为新的,改进的运动的先锋,要使中国向着好的,往上的道路走。”党的十八届三中全会吹响了全面深化改革的号角,也对深化我国高等教育改革提出了明确要求。现在,关键是把蓝图一步步变为现实。全国高等院校要走在教育改革前列,紧紧围绕立德树人的根本任务,加快构建充满活力、富有效率、更加开放、有利于学校科学发展的体制机制,当好教育改革排头兵。我也希望北京大学通过埋头苦干和改革创新,早日实现几代北大人创建世界一流大学的梦想。

教师承担着最庄严、最神圣的使命。梅贻琦先生说:“所谓大学者,非谓有大楼之谓也,有大师之谓也。”我体会,这样的大师,既是学问之师,又是品行之师。教师要时刻铭记教书育人的使命,甘当人梯,甘当铺路石,以人格魅力引导学生心灵,以学术造诣开启学生的智慧之门。

各级党委和政府要高度重视高校工作,始终关心和爱护学生成长,为他们放飞青春梦想、实现人生出彩搭建舞台。要全面深化改革,营造公平公正的社会环境,促进社会流动,不断激发广大青年的活力和创造力。要强化就业创业服务体系建设,支持帮助学生们迈好走向社会的第一步。各级领导干部要经常到学生们中去、同他们交朋友,听取他们的意见和建议。

现在在高校学习的大学生都是20岁左右,到2020年全面建成小康社会时,很多人还不到30岁;到本世纪中叶基本实现现代化时,很多人还不到60岁。也就是说,实现“两个一百年”奋斗目标,你们和千千万万青年将全过程参与。有信念、有梦想、有奋斗、有奉献的人生,才是有意义的人生。当代青年建功立业的舞台空前广阔、梦想成真的前景空前光明,希望大家努力在实现中国梦的伟大实践中创造自己的精彩人生。

我相信,当代中国青年一定能够担当起党和人民赋予的历史重任,在激扬青春、开拓人生、奉献社会的进程中书写无愧于时代的壮丽篇章!

从小积极培育和践行社会主义核心价值观

——在北京市海淀区民族小学主持召开座谈会时的讲话

2014年5月30日

习近平

大家好!在“六一”国际儿童节前夕,我们来到海淀区民族小学,参加主题队日入队仪式,观看少先队员们开展活动,感到很高兴。再过两天,就是“六一”国际儿童节了。在这里,我首先向你们、向全国各族少年儿童祝贺节日,祝大家节日快乐!

海淀区民族小学注重树德育人,组织开展了很多活动,取得了积极成效。刚才,听了几位同学和老师、家长的发言,很有收获。大家都谈到要加强德育工作,引导少年儿童从小就培育和践行社会主义核心价值观。这很好,我们想到一块儿了。我今天来,也想同大家谈谈这个问题。

一个民族的文明进步,一个国家的发展壮

大,需要一代又一代人接力努力,需要很多力量来推动,核心价值观是其中最持久最深沉的力量。中华民族有着5000多年的悠久历史和灿烂文化,而且中华文明从远古一直延续发展到今天。为什么中华民族能够在几千年的历史长河中顽强生存和不断发展呢?很重要的一个原因,是我们民族有一脉相承的精神追求、精神特质、精神脉络。今天我们使用的汉字同甲骨文没有根本区别,老子、孔子、孟子、庄子等先哲归纳的一些观念也一直延续到现在。这种几千年连贯发展至今的文明,在世界各民族中是不多见的。

今天,中华民族要继续前进,就必须根据时代条件,继承和弘扬我们的民族精神、我们民族的优秀文化,特别是包含其中的传统美德。

我们倡导的富强、民主、文明、和谐,自由、平等、公正、法治,爱国、敬业、诚信、友善的社会主义核心价值观,体现了古圣先贤的思想,体现了仁人志士的夙愿,体现了革命先烈的理想,也寄托着各族人民对美好生活的向往。只要是中国人,就应该自觉培育和践行社会主义核心价值观。

这一段,我集中强调了培育和践行社会主义核心价值观问题。今年2月,中央政治局专门就培育和弘扬社会主义核心价值观进行了集体学习,我作了讲话,对全社会提了要求。"五四"青年节,我到北京大学去,对大学生讲了这个问题。最近,又到上海去,对领导干部讲了这个问题。今天,想对小学生讲讲这个问题。因为,任何一个思想观念,要在全社会树立起来并长期发挥作用,就要从少年儿童抓起。

少年儿童是祖国的未来,是中华民族的希望。这就是《少年中国说》中所说的:少年智则国智,少年富则国富,少年强则国强,少年进步则国进步。新陈代谢是不可抗拒的历史规律,未来总是由今天的少年儿童开创的。去年"六一"时我说过,每个人都是从孩子长大的。实现我们的梦想,靠我们这一代,更靠下一代。少年儿童的心灵都是敏感的,准备接受一切美好的东西。"自古英雄出少年。"为了中华民族的今天和明天,我们要教育引导广大少年儿童树立远大志向、培育美好心灵,让少年儿童成长得更好。

少年儿童如何培育和践行社会主义核心价值观呢?应该同成年人不一样,要适应少年儿童的年龄和特点。我看,主要是要做到记住要求、心有榜样、从小做起、接受帮助。

——记住要求,就是要把社会主义核心价值观的基本内容熟记熟背,让它们融化在心灵里、铭刻在脑子中。由于大家还在学习阶段,社会阅历不多,对社会主义核心价值观的涵义不一定能理解得很深,但只要牢记在心,随着自己年龄、知识、阅历不断增长,会明白得更多、更深、更透。在成长过程中,要结合学习和生活等实践,不断想想所记住的这些要求,不断加深理解。古往今来,大凡很有作为的人,都是在少年时代就能够严格要求自己。

——心有榜样,就是要学习英雄人物、先进人物、美好事物,在学习中养成好的思想品德追求。我国历史上有很多少年英雄的故事,在中国共产党领导人民进行的革命、建设、改革事业中也涌现了大批少年英雄,他们中不少人的名字同学们可能都听说过。过去电影《红孩子》、《小兵张嘎》、《鸡毛信》、《英雄小八路》、《草原英雄小姐妹》等说的就是一些少年英雄的故事。今天,好儿童、好少年就更多了。你们学校也有被评为"最美少年"的。另外,各行各业都有很多值得我们学习的榜样,包括航天英雄、奥运冠军、大科学家、劳动模范、青年志愿者,还有那些助人为乐、见义勇为、诚实守信、敬业奉献、孝老爱亲的好人,等等。榜样的力量是无穷的。大家要把他们立为心中的标杆,向他们看齐,像他们那样追求美好的思想品德。这就是孔子讲的:"见贤思齐焉,见不贤而内省也。”

——从小做起，就是要从自己做起、从身边做起、从小事做起，一点一滴积累，养成好思想、好品德。“少壮不努力，老大徒伤悲。”千里之行，始于足下。每个人的生活都是由一件件小事组成的，养小德才能成大德。少年儿童不可能像大人那样为社会做很多事，但可以从小做起，每天都可以想一想，对祖国热爱吗？对集体热爱吗？学习努力吗？对同学们关心吗？对老师尊敬吗？在家孝敬父母吗？在社会上遵守社会公德吗？对好人好事有敬佩感吗？对坏人坏事有义愤感吗？这样多想一想，就会促使自己多做一做，日积月累，自己身上的好思想、好品德就会越来越多了。听说有的同学喜欢比吃穿，比有没有车接车送，比爸爸妈妈是干什么工作的，这样就比偏了。一定不能比这些。“自古雄才多磨难，从来纨绔少伟男”、“少年辛苦终身事，莫向光阴惰寸功”。要比就比谁更有志气、谁更勤奋学习、谁更热爱劳动、谁更爱锻炼身体、谁更有爱心。

——接受帮助，就是要听得进意见，受得了批评，在知错就改、越改越好的氛围中健康成长。一个人不可能十全十美，总是在克服缺点、纠正错误的过程中进步的，正所谓“玉不琢，不成器；人不学，不知义”。少年儿童正在形成世界观、人生观、价值观的过程中，需要得到帮助。不要嫌父母说得多，不要嫌老师管得严，不要嫌同学们管得宽，首先要想想说得管得对不对、是不是为自己好，对了就要听。有些事没有做好，这不要紧，只要自己意识到、愿意改就是进步。自己没有意识到，父母、老师、同学指出来了，使自己意识到、愿意改也是进步。良药苦口利于病，忠言逆耳利于行。我们要养成严格要求自己、虚心接受批评帮助的习惯。只要从小就沿着正确道路走，学到一点，就实践一点，努力做最好的我、在自己最好的方面，人生就会迎来一路阳光。

让社会主义核心价值观在少年儿童中培育起来，家庭、学校、少先队组织和全社会都有责任。

家庭是孩子的第一个课堂，父母是孩子的第一个老师。家长要时时处处给孩子做榜样，用正确行动、正确思想、正确方法教育引导孩子。要善于从点滴小事中教会孩子欣赏真善美、远离假丑恶。要注意观察孩子的思想动态和行为变化，随时做好教育引导工作。

学校要把德育放在更加重要的位置，全面加强校风、师德建设，坚持教书育人，根据少年儿童特点和成长规律，循循善诱，春风化雨，努力做到每一堂课不仅传播知识，而且传授美德，每一次活动不仅健康身心，而且陶冶性情，让同学们都得到倾心关爱和真诚帮助，让社会主义核心价值观的种子在学生们心中生根发芽。

少先队要坚持开展组织教育、自主教育、实践活动，更好为少年儿童培育和践行社会主义核心价值观服务，把广大少年儿童团结好、教育好、带领好。全社会都要了解少年儿童、尊重少年儿童、关心少年儿童、服务少年儿童，为少年儿童提供良好社会环境。对损害少年儿童权益、破坏少年儿童身心健康的言行，要坚决防止和依法打击。

长江后浪推前浪。我相信，今天这一代少年儿童一定能立志向、有梦想，爱学习、爱劳动、爱祖国，从小自觉培育和践行社会主义核心价值观，在星星火炬的照耀下，在党的阳光的沐浴下，为实现中华民族伟大复兴的中国梦时刻准备着。

在第九届中国青少年科技创新奖颁奖大会上的讲话

2014年8月20日

刘延东

亲爱的同学们、同志们：

今天上午中共中央隆重举行了纪念邓小平同志诞辰110周年座谈会，习近平总书记发表了重要讲话，深切缅怀邓小平同志为党、为祖国、为人民建立的不朽功勋，全面总结了他为我国革命、建设、改革作出的卓越贡献，高度评价了他为中国人民不懈奋斗的光辉一生、崇高风范和伟大思想。在举国上下深切缅怀邓小平同志的特殊时刻，我们在人民大会堂举行第九届中国青少年科技创新奖颁奖大会，对于继承和发扬邓小平同志倡导的科学精神和创新精神，进一步激发全社会特别是广大青少年的创新热情和创造活力，深入实施科教兴国战略、人才强国战略和创新驱动发展战略，加快推进创新型国家建设和实现中华民族伟大复兴的中国梦，具有十分重要的意义。首先，我向获得科技创新奖励的同学们，向获得授牌的中小学校和有关单位表示热烈的祝贺！

邓小平同志是中华人民共和国的开国元勋，是社会主义改革开放和现代化建设的总设计师，是中国特色社会主义道路的开创者。他16岁就远渡重洋勤工俭学，寻求救国救民真理，从此矢志不渝地为党和人民事业奋斗了70多年，在中国革命、建设、改革的各个时期都作出了伟大贡献。他的贡献不仅改变了中国人民的历史命运，而且改变了世界的历史进程。邓小平同志为民族独立、人民解放和国家富强、人民幸福而奋斗的辉煌人生和不朽功勋，将永远书写在祖国辽阔的大地之上，祖国和人民永远不会忘记！

在邓小平同志诞辰110周年之际，我们更加深切地怀念他为中国科技和教育事业发展倾注的大量心血和作出的伟大贡献。1978年，在具有里程碑意义的全国科学大会上，邓小平同志发表重要讲话，为我国迎来了“科学的春天”。他创造性地提出“科学技术是第一生产力”的重要论断，指出四个现代化的关键是科学技术的现代化，确立了尊重知识、尊重人才的根本方针，指出促进科技与经济结合是科技体制改革的中心任务，强调中国必须在世界高科技领域占有一席之地，亲自推动实施了一系列重大科技工程，而且自告奋勇担当科技工作的“后勤部长”，推动了我国科技事业蓬勃发展。邓小平同志高度重视教育事业发展，非常关心青少年的健康成长，他强调“宁可在其他方面牺牲一点速度，也要把教育搞上去”，确立了教育优先发展的战略地位；在他的决策下，1977年我国恢复高考制度，开改革开放风气之先，1亿3千万人接受高等教育，改变了亿万青年的命运；他明确提出“教育要面向现代化、面向世界、面向未来”，“青少年是祖国的未来、科学的希望”，为我国教育事业改革发展指明了方向。邓小平同志这些科学论断和宝贵思想，在新中国科技和教育事业发展历程中留下了浓墨重彩的一笔，产生了极其重要而深远的影响。

十年前，在邓小平同志百年诞辰之际，根据邓小平同志遗愿，经中央批准，邓小平同志亲属捐献出他生前的全部稿费，委托共青团中央、全国青联、全国学联、全国少工委共同设立了中国青少年科技创新奖励基金，用以奖励在科技创新方面取得突出成绩且具有较大潜力的大、中、小学生，旨在激励引导广大青少年从小树立追求科学的理想、参与科技创新的实践，努力成长为国家现代化建设的有用之才、栋梁之才。我们欣喜地看到，十年来，在共青团中央等有关单位的共同努力和社会各界的大力支持下，中国青少年科技创新奖励基金的资金规模不断扩大，工作项目不断拓展，工作内涵不断深化，形成了覆盖大、中、小学生群体的完整体系，注重将培养青少年基本科学素养与遴选拔尖创新人才相结合，为培养后备科技人才、弘扬崇尚创新的精神、推动科学技术进步发挥了积极作用。截至目前，作为基金主体项目的中国青少年科技创新奖已评选9届，共有900名学生获得了这项荣誉奖励，其中有不少人已成长为国内学术研究和重大科技项目的中坚力量。我相信，这些都是对邓小平同志最好的纪念和告慰。借此机会，我向邓小平同志的亲属表示崇高敬意！向长期以来关心、支持青少年科技创新事业的有关部门和社会各界表示衷心的感谢！

同学们、同志们！

经过新中国65年特别是改革开放30多年的发展，我国站在了一个新的历史起点上。今天，我们正处在一个开辟新的历史、实现新的目标的伟大时代，全国各族人民都在为“两个一百年”的目标和实现中华民族伟大复兴的中国梦而奋斗。在这一伟大征程中，广大青少年作为祖国的未来和民族的希望，肩负着光荣使命和责任担当。习近平总书记指出，“历史和现实都告诉我们，青年一代有理想、有担当，国家就有前途，民族就有希望。”刚才，四位获奖者代表做了很好的发言，让我们真切感受到了当代青少年身上的蓬勃朝气和对科技创新事业的无限热爱，听后很受鼓舞，倍感振奋。借此机会，我对广大青少年提三点希望，与大家分享。

第一，希望广大青少年胸怀科学梦想，争做实现中国梦的奋进者。我们正在进行的是前无古人的伟大事业，要实现中华民族伟大复兴的中国梦，还有很长的路要走，面临着许多困难与挑战。正如邓小平同志所说，这需要我们几代人、十几代人甚至几十代人坚持不懈的努力奋斗。党的十八大提出了“两个一百年”的奋斗目标，确立了“五位一体”的总体格局和“四化同步”的发展路径。可以说，我们比历史上任何时期都更接近实现中华民族伟大复兴的目标，都更有信心、更有能力实现这个目标。实现中国梦，人才是核心，教育是基础，科技是关键。中华民族是一个善于发明创造的民族，创新是中华民族最鲜明的禀赋。新的时代为青少年创造了难得的历史机遇，开辟了更加广阔的舞台，提供了更多梦想成真的机会、人生出彩的机会、同祖国和时代一起成长的机会。希望广大青少年勇敢肩负起时代赋予的光荣使命，将青春梦、科学梦与中国梦紧密结合，胸怀科学理想，锐意开拓创新，勇攀科技高峰，为祖国的繁荣富强、为早日实现中国梦贡献力量，让个人梦想在为祖国、为社会、为人民的竭诚奉献中焕发出绚丽光彩。

第二，希望广大青少年恪守科学精神，争做社会主义核心价值观的践行者。核心价值观作为社会的精神支柱和行动向导，是推动民族进步和国家发展最持久最深沉的力量，而青少年作为引领风气之先的重要群体，你们的价值取向决定了未来整个社会的价值取向。习近平总书记今年“五四青年节”、“六一儿童节”参加活动时，对广大青少年培育和践行社会主义核心价值观提出了明确的要求，寄予了殷切期望。广大青少年要牢记嘱托，从现在做起，从自身做起，从小自觉培育和践行社会主义核心价值观，坚定理想信念，加强思想品德修养，树立正确的世界观、人生观、价值观，努力成为有高尚道德情操、有责任心、有正义感、有奉献精神的人。要将社会主义核心价值观内化于心、外化于行，牢牢把握正确的人生航向，按照“勤学、修德、明辨、笃实”的要求，秉承尊重规律、追求真理的科学精神，认真学习科学文化知识，在生活中陶冶情操，在实践中磨练意志，在德智体美相互促进、有机融合中实现全面发展，做社会主义合格建设者和可靠接班人。

第三，希望广大青少年投身科学实践，争做实施创新驱动发展战略的参与者。党的十八大强调科技创新是提高社会生产力和综合国力的战略支撑，必须摆在国家发展全局的核心位置，并明确提出实施创新驱动发展战略，开启了我国从科技大国迈向科技强国的新征程，这需要广大科技工作者和全社会共同为之奋斗。“少年强、青年强则中国强”。青少年思维活跃、创新意识强，具有丰富的想象力和创造力，是科技创新的有生力量，历史上很多重要的科技创新都产生于青年阶段。比如，著名科学家霍金 31 岁时便提出了著名的“霍金辐射”理论，在我国载人飞船、嫦娥工程等研制队伍中，“80 后”已成为骨干力量。科学素养的形成是一个长期的过程，需要从青少年时期就下大力气、下苦功夫，坚持不懈、久久为功。获奖的同学中有很多是中小学生，希望你们以此为起点，热爱科学、积极实践，从一点一滴做起，从每一个实验做起，养成良好的学习和科研习惯，为今后从事更复杂的科学研究、取得更大的创新成果打下坚实基础。希望广大青少年把握好科技创新的黄金期，面向现代化建设主战场，充分利用国家提供的良好科研环境和条件，敢于超越前人，不断突破自己，在科技创新的道路上砥砺前行，为实施好创新驱动发展战略贡献力量。

同志们，青少年创新意识和创新能力的培养关系到国家的长远发展。各地各有关部门要高度重视，亲切关怀，大力支持，共同营造有利于青少年成长成才的良好环境。教育部门要把培养青少年的科学素养与创新实践能力作为重要导向，完善教育教学模式，全面实施素质教育，提升人才培养质量。科技部门要加强制度设计和资源统筹，建立共享交流机制，创新科普活动方式，大力弘扬创新文化，为青少年科技创新搭建更多更好的平台。共青团组织要认真总结中国青少年科技创新奖励基金过去十年的工作经验，巩固已有项目，拓展基金内涵，不断提升品牌影响力，助力中国青少年的科学梦展翅高飞！

同学们，同志们！

实现中华民族伟大复兴，是全体中华儿女的共同愿望。我们的事业伟大而艰巨，我们的前程光明而美好。今天，我们对邓小平同志的最好纪念，就是继往开来、勇往直前，把老一辈无产阶级革命家所开创的伟大事业不断推向前进。让我们紧密团结在以习近平同志为总书记的党中央周围，坚定不移走中国特色社会主义道路，解放思想，开拓创新，扎实工作，为全面建成小康社会、实现中华民族伟大复兴的中国梦而努力奋斗！

坚定中国特色社会主义理想信念 在全面深化改革中发挥生力军作用

——在共青团十七届二中全会上的讲话

2014年1月10日

李源潮

2013年是共青团工作继往开来的一年。党中央对共青团工作高度重视,习近平总书记对共青团和青少年工作多次发表重要讲话,深刻阐明中国青年运动的时代主题和前进方向,为做好新形势下共青团和青少年工作提供了根本遵循。在党中央坚强领导和全团共同努力下,成功召开了共青团十七大,中央政治局常委同志全体出席,刘云山同志代表党中央致祝词,确定了今后5年共青团工作的目标任务,为共青团事业繁荣发展打下了坚实基础。一年来,团中央和各级团组织认真贯彻党中央精神,落实团十七大提出的各项任务,在组织青年、引导青年、服务青年、维护青少年合法权益等方面都取得了新的成绩。一是高扬了中国青年运动的时代主旋律。紧紧围绕坚持和发展中国特色社会主义、实现中华民族伟大复兴的中国梦,广泛开展"我的中国梦"等主题教育实践活动,扎实推进青少年励志教育、道德教育、民族团结教育,深化青年马克思主义者培养工程,为坚定广大青年的理想信念发挥了重要作用。二是促进了改革发展。组织青年职业技能大赛、农村青年致富带头人培训、青年志愿者行动等活动,倡导"光盘行动"等厉行节约新风尚,动员广大青年投身改革发展实践,为推动经济社会持续健康发展作出了积极贡献。三是基层工作取得新的进展。充实街道、乡镇、农村专业合作组织的团的力量,加强非公有制企业、社会组织、流动青年及行业团组织的建设,积极利用互联网等新手段开展工作,基层团建得到加强,团组织工作活力得到提升。四是服务水平有新的提高。着眼解决青少年实际困难,深化"希望工程""圆梦行动",帮助青少年成长成才,促进青年就业创业,在维护青少年合法权益方面办了许多实事好事。五是作风建设进一步推进。深入开展党的群众路线教育实践活动,抓思想、改作风、强队伍,团干部党性修养、群众观念、工作作风得到锤炼,团组织战斗力进一步提升。1月6日,刘云山同志主持党中央书记处会议听取团中央工作汇报,对共青团过去一年的工作给予充分肯定。

关于2014年工作,党中央书记处提出了明确意见。总的要求是:高举中国特色社会主义伟大旗帜,以邓小平理论、"三个代表"重要思想、科学发展观为指导,深入贯彻党的十八大、十八届二中、三中全会精神和习近平总书记系列重要讲话特别是关于共青团和青少年工作的重要指示精神,紧扣时代主题,牢记根本任务,坚持改革创新,带领广大青年为全面深化改革、推动经济社会持续健康发展充分发挥生力军作用。

一、引导青少年树立和坚定在中国特色社会主义道路上实现中国梦的理想信念。这是十八大以来党中央对共青团最集中、最鲜明的要求,是共青团工作的时代主题。习近平总书记多次强调,共青团要做好青年思想引导工作必须站在理想信念的制高点上,帮助广大青少年树立实现中华民族伟大复兴中国梦的理想,坚定走中国特色社会主义道路的信念。党中央要求共青团要牢牢把握我国青年运动的时代主题，坚定广大青年在中国特色社会主义道路上实现中国梦的理想信念。共青团要牢记党的要求，充分认识加强理想信念教育是培养中国特色社会主义事业建设者和接班人的核心任务，充分认识现实社会各种思想意识影响和争抢青少年的挑战，增强为党育人、为民族筑魂的责任感紧迫感。

第一，深入开展中国特色社会主义宣传教育和“我的中国梦”主题教育实践活动。深入推进中国特色社会主义宣传教育，组织共青团员尤其是团员骨干学习马克思主义基本理论，学习邓小平理论、“三个代表”重要思想、科学发展观，加强对习近平总书记系列重要讲话精神的学习，了解我们党领导人民开辟中国特色社会主义道路的艰辛探索，了解中国特色社会主义的现实任务和发展方向，坚定走中国特色社会主义道路的共同思想基础。深入开展“我的中国梦”主题教育实践活动，引导广大青少年学习历史、了解国情，知道中国梦的历史由来，增强振兴中华的时代责任感。要联系青年实际开展理想信念教育，把国家梦、民族梦化为每个青年自己的理想梦；把追求中国梦的动力化成学习的动力、劳动的动力、创造的动力；引导青年树立对国家的信心、对社会的信心、对人生的信心，打牢走中国特色社会主义道路、为中国梦而奋斗的理想信念根基。

第二，引导青少年培育和践行社会主义核心价值观。党中央强调，培育和践行社会主义核心价值观是凝魂聚气、强基固本的战略任务，必须从娃娃抓起、从青少年抓起。共青团要按照中央要求，把培育和践行社会主义核心价值观作为一项重要任务，贯穿到共青团和少先队工作的各方面和全过程。要把社会主义核心价值观教育落实到团队活动和团队建设中，开展爱学习、爱劳动、爱祖国教育，开展讲道德、尊道德、守道德教育，开展优秀传统文化教育，使社会主义核心价值观在青少年中生根扎根。党中央书记处在听取团中央工作汇报时还特别指出，要加强青少年民族团结教育。这是个非常重要而又现实紧迫的问题。我国是一个多民族国家，56个民族是一个大家庭。建立民族和谐文化，实现各民族共同团结奋斗、共同繁荣发展，是关系国家长治久安的大事。共青团要发挥自己的特殊作用，在青少年中深入开展民族团结教育。

要深入开展学雷锋志愿服务活动，选树“最美少年”“最美青工”等身边道德模范，在青少年中营造崇尚先进、学习先进的良好风气。要引导青少年在社会实践中培养热爱劳动、艰苦奋斗、创新创造精神，在志愿服务中培养奉献友爱、互相帮助、共同进步的高尚品德。

第三，共青团少先队抓理想信念和价值观教育，关键要把学校阶段抓住抓好。中央强调，培育和践行社会主义核心价值观要从小抓起、从学校抓起。这符合人的成长规律和认识发展规律。学校阶段是一个人理想道德启蒙、形成的关键时期，学校是青少年最为集中的场所，共青团和少先队整建制的力量主要在学校。青少年理想信念教育和社会主义核心价值观培育，学校阶段是重中之重。要适应青少年价值观形成规律和不同年龄段心智发育特点，突出针对性和有效性。小学生主要是以“五爱”为核心的基本情感认同，爱祖国、爱人民、爱学习、爱劳动、爱社会主义。中学生主要是确立基本的人生观、价值观、世界观。大学生主要是对中国特色社会主义的理性认同和自觉践行。要把团队的教育与学校德育和学科教学、课外活动融合起来，与科学认知、态度评价、情感培养、道德实践有机结合。青少年思想引导要实在、具体、可行，防止和克服口号化、形式化、表面化，不断提高吸引力感染力。给青少年讲中国特色社会主义好，要讲清楚好在哪里，不能光从眼前看、从自己看或者是情绪化地看，而要历史地看、全球比较地看、科学地看。

二、组织动员广大青年在全面深化改

革、推动经济社会持续健康发展中发挥生力军作用。围绕中心、服务大局是共青团的工作主线。各级团组织要按照党中央要求,围绕全面深化改革、推动经济社会持续健康发展这个中心任务,组织动员广大青年建功立业。

第一,组织广大青年深入学习党中央全面深化改革的决策部署,做改革的拥护者、支持者、参与者。十八届三中全会对全面深化改革作出总部署,吹响了中国新一轮改革的进军号。共青团要加强形势政策教育,引导广大青年把握党和国家大局需要,把思想统一到中央要求上,把力量凝聚到落实中央部署上。要引导广大青年深入学习领会全面深化改革的重大意义,深刻认识全面深化改革是解决我国发展突出矛盾和问题的必由之路,坚定拥护改革、支持改革。要引导广大青年深入学习领会全面深化改革的重大任务,特别是与青年密切相关的改革举措,积极投身改革、推进改革。要引导广大青年深入学习领会"人民是改革主体"的重要思想,深刻认识青年在全面深化改革中的时代责任,走在改革前列、勇做改革先锋。

第二,组织动员广大青年勇担改革重任,为全面深化改革贡献青春智慧和力量。三中全会部署的改革举措有许多重大突破,落实这些部署最终需要在实践中破解难题。青年人历来在改革中起着先试先行的作用。要发挥青年敢闯敢干的优势,在经济、政治、文化、社会、生态文明各领域改革中,立足本职承担重任,积极探索、攻坚克难。要发挥青年思维活跃、视野开阔的优势,围绕改革发展重点问题深入调研、认真讨论,为推动改革任务落实出主意、想办法。要发挥青年思想解放、容易接受新事物的优势,理性全面看待改革带来的利益调整,自觉维护改革发展稳定大局。

第三,鼓励广大青年抓住全面深化改革机遇,积极创业创新创优。全面深化改革将为青年成长发展、施展才华提供更好条件、更大舞台。共青团要引导帮助青年抓住改革机遇,闯出一片天地,干出一番事业。要抓住国家鼓励创业、支持创新的机遇,引导大学毕业生转变择业观念,利用自己所学所长,创办小微企业、科技企业。世界著名的微软公司,是比尔·盖茨大学没毕业就创办起来的。最近国家出台了创业培训补贴、小额担保贷款和贴息、税收减免等一系列政策支持大学毕业生自主创业。大学生创业成功,不光能实现自己的发展,还能带动一大批就业。要抓住农村改革发展的新机遇,以培养农村青年致富带头人为牵引,鼓励农村青年带头发展专业合作社,开展规模化经营。十八届三中全会提出,深化农村土地制度改革,鼓励土地经营权流转。这将会造就一大批现代农业生产经营者,就像当年造就一大批乡镇企业家一样,青年人在农村大有可为。要抓住国家大力支持中西部和贫困地区发展的新机遇,深入实施西部计划、博士服务团,鼓励有志青年到基层、到中西部、到艰苦地区干事创业。要抓住国家创新人才发展体制机制的新机遇,深入开展青年文明号、青年岗位能手、青工技能振兴计划等创建活动,帮助优秀青年人才脱颖而出,创先争优、岗位成才。要大力选树创业创新创优青年典型,在广大青年中营造劳动光荣、创造光荣、奉献光荣的浓厚氛围。青年成才有三个层次,第一是自立,第二是对社会有贡献,第三是造福公众。这与人生需要的三个层次和实现途径相吻合。首先是生存的需要,靠劳动实现;其次是受人尊重的需要,靠创造实现;最高层次是追求理想的需要,靠奉献实现。

三、竭诚服务青年成长发展,提高团的吸引力凝聚力,扩大有效覆盖面。习近平总书记指出,共青团要把解决吸引力和凝聚力不够、有效覆盖面不足这两个问题作为全团工作的重点,抓住这个牛鼻子下功夫。共青团要深刻认识面临的新情况新挑战,把工作做到青年最需要的地方去,努力使团组织成为联系和服务青年的坚强堡垒。

第一，大力建设基层服务型团组织。中央提出要在基层建设服务型党组织，共青团也要在基层建设服务型团组织。要把服务青年成长发展作为基层团组织工作的立足点，以服务吸引青年，以服务活跃组织，以服务增强基层团组织凝聚力。要紧扣青年需求策划开展基层团的工作，多为青年办实事、解难事。青年处在成长发展的起步期，在学习工作、身心健康、创业就业、婚恋交友、人际关系等方面面临许多问题和困难，基层团组织服务青年有很多事可以做。现在有些地方根据青年“微需求”开展“微服务”，效果很好，应该推广。服务青年不在轰轰烈烈，而在日常持久，有针对性，做得实在。青年有困难时就想到团组织，团组织在青年中才有影响力号召力。各级团的领导机关都要加大对基层建设服务型团组织的支持。服务资源向基层倾斜，服务力量向基层集中，服务项目向基层转移，形成长效机制，强化基层团组织服务能力。这几年，团中央争取有关部门和地方支持，出台了不少经费、干部、人才、项目等方面的支持保障政策，要进一步落实到基层，在基层见效。要推动完善服务体系和帮扶体系。密切同有关部门配合，促进青年特别是青年大学生、青年农民工就业创业，帮助解决青少年群体最关心最直接最现实的问题，加大青少年权益保护工作力度，更好维护广大青少年合法权益。

第二，大力推进团的组织与工作创新。推进国家治理体系和治理能力现代化，对各方面工作都提出了新的更高要求，要以改革创新精神来谋划团的工作。各级团组织要按照党中央要求，积极推进团与青年工作的理念创新、机制创新、方法创新，加快构建覆盖广泛、运行有效的组织体系和工作格局。一要开拓新领域。在抓好传统领域的同时，加强新经济组织和社会组织，包括新文化组织、海外留学归国青年群体的团建工作，有针对性地做好蚁族、北漂、自由职业者、内地少数民族青年等特殊性青年群体工作。二要创造新载体。要适应形势变化，对希望工程、青年志愿者等传统品牌赋予新的内涵。这几年共青团推出的关爱农民工子女、与人大代表政协委员面对面、青年创业小额贷款等有了一定影响，要进一步打造精品。同时，要继续探索创造更多适应时代特点、体现社会功能、服务青年需求的新载体。三要运用新手段。现在，文化、艺术、时尚元素对青年影响很大，共青团要充分运用视频、动漫、微电影、游戏等新手段开展工作，把有意义的事情做得更有意思。四要建设新阵地。近年来，许多地方探索建设青年中心、青年汇、青年家园、新市民学校等新阵地，把活动、项目、人员打包整合、集中服务，很受青年欢迎。要适应城镇化发展的新趋势，继续打造服务青年的新阵地。五要开辟新空间。现在手机已成为青年的“第六器官”，青年是网民的最大群体，网络在深刻改变和塑造着青少年。党中央书记处要求共青团要管网用网，开辟网上工作新空间。共青团要办好中青网、未来网等重点网站，加强与知名网站合作，做好网上舆论引导，集聚网上正能量。六要集合新资源。全面深化改革将改变和拓宽共青团获得资源的机制和渠道。要善于运用市场机制调动资源，通过社会化动员整合资源，抓住政府职能转移机遇承接资源，提高共青团的服务能力。共青团要按照党中央要求，切实加强团干部队伍建设。要加强思想政治建设。深入开展“学理论·强党性·铸信仰”活动，学习党的理论路线方针政策，坚定中国特色社会主义理想信念。要加强业务能力建设，抓好教育培训，加强调查研究，懂青年、懂基层、懂社会，提高青年群众工作本领。要加强实践锻炼，带头到基层一线、艰苦地区经受锻炼、增长才干。要加强作风建设，走进青年、联系青年、服务青年，做青年友，不做青年官，全团下基层、工作抓落实，保持先锋本色和良好形象。总之，团干部是党的年轻干部的重要组成部分，要知大局、懂本行、干实事，努力做一个合格的党的干部，做一个合格的年轻干部，做一个合格的青年工作干部。

各级党委、政府要从保证党和国家事业后继有人、实现中华民族伟大复兴中国梦的战略高度，充分认识做好共青团和青少年工作的重大意义。要加强对共青团工作的领导和支持，听取工作汇报，指导工作开展，保障工作条件。要热情关心、严格要求团干部，把团的岗位作为培养锻炼年轻干部的重要岗位，交任务、压担子，帮助他们健康成长。要采取切实有效措施关心青年、帮助青年，激励广大青年在全面深化改革、推动经济社会持续健康发展中，在实现中华民族伟大复兴的中国梦的奋斗中充分发挥生力军作用。

以青春理想和奋斗开拓人生奉献社会

——在“我的中国梦·奋斗的青春最美丽”优秀青年座谈会上的讲话

2014年5月4日

李源潮

今天是五四青年节，很高兴与这么多优秀青年一起座谈，分享你们奋斗的甘苦、精神的追求和为国家、为人民作出的贡献。大家来自不同地区、不同岗位，可以说是群英汇聚，有从事先进科技做“隐身衣”的、发导弹的、造核潜艇的，有养猪养鸡的，有海外归国人才，有藏、满、维、蒙等各民族代表，有从事基础科研搞分子识别、DNA分析的，有基层一线的山村村官、邮递员、服务员，还有两位自信自立、很有作为的残疾青年。你们有一个共同点，都是站在时代前列，有理想、有信念、有奋斗、有贡献的先进青年代表。长江后浪推前浪，一代更比一代强。我要向你们表示敬意！

今天上午，习近平总书记到北京大学与师生代表座谈，发表了重要讲话。总书记指出：“广大青年对五四运动的最好纪念，就是在党的领导下，勇做走在时代前列的奋进者、开拓者、奉献者，以执着的信念、优良的品德、丰富的知识、过硬的本领，同全国各族人民一道，担负起历史重任，让五四精神放射出更加夺目的时代光芒”。刚才，秦宜智同志传达了习近平总书记重要讲话精神，大家要认真学习领会贯彻。刘若鹏、高亚飞、乐焰辉、董彦宏、李嘉盈、吴倩6位同志作了很好的发言，结合实际谈体会、谈认识、谈志向，听了很受鼓舞、很受启发。下面，我就当代青年如何以青春的理想和奋斗开拓人生、奉献社会，提几点希望。

一、坚定理想信念，把青春追求融入为实现中国梦奋斗的时代洪流。五四精神体现了中国人民和中华民族近代以来追求的先进价值观。95年来，一代又一代有志青年追求爱国、进步、民主、科学，在中国革命、建设、改革历程中写下了人生的光辉篇章。历史一再证明，青年人选择理想，关键是把个人价值追求与国家和人民的前途命运紧密结合在一起。这是青年成长进步的根本方向和正确道路。青年人都应该有自己的追求和梦想，有对人生的向往和规划，但这些不能离开国家、民族、人民的追求。因为实现人生梦想既靠自身努力，也取决于时代国情条件。个人的追求只有与国家和人民的追求相一致，才能有广阔的追梦空间。当代青年赶上了改革开放好时代，赶上了中国教育大普及，使实现梦想有了更多机会。我上大学时，中国只有4%的青年能上大学，现在适龄青年上大学的比例超过了30%。高亚飞大学毕业返乡养猪、创业成功很重要的一条，是得到国家农村小额贷款支持，这项政策帮助了一大批新型农民创业致富。建设富强民主文明和谐的社会主义现代化国家，实现中华民族伟大复兴，是全体中国人民共同的梦想和追求。习近平总书记指出，现在，我们比历史上任何时期都更接近实现中华民族伟大复兴的目标，比历史上任何时期都更有信心、更有能力实现这个目标。距离实现中华民族伟大复兴的目标越近，我们越不能懈怠、越要加倍努力，越要动员广大青年为之奋斗。这是党和国家向广大青年发出的号召。每一代青年都有自己的际遇和机缘，都要在自己所处的时代条件下谋划人生、创造历史。当代青年赶上了实现中华民族伟大复兴的难得际遇，怎么谋划人生、怎么创造历史？就是要把青春追求与国家和民族的梦想结合起来，把青春奋斗融入实现中国梦的时代洪流。希望广大青年坚定跟党走中国特色社会主义道路的人生信念，结合祖国和人民需要，把青春追求融入国家富强、民族振兴、人民幸福的中国梦，把中国梦化为自己的学业梦、事业梦、家庭梦，永葆青春奋斗动力，同人民一道拼搏，同祖国一道前进。

二、艰苦创业、大胆创新、争先创优，用青春奋斗开拓人生事业新天地。实践出真知、实践出人才。今天受表彰的王红兵、爱新觉罗陈子一、刘勇等靠艰苦奋斗创业，刘若鹏、李素文、颜宁等在科技创新中成才，牛国栋、张晓炜、李智慧等立足岗位创优，都是脚踏实地、干事创业的代表。当代中国正处于创新发展黄金时期，希望广大青年抓住大好机遇，立足各自实际创业创新创优，闯出一片人生事业新天地。一要艰苦创业。刘若鹏留学回国钻地下车库搞试验，把创业作追求，把艰苦作幸福。亚马逊、阿里巴巴这些国际国内著名电商，也都是在艰苦条件下创业成功的。中关村有个“车库咖啡”，条件虽然简陋，但很受青年创业者欢迎。在这里创业的一位青年说：“创业的人要拼命跑才能活下去。因为成功的概率并不算小，只是你得坚持，让自己活下去，等到成功打中你”。年轻人创业没经验、没资金、没市场，困难很多，但这些都不可怕，最可怕的是吃不起苦，经不起失败。成功往往就在坚持到最后的努力之中。创业——失败——再创业——再失败——再创业，直至成功，这就是成功之路。如果失败了就放弃，就变成失败之路了。现在国家和各地出台了许多支持青年创业的政策，有抱负的青年特别是大学生要勇于到基层一线和艰苦地方去干事创业。二要大胆创新。建设创新型国家最需要的是创新人才，尤其是青年创新人才。当前我们国家的发展特别需要青年人才攻克科技难关。中国是PC和互联网的最大使用国，但操作系统这个最基本的电脑技术是美国人开发控制的。今年4月，微软宣布将停止对XP系统的技术支持，我国多数个人电脑的信息网络安全面临严重威胁。青年科技人员的理想担当，就是要围绕国家发展急需的关键核心技术开展科研攻关，勇攀科技高峰，为国争光，造福民众。三要争先创优。对大多数青年来说，创优是最日常最经常的事情，坚持创优是得到创新创业机会的基础。你把一件事情做好了，单位里或组织上才会给你机会去干更多事，市场中才会有人给你提供创业投资。创优比创业和创新更容易实现，因为创优是多数人经过努力可以做到的事情。尽自己努力做一个优秀工人、一个优秀农民、一个优秀服务员，就是创优。中国现在是制造业大国，但还不是制造业强国。我们的装备、工艺已经与发达国家差不多，但许多产品质量还有很大差距，关键是缺少充足的高技能人才。青年人把技能练到最棒，产品做到最好，服务达到最优，不仅个人有事业成就感，同样是为国家富强、民族振兴作贡献，同样会受到全社会的赞扬和尊敬。

三、支持改革、参与改革、探索改革，为全面深化改革贡献青春力量。当代中国实现现代化，最直接的动力来自改革。人民是改革的主体，青年是改革的生力军，我们党始终把青年作为推动改革的重要力量。现在，新一轮改革已经全面展开，改革会更深更多地触及人们的切身利益，人们对改革会有不同认识和期盼，与30年前相比，要取得全社会的改革共识更加不容易了。希望广大青年知全局、想长远、辨是非、顺大势，自觉走改革之路。一要做改革的支持者。要客观认识改革利益的整体性与长远性，正确对待利益得失，自觉维护改革大局。二要做改革的参与者。现在青年人对现实生活中不满意的地方意见不少，要求改变现状呼声强烈。改革需要批评，更需要建设性实践，青年人要主动参与改革，为改革建言献策，做改革的积极推进者。三要做改革的探索者。全面深化改革要破解许多深层次难题，既要借鉴别人的经验，更要靠自己探索创造。青年人眼界开阔思路宽，富于探索精神，也比较容易得到各方面支持和包容，应该勇挑改革重担，积极探索破解难题。

四、带头弘扬社会主义核心价值观，以最美青春引领新风正气。习近平总书记指出：人类社会发展的历史表明，对一个民族、一个国家来说，最持久、最深层的力量是全社会共同认可的核心价值观。核心价值观，承载着一个民族、一个国家的精神追求，体现着一个社会评判是非曲直的价值标准。青年的价值取向决定了未来整个社会的价值取向，而青年又处在价值观形成和确立的时期，抓好这一时期的价值观养成十分重要。马克思也曾说过，一个时代的精神是青年代表的精神，一个时代的性格是青春代表的性格。在中国革命、建设、改革各个时期，进步青年一直是新风正气的引领者。五四新文化运动中，先进青年提倡新道德，反对旧道德，极大地推动了中国社会冲破几千年封建思想的束缚。新中国初期，广大团员青年率先"向困难进军、向荒原进军"，在全社会倡导形成为建设社会主义忘我劳动、艰苦奋斗的新风尚。上世纪90年代起，广大团员青年率先倡导开展志愿服务活动，目前志愿服务在全国各行各业蔚然成风。习近平总书记在给华中农大"本禹志愿服务队"、河北保定学院西部支教群体的回信中对青年志愿服务给予充分肯定。当前，全党全社会正在大力培育和践行社会主义核心价值观，这是凝聚全社会价值共识、塑造中华民族时代精神的基础工程。青年要从现在做起、从自己做起，使社会主义核心价值观成为自己的基本遵循，并身体力行大力将其推广到全社会去。这次受表彰的优秀青年都是践行社会主义核心价值观的最美青年。比如，在洪水中用身体架起"生命之桥"的最美消防员谭忠能、农本豪，常年奔走在生命禁区的最美天路邮递员葛军，与劫机歹徒英勇搏斗的最美空乘郭佳等。希望当代青年向先进模范看齐，勤于学习、敏于求知，学习担当社会责任；加强道德修养，注重道德实践；用正确的世界观、人生观、价值观看待社会、看待人生；把小事当大事干，一步一个脚印往前走，以奉献、友爱、互助、进步的实际行动促进全社会树立新风正气。

今天在座的都是受表彰的先进青年代表。山外青山楼外楼，英雄好汉争上游；争得上游莫骄傲，还有英雄在前头。你们人生的路还很长，今天看似攀上了一个高峰，但前面还有更高的山峰。希望你们永远做人生高峰的攀登者，不懈追求、不懈奋斗，努力为国家、为人民作出新的更大成绩。

奋斗的青春最美丽。让我们紧密团结在以习近平同志为总书记的党中央周围，弘扬五四精神，坚定理想信念，以青春的奋斗担当起党和人民赋予的历史重任，为实现中国梦作出无愧于时代的贡献！

发挥组织优势体现群众性特点为培育和践行社会主义核心价值观作出贡献

——在群团组织培育和践行社会主义核心价值观汇报交流会上的讲话

2014年6月12日

李源潮

党的十八大提出积极培育和践行社会主义核心价值观的战略任务，党中央对人民团体引导各自所联系群众培育和践行社会主义核心价值观高度重视。共青团中央、全国妇联、中国科协、中国侨联和全国少工委按照习近平总书记和中央书记处要求，积极开展培育和践行社会主义核心价值观工作。刚才，大家介绍了各自的情况，总的看，前一段做得很有成效，下一步打算也都很好。这里，我讲3点意见，供大家参考。

一、深入贯彻党中央和习近平总书记要求，把培育和践行社会主义核心价值观作为一项重大任务抓紧抓实抓好。培育和践行社会主义核心价值观，是我们党集中全党全国人民共同意愿作出的重大决策，是推进中国特色社会主义伟大事业、实现中华民族伟大复兴中国梦的战略任务。党的十八大提出，倡导富强、民主、文明、和谐，倡导自由、平等、公正、法治，倡导爱国、敬业、诚信、友善，积极培育和践行社会主义核心价值观。党的十八届三中全会强调，坚持中国特色社会主义文化发展道路，培育和践行社会主义核心价值观，巩固马克思主义在意识形态领域的指导地位，巩固全党全国各族人民团结奋斗的共同思想基础。2013年12月，中央下发《关于培育和践行社会主义核心价值观的意见》。今年2月，习近平总书记主持中央政治局集体学习，专门就培育和弘扬社会主义核心价值观进行讨论，强调培育和弘扬社会主义核心价值观是凝魂聚气、强基固本的基础工程。

培育和践行社会主义核心价值观，人民群众是主体。习近平总书记对在人民群众中培育和践行社会主义核心价值观高度重视，并对青年、妇女、少年儿童、科技工作者等群体提出了特别的要求。去年与全国妇联新一届领导班子谈话时，要求注重发挥妇女在弘扬中华民族家庭美德、树立良好家风方面的独特作用。去年五四与各界优秀青年代表座谈时，希望广大青年自觉树立和践行社会主义核心价值观，带头倡导良好社会风气。今年五四与北大师生座谈时，强调青年的价值取向决定未来整个社会的价值取向，而青年又处在价值观形成和确立的时期，抓好这一时期的价值观养成十分重要。要求广大青年要自觉践行社会主义核心价值观，在勤学、修德、明辨、笃实上下功夫。六一前夕参加北京市海淀区民族小学主题队日活动时，要求各方面共同努力，让社会主义核心价值观的种子在少年儿童心中生根发芽、真正培育起来。对少年儿童培育和践行社会主义核心价值观提出记住要求、心有榜样、从小做起、接受帮助四点希望。在刚刚召开的两院院士大会上，希望广大院士善养浩然之气，发扬我国科技界爱国奉献、淡泊名利的优良传统，以身作则、严格自律，在攻坚克难、崇德向善中做到学为人师、行为世范，带动科技界乃至全社会践行社会主义核心价值观。

党中央在中国工会十六大、共青团十七大、中国妇女十一大、中国侨联九代会上的祝词中，对广大职工、青少年、妇女、侨胞培育和践行社会主义核心价值观也有明确要求。在共青团十七大上的祝词中，号召青年一代勇开风气之先，树立和践行社会主义核心价值观，以实际行动促进社会文明进步。在中国妇女十一大上的祝词中，号召广大妇女传承美德，促和谐树新风，尊老爱幼、勤俭持家、自立自强、科学教子，树立家庭文明新风尚，践行社会主义核心价值观，为继承和弘扬中华民族优秀文化贡献力量。

党中央书记处对人民团体抓好培育和践行社会主义核心价值观工作作出了明确部署。中共中央书记处第六次办公会议要求，全国妇联要引导广大妇女自觉践行社会主义核心价值观，遵守社会公德、职业道德、家庭美德，弘扬真善美、贬斥假恶丑，自尊、自信、自立、自强，树立良好道德风尚，推动社会文明进步。中共中央书记处第十一次办公会议要求，共青团要切实抓好培育和践行社会主义核心价值观这一重要任务，不断提高广大青少年思想道德品质。

各级群团组织都要深刻领会党中央和习近平总书记的要求，深刻认识培育和践行社会主义核心价值观的重大意义，深刻认识自身肩负的重要责任，切实把培育和践行社会主义核心价值观作为一项重大任务抓紧抓实抓好。

二、发挥人民团体的组织优势，抓好重点群体的培育和践行社会主义核心价值观工作。人民团体是党联系群众的桥梁纽带，是推动培育和践行社会主义核心价值观的一支重要力量。要立足各自实际，发挥组织优势，在所联系群众中大力开展培育和践行社会主义核心价值观工作。比较而言，涉及四个方面的群众工作要更为重视。一是要带好青年。这是党中央和习近平总书记最关心、强调最多的。青年是价值观确立的关键时期，青年是领风气之先的生力军。抓好青年社会主义核心价值观的培育和践行，关系青年一代的价值取向。共青团是先进青年的组织，是党和政府联系青年的桥梁纽带，要切实肩负起引导青年培育和践行社会主义核心价值观的重任。要发挥教育引导优势，在青年中树立实现中华民族伟大复兴中国梦的理想信念，引导广大青年坚定不移跟党走中国特色社会主义道路；扎实开展中华优秀文化和传统美德教育，引导广大青年做民族精神和时代精神的传承者、弘扬者；加强民族团结教育，引导各民族青年树立正确的祖国观、民族观，做民族团结和祖国统一的坚定维护者。要发挥实践育人优势，深入开展青年志愿服务活动、科技创新活动、勤工俭学活动，引导广大青年身体力行社会主义核心价值观。二是要从娃娃抓起。三岁看大，七岁看老。十年树木，百年树人。一个民族的未来，取决于今天对娃娃的培养。让社会主义核心价值观的种子在少年儿童心中生根发芽，需要各方面共同努力。作为少年儿童自己的组织，少先队有责任有优势帮助队员们从小树立社会主义核心价值观。要坚持开展多种形式的组织教育、自主教育、实践活动，用形象化、榜样化、行动化的方式，帮助少年儿童记住社会主义核心价值观的基本内容，向先进模范学习，从小做起，一点一滴积累养成好思想好品格。三是要融入家庭。家庭是价值观交流的第一场所，是道德养成的第一学校，父母的言传身教，兄弟姊妹的耳濡目染，对一个人价值观的形成有着深刻影响。中国自古把齐家作为治国平天下的重要基础。培育和践行社会主义核心价值观，要融入家庭、深入家庭，以家庭文明进步推动社会文明进步。妇女是家庭文明的建设力量，母亲的思想品德对子女的影响更大、更久、更基本。妇联作为广大妇女的“娘家”，要按照党中央和习近平总书记要求，积极引导广大妇女主导文明家庭建设，在弘扬家庭美德、树立良好家风中发挥独特作用。四是要发挥科技工作者的示范作用。科技工作者是建设创新型国家的骨干力量，也是多数青少年尊崇的榜样，他们的道德品行不仅对学术风气，而且对社会风气尤其是对青少年的风尚有极大的示范影响。各级科协要大力倡导科学道德,引导科技工作者弘扬爱国奉献精神,坚定学术操守和道德理念,把学问和人格融合在一起,以德立身、以德立学、以德育人,引领示范社会风气。要组织科技工作者传播科学知识,弘扬科学精神,推动形成爱科学、学科学、用科学的良好社会氛围。以上讲的4个方面,都是打基础、求长远的事,是日积月累、润物无声的工作,要抓细、抓小、抓实。此外,还要发挥广大归侨侨眷和海外侨胞在继承、传播、弘扬中华优秀文化和传统美德方面的独特作用,努力建设中华民族共有的精神家园,凝聚海内外中华儿女为实现中华民族伟大复兴的中国梦共同奋斗。

三、体现群众组织的群众性特点,激发广大群众自觉践行社会主义核心价值观的内在动力。培育和践行社会主义核心价值观,要充分体现群众性特点,激发广大群众积极参与,让社会主义核心价值观深入人心、深入家庭、深入社会,成为人们普遍的精神追求和行为习惯。一要知行合一,重在实践。群众是天然的实践派,日用而不觉的道德尺度,都是在生活实践中潜移默化形成的。群团组织在群众中培育和践行社会主义核心价值观,更要坚持知行合一,突出实践。对青少年来说,理论和知识的灌输是十分必要的,但"纸上得来终觉浅",光靠口头教育不可能把社会主义核心价值观的根扎牢。华中农大本禹志愿服务队十几年接力服务西部,就是靠实实在在做事,聚集起越来越多的志愿者。对妇女群众来说,肩负工作家庭两副担子,每天忙里忙外,最讲务实,光给她们讲大道理很难入脑入心。要发挥群团组织优势,设计务实管用、群众欢迎的活动载体,把社会主义核心价值观的要求变成看得见、感得到、行得通的具体实践。二要组织动员,广泛参与。群众对自己所属的组织有天然的亲近感、认同感,能参加组织的活动感觉光荣受尊重,谁都不想当后进。青、妇、科、侨有完善的组织体系和基层阵地,要履行组织责任、发挥组织优势,广泛动员所联系群众参与到社会主义核心价值观的培育和践行中来。今年以来,全国妇联开展寻找"最美家庭"活动,利用遍布城乡的"妇女之家"和网上评选,吸引广大妇女和家庭踊跃参加,对全社会弘扬家庭美德、树立文明新风产生积极影响,刘云山同志给予充分肯定。希望大家立足各自实际,积极开展群众便于参与、乐于参与的精神文明创建活动,更好地吸引群众。要积极运用互联网发动群众、引导群众,使培育和践行社会主义核心价值观在网上网下有机融合、广泛覆盖。三要积极鼓励,导向鲜明。当今的社会是一个开放的社会,各种思想观点众说纷纭,社会现象斑驳复杂,特别是自身生活、学业、情感、就业等方面的困惑,都会影响群众的价值判断和价值取向。青、妇、科、侨是党领导的群众组织,要根据党的方针政策,联系群众的思想实际,加强正面引导,显化正面价值、放大正面能量,把明辨真假、是非、善恶、美丑、优劣作为培育和践行社会主义核心价值观的重中之重。前一段,网上炒作PX项目热点事件,清华大学化工系的青年师生主动在网上宣传科学知识,做得很好。群团组织要充分利用各自影响,对群众中弘扬社会主义核心价值观的模范事迹和新风正气,要大力表扬鼓励,树立正确导向;对群众中存在的糊涂认识和不良风气,要及时批评纠正、亮明态度,抑制歪风邪气,激励群众向上向善。四要典型引路,创优争先。榜样的力量是无穷的,选树先进典型是群众工作的重要法宝。全国五一劳动模范、青年五四奖章获得者、三八红旗手、求是科技奖获得者、侨界杰出人物等,都是群团组织选树的先进典型。要广泛宣传他们的事迹和精神,激励广大群众向先进看齐。这次全国高考前夕,江西宜春高三学生柳艳兵、易政勇见义勇为、夺刀救人,要在青少年乃至全社会大张旗鼓地宣传。要大力选树群众身边的先进典型,让群众推荐、群众评选，让群众在参与中受教育，在对比中找差距，激励群众学习先进、追赶先进、争当先进。一些地方开展美德大讲堂、家庭故事会，让群众讲评身边的好媳妇、好公婆、好邻居，经常座无虚席。要注意培养群众中的积极分子，发挥表率带动作用，一带十、十传百，把培育和践行社会主义核心价值观的好做法好经验普及到整个群体，推广到全社会。

培育和践行社会主义核心价值观关乎国家前途命运，关乎社会稳定和谐，关乎人民幸福安康。各级群团组织要以强烈的责任感和使命感，发挥组织优势，体现群众性特点，扎实做好各项工作，为推动培育和践行社会主义核心价值观作出贡献。

在实现中国梦的进程中建功立业
——在中国青年科技工作者协会第五届会员代表大会上的讲话

2014年8月22日

李源潮

中国青年科技工作者协会召开第五届会员代表大会，深入学习贯彻党的十八大、十八届三中全会精神和习近平总书记重要讲话精神，研究和部署今后任务，具有重要意义。

第四届会员代表大会以来，青科协在团中央、全国青联指导下，认真贯彻党的理论和路线方针政策，团结引导青年科技工作者积极投身科技创新、推动科技体制改革，发现举荐青年科技英才，反映青年科技工作者呼声建议，做了大量卓有成效的工作，在广大青年科技工作者中深受欢迎，得到各级党委、政府的认可。你们组织的“我的中国梦”主题教育、“科技之光”专家服务团、海外学人回国创业周、IT青年精英论坛、青年科学家进校园、寻访“最美青年科技工作者”等活动，都很有影响。总的看，青科协这些年的工作做得很好，中央对你们的工作给予充分肯定。

习近平总书记在两院院士大会上指出，“知识就是力量，人才就是未来。”“拥有一大批创新型青年人才，是国家创新活力之所在，也是科技发展希望之所在。”青科协是青年科技人才荟萃之地，要在实现中国的科技梦中建功立业。

一、青年科技工作者要肩负起祖国赋予的时代责任

改革开放的30多年，是我国科技事业蓬勃发展的时代，也是青年科技英才喷薄而出的时代。现在我国45岁以下青年科技工作者约5300万，占科技工作者总数的78%，这是中华民族的巨大财富。这几天，大家都在看电视剧《历史转折中的邓小平》，当年小平同志以巨大勇气拨乱反正、推动改革，恢复高考的决策7为“上山下乡”的年轻人开辟了新的人生道路，为国家培养了重要的发展力量。时代造就了青年科技工作者，时代也对青年科技工作者提出了新的责任。当代中国正进入创新发展的关键时期，我们比任何时候都更加接近实现中国梦的伟大目标，都更加需要强大的科技创新力量。邓小平同志当年讲，“实现四个现代化，关键是科学技术现代化”，这句话至今仍有重要现实意义。希望广大青年科技工作者认清时代责任，把个人的追求更好地融入祖国和民

族的发展之中。

首先,希望广大青年科技工作者做建设创新型国家的生力军。青年科技工作者处于创造力最旺盛的时期,是科技创新的生力军。我国科技工作者创新能力不断提升,青年科技人才的表现越来越突出。比如,潘建伟研究量子通信,施一公破解致癌之谜,张辉研制中国自主4G芯片,都是世界领先的成就。但总的看,我国的科技创新与先进国家还有很大差距,实现追赶要靠中国科技工作者尤其是青年科技工作者的不懈奋斗。希望广大青年科技工作者弘扬爱国奉献、勇攀高峰的优良传统,紧紧围绕国家长远发展急需的重大关键技术,紧盯国际科技前沿的创新课题,开展科研攻关,争取一流成果,为在世界新一轮科技革命中提升我国核心竞争力作出应有贡献。

其次,希望广大青年科技工作者做推动科技和人才体制机制改革创新的先锋。国际竞争的核心是科技,科技发展的关键在人才,人才的活力取决于体制机制。十八届三中全会把科技和人才体制改革作为全面深化改革的重要内容。推进这方面的改革,青年科技工作者的愿望最强烈。杰出青年基金、青年千人计划以及正在进行的院士制度改革,许多设想都来自青年科技工作者。青年科技工作者有国际视野、思维敏锐,对束缚创新创业的体制障碍有切身感受,既要敢于批评,又要善于思考,还要带头探索改革,担当改革责任,发挥先锋作用。

第三,希望广大青年科技工作者做青年创新创业的模范。中国目前是全球看好的创业热土。改革开放以来特别是近年来,由青年科技人才创办的高新技术企业迅猛发展,像李彦宏、马化腾、张朝阳、雷军都是青少年崇拜的创业偶像。中国的转型发展也最需要广大青年创新创业。青年科技工作者拥有知识、技术、信息等创业优势,成功机率大,应当把握国家创新发展的大好机遇,走出高校院所,领办创办科技企业,推动科技成果更好转化为造福社会、造福人民的产品和服务,增加社会就业岗位。据统计,淘宝等网络电商的年交易额已超过1万亿元,创造了1000万个就业机会。青年科技工作者创业成功不仅是自身价值的实现,还可以现身说法,示范引导同龄人特别是大学生增强创新意识,提高创业能力,走出干事创业的新路子。

第四,希望广大青年科技工作者做践行社会主义核心价值观的表率。“为天地立心,为生民立命”是中国古代知识分子最高的人生境界。新中国成立以来,一代又一代科技工作者在攻坚克难中崇德向善,为弘扬科学精神和社会主义道德作出了榜样。党的十八大提出培育和践行社会主义核心价值观的战略任务。习近平总书记多次强调青年践行社会主义核心价值观的重要性,青年科技工作者是青年中的优秀分子,应当深刻领会习近平总书记要求,发扬科技界爱国奉献、淡泊名利的优良传统,发扬年轻人领风气之先的道义担当,自觉走在践行社会主义核心价值观的前列。

二、青科协要为广大青年科技工作者实现梦想、建功立业服务

青年科技工作者是社会主义科技事业发展的生力军,党和政府始终高度重视培养和发挥这支队伍的重要作用。新中国成立后,中央明确全国青联把青年科技工作者作为联系服务的重要对象。1979年全国青联恢复后,积极贯彻邓小平同志“尊重知识、尊重人才”的战略思想,重点做好中青年知识分子特别是科技工作者的工作,树立宣传蒋筑英、陈景润、罗健夫等青年科学家典型,激励青年科技工作者积极投身“四个现代化”特别是科技现代化的热潮。

到上世纪90年代初期,改革开放日益深入,青年科技工作者队伍不断发展壮大。为适应新的形势,团中央和全国青联联合倡议成立中国青年科技工作者协会。依据章程,青科协是由有一定知名度的青年科技工作者和地方、行业青年科技团体以及一些留学人员团体组成的全国性专业性群众组织，是党和政府联系青年科技工作者的桥梁纽带。从 1993 年正式成立以来，青科协的职责主要体现在四个方面：一是团结凝聚青年科技工作者高举中国特色社会主义理想旗帜；二是鼓励引导青年科技工作者在实施“科教兴国”战略、建设创新型国家中建功立业；三是帮助青年科技工作者创新创业、脱颖而出；四是组织动员青年科技工作者深入基层、服务社会，特别是在广大青少年心中播下科学的种子。当前全党全国正在为全面建成小康社会、加快推进社会主义现代化建设、实现中华民族伟大复兴的中国梦团结奋斗。青科协要牢牢把握时代主题，团结引导广大青年科技工作者把追求科学的人生动力汇入为中国梦奋斗的时代洪流，为广大青年科技工作者实现梦想、建功立业精心服务。

三、青科协会员要不负职责使命，发挥带头作用

青科协会员来自科技界各个领域，是全国 5300 万青年科技工作者的代表。当选青科协会员对你们来说，不仅是一种认可，更是一份责任。青科协会员平均年龄 37.9 岁，你们能有今天的成就，除了个人的努力奋斗，还有两个原因，一是科学研究更加垂青年轻人，二是你们赶上了国家需要科技、重视科技，中国科技大发展的时代。赶上中国发展的好时代，使你们年纪轻轻就很有成就，但大家要看到人生的路还很长，国家和人民对你们有更高的期望。希望大家牢记青科协的职责使命，积极为国家大局服务，为青年科技工作者服务，以更高标准要求自己，在广大青年科技工作者中发挥带头作用。一是做坚持理想的人。实现中国梦需要一代又一代中华儿女接力奋斗，特别是需要一批又一批青年科技人才孜孜以求、不断超越。希望大家坚持科学进步理想，敢啃难题硬项目，以“衣带渐宽终不悔，为伊消得人憔悴”的韧劲不断登顶科学高峰。二是做勤奋攀登的人。勤奋是通向成功的必由之路。美国学者格拉德韦尔提出“一万小时定律”，认为要成为某个领域的专家，至少得付出一万小时艰辛努力。当今科技发展日新月异，要始终走在本领域前沿，需要不断付出一万小时的努力。希望大家保持钉子那样一股钻劲、挤劲、拼劲，不断开拓事业新天地。三是做善于学习的人。人类有两个本质性特征，一为传承后代的生命特征，一为传承知识的社会特征，科技工作者的学习对于传承知识尤为重要。学习是青年科技工作者取得新成绩的法宝。信息时代知识更新不断加速，需要终身学习、创新学习。希望大家努力学习、善于学习，以学立身、以学立德、以学立业，做学习型青年的表率。四是做无私服务社会的人。马克思说过，科学绝不是一种自私自利的享乐，有幸能够致力于科学研究的人，首先应该拿自己的学识为人类服务。探索真理是科技工作者最大的乐趣，服务社会是科技工作者最大的价值。作为青年科技工作者的代表，你们的要求应当更高，就是要无私服务社会。希望你们继续坚持造福人民的科学追求，更好地把握国家、社会和人民的需要，更好地发挥科技对经济社会发展的促进作用。

科学的未来在青年。希望青科协在团中央和全国青联的指导下，切实发挥联系服务青年科技工作者的桥梁纽带作用。希望各级党委、政府关心支持青科协工作，共青团和青联组织认真履行指导职责，带动社会各方面共同营造青年科技工作者成长发展的良好环境，为建设中国特色社会主义、实现中华民族伟大复兴中国梦开创青年人才辈出的生动局面。

汇聚实现中华民族伟大复兴的正能量
——在与十一届全国青联常委座谈时的讲话

2014年9月29日

李源潮

还有两天就是国庆节，是中华人民共和国建国65周年纪念日。今天我们在座的，都是在新中国红旗下成长起来的人。国家好，我们就好；我们好，国家更好。我们与共和国同命运，共和国的生日是人民的节日，是青年的节日。首先向各位青年朋友致以节日的祝贺！

青联是党和政府联系青年的桥梁。桥梁应该是有来有往、双向交流，今天和大家一起座谈，主要是听你们讲。刚才，10位同志的发言有思想、有激情、有担当，都讲得很好，听了很受启发、很受鼓舞。党的十八大以来，各级青联组织按照党的要求，在共青团的指导和带动下，高举爱国主义和中国特色社会主义旗帜，引领广大青年为实现“两个一百年”目标和中华民族伟大复兴的中国梦团结奋斗，为推动经济社会发展发挥了积极作用。比如，组织青联委员和青年一起学习领会习近平总书记系列重要讲话精神，开展“我的中国梦——奋斗的青春最美丽”分享活动；组织青年专家到边远贫困地区开展科技、教育、医疗等服务，与地方政府合作为海外学人回国创业牵线搭桥；加大民族团结教育和对口支援力度，招募援疆、援藏青年志愿者6000多名，落实扶持项目1000多个；港区青联常委为主的香港青年领袖集体发声，支持全国人大关于香港政改的决定，“反占中，保普选”，对依法推进政改、坚持“一国两制”、维护香港繁荣稳定作出了贡献。另外，在联系引导新兴青年群体等方面也进行了积极探索。总的看，青联工作富有成效，得到各级党委和政府的认可，赢得了广大青年和社会的欢迎。

习近平总书记指出，为实现中华民族伟大复兴的中国梦而奋斗是中国青年运动的时代主题。距离实现中华民族伟大复兴的目标越近，越要动员广大青年为之奋斗。青联是党领导的青年爱国统一战线组织，要牢牢把握时代主题，充分发挥桥梁纽带作用，汇聚实现中国梦的青春正能量。

一、高举爱国主义和中国特色社会主义旗帜，引领广大青年把青春理想融入为中国梦奋斗的时代洪流

今年是全国青联成立65周年。爱国、团结、进步是青联的光荣传统，也是青联工作的根本方针。65年来特别是改革开放以来，各级青联积极响应党的号召，团结引领一代又一代青年把人生理想融入国家和人民的事业，在共和国的历史上写下青春奋斗的精彩篇章。与党和国家的事业一样，青联的事业也进入到新的历史阶段。当代青年的知识更加丰富、眼界更加开阔、思维更加活跃，干事的舞台更大，追求的目标更高；同时，职业选择更加灵活，特别是面临的环境纷繁复杂，有很多不适应，比如刚才大家提到一些青年显得智商高而情商低，有价值观因素，也有心理上对迅速变化的环境不适应的原因。这些都给青联的发展提供了新的机遇，也提出了新的挑战。做好新形势下青联工作，根本的是要高举爱国主义和中国特色社会主义旗帜，把各族各界青年紧紧凝聚到党和人民的事业中来。

爱国精神是中华民族最深层的价值追求，是凝聚各族各界青年的最大公约数。抗战时期，全国青年救国联合会能够把全国不同派

别、信仰、职业、文化、民族的青年团结起来共赴国难，靠的就是高举爱国旗帜。今天，青联要把各族各界青年团结在一起，首先还是要高举爱国主义的旗帜，用实现中华民族伟大复兴的共同理想激发当代青年爱国热血，凝紧团结奋斗的精神纽带。

中国特色社会主义是中国历史发展的必然，是中国人民自觉的选择，是实现中华民族伟大复兴的根本出路。赶上了中华民族伟大复兴的好时代，当代青年可以有不同的人生理想、职业选择，但个人的选择只有与社会进步的方向相一致，与国家发展的需要相一致，人生之路才会越走越宽广。青联要团结各族各界青年为实现中国梦而奋斗，必须毫不含糊地高举中国特色社会主义旗帜，引领广大青年沿着人民选择、历史选择、时代选择的正确道路前进。

民族团结是实现中华民族伟大复兴的基石，青年团结是民族团结的基础和未来。这几天，中央正在召开民族工作会议。青联要响应党中央号召，为全国56个民族大团结作贡献，这是爱国主义在当代的表现。做好各民族青年的团结工作十分重要而紧迫。青联要发挥民族团结重要阵地的作用，做好教育、交友、文艺、联谊等工作，广泛开展“民族青少年手拉手”“心连心艺术团”以及结对帮扶等活动，加强不同层面民族青年之间的交往交流，增进民族感情，为推动民族团结进步、维护中华民族根本利益多作贡献。

二、引领带动青年创新创业创优，为推动经济社会发展建功立业

实现中华民族伟大复兴，关键靠创新，根本在人才。青年是最富活力、最具创造性的群体，是国家和民族的希望。刚才有同志谈到，上海80后、90后几万青年人创办了70多家互联网金融企业，这种“无中生有”正是革命性的创造、创新、创业。习近平总书记多次鼓励，青年要勇于创新创造。现在国家出台许多政策支持青年人创新创业，社会上对青年人创新创业也很热心。前几天阿里巴巴在纽交所上市，市值2000多亿美元，马云请了与他们合作的淘宝店主、快递员、兼职云客服的大学生等普通人上台敲开市钟，表示阿里巴巴是众人共同的创造，对年轻人创新创业是很大的鼓舞。阿里巴巴不仅整合了市场的分散需求和中小企业的分散生产，而且整合了市场经济中的创新创造，尤其是青年人对商业模式的创新。青联人才济济，在推动青年创业就业方面更有优势，应该发挥更大的作用。首先，鼓励青联委员积极进取，把各自的事业干得更好，为青年人创新创业做好榜样。比如中科院院士王曦研发对离子注入材料产业化技术，获得国家科技进步一等奖；科大讯飞的刘庆峰成功开发汉语语音识别关键技术。其次，鼓励青联委员开阔胸怀，为青年人创新创业排忧解难。盲人青年曹军得到马化腾、李彦宏核心技术的支持，成功开发出20多款针对盲人的手机业务，被评选为优秀公益创业青年。青联委员都可以发挥自身优势，在创业孵化、创业指导、就业见习等方面，为青年人提供帮助。第三，大力宣传创新创业青年典型，激发广大青年追求创新、艰苦创业。现在大学生创业的比例很低，据调查，很重要的原因，一是没有清晰的目标，二是害怕失败。这些年，青联组织成功人士进校园，讲创业时的选择，讲经历过的挫折，很受大学生欢迎，要继续坚持。刚才大家讲到，要引导青年到艰苦地区干事创业，我很赞成。今年大学生报名进藏的有2000多人，远远超过往年，这是可喜现象。到艰苦地区去锻炼成长，这条路将越走越宽。

三、组织动员广大青年共同为改革想招，一起为改革发力

改革开放是决定中华民族前途命运的战略抉择。在中央全面深化改革领导小组第四次会议上，习近平总书记强调要引导广大干部群众共同为改革想招，一起为改革发力。青联也要在改革中积极有为。首先是发挥青联的智库优势，为改革想招。青联集中了机关、高校、科研院所、企业、社会组织等各个领域的优秀青年，大家对制约发展的体制机制障碍有感受、有思考，不论什么样的意见建议都是推动改革的宝贵财富。据中国科协对35岁以下青年科技工作者的调查，58.1%的人希望有更多机会主持科研项目。这将是科技体制改革的一个重要内容。在鼓励青联委员积极为改革建言献策的同时，还要注意引导一些同志把不满和抱怨上升为建设性意见。其次是发挥青联的实践优势，为改革发力。推进改革，关键要靠实践。青联委员大多在重要岗位，有的担负领导责任，有的是科研带头人，有的是一线骨干，要勇于担当改革责任，积极落实改革任务。还有，要发挥青联的代表作用，为改革凝心聚气。改革必然涉及各种利益的调整。改革有红利，也有代价。改革代表长远利益，发展现实利益，调整既得利益。青联是各族各界青年的代表，要善于抓住改革机遇维护、实现、发展青年利益，同时又要积极引导青年看大局、看长远，正确对待利益得失，做推进改革的正能量。

四、引领青年自觉践行社会主义核心价值观，倡导文明新风尚

核心价值观是民族的灵魂，是国家统一的思想指南，是社会和谐的精神纽带，包括人们在功利性活动和非功利性活动中的价值共识。确立一个社会的核心价值观，要靠倡导、靠立法、靠普行，使之成为全社会的习惯思维、习惯言行、习惯准则，成为青年和人民共同的“知、情、义”。这样，国家统一、民族团结、社会和谐、人民幸福，才有精神动力和精神保障。培育和践行社会主义核心价值观是推进中国特色社会主义事业、实现中华民族伟大复兴的战略工程。习近平总书记对广大青年特别提出了要自觉践行社会主义核心价值观的要求。因为，青年的价值取向是未来整个社会价值取向的基础，对实现中国梦具有深远、持久的支撑作用。青联要扎实做好在青年中培育和践行社会主义核心价值观工作。你们开展的寻找最美青年活动、青年志愿服务活动都很好，要总结经验、深化拓展，努力取得更大成效。

这里，我特别想对青联委员说几句话。青联委员大多是公众人物，你们的言行举止不仅是个人私德，而且是对青年、对社会有很大的影响。青联委员不仅应是智商很高的人，而且应是情商很高的人。希望大家认真学习领会社会主义核心价值观的要求，切实增强自律意识、示范意识、责任意识。要以德修身、严以自律。党的十八届四中全会将集中研究部署建设社会主义法治国家问题。青联委员要带头倡导法治精神、法治文化，学法、懂法、守法、用法。青联委员要长久得到青年的认可和信赖，要有“吾日三省吾身”的精神，自重、自省、自警、自律，“为小善、止小恶”。高尚的人要有道德约束，不能无限追求利益。青联委员应该做有高层次追求、有高尚价值观的人。同时，现在青年人在生活、学习、工作中面临的困难还不少，特别需要社会帮助和扶持，青联委员在这方面有很多事情可以做。比如，刚才你们发言讲到的为高山哨所战士解决吃上菜的问题，行为上看起来是小善，但精神上是大善，是爱他人、爱人民的大善。社会主义在道德上从来是与集体主义连在一起的，“人人为我，我为人人”是社会主义社会人与人关系的常态。给青年做好榜样是青联委员的责任。青联委员应该经常问问自己，在带好青年方面做了什么、做得怎么样。

青联事业是常青的事业。我们要紧密团结在以习近平同志为总书记的党中央周围，高举爱国主义和中国特色社会主义旗帜，把握青年脉搏，体现青年特点，更好地把各族各界青年凝聚起来，为实现中国梦汇聚青春正能量！

让社会主义核心价值观成为引导少年儿童健康成长的星星火炬

——在与少先队工作者和少先队员代表座谈时的讲话

2014年10月11日

李源潮

今年是新中国成立65周年，也是少先队建队65周年。后天就是建队纪念日，我向广大少先队员、少先队辅导员和少先队工作者致以问候！

党中央高度重视少年儿童的健康成长，习近平总书记今年六一参加少先队主题队日活动时，提出要让社会主义核心价值观的种子在少年儿童心中生根发芽的重要指示，并要求少先队要坚持开展组织教育、自主教育、实践活动，更好为少年儿童培育和践行社会主义核心价值观服务。

研究少先队的发展和教育问题，是对建队日的最好纪念。上午，我和秦宜智、刘利民、吕锡文、罗梅等同志到北京市朝阳区调研了小学和中学少先队工作。总的看，去年以来，少先队认真贯彻落实习近平总书记要求，积极开展“红领巾相约中国梦”“核心价值观记心中”“最美少年”评选、“争当美德小达人”“各族少年手拉手”等活动，在引领少年儿童树立社会主义核心价值观方面取得初步成效。各级党组织、团组织给予了有力领导，教育部门和社会各界给予了大力支持，落实了少先队活动时间、教育教材、辅导员配备和职称评定等政策。特别是31个省(区、市)党委都下发了加强少年儿童和少先队工作的政策文件，对做好少先队社会主义核心价值观教育工作提出明确要求。培育和践行社会主义核心价值观是一项长期任务，我们要按照党中央要求，认真履行少先队职责，让社会主义核心价值观成为引导少年儿童健康成长的星星火炬。

一、加强少年儿童社会主义核心价值观教育的传承性、时代性、针对性、有效性

党的十八大从国家、社会、个人三个层面阐述了社会主义核心价值观的基本内涵，继承了中华民族优良传统，体现了时代进步精神，顺应了人民群众对新风正气的强烈期盼，凝聚了全社会各方面的价值共识。在少年儿童中开展社会主义核心价值观教育，要把基本要求与少年儿童的实际结合起来，以教会孩子们怎样做人为重点，切实增强民族传承性、时代进步性、教育针对性和思想有效性。

一是要大力传承中华文化优良传统。中华文化的优良传统是中华民族生生不息的精神基因。社会主义核心价值观充分体现了对中华文化优良传统的传承和升华，是实现中华民族伟大复兴中国梦的持久精神动力。对少年儿童来说，传承是价值观形成的一条普遍规律。从家庭里传承，从爸爸妈妈、爷爷奶奶、哥哥姐姐的身上传承；从学校中传承，从校长、老师、辅导员的言行中传承；从社会上传承，从历史故事、歌曲影视、报纸杂志中传承。总之，传承是少儿价值观启蒙和发展的第一途径。在少年儿童中开展社会主义核心价值观教育要突出民族传承性，把中华优秀文化和传统美德教育作为重要内容，让孩子们从小打下中华民族优秀精神的烙印。从诸子百家到宋明理学，从唐诗宋词到明清小说，从《三字经》《弟子规》到民俗歌谣，很多内容都是价值观教育的经典。比如，讲爱国的“先天下之忧而忧，后天下之乐而乐”“岳母刺字、精忠报国”；讲勤学的

“少壮不努力，老大徒伤悲”“业精于勤荒于嬉，行成于思而毁于随”“只要功夫深，铁杵磨成针”；讲诚信的“立木取信”“约法三章”“言必信，行必果”“论必作，作必成”；讲友善的“融四岁能让梨”“独学无友，孤陋寡闻”、《论语》的“温良恭俭让”、佛学的“恶有恶报，善有善报”等等。北京市海淀区五一小学编写的《国学养正》，用历史典故阐释核心价值观的要求，孩子们好懂好学。中华文化优良传统博大精深，活跃在千家万户和社会各个层面，是开展少年儿童价值观教育的宝库，要充分挖掘好运用好。开展这方面教育，既要让孩子们知道历史根源，又要有传承的现实样子。

二是要弘扬时代进步精神。每个时代都有每个时代的进步精神，每个时代都有代表历史发展方向的核心价值。社会主义核心价值观回答了当今中国要建设什么样的国家、建设什么样的社会、培育什么样的公民的重大问题，反映了时代进步的精神要求。在少年儿童中开展社会主义核心价值观教育要突出时代性，大力弘扬时代进步精神。首先是要培养社会主义理想和集体主义精神，这是培养社会主义接班人的根本保证。中国特色社会主义是中国人民的历史选择，是中华民族伟大复兴的必由之路。要对少年儿童开展基本的社会主义教育，初步了解国家和民族的过去、现在和未来，知道社会主义救中国、社会主义兴中国，从小立志向、有梦想，爱学习、爱劳动、爱祖国。要发挥少先队优势，通过队礼、队会、队课培养对集体的荣誉感和归属感。其次是要培养民主法治意识。民主法治是中国现代化的重要目标，也是价值观培育的重要内容。一些中小学的红领巾维权岗、模拟小法庭以及少先队小干部民主选举，对孩子们从小树立民主法治意识很有意义。再次要培养文明道德新风。讲文明、守道德，讲科学、反迷信，都是反映时代进步要求、开展核心价值观教育的重要内容。

三是要解决当前突出问题。教育联系实际，是党、团、队一脉相承的优良传统。这次全党开展群众路线教育实践活动之所以能取得成功，关键是抓住了“四风”问题这个要害。在少年儿童中开展社会主义核心价值观教育要增强针对性，注意解决当前存在的突出问题。这一代孩子大多是独生子女，自我意识特别强，不大懂得尊重别人，也不大知道检讨自己，不知“三人行必有我师”，不会“吾日三省吾身”。古人讲：“君子之过，如日月之食。过也，人皆见之；更也，人皆仰之”。少年儿童应该从小养成接受帮助、知错就改的好习惯。少先队开展的“说优点、讲不足，手拉手、同进步”主题队会活动，比较受欢迎。又比如，还有一些少年儿童面临特殊困难。目前，全国留守儿童超过6000万。“妈妈去哪里了”“爸爸去哪里了”成为一个社会热点问题。开展社会主义核心价值观教育，要与解决他们的亲情关爱、安全保护、学业困难等实际需要结合起来，用爱心来激发爱心，用正气来传递正气。

四是要争取入心入脑成为人生之魂。社会主义核心价值观教育的目的是立德树人，少年儿童价值观教育是铸魂工程。铸魂不是件容易的事情，就像陶行知先生所说，真教育是心心相印的活动，唯独从心里发出来的，才能达到心的深处。社会主义核心价值观的要求是明确的，但也是高度概括的。怎么能让这些原则的要求感性地到达孩子们心灵深处，成为引领他们成长进步的人生之魂？教育者的心一定要与孩子们的心相通。少年儿童正处于认识世界、认识社会、认识人生的启蒙阶段，核心价值观教育要增强有效性，根本的是要与孩子们的心灵历程特别是思想疑惑紧密结合。比如，少儿时期是多梦的季节，有的学校开展“我的梦·中国梦”，引导孩子们通过自己的梦想来理解国家的梦想、民族的梦想，让中国梦进入每个人的心中。再比如，现在是开放社会，那些丑恶现象和错误言论都会给孩子们带来很多疑惑。核心价值观教育要注意联系孩子们的疑惑,组织大家对假冒伪劣、坑蒙拐骗等社会问题,对否定党的领导和社会主义制度的观点说法进行讨论分析,在明辨是非中确立价值标准,确立对国家、对社会、对人生的信心。

二、少先队进行社会主义核心价值观教育要形象化、情感化、榜样化、行动化

少先队是党领导下的少年儿童群众组织,是少年儿童思想品德教育和精神素质培养的大学校,是中国特色社会主义事业的战略预备队。在对少年儿童进行社会主义核心价值观教育中,少先队担负重要职责,要把握少年儿童特点,发挥独特优势,作出应有的贡献。

一是教育要形象化。形象思维是儿童思维的主要方式。少年儿童正处于由形象思维向抽象思维发展的过程中,在此阶段孩子们主要是形象地而不是抽象地认识是非、分辨善恶、区别美丑,形象化是最基本、最有效的少儿教育方式。抽象地讲国家的概念,孩子们很难明白;但用国旗、国歌、国图、山川地貌、民族构成、国家历史、国情数字等形象化方式来讲,孩子们就容易接受。北京市朝阳区呼家楼中心小学楼道里琳琅满目,地图、绘画、校史鼓、心愿墙等等,形象化教育搞得很好。前一段,少工委通过面向全国征集、组织专家创作等方式编写了《核心价值观童谣 100 首》,把“三个倡导”的内容变成孩子们好背诵、好理解、生动有趣的歌谣,是很好的尝试。还要适应互联网和新媒体迅速普及的新形势,研究开发动漫、微信、微视频等载体,用孩子们熟悉的网络语言、网络形象、网络游戏、网络社交开展社会主义核心价值观教育,这也是增强网上正能量的现实需要。

二是教育要情感化。情感是人的价值观的基础部分、稳定部分,下意识或叫自动反应部分,因此属于核心部分。一个人价值观的全面形成大致要经历“知”“情”“意”“行”4 个阶段。少年儿童处于以情感认知为主的思想成长阶段,讲情感比讲道理更起作用。当年,很多红小鬼对共产主义能懂多少?他们就是把党当作自己的母亲,把革命队伍当作自己的家,逐步建立起为人民打天下的坚定信念。少先队的社会主义核心价值观教育应以“五爱”为基石,以对是非、善恶、美丑的基本情感来展开。少先队开展“党是太阳我是花”“与党员大朋友手拉手”等活动,培养少年儿童对共产党、对祖国、对人民、对社会主义的朴素感情,都很有影响。正在开展的“百万新疆各族少年儿童与内地少年儿童书信手拉手”活动,已经通信 100 多万封,小小的书信正在播撒民族团结的爱国主义种子。现在,人与人之间情感疏离的问题日益突出,大家都不满意这种状况,少先队要在情感教育上下功夫,培养孩子们互助友善的好品德,为促进社会和谐作贡献。

三是教育要榜样化。榜样的力量是无穷的,崇尚英雄、喜欢偶像正是少年儿童的一大心理特点。少先队开展榜样教育有传统有经验,从学雷锋、学赖宁、创英雄中队、评选十佳少先队员,到雏鹰争章、寻找“最美少年”,都很有影响。时代在发展,榜样教育要在发扬传统经验的基础上积极创新,关键是要有新的能让少年儿童信服、追随、效仿的榜样,也就是时代少年的榜样。北京市陈经纶中学少先队选出的“最美少年”,都是同学们自己评选、自己信服的榜样。现在孩子们崇拜的偶像很多,价值观的榜样到底怎么选、怎么树?既要强调榜样的精神力量,也要注意挖掘其偶像魅力,把榜样变成偶像,拉近与孩子们的距离,增强吸引力感染力。

四是教育要行动化。核心价值观的形成,重在实践。少年儿童处于人生的学习阶段,实践是最好的老师。正如大家刚才所讲,实践体验是最深刻的教育,参加课外实践活动也是孩子们的心愿。少先队教育的一个特点是把教育内容融入丰富多彩、让孩子们快乐的实践活动。要发挥这一优势,把社会主义核心价值观的要求变成每个孩子的具体行动,帮助他们从小做起,一点一滴积累,养成好思想好品德。呼家楼中心小学少先队创办"诚信超市",没人看管,一些同学把多余学习用品捐给超市,有需要的同学按定价购买,超市收入捐给青海的手拉手小伙伴。很多中小学少先队还开展了红领巾文明岗、环保小卫士等实践活动,让孩子们在帮助别人、服务社会中感受责任、感受快乐,树立人生价值追求。

搞好少先队核心价值观教育,少先队辅导员肩负重要责任。今天在座的有40后的老前辈,有50后、60后的资深辅导员,也有80后、90后的新一代。今年教师节,习近平总书记提出了好老师的"四有标准",这是对广大教师的要求,更是对广大辅导员的要求。希望大家牢记习近平总书记要求,努力做有理想信念的人、有道德情操的人、有扎实学识的人、有仁爱之心的人,既履行好教育者的责任,又当好孩子们的榜样,真正成为他们的心灵导师和人生起步的领路人。

百年树人,立德为先。当前学校教育和少先队教育的根本任务都是为中国的社会主义现代化育人立德。少先队要努力让社会主义核心价值观成为引导少年儿童健康成长的星星火炬,为培养中国特色社会主义事业的接班人作出应有的贡献。

为实现中华民族伟大复兴的中国梦创业创新创优

——与中国青年企业家协会会员代表座谈时的讲话

2014年11月26日

李源潮

中国青年企业家协会是党、团联系服务青年企业家的群众组织。青企协第十次会员代表大会以来,按照党的要求和团的指导,团结动员广大青年企业家为推动改革开放和现代化建设发挥了重要作用。比如,开展青年企业家经贸考察和洽谈活动,举办"IT产业的明天"、"企业管理中的人文关怀"等专题研讨,实施帮扶西部青年"创业导航计划"等,都很有影响。总的看,青企协的工作特点鲜明、成效显著,应给予充分肯定。

党中央对青年创业创新高度重视。习近平总书记去年底在给全球创业周活动的贺信中,殷切期望广大青年把人生追求同国家发展进步、人民伟大实践紧密结合起来,在创新创业中展示才华、服务社会。希望青年企业家带头响应习近平总书记的要求,为实现中华民族伟大复兴的中国梦创业创新创优。

中国梦是中国企业家最大的发展空间

一个国家的理想有多大,企业家发展的空间就有多大。改革开放造就了中国企业家井喷式成长。中国梦昭示着中华民族伟大复兴的光辉前景,也展现了中国企业成长壮大的广阔空间。其一,中国的发展将源源不断提供创业机遇。中国现在是世界上最具发展活力的国家,目前经济正处于创新驱动、转型升级阶段,新技术、新产业、新市场、新需求将不断开拓创业的新天地。2013年,国内汽车销售2200万辆,占全球26%;网络零售1.85万亿元,世界第一。其二,全面深化改革将极大释放创业空间、营造更好创业环境。取消和下放行政审批事项，降低市场准入，改革价格形成机制，定向减税、普遍降费等举措不断出台，大众创新、草根创业的新浪潮正在到来。今年前三季度，新登记注册企业同比增长52%。其三，新一轮对外开放推动中国企业更多地走向世界。中国是世界120多个国家和地区的最大贸易伙伴，对外直接投资居世界第三。国家大力实施“走出去”战略、倡导“一带一路”、推动设立自贸区，对外开放使中国企业国际化发展舞台空前宽广。中国梦是中国企业家的机遇，也需要中国企业家的奋斗。当代中国青年企业家赶上了中华民族伟大复兴的大好机遇，应该抓住机遇，在实现中国梦的历史进程中实现自己的人生理想。

创业创新创优是企业家一生的追求

企业家的成长、发展，每一步都离不开创业创新创优。对创业创新创优的不懈追求是企业家一生前进的动力。首先，这种追求是不断赢得市场竞争的强大动力。市场瞬息万变，创新与淘汰的竞争是基本规律，创新不足再好的企业也会被淘汰。当年世界的胶片大王柯达没能迈过数码影像这个坎，全球数一数二的电信企业诺基亚在智能手机时代成为落伍者。阿里巴巴能成为全球历史上最大的IPO，小米手机能在强手如林的竞争中占据一席之地，靠的是抢先创新、持续创新、全面创新。其次，这种追求是不断战胜艰难曲折的强大动力。创业的路从来不会一帆风顺，对事业成功的执著追求是企业家不怕失败、敢于失败、战胜失败的精神支柱。乔布斯在丽莎数据库失败后又开发出新一代苹果产品，史玉柱创业经历了几落几起，支撑他们不畏失败、攀登高峰的正是艰苦创业的精神。第三，这种追求是不断抵御投机诱惑的强大动力。面对竞争压力，一些企业搞假冒伪劣、偷工减料、超标排放、违规违法、投机取巧，结果企业走向衰败。搞企业要有咬定青山不放松的定力，要有遵法守德的底线。第四，这种追求是冲破小富即安束缚的强大动力。小富即安、不思进取很容易销蚀企业家的事业。青年企业家人生的路还很长，希望大家把创业创新创优作为一辈子的追求，努力达到“会当凌绝顶，一览众山小”的人生境界。

以社会主义核心价值观为坐标确定自己的人生价值

社会主义核心价值观是全国人民实现中国梦的共同价值基础。青年企业家有职业责任、有社会影响，要以社会主义核心价值观为坐标定位自己的人生价值，自觉走在弘扬和践行社会主义核心价值观的前列。一是发扬实业报国传统，做爱国为民的企业家。古代有牛商弦高犒师，近代有张謇、荣氏兄弟等实业报国，抗战时期民生公司承运宜昌大撤退。当代中国企业家在汶川地震等国有忧、民有难的关键时刻，更是勇挑重担、慷慨解囊。青年企业家要发扬爱国报国的优良传统，把报效国家、造福人民作为人生最大的追求。二是弘扬职业道德，做守法诚信的企业家。古人讲，君子求财，取之有道。这个道，就是守法之道、诚信之道。假冒伪劣是最令消费者痛恨的事情，也是对企业家最大的伤害。湖南临湘市的李国武不仅自己产销的酱菜质量过硬，还自费回收销毁“三无食品”，被评为全国道德模范，青年企业家要向他学习。三是追求高尚情趣，做勤劳有德的企业家。有的企业家认为“白天做老板、晚上睡地板”的时代过去了。有少数人炫富、奢靡，甚至搞黄赌毒。企业家有钱怎么花，不全是个人私德，也影响社会风尚。青年企业家要自觉遵守社会公德、家庭美德，以良好操守赢得社会尊重。

做对社会负责任有贡献的财富创造者

企业家是创造财富的职业，也是承担责任的职业。从责任来说，至少有三重。作为产品和服务的提供者，要对消费者负责，让他们买得放心、吃得放心、用得放心；作为劳动和创造的组织者，要对员工负责，尊重劳动、尊重人才，保证他们的权益，促进他们发展；作为资源和要素的使用者，要对经济秩序负责、对生态环境负责，守法经营、照章纳税，节能减排、绿色发展。当然，不言而喻，国企领导人对国家和人民负资产保值增值责任，上市公司老总对股东、股民负有资信公开、真实无欺的责任。社会对企业家的认可，既要看你创造的财富有多少，更要看你责任履行得怎么样，对社会的贡献有多大。青年企业家要自觉走在时代前列，做负责任有贡献的财富创造者。一是服务国家与人民，紧紧围绕国家发展和人民需要投资兴业，带头参与改革。二是主动帮助青年，指导、鼓励青年就业创业。三是努力造福社会。青年企业家是这个社会的成功者，要热情回馈社会，帮助更多有需要的人。

青企协会员是青年企业家的优秀代表，国家和人民寄予很高期望。希望大家把今天的成绩作为新的起点，把会员的身份作为一种责任，努力做学习进步的表率、争先创优的表率、乐于奉献的表率、严以修身的表率，引领当代青年企业家树立良好社会形象，做出无愧于时代的贡献。

一个人可以跑得很快，一群人才能走得更远。青企协要充分发挥党、团联系青年企业家的桥梁和纽带作用，更好地团结动员广大青年企业家投身全面建成小康社会、全面深化改革、全面推进依法治国的伟大进程，在为实现中国梦的奋斗中书写青春精彩篇章。

第二部分

团中央书记处领导讲话

秦宜智关于《共青团十七届二中全会关于深入学习贯彻党的十八届三中全会精神带领广大青年在全面深化改革进程中走在前列的决议》和《全面深化改革进程中共青团工作五年发展纲要》的说明

2014年1月10日

受书记处委托，我就《共青团十七届二中全会关于深入学习贯彻党的十八届三中全会精神，带领广大青年在全面深化改革进程中走在前列的决议》和《全面深化改革进程中共青团工作五年发展纲要》向全会作说明。

一、关于决议

党的十八届三中全会站在新的历史起点上对全面深化改革作了总部署、总动员，必将对推动中国特色社会主义事业发展产生重大而深远的影响。当前，全面深化改革已经成为开展共青团和青年工作最鲜明的时代背景，影响和决定着共青团工作的基本格局和发展空间。因此，这次决议（草案）中明确提出，全团要把学习贯彻党的十八届三中全会精神作为当前和今后一个时期的重要政治任务，并围绕这一重要政治任务从三个方面作了部署。

第一，全团要掀起深入学习贯彻党的十八届三中全会精神的热潮，带领广大青年深刻理解和把握全面深化改革的重要意义、精神实质和重大举措，鼓励和引导青年拥护改革、支持改革、参与改革。

第二，紧紧围绕党的十八届三中全会对全面深化改革作出的决策部署，激发广大青年干事创业、投身改革的热情和责任，引导青年立足岗位、建功立业，组织青年建言献策、贡献智慧，带领青年维护稳定、促进改革，在全面深化改革开放这场具有新的历史特点的伟大斗争中争做积极参与者和奋力推动者。

第三，以改革创新精神推进团的工作与建设。这是共青团贯彻落实党的十八届三中全会精神的关键。决议坚持问题导向和青年导向，以研究和解决“提高团的吸引力和凝聚力”、“扩大团的工作有效覆盖面”这两大战略性课题为着力点，提出了共青团事业改革发展的七项重要任务。一是充分发挥在青年参与中的枢纽作用，加强对青年社会组织的服务、引导和管理。我们认为，这是应对社会组织管理制度深入改革、青年社会组织快速发展的必然要求，也是共青团延伸工作手臂、拓展工作空间、强化枢纽作用的重要途径。二是积极承接、协调、做好政府青少年事务，参与社会治理体制创新。随着政府职能加快转变、社会治理体制改革创新，越来越多的社会事务将交由人民团体和社会组织承担。我们感到，共青团必须主动适应这种变化，进一步打造和强化团组织承接政府青少年事务的渠道优势、网络优势和理念优势，不断提高工作的专业化水平，整合、协调好政府资源，推动青少年事务的有效落实。三是代表和维护青少年普遍性的发展权益，做好青少年合法权益代言人。需要强调的是，我们既要关注特殊青少年群体，更要有大服务、大维权的理念，重点关注教育公平、就业公平等与亿万青少年成长发展息息相关的普遍性权益。四是积极进军网络新媒体，不断创新共青团工作的方式方法。这既有适应青少年大量聚集、依赖网络新媒体的原因，更有主动抢占工作阵地、扩大青年参与、开展网络斗争的考虑。五是建立社会化运行机制，实现对资源的有效整合。共青团必须用好这一传统，必须坚持“眼睛向外”，更加注重社会化动员，通过合理的活动设计和工作模式，形成与政府资源、市场资源的有机结合，实现单位资源向社会资源转变、从自上而下的行政动员向自下而上的群众化动员转变。六是进一步发挥团的委员会和常务委员会作用，健全和完善民主决策、科学决策的工作机制。今后，我们要重点推动建立完善委员会、常务委员会工作规则，明确委员会、常务委员会会期和议事规则，明确委员的职责及义务，研究制定委员会全体会议议题征集制度、会前征求意见制度，创新工作研究方法和机制，探索建立会后决策效果评估制度、问题报告及控制机制。七是加强团干部作风建设，始终保持求真务实、严格自律的良好作风。主要是以深入开展党的群众路线教育实践活动为契机，建立健全改进团干部作风的常态化、长效化制度。

二、关于纲要

（一）基本考虑

团十三大以来，每次团的二中全会都会按照党中央对青年和共青团工作提出的一系列新的重要要求，依据团代会报告提出的目标任务，制定有关发展纲要或规划。从这些年来的实践看，制定五年发展纲要，对于全团明确工作目标和思路、形成全团上下一致行动的工作信号、打造共青团工作品牌等方面，都发挥了十分重要的作用，也成为了共青团的一项重要制度安排。团十七大以来，团中央书记处一直在思考如何贯彻好、落实好党中央和习近平总书记关于青年和共青团工作的一系列重要要求，如何谋划好、发展好未来五年共青团工作。在这个过程中我们越来越感到，在这次全会上审议并通过五年发展纲要，对做好今后一个时期共青团工作意义重大。主要体现在五个方面。

1. 制定五年发展纲要，是适应全面深化改革新形势的迫切需要。党的十八届三中全会通过了《中共中央关于全面深化改革若干重大问题的决定》。全面深化改革的新形势必将对共青团工作和建设产生深刻影响，其中机遇和挑战并存。共青团如何在全面深化改革的伟大进程中及时抓住机遇、有效应对挑战，如何组织动员广大团员青年拥护改革、支持改革、参与改革，都需要我们主动谋划，作出一个中长期的工作规划与部署。

2. 制定五年发展纲要，是落实党中央关于青年和共青团工作一系列重要要求的迫切需要。团十七大前后，习近平总书记先后参加“实现中国梦·青春勇担当”主题团日活动、“快乐童年放飞希望”主题队日活动、同团中央新一届领导班子成员集体谈话并发表重要讲话，同时在不少回信、贺信中也对青年和青年工作提出希望与要求。刘云山同志代表党中央在团十七大开幕式上致祝词。李源潮同志多次参加团队活动并发表重要讲话。这些重要讲话和指示精神，有相当一部分发表在团十七大之后，需要我们在团十七大报告总体工作安排的基础上，以五年发展纲要的形式进一步研究部署，切实贯彻落实到未来的工作之中。

3. 制定五年发展纲要，是适应青年新变化、跟上时代新发展的迫切需要。当代青年受教育水平不断提高，获取信息的途径更加多样便捷，容易受到国内外各种思潮的影响，价值取向和思想观念更加复杂多变。当代青年的群体分布和组织形态发生深刻变化，青年自发形成的社会组织大量涌现，具有很强的组织和动员力。当代青年需求更加务实具体，在激烈的社会竞争中，面临着巨大的工作和生活压力，各个领域的青年都有许多现实困难和成长需求。面对青年的这些时代新特点，迫切需要共青团紧紧把握住青年脉搏和时代脉搏，以改革创新精神对未来的工作作出规划和部署。

4. 制定五年发展纲要，是应对新挑战、解决新问题的迫切需要。习近平总书记在同团中央新一届领导班子集体谈话时指出，新形势下，团的工作面临着一系列新挑战新问题，归纳起来，最主要的不足是两条：团的吸引力和凝聚力不够，团的工作有效覆盖面不足。这就从战略和全局的高度指明了制约共青团事业发展的关键性问题，也是今后全团工作的主攻方向。我们感到，这两个不足不是一朝一夕形成的，破解这两个难题也不可能是一蹴而就的，既要有解决问题的紧迫感，也要作出一个长期的规划与安排，在发扬好传统、好做法的基础上探索新思路、新举措，集中全团力量一步一个脚印、持之以恒地去解决。

5. 制定五年发展纲要，是总结新经验、汇聚新共识的迫切需要。长期以来，面对时代发展、青年变化带来的新情况新问题，各级团组织充分发挥主动性、创造性，在实践中探索创新，形成了不少好经验好做法。去年，团的各级领导机关普遍开展了“走进青年、转变作风、改进工作”大宣传大调研活动，这是一个汇聚全团智慧的过程。我们通过这次大调研，对各地形成的经验做法进行了总结提炼，形成了不少普遍性的共识和做法。以五年发展纲要的形式把这些共识和做法在全团推广，对于做好未来共青团工作是十分必要的。

在纲要起草过程中，我们广泛征求团中央委员和候补委员、各省级团委的意见，共收到意见建议 190 条，其中文字性建议 128 条，原则性建议 62 条。团中央书记处带领文件起草组认真研究、充分吸收，对纲要进行了修改完善。

（二）纲要的总体框架和主要内容

这次五年发展纲要的起草，主要突出了 4 个方面。第一，紧紧围绕“如何在全面深化改革进程中推进共青团工作实现新发展”这样一条主线展开。我们认识到，全面深化改革对于共青团工作的影响是深刻而长远的，许多方面还需要随着时间的推移才能逐渐显现，因此，五年发展纲要主要针对目前影响比较清晰、全团具有共识的领域进行了具体部署，其他一些方面和领域还需要我们在实践中观察、思考、探索、总结，在形成共识后进一步研究部署、积极推进。第二，深入贯彻落实党中央和习近平总书记对共青团提出的一系列重要要求，坚持把培养中国特色社会主义事业建设者和接班人作为根本任务，把巩固和扩大党执政的青年群众基础作为政治责任，把围绕中心、服务大局作为工作主线，着力破解提高团的吸引力凝聚力和扩大团的工作有效覆盖面这两大战略性课题。第三，全面落实团十七大的部署，将各项目标任务进行分解细化，既体现工作连续性，又突出新的工作着力点和增长点。第四，树立问题导向，深入分析把握共青团事业发展面临的问题和挑战，有针对性地提出应对措施，继承性措施点到，深化性措施概述，创新性办法多写。

基于这样的考虑，在框架结构上，五年发展纲要除结束语外，主要分为三大部分。第一部分是总论，主要阐述制定纲要的时代背景、指导思想、总体目标和基本原则。第二部分是分论，主要从培育当代新青年、创造时代新业绩、服务青年新需求、激发组织新活力、凝聚社会新组织、进军网络新媒体、锤炼团干新风貌七个方面，具体部署未来五年共青团工作和建设的主要任务和重要举措。其中，培育当代新青年部分，从科学理论武装、共同理想感召、核心价值观引领、先进典型激励等四个方面作出具体部署；创造时代新业绩部分，从投身改革发展，倡导社会风尚，引领文化时尚，协调、承接、做好政府青少年事务等四个方面作出具体部署；服务青年新需求部分，从反映青年诉求、促进青年成长、促进创业就业、关爱重点群体、维护青少年合法权益等五个方面作出具体部署；激发组织新活力部分，从扩大有效覆盖、增强基层活力、加强阵地建设、持续支持基层等四个方面作出具体部署；凝聚社会新组织部分，从掌握基本情况、加强联系交流，积极孵化培育、有效支持发展，吸纳骨干力量、广泛团结凝聚等三个方面作出具体部署；进军网络新媒体部分，从强化运用网络新媒体手段的意识、构建团的网络新媒体工作阵地、运用新媒体全方位推进团的工作、打造网上共青团等四个方面作出具体部署；锤炼团干新风貌部分，从思想建设、配备激励、作风建设、教育培训等四个方面作出具体部署。第三部分主要讲青联、学联、少先队工作和建设以及团属企事业单位建设和管理。

我们在纲要起草过程中特别强调，“七个新”的主体框架，既要体现改革创新精神，也要注重基本方向和总体格局的继承。我们可以看到，“七个新”的总体部署，与实现“使团的基层组织网络覆盖全体青年，使团的各项工作和活动影响全体青年”的重要目标，与履行好组织青年、引导青年、服务青年、维护青少年合法权益这四项职能是一脉相承的。“七个新”的总体部署是在坚持青年导向和基层导向的原则下谋划的，更有利于把诸如做好青年社会组织工作、新媒体工作等新任务提升到突出的位置，从而引起全团的重视，明确未来工作的主攻方向。

五年发展纲要在“七个新”的每一个导言部分都提出了相对明确具体的目标。之所以这样设计，我们考虑，作为未来五年共青团工作的指导性文件，既要提出工作思路、工作任务，也要勾勒出发展蓝图，这样既有利于激励大家的干劲，也有利于检验工作是否落实。同时，我们也考虑到，共青团工作主要是做人的工作，思想性、政治性较强，很难在一定时间内以确定的量化指标来判断工作成效，因此，纲要在提出目标时还是以定性表述为主，这样能照顾到各地工作条件、工作基础、干部力量的差异，充分调动各地的积极性、主动性和创造性。总的来看，目前确定的这些工作目标是可行的，经过全团的扎实努力是可以达到的。

（三）纲要中需要重点说明的几个方面工作

这里，我想就五年发展纲要中涉及的几个重要问题和重点工作介绍一下团中央书记处的考虑。

1. 关于用社会主义核心价值观引领青年工作。培育和践行社会主义核心价值观，对于巩固全党全国人民团结奋斗的共同思想基础，具有重要现实意义和深远历史意义。青少年正处于理想信念形成的关键时期，在教育引导工作中进一步突出社会主义核心价值观，对促进青少年健康成长尤为重要。中央书记处在听取共青团工作汇报时，多位中央领导同志都强调了共青团要在广大青年中积极培育和践行社会主义核心价值观，明确提出共青团是这项工作的主力军。因此，在今后五年的工作中，我们必须把这项工作作为青少年思想引领工作的主要内容，切实抓紧抓好。同时大家也要认识到，根据中央精神和纲要的规划，当前青少年思想引领工作体系已经确立，主要框架包括四个方面，即：用科学理论武装青年、用共同理想感召青年、用核心价值观引领青年、用先进典型激励青年。其中，做好用科学理论武装青年的工作，既要强调学好中国特色社会主义理论体系，学好邓小平理论、“三个代表”重要思想和科学发展观，还要组织青年学习贯彻习近平总书记系列重要讲话精神，把青年的思想统一到中央精神上来，把力量凝聚到中央精神上来。做好用共同理想感召青年的工作，既要抓好中国特色社会主义教育和中国梦宣传教育这两个“主心骨”，还要注重加强中华民族优秀传统文化的教育。

2. 关于坚持基层导向。基层是团组织在广大青年中提高吸引力和凝聚力的基本组织依托，是扩大团的工作有效覆盖面的关键环节。因此，加强基层、活跃基层，是共青团必须始终扭住不放的重要工作方向。长期以来，全团在加强基层组织建设和基层工作方面下了很大的功夫、取得了一定的成效。但是，我们也要清醒看到，基层团组织薄弱的状况尚未得到根本改变，如何提升基层团组织活力、如何对基层团干部特别是兼职团干部进行有效工作激励等关键性难题，还没有找到破解之道。这些都需要我们在新形势下进行新探索、创造新经验。因此，纲要在未来五年工作原则部分提出坚持基层导向，在激发组织新活力部分，集中就扩大基层组织覆盖、提升基层活力、持续支持基层等方面提出工作思路和举措。

3. 关于学校共青团工作的基础性战略性地位。随着经济社会的深刻变革，青年流向、群体分布越来越多样。在这样的大背景下，扩大团的工作有效覆盖面，既要注重抓增长点，着力加强新兴青年群体和新型组织形态中的共青团工作与建设；更要强调保基本面，抓住青年成长发展的关键阶段，做好学校共青团这类成建制“正规军”的有效覆盖。学校共青团工作的极端重要性，可以从两个方面来理解。第一，从团员数量和团的工作力量来看，全国8900万团员中，有超过70%在学校，并且学校共青团组织体系完备、工作力量充足。下大力气开展好学校团的工作和建设，就占住了团员总量的大头，工作效果更加显著。第二，从人的认知规律来看，学生时期是世界观、人生观、价值观形成的关键期，可塑性强，是共青团开展工作的黄金时期。在这个阶段做好团的工作，使团员青年在思想和感情深处打上团的烙印，能够起到事半功倍的效果。反之，如果不抓住学校这个关键阶段开展工作，等团员青年进入社会、走上工作岗位，再做他们的工作，难度将会成倍增加。因此，纲要强调突出学校团建工作的基础性战略性地位。在具体的工作举措上，是按照“团建全覆盖、工作到支部”的思路，适应高校学生将更多时间和精力放在社团、宿舍、实习单位的新特点，进一步完善团建方式，实现多种模式、多重覆盖、提升活力；二是针对民办高校和独立学院团建依然薄弱的现状，集中精力进行攻坚，争取在干部配备、基层组织建设、活动开展方面有明显起色；三是对于中学、中职共青团工作，要严格按照团章做好团员发展工作，注重坚持标准、控制数量、提高质量，切实增强团员组织意识。

4. 关于促进青年创业工作。这次的纲要对推动青年创业用了较大的篇幅，目的就是进一步凸显这项工作在全团工作中的重要位置。开展促进青年创业工作至少有两方面的重要意义。一方面，全面深化改革总体部署必将掀起新一轮的创业热潮，呼唤和引领广大人民特别是青年勇于创业、矢志创业，这对实现国家经济繁荣和科技快速发展具有十分重要的意义。另一方面，促进创业对解决就业问题有重要的带动作用，而目前共青团与政府和市场相比，整合资源的能力还很有限，所以应当把工作重点更多地向促进创业转移，通过促进创业来推动青年就业。纲要对服务青年创业提出五个方面的工作思路，一是培养和强化青年的创业精神和创业观念，二是加大项目推介力度，是完善创业导师制度，四是强化金融扶持，五是壮大创业基金。

5. 关于网络新媒体工作。长期以来，我们习惯于把新媒体工作作为引导青年的一种新手段。但是随着网络新媒体的快速发展，不仅对青少年的思想观念，而且对他们的生活方式、组织形态、动员模式等方面都产生了重大而深刻的影响；不仅成为引导青年的重要手段和阵地，而且也成为了组织青年、服务青年、维护青少年合法权益工作的重要平台和载体，同时也是实现共青团组织体系高效运转的重要机制。可以说，网络新媒体覆盖团的四项职能，贯穿团的工作与建设，在共青团事业发展中具有全局性、战略性意义。经过多年来的工作实践，重视和关注网络新媒体、全方位进军网络新媒体，已经成为全团的重要共识和一致行动。因此，纲要把网络新媒体工作作为单独的一部分，专门进行全面部署，特别强调要强化运用新媒体手段的意识，力争实现共青团在网络新媒体领域不仅有阵地、建队伍、发声音，而且重内容、出影响、见效果。从基层团组织建设的角度看，我们要加强在重点新闻网站和主要商业网站的团建工作。

6. 关于青年社会组织工作。当前，青年社会组织迅猛发展，日益成为青年聚集联络和社会参与的重要渠道。和过去相比，共青团在青年工作领域将面临着来自青年社会组织越来越明显的竞争，要想保持在青年工作格局中的核心地位也面临越来越多的挑战。一段时期以来，各地团组织积极探索联系、服务和引导青年社会组织的有效途径和工作载体，其中建设枢纽型社会组织是比较有特色、也取得了一定成效的创新做法。这一探索是否要写入纲要，我们进行了认真的研究。我们感到，直接在纲要中表述为将共青团建设成为枢纽型社会组织，就涉及到对共青团组织的一个新定位，这一定位是否合适，其内涵和外延到底是什么，还需要我们在未来的工作实践中进一步探索，使之更为清晰。因此，纲要表述为共青团要在青年社会参与中发挥枢纽作用。归根结底，就是要巩固和加强团在青年社会组织和青年中的影响力、凝聚力。着眼于实现这一目标，我们既要注重从统战工作的角度加强对青年社会组织的联系、服务和引导，也要注重从大量的青年社会组织骨干中发现优秀青年，把他们吸纳到团组织中来；既要在有条件的情况下做好孵化培育工作，更要注重对已有青年社会组织的联系、服务和引导。

7. 关于构建青少年综合服务平台。构建青少年综合服务平台，是中央书记处在听取团中央汇报时的重要指示意见。当前，随着城镇化深入推进，城市社区、农村镇区的人口聚集功能将不断增强。中央城镇化工作会议提出要把促进有能力在城镇稳定就业和生活的常住人口有序实现市民化作为首要任务。因此，大力构建青少年综合服务平台，是共青团在市场经济条件下，适应人口聚集趋势、实现青年工作社会化的必然选择，是延伸共青团工作手臂、增强共青团服务能力建设的重要举措。近年来，北京、上海、广东、重庆等地积极推动开展的社区青年汇、青年家园民间组织服务中心、亲青家园、新市民学校、青年中心等建设，受到了党政的肯定、青年的欢迎，也提升了团组织的影响力。这些工作本质上与纲要所提的青少年综合服务平台的内涵是一致的。今后我们不要求在工作名称上完全一致，但是要充分体现青少年综合服务平台的功能，既是有形的工作阵地，也是无形的组织和服务载体，不断扩大对青年的有效联系和服务。

8. 关于完善和发展团员证制度。纲要提出，要完善和发展团员证制度，积极协调、开发基于团员证认证的服务团员青年的制度性安排和工作项目。开展这项工作，是要积极协调各个方面的资源和政策，为团员提供更加丰富的服务内容，同时将共青团为团员提供的服务累积和固化下来，以服务增强团员意识，更好地实现吸引凝聚。要坚持试点先行、循序渐进的原则，在有条件的地区探索开发电子团员证。这是在信息化时代背景下，借助互联网和大数据技术，对团籍管理工作的一项重大创新。传统的团员证，承载着记录团员个人基本信息、团籍注册、团的组织关系转接等功能，在团员管理规范化、科学化中起到过不可替代的重要作用，但也存在信息更新不及时、查询统计不便、证件功能单一等问题。互联网和信息技术的发展，使电子团员证的使用和推广成为可能。目前的基本考虑是，在加强全团基本信息数据库和管理系统建设的基础上，结合各地实际逐步推出电子团员证，逐步实现网上实时团籍认证、团员注册、团组织关系转接和团员统计、团费收缴以及更多的服务功能，使电子团员证成为集团籍管理终端、团的工作平台、团员服务载体于一体的团员个人学习生活工作的重要工具。

说明完毕。

秦宜智在全国城市战线共青团工作会议上的讲话

2014 年 1 月 20 日，根据录音整理

前不久召开的党的十八届三中全会和中央城镇化工作会议，对全面深化改革和有序推进城镇化作了战略部署。在这一背景下，我们召开这次会议，思考和研究以中央的战略部署来统领、指导和推进全国城市战线共青团工作，这对于全团更好地围绕中心、服务大局，进一步提升城市战线共青团工作的凝聚力、战斗力和创造力，具有重要意义。

这次会议的主要任务是，深入贯彻落实党的十八大和十八届二中、三中全会精神，认真学习贯彻中央城镇化工作会议精神，认真学习贯彻习近平总书记系列重要讲话特别是关于青年和共青团工作的重要指示精神，全面贯彻落实团的十七大、十七届二中全会工作部署，分析研究全面深化改革、推进新型城镇化背景下城市共青团工作面临的新形势，进一步理清思路、凝聚共识，推动全团城市战线工作开拓创新。

长期以来，城市共青团组织紧紧围绕全团重大工作部署，锐意进取，探索创新，培育和创造了青年文明号、青年岗位能手等一批在社会上有影响力、在青年中有号召力的工作品牌。特别是近年来，在重点领域实现工作突破，做了大量富有成效的工作。一是教育引导青年取得新成效。广泛开展“青春建功中国梦”主题教育实践活动，帮助青年深刻认识“中国梦”的时代背景、本质内涵和实现路径，引导青年自觉把个人理想融入共同理想。二是基层组织建设和基层工作取得新成绩。非公团建、街道团组织格局创新、行业团建取得突破进展，国有企业、机关事业单位等传统领域团建得到巩固。截至去年底，全团已建立 60.55 万家“两新”团组织，对 2950 万名 35 岁以下青年实现组织覆盖。三是打造“青字号”工程迈出新步伐。深化青年文明号、青年岗位能手等品牌活动，探索青年创业小额贷款、青年就业创业见习基地等载体，在促进青年成长成才、服务经济社会发展方面作出了贡献。这些成绩来之不易，离不开各级团组织和广大团干部的扎实工作、艰苦努力。在这里，我代表团中央书记处，向大家，特别是城市战线广大基层团干部，表示衷心的感谢！

党的十八大以来，以习近平同志为总书记的党中央对青年和共青团工作高度重视、亲切关怀，提出了一系列新思想、新要求，集中体现在习近平总书记五四、六一、6·20 重要讲话和给北京大学部分学生、本禹志愿服务队的回信里，体现在党中央书记处听取团中央书记处工作汇报时的重要指示里，体现在李源潮同志近期对共青团工作的重要部署里，为我们指明了前进方向、提供了重要遵循。十天前，我们召开团十七届二中全会，全体委员集思广益、建

言献策，审议通过《全面深化改革进程中共青团工作五年发展纲要》，集中部署了全团贯彻落实中央新精神新要求、推进当前和今后一个时期共青团工作新发展的总体思路和工作布局。大家要认真学习领会，在党和国家工作大局、共青团事业发展全局中，进一步找准城市战线共青团工作的切入点、着力点，思考和探索工作的制高点、创新点，全面推动城市战线工作上台阶、上水平。

刚才6位同志作了典型发言，大家从区域化团建、青年创业就业、青年文明号品牌深化、青年社会组织培育等不同侧面介绍了各自工作的经验和体会，讲得都很好。这几个方面工作是我们下一步要集中精力在全团大力推进的重点。希望大家在分组讨论过程中，都把自己有特色的工作说一说，互相学习、互相启发，共同把今后的工作做得更好。明天上午，鸿雁同志将就当前和今后一个时期城市共青团工作做出具体的安排和部署。这里，我先谈几点意见，和大家交流。

第一，以宽广的视野把握全面深化改革、推进新型城镇化带来的机遇和挑战，进一步增强历史责任感和使命感

党的十八届三中全会作出了全面深化改革的战略部署，中央城镇化工作会议明确了推进城镇化的指导思想、主要目标、基本原则、重点任务，这将成为城市战线共青团工作的时代背景。习近平总书记指明共青团工作要把握好“三个根本性问题”和“两大战略性课题”，这是共青团工作的根本遵循。我们要置身时代背景下思考，依据根本遵循来行动，进一步认清形势、凝聚共识、明确方向。要把握好三个方面：

首先，推进新型城镇化，给城市战线共青团工作带来新机遇新挑战。中央有一个明确的判断，认为“我国城镇化发展已经站在新的起点上”，强调要“坚持走中国特色新型城镇化道路，推进以人为核心的城镇化”，“到2020年常住人口城镇化率达到60%左右”。伴随这一必然要遇到的经济社会发展过程，青年跨地域、跨职业、跨产业的流动日益增多，越来越多的青年将从农村向城镇转移，从第一产业、第二产业向第三产业转移。现在，超过1亿的新生代农民工有着强烈的“市民化”诉求，相当数量的高校毕业生首选在较大城市就业创业。城市青年群体日益分化，自由职业者、网络作家、独立演员歌手、网店人员等新兴领域从业的青年多了，北漂、蚁族等困难青年群体多了，活跃在网络空间、虚拟社会里的青年群体多了。这一方面加重了城市战线共青团工作的分量，工作对象多了，工作空间大了；另一方面也为城市战线共青团工作改革创新提出了新的更高要求，从思想引导的针对性实效性，到服务青年的能力和水平，再到传统团建的模式和方法，都需要我们与时俱进地作出新的探索、新的调整。

其次，推进国家治理体系和治理能力现代化，给城市战线共青团工作带来新机遇新挑战。推进社会事业改革创新，创新社会治理体制，是党的十八届三中全会对全面深化改革战略部署的重要内容。当前，社会组织格局发生深刻改变，以青年为主体的社会组织大量涌现。据不完全统计，全国以青年为主的社会组织有100多万个，其中80%在城市，并以每年超过百分之十的速度在增长。中央明确“加强党委领导、发挥政府主导作用、鼓励和支持社会各方面参与”的社会治理思路，提出了转变政府职能的硬任务。这意味着政府将把更多的社会事务和资源交给人民团体和社会组织承担，将对共青团的资源整合、工作空间、组织形式产生深远的影响，对共青团提升社会化动员能力、更好地吸引和凝聚青年提出新的挑战。共青团与其他青年社会组织相比，有着鲜明的政治优势、思想优势、组织优势和干部优势。我们要善于巩固优势、发扬优势，看准机遇、积极作为、赢得先机，主动去搭好党与青少年之间的桥梁，主动去承接政府青少年事务，主动去加强对青年社会组织的吸引和凝聚，创新共青团统筹、团属组织联动、青年社会组织合作的工作平台，发挥好枢纽作用，努力通过团结和服务更多的青年社会组织，来团结和服务更多的城镇青年。

再次，新媒体迅猛发展，给城市战线共青团工作带来新机遇新挑战。据最新统计数据显示，全国网民数量已经超过6亿，其中手机网民4.6亿，手机应用开发超过100万。青年已成为我国网民的最大群体，移动社交改变着青年的人际关系，移动电子阅读改变着青年的学习习惯，移动支付改变着青年的生活消费方式，可以说青年网络化生存、网络化生活成为常态。互联网的广泛应用还在重塑舆论生态，论坛、微博、博客、微信等越来越成为青年获取信息的主要渠道，网上舆论对青年有着巨大的影响。城市共青团要把用好新媒体当作一件大事来抓，运用新媒体拉近与城镇青年的距离，提升传统工作项目的效果，加强对城镇青年网上思想引导、舆论引导，积聚网上正能量。要把城市战线团的组织和工作向新媒体青年从业人员延伸，加强各类网站等新媒体团组织建设。城市战线团干部要加强与新媒体从业青年的交流，共同走进基层、融入青年、服务青年。

机遇总是平等的，挑战也是常在的。善于抓住机遇，工作就会越来越主动。以上三个方面的新机遇新挑战，应该说进一步凸显了城市战线共青团工作的地位和作用，也提出了新的更高的要求。大家要清醒把握形势，以强烈的历史责任感和使命感，扎实做好新形势下的城市战线共青团工作。

第二，以引领为追求，树立全团动手抓理想信念教育的意识，进一步把城镇青年的思想和认识统一到中央精神上来

习近平总书记深刻指出，“提高团的吸引力和凝聚力，关键是要高举理想信念的旗帜”，“共青团要做好青年思想引导工作、增强吸引力和凝聚力，必须站在理想信念这个制高点上”。中央书记处听取团中央书记处工作汇报时强调，“青年强则国家强，青年强，最重要的是理想信念要强”，要求全团抓好理想信念教育。源潮同志在团十七届二中全会上要求，“共青团要充分认识加强理想信念教育是培养中国特色社会主义事业建设者和接班人的核心任务，增强为党育人、为民族筑魂的责任感紧迫感”。概括起来讲，就是要引导青少年树立和坚定在中国特色社会主义道路上实现中国梦的理想信念，这是十八大以来党中央对共青团最集中、最鲜明的要求。

去年8月，习近平总书记在全国宣传思想工作会议上，专门论述了全党动手和部门负责的辩证关系，强调做好宣传思想工作仅靠宣传思想部门是不够的，必须全党动手。这启发我们、也要求我们，在落实中央要求、抓实理想信念教育的过程中，必须树立全团动手的意识、形成全团动手的局面。做好青少年思想教育工作，不仅团中央承担着十分重要的责任，团省委、团市委都承担着十分重要的责任，尤其是基层团支部直接面向青年、服务青年，发挥着不可替代的作用；不仅共青团宣传战线承担着十分重要的使命，必须守土有责、守土负责、守土尽责，同时还要动员组织、城青、农青、学校、少年、统战、权益等各条战线、各个部门一起来做。只有把理想信念教育同各个层级、各条战线的共青团工作更加紧密地结合起来，真正融入到共青团全部实践载体和工作过程之中，才会形成生动活泼的态势，才能更好地履行培养中国特色社会主义事业合格建设者和接班人的根本任务。

具体到城市战线，在理想信念教育方面，要注重抓好三个方面的任务：

一要深化“青春建功中国梦”主题教育实践活动，更好地凝聚青年、激励青年、引领青年。城镇化进程伴随着农业文明向工业文明、生态文明的转型，将带来人们价值观念的冲击与思想意识的碰撞。大量的农村富余劳动力和农村人口向城镇转移，既意味着定居落户、稳定就业、医疗卫生、社会保障等物质层面的转移，也意味着思想意识、价值观念、道德素养等精神层面的转移。越是改革的攻坚期和深水区，越是思想意识多元、多样、多变，越需要我们做好凝魂聚气、扩大共识的工作。中国梦是一个形象的表达，是一个最大公约数，核心内涵是中华民族伟大复兴。我们要把加强“中国梦”和中国特色社会主义宣传教育放在突出位置，努力把积极的思想主张、正确的价值观念体现到“青春建功中国梦”、“振兴杯”、“青年文明号”等实践载体中去，寓思想引导于服务之中、于活动之中，帮助城镇青年正确看待我国经济社会发展的阶段性特征，养成辛勤劳动、诚实劳动、创造性劳动的观念，帮助城镇青年追梦圆梦、人生出彩，使“中国梦”真正同每个城镇青年的个人理想和工作生活紧密结合起来。

二要把培育和践行社会主义核心价值观融入到城市战线共青团工作的全过程。前不久，中央专门出台意见、召开座谈会，研究部署培育和践行社会主义核心价值观工作，要求从娃娃抓起，从青少年抓起。我们要结合城镇青年的思想实际和成长规律，把国家、社会、个人三个层面的“倡导”融入到城市战线共青团工作之中。要深化“青年文明号”、“青年岗位能手”等品牌活动，发挥城市青少年宫、青年综合服务平台等社会实践阵地作用，引导青少年在真切的亲身参与、深刻的实践体验中培育和践行社会主义核心价值观。要依托“最美青工”等工作载体，推选和宣传城镇青年身边可亲、可信、可学的典型，发挥好同伴教育的特有优势，以榜样的事迹和精神引导城镇青年自觉树立积极的人生态度，练就过硬的技能本领。要积极运用城市战线团组织的微博、公共微信、手机报等新媒体手段，弘扬主旋律，传播正能量，加强正面思想引导，加强优秀传统文化宣传教育，加强生态文明宣传教育，推动形成培育和践行社会主义核心价值观的良好网络环境和浓厚舆论氛围。

三要探索创新实践载体，找准服务城市文化软实力建设的切入点。文化是城市的灵魂，每一个城市都有自己的历史记忆、地域特色、民族特点。按照中央部署，推进新型城镇化将是未来一个时期城市工作的中心任务。这一中心任务既包括人口定居落户、城镇优化布局、基础设施建设、产业规划发展等硬实力，也包括城市文化传承、文明涵养等软实力建设。现在，很多城市都在提炼和宣传城市精神，争创文明城市。青年反映着城市的精神面貌，城市文明为城镇青年提供着精神滋养。特别是中央提出到2020年逐步解决1亿农民工及其家属在城镇落户，这些“新市民”如何融入城市文明，虽然不像基本生活保障需求那样迫切，但却有着更深层次的影响。城市共青团要围绕自己城市的定位，参与提炼和宣传自己城市的独特文化、独特魅力，探索创新实践载体，以喜闻乐见、具有广泛参与性的方式，推广城市文化内涵，塑造城市良好形象。要动员城镇青年深入开展学雷锋志愿服务活动，引导“新市民”和“老市民”共同追求讲道德、尊道德、守道德的生活，培养奉献友爱、互相帮助、共同进步的情怀追求，形成向上的力量、向善的力量，涵养城市文明。要注重引导80后、90后新生代农民工培育城市文明、生态文明意识，既“身入城市”，也“心入城市”。

需要强调的是，要带动广大青年坚定理想信念，自身必须坚定，城市战线的团干部要率先坚定理想信念。大家既要勇于实践，也要善于学习，加强对党的理论的学习，加强对习近平总书记系列重要讲话特别是对青年和共青团工作重要讲话的学习，加强对党史、中国近现代史、社会主义发展史的学习，努力掌握马克思主义立场观点方法，真正理解和把握好中国特色社会主义的本质内涵、历史依据和实践要求,打牢理想信念的理论根基、历史根基、实践根基。要重视调查研究,多到城镇青年中去,多熟悉基层的情况,把握好进城务工青年、蚁族、北漂等各类青年群体的动态变化。习近平总书记强调,“巩固和扩大党执政的青年群众基础,是共青团的政治责任”。政治责任的落实,需要靠政治工作的扎实。关于政治工作,毛泽东同志有一个形象的说法,“战士看到干部也挖地,官兵关系就可以改善,这就是政治工作”。这两天,中央正在对第二批党的群众路线教育实践活动作部署,接下来半年时间,很多城市将启动这项工作。城市共青团要以高度的政治责任感抓好这项活动,开展好“走进青年、转变作风、改进工作”大宣传大调研活动,切实打牢城市战线团干部的群众观点、群众意识,增强实践群众路线的能力,树立城市战线共青团组织的形象,依靠务实的作风、扎实的工作、踏实的形象,把青年吸引和凝聚到党的周围,巩固和扩大党执政的青年群众基础。

第三,促服务上水平,抓好服务青年创业就业这一重点,切实提高城市共青团工作的吸引力和凝聚力

党的十八届三中全会提出,要完善扶持创业的优惠政策,形成政府激励创业、社会支持创业、劳动者勇于创业的新机制。要促进以高校毕业生为重点的青年就业和农村转移劳动力、城镇困难人员就业。结合城镇青年实际,我们感到,创业就业是最基本、最关键的需求,因此,团的十七大把集中力量做好促进青年创业就业工作作为重点任务突出提了出来,这是统筹考虑党政工作大局、青年成长需求和共青团工作条件的基础上的一项重大工作部署。城市是经济活动最为活跃的空间,也是青年创业就业最为集中的领域。城市共青团组织要强化青年创业的主题,把引导、支持青年创业作为重要任务来抓,以创业带动就业,在以下三个方面多下功夫:

一是加强资源统筹。服务青年创业就业,是一项系统工程,需要科学谋划、持之以恒、系统推进。近年来,全团城市、农村、学校等战线都进行了有益的探索,打下了很好的工作基础。前段时间,团中央书记处统筹全团服务青年创业就业工作,对各条战线、团中央部分直属单位的工作资源、工作项目作了整合,目的是优化资源配置,加强共青团促进青年创业就业服务体系建设,提升全团青年创业就业工作的整体性和实效性。会议召开前,团中央下发了《关于加强促进青年创业就业服务体系建设的实施意见》,提出了具体的工作任务和工作要求。城市共青团组织要认真抓好贯彻落实,积极整合各方资源,建立完善有效的青年创业就业服务体系。

二是把握关键环节。紧紧围绕促进青年特别是青年大学生、青年农民工创业,以举办青年创新创业大赛为牵动,培育一批具有市场价值、发展潜力巨大、符合青年实际的创业项目,为创业青年提供政策优惠、辅导咨询、投资融资等链条式服务,优化青年创业环境。要以培养中小企业创业者为重点,加强青年创业园区建设。一方面,积聚团内资源,加强团属青年创业服务中心、青年创业园区等阵地建设;另一方面,整合社会资源,依托中小企业创业基地、创新型企业孵化器等已有园区和孵化基地,提供孵化服务。要加强青年创业就业意识教育,引导青年增强创业意识,把创业梦、就业梦、实现个人抱负融入“中国梦”的伟大实践。

三是增强工作实效。主动研究、分析在新型城镇化背景下城市青年创业就业的新政策、新需求、新特点,尊重现代市场经济体系运行规律和基本准则,在政府部门和各类社会组织分工中找准城市共青团的位置,准确把握青年创业就业的需求,进而设计和实施有针对性、操作性的工作载体。注重对全团服务青年创业就业的好经验、好做法的总结提炼,形成长效制度，加强宣传推广，同时要注意把共青团的工作载体和制度安排，纳入政府就业工作总体格局。要把共青团有限的资源利用好，把各种社会资源整合好，抓住不同领域、不同群体青年创业就业难的关键环节，不贪多求全，不搞形式主义，量力而行、尽力而为，务求实效。刚才，广东团省委介绍了推进青年创业的一些做法，很有针对性，很有启发。不管是服务青年成长，还是推进新型城镇化、推动经济社会持续健康发展，促进青年创业就业都是一项非常重要的任务，需要我们一起来努力。

中央城镇化工作会议部署了农民工职业技能提升计划，提出用几年时间使每一个农民工特别是80后、90后农民工，都能至少得到一次免费的基本职业技能培训。近年来，各城市团组织在推进驻外团工委建设、打造青年综合服务平台、加强服务新生代农民工技能培训等方面，做了很多工作，也有不错的效果。接下来，各城市团组织在服务进城务工青年方面，特别是加强职业技能培训、创业培训和扶持等方面的工作力度不能减，要反复抓，进一步抓出实效。

第四，把覆盖作基础，着力创新城市共青团组织格局，进一步扩大对城镇青年的有效覆盖

城镇青年集中度相对较高，但群体结构、流动分布、成长需求呈现不同的特点。城市战线共青团要着眼于扩大对城镇青年的有效覆盖，不断加强和创新组织建设，集中精力在城市街道区域化团建和新兴领域团建两个方面进行攻坚。

关于区域化团建工作。针对城市青年分布特点，以区域化来实现对城市青年的最大覆盖，是团的十七届二中全会提出的一项重要工作部署，是共青团积极参与社会治理体制创新、实现团组织格局创新的有益探索。我们看到，随着城市社区管理制度的不断完善，街道成为城市管理的重要层级，承载了大量的社会功能，驻区机关、企业、学校、商业机构等构成了城市运行的基本单元，各类青年集聚生活在社区，街道社区成为共青团联系青年的重要组织依托、整合社会资源的重要工作载体、开展活动的重要阵地空间。推进城市区域化团建，就是要立足基层服务型团组织建设，突出街道团工委的堡垒作用和枢纽功能，打破行业、层级、所有制界限，健全和完善在团组织领导下的，由青少年服务阵地、各类青年社团和青少年社会服务机构等有机结合的工作网络，实现区域内组织共建、资源共享、阵地共用、工作联动，形成网格化管理、阵地化服务、社会化运作、功能化发展的区域整体性工作格局。刚才，上海团市委、浙江团省委介绍了这方面的做法和经验，相信大家听了以后会有所启发。在这一格局中，街道团工委肩负指导基层各类团组织建设、发展团员和团籍管理、推动社区青年阵地有形化等职责，是共青团在城市中的组织堡垒；同时又具备联系社区团员青年和青年社会组织的优势，理应成为区域化团建的重要枢纽。

推进城市区域化团建工作，要充分利用好已有的工作基础。近年来，城市战线通过抓街道团组织格局创新、社区团建试点及落实经费保障等工作，使街道团组织具备了一定的组织基础、干部力量和工作保障。上海、浙江、广东、北京、重庆等地在区域化团建、青年工作阵地建设方面为全团探索了一些成熟的模式和案例，这些都为我们推动区域化团建打下了基础。进一步推进区域化团建，需要把握以下几个重点：一要转变工作理念。城市团组织要强化属地意识、属地原则，打破团内条块分割，努力实现从传统以“条”为主的工作方式向“条块结合、以块为主”的区域化整体推进方式转型，实现从传统意义上的“青工战线”向新形势下“城市共青团”的转型。需要说明的是，区域化团建是更加开放的组织运行模式，要促进区域内青年工作资源、项目、阵地的共建共享，整体性推动工作开展，避免重数量、轻质量，重组织建设、轻工作载体等问题。

二要形成整体合力。过去城市团组织开展工作，主要还是在相对封闭的单位体系内进行，与属地的街道、社区团组织缺乏必要的沟通和联系，资源配置和工作开展很不均衡，很大程度上制约了城市共青团工作的全面活跃。开展区域化团建，各类驻区团组织要实现“团务向团建转变、条属向区域转变、封闭向开放转变”，既充分发挥各自比较优势，又促进形成分工协作、整体推进的格局。在这方面，团中央城市部和省级团委要结合实际，加强协调、参与和评价等机制建设，引导各级条属团组织融入区域化团建。

三要突出街道枢纽作用。街道团组织要努力成为联系街道辖区内各类青年的聚合点，发挥对青年社会组织政治引领、业务指导、服务管理的作用，统一整合辖区内人、财、物、信息等资源，属地化协同推进各方面工作。

四要构建综合服务平台。这是党中央书记处提出、团十七届二中全会作出明确部署的一项重要任务。各地要适应区域化团建的新格局，大胆探索，勇于实践，整合现有资源、凝聚各方力量，努力建设具有综合服务功能的共青团工作阵地。重点依托街道社区团组织、青年中心、青年汇、亲青家园、青春驿站等组织和工作载体，把更多地青年吸引过来，使其成为共青团组织延伸手臂、增强活力的重要依托。要通过综合服务平台建设，加强对青年社会组织的联系、服务和引导工作，努力使其成为团组织联系青年的重要组织基础、整合社会资源的重要工作载体、开展活动的重要阵地空间。

关于新兴领域团建工作。党的十八届三中全会强调发挥市场在资源配置中的决定性作用，公有制经济和非公有制经济都是社会主义市场经济的重要组成部分。非公有制经济将越来越活跃，聚集的从业青年将越来越多。我们可以得出一个基本判断，团组织覆盖职业青年的重点在城市，城市重点领域在非公有制经济组织和新社会组织。与机关、国有企事业单位和大中学校等传统领域相比，非公有制经济组织和新社会组织是团建工作比较薄弱的环节，是亟待啃下的“硬骨头”。只有把这个环节抓好，在这个领域的团建上取得突破，才能更加有效地扩大团的组织覆盖和工作覆盖。继续抓好新兴领域团建要更加注意以下三个关系：

一要处理好“建”与“活”的关系，建活并重，以活促建。团的组织覆盖和工作覆盖的目的，在于引导青年跟党走。组织数量与活力是辨证统一的关系，二者相互促进、协调发展。现在看，一些非公有制经济组织和新社会组织已经有了团组织，但工作开展得还不够充分，未能紧扣企业的生产经营，未能形成适应企业管理方式和资源分配方式的运作模式，对青年的吸引力打了折扣，“建而不转、存而不活”。下一步，要在继续扩大组织覆盖面的基础上，着力抓好“活力工程”，促进实现团的组织和团的工作“双覆盖”，做到哪里有团员哪里就有团的组织，哪里有青年哪里就有团的活跃工作。

二要处理好“大”与“小”的关系，抓大带小，示范带动。抓大区域，大力推动各类经济园区和园区企业建团，推动各地成立省级经开区团指委，努力实现重点区域非公企业团建的块状突破。抓大企业，着力推动团建工作向从业青年多、经济规模大、社会关注度高、社会渗透力强的较大非公企业聚焦。抓大行业，继续探索在具备条件、青年聚集的行业建立团的组织平台和工作平台。抓骨干网络，通过省级100家、地市级70家、区县级40家的直接联系和管理，构建覆盖较大规模非公企业的组织框架体系。

三要处理好“新”与“老”的关系，新的进入，老的巩固。经济市场化程度越来越高，社会越来越有活力，各种新兴行业和职业不断涌现，最典型的例子就是电商业和物流业的迅猛发展。青年对新生事物具有天然的敏锐嗅觉，新兴行业往往是吸引青年就业的主要领域。对于像电商、物流、新媒体从业人员等新兴领域，我们要大胆进入、拓展创新，建立团的组织，活跃团的工作。机关事业单位和国有企业是共青团的传统优势领域，但在市场经济条件下同样面临新的课题，我们要善于总结经验、巩固加强。今天参加会议的7家系统团委和7家团指委、行业团委，要在实践中继续为全团贡献有益的经验。

需要强调的是，城市共青团要下功夫做好城市边缘青年群体服务引导工作。以蚁族青年为例，他们大多来自农村地区，接受过高等教育，对城市文明有着较高的认同感，是具有潜力、能够融入城市、实现身份转变的青年群体。这一群体的多数处于"半市民化"状态、"两栖"状态，就业不稳定、收入较低，在成长成才、创业就业、身心健康、社会融入、婚恋交友等方面还面临着许多困难和问题。他们集中聚居在城中村和城乡结合部，或者散居在居民区出租屋和群租房，仍是目前团的组织和工作覆盖明显不足的环节。城市共青团要更加关注城市边缘青年群体的生存状况，走入他们的生活空间，加强沟通联系，帮助职业发展，促进社会融入，努力成为他们想得起、找得到、靠得住的力量。这项工作团中央已经作出部署，先从大城市入手，通过试点探索有效路径，相关省市要以高度的政治责任感抓好落实。要深入研究这些青年群体的分布和聚集特点，针对他们现实生活中存在的问题，探索沟通联系、组织覆盖、服务管理、思想引导的路径和载体，总结普遍性规律。特别要注意与推动区域化团建、两新组织团建、驻外团工委建设等结合起来，做到相辅相成、相互促进。

第五，做好城市共青团工作需要把握好的几个问题

一要始终坚持基层导向、青少年导向。要始终坚持眼睛向下、重心下移，把基层城镇青年需要不需要、欢迎不欢迎作为开展工作的衡量标准，多做抓基层、打基础的工作。要尊重基层首创精神，尊重基层青年主体地位，对于各城市团的工作好经验好做法要善于总结、及时推广，对于城镇青年沟通联络的新组织、新业态要多关注、多观察，既给予尊重，又探索引导。要带着问题意识谋划工作，带着韧劲推动工作，带着感情为青年服务，多支持基层社区团建和团的工作，把工作资源、工作力量、工作项目向基层倾斜、向社区流动。要拓宽联系青年的渠道，通过建立工作联系点、结对子等方式，拉近团的领导干部与基层青年的距离。

二要把青字号品牌打造成"老字号"。这些年，城市战线培育和形成了一批诸如青年文明号、青年岗位能手、青工技能振兴计划、青年创新创效行动等品牌工作。我们要充分发挥好它们在社会上和青年中的影响力，努力把这些青字号品牌擦亮，打造成"老字号"、开成"百年老店"，力争形成更加良好的社会信誉，赢得更加广泛的社会认同。要通过深化青字号品牌创建活动，发挥好先进典型的示范带动作用，引导广大青年立足本职、争创一流，在推动经济社会持续健康发展中发挥好生力军作用。特别要抓住青年文明号开展20周年的契机，不断赋予其新的内涵，把创建领域延伸到新兴产业领域、网络虚拟领域，完善管理运行机制，使青年文明号成为共青团动员青年建功、服务青年成长的重要工作品牌、成为一种文化符号。要进一步做好青年企业家协会工作，从共青团组织属性和青年企业家特点出发，优化组织功能，着力在人才培养上下功夫，培育一批高素质的优秀青年企业家，充分调动和发挥好他们服务青年、奉献社会的积极性和主动性。要进一步深化青年岗位能手活动，把握青年职工的现实需要，结合对最美青工的宣传，寻求更多行业协会支持，动员更多青年参与，把工作做到青年职工最需要的地方，为他们学习成才、人生出彩搭建平台、提供帮助。

三要探索社会化运行机制。要坚持"眼睛向外",充分发挥协调各方的优势,创新资源整合的社会化机制,拓展资源获取渠道,通过合理的活动设计和工作模式,向市场要资源,向社会要资源。同时,要注重用好用足党政资源,通过承办政府青少年事务、承接政府购买服务等方式,进一步为城镇青年成长发展提供相对稳定的项目支持和优惠的政策扶持。

四要创新工作方式方法。要紧跟青年沟通、交流、聚集和联络方式的新变化,以把握青年需求为前提,提高工作科学化水平。要适应互联网特别是移动互联网快速发展的时代特点,认清新媒体对青年思想观念、生活方式、表达方式带来的深刻影响,在联系、组织、服务青年和提高工作效率方面用好用活新媒体。

同志们,全面深化改革和新型城镇化的历史进程,把城市战线共青团工作推到了新的起点上。新的起点,需要新的作为。让我们共同努力,以更加奋发的精神状态、更加扎实的工作作风,推动城市共青团工作实现新的突破、取得更大成绩!

再过几天就过年了,在这里给大家拜个早年,祝同志们在新的一年身体健康,工作顺利,阖家幸福!

秦宜智在团中央机关第20批挂职干部座谈会上的讲话

2014年1月23日,根据录音整理

一转眼大家在机关挂职的一年时间就要结束了。刚才,12位同志代表大家谈了收获和建议,谈了下一步工作的设想,听了之后很受启发,很受感动。大家因为有了奋斗,才有了收获;也因为有了努力工作、认真思考、细心观察、扎实积累,才有了对今后工作更好的打算。大家对机关以及对全团工作的建议,包括对挂职工作的建议都很好,其中一些建议已经在落实当中,其他的一些建议下一步我们将根据工作实际认真研究处理。

大家在团中央挂职这一年,正是团中央经历一系列重大事件、对全团工作有重要意义的一年。很多同志在发言中都提到,党中央在谋划推动党和国家重大工作的同时,对共青团和青少年工作特别关心和重视。比如,去年5月4日习近平总书记参加"实现中国梦·青春勇担当"主题团日活动,与各界优秀青年代表座谈;5月29日,总书记参加"快乐童年·放飞希望"主题队日活动,殷切寄语全国少先队员。6月17日,团十七大开幕,总书记与其他中央政治局常委同志出席开幕式。6月20日,总书记同新一届团中央领导班子成员集体谈话。习近平总书记的几次重要讲话,对全体青年、对全团工作、对书记处同志、对团干部都提出了非常明确的要求。总书记还给北京大学考古文博学院2009级本科团支部全体同学回信,给华中农业大学"本禹志愿服务队"回信。今年1月6日,刘云山同志主持中央书记处会议,听取了团中央工作汇报,对新一年工作作出了重要指示。党中央和总书记对于共青团工作和青少年事业提出的新思想、新希望、新要求,为共青团工作指明了方向,注入了动力,也创造了条件。

过去的一年,我们按照中央要求,结合共青团实际,开展了一系列工作。4月份在全团开展"我的中国梦"主题教育实践活动。6月份召开团的十七大。党的群众路线教育实践活动开始以后，我们除了踏踏实实完成规定动作，还开展了“走进青年、转变作风、改进工作”大宣传大调研活动。我们考虑，落实总书记一系列新要求，必须要有这样一个过程。通过这项活动，进一步领会中央精神，一起谋划共青团未来五年的工作，这些成果集中体现在团十七届二中全会上。同时，针对用好、管好互联网，我们建立了团的网络评论员队伍，连续发了多篇充满正能量的网络评论文章，引起了比较好的社会反响。同时，我们各条战线的工作，以及青联、学联、少先队的工作都在原来的基础上迈上了新的台阶，实现了新的进步。这其中包含着大家的奋斗、智慧、奉献和拼搏。在这里，我代表书记处、代表机关的同志们向第20批挂职的同志们表示衷心的感谢！

大家即将结束挂职返回原单位，我要把总书记给团干部提出的4句话、24个字的要求送给大家。

一是希望大家牢记总书记的教诲，坚定理想信念。坚定理想信念是新一届党中央和习近平总书记在多个重要场合，面向全党、面向全团提出的非常重要的要求。打铁还需自身硬。对团干部来说，要使团员青年坚定理想信念，我们自己理想信念首先要坚定。如何坚定理想信念？一方面要学历史。学党史、学国史是总书记非常强调的。最近我看了中央电视台热播的电视剧《毛泽东》，感触很深。中国共产党带领全国人民发展到今天，确实不容易。革命年代，我们面对的不仅有武装精良的日本侵略者，有猖狂嚣张的国民党反动派，就是在共产党内部，我们也经历了很多不容易的事情。我们经历了陈独秀的右倾投降主义，经历了李立三的“左”倾冒险主义，经历了博古、李德不切实际的瞎指挥，也经历了王明“挟共产国际以令中国”，每一次都差点葬送党的命运。坚定理想信念，就要真信中国特色社会主义。这条道路走到现在不是谁突然想出来的，不是单纯比较出来的，而是多少红军战士和老百姓用鲜血和生命换来的，是不可以假设的。在新的条件下只有坚持这条路，我们将来才会更好。另一方面要学理论。最近看了有关社会主义500年发展历史的材料，从社会主义最早理想的乌托邦，到空想成为理论、理论成为实践，一直到结合中国实际的成功应用，很受启发。到了一定年龄，要真正把一样东西作为理想信念，如果没有理论方面的学习和思考，只靠别人说，自己不去想、不去比较、不去辨别，是很难做到的。只有通过自己的学习思考建立起来的理想信念，才可能坚定。

坚定理想信念除了学历史学理论，在实际中还有一个很重要的方面，就是在人生得意、到处是鲜花掌声的时候要坚定理想信念，更重要的是在遇到诸多不如意、人生非常艰难的时候也要坚定理想信念，这是更难得的。只有这种时候的坚守，才有可能尽快走出不如意。对一个政党、一个国家是这样，对一个人也是这样。今天在座的大部分是70后、80后，大家把我们今天的生活和国外、和过去比一比，就会发现我们有目前这样的局面，是靠党的领导、是靠坚持中国特色社会主义道路带来的，就能够更好地理解和坚定走中国特色社会主义道路的理想信念。

二是希望大家牢记总书记的教诲，心系广大青年。我们团干部做青年工作，只有时刻想着服务对象，才可能把工作做好。这本来是很浅显的道理，但是总书记提出要我们心系广大青年，说明我们做的还有差距，确实要进一步认识到心系广大青年的重要性。我们总说，党最大的优势是联系群众，执政后最大的危险是脱离群众，对共青团来说是一样的。如果我们脱离了服务对象，我们的工作就会没有根基、没有目标，就很难谈得上把工作做好。怎样心系青年？大家也都谈到了，一定要能够身入、心入青年之中，真正与青年交朋友，知道青年在想什么、盼什么，有什么苦恼，对我们这个组织、对服务青年的社团等一些新的组织有什么期待。只有真正身入、心入青年，我们工作的针对性才能更强。

过去我们很善于做所谓的传统领域的青年工作。希望大家以后进一步关注、真正联系新兴领域的青年。现在这些领域的青年很多，包括总书记在5月4日和6月20日讲话中提到的新文化组织青年以及北漂、蚁族等，他们是时代新的特征。在这方面，我们的工作和总书记的要求是有差距的。今后我们一定要把他们的工作做好。

三是希望大家牢记总书记的教诲，提高工作能力。要想提高工作能力，第一是要有事业心、责任感。不管是在什么岗位，如果不热爱自己所从事的事业，不能真心投入自己所做的事情，就很难谈得上有多高的能力。作为团干部，如果不热爱团的岗位，只期望转岗以后会干得多好，这在理论上、逻辑上是说不通的。如果在团的岗位都做不好，大家怎么可能相信你离开团的岗位以后会做得好呢？现在，很多地方和行业都有这样的倾向，团干部在团的岗位上心里不踏实，刚来没多长时间，就想着通过各种机会离开，这是一种不好的现象。

提高本领的第二个方面是刻苦学习。现在要学的东西非常多，大家谈到机关很多年保持了向书本学习的好传统，但是向书本学习只是一个方面，既要向书本学，也要向实践学，要向身边的同志们学。大家从四面八方到这样一个临时的集体里面，背景、成长经历都不一样，互相学习是完全有可能的。在一个岗位时间长了，完全从事同样的事情，互相学习就更有必要。我还特别强调一点，最近总书记和党中央特别强调学习传统文化，我想这是有深刻用意的。传统文化要好好学习，它凝聚着中华民族最深沉的精神追求，是我们中国人之所以为中国人的基因所在。学习传统文化，不管是对自身的成长，还是对做好工作、待人接物，尤其是对家国天下这样一种情怀和理念都是有帮助的。

四是希望大家牢记总书记的教诲，锤炼优良作风。作风包含很多方面，最重要的是思想作风和工作作风要实。共青团做思想工作，做人心工作，客观上给人的印象就会比较不实，我们多年提倡的是“虚功实做”，在思想作风和工作作风方面尤其如此。党内也是一直这么要求的，一切从实际出发，实事求是，能够深入实际，能够了解实际，要办实事、说实话、求实效。因为工作的特点，因为大家对我们有这方面的看法，所以务实就显得更重要。当然，在生活作风方面，希望能够学更多积极的东西，比如谦虚谨慎、戒奢戒私。戒奢，就是要反对奢侈浪费，这是大家非常痛恨的。戒私，是总书记最近经常说的，私心的私。总书记的意思是，在我们这样一个国家，在我们这样一个党，包括在我们这样一个团，更多地提倡大公无私、先公后私、公而忘私，这些都有非常积极的意义。就像我们经常说的“我为人人，人人为我”，前提是“我为人人”，最后才是“人人为我”。

总书记的四句话学习了很多次，今天跟大家深入地分享。一年很快，大家从蛇年来到团中央机关，在马年回到原单位，祝愿大家在马年快马加鞭、马到成功。共青团有句话，聚是一团火，散作满天星。大家在团中央机关挂职就是团中央机关干部的一员，希望大家常回这个大家庭来看看，也盼着你们这些星星在祖国各地更加璀璨、更加耀眼！

秦宜智在团中央直属机关离退休同志迎春茶话会上的讲话

2014 年 1 月 24 日，根据录音整理

很高兴在马年春节即将到来之际，把各位离退休同志请到机关来，共迎新春、共话团情。刚才，几位离退休同志代表作了很好的发言，表达了对共青团事业的关心，并对书记处提出了很好的建议。我们将认真研究采纳，进一步做好各项工作。

老同志都非常关心关注团的工作。借此机会，我先向大家通报一下去年一年的工作和今年的一些安排。2013 年，是共青团事业发展进程中具有重要历史意义的一年。在党中央的领导下，共青团第十七次全国代表大会胜利召开，习近平总书记和中央政治局常委全体同志以及其他有关党和国家领导同志出席了开幕式，刘云山同志代表党中央致祝词。一年来，习近平总书记亲自参加团中央组织的"实现中国梦 · 青春勇担当"五四主题团日活动并发表重要讲话，参加"快乐童年 · 放飞希望"六一主题队日活动，出席团十七大开幕式并与团中央新一届领导班子成员集体谈话，给北京大学考古文博学院 2009 级本科团支部全体同学回信，给华中农业大学"本禹志愿服务队"回信，给全体在德留学人员回信。在这一系列重要讲话和重要指示中，习近平总书记对当代青年提出了殷切期望，指出了共青团工作必须把握的根本性问题和战略性课题，对广大团干部提出了明确要求，是我们做好新形势下青年和共青团工作的根本遵循。

2013 年，我们紧扣习近平总书记提出的两大战略性课题，推动共青团各项工作实现了新发展。

1. 在提高团的吸引力和凝聚力方面，我们把开展理想信念教育作为提高团的吸引力和凝聚力的主体工程，组织开展了 1 万余场中国梦主题宣讲活动、229 场"奋斗的青春最美丽"分享会、1400 多场岗位成才报告会、4000 多万团员青年参加的"我的中国梦"主题团日活动。

我们把围绕党政工作大局、动员青年建功立业作为提高团的吸引力、凝聚力的主旋律，进一步深化了"振兴杯"全国青年职业技能大赛、青年安全生产示范岗创建、"挑战杯"学术科技竞赛、保护母亲河行动、青年志愿者行动和大学生志愿服务西部计划等共青团的品牌工作。

我们把运用新媒体改造提升共青团工作作为提高团的吸引力、凝聚力的重要方向，大力加强共青团新媒体工作阵地建设，建设了近 4000 家团属网站，实施"千网联动"工程，开设"中青网评"栏目，加强对青少年的网络舆论引导。

我们把服务青年作为提高团的吸引力、凝聚力的主要途径，继续深化希望工程、培养青年岗位能手和青年致富带头人活动、青年就业创业见习和青年创业小额贷款工作、服务进城务工青年及其子女工作、共青团与人大代表政协委员面对面等工作，切实服务青年的实际需求。

2. 在扩大团的工作有效覆盖面方面，我们通过积极探索城市街道区域化团建、深入推进乡镇实体化"大团委"建设、巩固深化非公有制企业和社会组织团建、继续推进流动青年驻外团组织建设、加强农村专业合作组织团建、深化行业团建，进一步扩大了基层团组织网络的覆盖面。

我们通过全面推进基层党建带团建有关制度安排的落实，加强市、县级团的领导机关干部配备，规范基层团组织建设和工作内容，继续大力支持基层等措施，进一步激发了基层团组织的工作活力。

我们通过推动阶段覆盖，重源头、抓关键，注重做好少先队和中学、大学共青团建设。坚持少先队作为“预备队”“大学校”“儿童群众组织”的定位，加强少先队工作的制度建设、学科建设和辅导员队伍建设；认真推动《关于加强中学共青团工作的意见》的贯彻落实；举办全国高校共青团工作研讨班、开展高校团干部培训、加强对高校学生思想研判和共青团工作指导，推动高校共青团工作的全面活跃。

我们通过推动群体覆盖，稳传统、抓新兴，注重做好对新兴青年群体的联系和服务。进一步做好民族地区青少年工作，加强对共青团参与社会治理的研究和对城市边缘青年群体的研究，加强对蚁族、青年农民工群体等新兴青年群体的联系，为他们提供力所能及的服务。

2013 年，按照中央统一部署，我们深入开展了党的群众路线教育实践活动，认真对照为民务实清廉的标准，以作风建设为切入点，大力加强了团干部队伍建设。一是认真开展全团“走进青年、转变作风、改进工作”大宣传大调研活动，推动团干部下基层、接地气、受锻炼。团中央机关由书记处全体同志以及所有局级干部分别带队，组成 45 个调研组，在全国 31 个省（自治区、直辖市）基层单位开展了为期 3 周的宣讲、调研活动，完成了“办实事”、“同劳动”、“交朋友”、“结对子”等各项规定动作。二是按照“照镜子、正衣冠、洗洗澡、治治病”的要求，切实查找自身“四风”方面存在的突出问题，在对照检查、剖析原因的基础上，明确了 11 个方面的整改措施。三是下发了《共青团中央落实党的群众路线教育实践活动有关要求的几项规定》，进一步完善团内规章制度、加强对团干部的教育管理。

今年 1 月 6 日，刘云山同志主持中央书记处会议，听取了团中央的工作汇报，对共青团 2013 年的工作给予了充分肯定，对做好今年的工作提出了明确要求。1 月 10 日至 11 日，我们召开了团十七届二中全会，就 2014 年和今后一个时期的工作进行了研究部署。全会审议通过了《共青团十七届二中全会关于深入学习贯彻党的十八届三中全会精神，带领广大青年在全面深化改革进程中走在前列的决议》和《全面深化改革进程中共青团工作五年发展纲要》。《纲要》立足全面深化改革的新形势，明确了今后五年共青团工作的指导思想、总体目标和基本原则，从培育当代新青年、创造时代新业绩、服务青年新需求、激发组织新活力、凝聚社会新组织、进军网络新媒体、锤炼团干新风貌七个方面，具体部署了未来五年共青团工作和建设的主要任务和重要举措。

2014 年是党和国家全面贯彻落实十八届三中全会精神、全面深化改革的第一年。共青团将紧紧围绕党和国家工作大局，带领广大青年在全面深化改革进程中走在前列，重点做好六个方面的工作。

1. 把握重点，坚持不懈地加强青少年理想信念教育。引导广大青年确立正确的理想信念，是党对共青团工作第一位的要求，是团组织的首要任务。我们将切实加强青年理论武装工作，继续组织引导广大青年深入学习宣传贯彻党的十八届三中全会精神，深入开展“我的中国梦”主题教育实践活动，在广大青少年中大力培育和践行社会主义核心价值观。

2. 找准切入点，推动广大青年在全面深化改革进程中创新创业创优。今年，我们将继续深化青少年科技创新奖评选、促进青年就业创业、青年文明号评选、青年岗位能手评选、青工技能振兴计划、保护母亲河行动、大学生志愿服务西部计划和西部建功计划、“三下乡”、博士服务团等共青团品牌工作项目。

3. 突出特点，在共青团工作和建设中不断延伸手臂、创新手段。面对经济社会发展的新形势和青年出现的新特点，我们将创新工作方式方法，更加重视加强网络新媒体工作，大力加强对青年社会组织的联系、服务和引导，加快构建青少年综合服务平台。

4. 克服弱点，着力破解制约共青团工作的薄弱环节。继续扎实推进城市“区域化大团建”、农村乡镇组织格局创新和实体化“大团委”建设、流动青年驻外团组织建设、新经济组织和社会组织团建工作，努力加强团的基层组织和工作。采取青少年喜闻乐见的引导方式，继续增强青少年思想引导工作的针对性和实效性。抓住青年最现实、最紧迫、最普遍的需求，努力提高共青团服务青年的能力。

5. 完善机制，不断提升团的事业长远发展的生机活力。我们将着力构建区域化组织格局，根据青年群体流动、分布的变化，促进区域内青年工作资源、项目、阵地的共享，整体性推动工作开展。建立社会化运行机制，依托政府项目和市场资源，实现从主要依靠单位资源向与调动社会资源并重转变、从自上而下的行政动员向自下而上的群众化动员转变。推进事业化发展模式，逐步建立起运转能力强、团员参与度高、更加富有效能的运行机制。提高专业化工作水平，努力提高团干部和青年工作者队伍在相关领域的专业能力。

6. 带好队伍，努力建设一支党放心、青年满意的团干部队伍。要把党的群众路线教育实践活动成果制度化、常态化，教育广大团干部不断坚定理想信念、心系广大青年、提高工作能力、锤炼优良作风。

以上是向大家通报的 2013 年的工作情况、2014 年和今后一个时期的工作安排。今天这些成绩的取得离不开各位老团干打下的坚实工作基础，团的事业正是在一代一代共青团人的接续努力下才得以不断发展壮大，我们永远铭记老团干们作出的贡献。今后共青团事业的发展仍离不开各位离退休同志的关心和支持。团中央书记处对老干部工作非常重视，各单位认真落实党和国家关于老干部工作的各项方针政策，为让老同志安度晚年、颐养天年做了一些工作。看到今天来参加活动的老同志身体健康、精神矍铄、思维敏捷，我们感到由衷的高兴。

当前，全党全国各族人民正在为实现党的十八大提出的奋斗目标而奋发努力，正在朝着实现中华民族伟大复兴的中国梦而奋勇迈进。党的十八届三中全会通过了《中共中央关于全面深化改革若干重大问题的决定》，对全面深化改革作出了总部署、总动员。面对新形势，老干部工作只有主动开拓创新，积极作为，才能不断实现新发展，才能让组织放心、让老干部满意。关于团中央直属机关的老干部工作，我想谈三点意见。

1. 要高度重视老干部工作。习近平总书记曾经指出：“广大老干部在中国革命、建设、改革各个历史时期都作出了巨大的历史性贡献，是建立新中国、建设中国特色社会主义事业的功臣”。在座的各位老同志在共青团的岗位上兢兢业业、勤勤恳恳工作了一辈子，你们把自己最宝贵的青春和毕生的精力献给了共青团事业，你们不仅是建设中国特色社会主义事业的功臣，更是中国共青团事业的功臣。正是你们的不懈努力和付出，才使得共青团不断适应新形势新任务，不断开创新局面、实现新发展。你们开创的许多品牌工作在经济社会建设和共青团事业发展中发挥了重要作用。比如，1989 年发起的“希望工程”、1993 年实施的中国青年志愿者行动、1994 年创建的“青年文明号”活动，直到今天还有鲜活的生命力和广泛的社会影响，仍然发挥着重要的社会功能。

你们为党和共青团的事业奋斗了一辈子、奉献了一辈子、劳累了一辈子，退下来后需要组织的关心和服务。机关相关部门和直属单位要站在讲政治的高度，深刻认识老干部工作的重要性，牢记尊重老干部就是尊重党的光荣历史，爱护老干部就是爱护党的宝贵财富，学习老干部就是学习党的优良传统和作风，重视发挥老干部作用就是重视党的重要政治资源。重视老干部既是我们的职责所系，也是人之常情。要以高度的责任感，始终坚持政治上尊重、思想上关心、生活上照顾、精神上关怀老干部，以满腔热情、深厚感情和创新精神全面做好老干部工作。

2. 要竭力为离退休同志服好务。全心全意为老干部服务，是老干部工作最核心的要求。我们要牢固树立以人为本、服务为先的理念，心系老干部、情注老干部、服务老干部，进一步把中央关于老干部工作的方针政策落实到实处，为离退休同志多办实事、多做好事、多解难事。

各单位要认真落实好老干部的政治待遇，让老同志了解国家和本单位的发展形势。团中央组织部每月编发《团的工作通报》，让离退休同志及时了解团的工作信息，这种形式很好，要坚持下去。各单位也要采取多种形式向老同志通报情况。要加强离退休干部党支部建设，配好支部班子，创新党支部的组织设置和工作方式，提高党支部的吸引力和凝聚力。要进一步加强和改进对离退休同志的服务，以扎实的工作作风，热心、诚心、耐心、细致地对待每一项工作，主动深入老同志，了解老同志的所思所想，采取措施、创造条件，为老同志排忧解难，使服务更加人性化、个性化，使老同志们心情愉快、身心健康、安度晚年。要畅通老干部利益表达沟通渠道，对老同志提出的要求，只要是符合党的老干部政策、团中央力所能及的，都要尽可能地安排好、解决好。

3. 要积极发挥离退休同志的作用。广大老干部是党和国家的宝贵财富。共青团系统很多老同志经历了共青团事业发展的各个重要时期，是共青团工作的“活字典”、“教科书”。很多同志在离退休之后，仍然非常关心、关注、研究共青团工作。比如，有的老同志经常就一些重大问题向团中央提出建议；有的老同志承接了很多共青团工作的课题研究，经常进行义务讲学等活动，这都对改进我们的工作起到了重要作用。

我们要充分利用老干部的宝贵资源，推动共青团事业实现新发展。一是要把老干部作为加强理想信念教育的重要资源，用他们对理想信念的追求、对共青团工作的感情，加强对广大团干部、广大青年的理想信念教育。二是要把老干部作为加强作风建设的重要资源，用他们密切联系群众、不怕困难挫折的优良作风，为广大团员、团干部树立学习的榜样。三是要把老干部作为谋划推动工作的重要资源，用他们对以往工作与新形势下工作的对比思考，完善工作制度、推动工作创新。要畅通工作渠道，及时把老同志们的意见、建议反馈到有关部门。

还有一周就是春节了，在这里，我给各位离退休同志拜个早年，祝各位老同志在新的一年里精神愉快、身体健康、阖家幸福！

秦宜智在全国少工委六届五次全会上的讲话

2014 年 2 月 13 日，根据录音整理

少先队有一句话，“趁着春天播种”。新春伊始，中央和国家机关各相关部委，解放军、武警部队，专家学者，来自各地的教育部门、团委和少工委的同志们济济一堂，一起学习贯彻习近平总书记、李源潮同志等中央领导同志对少年儿童和少先队工作的新指示、新要求，共同

研究今年的少先队工作，很有意义。首先，我代表团中央书记处，对各部门、社会各界给予少先队事业的支持和帮助表示感谢，向辛勤工作、无私奉献在少先队事业各个岗位的老同志们、新同志们致以诚挚的问候！

过去的一年，是共青团事业发展进程中具有特殊意义的一年，也是少先队工作开拓创新、锐意进取的一年。以习近平同志为总书记的党中央对少年儿童的健康成长非常关心，对少先队工作高度重视。去年 5 月 29 日，习近平总书记亲自到北京市少年宫，同全国各族少年儿童代表一起参加“快乐童年放飞希望”少先队主题队日活动，以一个“大朋友”的名义向全国广大少年儿童祝贺节日，强调少年儿童从小就要“立志向、有梦想，爱学习、爱劳动、爱祖国，德智体美全面发展，长大后做对祖国建设有用的人才”，要求“少先队组织要更好地为少年儿童服务”。这给我们以巨大鼓舞，为我们做好新形势下少先队工作指明了前进方向。中央政治局委员、国家副主席李源潮同志分管共青团工作以来，对少年儿童思想教育和少先队工作给予亲切关怀和悉心指导，多次发表重要讲话，多次作出重要指示，有许多理论上的概括、理念上的创新，并亲自到地方调研少先队工作，帮助推动地方党委研究制定加强少年儿童和少先队工作的制度性文件，为我们提供了重要的遵循。

一年来，全国少工委和各级少先队组织认真学习贯彻中央对少年儿童和少先队工作的重要指示，牢牢把握组织属性，普遍深入地开展“红领巾相约中国梦”等主题教育实践活动，争取各省级党委研究加强少年儿童和少先队工作的指导意见，积极推进少先队活动课和活动载体建设、少先队辅导员专业化职业化建设、少先队学科建设，取得了新的重要进展，保持了良好的工作态势，得到了中央领导同志的肯定和鼓励，也为做好今年的工作打下了坚实的基础。团中央书记处对全国少工委的工作是充分肯定的。

在这次会议上，罗梅同志将就今年的少先队工作作出安排和部署，教育部王定华同志将对少先队工作给予重要指导。在这里，我先谈几点意见，和同志们交流。

第一，深刻领会、准确把握少先队的组织定位

党的十八大以来，习近平总书记提出实现中华民族伟大复兴的中国梦，强调共青团要用中国梦打牢广大青少年的共同思想基础，为每个青少年播种梦想、点燃梦想，让更多青少年敢于有梦、勇于追梦、勤于圆梦，让每个青少年都为实现中国梦增添强大青春能量。围绕这一青年运动的时代主题，去年 10 月 13 日（少先队建队 64 周年纪念日），李源潮同志在与全国优秀少先队辅导员、少先队员代表和少先队工作者座谈时，深刻总结、鲜明阐述了少先队的组织定位问题，指出少先队是中国特色社会主义事业的战略预备队，是少年儿童思想品德教育和精神素质培养大学校，是党领导下的少年儿童群众组织的定位，对少年儿童基本价值观、人生观、道德观、世界观、革新观等教育内容提出了新的要求。这次会议，大家要把习近平总书记关于少年儿童和少先队工作的重要指示以及李源潮同志的这篇讲话再进行认真的学习，更好地领会和指导工作。

首先，要准确把握“少先队是中国特色社会主义事业的战略预备队”这一定位，深入开展以中国梦为主要内容的理想信念教育，使广大少年儿童养成对中国梦、中国特色社会主义的基本情感认同。

少年儿童时期是理想信念启蒙的关键时期。古人讲“蒙以养正”“求木之长者，必固其根本”，说的就是这个道理。理想信念教育要从少年时代抓起，这是人的思想认识的发展规律，也是现实社会各种思想意识争抢青少年思想阵地的严肃挑战。新中国成立以来的几代人，都有戴着红领巾的童年记忆，星星火炬的追求和“人民的利益高于一切”的队礼精神，深深影响了一代又一代少先队员的成长道路。

实现中国梦需要一代又一代少年儿童健康成长起来、奋斗起来。现在，少先队组织要立足为实现中华民族伟大复兴的中国梦而奋斗的时代背景，教育引导少年儿童从小立志向、有梦想，引导少年儿童听党的话，培养孩子们心中的爱国情，激发孩子们心中的报国梦。少先队组织开展的“红领巾相约中国梦”活动很好，要突出理想信念教育这一灵魂，以体验教育为基本途径，根据孩子们的认知特点，不断丰富内涵、创新内容、增强效果，运用适宜的方式，培养孩子们对党、对国家、对人民的朴素感情，引导孩子们接受适合他们年龄段的正确思想。要说好“中国故事”，加强“红色教育”，告诉我们的后代，历史是怎样走过来的，我们党是怎样奋斗过来的，我们今天的美好生活不是天上掉下来的，而是几代中国共产党人总结了几千年的历史，用血的代价换来的。要讲好中国梦、中国特色社会主义道路的由来和未来，引导孩子们感知近代以来中华民族积贫积弱、屈辱苦难的历史，感受一代又一代仁人志士为振兴中华而探索奋斗的故事，感想我们国家、民族伟大复兴的光明前景，从而抱有坚定的爱国主义和民族精神，有社会公共理想，形成对中国梦、中国特色社会主义的社会认知。

其次，要准确把握“少先队是少年儿童思想品德教育和精神素质培养大学校”这一定位，切实抓好社会主义核心价值观宣传教育，加强中华优秀传统文化教育，使广大少年儿童爱学习、爱劳动、爱祖国。

党的十八届三中全会对全面深化改革作了战略部署，强调要“加强社会主义核心价值体系教育，完善中华优秀传统文化教育，形成爱学习、爱劳动、爱祖国活动的有效形式和长效机制”。中央书记处强调，培育和践行社会主义核心价值观是凝魂聚气、强基固本的战略任务，必须从娃娃抓起，从青少年抓起。我们要适应少年儿童思想认识形成规律和不同年龄段心智发育特点，把社会主义核心价值观在国家层面的价值目标（富强、民主、文明、和谐）、在社会层面的价值取向（自由、平等、公正、法治）、在个人层面的价值准则（爱国、敬业、诚信、友善），融入和渗透到少先队教育实践活动之中，不要生硬地、系统地讲道理，但在活动中、在工作中要体现导向，要有这些思想的元素、有这些观念的影子，形成潜移默化、润物细无声的影响，把社会主义核心价值观基础性的内容在孩子们心中种下种子，将来慢慢地发芽、开花、结果。

我们要加强对少年儿童的中华优秀传统文化教育，核心是帮助孩子们养成基本的道德规范、行为规范。要重视良好道德和品格的培养，对传统文化要结合时代要求，去其糟粕，取其精华，挖掘新的内涵，注入新的内容，引导孩子们讲道德、尊道德、守道德。对中华优秀传统文化的宣传教育，中央非常重视。习近平总书记在多个场合做过论述、提过要求。去年，我在大连调研时，了解到大连团市委在教育部门的帮助下，在全市尤其是中小学生中开展了好几年学《弟子规》活动。《弟子规》作为一本启蒙教育读本，从孝、悌、谨、信、爱众、亲仁、学文等方面，对孩子的道德品格、修身处事和习惯养成有所阐述，对于今天的孩子也不失为一本好的教材。我们要结合时代特点，更好地运用中华优秀传统文化对孩子们进行教育。要引导孩子们学会尊重他人，特别要尊重关心自己的人、为自己服务的人。要引导孩子们形成健康向上的行为习惯，从随手关灯、自觉排队、垃圾不乱丢、公共场所不大声喧哗这些小事做起，逐渐养成良好的品行。

我们要引导少年儿童爱学习、爱劳动、爱祖国。古人讲“少而好学，如日出之阳”，少年儿童最主要的任务是学习，学习最好的境界是快乐、主动地学习。要激发少年儿童对知识、对科技、对新事物的兴趣，引导孩子们既勤学书本知识，又多学课外知识，还要勤于思考，多想多问，保护好孩子们的童心童趣，呵护好孩子们的想象力、创造力。要引导少年儿童树立劳动最光荣的观念，自己的事自己做，他人的事帮着做，公益的事争着做。要引导少年儿童爱祖国，加强对少年儿童的国情教育、民族团结教育，讲好民族团结的故事。

再次，要准确把握“少先队是党领导下的少年儿童群众组织”这一定位，促进少年儿童“自主性”成长，更好地为少年儿童服务。

习近平总书记指出，“孩子们成长得更好，是我们最大的心愿”“少先队组织要更好地为少年儿童服务”。尊重少年儿童的主体地位，更好地为少年儿童健康成长服务，是少先队作为少年儿童群众组织的必然要求。良好的心理素质、身体素质是少年儿童健康成长的基础。现在，孩子们大多数是独生子女，父母“望子成龙、望女成凤”。在能力培养方面，我们既要注重对孩子们的知识培养、技能培养，也要注重对孩子们进行平常人素质的培养，如情感、意志力、应变能力、心理健康等，提高孩子们处理学习、生活的能力和承受挫折的毅力，要有不向困难低头、不被挫折压倒的一股劲儿，养成健康、乐观、向上的心理素质。要注重引导孩子们加强体育锻炼，养成运动爱好、运动乐趣，让“小眼镜”“小胖墩”越来越少，不断增强孩子们的身体素质。

我们要重视少年儿童自主意识和自主能力的培养。少年儿童的成长过程，是自主意识不断增长的过程，是从依赖逐渐到自主、从附属逐渐到独立的过程。各级少先队在组织活动的过程中，要充分尊重孩子们的主体地位，用孩子们的方式组织活动，用孩子们的语言表达，注重自我教育、同伴教育，注意保护好、锻炼好孩子们的自主意识，鼓励孩子们自主实践，去处理一些简单的人际关系、社会交往问题，去辨别一些是非、对错，引导孩子们学会自责、自省，能够自责、自省才会有进步的动力和方向。要注重少年儿童骨干、少先队小干部的培养，让孩子们在组织生活实践中，得到启发，锻炼成长。

概括起来讲，少先队是少年儿童健康成长的摇篮。正如习近平总书记强调的，“每个人都是从孩子长大的。实现我们的梦想，靠我们这一代，更靠下一代”。各级少先队组织要有这样的使命感、责任感和紧迫感，切实把中央对少年儿童的关心和期待贯穿到少先队工作的全过程，把中央对少先队工作的新部署新要求干在实处、落实到位。

第二，深刻认识、努力把握少先队工作的时代特点

我们处在大发展大变革的时代。伴随着全面深化改革、全面建成小康社会的历史进程，已经发生了深刻变化的少先队工作对象、工作环境、外部条件还将发生新的变化，面临着新的时代特点。根据少年部前一阶段调查研究的情况，我们要注意把握好以下几个方面新的特点：

1. 新少年。改革开放以来，少先队组织确立了“把少年儿童组织起来再教育”的方针，坚持全童入队，少先队员是全体6到14岁的少年儿童。今天的少先队员绝大多数都是2000年以后出生的独生子女，和他们的祖辈、父辈以及80后、90后相比，他们的生活方式、学习方式、交往方式、行为方式等都有很大不同。一是从身心发展情况看，现在的少年儿童物质生活条件和营养状况普遍提高，自信心强，乐观开朗，同时据全国学生体质健康抽测反映，整体的体质健康水平却持续下滑，心理素质、意志品质也需要提高。二是从学习实践情况看，孩子们个性增强，知识丰富了、技能提高了、眼界开阔了，有想法、有愿望、有追求，同时对国情和中国近现代史的了解却相对比较少。三是家庭结构和伙伴关系在发生变化，前段时间热播的《爸爸去哪儿》电视栏目和同名电影，引起社会热烈反响，如何增强孩子们的同伴生活这个话题值得我们思考。四是孩子接受社会信息的渠道丰富、环境复杂。孩子们思想更加活跃,更容易接受新鲜事物。同时往往同步接收社会信息,社会上一些不良风气和丑恶现象,通过媒体的放大,对孩子们的影响也在放大。

2. 新媒体。互联网正在裂变式发展,新媒体时代改变着经济、政治、文化和社会生活的各个领域。有学者认为,和 80 后、90 后相比,00 后的孩子是"互联网的原住民"。现在我们身边的孩子越来越多地成为"低头族""刷屏族"。美国学者斯拉姆提出,一个孩子的世界观和对世界的认知,70%—80% 是由大众传媒形成的。据中国互联网信息中心 2013 年底发布的报告显示,我国 19 岁以下网民超过 1.6 亿人,占网民总数的 26%。2013 年广州市对全市 3500 名少年儿童的一项抽样调研显示,1 名少年儿童平均加入 5 个以上的 QQ 群。新媒体是一把双刃剑,借助新媒体手段,孩子们学习更方便,获取信息更快捷,听音乐、打游戏、看视频、聊天交友等等娱乐方式更多样。但同时也有很多问题令人忧虑:一是网络沉迷严重伤害孩子的身心健康,使他们远离现实生活。二是孩子们心智发展不成熟,辨别能力不足,难以正确认识社会现象,容易受到低俗、色情、暴力等信息的影响。网上视频、境外电视剧等大众娱乐节目对孩子们的思想观念形成潜移默化的影响。三是线上线下互动频繁,孩子们的网络意外伤害风险加大。对待新媒体,我们躲不过、拖不起,必须积极做工作,趋利避害。在这方面,我们要根据少年儿童的特点和少先队工作的需要,加强对网络舆情、网络传播的研究,按照李源潮同志的要求,"红领巾组织也要到网上和手机上去"。要建好用好未来网,积极争取党政和社会资源的支持,优化网络环境,让少先队的正能量在网上出声音、有声势。要加强孩子们的媒介素养教育,提高孩子们辨别网上信息和理性表达的能力素质。三中全会《决定》指出要"加大依法管理网络力度,加快完善互联网管理领导体制",这为我们开展工作创造了非常好的条件。

3. 新群体。主要是农村留守儿童和进城农民工随迁子女。全国妇联 2013 年发布的《我国农村留守儿童、城乡流动儿童状况研究报告》显示,我国农村留守儿童数量达 6100 多万,其中约有 47% 的父母都不在身边。留守儿童中存在的安全问题、生活照顾问题、家庭教育问题、亲情缺失问题都比较突出。根据《2012 年全国教育事业发展统计公报》,全国义务教育阶段在校生中进城务工人员随迁子女共有 1300 多万,他们面临的问题最突出的是城市融入和平等享受城市资源。少先队组织为少年儿童服务重点要关注这两个群体。这些年来,少先队组织通过城乡少年手拉手等活动,发动城镇少年儿童,联合社会力量,做了很多有益的工作,要继续深化和加强。要结合共青团关爱农民工子女志愿服务行动和面向留守儿童开展的工作,加强城乡学校少先队组织和少年儿童之间的结对互助,争取政府支持,整合社会资源,一点一滴、力所能及地为他们做好事、办实事,让他们共同感受祖国大家庭的温暖。

4. 新挑战。主要有:一是市场化的影响。我们国家已经从计划经济、有计划的商品经济、建立社会主义市场经济体制、市场在资源配置中的基础性作用,发展到三中全会提出的使市场在资源配置中起决定性作用,这深刻改变着人们的生产方式、生活方式和价值取向。孩子们成长的资源丰富了,获取方式多样了,需求增多了,但市场化带来的利益追求、个体价值、人们对成功的看法都在变化,深刻影响着孩子们的思想意识和观念的形成。市场化的积极作用很明显,如果没有市场经济的发展,我们国家不可能有今天这样一种地位,人民生活不可能改善这么多。但是不能错误理解市场化,让孩子们从小钻到"钱眼儿"里面去。比如,对孩子的教育不能以钱作为主要的鼓励手段。要让孩子们从小知道,很多非常宝贵的东西,不是钱能换来的,不是用钱可以衡量的。二是学校少先队活动时间和阵地仍须巩固。这些年来,教育部门对我们工作非常支持,同时随着现代学校制度的建立和中小学校办学自主权的扩大,校长对少先队工作的了解、关心和重视显得更加重要了。要在教育部门的大力支持下,加强对学校少先队工作的督导指导和考核评价。现在到一些学校去,或者听一些老少先队工作者说,有的学校少先队队室都没有了,鼓号队没有了,活动时间也很难保证等等。这些年我们一直在争取,教育部门对我们也很支持,关于每周1课时少先队活动课的落实,现在各地都在积极做工作。三是少先队校外活动阵地仍然缺乏。我们要坚持"眼睛向外",争取方方面面的资源支持,努力为基层少先队组织创设更多的活动平台。团属青少年宫、青少年活动营地阵地等要坚持公益性原则,为基层少先队组织开展活动提供便利。四是从事少年儿童工作的社会组织的兴起。1988年,全国登记社会组织4400多个,到2013年第三季度,全国登记的社会组织增加到51万多个,增长100多倍,还不包括活跃在城镇大量没有登记、难以统计的民间组织、"自组织"。这其中,有着大量的直接或间接从事少年儿童工作的境内外社团、基金会、民办非企业单位等。五是大量的社会教育培训机构、文化企事业单位进入到少年儿童工作领域。例如夏(冬)令营活动。上世纪五六十年代和改革开放初期,夏(冬)令营曾经是我们的"专利"。现在,因为市场利益主体的多元、对孩子安全的顾虑等多方面原因,举办夏(冬)令营的主体多样了,内容多样了,甚至有些夏(冬)令营办到了国外,但参加活动的孩子反倒不普遍了,门槛高了,我们的声音小了。夏(冬)令营活动的本质是实践,是孩子们在大自然、社会生活中的实践,对于孩子们的成长有着特殊重要的作用。在今天的形势下,如何开展好夏(冬)令营活动,我们要深入研究,总的想法是,这件事我们应该加强,应该面向全体孩子,区分方式方法,争取政府支持,整合社会资源,把这件事情做好,帮助孩子们在集体活动中快快乐乐地观察社会生活、体验这个时代。关于夏(冬)令营等社会体验活动,现在确实办得不如原来多,主要是出于孩子安全方面的考虑。应该说,开展社会体验活动是为了孩子们能够更好地成长,安全非常重要,但不能因噎废食。共青团要和教育部门、学校一道做工作,立足于保障安全、做好安全防范工作的基础上,把社会体验活动开展好,努力让孩子们拥有快乐的童年记忆。

5. 新机遇。主要有:一是教育领域综合改革。教育部门正在深化教育领域综合改革,加快推进教育治理能力现代化。在义务教育领域将有一系列重大举措,涉及资源配置、招生考试、治理结构、育人模式、教学过程、教师管理、督导监测等多个方面。一会儿,王定华同志将向我们讲解义务教育的改革与发展。在三中全会《决定》里,关于教育改革的具体内容很多。总的感觉,是朝着大家多年期望的,比如学生减负、课外活动时间增加、素质能力培养等方面,向前迈了一大步。少先队组织要主动配合、融入学校教育,发挥好自身特点,共同承担起立德树人的任务。例如,每周1课时的少先队活动课很重要,要主动适应义务教育课程改革的制度安排,把它普遍落实好。现在很多城市下午三点多以后到放学前,小学生还有一两个小时的课后时间,最近北京市教委就专门安排,在这段时间组织兴趣班和社团活动,活动经费由政府买单。少先队组织要研究如何利用好这段时间开展活动。有了这种安排的地方,要研究怎么在其中争取到时间和空间来开展少先队活动;还没有做这种安排的地方,要和教育部门一起来做工作,争取能做出这种安排。二是政府向社会力量购买服务。

去年9月,国务院办公厅下发了关于政府向社会力量购买服务的指导意见,指出教育等基本公共服务领域要逐步加大政府向社会力量购买服务的力度;非基本公共服务领域要更多更好地发挥社会力量的作用。共青团、少先队组织要主动加强研究,找准定位,积极作为,发挥作用。三是家长、学校、社会对于孩子们思想意识的培养和快乐生活、全面发展的共识越来越高,愿望越来越强烈。少先队是少年儿童自己的组织,要以少先队员为主体,发挥好实践育人的优势,在学校教育、家庭教育、社会教育中发挥更加积极的作用。

第三,深入研究、切实加强少先队专业化建设

共青团十七届二中全会审议通过了《全面深化改革进程中共青团工作五年发展纲要》,对于少先队工作也提出了目标任务,强调要把《纲要》提出的目标任务项目化,对于重大工作项目,要一个一个研究部署,一个一个推进落实,其中对于少先队工作,提出少先队专业化建设。贯彻中央要求,我们将联合教育部门共同研究制定少先队工作规划纲要。

少先队专业化建设是个大课题,这几年,少先队在活动课程和载体建设、辅导员专业化职业化建设、学科建设上都做了积极的探索,取得了重要成果。研究推进这项工作,需要集中大家和全队的智慧。在这里,我先提几个方面,供大家参考。

一是加强专业化的理论研究。少先队教育是一门科学,凝结着几代人的心血,我们要用科学的态度认真对待。在教育部和有关高校的大力支持下,在各省级团委、少工委的共同努力中,目前少先队组织已经联合31个省份的41所高校,在教育学一级学科下设立了少年儿童组织与思想意识教育二级学科,将少先队丰厚的实践经验、理论积累和多学科的学术成果相结合,建设知识体系,培养专门人才。中国少年先锋队工作学会和各专业委员会、各省级学会,集中了资深的少先队工作专家和多方面的专家学者。今年,中国少先队工作学会也将召开代表大会。要和教育部门、高校和教育研究机构一道,建设好少先队学科,支持各级少先队工作学会充分发挥作用,深入研究少年儿童健康成长规律和少先队工作规律,为推进少先队工作专业化建设提供源源不断的智力支持和人才储备。

二是建设专业化的工作队伍。重点是少先队辅导员队伍和各级少先队总辅导员队伍。目前,全国有近400万专兼职少先队辅导员。2010年团中央、教育部、人力资源和社会保障部、全国少工委制定下发了《关于加强少先队辅导员队伍建设的若干意见》,2012年团中央、教育部、全国少工委下发了《关于印发<少先队总辅导员设置管理办法(试行)>的通知》,对少先队辅导员的配备、培训、工作考核、专业发展都做出了明确规定,对建立少先队总辅导员制度做出安排。17个省份已经就少先队辅导员通过成果折算或“少先队活动”科目参评中小学教师职称做出安排。要进一步抓好这些政策的落实,完善少先队辅导员和总辅导员的专业标准,弘扬专业精神,提高专业素质,促进专业发展,培养少先队名师,全力建设优秀的少先队辅导员和总辅导员队伍。

三是构建专业化的运行机制。在全面深化改革的背景下,适应时代发展新要求,少先队就要牢牢把握组织属性,落实自身的组织定位和根本任务,构建专业化的运行机制。要继承和发扬少先队的光荣传统,巩固和扩大少先队工作的实践成果、认识成果和制度成果,在少先队活动载体和课程建设、少先队小干部小骨干和队集体建设、少先队新媒体工作能力建设、少先队辅导员队伍和学科建设、少工委和学校少先队工作机制建设等方面,积极探索,务实创新,发挥少先队教育在少年儿童健康成长中不可替代的重要作用。要发挥好团属研究机构和事业单位的作用,依靠教育系统和党政相关部门的支持，面向社会，借助专家学者、专业机构和人员的力量，共同做好少先队工作。

全团带队是党赋予共青团的光荣职责。不断扩大团的工作有效覆盖面，需要我们一个阶段一个阶段地抓好覆盖。少先队在全团工作中具有战略性地位，是各个阶段工作的源头和基础。各级团组织要切实落实全团带队职责，定期专题研究少先队工作，配齐配强少先队工作力量，加强对少先队工作的经费等支持，高度重视团教合作，主动争取教育部门支持，加强学校对少先队工作的各项保障，争取党政各相关部门对少先队工作的关心和支持。需要强调的是，去年8月陕西省委研究制定了《关于加强少年儿童和少先队工作的意见》，很多省级党委明确表示将出台相关制度安排。这对于各省份加强和改进少先队工作，具有重要指导意义。今年“六一”前，各省级团委要按照中央领导同志要求，积极争取实现省级党委下发加强对少先队工作领导和支持的文件，各省级团委主要负责同志要亲自抓好这项工作。

少年儿童是家庭的希望和祖国的未来。长期领导妇女儿童工作、我们敬重的邓颖超大姐曾经讲过，“未来需要少年儿童去创造，现在少年儿童需要我们去关心、去培养”。我们少先队辅导员和少年儿童工作者做的是面向未来、塑造未来的工作，使命光荣，责任重大。希望从事少先队工作的团干部，牢记习近平总书记对全体团干部提出的要求，坚定理想信念，心系广大青年，提高工作能力，锤炼优良作风。希望少先队辅导员做到的事情，从事少先队工作的团干部要首先做到。辅导员要做孩子们的榜样，广大少先队工作者不仅要做孩子们的榜样，也要做辅导员的榜样。要发扬老一辈的优良传统，培养忠诚于党、热爱孩子、热爱少先队工作的精神，深入学习调研，狠抓工作落实，勇于开拓创新，加强自身修养，努力把培养祖国下一代的工作做得更好。

明天就是元宵节了，借此机会，祝全国少先队的老同志、各位全国少工委委员、广大少先队工作者，身体健康，阖家幸福，工作顺利！

秦宜智在共青团宣传思想工作会议上的讲话

2014年2月14日，根据录音整理

这次共青团宣传思想工作会议的主要任务是，深入学习贯彻党的十八大和十八届二中、三中全会精神，学习贯彻习近平总书记系列重要讲话精神，落实全国宣传思想工作会议和全国宣传部长会议精神，落实共青团十七届二中全会部署，推动共青团宣传思想战线进一步统一思想、明确任务，实现工作新发展。

去年以来，团的宣传思想战线按照党中央要求和全团总体部署，紧扣中国青年运动的时代主题，创新思路、扎实工作，在青年中唱响了思想引导的主旋律。比较突出的，一是在工作内容上，牢牢扭住理想信念这个“总开关”，深入开展中国特色社会主义和中国梦宣传教育。去年全团开展“我的中国梦”主题教育实践活动超过400万场，覆盖青少年1.6亿人次，提升了青少年对中国梦的知晓率和认同度，促进广大青少年掀起了敢于有梦、勇于追梦、勤于圆梦的热潮。二是在工作手段上，适应互联网对当代青少年的深刻影响，全面加强共青团新媒体工作。专门制定下发了加强共青团网络宣传引导工作的实施意见，广泛开展“千网联动”宣传教育活动，开通了团中央微博微信，全团认证微博总数达 12.8 万个、居全国政务系统第一，大力传播“青年好声音”、积极开展网络舆论斗争。这些工作总体上做得比较实、比较新，取得了良好成效，也得到了党中央的充分肯定。相信在同志们的共同努力下，团的宣传思想工作一定能不断开创新的局面。

我们今天专门召开这次会议，集中研究部署团的宣传思想工作，主要有以下几个方面的背景：

一是去年以来，习近平总书记参加了“五四”主题团日、“六一”主题队日活动和团十七大开幕式，与团中央新一届领导班子进行了集体谈话，还分别给北京大学、华中农业大学学生及大学生村官回信，对青少年和共青团工作作出一系列重要指示。其中，对提高青年思想引导工作的吸引力和感染力、引导青少年坚定理想信念、在青少年中深入开展中国梦宣传教育、积极开展网络舆论斗争、做好对新兴领域青年群体的联系和引导等，提出了明确要求。刘云山同志代表党中央在团十七大上的祝词、党中央书记处在听取团中央工作汇报时的重要指示、李源潮同志的多次重要讲话，都对共青团贯彻落实习近平总书记的要求、开展好青年思想引导工作作出了突出强调。

二是去年召开的全国宣传思想工作会议及今年初召开的全国宣传部长会议上，习近平总书记和刘云山、刘奇葆等中央领导同志对做好新形势下的意识形态工作、理论武装工作、中国特色社会主义和中国梦宣传教育、网络舆论斗争工作、党的十八届三中全会精神宣传教育、培育和践行社会主义核心价值观等提出了一系列重要要求，作出了系统安排部署。

三是前不久中央印发了《关于培育和践行社会主义核心价值观的意见》。《意见》强调，培育和践行社会主义核心价值观要“从小抓起、从学校抓起”，要“发挥青少年的生力军作用”，并对共青团参与推进社会主义核心价值观培育和践行提出明确要求。

四是去年以来，团中央围绕全团认真学习宣传贯彻习近平总书记系列重要讲话精神、贯彻落实全国宣传思想工作会议精神、开展“我的中国梦”主题教育实践活动、推进共青团网络宣传引导等工作，下发了文件，作出了部署。前不久召开的共青团十七届二中全会审议通过的《全面深化改革进程中共青团工作五年发展纲要》，明确了今后五年共青团工作的指导思想、总体目标和重要原则，对“培育当代新青年”“进军网络新媒体”等引导青年中的重要工作作出了规划安排。

正是考虑到最近一个时期以来，党中央对共青团开展青年思想引导工作提出了许多重要要求，内容比较丰富，全团引导青年工作专项部署也比较多，所以我们感到，有必要专门召开一次团的宣传思想工作会议，进行系统梳理和重点部署，进一步明确当前和今后一个阶段全团青年思想引导的工作思路和任务。

下面，围绕这个问题，我谈几点意见，与同志们交流。

一、充分认识做好新形势下青年思想引导工作的重要性紧迫性

1. 做好青年思想引导工作，是党中央对共青团的政治要求。习近平总书记在同团中央新一届领导班子集体谈话时指出，共青团“必须把培养中国特色社会主义事业建设者和接班人作为根本任务”，“帮助广大青少年确立正确的理想、坚定的信念，应该成为团组织的首要任务。只有抓好这项工作，才真正抓到了根本上。这是党对共青团工作第一位的要求”。刘云山同志代表党中央在团十七大上的祝词中，要求共青团“围绕坚持和发展中国特色社会主义，以理想信念教育为核心，深入开展‘我的中国梦’主题教育实践活动，用中国梦打牢广大青少年的共同思想基础，用中国特色社会主义理论体系武装青年头脑，努力把广大青少

年培养成为中国特色社会主义事业的合格建设者和可靠接班人”。今年党中央书记处在听取团中央工作汇报时，要求共青团要牢牢把握我国青年运动的时代主题，坚定广大青年在中国特色社会主义道路上实现中国梦的理想信念，要求共青团不断深化中国特色社会主义宣传教育，深化“我的中国梦”主题教育实践活动，高度重视青年理论武装工作。习近平总书记和党中央的这些重要要求，为我们做好青年思想引导工作提供了基本遵循。

2. 做好青年思想引导工作，是共青团组织属性的必然要求。作为党的助手和后备军，作为广大青年在实践中学习中国特色社会主义和共产主义的学校，共青团最神圣的使命，就是教育带领青年永远跟党走，这也是团组织最大的价值所在。习近平总书记在全国宣传思想工作会议上深刻指出，党的群众基础和执政基础包括物质和精神两方面。今天，我们团组织要切实承担起巩固和扩大党执政的青年群众基础这个政治责任，就必须高度自觉、坚持不懈地为党做好青年思想引导工作，努力在青年的思想和精神层面上不断巩固和扩大党的执政基础。

3. 做好青年思想引导工作，是应对社会思想多元多样多变的现实要求。当前，党和国家开启了实现“两个一百年”奋斗目标、实现中华民族伟大复兴的中国梦的新的历史进军，美好蓝图鼓舞人心，但风险挑战也前所未有。面对国内外思潮相互激荡、世界范围内思想文化交流交融交锋，面对改革开放和社会主义市场经济条件下社会思想价值观念日益多元多样多变，面对互联网信息鱼龙混杂、负面情绪充斥对人们思想的冲击，面对世界经济低迷、国内经济运行下行压力对人们发展信心的影响，面对全面深化改革进程中思想问题与具体利益问题的交织，统一思想、增强信心、增进共识、凝聚力量的任务比以往任何时候都更为突出、更为艰巨繁重。在这样的形势面前，团组织必须履行职责，努力做好青年思想引导工作，巩固广大青年与全国各族人民一道团结奋斗的共同思想基础。

4. 做好青年思想引导工作，是促进青年健康成长的客观要求。经济社会深刻变革背景下，青年群体的思想发生了一些深刻变化。总体而言，当代青年的思想政治状况健康积极向上，其政治意识、价值取向、道德观念等方面呈现很多新特点，但也存在这样那样的困惑和问题。比如，现在青年人接收信息的渠道更多了，一个道理不是我们宣传什么、长辈和老师说什么他们就信，而是要经过他们自己的逻辑转换和比对判断。比如，现在一些青年人中存在自我矮化的心态，网络上流行着不少自嘲、自贱的词汇，相当程度上反映出一些青年对未来信心和奋斗精神上的弱化。特别值得关注的是，这种心态不仅存在于一些家庭条件好的青年中，一些身处“草根”阶层、生活基础和条件很一般，按理最需要通过奋斗来改变人生境遇的年轻人，也出现了奋斗精神弱化的状况。青年思想认识中的这些新变化新问题，对我们有针对性地做好青年思想引导工作、促进青年健康成长提出了更高要求。

二、深刻把握新形势下青年思想引导工作的主要任务

习近平总书记在同团中央新一届领导班子集体谈话时，指出了共青团工作必须把握的三个根本性问题，明确了提高团的吸引力和凝聚力、扩大团的工作有效覆盖面两大战略性课题，对广大团干部提出了重要要求，为做好新形势下的青年和共青团工作进一步指明了方向。贯彻习近平总书记和党中央的要求，切实做好青年思想引导工作，要重点把握好以下几个方面的任务。

1. 坚持不懈开展青年理想信念教育。引导青年坚定理想信念，是党对共青团工作第一位的要求，是青年思想引导的核心任务。习近平总书记强调，共青团要做好青年思想引导工

作、增强吸引力和凝聚力，必须站在理想信念这个制高点上。开展青年理想信念教育，要着力做好两个方面的工作：

一是要加强青年理论武装工作。坚定的理想信念，首先必须建立在对科学理论的理性认同上。要引导青年加强对马克思列宁主义、毛泽东思想的学习，加强对邓小平理论、“三个代表”重要思想、科学发展观的学习，努力掌握马克思主义立场观点方法，增强道路自信、理论自信、制度自信。要突出青年学生、青年骨干、团干部等重点群体，努力培养一大批坚定的青年马克思主义者。当前和今后一个时期，特别要把学习习近平总书记系列重要讲话精神作为青年理论武装的重要内容，作为一项重要政治任务，精心组织实施、加强教育培训，引导广大青年深刻认识党带领人民进行的伟大实践，把握党和国家事业的发展方向，认清事业发展对青年一代提出的要求，切实把思想统一到中央精神上来，把力量凝聚到中央决策部署上来。

二是要深入开展好中国特色社会主义和中国梦宣传教育。这项工作不是一项短期任务，而是一项长期任务。在工作中，要强化历史教育，引导青年深入学习党史、国史、社会主义发展史，深入了解近代以来我们国家和民族追梦圆梦的历史进程，让青年透过历史的演进深刻明白，“没有共产党就没有新中国”“只有社会主义才能救中国”“只有改革开放才能发展中国、发展社会主义、发展马克思主义”的道理，打牢理想信念的历史根基。今年是甲午战争120周年，各级团组织要以此为契机，引导青少年重温历史、不忘国耻、坚定信念、奋发图强。要强化成就教育，引导青年深入了解改革开放30多年来我们国家面貌、人民生活水平、国际影响力发生的翻天覆地的变化，从发展成果中受到启迪和激励，增强对实现中国梦的信心，打牢理想信念的实践根基。要强化国情和形势政策教育，引导青年深刻认识我国仍处于并将长期处于社会主义初级阶段的基本国情，深刻认识最终实现中国梦还需要付出长期努力，增强走中国道路的信心，增强为实现中国梦而奋斗的决心，打牢理想信念的国情根基。要继续大力推进“我的中国梦”主题教育实践活动，在去年普遍开展的中国梦宣传教育的基础上，着力结合实际探索深化，开展“奋斗的青春最美丽”分享活动、“青春建功中国梦”等实践活动、“圆梦行动”等服务青年活动，帮助青少年播种梦想、点燃梦想，让更多青少年敢于有梦、勇于追梦、勤于圆梦，为实现中国梦增添强大青春能量。

2. 引导青年努力做全面深化改革的拥护者、支持者、参与者。党的十八届三中全会对全面深化改革作出总部署，吹响了中国新一轮改革的进军号，必将对推动中国特色社会主义事业发展产生重大而深远的影响。青年是推动改革发展的生力军，各级团组织要继续广泛开展报告会、宣讲会、改革成就体验、媒体专栏等宣传教育活动，广泛开展岗位建功、创新创造等实践活动，将学习贯彻党的十八届三中全会精神的活动不断引向深入，引导带领青年拥护改革、支持改革、参与改革。

一要引导带领青年坚决拥护改革。要努力通过宣传教育，让广大青年深刻理解全面深化改革的重大意义、指导思想、重大举措，充分认识全面深化改革是解决当前我国发展中面临的一系列突出矛盾和问题的必由之路，是实现“两个一百年”奋斗目标和中华民族伟大复兴的中国梦的动力源泉；充分认识完善和发展中国特色社会主义制度、推进国家治理体系和治理能力现代化的总目标，发挥经济体制改革牵引作用的战略重点，社会主义市场经济的改革方向，促进社会公平正义、增进人民福祉的出发点和落脚点，进一步解放思想、解放和发展社会生产力、解放和增强社会活力的重要要求，紧紧依靠人民推动改革的重要性；充分认识“六个紧紧围绕”的全面深化改革路线图，以及经济体制、政治体制、文化体制、社会体制、生态文明体制和党的建设制度改革的各项重大举措，使拥护支持改革成为青年的广泛共识和坚定信念。

二要引导带领青年踊跃投身改革。要引导带领青年发挥敢闯敢干的优势，紧密结合所在行业和岗位的实际，大胆探索，勇于实践，敢于创新，努力闯出干事业、促发展的新路子。尤其要大力激发青年的创业热情，借助全面深化改革中创业创新环境优化和政策支持的有利条件，利用自己所学所长，在城市积极创办小微企业、科技企业，在农村积极发展现代农业、争当青年致富带头人，在科学技术领域勇于攻坚克难、多出创新成果，勇于到中西部和贫困地区扎根创业。要引导带领青年发挥思维活跃、视野开阔的优势，围绕行业、单位改革发展中的重点问题，积极建言献策，为推动改革任务落实出主意、想办法。要引导带领青年发挥思想解放、容易接受新事物的优势，理性全面看待改革带来的利益调整，把目光看得更宽、更远一些，多看全局、多看长远，自觉维护改革发展稳定大局。

3. 引导青少年积极培育和践行社会主义核心价值观。各级共青团、少先队组织要自觉贯彻落实中央《关于培育和践行社会主义核心价值观的意见》要求，把引导青少年培育和践行社会主义核心价值观的任务，贯穿于团的工作和活动各个方面，努力让青少年把社会主义核心价值观24个字的内涵内化于心、外化于行，树立积极的人生态度，培养良好的道德品质，追求健康的生活情趣。

一要抓好宣传教育。入团、入队、十八岁成人等仪式教育活动，主题团日、主题队日活动，重大节庆日、纪念日主题教育活动，图书、歌曲、影视等优秀文化产品展播展映和推介活动等，都是共青团、少先队对青少年进行社会主义核心价值观宣传教育的有效载体。要进一步丰富内涵和形式，引导青少年大力弘扬以爱国主义为核心的民族精神和以改革创新为核心的时代精神，牢固树立爱学习、爱劳动、爱祖国的思想意识。

二要抓好典型示范。“中国青年五四奖章”获得者、优秀团员、优秀青年志愿者、“最美青工”等各行各业青少年典型，是践行社会主义核心价值观的典范。他们的事迹和精神，直观、生动地体现了社会主义核心价值观的要求，是对广大青少年进行教育引导的最好素材。要广泛挖掘、大力宣传各条战线、各类基层单位中的优秀青年人物，影响带动更多青少年形成向上、向善的精神力量。

三要抓好实践养成。价值观教育，认知是基础，行动是落脚点，关键在知行合一。学雷锋、青年志愿者、青年文明号、保护母亲河、希望工程、手拉手等团的品牌工作，是在青少年中涵养社会主义核心价值观的有效实践载体。要深入推进这些实践活动，让青少年在亲自参与、亲身体验中感受精神的力量、道德的力量、人格的力量，强化对真善美的追求，自觉讲道德、尊道德、守道德。同时，要结合团、队建设和团员管理，努力把社会主义核心价值观的要求融入到团员青年、少先队员的学习、工作、生活之中，体现在青少年思想行为的方方面面。

特别需要强调的是，在青少年中培育和践行社会主义核心价值观，必须注重以文化人、以文育人，善于从中华优秀传统文化中汲取营养。习近平总书记去年11月在山东考察时，专门来到曲阜孔子研究院，翻阅了《孔子家语通解》、《论语诠解》两本书，强调要继承和弘扬中华优秀传统文化，弘扬中华传统美德，弘扬时代新风，振奋中华民族精神。人归根结底是文化的产物，一个国家、一个民族，无论是发展道路的选择还是精神家园的塑造，都离不开传统文化的涵育。中华优秀传统文化积淀着中华民族最深沉的精神追求，包含着中华民族最根本的精神基因，代表着中华民族独特的精神标识，是中华民族生生不息、发展壮大的丰厚滋养。我们要引导青少年自觉传承中华传统文化的精髓，大力弘扬以爱国主义为核心的团结统一、爱好和平、勤劳勇敢、自强不息的思想和精神，继承中华民族讲仁爱、重民本、守诚信、崇正义、尚和合、求大同等优秀传统，并结合新的时代条件把优秀传统文化发扬光大，努力做深深植根历史、坚定走向未来的优秀当代中华儿女。要在青少年中积极开展“国学讲堂”、经典诵读、“我们的节日”等传统文化教育活动，帮助青少年用优秀传统文化滋养心灵、陶冶情操。

各地团组织在优秀传统文化宣传教育方面已经有了很多好的探索。如团大连市委联合教育部门，长期在学校里推广学习《弟子规》，几年下来，大家普遍感到成效明显，这反映出，我们的优秀传统文化确实有非常深厚、非常伟大的力量。要认真思考我们的“根”到底在哪里，要借鉴我们的传统文化对做人做事有些什么要求。如《弟子规》虽然是启蒙读本，但其中蕴含着很多博大精深的道理，不仅对小孩子，对很多成年人也有启示意义。各级团组织要结合本地实际，系统思考和安排传统文化宣传教育活动，把这项重要工作认真开展起来。

4.大力加强网络宣传引导工作。中国互联网信息中心最新数据表明，截至2013年12月，中国网民规模达6.18亿，其中39岁以下的网民超过80%，29岁以下的接近60%。现在，对许多年轻人来说，网络几乎成了他们生活的中心。有专家说，我们这个时代最大的特点，一个是市场化，一个是网络化。共青团为党做青年群众工作，青年在哪里，团的工作就要开展到哪里。各级团组织要把网络宣传引导作为青年思想引导工作新的突破口大力推进。

一要建阵地。团属新媒体阵地是团的新媒体工作的基本依托。近年来中国青年网、未来网发展势头很好，要继续加强建设、把好导向、增强对青少年的吸引力和影响力。各级团组织的骨干网站和手机报等平台也要继续建好办好。互联网一个重要特点就是平台开放、资源共享，这为我们拓展网络宣传引导工作提供了广阔空间。各级团组织要善于利用国家重点新闻网站和知名商业网站，借助他们的平台和用户资源，广泛宣传团的工作，经常性地开展各类青少年主题宣传教育活动。团系统的微博已经具有相当影响力，以共青团中央微博开通为标志，覆盖团中央、省、市、县及广大基层团组织的全团微博体系已经形成。要坚持正确导向、适应新媒体传播规律、加强互动交流、打造时尚形象，进一步提高活跃度和影响力，推动共青团微博实现从数量扩张到质量提升的飞跃。要关注互联网应用的最新发展，利用微信、移动APP等新的网络工具，建设团组织的新型网络工作阵地。

二要抓队伍。要着力抓好三支队伍：一是发动各级团干部积极参与网络宣传引导工作，二是要与学校战线共同加强网络评论员队伍建设，三是建设好青少年新媒体协会，凝聚一批新媒体业界人士。要通过抓骨干队伍，来带动广大团员这支大队伍。需要强调的是，互联网业界青年人相对集中，而我们团组织的覆盖还没有跟上。要采取有效措施，努力把团的组织和工作向新媒体业界延伸，努力发挥这个领域从业团员青年的重要作用。

三要发声音。有了阵地、有了队伍，还得利用这些资源，在网络上发出“青年好声音”，这也是网络宣传引导工作的目的所在。除了开展网上正面宣传教育，特别要注重针对社会热点事件、网上社会思潮、网上错误言论，积极开展网络引导和舆论斗争，帮助青少年形成全面客观的思想认识和理性平和的情绪心态。“发声音”的要求，也体现在共青团宣传工作的各个方面。我们在踏踏实实做好工作的同时，也要实事求是、恰如其分地宣传出去。

四要重内容。互联网本身是一种技术，我

们建设团属网站也好，利用社会网站也好，建设团属微博、微信、APP也好，首先就是利用新技术来搭渠道、建平台。但要注意不能陷入“技术主义”，成为“技术控”。要认识到，技术、渠道、平台归根结底是为内容服务的，如果没有好的内容，技术手段再先进，都是本末倒置。所以，在密切跟踪、积极运用互联网技术的同时，要坚持突出“内容为王”，开发推出大批具有正面思想内涵、具有感染力的微博微信作品、文章、图片、视频等网络文化产品，让丰富新颖的新媒体洋溢青春正能量。

5.统筹做好各领域青少年群体的思想引导工作。社会方方面面的青年，总是有不同层次、不同类别，青少年思想引导工作既要努力全面覆盖，又要突出差异性、针对性。

一要注重区分层次。职业青年、大学生、中学和中职生、少年儿童，不同年龄段青少年的心智状况和认知特点具有很大差异性，思想引导工作的目标侧重点、工作内容和工作方式要与之相适应，呈现各自特色。团干部、青年党员、青年骨干与普通青年，角色意识与思想追求不同，在青年群众中的影响力也不同，思想引导工作对他们就要体现出先进性要求和广泛性要求的差异。

二要注重分类引导。机关青年、青年学生、企业青年、农村青年、进城务工青年等，各自的职业背景、社会阅历、思想状况、思维方式和行为方式有许多不同，思想引导工作在内容和方法上都要着力突出针对性。近年来全团大力开展的分类引导青年工作，方向和思路都很正确，成效也很明显，要继续坚持这样的思想方法，将引导青年工作做细、做深、做实。

三要注重延伸覆盖。习近平总书记要求共青团把工作延伸到自由职业者、网络意见领袖、网络作家、签约作家、自由撰稿人、独立演员歌手、流浪艺人等新兴群体中去，这些群体中的青年，相当数量是在从事文化和艺术方面的工作，与宣传思想战线的工作密切相关。团的宣传思想战线要与团的统战、城青等战线密切配合，共同做好对他们的联系、服务和引导工作，把他们促进经济社会发展的正能量调动好、发挥好。

6.加强团的宣传思想文化舆论阵地建设。各级团属青年报刊杂志社、网站、出版社、团校、青年研究中心、青少年宫等，是共青团开展青年思想引导工作的重要阵地和有形依托，要进一步加强建设，发挥好积极作用。团属新闻出版单位要牢牢把握正确舆论导向，坚持团结稳定鼓劲、正面宣传为主，积极推出彰显社会主义核心价值观的优秀作品；要按照中央文化体制改革的要求做好转企改制工作，坚持社会效益优先、社会效益与经济效益相统一，积极探索在市场经济条件下有效管理、增强活力的途径和办法。各级团校和团属青年研究机构要坚持正确方向，组织力量加强对青年思想状况的调查研究，形成一批对开展青少年思想引导工作有价值的研究成果。团属青少年宫等文化活动场所要坚持公益性、突出思想性，注重加强与全团重点工作的配合，在引导青少年、服务青少年中更好地发挥积极作用。

三、推进思想引导工作创新需要把握的几个问题

今年初，中央书记处听取团中央书记处工作汇报时明确要求，以改革创新精神谋划团的工作，积极推进团的工作理念创新、手段创新、机制创新。在团十七届二中全会上，李源潮同志强调要大力推进团的组织与工作创新，我们用“七个新”对未来五年工作作了规划部署，是希望传递一种创新的信号、创新的劲头。思想引导工作创新对于全团有着重要带动和示范意义。结合工作任务的落实，我想和大家再交流几个看法，强调几个问题。

1.创新工作理念，把握好“面”“线”“点”的关系，切实把思想引导工作做足、做深、做细。习近平总书记要求宣传思想工作处理好点、线、面的关系，既加强面的广泛覆盖、线的

分类指导，又注意把工作做到每个点上。这一指导思想具体落实到共青团宣传思想工作中，首先在“面”上要不断扩大有效覆盖，这是总书记交给共青团的战略课题。抓“面”的工作，一要靠基层团组织的广泛动员，靠基层团干部的深入青年。要引导基层团组织和团干部增强思想引导意识，重视思想引导工作，鼓励和支持基层团组织和团干部到青年中交朋友、做引导、做“人”的工作。只有数以百万计的基层团组织和团干部绷起思想引导这根弦，广泛动员起来了，责任感有了，积极性高了，才有可能巩固和拓展有效覆盖的基本面，才有可能破解好“二八现象”，像习近平总书记指出的“如果每个团干部都有二三十名贴心的青年朋友，那做工作就不一样！”二要靠新媒体。我们经常讲思想引导要入耳入脑入心，现在手机等新媒体成为青年的“第六器官”，几乎每一个青少年都在使用新媒体、受到新媒体影响，这是一个接近全覆盖的面。共青团要从破解团的工作有效覆盖面的突破口这个高度，来认识和推进新媒体工作，把用网管网作为大事来抓，推动思想引导入网络、入手机，切实加强青少年网上思想引导、舆论引导，积聚网上正能量。

在“线”上要分类指导，一方面要总结好经验好做法，把前几年研究部署的大学生、进城务工青年、企业青年、农村青年分类引导工作，深入细致地抓实抓好；另一方面，要开动脑筋、加快步伐，开辟新战线，把中央领导同志反复强调的新兴青年群体，一条线一条线、一类一类地抓起来，有针对性地推动团的组织和工作向新媒体青年从业人员、蚁族、北漂、海归、自由职业者等延伸。从团中央的层面看，我们要加强顶层设计，健全激励机制，鼓励探索、奖励创新，希望有条件的地方团组织敢想敢试，把新兴青年群体的工作做起来，既要大胆探索，又要积极稳妥，努力为全团提供经验、提供启发。一条线一条线都抓起来了，线和线交织起来就能推动面上的覆盖。

在“点”上的工作，要坚持“一把钥匙开一把锁”。客观地讲，现阶段每一个点都照顾到还不太可能。我们要坚持“两点论”和“重点论”，一个是抓“关键点”、抓“主要矛盾”，注意做“关键人”的工作，比如一些有代表性的青年作家、青年“网络大V”、青年文艺工作者，要多去接触、多去联络。他们的言论和作品往往对青少年有着一定的影响，抓好这样的“点”往往就能产生“面”上的效果。另一个是“典型”，要坚持把正面思想引导做出声势，适应新的时代条件下对青少年典型的认知，总结和梳理共青团在青少年典型工作中的经验，继续下功夫挖掘典型、树立典型、宣传典型，用典型来讲经历、说故事、谈感受，引导更多的青年。去年宣传部组织28位青年典型到各地开展了200多场“奋斗的青春最美丽”分享活动，探索了青年典型工作的新路子，很有成效。团的各级组织、各条战线要在学生、青工、农村青年致富带头人等本地区、本领域青年群体中开展好类似活动。

2.创新工作手段，把握好实践、宣传教育和理论研究的关系，切实增强思想引导工作的能力和效果。提高团的工作吸引力和凝聚力，关键体现在思想引导工作的吸引力和凝聚力上。这也是总书记交给共青团的战略课题。

在实践层面，要运用好、发挥好共青团实践育人的优势。这是人民团体、群众组织做群众工作的独特优势所在。一要发挥实践阵地的作用，过去我们有青少年宫、青少年教育基地，近年来许多地方探索建设青年中心、青年汇、青年家园、新市民学校等阵地，很受青年欢迎。地方团组织在利用阵地开展活动、服务青年的过程中要注意渗透价值观，体现思想引导的功能。全团要用好全国青少年井冈山革命传统教育基地这一红色资源，有条件的省、市团组织可以多到这里组织青年、学生、团干部的培训活动。二要发挥实践载体的作用，希望工程、青年志愿者、保护母亲河、青年文明号、青年安全生产示范岗以及“中国青年五四奖章”、“最美青工”等品牌本身都是非常好的思想引导载体，设立初衷都是为了倡导正价值、传递正能量。现在，要为这些传统品牌赋予新的内涵，把中国梦、社会主义核心价值观体现进去、贯穿其中，瞄着思想引领的目标、带着思想引导的责任去办活动、做工作。

在宣传教育层面，要注意增强亲和力、感染力和针对性、实效性。要注意把握当代青年的新变化新特点，把握当代青年的思维习惯和接受心理，努力把“我的中国梦”主题教育实践活动、主题团队日活动做出实际的效果，把中青报、中青网和各级各类的团属媒体阵地、新媒体工作平台办好。想说一下的是，去年我们集中开展大宣传大调研活动，之所以把大宣传放在大调研的前面，是希望通过团干部和团员青年面对面地宣讲，把党的思想、中央精神传播到广大青年之中。下一步如何深入推动团干部到基层交朋友、做宣讲、做“人”的工作，组织部要放到联系点工作安排中统筹考虑、统筹部署。各地团组织也要认真研究推动机关干部下基层的工作，因为真正到基层去，和基层的青年交朋友，了解他们的生活、他们的感受，不是一年两年的工作，而是团组织的一项长期任务，必须不断创新方式、务求实效。

在理论研究层面，要注意做“结合”的功夫。要深入研究如何把中国梦、中国特色社会主义等党的思想，与青少年的思想形成规律和认知特点结合起来，要让党的思想能够在青少年中落地，而且要开花、结果。宣传战线要重视理论研究，加强青年思想的分析研判，善于协调和利用团内外的研究资源、研究成果。宣传、学校等战线要带头加强对青年舆情的追踪、搜集和整理，要知道现在的青年人在想什么、玩什么、干什么。青年外事战线要加强对国外青年思想工作的研究，值得借鉴的经验和做法要提供给战线部门。中青院、中青报、中青网、青少年研究中心等要面向全团发挥智库作用，多开展一些调查研究、理论研究，努力把青年新的情况研究足，把青年群众工作新的形势分析好，为全团工作出数据、出依据，出思想、出启迪。

3. 创新工作机制，把握好部门负责、全团动手和团干部带头的关系，切实形成抓思想引导工作的生动局面。全团动手抓理想信念教育，这是习近平总书记要求全党动手树立“大宣传”工作理念在共青团工作中的具体体现。部门负责要求宣传战线发挥好统筹协调作用，要抓总、管总，牵好头，带好队，把好方向，指导好、协调好各条战线的思想引导工作，做到守土有责、守土负责、守土尽责。宣传部要出思路、出经验，多探索创造一些像“奋斗的青春最美丽”这样的思想引导形式。要善宣传、善推广，不仅注意对典型的挖掘，也要加强对各条战线上评优选优中产生的先进典型进行宣传。要多把关、多指导，加强对中国青年报、中国青年网等团属新闻媒体的工作指导，加强对全团新媒体工作的资源统筹、力量统筹。

全团动手要求不仅团中央行动起来，各省级团委、地市级团委、县级团委都要行动起来，层层动手，而且越是基层的团组织，越是贴得青年近，越是不能放松理想信念教育这根弦。当然，基层团组织做宣传、做引导，不能空喊口号，放空炮、空对空，要注意结合实际，讲求方式方法，寓引导于服务之中，于交朋友之中，于组织活动之中。全团动手要求不仅宣传战线负起责任来，全团的各条战线都要树立理想信念教育的思想意识，对于共青团的职责、使命心中要有数。像学校战线、少先队战线与立德育人分不开，治江治河千万不能在源头污染，要为全团的思想引导工作疏浚源头、夯实基础。组织、城市、农村、权益、志工等战线如果离思想引导远了，开展工作、举办活动、评奖评优的本旨和意义也就丢了。要围绕全团主题，面向工作对象，在工作的全过程和各方面加入思想元素、体现思想引领。全团抓思想引导，宣传战线要适应，其他战线更要适应。以后的工作中，各级团的宣传部门除了继续按照以往对思想引导的职能界定做好工作之外，还要注意对其他战线提出要求。这方面工作可能更难，因为各战线具体的工作任务很重，也有自己特定的工作思路，这些具体的工作要和思想引导有机结合起来，就需要宣传战线主动考虑，给其他战线、其他部门更多的指导和帮助。

团干部带头对应“打铁还需自身硬”。做理想信念教育，自己首先要有理想信念，不能“以其昏昏、使人昭昭”。团干部对中国梦、中国特色社会主义、对党的理论创新成果，要熟知，要能理解、能运用、能讲解。全体团干部要加强理论学习，多读一些马克思主义的经典著作，多学习中央的方针政策，多学习习近平总书记系列重要讲话精神，提高自己的理论修养。要加强历史学习，加强对中华优秀传统文化的学习。要在干中学、学中干。全团要掀起调查研究的风气，团干部要多到实践中去，多到群众中去，做青年友，把深入调查研究作为提高自身才干的过程，作为认识国情、增进群众感情的过程，作为推动工作落实的过程。这是对全体团干部讲的，每一个团干部都要做理想信念坚定的表率，做思想引导工作的参与者、支持者。对宣传思想战线的团干部来说，要求要更高、标准要更高。大家要以青年马克思主义者的标准来对照自己、要求自己，除了政治上可靠之外，还要在理论上、在笔头上、在口才上，或者在其他专长上要有“几把刷子”，通过工作，真正练出来“几把刷子”。

秦宜智在2014年团中央“面对面”活动座谈会上的讲话

2014年2月24日，根据录音整理

“共青团与人大代表、政协委员面对面”活动已经开展了7年，成为代表和反映青少年普遍性诉求的重要工作载体。通过活动的开展，各级团组织和代表、委员在“两会”期间提出有关青少年事务的议案、建议和提案，推动解决了一批涉及青少年权益的突出问题，优化了青少年成长环境，也为共青团通过法定的参政路径参与社会治理、维护青少年权益作出了积极探索。

刚才，3位从事未成年人保护工作的同志和18位全国人大代表、政协委员作了很好的发言，涉及健全法律、明确主体、完善监护、政策支持、法制教育、综合治理等各个方面，很受启发。在这里，我也就依法保护未成年人安全健康成长这一主题，和大家交流一些意见。

一、全面把握当前我国未成年人保护的现状

我国现有未成年人2.79亿。在众多普遍性发展权益中，安全和健康既是他们顺利成长的前提，也是影响家庭稳定、社会和谐的重要因素。确保未成年人安全健康成长，是一项关系到民族未来和希望的基础性工作。

（一）我国开展未成年人保护的基本情况。按照各国通行的做法，在立法司法和政策制定过程中，未成年人都应该受到“特殊保护”“优先保护”。作为《联合国儿童权利公约》的缔约国，多年以来，我国在未成年人保护方面作出了积极努力。一是逐步形成法律保护框架。全国人大常委会分别于1991年、2006年制定和修订了《未成年人保护法》。以此为基础，在

《义务教育法》、《残疾人保障法》、《法律援助条例》等法律法规和部门规章中，都相应体现了对未成年人的权益保护。二是设立未保工作协调机构。国务院及地方政府设立了妇女儿童工作委员会；根据《未成年人保护法》，30个省（区、市）和318个地市设立了未成人保护工作委员会，在推动成员单位共同实施未成年人保护方面承担协调职能。三是制定促进未成年人福利的政策规划。1992年以来，每十年颁布一次《中国儿童发展纲要》，确定健康、教育、福利、社会环境、法律保护等领域的主要目标和政策措施。大多数省市也结合经济社会发展实际，制定了本地区的《儿童发展纲要》。四是建立未成年人司法保护制度。去年新修订的《刑事诉讼法》增设专章，规定了未成年人案件诉前社会调查、附条件不起诉、犯罪记录封存等制度，初步构建起我国未成年人司法保护框架。

（二）近年来影响未成年人健康成长的突出问题。构筑未成年人的成长保护伞，家庭监护是第一道防线，社会教育关爱必不可少，政府的监管救助则带有"托底"性质。任何一个环节出现问题，未成年人的安全和健康都会面临威胁。近年来，随着社会结构深刻变革和利益矛盾的多元凸显，我国的未成年人成长环境出现了不少新的问题。一是监护环节出现空白。数量众多的农村留守儿童、城乡间流动未成年人，很多因缺乏有效监护而处于缺管、失爱状况。二是社会矛盾折射成长困境。虐待、遗弃、伤害未成年人的恶性案件频频发生，冲击社会的道德底线，引发媒体和公众强烈关注。2009年公安部开展"打拐"专项行动至今，已成功解救被拐卖儿童8.3万人，但此类犯罪行为仍未得到根本遏制。三是监管救助有待完善。食品卫生、交通安全等方面的公共安全事故屡禁不止，非法雇用童工现象在个别地方依然存在，对孤残、流浪儿童等困境未成年人的救助还不够及时和到位。

（三）客观分析当前出现问题的原因。去年以来，我们动员全团力量，借助专业机构，围绕依法保护未成年人安全健康成长开展了广泛调研。综合各方面意见，对于目前出现的问题，一般认为有以下原因。一是监护制度不完备。未成年人尚不具备完全的自我保护能力，建立监护制度是各国的普遍做法。我国目前以"亲权为主"的监护制度主要基于抚养义务和亲情关系，监护转移方面没有明确责任主体和实施程序；当法定监护人不能履行职责时，国家救助难以进行无缝隙的对接，也极少出现监护权强制变更的案例。二是部分法律法规滞后于社会发展和未成年人保护的需要。有的未能涵盖侵害未成年人权益的新情况，存在立法空白点，案子发生了却于法无据；有的条款偏于原则性描述，缺乏程序法规定和具体罚则，实施起来弹性很大，法律落实难以到位。三是政府职能部门尚未形成监管治理的合力。"特殊保护"原则没有鲜明体现，食品卫生、交通安全以及玩具、服装等市场监管方面，都缺乏针对未成年人的强制性安全保障规定；执法和监督的力度不够，一些领域存在重打击、轻预防的情况；未成年人保护工作协调机构作用发挥也不充分，相关成员单位之间缺乏有效的工作联动机制。

二、提出建议时需要注意的几个方面

利用人大政协的制度化平台进行集中呼吁，优化成长环境，解决突出问题，是保护未成年人的重要渠道。但是对于法律、政策层面的调整，我们要注意整体规划、切合实际，在深入调研分析的基础上提出稳妥的建议。

一是准确把握全面深化改革的工作大局。党的十八届三中全会对全面深化改革作了战略部署，提出了336项改革措施，涵盖党和国家事业发展的方方面面，也包括健全农村留守儿童服务体系、健全困境儿童分类保障制度等未成年人保护领域的重要举措。我们要紧紧围绕全面深化改革这个大局，在大局下思考，在大局中建言献策，既注意突出针对性，围绕农村留守儿童、困境儿童的保护和服务提出操作性强的政策建议，又要注意改革措施的关联性、协同性，结合大家对所在领域的思考、研究和工作积累，有前瞻性地分析和探讨各领域改革措施中可能对未成年人安全健康成长产生的影响，搞些扎实的调研，提出务实的建议，争取最大程度地为未成年人安全健康成长创造良好条件。

二是充分认识经济社会发展的阶段性特征。落实未成年人权益保障，最终还是要靠经济社会持续发展、社会保障体系逐步健全。比如，目前农村留守儿童监护缺失的问题，根源是城镇化进程中大量农村劳动力流动就业，不帮助务工人员实现社会融入、平等享受市民待遇，孩子们还是难以回到父母身边。政策制定和市场监管中的问题，也与政府社会治理方式的改革进程密切相关。我们一定要审慎稳妥，既不能对问题视而不见，也不要超出历史阶段提出过于高远的目标。

三是全面了解政府和社会各界作出的努力。对于未成年人保护，各级党委政府和社会组织都高度关注，做了大量工作。比如，民政部门要求对流浪儿童救助实现全覆盖，发现一例救助一例；去年还在部分城市开展了未成年人社会保护、普惠型儿童福利制度等试点工作，积极完善国家救助体系。除共青团外，妇联、有关社会组织也在努力健全农村留守儿童关爱帮扶工作体系。我们的政策建议，要在既有工作基础上，从进一步推动和改进的角度提出；还要注意汇聚动员社会力量，而不是单纯地依靠行政手段。

四是按照切实可行、力所能及的原则提出建议。提案和建议的质量，直接决定所提问题能否得到有效解决。加强未成年人保护涉及很多因素，法律方面的建议应有专业水准，政策方面的建议应符合管理实际，社会方面的建议应结合现阶段的发展特征。特别是改进监护制度，要充分考虑传统伦理文化和群众的接受能力，审慎研究监护转移、干预的法律程序。关于建议的内容，问题的描述分析可以大而全，具体的政策建议不妨小而精，最好有明确的指向，便于相关职能部门做好落实。

三、具体的提案建议方向

针对当前未成年人保护领域存在的突出问题，团中央拟在今年全国政协会议上提出的提案，主要包括以下要点。这些要点也可以请各位代表、委员在提出建议、提案时作为参考，帮助我们共同进行呼吁。

一是健全未成年人保护法律体系。立法机关对未成年人保护法律法规进行统筹规划，适应社会发展需要，对法律尚未涉及的或现存争议较大的问题进行深入研究，及时增补新的条文或作出修订。对规定不够具体的条款，制定补充性规定或司法解释，并明确相应的罚则。同时，加大执法检查力度，推动法律法规的落实，编织起更加严密的法律保护之网。

二是加快完善国家监护和救助体系。明确政府在未成年人救助方面的主体责任，特别是民政部门在更大范围内推广未成年人社会保护、普惠型儿童福利制度建设等试点经验，建立未成年人社区保护网络，明确强制报告制度，完善临时监护程序，利用救助和公益机构为困境未成年人提供临时照料，确保他们得到有效监护和及时救助。

三是加强监管治理部门的协调配合。充分发挥各级未保协调机构的作用，健全成员单位之间信息共享、协调联动、个案转接等工作机制。市场监管部门制定并执行更加严格的食品药品、交通、公共设施等强制性安全标准，加大对违规行为的惩处力度。执法部门继续开展各类专项行动，严厉打击侵害未成年人权益的重大恶性案件，净化未成年人成长的网络和文化环境。

四是发动社会力量共同参与。推广科学的家庭教育理念，强化家庭的监护和教育职责。依托学校、社区，动员社会爱心人士开展志愿结对，对进城务工人员子女等需要帮助的未成年人提供关爱帮扶。通过政府购买公共服务等方式，培育和壮大相关社会组织，广泛开展自护教育、心理疏导、法律援助、社区矫正等工作，使未成年人保护更加深入、专业。强化媒体正面宣传，积极惩恶扬善，发动全社会共同促进未成年人安全健康地成长。

各位代表、委员，今天我们和大家面对面沟通交流，希望能够凝聚并形成共识，在即将召开的“两会”上提出有针对性的议案、建议和提案，并在会后的履职过程中呼吁和推动问题的解决。让我们一起努力，为依法保护未成年人安全健康成长而积极建言献策、贡献力量。

秦宜智在2014年度学校共青团工作会议上的讲话

2014年2月28日，根据录音整理

去年11月在井冈山全国高校共青团工作研讨班上，我和在座很多同志都见过面，今天再见到大家感到很亲切。在马年第一个学期刚开始的时候，为了使我们学校共青团战线的各项工作马上开始，今天专门召开会议进行系统部署。

长期以来，学校共青团战线围绕育人的核心目标，做了大量工作。一是充分发挥了从中学到大学比较完备的组织体系的优势，基础团务工作扎实，组织覆盖比较有效；二是深入开展“与信仰对话”“与人生对话”“彩虹人生”“青年马克思主义者培养工程”等富有成效的思想引领工作，进一步坚定了青年学生的理想信念；三是深入开展“三下乡”“挑战杯”“18岁成人礼”“中国青少年科技创新奖评选”等有影响力的品牌工作，服务了学生的成长成才；四是不断加强学校团干部队伍建设，为全团其他战线培养和输送了重要工作力量；五是组织引导学生在奥运会、世博会和抗震救灾等一系列重大活动中服务奉献，服务了党政工作大局，赢得了社会广泛赞誉。总的看，学校战线共青团工作是值得充分肯定的，学校战线团干部是有活力、有战斗力和奉献精神的。在这里，我代表团中央书记处，向广大团学战线的同志们，特别是辛勤工作在基层一线的学校团干部们，表示衷心的感谢，并致以诚挚的问候！

党的十八大以来，以习近平同志为总书记的党中央对包括青年学生在内的广大青年寄予殷切期望、给予亲切关怀，对共青团工作提出了一系列新思想、新部署、新要求，深刻阐述了共青团工作的根本性问题和时代课题，为我们的工作指明了方向、注入了动力、创造了条件。习近平总书记非常关心青年学生，先后给北京大学考古文博学院2009级本科团支部全体同学、石家庄一中全体同学、中央民族大学附属中学全校学生、华中农业大学“本禹志愿服务队”、中国全体在德留学生回信，对各类学生群体的健康成长提出了要求，勉励大家要珍惜韶华、奋发有为，坚定理想信念，牢记时代使命，勤奋学习知识，勇做走在时代前面的奋进者、开拓者、奉献者，努力使自己成为祖国建设的有用之才、栋梁之材，为实现中国梦奉献智慧和力量。

党中央对学校共青团工作高度重视。中央强调，抓理想信念和价值观教育，关键要把学校阶段抓住抓好。在团十七届二中全会上，李源潮同志指出了学校共青团工作的特殊重要意义,强调学校阶段是一个人理想道德启蒙、形成的关键时期,学校是青少年最为集中的场所,共青团和少先队整建制的力量主要在学校。可以说,共青团工作最有利的时期在学校,工作对象最集中的在学校,工作力量最主要的也在学校。这对学校战线来说,既是鼓励,更是鞭策,既是一份期待与关爱,更是一份沉甸甸的责任。

为落实中央对学校战线共青团工作的指示要求,2 月 10 日,团中央书记处专题召开会议听取学校战线工作汇报,强调学校共青团工作在全团工作中处于基础性、战略性、源头性地位,提出要加强团内协同、团外协作,切实加强和改进新形势下的学校共青团工作。今天这个会上,振邦同志、学校部还将围绕落实共青团工作五年发展纲要、落实团中央书记处会议精神,就学校战线共青团工作作出具体部署。借这个机会,我先谈几点意见,和大家交流。

一、深刻把握学校共青团工作的基础性、战略性、源头性地位,进一步增强做好工作的责任感和使命感

团中央书记处提出,学校共青团在全团工作中处于基础性、战略性、源头性地位。这是基于对学校共青团工作面临的新形势、新任务和青年成长特点的综合分析而作出的一个总体判断。当前,我们要把握好以下几个方面:

首先,要把握好全面深化改革特别是深化教育领域综合改革的时代背景。党的十八届三中全会作出了全面深化改革的战略决策,对经济、政治、文化、社会、生态、国防、党的建设等方方面面的改革绘出了蓝图、提出了任务。团十七届二中全会审议通过了全团深入学习贯彻党的十八届三中全会精神的决议和共青团工作五年发展纲要,对包括学校共青团在内的各条战线把智慧和力量凝聚到服务全面深化改革上来提出了要求。对学校共青团工作来说,特别要把握好三个方面:一是深化教育领域综合改革,突出强调了立德树人的基本导向,强调要推行综合素质评价、完善教育治理体系、支持民办教育发展等,这将极大地拓宽学校共青团工作的内涵和外延,要求我们在提升学生综合素质和社会化技能、促进学生全面发展和个性发展相协调等方面有新的作为。二是健全促进就业创业体制机制,提出要完善扶持创业的优惠政策,形成政府激励创业、社会支持创业、劳动者勇于创业新机制,促进以高校毕业生为重点的青年就业,实行激励高校毕业生自主创业政策等。这将为学校共青团促进学生创业就业提供政策支持,改善学生创业就业的环境。三是深化科技体制改革和文化体制改革,将为学校共青团培养创新人才、加强校园文化和青年文化建设提供更好的政策环境。学校共青团要认清使命、勇于担当,把握好时代的机遇、政策的机遇,进一步做好青年学生工作,引导学生正确看待改革、积极拥护改革、踊跃投身改革,促进学生按照党的要求成长成才,为全面深化改革聚能量、促共识、作贡献。

其次,要把握好青年学生工作的特有优势。今年是五四运动 95 周年。近百年来,从倡导思想解放的五四运动,到推动全民抗日的"一二・九"运动,从社会主义建设时期踊跃参与"青年突击队"(今年是"青年突击队"创立 60 周年),到改革开放后率先发出"团结起来、振兴中华"的时代强音,再到新世纪"青年志愿者"成为引领社会文明、促进社会建设的新风尚,青年学生始终是社会中一支活跃的、有生气的力量,一代又一代青年学生用实际行动担当起历史使命、创造出无悔业绩。在共青团 90 多年的光荣历程中,学校战线发挥着不可替代的作用。时代在发展,共青团工作在推进,学校战线在共青团整体事业中的地位和作用在不断加强。无论是从团员的来源和数量比例、组织体系和团干部建设来看,还是从自身的工作基础和全团工作的总体格局来看,学校共青团依然是主阵地。特别是从共青团的根本任务和政治责任出发,培养中国特色社会主义事业的合格建设者和可靠接班人,巩固和扩大党执政的青年群众基础,学校战线更是责无旁贷。学生时期是世界观、人生观、价值观形成的关键期,是进行理想信念和价值观教育最容易、最集中、持续时间最长、最为有效的时期。不断扩大团的工作有效覆盖面,就要一个阶段一个阶段地抓好覆盖。青年学生这个阶段,承上启下,有着特殊的优势、特殊的意义。使青年学生在感性上增加对团的感情,在理性上增强对团的认知,在内心深处打上团的烙印,往往能够起到事半功倍的效果。反之,如果抓不好学校这个关键阶段,等团员青年进入社会、走上工作岗位,再做他们的工作,往往会“事倍功半”。

再次,要把握好当前学校共青团工作的阶段性特征。在谈到对学校共青团工作的基本判断时,许多同志认为是“高位徘徊”。我理解,“高位”是指我们学校共青团的工作基础好、传统好,“徘徊”是指“百尺竿头、更进一步”的压力,特别是在带头破解团的工作吸引力和凝聚力不足、有效覆盖面不足方面还有着不小的差距。我们在看到学校共青团的重要地位和优秀成绩的同时,更要看到现阶段学校共青团工作的差距和不足,使工作更加有的放矢、富有成效。至少有几方面的问题:一是对当代青年学生的特点把握还不够。改革开放的历史背景,经济社会的快速发展,尤其是信息技术和网络新媒体的全面普及,加之“独生子女”的家庭成长环境,这些因素都决定了当代青年学生有着不同以往的鲜明特点。我们对这些特点的把握还不够敏锐、及时、深入。二是自身工作存在着思想引领的针对性、实效性不够的问题,“有教无乐”或“有乐无教”现象较为普遍;面对学生日益多样具体的需求,我们的服务能力还远远跟不上;工作和活动的普遍性不够,少数学生参加多数活动的“二八”现象还较为突出;组织活力还有待提升,存在基层组织不够活跃、“有组织无活动、有活动无影响”的现象。三是协同资源和力量支持学校共青团工作的力度不够,还存在着党建带团建没有落到实处的问题,有的地方学校团干部配备不足,党政对学校共青团工作的关心不够等等。大家常说学校战线工作是“高位徘徊”,高位可喜,但总是徘徊就有问题,希望也相信通过大家的努力,解决好以上这些问题,尽早走出高位徘徊的局面。

学校共青团战线要认清肩负的职责,不断增强使命感和责任感,坚持立德树人,逐步构建从内容到方法的更加贴近学生实际的思想引导工作体系、从中学到大学的更为完善的工作项目体系、从团中央到学校团支部的更为健全的组织动员体系、从党政到社会的更为有力的资源整合保障体系,使学校团的工作能力和水平有实质性提高,带头破解提高团的吸引力和凝聚力、扩大团的工作有效覆盖面这两大战略课题,努力在增强思想引导工作实效、运用网络新媒体、建设基层服务型团组织、推进团的工作改革创新等方面走在全团的前列,发挥好基础性、战略性、源头性的作用,为全团工作探索经验、提供支持,为全团事业培养人才、锻炼干部。

二、以引导服务青年学生健康成长为宗旨,不断提高学校共青团工作的吸引力和凝聚力

共青团的根本任务是培养中国特色社会主义事业的合格建设者和可靠接班人,学校的根本任务是立德树人,共青团组织要始终把引导服务青年学生健康成长作为第一位的工作抓实抓好。当前,要抓好以下几个方面的工作:

1. 把思想引领作为首要任务,引导青年学生坚定在中国特色社会主义道路上实现中国梦的理想信念。

一要不断深化中国特色社会主义和中国梦的教育实践。习近平总书记深刻指出“共青团要做好青年思想引导工作、增强吸引力和凝聚力,必须站在理想信念这个制高点上”。中国梦是以习近平同志为总书记的党中央提出的重要战略思想,是团结中国人民的精神旗帜,对于凝聚全社会共识和全民族力量具有重要作用。学校共青团要深入开展“我的中国梦”主题教育实践活动,让学生深刻理解中国梦的精神内涵,认识中国梦与个人梦的关系,自觉把个人发展融入到实现中国梦的伟大进程中,坚定为实现“两个一百年”奋斗目标和中华民族伟大复兴而奋斗的信念。要加强青年学生的理论武装工作,引导学生加强对中国特色社会主义理论体系的学习,加强对习近平总书记系列重要讲话的学习,努力掌握马克思主义立场、观点、方法,打牢理想信念的理论根基。

“我的中国梦”主题教育实践活动去年在全团、在学校战线已经开展。这是一项长期任务,具体怎么做好一定要根据各地各学校的实际,不断创新方式方法。比如,全团在去年上半年把教育重点放在向青年介绍中国梦的基本内涵、重大意义等方面。下半年团中央组织了“奋斗的青春最美丽”系列分享活动,从全国推荐的1400多名青年身边的典型人物中选出28位,到全国20个省区市开展分享活动,大家反映非常好。做这个工作要特别注意典型的选择,高、大、全的固然好,但是从更好地激励学生、使大家从榜样身上真正学到东西这个角度来看,我们身边那些事迹不一定很崇高、但坚持正确的事不懈努力而做出成绩的也非常感人。在活动过程中,我们采用了分享的形式,先进典型用一小时左右时间把自己的学习、成长、工作的经历和感受说一说,其他更多的时间是和参加活动的青年学生互动,效果非常好。今年,全团要进一步做好“奋斗的青春最美丽”分享活动,学校战线要专门组织。上次我说到,湖北一所学校有一个“学霸”宿舍,四名学生都是学校有名的“学霸”,特别好学、特别能学。这就是很好的例子,类似的例子学校战线还有很多。现在有些学生学习的动力不足,通过选树这样的典型,听听他们是怎么学习的,有助于激发学生的学习热情。总之,希望大家多动脑筋、多想办法,不断把“我的中国梦”主题教育实践活动往深处做、实处做,不断产生新的效果。

今年是五四运动95周年、建国65周年、中日甲午战争120周年。要结合这些重要的时间节点,组织学生开展丰富多彩的纪念活动,引导学生加强对党史、国史、社会主义发展史的学习,加强对国情形势的学习,使学生知道中国梦、中国特色社会主义的历史由来和实践根基,从而坚定对中国特色社会主义的道路自信、理论自信和制度自信。

甲午战争120周年是比较重要的时间节点,希望学校战线的团学干部把这段历史重温一下,结合这个时间节点做一些工作。中国近代史的开端是1840年的鸦片战争,但真正让中国人刻骨铭心、有了强烈的救亡图存紧迫感的是中日甲午战争。清朝晚期外部有列强侵略,内部制度腐朽,但还是有一些仁人志士想挽救民族,做了许多艰苦的努力。但甲午战争把通过建设海军挽救国家和民族的想法彻底打碎了。从一定意义上说,中国梦是从甲午战争之后开始的。今年正好是甲午战争两甲子的时点,重温这段历史,对于我们铭记历史、更好地理解中国梦的历史由来和实践根基,对于我们面向未来、更加振奋地为实现中国梦而奋斗,都非常有意义。

二要培育和践行社会主义核心价值观。中央高度重视培育和践行社会主义核心价值观工作,习近平总书记在第13次政治局集体学习时强调了三句话,一是榜样的力量是无穷的,二是要从娃娃抓起,三是要润物细无声。这对学校团干部带头抓好学生的教育引导、创新引导方式具有重要的指导意义。学校共青团要把培育和践行社会主义核心价值观贯穿到工作的全过程。要加强宣传普及,引导学生深刻理解社会主义核心价值观在国家、社会、个人三个层面的基本内容,掌握丰富内涵和精神实质。要注重实践导向,让学生在对社会主义核心价值观"知"、"信"的基础上,解决好"行"的问题,通过"三下乡"社会实践等活动,把理论教育、社会观察和实践体验结合起来,让学生在实践中培育和践行社会主义核心价值观,做到"知行合一"。要贴近学生特点,结合学生的思想实际和成长规律,创新爱学习、爱劳动、爱祖国教育和讲道德、尊道德、守道德教育的活动形式,真正使广大学生把社会主义核心价值观内化于心、外化于行。要抓好仪式教育,现在共青团员入团主要在中学阶段,对入团仪式既要规范、又要创新,增强中学生在入团伊始对共青团的认同感和归属感。

培育和践行社会主义核心价值观必须立足中华优秀传统文化。这是习近平总书记在第13次政治局集体学习时的明确要求。五千年的中华文明蕴含着巨大的精神力量,天下兴亡、匹夫有责的家国情怀,仁爱共济、立己达人的处世原则,正心笃志、崇德弘毅的道德修养,中华优秀传统文化中很多核心思想具有当代价值。党的十八届三中全会提出要完善中华优秀传统文化教育,这对于引导青少年认识中华民族的历史传统、文化积淀和基本国情,坚定中国特色社会主义的理想信念具有重要意义。学校共青团要发挥自身优势,加强中华优秀传统文化教育。学校共青团在这方面有很多优势,比如学校里有很多学科直接跟传统文化相关,很多学校有传统文化的读书班。要面向全体学生讲清楚中华优秀传统文化的历史渊源、发展脉络、基本走向,讲清楚中华文化的独特创造、价值理念、鲜明特色。对于中学生,要抓好传统经典的熏陶,形成读经诵典的良好氛围,培养对优秀传统文化的感情认同;对于大学生,要通过开展理论社团活动等进行中西方文化比较,让他们充分了解中华民族的历史和灿烂文明,形成理性认同;对于民族学生,要让其充分认识到优秀传统文化是各民族优秀文化的精华,增强对民族团结的理解和认同;对于海外留学人员,要组织其参加各种文化实践活动,在中西方文化的比较中增强对中华民族、中华文化的血脉认同。

在井冈山的会上我提到了大连团组织开展的《弟子规》教育。从大连调研回来后,我又认真看了《弟子规》,深受启发。我们在教育学生学习现代知识的同时,还要更全面地加强优秀传统文化熏陶。我在清华大学学习时,除了本专业还选修了一个社科系的专业,当时觉得自然科学和人文社会科学对一个人的影响不完全一样,像这种道理在《弟子规》里也有阐述。自然科学、数理化更多的是教我们怎么做事,比如学习高等数学对于一个人形成非常强的逻辑和理论分析能力很有帮助。对于怎么做人,传统文化能给我们更多的启发和帮助,能帮我们养成家国情怀、培养道德品质。对传统文化的学习要结合时代、结合实际,要学习精华、摈弃糟粕。共青团要认真谋划和部署如何在中学、大学中开展中华优秀传统文化教育。

三要引导学生树立奋斗意识、弘扬奋斗精神。奋斗是青春的底色。没有奋斗,就不会有一切美好的东西。正如马克思所讲,"青春的光辉,理想的钥匙,生命的意义,乃至人类的生存、发展……,全包含在(奋斗)这两个字之中……奋斗！只有奋斗,才能治愈过去的创伤;只有奋斗,才是我们民族的希望和光明所在"。学生处在人生起步期,最需要奋斗,最应该奋斗。现在,青年学生中反而有一种"精神没劲"的现象。早些年比较流行一个词叫"啃老族",现在又有一个词叫"叹老族",年纪轻轻就感叹岁月蹉跎,刚刚三四十岁就觉得已经老了,干什么事都没有精气神,干工作没有劲,家庭生活没有劲,好像已经到了退休的阶段。学校团组织要格外关注学生中这种“精神没劲”和“叹老”现象，把激励和培养学生的奋斗精神作为一项重要的工作来抓。要广泛开展“奋斗的青春最美丽”系列分享活动，在学生中间选树和宣传可亲、可信、可学的奋斗典型，发挥榜样的示范带动作用，传递正能量，让大家“比着学”，使奋斗成为学生的一种风尚。要鼓励和引导学生们到基层、到实践中去奋斗、去干事、去吃苦，努力把学生们的奋斗热情，转化为更加刻苦的学习、更加投入的社会实践和更加积极的创业就业。

学校共青团要参与做好维护校园稳定的工作。校园稳定是社会稳定的风向标和晴雨表。没有稳定，一切都是空中楼阁。当前影响校园稳定的因素在增多，如随着改革进入深水区，一些社会问题和矛盾逐渐凸显，有的直接关系到学生的现实利益；各种社会思潮对学生的影响在加深，各种敌对势力对学生的渗透和煽动在加紧，校园稳定形势更加敏感。学校共青团要提高思想认识，增强政治敏感性，从维护党和国家长治久安的政治高度，把维护校园稳定工作摆在突出位置抓好。要认真研究影响校园稳定的各种因素，建立健全相关工作机制。要提升维护校园稳定的能力，包括对各种错误思潮开展斗争的能力、有效干预处理影响校园稳定事件的能力等。尤其要重视网络新媒体对学生思想和校园稳定的影响，尤其要重视民办高校、独立学院、高职中职学校的校园稳定工作。

2. 积极推进学校服务型团组织建设，不断提升学生综合素质。中央书记处明确要求，共青团要增强服务意识，强化服务职能，大力推进基层服务型团组织建设，把着力点放在为青年成长发展提供服务上。现在，我们正在研究落实好党建带团建的具体要求，推进基层服务型团组织建设。对于党的建设来说，党的十八大明确提出了加强基层服务型党组织建设。我们在团的十七大和十七届二中全会上，提出了建设基层服务型团组织的任务。多年来，学校共青团积极开展社会实践、志愿服务、科技创新、校园文化等素质拓展活动，在服务学生成长和综合素质提升方面发挥了重要作用，形成了一些在社会上有影响力和美誉度的工作品牌。学校共青团要紧紧抓住服务学生综合素质提升这个方向，全面深化各项素质能力培养工作，走在全团建设基层服务型团组织的前列。当前，要突出抓好三个方面的工作：

一要把“走下网络、走出宿舍、走向操场”主题群众性课外体育锻炼活动作为战略任务、长期任务，切实促进学生提升身体素质。1953年，毛泽东同志接见中国新民主主义青年团第二次全国代表大会主席团时，强调青年和学生要“身体好、学习好、工作好”，把“身体好”的标准放在了第一位。党的十八届三中全会决定明确要求“强化体育课和课外锻炼，促进青少年身心健康、体魄强健”。体育锻炼对于学生是非常重要的，它不仅能够提高学生的身体素质和健康水平，还能培养他们顽强拼搏、勇于进取的精神，锤炼他们团结协作、不怕失败、吃苦耐劳的品质。“有健全之身体，始有健全之精神”，这是蔡元培先生的话；“民主政治亦即体育精神”，这是张伯苓先生的话；“体育是培养健全人格的最好工具”，这是建国前后在清华工作了五十年的马约翰教授的名言。

关于加强体育锻炼这项工作，去年提出来之后大家都在行动。前天我在复旦大学调研时了解到，上海团市委正在面向高校学生策划组织“百日千里”自我挑战赛，号召同学们连续100天完成500公里跑步里程，并提出了5S的理念，即社交（socialinteraction）、时尚（style）、公益（societyinterest）、持续（sustainable）、自主（selfacting），把体育健身和对学生的思想引导、人格培养结合起来，行动与理念同步，注重增强体育活动的趣味性、时尚性和公益性，还尝试做手机APP，包括对跑步的测试手段等。这件事的启发就是印证了我们常说的，很多事是很正当、很正确、应该做，但往往做起来不知道劲该怎么使或者效果不好，问题的关键就在于要把有意义的事情做的有意思。上海的做法不错，相信大家各有各的高招，一定要把这个事情做好。

二要重点服务好学生创新创业创优。学生的创新创业创优精神，直接反映未来一段时期国家的创新潜力和社会的创造活力。学校团组织要把培养学生改革创新、艰苦创业、争先创优的精神和素质作为服务学生的一项重要内容，最大限度地调动各方资源和力量做好这项工作。要精心办好“挑战杯”全国大学生课外学术科技作品竞赛和中国青少年科技创新奖，在培养学生创新意识和创新能力方面，在为校园、为社会营造创新氛围方面作出新的努力。要按照中央的要求，切实做好促进学生创业就业工作。加强创业就业意识教育，通过“西部建功计划”等引导学生转变就业观念，鼓励学生到基层、到西部干事创业、服务奉献。要通过 KAB 项目、创业课程教育等提升学生创业就业能力。要精心组织好“创青春”全国大学生创业大赛，努力把大赛办出影响、办出水平、办出实效，发挥品牌工作的牵动作用，整合各方的资源和力量，研究探索促进大学生创业就业的政策和机制。

三要重点服务好困难学生群体。习近平总书记在同团中央新一届领导班子成员集体谈话时要求共青团“发挥组织优势，调动社会资源，千方百计为青年排忧解难”。学校共青团要做好学生的维权帮扶工作，首先要关注和服务学生中的困难群体。现在，部分学生存在着经济困难、学习困难、人际沟通困难、上进心不足等问题，这些问题相互关联，容易导致学生心理亚健康，成为“草莓一族”，经不起挫折。学校团组织要多关心困难学生群体，针对不同困难群体的特点和需求，设计工作载体，建立工作机制，有效帮助他们解决实际困难。要强调班级在困难帮扶中的作用，加快做好困难学生帮扶体系的构建工作，对困难学生给予全方位帮扶。学校共青团和各级学生会组织要发挥好学生和学校党政之间桥梁和纽带作用，及时把学生中带有普遍性的利益诉求和现实困难反映给学校，利用组织渠道维护学生权益、帮助同学排忧解难。

3. 高度重视新媒体，推动团学工作向网络新媒体转型。目前，我国近 6 亿网民、4.6 亿手机网民以及 3 亿多微博用户中，学生群体占比很大，手机等新媒体已经成为青年学生的“第六器官”。新媒体日益融入学生的学习、生活，对学生的思想观念、行为方式和组织形态、动员模式产生了深刻影响。对学校共青团来说，如何运用新媒体改造和提升团学工作，直接影响到团的工作的吸引力和凝聚力。学校共青团要把运用新媒体作为一件大事来抓，主动适应新媒体时代下信息传播、组织动员、资源整合的新方式，推动工作网络化转型。首先要建阵地。经过不懈的努力和积累，学校战线在微博、微信、App 应用等新媒体阵地建设方面取得了可喜成绩。目前，团中央学校部官方微博听众数超过 155 万，团中央学校部、32 个省级团委学校部、2200 余所高校团委、约 40 万个高校团支部建立了组织官方微博，听众总数已超 1000 万，下一步要进一步办好学校共青团新媒体工作平台。其次要建内容。加强内容建设，强调内容为王，结合学生的需求，提供好的内容和产品，通过新媒体向青年学生传播有吸引力、感染力的声音。对网络上一些不良信息和言论，要旗帜鲜明地进行斗争，培育好网络宣传员队伍，赢得网络舆论主动权。昨天，习近平总书记在主持召开中央网络安全和信息化工作领导小组会议时强调，做好网上舆论工作是一项长期任务，要创新改进网上宣传，把握好网上舆论引导的时、度、效，使网络空间清朗起来。党中央关心的事情，共青团要迅速行动起来。我们要在团干部和团员青年中培养网络宣传员，学校部要专门研究布置这项工作。

对于学校共青团来说，要引导服务青年学生，在面对一些敏感问题需要我们发出声音时，大家要责无旁贷，敢发声，会发声，善发声，运用网络传播规律，弘扬主旋律，传播正能量。三是要建机制。要适应新媒体发展规律，探索符合新媒体工作特点的激励机制。要将新媒体运用和线下工作结合起来，努力实现线上线下工作一体化。

三、以增强组织活力为重点，不断提升学校共青团组织建设的科学化水平

学校共青团组织体系相对健全，组织覆盖较好，但仍然存在一些问题，突出表现在一些基层团组织的活力不强，民办高校、独立学院的团建相对滞后，中学中职共青团工作比较薄弱，学生社团活跃对共青团组织产生的挑战等，需要引起高度重视，切实按照“团建全覆盖、工作到支部”的要求，进一步扩大学校共青团组织和工作的有效覆盖面。

1. 抓源头，做好中学、中职共青团工作。李源潮同志多次强调要做好中学阶段团的工作。中学、中职共青团的源头性体现在三个方面：一是团员发展的源头，全团 8900 多万团员，绝大多数是在中学阶段加入团组织的，可以说中学、中职共青团承担着为包括高校在内的各条战线输送合格团员的重要职责。二是青年对共青团认识的源头，一名青年对共青团的感情、认识，绝大多数是从中学阶段培育的，可以说中学、中职共青团承担着面向广大青少年展示共青团组织形象的重要职责。三是团干部培养的源头，各条战线上的团干部许多都是从中学时代开始从事团的工作的，这一时期形成的思想认识和工作作风，对后来的工作具有重要影响。中学、中职阶段团员的素质关系到全团的素质，工作水平影响到全团工作的水平。全团要在中学阶段实施“强基固本工程”，把中学、中职阶段共青团工作列为各地团组织工作的重要内容。

近年来，团中央在深入调研的基础上，联合教育部召开了全国中学共青团工作会议、全国中等职业学校德育工作会议，分别出台了关于加强中学共青团工作和中等职业学校共青团工作的意见，出版了一系列教程、读本，希望各级团组织持之以恒地把这些工作落实好。下一步要重点研究和做好五个方面的工作：一是抓好团队衔接。调研发现，初中阶段的团队衔接是一个薄弱环节，一些初中的一二年级出现了“组织真空”。在学生进入初中以后但未入团之前这段时间，少先队觉得应该是团组织的，团组织觉得应该是少先队的，事实上就成了真空地带，没有人管，这个阶段的工作一定要明确责任、进一步抓实。要认真研究团队“无缝衔接”机制，做好团前教育和推优入团工作，办好少年先锋团校，举办离队入团仪式。二是抓好团员发展。调研发现，现在不少中学和中职学校在发展团员过程中出现了标准简单、程序不规范、批次不合理等问题，一些学校团青比过高，甚至出现了“全员团”的现象，使共青团员的先进性难以充分体现。我们要抓好入团这个源头，坚持标准、规范程序、控制数量，切实保证团员发展质量。三是抓好团员意识教育，强化入团仪式教育。中学阶段是团员意识教育的最佳时期，这一阶段团员意识培育得好，会为全团的工作打下很好基础。要坚持执行戴团徽、唱团歌、过团日和“三会两制一课”制度，增强学生团员的政治意识、模范意识和组织意识。四是抓好活动设计。长期以来，相比高校共青团，中学中职共青团的运行模式以“自转”为主，今后要向兼顾“公转”转变，结合中学生特点，持续抓好“与人生对话”、14 岁集体生日、18 岁成人仪式等品牌工作，不断扩大中学共青团的社会影响。五是加强团干部教育培训。中学、中职团干部数量多、流动快、任务重，要按照“分级全员”的要求，加强对他们的教育培训，发挥好培训教材的作用。团中央学校部要举办示范性培训班，团省委要做好新任职团干部培训，地市级团委要做好辖区内团干部的年度轮训。

2. 抓支部，提升基层团组织活力。班级团支部是学校团组织的基本独立单元。这一点在中学中职是毋庸置疑的。在高校，虽然大学生在学校内的聚集方式发生了很大变化，弱化了支部的功能，但按照学科划分院系、按照学制区分年级的基本制度和组织架构没有发生根本改变，班级依然是学生基本集体单元，班级团支部仍是团组织开展工作和活动的首要阵地。要提升学校共青团的吸引力和凝聚力，就要提升支部这一最基本“细胞”的活力。去年我们在大宣传大调研中发现，学校共青团存在基层活力不够这一突出问题，甚至一些团支部处于休眠、休克状态。中国农业大学近年来提出了“细胞工程”，把加强班级团支部建设作为新时期加强大学生思想政治教育的着力点，把团的活动经费按项目下拨到支部，这是很好的探索，应该进一步总结经验、进行推广。

加强支部建设、提升支部活力，首先要“团要管团”。学校共青团是一级组织，有加强自身建设的内在需要和外在要求。要深刻把握学生成长成才和团组织促进学生成长成才之间的区别，把握学生工作开展的成效和团组织工作开展的成效之间的区别，时刻要有组织意识，突出共青团的作用，加强基层支部的建设。二要尊重团员的主体地位。“二八现象”反映出学生参与我们活动的普遍性不够，要通过尊重他们的主体地位加以改变。在具体工作中，团支部书记原则上要由学生团员选举产生，支部的各项活动要充分征求学生团员的意见，各项工作的评价权要交给学生团员等等，来调动学生的积极性、主动性，扩大工作的有效覆盖面。河北省保定中学探索开展“我的团日我做主”自主团日活动，坚持“主题自定、内容不限、形式自选”的“三自主”和“戴团徽、打团旗、唱团歌”的“三必须”，增强了团员的参与热情和积极性，激发了基层团支部的生机和活力。三要加强支部的职能建设。现在基层支部活力不足一个很重要的原因是职能不清，很多支部不清楚应该做什么、怎么做。要明确支部在团员发展、思想教育、团员管理、推优入党等方面的工作职责，使基层支部有清晰的工作职责。四要让工作指导进支部，推动支部学习制度化、组织生活经常化，提高学生团员发展和推优入党工作的规范化程度，有条件的还要结合实际开发出菜单式的工作项目体系供基层支部参考。

这些工作说得比较细是因为在基层的工作中问题很多，一定要注意这个现象。现在我们面临很多新的问题和挑战，在精力的分配和思考问题的方法上不能有失偏颇，要注意统筹。中学、中职团的工作非常重要，我们在这个阶段有比较好的组织体系和工作制度，还有大量的团学干部在做工作，所以不能看起来在做工作，而实际上工作没有开展好，要真正把基层工作做扎实，做出实际的效果。

3. 抓创新，完善学校团组织体系建设。一是抓团建形式创新。现在学生的组织和聚集模式与以往相比有了很大的变化，实验室、社团、新媒体等聚集了大量的学生，这就要求我们在巩固传统班级团支部建设的基础上，根据学生新的分布状况，进一步完善社团建团、宿舍建团、实验室建团、网络新媒体建团、实习建团等新的团建方式，实现多种模式、多重覆盖。二是做好民办高校、独立学院和中职学校团的工作。部分民办高校、独立学院和中等职业学校由于管理隶属关系不同、所处环境不同等原因，存在团组织不健全甚至极少数没有团组织的情况，需要我们创新工作方式，集中精力进行攻坚，争取在干部配备、基层组织建设、活动开展方面有明显起色。三是抓组织格局创新。面对学生社团迅猛发展、在学生中影响力日益增强的情况，学校共青团要加强对他们的联系、服务和引导，使他们成为我们重要的工作手臂，逐步建立完善以团组织为核心和枢纽、以学生会研究生会为学生“自我服务、自我管理、自我教育”主体组织的工作组织格局，切实发挥好学生社团在活跃校园文化中的作用。

四、凝聚各方力量，合力推进学校共青团工作

1. 坚持党建带团建，积极争取学校党政加强领导。团的事业是党的事业重要组成部分，党建带团建是加强团的工作和组织建设的根本制度保障。一方面，要积极争取党的领导和工作指导、支持，要发扬常说的“铜头铁嘴兔子腿”的精神，不怕“跑断腿、磨破嘴”，为共青团工作争取更大的空间和资源。另一方面，学校共青团自身要有更大的作为，要紧紧围绕学校中心任务设计开展更多富有成效的工作项目，服务学校事业发展，通过勤勤恳恳的工作、作出实实在在的成绩，赢得学校党政的认可和重视。这两个问题是紧密关联的，也是常说的“有为才有位”。我们要争取党政支持，但党政支持了，我们的事情做得不够好，办得党政不满意，以后再寻求支持就很难；反过来我们积极主动地做好工作，把党政关心的问题都解决得很好，再寻求进一步的支持，难度就会比以前小。

2. 坚持全团协同，共同支持学校共青团工作。学校战线是全团工作的基本面。全团上下要提高对学校共青团工作重要性的认识，协同团内工作力量，在干部培训、创业就业、舆情信息、课题研究等资源统筹中注意对学校战线的支持，共同推进学校团的工作。学校共青团要服务全团工作大局，支持其他各条战线的工作，在相互结合、相互补台、相互促进的过程中，开拓新的工作机遇和增长点。

3. 坚持“眼睛向外”，有效整合各方资源。随着改革的进一步深化，市场在资源配置中将起决定性作用，这对学校共青团通过社会化动员和市场化运作整合资源的能力提出了新的更高的要求。大家要坚持“眼睛向外”，懂一点市场运行的逻辑，学一些市场化运作的技能，发挥团组织社会化动员的优势，通过合理的活动设计和工作模式，撬动和整合包括市场在内的社会多方资源为我所用。

推进学校共青团工作改革创新，关键在人，关键在团干部。习近平总书记对全体团干部提出“坚定理想信念、心系广大青年、提高工作能力、锤炼优良作风”的要求，学校战线的团干部要带头做到、带头做好。要带头坚定理想信念，学校共青团工作政治性、思想性强，大家要按照青年马克思主义者的标准严格要求自己，加强对党的基本理论、基本路线、基本纲领、基本经验、基本要求的学习，努力掌握辩证唯物主义和历史唯物主义的立场、观点、方法，增强政治敏锐性和政治鉴别力，为人师表，做好学生的榜样。要带头心系广大青年，进宿舍、进食堂、进教室，深入到学生中间，和学生打成一片，与学生们真心交朋友、交真心朋友，了解学生的所思所想、所需所困，做学生“友”，不做学生“官”。要带头提高工作能力，勤奋学习、扎实实践，学好专业知识，学好团学工作本领，保持虚心的态度，保持对新知识、新事物、新技术的敏感，不断充实自己、提高自己，真正与“90后”、“00后”的学生们对上话、交上心。要带头锤炼优良作风，保持求真务实的作风，增强攻坚克难的韧劲，自觉抵制社会上的不良风气，养成慎始、慎独、慎微的意识，走好人生每一步，在学生中树立团干部的良好形象。

秦宜智在中国青年志愿者助残“阳光行动”启动暨2014年全团青年志愿者工作会议上的讲话

2014年2月28日，根据录音整理

今天，我们召开中国青年志愿者助残“阳光行动”启动会议，主要任务是，认真学习贯彻党的十八大和十八届二中、三中全会精神，学习贯彻习近平总书记系列重要讲话精神，全面落实团的十七大和十七届二中全会工作安排，联合中国残联共同启动、部署中国青年志愿者助残“阳光行动”。

党中央对共青团和青年志愿者工作高度重视。2013年，习近平总书记参加团中央组织的“实现中国梦·青春勇担当”五四主题团日活动并发表重要讲话，参加“快乐童年·放飞希望”六一主题队日活动，出席团十七大开幕式并同团中央新一届领导班子成员集体谈话，指出了共青团工作必须把握的三个根本性问题，明确了提高团的吸引力和凝聚力、扩大团的工作有效覆盖面两大战略性课题，对广大团干部提出了明确要求。去年12月5日，在中国青年志愿者行动实施20周年之际，习近平总书记给华中农业大学“本禹志愿服务队”回信，指出“青年一代有理想、有担当，国家就有前途，民族就有希望”，勉励“本禹志愿服务队”的同学们“弘扬奉献、友爱、互助、进步的志愿精神，坚持与祖国同行、为人民奉献，以青春梦想、用实际行动为实现中国梦作出新的更大贡献”。这也是对广大青年志愿者寄予的殷切期望。去年9月1日，中共中央政治局委员、国家副主席李源潮同志在乌鲁木齐出席大学生志愿服务西部计划实施10周年座谈会并发表讲话，并先后多次对推进青年志愿者工作作出重要指示。习近平总书记等中央领导同志的一系列重要指示，为做好新形势下共青团和青年志愿者工作指明了发展方向、提供了根本遵循。

中国青年志愿者事业是我们党领导的共青团在新的历史条件下创新工作领域、服务社会需求的一大创举。1993年以来，在党中央、国务院的亲切关怀下，在社会各界的广泛关心和大力支持下，中国青年志愿者事业取得了明显成效。一是以率先实施志愿服务项目、推行志愿者注册制度、深化服务领域等为标志，累计组织动员4000多万青年志愿者，开展了丰富多彩的志愿服务活动，在全社会打响了青年志愿者品牌。二是以“党政关注、社会急需、青年能为”为切入点，集中实施大学生志愿服务西部计划、共青团关爱农民工子女志愿服务行动、中国青年志愿者海外服务计划、大型赛会等志愿服务重点工作，形成了“品牌带动”发展战略，推进了中国青年志愿者行动实现跨越式发展。三是以履行共青团根本职责为使命，发挥志愿服务动员优势和社会功能，推动青年志愿者工作在组织青年、服务青年、促进团的基层组织建设等全团工作大局中发挥了重要作用。四是以弘扬“奉献、友爱、互助、进步”的志愿精神为主线，动员广大青年积极参与志愿服务，引领了社会文明新风和当代青年的精神时尚。五是以活跃基层青年志愿者工作为导向，通过支持、服务并指导基层，加强了各地青年志愿者工作的组织、队伍、项目、机制等建设，促进了中国青年志愿者事业的全面活跃和发展。

中国青年志愿者行动实施以来，坚持把助残作为一项重要内容。2002年4月，共青团中央、中国残联共同启动实施了“百万青年志愿者助残行动”，动员数百万青年志愿者通过“一助一”、“多助一”等形式，帮助残疾人解决了很多实际困难,促进了残疾人事业的全面发展。特别是近些年来,不少地方把志愿助残纳入党政工作大局,加强部门联动,提供政策保障,扩大了志愿助残队伍,深化了志愿助残服务内容,提升了志愿助残实效,为进一步深化志愿助残工作奠定了良好基础。在此,我代表共青团中央,向多年来坚持开展志愿助残工作的广大青年志愿者朋友们表示崇高的敬意,向关心支持青年志愿者行动和共青团工作的中国残联及各级残联组织表示衷心的感谢!

刚才,中国残联党组书记、理事长鲁勇同志从推进残疾人事业科学发展的战略高度,对启动实施"阳光行动"作了重要部署,希望大家认真学习好、贯彻好、落实好。4 位同志作了典型发言,从推进整体工作、深化服务内容、抓好助残工作保障、活跃基层队伍等不同角度,介绍了开展志愿助残工作的经验体会,讲得都很好。希望与会同志在分组讨论中进一步加强交流,多谈谈特色工作、共性问题和破解难题的意见建议。残疾人事业的政策性、专业性很强,残联的各方面工作发展得很快,共青团的同志要多向残联的同志请教、交流,把问题找准确、研究透、解决好,大家齐心协力把今后的工作做得更好。今天晚上召开的全团青年志愿者工作会议上,鸿雁同志还将对全团青年志愿者工作作出具体的安排和部署。下面,我着重就启动实施中国青年志愿者助残"阳光行动"、进一步提升青年志愿者工作科学化水平,谈几点意见,与大家一起交流。

一、充分认识在新的历史起点上实施中国青年志愿者助残"阳光行动"的重要意义

党的十八大描绘了全面建成小康社会、加快推进社会主义现代化的宏伟蓝图,发出了向实现"两个一百年"奋斗目标进军的时代号召。习近平总书记提出了实现中华民族伟大复兴的中国梦。这是党和国家工作大局,也是中国青年运动、中国青年志愿者行动的时代主题。2013 年 6 月 20 日,习近平总书记在同团中央新一届领导班子集体谈话时明确指出,共青团要着力帮助每年 600 多万的高校毕业生、大量城乡贫困家庭青年、大量残疾青年、大量在城市和乡间流动的农村青年、几千万农村留守儿童解决实际困难。这些重点青少年群体涉及亿万家庭,关乎国家富强、民族振兴、人民幸福的中国梦的实现。如何在新的历史起点上,充分挖掘好、发挥好青年志愿者工作优势,把中央的要求和全团的部署落到实处,服务好包括残疾青少年在内的困难群众,是共青团面临的重要而紧迫的历史任务,可以说是使命光荣、责任重大。

1. 实施"阳光行动",是共青团围绕中心、服务大局的重要举措。残疾人事业是中国特色社会主义事业的重要组成部分。中国梦同样承载着残疾人的美好向往,全面建成小康社会当然包括着残疾人的同步小康。这就要求我们必须从全面深化改革和推进中国特色社会主义事业全局的高度,看待残疾人和残疾人事业。在我国,有上千万残疾青少年,其中有不少残疾青少年还生活在贫困之中,上不起学、看不起病、就不了业,在生活学习发展中遇到很多常人难以想象的困难。通过实施"阳光行动",最广泛地动员广大团员青年加入志愿服务的行列,不断整合资金、人力、物力、项目等资源服务残疾青少年群体,为他们送去切实、长久、有效的帮扶,这是共青团抓好围绕中心、服务大局这条工作主线的应有之义,也是共青团服务青少年健康成长的必然要求。

2. 实施"阳光行动",是引导青少年积极培育和践行社会主义核心价值观、坚定理想信念的重要载体。引导青少年积极培育和践行社会主义核心价值观,是党交给共青团的一项重要政治任务。践行社会主义核心价值观,要注重发挥社会实践的养成作用,特别是要为广大青年搭建便于参与、乐于参与的活动平台。"阳光行动"能够在广大青年志愿者和残疾人之间搭建起一座爱的桥梁,是引导青少年广泛开展道德实践活动、培育和践行社会主义核心价值观、坚定理想信念的重要载体。一方面，为残疾青少年提供切实的帮助，使他们真切感受到党和政府的温暖，感受到国家和社会进步的阳光，进而坚定跟党走中国特色社会主义道路的理想信念，加深对国家富强、民主、文明、和谐和社会自由、平等、公正、法治等核心价值的认同。另一方面，对广大青年志愿者来说，投身志愿助残服务是一个在实践中接受教育、在体验中获得真知的过程。在这一过程中，广大青年志愿者对奉献、友爱、互助、进步的志愿精神会有更深的理解，对爱国、敬业、诚信、友善等道德价值会有更深的体会。相信随着“阳光行动”的深入实施，一定会吸引越来越多的青少年参与到志愿助残服务中来，一定会帮助越来越多的青少年在社会主义核心价值观的熏陶中健康成长。

3. 实施“阳光行动”，是共青团和残联组织投身全面深化改革伟大事业、积极参与社会治理创新的重要探索。党的十八届三中全会对推进国家治理体系和治理能力现代化作出重要战略部署，提出要“加强党委领导，发挥政府主导作用，鼓励和支持社会各方面参与，实现政府治理和社会自我调节、居民自治良性互动”，强调要“激发社会组织活力”，“支持和发展志愿服务组织”。今天，我们联合启动志愿助残“阳光行动”，就是深入贯彻党的十八届三中全会精神，在助残领域积极探索既坚持政府主导、又坚持市场推动、同时调动社会力量积极参与的新模式。希望通过实施“阳光行动”，能够动员广大青少年、社会公众和大量青年社会组织积极参与到志愿助残事业中来，在日常照料、就业支持、支教助学、文体活动和爱心捐赠等方面为残疾人提供切实有效的服务，在社会筹资、项目推广、活动组织、管理激励等工作中各尽所能、各展所长，在服务残疾人事业全面发展、引导青少年健康成长、促进社会和谐中发挥不可替代的重要作用。

二、准确把握启动实施中国青年志愿者助残“阳光行动”的部署要求

1月11日，团的十七届二中全会通过的《全面深化改革进程中共青团工作五年发展纲要》中，明确提出启动实施青年志愿者助残行动。这次会议上，共青团中央、中国残联联合印发了《共青团中央中国残疾人联合会关于实施中国青年志愿者助残“阳光行动”的通知》，对实施这项工作作出了具体部署，各地要认真贯彻通知精神，确保“阳光行动”的各项工作落到实处。

1. 把握实施“阳光行动”的新要求。2010年7月，中央文明办、中国残联、共青团中央等8部门部署开展志愿助残工作以来，各地共青团组织积极会同有关部门加强规划，完善政策，建设阵地，开展服务，推进了青年志愿助残工作的积极发展。但同时，我们也感到，共青团参与开展的志愿助残工作无论在组织招募、服务方式、覆盖范围、社会动员、体制机制方面，还是在推进的广度、深度和力度方面，都需要结合新的形势，不断深化，特别要围绕广大残疾青少年多元化的学习、生活、就业、情感等服务新需求，用更加务实、真诚的工作，大胆创新，奋力推进。这次启动实施“阳光行动”，是共青团中央、中国残联在现有工作基础上，联合推出并深化实施的全国性重点志愿服务品牌。在工作思路上，我们更着眼于志愿助残工作的常态化、制度化发展；在组织领导上，我们要求共青团、残联齐抓共管，通过健全领导机制和工作机制等举措，强力推进并纳入管理考核；在服务内容上，我们在各地近年来工作的基础上，进一步归纳梳理了5个方面20多项具体内容，涉及残疾人在日常生产生活中更多的共性需求和大量的个性需求；在服务对象上，把工作重点聚焦在残疾青少年群体，并尽力帮助其他残疾人及其家庭。这些都是这次实施“阳光行动”作出的新部署、提出的新要求，各地要统一思想，用更宽的视野、更高的标准、更大的力度去推动这项工作深入发展。

2. 确保“阳光行动”开好局、起好步。要建立健全领导机构。我们已和中国残联领导同志充分沟通、协商，全国层面的工作由团中央书记处、中国残联理事会负责，省、市、县三级由团委和残联党组负责，切实把实施“阳光行动”摆上重要日程。坚持领导带头，形成领导机关、领导班子和领导干部带头抓青年志愿者助残工作的良好态势。要加强与残联系统的分工协作，加强统一规划，分解目标任务，明确工作职责，一步一步把各项工作谋划好、协调好、落实好。要加强管理考核，把中国青年志愿者助残“阳光行动”纳入各级共青团、残联组织综合考核之中，形成全国统一规划、各级分层实施，一级抓一级、层层抓落实的工作格局。今年3月5日中国青年志愿服务日期间，各地要统一行动，以“心手相牵，共享阳光”为主题，坚持省、市、县和基层联动，依托“阳光行动”，掀起青年志愿助残的热潮。

3. 完善“阳光行动”的服务机制。要组建助残志愿者队伍。采取多种办法，广泛动员社区、农村、机关、高校、企事业单位、新社会组织等领域的青年和社会公众，组建一支规模适中、结构合理、相对稳定的志愿者队伍，特别是抓好骨干志愿者的招募、选拔、培训和管理等工作。要坚持和完善“团队帮扶 + 结对接力”等服务机制。鼓励以团队的形式，在与残疾人机构或残疾人团体等开展“大结对”基础上，逐步做好与残疾人、残疾人家庭的“小结对”工作。要加强助残志愿者阵地建设。依托残联系统已经建设的温馨家园、工疗站、康复中心、托养中心等机构，及时提出助残阵地开放使用、日常运转、管理考核等工作办法，促进志愿服务在助残阵地的有效开展，同时，将助残工作引入相关基层青少年综合服务平台。要深化志愿服务内容。鼓励各地在开展五项服务内容基础上，结合实际，深化服务内容、创新服务形式，形成内容丰富、服务广泛的助残志愿服务项目。总之，要通过抓志愿者招募、抓“大、小结对”、抓阵地使用、抓项目推广等举措，形成集队伍、结对、服务、阵地、内容等为一体的“阳光行动”常态化运行机制。

4. 加强“阳光行动”的工作保障。要积极争取文明办、财政、民政等有关部门支持，不断完善“党政领导、部门支持、社会协同、项目带动”的工作格局。要加强资源整合。各级共青团、残联组织要积极整合本系统内项目资金等资源，用于支持志愿者开展志愿服务期间的保险、交通、培训等工作。共青团、残联通过搭建项目平台等方式，支持基层助残志愿者骨干培训、示范基地培育和项目实施推广等工作。要加强表彰激励。把志愿助残工作典型纳入中国青年志愿者优秀个人奖、组织奖、项目奖和全国残联系统助残先进个人、先进集体等各级共青团、残联相关表彰范畴。要营造良好社会氛围。坚持传统媒体与新媒体相结合，特别是要把新媒体作为扩大“阳光行动”宣传动员的主渠道，精心设计内容，创新宣传形式，形成新媒体运用与活动开展互相补充、相得益彰的良好局面。

三、实施中国青年志愿者助残“阳光行动”应当坚持的几个原则

实施“阳光行动”，是共青团、残联组织长期坚持推进的重要工作，涉及残疾人、志愿者和社会的方方面面，政策性、专业性、社会性都很强。要遵循残疾人事业和志愿者工作的客观规律，因时、因地、因人制宜，推动“阳光行动”深入持续健康发展。

1. 坚持“两个为本”。参与“阳光行动”的主体，既包括残疾人，也包括志愿者，要坚持以残疾人为本和以志愿者为本的“两个为本”理念。把残疾人满意不满意、高兴不高兴作为志愿助残工作的根本出发点。在残联系统指导支持下，下大气力做好残疾人需求调查，按需对接志愿服务。注重调动残疾人参与的积极性，激励广大残疾人自尊、自信、自强、自立，融

入社会，参与发展，共享成果。要充分调动志愿者的积极性、主动性和创造性，动员基层共青团、残联、志愿者组织和骨干志愿者通过有效整合志愿助残资金、人力等资源，培育、复制和发展志愿助残项目，扩大志愿助残的参与度、覆盖面和影响力。

2.坚持量力而行。不能急于求成，关键是做得实。要客观分析残疾人工作现状，合理设计志愿助残工作目标，紧密结合志愿者工作特点，不能“包打天下”、大而化之。要坚持循序渐进、务实推动，切实用志愿助残的实际效果取信于残疾人、取信于社会。这次部署中，我们提出了推进“阳光行动”的四年三个阶段的目标任务，即经过四年时间的努力，基本实现青年志愿者助残工作常态化发展的目标。具体包括三个阶段：2014年，实现在全国的统一部署、宣传动员，基本摸清残疾青少年底数；2015、2016两年，加强建设，深入推动，基本实现对城镇残疾青少年的结对全覆盖；2017年以后，使“阳光行动”基本覆盖城乡残疾青少年并实现青年志愿助残工作常态化、长效化。之所以作了这个安排，就是要引导大家树立持续的思想、务实的作风，把每一项工作做实、做好。

3.坚持基层导向。实施“阳光行动”，重在基层，关键在服务需求的对接。要尊重基层首创精神，不断激发基层开展志愿助残的内生动力，推动工作思路、工作方式和工作项目创新。以县市区旗为重点，动员青年志愿者深入街道社区、乡镇村、机关、高校、新社会组织、康复机构、托养机构、特教学校等，认真摸清辖区青年残疾人基本情况，及时开展志愿者与残疾人的结对工作，使“阳光行动”各项决策从基层来、到基层去、在基层落实。要加强对志愿助残工作的调查研究和成果运用，在鼓励基层结合实际先行先试、创新探索的同时，更加注重普遍性、规律性和可复制性，推动更多基层“点”上经验在全国“面”上“开花”。加大对基层工作的支持力度，进一步把工作资源向基层倾斜，把工作力量向基层集中，把工作载体向基层转移。

4.坚持专群结合。俗话说，尺有所短，寸有所长。开展志愿助残工作，尽管有一定的专业要求，但普通人并不是不可为、不能为。恰恰是大量普普通通的人们，通过当志愿者，为广大残疾人提供了医学专业方面代替不了的大量服务，在促进整个残疾人事业中发挥着巨大作用。志愿助残的项目设计要着眼于残疾人需求的普遍性和普通人参与志愿服务的普遍性，“门槛”要低，要易操作，人人可为、人人能为，只有植根于普通人中，志愿助残项目才有生命力。近年来，在有些地方也曾出现过不顾及残疾人感受、不照顾残疾需求而盲目服务“被志愿”的现象，我们要引以为戒。要把助残志愿者的岗前培训抓好抓实。与此同时，鼓励具有一定专业技能的青年志愿者运用专业理念、知识和方法从事相关专业的志愿活动，比如法律职业人员可以开展法律援助、医务工作者可以开展义诊、特教老师可以开展支教助学和手语普及等志愿服务。

5.坚持统筹协调。要统筹协调好不同类别残疾人的服务要求。紧密结合盲人、聋人、肢体残疾、智力残疾、精神残疾和多重残疾人自身特点，设计项目，开展培训，搞好服务。要统筹协调好“阳光行动”与团内其他志愿服务品牌。全团一直实施的共青团关爱农民工子女志愿服务行动、大学生志愿服务西部计划、大型赛会、海外服务等，要继续做深、做透、做强；同时，运用这些项目积累的人力、政策、组织等成果，支持“阳光行动”的发展。要统筹协调好“规定动作”与地方“自选动作”。对于实施“阳光行动”的总体安排、主要内容和基本要求等“规定动作”，继续坚持考核制度，同时，鼓励各地开展特色志愿助残工作，坚持对不同地区、不同领域、不同项目的分类指导。要统筹协调好青年志愿助残与其他领域助残。加强团内资源、力量互动，发挥好红领巾助残等团内各战线已有助残工作的综合效应。联系社会力量，吸纳社会资源，通过共建共享、合作发展等方式，形成志愿助残工作的强大合力。

四、全面提升中国青年志愿者事业的科学化水平

中国青年志愿者事业经过 20 年的发展，站在了新的历史起点上，面临着新的发展机遇和挑战。各级共青团、青年志愿者组织要认真学习贯彻习近平总书记给"本禹志愿服务队"的回信精神，以实施"阳光行动"为契机，注重育人导向、事业导向、基层导向，坚持志愿服务项目化运作、社会化动员、事业化发展、制度化保障，全面提升中国青年志愿者事业的科学化水平。

1. 注重在党和国家工作大局中谋划和推进青年志愿者工作。围绕中心、服务大局是共青团工作的主线，也是青年志愿者工作的主线。各级团组织要结合党对共青团和青年工作根本要求，把握共青团的三个根本性问题和两大战略性课题，始终把青年志愿者行动摆在经济社会发展全局中进行谋划和推进，在党政关心、社会关注、青年关切的领域设计项目、整合资源、建立机制。当前，要紧紧围绕党和国家全面深化改革的大局，紧密结合青年志愿者工作特点，注重从社会建设的范畴和规律出发来谋划志愿服务。积极争取有关部门的支持，通过委托承办、购买服务、政府补贴、项目合作等方式整合资源，指导、支持基层志愿服务组织申报并实施志愿服务项目，推进青年志愿者在社会建设中发挥更大作用。

2. 注重通过志愿服务加强对青年的思想引领。志愿服务是崇高的事业，蕴含着丰富的思想资源。我们要大力弘扬"奉献、友爱、互助、进步"的志愿精神，突出培育和践行社会主义核心价值观，突出理想主义、精神引领和实践育人，使参与志愿服务的青年心灵得到升华、境界得到提高。要善于把服务他人、奉献社会的实践与坚定理想信念结合起来，帮助广大志愿者认识到坚持走中国特色社会主义道路关系到国家的改革发展稳定大局，也关系到社会和谐和每个人的幸福。对接受志愿服务的群众来说，重点是要通过志愿服务让他们感受到党和政府的关心、团组织和全社会的关爱，在全社会大力营造"我为人人、人人为我"的良好氛围，使每一个人都成为全面深化改革的积极拥护者、支持者、参与者，形成推动经济社会发展的强大力量。

3. 注重提升志愿服务的能力和水平。不断提升志愿服务的整体能力和水平，是保持青年志愿者行动在我国志愿服务工作中"排头兵"地位、打造核心竞争力的关键一环。要提升基层志愿服务组织活力。稳步扩大基层青年志愿者的组织覆盖，推动高校、企业、社区和乡镇普遍建立青年志愿者组织，在抢险救灾、环境保护、助老助残等专业性较强的志愿服务领域建立专业志愿者组织。坚持发挥基层团组织在青年志愿者组织中的核心作用，发挥基层青年志愿者组织在各类青年社会组织中的枢纽作用。要提升志愿服务团队的服务能力。壮大注册志愿者队伍，并从中遴选、培育一批在青年中具有较强号召力的骨干志愿者。通过集中培训、网络公开课、现场指导、体验式教学等多种方式，提升骨干志愿者和青年志愿服务团队的专业技能。要提升青年志愿者项目的实施水平。加强对项目的规划和指导，促进地方项目健康发展，建立分层、分类的志愿服务项目库，形成覆盖广泛、内容丰富、具有较高专业水准的志愿服务项目体系。要提升青年志愿服务平台建设的成效。搭建志愿服务活动组织、项目推广、资金筹集、技术支持等多种平台，形成一批有效对接志愿服务需求，高效整合社会资源，规范标准的实体型、网络型、复合型平台。

4. 注重青年志愿者工作的制度化、规范化建设。加强青年志愿者工作制度的设计、规划和落实，特别是多研究管总、管用、管长远的制度。要用立法管总。目前已有18个省(自治区、直辖市)和16个较大城市对志愿服务进行了立法。团组织要积极推动立法,同时也要善于运用法律,落实执法责任、规范志愿服务关系,保障青年志愿者事业发展。要建立起务实管用的激励保障制度。比如,志愿者的星级认证制度、表彰制度、志愿者权益维护、意外伤害保险等。可积极争取有关机构、企业支持,先从我们重点志愿服务项目中的骨干志愿者做起,不断完善志愿者的激励保障机制。要加强青年志愿者工作自身建设,坚持加强自身建设与开展服务活动的统筹推进,努力把工作成果转化为提升团的吸引力、凝聚力的重要内容和手段。要加强各级青年志愿者协会建设。坚持“开门办协会”的理念,坚持开放性、包容性、社会性的有机统一,积极吸纳社会功能强的青年社会组织成为青年志愿者协会的会员单位,使之成为团组织可覆盖、可影响、可协调的正能量。

同志们,全面启动中国青年志愿者助残“阳光行动”的号角已经吹响!实施“阳光行动”,共青团、残联系统有着坚实的工作基础。共青团组织具有组织优势、动员优势,能够把分散在社会各方面的人力、财力、物力等资源有效组织起来、动员起来,通过团组织的制度化安排,形成开展志愿助残工作的持久力量。残联组织是党和政府联系广大残疾人的桥梁和纽带,最熟悉残疾人群体的生活状况、分布情况,最掌握服务残疾人的政策措施和残疾人的迫切要求,积累了丰富的助残工作专业经验,具有明显的专业优势。我们要坚定信心,携起手来,把两个系统的工作优势用好、用足,最大限度地调动政策资源、资金资源、专业资源、人力资源和社会资源,把残疾人的需求与广大青年参与社会、服务社会的热情有效对接,促进志愿助残工作取得更大实效。

让我们在以习近平同志为总书记的党中央的坚强领导下,在中央有关部门的大力支持、社会各界的关注关心以及广大青年志愿者的积极参与下,凝聚力量,务实创新,长抓不懈,不断开创青年志愿助残工作新局面,以青春梦想、用实际行动为全面建成小康社会、实现中华民族伟大复兴的中国梦作出新的更大贡献。

秦宜智在中国青年创业就业基金会理事会换届大会上的讲话

2014年3月4日,根据录音整理

今天,中国青年创业就业基金会召开理事会换届大会,总结回顾一届理事会的工作,选举产生第二届理事会,研究安排今后一个时期的任务,这对于中国青年创业就业基金会贯彻党中央要求,落实团十七届二中全会部署,在新的起点上转型发展、持续发展、事业长青,具有十分重要的意义。首先,我代表团中央书记处,向新当选的理事表示祝贺!向长期以来关心支持共青团事业和青年创业就业工作的企业家们表示感谢!

中国青年创业就业基金会自2009年成立以来,致力于为中国青年创业就业工作提供稳定、持续、有效的支持,取得了可喜成绩,做出了积极贡献,成为共青团服务青年的重要平台。一是筹资规模较大,共募集资金6.08亿元,年均筹资1.5亿元,这是十分不易的。二是支持基层较实,累计公益支出3.84亿元,其中向基层拨款3.3亿元,为基层团组织开展各类青年创业就业服务工作提供了宝贵支持,这是一届理事会的重要成果。三是带动效果较好,共推动金融机构向180多万名青年发放创业小额贷款,组织100多万名青年到就业创业见习基地上岗见习,对1200多万人次的青年进行技能培训,得到了社会各界和广大青年的认可和好评。四是自身建设得到加强,创新发展模式,从严治会,规范治会,初步建立了一整套内部治理制度,构建了有效的合作网络,2011年被民政部评为"4A级社会组织"。

四年来,中国青年创业就业基金会走过的不平凡历程,凝聚着各理事单位的社会责任、进取精神与奉献意识。各理事单位不仅慷慨解囊捐赠资金,而且对基金会的发展运行和规范管理提出了许多建设性的指导意见,有的理事单位对基金会的投资理财和活动开展等直接给予了宝贵支持,有的理事单位结合自身发展与基金会联合实施了富有特色的公益项目。去年10月,团中央书记处批准基金会理事会换届方案后,许多一届理事会成员单位继续给予基金会支持,有的再次捐赠资金,有的与基金会合作开展青年创业就业项目。这充分体现了各家理事单位作为国内外知名企业对我国经济社会发展的卓识远见和担当精神,对企业社会责任的执着追求和模范践行,以及对共青团的充分信任和大力支持!

我刚才听说大家对如何做好中国青年创业就业基金会的工作、如何更好地服务青年创业就业提出了很多真知灼见。这些意见、这些建议,对我们进一步拓宽思路有很好的帮助,基金会秘书处要认真研究采纳。借此机会,我就中国青年创业就业基金会转型发展谈几点想法,同大家交流。

一、把握工作背景,增强机遇意识和进取意识

围绕中心、服务大局,是共青团的工作主线。围绕中心才能找准方向,服务大局才能体现价值。中国青年创业就业基金会是一项崇高的事业,也是一份光荣的责任,要善于从党和国家工作大局中、从经济社会发展的大趋势中寻求机遇、主动作为,服务好青年成长成才。

1.要把握党中央对共青团和青年工作的新要求。党的十八大以来,习近平总书记对共青团和青年工作提出了一系列新思想新要求,特别是在同团中央新一届领导班子集体谈话时,深刻指明了共青团要把握的根本性问题和面临的时代课题,强调要把培养中国特色社会主义事业建设者和接班人作为根本任务,把巩固和扩大党执政的青年群众基础作为政治责任,把围绕中心、服务大局作为工作主线,抓住提高团的吸引力和凝聚力、扩大团的工作有效覆盖面这个牛鼻子下功夫。中国青年创业就业基金会是团中央发起设立的,是共青团整体事业的阵地和延伸,要紧紧围绕共青团的职责和使命来开展工作。要立足自身特点和比较优势,把过去服务青年的好做法、好经验继承下去,进一步思考如何在具体而扎实的工作中体现和服务团的根本任务、政治责任、工作主线,如何在提高团的吸引力和凝聚力、扩大团的工作覆盖面上选准角度、有更大作为。

2.要把握全面深化改革的新机遇。机遇来了抓不住,比没有机遇更令人惋惜。全面深化改革势必将为党和国家事业发展注入新的动力,为以基金会为代表的公益慈善事业和社会组织发展带来新的机遇、新的空间。比如,"培育和践行社会主义核心价值观"、"弘扬中华优秀传统文化",将为公益事业繁荣发展营造更好的社会氛围。又如,"完善慈善捐助减免税制度","重点培育和优先发展行业协会商会类、科技类、公益慈善类、城乡社区服务类社会组织",将为基金会发展带来更多的政策机

遇。再如，“适合由社会组织提供的公共服务和解决的事项，交由社会组织承担”，将为社会组织发展提供更大的工作空间。可以预见，随着社会主义核心价值观培育践行，随着市场在资源配置中发挥决定性作用、政府职能转变加快和购买服务增多，基金会的社会地位在加重、工作机会在增多、发展空间在拓展。抓住了机遇，乘势而上，基金会的发展道路就会越走越宽广，事业就会越来越兴旺。

3. 要把握经济社会发展对公益慈善的新需求。我国的基金会从 1981 年起步，从无到有、从小到大，目前全国共有 2600 家左右，公募和非公募各占一半，年增长速度 20% 左右。国际经验表明，工业化、城镇化的快速推进，往往会随之出现社会慈善事业的大发展。我国正处在工业化中后期，慈善事业发展正在提速。2013 年，我国社会捐赠总额较 2012 年明显上升，接近 1000 亿元，占 GDP 的 0.17% 左右，而美国捐赠总额占 GDP 的 2% 左右。与慈善事业发达的国家相比，与我国经济社会发展新阶段的需求相比，基金会仍然有着非常大的发展潜力，有着非常好的成长前景。越是前景光明，处在爬坡上升的阶段，越要有进取意识，不能觉得店面开张了就可以守一守摊子了，不能觉得成绩有一些了就可以松一松气了，更不能幻想坐享其成。要积极进取、主动开拓，把好的形势运用好，把好的事业发展好。

二、找准自身定位，形成发展特色和核心竞争力

有特色，才会有竞争力；有竞争力，才能做大做强。中国青年创业就业基金会要凸显青年特点、紧扣创业就业主题、擦亮共青团品牌，把事业做出特色、做向长远。

1. 突出创业主题。创业就业，政府关心、社会关注、青年关切，不仅是经济问题、社会问题，更是政治问题。党的十八届三中全会强调，要完善扶持创业的优惠政策，形成政府激励创业、社会支持创业、劳动者勇于创业新机制；促进以高校毕业生为重点的青年就业和农村转移劳动力、城镇困难人员就业。青年是新增就业的主体，创业就业是青年最基本、最普遍的需求。共青团在服务青年的过程当中，要把服务青年创业就业放在重要位置。团十七届二中全会把服务青年创业就业作为今后一个时期共青团工作的重要着力点，团中央也专门出台意见，对现有工作资源和项目作了整合，特别强调加强服务体系建设，优化资源配置，提升全团服务青年创业就业的整体性和实效性。解决创业就业问题，一个重要方面在于创造更多的就业岗位，以创业带动就业。创业的主体是青年、动力在青年。团组织体系覆盖广泛，联系着大批创业带头人和各领域优秀青年人才，理应在支持青年创业上有所作为。中国青年创业就业基金会要结合职能特点，挖掘优势、用好优势，把工作着力点放到扶持青年创业上来，在全团服务青年创业工作中发挥重要作用。

2. 强化服务功能。共青团的一项重要职责就是服务青年，生命力的一个重要标志也体现在服务青年的实际成效上。团的工作如果不能实实在在地服务青年，那么吸引力和凝聚力就是一句空话。中国青年创业就业基金会要把服务青年作为宗旨、作为思考和设计工作的归宿。一要找准服务群体。把高校毕业生和农村创业青年作为重点，深入分析群体特点和创业规律，有的放矢地实施公益服务项目。二要把握服务环节。创业是一个链条，包括创业意识传播、创业技能提升、创业项目策划、创业资金筹集、创业经验辅导、创业政策环境等。基金会要选准关键环节，注意环节之间的关联性，为青年创业提供雪中送炭式的服务。三要构建服务体系。加强青创网、讲习堂、创业展等创业平台建设，为广大青年创业提供普遍性服务。要从基层帮扶、基础拓展、基地共建等方面入手，努力为基层团组织和重点青年群体创业实践提供差异化、个性化服务。

3. 注重品牌建设。公益项目是基金会的标签和名片。从长远看,基金会比拼的是公益项目、公益产品,比拼的是品牌、口碑和信誉。要加强公益项目建设,力量不能分散,资金不能撒胡椒面,集中资源,持续强化,打造体现专业性和不可替代性的特色品牌、拳头产品。要加强品牌宣传,既要用好传统媒体,又要用好新媒体,推出一些短小、好记、感人、易传播的艺术产品,扩大基金会的社会影响,增强社会美誉度。要加强过程管理,跟踪创业青年的发展历程,变一次支持为全程关注,用好成功创业典型,以一个个青年创业故事感染社会、激励青年,形成持久有生命力的社会口碑。

三、完善运行机制,提高自身实力和社会公信力

良好的运行机制是基金会可持续发展的保证,直接关系到基金会的实力和公信力。过去,基金会治理主要靠道德约束,现在,越来越强调制度约束,要通过制度设计、执行、监督来规范运行,把内部治理结构建设好。

1. 完善资金募集机制。筹资是基金会的第一位任务。从世界慈善事业发展趋势看,当前正在从救急救穷、文明提升、专业服务阶段向社会企业阶段迈进。把握社会企业的要求,运用商业和社会创新的方式解决社会问题,是各类基金会的主攻方向。中国青年创业就业基金会要选准突破口,在用好共青团组织资源的同时,积极争取系统资源、产业资源、政府资源,加大筹资力度,优化筹资结构,提升筹资质量。要更加重视依靠自身力量寻求社会支持,以社会需求为导向设计核心项目,结合企业商业模式探索双赢之路,提升公益项目的前瞻性、时尚性、实效性,实现筹资工作的健康、可持续发展。

2. 完善管理机制。要树立"抓管理就是抓效益"的理念,提高工作决策的科学化。完善重大事项议事规则,充分发挥理事会和秘书处的作用,充分借助专家学者和社会专业力量,在项目设计、资金使用方面,集成各方面意见、建议和智慧,走内聚式发展道路。要提高项目运行的透明度。以国家法律、基金会章程和捐赠协议为准绳,针对每个公益项目,建立标准化、可复制的实施标准、流程和范式,运用信息化手段,力争做到全程公开、透明、可监督,让捐方和社会满意,提升基金会美誉度。要提高资金运行的安全性。处理好公益支出和投资理财的关系,在服务青年创业工作效用最大化、树立基金会良好形象的同时,坚持审慎、安全、高效原则,选准投资方向,确保收益安全。在下一步转型发展的过程中,基金会的钱怎么花,用什么方式能使这些钱发挥好效果、有更大的回报,具体怎么做,要多吸收采纳大家的意见,努力把钱用好用实,更好地服务青年创业。

3. 完善组织机制。要加强理事会建设。通过搭建定期交流议事平台、完善经常性沟通和通报机制、探索独有的文化纽带等途径,把理事会作用发挥好,把各家理事单位的优势发挥好。要加强秘书处建设。搞好班子建设和人事管理,合理控制人员规模和运行成本,提升专业化素养,借助社会和市场力量,建设一支精干、专业、和谐的工作团队。要加强组织体系建设。省级青年创业就业基金会是中国青年创业就业基金会的支持力量。中国青年创业就业基金会要加强业务协同、工作互动,加强联系、沟通、指导、协调,帮助他们提升水平、相互学习,力争在服务青年创业就业上目标一致、力量集中、品牌共建。

众人拾柴火焰高,众人划桨开大船。希望各位理事、荣誉理事和各捐赠合作单位继续对中国青年创业就业基金会给予关心和支持,与团中央进一步深入合作,共同为服务青年创业就业事业添砖加瓦。希望基金会秘书处在新一届理事会的领导下,强化责任,改革创新,努力把中国青年创业就业基金会建设成服务青年创业就业的知名公益品牌。

秦宜智在团中央直属机关学习习近平总书记系列讲话精神培训班上的讲话

2014年3月24日，根据录音整理

作为全团最高领导机关，学习习近平总书记系列讲话精神，团中央直属机关必须走在前列、作出表率。在前一阶段自学的基础上，根据中组部的统一部署和要求，3月10日开始，团中央在中央团校连续举办3期学习习近平总书记系列讲话精神培训班，对机关处级以上干部和直属单位局级干部270多人进行全员集中轮训。培训中，邀请中央党校、中央文献研究室、人民日报社、清华大学等单位的15位专家学者，围绕中国特色社会主义、中国梦、全面深化改革、加强党的建设、宣传思想工作、党的群众工作等6个专题，对习近平总书记的系列讲话精神进行讲解。

从参训学员的反映看，大家普遍认为，这种集中、系统、整段时间的学习，非常必要。通过学习，进一步加深了对习近平总书记系列讲话的全面理解，进一步接受了马克思主义立场、观点和方法教育，进一步认识了全面深化改革的总体布局和战略任务。特别是通过对习近平总书记关于青年和共青团工作重要论述的学习，更加深刻地认识到了做好新形势下党的青年群众工作的重要性和紧迫性，增强了在把握党和国家工作大局中做好青年工作的思考和体会。接下来，大家要持续抓好学习，努力把学习的成效转化为工作的实际成果。

下面，我重点就全团学习贯彻习近平总书记系列讲话精神，讲几点意见。

一、要把学习贯彻习近平总书记系列讲话精神，作为全团一项重要政治任务切实抓紧、抓实、抓好

党的十八大以来，习近平总书记围绕改革发展稳定、内政外交国防、治党治国治军发表了一系列重要讲话，提出许多治国理政的新思想、新观点、新论断、新要求。习近平总书记系列讲话站在时代发展和全局的高度，深刻回答了党和国家事业发展的重大理论和实践问题，深入阐释了党的十八大精神，丰富发展了党的科学理论，进一步升华了我们党对中国特色社会主义规律和马克思主义执政党建设规律的认识，是全面建成小康社会、推进社会主义现代化、实现中华民族伟大复兴的中国梦的行动指南。深入学习贯彻讲话精神是统一思想认识、明确前进方向的迫切需要，是赢得发展新优势、开创事业新局面的迫切需要，是提高党员干部队伍素养、增强驾驭复杂局面能力的迫切需要。各级共青团组织和广大团干部，要深刻认识学习贯彻讲话精神的重大意义，将其作为一项重要的政治任务，摆在突出位置，精心组织部署，抓好贯彻落实。

学习是贯彻的前提和基础。面向专兼职团干部，要以团的各级领导机关特别是领导班子成员为重点，采取个人自学、中心组学习、轮训培训、专题辅导等有效形式，引导和帮助大家认真学习原文，深入思考交流，增强学习效果，自觉把思想和行动统一到讲话精神上来。团中央分三批对机关处级以上干部和直属单位局级干部进行集中轮训，取得了比较明显的效果，各地团组织可以借鉴这一做法。面向广大团员青年，要发挥组织优势，广泛发动各级各领域团组织和青联、学联、青企协、青科协等各类青年组织，针对不同类别的青年群体，通过开展报告宣讲、座谈交流、主题团日等形式多样的学习宣传活动，帮助广大团员青年加深对讲话的认识和理解。要大力运用新媒体手段,充分发挥共青团系统网站、微博、微信、手机报等载体作用,多采取青年喜闻乐见、便于接受的方式开展学习宣传,把讲话精神更加便捷、有效地传播到广大团员青年中去。各级各类团属新闻舆论阵地,要积极宣传全团学习贯彻讲话精神的行动和成效,及时反映各地的好做法、好经验,营造浓厚学习氛围。

二、深刻领会习近平总书记系列讲话精神的基本内涵、精神实质和重要要求

习近平总书记系列讲话涉及经济社会发展各领域,涵盖中国特色社会主义事业各方面。学习好、贯彻好讲话精神,既要全面把握,又要突出重点,深刻领会讲话精神的基本内涵和思想精髓。

第一,要在全面把握基础上不断加深对基本内涵的理解。要按照中央要求,深入领会关于坚持和发展中国特色社会主义的论述,坚定道路自信、理论自信、制度自信;领会关于实现中华民族伟大复兴的中国梦的论述,为国家富强、民族振兴、人民幸福不懈奋斗;领会关于全面深化改革开放的论述,激发全社会的发展动力和创造活力;领会关于推动科学发展的论述,促进经济社会持续健康发展;领会关于社会主义民主政治和依法治国的论述,坚持中国特色社会主义政治发展道路;领会关于宣传思想工作的论述,掌握意识形态工作的领导权管理权话语权;领会关于国际关系和我国外交战略的论述,坚持开放、合作、共赢的发展;领会关于党的建设的论述,提高从严管党治党的水平等,进而从整体上把握讲话的核心要义。

第二,要着力把握系列讲话中贯穿的马克思主义基本立场、观点和方法。要深刻把握系列讲话中贯穿的坚定信仰追求、历史担当意识、真挚为民情怀、务实思想作风和科学思想方法,做到知其言更知其义、知其然更知其所以然。要通过深入学习,努力掌握贯穿讲话的马克思主义哲学世界观和方法论,深刻把握讲话这一活的灵魂和精神实质,进一步坚定对马克思主义科学原理的立场自信、观点自信和方法自信。

第三,要深刻把握习近平总书记关于青年和共青团工作的重要论述。去年以来,习近平总书记多次参加团的会议和活动,对青年和共青团工作作出一系列重要论述和指示。作为习近平总书记系列讲话的重要组成部分,这些论述和指示是当代青少年健康成长的行动指南,也是推动新时期共青团事业发展的根本遵循。要深刻把握讲话对党和国家工作大局、对中国青年运动时代主题的论述,广泛团结带领青年为实现中华民族伟大复兴的中国梦而奋斗。要深刻把握讲话对当代青年提出的希望,引导青年坚定理想信念、练就过硬本领、勇于创新创造、矢志艰苦奋斗、锤炼高尚品格。要深刻把握讲话对共青团工作的重要论述和要求,深刻理解共青团的根本任务、政治责任、工作主线这三个根本性问题,准确把握提高团的吸引力和凝聚力、扩大团的工作有效覆盖面这两大战略性课题,主动应对新挑战,着力解决新问题,推动事业新发展。

三、要把学习贯彻习近平总书记系列讲话精神融入共青团工作和建设全过程

学习讲话精神,目的在于武装头脑、指导实践、推动工作。当前和今后一个时期,全团要在继续深入学习的基础上,着力把握以下几个方面:

第一,要把学习宣传讲话精神融入全团重点工作和活动。要牢牢扭住理想信念教育这个核心,把学习宣传系列讲话精神作为深化中国特色社会主义宣传教育、开展"我的中国梦"主题教育实践活动和大规模团干部轮训工作的重要内容,进一步丰富活动的思想内涵。要注重把学习宣传系列讲话精神,与教育引导广大青少年培育和践行社会主义核心价值观结合起来,与加强中华优秀传统文化教育结合起来,与加强党史、国史、社会主义发展史教育结合起来，与加强改革开放教育、基本国情教育和形势政策教育结合起来，精心设计工作项目和活动载体，将学习宣传不断引向深入。

第二，要以讲话精神为指导推动共青团工作改革创新。当前，团的事业发展面临许多机遇和挑战。比如，如何调整团的工作体制机制、更有效地动员团员青年，如何构建覆盖全面、富有活力的组织体系，如何在思想多元多变的形势下有效引导青年，如何提升团组织的服务能力和水平等。这些问题都需要全团上下认真思考、着力破解。年初，我们制定下发了共青团工作五年发展纲要，各项重点工作部署逐步展开。各部门各战线要开动脑筋、整合力量、扎实推进，将学习讲话精神的成效，转化为清晰的工作思路、具体的工作举措和实在的工作效果，使团的工作在全面深化改革进程中不断取得新突破、新进展。

第三，要把讲话精神贯彻落实到共青团自身建设中。贯彻系列讲话精神，推动团的工作和事业发展，关键是要建设一支高举旗帜、朝气蓬勃、青年满意的团干部队伍。要加强团的思想建设，深化理想信念教育，帮助团干部提高思想政治素质，增强党性观念，更加自觉地为党和人民的事业而奋斗。要教育引导团干部深入基层、走进青年，加强调查研究，与普通青年交朋友，了解青年所思所需，把更多青年凝聚在党团组织周围。要大规模教育培训团干部、大幅度提升团干部素质，丰富培训内容，创新培训形式，综合运用理论教学、案例教学、研讨教学、网络教学等多种形式，提升培训实效，引导团干部向书本学习、向群众学习、向实践学习，不断提高做好新形势下党的青年群众工作的本领。要加强基层服务型团组织建设，切实落实党建带团建制度性安排，推进基层团的组织建设和工作创新，为做好各项工作提供组织保障。要结合党的群众路线教育实践活动，加强团干部作风建设，严格团干部教育管理，为做好各项工作提供作风保证。

秦宜智在全国农村合作组织共青团工作暨共青团农村工作会议上的讲话

2014 年 3 月 26 日，根据录音整理

这次会议的主要任务是，专题推进农村合作组织共青团工作，研究部署当前和今后一个时期的共青团农村工作。

召开这次会议，主要有三个方面的考虑：一是学习贯彻党中央关于深化农村改革的新精神。党的十八届三中全会对包括农村工作在内的全面深化改革作出了战略部署，习近平总书记、李克强总理在中央城镇化工作会议、中央农村工作会议上对全面深化农村改革、加快推进农业现代化提出了明确要求。共青团农村工作要想把握好围绕中心、服务大局这条工作主线，就必须把党对农村的政策消化理解好，把农村青年的新变化新特征研究透。二是学习贯彻习近平总书记系列重要讲话精神，切实以系列讲话精神为指导思考和研究共青团工作，把系列讲话精神贯彻落实到团的工作各条战线和整个过程。特别是要学习习近平总书记对青年和共青团工作的新要求。总书记对青年和共青团工作非常关心，针对青年运动的时代主题、当代青年成长方向、共青团工作

的根本性问题和时代课题、团干部要求等，提出了一系列新思想、新观点。中央书记处和李源潮同志对共青团工作高度重视、提出新的要求。包括农村战线在内的各战线、各层级团组织要认真抓好学习贯彻。三是落实团十七大和团十七届二中全会部署，把共青团未来五年工作规划在农村战线具体化、任务化、项目化，研究部署进一步做好共青团农村工作的总体思路和方向、重点，更好地统一思想、凝聚共识，努力开拓共青团农村工作新局面。

习近平总书记在中央农村工作会议上提出，小康不小康，关键看老乡；农业还是“四化同步”的短腿，农村还是全面建成小康社会的短板。就共青团工作来看，农村战线的活力够不够、工作好不好，是关系到团的吸引力、凝聚力和团的工作有效覆盖面的关键指标。近年来，农村战线着眼于服务“三农”工作和生态文明建设大局，着眼于服务农村青年增收致富、成长成才，集中力量，攻坚克难，各项工作取得了明显成效。比较突出的，一是广泛开展“我的中国梦”主题教育实践活动，开展乡村青年文化活动，选树优秀农村青年典型，农村青年思想引导工作深入推进。二是狠抓基层、支持基层，全力抓好乡镇团的组织格局创新和实体化“大团委”建设，农村基层团组织面貌发生了可喜变化。三是注重整合政府和社会各方面资源，以创业小额贷款、技能培训、致富带头人培养为载体，为促进农村青年创业就业发挥了实实在在的作用。四是以保护母亲河行动为牵引，募集资金近亿元，建设了一批绿色示范工程，开展了系列生态环保实践，向社会展现了青少年生态环保工作的形象。这些成绩是在基础相对薄弱、条件相对艰苦、力量相对缺乏的情况下取得的，来之不易。越是如此，越是展现了农村战线广大团干部的进取意识和奋斗精神。这里，我代表团中央书记处，向农村战线广大团干部表示衷心的感谢和诚挚的问候！

今天上午，大家实地考察了江苏镇江农村团的工作，增加了创新农村团的组织建设和基层工作的直观感受。刚才，7 家单位分别作了典型发言，交流了很多好做法、好经验。在接下来的讨论里，希望大家畅所欲言，把好的想法、好的经验都交流出来，相互借鉴，共同提高。关于具体工作，徐晓同志和农村青年工作部还要作部署。这里，我结合自己的思考，谈六个方面的意见。

一、准确把握全面深化改革特别是深化农村改革背景下，共青团农村工作面临的新情况新任务

党的十八届三中全会作出了全面深化改革的战略部署；去年底中央召开的农村工作会议和城镇化工作会议上，习近平总书记、李克强总理发表了重要讲话；今年中央 1 号文件再次聚焦三农问题，进一步明确和细化了全面深化农村改革的政策举措。新一轮农村改革，目标方向已明，大政方针已定。政策措施的陆续出台，将对农村青年的成长背景、创业环境和思想认识、切身利益产生深远影响，给共青团农村工作带来新的机遇，也提出新的挑战。要注意把握好三个方面：

1. 深化农村改革、加快农业现代化，将对农村青年的生产生活方式带来新的变化。党的十八届三中全会明确了全面深化农村改革的方向和重点。完善农村基本经营制度、培育新型农业经营主体、赋予农民更多财产权利，这些涉及农村生产关系和生产方式重要调整的改革，将极大地释放农村改革的红利，相当一部分农村青年或者加入专业大户、家庭农场、合作组织等新型农业经营体系，或者离开土地、外出务工。生产关系的局部调整和生产方式的现代化，对农村青年的影响将是方方面面的、是深刻而不可逆的。但同时我们也要看到，我国人口众多，大部分国土面积是农村，即使将来城镇化水平达到70%，还会有四五亿人生活在农村。吸引年轻人务农，确保农业后继有人，是解决“谁来种地”、保粮食安全的必然要求。对于共青团来说，无论农村青年怎么转移，生产生活方式怎么转变，农村青年的基本面都在，农村领域的共青团工作还将长期是全团的重要领域，而且是最需要加强、最需要创新的关键领域。

2. 推进新型城镇化、促进城乡一体化发展、新媒体迅速普及，将对农村青年的思想观念和价值取向产生新的冲击。新一轮农村改革，针对的“病根”是城乡二元体制，解决的“药方”是构建新型工农城乡关系，健全城乡发展一体化体制机制。据第六次全国人口普查资料，2010 年 14—29 岁的青年总人口中，城镇青年 1.8 亿，占 55%，农村青年 1.5 亿，占 45%。相较于城镇人口（50.3%）与农村人口（49.7%）的比率，城镇青年比农村青年要高出 10 个百分点。这说明，在新型城镇化的过程中，农村青年向城镇转移趋势更加明显。农村青年到城镇居住生活，从农耕文明走到工业文明，传统的家庭观念、人际关系、人居环境都会发生变化。特别是以互联网为代表的新媒体迅速普及，城乡青年之间的信息获取差异、价值观念差异逐渐缩小。农村青年成长环境更加开放，从业更加广泛，流动日益频繁，随之而来的将是观念更加多元，需求更加多样，个性更加鲜明。在帮助农村青年走向城镇文明的过程中，做好农村青年的思想引导工作，依然是摆在共青团农村工作首要位置的任务。

3. 加强农村社会管理、完善乡村治理结构，将对农村基层团组织建设和作用发挥提出新的要求。当前，农村社会结构深刻变动，农村“三留守”（留守儿童、留守妇女、留守老年人）和“空心村”问题日益突出。大量农村青年走出乡村、走向城镇，村团组织的工作对象少了，以村为主体对农村青年的有效覆盖低了。同时，随着大中城市人口资源饱和，建制镇和小城市落户限制全面放开，越来越多的农村青年将在小城镇和新型农村社区聚居，乡镇团组织工作对象多了，组织类型多了，创新团的组织设置、工作思路和工作机制的压力增大了。在党的十八届三中全会《决定》重要举措分工方案中，开展形式多样的基层民主协商、推进基层协商制度化，建立健全居民、村民监督机制，是中央交给共青团的五项任务之一。我们要因地制宜，具体问题具体分析，结合不同地区城镇青年的分布特点、活动规律，探索基层团组织融入以党的基层组织为核心的县域、乡镇、农村组织体系，使县域、乡镇、农村团组织都能够做到居其位、司其职、有其为。

二、务实做好农村青年思想引导工作

引导广大青年树立正确的理想、坚定的信念，是党中央对共青团工作最鲜明、最集中的要求。我们按照习近平总书记提出的全党动手抓好宣传思想工作的思路，提出抓青少年思想教育，要树立全团动手的意识，形成全团动手的局面。具体到农村战线，就是要针对农村青年的思想意识特点，把握好农村青年思想引导的内容和角度，帮助广大农村青年树立为实现中华民族伟大复兴的中国梦而奋斗的理想，坚定中国特色社会主义的信念。

当前，全团要把学习习近平总书记系列讲话作为首要的政治任务抓紧抓好。要面向全体专兼职团干部和广大团员青年，加强对习近平总书记系列讲话的宣传教育，引导大家深刻理解系列讲话的科学内涵、精神实质和实践要求，深刻领会讲话贯穿的坚定信仰追求、历史担当意识、真挚为民情怀、务实思想作风和科学思想方法，进一步坚定道路自信、理论自信、制度自信。要注重实践教育，创新宣传方式，运用好“我的中国梦”主题教育实践活动、“三下乡”、基层联系点等实践载体，发挥好团属新媒体阵地作用，切实把学习宣传引向深入。农村战线要突出学习好系列讲话中关于农村工作的论述，切实把中央惠农政策传递到农村青年之中，把农村青年的思想和认识统一到讲话精神上来。

1. 引导农村青年做全面深化改革的拥护者、支持者、参与者。改革开放事业是从36年前的农村改革开启的，涌现了一批又一批农村青年投身改革、创业奋斗的故事。在新一轮的农村改革中，各项举措是紧紧围绕“让广大农民平等参与现代化进程、共同分享现代化成果”的目标提出来的，像赋予农民更多财产权利、推进城乡要素平等交换和公共资源均衡配置等，将使农民得到实实在在的利益。但我们讲改革进入深水区和攻坚期，一个显著的特征是，许多改革将触及既有利益格局，在两难甚至多难中进行选择，有的可能会暂时触及部分农村青年的切身利益。改革初期，几乎每一项改革措施的出台从利益的角度看都能产生皆大欢喜的效果，自然会得到广泛的拥护；而现在不少改革措施会触及局部利益，这个时候我们持什么样的态度，有怎么样的胸怀，非常重要。要引导农村青年在实践中体会农村改革与自身利益的一致性、重合性，激发他们的改革热情、创业热情，维护他们的合法权益、切身利益，从而使他们坚定地拥护改革、支持改革。要引导农村青年认识到，全面深化农村改革的机遇是平等的，再美好的改革设想，也不会是不劳而获、坐享其成的。要结合农村特点，设计和开展好“奋斗的青春最美丽”系列分享活动，通过挖掘、树立、宣传优秀农村青年典型，影响和带动更多农村青年崇尚实干、崇尚奋斗，以实际行动创造美好生活，投身全面深化改革的实践。

2. 引导农村青年培育和践行社会主义核心价值观。中央书记处明确要求共青团把培育和践行社会主义核心价值观作为一项重要任务，贯穿到青少年工作、共青团工作的各方面和全过程。农村团组织开展这项工作，既要落实好全团总体要求，又要体现农村战线的自身特点。要注重“榜样的力量是无穷的”，更加重视“身教”的作用，特别要发挥基层团干部、团员距离农村青年近的优势，通过他们带头践行社会主义核心价值观的模范行为，来影响和带动农村青年自觉树立积极的人生态度，培养良好的道德品质，追求健康的生活情趣。要注重“润物细无声”，结合农村青年思想实际和成长规律，科学设计工作内容与形式，把“三个倡导”的抽象概念具体化、实践化，使社会主义核心价值观融入农村青年的日常生活，形成自觉、形成习惯、形成风气。

3. 引导农村青年继承和弘扬中华优秀传统文化。习近平总书记在中央农村工作会议上指出，“农村是我国传统文明的发源地，乡土文化的根不能断，农村不能成为荒芜的农村、留守的农村、记忆中的故园”。从一定意义上讲，中华传统文化是建立在农耕文明的基础上的，中华传统文化无形的根扎在农村邻里之间、扎在乡亲们的为人处事之中。农村团组织要高度重视农村青年文化建设，把中华优秀传统文化，像以孝为先的家庭观念、诚信友善的邻里关系、和谐互助的集体意识，继承和发扬下去。要深入开展农村青年群众性精神文明创建活动，通过深化学雷锋、志愿服务、“三下乡”等活动，引导农村青年尊老爱幼、遵纪守法、移风易俗，养成文明健康的生活方式。要参与挖掘和宣传地方乡土文化，组织开展体现当地特点、青年喜闻乐见的民俗文化活动，注意在农村青年中培养非物质文化遗产的继承者、发扬者。

强调的是，做好农村青年思想引导工作，关键要在“务实”两个字上下功夫。抓青年的理想信念教育，是党交给全团的责任，我们不分战线、不分层级、不分分内分外，但要区分方式方法，讲究引导艺术。在学校战线，我们可以多抓理论学习、政策宣讲。在农村战线，我们要更好地把引导和服务统一起来，把理论和实践统一起来。农村团组织搞一些理论学习和政策宣讲，是必要的，但这样还不够。我们要把帮助农村青年创业致富作为思想引导的前提基础，在帮助农村青年解决切身利益和实际困难的过程中让他们实实在在地感受到党的关怀、团的关心、社会的关爱,进而促进思想上的认同。要把和农村青年“交朋友”作为思想引导的主要方式,农村团组织和专兼职团干部要主动深入青年、走进青年,在同他们打成一片中找到做好思想引导工作的有效办法。要善于运用新媒体,运用好全国党员干部现代远程教育网,开展好微信体系建设试点工作。要通过深入细致地工作,把农村青年思想引导工作做扎实、做具体、做出实际的效果。

三、牢牢抓住重点青年群体,服务农村青年成长成才

共青团服务农村青年致富奔小康,是为全面建成小康社会作贡献的重要方面。各级团组织要找准青年需求、尽力而为,尊重当地实际、量力而行,继续把长期以来开展的创业小额贷款、技能培训等工作抓实,把面向普通农村青年的各项工作做深。当前,要突出抓好三类青少年群体的服务工作。

1. 农村青年致富带头人。增收致富是农村青年的朴素愿望,是农村青年最实际、最直接、最迫切的需求。去年全团开展大宣传大调研活动中,大家的一个普遍感受是,青年能人在农村发展中起着重要作用,共青团如果能够服务好农村青年致富带头人,就能带动一批农村青年增收致富。会上大家参观的天王戴庄有机农业合作社、句容市捧花蜂业专业合作社的发展情况,也充分说明了这一点。前不久,团中央以培养农村青年致富带头人为重点,面向全团部署了农村青年创业致富“领头雁”培养计划。各级团组织要按照统一部署,认真抓好贯彻落实,努力帮助农村创业青年解决资金、技术、市场等实际困难,培养好、使用好、凝聚好一大批农村青年致富带头人,影响和带动更多农村青年实现增收梦想。工作中,要注意解决好以下两个问题。

一要特别重视从返乡创业青年中培养和扶持农村青年致富带头人。近年来,由于沿海地区产业转移、中西部地区经济发展和城市生活成本上升等因素的综合影响,农村外出务工青年返乡就业创业开始增多、渐成趋势。特别是从去年到今年,这个趋势非常明显,不仅有数量上的增加,还有质量上的提升,这对解决个人、家庭、社会的一些问题来讲都是大好事。返乡创业青年给农村带来了现代生产要素、文明理念、生活方式、经营模式。可以说,他们将是未来新农村发展的重要骨干力量,将会成为在农村青年中具有较高影响力和号召力的群体。现在,有许多地方团组织关注到了这一青年群体,通过创业支持等多种形式在开展工作,这是非常好的。各地团组织要努力在他们事业最需要帮助的起步阶段给予支持,使他们成为农村共青团工作的骨干和支持力量。

二要特别重视对农村青年致富带头人进行诚信和食品安全教育。习近平总书记在中央农村工作会议上特别强调了食品安全问题,指出“能不能在食品安全上给老百姓一个满意的交代,是对我们执政能力的重大考验”。绝大多数的农村青年致富带头人从事的是农产品生产加工、食品经营行业,大多经营规模小,组织化程度低。有些专业大户、家庭农场、农民专业合作社,还是大型食品生产企业的原材料供应商。各级团组织在加强对农村青年致富带头人培养的工作中,要把诚信教育和食品安全摆上重要位置,引导农村青年致富带头人树立品牌意识、质量意识、食品安全意识,绝不能为了眼前利益而去挑战道德和良知底线。

2. 大学生村官。今年 1 月 28 日,习近平总书记给烟台市大学生村官张广秀复信,勉励大学生村官群体热爱基层、扎根基层,增长见识、增长才干,促农村发展,让农民受益,让青春无悔。自中央组织部启动大学生村官工作以来,现在有 20 多万名大学生村官工作在乡村一线,这群带着知识、带着朝气来到村民中间的青年群体,既是共青团组织的服务对象,又是农村共青团工作应当依靠、可以依靠的一支骨干力量。着眼于服务的角度，共青团要关心大学生村官的工作生活，通过开展文体娱乐、交友联谊等活动，为他们扎根基层、实现梦想创造条件。要服务大学生村官就业创业，通过政策支持、资金扶持、技能培训等途径，帮助他们立足农村创出事业新天地。要做好优秀大学生村官典型选树工作，广泛宣传他们的事迹。着眼于增强基层团组织工作力量的角度，共青团要把大学生村官组织起来、凝聚起来，通过吸收大学生村官担任兼职团干部、组建大学生村官团组织、在大学生村官中培养网络宣传员队伍等形式，发挥好大学生村官在农村共青团工作中的整体性作用。要注重从大学生村官中发现基层需要的青年人才，积极向党政部门推荐。

3. 农村留守儿童。农村留守儿童是我国经济社会发展中的一个特殊群体，据推算，人数已超过 6000 万。他们能不能健康成长，关系到我国未来社会的结构和风气。习近平总书记在同团中央新一届领导班子集体谈话时明确要求共青团要关心、关爱、帮助农村留守儿童。全国各地特别是一些外出务工人员流出地的团组织，在这方面已经做了不少工作，有工作设计、有帮扶努力。要继续把做好农村留守儿童工作作为功在眼前、利在长远的大事来抓，充分认识到，关爱一个留守儿童，也就服务了一对外出务工青年，也就帮助了年迈的农村老人。这是一举多得的好事善举，也是扩大团组织在农村社会影响力的切入点。当前，针对农村留守儿童亲情失落、学业失教、安全失保、心理失衡、行为失范等较为普遍的问题，各地团组织要结合本地特点，积极创新、大胆探索，通过志愿服务、结对帮扶等形式，为农村留守儿童提供爱心陪伴、安全自护、学业辅导、兴趣培养、假期监管、心理咨询等方面的服务，帮助他们享受快乐童年、健康茁壮成长。

贫困仍然是困扰农村留守人员的一个突出问题。共青团要在全党全社会扶贫开发工作中发挥力所能及的作用，运用社会化的动员方式，参与到扶贫开发中来。去年，我在北京市密云县调研时，北京团市委接力驻点帮扶不老屯村种植蘑菇，从村民们的疑虑到信任、再到结下“不老情”，为共青团组织争了光。这样的工作是扎实的，比空洞地讲思想引导要有说服力、有效果。各省、各地市团组织要在扶贫开发工作中多下些功夫、多花些精力，能力大的要扶贫一个县，能力小的也要争取对口一个村、一个乡。团中央要发挥示范作用，进一步集中资源和力量，帮助山西省灵丘县扶贫开发。

四、以创新精神推进农村基层团组织建设和基层工作，进一步扩大有效覆盖面

农村基层团组织是全团工作有效覆盖的关键领域。农村青年的鲜明特点是从业广泛、居住分散、流动性强。要实现对农村青年的有效覆盖，不能就农村论农村，而要树立全团一盘棋的思想，城乡统筹、区域统筹、工农统筹。对于流到县以外，进城、进厂、进机关事业单位、进学校的农村青年，主要通过城市和学校战线的团组织来联系和覆盖；对于留在县以下的农村青年，农村战线要根据青年集聚的区域、产业和单位，不断创新和加强基层团组织建设，增强组织活力，提高吸引力和凝聚力。我强调三个重点：

1. 关于农村区域化团建。城乡区域化团建，是团的十七届二中全会提出的一项重要工作部署。农村区域化团建要从城镇化发展实际出发，盯住县域这个区域，抓住乡镇这个重点。一般来讲，乡镇上接城市发展之利，下启农村发展之需，在农村经济和社会发展中的中心地位和辐射带动作用非常明显。乡镇团员青年生活、工作方式与行政村相比、与城市相比有着鲜明特点。乡镇团员青年比行政村更集中，但无论是行政事业单位，还是企业、工商户，规模一般都比较小，分布较散；流动性强，有相当一部分工作地与住宿地分离；分层现象突出，既有国家干部、企业职工，也有个体老板、学校学生。要做好农村共青团工作，必须重视发挥乡镇团委枢纽作用，区域统筹、条块结合、优势互补、资源共享。

抓农村区域化团建，一要区域化建组织。深化实体化“大团委”建设，在乡镇驻地和新型农村社区继续建设直属团组织，加强规范化建设，提高自我运转能力，强化联建共建。二要区域化配干部。深化组织格局创新工作，建立乡镇团委动态更新调整或集中换届机制，将乡镇范围内符合条件的青年能人吸纳到乡镇团委，构建开放式干部配备格局。三要区域化搞活动。结合乡镇特点和青年的需求，鼓励和支持基层团组织开展有针对性的知识、技能培训，丰富多彩的文体活动、联谊活动。推动区域内各类基层团组织共同开展活动。四要区域化建阵地。近年来，在中央和各级政府支持下，乡镇文化站、农村党员活动室、农家书屋、远程教育站点等建得很好。团组织要争取支持，用好这些阵地，有条件的地方可以推动建设青少年综合服务平台，打造联系和服务农村青年的区域化阵地。在区域化团建中，特别要注重发挥团县委的统筹协调作用。推动党建带团建制度和乡镇团委经费文件落实，完善乡镇共青团工作管理运行和考核评价机制。推动县域内学校、机关、企业团组织与乡镇、村和直属团组织结对共建、活动联办、优势互补。

2. 关于农村合作组织共青团工作。成立合作组织是发达国家发展农业的通行做法。目前，我国依法登记注册的农民合作社达98.24万家，各级各类农技协11.11万个。农村合作组织作为新型农业经营主体的主要形式，正在成为农村基本经营制度创新和农业适度规模经营的主要实现方式。我们在江苏召开农村团的工作会议，突出农村合作组织团建这个主题，组织现场观摩，就是希望下一步把推进农村合作组织共青团工作作为全团工作改革创新的重要着力点。推进农村合作组织共青团工作，关键是要找到合作组织与共青团工作的结合点。基本思路是：强服务、抓示范、重联合，即通过“服务”促进农村合作组织和农村青年发展，通过“示范”带动更多农村合作组织建立团组织，通过“联合”促进农村合作组织团的工作整体活跃。要抓好三个方面的工作：一要建好组织体系。不能简单套用企业、学校、村等领域团建方法，要着眼于构建管理服务体系，推动合作组织建团。主要是在县一级成立合作组织团工委，集成县域内各方面政策、项目和服务，建立“团工委——专(产)业团组织——团支部”的组织管理服务体系，统筹推进县域范围内合作组织共青团工作。二要提供有效服务。各地要积极探索，开展有针对性的服务。如，开展农民合作社青年示范社认定，成立农村合作组织联合组织，开展产品展示、考察交流、品牌对接服务。三要广泛开展活动。合作组织团组织的首要任务是联系农村青年。要通过开展符合农村合作组织发展需要和青年特点的活动，扩大对同类从业青年的吸引和覆盖。比如，思想引领类，帮助青年成员树立正确的世界观、人生观、价值观；创业致富类，帮助青年成员提高农业生产和合作组织经营能力；文体联谊类，密切成员联系，倡导良好风尚。

3. 关于村团组织建设。随着经济社会发展，一些村落会聚集更多人口，一些自然村会逐步消亡，这符合城镇化和村庄演进发展规律。虽然部分农村青年会在城镇化进程中逐步成为城镇居民，但仍有大量农村青年无论怎么流动，根儿依然扎在农村。村团组织仍然是联系和覆盖农村青年的基础。在大量农村青年外出务工的情况下，村团组织既要服务留乡青年，又要联系外出务工和在外上学的青年。在加强村团组织建设方面，不少地方探索了一些好的做法。比如，抓住村“两委”换届契机、推动村团组织同步集中换届；推进村“两委”成员、农村青年致富带头人、大学生村官兼任村团干部；运用互联网，建立外出务工青年、在外求学青年 QQ 群、微信群等网络团支部，增进沟通联络、传递家乡信息、提供必要帮助。各地要总结好、推广好这些经验，用创新的办法加强村团组织工作。

五、集中力量把青少年生态环保工作做出声势

生态文明建设是中国特色社会主义事业五位一体总体布局的重要组成部分。开展青少年生态环保工作，共青团有着优良传统，在当前生态环境矛盾凸显的形势下又有着极强的现实意义。客观来讲，生态文明建设是需要全社会共同努力、全民一起动手的系统工程。共青团参与生态文明建设，需要通过保护母亲河植绿护绿这样的实际行动来改善环境，更重要的在于，要在广大青少年中倡导生态文明的理念，推动形成生态文明的社会氛围。因此，我们要努力把青少年生态环保工作做出声势，形成社会影响。

1. 做出声势，要有拳头产品。关键是要形成一批全国性、区域性的工作品牌。过去，团中央以保护母亲河行动为牵引，以建设绿色工程、倡导绿色理念、培育绿色队伍为重点，组织发动青少年呵护好我们赖以生存的家园，形成了几级团组织联动的局面，产生了社会面上的影响。今年，为响应党中央关于京津冀协同发展、探索生态文明建设有效路径的要求，团中央正在筹备启动“京津冀晋蒙青少年增绿减霾共同行动”，旨在协调团内团外的资源，打造共青团服务重点区域生态文明建设的示范工程，为各级团组织参与生态文明建设提供一种思路、一种导向。现在，各地各级团组织都在推动青少年生态环保工作，有的在本区域、本系统中形成了一些叫得响、传得开、留得住的拳头产品。大家要进一步想办法、下功夫，把品牌擦亮，把工作做实。特别在一些生态环境保护重点区域要破除“一亩三分地”的思维方式，加强资源协调、力量联动，努力探索创新工作方式，培育好青少年生态环保工作的“拳头产品”，最大程度地向社会传递生态文明理念，传播生态文明精神。

2. 做出声势，要有工作创新。要创新工作领域和着力点，积极开展“光盘行动”、低碳出行、清洁家园、垃圾分类、节能减排、修旧利废等实践活动，使青少年生态环保工作更受青少年欢迎。要创新公共宣传，加强媒体合作，挖掘青少年生态环保优秀典型和成熟案例，推出一些短小、好记、感人、易传播的艺术产品，扩大青少年生态环保工作的影响力。要创新资源整合方式，加强与金融机构、大型企业建立战略伙伴关系，结合社会需求、消费模式、环保时尚，探索面向普通社会公众的社会化筹资机制和“微公益”活动载体。

3. 做出声势，要有青年参与。育人是青少年生态环保工作的重要目的。要注重发动基层团组织，利用生态环保纪念日，广泛开展丰富多彩、生动活泼的生态环保主题团队日活动，让青少年从身边小事做起，逐步养成节约、环保、生态的良好习惯。要注重调动社会资源，发挥青少年生态环保组织、环保志愿者的作用，加强对他们的联系、培育、服务和引导，延伸工作手臂，带动更多青少年参与。要注重运用新媒体，加强与大型门户网站绿色、公益频道等网络媒体的合作，充分运用微博、微信等手段，探索时尚、便利的工作载体和参与形式，不断扩大青年参与的覆盖面。

六、准确理解和把握“围绕中心、服务大局”这条工作主线，推动共青团农村工作实现新发展

围绕中心、服务大局，是习近平总书记要求共青团必须牢牢把握的工作主线，对于包括农村共青团在内的各项工作找准切入点、结合点、着力点，增强工作的能力和效果，具有重要的针对性和指导意义。结合共青团农村工作，就理解和把握这条工作主线，讲几点意见。

1. 围绕中心、服务大局，需要吃透中央精神、把握本地实际。中央关于全面深化农村改

革的任务部署，是管宏观、管长远、管根本的。农村战线团干部对党的农村政策，心里要有底，要研究透中央精神，把握好每一项改革措施的影响，善于从政策中发现和用好共青团农村工作的机遇。吃透中央精神，才能开阔眼界，更好地争取政府资源、社会资源，用好团中央与涉农部委及有关企业合作的项目资源。要把握本地实际，围绕本地区党政关心、社会关注的热点问题，根据当地青年的特点和资源条件的比较优势，争取党政、企业和社会各界的支持，推动共青团农村工作。共青团工作服务大局越有力，工作资源和工作手段就会越丰富，反过来服务大局又会更有力。这是一个良性的循环。

2. 围绕中心、服务大局，需要积极主动进取、增强工作韧劲。农村共青团的工作环境正处在深刻变动时期。农村团的工作难有明晰的职能边界和稳定的资源条件，工作的开展很难一蹴而就，任务的落实不会一劳永逸，甚至有时还会出现反复。农村团干部流动快，有的刚刚熟悉工作就转岗了。越是有这样那样的困难，越需要我们增强进取意识，增强工作韧劲，不怕苦、不怕难、不怕烦。对于农村团组织建设和工作中的一些突出矛盾和主要环节，反复抓、抓反复应当成为常态，成为长期坚持的工作方法。

3. 围绕中心、服务大局，需要因地制宜、分类施策。全国有 2800 多个县级行政区划、3.3 万多个乡镇、58 万多个行政村，情况千差万别，共青团的组织建设和工作很难“齐步走”，也一定“走不齐”。村与村、镇与镇、县与县之间，历史积累、资源禀赋和现实条件各不相同，唯一没有差异的就是差异的存在。共青团农村工作要特别强调因地制宜，分类施策，差异化推动。任务部署要科学划分各层级责任，指导督导要一级抓一级，努力做到目标一致、各有侧重、层级联动、协调推进，不能搞一刀切，不追求一步到位。

4. 围绕中心、服务大局，需要发挥基层首创精神、尊重青年主体地位。基层任务很重，条件较差，但基层也最活跃、最有创造力。要坚持眼睛向下，把工作资源、工作项目、工作力量向基层倾斜和集中，尤其要把党建带团建、保障乡镇团委工作经费的政策落实好，把基层团组织的积极性和主动性保护好、调动好。要鼓励基层团组织结合自身实际创新创造，支持各地团组织先行先试，尊重基层青年主体地位，对于基层团组织建设和工作开展的新载体、新办法、新手段，多给予支持和关注，适时总结推广，在全团树立起鲜明的基层导向和青少年导向。

5. 围绕中心、服务大局，需要狠抓落实、善做善成。做好共青团农村工作，关键在于落实。最受农村青年欢迎和认可的，是真办事、办实事。共青团农村工作直接与农村青年打交道，要把农村青年是否需要作为第一信号，把基层能否落实作为第一考量，真正按青年意愿、基层实际来推进和评价工作，多做让农村青年受益的事。要下大力气解决制约共青团农村工作存在的薄弱环节，如工作经费、干部配备和考核激励，一个问题一个问题地解决，一件事一件事地落实，工作成效不断地量变累积，慢慢就会发生质变飞跃。善做善成，说到做到，干一件、实一件、成一件，共青团农村工作就会赢得尊重、赢得空间、赢得人心。

共青团农村工作，最终要靠广大农村团干部去推动和落实。现在，全党正在开展第二批党的群众路线教育实践活动。各地市、县级和广大基层团组织和团干部要按照当地党委的统一部署，坚持问题导向，坚持教育实践并重，抓住反对“四风”这个重点，把活动开展实、开展好，真正把改进作风的要求落实到基层，真正让广大青年感受到基层团组织作风建设的新形象。要以第二批党的群众路线教育实践活动为契机，按照习近平总书记“坚定理想信念、心系广大青年、提高工作能力、锤炼优良作风"的要求，切实加强农村团干部队伍建设。农村团干部身在一线，工作资源有限、条件有限，压力不小、任务不轻，非常辛苦。各级团组织要真正关心、真诚帮助农村团干部解决实际困难。要加强对农村团干部的教育培训，使他们熟悉党的农村政策，了解团的业务和农村实际，掌握同农村青年打交道的方法，增进与农村青年的感情，不断提高业务素质和群众工作能力。农村团干部要深入农村，深入农村青年之中，多到农村青年家里看一看，多听听农村青年的诉求和期盼，努力在帮扶农村青年的过程中锻炼成长，实现自己的人生价值。

秦宜智在2014年中央综治委预防青少年违法犯罪专项组全体会议上的讲话

2014年4月3日，根据录音整理

根据会议的安排，我就中央综治委预防青少年违法犯罪专项组去年的工作总结和今年的工作计划作简要说明。

一、2013年预防青少年违法犯罪工作的主要情况

过去一年，在中央综治委的领导下，专项组各成员单位按照年初制定的计划方案，紧紧围绕13个方面33项具体工作任务，切实履行职责，积极协调配合，做了大量实实在在的工作。

1. 扎实推进重点青少年群体服务管理和预防犯罪工作。去年7月，"预青"专项组、中央综治办联合下发《重点青少年群体服务管理和预防犯罪工作实施方案》，8月底在四川遂宁召开专题推进会，部署在全国范围内分三步推开试点做法，力争2015年底在全国县级及县级以上地区建立比较完善的工作格局和工作体系。相关成员单位根据职责分工，在系统内及时部署，切实做好重点青少年群体工作。针对有严重不良行为青少年，中央综治办、团中央抓紧研究依法加强专门学校教育的有关问题，推动出台相关政策文件；教育部指导各地合理设置专门学校，加大资金投入，改善办学条件，推进课程与教育改革；公安部积极做好罪错问题青少年的教育、管理和服务；司法部推动将未成年犯的义务教育和职业技能培训纳入国家整体规划。针对闲散青少年，围绕解决失学失业问题的目标定位，国家发改委安排中央投资110亿元，实施"中西部农村初中校舍改造工程""中等职业教育基础能力建设""民族地区教育基础薄弱县普通高中建设"等专项建设，促进失学青少年回归学校教育；人力资源社会保障部利用技工院校和职业培训机构对闲散青少年开展职业技能培训；团中央帮助21万余名青年获得见习机会，培训青年240万人次，发放青年创业小额贷款100多亿元。针对流浪乞讨未成年人，民政部联合相关部委开展"流浪孩子回校园"专项行动，并在全国选择20个地区开展未成年人社会保护试点工作；公安部全年侦破组织未成年人流浪乞讨案件200余件。针对服刑人员未成年子女，司法部动态掌握全国25万余名服刑人员未成年子女的基本情况，并协调落实低保、复学就读、入住儿童福利院、家庭寄养、职业技能培训等问题。针对农村留守儿童，教育部、全国妇联、中央综治办、团中央、中国关工委等5部门出

台《关于加强义务教育阶段农村留守儿童关爱和教育工作的意见》;全国妇联发布《全国农村留守儿童、城乡流动儿童状况研究报告》,并联合教育部、中央文明办、中央综治办等部委开展全国农村留守流动儿童关爱服务体系试点工作。

2. 深入开展青少年思想道德教育和法制宣传教育。在思想道德教育方面,中央文明办会同教育部、团中央、全国妇联组织开展“学习雷锋,做美德少年”“向国旗敬礼,做有道德的人”“童心向党”等活动。教育部要求将社会主义核心价值观融入中小学教育全过程,指导各地开展“中国梦”主题教育活动。团中央大力开展“我的中国梦”新媒体系列活动,发微博325万条,覆盖青年6000万人次。在法制宣传教育方面,司法部依托“法律六进”平台,面向社会广泛开展青少年的法制宣传。教育部、司法部、中央综治办、团中央联合出台《关于进一步加强青少年学生法制教育的若干意见》,推动青少年法制宣传教育的制度化、规范化和常态化。公安部选派35万名优秀公安民警担任学校法制副校长或法制辅导员。中国关工委动员12万余名具有政法工作经验的“五老”担任法制副校长,组织80余万“五老”的“关爱工作团”开展法制宣传。团中央联合司法部、全国普法办举办“第十届全国青少年网上普法知识大赛”;联合中央综治办举办第二届“为了明天——关爱青少年彩虹行动”微电影大赛,网民点击量近1亿人次。

3. 全面净化青少年成长的社会环境。一是加强文化市场整治。中宣部、教育部、新闻出版广电总局、全国“扫黄打非”办公室、国家互联网信息办联合下发通知,加强少儿出版管理和市场整治。全国“扫黄打非”办公室切实加强日常管理,扎实开展专项行动,收缴各类非法出版物。二是加大净化网络治理力度。国家互联网信息办联合全国“扫黄打非”办公室、工业和信息化部、公安部、新闻出版广电总局、文化部等部委开展净化暑期网络环境专项行动,关闭、整顿、处罚近千家违法违规网站;严格把控涉及青少年社会极端现象的网上舆论,加大对“网络欺凌”现象的专项治理。全国“扫黄打非”办公室组织开展网络淫秽色情信息专项治理“净网”行动,清理处置网络有害信息,查处违法违规网站。工业和信息化部组织开展端口类垃圾短信集中整治。三是切实开展网络游戏、上网服务场所的整治。文化部、国家互联网信息办等15家部委联合制定了《未成年人网络游戏成瘾综合防治工程工作方案》,新闻出版广电总局积极开展网络游戏防沉迷系统动态监测和实名验证工作,有效减少网瘾对未成年人的危害。公安部、工业和信息化部、文化部等部门联合部署开展无照经营上网服务场所专项整治活动,加大对无证经营的查处取缔力度。

4. 进一步完善法制建设和政策保障。最高人民检察院修改《人民检察院办理未成年人刑事案件的规定》,司法部会同最高人民法院、最高人民检察院、公安部修改《关于刑事诉讼法律援助工作的规定》,进一步完善未成年人司法保护配套体系。最高人民法院、最高人民检察院、公安部、司法部联合出台《关于依法惩治性侵害未成年人犯罪的意见》,加强对未成年人的权益保护。国务院法制办在法律法规审查中,注重推动未成年人保护和青少年犯罪预防方面的规范建设。

5. 大力开展理论研究和工作交流。中央综治办、团中央、中国法学会联合开展主题征文、案例交流、立法调研等“未成年人健康成长法治保障”系列活动。专项组委托中国预防青少年犯罪研究会发布2013年重点研究课题目录,接受专家学者和实务工作者的课题申请。最高人民法院、最高人民检察院分别组织少年法庭审判、未成年人检察工作培训班,着力提高一线干警的业务水平。团中央组织专项组成员单位赴港台地区及印度、韩国,开展预防青少年违法犯罪工作交流合作。

各位领导，同志们，经过大家的共同努力，2013年专项组各项工作取得积极进展，青少年犯罪数据明显下降。借此机会，我谨代表团中央书记处，向专项组各成员单位的大力支持、辛勤付出表示衷心的感谢和崇高的敬意！

二、2014年预防青少年违法犯罪工作重点

习近平总书记在今年中央政法工作会议上发表了重要讲话，深刻阐述了事关政法工作全局和长远发展的重大问题。中共中央政治局委员、中央政法委书记孟建柱就做好2014年全国政法工作作了部署。中央领导同志的讲话精神为做好预防青少年违法犯罪工作指明了方向，我们要认真学习领会、深入贯彻落实。在前不久结束的全国“两会”上，青少年违法犯罪、未成年人保护等问题再次成为代表、委员讨论的焦点，社会的关注和期待对专项组工作提出了更高的要求。

专项组2014年工作计划（征求意见稿）已在会前印发给大家。工作计划中的每项具体工作都明确了牵头单位、参与单位，相关成员单位正在按照各自的职能分工，有条不紊地推进。下面，我主要就一些跨部门、跨领域且需要重点协调推进的工作作个说明。

1. 重点青少年群体工作。重点青少年群体工作是平安中国建设的一项源头性、基础性工作，习近平总书记等中央领导同志高度重视，专门作出批示。在两年试点的基础上，去年7月专项组部署在全国范围分三步推开试点做法。目前，第一轮1/3县级地区推开工作已经取得阶段性成效。但我们也清醒地看到，随着工作横向面上的铺开和纵向深度的推进，一些基础性困难和深层次问题逐渐显现，迫切需要专项组层面通过制度设计、机制保障加以解决。为此，专项组下一步将重点做好三个方面的工作。一是围绕不同重点青少年群体的目标定位出台有针对性的政策文件。通过试点，我们明确了每一类重点青少年群体的目标定位和工作路径。要确保点上的经验能在面上推开，最有效的手段就是将点上的经验固化形成政策文件，形成自上而下、一以贯之的工作模式和工作格局。2011年，国务院办公厅出台《关于加强和改进流浪未成年人救助保护工作的意见》；2013年，教育部等5部委联合出台《关于加强义务教育阶段农村留守儿童关爱和教育工作的意见》，明确了政府主导、部门负责、社会参与的工作机制，极大推动了流浪未成年人救助保护、农村留守儿童关爱帮扶工作。下一步，专项组要统筹规划，推动相关成员单位出台针对其他重点青少年群体的专门政策文件。拟推动中央综治办、教育部、公安部、司法部等部委出台加强专门教育的政策文件，进一步加强对有严重不良行为青少年的教育矫治工作；拟推动中央综治办、教育部、人力资源社会保障部等部委出台加强闲散青少年服务管理的专门政策文件，切实解决闲散青少年失学失业问题；拟推动司法部等部委出台加强服刑人员未成年子女工作的专门政策文件。二是建立全国重点青少年群体数据库和动态监测机制。摸清底数、动态监测是做好重点青少年群体工作的前提，是我们一直强调的基础性工作。各地在实际工作中都有探索尝试，但总体感觉，缺少政策支持、制度保障，工作很难开展，达不到预期要求。下一步，专项组要推动相关部委研究出台建立数据摸排机制的政策文件，依托全国综治基层综合服务管理平台，及时汇总政法、教育、民政、人社、计生等部门掌握的数据，建立重点青少年群体管理台账和信息平台，完善动态监测机制，切实为重点青少年群体工作提供信息支撑。三是要强调对县级铺开的支持和指导。按照目前的工作节奏，今年上半年，全国第一轮1/3县级地区推开工作将基本完成，下半年第二轮1/3县级地区推开工作也将启动。但从掌握的情况来看，各地省级指导、市级统筹、县级铺开的进展情况不均衡,工作信号逐级衰减,特别是县级地区的推开工作遇到不少的困难和问题。为做好两轮工作推开之间的承上启下,专项组考虑:4月份在各地自查的基础上,协调相关部委司局级领导,组成督导检查组,对各地重点青少年群体工作推开情况进行抽查、评估和指导;6、7月份召开工作转段推进会,总结推广第一轮工作推开的成功经验和模式,研究解决普遍性困难和问题,进一步强化工作信号,为全国第二轮工作推开提供保障和支撑。

2. 法治保障工作。实践表明,依法治理是做好预防青少年违法犯罪工作的重要原则,法治保障是破解工作难题的重要依据。专项组各成员单位要树立依法治理理念,善于运用法治思维谋划、推进各项工作,真正做到依法预防、依法维权,切实提高工作的法治化水平。一是要推动青少年相关法律法规的贯彻落实。今年3月9日,张德江同志在全国人大常委会工作报告中明确提出,要"检查未成年人保护法实施情况"。根据全国人大常委会《未成年人保护法》执法检查方案,4—5月,全国人大常委会王胜俊、万鄂湘副委员长将带队对6省(直辖市)的实施情况进行检查。下一步,专项组有关成员单位要积极配合全国人大常委会的执法检查,全面掌握各地贯彻落实《未成年人保护法》、《预防未成年人犯罪法》的实际情况,重点研究解决《预防未成年人犯罪法》内容滞后、操作性不强等问题,积极做好立法评估和调研论证,形成修法建议稿,力争尽早纳入年度全国人大立法规划。二是要完善新《刑事诉讼法》配套体系建设。2012年3月,十一届人大五次全会通过的新《刑事诉讼法》,设立了未成年人刑事案件诉讼程序专章,对办理未成年人犯罪案件的方针、原则、诉讼环节的特别程序作出明确规定。去年,最高人民法院制定了关于适用新《刑事诉讼法》的司法解释。下一步,最高人民法院、最高人民检察院、中央综治办、公安部、司法部、团中央等部门要深入贯彻落实新《刑事诉讼法》中关于未成年人犯罪案件诉讼程序以及相关配套法规,不断完善对未成年犯罪人员的司法保护制度,切实加强司法活动过程中对青少年的教育和后期矫治,有效预防和减少重新违法犯罪。三是要加强未成年人网络保护的立法工作。据统计,截至去年底,我国6.18亿网民中未成年人有1.4亿,占比超过22%。未成年人受到暴力、色情、凶杀、恐吓等网络信息危害严重;利用网络对未成年人实施诈骗、拐卖、教唆犯罪等违法犯罪事件呈高发态势;据有关单位抽样调查显示,80%的未成年人犯罪与网络有关,未成年人网络保护迫在眉睫。目前,《未成年人网络保护条例》已纳入国务院2014年立法工作计划。国家互联网信息办前期召集相关部委开会,就立法工作进行专题研究,并明确由团中央、"预青"专项组牵头起草此条例。专项组要积极联合中央文明办、国家互联网信息办、教育部、工业和信息化部、公安部、文化部、新闻出版广电总局、国务院法制办、全国妇联等部门,加强立法调研和分析论证,尽快起草形成高质量的立法建议稿,年底前送国务院法制办审查。

3. 专业力量建设。预防青少年违法犯罪工作是一项专业性很强的工作,需要依靠专业力量、运用专业方法,才能确保工作取得实效。一直以来,公检法司等政法机关作为组织化专业力量,充分发挥身份权威、方法专业、经验丰富的优势,在执法办案中对重点青少年群体特别是有严重不良行为青少年进行教育矫治,取得明显效果。此外,青少年事务社工、专门教育力量在各地预防工作实践中发挥着越来越重要的作用,而且在创新社会治理体制的背景下,这两支专业力量的发展前景、空间都很大,专项组在下一步工作中将给予重点考虑。一是加强青少年事务社工队伍建设。2007年,团中央联合中央综治办、民政部、人事部在全国确定了13个试点城市,开展了青少年事务社会工作者试点工作。试点表明,专业社工队伍具有中立身份和专业素质，可以有效化解工作对象的消极心理和负面情绪，特别是在预防青少年违法犯罪工作中能持续稳定地开展教育感化工作。今年1月，经中央人才工作协调小组办公室同意，团中央、“预青”专项组、中央综治办、民政部、财政部、人力资源社会保障部共同出台了《关于加强青少年事务社会工作专业人才队伍建设的意见》，这是我国第一个专门领域的社工人才队伍建设的指导性文件。接下来，专项组要围绕预防和减少青少年违法犯罪这个核心工作目标，推动相关部门制定配套政策和实施项目，充分发挥青少年事务社工队伍的专业化、职业化优势，着力做好重点青少年群体工作。二是加强专门教育工作。专门学校是专门教育的重要载体，是法律明文规定的教育矫治有严重不良行为未成年人的特殊教育形式。但由于强制入学措施的弱化以及家长担心孩子“被标签化”“交叉感染”，专门学校面临着招生难的问题。相关部委在联合调研的基础上，对加强专门学校建设形成重要共识，并给出了工作信号。特别是在去年遂宁会议以后，不少地方按照陈训秋同志的部署要求，对专门学校工作进行调研，并开展实质性的建设工作。此外，各地综治、教育、公安、司法等部门积极探索专门教育的各种有效形式，有的地方建立了未成年人法制教育中心、未成年人教育矫治中心，有的地方在中职、高职院校开设专门班级，尝试接收有严重不良行为的学生。下一步，专项组将联合中央综治办、教育部、司法部、公安部等部委适时召开现场会，总结推广成功经验，促进各地专门教育的发展，推动出台相关政策文件。

三、团中央履行专项组组长单位职责的几点考虑

预防青少年违法犯罪工作涉及部门多，牵涉领域广，工作任务重。团中央作为专项组组长单位，我们深感，自身对预防犯罪和综治工作接触的深度还很不够，经验也不足，要做好工作，离不开各成员单位的大力支持和积极参与。下一步，团中央要继续在中央综治委的领导下，切实履行专项组组长单位职责，进一步做好组织协调、沟通服务工作，不断健全专项组组织体系和工作机制。

1. 要进一步加强组织协调。组织协调各方面资源和力量，形成综合施策、齐抓共管的工作态势，是专项组的特色和优势，也是完成各项工作计划的根本保证。专项组办公室要加强与成员单位相关司局的工作联系和信息沟通，及时编写和发送工作简报，动态反映专项组工作的情况和成效；要充分发挥会议联系制度的作用，定期召开工作会议，研究专项组职责范围内社会治理方面的突出问题，协调推动各有关成员单位密切配合、大力协作，集中力量解决重点难点问题。

2. 要进一步加强学习交流。围绕预防青少年违法犯罪工作的重大理论实践问题开展学习交流，可以开拓工作视野，转变思想观念，有助于推动工作创新和破解难题。专项组办公室要积极争取机会，继续组织成员单位相关同志，赴港澳台地区和有关国家开展相关工作交流，学习借鉴先进经验做法；要积极搭建平台，通过举办培训班、开展联合督导调研等形式，加强专项组成员单位之间的工作交流和联动，促进各成员单位深层次、宽领域的合作，实现工作交流的机制化、常态化。

3. 要进一步加强正面宣传。互联网时代，青少年违法犯罪问题很容易被放大，甚至引发舆论风暴。专项组办公室要树立主动宣传、立体传播的理念，对成员单位近年来涌现出的先进人物、典型案例，要善于运用主阵地、新媒体宣传出来，把基层单位付出的辛劳、取得的成绩及时传递到全社会，不断增强工作的感染力、影响力。今年，专项组将在《中国青年报》、《法制日报》开辟专栏，并联合新浪、腾讯等新媒体，深入报道各系统的工作亮点和政策创新，积极营造有利于青少年健康成长的舆论氛围。

4. 要进一步加强工作激励。一直以来，全国“青少年维权岗”创建活动对激发相关系统、行业基层单位的工作积极性、创造性，做好预防青少年违法犯罪、维护青少年合法权益工作发挥了重要作用。去年，团中央联合12家单位开展了2013年度全国“青少年维权岗”创建活动，经过申报、评审等过程，最终命名了619家基层创建单位。创建活动得到专项组成员单位的大力支持。最高人民法院、最高人民检察院、公安部、司法部等部门制定考核和奖励标准，对获得全国“青少年维权岗”称号的单位记集体三等功或二等功。民政、文化、广电、新闻出版等系统的基层单位把创建活动与日常工作紧密结合，形成工作声势，产生了积极的社会影响。今年，我们将启动2014至2015年度全国“青少年维权岗”创建活动，努力推动相关部门把“青少年维权岗”纳入各自系统对基层单位的考核激励内容，进一步激发基层的工作活力。

各位领导，同志们，预防青少年违法犯罪工作是创新社会治理方式、深化平安中国建设的重要内容。做好这项工作意义重大，责任重大。希望专项组各成员单位在中央综治委的领导下，按照中央政法工作会议精神，进一步开拓创新、锐意进取、扎实工作，努力为促进青少年健康成长作出新的更大的贡献。

秦宜智在团中央机关开放日活动座谈会上的讲话

2014年4月29日，根据录音整理

“有朋自远方来，不亦乐乎！”在五四青年节和团的生日即将到来之际，来自全国各地的青年朋友们到团中央做客，给这里带来了更多欢声笑语，增添了新的青春活力。我对大家的到来表示热烈的欢迎！这次开放日活动，是我们在党的群众路线教育实践活动中，确定的一项密切联系青年的制度安排。在越来越发达的信息时代，共青团与青年之间既要有线上键对键的沟通，更要有线下面对面的交流。请各位青年来团中央，就是希望大家实地感受一下团中央的工作内容、工作环境、工作状态，深入了解共青团和中国青年运动的历史。特别是通过我们之间的互动交流，一起思考和探讨如何把青年和共青团工作做得更好。今天只是一个开头，以后还会有更多这样的机会。

刚才，12位青年朋友结合参观体会，作了很好的发言。大家谈了奋斗的体会，谈了心中的困惑，谈了对共青团和青年工作的建议。这些发言饱含着对党、对国家、对共青团事业的责任感。大家提的许多建议非常好，对于一些问题，团中央的同志进行了现场解答。我们的态度十分明确：青年的需求，就是共青团工作的追求。希望大家始终关心和参与共青团工作，多提宝贵意见建议，团中央一定会认真对待、充分吸纳。

再过几天就是五四青年节了，这是全国亿万团员青年自己的节日。使我们难忘的是，一年前的五四青年节，习近平总书记亲自参加团中央举办的“实现中国梦、青春勇担当”主题团日活动，并同各界优秀青年代表座谈，发表了非常重要的讲话。在讲话中，总书记深刻阐述了中国青年运动的时代主题，深情勉励当代青年坚定理想信念、练就过硬本领、勇于创新创造、矢志艰苦奋斗、锤炼高尚品格，在实现中国梦的生动实践中放飞青春梦想。今天，我们召开这个座谈会，就是要重温和牢记习近平总书记对青年的殷切期望。

首先，我想把总书记给青年提出的5句话、30个字的期望送给大家。

第一条，坚定理想信念。习近平总书记在去年五四对青年提出的五条希望和在去年6月20日对团干部提出的四条要求，排在第一位的都是坚定理想信念。如此强调理想信念，就是因为“青年一代有理想、有担当，国家就有前途，民族就有希望”。中国特色社会主义是党领导的伟大事业，是我们理想的旗帜。坚定理想信念，从大处说，就是要坚定对马克思主义和共产主义的信仰，坚定对走中国特色社会主义道路的信念，坚定对我们党所领导的改革开放伟大事业的信心。培养这样的信仰、信念、信心，需要我们加强对党史、国史、社会主义发展史的学习，掌握马克思主义立场观点方法，在反复的比较、辨析、思考中，打牢理想信念的理论根基、历史根基、实践根基。从小处说，青年人要对自己的人生、对自己所做的事情有信心。理想信念不是虚无缥缈的，不是可有可无的。人的一生不可能一帆风顺，青年人总会有苦闷“悲催”的时候。越是如此，越是需要有点精神的。对青年人来说，在遇到一些坎坷、一些不如意的时候，抱有了坚定的理想信念，人生才不会迷茫，才能够对自己的价值观有所坚守，对自己的努力付出有所坚持，也才能够更快地走出“不如意”。在坚定理想信念方面，古人的一些说法、做法值得我们学习。比如，“修身、齐家、治国、平天下”“为天地立心，为生民立命，为往圣继绝学，为万世开太平”等等。

第二条，练就过硬本领。不断学习，不断实践，历练看家本领，这是青年人成长发展最硬的道理、最紧迫的任务。一个人不管做什么，要有真本事，这是安身立命的根本。特别年轻人，如果把青春挥霍了，把时光浪费了，没有积累本事、没有一技之长，自己都养活不了自己，就谈不上对家庭的责任、对社会的责任，更谈不上为实现中华民族伟大复兴中国梦贡献智慧力量。我在和机关年轻干部交流时曾说过，学习能使人心里踏实、不浮躁，使人目光远大、不近视，使人心胸开阔、不小气，使人提高本领、不恐慌。年轻人要把学习作为一种习惯、一种追求、一种责任，向书本学习、向实践学习、向群众学习，干一行、爱一行、钻一行，努力成为本职岗位的行家里手。年轻人还要勇于实践，多到一线去了解国情、民情、社情，在改革开放和社会主义现代化建设的大熔炉中，在社会的大学校里，增益其所不能。共青团将努力发挥实践育人的优势，巩固和强化现有工作基础，一方面，建好一批实践阵地——青少年综合服务平台，像团北京市委的青年汇、团重庆市委的市民学校、团上海市委的青年中心，为青年练就过硬本领提供力所能及的服务；另一方面，针对不同青年群体设计开展不同类型的主题实践活动，继续把“三下乡”、“博士服务团”、大学生志愿服务西部计划等实践活动搞好，帮助更多的青年走进实践，拓宽视野，历练本领。

第三条，勇于创新创造。创新是民族进步的灵魂，青年是创新创造的生力军。把蕴藏在青年身上的创造能量和活力激发出来，使青年人人都能成才、人人皆可出彩，是总书记对共青团工作的重要要求。创新创造既是一种能力，更是一种态度；既是一件大事，更是一堆小事；不仅体现在科学、技术、产业、管理的前沿，体现在基础研究、重大项目、重点工程的攻关，更体现在日常生产生活中推陈出新的意识和干劲，体现在本职岗位上有所发现、有所发明、有所创造。在青少年中培养创新创造意识，始终是共青团工作的一个重要努力方向。长期以来，共青团在各条战线培育了青少年科技创新奖、“挑战杯”大学生系列科技学术竞赛、“振兴杯”青年职业技能竞赛、青年岗位能手、少先队“雏鹰争章”等一些工作品牌。接下来，我们要深化老品牌，探索新品牌，为青年创新创造提供更有力的支持、营造更有利的环境。

第四条，矢志艰苦奋斗。艰苦奋斗是烙印在中华民族身上的精神品格，是我们党的优良传统、“传家宝”。在中国青年运动史上，涌现了青年突击队、青年垦荒队、雷锋、张海迪等一大批艰苦奋斗的典型。大家都知道一句老话，“自古雄才多磨难，从来纨绔少伟男”。吃苦并不是坏事。只有吃了别人吃不了的苦，才能做成别人做不成的事。青年人要有担当精神，有吃苦意识，不避艰苦，不畏困难，把迎难而上、攻坚克难内化为精神品格，主动去做事、去担责。青年时代多经历一点摔打、挫折、考验，有利于走好一生的路。要树立奋斗成就人生的信念，勇于到西部去，到基层去，到祖国和人民最需要的地方去，用顽强的拼搏书写青春，用勤劳的双手成就梦想，为自己的青春染上艰苦奋斗的底色，让自己的青春留下充实、温暖、持久、无悔的回忆。

第五条，锤炼高尚品格。正如总书记所讲，青年是引风气之先的社会力量。一个民族的文明素养很大程度上体现在青年一代的道德水准和精神风貌上。青少年阶段是价值观形成阶段，是可塑性最强的时期。当代青年锤炼高尚品格，要把握好社会主义核心价值观这一精神纽带。大家要积极参与到全社会培育和践行社会主义核心价值观中来，牢记“从善如登，从恶如崩”的道理，从身边小事做起，从一点一滴做起，把“三个倡导”要求变成日常的行为准则，不断增强自觉奉行和日常践行的能力。要善于从中华优秀传统文化中汲取思想精华、道德精髓，继承和弘扬中华传统文化中讲仁爱、重民本、守诚信、崇正义、尚和合、求大同等价值追求，继承和弘扬以爱国主义为核心的爱好和平、勤劳勇敢、自强不息的思想和精神。共青团将结合青少年的思想和生活实际，结合重大节日、重大活动，开展面向青少年的道德实践活动、志愿服务活动，规范和完善必要的入团入队等仪式教育，帮助青少年更好地感悟核心价值观的真谛和要义，进而锤炼高尚品格，倡导文明风尚，以实际行动推动社会发展进步。

接下来，我想和大家谈谈对共青团的认识。

经过上午的参观交流，大家对中国青年运动和共青团的历史有了初步了解，对共青团工作有了更加形象、更加生动的感性认识。在座的青年朋友，多数是团员青年，在日常的学习、工作和生活中，从不同层级、不同侧面、不同角度参加过团的活动、接触过团的工作。说到底，共青团是一家什么样的组织？在我们党和国家事业的总体布局中、在推进国家治理体系和治理能力现代化的进程中，共青团扮演着怎样的角色？追本溯源，对照《党章》，共青团的职能定位有明确的三句话表述；去年 6 月 20 日，习近平总书记在同团中央新一届领导班子集体谈话时，深刻指明了共青团工作围绕为实现中华民族伟大复兴的中国梦而奋斗这一时代主题，需要把握的三个根本性问题。这三句话定位、三个根本性问题，相辅相成、互为一体，是我们在理性上认识共青团的基准点和出发点，是共青团开展一切工作的总依据和总遵循。

第一句话，共青团是党领导的先进青年的群众组织。这一定位从党性、先进性、群众性三个维度概括了共青团的政治属性、组织属性。首先是党性，在政治原则上以党的政治纲领为奋斗目标，以党的指导思想为行动指南，以党的中心任务为光荣使命，这是共青团特有的党性原则。党团特殊的紧密关系，是共青团区别于其他政府机构、人民团体和社会组织最鲜明、最本质的特征。其次是先进性，共青团是由青年中的先进分子组成的，是积极的、进步的政治力量，在我国各青年团体和广大青年中发挥着核心作用。先进性一个很重要的方面就是理想信念先进。再次是群众性，共青团从青年中来，到青年中去，根据广大青年的特点和需要，生动活泼地、富于创造性地进行工作。党性、先进性和群众性是辩证统一的，这说明了共青团作为党和政府联系青年的桥梁和纽带角色，要求共青团必须把巩固和扩大党执政的青年群众基础作为政治责任，密切联系青年、有效吸引青年、广泛团结青年，努力把最大多数青年紧紧凝聚在党的周围。

第二句话，共青团是广大青年在实践中学习中国特色社会主义和共产主义的学校。学校的任务是育人、培养人。共青团这个大学校，与一般学校相比，其鲜明特点在于育人的导向，要突出中国特色社会主义和共产主义。小平同志曾经讲，“共产主义青年团作为我们这支队伍的名称，不只是给全体团员带来巨大的光荣，而且，也在中国青年的肩上放上了更为繁重的任务。这个任务就是在党的领导下，用共产主义精神教育青年一代”。共青团这所学校的教务体系设计、师资力量统筹、课堂教学安排都要集中到帮助青年树立为实现中华民族伟大复兴的中国梦而奋斗的远大理想上来，集中到帮助青年坚定走中国特色社会主义道路的人生信念上来。从育人的手段看，共青团这所学校的教学特色在于突出实践、运用实践、强化实践，组织动员广大青年到改革开放的伟大实践中、到人民群众生产生活的火热实践中去增长才干、砥砺品质。我们党对共青团作为大学校的定位，决定了共青团必须把培养中国特色社会主义事业建设者和接班人作为根本任务，时刻把为党和人民培养人的工作摆在首位、贯穿始终。

第三句话，共青团是党的助手和后备军。助手和后备军的定位，是我们党建立共青团组织的初衷，也是共青团90多年的奋斗历史中，始终围绕党在不同历史时期的中心任务，组织动员青年发挥作用的生动写照。当前，共青团发挥好忠实助手和后备军的作用，就要求我们把围绕中心、服务大局作为工作主线，紧紧围绕为实现中华民族伟大复兴的中国梦汇聚力量这一任务来思考和谋划共青团的工作，找准切入点、结合点、着力点，组织和动员广大青年支持改革、参与改革、推进改革，在全面深化改革、全面建成小康社会的历史进程中发挥生力军作用。

紧紧围绕共青团这三个定位、三个根本性问题，团的十七大以来，我们瞄准习近平总书记交给共青团的两个战略课题（提高团的吸引力和凝聚力、扩大团的工作有效覆盖面），主要开展了以下几个方面的工作：

一是坚持不懈地加强青少年理想信念教育。持续开展“我的中国梦”主题教育实践活动、“奋斗的青春最美丽”系列分享活动，帮助青年学习中国特色社会主义，树立奋斗精神，坚定道路自信、理论自信、制度自信。按照中央统一部署，在青少年中培育和践行社会主义核心价值观，加强中华优秀传统文化宣传教育，开展道德实践活动、民族团结教育。把学习习近平总书记系列重要讲话作为推进青年理论武装的一项重要任务，面向全体青年，加强党的理论创新成果的学习，加强改革开放、形势政策宣传教育，努力最大限度地把中央精神传递到广大青年中去，把青年的智慧和力量凝聚到党和国家事业发展上来。

二是组织动员青年在全面深化改革中创新创业创优。深入开展以“挑战杯”为龙头的校园科技创新活动，筹办中国青年创新创业大赛和“创青春”大学生创业大赛。启动大学生“走下网络、走出宿舍、走向操场”主题群众性课外体育锻炼活动。深入推进青年文明号、青年岗位能手、青工技能振兴计划、青年安全生产示范岗，做好“中国青年五四奖章”、“两红两优”评选和青年典型选树宣传工作，引导青年立足岗位创造一流业绩。深化保护母亲河行动，启动“京津冀晋蒙青少年增绿减霾共同行动”，帮助青少年增强生态文明意识。深化大学生志愿服务西部计划和西部建功计划、“三下乡”、博士服务团等活动，鼓励和引导广大青年到西部、到基层、到祖国和人民最需要的地方去建功立业。

三是以改革创新精神推进团的组织建设和各项工作。更加重视运用新媒体来改造和提升团的工作，开通共青团中央微博、微信，继续办好中国青年网和未来网，加强网络宣传员队伍建设。研究部署对青年社会组织的联系、服务和引导工作，积极主动承接政府青少年事务。以城市街道社区、县域镇区为重点，加快构建青少年综合服务平台。依托党建带团建，推进基层服务型团组织建设，突出学校共青团的基础性、战略性、源头性地位，继续推进城市“区域化团建”、农村乡镇团的组织格局创新和实体化“大团委”建设、流动青年驻外团组织建设。加强新经济组织和社会组织包括新文化组织、海外留学人员、新媒体青年从业人员等群体的团建工作，推动网络化团建试点工作。

最后，我想再和大家谈谈共青团与青年的关系。

习近平总书记对团干部的要求是，做青年友，不做青年“官”；对共青团组织的要求是，努力做广大青年值得信赖的贴心人，把青年安危冷暖挂在心上，千方百计为青年排忧解难，成为广大青年遇到困难时想得起、找得到、靠得住的力量。应当讲，共青团是党领导的青年人自己的组织，我们是一家人。竭诚服务青年成长发展，是共青团组织存在的应有之义。刚才，几位青年朋友谈到生活、工作中的困惑和问题，既有个人的特殊情况，也能反映青年的共性需求，这些都是共青团需要认真研究、切实解决的问题。共青团要增强服务意识，强化服务职能，提高服务能力，进一步把服务青年的工作做好。

一是要集中力量促进青年创业就业。现在，团中央成立了促进青年创业就业工作领导小组，对全团整合资源、健全青年创业就业服务体系作了规划、作了部署。接下来，我们要抓住青年创业就业这个主题，作为共青团服务青年的首要内容，积极配合党政，多方争取资源，多级联动，多策并举，努力把中国青年创新创业大赛、“挑战杯”、“创青春”、创业技能培训、青年创业小额贷款等各项工作做实、做深，力求收到实实在在的成效。

二是要关爱重点青少年群体。习近平总书记要求共青团做好高校毕业生、城乡贫困家庭青年、残疾青年、在城市和乡间流动的农村青年、农村留守儿童等困难青少年群体的服务工作。针对这些青少年群体，各级共青团一直在做工作，有的还探索积累了有效经验。目前，团中央正在加强对这些青少年群体的调查研究，加强对服务这些青少年群体工作的总体设计、任务部署和资源调配，注重优化考核评比，调动各地共青团的积极性，总结和推广各地共青团的好经验、好做法，努力把青少年的需求找准，把工作的着力点找准，把力气用在刀刃上，为重点青少年群体服好务。

三是要代表和维护青少年的合理诉求、合法权益。要更加关注青少年普遍性的利益诉求，深化“共青团与人大代表、政协委员面对面”等活动，发挥好代表和维护青年诉求的主渠道作用。加强未成年人权益保护，加强青少年自护教育，构建社会化维权工作体系。继续做好重点青少年群体服务管理与预防犯罪工作和推进青少年权益工作创新试点工作。

现在，全党正在开展第二批党的群众路线教育实践活动，团中央将深化整改落实，各级共青团要把服务青年、改进作风作为开展好党的群众路线教育实践活动的重要内容，真正深入青年之中，倾听青年呼声，和青年交朋友，在同青年朋友的密切交往中提高工作本领，在同青年朋友打成一片中找到青年工作的有效办法。团的各级领导机关要积极探索通过机关开放日等形式，把青年朋友请进来，听听他们的意见建议，从中获取改进工作的思路与方向。

共青团是青年人的大学校、大家庭。学校在于志同道合、教学相长,家庭在于和睦融洽、互帮互助。真诚地希望大家一如既往地关心共青团、帮助共青团,在遇到困难和问题时想得起、信得过共青团。我们一定努力提高工作能力,改进工作水准,把党交给共青团的任务完成好,努力向党、向青年朋友交上一份满意的答卷。

最后,再次欢迎大家"常回家看看"。

秦宜智在2014年全国重点青少年群体服务管理和预防犯罪工作推进会议上的讲话

2014年8月19日,根据录音整理

近几年来,按照全面摸排、试点先行、渐次推开的工作安排,重点青少年群体服务管理和预防犯罪工作稳步推进。去年8月,中央综治办、共青团中央在四川遂宁召开推进会,全面总结试点经验,就在全国范围内分三轮推开试点做法作出部署。一年来,在各级综治组织的大力支持下,共青团组织联合公检法司、教育民政等职能部门,依托综治委"预青"专项组平台,埋头苦干,狠抓落实,第一轮推开工作取得了阶段性成效。刚才,6位同志从不同角度作了发言,有经验交流,也有意见建议,比较好地反映了大家对推开工作的认识和取得的成绩。在此,我代表中央综治委"预青"专项组、共青团中央,向大家的辛勤付出表示衷心的感谢!

在训秋同志的指导下,我们对一年来的工作进行了总结,对存在的问题、面临的形势进行了分析,对下一步工作部署作了安排。一会儿,训秋同志还要作重要讲话,大家一定要认真学习领会,抓好贯彻落实。下面,我就第一轮推开工作的总结和第二轮推开工作的安排,讲几点意见,与大家交流。

一、认真总结第一轮县级地区推开工作

遂宁会议后,各地按照省级指导、市级统筹、县级铺开的要求,在1085个县级地区启动了第一轮推开工作。前不久,在省级自查、专项组审核的基础上,中央综治办、最高人民法院、最高人民检察院、教育部、公安部、民政部、司法部、团中央等8部委组成检查督导组,由司局级同志带队对21个省级地区的推开工作进行实地抽查。总的来看,主要有四个方面的特点。

1. 注重争取党政支持。各地及时向党委政府汇报遂宁会议精神,切实推动重点青少年群体工作进入党政领导视野、纳入整体工作格局。工作部署方面,全国32个省级地区都制定了具体实施方案,确定了逐步推开的县级地区名单及时间表、路线图。山西、上海、江苏、浙江、江西、河南、广东、重庆、四川、贵州、云南、甘肃、青海、宁夏、新疆等15个省(市、区)主要领导或分管领导作出专门批示,或出席会议对推开工作进行部署。第一轮推开工作中,有709个县级地区制定了实施方案,其中以县委、县政府或县"两办"名义发文的69个,以县综治委或综治办名义发文的189个,有力推动了县级地区的推开工作。组织保障方面,大部分省、市两级"预青"专项组注重加强组织领导,完善制度建设,推动解决县级推开工作中遇到的难点问题。第一轮推开工作中,有62%

的县级地区成立了专门负责重点青少年群体工作的领导机构，制定了相关工作制度。经费保障方面，广西等地推动将省、市、县、乡四级“预青”工作经费纳入同级财政预算；安徽、江西、四川、云南等地通过增加财政预算或设立专项基金等方式，加大对重点青少年群体工作的经费支持。第一轮推开工作中，有74%的县级地区“预青”工作经费得到有效落实，其中55%的县级地区将重点青少年群体工作经费单列。

2. 注重整合各方力量。各地充分发挥综治平台优势，统筹各方资源和力量，围绕重点青少年群体的工作目标定位，综合施策、共同参与。协调职能部门方面，各级“预青”专项组普遍建立部门协作机制，明确成员单位的职责任务，加强协调配合，形成齐抓共管的工作合力。第一轮推开工作中，有98%的县级地区明确了任务分工，确定了每类重点青少年群体的牵头部门和参与部门。动员社会力量方面，各地积极运用社会化动员机制，广泛调动社会各方力量，形成青少年事务社工、志愿者、“五老”、爱心人士积极参与关爱帮扶重点青少年群体的良好局面。强化专门力量方面，福建、贵州、陕西等地出台了加强专门学校建设的政策文件，不少地方开展了实质性的建设工作。各地综治、教育、公安、司法等部门积极探索专门教育的有效形式，湖南益阳、广西玉林、海南海口、陕西西安等地建立了未成年人法制教育中心、未成年人教育矫治中心；江西、重庆等地在中职、高职院校开设专门班级，接收有严重不良行为的学生。

3. 注重创新工作机制。各地在推广试点经验做法的同时，注重把握规律，积极探索创新，建立和完善行之有效的工作机制，为县级推开工作提供有效的制度保障。数据摸排方面，大部分省级“预青”专项组协调成员单位，明确每类重点青少年群体数据摸排的牵头单位和报送流程，切实做到分类摸排、数据共享。特别是浙江依托综治信息系统，建立重点青少年群体数据管理平台，覆盖省、市、县、乡四级和80%的村（社区），实现了网上录入、动态监测、实时管理。考核督导方面，各地将重点青少年群体工作纳入综治考评体系，完善考评指标，优化考评办法，充分发挥考评的杠杆作用。浙江、江西、贵州、广西、新疆等地通过建立联系点、分片督导、评估通报等形式，对县级地区推开工作定期开展督查，努力做到不留死角。工作激励方面，江苏、陕西等地将重点青少年群体工作与“青少年维权岗”创建活动结合起来，调整管理办法，细化创建标准，引导各系统、各行业基层创建单位结对帮扶重点青少年群体。

4. 注重提高工作科学化水平。各地结合实际，深入研究当地重点青少年群体的状况和特点，注重总结基层一线的经验做法，不断提高工作的针对性和实效性。推广工作模式方面，很多地方重视梳理总结具有普遍性和推广价值的工作模式。江苏等地积极构建覆盖城乡、条块结合的重点青少年群体服务管理网络。四川全面推广“摸情况、建台账、结对子、勤帮扶、常回访”五步工作法。拓展服务领域方面，不少地方在5类重点青少年群体的基础上，结合当地实际，拓展工作对象和覆盖范围。新疆增加“进城务工人员随迁子女”“讲学经未成年人”“未受处理的危安团伙组织成员”“刑释青少年”；天津增加“困难残疾青少年”；福建增加“失亲青少年”；四川、云南增加“受艾滋病影响的儿童”。应用信息化手段方面，各地大力加强共青团网络宣传员队伍建设，其中浙江等地建立青年舆情监测网，密切关注重点青少年群体的思想动态，及时帮助他们解决学习生活中的实际困难。一些地方还尝试利用微信、移动客户端等新型网络工具设计工作项目，加强对重点青少年群体的联系和服务。

通过各地的努力，第一轮推开的县级地区重点青少年群体工作取得了实实在在的成效。

在看到成绩的同时,我们也要清醒认识到,随着工作横向的铺开和纵向的推进,工作难度不断加大,一些深层次问题也逐渐显现。一是工作进展不平衡。各地工作推进存在较大差别,不平衡、不协调的问题比较突出。从这次评估结果看,浙江、江苏、上海、广西等地县级地区合格率达100%;而一些省份的县级地区合格率尚不足70%。二是工作信号逐级衰减。中央层面释放的工作信号持续、强烈,但是在传递过程中出现逐级衰减的问题,特别是一些县级地区在把握工作进度、落实工作要求等方面存在理解上的偏差和认识上的不足。三是工作深度不够。有的地方避重就轻,只选择人数较少、相对简单的流浪乞讨未成年人、服刑人员未成年子女开展工作,而对人数较多、问题突出的有不良行为青少年、闲散青少年、农村留守儿童没有开展工作或较少开展工作。有的地方工作流于形式,只是出台实施方案、成立领导机构,没有真正开展数据摸排、服务管理等实际工作。四是基层工作基础薄弱。从全国1/3县级地区的推开情况看,基层人员力量薄弱、经费保障有限等问题依然比较普遍。这些问题的出现,一定程度上是受各地经济社会发展水平、专项组职能发挥及原有工作基础等客观因素的影响,但是根本原因还是在于思想认识不到位,缺乏攻坚克难的责任感和担当意识,这都需要在下一步工作中予以加强和改进。

一般而言,各地"预青"工作情况与当地经济社会发展水平是相关联的。但是,也有例外。从督导检查的情况来看,有些经济社会发展水平比较好的地方,工作做得不够全面;反过来,有些发展水平不是很好的地方,工作做得很突出。这很能说明问题。这项工作的重大意义,大家都很清楚。关键是我们怎么能够在实际工作中克服困难,哪怕是基础差一些,只要我们主动作为,积极寻求支持,相关工作就可以在原来基础上做得更好一些。

二、深刻把握做好重点青少年群体工作的新要求

把重点青少年群体工作全面推开到县级地区,是一个不断深化的动态过程。去年遂宁会议上,训秋同志就做好重点青少年群体工作的重要意义、任务举措、组织领导等作了部署。这些工作思路和要求都不变,希望大家继续抓好落实。与此同时,大家也要深刻认识到,一年来形势的发展变化对工作带来了新机遇新挑战,特别是要主动把握中央一系列重要决策部署对工作提出的新要求新期待,自觉在工作中贯彻好落实好。

1. 深刻把握深化平安中国建设的新要求。习近平总书记在今年中央政法工作会议上深刻指出:"平安是老百姓解决温饱后的第一需要,是极重要的民生,也是最基本的发展环境。"当前,我国处于刑事犯罪高发期,重大恶性案件频繁发生,冲击社会心理,危及群众安全。重点青少年群体大多处于失学失业、缺爱缺管的状态,如果我们工作做得不到位,很容易受社会负面影响,走上违法犯罪道路,甚至被敌对势力利用。近期发生的一系列暴力恐怖事件中,有相当一部分涉案人员属于重点青少年群体工作应该覆盖的对象。刚才,新疆维吾尔自治区团委代表自治区综治委"预青"专项组所作的发言,就是介绍如何围绕社会稳定和长治久安这个新疆工作的总目标,找准切入点、结合点,主动做好新疆重点青少年群体工作。大家都要有高度的政治敏锐性,切实把重点青少年群体工作作为平安中国建设一项源头性、基础性工作,抓紧抓好、抓出实效。

2. 深刻把握全面推进依法治国的新要求。依法治国,是坚持和发展中国特色社会主义的本质要求和重要保障,是实现国家治理体系和治理能力现代化的必然要求。日前,中央已决定今年10月召开十八届四中全会,重点研究全面推进依法治国重大问题,对在全面深化改革进程中,更好地统筹社会力量、平衡社会利

益、调节社会关系、规范社会行为，发挥法治的引领和规范作用作出全面部署。大家要把加强法治建设贯穿于做好重点青少年群体工作全过程，自觉运用法治思维和法治方式谋划、推进工作，切实提高工作的法治化水平。在县级地区推开工作中，各地要自觉贯彻执行国家现行法律法规对重点青少年群体的有关措施及其责任规定。今年以来，团中央配合全国人大常委会开展《未成年人保护法》执法检查，推动《刑法（修正案九）》中增加未成年人附编，接受国家互联网信息办公室委托起草《未成年人网络保护条例》初稿，在完善未成年人法律体系方面做了不少推动、配合工作。各地特别是省级团委应加强这方面的调查研究，及时提出建议，推动完善地方配套法规和实施细则。

3. 深刻把握创新社会治理体制的新要求。党的十八届三中全会对创新社会治理体制作出战略部署，提出要“加强党委领导，发挥政府主导作用，鼓励和支持社会各方面参与，实现政府治理和社会自我调节、居民自治良性互动”。这为深入做好重点青少年群体工作，提供了新的理念和思路；也为切实提高服务管理和预防犯罪工作水平，指明了努力的方向。在县级地区推开工作中，要坚持综合治理，健全综治委“预青”专项组的组织体系和工作机制，有效整合成员单位力量，充分发挥“四两拨千斤”的作用；要坚持服务为先，以加强基层服务型团组织建设为契机，落实“提高团的吸引力和凝聚力”“扩大团的工作有效覆盖面”两大战略性课题要求，强化服务功能，拓展服务内容，寓管理于服务之中，融教育于预防之中；要依托社会力量，注重激发社会组织活力，加强青少年事务社会工作专业人才队伍建设，更好发挥青少年事务社工在青少年成长发展、权益保护、预防犯罪等领域的作用。

4. 深刻把握社会主义核心价值观建设的新要求。今年“五四”“六一”期间，习近平总书记专门就青少年培育和践行社会主义核心价值观作出深刻阐述，提出明确要求。青少年处在价值观形成和确立的时期，抓好这一时期的价值观养成、树立正确的理想信念十分重要。这是党对共青团工作第一位的要求，是共青团全部工作的灵魂。做好重点青少年群体的教育引导，是全团开展社会主义核心价值观主题教育实践活动不可分割的重要组成部分。要把加强青少年思想教育和法制教育，作为做好重点青少年群体工作的治本之策。各级团组织要充分发挥家庭教育、学校教育、社会教育的作用，根据不同类别重点青少年群体的特点和工作目标定位，通过“预青”专项组平台开展分类别、分层次的教育引导。针对有不良行为青少年，要加强规则意识教育，注重守法习惯养成；强化法制底线教育，反对唯利益化、暴力倾向。针对闲散青少年，要坚持分类服务管理和教育引导，对有实际困难的，在提供物质帮助、就业扶持的同时开展教育引导；对有思想和心理偏差的，提供专业的心理援助服务，帮助逐步适应和融入社会。针对农村留守儿童、流浪乞讨未成年人、服刑人员未成年子女，要在动员社会力量给予更多帮扶的同时，加强爱的教育，从爱亲人、爱周围人的教育着手，引导他们养成良好道德品质、培育社会责任感。

三、全面做好第二轮县级地区推开工作

经请示中央综治委，我们决定从现在起再用一年的时间部署开展第二轮县级推开工作。下面，我就做好第二轮推开工作，再强调几点工作要求。

1. 争取党政支持，优化基础保障。党委领导、政府主导的工作格局是共青团工作的基本依靠。事实证明，在之前的全国试点、第一轮推开工作中，凡是工作扎实、成效明显的试点城市或县级地区，首先都是因为当地党政高度重视，政策保障、人员经费保障到位。我们已经连续五年召开全国性的重点青少年群体工作会议，目的也是向地方各级党政传递中央精神，不断强化工作信号，为各级“预青”专项组

争取更大的政策空间。大家要始终坚持围绕党政工作大局，设计重点青少年群体工作项目和载体，推动纳入本级党政工作规划，出台相关政策文件和制度安排，积极争取各项保障配套。

2. 依托综治平台，形成工作合力。重点青少年群体工作涉及部门多，工作任务重，专业要求强，单靠共青团组织或某个部门难以完成，必须充分借助各级综治平台的组织协调力量。中央综治委“预青”专项组层面，要认真研究第一轮推开工作中出现的普遍性困难和问题，加强统筹规划和顶层设计，推动跨部门、跨领域深层次问题的解决。当前，首要任务是要推动相关部委研究制定重点青少年群体数据摸排机制的政策文件，依托全国综治基层综合服务管理平台，及时汇总政法、教育、民政、人社、计生等部门的相关数据，建立动态管理、实时监测的信息平台，切实为重点青少年群体工作提供信息支撑。各地“预青”专项组层面，有条件的要学习浙江等省做法，依托综治基层综合服务管理平台，整合各方面力量和资源，实现对重点青少年群体数据摸排、联系帮扶的整体工作格局。条件尚不成熟的要借助综治网格化管理的载体，加强对重点青少年群体的数据摸排、动态管理等工作。

3. 加强工作督导，确保取得实效。随着重点青少年群体工作在县级地区的逐步推开，工作重心前移至基层，工作方式也将由专项组成员单位的横向沟通协调为主向专项组层级间的纵向督导为主转变。省级专项组处在承上启下的关键位置，向上能够第一时间学习领会中央精神，接受统一工作信号、工作部署；向下能够指导市级、县级工作，掌握全省推开工作的实际情况。因此，要特别强调省级专项组对下的工作督导，要常态化深入基层一线，检查、督促重点青少年群体工作在县级地区的落实情况，指导基层解决推开工作中的遇到的困难和问题。目前，专项组办公室正在梳理第一轮推开工作中具有推广价值的县级经验做法，组织编写简单易懂、程序清晰、操作规范的县级工作指导手册。也鼓励省级专项组以此为基础，结合本地实际情况，增加有特色、有新意的工作案例，形成具有地方特色的工作指导手册；同时，通过组织开展业务培训、工作交流等方式，帮助基层掌握工作方法、提高工作能力。

4. 用好考核激励，推动工作落实。考核激励是推动各地工作、促进解决重点难点问题的有效手段，在争取各级党政重视支持、整合各部门力量齐抓共管等方面发挥着重要作用。要推动重点青少年群体工作纳入综治考评，会同综治组织研究考评细则，既要体现阶段性工作目标，重点考核县级推开进度和力度；又要突出对工作成效的考评，将青少年（未成年人）涉罪、犯罪、涉及命案的有关数据作为考评的重要指标。推动重点青少年群体工作与“青少年维权岗”创建挂钩，激发相关系统、行业基层单位做好重点青少年群体工作的积极性、主动性。今年将继续开展2014—2015年度全国“青少年维权岗”创建活动。各地要适时完善“青少年维权岗”创建体系，围绕重点青少年群体工作的目标定位修订创建标准，引导“青少年维权岗”及其创建单位开展好相关工作。

关于工作力量建设方面，21日上午，会议还将专题部署青少年事务社会工作专业人才队伍建设工作，着重研究解决青少年事务专业社工队伍的成长发展、管理使用、教育培养等重大问题。各地要抓住契机，科学规划，建立一支服务于广大青少年、服务于重点青少年群体成长发展的专业社工队伍。

同志们，做好重点青少年群体工作在全国县级地区的推开，任务艰巨，困难很多。我们既要看到困难的一面，也要看到第一轮推开工作中有相当数量的县级地区，面对挑战，迎难而上，敢于实践，勇于创造，工作取得明显成效的一面，这是我们继续做好工作的信心所在。我们相信，再难的工作，有党政的坚强领导，有综治组织及相关职能部门的大力支持，各级团组织和广大团干部只要真正在“实做”上下功夫，久久为功，持之以恒地抓下去，就一定能取得应有的成效。

秦宜智在全国青少年事务社会工作专业人才队伍建设推进会上的讲话

2014 年 8 月 21 日，根据录音整理

青少年事务社工是我国社会工作专业人才队伍的重要组成部分，在帮助青少年健康成长、促进社会事业发展方面扮演重要角色，是一支非常重要的力量。今年年初，在总结前期试点的基础上，团中央、民政部等 6 个部委联合下发了《关于加强青少年事务社会工作专业人才队伍建设的意见》。《意见》出台以后，各地都在认真贯彻执行、积极推动工作。今天，我们与民政部联合召开推进会，第一次在全国范围内就加强青少年事务社工队伍建设进行部署。

今天会上，北京市副市长戴均良同志代表北京市委、市政府发表了热情洋溢的致辞，也介绍了北京青少年工作和青少年事务社工队伍建设的有关情况。北京、上海、广东、成都、西宁等地方的民政部门和共青团负责同志根据各地实际，介绍了推进青少年事务社会工作的一些探索和思考。我们还邀请了一位青少年事务社工类的社会组织代表，介绍了他们的经验和做法。大家听了以后，一定会很受启发。尽管各地经济社会发展程度不同，青少年工作面临的情况也不完全一样，但是总的思路，在我国目前这样一个新的经济社会发展阶段，我们要做更多的社会服务工作，提供更多的公共服务，尤其是面对青少年群体，我们应该进一步优化工作理念，切实提高服务水平。大家要学习借鉴好的经验，结合各自实际，努力把青少年工作、青少年事务社工队伍建设工作推上一个新的发展水平。

刚才，民政部副部长宫蒲光同志系统介绍了我国社会工作的发展情况，阐明了青少年事务社工在社会工作事业中的重要地位，并就加快青少年事务社工队伍建设提出了明确要求。希望大家认真学习领会，抓好贯彻落实。在此，我代表团中央书记处，向各级民政部门长期以来对共青团和青年工作的关心支持，表示衷心的感谢！

下面，我就加强青少年事务社工队伍建设，再简要谈几点意见。

一、深刻认识青少年事务社工队伍建设对共青团事业发展的重要意义

党的十八届三中全会作出全面深化改革的重大战略部署，鲜明提出完善和发展中国特色社会主义制度，推进国家治理体系和治理能力现代化的总目标。站在新的历史起点上，全面深化改革已经成为开展共青团和青年工作最鲜明的时代背景，影响和决定着共青团工作的基本格局和发展空间。围绕习近平总书记提出的“提高团的吸引力和凝聚力”“扩大团的工作有效覆盖面”两大战略性课题，全团深入研究推进共青团和青年工作的新思路新机制新载体。加强青少年事务社工队伍建设，正是

我们创新工作机制、拓展工作领域、丰富工作手段的重要内容,体现了共青团做好新时期青年工作的积极探索。

1. 加强青少年事务社工队伍建设,是共青团建立社会化运行机制的必然要求。在全面深化改革进程中创新社会治理体制,对共青团落实党的要求、充分履行职能提出了新的更高要求。作为党和政府联系青年的桥梁和纽带,共青团在参与社会治理创新中,必须努力构建起行之有效的社会化运行机制,最大限度地协调、动员社会各方力量和资源,切实做好面向青年的组织联系、教育引导、服务发展、维护权益等方面工作。青少年事务社工的工作理念、工作方式带有鲜明的社会化运行特点,是市场经济条件下激发社会活力、实现社会自我调节的重要力量。我们要改变长期以来习惯的行政化工作方式,逐步建立和完善社会化运行机制,充分调动包括青少年事务社工在内的社会力量,积极承接政府青少年事务,使团的工作在社会化运作中焕发勃勃生机。

2. 加强青少年事务社工队伍建设,是共青团实现事业化发展的重要路径。团的事业化发展,要求我们用长远眼光和战略思维来谋划推动各项工作。持之以恒,"虚功实做",既体现出党中央对青年工作的重要要求,也反映了广大青少年对共青团的殷切期待。我们要在服务党政工作大局中找准切入点,明确团组织能够发挥作用的领域,坚持把发展团的事业作为基本理念贯穿到全部工作当中,坚持把事业化推进方式作为促进共青团工作持续发展的根本保证。多年来,共青团在促进青年就业创业、发展青年志愿服务、帮扶困难青少年群体、预防青少年违法犯罪等社会事业领域逐步形成稳定的工作项目,集聚了一批有社会影响力的品牌,为团的工作事业化发展积累了经验、奠定了基础。社会工作是在社会事业发展中形成的专门职业,具有稳定性、持续性的特点,其运行模式恰恰吻合团的工作事业化发展的要求。把青少年事务社工队伍与团的工作有机结合起来,将为团的工作项目、工作载体注入新的活力,成为推动共青团事业稳步发展的重要支撑。

3. 加强青少年事务社工队伍建设,是共青团提高专业化服务水平的重要依托。竭诚服务青年,是共青团全部工作的出发点和落脚点。我们要深刻认识到,当代青少年在学习教育、就业创业、社会融入、身心健康等方面面临许多困难和问题,特别是社会转型过程中出现为数众多的未就业高校毕业生、城乡贫困家庭青少年、残疾青少年、在城乡间流动的农村青年以及农村留守儿童等特殊困难群体,迫切需要关爱帮扶。面对青少年需求的多样、群体的分化、期待的提高,光有工作热情显然不够,仅靠传统服务方式也不能满足要求。专业的工作需要专业的人来做。各级团组织必须在提高自身服务能力的同时,广泛联系、充分借助青少年事务社工等具备专业素养的社会化工作力量,通过专业化、个性化的服务满足青少年的多层次需求,切实把服务青少年的工作做深做透。

4. 加强青少年事务社工队伍建设,是共青团扩大工作覆盖面的有效手段。改革开放以来,城镇化进程中青年的流动日渐加快,群体分布发生深刻变化,这对我们传统的组织框架和覆盖方式形成了巨大挑战。非公企业、社会组织中聚集了大量青年,社会上还出现了游离于单位体制外的各类新兴青年群体,他们流动更加频繁、需求更加具体,也面临着很多压力和实际困难。我们既要不断创新组织设置方式,因地制宜扩大组织覆盖,更要把工作充分延伸到他们当中,实现稳定的工作联系。青少年事务社工主要的工作区域在基层社区,直接面对青少年提供服务,把他们整合进团的工作体系,是共青团在基层扩大工作覆盖面的有效手段。我们要统筹区域内各类组织资源,健全社会服务机构,通过青少年事务社工进一步延伸工作手臂、拓展工作领域，加强对各类青年群体的有效覆盖和服务引导。

二、准确把握青少年事务社工队伍建设的机遇和挑战

客观地看，社会工作在我国还处于起步阶段，青少年事务社工队伍建设更是一个新的课题。我们既要看到经济社会发展对青少年事务社工的迫切需要，抓住当前的有利契机，也要清醒认识到面临的困难和问题，找到应对挑战的方法和措施。

1. 青少年福利和社会事业发展，为青少年事务社工队伍建设提供了广阔空间。当前，我国青少年特别是未成年人在成长发展中面临很多现实困难。党和政府高度重视这一问题，采取有力措施，逐步完善青少年福利和社会事业体系。去年以来，民政部门在全国范围内开展适度普惠型儿童福利制度试点，逐步扩大政府“兜底”的儿童福利覆盖范围；开展未成年人社会保护试点工作，针对需要提供关爱帮扶的青少年群体，加强家庭监护监督干预，在社区建立监测、预防、报告、转介、处置有效衔接的联动反应机制。在这些试点领域中，青少年事务社工都能够发挥专业优势，广泛开展有针对性的专业服务。各级团组织要积极配合民政部门的工作，发挥共青团的组织和动员优势，为青少年事务社工做好服务创造条件、争取支持，共同推动青少年福利和社会事业发展。

2. 各级党政为青少年事务社工队伍建设营造了良好的政策环境。近几年来，党和政府高度重视社会工作专业人才队伍建设，在人才培养、使用和保障等方面构建起整体性发展框架。2011 年、2012 年，中央相继出台了《关于加强社会工作专业人才队伍建设的意见》和《社会工作专业人才队伍建设中长期规划（2011—2020 年）》，对社工队伍建设作出全面部署，同时明确提出重点培养开发青少年服务、流动人口服务、矫治帮扶等领域的基层社会工作服务人员。2012 年民政部、财政部联合制定《关于政府购买社会工作服务的指导意见》，2013 年国务院办公厅印发《关于政府向社会力量购买服务的指导意见》，把青少年事务社会工作等纳入政府购买范围，为社工队伍建设提供了有力的支持保障。2014 年团中央、民政部等 6 个部委联合出台《关于加强青少年事务社会工作专业人才队伍建设的意见》，作为第一个专门领域的社工队伍建设指导意见，对于发展壮大青少年事务社工队伍起到了有力的促进作用。各地积极跟进，内蒙古、辽宁、上海先后出台了省级工作意见，江苏常州率先出台了市级层面的实施办法。

3. 各地的探索创新为青少年事务社工队伍建设奠定了实践基础。近年来，在各级民政部门指导下，各地团组织结合实际，在建设、使用青少年事务社工队伍方面作了大量探索，积累了一定的工作基础。上海市政府专门成立社区青少年事务办公室，由团市委负责日常工作，积极创设心理咨询、法律援助、关爱帮扶等方面的工作项目，组织青少年事务社工进驻城中村、集贸市场、学校等集中场所和拘留所等特殊场所，广泛开展安全自护、禁毒、法制宣传教育和社区矫治等工作。北京团市委举办的“社区青年汇”集聚大量的青年社会组织和社工人才，重庆、武汉、成都等地团组织开办的“市民学校”“青少年空间”等，成为整合青少年事务社工力量的重要平台。苏州、杭州等地团组织探索建立民办非企业单位，培养共青团直接管理、使用的青少年事务社工队伍。福建等地团组织与高校签订合作协议，对青少年事务社工开展专业培训，辽宁、浙江、湖北、陕西、新疆等地也依托地方团校开展相关培训。

在看到发展机遇的同时，我们也要清醒认识到当前青少年事务社工队伍建设面临的现实困难和挑战。会前，我们对各级团组织统筹管理的青少年事务社会工作从业人员、专业人才数量以及岗位设置、项目开发、专业培训等情况进行了摸底调查，感觉存在以下几个方面

问题。一是总体数量少。目前全国青少年事务社会工作从业人员(不包含专职团干部)约2万人,相当于每10万青少年中有5.3个从业人员,其中取得社会工作专业学历的只有5907人,通过社会工作者职业水平考试的仅为7540人。与社会工作发展较为成熟的国家和地区相比,这一数量明显不足,难以满足服务青少年成长发展的现实需要。二是发展不平衡。北京、上海、江苏、浙江、广东等经济社会比较发达的地区,青少年事务社工队伍稳步发展,在社会事业领域发挥了积极作用;在中西部欠发达地区,青少年事务社工发展相对滞后,有的地区还是空白。三是社会认同低。目前青少年事务社工岗位设置、薪酬保障、激励机制、考核评价等配套政策还不完善,社会上还没有形成重视青少年事务社会工作和社工专业人才的氛围。实际工作中,很多同志分不清社工、志愿者、义工等群体的区别。这些问题的存在,很大程度上制约了青少年事务社工队伍的发展和建设。

三、全面落实青少年事务社工队伍建设的目标任务

年初下发的《意见》,对青少年事务社工队伍的运行管理机制和配套政策制度作出了全面安排,以2020年为初步节点,就重点扶持青少年事务社会工作领域人才培养的高等教育机构、具备继续教育资质的培训机构、实训基地、服务标准化示范单位等提出了具体的数量要求,并且明确了建成20万人青少年事务社工队伍的底数目标。目前,这项工作已作为全团重点项目纳入对各省级团委的年度考核。为推动任务完成,我们初步考虑,以各省(市、区)6至25岁青少年常住人口比例为依据,同时兼顾各地经济发展水平、工作基础,把20万人的底数目标任务分解到各地。对于这个任务分解方案,请大家在会上充分讨论,提出意见。方案确定、任务下达以后,希望各地制定科学的发展规划,确保不折不扣完成任务。同时,我们也鼓励起步早、基础好的省份适当提高任务目标。

随着改革的全面深化,各级党委政府高度重视社会各方面的需求,强调改进政府提供公共服务方式,注重发挥人民团体在社会管理和服务中职责。从中可以看出,共青团组织在承接政府转移职能、协助做好青少年事务方面有着很大的工作空间。因此,建成20万人的青少年事务社工队伍,是一个基础的目标、最低要完成的数量。虽然有些地方甚至还是空白,具体工作怎么做需要学习积累,但是我们要坚定信心,有党委政府的重视,有先进地区的探索,这项工作就一定能够按照《意见》的有关要求在全国范围内逐步推开。

我们了解到,各地对青少年事务社工队伍建设还存在不少困惑。归纳起来,主要是"在哪里发挥作用""怎么培养""如何使用"等问题。结合前期的摸底调查和借鉴先进地区的经验,我简单谈几点看法。

1.明确青少年事务社工发挥作用的阵地。青少年事务社工作用的发挥,要配合全团工作的开展。目前,全团正在着力加强基层服务型团组织建设、推动建立"专兼职团干部+社会工作者+志愿者"的工作模式,我们要从这里找到青少年事务社工开展服务、发挥作用的阵地。

一是在城乡社区中开展服务。社区是青少年的主要集聚地,也是青少年事务社会工作的主阵地。各级团组织要帮助青少年事务社工,充分利用综治网格化管理平台,重点掌握社区内有需求、有困难的青少年群体,做到底数清、情况明,设计开展有针对性的专业服务。要充分学习借鉴民政系统形成的"三社互动""两工联动"等机制,广泛依托各方工作力量,形成协调联动的工作格局。在社区开展青少年事务社会工作,还要兼顾不同类型社区的不同特点,突出重点,抓住要害,合理界定服务范围,科学设置服务岗位。

在困难帮扶方面，针对城乡贫困家庭青少年、残疾青少年、进城务工青年、务工人员随迁子女、农村留守儿童等，可以通过政策解读、政策咨询和协调联系等方式，帮助他们申请获得必要的政府救济和社会保障，共享教育、社保、医疗卫生等基本公共资源。可以通过宣传发动、信息沟通、资源整合等方式，帮助他们获得来自社会的资助和帮扶。当他们的合法权益受到侵害时，要及时提供法律咨询、法律援助等服务。

在就业辅导方面，可以对未就业的社区闲散青少年开展就业指导，帮助他们培养正确的就业观念，提供必要的信息服务，组织开展就业技能培训。对存在就业困难的高校毕业生，可以及时提供岗位信息，协调联系相关企事业单位，为双方搭建沟通平台，帮助他们尽快找到合适的就业岗位。

在心理干预方面，要高度重视青少年群体中存在的心理健康问题，发挥专业优势，提供个性化的咨询和辅导。可以通过提供亲情陪伴服务等方式，让长期关爱缺失的青少年充分感受到人文关怀和社会温暖。可以通过专业化的心理咨询和干预，让心理存在偏差或有社会融入障碍的青少年及时化解心结，顺利融入社会。对于单亲家庭未成年人、服刑人员未成年子女、农村留守儿童等群体，要开展有针对性的心理关爱。在自然灾害、意外伤害发生后，要及时跟进介入，做好相关青少年的心理抚慰工作。

在行为矫正方面，要根据青少年行为出现偏差的程度，开展体现差异化的矫正服务。针对有不良习惯或一般不良行为的青少年，加强与家庭、学校的联系，采取预防措施，开展防范性教育。针对有严重不良行为的青少年，要定期接触、有效联系，一对一地开展教育矫治工作；特别是对其中已经涉嫌犯罪但未作出刑事处罚的青少年，在诉讼期间要进行有效的帮教、考察和评估；在对未成年人作出相对不起诉或刑事判决等处置后，要协助社区矫正机构进行跟进帮教、矫治。对于刑满释放青年，也要做好继续教育矫治，避免他们重新走上违法犯罪道路。

二是在特定场所中发挥作用。借助专业社工力量，在某些类别青少年聚集的重点场所和特殊场所集中开展工作，可以使我们的工作更加聚焦、集中，可以提高服务效率、节约服务成本。各级团组织要主动协调公安、司法等部门，帮助青少年事务社工进入看守所、拘留所、收容教育所、强制隔离戒毒所、戒毒康复中心、专门学校等教育矫治场所，发挥专业社工身份中立、方法专业的优势，对其中有严重不良行为的青少年开展教育、感化、挽救工作，做好心理干预，帮助他们重塑信心、回归社会。对于大型商企、集贸市场、城中村等重点场所中的流动青少年，通过定期走访建立稳定联系，开展安全、禁毒、卫生健康等宣传教育，组织心理咨询、关系调试、就业辅导等活动，帮助他们提高综合素质和社会化技能。针对大中专院校，特别是中职学校、农民工子弟学校中的学生，广泛开展法制宣传教育、制度规则教育、心理健康教育等，注重行为引导，提供社会关爱，帮助他们更好地健康成长。

三是在青少年综合服务平台履行职责。青少年综合服务平台是共青团使用管理、面向青少年开展服务工作的公益性、综合性服务场所。各地广泛建设的青少年宫、青年之家、青年中心、12355 青少年服务台、社区青年汇、社区市民学校、青少年空间等，都属于青少年综合服务平台的范畴。这些平台是青少年事务社工开展工作的有效阵地和依托。各级团组织要通过青少年综合服务平台，稳定联系青少年事务社工，组织他们参与平台的管理和日常工作，设计菜单化工作项目，对接政府购买服务项目，帮助他们在共青团开展的职业技能培训、文化娱乐活动、家庭教育和课后托管、心理疏导和法律咨询等方面做好工作。

2. 构建青少年事务社工队伍培养体系。人才培养是发展壮大青少年事务社工队伍的基础。各级团组织要充分依托团内教育阵地,积极利用团外教育资源,加大培养培训力度,着力建设一支专业化、职业化的青少年事务社工队伍。一是推动专业教育。要与教育部门、相关高校开展长期协作,并充分发挥各级团校作用,推动设置青少年事务社会工作专业课程,完善相关理论研究、学科体系、教学规范等,建立人才培养的长效机制。要在大中专学生中广泛传播青少年事务社会工作理念,通过建立社工职业见习基地、组织寒暑假社会实践教育等方式,为青少年事务社工队伍提供高素质人才储备。二是抓好在职培训。针对青少年事务社会工作从业人员,组织社会工作领域专家、具有丰富实践经验的社工开展专业培训,依托实训基地开展实务培训,有效提升专业素养和实务能力。鼓励包括团干部在内的青少年工作从业人员,学习社会工作专业知识和方法技能,参加全国社会工作者职业水平考试。三是重视继续教育。针对具有培养潜质的青少年事务社会工作从业人员、已经取得社工资质的青少年事务社工,依托大专院校、各级团校、国家专业技术人员继续教育基地等开展继续教育,努力培养更多的高级专业社工人才。

3. 完善青少年事务社工队伍使用机制。各级团组织要积极协调各方资源,合理开发社工岗位,积极推动社会组织承接政府项目,对本地区青少年事务社工使用作出统筹规划。一是大力开发工作岗位。在各级团组织特别是基层团组织以及共青团使用、管理的青少年服务组织和机构,开发设置相应社工岗位,力争5年内实现社工队伍在团属服务平台的全覆盖。同时,还要"眼睛向外",主动对接综治、民政等党政部门在基层设置的社工力量,争取在社工岗位职责中增加青少年服务内容,做到"为我所用"。二是推动社会组织承接政府项目。政府向社会力量购买服务,是我国推进公共服务体系建设、深化社会领域改革的重要举措。各级团组织要对青少年社会服务需求进行摸底调查与分析评估,积极向本级民政部门申报项目计划,争取纳入政府购买服务,并组织社会力量有效承接、具体实施。要发挥共青团作为枢纽型组织的优势,成立由共青团主管的非营利性青少年事务社会工作服务机构,或与现有民办社会工作服务机构开展广泛合作,视条件给予业务支持、工作指导、管理考核等,使之成为承接政府购买青少年事务社会工作服务的重要载体。同时,协调推动政法、教育、民政、计生、文体等部门向共青团培育或联系的社会组织购买服务。

四、逐步健全青少年事务社工队伍建设的保障措施

1. 争取党政支持。各级团组织要主动向党委政府汇报青少年事务社工队伍建设情况,讲清楚青少年事务社工在广泛联系社会组织、有效吸引凝聚青年方面的优势,在帮扶困难弱势青少年群体、化解社会矛盾方面的职能,在预防青少年违法犯罪、促进社会和谐稳定方面的作用;讲清楚青少年事务社会工作的理念方法,社工专业人才的身份属性以及与志愿者等群体间既有互补、又彼此不可替代的功能定位;讲清楚本地区青少年事务社工队伍建设的底数要求、岗位设置、推动部署等具体规划情况。通过细致、深入的汇报,争取得到党政的重视支持,推动纳入本地区经济社会发展规划或社工专业人才建设整体规划,确保在队伍培养、人才使用、政策支持、保障激励等方面营造良好环境。

2. 完善配套体系。在社会工作专业人才队伍建设中,民政部门是具体负责和业务指导单位,各级团组织要主动向民政部门汇报学习、争取民政部门指导帮助。现在,全国层面的《意见》已经下发,各级团组织要抓紧联合民政等相关部门,制定本地区加强青少年事务社工队伍建设的实施办法，拿出切实有效的工作措施，推动相关部门尽快出台青少年事务社工队伍岗位设置、考核评价、薪酬保障等方面的配套政策文件，推动财政部门加大青少年事务社会工作经费投入，推动综治组织把青少年事务社工队伍建设纳入综治工作考评。与民政部门共同研究完善“两工联动”机制，推动青少年事务社工与志愿者组织合作，注重带动、指导志愿者开展服务。有条件的地方，可以筹集社会资金设立专项发展基金，引导社会资源投向青少年事务社会工作服务领域。

3. 加强理论研究。要注重发挥高校、研究机构的资源优势，集聚社会工作、青少年工作领域高层次专家，加强青少年事务社会工作政策理论、服务标准等基础性研究。今年，团中央将实施青少年事务社会工作及专业人才队伍建设研究课题规划，委托中国青年政治学院、中国预防青少年犯罪研究会等机构，重点围绕青少年事务社会工作及队伍建设发展战略、服务体系、人才培养等方面开展研究，努力推出一批高质量的研究成果。各地也要加强与高校、科研机构的合作，开展深入研究，同时注重把理论成果转化为指导实际工作的方法。

4. 推动示范引导。要加强工作示范，团中央将联合中央综治办、民政部开展全国青少年事务社会工作示范项目征集工作，跟踪培养一批典型项目，为各地推进青少年事务社会工作项目化、专业化、社会化提供示范。要加强宣传推广，及时总结青少年事务社工队伍建设的创新经验，充分利用团属报刊和网络新媒体加大宣传，扩大社会工作的知晓度和影响力。要发挥激励效用，将青少年事务社会工作领域涌现出的优秀集体和先进个人纳入共青团评选表彰体系，发挥示范带动作用。要加强考核督导，团中央制定了青少年事务社工队伍建设考核细则，并将考核结果纳入全国综治工作考评体系；各地也要强化督导措施，严格考核程序，定期通报工作进度，及时发现并解决存在的问题。

同志们，青少年事务社工队伍建设是一项全新的课题，也是复杂的系统工程。我们要坚定信心、齐心协力，深入研究、积极探索，切实抓好人才培养、使用和管理，发挥青少年事务社工的积极作用，不断提高团组织服务青少年的能力和水平，为做好党的青年群众工作、实现共青团事业新发展作出积极贡献！

秦宜智在全国青联十一届五次常委（扩大）会议上的讲话

2014 年 9 月 29 日，根据录音整理

在全党全国人民喜迎新中国成立 65 周年之际，我们召开全国青联十一届五次常委会议。65 年前的 5 月 4 日，新中国成立前夕，标志着全国各族各界青年大团结的中华全国第一次青年代表大会在北京召开，正式宣告了全国青联的诞生。65 年来，在中国共产党的领导下，全国青联团结和凝聚全国各族各界青年，与新中国一同前行，与全国人民同呼吸、共命运，走过了一条不平凡的道路。当前，广大青年正在为实现中华民族伟大复兴的中国梦而拼搏奋斗，青联事业焕发出勃勃生机。今天上午，李源潮同志与大家进行了

座谈，发表了重要讲话，对青联工作给予充分肯定，对青联常委寄予殷切希望。各级青联组织和广大青联委员要认真学习领会源潮同志的重要讲话，内化为思想自觉，外化为行动自觉，把各项要求真正贯彻和体现到实际工作中去。

今年“五四”青年节，习近平总书记在同北京大学师生代表座谈时发表了重要讲话，系统论述了社会主义核心价值观的战略意义、深刻内涵、历史渊源、实践要求，鲜明提出了在广大青少年中培育和践行社会主义核心价值观的战略任务，要求青年勤学、修德、明辨、笃实。习近平总书记在中央政治局第 13 次集体学习、在上海考察调研、今年“六一”期间在海淀区民族小学考察调研时，还分别就全社会、领导干部、少年儿童如何践行社会主义核心价值观进行了系统论述，特别强调要从娃娃抓起、从青少年抓起。这充分体现了以习近平同志为总书记的党中央高度的理论自觉和文化自觉，为全党全国各族人民团结奋斗明确了共同的思想基础，为坚持和发展中国特色社会主义道路、理论体系和制度提出了鲜明的价值表达，为实现中华民族伟大复兴的中国梦提供了有力的价值引领。

习近平总书记指出，对一个民族、一个国家来说，最持久、最深层的力量是全社会共同认可的核心价值观。当今时代，各国都十分重视培育和践行核心价值观，旗帜鲜明、理直气壮地坚持和强化核心价值观的主导地位，甚至千方百计地输出自己的核心价值观，去影响其他国家和地区的民众，尤其是年轻人。美国明确将“确保美国价值观继续积极地影响其他国家的文化”列入国家核心利益的范畴，不遗余力地培育和宣扬它那一套“自由、民主、人权”的价值观念。英国 2007 年提出全国中小学教授英国传统价值观的教育计划，规定中小学生应学习尊重法治、多元文化等核心价值观念。新加坡国会以法案的形式，确定了“共同价值观”，专门成立国家意识委员会，向国民灌输“我是新加坡人”的国家意识。韩国、日本借助电视剧、动漫片等软性手段，展示和演绎时装、美容、美食等生活元素，将带有其民族特质的道德观念、等级秩序、家庭伦理等价值理念传播到国内外观众之中。

团结、教育各族各界青年，是青联章程中规定的基本任务。在全国青联第一次代表大会上，周恩来同志指出“青年联合会最大的作用就是组织全国广大青年，推动与教育他们，共同学习，共同提高，共同前进”。借此机会，我围绕青联组织和青联委员在培育和践行社会主义核心价值观中如何发挥作用这一主题，谈几点意见，与大家交流。

第一，培育和践行社会主义核心价值观，青联组织和青联委员要带头坚定和增强价值观自信

习近平总书记强调，要“使社会主义核心价值观内化为人们的精神追求，外化为人们的自觉行动”。实现这一目标，必须树立高度的价值观自信。只有在思想上自信，才能在行动中自觉，达到“日用而不觉”。社会主义核心价值观来自于马克思主义的正确指引，来自于中华优秀传统文化的丰厚滋养，来自于中国特色社会主义的成功实践，来自于对人类文明优秀成果的吸收借鉴，我们完全有理由、有底气对社会主义核心价值观充满自信。

对于青联组织和青联委员来讲，坚定和增强价值观自信具有特殊重要的意义。青联是党领导下的青年爱国统一战线组织，做的是青年统一战线工作。社会主义核心价值观体现了社会主义意识形态的本质要求，是凝魂聚气、强基固本的基础工程，为全国各族人民同心同德、群策群力去实现中国梦，提供了“最大公约数”、最强有力的“黏合剂”。这与统一战线工作“调动一切积极因素”“团结一切可以团结的力量”和“求同存异”的工作目标、工作原则高度契合。

当前，青年统战工作的范围不是缩小了，而是扩大了；对象不是减少了，而是增多了；任务不是减轻了，而是加重了。比如，随着经济社会结构的深刻变革，青年群体分化日益加速，出现了蚁族、网络意见领袖、自由撰稿人、独立演员和歌手等新兴青年群体，需要青联组织去关注。比如，近年来暴力恐怖活动极大地影响了民族团结和社会稳定，宗教极端思想成为毒害民族地区青少年健康成长的最大危险，青少年民族团结和反分裂教育面临着新的挑战，需要青联组织去应对。比如，近期香港反对派加紧蛊惑青年学生罢课、“占中”，企图扰乱香港政改，直接影响到香港地区的繁荣稳定和长治久安，需要青联组织去迎击。比如，落实习近平总书记提出的“两岸一家亲”的理念，让两岸青少年多来往、多交流，还需要青联组织开动脑筋，结合新的实际，想新办法、下苦功夫。这些新情况、新问题、新挑战，归结起来就是一个大问题：青联组织如何把新兴领域青年、民族地区青年、港澳台青年更加紧密地团结起来、凝聚起来？最关键、最核心的，就是要用好社会主义核心价值观这一“最大公约数”。青联组织和青联委员自己首先要有价值观的自觉自信，针对不同青年群体的思想特点，从3个层面、12个主题词中找准有效切入口和工作结合点，努力从价值观层面影响和引领广大青年，把广大青年的力量汇聚到为实现中国梦而奋斗的目标上来。

第二，培育和践行社会主义核心价值观，青联组织和青联委员要带头弘扬中华优秀传统文化

习近平总书记指出，民族文化是一个民族区别于其他民族的独特标识，这个标识模糊了，我们自己的价值体系就坚持不住了。前几天，习近平总书记在纪念孔子诞辰2565周年国际学术研讨会上特别强调，中国优秀传统文化的丰富哲学思想、人文精神、教化思想、道德理念等，可以为人们认识和改造世界提供有益启迪，可以为治国理政提供有益启示，也可以为道德建设提供有益启发。与中央高度重视弘扬传统文化相对照，我们看到，随着我国对外交流合作日益频繁，外来文化伴随着各种物质载体和艺术形态大量涌入，它们以精美的包装和大胆张扬、耳目一新的表现形式，塑造了一批富有想象力的人物动物形象，迎合了现代青年求新求变的心理，在潜移默化中影响着我国青少年的价值观。近年来，青年学习中华传统文化的氛围越来越浓，但追美剧韩剧、学外语比学中文积极性高、传统经典阅读不足等现象还普遍存在。当前，文化软实力在综合国力竞争中的地位和作用更加凸显，在全社会培育和践行社会主义核心价值观，如何用好用足中华优秀传统文化，关系到我们民族的“根”和“魂”。

青联组织和青联委员要带头弘扬中华优秀传统文化，使之成为联系和凝聚海内外中华青年的牢固纽带。青联组织要发挥自身独特的人才和智力优势，做好传统文化在青年中的普及工作，以通俗易懂的语言、青年喜爱的形式，使广大青年了解传统文化的思想精华和道德精髓，了解中华优秀传统文化讲仁爱、重民本、守诚信、崇正义、尚和合、求大同的时代价值。要在传统文化的创造性转化和创新性发展上进行探索，特别要动员青联委员中文化艺术界的青年才俊，坚持古为今用、推陈出新，通过丰富时代内涵、更新表达方式、创新传播手段等途径，使传统文化焕发出新的生机与活力。

第三，培育和践行社会主义核心价值观，青联组织和青联委员要带头修身立德、躬身践行，带动和影响更多的青年

中央强调，培育和践行社会主义核心价值观，要抓住领导干部、公众人物、青少年、先进模范这些重点人群。青联委员是各领域青年中的佼佼者，是青年心目中的标杆和偶像，社会知名度高、舆论关注度高，拥有较大的话语权，大家的一言一行在青年中有着示范效应。青联委员处在社会的聚光灯下，大家身上闪光的一面容易放大，如果出现了不好的一面，也容易被放大。正如古人所讲，“父兄有善行，子弟学之或无不肖；父兄有恶行，子弟学之则无不肖”。大家在享受社会给予的荣誉和利益的同时，理应对社会负责，努力成为青年的榜样、公众的榜样。

希望青联委员在修身立德上下功夫。古人讲，修身、齐家、治国、平天下，强调“以修身为本”。大家在培育和践行社会主义核心价值观上作表率，要从修身开始，从做人开始。要明大德、守公德、严私德，在鲜花和掌声面前要守得住本色，在风浪和诱惑面前要经得住考验，既要做才华横溢的人，更要做厚德笃实的人。

希望青联委员在躬身践行上下功夫。社会主义核心价值观，既是高度凝练的抽象理念，也是指导每个人日常行为的具体准则。各界别青联委员要结合所在领域的特点，把社会主义核心价值观的要求全方位贯穿、深层次融入，企业界的要精心培育企业精神，教育界的要积极倡导优良校训，农业界的要创新发展乡贤文化，一起做好身边事、温暖身边人，使广大青年看得见、学得到。实践中，要注重“常、长”二字。一个人做一件好事很容易，做一阵子好事也不难，难的是坚持一辈子做好事。培育和践行社会主义核心价值观达到“日用而不觉”的效果，必须有持之以恒、自始而终的可贵品质。希望大家高标准、严要求，坚持不懈地为社会积聚向上向善的正能量，使我们的社会风气日益清朗起来。

青联委员不只是一种代表青年的荣誉，更是一份带好青年的责任。青联组织和青联委员在培育和践行社会主义核心价值观方面，既要自己做得好、过得硬，更要带动和影响更多的青年。青联汇集了各方面的青年代表人士，大家在各自所联系的青年群众中往往有着党团组织不可替代的优势。同样的语言，你们向自己所代表的青年群众说出来，有时更容易被接受；同样的工作，你们到自己所代表的青年群众中去组织和开展，常常效果更好，更容易化消极力量为积极力量，把一切积极因素调动起来。

希望青联委员讲好中国故事。美国电影在价值观输出中发挥着重要作用，它之所以深受青少年的喜爱，除了震撼的视听效果之外，取胜之处在从细微处入手，通过人性化的表达，渗透自由、民主、人权等所谓普世价值。青联中有很多青年艺术家、文化工作者，要按照习近平总书记“着力打造融通中外的新概念新范畴新表述，讲好中国故事，传播好中国声音”的要求，充分发挥自己的聪明才智，把通俗生动、喜闻乐见的手段特别是新媒体都运用起来，将我国灿烂的历史文化、辉煌的现实成就、成功的道路模式，讲精彩、说明白，使青年愿意听、记得住，入耳入脑入心。

希望青联委员讲好自己的故事。你们的成长故事、励志经历，青年人愿意听、爱模仿。希望大家积极参与“奋斗的青春最美丽”系列分享活动，走进普通青年，以讲故事的形式，生动具体地表现社会主义核心价值观，引导更多的青年体会和践行社会主义核心价值观。

希望青联委员带动广大青年投身全面深化改革的伟大事业。培育和践行社会主义核心价值观，最终是要把全国各族人民的力量汇聚到为实现“两个一百年”目标而奋斗上来。青联组织和青联委员要引导广大青年从国家和民族长远发展、整体利益的角度，正确看待改革带来的利益调整，从内心里支持改革、拥护改革。引导广大青年共同为改革想招、一起为改革发力，在全面深化改革的历史机遇中创新、创业、创优，开辟事业的新天地，传播社会的正能量，实现人生的大梦想。

各位常委，在青少年中培育社会主义核心价值观，关系国家前途命运，是一项长期的战略任务，需要持之不懈的努力。让我们更加紧密地团结在以习近平同志为总书记的党中央周围，充分发挥青联组织和青联委员的独特优势，大力培育和践行社会主义核心价值观，为实现中华民族伟大复兴的中国梦汇聚起强大的精神力量，担当起青年人应有的担子！

秦宜智在第十五批博士服务团成员行前培训班上的讲话

2014 年 10 月 31 日，根据录音整理

在全党全国各族人民深入学习贯彻党的十八届四中全会精神之际，我们举办这次培训班，对第十五批博士服务团成员进行培训动员，很有意义。首先，我代表中央组织部、共青团中央，向即将奔赴西部地区和革命老区服务锻炼的博士们致以良好的祝愿，向为博士服务团工作顺利开展付出辛勤劳动的有关地区和部门的同志们表示衷心的感谢！

我们党一贯高度重视人才。党的十八大后，习近平总书记多次就人才工作作出重要指示，指出：千秋基业，人才为先。实现中华民族伟大复兴，人才越多越好，本事越大越好。强调要坚持党管人才原则，遵循社会主义市场经济规律和人才成长规律，着力破除束缚人才发展的思想观念，推进体制机制改革和政策创新，充分激发各类人才的创造活力，在全社会大兴识才、爱才、敬才、用才之风，开创人人皆可成才、人人尽展其才的生动局面。强调对年轻干部，要下大气力抓好培养，加强实践锻炼，形成争先恐后到基层和艰苦岗位去的风气。这充分体现了党中央对各类人才的亲切关怀，对人才工作的高度重视，为我们适应新形势、把握新情况，进一步加强和改进博士服务团工作指明了前进方向。前不久，中共中央政治局委员、中央书记处书记、中央组织部部长赵乐际作出重要批示，指出：博士服务团、西部之光等人才项目的实施，对西部发展发挥了积极的促进作用，应予总结提高，不断改进，越做越好。今天，中央组织部副部长潘立刚出席会议。刚才，五位同志作了很好的发言，让我们从中感受到大家投身西部地区和革命老区发展的壮志情怀和深厚情谊，感受到博士服务团工作的生命力和希望所在。

下面，受中央组织部委托，我就博士服务团工作讲几点意见，与大家交流。

一、近年来博士服务团工作的成效和收获

博士服务团工作是中央组织部和共青团中央贯彻落实西部大开发战略和人才强国战略的一项重要举措。自 1999 年实施以来，中央组织部、共青团中央连续选派了 15 批 2036 名优秀青年人才到西部地区和革命老区锻炼服务。15 年的实践表明，博士服务团不仅给西部带去了看得见、摸得着的资金项目，而且带去了新的理念、知识和技术，创造了人才工作服务西部大开发的新模式、促进高层次人才锻炼成长的新途径，在服务西部地区经济社会发展、促进青年人才培养、搭建东西部桥梁纽带等方面发挥了积极作用，受到了西部地区和革命老区党委政府和老百姓的欢迎。据初步统计，目前博士服务团为西部地区和革命老区引进项目 1583 个，引入资金 5691 亿元，撰写调研报告 2189 篇，举办讲座和培训班 3200 多次，作出了实实在在的贡献。

一是发挥专业特长，当好专业参谋。博士服务团成员作为各领域的高层次专业人才，利用自己掌握的农业、水利、商务、外贸等知识储备和工作经验，从专业视角为地方经济社会发展"把脉"。

二是当好桥梁纽带，有效嫁接资源。博士服务团成员依靠派出单位，把握产业结构梯次转移的趋势，积极帮助服务锻炼地区引进资金、项目、技术等，促进了东西部地区之间、中央部委与地方之间的资源要素交流，一批项目合作成果成为拉动当地经济社会发展的引擎。

三是培养本土人才，提高造血机能。博士服务团成员甘为人梯，言传身教，通过办讲座、搞培训、带学生等方式，为服务锻炼地区培养了一大批业务骨干，产生了鲶鱼效应。

同时，博士服务团成员自身得到全面锻炼。2000多名博士在社会这所大学校、基层这个大课堂中，磨练意志、增长才干、自我提升，收获了实实在在的锻炼。据初步统计，博士服务团成员留任地方的有70多人。更多的博士把基层的实践经验带回了自己的岗位，工作思路更加开阔，工作开展更加务实、更接地气，逐步成长为懂理论、知国情、能实干的高层次复合型人才，有的已经到了重要的领导岗位。博士服务团成员们普遍感到，这一年服务锻炼，是在艰苦条件、复杂环境中的"补课"，体会了我国东西部的差异，加深了对复杂国情、基层实情的认识，增进了对老百姓的感情，积累了基层工作、群众工作的经验，增强了践行党的群众路线的思想自觉和行动自觉。有的同志在服务锻炼期间，还经历了一些大事、难事、急事，参与了一些重大改革事项、群体性事件处理，学会了应对复杂局面、处理棘手矛盾的本领。正如大家共同感叹的，一年的挂职锻炼真好比又读了一次博士。

二、进一步提高博士服务团工作科学化水平

按照赵乐际同志对博士服务团工作"应予总结提高，不断改进，越做越好"的要求，结合中央组织部和共青团中央多次专题调研的成果，我们正在起草制定《博士服务团工作管理办法》，希望通过制度建设，不断提高博士服务团工作的科学化水平，要按照"按需选派、人岗相宜、重在服务、加强锻炼"的原则，重点把握好几个关节：

第一，把好"选派关"。重点选派西部地区和革命老区经济社会发展重点领域、重点产业急需紧缺人才。要严格人选条件，坚持德才兼备、从优选派，不讲远近亲疏，不看门第背景，不搞平衡照顾，切实把当地急需紧缺人才送过去。要严格选派程序，中央主管部门拟定选派计划，接收单位提出需求意向，选派单位研究推荐人选，每个环节都要集体研究、整体把关，不能把组织行为变通为个人行为。要创新选派方式，根据西部地区和革命老区重大项目、重点工程、特色产业、社会治理等需要，综合采用定向选派、团队选派、接续选派等方式，努力为当地提供持续有效的智力支持、人才支持。

第二，把好"培养关"。好钢用在刀刃上。不断强化实践导向、基层导向，越是优秀的人才，越要舍得放在最艰苦、最需要的地方去重用、历练、培养，越要敢于放在关键岗位上挑担子。接收单位要根据博士们的专业特长、工作经历，安排合适岗位，压担子、压任务，让他们有职有责、有压力、有动力，最大限度地发挥专长和优势，最终使他们能够有作为、有收获。在人才使用上，组织部门和共青团组织要做好跟踪服务，接收单位要在政治上充分信任、工作上大力支持、生活上关心照顾，还要在组织上严格管理。在人员留用上，对接收单位需要、选派单位同意、本人表现优秀且愿意延长服务期或留在当地工作的，应当给予鼓励和支持，帮助他们解决困难。

第三，把好"考核关"。组织部门和共青团组织要创新和完善博士服务团成员考核评价机制，动态掌握博士服务团成员的思想动态和工作情况。加强平时考核，重点考核博士服务团成员参谋助手、桥梁纽带、传帮带作用发挥情况，考核德能勤绩廉等日常工作表现情况。加强年度考核，选派单位要主动向接收单位了解博士服务团成员的总体表现。加强期满考核，组织部门和选派单位、接收单位要抱着对组织负责、对工作负责、对干部负责的态度，重点考核博士团成员在履职尽责、廉洁自律等方面的情况，该奖励的要大胆奖励，该提醒的要及时提醒，该纠正的要坚决纠正。

三、对第十五批博士服务团成员的几点希望

去年五四，习近平总书记亲自出席共青团中央举办的“实现中国梦、青春勇担当”主题团日活动，勉励广大青年要坚定理想信念，练就过硬本领，勇于创新创造，矢志艰苦奋斗，锤炼高尚品格，在实现中国梦的生动实践中放飞青春梦想，在为人民利益的不懈奋斗中书写人生华章。今年五四，习近平总书记提出，广大青年要自觉践行社会主义核心价值观。在座第十五批210名博士服务团成员，你们是青年中的优秀代表，自愿到西部去、到基层去、到祖国和人民最需要的地方去，就是在响应习近平总书记的号召，在为国家、为民族、为人民而奋斗。希望你们以习近平总书记提出的五条希望为座右铭、航标灯，身体力行社会主义核心价值观，在祖国和人民最需要的地方放飞青春梦想、书写人生华章。

这里，我再提几点希望，与大家共勉。

第一，吃透中央政策，增强思想理论自觉。党的十八大以来，以习近平同志为总书记的党中央，着眼坚持和发展中国特色社会主义，对治党治国治军、改革发展稳定提出了一系列重大理论观点、重大战略决策和重要工作部署。大家要怀着党员干部的崇高使命，带着对当地工作实际问题的观察和思考，系统而不是零碎地、深入而不是肤浅地学好吃透中央政策精神，重点是学习好、领会好、运用好习近平总书记系列重要讲话精神，掌握贯穿其中的精神实质、思想方法和工作部署，用思想武器武装头脑，把政策标尺抓在手里，让当地实际了然于胸，切实在具体的工作中、日常的行为中，把思想和认识统一到中央精神上来，增强贯彻落实中央政策部署的自觉性、坚定性和担当精神。

需要特别强调的是，刚刚闭幕的党的十八届四中全会，作出全面推进依法治国若干重大问题的决定，明确提出了全面推进依法治国的指导思想、总目标、主要原则和重大任务。这是继党的十八届三中全会部署全面深化改革任务之后，党中央治国理政的重大理论创新和实践创新。大家要把学习贯彻四中全会精神作为首要的政治任务，认真领会、深入思考，把握实质、学以致用。要在西部地区和革命老区的具体工作实践中，树立法治意识，坚持依法决策、依法办事，自觉运用法治思维和法治方式深化改革、推动发展、维护稳定，自觉接受方方面面的监督，为依法治国战略实施作出应有贡献。

第二，深入基层前沿，身体力行群众路线。习近平总书记强调，党的群众路线教育实践活动结束了，但贯彻党的群众路线、保持党同人民群众的血肉联系的历史进程永远不会结束。从严治党，只有进行时，没有完成时。年轻干部的成长、青年人才的培养，最重要的就是站稳群众立场，增强对群众的真情实感。大家要多到群众中去，多接触工厂、企业、乡村、社区的一线群众，用感性经验、亲身经历，积累自己对世情、国情、民情、社情的了解，始终站在群众的立场上想问题、办事情、做决策，把群众观点内化于心、外化于行，养成实事求是、从实际出发的好作风，养成艰苦奋斗、勤俭节约的好作风，养成与群众一块苦、一块干、一块过的好作风。

第三，理论联系实际，踏踏实实干事创业。知识只有运用于实践，力量才会显现。大家都

有着完整的学习经历、良好的知识积累，但在基层工作，直接面对群众，直接面对各种矛盾和问题，各项工作都需要真刀真枪、亲力亲为，光有理论知识肯定是不够的。大家务必要防止把基层导向变成单纯到基层补经历、“镀金”的倾向，要真正下得去、沉得住、融得深、干得实，通过扎扎实实的实践锻炼，经历一些大事、难事、急事，磨砺自己推动改革发展的能力、做好群众工作的能力、化解社会矛盾的能力、驾驭复杂局面的能力，为服务锻炼的地区留下有实效、管长远、好口碑的政绩。

第四，严格廉洁自律，带动良好政治生态。博士服务团成员到地方后都会挂任一定的领导职务，很多人是第一次走上领导岗位。当干部、做领导，意味着责任和付出，意味着奉献和牺牲，特别需要勇于担当、严于律己。习近平总书记指出，敢于担当就是坚持原则、认真负责。大家离开熟悉的工作和生活环境，走上新的岗位，融入新的环境，需要保持谦虚谨慎、戒骄戒躁的作风，甘当小学生，事事多请教，同时不能畏首畏尾、缩手缩脚，也要保持锐气、勇于探索、敢闯敢干，善于结合地方实际创造性地开展工作。大家一言一行、一举一动都代表着自己单位的形象，代表着博士服务团整体的形象，甚至在西部地区和革命老区很多群众的眼中，代表着中央的形象、党的形象。大家一定要严格遵守中央八项规定，时刻不忘廉洁自律，把原单位的好作风带到当地去，从自己做起、从小事做起，带头走正道、扬正气，与歪风邪气做斗争，做良好政治生态的倡导者、力行者、建设者。

同志们，西部发展期待着你们，西部人民期待着你们。希望你们把青春的梦想与实现中华民族伟大复兴的中国梦紧密结合在一起，让青春的奋斗在为西部地区和革命老区经济社会发展中焕发出夺目的光彩。最后，祝大家在服务锻炼期间工作顺利，身体健康！期待大家捷报频传，载誉而归！

秦宜智在大学生“走下网络、走出宿舍、走向操场”主题群众性课外体育锻炼活动推进会上的讲话

2014 年 12 月 21 日

时至年末，大学生“走下网络、走出宿舍、走向操场”主题群众性课外体育锻炼活动开展已近一年。今天，在北京交通大学举行推进会，既是总结前一阶段试点工作，交流经验，也是部署下一阶段工作安排，把活动引向深入。首先，我代表共青团中央、全国学联，向各位同志的到来表示热烈的欢迎，向一直以来关心和支持活动的教育部、国家体育总局、各地各高校党政领导，向辛勤工作在一线的共青团的同志们和精心承办本次会议的北京交通大学，表示衷心的感谢！

开会之前，在北京交通大学体育馆，观看了同学们的体育社团活动展示，给我留下了非常深刻的印象。尽管已是数九寒天，但同学们洋溢的青春活力、昂扬朝气，让我们感受到为实现中华民族伟大复兴的中国梦而奋斗的青春力量！刚才，北京、广东两家省级团委，北京交通大学和南开大学、东北林业大学同大家交流了开展“三走”活动的经验体会，谈得都非常好，许多好经验、好做法，值得各地各高校学习

和推广。学生是活动的主体，学生的体会和收获是衡量活动成效的关键。刚才听了“中国大学生百炼之星”宿舍的学生代表和大家分享的感受感悟，我感到欣慰。这说明“三走”活动不仅在促进同学们增强锻炼意识、养成运动习惯方面，而且在帮助同学们提高身心素质、培养意志品质等方面，确实起到了一定作用。

增强大学生体质、促进大学生健康成长，事关国家和民族的未来。习近平总书记在看望参加南京青奥会中国代表团时特别强调，少年强、青年强则中国强。少年强、青年强是多方面的，既包括思想品德、学习成绩、创新能力、动手能力，也包括身体健康、体魄强壮、体育精神。希望带动全国广大青少年都积极投身体育锻炼，既把学习搞得好好的，又把身体搞得棒棒的，做到德智体美全面发展，将来成为祖国建设的栋梁之材。今年1月，为贯彻落实党的十八届三中全会关于“强化体育课和课外锻炼，促进青少年身心健康、体魄强健”的精神，共青团中央联合教育部、国家体育总局、全国学联启动了大学生“走下网络、走出宿舍、走向操场”主题群众性课外体育锻炼活动。今年是活动的开局之年，在各地各高校党政领导的支持下，共青团组织紧紧围绕“立德树人”的根本任务，把握教育改革发展大局，立足高校工作实际，把“三走”活动作为重点工作专项推进，开展了大量丰富多彩的活动、富有成效的工作。刚才播放的活动总结视频，带我们一起回顾了这一年来的工作情况，再现了同学们参加“三走”活动的生动场景。根据初步统计，全国超过2300所高校开展各类“三走”活动达62万余次，参与学生达6800余万人次，学生对活动的知晓率达90%以上。

刚才总结视频中也提到，“三走”活动开展以来，得到了中央领导同志的高度重视和亲切关怀，刘云山、刘延东、刘奇葆、李源潮同志作出批示，对活动取得的阶段性成果给予充分肯定，对今后的工作提出了明确要求，这既是鼓励，也是期望。我们要以此为动力，进一步提高思想认识，从实现中华民族伟大复兴中国梦的高度充分认识“三走”活动的战略意义，从破解共青团组织两大战略性课题的高度充分认识“三走”活动的时代意义，从改善当代青年大学生体质状况的角度充分认识“三走”活动的现实意义，进一步增强做好工作的责任感和使命感。

下一步，共青团中央将联合教育部、国家体育总局、全国学联发布深入开展“三走”活动的指导意见。以此为契机，我们在这里认真总结过去一年来的成绩和不足，深入思考下一阶段推进工作的方向和重点。我想讲四个方面的想法，同大家交流。

一、进一步深入推进“三走”活动，要坚持“深耕广植”，着力全员覆盖

“群众性”是“三走”活动的基本特征、基本原则。从目前的情况看，活动的有效覆盖面还不足，还需要下功夫、想办法、深发动，吸引更多的学生参与进来，力争覆盖到每一个班级、每一个宿舍、每一个学生，尽可能帮助每位学生至少培养一项体育爱好，形成“班班有体育活动、人人有体育项目”的生动局面。谋划“三走”活动的出发点，就是希望在群众性上、而不是竞技性上下功夫，最大限度地把普通同学调动起来，帮助每一位同学养成运动爱好。

一要进一步做好组织发动。要依靠基层团学组织，充分激发基层组织活力，学校里的班级、专业、年级、学院等传统组织形式，以及宿舍、实验室、兴趣小组、体育社团等“微组织”，都要充分发动起来，广泛动员同学们参加“三走”活动。特别是要多设计以宿舍等“微组织”为单位的体育活动，给同学们提供更多参与的机会。学校领导、教师、校友、体育明星和运动达人往往具有非常好的示范引领作用，如果能够参与活动，与同学们互动，面对面分享体育锻炼的亲身体会，一定更能激发同学们参与体育锻炼的兴趣，带动更多学生加入进来。

刚才，我从汇编的“三走”活动案例集中看到，有些学校领导同志、导师，还有平日热衷体育锻炼的教师，与同学们一起进行体育活动，同学们很受鼓舞。做好组织发动工作，还要充分利用主题团日活动，把握新生入学和毕业离校等关键时间节点，集中开展一些动员和体验活动。

二要进一步加强思想引导。首先，要从时代赋予青年责任和使命的高度做好思想引导。让同学们认识到，参加体育锻炼不只是为“小我”，更是为“大我”。中华民族近现代历史经验说明，“非重体育不足以挽积弱而图自存”，国人的身体素质与国家、民族的命运休戚相关。毛泽东同志在寻求改造中国、拯救民族的革命道路时提出，体育可“变化民质”，振奋民族精神，是“改造中国与世界”不可或缺的方面。青年学生要承担时代赋予的使命，做走在时代前列的奋进者、开拓者、奉献者，良好体质是基础和根本。青年拥有健康体魄，民族就有兴旺的源泉，国家就有强盛的根基。其次，要让同学们从思想上认识到体育锻炼的紧迫性。现在高校普遍开展大学生体能测试，要利用好这样的机制，及时反馈测试结果，让同学们了解自身体质状况，从内心激发参与体育锻炼的自觉意识。听说现在有些学校在开展关于“动商”的研究，对个人的综合运动能力进行评价，还专门建立了研究中心，通过数据分析和构建模型，给同学们体育运动提供科学指导这种尝试很有意义，希望能够探索出成果，进行推广。此外，还要注重典型人物的宣传，对前期开展的寻访“中国大学生百炼之星”宿舍、创建体育公益社团等创先创优活动中涌现出来的典型个人、宿舍和社团，要大力宣传推广，发挥好示范引领作用。

三要进一步注重趣味导向。毛泽东同志曾说，体育活动要“有趣”，感兴趣就能激发人的行为自觉，活动有趣就有长久的吸引力。如何把有意义的事情做得有意思，要认真琢磨，深入研究，以青年喜闻乐见的形式，吸引青年，凝聚青年，服务青年。比如，可以趣味运动会、广播操比赛、集体舞大赛、校园体育吉尼斯等体育活动为牵引，建立群众体育项目赛制，设计形式新颖活泼的评比方式，激发学生参与的热情。还可以结合民族特色开展体育活动，增加活动的趣味性。一些高校为培养学生良好的生活习惯，开展了“阳光运动陪伴”“晨跑换早餐”健康生活主题体育活动，在大学生中引领强健体魄、健康生活的校园新风尚，值得借鉴和推广。

二、进一步深入推进“三走”活动，要坚持“内修外塑”，着力打造品牌

必须把握新时代背景下青年学生在思想动态、生活习惯、兴趣爱好、思维方式以及自我认知方面的新特点、新需求，找准结合点、着力点，不断拓展活动载体，创新活动形式，将“三走”活动打造成共青团服务青年学生健康成长的响亮品牌。

一要丰富文化内涵。一个品牌，核心吸引力在于它的精神和文化价值。在前一阶段工作中，有些地方和高校把“三走”活动与社会主义核心价值观、传统文化、红色文化有效结合，丰富活动的内涵，拓展活动的价值，这非常好，要继续发扬。“三走”活动要成为团学工作的品牌，需要立足学校和地域特点，与文化创建活动相结合，使学生在活动中明德励志、砥砺品格、陶冶情操。中国传统体育活动，如武术、太极拳、空竹、毽子、风筝等，还有许多具有地方特色的红色文化、非物质文化遗产以及民俗和历史文化资源，这些宝贵的财富都可以融入到活动中来，进一步丰富活动的文化内涵，提升活动的精神价值，把“三走”活动办成学生心目当中“高大上”的品牌活动。

二要凸显时代元素。当前，党领导全国各族人民正向着实现中华民族伟大复兴中国梦而努力奋斗，这是中国青年运动的时代主题。要紧紧围绕“中国梦”，在“五四”青年节、“十一”国庆节、“一二·九”运动等重要纪念日，结合爱国主义教育开展体育活动。要与公益活动结合，积极倡导“以运动助力公益，以公益募集梦想”的理念，引导大学生关注和参与社会公益事业，增强社会责任感。开展“三走”活动，还要主动与国家体育事业重大规划相结合，要配合校园足球运动的发展、申办2022年冬奥会、2015年北京世界田径锦标赛等，充分发挥“三走”活动的积极促进作用。

三要利用好新媒体。既要用足传统的宣传形式，还要把握时代特点，用好新媒体在贴近青年、互动传播、可视化技术方面的优势，形成传统媒体与新媒体相融合、线上和线下全覆盖的立体式宣传格局，形成“线上互动、线下运动”的新机制，广泛传播“三走”活动的理念，在校园乃至全社会营造良好的氛围。比如，一些省市和高校开发了互联网、手机体育运动主题APP，自动记录学生当天跑步的里程、消耗的卡路里等，还可以自动抓取生成的路线记录。同学们通过微博、微信、微视频等新媒体、自媒体，分享跑步的图片和心情。这种新颖的形式、丰富的内容，受到同学们的热捧。

三、进一步深入推进“三走”活动，要坚持“虚功实做”，着力综合育人

共青团教育引导青年，看似虚功，必须实做，需要通过看得见、摸得着的方式和贴近实际、贴近青年、贴近生活的有效载体去实现。要遵循“围绕中心、服务大局”的工作主线，将“三走”活动作为学校共青团履行职能的重要抓手，作为“虚功实做”的载体，在提升学生综合素质和立德树人方面发挥积极作用。

一要把促进青年学生强健体魄同坚定理想信念贯通起来。对青年人来讲，坚定理想信念，首先要增强“三个自信”，自觉为实现中华民族伟大复兴的中国梦而奋斗。实现中国梦，需要“精气神”。蔡元培先生曾经说过，“有健全之身体，始有健全之精神”。共青团要以“三走”活动为抓手，把握“中国梦”这个工作大局和时代主题，高举理想信念的旗帜，注重与培育和践行社会主义核心价值观相结合，突出实践导向，让学生在“知”、“信”的基础上，解决好“行”的问题，做到“知行合一”。要特别注重融入中华传统文化教育。五千年的中华文明博大精深，其中以“中”“和”“天人合一”“修身养性”思想为特点的中华传统体育文化，蕴含着巨大的精神力量，对于培育社会主义核心价值观具有重要作用。要通过体育锻炼和体育文化活动，培养大学生“天下兴亡、匹夫有责”的家国情怀，树立为实现中华民族伟大复兴的中国梦而奋斗的远大理想，坚定走中国特色社会主义道路的人生信念，使“为祖国健康工作50年，为实现中华民族伟大复兴的中国梦拼搏奉献50年”的理念在大学生当中深入人心。

二要把开展体育锻炼活动同服务学生素质拓展统一起来。习近平总书记强调，培养中国特色社会主义事业建设者和接班人，是共青团的根本任务。这与学校教育工作立德树人的根本任务是高度一致的。对学校共青团来说，当前要把握好“深化教育领域综合改革”这一工作大局，在开展“三走”活动过程中，深刻理解以人为本、全面实施素质教育这一教育改革发展的战略主题，发挥“三走”活动在深化素质教育改革、服务学生素质拓展方面的积极作用。就青年成长发展而言，体育锻炼具有特殊意义。曾任教清华大学的马约翰先生被誉为“中国体育界的一面旗帜”，他在著作《体育的迁移价值》中提出“体育的功效，最重要在培养人才，补充教育的不足”，特别强调“Fight to the finish and never give in（坚持到底，决不放弃）”和“Sportsmanship（体育家道德，运动员精神）”，他认为“体育是培养健全人格最好的工具”。这些观点非常深刻。“三走”活动要“以人为本”，把促进大学生增强身体素质与锻炼意志、砥砺品格、陶冶情操统一起来，实现学生的全面发展。

三要把推进“三走”活动与倡导健康生活方式结合起来。互联网时代的到来，移动信息技术的发展，网络虚拟空间的出现，的确给生活带来了便捷，但也让许多青年学生对移动互联网、对手机产生了高度依赖。我们身边的大学生中有很多对网络依赖度过高的“宅男宅女”“低头族”“微博控”，不知不觉中，上网已成为他们的一种生活方式，拉开了现实中人与人之间的距离，也消磨了许多青年学生的青春时光，这种现象必须引起高度重视。参加体育运动，能带给人身心的愉悦，调节身心的平衡，还能培养人良好的社会适应能力。所以，开展“三走”活动不仅是简单的提倡运动，更是要在大学生当中倡导、引领一种健康的生活方式。

四、进一步深入推进“三走”活动，要坚持“久久为功”，着力长效机制

“三走”活动作为共青团当前和今后一个时期的重点工作，需要以踏石留印、抓铁有痕的韧劲，做到持之以恒，久久为功。

一是注重制度建设。要注重顶层设计、制定工作规划，明确各项活动的时间节点，落实开展活动的责任主体，确保各项活动有序铺开。要做好建章立制工作，以制度的形式落实和确保同学们参与课外体育锻炼的必要时间，并依据实际需要进一步完善体育设施、器材和场地的开放及使用制度，尽可能为学生课外体育锻炼活动提供便利的条件，推动第一和第二课堂、课内和课外资源形成合力、相得益彰。

二是构建长效机制。要切实加强和改进调查研究，及时跟踪学生体质状况，分析把握当代青年学生的思想观念、利益诉求和行为特征，因时因地制宜，创新活动载体，丰富活动内容。要从实际出发，合理引入简便易行、有效管用的考核评价机制，科学运用好评价这个“指挥棒”，加强对基层团组织工作的指导。要加强同教育、体育等相关部门的协同合作，建立部门间联动机制，齐抓共管，统筹推进活动的深入开展。同时，在工作中，还要做到眼睛向外，充分挖掘和借助社会资源，争取更多支持。

三是做到持之以恒。当有一天，体育锻炼成为青年学生的行为自觉、生活方式，那么就可以说，活动取得了成功。要做好一件事情，难在知行合一，贵在持之以恒。好身体的铸就、好习惯的培育、好品格的养成，都不是一朝一夕的事情，开展“三走”活动自然也不能靠一时一事。苟有恒，何必三更眠五更起；最无益，莫过一日暴十日寒。要下功夫做到经常抓、长久抓，持之以恒开展“三走”活动。

以上四个方面的想法，如果简单概括一下，就是希望把“三走”活动“抓广、抓响、抓实、抓长”。在这里，衷心希望教育部、国家体育总局进一步给予支持和指导，各地各高校继续加强探索和创新，总结出更多“可复制、可推广”的好经验、好做法，共同努力、一起推动“三走”活动深入、持久开展。最后，也希望更多的同学能积极参与到“三走”活动中来，把体育锻炼作为一种生活方式，养成自觉、形成习惯，在日复一日、坚持不懈地体育锻炼中，锤炼坚强意志，塑造健全人格，磨砺奋斗精神，养成坚韧不拔、团结友爱、勇于拼搏、开拓进取的精神品质，为实现中华民族伟大复兴的中国梦，储备能量、努力奋斗！

贺军科同志讲话

贺军科在共青团十七届二中全会上的总结讲话

2014年1月11日

受书记处委托，我对全会作总结。

这次全会开得很好。大家集中精力，深入贯彻落实党的十八大和十八届二中、三中全会精神，认真学习贯彻习近平总书记系列重要讲话精神，认真学习领会中央书记处重要指示和李源潮同志重要讲话精神，认真学习讨论秦宜智同志代表团中央书记处所作的工作报告，全面总结过去一年全团工作，深入研究今年和未来五年共青团工作的思路和部署，审议通过了《共青团十七届二中全会关于深入学习贯彻党的十八届三中全会精神，带领广大青年在全面深化改革进程中走在前列的决议》、《全面深化改革进程中共青团工作五年发展纲要》，圆满完成了全会的各项议程。

一、全会的主要共识

全会期间，各位委员围绕会议主题，充分交流思想认识，结合各地的工作实际谈了许多很好的想法和意见，形成了不少共识。总的来看，主要体现在三个方面。

1. 大家一致认为，全会进一步明确了未来五年共青团工作的总体思路。许多同志表示，党中央对青少年和共青团工作的高度重视、亲切关怀，特别是习近平总书记一年来多次参加团队活动并发表重要讲话，为共青团事业发展指明了前进方向、提供了根本遵循。许多同志谈到，习近平总书记要求共青团把握好的三个根本性问题，着眼于党和国家事业全局，体现了团的本质属性；提出的两个战略性课题，体现了新一届党中央始终强调的问题意识，这关于“三个根本性问题”和“两个战略性课题”的思想和论述，是我们应当始终坚持的工作指针。我们必须认真学习研究，深入贯彻落实。许多同志谈到，中央书记处重要指示和李源潮同志重要讲话着眼于党和国家工作全局，对全团做好今年的工作提出了明确要求，具有很强的思想性、指导性、针对性，帮助我们进一步理清了工作思路、明确了工作重点、增强了工作信心和责任感。

2. 大家一致认为，全会客观准确判断了当前共青团工作面临的形势任务。许多同志表示，近年来，全团围绕中心、服务大局，各项工作与建设都取得了明显成效，得到了中央书记处和源潮同志的充分肯定，为推进未来五年工作打下了扎实基础。同时，随着经济社会深刻变革，团的工作对象、工作环境、外部条件、组织形式都发生了很大变化，面临着许多新情况。综合大家在讨论中提到的内容，概括起来讲，就是宜智同志在去年团中央工作务虚会上提出的“七个新”：新青年、新组织、新媒体、新挑战、新特点、新问题、新机遇。认清了这“七个新”，也就把握住了思考和推进今后工作的基础。

3. 大家一致认为，全会进一步明确了今后工作的着力点和突破口。许多同志表示，全会工作报告、决议和纲要不折不扣地贯彻落实中央精神，提出的工作举措思路清晰、实事求是。一是具有很强的针对性，什么问题突出，就解决什么问题；什么领域挑战严峻，就进军什么领域。二是具有很强的前瞻性，对于在全面深化改革进程中即将遇到的新情况新问题，提前谋划，先机而动，争取在未来工作格局中占据主动地位。三是具有很强的实践性，许多工作举措直接来源于调研中发现的地方与基层创造的新经验新做法。

二、今年工作中需要进一步强调的几个问题

大家在讨论当中，提出了许多很好的意见和建议，对团中央的工作也提出了一些中肯的批评。比如，有的委员提出，近年来对团省委班子成员、军队团干部的培训不多，建议强化这方面的工作。比如，有的委员建议团中央加强与有关部委沟通协调，争取整体性承接特定的政府青少年事务。比如，有的委员建议团中央积极推动党委组织部门将部分党费用于加强团的工作和建设。比如，有的委员提出，团中央抓基层组织建设的牵头部门较多，地方团组织在落实过程中存在多头指导的问题，建议进一步明确牵头统筹部门。比如，有的委员提出，随着国有企业改革的不断深化，国有企业工作与建设也面临许多新的情况和问题，建议加强对这方面工作的重视与研究。比如，有的委员提出，团中央战线部门的一些工作部署系统性、计划性不够，与既定的工作安排不匹配，建议在部署工作时要充分照顾各地落实的时间、节奏和创造性。比如，有的委员建议全团要进一步加强青年文化建设，充分重视优秀电影、电视节目对青年的影响。比如，有的委员建议进一步加强对少先队辅导员的培训力度与规模。比如，有的委员建议进一步加强青少年和共青团工作的理论研究。在这些意见、建议中，一些重大的原则性意见、建议还需要全团继续深入研究，作进一步探讨。针对一些关于今年工作中还存在的困惑和疑虑，在这里，我按照宜智同志工作报告中对今年工作安排的主要精神，再集中强调几个方面的问题。

1. 关于团组织在青年社会参与中发挥枢纽作用。对于这个问题，宜智同志在昨天的纲要说明中作了充分、深入的阐述。针对一些委员在会上关于这个问题的讨论，我再进一步作一些解释。共青团是党的助手和后备军，是党联系青年的桥梁和纽带，这一组织性质的定位是明确的，与枢纽型组织存在很大的区别。从工作对象来看，枢纽型组织的工作对象主要是组织，是要把组织组织起来；共青团的工作对象是青年，是要把最广大的青年组织起来。从控制力的来源来看，枢纽型组织的控制力主要来源于资源配置的能力，共青团的控制力来源于严密的组织纪律。从运行机制来看，枢纽型组织类似于公司的股东会，谁的资源多、影响力大，谁就能发挥更大的作用；共青团组织的内部运行机制是明确的，就是民主集中制。因此，把共青团定位为枢纽型组织或者表述为“枢纽型共青团”是不恰当的，纲要中提出要发挥共青团在青年社会参与中的枢纽作用的提法是合适的。

2. 关于团组织参与政府购买服务。党的十八届三中全会提出，推广政府购买服务，凡属事务性管理服务，原则上都要引入竞争机制，通过合同、委托等方式向社会购买。这一改革举措的推进落实，将会给共青团整合资源带来新的机遇，大家对此也抱有很大的期待。这里要强调几点。第一，要明确团组织通过政府购买形式承担哪些公共服务。既不是宏观层面的一般公共服务，这是政府的责任；也不是微观层面的针对具体个人的服务项目，这是市场的责任。团组织应当积极介入的是与青年成长发展相关的中观层面的公共服务领域。比如，在服务青年就业创业方面，政策制定是政府承担的一般公共服务，岗位提供是市场解决的一对一微观服务，创业青年扶持就是共青团可以积极介入、并且大有可为的领域。第二，要明确不同层级团组织在参与政府购买服务中的工作定位。党的十八届三中全会提出，加强中央政府宏观调控职责和能力，加强地方政府公共服务等职责。可以预见，政府购买服务的实施主体主要是地方政府。因此，在推动团组织参与政府购买服务工作中，团中央承担的主要是宏观政策协调和工作指导，具体政府购买服务项目的承接要由各地团组织根据自身实际主动争取。第三，全团要认真领会好、落实好宜智同志提出的“眼睛向外”的要求，充分发挥团组织协调各方的优势，形成资源整合的社会化机制，既要向政府购买服务要资源，也要向社会要资源、向市场要资源、向激发组织的内生资源要资源。总之，各级团组织在参与政府购买服务工作中，既要防止无动于衷、错失机遇，又要防止产生依赖心理，通过发挥网络优势，提高专业能力，努力抓住整合资源的重大机遇。

3. 关于基层服务型团组织建设。刘云山同志代表党中央在团十七大上的祝词要求共青团努力建设学习型、服务型、创新型马克思主义青年组织。今年的中央书记处重要指示要求共青团大力推进基层服务型团组织建设。这两个关于团组织建设目标定位的要求，是分别从团的整体组织和基层组织两个不同的角度提出来的，在本质上是统一的。共青团作为一个组织体系庞大、组织成员众多的全国性组织，在不同层级应当有不同的工作侧重点。基层团组织直接面向青年群众，增强服务意识、强化服务职能尤为迫切和紧要，应当把着力点放在为青年成长发展提供服务上。当然，这是广义的服务，既包括帮助青年解决工作、生活、学习中面临的各种困难，也包括帮助青年坚定理想信念、锤炼品德修养、提升综合素质等各个方面。要做好这些服务工作，必然要求基层团组织和团干部针对自身的能力短板加强学习，针对时代和青年的发展变化勇于创新。从这样的角度来看，建设学习型、创新型组织的目标也就自然而然地寓于服务之中了。在今后的工作中，一方面，团的领导机关要坚持“眼睛向下”，把工作资源向基层倾斜、工作力量向基层集中、工作载体向基层转移，帮助基层团组织提高服务能力；另一方面，基层团组织也要防止“眼睛向上”、等靠要的思想，真正从青年需要不需要、欢迎不欢迎的角度来设计和开展工作，在发挥青年主动性、积极性的基础上开展好各项服务工作。

4. 关于进一步扩大团的工作的有效覆盖面。这是习近平总书记对共青团工作和建设提出的明确要求，也是我们必须着力完成好的一项艰巨任务。长期以来，全团在扩大团的组织覆盖方面，进行了诸如“两新”组织团建、乡镇团的组织格局创新和实体化“大团委”建设、驻外团组织建设、农村专业合作组织团建、行业团建等一系列探索创新，取得了不少进展。但是，在如何提高团的已有组织和新建组织的工作活力、进而提升覆盖的有效性方面，一直没有找到很好的办法。这次全会通过的纲要专门从激发组织新活力的角度，用一个大部分的篇幅来部署这项工作。全团一定要高度重视，坚持基层导向，抓好相关工作的落实。在这里，需要强调关于团的领导机关支持基层的工作如何进一步完善的问题。近年来，团中央通过各种方式募集资金，每年支持中西部地区和部分东部地区县级团委2—3万元。钱虽然不多，但是体现了我们支持基层的鲜明态度，期望达到使基层进一步感受到团组织的整体性、带动地方党政部门进一步加大支持基层团组织的力度。从实际效果来看，团组织的整体性的确得到了较大提高，但是团中央资金的杠杆效应体现得并不明显，在一些地方还激发了财政资金退出的负效应，基层团组织的资金使用效率还有待提升。基于这样的状况，我们既要强调继续支持基层的方向不变、力度不变，同时又要强调具体的方式要与时俱进，在实践中进行适当调整完善，最终目的是要提升资金使用的效益，努力填补更多的团建空白点，开展更活跃的基层工作。

5. 关于提升团的组织活力。在分组讨论中，一些委员对纲要关于提升团组织活力的部署有些意见，我在这里稍作解释。团组织活力是由多种因素决定的。现阶段，我们提升团的组织活力，主要应当从组织内部做起。通过对青年社会组织活力因素的对比、对影响团组织活力因素的分析，有 4 个问题值得关注。第一，团员质量。一段时期以来，一些团组织在团员发展过程中，存在入团程序流于形式、团员标准把关不严、团员比例过高甚至是全员入团等问题，从而导致不少团员在日常工作、学习、生活中体会不到荣誉感，在青年群众中体现不出先进性，进而影响到了团的组织活力。第二，组织运行机制。许多青年社会组织之所以有活力，一个重要因素就是组织成员的自主意识得到了充分尊重，契合了当代青年自主意识、权利意识增强的趋势。同样，团组织要提升自身活力，也要进一步发展团内基层民主，真正尊重青年主体地位，真正引导团员青年正确行使民主权利，积极参与到团的工作谋划、实施、评价的全过程。第三，资源供给。青年社会组织主要依靠组织成员的个人资源，而团组织具有整合党政资源、社会资源的优势，关键是要把这些资源向基层供给，在面向青年开展工作中发挥出基层组织的作用。第四，要加强对兼职团干部的激励。能够做好这四个方面，团的组织活力就有了很好的基础。纲要主要就是从这些方面进行部署的，只要各级团组织认认真真抓好落实，一定会见效果。

6. 关于青少年民族团结教育。这是中央书记处对我们的明确要求。需要我们高度重视的是，流动越来越频繁的趋势存在于各族青年群体之中，在内地的少数民族青年也越来越多。因此，各级团组织都要重视并开展好青少年民族团结教育，少数民族地区团组织要做这项工作，其他地区团组织也要做；既要面向少数民族青年做这项工作，也要面向汉族青年加强民族团结教育。

7. 关于团干部培训。讨论中，不少委员建议进一步加强对团干部的培训。团中央书记处也始终认为，大规模分层级开展经常性的团干部教育培训是十分必要的。开展这项工作要注意几个方面。第一，要用好已有的制度。比如，各地要积极争取把中组部、团中央联合下发的党建带团建文件中有关团干部培训方面的政策落实好。第二，要强调提升团干部自身的责任心。对于团干部来讲，专门的培训可以起到提升、强化、交流的作用，但不是获取业务知识和能力的主要渠道。各级团组织还要注意教育培养团干部的事业心、责任感，引导大家在岗位上尽责，自主地去学习团的基本知识和业务本领。第三，团中央和各级团的领导机关要尽可能争取资源，安排更多、更高质量的团干部培训。第四，要创新培训的方式方法。比如，可以利用网络技术发展的新成果，借鉴一些地方干部网上培训的经验做法，探索团干部网络培训的新方式。比如，可以探索编写案例教育的教材。

8. 关于电子团员证和团的基本信息数据库建设的有关操作问题。委员们普遍认为，探索集团籍管理终端、团的工作平台、团员服务载体于一体的电子团员证建设、建立团的基本信息数据库，是借助现代技术提升团的活力和影响力的重大创新举措。同时，不少委员也对如何积极、稳妥、有序地推进相关工作提出了许多好的建议。有的委员提出，在工作推进过程中，要注重思考和解决数据准确采集、数据库定期维护、信息及时更新、信息安全性、防止过度商业开发等方面的问题，要注重积极协调服务团员青年的政策和项目，建议区域先行、试点先行、行业先行，由易到难、由点到面地推进。这些意见建议都非常好，下一步工作推进过程中将认真研究采纳。

三、切实抓好全会精神的落实

今年和未来五年全团工作的基本思路和重点任务已经确定，关键在于落实。在这里，主要对团的各级领导机关再提五点要求。

1. 落实好这次全会精神，必须强化组织意识。全团只有强化组织意识、纪律观念，才能拧成一股绳、劲往一处使，避免出现一盘散沙的情况，形成上下联动的合力。这次全会制定的五年发展纲要，描绘的是全团工作的蓝图，代表的是全团的判断和决策，只有通过全团统一行动才能实现。省级团委要正确处理落实全团统一部署和立足实际创造性开展工作的关系，虽然由于各地的工作条件、工作基础不同，在工作成效上不可避免会存在差别，但是在落实不落实的问题上，不能以具体问题具体分析、地方差异等为借口，搞有利于自己逃避责任的选择与变通；要正确处理落实全团统一部署和落实地方党政要求的关系，只能把两者相结合，而不是相取舍。

2. 落实好这次全会精神，必须强化创新意识。积极推进工作理念创新、手段创新、机制创新，是共青团适应时代发展、青年变化的迫切需要。今后，全团在工作落实过程中要强化创新的意识。一是要加强调查研究。俗话说“心中无数点子多，头脑糊涂决心大”，讲的就是对实际情况不了解、对问题研究不深刻，最后只能是盲目创新、胡乱决策。真正意义上的创新是一项艰苦的工作，必须建立在扎扎实实的调查研究基础之上。纲要提出了许多新的工作任务，这些都需要我们一个一个地调查掌握情况，一个一个地研究提出推进举措。宜智同志在昨天的工作报告中，对此也提出了明确要求。二是要有勇于为共青团事业担责任、担风险的意识。在创新的道路上，不全是鲜花和掌声，也会经历不少失败和挫折，也会受到各种质疑和批评。这是对我们事业心和责任感的考验，需要我们拿出干劲和闯劲，不惧风险、开拓进取，以创新的实际成效推动工作开展。三是要有新思路、新办法。落实好纲要提出的“七个新”，必须要跳出老的路数和办法。如果一碰到新的工作任务，就提“缺人、缺钱、转岗不畅”等困难，就寄希望于上级出台一个文件来一劳永逸地解决人、财、物的问题，我们就很难跟上时代步伐，很难在与青年社会组织的竞争中胜出。

3. 落实好这次全会精神，必须强化问题意识。当前，共青团事业面临着一系列新情况、新问题，最根本的就是习近平总书记指出的“团的吸引力和凝聚力不够”、“有效覆盖面不足”这两大问题。各级团组织要始终牢记这些问题，特别是要注意分析各地特有的制约共青团工作开展的主要矛盾和问题，不回避、有针对性地研究提出解决对策。今后，各地在给团中央报告工作时，应当把问题分析作为重要内容。各地团干部不要担心把问题讲多了、讲重了，会影响团中央对各地的工作评价，相反，能够把问题讲透、把对策找准，是我们判断各级团组织和团干部认识水平和工作能力的一个重要观察角度。

4. 落实好这次全会精神，必须强化群众意识。全团要贯彻落实好这次全会精神，必须坚持以青年为本，坚持青年导向。只有这个根本态度对了，落实好全会精神的思路、方法就都有了；没有这个根本态度，再多的思路、再新的方法都会变成一种只是做给上级和青年看的形式主义。去年，团中央和各省级团委参加了第一批党的群众路线教育实践活动，在强化群众观点、践行群众路线方面取得了不少新的进展，在深入基层、深入青年的过程中找到了许多推进工作的新思路、好做法。今年，地市级以下团组织要按照同级党委的统一部署，以高度的政治责任感开展好第二批党的群众路线教育实践活动。各级团的领导机关要从推动共青团整体工作和建设的角度，加强对下级团组织活动开展情况的指导，特别要注意了解活动中发现的问题、形成的思考，督促各级团干部真正走进青年、转变作风、改进工作。

5. 落实好这次全会精神，必须强化工作考核。从 2010 年开始，团中央部署开展了全团重点工作推进情况考核工作。3年来的实践表明，这个做法符合提升共青团工作科学化水平的要求，已经在全团形成了共识，不少省级、地市级团组织也开始采用这种方式。同时，我们也发现，共青团工作考核方式还可以进一步完善。书记处正在研究新的考核办法，基本的思路是：第一，坚持过程与结果相结合，既要看最终取得的工作成效，也要看各地团组织推动工作的过程，特别是团干部的推动力度和工作状态；第二，坚持全团统一行动与尊重地方创造相结合，既要发挥考核的“指挥棒”作用，形成全团工作合力，也要发挥地方的主动性、创造性，特别是要充分听取各地党委分管领导对当地共青团工作开展情况的评价，作为考核的重要依据；第三，坚持地区间横向比较与本地工作纵向比较相结合，特别是要适当考虑东、中、西部不同地区之间的客观差异；第四，注重突出青年导向，鼓励各地积极探索青年参与共青团工作考核的方式方法，注意总结提炼地方探索中的经验做法，逐步运用到全团的工作考核之中。需要特别强调的是，团的领导机关不能以工作考核来代替经常性的工作指导、政策协调、资源支持，否则就是惰政。

同志们，全面深化改革开启了党和国家事业发展的新航程，中央的要求和青年的期待明确了共青团工作改革创新的新任务。让我们紧密团结在以习近平同志为总书记的党中央周围，高举中国特色社会主义伟大旗帜，以邓小平理论、“三个代表”重要思想、科学发展观为指导，求真务实，艰苦奋斗，埋头苦干，开拓进取，努力在全面深化改革的伟大进程中不断开创共青团工作新局面，团结带领广大团员青年为全面建成小康社会、实现中华民族伟大复兴的中国梦作出新的更大贡献！

贺军科在全国省级团委办公室、研究室工作会议上的讲话

2014年8月10日，根据录音整理

刚才，七位同志的发言生动具体，对我来说也是一次培训。办公室、研究室作为中枢机构、参谋机构，在各级团委机关的工作中扮演着十分重要的角色。可以说，共青团事业过去的每一步发展，都凝结着同志们的辛勤汗水，今后的每一个进步仍需要大家持续奋斗。在这里，我代表团中央书记处，向同志们表示诚挚的问候和衷心的感谢！

今年5月8日，习近平总书记在同中央办公厅各单位班子成员和干部职工代表座谈时发表重要讲话，对办公厅工作提出了“坚持绝对忠诚的政治品格、坚持高度自觉的大局意识、坚持极端负责的工作作风、坚持无怨无悔的奉献精神、坚持廉洁自律的道德操守”的重要要求。这些要求完全适用全团办公室、研究室的干部，全体同志都要深学、细照、笃行，推动工作迈上新台阶。

不久前，习近平总书记对共青团工作做出重要批示。目前，各级团组织都在认真学习贯彻习近平总书记的重要批示精神。对于办公室、研究室来讲，最直接的要求就是深入研究当代青年成长的新特点和新规律，同时在大力推进团的组织和工作创新方面发挥更大作用。

下面，我围绕贯彻落实习近平总书记重要要求，重点从共青团办公室、研究室系统业务的角度，讲几点意见。

一、进一步明确共青团办公室、研究室的职责定位

共青团办公室、研究室要成为各级团委领导班子谋划和推进工作、加强管理与服务的得力助手。具体来讲,要充分发挥好四个方面的作用。

1.要发挥好决策参谋的作用。办公室、研究室不仅要能办事、会办事,更重要的是能谋事、谋成事,参在要害处、谋在点子上,这是体现工作水平的一个重要方面。一要广泛收集信息。把党政提出的新要求、落实工作的新建议、基层探索的新经验、青年关注的新问题等各个方面的信息及时收集起来,进行综合分析,筛选有益资料。二要主动研究问题。要有主动研究、经常性研究和战略性研究的意识,自觉围绕党和国家工作大局、全团重点工作和青年实际需求,有计划、有步骤地组织调研,拿出对工作有参考和指导作用的研究成果。三要积极建言献策。发挥综合研究和长期积累的优势,在准确掌握实际情况和作出客观判断的基础上,多站在领导班子的角度提出工作建议,多提供符合实际的备选方案,多提解决问题的大主意、好办法,真正当好各级团组织领导班子的“智囊团”。

2.要发挥好秩序保障的作用。办公室担负着保障机关整体运行的重要职责,工作琐碎但责任重大,不仅要求办公室的工作人员具备强烈的责任心和强大的定力,还必须不断提高工作的规范性、预见性和创新性。一要提高规范性。办公室工作容不得半点马虎和凑合,一就是一,二就是二。每一项工作都要有一整套标准化的程序作支撑,做到有章可循;每一个人都有义务严格遵守这些程序,做到事无例外。二要提高预见性。办公室事务兼具偶发性和复杂性的特点,不能只靠临时抱佛脚,必须做到未雨绸缪、防微杜渐。要主动总结工作经验,及时梳理和预判可能发生的问题,做好应对预案,努力把矛盾控制和解决在萌芽状态。三要提高创新性。办公室要善于在事务性的工作中找到突破口,勤于思考,勇于实践,结合实际提出改进工作的意见建议,创造性地开展工作,达到事半功倍、“四两拨千斤”的效果。

3.要发挥好组织协调的作用。办公室是一个单位综合性事务的协调和流转中枢,所有涉及跨领域、跨层级、跨单位的事务都需要办公室居中协调、督查督办。各级团组织的办公室不仅要负责好本单位内部的组织协调工作,还要通过工作信号的上传下达和工作要求的落实反馈,实现上下级团组织之间的双向传递和对各职能部门的横向带动,保证全团重点工作自上而下的顺畅落实,推动形成“全团一盘棋”的工作态势。一是分解汇总。要紧密结合实际,把全局性、综合性、原则性的工作要求分解成可操作的具体任务,交由对应的部门承担,并汇总上报有关的落实情况。这个流程看似简单,其实是一项很难的工作。它要求办公室准确把握领导班子的决策意图,全面了解各方面的情况,对工作的整体摆布和可能发生的情况都做到心中有数。二是统筹协调。协调时既要讲重点,又要讲方法,还要充分尊重实际情况和工作程序;既要解决问题,又要让各方满意,还要注意防止出现新的矛盾。三是督查落实。当前要特别加强督查工作的制度化建设,明确责任主体、职能要求、操作流程和保障措施,制定事前、事中和事后的具体工作要求,与全团各项重点工作的落实更好地结合起来。

4.要发挥好资源配置的作用。共青团所掌握的行政资源非常有限,但团的工作涉及领域广泛,处处需要资源。解决好这个矛盾,一方面要充分发挥共青团在社会动员能力方面的优势,鼓励各级团组织和各条战线都更多地利用社会化手段来获取事业发展的必要资源。另一方面,还要确保把各级团组织手里有限的资源配置到最紧要的地方去,使其发挥出最大

的效益。一是提建议。紧密结合本地实际和整体工作安排,在客观评估的基础上向领导班子提出建议,推动资源实现合理化配置,把好钢用在刀刃上,避免“撒胡椒面”。二是用政策。要善于在党政工作大局中找准切入点,协调推动出台相关政策措施,为团的事业争取更多资源。比如,在推动团中央与财政部有关支持基层团组织工作经费文件出台及落实的工作中,全团办公室系统做了大量工作,发挥了主要作用。三是抓检查。及时联合有关方面对资源配置和使用情况、有关政策的落实情况等进行检查。检查的目的是为了落实,要通过检查手段推动资源真正配置好、使用好,发挥出应有的作用。

办公室、研究室的职责边界是最不容易清晰划定的,以上四项只是最基本、最重要的,此外还需要承担不少其他的职责。总的原则是:对于那些大家都抢着上的事情,办公室要站在高处;对于那些大家都往后缩的事情,办公室要冲在前面;对于那些暂时不清楚应该谁来干的事情,办公室要担在肩上。

二、办公室、研究室工作中要把握好的几对关系

当前共青团办公室、研究室系统的工作总体上是好的,但在不同层级、不同地区还存在一些具体问题。在今后的工作中,各级团组织都要坚持问题导向,把工作做得更主动、更准确、更务实。

1. 把握好干与思的关系,克服事务主义的倾向。办公室要处理很多事务性的工作,这是工作性质所决定的。但如果只做事务而不顾其他,就对自身降低了要求,也会对工作本身形成制约。现在有些地方还一定程度地存在着事务主义的倾向,沉浸在文山会海、迎来送往的具体事务当中,平时不大注重思考研究问题,领导班子的助手作用还有提升空间。事务性工作重不重要?毋庸讳言,非常重要。但办公室一定要避免成为单纯的程序性和事务性岗位,要倡导和鼓励干部学会从繁重的事务性工作中跳出来,经常对工作进行研究总结。既要坚持埋头拉车,还要时常抬头看路,既要把事务性的工作干好,还要注意多思考、勤思考,把工作想明白、想透彻,想到领导的前面去。只有这样才能把办公室工作的优势真正发挥出来,也才能形成办公室干部特有的核心竞争力。

2. 把握好严与活的关系,克服好好先生的倾向。办公室处于联系上下、沟通左右、协调各方的位置,要经常性地与人打交道,决定了它整天处于各种矛盾的中心。所谓严与活,实质是处理好原则性与灵活性的关系问题。目前,我们的工作当中,既有原则性不够的问题,也有灵活性不够的问题,前者更为突出。大家要充分认识到,原则性是第一位的,是前提和基础,失去了原则性,“好好先生”也是当不了的。事物总是处于矛盾之中,任何人都不可能做到八面玲珑。坚持原则性,当时可能会得罪人,但时间越长,别人了解得越深,理解你的人就会越多;反之,放弃原则性,当时可能会取悦人,但时间越长,别人看得越明白,看轻你的人就会越多。这是规律。同时,工作中也要注意灵活性,心中有原则,表达讲方式。

3. 把握好纵与横的关系,克服各自为战的倾向。团的每一级组织和每一条战线都是共青团组织体系的有机组成部分,在开展工作时不仅要做好面上的工作,还要充分考虑到线上的要求,线面结合。在这个问题上,对各级办公室的要求与其他战线部门并不完全一样,除了接收上级团组织的工作指示外,还要在内部做好横向的组织协调,确保各部门在落实指示时都能做到目标统一、步调一致。

4. 把握好部署和落实的关系,克服虎头蛇尾的倾向。办公室是贯彻各级团组织领导班子决策部署的责任主体,一手抓部署,一手抓落实,不可偏废。现在各级团组织还不同程度地存在着重部署、轻落实的倾向,不少工作发

了文之后就没人管了，缺乏持续不断的督促和推动力量，导致一些很好的工作项目虎头蛇尾。今后办公室、研究室系统要加强相关制度建设，明确责任主体和任务要求，努力做到重点工作件件有追踪、事事有回音。同时，还有一个问题值得关注：不少同志习惯于以领导是否反复强调作为工作是否重要的判断标准，进而来决定自己落实的态度和力度。这是不正确的。对于领导没有反复强调、但从长远来看仍然很重要的工作，办公室要肩负起督促落实的职责。

三、全团办公室、研究室要注重抓好的几项工作

办公室、研究室工作千头万绪，每一项职责都很重要、都不能马虎，必须统筹协调、整体推进。同时，大家也要学会“弹钢琴”，在抓全面的基础上，注意集中力量抓好以下四项具有牵动作用、关系核心竞争力的工作。

1. 坚持“虚功实做”，狠抓全团重点工作督导。秦宜智同志在不久前召开的年中工作交流会上深刻指出，坚持虚功实做，切实把共青团工作集中到坚定广大青少年理想信念上来，切实增强共青团工作的吸引力、凝聚力和针对性、实效性。督导是保证“虚功实做”的重要举措，直接关系到全团的重大工作部署能否真正从文件纸上、领导口中，变为全团的实际行动。现在，各级团的领导机关基本上没有独立的负责督导的内设机构，但是从职责归属上来讲，这一定是办公室、研究室的职能。怎么督导？

一是要突出重点。督导工作从一定意义上讲，就是要帮助各级团组织进一步明确全团战略部署，校准工作主攻方向。因此，督导必须围绕全团重点工作开展，聚焦于《全面深化改革进程中共青团工作五年发展纲要》提出的今后五年的工作思路和工作方向，聚焦于秦宜智同志在不久前召开的年中工作交流会上对今后一个时期工作的要求部署。

二是要讲究方法。当前，各地团委办公室、研究室人手都比较有限，而需要督导的重点工作项目又比较多。这是督导工作面临的一个很现实的矛盾，如果不能掌握好的方法，就很容易流于形式。“抓两头带中间”，就是一种很好的督导方法。我们在工作中，一方面要善于发现典型、介绍经验，带动更多地方团组织赶学比超；另一方面要敢于揭示问题、警示后进，为大家标定禁区。做好前者，考验我们的眼光；做到后者，考验我们的勇气。

三是要把督查和指导结合起来。督导，从字面上看，就是督查和指导两方面的统一，不能只督不导、以督代导。我们要充分认识到，许多地方工作推进得不理想，可能是对全团重点工作部署理解得还不深、不透，可能是有自身比较特殊的实际、很难找到落实某项全团重点工作要求的结合点与切入点，当然肯定也有工作懈怠、不负责任的情况。这就需要我们在督导过程中区分情况，帮助督导对象进一步深化对全团工作部署的理解，和他们一起进行深入细致的分析，找原因、找对策、作指导，共同研究提出解决方案，推动工作开展。

2. 认真落实“全团抓研究”的要求，深入开展调查研究。习近平总书记明确要求共青团深入研究当代青年成长的新特点和新规律，把准方向、摸准脉搏。秦宜智同志在年中工作交流会上也提出，要在全团大兴调查研究之风，推动形成“全团抓研究”的生动局面。调查研究是办公室、研究室系统的主业之一，我们在工作上、成果上，都应当走在全团各条战线的前列。目前我们的调查研究工作普遍存在什么问题呢？

第一个问题，重复调研。我看了各个层级、各条战线的不少调研报告，发现存在反复就某几个主题开展同质化程度很高的调研的情况。仔细看就能发现，有些问题在几年前已经调研得非常清楚，现在也没有什么新的变化；有些问题其他地区、部门、战线已经调研得非常清楚；有些问题其他研究机构、党政部门、

群团组织已经形成了系统的研究成果。我们经常会发现这样的现象:不少同志刚拿到调研任务,就一头扎到点上去,看起来很深入,也花了很大功夫,但最后形成的成果与别人重复,甚至还不如别人深刻、细致。这不仅是一种浪费,而且从某种程度上讲,是为调研而调研的形式主义。解决这一问题,需要我们树立"磨刀不误砍柴工"的意识,做好调研前的案头准备工作,对以前的同类调研成果进行细致梳理。梳理出来的成果如果对工作的支撑作用已经非常充分,就可以直接用来指导实际工作;如果还不够充分,就可以在已有的基础上进行更深入的调研。

第二个问题,调而不研。调研包括调查和研究两个方面,当前"重调查、轻研究"的现象还是存在的。我们的不少调研报告充满了各种图表、数据,乍一看很扎实,但是仔细看,还是比较表面、肤浅,没有作深入的研究分析,最后只是做了一回材料整理员,而没有成为真正的研究员。解决这一问题,我们既要注重调研的实践性,通过细致调查,全面、充分、客观地掌握第一手情况,又要突出调研的思想性,善于加强对调研中获得情况的研究,从中发现问题、分析原因、提出对策,进而形成具有普遍指导意义的思想共识与工作路径。

3. 坚持质量标准,切实做好信息报送工作。总体上看,团的办公室、研究室的信息报送工作做得是好的,为团中央决策提供了不少有价值的第一手材料。目前突出的问题是报送的信息表述太抽象、内容不生动,经常拿一个巨大无比的"帽子"去套一项十分具体的工作,或者从一项十分具体的工作当中总结出高度抽象的经验。今后,各地在报送信息的时候,要特别注意做到能短则短、直入主题、观点清晰、语言生动。

信息质量是第一位的。在信息爆炸的当今时代,充斥着各种无效的、甚至是垃圾的信息。要收集一大筐信息很容易,但如何从中提纯、增加"含金量"就非常困难。从共青团工作实际来看,全团要特别注意提高以下三类信息的报送质量。一是工作类信息。要从客观准确入手,既反映成绩,更要分析问题,帮助上级机关进一步深化工作部署,推动全团工作迈上新台阶。要着眼全团,报送的信息既要有地方特色,更要有全团推广价值。二是动态类信息。对于这类信息,时效性就是首要的质量标准,否则就可能错过处理事态的最佳时机。三是研究类信息。要突出针对性,集中报送那些与中央的要求、全团的部署、青年的特点紧密相关的信息。要讲究深度,既要有准确的情况,又要有科学分析和研判,还要有相应的对策建议。

4. 着眼于管理的科学化、规范化,切实加强制度建设。在党的群众路线教育实践活动中,团中央和省级团委作为第一批参加的单位,按照活动要求开展了制度的废改立工作,制定完善了不少制度规定。这些都是今后办公室、研究室加强管理的重要依据。加强制度建设必须坚持一条重要原则:在制度制定过程中,要充分考虑科学性、操作性;制度一旦制定出来,在执行的过程中,一定要排除人情,体现出刚性,坚持制度面前人人平等、执行制度没有例外,坚决杜绝有令不行、有禁不止的各种行为。同时,要在技术上设计好工作流程,把制度规定融进流程之中,从而保证相关制度不因团干部人员的流动而被遗忘、搁置。

四、进一步加强办公室、研究室系统团干部队伍建设

习近平总书记在与中办同志座谈时,对办公厅干部提出了"五个坚持"的重要要求。这些要求也是共青团办公室、研究室系统干部必须时刻牢记的基本遵循和行为准则。结合共青团的特点,我们首先要努力做到四个字。

第一个字是"明"。办公室、研究室系统团干部要做明白人。首先,方向要明,否则越努力,工作偏差就越大,失误甚至错误就越多。

很多时候，方向比方法更重要。从大的方面讲，我们都是党的干部，必须讲党性，坚持正确的政治方向，自觉与以习近平同志为总书记的党中央保持高度一致，在工作中不折不扣地落实好党对青年和共青团工作的一系列重要要求，在大是大非面前头脑清醒、立场坚定。从团的角度看，办公室、研究室系统团干部必须十分清楚全团工作的基本思路和重点部署，自觉树立“全团一盘棋”的思想，确保全团重点工作在各个层级落实到位。其次，情况要明。张嘴说话要有根，这个根就来自于对上下左右各方面情况了然于胸。办公室、研究室干部要积极主动去了解所属各级团组织工作推进情况如何、本级团的工作在全团处于什么位置、其他地方团的工作有什么可以借鉴的经验等情况。

第二个字是“专”。有人说团干部与其他领域的干部相比，一大优势就是工作涉及的领域很宽，综合的能力比较强。但是，事物总是一分为二的。在我们讲视野广的同时，可能在能力专的方面就会有欠缺。我感觉，办公室、研究室团干部处于一个矛盾的角色：一方面，在领导同志身边工作，岗位特殊，职责重要；另一方面，在这个岗位上似乎得不到专业化能力的训练。在现代社会，差别化的专业能力是人与人竞争中的核心要素。同时，共青团工作也越来越强调科学性，其前提就是团的领导机关工作要提升专业化水平。这些都要求我们认真把握办公室、研究室工作的特点和规律，注重培养自己的专业化优势。怎么培养？一方面，要立足我们短期内从事的工作岗位想办法。办公室、研究室工作总体上讲边界非常宽泛，但就某个岗位而言，还是有其专业性的。办公室、研究室系统团干部要立足岗位培养专业性，特别是要拿自身岗位的最高标准来要求自己，有定力、有恒心，勇于追求卓越。另一方面，要在我们长期可以支配的业余时间上想办法。如果说工作岗位更多是一个干部展示能力的舞台，那么业余时间更多是一个干部蓄积能量的过程。很多时候，大家都非常重视业余学习，但往往是凭兴趣学，而人的兴趣是时常变化的，这就导致我们的业余学习也存在广而不精的问题。因此，希望大家增强业余学习的针对性，从自己的特长与潜力入手，选准一两个主攻的战略方向，集中时间进行深度学习。某些时候作出必要的战略牺牲，才能在重点方面把情况掌握全面、准确，把道理讲得深刻、透亮，真正提升专业化能力，为今后成长发展打造“杀手锏”。

第三个字是“严”。一是要严谨细致。办公室、研究室工作无小事。这就要求我们切实增强责任感，思想上不麻痹、行动上不松懈，无论办文、办会、办事，都要严谨细致、精益求精，确保做到万无一失。二是要严格把关。办公室、研究室工作是负责把关的，而且很多时候是为同级团委班子把最后一道关。许多领导同志都有这样的看法：一项工作、一份文稿，经过办公室、研究室的同志把关就非常放心。这既是一种难得的信任，更是大家肩上沉甸甸的责任。我们更要坚持工作标准，敢于担当，敢于坚持原则。三是要严于律己。办公室、研究室是管钱的，虽然钱不多；也是有权的，虽然权不大。但是再少的钱、再小的权，对于干部来讲，也是一种考验。这就要求大家自觉加强党性修养，牢固树立正确的世界观、人生观、价值观、权力观，筑牢思想防线，始终坚守理想，追求高尚人格。最低要求是不碰法律红线，守住道德底线。

第四个字是“静”。总体上团干部朝气蓬勃，干劲足、热情高，是一个以“动”见长的干部群体。但是，办公室、研究室工作的性质决定了大家还要善于涵养“静”的品质。首先，办公室、研究室从事的主要是服务类、协调类、文字类的工作，在团的各种正式活动场合，既不是主角，也算不上配角，只能处于幕后，这就需要我们耐得住寂寞、抵得住诱惑，在各种风光面前始终保持内心的平静。其次,办公室、研究室事务繁杂,头绪众多,经常会出现几件事情同时需要协调、几个文稿同时需要起草、无数电话不停需要接听的工作状态,这非常考验大家的心性,需要我们克服烦躁情绪,培养守静的心态。第三,办公室、研究室系统团干部是领导决策的智囊,很多时候要靠"笔杆子"来开展工作,必须体现出深刻的思想性,具备扎实的文字功底。这些都不是一朝一夕能够形成的,必须静下心来、甘坐冷板凳,经过长时间的学习和思考。第四,办公室、研究室工作距离领导近,同时承担着保密职责,接触的各种信息机要敏感,需要大家养成保持沉默的习惯,像习近平总书记要求的那样,做到守口如瓶、防意如城。总之,办公室、研究室系统团干部要做到这个"静"字是不容易的,特别需要我们充分认识到办公室、研究室的工作岗位是一个奉献的岗位,具备甘做绿叶的精神境界,涵养"淡泊明志、宁静致远"的人生修为。

同志们,共青团事业面临的新形势、新任务对办公室、研究室工作提出了新的更高要求,也为办公室、研究室系统团干部提供了展示才华的广阔舞台。希望同志们发扬传统,发挥优势,不断把我们的工作提高到一个新水平,为推进团的工作与建设创新发展作出更大贡献。

贺军科在全国青联十一届五次常委(扩大)会议上的工作报告

2014 年 9 月 29 日,根据录音整理

受主席会议委托,我向常委会报告全国青联一年来的工作,请审议。

一年来的工作

十一届四次常委(扩大)会议以来,全国青联认真贯彻落实党中央关于青年工作的一系列重要指示,紧密结合青年实际和青联工作实际,着力加强对广大青年思想的正确引领,着力加强对各界青年的团结凝聚,着力加强各级青联自身建设,服务经济社会改革发展,服务青年成长成才。主要做了以下工作。

一、高举中国特色社会主义旗帜,巩固广大青年团结奋斗的共同思想基础

牢记青联作为党领导的青年爱国统一战线组织的主要职能,以实现中华民族伟大复兴的中国梦为主题,广泛团结青年,凝聚共识,增进认同。

一是持续开展"我的中国梦"主题教育实践活动。发动各级青联举办专题报告会、青年读书班、青年讲坛等,深入学习习近平总书记系列重要讲话精神,坚定走中国特色社会主义道路的信念。注重加强统筹协调,发挥界别委员会和团体会员的主体作用,注重利用现代化信息交流平台,鼓励委员利用微信、微博等开展线上线下交流,使学习常态化。运用艺术手段,创作推介《中国梦·青春梦》等一批电影电视文化产品,引导激励广大青少年将个人梦想融入国家梦想,为实现中国梦努力奋斗。

二是积极培育和践行社会主义核心价值观。通过交流分享、寻访实践、榜样激励等形式,引导广大青年把核心价值观的要求作为日常自觉奉行的行为准则。组织青联委员参与"奋斗的青春最美丽""与人生对话"系列分享

活动380余场,以青年易于接受的语言和方式,使核心价值观在青年中入脑入心。组织青联委员发起"我为核心价值观代言"活动,吸引51万余名青年直接参与。通过青年典型输出正能量,带动广大青年向上向善、进步进取。

三是不断加强各族青少年民族团结教育。以强化民族地区青少年"四个认同"为目标,以"教育、交友、文艺、联谊"为重点,大力开展"民族团结代代传"——青少年民族团结万人交流计划、青少年融情教育实践营、青联志愿者艺术团演出等活动,引导各族青少年树立正确的祖国观、民族观。深入实施"培养计划",组织少数民族年轻干部到东部地区挂职锻炼,为民族地区培养优秀青年人才。组织伊斯兰教、藏传佛教青年代表人士到内地开展国情考察、教务交流,引导他们在促进民族地区社会稳定中发挥独特作用。统筹协调各地青联大力支持民族地区青少年工作,推动对口支援新疆和西藏项目落地。

四是大力开展内地与港澳台地区青少年交流。加强与香港青年联会、澳门青年联合会等爱国爱港、爱国爱澳青年社团的联系,通过合作举办内地杰出青年赴港交流等活动,服务香港普通青少年成长成才。继续实施香港千名大学生暑期内地实习计划、"香港200"优秀中学生(领袖)培训计划、澳门青年议政能力训练计划等,增进港澳地区青少年的祖国认同。开展两岸青年联欢节、海峡青年论坛、两岸青年社团负责人圆桌会议等活动,增强台湾地区青少年对中华民族和中华文化的认同。

二、把爱国情怀转化为报国行动,汇聚推动经济社会发展的青春力量

坚持围绕中心、服务大局,发挥青联的人才智力优势,帮助青年创新创业创优,努力做全面建成小康社会、实现"两个一百年"奋斗目标的生力军。

一是助力经济发展方式转变。组织各级青联委员开展经贸考察、项目洽谈、产业对接、建言献策和咨询服务,为经济结构调整和产业转型升级献计出力。调整"海外学人回国创业周"的运行模式,扩大有效覆盖面,紧密结合地方产业特点,在东中西部7个省份连续举办专题活动,进一步增强针对性和实效性。指导中青科协换届,推动青年科技人才的同业交流、拓宽合作路径,促进科技成果转化为现实生产力。配合中组部继续深入开展"博士服务团"工作,第14批选派规模增至193名,为深入实施西部大开发战略提供人才支持。

二是服务社会治理创新。发挥青联组织在青年社会参与中的枢纽作用,加强对青年社会组织的联系、服务和引导,协助各类青年社会组织主动申请政府购买服务,以社会化动员方式吸引青年社会组织承接共青团、青联的活动项目,与1万多家青年社会组织建立有效联系,在基层社会探索建立适应青年社会参与方式的新型青年工作体系。扩大志愿服务西部计划规模,总数达1.75万人,带动更多青年到祖国最需要的地方,扎根基层、服务人民。组织青联委员深入基层和普通青年中开展社会实践、寻访活动、慰问演出、文化推广,引领社会新风尚,丰富青年精神文化生活。

三是参与生态文明建设。实施"京津冀晋蒙青少年增绿减霾共同行动",全国青联委员和有关省份青联委员捐款近200万元,公开招募青年社会组织实施活动项目80个,号召青年热情参与、积极投入。动员青少年近600万人次参加"保护母亲河行动",开展青少年生态环保组织专题培训700多场次、5万多人次。

三、加强与普通青年的密切联系,切实服务青年

以走进青年为基础,将服务广大普通青年作为工作着力点,针对青少年成长发展的普遍需求提供切实服务,增强青联组织的吸引力。

一是代表和有序表达青少年诉求。继续举办"共青团与人大代表、政协委员面对面"活动,组织各级政协的共青团、青联界别委员深

入基层，围绕留守儿童保护、健全未成年人保护法律体系、困境青少年救助帮扶、青少年思想道德教育等主题，开展专题调研，形成建议提案，反映青少年的普遍利益诉求，为促进青少年健康成长发出社会倡导、提出政策建议。加强调查研究，开展新兴青年社团、青年群体专题调研，开展青年知识分子专题调研，了解他们的思想状况和发展需求。

二是促进青年就业创业。建设青年就业创业见习基地，开展见习岗位对接活动2400多场，动员各级青联委员、青企协会员提供见习岗位42万余个，帮助21万余名青年上岗见习。开展就业创业技能培训，推荐优秀青联委员担任创业导师。深化与金融机构合作，向城乡创业青年提供金融支持。动员青联委员及所在单位捐资支持青年创业。

三是切实帮助困境青少年群体。统筹协调各地青联开展“走进青年·携手圆梦”系列活动，形成有效合力，有针对性地为青少年提供学费资助、学业辅导、自护教育、法律援助和文化娱乐等服务。深入开展“科技之光”活动，深入西部地区乡镇街道社区，使近万名青年农民工和特困青少年受益。开展“缤纷夏日·快乐童年”公益行动，招募东部地区的31个青年社会组织深入中西部省份乡村，为农村留守儿童带去丰富多彩的假期活动。在云南鲁甸地震、“威马逊”台风等自然灾害发生后，青联委员带头捐款捐物、积极参加志愿服务。

四、建章立制，不断加强青联组织自身建设

出台《关于加强新形势下青联自身建设的意见（暂行）》，对各级青联的组织设置、委员会规模结构、委员的条件标准和作用发挥等方面提出了明确规范。完善主席会议、界别秘书长会议、省级青联秘书长会议制度，规范青联有效运转。完善青联属地召集人制度，拓展委员参加活动、发挥作用的组织化渠道。完善界别秘书长轮值制度，提高界别自转能力。强化对会员团体的业务指导，规范地方青联组织换届审批和报备制度，优化组织结构和委员队伍结构。加强对青联组织时代化问题的研究，积极探索在新的时代背景和要求下，青联组织结构在坚持传统的基础上，如何面向大量产生的新领域、新阶层开展工作，扩大政治吸纳和组织覆盖。通过地方青联换届吸纳了各类新社会组织和新兴领域青年群体中的代表人士作为委员，吸纳青年社会组织成为团体会员，增设青年社会组织界别。

一年来，我们继续加强与国际青年组织及其代表人士的交流。在中美、中俄、中英、中欧、中韩等国家级人文交流机制平台中切实履行成员单位职责，深入开展青年交流合作；与韩国、印度、俄罗斯、印尼、马来西亚等国家组织开展了百人以上规模青年交流项目；组团出席2014年世界青年大会、联合国社会发展委员会第52届会议、联合国世界青年报告专家组会议等多边交流合作项目，提升了在国际青年事务中的话语权和影响力；针对东盟、非洲、拉美和上合组织国家举办了国际青年领导人研修班，培养了一批对华友好人士。

总之，过去的一年，在党和政府的坚强领导下，通过各会员团体、界别工作委员会、广大青联委员和青联工作者共同努力，青联的工作取得了新的进步。

与此同时，我们的工作还存在一些突出问题：一是青联活动和青联委员深入基层、深入普通青年不够；二是青联组织对青年社会组织和新兴领域青年群体中代表人士引导、吸纳不够；三是组织委员围绕全面深化改革重大战略和与青年有关的热点难点问题建言献策不够；四是民族地区和港澳台地区青年工作力量不够。这些问题需要下大力气认真研究并着力解决。

下一年度工作安排

今天上午，中共中央政治局委员、国家副主席李源潮同志在与十一届全国青联常委座谈时，要求青联高举爱国主义和中国特色社会主义旗帜，引领广大青年把青春理想融入为中国梦奋斗的时代洪流；引领带动青年创新创业创优，为推动经济社会发展建功立业；组织动员广大青年共同为改革想招，一起为改革发力；引领青年自觉践行社会主义核心价值观，倡导文明新风尚。认真贯彻落实党中央和中央领导同志对青年工作的明确要求，下一年度全国青联将重点做好以下几方面工作。

一、充分发挥爱国统一战线组织的功能，团结引导各族各界青年做社会进步的积极力量

爱国、团结、进步是青联历来秉持的光荣传统。团结各族各界爱国青年跟党走中国特色社会主义道路，为实现中华民族伟大复兴的中国梦而奋斗，是青联肩负的光荣使命。在社会深刻变革的情况下，尤其需要帮助青年在复杂的社会环境中认清主流、积极向上，克服困难、解决困惑，继续广泛深入开展“我的中国梦”系列主题教育实践活动和培育践行社会主义核心价值观活动，以中国梦铸就广大青年团结奋斗的共同思想基础，团结引导青年做社会进步的积极力量。

一是夯实传统领域青年团结的基础。继续做好青年工人、农民、知识分子群体的工作，通过青联及各团体会员，适应青年工作、生活方式的新变化，完善组织网络；密切联系青年，问需于青年、问计于青年，真心并切实帮助青年；选树一批可亲可敬可学的先进典型，深入挖掘、广泛宣传他们的事迹，激励广大青年崇尚先进、争当先进；了解青年的诉求，适时与相关部门沟通，反映普遍性合理诉求，研究提出对策建议，努力帮助解决实际困难。

二是强化对新兴领域青年群体的团结。积极发挥团体会员和青联委员的优势，把握新兴青年群体的特点和需求，有针对性地把工作做深做实。加大发现、培养、宣传其中优秀青年的力度，吸纳优秀骨干进入各级青联组织和青联团体会员组织，用青联的工作和活动不断增进思想共识。

三是切实加强民族地区青少年团结工作。贯彻落实中央第二次新疆工作座谈会和对口支援西藏20周年电视电话会议精神，加强民族地区青少年思想状况调研，深化青少年民族团结交流万人计划，制作推广民族团结教育系列产品，以资金支持、项目支持、实习培训等方式促进青少年学业创业就业，加大民族地区优秀年轻干部培训、挂职锻炼力度，推动对口支援民族地区工作。做好宗教界青年代表人士工作。

四是促进内地与港澳台青年、海外青年大团结大凝聚。充分发挥社团作用，加强与港澳台青年社团和社会组织的沟通、联络，调动各级青学联组织和青企协、青科协等会员团体以及高校学生会和社团，分别与港澳台有关政党青年组织、民间青年社团和学生、教师团体建立对口交流关系。拓宽青年精英联系渠道，加强爱国爱港、爱国爱澳骨干人才队伍培养，增进港澳台青少年的民族认同和文化认同。继续开展重点交流项目，进一步深化交流内涵，拓展与海外留学人员的沟通联系，发挥好“海外学人回国创业周”“海外杰青汇中华”等工作项目的载体作用，用实现中华民族伟大复兴的中国梦的强大感召力汇聚起海外留学人员和青年侨胞爱国爱乡的巨大力量。

二、充分发挥青联的枢纽作用，为国家治理体系和治理能力现代化作出应有贡献

立足社会治理体制创新实践，认真思考和积极谋划青联在青年社会组织体系中充分发挥枢纽作用的内容和机制，不断加强对青年社会组织的联系、服务和引导。

一是充分发挥青联政治性强的优势。党的领导、政府的支持是青联发挥枢纽作用的重要资源。要推动各级青联组织增设青年社会组织界别，吸纳一批积极向上、影响力强的青年社会组织优秀骨干加入青联委员队伍，或推

荐其加入青企协、青科协、青年志愿者协会、农村青年致富带头人协会等组织。要注重加强对社会功能强、影响覆盖面广的青年社会组织的吸纳，吸收其成为青联的会员单位。对特别优秀的青年社会组织工作骨干，考虑推荐给各级人大、政协作为人大代表和政协委员候选人。

二是积极向党和政府反映青年和青年社会组织的声音。履行好代表和联系青年的职责，各界别要利用各级党代会、人大、政协以及青联的组织化渠道，加强与青年社会组织的联系，加强对所代表青年群体的调查研究，着眼于国家发展重大战略问题组织青联委员深入基层、走进青年，开展调查研究和交流研讨，形成有价值的研究成果，积极建言献策，有序反映和表达青年声音，为党政部门决策提供参考。

三是努力提高工作资源供给和整合能力。青联发挥枢纽作用的重要标志是与青年社会组织的关系，提高工作资源整合能力是增强青联在青年社会组织中影响力的重要条件。要发挥青联优势，形成有效利用党政资源、社会资源、组织内生资源的机制。要积极争取更多的政府购买公共服务项目，青联配套必要支持，将项目交给价值追求正确、有意愿、有能力的青年社会组织承接。要提高社会资源开发能力，强化服务推介的概念和意识，带动更多的社会力量将各种资源整合到青联组织中来。要加强青联组织内部的纵向互动，注重资源上下共享，形成青联资源供给的整体合力。

三、充分发挥青联服务经济社会发展的生力军作用，积极向社会输出正能量

青联组织肩负着引领各团体会员和青联委员围绕中心、服务大局，投身经济社会发展，服务青年成长成才，向全社会源源不断输出正能量的重大责任。

一是在深化认识、凝聚共识上输出正能量。深入学习党的十八大和十八届三中全会精神，继续深入学习习近平总书记系列重要讲话精神，带动更多青年参与学习。积极运用新媒体等有效方式，多发团结鼓劲的青春好声音，澄清模糊认识，回击错误言论，努力在网上凝聚强大的青春正能量。

二是在带头实干、创新、奉献上输出正能量。鼓励青联委员把自己的事业与国家民族的发展紧密相连，以更大的作为、更好的作风、更优的形象，影响带动广大青年立足本职、爱岗敬业、追求卓越。通过组织各种经贸考察、技术咨询服务活动，动员引导广大青联委员响应党和国家的号召，带头并带动更多青年把事业拓展到祖国最需要的地方去。

三是在服务青年特别是有困难青少年群体上输出正能量。坚持“分散化、多频次、小规模”的原则，推动青联活动深入到社会的基层去、深入到普通青年的大圈子中去，通过广泛开展社会实践、国情考察等活动，引导青联委员到贫困艰苦地区学习考察、扶贫帮困，多为青年特别是有困难的青少年群体办好事办实事。

四、提高青联自身建设规范化水平

新形势下，建立广泛、牢固的青年爱国统一战线的任务更加艰巨而紧迫，加强自身建设是发挥好青联组织功能的前提和基础。

一是加快制度建设，强化制度落实。健全完善青联制度机制建设，构建一个完备、规范、管用、易行的制度体系。按照关于加强新形势下青联自身建设的精神，对各省级会员团体换届进行具体指导和监督，规范换届审批和报备程序，指导省级青联参照全国青联做法对地市级青联加强换届审批和报备，提高各级青联建设的规范化水平。

二是提高委员履职能力和水平。创造条件更好地发挥委员的建言献策作用，加强学习交流，建立委员建议制度。将委员的重要建议纳入青联组织的政治参与渠道；针对青联层面的，由青联研究吸收。建立委员履职考核制

度，掌握了解委员履职情况，挖掘和宣传优秀典型。

三是加强委员队伍作风建设。作风建设关乎青联社会形象。要教育委员珍惜荣誉，引导委员带头践行社会主义核心价值观，模范遵守职业道德、社会公德、家庭美德，主动承担社会责任。激发委员代表意识和参与青联工作的内生动力，服务、带动更多普通青年，避免青联出现“精英化、松散化、小圈子化”等不良现象。对委员的服务要向新老两端延伸，充分发挥老委员传帮带作用，着力培养新委员。

明年全国青联将要换届。要紧紧围绕“国家治理体系和治理能力现代化”这个全面深化改革的总目标思考谋划今后一个时期的工作。换届之前，需要就以下四个方面认真准备：一是结合社会发展的进程深入分析青联工作的内涵、条件和任务发生的变化，研究提出今后一个时期青联工作的主题。二是研究新时期对青联组织的新要求，充分发挥政治录用功能，把有代表性、有影响力的青年人选拔到青联组织里来。三是认真研究青联组织如何遴选出符合时代要求的青联委员队伍，建立梯度选拔机制，形成层层储备、重点培养、逐层推荐的格局。四是研究青联组织如何提高制度化水平。

各位常委，同志们，我们国家正处于全面深化改革、全面建成小康社会的关键时期。让我们紧密团结在以习近平同志为总书记的党中央周围，以邓小平理论、“三个代表”重要思想、科学发展观为指导，高举爱国主义和中国特色社会主义旗帜，最广泛地团结凝聚各族各界青年，在全面建成小康社会、实现中华民族伟大复兴中国梦的进程中续写更加壮丽的青春篇章！

贺军科在中国青年志愿者协会第四次会员代表大会上的讲话

2014 年 12 月 3 日，根据录音整理

今年是中国青年志愿者行动发起实施 21 周年，是中国青年志愿者协会成立 20 周年。今天，我们在广州召开中国青年志愿者协会第四次会员代表大会，主要任务是深入学习贯彻党的十八大和十八届三中、四中全会精神，回顾总结中国青年志愿者行动发展历程，分析把握青年志愿者事业面临的新形势，奋力开创青年志愿者事业发展新局面。刚才，徐令义同志、宫蒲光同志专程赶来参加我们这次会议，并对青年志愿者行动开展 20 多年取得的成就给予了充分肯定，对我们下一步如何开展工作给予了细心指导，让我们倍受鼓舞。在此，我代表共青团中央，向长期以来关心支持青年志愿者事业发展的各级党政领导同志，向辛勤奉献的青年志愿者朋友们，向以各种方式参与支持青年志愿者事业的社会各界朋友，致以衷心的感谢和崇高的敬意！同时，借此机会，也感谢老理事、老会长对于推动协会工作付出的辛勤汗水，祝贺新理事、新会长当选。相信大家一定会带领协会开创更新的历程。

党中央、国务院高度重视青年志愿者工作。2013 年 12 月 5 日，习近平总书记给华中农业大学“本禹志愿服务队”回信，指出：“青年一代有理想、有担当，国家就有前途，民族就有

希望，实现中华民族伟大复兴就有源源不断的强大力量”。今年五四青年节前夕，习近平总书记给河北保定学院西部支教毕业生群体代表回信，“希望越来越多的青年人到基层和人民中去建功立业”。今年7月，习近平总书记再次寄语南京青奥会志愿者，勉励大家积极传播中华文化、讲好中国故事，用青春的激情打造最美的“中国名片”。习近平总书记的重要指示和殷切期望，为青年志愿者事业长远发展指明了正确方向、提供了根本遵循。今年以来，李克强总理专程看望并慰问青奥会志愿者，并给吉林大学白求恩志愿者协会回信，勉励广大青年志愿者弘扬志愿精神，甘于奉献，敢于担当，汇聚起推动社会进步的巨大力量。许多中央领导同志以各种方式多次参加志愿服务活动，并对做好志愿者工作作出重要指示。党和政府的高度重视和亲切关怀，必将激励我们不断开创青年志愿者事业的新局面。

在这里，我代表团中央书记处，就青年志愿者工作谈几点建议，供大家参考。

一、青年志愿者事业是新的历史条件下共青团的一大成功创举

习近平同志曾深刻指出：“中国青年志愿者事业是我们党领导的共青团在新的历史条件下创新工作领域、服务社会需求的一大创举”。21年来，各级团组织围绕党政大局，顺应时代发展，尊重青年意愿，团结带领广大团员青年，壮大志愿者队伍，健全组织网络，拓展服务领域，完善工作机制，推进了青年志愿者事业不断蓬勃发展。实践表明，青年志愿者行动已经成为服务社会主义精神文明建设、助力青年成长成才、完善社会动员机制和推动团的事业发展的重要创举。

（一）青年志愿者行动丰富了社会主义精神文明建设的活动载体。中华民族历来就有扶贫帮困、助人为乐的传统美德。青年志愿者行动的发起，立刻赢得了全社会的广泛赞同和积极响应。志愿服务继承了中华民族的传统美德，体现了社会主义市场经济条件下的道德建设要求，深化了学雷锋活动的内容和方式，也满足了不同层次人们关爱他人、服务社会、展示特长的愿望，对于彰显和倡导社会主流价值观起到了巨大推动作用。21年来，各级共青团、青年志愿者组织先后围绕扶贫济困、社区发展、环境保护、抢险救援、文化宣传、助老助残等领域，实施了上万个道德实践服务项目，动员了数以亿计的青年和社会公众参与精神文明创建活动，涌现出感动中国人物徐本禹、关爱留守儿童的志愿者郎坤、架起生命热线的志愿者赵广军、扎根西部基层的志愿者许晓艳等一大批在全社会影响广泛的青年典型和道德模范，极大增强了社会主义精神文明的感召力。

（二）青年志愿者行动拓宽了广大青年成长成才的有效途径。志愿服务着眼提高年轻人思想政治素质，让他们在服务基层中充分经受锻炼，提升了国情认知、精神意志、品德观念和能力才干。多年来，通过组织实施大学生志愿服务西部计划、中国青年志愿者海外服务计划、共青团关爱农民工子女志愿服务行动、青年志愿者助残阳光行动等项目，累计动员17万大学生志愿者到中西部服务基层，近千名青年志愿者迈出国门播撒友谊，500多万名青年志愿者关爱留守儿童和残疾青少年。他们用不懈努力赢得了基层群众的普遍赞誉。在抗击汶川地震、玉树地震、舟曲泥石流、芦山地震等自然灾害中，490多万名青年志愿者不畏艰险、冲锋在前；在北京奥运会、上海世博会、广州亚运会、南京青奥会、APEC北京峰会等活动中，志愿者们辛勤奉献，用“鸟巢一代”“小白菜”“绿羊羊”“小青柠”等青春名片彰显了当代青年的价值追求和担当精神，志愿服务已经成为当下青年社会实践的大舞台、成长成才的公开课。

（三）青年志愿者行动创新了广大青年参与社会治理的动员方式。动员青年服务社会发展、动员社会服务青年成长,都是共青团参与社会治理的工作职责。在计划经济时代,共青团开展工作主要依托自上而下、一级抓一级的组织化动员体系。改革开放以来,社会结构发生深刻变化,青年的思维方式、行为方式和分布结构也发生了深刻变化。志愿服务为团组织适应新形势动员青年、动员社会开辟了社会化的新路。一方面,志愿服务一改过去行政化、命令式的动员方式,而是以较低门槛、小微分散、可长可短的灵活方式,以青春、时尚、尊重个人意愿、注重心灵体验的运作模式,让广大青年就近就便、力所能及地自愿参与到经济社会发展的方方面面。另一方面,志愿服务通过实施活动项目、搭建关爱平台、对接服务需求的形式,最大限度地调动人力、资金、政策等资源关爱青少年,促进了社会公平正义与和谐发展。这些年,共青团组织开展的关爱农民工子女、残疾青少年、贫困青少年等重点群体的志愿服务项目,使动员青年与动员社会双向互动、相得益彰,创新并完善了新时期社会动员的长效机制。

(四)青年志愿者行动打造了新时期共青团事业的重要品牌。志愿服务体现的精神关怀、自我完善、共同进步正在成为广大青年新的追求,这种追求与社会发展相适应、与个人需求相统一,逐渐形成了青年人乐于接受的精神时尚。最近两年我们的调研数据显示,70%以上的青年认同青年志愿者的理念、标识、活动。他们认为,青年志愿者行动是印象最深、认同度最高的共青团品牌活动,非常愿意参加青年志愿者组织或青年志愿者服务行动。现在看来,青年志愿者行动发展的 21 年,尽管时间不算太长,却能够较快地推向全社会,并作为党推进社会建设的重要内容,根本原因在于这项工作深深植根于青年和群众之中,长期坚持、一以贯之,用实实在在的工作成效取信于民、取信于全社会。青年志愿者行动用丰硕的实践成果、理论成果和制度成果,促进了团的其他工作,丰富了共青团工作的内涵,拓展了新的青年工作领域。

二、认真把握新时期青年志愿者事业面临的新形势

当前,中国青年志愿者事业已经站在了新的历史起点上。无论从党和国家工作大局,从时代发展的迫切要求,还是从青年的特点变化来看,志愿服务都面临着新机遇、新挑战和新任务。我们要加强形势研判,切实把握好青年志愿者事业长远发展方向。

(一)实现中国梦的宏伟目标为青年志愿者事业开启了新的时代。中国梦一经提出,便迅速在广大青年中引起强烈的共鸣。为实现中国梦而奋斗,是中国青年运动的时代主题。广大青年通过参加志愿服务活动,把个人的力量凝聚成向真、向善、向美的具体行动,能够与全国人民一道,不断汇集实现中华民族伟大复兴的强大力量。对整个志愿服务事业的长远发展来说,中国梦对志愿服务在改革开放和社会主义现代化建设全局中作出了新的定位,对志愿服务在吸引凝聚青年、扩大团的工作覆盖方面提出了新的规划,对志愿服务事业实现科学发展指明了新的方向,必将引领青年志愿者事业在民族复兴、国家富强、人民幸福的宏伟实践中发挥更大作用。

(二)全面深化改革的战略部署为青年志愿者事业提供了新的契机。党的十八届三中全会对全面深化改革、推进国家治理体系和治理能力现代化作出了总部署、总动员,并明确指出:“激发社会组织活力”“支持和发展志愿服务组织”。党政主导、社会参与的共同治理结构,为志愿服务组织的发展壮大并充分发挥作用提供了前所未有的空间。志愿服务组织作为参与社会治理的主体之一,是政府治理的重要补充,是共同治理的重要一环,在自身建设上享有大力发展、优先发展的地位,在工作方式上能够更多地承担政府转移给社会组织的公共服务职能,在管理运行上能够凝聚、吸

引更多资金、人力、组织等资源，这些，对于青年志愿者事业都是全新的机遇，都要求我们对志愿服务参与社会治理的功能定位、工作布局、思路举措和制度建设等方面，加强长远规划，不断改革创新，抓好工作落实。

（三）全面推进依法治国的重大任务为青年志愿者事业提出了新的要求。党的十八届四中全会为全面推进依法治国勾画了清晰框架和路线图，并指出要切实加强普法志愿者、法律服务志愿者队伍建设。全会提出，要积极参与普法教育、法律服务等工作。这对我们拓宽服务领域、深化法律服务项目提出了要求。全会提出，要发挥社会组织对其成员的行为导引、规则约束、权益维护作用。这为我们依法开展活动提供了指导，要求我们树立法治理念、依法开展活动，不断提高运用法治思维和法治方式开展志愿服务的能力。包括志愿服务在内的各类社会组织，尽管都有奉献爱心、办好事、推动社会进步的初衷，但都要在依法办事的大前提下进行。全会提出，要加强社会组织立法，规范和引导各类社会组织健康发展。这为我们加速志愿服务全国立法进程、推动青年志愿服务法制建设进一步指明了方向。

（四）当代青年的发展变化为青年志愿者事业提出了新的课题。把握青年脉搏是做好青年志愿者事业的前提和基础。当代青年是伴随着改革开放成长起来的一代，他们的利益诉求更加多元，群体结构更加分化，网络聚集更加频繁。这些新特点新变化，是我们创新发展青年志愿者事业的基本依据，也是引导青年广泛开展志愿服务工作最直接的逻辑起点。志愿服务工作要不断满足青年的多样化、个性化的需求，始终坚持以青年为本，着力破解新青年给青年志愿者事业带来的新要求。比如，如何进一步增强青年志愿者行动在当代青年群体中的影响力和号召力？如何强化共青团在社会青年志愿者组织中的核心地位？如何推进志愿服务成为广大青少年培育和践行社会主义核心价值观的自觉行动？如何加强新媒体手段和互联网技术在青年志愿者事业全局工作中的运用？如何切实推动志愿精神成为广大青年的精神时尚并在全社会深入人心？等等，这些新课题，都需要我们加以认真地研究、解决和完善。

三、以改革创新精神推动青年志愿者事业实现新发展

改革创新是时代精神的核心，也是共青团的光荣传统。青年志愿者行动本身就是共青团的创新之举，理应在理念创新、机制创新和方法创新等方面走在前列。推进青年志愿者事业的改革发展，既要着眼长远，又要立足当前，特别要统筹解决好影响青年志愿者事业根本性、全局性、战略性问题，把这项事业推向更新更高的发展阶段。

（一）始终围绕党和国家的中心工作谋篇布局。围绕中心、服务大局既是共青团的工作主线，也是青年志愿者工作的主线。要结合党对共青团和青年工作的根本要求，把握共青团的三个根本性问题和两大战略性课题，始终把青年志愿者行动摆在经济社会发展全局中进行谋划和推进，在党政关心、社会关注、青年关切的领域设计项目、整合资源、建立机制。要全面总结青年志愿者工作在服务西部大开发战略、科教兴国战略、人才强国战略和区域发展工作中的成功经验，进一步提出青年志愿者工作在服务经济、文化、社会、党的建设和生态文明建设方面的总体规划。当前，要紧紧围绕党和国家全面深化改革、建设法治国家的大局，更加注重从社会建设的高度谋划青年志愿者工作。积极争取有关部门的支持，加大向志愿服务组织购买服务工作力度，通过委托承办、购买服务、项目合作等方式整合资源，指导、支持基层志愿服务组织申报并实施志愿服务项目。

（二）引导广大青少年在志愿服务中培育和践行社会主义核心价值观。党中央强调，培育和践行社会主义核心价值观必须从娃娃抓起、从青少年抓起。要坚持把培育和践行社会主义核心价值观贯穿青年志愿者工作始终，通过志愿服务引导青少年坚定理想信念，自觉把祖国、人民和时代的需要作为人生追求，大力倡导奉献、友爱、互助、进步的志愿精神，传播正能量，引领社会风尚。通过志愿服务引导青少年加强实践锻炼，把深入实践作为成长和成才的必由之路，把奉献社会作为不懈追求的优良品德，让他们在服务社会、服务群众、服务基层中增进对核心价值观的认同和理解。通过志愿服务不断丰富社会主义核心价值观的践行渠道，在志愿服务项目设计、活动开展、管理运行、成果巩固等各个环节体现核心价值观的基本要求，推动志愿服务从理念倡导到具体工作与培育和践行社会主义核心价值工作的互融共通，真正使社会主义核心价值观在广大青少年中内化于心、外化于行。

（三）更加重视对志愿者的关怀与激励。志愿者组织是志愿者的“娘家”，在开展服务过程中，必须关怀志愿者，依法维护志愿者的合法权益。目前，社会上对志愿服务的认识理解还有一些偏差。有的人认为志愿者就是免费的劳动力，漠视志愿服务的价值；有的单位没有为志愿者提供基本的工作保障；还有的单位和机构让志愿者做超出志愿服务范围的事，做他们承担不了的事情，结果造成了一些纠纷。志愿者开展志愿服务是对社会的巨大贡献，但是，社会成员不能都认为志愿者做工作是白干。这些问题要引起我们的重视。我了解到，本次协会换届专门成立了7个工作委员会，其中之一是由有关负责同志、专家、律师、保险公司代表等组成的志愿者权益保护委员会，这是一个很好的探索。在做好志愿者权益保障工作的同时，各级团组织、青年志愿者组织还要进一步关心志愿者的成长与发展，建立激励机制，真正地让好人得到更多的好报。推广一些地方制订针对青年志愿者升学、就业等方面的政策措施，建立务实管用的志愿服务星级认证、嘉许、表彰、回馈制度，增强青年志愿者的荣誉感、自豪感和成就感，在全社会形成关爱志愿者、崇尚志愿者、争当志愿者的浓厚氛围。

（四）用创新的体制机制激发志愿服务工作的活力。推进基层基础工作创新，对志愿服务的组织、项目、队伍、文化等建设提出具体意见，发挥好青年志愿者工作在服务型团组织建设中的重要作用，发挥好网络平台在推动青年志愿者方法创新方面的重要作用。进一步拓宽联系民间志愿服务组织和社会组织的渠道。争取有关部门支持，重点加强省、市两级青年志愿者工作机构的建设。推进制度创新，坚持“全团一盘棋”，充分调动领导机关顶层设计与地方创造两个积极性，形成上下良性互动的工作局面。组建青年志愿者组织孵化机构，建设志愿者培训阵地，不断激发青年志愿者事业的内生动力。推进理论创新，通过设立基金、发布课题、组织评审、成果转化、宣传推介等工作，建设一批志愿服务专门研究机构，出版一批志愿服务理论专著，培养一批志愿服务专家队伍。

中国青年志愿者协会是青年工作的重要枢纽之一。要高扬理想旗帜，建立联系渠道，把各级青年志愿者协会建成志愿者之家。要把握正确方向，发挥枢纽作用，把各级青年志愿者协会建成志愿服务组织之家。要博采众家之长，影响带动社会，把各级青年志愿者协会建成志愿服务项目之家。新一届协会的理事、会员都是来自各行各业的先进典型和优秀分子，是各级青年志愿者协会的“领头雁”“主心骨”。希望各位理事、会员带头谋划志愿服务，带头支持协会发展，带头整合社会资源，带头弘扬志愿精神。各级共青团组织要高度重视、加强领导，真抓善管、创先争优，发挥协会在青年志愿者事业中的牵动作用，推进协会工作社会化、科学化、制度化、专业化发展。

同志们！20多年前，青年志愿者行动适应改革开放大潮应运而生。如今，青年志愿者事业已经站在更高的起点上。让我们紧密团结在以习近平同志为总书记的党中央周围，在中央文明办、民政部等有关部门的指导支持下，在广大青年志愿者和全社会的共同努力下，振奋精神、凝聚力量，把青年志愿者事业提高到一个新水平，为实现“两个一百年”奋斗目标和中华民族伟大复兴的中国梦作出新的更大的贡献。

罗梅同志讲话

罗梅在全国少工委六届五次全会上的讲话

2014年2月13日，根据录音整理

刚才，王定华同志介绍了教育领域综合改革特别是义务教育改革的背景，表达了希望少先队组织发挥的作用，明确要求各级教育部门和中小学校要大力支持少先队工作，与会同志们一定和我一样很受鼓舞和启发。

过去的一年，各级少先队组织在共青团的带领下，在教育部门的大力支持下，认真学习贯彻党的十八大和十八届二中、三中全会精神，认真学习贯彻落实习近平总书记的重要讲话精神和李源潮同志的重要要求，以“红领巾相约中国梦”为主题，深入开展形式多样、丰富多彩的少先队活动，大力加强少先队活动载体和课程建设，积极争取少先队辅导员参加中小学教师职称评审的政策支持，联合全国41所高等院校构建少年儿童组织与思想意识教育二级学科，各项工作取得新发展。这几年，教育部在少先队活动课时、辅导员队伍建设、少先队学科建设上给了我们很多支持，中央文明办、人力资源和社会保障部等很多中央和国家机关部委、专家学者和各地教育以及有关部门的同志们都给予我们很多帮助，我们表示衷心的感谢。

这次全会的主要任务是：深入学习贯彻党的十八届三中全会精神，深入贯彻落实中央领导同志对少先队工作的重要指示精神，贯彻落实共青团十七届二中全会精神，总结2013年少先队工作，研究部署2014年工作。

这次全会的工作报告已经印发给大家，在这里，我就讲几个重点问题和几点意见。

一、认真学习贯彻落实党中央对少先队工作的重要要求

刚才，秦宜智同志的讲话，为我们深入解读了中央精神，深刻分析了少先队工作面临的时代课题，对做好新形势下的少先队工作提出了要求，我们要认真学习贯彻。

要深入学习好党中央对少先队工作的新要求。中央对少先队工作提出的希望和要求，是少先队工作的方向和指南，全国少工委委员、各级少工委负责同志要带头学习，带动广大少先队工作者和辅导员的学习。要认真学习党的十八大以来习近平总书记系列重要讲话精神和党的十八届二中、三中全会精神，学习好习近平总书记去年“六一”前参加“快乐童

年放飞希望”少先队主题队日时的重要讲话精神，学习好习近平总书记对青少年的希望和对青少年工作的一系列重要指示。我们要学习好李源潮同志在和全国优秀少先队辅导员、少先队员代表和少先队工作者座谈的讲话，以及在陕西调研时的重要讲话。要按照刚才秦宜智同志的讲话要求，将学习贯彻党中央的新要求引向深入。要在去年 12 月份，我们在陕西西安、云南昆明、北京召开的三个少先队工作片会，集体学习习近平总书记对少年儿童和少先队工作的重要指示和李源潮同志对少先队工作的重要要求的基础上，深刻领会精神实质，切实结合自身实际，深入思考如何抓好落实。

要落实好少先队的组织定位和根本任务。这几年间，少先队全队根据共青团十六大、十七大和第六次全国少代会的部署，落实根本任务，把握组织属性，履行自身职能，开展各项活动、工作和建设，各项工作取得新发展。李源潮同志在和全国优秀少先队辅导员、少先队员代表和少先队工作者座谈时，明确指出了少先队的组织定位。按照中央一系列新要求，贯彻习近平总书记的重要指示精神和李源潮同志的重要要求，我们明确少先队组织的组织定位和根本任务是：坚持少先队作为中国特色社会主义事业的战略预备队、少年儿童思想品德教育和精神素质培养大学校、党领导下的少年儿童群众组织的定位，培养少年儿童对党和社会主义祖国的朴素感情，抓好少年儿童思想品德教育和精神素质培养，发挥少先队员自主性，放手锻炼少先队骨干的自主活动能力，教育引导少年儿童立志向、有梦想，爱学习、爱劳动、爱祖国，为实现中国梦做好全面准备。各级少先队组织要牢牢把握好组织定位和根本任务。

要把握好教育改革对少先队工作的新要求。党的十八届三中全会《决定》对深化教育领域综合改革做出了部署，要求“全面贯彻党的教育方针，坚持立德树人，加强社会主义核心价值体系教育，完善中华优秀传统文化教育，形成爱学习、爱劳动、爱祖国活动的有效形式和长效机制，增强学生社会责任感、创新精神、实践能力”。立德树人是教育的根本任务，教育领域综合改革力度很大，涉及面广，是一个全面的、很有挑战的系统工程。少先队教育和学校教育都是党的教育工作的组成部分，你中有我，我中有你，共同为实现党的育人目标服务。我们要加强对教育领域内容的学习和研究，主动适应教育改革的趋势，把握时机，根据少先队工作的特点，研究具体举措，在教育改革和社会主义核心价值观教育中发挥好积极作用。

当前，我们要抓紧研究，联合教育部门制定少先队工作规划纲要，贯彻中央精神，对今后一个时期的少先队工作做出全面安排。

二、抓住重点，明确今年工作的主攻方向

我们认真学习贯彻中央精神要求，学习贯彻团的十七届二中全会部署，学习研究教育领域综合改革，根据当前全国少先队工作实际，提出 2014 年少先队工作的总体思路是：认真学习贯彻党的十八届三中全会精神，按照共青团十七届二中全会部署，深入贯彻落实习近平总书记对少先队工作的重要指示精神和李源潮同志的重要要求，大力加强中国梦教育和社会主义核心价值观教育，牢牢把握组织属性，落实组织定位和根本任务，深入推进五项重点建设，增强少先队组织活力，研究加强少先队专业化建设，更好地为少年儿童服务，推进少先队工作取得新发展。

工作报告对今年的各项工作已做了安排。做好今年的少先队工作，在这里，我想强调的是，要突出重点，将落实少先队组织定位和根本任务融入五项重点建设的生动实践之中。五项重点建设既是现实任务，也是长期的系统工程，不可能一蹴而就，也不能平均用力，在今年的工作中，要突出各项建设的重点，明确主

攻方向，科学筹划，精心实施，务求实效。

1. 关于加强少先队活动载体和课程建设。中央领导同志对于少先队活动时间非常关心，教育部对我们很支持。2012 年 9 月，教育部专门下发《教育部关于加强中小学少先队活动的通知》，明确“少先队活动要作为国家规定的必修的活动课，小学 1 年级至初中 2 年级每周安排 1 课时”。这项工作的必要性和重要性不需要我们再讲了，关键是落实。在今年的工作中，重点要抓好几个落实：一是落实课表，要将每周 1 课时的少先队活动课在各地中小学普遍落实到课表上。二是落实活动，活动是少先队的生命，要首先用好这每周 1 课时，开展有意义有意思、生动活泼、丰富多彩的少先队活动。我们从一开始就反复强调，少先队活动课一定要让孩子们喜欢，要让孩子们受教育、受启发，不能照搬数学课、语文课等专业课的教学模式，要体现少先队的活动特点，运用实践教育、体验教育的有益经验，发挥少先队员的主动性和积极性，要把少先队特殊的文化、礼仪教育结合起来。红领巾、队徽、队旗、队歌、鼓号、队礼这些元素对我们来讲是非常宝贵的，少先队特殊的文化和元素一定要体现到少先队活动课里。少先队活动课具体形式上可以不拘一格，可以在教室、可以在操场、可以在校外。我们鼓励基层根据自身特点和优势，围绕落实少先队组织定位和根本任务，大胆创新，百花齐放。三是落实区域，今年，我们要在 1300 多个试点学校积累的经验基础上，以地市、区县为重点，区域化整体推进，鼓励各地申报试验区、示范区，我们将建立激励机制。四是落实研究，各级少先队组织都要加强教育研究、案例征集、成果交流、互观互检。五是落实督导，我们将争取教育部门支持，开展专项督导。新的国家义务教育课程设置方案尚未制定出台，团中央、全国少工委将积极争取教育部支持，绝不会懈怠，各地也不能“等靠要”，要积极争取纳入地方各级义务教育课程设置方案。

我们要充分利用少先队活动课、课后、课间、校外时间，发动中小学少先队组织，以少先队员为主体，发挥实践育人的优势，以体验教育为基本途径，以节庆日为契机，在少先队员中普遍开展“红领巾相约中国梦”主题队日等活动。普遍开展以爱学习、爱劳动、爱祖国为主要内容的“红领巾心向党”“手拉手”“少年军校”“少年科学院”“雏鹰争章”“平安行动”等少先队品牌活动。创新开展少先队基本知识竞赛、少先队鼓号队展演、红领巾阅读体验等全国性活动。利用暑期和假日，开展“各族少年手拉手”、“城乡少年手拉手”、科技、体育、军事、留守儿童亲子等红领巾夏令营活动，开展群众性文化体育活动。倡导基层队组织因地制宜、创造性地开展活动。要用好建好学校少先队活动阵地，拓展少先队校外活动阵地，建设少先队社会化活动阵地。

2. 关于加强少先队小干部小骨干和队集体建设。对于少先队小干部小骨干，强调三点：一是坚持“有教无类”，面向全体少先队员，坚持和规范少先队小干部民主选举和轮换制度，让人人有机会，人人会服务。二是坚持“因材施教”，开展好少先队小干部小骨干培训，组织开办队长学校，我们将在全国青少年井冈山革命传统教育基地举办全国少先队小干部培训班。三是坚持“榜样引路”，树立和宣传优秀少先队员和队集体的榜样。我们将发挥好各级少先队报刊的作用，联合电视、广播等大众传媒，积极运用互联网、微博、微信、手机报等新媒体，评选和宣传“最美少年”。

对于少先队集体建设，强调两点：一是要加强少先队队章和基础知识教育，创新活动载体，用孩子们喜欢的方式、载体和能够理解的语言，掀起全队学习队章和队的基础知识的热潮。二是要加强分类指导，基层大、中、小队是少先队组织活力的源泉，小队活动要活跃，中队活动要经常，大队活动要规范，创建快乐、自主、友爱、向上的集体。

3. 关于加强少先队新媒体工作能力建设。

强调四点：一是巩固传统阵地。要切实加强全国性和地方各级少先队报刊建设，扩大工作和宣传覆盖面，增强影响力，提高业务质量，加强规范管理，支持数字化复合出版。二是建好新兴阵地。要建设好各级少先队网站、微博、微信等网络平台，支持未来网及其红领巾集结号版块建设。要争取各级党政宣传、网络管理部门支持，争取在中央和地方各级重点新闻网站或政府门户网站中建设红领巾频道或少儿频道。三是加强社会合作。与大型网络公司和门户网站、移动通信运营公司合作，为少年儿童提供更多干净、有趣、有意义的网络资源。与社会专业力量合作，研发少年儿童喜爱的文化产品。四是开展网上引导。动员和支持少先队辅导员在网上开展工作，聘请各行各业的优秀人士、明星、公众形象好的名人担任网上志愿辅导员，开展如"忆童年生活"等网上活动。发现和培育网上的少年儿童正面偶像，为少年儿童提供正确导向。

4. 关于加强少先队辅导员队伍和学科建设。重点是落实好两个文件：2010 年团中央、教育部、人力资源和社会保障部、全国少工委《关于加强少先队辅导员队伍建设的若干意见》和 2012 年团中央、教育部、全国少工委《关于印发〈少先队总辅导员设置管理办法（试行）〉的通知》。要抓好这两个文件的贯彻落实和实施。

关于少先队辅导员：一是抓配备，推动中小学校普遍设立少先队大队辅导员专门岗位，严格标准选配合适人员，解决中层副职以上级别和待遇。二是抓培训，完善辅导员分级全员培训机制，争取将辅导员培训纳入教育系统各级教师培训计划，实现每位辅导员每年 72 小时培训目标。三是抓考核，争取将少先队辅导员工作普遍纳入学校教师绩效考核。四是抓职称，深入推进少先队辅导员参评中小学教师职称，通过专设"少先队活动"科目或成果折算"双线晋升"。

我们还要大力选树、宣传好优秀少先队辅导员的典型和事迹，加强对辅导员的人文关怀，创建"辅导员沙龙""辅导员之家"，开展辅导员交流、研讨、联谊活动，增强辅导员的组织归属感和光荣感。

关于少先队总辅导员：一是要配齐配好，今年，各省份必须按照团中央、教育部、全国少工委文件要求，全部配齐省级总辅导员，重点配备地市级总辅导员，鼓励抓紧配备区县级总辅导员。二是要发挥作用。绝不能将各级总辅导员岗位当成解决待遇的岗位，甚至是"个人跳板"，总辅导员在岗位上要履行职责，发挥应有的作用。总辅导员在短期是不能调整岗位的。

关于学科建设，重点是密切和高等院校、教育部门的合作，不能松懈，要出成果。一是研发知识体系，我们将抓紧出版学科教材。二是开展人才培养，完善研究生专业、本科课程，健全学术学位培养，探索专业学位培养，加强辅导员培训。三是联合专家学者，凝聚专业人才，开展课题研究。四是培养少先队名师。

这里，还需要强调的是：要大力加强各级少先队工作学会建设，支持学会充分发挥作用，关注和研究少年儿童和少年儿童工作热点问题，做好课题研究，加强决策参考，推进学科建设，推动成果转化，服务基层实践，活跃科研活动。今年，我们将召开学会全国代表大会，进行换届，部署今后一段时间的工作。

5. 关于加强少工委和学校少先队工作机制建设。重点是四个方面：一是健全和完善各级少工委工作机制，更加紧密地密切团教协作，争取党政相关部门支持，吸纳社会有关方面优秀人士，加强各级少工委自身建设，探索学校少工委建设。今年是全国少工委成立 30 周年，我们要认真总结经验，提炼规律，完善制度，推进工作。对于政府购买服务，也要加强研究，争取这方面的支持。二是加强对少先队工作的督导指导和考核评价，争取各级教育部门支持，将少先队工作纳入学校工作总体布局，进行规划、部署、检查、保障，将保障少先队基本工作条件纳入义务教育学校标准化建设，开展少先队工作专项督导。三是探索少先队工作和家庭教育的结合方式，发挥家长在少先队工作中的积极作用。四是联合社会积极力量，为基层少先队组织办实事、好事。少先队组织争取社会资源为基层服务，要向贫困地区、基础条件较差的地区倾斜，重点关注农村留守儿童和进城农民工随迁子女群体，重点服务中小学少先队组织基础设施建设。

6. 今年工作中需要注意的几个问题：一是关于中学少先队工作。我们要加强调查研究，切实加强中学少先队工作，这是我们少先队工作当前的一个薄弱环节，探索适合当代中学少先队员特点的组织建设方式、活动方式和制度保障，加强团前教育和团队衔接。二是关于少先队建队 65 周年。全国少工委将下发文件，做出安排。总的原则是务实俭朴，以推进工作发展的实际行动，纪念少先队建队 65 周年，各地和各有关单位一定要按照中央的有关要求和规定来开展相关的工作，不得自行其事，更不允许任何形式的商业运作。三是今年下半年，开始筹备拟于 2015 年召开的第七次全国少代会。各地要注意总结经验，研究问题，按照全国少工委的部署开展工作。

7. 开学初和“六一”前两项重要工作：一是蹲点调研。按照中央领导同志要求，去年 12 月到今年 1 月，各级少工委主任、团委少年部长、总辅导员，集中一个月的时间到中小学蹲点调研少先队工作。大家普遍反映收获很大、很有必要。这里强调三点：还没有完成 1 所小学、1 所初中共 1 个月时间的同志，在春季开学初务必抓紧补齐完成，全国少工委办公室将进行抽查；每位调研人员都要精心撰写调研报告，发现问题，分析原因，提出对策，各级少工委要逐级把关、逐级上报；要结合第二批党的群众路线教育实践活动，健全各级少工委调查研究制度和相关机制，扎实有效地开展集中性、经常性蹲点调研、专题调研和多种形式的调研。今后，新任职少工委主任、少工委工作人员、总辅导员都要到中小学校蹲点调研。二是争取省级党委下发政策文件。这项工作是各省级团委、少工委近期很重要的工作，我们在三个少先队工作片会上做了充分研究，详细部署，也给各地发了建议要点。这件事的本质，是落实习近平总书记重要讲话精神，各地的孩子受益，辅导员受益，少先队工作受益。当地的少年儿童工作也会受益。很多省级党委已明确表示同意发文，关键是各省级团委、少工委要有路线图和时间表，确定进度，不等不靠，主动协调相关部门，抓紧研究落实。我们提出的要求是“六一”前完成，大家不能都等到今年“六一”前才实现发文，要积极往前推进。全国少工委办公室将加强督导。大家也不要求全责备，发文重点是认真落实好习近平总书记重要指示精神，认真落实好李源潮同志重要讲话要求，巩固制度成果，争取新的支持，不能陷在一时难以解决的个别问题上。

三、保持良好的工作作风和状态

少先队工作者队伍的作风总体上看是好的，长期保持着非常好的工作状态。目前，第二批党的群众路线教育实践活动已经展开。希望大家结合党的群众路线教育，进一步加强作风建设，提高工作水平。

一是要坚定理想信念。培养中国特色社会主义的合格建设者和可靠接班人，是党交给我们的光荣使命和政治责任。少先队事业的发展是通过一代又一代少先队工作者坚定信念、接续奋斗实现的。为什么我们这么多老同志，白发苍苍，为少先队事业辛勤劳作、尽志无悔，靠的就是对这份崇高信仰的坚定信念，我们要很好地向他们学习。对于少先队工作者来讲，道路自信、理论自信、制度自信是非常重要的。我们要有坚定的信仰，才能把握好方向。

二是要加强学习，提高素质。要提高自己

的专业知识和专业能力，做到与时俱进。我们的能力和素质要和孩子的成长需求结合起来。我们少先队工作者都要成为做这个工作的行家里手。要掌握孩子们的心理特点、成长规律、思想意识的形成规律，学习是必由之路。

三是要热爱这份事业。要带着感情去做这个工作，带着爱去做这个工作。我们既然从事了这份工作，一定要热爱它，带着感情去做，只要全身心投入，就一定能感受其中的快乐，就一定结出累累硕果。我想，这份成就感是长期做少先队工作的同志的一个共识。

我要和大家讲的就是这三个方面的问题，与大家共勉。让我们一起，在原来的基础上把新的时期少先队工作做得更好。

罗梅在团中央直属机关学习习近平总书记系列讲话精神培训班上的讲话

2014年3月10日，根据录音整理

去年底，中组部下发专门通知，要求各地区、各单位组织开展县处级以上领导干部学习习近平总书记系列讲话集中轮训。对此，书记处高度重视，要求组织部牵头，精心做好组织实施。前一阶段，组织部为大家下发了学习资料，请各部门和直属单位组织开展了自学研讨；从今天开始，我们将分三批对全体机关处级以上干部和直属单位局级干部进行各5天左右的集中培训；随后，机关还将以书记处集体学习的方式组织一次集中学习，届时秦宜智同志还将亲自为大家做辅导讲话。

今天，团中央直属机关学习习近平总书记系列讲话精神的第一期培训班正式开班，借此机会，我就组织开展好本次培训和做好下一步的全团培训工作，谈几点意见，与大家交流。

一、充分认识学习贯彻讲话精神的重大意义

党的十八大以来，习近平总书记围绕改革发展稳定、内政外交国防、治党治国治军等方面，发表了一系列重要讲话，提出了许多富有创见的新思想、新观点、新论断、新要求，深刻回答了新的历史条件下党和国家发展的重大理论和现实问题，进一步深化了我们党对中国特色社会主义规律和马克思主义执政党建设规律的认识，是我们在新形势下做好各项工作的基本遵循和行动指南。同志们要深刻认识到，深入学习贯彻讲话精神，是在思想上、行动上同以习近平同志为总书记的党中央保持高度一致的政治要求，是做好新形势下党的青年群众工作、推动共青团事业新发展的迫切需要，是提高团干部能力素质，加强团干部队伍建设的必然要求。希望大家充分认识学习贯彻讲话精神的重要意义，以高度的政治自觉认真学习、坚决贯彻，努力用讲话精神武装头脑、指导实践、推动工作。

二、系统深入地学习好讲话精神

习近平总书记系列讲话涵盖广泛、内容丰富，学习贯彻好讲话精神，一是要注意系统全面把握讲话核心要义。刘云山同志在省部级干部学习贯彻习近平总书记系列讲话精神研讨班上提出，学习习近平总书记系列讲话要做到8个“深入领会”，是对习近平总书记系列讲话精神的一个总结概括，也指明了学习讲话精神的重点方向，本次培训班的核心课程也是围

绕这些重点方向进行设计的，同志们要结合培训过程，系统全面地学好讲话精神。二是要深刻理解领会讲话的思想精髓。习近平总书记的系列讲话，始终贯穿着马克思主义立场观点方法，同志们一定要深入地理解领会。比如，要深刻理解讲话中始终贯穿的坚定理想信念这个核心和灵魂，始终贯穿的历史担当意识、真挚为民情怀、务实思想作风、科学思想方法等等，这里我只点一下题，不作展开。

三、不折不扣地抓好讲话精神的贯彻落实

习近平总书记系列讲话中，有一部分是专门针对青年和共青团工作的重要论述，这是指导我们工作的纲领性文献，也是我们学习贯彻讲话精神的重中之重。1月6日，秦宜智同志在《人民日报》发表了题为“汇聚实现中国梦的青春力量”的署名文章，就深入学习贯彻习近平同志关于青年和共青团工作的重要论述进行了全面阐述，希望大家结合宜智同志的文章，逐字逐句、原原本本地学习总书记的讲话原文，并结合共青团工作实际，反复琢磨、深入思考，做到知其言更知其义、知其然更知其所以然。在此基础上，要围绕宜智同志在文中提出几个方面问题，认真思考如何在讲话精神指导下，谋划好、推进好今后一个时期的工作，切实使讲话精神全面落实到共青团和青年工作的实践中去，真正做到学以致用、用有所成。

四、持续深化地推进讲话精神的学习贯彻

参加本次培训班的是机关处级以上干部和直属单位局级干部，希望大家在学习习近平总书记系列讲话精神上做全团表率，在同以习近平同志为总书记的党中央保持高度一致上做全团表率，在学习贯彻党的理论、路线、方针、政策上做全团表率，在培训班上认真听讲、认真思考、认真交流，争取率先做到对讲话精神全面把握、融会贯通，率先做到真学、真懂、真信、真用。

同时也要认识到，学习贯彻习近平总书记系列讲话精神是一个逐步深化的过程，是一项长期的政治任务，需要深入学习、持久学习。本次培训结束后，机关各部门和各直属单位要采取专题报告会、辅导讲座、讨论交流、党支部学习等多种形式，继续组织本部门、本单位党员干部深入推进讲话精神的学习贯彻。机关部门还要注意结合各自工作，利用战线会、片区会等机会，推动本战线的团干部加强讲话精神的学习贯彻，进一步把学习贯彻讲话精神在全团引向深入。

五、进一步做好团干部教育培训工作

1. 高度重视团干部教育培训工作

习近平总书记在同团中央新一届领导班子成员集体谈话时曾指出，推动共青团事业不断开创新局面，关键在团干部。加强团干部队伍建设，很重要的措施就是做好教育培训工作。近年来，我们在团干部教育培训方面的工作力度很大，始终抓得很紧。但也要看到，与共青团事业的新要求相比、与团干部快速流动的现状比、与团干部成长需要相比，我们的培训工作还存在很大的努力空间，如何有效加强团干部的业务能力培训，如何让团干部全面深入地掌握党的理论、方针、政策，都需要我们更好地做出更加系统的规划和安排。在团的十七届二中全会上，也有很多参会同志提出了进一步加强团干部教育培训工作的建议。

对于团干部教育培训工作，书记处始终高度重视，今年向财政部申请设立了团干部教育培训专项经费，在团的十七届二中全会上，又对加强团干部教育培训进行了专门强调。希望各部门、各单位从战略高度重视团干部教育培训工作，采取有力措施，抓好本部门、本单位干部的学习培训，大力推动本战线的团干部教育培训，切实把这项工作抓紧抓好。

2. 提升团干部教育培训的效果

团的十七大提出了建设学习型、服务型、创新型马克思主义青年组织的战略任务，经济

社会的深刻变革对共青团工作提出了更多的新挑战,这都对加强团干部教育培训提出了更高要求。当前,团干部教育培训工作中还存在一些薄弱环节,比如,培训的供需矛盾仍然十分突出,受经费、工作力量制约,培训的覆盖面和力度还不够;培训的系统性还不够,培训形式还不够丰富,培训效果缺乏有效检验等等。这些都有待进一步改进。对此,我们必须要科学把握干部教育培训规律,以改革创新的精神加强和改进团干部教育培训工作,千方百计扩大培训覆盖面、提升培训效率,努力提高培训的针对性、实效性,让广大团干部通过培训得到实实在在的素质提升和能力积累。

具体到工作中,一是要坚持按需施教,针对不同层级团干部的特点和需求有针对性地开展培训。对于较高层级团的领导机关干部,如团中央的机关干部,要突出理论导向,帮助干部拓展理论视野,提升专业素养,形成从理论高度认识、分析问题的比较优势。对于基层一线的团干部,要更加注意突出实践导向、需求导向,在完善集中授课、研讨交流等传统形式的同时,不断丰富培训形式,逐步加大案例教学、情景教学等实践性教学内容的比重,更好地提高团干部的实际工作能力。同时,各团属教育培训机构也要注意发挥各自比较优势,进一步明确自身功能定位,争取形成理论教学和实践教学各有所长、互为补充的阵地体系。

二是要积极借助信息技术手段加强教育培训工作。本次培训班,组织部首次尝试引入了在线学习的形式,让大家在进行课堂集中学习的同时,又可以通过网络课程加强日常自学。同时,组织部还会同有关专家出了一套题,通过在线答题训练、测试的方式,帮助大家检验学习效果,形成教育培训过程的完整回路。这种形式很好,由于是初次尝试,无论是出题,还是在线训练、测试,都肯定有不完善的地方,希望大家在学习使用过程中多提一些改进性意见。下阶段,组织部还将按书记处部署,牵头建设全国团干部教育培训网络平台,平台建成后,将为机关同志、各级团干部提供更多的网络学习机会,有效缓解团干部培训资源不足的问题,也希望各相关部门和单位做好支持配合工作。

3. 加强团干部教育培训工作的统筹协调

团干部教育培训工作线多面广,涉及各个层级、各条战线、各个单位。当前,这项工作中还一定程度上存在着分工不明确、责任不清晰的问题,影响了团干部教育培训工作的科学有序推进。前段时间,组织部结合中央下发的《2013—2017 年全国干部教育培训规划》精神,牵头起草了《关于进一步加强团干部教育培训工作的意见》,目前正在征求相关部门和各省级团委意见。我们希望结合《意见》的颁布和落实,进一步加强团干部教育培训工作的统筹协调,逐步建立起组织部门统筹协调、战线部门齐抓共管、各级团组织分级实施的工作体制。一方面是为了减少多头培训、重复培训等问题,避免培训资源的浪费,另一方面也是为了加强培训的系统性、协同性,在培训内容、形式、时间等方面形成相对统一的标准。希望各相关部门和单位要树立“全团一盘棋”的思想,齐心协力、密切配合,共同推进团干部教育培训这项战略性工程。

罗梅在少先队学科和少先队活动课程建设研讨交流会暨中国少年先锋队工作学会第五次会员代表大会上的讲话

2014年11月25日,根据录音整理

这次会议的主要任务是:深入学习贯彻习近平总书记对少年儿童和少先队工作的重要指示精神,深入学习贯彻李源潮同志对少先队工作的重要要求,深入贯彻落实团中央书记处对少先队专业化建设的总体部署,总结少先队学科建设、活动课程建设和学会工作经验,发现不足,集思广益,研究问题,充分发挥理论科研对少先队工作的促进作用。

下面,我讲几点意见。

一、深入学习领会中央精神,增强做好党的少年儿童工作的政治责任感和思想自觉

党的十八大以来,以习近平同志为总书记的党中央,着眼坚持和发展中国特色社会主义,对治党治国治军、改革发展稳定提出了一系列重大理论观点、重大战略决策和重要工作部署。习近平总书记多次对共青团和青少年工作以及教育工作作出重要指示,发表重要讲话,对少年儿童和少先队工作提出重要要求。深入学习贯彻习近平总书记系列重要讲话精神,深刻领会精神实质、思想方法和指示要求,是我们做好工作的首要任务。我们要切实把思想和认识统一到中央精神上来,坚决贯彻落实中央决策部署,切实增强做好新形势下少年儿童和少先队工作的政治责任感和思想自觉。

要深入学习领会中央关于全面深化改革的重大战略部署。党的十八届三中全会审议通过的《中共中央关于全面深化改革若干重大问题的决定》,对全面深化改革做出总部署、总动员,确立完善和发展中国特色社会主义制度,推进国家治理体系和治理能力现代化的总目标。全面深化改革是开展少年儿童和少先队工作最鲜明的时代背景。经济、政治、文化、社会和生态文明五位一体的建设,都会对少年儿童工作和少先队工作产生影响,我们感到,对少先队工作影响最直接的是深化教育领域综合改革。比如,强化立德树人的基本导向,要求把德育摆在更加突出的位置,加强社会主义核心价值观教育,形成爱学习、爱劳动、爱祖国活动的有效形式和长效机制。比如,推进考试和招生制度改革,推行综合素质评价,更加注重学生综合素质的提高和全面发展,扩大和释放了实践活动的广阔空间。比如,扩大省级政府教育统筹权和学校办学自主权,完善学校内部治理结构,更有利于少先队教育和学校教育围绕共同的育人目标深度融合,办出特色。比如,创新高校人才培养机制,为高校创设有社会价值、有自身特色的学科,培养人才,多出成果,提供了新的机遇。比如,统筹城乡义务教育资源配置,实行公办学校标准化建设,为农村和贫困地区少年儿童和少先队工作创造了更好的条件。转变政府职能,政府进一步简政放权,政府购买服务、激发社会活力等要求,更有利于群团组织发挥自身的职能作用和特点优势,配合党委政府,履行好培养中国特色社会主义事业合格建设者和可靠接班人的政治使命。适应全面深化改革的趋势,深入研究,科学筹划,以改革创新精神推进各项工作与建设,是做好新形势下党的少年儿童工作的必然要求。

要深入学习领会中央关于推进依法治国的重大战略决策。党的十八届四中全会审议通过的《中共中央关于全面推进依法治国若干重大问题的决定》,明确提出了全面推进依法

治国的指导思想、总目标、主要原则和重大任务。少先队是党创建和领导的少年儿童群众组织，在建设中国特色社会主义法治体系、法治国家的进程中，需要我们依法办事、依宪办事、依章办事。按照中央要求，做少年儿童和少先队工作，要树立法治思维，共建法治社会，加强法治教育，完善依法活动。少先队的各项活动和工作，都要在国家法治体系中进行，依照少先队章程开展。作为国家一级社团，少先队工作学会工作也是如此。

要深入学习领会中央对少年儿童和少先队工作的重要要求。党的十八大以来，习近平总书记连续两年"六一"参加少先队主题队日活动，发表重要讲话。去年，习近平总书记参加"快乐童年放飞希望"少先队主题队日活动，希望少年儿童从小就要立志向、有梦想，爱学习、爱劳动、爱祖国，指出少先队组织要更好地为少年儿童服务。今年，总书记参加少先队入队仪式，为新队员戴上红领巾，主持召开座谈会，指出要让社会主义核心价值观的种子在少年儿童心中生根发芽，指出少年儿童培育和践行社会主义核心价值观要做到"记住要求、心有榜样、从小做起、接受帮助"，少先队要坚持开展组织教育、自主教育、实践活动，更好为少年儿童培育和践行社会主义核心价值观服务，把广大少年儿童团结好、教育好、带领好。总书记的重要讲话，为当代少年儿童指明了成长方向，是新时期做好党的少年儿童工作和少先队工作的根本遵循。

党的十八大以来，中共中央政治局委员、国家副主席李源潮同志分管共青团和少先队工作。指出少先队是"党领导下的少年儿童群众组织""中国特色社会主义事业的战略预备队""少年儿童思想品德教育和精神素质培养的大学校"的组织定位，强调少先队教育要与学校教育融为一体，全力建设一支优秀的辅导员队伍。指出让社会主义核心价值观成为引导少年儿童健康成长的星星火炬，少先队要切实增强社会主义核心价值观教育的民族传承性、时代进步性、教育针对性、思想有效性，继承中华民族优良传统，弘扬时代进步精神，解决当前突出问题，使之入心入脑成为人生之魂。指出要发挥少先队组织独特优势，把握少年儿童特点，使社会主义核心价值观教育形象化、情感化、榜样化、行动化，为培养中国特色社会主义事业接班人作出应有贡献。这些观点、论断和要求对少先队工作具有重要指导意义。

深入学习贯彻中央决策部署，认真学习贯彻落实习近平总书记、李源潮同志重要讲话精神，是当前和今后一个时期少先队工作的重要任务，是加强少先队理论研究、推进少先队事业发展的核心要求。

二、推进少先队专业化建设的基本考虑和工作进展

在团中央书记处领导下，在教育部门支持下，这几年，各级少先队组织牢牢把握组织属性和根本任务，围绕少先队专业化建设，积极推进高校少先队学科建设、中小学少先队活动课程建设和少先队辅导员队伍专业化职业化建设，取得了显著成效。我们考虑，以中小学少先队活动课程为重点和牵动，建设普遍性、经常性、机制化的少先队活动载体；以少先队学科建设为重点和引领，构建少先队理论科研体系；以专业职称评审"双线晋升"和总辅导员制度安排为重点，促进少先队辅导员队伍的专业化发展。这三项建设是一个逻辑整体，将理论和实践相结合，贯穿中小学到高校，连接工作对象和少先队工作者、科研工作者，努力既保证少先队工作的科学性、系统性，又充分激发和调动基层活力和创造性，提升少先队工作专业化水平。这里我重点讲讲少先队学科建设和活动课程建设。

一是积极探索少先队学科建设。团十六大以来，在教育部门和有关高校的大力支持下，我们在一代又一代共青团、少先队工作者和专家学者开展少先队学科理论研究并不断取得成果的基础上，努力探索少先队相关学科建设，推动在全国40多所高校在教育学一级学科下开设了“少年儿童组织与思想意识教育”二级学科。这是一门以中国特色社会主义理论体系为指导，以教育学为基础，吸收心理学、政治学、社会学、管理学等学科成果的综合交叉学科，源于少年儿童和少年儿童教育实践，指导少年儿童组织和少先队工作实践。

我们推动建设“少年儿童组织与思想意识教育”学科的初衷，是为了面对国家和民族对下一代培养需要、少年儿童健康成长需要，在国民教育体系中，研究少年儿童身心发展规律和思想意识启蒙规律，研究少年儿童组织以及家庭、学校、社会在少年儿童成长中发挥的作用，研究少年儿童组织对少年儿童思想意识的教育引导规律，研究不同历史时期、不同国家和地区开展少年儿童思想意识教育的有益经验，研究不同学科对于少年儿童思想意识培养的积极成果，梳理知识体系，培养专门人才，开展专业培训，为社会各界开展相应工作提供智力支持和学术支撑。国内200多位相关学科著名专家学者参加了学科领域和知识体系的论证研发。目前，全国开设“少年儿童组织与思想意识教育”二级学科的高校中，已有32所高校招收学术学位硕士研究生165名、博士生2名，有的高校还开展了专业硕士培养。团中央考虑在中国少年先锋队工作学会中，专门增设学科建设专业委员会，也是为了更充分地发挥高校专家学者智慧，集思广益，交流合作，构建有效平台。

一些省市团委、少工委与高校建立了很好的合作机制。如，福建团省委配合厦门大学、福建师大招生，奖励研究生每人1万元学费，并推动福建师大学科点纳入省教育厅研究生教育创新基地。湖北在华中师范大学、湖南在湖南大学、重庆在西南大学、河南在河南师范大学都建立了“少年儿童组织与思想意识教育”学科研究中心等。江苏在11所师范院校、浙江在全省9个地市高校相关专业开设了选修课。

二是积极推进少先队活动课程建设。活动是少先队的生命，也是少先队教育特点和优势。改革开放以来，随着教育改革不断深入，家庭、学校和社会教育都发生了很大变化，少先队组织开展活动和教育也面临着新的情况和问题。

在中央领导同志关心下，团中央积极争取教育部的重视和支持，2012年9月教育部专门下发了《关于加强中小学少先队活动的通知》，首次明确“少先队活动要作为国家规定的必修的活动课，小学1年级至初中2年级每周安排1课时”。随后，《国务院关于深入推进义务教育均衡发展的意见》《义务教育学校校长专业标准》中都明确了“不得挤占少先队活动的课时”。中央文明办在《全国未成年人思想道德建设工作测评体系》中增加“少先队活动课落实”指标，明确中小学落实少先队活动课未达80%的为该项不合格。这是评比“文明城市”“文明城区”重要指标之一。这些制度安排有力保障了中小学少先队工作的开展。在教育部门大力支持下，各级共青团、少先队组织共同努力，目前已有15万所中小学将少先队活动课列入了课表。

我们推动少先队活动课程建设的初衷：一是要破解少先队工作在学校中的难题，在教育改革和课程改革背景下，解决少先队活动时间和内容保障问题。二是要系统、科学地组织少先队活动，带动课内课外、校内校外少先队工作普遍活跃，逐步形成行之有效的少先队活动体系，打牢少先队理论研究、学科建设的实践根基。我们推动少先队活动课程建设，最终的目标是要建立少先队活动体系。三是要提高辅导员队伍的专业化水平，建设新的动力和激励机制，推动少先队教育与学校教育的深度融合。

两年来，少先队活动课程受到了孩子们和各地中小学校的普遍欢迎，打下了非常好的基础。教育部门很支持我们的工作。从《少先队活动课程指导纲要》的试行，全国各地1313所中小学的试点，44个地市和318个区县少先队活动课示范区的建立，一批少先队活动教材的研发推广，少先队教育研究机制的建设，依托少先队活动课开展的主题鲜明、丰富多彩、时代感强的少先队活动案例的涌现，都可以看出少先队活动课程的发展呈现出良好的发展态势。各地研发少先队活动课程资源和文化产品的做法值得很好地推广。比如：陕西经省教育厅立项批准并审定，出版了一至八年级使用的《少先队活动》地方教材。广东通过广东教育出版社出版了《少先队活动》(1—8年级)。四川出版了《少先队活动课程实施指南》。北京、天津、上海、浙江、辽宁等推出了少先队活动示范课视频。江苏、广西、重庆出版了少先队活动课课例汇编。福建、江西、湖北等十个省开展了少先队活动课观摩和展示活动。上海成立了少先队辅导员带头人工作室开展活动课教研。天津、河南等很多省份在区县教研机构设立了少先队活动教研员。

在实践中我们体会到，少先队活动课程建设与教育改革的目标是一致的，比如中小学课程改革、减轻中小学生课业负担、考试招生改革、提高学生综合素质的改革、加强校园文化建设改革等等。我们要坚定信心，坚持不懈地将这项工作推进下去。

三是充分发挥少先队工作学会的作用。中国少年先锋队工作学会是共青团中央、全国少工委领导的全国群众性少先队工作学术团体，已经有35年历史了。一大批老少先队工作者和少先队科研骨干为学会建设和成果推广付出了心血和汗水，作出了重要贡献。

少先队工作学会第四次代表大会以来，各级少先队工作者、学会以及学会相关成员围绕少先队中心工作，以课题研究为重点，积极开展少先队研究，努力构建少先队理论科研体系，取得了明显成绩。一是开展少先队工作重大课题研究。围绕落实少先队组织定位和根本任务，组织实施少先队“十二五”重点课题研究，形成少先队根本任务工作读本、《少先队组织与工作状况研究报告》、《中国少年儿童十年发展状况研究报告》、5辑《论文成果汇编》、6辑《科研成果汇编》、《新时期少先队活动集萃》等一大批成果。二是学会骨干在少先队学科建设中发挥了重要作用。三是组织实施全国大、中队辅导员远程培训和全国万名农村辅导员远程培训，编写辅导员培训讲义，形成少先队辅导员思想政治素质调查报告。四是围绕中国梦、社会主义核心价值观教育，发动一批资深学会会员和少先队理论工作者深入一线，指导基层辅导员开展少先队活动科研和教研的交流和培训。五是通过专题调研、实地考察、专家论证等方式，从少先队基本礼仪、基本知识等方面，促进少先队基础建设。

35年来，经过少先队工作学会历届会员持续努力，初步形成了少先队教育理论、历史、活动、组织、工作方法和国际少儿组织比较等研究成果，为进一步推动少先队专业化建设打下重要基础。35年的成绩和经验，是老中青少先队工作者攻坚克难、无私奉献的结果，是少先队工作者智慧的结晶，值得我们很好地继承和发扬。

三、推进少先队专业化建设的重点任务

少先队组织和共和国同步，走过了65年光荣历程，积累了宝贵的实践经验和理论成果，为一代又一代少年儿童健康成长发挥了不可替代的作用。在经济社会深刻变革的今天，少年儿童成长环境、学习环境和生活方式都发生了很大变化。在推进工业化、信息化、城镇化、农业现代化，社会主义市场经济体制不断完善背景下成长起来的少年儿童，自身也呈现出很多新的时代特点。开放的世界、多元的文化对少年儿童的家庭和他们的影响是不可低估的。社会组织兴起对少年儿童的组织教育提出了新的考验。政府职能的转变、政府购买服务，对少先队组织来讲，既是机遇，也是挑战。在新的时代条件下，少先队要完成自身职能和使命，迫切需要加强专业化建设。

少先队专业化建设是一项重要任务。少先队有着儿童性、群众性、政治性、自主性、教育性、社会性等很多特点，需要强调的是，我们必须牢牢把握，儿童性是基础，政治性是少先队组织的本质属性，发挥组织教育的功能，为党和人民的事业培养合格建设者和可靠接班人，是我们始终必须牢记的使命。作为党创建和领导的少年儿童群众组织，少先队专业化建设要把握组织属性，要坚持正确方向。正如习近平总书记强调的，要教育引导少年儿童树立远大志向，培育美好心灵。这是总书记今年“六一”在座谈会上对孩子们提出的要求，也是对我们少先队工作者提出的要求。这个远大志向，从长远看，就是要树立共产主义的远大理想，这是我们党的性质、团的性质和队的性质决定的，始终不能含糊，不能动摇。所以，我们一直讲党、团、队的组织意识衔接。从当前看，就是要从小树立跟党走中国特色社会主义道路、实现中华民族伟大复兴中国梦的理想信念。培育美好心灵，就是要用社会主义核心价值观陶冶孩子们的情操，引领孩子们的价值追求。少先队的组织属性既是党、团、队一脉相承的鲜明特点，也是少先队区别于其他少年儿童组织的根本标志。

少先队专业化建设也是一个时代课题，涉及方方面面，需要在党的领导、团的带领和教育部门支持下，团结凝聚各方面的人才和力量，需要学术界、理论界的智慧和支持。当前我们考虑，深入推进少先队专业化建设，要继续深入推进少先队学科建设、少先队活动课程体系建设、少先队辅导员专业化职业化建设，发挥好少先队工作学会的积极作用。

要把握好少先队学科建设的方向。李源潮同志指出，少先队的研究应来自三个源泉，一是我们党领导的中国特色社会主义，二是现代教育思想和少儿心理学，三是生动活泼、日新月异的少先队实践。我们要深刻认识这三个源泉，把握好学科建设的方向。一是要把握好学科建设的政治方向，深入学习贯彻习近平总书记系列重要讲话精神，坚持以马克思主义基本原理、中国特色社会主义理论体系和马克思主义儿童观、教育观为指导。二是要把握好学科建设的学术方向，坚持以教育学为基础，多学科综合交叉，立足我国国情，立足中华文化，借鉴国内外成果，古为今用，海纳百川，兼收并蓄，不断推出高水平的少年儿童教育研究成果。三是要把握好学科建设的实践导向，坚持依托实践，面向实践，将高校研究和中小学实践结合起来，将知识体系研发和应用型人才培养结合起来，将总结提炼基层创造和满足现实需求、解决实际问题结合起来，更好地发挥学科作用。

各级团委和少工委要注重加强和高校的联系，支持高校在学科建设中发挥主体作用。要注重队伍建设，主要依靠高校中集中的多学科专家学者，少先队的专家学者、名师也要参与其中，为高校提供支持。要注重教材建设，高校自己研发了很多教材，团组织和少先队组织要用好团中央、全国少工委组织编写的基本理论和将要陆续出版的教材，还要用好少先队历史、教育理论、方法研究成果，要继续编写好相关优秀案例、国外少年儿童组织研究等有关书籍，供高校选用。要注重课题研究，围绕少年儿童和少年儿童工作重大问题，联合高校多开展应用性研究，多出成果，出好成果，提供决策和学术参考，指导实践。要注重协同创新，可以联合团属科研包括其他的科研机构、团校和有关高校，建立研究中心，开展学科科研工作。要注重统筹建设，通过学术学位培养少而精的研究型高端人才，同时拓展专业学位、继续教育和大规模辅导员培训。学科建设和理论研究最终的目的是要服务实践、服务于一线少年儿童的教育和培养。要培养少而精的研究型的高端人才，更重要的要培养能够面向基层一线和实践岗位的应用型的专业化人才。同时要开设好本科、还有专科必修和选修这项课程，普遍建立高校和中小学少先队组织、少年儿童社会教育机构、拓展中心、夏令营营地、少先队和少年儿童活动场所等对接的实践基地。总之，要遵循高校学科建设规律和人才培养规律，多听专家学者的意见，多发挥专家学者的作用，积极推动少年儿童组织与思想意识教育学科建设，使这个学科理论更扎实、更系统、更具权威性，也要更接地气。

要努力构建少先队活动课程体系。少先队活动课程是一个新生事物，还有很长的路要走。面向未来，我们要在教育部门支持下，在中小学教育中积极构建少先队活动课程体系。比如：少先队活动课程的主题要更加鲜明，要紧紧围绕党中央对少年儿童和少先队工作提出的新希望、新要求开展活动策划。少先队活动课程的目标要更加科学，要根据中小学不同年龄段少年儿童的特点，深入开展分层教育，尊重少年儿童的成长规律和特点，特别是思想意识形成的规律和特点。少先队活动课程的内容要更加集中，更加重视信仰启蒙、组织意识、道德观念、行为规范的培养。少先队活动课程的特性要更加突出，主要是通过少先队组织教育、自主教育、实践活动来开展，绝不能照搬其他教学学科的模式，要更多地考虑少先队组织特点、队员特点。少先队活动课程的元素要更加丰富，既要充分体现少先队特有标识、仪式、文化对社会主义核心价值观教育的独特作用，又要传承和吸收中华优秀传统文化对社会主义核心价值观教育的当代价值。少先队活动课程的形式要更加多样，不限定在课堂上，在操场上、校园里、在街道社区、田间地头、厂矿车间、博物馆、科技馆等等都可以开展。少先队活动课程的时代感要更加浓郁，要综合运用少先队活动教材、童谣、游戏、歌曲、动漫、新媒体等多种多样的方式和方法。少先队活动课程的评价要更加科学，不以考试和分数为评价手段，要充分发挥雏鹰奖章的评价激励作用。特别要强调的是，少先队员是少先队活动课程的主人，要在辅导员的帮助和指导下，充分发挥孩子们的自主作用，根据活动主题，放手让孩子们自己去策划、去设计、去组织、去实施、去总结，人人有收获，个个有提高。要注重发挥少先队小干部小骨干的带头作用。辅导员不要包办代替，一定要力戒成人化、模式化、表演化。少先队活动课程一定要既有意义、又有意思，这是我们一直需要坚持的方向。一定要让孩子们喜欢和向往我们这个组织和组织开展的活动，让孩子们在春风化雨中受到教育、润泽心田，在实践体验中懂得道理、收获快乐，在团结协作中认识规则、共同进步。

团中央、全国少工委将组织有关研究机构、多学科的专家学者、一线的少先队工作者、中小学校长等，着眼于构建少先队活动课程体系，进一步修订完善少先队活动课程指导纲要，出台配套资料。各级团委、少工委要充分用好教育部有关文件和各省级党委下发的加强少先队工作的政策性文件，坚持不懈地推动将少先队活动课纳入每一所中小学课表，纳入本地的义务教育课程设置方案。我们鼓励有条件的地方根据全国总体要求研发少先队活动课程教材、孩子们用书、辅导员读物和优秀案例汇编，建立健全少先队活动课程教研机制。各级团委、少工委要认真研究适应教育综合改革和中小学课程改革要求，研究清楚少先队活动课程本身应该解决什么问题，研究在少先队活动课程体系建设中共青团、少先队组织和教育部门各自承担什么，地方少工委和学校各自承担什么，学校领导、大队辅导员、中队辅导员、教研员在少先队活动课程建设中是什么关系。要把少先队活动课程建设与少先队学科建设和少先队辅导员专业化建设、少先队小干部小骨干培养、少先队基础建设充分结合起来，立足于构建科学、有效、管用的机制，统筹考虑，相互促进，一步一个脚印向前推进。

要切实加强各级少先队工作学会建设。要支持学会做大做强，自我完善。一是要坚持学会工作的科学定位。各级少先队工作学会是共青团组织领导下的专门从事少先队研究的群众性学术团体。要充分发扬光荣传统，始终围绕党对少年儿童和少先队工作的要求，共青团、少先队组织推进少先队中心工作的需要，当代少年儿童健康成长的需求，普遍、深入、有效地开展学会的理论研究。二是要明确学会承担的主要任务。各级少先队工作学会要在少先队专业化建设中发挥自身特有作用，致力于推进少先队活动课程建设、少先队学科建设、少先队辅导员专业化建设等各项重点任务。要以课题研究和成果转化为重点，深入开展贯彻中央对少年儿童和少先队工作指示精神研究，深入开展中国梦和社会主义核心价值观教育研究，深入开展少年儿童时代特点和成长规律研究，深入开展少先队组织教育、自主教育、实践活动研究，深入开展少先队史论法和各项建设与发展研究，等等。全国少工委和全国学会将发布一批课题，动员大家一起深入调查研究，做好科研，出好成果，做好转化。三是要不断加强学会自身建设。要建立健全学习制度，全体理事和会员都要认真学习中央有关精神，自觉用中央精神指导工作实践。深入学习和钻研本专业本领域学问，自觉运用到少先队科研之中。要建立健全调研制度，坚持走进少年儿童、走进辅导员、走进基层、走进少先队组织之中，一切从实际出发，推进少先队科研和相关工作。学会要更多地走进孩子们、走进我们的辅导员，学会理论研究要更多地提炼实践经验，总结规律，然后去指导基层工作和一线少先队辅导员。要建立健全管理制度，修订完善会员管理、专业委员会管理、课题管理等一系列规章制度。四是要构建科学的工作机制。学会要加强各专业委员会建设，加强对各省级学会的指导和帮助。要深化学术交流，创办学术刊物，建设科研基地，拓展网络平台，推广科研成果，开展专业培训。要研究更多地抓住政府职能转移和政府购买服务带来的机遇和挑战，密切与高等院校、科研机构还有社会组织的合作，走专业化社会化的发展道路。

老同志是少先队学会工作和少先队全部工作的宝贵财富。要充分发挥老同志在科研和传帮带中的重要作用，同时要加紧培养中青年少先队科研骨干。要积极建立促进青年人才成长的机制，激励优秀人才脱颖而出。

同志们，我们都能深切感受到党中央对少年儿童和少先队工作的关怀和厚爱，做好新形势下的少先队工作，使命光荣，责任重大。让我们以高度的责任感，脚踏实地，扎实工作，开拓进取，不断深化少先队学科建设、少先队活动课程建设，不断加强少先队学会工作，为让孩子们成长得更好、为培育国家和民族的未来、为星星火炬事业的前进和发展，作出少年儿童和少先队科研工作者应有的积极贡献。

罗梅在推动团员成为注册志愿者工作调研座谈会上的讲话

2014 年 11 月 26 日,根据录音整理

今天邀请部分省级团委负责同志和组织部长召开这个调研座谈会,主要目的是充分听取大家对推动团员成为注册志愿者工作的意见和建议,统一思想认识,传递工作信号。刚才,大家围绕推动团员成为注册志愿者工作进行了深入交流,提出了许多好的意见和建议,讲得很好,很受启发,也进一步坚定了我们在全团推动这项工作的信心和决心。

推动团员成为注册志愿者是加强基层服务型团组织建设的重要制度安排,最初是在思考落实基层服务型团组织建设工作过程中,如何打造服务大局、服务青年的骨干队伍时导出的一项措施,提出之后,发现意义不止于此,对团员意识教育、深化中国青年志愿者行动都有很好的作用。所以我们决定要下更大力气来推动这项工作。团中央书记处高度重视这项工作,秦宜智同志多次强调,要把蕴藏在青年人中的奉献精神和活力热情释放出来,要把共青团的工作对象转化为工作力量,鼓励和带动更多青年人加入志愿者队伍。今年以来,团中央组织部、青年志愿者工作部就推动团员成为注册志愿者工作进行了深入调研,分赴北京、吉林、江苏、浙江、福建、广东、重庆、贵州等地广泛听取意见和建议,在此基础上起草了《关于推动团员成为注册志愿者的意见(征求意见稿)》(以下简称《意见》)。我也多次对这项工作进行专题调研。总体感受是,各方面对推动团员成为注册志愿者的考虑普遍认可和支持。大家反映,推动团员成为注册志愿者,组织和动员团员以志愿服务方式更好地服务社会、服务他人、服务青年,对于体现团员先进性,增强团员意识,更好地发挥团员在青年中的模范作用,强化团员对组织和社会的责任,培养青年骨干队伍,推进基层服务型团组织建设和促进志愿服务事业发展,进而带动更多普通青年和社会公众通过参与志愿服务积极践行社会主义核心价值观,都具有重要意义。

中央和一些地方党组织对推动党员参与志愿服务也提出明确要求。比如,《关于加强基层服务型党组织建设的意见》提出"广泛开展以党员为骨干的各类志愿服务"的要求;北京市出台了《关于组织全市共产党员、共青团员积极参加学雷锋志愿服务活动实施意见》,要求广大党团员参加学雷锋志愿服务,为全社会发挥示范引领和辐射带动作用;广州市白云区规定入党积极分子注册成为志愿者、参与志愿服务是列为党员发展对象的前提条件。一些部门也对学生参与志愿服务提出要求,比如,教育部要求积极引导大学生利用社会实践的机会开展志愿服务活动,可将学生志愿服务活动折算成社会实践学分。同时,一些地方团组织也进行了有益的探索。比如,北京市要求每名中学生分别在每学期和每个假期至少到社区参加一次志愿服务活动;河南省提出通过三年左右时间实现团员全员注册为志愿者;重庆市将入团积极分子是否注册成为志愿者作为入团考察的重要内容。总的看,在全团推动团员成为注册志愿者有着迫切的现实需求,时机和条件也是成熟的。

下面,结合大家的发言,我再谈几点意见。

一、关于工作定位

《意见》深入阐述了开展推动团员成为注册志愿者工作的重要意义,强调这项工作是加强基层服务型团组织建设的迫切需要,是培育

和践行社会主义核心价值观的重要载体，是促进志愿服务事业科学发展的内在要求。基于这一认识，我们把推动团员成为注册志愿者定位为团的基层组织建设和团员队伍建设的一项基本制度安排。这项工作对象是全体团员和入团积极分子，基本做法是以注册带动参与志愿服务，推动力量是所有团组织和团组织领导的志愿者组织，根本目的是增强团员意识和团组织先进性、打牢共青团为实现“两个一百年”目标而奋斗的组织基础和队伍基础。这项工作具有基础性、全局性、长期性和战略性，要从把握共青团的三个根本性问题、解决团的工作面临的两大战略性课题的高度来认识和推进。

二、关于工作原则

一是要坚持组织推动与激发个人动力相结合。既要从组织层面推动，团的基层组织要积极推动所属的团员成为注册志愿者，同时要坚持团员主体地位，通过宣传发动、教育培训、实践锻炼等途径激发团员的内在动力，引导广大团员把成为注册志愿者、参与志愿服务作为自觉行动和时代追求。

二是要坚持全面推进与重点先行相结合。既要在面上广泛动员、全面推进，也要推动国有企业、机关事业单位、高校等基础较好的团组织先行一步，率先实现所在单位全体团员注册成为志愿者，专兼职团干部也要率先成为注册志愿者，从而发挥示范引领作用，带动形成志愿服务人人参与的生动局面。

三是要坚持履行义务与力所能及相结合。既要推动团员履行好团章和《中国注册志愿者管理办法》规定的基本义务，也要结合不同年龄段的团员志愿者的生理和心理特征，引导他们在搞好学习、做好工作的前提下，从身边小事做起，从就近就便做起，既尽力而为，又量力而行。14 岁至 18 岁的团员参与志愿服务、成为注册志愿者，须经法定代理人同意。

四是要坚持推动工作与加强组织建设相结合。要把推动团员成为注册志愿者工作与团组织的自身建设结合起来，以此为契机，进一步规范团员发展，严格团员管理；要把志愿服务作为入团教育和团员日常教育的重要内容，把参与志愿服务作为团的组织生活的重要内容；要与推进志愿者队伍和志愿者组织发展结合起来，进一步壮大青年志愿者队伍，健全志愿者组织体系和项目体系；要推动基层团组织负责人担任青年志愿者组织负责人，加强对志愿服务工作的领导。

三、关于几个具体问题

第一，关于推进这项工作的依据。团章规定团的建设“要坚持先进性和群众性的统一，教育、引导青年坚定正确的政治方向，发挥团员的模范作用”。同时，团章要求广大团员要“不断提高为人民服务的本领”“积极参加改革开放和社会主义现代化建设，努力完成团组织交给的任务，在学习、劳动、工作及其他社会活动中起模范作用”“热心帮助青年进步”“发扬社会主义新风尚”。这些都是团员的基本义务，表明团员作为青年中的先进分子，其标准是高于普通志愿者标准的，应该比志愿者的先进性更强，在青年中的模范作用更突出。正是基于这一法理依据，我们作出推动团员成为注册志愿者的重大工作部署，这将能够更好地规范团员权利和团员义务的关系，强化团员个人与组织的关系，增强团员的团员意识和团组织的先进性。

第二，关于入团前后以及超龄离团后的工作侧重。团员的年龄在 14 至 27 岁之间，但从事志愿服务工作的时限却可以远远超过这个范围，因此这里有一个入团前后以及超龄离团后的工作侧重问题。入团前，要将是否是注册志愿者、是否参加过一定时间的志愿服务活动作为考察内容；入团时，要积极同步推动新团员成为注册志愿者。在开展“推优”入党工作时，要将是否是星级志愿者、是否在注册志愿者中发挥骨干作用作为考察内容。总之，要通过不同阶段的工作，努力实现团员意识形成于入团前、升华在入团中、体现在入团后，使团员在青年中的模范作用得到充分体现。这里面还要考虑控制团员发展比例的情况，我们考虑从2015年开始降低中学团员发展比例，初中毕业班团青比降至30%、高中阶段（含中等职业学校）毕业班团青比降至60%。这就意味着将来不能加入团组织的青年比例会有一定提高，引导鼓励他们参加志愿服务，成为注册志愿者，把他们吸纳到团组织领导的志愿者组织中，是对这部分青年进行有效组织覆盖和影响的重要途径。

第三，关于以注册带动参与志愿服务。推动团员成为注册志愿者，就是要培养一大批服务骨干力量，更好发挥团员模范作用，前者是手段，后者是目标，决不能把两者割裂开来，为了注册而注册。一方面，各级团组织要推动团员按照《中国注册志愿者管理办法》相关要求来履行义务，组织动员团员围绕重点领域和项目开展志愿服务工作。要发动团员积极参加青年网络文明志愿行动，将团员政治思想上的先进性和担当精神延伸到网络空间，在互联网上积极发声，用文明语言和理性态度宣传正面思想、驳斥错误言论，主动弘扬正能量，自觉抵制负能量，增强网络文明素养，在构建清朗网络空间中发挥生力军作用。考虑到基层志愿者组织目前阶段在操作层面存在的实际困难，可以把“每年参加志愿服务不少于20小时”作为团员注册成为志愿者时的一种承诺。另一方面，志愿者组织要在团组织的领导下，坚持需求导向，设计好志愿服务内容，努力为注册志愿者提供丰富的志愿服务项目和载体，鼓励注册志愿者采取灵活方式开展志愿服务。

第四，关于未成年人参与志愿服务。包括中学生团员在内的未满十八周岁的未成年人，参与志愿服务面临一些具体问题，需要各级团组织和志愿者组织与家长、学校和教育部门沟通协作。要把握三个方面的要求：一是要健全中学青年志愿者组织，做到统一组织、统一行动、统一要求；二是要在其法定代理人同意的前提下注册成为志愿者、开展志愿服务，特别要保障其人身安全；三是倡导立足居住社区、校园以及校园所在社区等随时随地随手参与志愿服务。

第五，关于这项工作的目标任务。在广泛调研基础上，团中央初步确定了“力争到2017年底全国90%以上团员通过各种途径成为注册志愿者”的工作目标。这主要是基于三个方面的考虑：一是不同地区、不同领域团员群体和团的工作存在差异，既要全团“一盘棋”，又不能搞“一刀切”，用三年左右的时间来逐步推进落实这项工作；二是这项工作要突出团员队伍的整体先进性，因此必须有尽可能大的工作覆盖面；三是考虑到部分团员不具备参与志愿服务的能力，我们留出了10%的工作空间。

四、关于工作推动

一是要尽快启动实施这项工作。今天是座谈交流会，也是工作部署会。团中央组织部要系统梳理今天大家提出的意见和建议，对《意见》进行修改完善，尽快下发全团。各级团组织要提高思想认识，加强组织领导，明确工作职责，按照团中央的部署并结合各自实际情况制定具体工作方案，抓好工作落实。要向党政领导进行汇报，积极加强与文明办、教育、民政等部门沟通协调，为开展工作提供政策支持和保障。

二是要积极宣传动员。推动团员成为注册志愿者是一项新工作，涉及对象众多，要求相对具体，需要统一思想认识。要大力宣传团员责任义务，大力倡导志愿服务理念。要做好志愿服务意识培养和教育培训工作，把志愿服务作为入团教育和团员日常教育的重要内容，把参与志愿服务作为团的组织生活的重要内容，引导入团积极分子和团员切实增强对志愿服务的认同、积极参与志愿服务实践，正确认识和自觉履行作为团员的责任和义务。要及时宣传工作成效和经验,宣传优秀志愿者的先进事迹,发挥先进典型的带动作用。

三是要建立完善工作机制。要探索建立引导团员和入团积极分子积极参与志愿服务、注册成为志愿者的工作机制。要健全培训机制,加强对志愿者组织工作人员和注册志愿者的培训,提升志愿服务专业化水平。要建立和完善团员青年志愿服务的安全保障机制。要完善激励机制,特别是通过星级认证、评选表彰、"推优"入党等措施从精神层面强化对志愿者的激励。

汪鸿雁同志讲话

汪鸿雁在全国城市战线共青团工作会议上的讲话

2014年1月21日,根据录音整理

团中央书记处高度重视这次战线工作会议,宜智同志出席会议并讲话,充分肯定了过去一年城市战线各方面的工作,阐述了新形势下做好城市共青团工作的重要意义,对工作方向、工作重点及工作原则提出了明确要求,这个讲话是今后一个时期城市共青团工作的重要指导,大家要深入学习领会、全面贯彻落实。这次会议是团十七届二中全会后的第一个战线工作会,会议期间,大家结合党中央的一系列要求和全团工作总体部署,充分学习交流、认真讨论研究,为全年工作开好局、起好步,在认识和思路上做好了准备。在此,我就如何贯彻团十七届二中全会精神、落实宜智同志讲话要求,谈三个方面的意见。

一、关于2013年城市共青团工作情况

城市战线各级团组织按照年初的工作部署,攻坚克难、锐意进取,集中精力狠抓重点工作,取得了新的成绩。

1. 思想引导工作有亮点。一是以"岗位技能促振兴青春建功中国梦"为主题,把思想引导工作鲜明地融入到各项工作和活动中,体现出了城市战线的特点。二是创新开展寻找"最美青工"活动,挖掘基层一线青年职工典型,在青年职工中产生了积极影响。三是组织岗位成才报告会和青年创业典型报告会3300余场,发布630余段微视频,在城市青年中营造了敢于有梦、勇于追梦、勤于圆梦的良好氛围。

2. 基层组织建设有深化。一是"两新"组织团建,坚持巩固成果、提升活力,通过"抓大带小"的方式,着力推进较大行业、较大经济园区、较大非公企业的团建工作,全年新建非公有制企业团组织10.7万家,覆盖35岁以下青年327万人、团员145万人,新建社会组织团组织9324家,覆盖35岁以下青年33万人、团员14万人,新建全国国家级经济技术开发区团指委。通过组建骨干网络、开展"达标创优"活动,逐步建立分级直接联系管理重点非公团组织的工作机制,大面积地提升了组织活力。二是街道团建工作,通过狠抓干部配备、组织建设、载体创新、机制建设等关键环节,巩固和强化了街道的桥头堡地位。

3. 发挥生力军作用有力度。一是抓青年

文明号工作，深化品牌、拓展领域、丰富内涵，开展“我的中国梦”主题实践活动，引导职业青年学技成才、岗位创优、文明服务。二是通过青年岗位能手评选表彰工作，带动企事业基层团组织扎实开展岗位练兵、技能比武、创新创效活动，促进职业青年立足本职、敬业奉献。三是组织“振兴杯”职业技能大赛，拓展覆盖领域，吸引青年职工广泛参与，有效提升了青工的技能，为企业发展作出了积极贡献。四是以“青年安全生产示范岗”创建活动为抓手，引导职业青年树立意识、落实责任，维护安全生产。

4. 服务青年就业创业有实效。一是抓小额贷款工作，深化与金融机构合作、创新担保方式、提供专业服务、完善工作机制，全年新增贷款项目5.6万余笔，贷款金额96.8亿元，扶持创业青年5.6万多人，带动就业22.6万多人。二是抓青年就业创业见习，挖掘优质岗位、加强岗位对接、搭建信息平台，提升青年见习参与度和岗位对接有效性，全年提供岗位42万余个。开展“牵手毕业生、见习促就业”活动，帮助21万余名青年获得见习机会，其中约5万名青年实现就业。

二、做好2014年城市共青团工作

按照团十七届二中全会部署和宜智同志讲话精神，我们把今年城市战线工作思路确定为：深入贯彻落实党的十八大、十八届二中、三中全会和党中央书记处重要指示精神，认真落实团十七届二中全会部署，着力加强思想引导工作，着力促进青年创业就业服务体系建设，着力推进城市战线团的基层组织建设，创新深化城市共青团品牌工作，团结带领广大城市团员青年为推进改革发展充分发挥生力军作用。昨天下午，宜智同志在讲话中，从如何面对新机遇新挑战，进一步增强责任感使命感，如何加强理想信念教育，如何提高服务青年的能力，如何增强对城市青年的有效覆盖面等方面，已经作了充分的阐述并提出了要求。今年城市共青团工作要点也已经在这次会议上印发给大家了。这里，我就理想信念教育、创业就业、基层组织建设等几项工作再强调一下。

1. 以树立和坚定理想信念为核心，善结合、重实效，凝聚起城市青年实现梦想的强大精神动力。面向广大青年加强理想信念教育，始终是共青团组织的核心任务，也是党中央对共青团最集中、最鲜明的要求。

一是要树立全团动手的意识。城市战线的工作和全团其他战线一样，根本任务是培养中国特色社会主义事业合格建设者和接班人，这就内在地要求我们把理想信念教育摆在最核心、最根本的位置来抓。要在各项工作和活动中，促使思想引导工作紧密结合、贯穿始终、融入过程。

二是紧扣主题。各级各地团组织的思想引导工作，要紧紧围绕“中国梦”这一时代主题来展开，引导城市青年形成正确的思想认识和价值观，真正把各行各业的城市青年团结凝聚起来。要引导城市青年培育和践行社会主义核心价值观，服务城市文化传承、文明涵养等软实力建设。

三是突出实践。城市青年有着明显的职业特点、岗位特点，他们的思想观念及形成过程是与具体的职业、岗位紧密相关的。我们开展思想引导工作更要突出实践这一关键，找准与服务企业生产发展、服务青年职业发展的结合点，主动把思想引导内容融入进去，促进广大职业青年把个人梦、国家梦和民族梦有机统一起来，做到诚实劳动、不懈奋斗，在服务企业发展和国家建设中实现个人价值。

四是创新。对城市青年的理想信念教育工作要不断创新，尤其是要主动适应新媒体新技术的发展趋势，不断创新和改进方式方法，努力做到全媒体覆盖。

2. 以创业为重点，提能力、上水平，做好服务青年工作。青年的服务需求很多，在城市共青团工作战线，要把创业就业这一当前青年最普遍、最迫切的需求，作为服务青年工作的重中之重。这些年来,全团狠抓青年创业就业工作,整合各方面的资源,竭力做了很多事情,形成了很好的工作积累和发展态势。根据新的形势,我们研究认为,应该把工作重心进一步集中到促进青年创业上面来,在突出抓创业工作的同时,坚持做好就业服务工作。一方面,随着全面深化改革措施的陆续出台,党和政府会有更加有力的政策措施,推动全社会的创业就业工作。全社会创业的机会必然会进一步涌现,全体社会成员的创业热情也会进一步高涨。另一方面,青年是创业的主体,我们集中抓创业工作,能够立足共青团有限的资源能力,发挥出比较优势、对接青年现实问题。按照这一思路,我们2014年的创业就业工作,就是要高举创业大旗,以促进青年创业工作带动青年就业服务工作,重点抓好一个体系、一个大赛、一个计划和园区建设,即促进青年创业就业服务体系、青年创新创业大赛、青年创业就业见习计划和青年创业示范园区建设。

促进青年创业就业服务体系,就是按照“整合”的思路,对城市、农村、学校及团中央直属单位开展的创业就业工作进行有机整合、系统规划。团中央已经印发了《关于加强共青团促进青年创业就业服务体系建设的实施意见》,在文件中作出了五个方面的部署。一是创业就业意识教育。这是基础。要结合“我的中国梦”主题教育实践活动,传播创业文化,举办青年创业就业大讲堂、讲述创业故事、分享创业经验。二是创业平台建设。这是载体。要以中国青年创新创业大赛为牵动,选拨一批带头人、培育一批项目,为创业青年提供帮扶。三是创业就业服务。这是核心。要从见习、贷款、培训、服务、项目库、人才库等方面进行深化。四是创业园区建设。这是关键。要依托已有园区和孵化基地,提供统一标识、统一政策的场地和孵化服务,争取在贷款贴息、租金补贴、税收优惠、工商注册、股权投资等方面有突破。五是发挥社会组织作用。这是协同。既要加强与各级各类社会组织和国际国内创业就业机构的充分合作,又要积极整合团内资源,充分发挥中国青年创业就业基金会、中国青年企业家协会、中国青年创业国际计划(YBC)等组织的作用。

举办中国青年创新创业大赛,既是加强共青团促进青年创业就业服务体系建设的一项重要内容,也是在全社会营造浓郁创业氛围的有力抓手,将由团中央联合有关部委、权威媒体共同开展。大赛目的是通过搭建创业者展示成长平台、创投机构投融资对接平台,建立创新创业项目库、创新创业青年人才库,优化青年创业环境,提高青年创业成功率,激发全社会关心支持青年创业。组织这一赛事,应更加注重参赛对象的广泛性,35周岁及以下有意向创业的报名者和正式创业的报名者均可参加,如果是团体报名,则要求主要负责人为35岁以下。应更加注重社会的支持,联合党政职能部门、集聚社会力量、整合各种资源,为创业青年提供链条式服务。应更加注重参赛项目的质量,重点针对具有投资价值的中小企业或处于初创和快速成长期的创业企业。应更加注重大赛后续的服务和扶持,优秀项目将获得园区入驻、培训辅导、资金扶持、股改上市等综合性服务和扶持。大赛的动员工作很重要,要把组织化动员和市场化动员结合起来,确保参赛项目和参赛团队的质量,广泛吸纳社会资源支持青年创新创业。大赛统一冠名,各地要根据统一的评审规则和流程,组织“中国青年创新创业大赛”统一冠名下的地区赛事。赛事要做到立体式宣传,与网络媒体、新媒体、电视媒体、户外媒体、纸质媒体等加强合作,对大赛本身和参赛项目进行有效宣传和营销,这既是大赛的需要,也是企业的需要。实施中国青年创业就业见习计划,是共青团“青年就业创业见习基地”工作的转型,要按照“项目化运作、社会化动员、规范化管理”的要求,充分发挥共青团、人社部门的组织网络优势和工作载体优势,来提供支持和服务,努力推动纳入各级公共就业服务机构的工作内容之中,推动建立带有共青团色彩的工作窗口。

3. 以街道区域化团建和非公企业团建为重点,广覆盖、促活力,创新做好基层组织建设工作。在城市战线抓基层团的组织建设,当前和今后一个时期,就是要突出抓街道区域化团建和非公企业团建工作。

街道区域化团建工作。近年来,很多地方依托街道社区探索了网格化的社会管理和服务模式,并取得了很好的效果。一些地方的团组织已经主动借鉴这些经验做法,在城乡开展区域化团建工作,实现了对更多城市青年特别是流动青年的有效覆盖。各地的这些实践,对各地团组织创新发展,很具有启示意义。团十七大以来,团中央书记处深入调查和研究,下定决心要推动区域化团建,在街道层面把团的工作创新推向新的台阶,打造基层服务型团组织,对街道区域的青年真正实现有效的覆盖、切实的服务。

关于这项工作,团中央也已经专门下发文件进行部署。如何迈出步子、走出路子,具体地推进工作,主要应从三个角度来选切入点。

第一个切入点是坚持党建带团建来推进。党的建设早在2004年就提出开展区域化党建工作,构建以街道党组织为核心、社区党组织为基础,驻区单位党组织和全体党员共同参与,优势互补、资源共享、共驻共建的党建工作新机制。各地基层党组织在区域化党建工作中,在发挥街道党(工)委核心作用、建设工作队伍、探索工作载体、建设功能性阵地、运用信息化手段、健全工作机制等方面进行了大量有益的探索,形成了许多宝贵经验。我们要按照党建带团建的这一工作要求和工作思路,主动借鉴区域化党建的有益探索和宝贵经验,全力推进街道区域化团建。

第二个切入点是结合街道服务管理职能新发展来推进。改革开放前,城市基层管理组织格局,总体上就是作为国家政权派出机构的街道办事处,与作为区域性自治组织的居民委员会。这种对居民进行管理的"街居制",与对在职职工进行管理的"单位制"相结合,是多年来城市基层社会管理的基本形式。改革开放后,随着市场经济的发展,人们的社会空间迅速扩大,开始突破单位的空间,逐渐由"单位人"成为"社会人"。社会管理开始面临两个重大难题:一是人员流动频繁,在单位的社会管控能力日益下降的情况下,一时难以出现对自由市民实行有效管理的组织;二是随着单位功能的转换,原先应该由单位所承担的服务职能被推向了社会。街道办事处作为上级政府的派出机关,更加直接面对市民,在公共服务、社会保障、治安维权、城市环境等方面,逐步承担了满足市民基本需求的职责。目前的街道办事处,随着城市"两级政府、三级管理、四级服务"体系的建立,在城市服务管理体系中的地位越来越重要,发挥着综合性的社会服务管理职能。我们要理清街道发展变化的脉络,把握住当前街道服务管理职能的发展现状和变化趋势,找准参与社会建设的着力点,主动适应、主动作为,大力推进街道区域化团建工作。

第三个切入点是充分利用街道团的组织格局创新的工作积累来推进。近年来,街道团的组织格局创新工作有力地增强了工作力量,拓宽了联系青年的渠道,增强了整合资源的能力。同时,各地在街道团组织发挥枢纽作用联系青年社会组织、区域化推动街道共青团工作方面也进行了大量有益的探索,取得了丰富的经验。通过前期与各地工作沟通来看,区域化推进基层团的工作已经成为城市战线各级团组织的广泛共识。我们要保持良好的工作状态,在前期工作基础上,认真做好街道区域化团建工作。

具体地要从七个方面来抓工作,一是推动区域组织共建,在街道党(工)委领导下,由街道团(工)委牵头成立区域青年工作共建委员会，通过联建共建、结对共建等方式，实现区域性组织建设联动。凡属区域内的机关、事业单位、企业、学校、园区等，已建团的必须向街道团工委报到，成为成员单位，建立起点对点的联系机制，承担工作并参加活动；未建团的单位，也可以吸纳为共建委员会成员单位，纳入工作范围。街道团工委直属团组织建设工作要进一步加强，既要指向青年聚集较多的商业街区、工业园区、集贸市场、居住区等区域，又要指向“两新”组织、文体兴趣组织、志愿者组织等功能性组织，因地制宜地建设团的组织。既要采取行业建团、楼宇建团、市场建团、园区建团等联建共建模式，又要探索建设“流动团员联络站”等工作方式。街道区域化团建第一批启动地区，都是直辖市、省会城市、计划单列市或者各地条件较好的地市，这些城市的经济社会发展较为靠前，团的工作基础较为扎实，我们提出了要在街道社区普遍建立团组织、实现百分之百全覆盖的目标。二是加强青年社会组织工作，基础工作就是要先摸清区域内各类青年社会组织的底数，再通过与这些组织特别是其骨干人员的联系沟通来推进工作，可以考虑成立区域青年社会组织联谊会，来发挥街道团（工）委“联系骨干、引导社团、协调资源”的枢纽作用，逐渐加强对青年社会组织的联系、服务、引导并开展项目合作。三是加强工作力量配备，巩固街道团（工）委班子至少9名专兼职团干部的组织格局，市级团委要推动街道团工委班子调整更新形成制度性安排，区县级团委每年要组织编制外委员参加集中培训，为区域化团建提供稳定的核心骨干队伍。还要注意充分吸纳社区工作者、青年志愿者、青年社团骨干等群体成为工作力量。四是拓展青年阵地，积极稳妥地推进工作平台和阵地建设，为区域化团建提供联系、服务团员青年的载体。既要考虑自建自用，又要充分做到为我所用，主动争取党团组织共用活动场所，协调共建委员会成员单位共享活动阵地，积极利用媒体，为青年提供交流、交友、社区参与的平台。五是加大资源整合力度。团组织既要对接党政职能，大力争取支持，通过承接政府青少年事务，形成获取党政资源的长效机制，又要立足团内，注重资源整合与配置，形成“上下流动、横向联动、分布合理”的团内资源分配机制，还要面向社会，开放式地探索项目化、市场化的社会资源整合方式。六是搭建服务项目平台，打造“新市民培训计划”、“社区志愿者微公益行动”等牵动性品牌项目，打造“一街一品”的共青团特色项目体系。七是完善工作协同机制，建立区域青年工作联席会议制度，建立区域化的议事协商、资源整合、人才培养、活动共联、信息共享等机制，把参与街道区域化团建工作纳入各行业系统团组织考核标准。

非公企业团建。从总体上看，我们在非公企业中，基本跟上了党建的步伐，也大大增强了对青年的组织覆盖，基本具备了团的组织基础和工作体系。几年下来，我们在抓非公团建方面已经有了较为成熟、统一的思想认识，较好地掌握了工作底情和工作环境，形成了很多好的做法办法，在全团范围内也架构起了较好的工作框架和工作机制。下一步，要把工作重心从增加覆盖面、新建团组织的方向，进一步调整到提升已建团组织的活力、增强覆盖有效性上面来。基本考虑是，在保持适当建团规模的基础上，集中力量抓组织活力。

一是继续深入开展“达标创优”工作，促进组织活力提升。以“达标创优”为抓手，注入品牌工作，采取分级负责、层层考核的方式，切实落实靠前指导、整改提高、活力评估和示范带动等工作机制，促使大部分已经建立的团组织普遍达到“有阵地、有档案、有班子、有活动”的“四有”标准，在此基础上培育选树一批“活动开展好、青年反映好、推动发展好、组织建设好”的“四好”团组织，切实提升非公企业团组织活力。二是大力推进园区团组织建设。着力在经济技术开发区、高新区、商务中心区等企业高度聚集且同质化程度较高的区域加强团组织建设。国家级经开区团指委已经成立，各省均应针对经济园区建立省级的工作指导平台或组织平台，大力推进经开区和经开区企业团的建设工作，努力实现重点区域非公企业团建的块状突破。三是坚持“抓大带小”，着力推动较大非公企业建团。要梳理分析非公企业建团情况和目标企业，着力推动在从业青年多、经济规模靠前、社会影响大、社会渗透力强的非公企业建立团组织。四是务必建立完善骨干网络，形成支撑体系，有效运转。分层增加团组织直接联系的非公企业数量，通过省、市、县级团委分别直接联系管理本地区已建团非公企业中，靠前的100家、70家、40家，筑牢组织框架体系。五是强化行业团组织建设。继续探索在具备条件的行业建立团的组织平台和工作平台，探索规范行业团的组织和活动模式。已经建立的行业和系统团委、团指委，要一年一个台阶，切实发挥作用、规范运行，逐步形成工作特色。

国有企业和机关事业单位团组织比较健全，基础相对较好，建团的任务不是很重，关键是要解决如何普遍性地提升组织活力的问题。团中央将适时召开机关共青团工作研讨会，研究并制定关于进一步加强机关共青团工作的指导文件。

4.以品牌深化为抓手，搭平台、创载体，促进青年充分发挥生力军作用。多年来，城市共青团形成了青年文明号、“振兴杯”、青年岗位能手、青年安全生产示范岗、创新创效等工作品牌。这些工作品牌，在促进职业青年成长发展、带领职业青年发挥生力军作用等方面，工作基础扎实、品牌积淀丰厚。下一步，要在继承的基础上结合新的形势和实际，大力创新深化，使其更好地引领职业青年成长成才、建功立业。

青年文明号既是我们促进全社会精神文明建设的工作载体，也是提升职业青年综合素养的重要抓手。2014年是青年文明号活动开展二十周年，要以此为契机，认真总结梳理基本经验和丰富成果，着力在丰富内涵、拓展领域、深化载体、亮化形象等方面，推动这一品牌实现新发展、彰显新活力。一是结合青年文明号发展实际，不断丰富职业文明的时代内涵。二是融入经济社会发展大势，努力向电子商务、快递物流、餐饮行业、社会中介组织等青年集聚的新兴领域，积极扩大活动覆盖，使青年文明号始终活跃在社会生活和广大青年中。三是结合不同行业的特点，建立和完善创评的行业标准，探索新的活动载体。四是在一些大中型城市的功能区，探索开展区域联创活动，发挥品牌的社会号召力和规模效应，助力区域发展，并以联创活动的成果促进区域化团建。五是将引导青年岗位建功与服务青年实践成才紧密结合，使青年文明号成为各类青年骨干加速成长的推进器。六是积极开展有形有效的主题实践活动，在服务社会管理、促进民生建设、弘扬诚信文化等方面发挥青年文明号的示范作用。今年各地要根据团中央总体部署，集中组织好二十周年系列活动，形成创建活动层级联动、基层踊跃、整体活跃的良好局面。

“振兴杯”以提升青年职业技能为重点，较好地体现出了该类竞赛活动“量化、通用、受益面广”的特点和优势，下一步深化“振兴杯”工作的考虑是，进一步创新深化，使各级竞赛组织工作更加规范、赛事程序更为精细、传媒影响更有力度，更好体现出广泛参与性和主题导向性，让广大青工真正觉得有意思、感兴趣、愿参与、能受益。要着力做到“三个拓展、一个扩大”。一是拓展覆盖领域，参赛范围要继续向非公企业拓展、向进城务工青年延伸，不断扩大“振兴杯”职业技能大赛的社会影响力。探索如何与政府推动的农民工职业技能提升工作相衔接。二是拓展覆盖行业。借助行业团建的成果，按照产业集群和职业技术院校分布，开展区域性的、行业性的比赛，扩大系列赛事规模,促进技能振兴向更多行业拓展。在这方面各地要结合实际,不等不靠,主动出击,各显其能。每个省级团委都应有动作、有声势。三是拓展比赛工种。不仅要在第二产业中开展,而且要向青工聚集的行业及服务业等领域拓展工种,使工种设置更加优化、体现示范性。四是进一步扩大“振兴杯”职业技能大赛的覆盖面和参与人数。

中国青年企业家协会是我们联系服务青年企业家的桥梁和纽带,是共青团城市战线上的一支重要工作力量。要从协会组织建设、人才培养、作用发挥、服务青年等方面,进一步加大工作力度。优化青企协组织功能,重视青年企业家队伍建设,重点在培养优秀青年企业家、服务经济社会发展、支持和参与党的青年工作上下功夫。围绕区域发展总体战略,开展各类经贸考察、项目对接活动,动员青年企业家在全面深化改革、推动经济持续健康发展中贡献力量。筹备召开中国青年企业家协会第十一次会员代表大会,各地要积极做好人选推报等有关配合工作。

城市战线各级团组织要进一步做好城市边缘青年群体的联系、服务、引导工作。团中央已下发文件,决定在部分城市开展试点工作。请有关试点城市按照工作要求,结合实际,做好摸清底数、加强联系、提供服务、反映诉求等方面工作,积极探索工作路径和载体,为进一步做好服务引导工作奠定基础。

三、以良好的状态和科学的方法推进工作

城市战线的工作,对象数量庞大,工作领域广、内容宽、创新要求高,在全团的工作格局中任务多、分量重。我们在谋划和推进工作的过程中,要更加注重运用一些好方法好做法,努力使整体工作更有实效,更有吸引力和影响力。借这个机会,我谈一下自己的工作体会。

1. 找准定位,明确各层级职责。全团是一个系统化的组织,从整体上增强城市战线的工作承载力、作用力,需要不同层级的组织把握自身职责。各层级各司其职,同时上下级之间又互相支持、配合,才能最大限度地发挥系统的整体合力。比如,团中央的定位是全团的思想库、风向标、司令部,主要负责出思路、给政策、教方法、抓落实,即使介入一些具体工作,也是为了做示范。省级团委可以自己做具体活动,但要更加致力于三个方面的工作,一是指导基层,二是支持帮助基层,三是推动落实。省市级团委要特别注意做好两个转化,一是地方化,即“对上”转化,善于把团中央的要求与本地实际相结合,创造性地贯彻落实,实现工作地方化。二是具体化,即“对下”转化,把工作进行“翻译”,使下级团组织能够看得懂、好操作。省、市、县三级团委要着力谋划如何指导、帮助、支持、牵动下级和基层团组织,把工作向下级和基层延伸。基层组织要在执行上有办法、出实招、见效果。

2. 统筹协调,突出重点。城市战线可以做的事情很多,各地情况也不同,具体工作的侧重点、切入点不可能完全相同,也不应该完全相同,但无论选择什么侧重点和工作角度,都必须围绕城市战线的总体要求和部署来展开,必须集中精力、突出重点,有所为有所不为,努力契合中心任务,在工作重心上尽力体现出全团的一致性、整体性。

3. 面向基层,夯实基础。团组织有效覆盖青年的面积和成效,基层起着决定性的作用。一要帮助基层创造、优化政策环境,并尽最大努力向基层倾斜,为基层团组织提供更多工作资源和载体。二要抓好基层团干部能力建设。要主动适应基层团干部队伍流动性强的特点,持之以恒地抓基层团干部培训,坚持反复抓、循环抓。三要明确工作内容。善于从基层的角度来部署和指导工作,使基层工作能够更加简明易行。四是保持适当、科学的考核力度。考核不能过多,但也不能一点没有,要结合战线重点工作进行优化和整合。

4. 始终注重工作方向。要有时常“抬头看天”的自觉意识，对工作的大方向始终保持高度的清醒，不断提高工作的敏锐性。习近平总书记指明的“三个根本性问题”和“两大战略性课题”是我们开展共青团工作的根本遵循，这就要求大家在开展工作时，在抓具体的工作中，不要偏离了根本目标，或者不知不觉形成高度的路径依赖，从而回避、丢失了根本目标。因此，要时刻注意对照根本遵循来校正自己的工作方向。

同志们，今年的城市共青团工作任务艰巨、责任重大。我相信，全团城市战线上下目标一致、齐心协力、扎实奋斗，我们的工作一定会有新的突破、迈上新的台阶！

汪鸿雁在中国青年志愿者助残“阳光行动”启动暨2014年全团青年志愿者工作会议上的讲话

2014年2月28日，根据录音整理

这次在团中央、中国残联召开中国青年志愿者助残“阳光行动”启动会议期间，套开2014年全团青年志愿者工作会议，主要任务就是认真学习贯彻党的十八大和十八届二中、三中全会精神，认真学习贯彻习近平总书记给“本禹志愿服务队”的回信精神，贯彻落实团的十七大和十七届二中全会工作部署，全面总结2013年全团青年志愿者工作，集中部署2014年的工作。

团中央书记处对这次会议高度重视。宜智同志专门出席今天下午的中国青年志愿者助残“阳光行动”启动会议并作了讲话，充分肯定了中国青年志愿者行动实施20年的工作成效，系统部署了中国青年志愿者助残“阳光行动”，深刻指出了全面提升中国青年志愿者事业科学化水平需要把握的重要问题。宜智同志的讲话，是对全团青年志愿者工作的总要求、总部署、总动员，我们要认真学习领会。刚才，4位同志从提升项目管理科学化水平、加强志愿服务实体型平台建设、完善志愿服务体制机制、深化关爱行动“四位一体”工作格局等方面，作了很好的发言。下面，就如何贯彻落实宜智同志的要求，和大家交流几点意见。

一、关于2013年全团青年志愿者工作

2013年是中国青年志愿者行动实施20年的一个缩影，对于全团青年志愿者工作来说，可以说是大事多、收获大的一年。2013年12月5日，习近平总书记给华中农业大学“本禹志愿服务队”回信，充分肯定青年志愿者工作，并勉励广大青年志愿者以青春梦想、用实际行动为实现中国梦作出新的更大贡献。9月1日，中共中央政治局委员、国家副主席李源潮同志出席大学生志愿服务西部计划实施10周年座谈会并发表讲话。经过全团上下的共同努力，去年一年的工作取得新的重要进展。

1. 认真学习贯彻习近平总书记回信精神，集中开展中国青年志愿者行动实施20周年志愿服务活动。在团中央书记处直接领导下，全团掀起了学习习近平总书记回信精神、纪念青年志愿者行动实施20周年的活动热潮，纷纷开展集中活动。团中央集中组织了“青春志愿行、共筑中国梦”青年志愿者社区志愿服务、“青年志愿者之歌”典型宣传、中国青年志愿者行动20周年新闻发布会等活动。12月5日当

天，团中央书记处7位同志分别以普通青年志愿者的身份，分赴北京、广东、湖北、云南等地，和基层青年志愿者一起学习贯彻习近平总书记回信精神、参加志愿服务活动。各级团组织进一步动员广大团员青年和青年志愿者踊跃投身志愿服务。湖北省团组织开展了“荆楚志愿潮·星耀中国梦”主题活动，天津市团组织开展了“投身志愿服务、建设美丽天津”专项活动，陕西省团组织开展了“共话志愿情·同圆中国梦”主题活动等。辽宁、湖南、江西等省党政主要负责同志对本地区志愿服务工作给予了高度评价。江苏、福建、河南、湖北、广东、广西、重庆、贵州、甘肃等省区市党政负责同志通过作出批示、调查研究、参加活动等多种方式，对推动当地青年志愿者工作提出明确要求。

2.深入推进青年志愿者工作体系建设和重点项目，逐步完善中国青年志愿者行动工作布局。目前，共青团组织已在全国各省区市、主要行业系统以及大多数市、县和高校建立了青年志愿者协会，建立了13万个志愿服务站（基地），形成了比较完善的青年志愿服务工作体系。去年以来，全团继续深化重点志愿服务项目，完善志愿服务工作布局，带动青年志愿者事业全面发展。一是深入推进共青团关爱农民工子女志愿服务行动。各地通过举办专题研讨班、发文部署、专题调研，进一步加大组织化动员力度。安徽、四川、重庆3省市将关爱行动列入党委、政府民生工程，广东、吉林、湖南3省把关爱行动作为全民志愿服务内容、人才培养计划或文明城市考核验收指标体系统筹推进。吉林、黑龙江、上海、安徽、江西、河南、湖北、广东、重庆9省市团委将关爱行动纳入年度考核内容，形成了关爱行动与团内各重点工作同研究、同部署、同考核的局面。北京、内蒙古、辽宁、吉林、黑龙江、海南6省区市实现了结对学校全覆盖；北京、辽宁、吉林、黑龙江、上海、江苏、浙江、安徽、江西、河南、湖北、湖南、重庆、贵州、陕西15省市的农民工子女结对率均达到90%以上。目前，这项工作已在全国2805个县市区旗实施，已结对农民工子女较集中学校5.4万所，结对农民工子女1482万人，参与结对的志愿者550万人，建设各类规范性活动阵地4.9万多个，团中央直接支持基层建设示范性“七彩小屋”929个，初步形成了机制、队伍、内容、阵地的“四位一体”工作格局。二是扎实推进大学生志愿服务西部计划和研究生支教团工作。全年新招募西部计划志愿者10009名，在岗志愿者总规模保持在17500人左右。从全国170所高校选拔1811名优秀毕业生组建了第十六届研究生支教团。加强对西部计划服务县和高校项目办开展年度绩效考核工作。江苏、河南、广东、四川、兵团等地建立了西部计划志愿团队专项培训制度。团中央部署开展了“中国梦·西部情”西部计划10周年巡回报告团活动，指导各级项目办共开展500多场报告会，参加北京报告会的6名青年志愿者作为优秀代表，应邀参加了习近平总书记出席的“实现中国梦·青春勇担当”五四主题团日活动。三是认真完成中国青年志愿者海外服务计划有关任务。继续做好海外计划重点项目志愿者派遣工作。向亚洲、非洲的5个国家派遣青年志愿者71人。分别启动援助乌干达项目和援助塞拉利昂项目。加强青年志愿者海外计划操作规程、服务领域与专业菜单的研究与制定。四是切实做好大型赛会志愿服务工作及抗震救灾协调工作。辽宁、江苏、北京、天津等地团组织圆满完成了第十二届全国运动会、第二届亚洲青年运动会、第九届中国（北京）国际园林博览会、第六届东亚运动会等大型活动的志愿服务工作。四川团省委牵头承担“四川省抗震救灾指挥部社会管理服务组”的职责，统筹协调做好灾区社会管理服务工作。甘肃团组织成立共青团抗震救灾前线指挥部和志愿者服务工作站，北京、重庆等震区外团组织积极组织专业救援志愿者队伍及时支援了灾区抗震救灾救援工作。

3. 大力弘扬“奉献、友爱、互助、进步”的志愿精神，进一步提升中国青年志愿者行动社会影响力。团中央组织召开了第九届中国青年志愿者优秀个人奖、组织奖、项目奖表彰暨学雷锋座谈会，推荐志愿服务项目参加中央电视台《社区英雄》栏目，推介优秀青年志愿者微电影参加杭州国际微电影展，开展“中国青年志愿者优秀文化成果网络展”活动。各地团组织推出大量反映青年志愿者题材的文化作品。西藏青年志愿者协会联合区电视台开展了《你我身边的活雷锋》典型事迹宣传活动，天津市团组织开展了“天津青年志愿者形象大使”评选活动，陕西省团组织实施了“一张纸献爱心”志愿服务工程，河南省团组织深化实施了青年英雄帮扶行动，湖南团省委联合湖南师范大学成立了湖南青年志愿者培训与研究基地等，进一步繁荣和发展了志愿文化。加强微博等新媒体运用，中国青年志愿者政务微博体系建设涵盖全国、省、市、县4级协会和项目专员，微博体系成员共发布信息4万余条，被转发评论30余万条，入选“全国百大政务微博”，在团委类政务微博排名中保持在前10位。

4. 建立健全青年志愿者工作的体制机制，切实提升志愿服务的能力和水平。团中央修订了《中国注册志愿者管理办法》，明确青年志愿者的注册、认证、考核和激励等实施细则；积极争取有关部门支持，有计划地解决西部计划等长期志愿者和关爱行动项目专员等的保险问题。一些地方通过修订注册志愿者管理办法、印发志愿服务记录办法实施细则、推行“志愿服务记录制度”等，进一步推进志愿者管理的制度化建设。青海省制定了《促进青年志愿者就业意见》，新疆维吾尔自治区党委人才工作领导小组将西部计划志愿者纳入“人才兴疆”战略规划，湖南团省委发布了《湖南省青年志愿者协会分会建设管理办法（试行）》，重庆团市委制定《关于将入团积极分子学雷锋、践行志愿精神作为入团考察重要内容的意见》等，加强对开展志愿服务的制度保障。

全面总结和系统回顾中国青年志愿者行动20年的发展历程，给予我们很多宝贵启示。主要有：一是必须坚持围绕中心、服务大局，紧紧围绕共青团的根本任务、政治责任、工作主线找准切入点，始终把青年志愿者行动摆在全面深化改革、推动经济社会发展的大局中谋划和推进；二是必须坚持团的属性、青年特色，充分发挥共青团在青年志愿者工作中的指导作用，发挥青年志愿者行动在实践育人、思想引领和组织青年等方面的重要作用；三是必须坚持尊重基层、志愿者为本，尊重青年志愿者的主体地位，鼓励和支持基层大胆创新，不断深化志愿服务内涵；四是必须坚持立足常态、重在实效，推动志愿服务便利化参与、日常化开展，不断满足社会公众共同参与、共同享有志愿服务的需求；五是必须坚持统筹协调、分类指导，统筹重点品牌与整体工作、开展活动与加强建设、实践推动与理念传播、国际经验与中国国情等关系，注重对不同地区、领域和行业志愿服务工作进行分类指导；六是必须坚持精神引领、社会动员，始终把弘扬志愿精神作为一条主线贯穿青年志愿者工作始终，丰富青年思想引领实践载体，影响和带动社会各界参与志愿服务、促进社会和谐；等等。这些基本经验，是全面提升中国青年志愿者事业科学化水平的重要理论和实践成果，我们一定要坚持好、运用好、发展好。

二、扎实做好2014年全团青年志愿者工作

今年1月6日，党中央书记处在听取团中央工作汇报时，对进一步加强青年志愿者工作作出重要指示。中共中央政治局委员、国家副主席李源潮同志多次对推进青年志愿者重点品牌、发挥青年志愿者重要作用等给予充分肯定、作出重要指示。团的十七大、十七届二中全会都把青年志愿者工作摆在共青团组织青年、引导青年、服务青年、维护青少年合法权益

等全局工作中部署安排。宜智同志先后多次参加青年志愿者活动,并经常召集会议专题研究青年志愿者工作。这些,都为当前和今后一个时期的青年志愿者工作指明了方向。

当前,青年志愿者工作面临重要机遇和挑战。从党和国家工作大局看,志愿服务工作已上升为党推动中国特色社会主义全局工作的重要内容。党的十八届三中全会作出了推进国家治理体系和治理能力现代化的战略部署,并明确提出:“激发社会组织活力”、“支持和发展志愿服务组织”。这为青年志愿者工作发挥社会动员、社会服务、社会协同、社会引领等功能,积极承办政府事务、不断调动社会参与、广泛开展服务活动提供了难得的机遇。从党对共青团的要求来看,牢牢把握“三个根本性问题”、破解“两大战略性课题”,为青年志愿者工作提供了新的工作舞台。通过推进基层志愿服务组织、壮大志愿服务队伍、建设志愿服务阵地、弘扬志愿精神等举措,能够提高青年志愿者行动在广大青少年中的吸引力、凝聚力,延伸和扩大共青团的组织覆盖,促进共青团的职责履行和事业发展。从青年志愿者行动发展态势看,目前,在体系内,各有关部门开展的专业志愿服务的规模、人数和项目发展很快,可以说是“群雄并起”;在体系外,社会组织发展迅猛,大量青年在社会组织聚集并参加多元化的志愿服务活动;在网络上,活跃着形式多样、种类繁多的青年公益组织,且以开展志愿服务活动为主;还有,广大青年参与志愿服务热情高涨,但我们的工作落后于青年的热情、理念、认识,志愿服务的“供给”能力不足;等等。这些都给青年志愿者工作带来新的挑战。我们必须充分发挥先发优势,进一步把青少年参与志愿服务的积极性调动好、保护好、发展好,全力打造青年志愿者工作在实施规模、组织覆盖、队伍建设、机制标准、影响力、公信力等方面的核心竞争力,保持在我国志愿服务事业中的“排头兵”地位。

根据团的十七大和十七届二中全会总体部署,做好 2014 年全团青年志愿者工作总的要求是:以党的十八大和十八届二中、三中全会精神为指导,认真学习贯彻习近平总书记给“本禹志愿服务队”的回信精神,抓好《中国青年志愿者行动发展规划(2014—2018)》的分解落实,扎实推进青年志愿者行动的组织、队伍、项目、平台、文化、机制等各项建设,为保持青年志愿者行动在我国志愿服务事业中的“排头兵”地位奠定坚实基础。

1. 加强组织建设。要完成传统领域的“扩面”。加强各级协会建设,尤其要加强市、县两级青年志愿者的规范注册工作,积极争取党政支持,推动 70% 左右的市县普遍成立团属青年志愿者协会。要推动市级以上青年志愿者协会吸纳 10 个有一定影响力的社会志愿服务组织,开展骨干培训,探索孵化措施,增强枢纽型功能。要向行业、新领域延伸组织网络。总结“本禹志愿服务队”等工作经验,着力加强基层青年志愿服务队制度化、规范化建设,着力建设一大批面向基层、深入社区、触角广泛的青年志愿服务团队。充分依托共青团组织体系和干部队伍,采取组织化推进和社会化动员相结合的方式,完善“基层团组织 + 辖区志愿者组织”的组织框架。

2. 加强队伍建设。加强注册工作。通过网上注册、线下注册、网上项目征集与发布、人员招募与注册、服务对接与管理、信息交流与互动等,拓宽志愿者招募渠道、参与范围。培育骨干队伍。按照“分层管理、分类培训”的原则提升骨干志愿者综合素质,编制全国统一的培训教材,通过集中培训、网上公开课、现场教学、新媒体互动等多种方式,提升培训效果。依托基层团组织、青年志愿者协会、社会公益机构,培养一批大局意识强、管理能力强、宣传动员强、奉献精神强的骨干志愿者队伍。抓好“阳光行动”、关爱行动、西部计划、海外计划、大型赛会、应急救援等重大项目骨干志愿者的培养、联系,并持续发挥他们的作用。

3.加强项目建设。注重加强顶层设计,科学规划各级职责,充分发挥示范作用,坚持资源向基层倾斜。大力支持基层项目。支持、鼓励各地按照党政关注、社会需要、青年愿为的原则,广泛实施各类志愿服务项目。进一步加大对县级以下青年志愿者组织实施项目的支持、引导力度,加强对高校、社区、企业和各类青年自组织等基层较活跃的青年志愿服务团体的指导和服务。不断发展小微志愿服务项目,鼓励引导他们开展全团的品牌项目。强化项目管理和项目库建设。加强项目征集、开发、展示、申报等工作,建设青年志愿服务项目库,分层级、分领域建立和完善青年志愿服务项目体系。

4.加强平台建设。进一步完善社区志愿服务平台建设,以社区活动阵地为依托,建立一个便于社区居民反映需求、便于志愿者提供服务的平台,推进志愿者注册、管理、认证、培训等工作,使青年志愿者行动在社区扎下根、常态化。推进"七彩小屋"、志愿者驿站等终端服务阵地建设标准化。将"中国青年志愿者网"改造成为全国青年志愿者工作的枢纽型门户网站。建立常年开放的全国性志愿服务项目网上展示、交流、合作平台。进一步推广"志愿服务广交会"、"北京志愿服务推动日活动"、"宁波志愿服务洽谈会"等经验做法,支持分层分级的综合平台建设。广泛开展网络"微公益"活动。推广中国建设银行"积分圆梦·微公益"平台与"七彩小屋——关爱农民工子女志愿服务行动"合作经验,争取更多专业机构参与支持青年志愿者工作。

5.加强志愿文化建设。大力开展志愿者评选表彰、风采展示、故事征集等活动,引导更多青年把志愿服务作为自主选择的一种精神时尚。加强文化产品创作力量,不断推出志愿服务文化精品力作。扩大志愿服务文化的传播。深化志愿服务理论研究与交流。加强对国内外志愿服务规律的认识、运用和发展。努力推动出台支持志愿服务相关政策,如设立志愿服务学分、开设公共课等。开展国际项目合作与交流。创新志愿文化宣传手段。更加重视宣传策划,彻底改变为宣传而宣传方式。更加重视发挥传媒作用,通过多种合作模式,形成持久的冲击力、渗透力和感召力。

6.加强机制建设。完善"党政支持、共青团承办、项目化管理、社会化运作"的青年志愿者工作格局,吸纳更多的社会团体和市场主体,广泛联系各类志愿者组织和志愿者,真正形成社会化组织青年的新格局。完善"结对+接力"的基本运行模式,健全立项评审、实施推进、过程管理、评估考核等制度,推进大型赛会、应急救援等志愿服务的标准化建设。建立服务保障机制。鼓励各地积极争取将青年志愿者工作经费列入同级财政预算,争取有关部门制订针对青年志愿者升学、就业、使用社会公共设施等方面的保障措施。加快志愿服务立法的进程,争取在立法中体现政府委托共青团购买公共服务、吸纳社会资源、加强志愿者激励考核与权益保障等方面的内容。

"一分部署,九分落实"。各级要把本地区、本系统5年规划的落实作为管总、管根本、管长远的大事来抓。抓住党和政府加强社会建设的重要契机,争取将青年志愿者行动纳入本地党委政府重要工作部署。5年规划是个纲,提出的是一个大原则、大方向,关键是要从5年规划的总要求出发,因地制宜做好2014年各项任务的分解和落实。通过建立规划实施的统计监测、绩效评估、动态调整和监督考核机制,制定细则,明确责任,落实到人,对2014年度规划落实情况进行考核评估,并通过适当方式对结果予以公布。

当前全团推进的几个重大志愿服务项目,要加强统筹、协同推进。举全团之力抓全国性大项目、促进整个事业发展,是多年来全团开展青年志愿者工作的一条重要经验,要继续坚持好、运用好。启动“阳光行动”，是今年的重点工作之一，是团十七大以来团中央书记处经过认真研究推出的一个全国性重点工作项目。同时，要继续深入推进其他重大志愿服务项目，该考核的纳入考核，确保标准不降、力度不减、队伍不散。要强力推进关爱行动。这项工作目前发展态势好，但难度也大，正处在“爬坡”阶段，不进则退。今年要在抓九年制义务教育阶段农民工子女学校结对全覆盖、骨干队伍的培训指导、服务内容的常态实效、阵地建设的规范化上下功夫，把关爱行动的队伍、内容、阵地、机制“四位一体”工作思路往市县层面和基层推，实现关爱农民工子女志愿服务广覆盖、常态化。要合理扩大并保持西部计划实施规模，稳步扩大服务西藏、新疆专项的实施规模。要根据我国外交外援工作大局，稳步推进中国青年志愿者海外服务计划工作，完善海外志愿服务的日常管理机制。要积极推进大型活动志愿服务工作和应急救援志愿服务工作的专业化、标准化、制度化建设。

关于“阳光行动”，这里，我按照宜智同志的讲话精神，针对启动实施工作再强调几项具体要求。一是落实责任。团中央书记处、中国残联专门成立了“阳光行动”工作领导小组及办公室，省、市、县三级都要成立相应领导机构和工作机构，明确人员、明确责任、明确任务。二是把握节奏。今年3月5日前后，各地要集中部署、抓好启动，在社会上形成一定声势和氛围；“五四”青年节、全国助残日后，大范围开展摸底调查、招募志愿者工作，初步形成覆盖全国的省、市、县、乡镇街道、村的5级志愿助残服务队伍，建立一支总数在100万名左右的助残志愿者队伍，并有序开展结对、服务工作。三是选配骨干。抓好工作先抓好志愿者，抓好志愿者先抓好骨干。年内争取在招募100万助残志愿者基础上，选拔1万名左右志愿助残骨干志愿者（或称之为“阳光使者”、“阳光专员”等）。要特别注重从现有团队中遴选、培养骨干，率先做好骨干志愿者的培训、激励工作。四是推广项目。各地要结合这次实施“阳光行动”的要求，对多年来各地开展的志愿助残项目“分分类”、“对对表”，建立起当地志愿助残项目库。这次会议后，团中央将开展一个示范项目宣传推广活动。首先提出一个志愿助残示范项目申报标准，由各省区市团委在现有工作基础上，根据“阳光行动”实施的最新要求自由申报，入选全国示范项目库后，团中央将选择其中优秀项目通过新闻媒体向社会推出一批，并匹配专门资金给予支持，通过项目培育、建设和推广等工作，使更多基层“点”上经验在全国“面”上“开花”、“结果”。五是争取支持。共青团、残联系统内部有不少项目经费、社会捐赠、福利彩票分成等资金，要多研究，用好、用足。关于就业保障金问题，这次团中央、中国残联在文件中作了一个原则性的规定：“对涉及开展残疾人就业支持方面的志愿服务，应列入残疾人就业保障金支持范围”。但这个问题政策性、专业性很强，涉及财政、审计等多个部门，各地还要统筹考虑，依法、依规把政策用好。另外，要按照社会事业社会办的思路，争取有关社会组织、企业、机构、爱心人士等参与支持。

三、当前推动青年志愿者工作需要注意的几个问题

青年志愿者工作牵涉因素多、面临困难大、工作任务重，必须坚持科学规划、统筹协调，积极稳妥、分步实施。当前，要在具体工作推动中，要注意把握好以下几个问题。

1. 坚持“全团一盘棋”。共青团抓大项目、抓重点工作靠的就是“全团一盘棋”，这样就会使得我们的力量更加集中，在社会上也能比较快地形成声势和影响，这要成为一个硬性要求，各地不能再“四面出击”、“各自为战”。坚持做好“规定动作”与“自选动作”相结合。对于全团的“规定动作”，各地要不打折扣、创造性地落实好；各地的“自选动作”，也要紧紧围

绕团的重点工作、履行团的职能来展开，不能为了一些眼前利益被动地与有关部门合作、承办具体活动而顾此失彼、本末倒置。要坚持全国与地方的良性互动。领导机关代替不了基层，基层也代替不了领导机关。我们的工作一方面曾经出现“沙滩流水不到头”的现象，另一方面，也出现了基层的“盆景多”、形不成普遍性工作推动的现象。因此，在今后工作中，要充分调动领导机关顶层设计与地方创造这两个积极性，形成上下良性互动、相得益彰的工作局面。要完善团内联动机制。全团要高举青年志愿服务的旗帜，在统一服务标识、服务标准等方面加强统筹，既考虑把具体项目做大做强，又考虑牵动全团青年志愿者工作面上的整体推进。

2. 做强青年志愿者新媒体。这几年，团中央抓新媒体建设要求高、力度大，成效也是很显著的。中国青年志愿者行动在新媒体运用方面走在了全团前列。青年志愿者社会性强、影响力大，在社会上知名度很高，具备很强的发展优势。要注重新媒体阵地建设。着力建设中国青年志愿服务网站，深化中国青年志愿者微博和微信体系建设，带动基层新媒体平台建设，进一步完善团中央、省、市、县四级联动工作格局。同时，将团属新媒体和社会新媒体有机结合。要抓好新媒体宣传导向。结合新媒体的特点和规律，加强微博、微信、移动客户端等在志愿服务宣传中的综合运用。要增强新媒体品牌效应，把新媒体的运用作为扩大全团重点志愿服务品牌宣传动员的主渠道。要对全国青年志愿者信息平台进行研究、统筹。加强与网络、通讯运营商的合作，提升志愿服务的社会影响力。

3. 着力加强青年志愿者工作力量。要处理好抓建设与推项目的关系。注重以项目带动青年志愿者各项建设，不能就项目抓项目、就活动抓活动。比如，通过实施“阳光行动”，就要进一步加强市县和基层青年志愿者协会的建设，壮大基层志愿者队伍，探索一些务实管用的志愿服务日常运行机制，留下一批志愿服务阵地、项目等，促进青年志愿者事业的长远发展。要因地制宜破解编制、机构等难题。目前，全国31个省（自治区、直辖市）和兵团团委中，有25个成立了志愿者专门工作机构；15个副省级城市和计划单列市团委中，有9个成立了志愿者专门工作机构。下一步，首先要把没有成立专门机构的省级志愿者工作机构建起来，大家多想想办法，积极争取省里的支持着力解决这个问题。要加强专门干部队伍的支撑保障。志愿者事业是共青团一大宝贵财富，要有坚强的领导班子和能干事的集体。据了解，目前有些省区市团委对志愿者工作职能定位还不够清晰，有的是一个人甚至是借调的同志或志愿者来负责这项工作，地市级更无专人负责这项工作。可以采取聘用专人、招募志愿者等多种办法解决这个问题，“不求所有、但求所用”。希望大家重视起来，着力建设一支政治坚定、热诚奉献、素质全面、改革创新的从事青年志愿者工作的团干部队伍。

同志们，中国青年志愿者行动新的发展蓝图已经绘就！事业宏伟，使命在肩。希望同志们按照中央要求和全团部署，振奋精神、乘势而上，在新的历史起点上把青年志愿者工作提高到一个新水平。

汪鸿雁在中国青年志愿者协会第四次会员代表大会上的讲话

2014 年 12 月 3 日，根据录音整理

一、过去四年的工作回顾

中国青年志愿者协会第三次会员代表大会召开以来，在党中央、国务院的正确领导和亲切关怀下，在各级党政部门和社会各界的关心指导和大力支持下，我们团结带领广大青年志愿者，高举中国特色社会主义的伟大旗帜，以邓小平理论和“三个代表”重要思想为指导，深入贯彻落实科学发展观，认真贯彻党的十七大、十八大精神，紧紧围绕党和国家工作大局，主动适应时代发展和青年变化，深入开展以扶贫济困、西部开发、大型赛会、应急救援、对外援助等为主要内容的志愿服务工作，推动了青年志愿者事业迈出坚实的步伐。这 4 年，是志愿精神广为弘扬、社会共识不断汇聚的 4 年，是青年志愿者队伍不断壮大、志愿服务组织迅猛发展的 4 年，是青年志愿者事业开拓奋进、为改革发展全局做出重要贡献的 4 年。

——志愿者的规模实现新突破。据统计，经过规范注册的青年志愿者的总数达到了 4043 万人，比 2010 年增加了 920 万人，4 年增长了 22.7%。

——志愿服务时长达到新高度。据不完全统计，全国注册志愿者每年向社会提供 7 亿小时的志愿服务。

——志愿服务阵地建设取得新成效。全国 70% 的县市区和 2000 多所高校建立了青年志愿者协会、志愿者服务站达到 13 万多个。

——青年志愿者形象有了新提高。圆满完成了南京亚青会、青奥会、APEC 北京峰会、中国—东盟博览会等大型赛会活动的志愿服务工作，得到了习近平总书记、李克强总理等中央领导同志的高度肯定。组织广大青年志愿者积极投身云南、四川、甘肃等地抗震救灾工作，获得了全社会的一致好评。

（一）深化工作品牌建设，青年志愿者行动总体布局得到优化。启动实施了共青团关爱农民工子女志愿服务行动，通过做实摸底工作、建立“结队 + 接力”的运行机制、选配骨干队伍、建设“七彩小屋”、推行“七彩课程”等举措，推动全团形成机制、队伍、阵地、内容“四位一体”的关爱农民工子女志愿服务工作格局。4 年多来，这项工作已经在全国 2856 个县区广泛实施，结对农民工子女学校 5.4 万所，共动员了 590 多万青年志愿者与 1500 万农民工子女建立长期帮扶关系，为农民工子女送来切实的关爱，在全社会产生了很好的反响。吉林、安徽、重庆、四川、湖南、广东等省市还将关爱农民工子女行动纳入地方经济社会发展考核指标统筹推进。联合中国残联启动实施中国青年志愿者助残“阳光行动”，通过层层发动和社会动员，征集并遴选出首批 100 个示范项目，截至目前，招募助残志愿者 175.1 万人，结对残疾青少年 190 万人，实现了这项工作的良好开局。扎实推进大学生志愿服务西部计划，四年来，共选派 6 万余人赴 22 个省市区和新疆生产建设兵团 2100 多个县开展为期 1 至 3 年的志愿服务，先后有 8000 多人在服务期满后扎根当地。江苏、河南、广东、四川、兵团等地建立了西部计划志愿团队专项培训制度。深化研究生支教团工作，从 170 所高校选拔了 4948 名优秀毕业生赴中西部地区进行支教服务。深入实施中国青年志愿者海外服务计划，累计向亚洲、非洲、拉丁美洲的 7 个国家派遣青年志愿者 158 人，圆满完成了首次向巴基斯

坦、乌干达和文莱派出任务，援塞舌尔、毛里求斯等多个项目实现了接力派遣。

（二）加强战略规划，青年志愿者行动发展方向更加明确。制定出台了《中国青年志愿者行动发展规划（2014—2018）》，进一步明确了新时期中国青年志愿者行动的指导思想、工作原则和目标任务，深刻分析青年志愿者工作面临的机遇和挑战，从组织、队伍、项目、平台、文化、机制6个方面，对今后5年青年志愿者工作进行全面部署，进一步增强了开展青年志愿者工作的原则性、系统性、科学性和预见性。各地也通过多种形式，相继出台本地区志愿服务发展规划，进一步规范了志愿服务工作的开展，为志愿者事业逐步迈向科学发展的轨道奠定了较好的基础。辽宁省积极推进青年志愿者协会的社会化、制度化建设，提出了协会的中长期发展规划。浙江省在发布的全省志愿服务事业发展纲要中，明确提出构建与政府服务、市场服务相衔接，全民参与的社会志愿服务体系。上海、江苏、河南、新疆等省市区的共青团组织与宣传、文明办、民政等部门密切合作，协同推进志愿服务事业发展纲要出台实施。吉林、河南等地的团组织积极会同财政、国资委、银监等机构，对联合实施志愿服务专项行动作出制度性安排和长远规划。

（三）健全工作机制，青年志愿服务能力水平不断提升。及时总结宣传动员、招募培训、管理服务、激励考核等方面的经验做法，逐步形成了一套特色鲜明、行之有效的青年志愿者行动的运行机制。探索建立以"结队+接力"为基本模式的项目接续机制，不断完善以服务时间和服务质量为标准的志愿者"星级认证"评价体系，有效调动了青年参与志愿服务的积极性。加强与宣传、民政、教育、卫生、环保、交通、残联等部门的合作，基本形成党委领导、政府支持、多方协作的志愿服务保障机制。18个省区市和16个城市相继颁布实施了志愿服务的地方性法规。团中央多次向全国人大、政协提交立法提案，积极配合全国人大内司委、国务院法制办开展志愿服务立法调研、法律法规研究论证和立法实践研讨等工作。进一步规范志愿服务的管理办法，形成了比较完善的志愿服务组织体系和注册制度。大力推进信息化平台建设，有效提高志愿服务管理水平。以北京的"志愿云"、上海的"我志愿"、江苏的"志愿者打卡器"、浙江的"志愿浙江"、广州的"志愿时"等信息管理系统成功运行为代表，青年志愿者信息化建设得到明显加强。

（四）弘扬志愿精神，青年志愿者行动社会影响进一步扩大。加大评选表彰激励力度，连续开展第九届、第十届中国青年志愿者优秀个人奖、组织奖、项目奖评选表彰活动，邀请有关部委、新闻单位、专家学者、往届获奖者代表等各界人士担任评委。4年来共评出优秀个人533名、组织奖194个、项目奖672个。加大文化宣传力度，与中央电视台深度合作，推出《社区英雄》《从我做起》《身边的感动》《雷锋，我们的榜样》《青年志愿者，有你更精彩》《今又重阳》等节目。在《中国青年报》《中国青年》分别开设了"青年志愿者之歌"专栏，邀请历届获奖个人畅谈"社会主义核心价值观与志愿服务"。成功推荐清华大学、厦门大学研究生支教团入围2014年"寻找最美乡村教师"活动的"团队奖"。地方志愿服务文化作品层出不穷，华中农业大学的公益话剧《牵挂》在北京公演期间，得到李源潮同志的高度赞赏。把新媒体作为推动青年志愿者工作的重要手段，重点打造中国青年志愿者网站和省、市青年志愿者网站群，加强微信、QQ群、移动终端平台APP等阵地建设，中国青年志愿者官方微博入围全国百大政务微博，初步形成了多层次、广覆盖、宽领域的中国青年志愿者新媒体工作体系。

4年来，青年志愿者事业得到各级党委、政府的高度重视。全国31个省区市、兵团和中央有关部委、中央金融机构、国有大型企业党政领导同志通过开展调研、出席活动、作出批示等方式，多次对青年志愿者工作给予了明确指导。北京、天津、上海、浙江、湖北、西藏、陕西、新疆等省区市和兵团的党政主要领导同志还多次与青年志愿者专题座谈，倾听青年志愿者的意见和建议。

4 年来，各地各系统团组织以改革创新精神推动了青年志愿者工作的深入发展。河北省启动实施了“太行山——燕山扶贫攻坚计划”，山西省将“七彩课堂”与维权工作有机结合，内蒙古自治区组织了“青春草原 · 尽责圆梦”西部计划十周年文艺汇演，黑龙江省进一步加强了对民间志愿者组织的吸纳和指导，福建省注重做好民间青年公益组织凝聚服务工作，江西省启动实施了“防艾志愿服务行动”，山东省强力推动了社区志愿服务阵地服务建设，海南省围绕国际旅游岛建设大力推动了旅游、交通志愿服务的常态化，贵州省实施了“和谐贵州三关爱”绿丝带行动，云南省开展了务实有效的禁毒宣传志愿服务活动，甘肃团省委和中央企业团工委联合举办捐资助学活动，青海省通过实施“英才培养计划”对志愿者开展了系统培训，宁夏回族自治区团区委与区民政厅联合开展了政府购买志愿服务项目的工作，民航团委大力推行了“红马甲”机场志愿服务活动，铁道团委扎实开展了每年的春运志愿服务工作，等等。

成绩来之不易，经验尤为珍贵。在推进青年志愿者事业实现科学发展的实践中，我们也有了更为深切的规律性的认识。一是必须始终坚持围绕中心、服务大局，紧紧围绕共青团的根本任务、政治职责、工作主线找准切入点，始终把青年志愿者行动摆在经济社会发展全局中进行谋划和推进，在党政关心、社会关注、人民关切的领域中谋求作为。二是必须始终坚持团的属性、青年特色，充分发挥共青团在青年志愿者工作中的领导作用，发挥青年志愿者行动在实践育人、思想引领和组织青年等方面的重要作用。三是必须始终坚持尊重基层、志愿者为本，尊重青年志愿者的主体地位。鼓励和支持基层大胆创新，不断深化志愿服务内涵。四是必须始终坚持立足常态、注重实效，推动志愿服务便利化参与、常态化开展，不断满足社会公众共同参与、共同享有志愿服务的需求。五是必须始终坚持统筹兼顾、协调发展，统筹把握重点品牌与整体工作，开展活动与加强建设、实践推动与理论传播、中国国情与国际经验的关系，促进不同领域、不同业态和城乡之间志愿服务事业的协调发展。六是必须始终精神引领、社会动员，始终把弘扬志愿精神作为一条主线贯穿青年志愿者工作的始终，促进志愿文化的传播和志愿精神的弘扬。

同志们，过去 4 年，青年志愿者工作实现了长足的进步，取得了显著的成绩。这些成绩的取得，离不开各级党委、政府的正确领导和大力支持，离不开广大青年志愿者的全身心投入和激情奉献，离不开各位理事、各位会员的率先垂范和辛勤工作，离不开社会各界的关注关爱和参与支持。在此，我代表共青团中央、中国青年志愿者协会，向长期以来关心支持青年志愿者事业的各级党政领导同志、广大青年志愿者、社会各界人士和各级团干部表示崇高的敬意和诚挚的感谢！

应当看到，青年志愿者事业在前进的过程中，还面临着一些影响事业长远发展的共性问题。比如，如何更好地满足广大青年和社会公众参与志愿服务的便利化、个性化和多元化的需求，如何在更大范围内为志愿者提供激励措施和工作保障，如何进一步提升志愿服务的项目化运作、社会化动员、常态化服务和专业化发展水平，如何进一步促进志愿服务的体制机制更加成熟、更加定型，并形成青年志愿者行动的强大发展合力，等等。对于这些问题，我们要深入地分析研究，认真地破解完善，推进这项事业实现更好发展。

二、今后一个时期的工作思路和总体部署

当前及今后一个时期，推进青年志愿者行动的总体思路是：以邓小平理论、“三个代表”重要思想、科学发展观为指导，深入贯彻落实党的十八大和十八届三中、四中全会和习近平总书记系列重要讲话精神，紧扣时代主题，牢记根本任务，坚持改革创新，深入推进青年志愿服务的组织建设、队伍建设、项目建设、文化建设、平台建设和制度建设，着力提升青年志愿者行动的核心竞争力，当好志愿服务事业的排头兵，为全面建成小康社会、实现中华民族伟大复兴的中国梦贡献力量。

（一）不断健全组织网络。积极争取党政支持、重点推动市、县两级青年志愿者的规范注册，实现所有的县市普遍成立团属的青年志愿者协会。通过总结“本禹志愿服务队”等工作经验，推动高校普遍建立青年志愿者协会，支持在有条件的行业、企业积极建立青年志愿者组织，尤其是在抢险救灾、环境保护、助老助残等专业性较强的志愿服务领域建立专业的志愿服务组织。发挥团属志愿者协会的枢纽功能，积极推进团属志愿服务组织与社会组织的紧密结队，为社会组织提供信息、项目、场地、资金、培训、团队建设等方面的支持，开展引导青年公益社会组织参与团的重点志愿服务项目，吸纳符合条件的组织为协会会员。推进青年志愿者的组织建团，按照加强基层服务型团组织建设的意见，通过组织化推进和社会化动员相结合的方式，不断完善“基层团组织+辖区志愿者组织”的新型覆盖青年的组织框架，在符合条件的基层志愿者组织当中逐步建立团组织。

（二）加快完善项目体系。不断加强对全团重点项目的统筹规划、宏观管理和协同推进，深入实施关爱行动、阳光行动、西部计划等项目，全面启动实施中国青年志愿者服务春运“暖冬行动”，有效扩大品牌影响。坚持资源向基层倾斜，进一步加大对县级以下青年志愿者组织实施项目的支持、引导力度，主动加强对高校、社区、企业和各类青年自组织、网络自组织等基层较活跃的青年志愿服务团队的指导和服务，通过全国志愿服务项目大赛等形式发现、培育、推广能创新、易操作、可复制的基层服务项目。统筹做好项目管理，不断加强项目征集、开发、展示、申报等工作，及时汇总志愿服务项目基本经验、主要特点和特色做法，逐步建立一个层次分明、门类齐全的志愿服务项目库。要在建好项目库的基础上，有效推动项目交流和资源整合，建立起全国重点项目与地方项目、长期项目与短期项目、专业性项目与一般性项目相得益彰、覆盖广泛、内容丰富、具有较高专业水准的项目体系。

（三）切实抓好队伍建设。拓宽招募渠道，鼓励各地探索创新注册方式，推动线上注册和线下注册相结合，积极利用网络平台，进行志愿者注册、项目征集发布、信息交流互动，到2018年，实现规范化注册志愿者总数突破6000万。加大培训力度，按照“分层管理、分类培训”的原则，指导省、市普遍建立志愿者培训机构，推动培训机构逐步向县级延伸，并在符合条件的社区、学校设立培训点，让培训最大限度覆盖志愿者和青少年群体。要依托基层团组织、青年志愿者协会、青年公益组织，通过集中培训、网上公开课、现场教学、新媒体互动等多种方式，不断提升志愿服务培训的质量和成效。发掘骨干力量，在重点项目、重大活动的实施过程中，发现、培养一大批大局意识强、管理能力强、宣传动员强、奉献精神强的骨干志愿者队伍，并从中遴选培育领袖型志愿者，选配到全团重点项目的关键岗位上，持续发挥他们的作用。

（四）搭建工作平台。不断拓展实体平台，以社区为单位，完善社区的服务站功能，打造便于参与的志愿服务，便于开展志愿服务的平台，有效推动服务常态化发展。推进

“七彩小屋”、志愿者驿站等终端服务阵地的标准化建设，到2018年，希望能够建成规范化的实体平台50万个。大力整合网络平台，建设全国青年志愿者工作综合信息系统，指导各地因地制宜建设本地区的志愿服务网络平台，支持引导各类网络“微公益”活动的开展，促进平台的整体活跃。有效建立资源整合平台，持续推进“志愿服务广交会”等全国性志愿服务展示交流合作平台建设，支持、鼓励各级各地探索符合市场经济机理的志愿服务资源整合平台，争取更多的专业机构、社会爱心资源支持参与青年志愿者工作，实现志愿服务项目与资源有效对接。要借助平台优势，推广中国建设银行的“积分圆梦·微公益”平台与“七彩小屋——关爱农民工子女志愿服务行动”等一系列的合作经验，在各地实现有效落地。各地也要通过搭建平台，不断探索新途径、积累新经验、传播好做法，让更多点上的经验在全国面上开花。

（五）大力弘扬志愿文化。树立品牌意识，通过发布中国青年志愿者品牌规范，统一服务标识、服饰、旗帜以及理念、礼仪、口号、歌曲等的使用，逐步完善形象识别系统，提升“中国青年志愿者”整体形象。加强理论研究，与高校、研究机构、社会组织等开展广泛合作，建立一支以专家学者、团干部、骨干志愿者和志愿者组织负责人为重点的理论研究队伍，为志愿服务事业健康发展提供理论支撑。丰富文化产品，通过与专业机构和人员合作创作，向社会征集开展评选和推荐作品等方式，积极打造一批贴近青年、贴近生活、引领时代潮流的文化作品。注重文化宣传，重视与媒体的合作，加强宣传策划，发挥传媒作用，采取多种合作模式，针对各类群体，因地制宜地设计内容和载体，切实提升宣传效果。

（六）着力加强制度保障。积极会同有关部门，加快推动志愿服务立法，支持各地制订完善志愿服务地方性法规，总结吸纳各地立法的先进经验，邀请各地志愿服务专家、骨干志愿者和工作人员，就参与社会治理、有序依法开展志愿服务活动、吸纳社会资源、加强志愿者激励考核与权益保障等方面的内容，开展立法研究和交流。完善青年志愿者的注册、认证、考核和激励等实施细则，健全志愿服务时间计量制度，建立志愿者组织等级评定制度。深入实施“结队＋接力”的基本运行模式，健全立项评审、实施推进、过程管理、评估考核等制度，推进大型赛会、应急救援等志愿服务的标准化建设。坚决维护志愿者合法权益，积极争取将青年志愿者工作经费列入同级政府财政预算，争取有关部门支持，加大政府向志愿服务组织购买公共服务的力度，进一步制订针对青年志愿者升学、就业、使用社会公共设施等方面的保障措施。

三、进一步加强青年志愿者协会的自身建设

青年志愿者协会是推进共青团事业发展建设的一个重要组织和品牌，在青年志愿者事业的发展中具有管根本、管基础、管长远的作用。要树立全局意识、系统思维、战略眼光，高度重视、齐心协力，把各级青年志愿者协会建成统一协调、层次分明、网络健全、公信力强的全国青年志愿者组织网络，并以此为枢纽，加强组织领导，凝聚各方资源，形成推动青年志愿者事业不断发展的强大合力。中国青年志愿者协会经过20年的发展，迎来了新的历史发展机遇，站在了更高的起点上，要率先垂范，带领各级协会把自身建设提高到一个新水平。

（一）充分发挥支持指导委员会的决策支持作用。青年志愿者工作是一项社会工作。在上次换届中，我们邀请了中央有关部委的同志担任了协会指导委员会成员。4年的实践表明，支持指导委员会对协会工作进行了有效地指导监督，充分发挥部门的优势，在参与决策制定、促进政策落实、加强工作保障等方面做了大量行之有效的工作。在本次换届工作中，

我们进一步加强了支持指导委员会的领导力量,邀请10多个中央部门有关负责同志和社会有关人士担任。希望支持指导委员会在协会的发展和建设中进一步发挥领导决策作用,研究谋划发展方向,提出重点工作任务,交办理论和实践课题,为青年志愿者事业的深入发展提供有力指导。希望各位成员能够发挥引领作用,加强政策保障,积极创造条件,通过争取出台相关政策、整合部门工作资源等形式,不断优化青年志愿者事业发展的工作环境、政策环境和社会环境。希望全团各战线、各部门进一步支持指导委员会的工作,加强工作联动、注重部门协作,在工作设计、督促落实、管理考核等方面加强协同,形成团内与团外、团内青年志愿者工作与其他战线工作相互促进、良性互动的工作局面。

(二)充分发挥协会理事和会员的主体作用。在座的理事、会员都是来自各行各业各领域的先进代表,其中有参与一线服务的优秀志愿者代表,有热心社会公益事业的企业家代表,有致力于志愿服务研究的专家学者,有积极传播志愿文化的新闻媒体工作者和关心关注此项工作的各部门领导同志等等,充分体现了青年志愿者工作广泛的社会基础和先进性、代表性。推进青年志愿者事业,志愿者是主体,推进青年志愿者协会建设,理事会员是主体。因此,要办好协会就要充分发挥好理事、会员的积极作用。协会发展的大事情,要汲取理事、会员的智慧;全团实施的大项目,要组织理事、会员参与;志愿者面临的共性问题,也需要请理事、会员集思广益,共同破解。总之,要请理事、会员参与到青年志愿者协会的工作决策、工作推动和落实的全过程。理事、会员是青年志愿者的代言人,代表着千千万万的志愿者。希望各位理事、会员以主人翁的姿态认真履职,带头为青年志愿者事业、为青年志愿者鼓与呼,发挥好领头雁、主心骨的作用,最大限度地集聚人力、财力、物力、政策等社会资源,为青年志愿者事业的发展贡献更大的力量。

(三)充分发挥专门工作委员会的职能作用。本次换届,我们特别成立了基金管理与社会合作委员会、项目发展委员会、权益保护工作委员会、企业志愿者工作委员会、高校志愿者工作委员会、文化宣传工作委员会、理论研究工作委员会等7个专门的工作委员会,汇聚了各个领域、各个地区、各个部门的精英人才。成立这7个专门工作委员会,目的是要在整合运用社会资源、规划实施服务项目、推动实现立法保障、服务帮助企业公益、指导支持校地合作、建设传播文化品牌、提高理论研究水平等方面实现新突破,推动协会实体化运转、专业化提升、社会化动员。希望各专门工作委员会抓紧研究工作定位,科学谋划章程职责,及时作出部署安排。当前,要结合全团的重点志愿服务项目和基础建设,积极争取社会支持,破解志愿者在激励保障等方面的共性问题。7个专门工作委员会,也同时对应着团中央志工部各个处室的工作,要加强横向联系,各司其职、优势互补,共同推动志愿服务工作再上新台阶。

(四)充分发挥协会秘书处的统筹协调作用。秘书处是青年志愿者协会的重要日常工作机构,担负着协会有序运转、承上启下、协调各方的重要职责,秘书处的工作做好了,协会的整体工作就有一个好的基础。要加强秘书处的工作力量,通过多种方式选拔政治素质高、业务能力好、有奉献精神的同志参与秘书处的工作。秘书处要紧紧围绕团的中心工作,进一步强化责任感使命感,用志愿者精神办好志愿者事业。要积极联络协会的理事会员、社会志愿服务组织,主动对接公益项目,有效整合社会资源,为志愿服务事业发展提供有力保障。要提升服务意识,真正融入青年、融入理事会员,靠前服务、主动服务,加大对社会各界青年的吸引凝聚力度。要创新工作理念、工作方法和工作机制,加大工作培训力度,注重提升学习运用、组织协调、宣传引导和开拓创新能力，不断提升服务能力和工作水平。

各位代表、同志们，青春志愿行，共筑中国梦。让我们认真学习贯彻习近平总书记对青年志愿者工作的重要指示精神，开拓创新、乘势而上，以青春梦想、用实际行动，推动青年志愿者事业在奋力实现中国梦的进程中谱写新的篇章！

周长奎同志讲话

周长奎在共青团宣传思想工作会议上的讲话

2014年2月14日，根据录音整理

这次共青团宣传思想工作会议，是团中央书记处决定召开的一次重要会议。上午，团中央书记处第一书记秦宜智同志作了非常重要的讲话，对做好下一阶段共青团宣传思想工作进行了系统部署，大家要深入学习领会，全面抓好贯彻落实。上海、江苏、山东、湖北、四川、陕西等省市作了大会交流发言，介绍了工作经验和体会。应该说，这次会议时间虽短，但大家普遍感到很有收获。下面，结合大家讨论交流的情况，我重点就落实宜智同志讲话中布置的六项重要工作任务，简单谈几点意见。

第一，关于理想信念教育。这是党中央的一贯要求，也是共青团工作的永恒主题。下一阶段，青年的理想信念教育要紧紧围绕中国特色社会主义和中国梦的宣传教育展开，抓好两个方面工作。

第一个方面，要继续抓好“我的中国梦”主题教育实践活动。从去年的工作情况看，中国梦的宣传教育是全团工作的一个亮点，各级团组织、各条战线都紧紧围绕中国梦做了大量工作，活动覆盖面也比较广，得到了党中央的充分肯定。我们考虑，共青团开展中国梦宣传教育要把握好三个层次。第一个层次，是要让青少年知晓、理解中国梦的内涵是什么，在这个基础之上，引导青少年把国家的梦和个人的梦有机结合起来；第二个层次，是要让青少年认识到，实现梦想不是光靠说，关键还是要落实在行动上，要靠踏实奋斗；第三个层次，是要为青少年圆梦创造机会和条件，国家要通过深化改革继续为青少年圆梦提供公平的机会、创造更好的条件，共青团也要为青少年圆梦提供尽心尽力的服务。今年，要围绕这些目标任务继续深化“我的中国梦”主题教育实践活动，突出抓好“我的中国梦——奋斗的青春最美丽”系列分享活动。要注意选择青年身边的普通典型，以追求实际效果为出发点，深入基层，走进青年，采取小型化、分散化的方式，与青年一起平等互动交流。同时，要通过媒体进行广泛传播，放大活动效应。各地可以参照团中央的做法，大力推动这项工作，掀起新一轮活动热潮。

第二个方面，就是要抓好理论武装工作。这项工作要往实里做。一是盯住人，在抓好面上工作的同时突出重点群体，以高校学生、青年骨干、团干部为重点。二是要选好载体，通过举办青年理论骨干培训班、社会实践考察、青年理论公开课、新媒体理论宣传产品推介等途径，广泛开展理论宣传普及工作，引导青年把理想信念建立在对科学理论的理性认同上，坚定道路自信、理论自信、制度自信。

第二，关于党的十八届三中全会精神的宣传。改革与青年密切相关。今年是落实三中全会精神、全面深化改革的第一年，在青年思想引导工作中必须给予足够的重视。一方面，要通过多种形式在青年中继续深入宣传全会精神，营造氛围，凝聚共识，同时把学习宣传贯彻全会精神与开展中国特色社会主义和中国梦宣传教育、学习宣传贯彻习近平总书记系列重要讲话精神结合起来。另一方面，要引导各战线各领域的青年积极拥护改革、参与改革创新。特别是随着改革的深入、政策措施的落地，青年的成长成才、创业发展必然和改革发生紧密联系。要引导青年理性全面看待改革带来的利益调整，有针对性地做好解疑释惑工作，自觉维护改革发展稳定大局。

第三，关于培育和践行社会主义核心价值观。培育和践行社会主义核心价值观的工作面很宽，与每个青少年的学习工作生活和成长都有联系，也是共青团的一项长期任务。要按照宜智同志讲话要求，重点用好宣传教育、典型示范、实践养成三个抓手。

抓宣传教育，就是要使社会主义核心价值观的基本内容和内涵要求为青少年所熟知、理解和认同。各级团组织要充分发挥各类阵地作用，开展参观体验活动；积极运用文化、艺术、时尚手段，推出一批优秀文化产品和广播电视栏目；同时，还要注重运用中华民族优秀传统文化，加强对青少年的教育熏陶。团中央将举办“向上·向善”全国青少年微电影大赛、“国球走进青少年”等活动，各地也要积极创新各类活动载体。

抓典型示范，就是要大力宣传“中国青年五四奖章”获得者、优秀团员、优秀青年志愿者、最美青工等各行各业的青年典型，影响和带动广大青少年培育和践行社会主义核心价值观。各地基层团组织可普遍开展“身边好青年”推选活动，激励广大青少年学习先进、向上向善。

抓实践养成，应当说，道德问题根本上是个实践问题。价值观的培育更多还是要通过实践载体。共青团长期以来形成的很多品牌工作，实际上都和价值观培育有紧密的关系。要进一步深化学雷锋、“光盘行动”、节能环保等道德实践活动，引导青少年养成良好的道德品质；要把社会主义核心价值观的基本内容有侧重地融入青年志愿服务、青年文明号等团的品牌工作中，推动青少年自觉践行。

第四，关于网络新媒体工作。这项工作的潜力、空间非常大，是共青团特别是宣传战线重中之重的工作，也是应对当前共青团面临的新形势新任务的重要突破口。结合上午宜智同志的要求，我再强调三点：

一是要把握工作内容。要更加强调正面引导和舆论斗争，两条都要讲。过去，我们在互联网上开展了大量主题教育活动，包括中国梦的宣传教育、千网联动学党史等，形成了一定影响。下一步，网上正面引导工作，要统一打响“青年好声音”这个品牌，主动设置议题，整合全团资源，在网上形成一股强劲的青春正能量。同时，舆论斗争工作也要抓紧抓好，中央在这方面的要求非常明确。目前，我们已经初步建立了一支网络评论员队伍，下一步要扩大规模，设计开展专项工作和活动，把这支队伍用好。

二是要形成整体声势。大家分组讨论的时候对这个问题讲得比较多。目前来看，我们的新媒体阵地已经初步形成规模，但还要继续巩固和扩大，关键是要形成声势，要能够产生一定的社会影响。只有统一设置议题，把各级的网上阵地都联动起来，统一发声，这样才能形成整体声势。

三是要加强互联网团建。这项工作有的

地方团组织做了一些探索。以前，主要讲要通过建设新媒体机构、组建新媒体协会等方式，把互联网业界的青年骨干联系起来、团结起来，现在看还不够。党中央书记处的要求非常明确，要把团的工作和组织向新媒体业界延伸。互联网业界的青年人非常集中，其中有很多团员。如何结合互联网行业的特点，把团的组织建起来、活起来，需要大家一起努力。目前，中央重点新闻网站基本都已建立了团组织，但各主要商业网站的团建还不平衡。今年，大家要按照属地原则，尽快把团组织建起来。

第五，关于新兴青年群体的联系和引导。这是党中央从去年以来多次强调的一项工作。这些年，新兴青年群体的数量越来越多，很多类别的新兴青年群体都从事传媒文化艺术领域工作，与宣传工作关系密切，对普通青年人的影响也比较大。这项工作面广量大，一下做起来也不是很容易，关键是先行动起来、趟出路子。团中央宣传部去年已经开始做这项工作，与北京的一些青年建立了联系，有的青年代表还参加了"奋斗的青春最美丽"分享团。今年，各地特别是大城市要把这项工作做起来。主要是三个方面：

第一是联系，要真正走进这些新兴青年群体，通过各种方式与这些年轻人接上头、碰上面，特别是文化领域的青年；第二是了解，要开展一些调查研究，逐步摸清几个主要类别新兴青年群体的基本情况，了解他们的所思所想，研究共青团工作和他们的需求有什么结合点；第三是牵手，要有针对性地设计开展一些活动，让他们感受到团组织的关注和关心。只有牵手搞一些活动，才能不断巩固与这些青年的联系。刚才，陕西的同志介绍了"梦想艺术团"的经验，从文化艺术活动的角度切入，为年轻人搭建展示才华的舞台，很值得大家学习借鉴。

第六，关于宣传思想文化阵地建设。团属新闻出版阵地、教育研究阵地、青少年活动阵地是共青团的主要阵地。下一阶段，要注意做好以下三方面的工作：

一是要积极配合全团重点工作。这是几大阵地的优良传统。不同阵地的影响面、影响的方式是各有侧重的，但作为团属阵地，都要积极配合全团重点工作。大家要结合这次会议精神和工作部署，积极和团的宣传部门对接，努力形成工作合力。二是要抓好改革创新。现在，这几大阵地都面临着改革创新的问题。有的是中央有明确要求的，比如新闻出版文化阵地的体制改革等，都有要求、有政策，我们要严格按照中央要求，有条不紊地推进，通过体制改革来激发活力。同时，还面临着工作、管理创新等方面的问题，有一些媒体现在看来做得还不错，但是如果不创新，就可能走下坡路。所以，大家要进一步增强改革创新的意识。三是要始终抓好导向。要始终不移、坚持不懈地抓好团属媒体和各类阵地的导向，这是对我们宣传战线的一项最基本要求。

长期以来，团属三大阵地为共青团事业发展做出了重大贡献，希望各级团组织要一如既往地关注、支持这些阵地的建设和发展。

同志们，这次会议是团的十七大以来召开的第一次全团宣传思想工作会议，各级团组织和宣传思想战线广大团干部要深刻领会会议精神，及时向本地本单位领导班子和主要负责同志汇报会议情况，做好会议精神的学习传达，特别要把宜智同志的讲话精神汇报好，切实把思想统一到会议精神上来，把力量凝聚到全团工作总体部署上来。要全面把握工作重点，中国特色社会主义和中国梦的宣传教育、党的十八届三中全会精神的宣传、培育和践行社会主义核心价值观、网络新媒体和新兴青年群体等工作，不但是宣传战线的重点工作，同时也是全团的重点工作，要按照宜智同志强调的全团动手做好青年思想引导工作的要求，纳入各级各地团组织的工作安排中，宣传战线要充分发挥统筹协调作用。要集中力量抓好落实，对各项工作任务进行细化分解，在抓实、抓细、抓具体上下功夫，在推动工作过程中要迎难而上、持之以恒，开动脑筋、锐意进取。团中央宣传部将加强督促和工作指导。

相信在全团特别是宣传战线同志们的共同努力下，今年团的宣传思想工作一定能够在新起点上取得新进展，为汇聚起全面深化改革、共筑中国梦的强大青春正能量作出新贡献！

徐晓同志讲话

徐晓在全国农村合作组织共青团工作暨共青团农村工作会议上的讲话

2014 年 3 月 27 日，根据录音整理

这次会议是团的十七大以来推进共青团农村工作的一次重要会议，对共青团农村工作进行了整体部署，也对农村合作组织共青团工作进行了专题推动。团中央书记处第一书记秦宜智同志发表了重要讲话，深刻分析了共青团农村工作面临的新情况新任务，全面阐述了当前和今后一个时期共青团农村工作的主要方向，对广大农村团干部提出了明确要求。宜智同志讲话是对今后一个时期农村共青团工作的重要指导，大家要深入学习领会，抓好贯彻落实。两天来，大家认真学习中央关于“三农”工作的一系列方针政策，实地考察江苏镇江共青团农村工作，并结合各自工作实际，围绕落实宜智同志讲话精神，就如何做好新形势下共青团农村工作，进行了深入的交流和研讨，取得了预期效果。

下面，我结合宜智同志讲话精神，就进一步做好共青团农村工作，讲三个问题。

一、高度重视、着力推进农村合作组织共青团工作

根据党中央指示精神，团中央书记处考虑，今年在全面巩固既有工作的基础上，重点抓好十二项工作，农村合作组织共青团工作是其中之一。大家知道，国际上合作社运动已有 170 多年的历史，农村合作组织某种意义上说是弱者的联合，是小生产对抗大资本、小农户对接大市场的产物，是农村生产关系和生产组织方式发展的结果。从西方发达国家农业制度变迁看，成立农业合作组织是比较通行的成功做法，在促进农业发展、保护农民利益等方面发挥着积极作用。我国农村合作化道路先后进行过互助合作、人民公社等体制探索，改革开放以后，随着农村土地承包经营制度的改革和深化，农村合作组织进入到良性发展轨道。党的十六大特别是《农民专业合作社法》颁布实施以来，农村合作组织加快了发展步伐，延伸到农业生产、技术服务、市场拓展等领域，不仅有专业合作社，还有社区股份合作、土地合作、信用合作、劳务合作等各种形式。目前，全国依法登记注册的农民合作社达 98.24 万家，入社农户 7412 万户，约占农户总数的 28.5%。农村合作组织作为新型农业经营主

体的主要形式，对推动农业发展、促进农民增收、创新社会治理、建设和谐农村，发挥着越来越重要的作用，日益成为共青团农村工作亟待探索深化的重要领域。

1. 充分认识加强农村合作组织共青团工作的重要性。首先，农村合作组织是农村青年投身农业现代化的重要组织形式。党的十八大要求，发展农民专业合作和股份合作，培育新型经营主体，构建集约化、专业化、组织化、社会化相结合的新型农业经营体系。十八届三中全会提出，推进家庭经营、集体经营、合作经营、企业经营等共同发展的农业经营方式创新。中央农村工作会议指出，鼓励发展专业合作、股份合作等多种形式的农民合作社。随着国家扶持政策力度加大，农村合作组织将进入快速发展阶段，越来越多的农村青年将加入到农村合作组织当中。青年在哪里，团的组织就要建在哪里。共青团组织要顺应这个趋势，抢抓良好的政策环境和发展机遇，深入推进农村合作组织共青团工作，促进更多农村青年加入或创办合作组织，为培育农村新型经营主体、构建新型经营体系添砖加瓦。

第二，农村合作组织是农村青年增收致富的重要支撑平台。农业是弱质产业，面临自然风险、市场风险的双重威胁。当前，我国正处在改造传统农业、发展现代农业的关键时期，面临着农户小规模分散经营与农产品大市场的矛盾。农村合作组织一头连着千家万户的小生产，一头连着千变万化的大市场，通过传递市场信息、推广农业科技、提供社会服务、组织引导农民按照市场需求进行生产和销售，对农民增收致富发挥着重要作用。有关调查表明，农民合作社成员收入普遍比当地未入社农户高出20%以上，有的甚至高出一倍以上。中央农村工作会议明确提出要以吸引青年人务农、培育职业农民为重点，加快培育新型农业经营主体。抓住了农村合作组织这一载体，就抓住了服务农村青年在乡发展、创业致富的关键所在。

第三，农村合作组织是农村社会治理创新的重要参与主体。农村合作组织具有人合性质和社区性特点，决定了其较强的社会功能，如培育合作氛围、维护社区稳定、承担政策宣传、开展科技推广等，是发展农村社会事业和完善农村社会治理的重要主体。在经济社会功能实现的过程中，农村合作组织会产生经济、文化、法律等多方面的利益诉求，给农村公共服务和社会治理带来诸多新情况新要求。加强农村合作组织共青团工作，对于共青团组织青年参与农村社会治理创新，进而巩固党的农村基层政权具有重要价值。

第四，农村合作组织是团的工作有效覆盖的重要探索领域。伴随着工业化、城镇化进程，大量农村青年离开乡村走向城镇，离开农业走向二三产业，农村青年群体不断分化和流动，单纯依靠乡村团组织已经很难实现有效覆盖。我们推进非公企业团建、驻外团组织建设、乡镇实体化“大团委”建设等，都是应用不同的社会机理联系和覆盖青年的重要措施。从农业发展趋势看，从事农业的青年将更多进入农村合作组织，通过市场、利益因素联结在一起。依托农村合作组织推进农村团建创新，是对农村青年的再组织化过程，利用农村合作组织较强的组织粘性，可以更有效地联系和覆盖农村青年，更有效地找准团的工作与农村青年增收致富的结合点，从而不断增强农村基层团组织的吸引力和凝聚力。

2. 把握基本思路和主要任务。宜智同志指出，推进农村合作组织共青团工作，要强服务、抓示范、重联合，我们要围绕这个基本思路加大工作力度、明确工作任务。

第一，强服务。当前，我国农村合作组织还处于相对粗放的发展阶段，需要不断提升规范化、专业化、市场化、品牌化水平。我们要立足这个实际，在服务上下工夫。一方面，要服务农村合作组织发展壮大。注重借助涉农的政府部门、社会机构等工作力量，整合县域内涉农政策、项目等资源，为农村合作组织提供资金、技术、信息、人才等方面的服务。通过共青团的组织网络优势，积极开展产品展示、考察交流、品牌对接等活动，促进合作组织的交流、提升、联合与合作。另一方面，要服务农村青年创业致富。把小额贷款、技能培训、科技服务等团的重点工作资源，向农村合作组织中创业青年倾斜，培养更多青年致富带头人，带动更多农村青年走上创业致富道路。

第二，抓示范。农村合作组织共青团工作，要坚持示范先行、积极推进，稳步实现有效覆盖。在组织覆盖上，优先在青年较多、管理规范的合作组织中建立团组织（或青年组织），力争用3年左右时间，使符合建团条件的建团率达到90%以上。团员青年较少的合作组织可联合建团、依托建团。跨行政区划的合作组织，其管理层级可以上靠一级；规模影响较大的，也可由团的领导机关直接联系管理。要在县区层级普遍成立农村合作组织团工委，建立"团工委——专（产）业团组织——团支部（小组）"的组织管理服务体系，统筹推进县域范围内合作组织共青团工作，力争2014年年底基本实现全覆盖。在工作覆盖上，要通过开展符合农村合作组织发展需要和青年特点的活动，扩大对农村青年的有效覆盖。一是突出创业致富，通过开展技术培训、市场考察、技能竞赛等活动，帮助青年提高农业生产和合作组织经营能力。二是加强思想引领，通过开展"我的中国梦"、"奋斗的青春最美丽"、志愿服务等主题教育实践活动，帮助青年成员树立社会主义核心价值观和良好的道德品格。三是注重文化联谊。着眼农村青年精神文化需要，大力开展文化娱乐、婚恋交友、社会公益等活动，密切团员青年联系，倡导良好的农村社会风尚。

第三，重联合。农村合作组织的初次联合是人的集合，形成了合作组织的力量。我们还要推动组织与组织之间的再次联合，以提升合作组织整体活力。一方面，这是基于合作组织自身发展需要。我们既要注重推进同类合作组织规模扩张型联合，提升合作组织的规模经济效益。也要推进产业互补型联合，提升合作组织内部收益。如，养蜂合作社与花卉合作社联合，种粮合作社与农机合作社联合等。另一方面，这是基于团的工作发展需要。单个合作组织在青年规模、资源条件、人才骨干等方面的资源条件都是有限的，通过团组织之间的联合，可以资源共享、优势互补，实现抱团发展、整体活跃。

二、持之以恒、扎实深化农村共青团各项重点工作

农村战线共青团工作在《2014年农村共青团工作要点》中进行了整体部署，我主要强调一些具体问题。

1. 以"我的中国梦"主题教育实践活动为统揽，加强农村青年思想引导。引导青少年树立和坚定在中国特色社会主义道路上实现"中国梦"的理想信念，是十八大以来党中央对共青团最集中、最鲜明的要求。农村战线要切实树立抓思想引导工作的意识，把思想引导与务实服务结合起来，把内容供应与路径载体结合起来，切实履行好教育引导农村青年的责任。

第一，抓内容载体。我们要按照宜智同志要求，立足农村青年思想实际，从凝聚改革共识、践行核心价值观、弘扬传统文化等方面加强思想引导工作。要以"我的中国梦"主题教育实践活动为载体，把思想引导与帮助农村青年实现创业梦、致富梦、美丽乡村梦等服务有机结合起来，用有效服务引导农村青年增进对党的感情，增强道路自信、理论自信和制度自信，自觉做改革的拥护者、支持者和参与者。要以志愿服务、扶贫济困、身边好青年、青年文化节等活动为载体，引导农村青年弘扬传统文化，自觉践行社会主义核心价值观，培养良好的道德情操。要通过"奋斗的青春最美丽"分享会、选树农村青年典型等载体，引导农村青

年增强勇于进取的奋斗精神，养成积极向上的人生态度，积极投身农村改革发展实践。

第二，抓引导路径。时代在变化，青年的沟通、交流、聚集方式也在变化。青年思想引导工作要继续坚持典型引路、现身说法等传统好方法，发挥好身边榜样的示范作用，也要注重创新引导路径。一要借助新媒体力量。调查显示，农村青年组织化程度较低，岗位流动频繁，业余时间碎片化，更多时间“生活在网上”。我们要善于运用新媒体平台了解青年思想动态，善于运用微博、微信、微视频、即时通信、远程教育网等新媒体的形式开展工作，不断扩大思想引导覆盖面。二要应用文化艺术元素。注重汲取传统文化的思想精华，弘扬优秀传统文化讲仁爱、守诚信、崇正义、尚和合的时代价值，使优秀传统文化成为涵养农村青年思想的源泉。注重应用动漫、微电影、公益广告等艺术表达方式，让有意义的事变得有意思，让大道理变成青年易于理解接受的小道理。

第三，抓队伍建设。普遍性的青年思想引导工作，最终要靠覆盖广泛的基层组织和数量庞大的基层团干部队伍去执行。近年来，我们通过乡镇团的组织格局创新，通过乡镇实体化“大团委”建设，增加了上百万的兼职团干部，还有20多万名大学生村官在乡村工作，这都是开展农村青年思想引导工作的重要力量。我们要把这些骨干力量组织起来，帮助他们理解中央精神，掌握思想引导方法，提高做好意识形态工作的能力，在农村青年中唱响主旋律、传播正能量。

需要注意的是，抓农村青年思想引导工作，要注重以事明理，避免空泛说教。一要结合农村青年实际，相比来说农村青年更讲实际，要善于把“大”道理讲“实”，把“远”道理讲“近”；二要融入重点工作，如，通过“领头雁”计划弘扬奋斗精神，通过“保护母亲河”行动传递环保理念等；三要克服越位心理，思想引导工作各条战线都守土有责，农村战线要根据全团总体部署抓好落实，不另起炉灶，但要体现农村特色。

2. 以扩大有效覆盖为目标，深入推进农村区域化团建。推进城乡区域化团建，是下一步基层团建工作的重要方向。随着城镇化深入推进，农村镇区青年将更加集中，流动将更加频繁，资源将更加丰富，以镇区为重点推进区域化团建恰逢其时。区域化团建的核心是通过要素组合实现工作融合，因此要在“联”字上做文章，在“融”字上下功夫，通过组织联建、活动联办、干部联培、阵地联建等多种途径，发挥组织的聚合效应，实现基层团组织的融合发展。

第一，推进区域化团建，组织发育是前提。一是着力建组织。组织建设永远在路上，只有进行时，没有休止符。要坚持动态调整、提质扩面，继续深化乡镇实体化“大团委”建设。大力推进农村合作组织团的建设，加强涉农非公企业和社会组织等团建工作，在新兴领域延伸组织覆盖。继续巩固农村行政村、学校、机关、企事业单位的团建工作，在传统领域夯实组织基础。二是着力促规范，通过开展达标创优、星级创建、标准化团建等方式，提升基层团组织规范化建设水平，增强其自我运转能力。三是着力促融合，通过推动基层团组织的联建共建，形成区域统筹、条块结合、骨干示范的农村基层组织新格局。

第二，推进区域化团建，活动载体是基础。要注重强化乡镇团委的枢纽功能，在鼓励基层团组织自主开展活动的基础上，着力设计兼顾不同类型团组织的活动载体，形成带动性强的区域化品牌项目，推动区域内不同类型、不同隶属关系的基层团组织共同开展活动，达到共同参与、整体提升的目的。推动县域内学校、机关、企业团组织与乡镇、村和直属团组织资源共享、活动联办，实现优势互补，促进整体活跃。

第三，推进区域化团建，干部配备是关键。要深化乡镇团的组织格局创新工作，建立乡镇团委动态更新调整或集中换届机制，将乡镇范围内符合条件的青年能人吸纳到乡镇团委，构建开放式乡镇团干部配备格局，增强乡镇团委决策科学化水平和工作开放化程度。要通过建立完善区域内基层团组织负责人联席会议制度、定期会商制度、片区管理制度等工作机制，形成区域化议事决策机制和工作联动机制。

第四，推进区域化团建，资源共享是保障。推进区域化团建，很重要的一个因素，就是解决基层组织单体资源不足的问题。要注重把团内资源与团外资源结合起来，把个体资源与区域资源结合起来，充分整合党员活动室、农家书屋、远程教育站点等资源，建设青年中心、青年服务站等团的工作阵地，依托区域内各类社会平台做到阵地共建共享，使其成为联系和服务农村青年的区域化阵地平台。同时，发挥团县委的统筹协调作用，推动党建带团建制度和乡镇团委经费文件落实，为区域化团建提供有力保障。

3. 以促进创业致富为重点，服务农村青年全面发展。去年6月20日，习近平总书记在同团中央新一届领导班子集体谈话时强调要抓好青年就业创业，同时也强调要关爱留守儿童。宜智同志讲话中再次强调了农村青年创业、留守儿童和大学生村官工作。农村战线要根据这些重要要求，抓好贯彻落实。

关于农村青年创业。这项工作全团一直在抓，特别是近几年取得了积极成效。团十七大、十七届二中全会把集中力量促进青年创业就业作为重点任务予以突出，并对已有工作资源和工作项目做了整合，特别强调创业这一主题。通过近几年工作实践，大家普遍感到，促进农村青年创业就业，关键是要集中资源和力量，培养一大批农村青年创业致富带头人，以示范带动更多农村青年志于发展农业、乐于发展农业、安于发展农业，在培育新型农业经营主体、加快农业现代化进程中，更好地体现共青团组织的作用。因此，团中央决定以培养创业致富带头人为重点，统筹推进农村青年创业就业工作。年初，专门下发了农村青年创业致富“领头雁”培养计划的通知，提出未来五年培养100万名带头人，力争做到村村都有致富带头人。各地要明确任务、务实推进。

首先，要选好苗。根据农村青年创业实践，培养农村青年致富带头人，要突出返乡创业青年和大学生村官两个重点群体。返乡创业青年眼界相对开阔，市场意识相对较强，同时又有经验和资金的积累，在看到农业比较效益后，就会选择到农村创业，既可以获得更高收益，又可以照顾好家庭。大学生村官知识文化程度较高，具有较强的创新意识，熟悉中央惠农政策，如果给予一定的资源支持，就容易成为农村创业致富的先锋。工作中要注重培养对象的示范带动能力，真正把有热情、有潜力、有创业基础的青年发掘出来，给予重点支持，更好地发挥出工作的杠杆效应。

其次，要解好难。农村青年创业致富，主要面临技术难、资金难、人才难的问题。要抓住培养青年农民纳入国家实用人才培养计划的机遇，继续整合政府、企业、社会和团属培训资源，结合致富带头人需要和当地特色主导产业发展，开展种植养殖、农业社会化服务、电子商务等专题培训。要抓住国家赋予土地承包经营权抵押、担保权能的政策机遇，协调银行业金融机构，争取开发农村青年创业小额贷款专属信贷产品，为致富带头人提供信用升级、绿色通道、担保贴息等金融服务。要组织农业技术专家、金融市场专家、青年企业家、涉农政府部门干部，担任农村青年创业导师，开展创业结对帮扶，有效解决青年创业经验不足的难题。最近，部分省份探索金融机构干部到县挂职工作，取得了较好的效果，补充了基层工作力量，提升了共青团开展创业金融服务的专业水平，有力促进了农村青年创业工作。同时对金融机构培养年轻干部，培育潜在优质客户也有帮助。希望大家加强与金融机构合作，建立有效激励约束机制，通过选派金融干部到县挂职，更好地推进共青团农村工作和青年创业工作。

第三，要借好力。农村青年创业涉及面很宽，需要方方面面的支持，共青团资源条件有限，只有顺势而行、借力而为，才能有所作为。要争取党政资源，加强与组织部门、政府涉农部门的沟通协调，找准工作切入点和结合点，为农村青年创业提供政策、项目和平台支持。要整合社会资源，通过科学的工作设计和合作模式，按照市场化专业化导向，动员农业产业化龙头企业等各类社会资源，参与致富带头人培养工作。要统筹团内资源，把各条战线、团属社团的资源力量整合起来，形成培养青年致富带头人的工作合力。

关于留守儿童关爱。这是党中央对共青团的重要工作要求，农村战线于情于理应有所作为。要围绕留守儿童的学业辅导、亲情陪伴、安全自护、兴趣培养等需要，通过开展志愿服务、希望工程、青年文化等活动，帮助农村留守儿童健康成长。

4. 以保护母亲河行动为统揽，深化青少年生态环保工作。生态文明建设已经纳入“五位一体”建设总体布局之中，越来越为党政关心、社会关注。围绕党和国家生态建设和环境保护工作大局，积极开展青少年生态环保工作，是共青团的优良传统，更是教育引导广大青少年投身生态文明建设的现实要求。下一步工作总的要求是，以保护母亲河行动为牵引，以植树育人为核心，以建设绿色工程、倡导绿色理念、培育绿色队伍为重点，构建开放式工作格局，扩大品牌社会影响，引导广大青少年增强生态文明意识，为美丽中国建设作贡献。

第一，构建开放式格局。生态环保工作领域很宽，要克服“一亩三分地”的思想，大力扩展工作空间。在力量整合上，要坚持统筹联合。团内要加强统筹，借鉴志愿服务工作模式，延伸工作领域和触角，扩大参与对象和群体。团外要注重联合，拓展公益合作伙伴，与企业、媒体机构等建立联系，集聚更多的社会资源。在工作内涵上，要坚持虚实结合。既要把绿色工程做好，争取做到县县都有青年林，村村都有青年路，形成生态示范效应；更要在绿色理念、绿色实践上做文章，培育一批品牌项目，比如，“光盘行动”、低碳生活、清洁家园、节能减排等实践活动，有效丰富生态环保工作项目体系。

第二，注重品牌化运作。深化保护母亲河行动，加强青少年生态环保工作，要注重发挥品牌效应，带动社会参与。要抓好公共宣传，强化与文化传媒机构合作，推出一批时尚感强、感染力大的文化产品和公益广告，扩大保护母亲河行动的知晓率和影响力。要抓好项目规划，围绕生态环保教育和实践，策划一批青年乐于参与的项目，形成丰富的项目体系。比如，我们正在策划的京津冀晋蒙共同行动、清洁家园行动，等等，大家还可以开动脑筋、建言献策。要抓好典型示范，大力选树生态环保优秀典型，以一个个实实在在的事例激励青少年、感染全社会。

第三，注重社会化动员。青少年愿不愿意参与，有多少青少年参与，在参与中有没有收获，是谋划、推进和评价工作的重要标准。注重发动团队组织作用，广泛开展丰富多彩、生动活泼的生态环保主题团日队日活动，让青少年从自己做起，从小事做起来，以环保微行动，实现环境大改善。注重调动社会成员积极性，发挥青少年生态环保组织、环保志愿者的作用，加强对他们的联系、培育、服务和引导，延伸工作手臂。注重借助新媒体力量，加强与大型门户网站绿色公益频道的合作，运用微博、微信等手段，探索时尚、便利的工作载体和参与形式，扩大工作覆盖面。

三、求真务实、科学有效推进各项工作任务落实

农村战线团干部要根据党中央指示精神，按照宜智同志讲话要求，结合第二批党的群众路线教育实践活动，提升工作能力，强化作风建设，保证各项工作部署落到实处。

1. 坚持改革创新，注重顶层设计。当前，我国正处于全面建成小康社会和全面深化改革的关键时期，农村共青团工作面临了许多新情况新机遇。农村空心化、青年频繁流动、网络社会等，给农村共青团工作带来许多新挑战。如何增强农村团的吸引力和凝聚力，提高团的工作有效覆盖面，需要农村战线团干部以改革创新精神去研究和破解。一方面我们要尊重基层首创精神，相信基层智慧，鼓励基层创造，形成百花齐放的工作局面。另一方面要善于总结基层经验，在干部配备、资源供给、政策保障、品牌建设等方面加强顶层设计，为基层工作提供有力的指导和支持。

2. 坚持统筹兼顾，抓好结合转化。共青团农村工作点多、线长、面宽，而基层工作力量有限，这就要求各级团组织既要坚持统筹兼顾、突出重点，把握工作节奏；又要坚持因地制宜、分类指导，抓好工作结合转化。注重把上级要求与本地实践结合起来，把必选动作与自选动作结合起来，给基层团组织更多工作选择权，让其发挥比较优势，确定有限目标，集中资源力量，在重点工作上抓出特色和声势。

3. 坚持多办实事，养成过硬作风。农村共青团面临困难较多，各级团干部都要怀着对青年的感情，对事业的责任，多为青年办实事做好事。要摸实情，掌握基层实际情况，了解青年所思所想，避免“心中无数顾虑少，纸上谈兵办法多”。要出实招，瞄准工作中难点问题，发扬“钉钉子”的精神，出主意、想办法，不搞花拳绣腿，勇于克难攻坚。要求实效，不求表面上的热热闹闹，通过扎实细致的工作，让团员青年得到更多实惠。

4. 坚持靠前指导，抓好督促检查。农村的情况千差万别，工作基础和条件不尽相同。农村战线各级团干部要多下基层，与基层同志一起搞调研、想办法，为基层工作出点子、给支持。同时，要加强工作督促检查，通过完善信息台账、情况通报、目标考核等工作制度，激发基层工作动力，以实实在在的成绩，赢得党政信任、社会认同。

最后，强调一下农村基层团组织微信体系建设试点工作。我们主要考虑是，应用移动社交媒体拓宽联系服务青年的渠道，促进农村基层团组织的活跃。初步设想是把微信中的朋友圈建成网络上的团支部，把团员青年吸纳进网络团支部，实现逐级的圈层联络。从理论上讲，如果一级能联络几十名青年，省级团委到普通青年共五级，那么通过五级推动就能联络到几百万甚至几千万青年。从另外一个角度看，建立在熟人社会基础上的网络社交，已经成为青年一种生存状态，增强了彼此联络，分享着丰富资讯，这为思想引导工作提供了便利条件和丰厚资源，通过广泛应用微信等社交媒体，利于实现组织青年和引导青年的一体化。微信体系建设关键要在“最后一公里”上下工夫，建立村级团干部与团员青年的联系，这是工作难度所在，也是最大价值所在，否则就会成为无叶之木、难结硕果。

同志们，好年头要有好开头，新起点呼唤新作为。让我们迅速行动，振奋精神，抢抓机遇，扎实工作，努力开创共青团农村工作新局面，为加快农业现代化、推进农村改革发展作出积极的贡献！

徐晓在共青团中央、中国邮政储蓄银行合作开展促进青年创业就业工作电视电话会上的讲话

2014 年 9 月 4 日,根据录音整理

今天团中央与中国邮政储蓄银行联合召开电视电话会议,对深化促进青年创业就业工作进行部署和推动。近年来,邮储银行对共青团促进青年创业就业工作给予了大力支持和帮助,借此机会,我代表团中央书记处,向家进同志、智宝同志、邮储银行的各级领导和同志们表示衷心的感谢!

共青团与邮储银行有着良好的合作基础。2009 年,联合下发了《关于共同实施"青年小额贷款项目"的通知》,以自主就业的城乡青年为服务对象,以灵活便捷的信贷服务帮助青年创业就业,为近 12 万名青年提供了约 84 亿元的创业贷款。北京、湖北、吉林等 18 个省级团委与邮储银行在创业贷款、创富大赛、邮储银行金融干部挂职等方面开展了合作,取得了较好的成效。

为了更好地促进青年创业就业,团中央与邮储银行决定进一步拓展合作领域。今年 4 月底,团中央书记处第一书记秦宜智与吕家进同志进行了会谈,明确了深化青年创业就业工作的方向和要求。7 月 15 日,双方联合印发了《关于合作开展促进青年创业就业工作的通知》(中青联发〔2014〕18 号,以下简称《通知》),就深化青年创业贷款、举办青年创业创富大赛、开展基层干部交流挂职、加强中国农村青年致富带头人协会建设等四个方面合作进行了部署。刚才,5 个省份的同志作了经验交流,给了我们很多启发。广东介绍了"邮储银行杯"2014 年中国青年涉农产业创业创富大赛全国赛的安排。稍后家进同志还要作重要讲话,请大家抓好贯彻落实。借此机会,我谈几点意见,供同志们参考。

一、深化合作的主要考虑

团中央与邮储银行进一步加强合作,是在原来工作基础上的拓展与深化,主要有三方面的考虑:

第一,这是贯彻落实党中央系列指示精神的实际举措,有利于更好地服务党政工作大局。党中央历来高度重视青年创业就业,重视青年健康成长。党的十八大指出:全党都要关注青年、关心青年、关爱青年,倾听青年心声,鼓励青年成长,支持青年创业。党的十八届三中全会明确提出,健全促进就业创业体制机制,完善扶持创业的优惠政策,形成政府激励创业、社会支持创业、劳动者勇于创业新机制。去年 6 月 20 日,习近平总书记在同团中央新一届领导班子集体谈话时强调,团组织要调动社会资源,千方百计为青年排忧解难,大力支持青年就业创业。为贯彻落实党中央和习近平总书记指示精神,团的十七大对促进青年创业就业工作进行了整体部署,决定要努力构建和完善青年创业就业服务体系,为青年创新创业搭建实践平台。共青团与邮储银行开展体系化合作,为广大青年提供创业金融、创业培训等服务,帮助更多的青年实现创业就业梦想,是贯彻落实党中央指示精神的有力举措,对于推动我国产业结构转型升级、服务国家就业工作大局、培养创新创业青年人才,具有重要而现实的意义。

第二,这是团银履行各自职能的重要载体,有利于推动双方事业健康发展。去年 6 月,习近平总书记提出,共青团工作要解决好两大课题,一是提高团的吸引力和凝聚力,二是扩大团的工作有效覆盖面。要破解好这两大课题,要

求共青团必须拓展工作平台，丰富工作载体，广泛联系和服务青年。同时，作为国内网点规模最大、覆盖面最广、服务客户最多的银行，邮储银行也承担着国家赋予的服务“三农”、服务社区、服务中小企业的重要使命，而青年是其中最具潜力的重要群体。围绕促进青年创业就业开展合作，帮助更多的青年创业致富、成长成才，是共青团和邮储银行的工作职责所在、也是事业发展的希望所在。在工作实践中，我们也深刻感到，深化合作对双方事业发展起着积极的推动作用。开展青年创业贷款工作，有效解决了创业青年的融资困难，也培育了邮储银行潜在优质客户；组织基层干部交流挂职，为基层团组织建设充实了力量，也为邮储银行培养了熟悉国情民意的高素质青年人才；举办青年创业创富大赛，为创业青年提供了展示才华、寻求合作的舞台，也为邮储银行筛选优质创业项目、服务小微企业提供了平台。扎实做好这些工作，有助于共青团和邮储银行更好地履行自身职能、实现自身使命。

第三，这是巩固“团银合作”长效机制的有益探索，有利于完善青年创业就业服务体系。2009年起，团中央与邮储银行开展青年创业小额贷款工作，主要是为创业青年解决融资难题。在工作推进过程中，各地大胆探索、深入实践，双方合作领域不断拓展，18个省（自治区、直辖市）已合作开展了创富大赛、金融干部赴县级团委挂职等工作。这些工作丰富了基层工作载体，增强了共青团服务青年的能力，也促进了邮储银行的业务发展。此次深化合作，团中央与邮储银行更加注重组织体系的深度合作，更加注重领域拓展和资源供给，更加注重服务内涵创新和内在机制建设，是尊重基层创造、基于基层实践的合作。《通知》下发后，大多数省份的团组织与邮储银行进行了有效沟通和对接。比如，在确定开展中国青年涉农产业创业创富大赛地区赛事的26个省份中，有15个省与邮储银行合作，其中8个省由邮储银行冠名。由此可见，双方体系化合作正在有序展开，“团银合作”的长效机制在不断巩固，这必将为青年创业就业提供更加坚实的支撑。

二、深化合作需要重点把握的问题

此次深化合作主要包括四个方面内容，各地团组织和邮储银行要立足当地实际、加大探索力度，务求工作实效、多出经验成果。

（一）关于青年创业贷款工作

创业小额贷款工作双方已经合作了5年，积累了不少经验。下一步要重点围绕贷款难、贷款贵、贷款慢等问题，加大金融创新力度，努力创造“具有青年特点、体现邮储特色”的创业贷款新模式。

一是要创新担保方式，着力解决贷款“能不能”的问题。资金难是青年创业面临的普遍性困难。青年“能不能”获得创业贷款，能否提供有效担保是个重要条件。在工作实践中，各地创造了联保、互保、信用担保等担保方式，拓宽了抵押、质押物的范围，为青年创业贷款提供了实际帮助，但担保问题仍是青年创业融资的“拦路虎”。此次深化合作，邮储银行决定探索开发“邮青时贷”等专属金融产品，提出了“互惠担保”贷款、助保金贷款等信贷形式，这是小额贷款模式的大胆创新，各地要在坚持市场化和普惠性原则的基础上，积极探索符合当地实际、操作性强的信贷模式。比如，四川开发的“蜀青邮贷”产品，对3类53项产品的贷款对象、金额期限、担保方式、奖励措施等作了详细说明，具有较强的操作性，值得大家借鉴。此外，作为支持青年创业的专属金融产品，“邮青时贷”在外在形式上要体现出共青团和邮储银行的组织特点，在服务内涵上要体现出普惠式金融的创新优势，以增强创业青年的认同感。

二是要落实优惠条件，着力解决贷款“贵不贵”的问题。青年创业起步时期一般规模较小、利润较薄，在关注能不能贷到款的同时，还比较关注贷款“贵不贵”的问题。基于此，团中央、邮储银行在联合下发的《通知》中指出，对于能够正常偿还贷款本息、无逾期情况、信用良好的农村创业青年，邮储银行将给予降低利率、享受贷款利息“五免一”等具体的优惠政策，小额贷款的单笔额度也提高到了30万元。这些优惠政策和条件，必将给青年创业带来更多的便利和实惠，也必将受到创业青年的欢迎，各地要结合实际抓好政策落地。此外，各级团组织也要自加压力，争取党政支持，努力为青年创业贷款争取财政贴息、补贴等优惠政策，帮助创业青年进一步降低融资成本。

三是要发挥比较优势，构建“银·团”信贷合作的长效机制。实践证明，建立青年创业信贷合作的长效机制，必须按照市场经济规律办事。银行承担着创业贷款的风险和成本，团组织要尊重和理解银行的商业行为。各地团组织要注重发挥组织体系健全、联系青年广泛的比较优势，着力摸清创业青年的创业项目、资金需求、信用建设等情况，积极向邮储银行做好优质项目推荐工作。同时，要通过科技咨询、技能培训、导师辅导、典型宣传等非金融手段，帮助创业青年降低经营风险，实现组织帮扶式“增信”。此次合作中邮储银行还决定，在条件允许的地方，对基础工作扎实、创业贷款回收率高的团组织，由当地邮储银行酌情给予经费奖励，用于支持团组织开展创业就业工作。希望各地团组织做好配合，把青年创业贷款工作做实做好。

（二）关于青年创业创富大赛

从今年开始，团中央将联合邮储银行举办涉农产业青年创业创富大赛，现在地区赛正在有序开展，全国赛筹备工作也在稳步推进。关于办好大赛，有几点需要强调。

一是把握大赛初衷。开展青年创业创富大赛，是促进创业项目、资金、人才、信息等创业要素对接的有效平台，也是扩大社会影响、弘扬创业精神的有效载体。我们希望把共青团的组织动员优势和邮储银行的专业网络优势结合起来，以项目竞赛为途径，通过政策扶持、资金支持、导师辅导、基地孵化、宣传推介等办法，汇聚一批创业项目，发现一批创业人才，选拔一批创业典型，培育一批创新企业，在全社会营造理解、重视和支持青年创业创富的良好氛围，进而带动更多青年创业成才。希望大家准确把握这个初衷，精心组织，通力协作，把大赛办出声势、办出实效、办出品牌。

二是合理安排赛事。此次大赛的全国决赛由团中央、邮储银行总行、农业部、广东省人民政府共同主办，广东团省委、邮储银行广东分行具体承办。地区赛各地可以结合“创富先锋——2014年中国邮政储蓄银行创富大赛”开展，也可由团组织根据本地实际自行举办，各类省级竞赛产生的涉农项目都可以择优参加全国赛。目前，组委会已经展开了参赛项目推报、竞赛规则细化、宣传计划制定、导师评委遴选等赛事筹备工作，各地团组织要积极组织青年参与大赛，并按照大赛组委会总体安排和时间节点，抓好各项赛事工作的组织。此次涉农产业大赛选择与邮储银行联合主办，主要是考虑到各个层级团组织都可以与本地邮储银行分支机构开展合作，利于各个层级大赛的组织实施，希望各级团组织加强与本地邮储银行分支机构的衔接，力争形成长期互惠、逐级合作的赛事合作模式。

三是强化宣传推广。通过比赛激发热情、树立典型、营造氛围、扩大影响是举办大赛内在要求。大赛自7月份启动以来，组委会与中央电视台、中国青年报、中央人民广播电台进行了对接，多次组织南方日报、大粤网、腾讯微博等媒体召开宣传策划会，商定了大赛宣传方案，确定了主题口号，制作了宣传视频和大赛LOGO，建立了大赛微信公众号。各地区赛事组织机构在充分发挥传统媒体作用的基础上，也利用新媒体加大了宣传力度。但总体上看，大赛的宣传渠道需要进一步拓宽，社会影响力需要进一步提升。下一步，希望各级大赛组委会结合比赛进程，进一步加强与网络、电视、报纸、户外媒介等专业媒体合作,同时利用好邮储银行3万多个网点的宣传阵地,广泛动员、联动造势,努力扩大大赛的社会影响力。

(三)关于基层干部交流挂职

这项工作福建、山东等省前期进行了探索。今年初,团中央在总结他们工作经验的基础上,在9个省份的491个县试点开展了选派金融机构优秀青年干部赴县级团委挂职工作,取得了明显工作成效。一是借助金融机构团组织的工作理念和资源优势,团的基层组织建设和基层工作得到了加强;二是通过联合开展青年创业就业等工作,金融机构业务得到了拓展;三是金融干部深入基层、了解社会,能力素质得到了提升。为此,团中央与邮储银行把基层干部交流挂职也纳入了此次合作范围。在这里,主要强调两个问题。

第一,抓实重要环节。结合试点省份的工作经验,工作中要把握好以下几个重要环节。一是在选派上要高标准,要看到基层挂职对干部综合能力训练的独特作用,真正选拔有培养前途的优秀青年干部到县挂职。有些省份采用团组织与金融干部“双向选择”的办法,有的银行将这项工作与体系内的“县域青年英才开发工程”相结合,实现了挂职工作与青年干部培养工作相互促进。这些经验都值得借鉴。二是在管理上要重规范,要积极争取党委组织部门支持,规范办理任职文件,为挂职干部开展工作创造条件。要加强对挂职干部的业务培训、实地指导等工作,帮助他们尽快进入角色、打开工作局面。如浙江省委组织部专门发文支持这项工作,山东、湖北等省制定了包括出勤率、定期述职、工作日志、民主评议等细则,都收到了很好效果。三是在激励上要比实绩,要明确挂职干部工作职责和任务,认真做好工作考核评价,对于表现突出、成绩显著的优秀干部,要敢于压担子、给平台。福建每年对挂职干部评选表彰,山东有些地市对挂职干部的后续使用力度很大。这些做法都可以参考。四是在生活上要多关心,地方团组织要为挂职干部提供必要的工作、生活条件,协调派出单位出台有关政策,确保挂职干部挂职期间工资和福利待遇不变,切实解决好他们挂职的后顾之忧。

第二,明确各层级职责。省级层面要加强工作统筹和制度设计,规范推荐、选派、考核、联系、管理、使用等工作程序。要制定激励约束机制,在行文任职、待遇保障、择优重用方面出台相关政策。要根据本地实际做好工作规划,制定挂职干部选派规模、明确挂职干部职责任务。地市层面要加强工作推动和督导,推动县级组织部门落实挂职干部的行文任职和工作安排,加强挂职干部的服务、联系和交流,做好挂职干部日常管理和考核评价,协助落实挂职干部的各项待遇、后续使用等工作。县级层面要为挂职干部提供必要的生活、办公条件,帮助挂职干部尽快熟悉环境、投入工作,认真对待挂职干部提出的意见建议,支持其创造性开展工作。总之,各级团组织和邮储银行分支机构要各负其责、分工协作,把干部交流挂职工作做细做实。

此外,邮储银行总行还将与中国农村青年致富带头人协会、青年企业家协会开展合作,包括通过专属金融产品为协会会员提供金融支持,建立专门服务机构为会员提供优质金融服务,推荐邮储银行相关领导参与协会管理等。希望各级协会积极对接,结合实际深化各项合作内容。

在这里强调一点,促进青年特别是农村青年创业就业是双方合作的基本出发点,也是主要合作领域。经过多年探索,我们感到促进农村青年创业就业,关键是要集中资源和力量,培养一大批农村青年创业致富带头人,以示范带动更多农村青年致力农业发展、投身农村建设,在培育农业新型经营主体、加快农业现代化、建设社会主义新农村的进程中,更好地体现农村共青团的组织价值。因此,团中央决定以培养农村青年创业致富带头人为重点,统筹推进农村青年创业就业工作。今年年初，专门下发了农村青年创业致富“领头雁”培养计划的通知，提出未来五年培养100万名带头人的目标，力争实现村村都有致富带头人，县县都有涉农青年协会。共青团与邮储银行合作开展的创业小额贷款、创业创富大赛、基层干部交流挂职、青年涉农协会建设等工作，是培养“领头雁”的重要载体和平台。希望各地要以此次深化合作为契机，把“领头雁”培养计划抓紧抓实、抓出成效。

三、深化合作的几点要求

1. 统筹兼顾，把握节奏。共青团与邮储银行此次合作领域宽、任务重、要求高，各级团组织要坚持统筹兼顾，把握节奏、有序推进。此次合作确定的四个方面内容，各地团组织在细化工作方案时，要注意相互结合、融合推进，同时要与农村战线的合作社团建、“领头雁”培养计划等重点工作结合起来推进。有些项目如青年创业贷款等常规性工作，需要坚持长期抓，着力做深做实；有些项目如创业创富大赛等阶段性工作，需要集中精力抓，办出实效、办出声势。

2. 完善机制，形成合力。各级团组织要主动与本地邮储分支机构衔接，组成工作力量，建立定期会商、联席会议等制度，及时分析情况、解决问题、推动工作。要围绕合作的主要内容，完善任务分解、信息统计、考核评估、业绩奖惩等机制，确保各项工作落到实处。要发挥共青团组织优势，争取党政支持，动员社会资源，为双方合作创造良好环境。

3. 因地制宜，务求实效。我国各地情况千差万别，既有经济发展水平的差距，又有工作基础、工作力量的差别。因此，一方面，要注重调动基层干部的积极性和主动性，鼓励基层大胆创新，探索符合地方实际的工作方法。另一方面，要在资源供给、政策保障、品牌建设、项目规划等方面加强顶层设计，为基层开展工作提供有力的指导和支持。此次共青团与邮储银行合作的四个领域，在具体操作层面还有很大创造空间，各地可以结合本地实际大胆探索。

同志们，促进青年创业就业工作是全团重要任务，是提高团的吸引力和凝聚力、扩大团的工作有效覆盖面的重要途径，希望各级团组织深入贯彻落实党中央和习近平总书记系列重要指示精神，抢抓全面深化改革的重大机遇，大胆创新、求真务实，为广大青年实现创业梦、共筑中国梦作出应有贡献。

傅振邦同志讲话

傅振邦在2014年度学校共青团工作会议上的讲话

2014年2月28日，根据录音整理

这次会议是团的十七大和十七届二中全会后召开的首次学校战线工作会议，十分重要。今天上午，秦宜智同志出席会议并发表了重要讲话，为做好当前和今后一个时期学校共青团工作提供了重要遵循；团中央学校部负责同志分别就《学校共青团工作五年规划纲要》、《2014

年学校共青团工作要点》以及学校共青团重点工作创新试点作了解读和部署。今天下午,各位与会代表深入开展了分组讨论。刚才,团北京市委、复旦大学团委和团郑州市委负责同志代表各组作了汇报发言,讲得非常好。

下面,我着重就做好今后一个时期特别是2014年重点工作,谈三方面意见。

一、全面把握新时期学校共青团工作的新形势新要求

认清新形势、把握新要求是做好工作的前提和基础。学习领会本次会议精神,要做到四个深刻认识。

1. 深刻认识党中央对学校共青团工作的亲切关怀和高度重视。党中央对学校共青团工作始终高度重视。过去一年里,习近平总书记多次亲自出席团中央组织的活动并发表重要讲话,近十次给不同学生群体回信寄予殷切期望,这充分体现了党中央对青年学子的亲切关怀、对共青团工作的高度重视。党中央书记处对共青团工作的一系列重要指示和李源潮同志在团十七届一中全会、二中全会上的重要讲话中,都把做好学生群体、学校阶段的工作作为重点,反复强调,多次论述。团中央书记处贯彻党中央的要求,对学校共青团工作高度重视,宜智同志先后出席去年11月16日全国高校共青团工作研讨班、12月9日中国大学生骨干培养学校第六期结业暨第七期开班式和今天的战线工作会并提出一系列重要要求。今年2月10日,团中央书记处会议专题研究部署了学校共青团工作。深刻认识党中央对学校工作的亲切关怀和高度重视,就要认识到这是党中央站在党和国家全局的战略高度提出的重要要求;认识到巩固和提升学校共青团的基础性战略性源头性地位在新的历史时期和新的形势下的重要性和紧迫性;认识到党中央既为我们做好工作指明了方向、增添了强大动力,也提出了具体战略任务和工作要求。我们要变压力为动力,化动力为行动,用行动创造佳绩,向党中央交上合格的答卷。

2. 深刻认识新时期学校共青团工作的历史方位和光荣使命。团是党的助手和后备军,这种政治属性决定了团的工作的历史方位和光荣使命必须在党和国家发展的历史进程和大局中确定。具体到学校战线来说,学校共青团和青年学生运动从来就有着优良的光荣传统,共青团诞生发展的历程很大程度上讲也是学校共青团和青年学生运动发展的历程。在新的历史起点上,认识新时期学校共青团工作的历史方位和光荣使命,关键是要学习领会好习近平总书记系列重要讲话精神和党中央的重要要求,把握住学校共青团基础性战略性源头性的地位作用,把握住团结带领广大青年学生为实现中华民族伟大复兴的中国梦而奋斗这一时代主题。学校是共青团育人的主阵地、学生是共青团育人的主对象。我们要牢牢把握习近平总书记提出的三个方面的根本性问题,坚持把培养中国特色社会主义事业建设者和接班人作为根本任务,把巩固和扩大党执政的青年学生群众基础作为政治责任,把围绕教育改革发展这个中心和大局作为工作主线。今天上午,宜智同志在讲话中希望学校战线带头破解团的两大战略课题,要在增强思想引领实效、运用网络新媒体、建设基层服务型团组织以及推进团的工作改革创新等四个方面走在全团前列,对学校共青团的历史使命作出了论述。我们要以更加积极、更加主动的精神状态进一步增强做好工作的使命感和责任感,准确把握历史方位,勇于担当我们肩负的光荣职责。

3. 深刻认识新形势下学校共青团工作面临的重大机遇和挑战。当前学校共青团面临的机遇前所未有,上午宜智同志作了深入的阐述。党中央的高度重视是学校共青团开展工作的最有利条件,全面深化改革尤其是教育领域的改革、相关重大部署为学校共青团事业带来了宝贵机遇,全团事业的发展要求学校共青团更加有所作为。可以说，学校共青团的最大机遇就是从党中央到团中央都更加明确和强调了学校共青团的基础性战略性源头性地位，学校阶段是共青团开展工作的黄金时期，要下大力气开展好学校团的工作和建设。同时，宜智同志分析了当前学校共青团在自身工作和组织建设、把握青年学生的脉搏以及资源整合等方面面临的突出困难和挑战。他还专门分析了我们常说的工作“高位徘徊”现象，认为“高位”是指学校共青团的工作取得了不错的成绩，“徘徊”是指学校共青团在破解制约难题方面还有不小的差距。应该说，学校共青团工作有着非常良好的基础，但与党中央的期望相比、与全团事业发展的格局相比，我们更要清醒地看到自己的差距，戒骄戒躁，多看到自己的不足，多看到工作中存在的问题。机遇和挑战既是工作压力，也是工作动力，我们要珍惜机遇，直面挑战，改革创新，脚踏实地地向前推进各项工作。

4. 深刻认识新起点上做好学校共青团工作的总体要求和战略部署。客观地讲，学校战线的基础性战略性源头性地位和作用，主要是由于工作对象属性决定的。我们要深刻领会、吃透党中央一系列新精神新要求，以团中央的战略部署要求为基本遵循，以改革创新为动力，努力在新的起点上实现学校战线新的奋斗目标，争取用实际工作发挥好学校战线基础性战略性源头性地位和作用。宜智同志上午的讲话理论性、指导性、操作性非常强，我们要认真学习领会，抓好贯彻落实。在工作目标上，既要把握共青团工作的根本性要求，又要把握如何破解团的工作吸引力和凝聚力不够、团的工作有效覆盖面不足等针对性要求。在工作任务上，既要把握中国梦这一鲜明的时代主题，又要注重共青团四项基本职能的全面履行。在工作重点上，既要高扬理想信念的旗帜，占领思想引领制高点，始终牢牢把握思想引领这一首要任务，又要把握时代脉搏，洞悉发展前沿，切实服务好青年学生的健康成长成才。在工作方法上，既要讲大局识大体，站在学校战线是共青团事业基础性战略性源头性重要组成部分的高度去思考和推进工作，又要重基层重创新，深入贯彻“团建全覆盖，工作到支部”的要求，提升学校团组织活力，深入落实理念创新、手段创新、机制创新等要求。在工作资源上，既要加强团学干部队伍建设，增强学校共青团自身战斗力，又要凝聚各方力量，加强团内协同。

二、狠抓落实推进 2014 年学校共青团工作

今年学校战线工作思路为：深入贯彻落实党的十八大和十八届二中、三中全会精神，认真学习贯彻习近平总书记系列重要讲话精神，依据团十七大、十七届二中全会的工作部署，坚持立德树人，以实施大中学生中国梦成长工程为统揽，强化思想引领，强化素质拓展，强化权益维护，强化组织提升，以服务学生成长成才为出发点和落脚点，以改革创新为动力，进一步夯实学校共青团的基础性战略性源头性地位，团结带领广大青年学生投身实现中国梦的伟大实践。这里，我再强调四点。

1. 坚持战略引领，抓好规划纲要实施。一要高度重视、深入领会。五年规划纲要体现了团中央书记处对学校战线工作的根本要求，凝聚了各级学校战线团干部的集体智慧和心血，各地、各学校要深入学习研究五年规划纲要，依据规划纲要谋划本地本校未来一段时期的具体工作。二要把握布局、遵循原则。五年工作规划纲要不可能面面俱到，其重要意义主要是战略整体工作布局和基本工作原则的确定，各地、各学校要牢固树立“一个核心、一个统揽、四大行动、三项建设”的总体工作布局，始终遵循“六个坚持”的工作原则，这是我们做好工作的基本指导，只有在此基础上全战线才能形成良好的工作合力。这次规划纲要鲜明提出的“一个统揽”就是实施大中学生“中国梦”

成长工程，提出了“四位一体”的“钻石模型”，即从思想引领、素质拓展、权益维护和组织提升四个方面筑牢广大青年学生成长成才奋力实现中国梦的基础。思想引领是灵魂，素质拓展和权益服务是两大支撑，组织提升是基础，四个方面是辩证统一的，共同服务于新时期统一打造学校共青团工作系统的集合体。三要联系实际、动态实施。对于纲要的实施，要形成动态联动评估机制，确保纲要落地并符合实际情况。纲要本质上是对学校战线提供了总体性、宏观性、纲领性、蓝图性的指导，并不要求各地、各学校机械地去贯彻执行，但具体工作要体现纲要的精神原则和总体实施要求。

2. 坚持筑牢底盘，巩固基层基础基本工作。立德树人的核心目标和基础性战略性源头性的基本定位决定了学校共青团工作的广泛性、长期性、连续性和成效的相对滞后性，我们的工作很难“立竿见影”，需要我们具有超越短期行为的战略意识和长远视野，要有“绳锯木断、水滴石穿”的韧劲，把巩固基层基础基本工作作为事业发展的长远之计，不求一时之功。具体来说，一要重心下移抓基层。基层是团学组织在广大青年学生中提高吸引力和凝聚力的基本组织依托，是扩大团的工作有效覆盖面的关键环节。基层团支部是共青团组织的细胞，是服务型团组织建设的关键，我们要坚持眼睛向下、重心下移，各类学校都要以支部建设为根本，按照“团建全覆盖，工作到支部”的思路，把规范基层建设、提升基层活力、完善工作机制、优化工作资源作为重点工作抓好抓实。对于长期以来相对薄弱的民办高校和独立学院领域的团建工作，希望各地作为重点，争取有所突破。二要立足长远抓基础。九层之塔起于累土，打好基础才能立得高远、管住长远。学校共青团要抓好组织基础，做好中学中职团的工作，特别是团员的教育。上午宜智同志特别提到中学中职团员的发展问题，团中央组织部正在做深入的研究，将对中学中职团员发展的数量控制具体标准以及相关的质量要求作出专门部署，希望各地、各学校一定要按照要求做好相关工作。要抓好制度基础，做好顶层设计，比如将党建带团建政策要求具体细化，制定工作规划，根据实践完善工作机制和规范，等等。要抓好队伍基础，加大力度培养团学骨干队伍，尤其要抓好团委书记和团支部书记的培养。三要持之以恒抓基本。学校团的工作既有阶段重点性、紧急性甚至临时性的工作，但更多的是需要长期开展的基本工作，比如“三会两制一课”的坚持，有的地方和学校做得好，但也有一些学校流于形式或者基本不做了，我们要旗帜鲜明地长期抓。又比如中学的18岁成人仪式教育，大学的校园文化、社会实践、学术科技活动等等，过去长期积累形成了品牌，在新的时期应该予以坚持。对于实践证明有效的基本工作不能“一年换个频道、一年变个样子”，必须持之以恒、常抓不懈，确保基本工作的覆盖面和参与面。在新的起点和新的时期，我们要更加重视基层基础基本工作，要视为日常性、经常性、长期性的工作，要作为我们的基本功和看家本领，决不能“一阵风”。我们常常讲“二八现象”，很多活动只是表面上热热闹闹，并没有覆盖全面，如果我们真正把班级团支部的平台和载体抓实了，很多工作的部署和推动不求大众，而是以支部为载体实现分众化，我相信就可以做得更加全面、更加深入。

3. 坚持统筹推进，突出做好六项重点工作。2014年的工作任务十分繁重，各地、各学校可因地制宜，根据自己的实际情况，实事求是地抓好自己的特色工作、重点工作、薄弱工作，特别是省级团委既要考虑统筹推进，又要抓住重点。这里，我强调六项重点工作。

一是做好思想引领工作。思想引领是我们的首要工作任务，对此要咬定青山，毫不动摇。2014年思想引领工作要牢牢突出中国梦主题，引导广大青年学生坚定在中国特色社会主义道路上实现中国梦的理想信念。具体来说,一是要突出学习习近平总书记系列重要讲话,广泛深入开展习近平总书记系列重要讲话精神进校园活动。这是党中央作出的战略部署,全团也下发了通知。习近平总书记系列重要讲话是新时期对中国特色社会主义理论的最新丰富和发展,是推进中国特色社会主义事业前进以及实现“两个一百年”目标和实现中华民族伟大复兴的中国梦的强大理论武器。学校战线要把深入学习贯彻习近平总书记系列重要讲话作为一项极其重要的政治任务来抓,尤其是高校要重点抓好。二是要持续深入开展好“我的中国梦”主题教育实践活动。希望各地、各学校发挥主动性、创造性,努力深化“与信仰对话”、“与人生对话”、“彩虹人生”等具体活动载体,组织开展好“我的中国梦——奋斗的青春最美丽”系列分享活动,力争做出实效、做出亮点。三是要综合抓好“爱学习、爱劳动、爱祖国”教育活动、社会主义核心价值观的培育和践行、中华优秀传统文化教育、民族团结教育、国防教育等工作。希望各地、各学校根据各自的情况,确立相关活动的载体和方式进行实事求是的部署,不求面面俱到,要着力形成本地本校的特色。四是要抓好思想引领的载体构建,比如社会实践、志愿公益和志愿服务活动等等,既是活动载体,也是思想引领具体化、形象化和最直接的方式和手段。希望各地、各学校要多从思想引领的高度,努力多打造实践育人的具体载体。五是要重视校园稳定工作,尤其要抓好网络思想领域的斗争,增强自觉性、坚定性和战斗性。今年还是五四运动 95 周年、建国 65 周年和中日甲午战争 120 周年,希望各地、各学校在思想引领工作中,要充分利用好这些重要节点和契机,根据党中央相关的指示精神和要求,引导好、保护好、发挥好学生的爱国热情。

二是大力开展大学生“走下网络、走出宿舍、走向操场”主题群众性课外体育锻炼活动。“三走”对共青团来说不能简单看成只是体育活动,而是我们工作的综合载体。“三走”实际是引导大学生健康的生活方式和生活习惯,正是通过这样的活动可以进一步培养大学生的体育精神,包括协作精神、奋斗精神和拼搏精神。希望各地、各高校进一步重视“三走”活动,把它作为当前团学工作的重要项目和重要工作综合载体,在“抓特色、抓成效、抓机制”上下功夫,争取通过动员班级、动员体育社团、动员体育兴趣小组以及时尚、有趣的方式吸引更多的大学生参与到活动中来,把这项有意义的活动做得有意思,真正形成长期习惯性、趣味时尚性、基层群众性紧密结合的浓厚氛围和长效机制。

三是大力推进创新创业创优工作。这项工作不仅仅是针对大学,而是中学、中职、大学都要一以贯之地推进,要构建起创新创业创优分层次一体化的工作体系。今年工作的重中之重是“创青春”全国大学生创业大赛。今年的创业大赛充分结合新时期党中央的新要求、社会的新关注和青年学生自身的新需求,突出实践导向,对传统的“挑战杯”创业计划大赛进行重大调整和改造,进一步结合相关创业前沿,进一步做大规模、提升层次、扩大影响。各地、各高校要以“创青春”大赛为抓手,激发大学生的创业意识,完善大学生创业工作体系,扩大创业带动就业效应,尤其要发挥团组织的主观能动性,加强共青团对大学生创业实质性的辅导、服务,促进国家创业体制机制进一步健全完善,努力提高大学生创业就业的比例和质量。创业就业是青年学生的根本发展利益之所在,团学组织有很多空间可以做,希望大家大胆地抓,创新地抓。此外,今年还要在浙江举办“挑战杯——彩虹人生”全国职业学校创新创效创业大赛以及在中学阶段探索举办商业挑战赛。希望我们共同抓好,真正分层形成学生创新创业创优的活力和工作体系,为加快国家创新体系建设和促进青年学生创业就业作出贡献。

四是抓好学生帮扶体系建设。习近平总书记要求共青团要关心各类弱势青年群体，要使团组织成为广大青年遇到困难时想得起、找得到、靠得住的“贴心人”。宜智同志也多次强调学校战线要做好经济困难、学习困难、心理困难、社会交往困难、上进心不足等困难学生群体的帮扶。学校共青团的工作不要总做锦上添花的事，而要多做雪中送炭的事，要更多地关心最需要帮助的同学。希望各地、各学校把困难学生帮扶工作摆在重要位置进行整体定位和设计。我们不可能包打天下，把所有困难学生的问题都解决，但要通过我们的“添一把火、加一把薪”，真正做到团学感情上关心、困难信息上对称、生存发展上帮扶。要发扬共青团面对面工作的优良传统，发挥好团学组织优势，构建好帮扶工作项目体系，加大资源整合的力度，吸纳更多的资源予以支持。即使是对经济困难学生的帮扶，尽管国家财政有相当大的投入，如果条件可能，团学组织还是可以对最困难的学生在既有帮扶基础上体现团学组织的温暖。要完善工作长效机制，不贪大，不求多，不急于求成，坚持办实事、解难事，善作善成。在帮扶方面，学校团委和学生会如果每年能实打实地为学生办一件实事就会取得一份实效，赢得学生的一份拥护。

五是切实抓好网络新媒体应用转型。新时期网络新媒体，不再仅仅是一个工作手段，而是覆盖团的四项职能、贯穿团的工作与建设，在共青团事业发展中具有战略性、系统性、全局性意义。今年1月8日，我们在福州专门召开了高校共青团网络新媒体工作推进会，取得了较好的效果。客观地讲，尽管学校战线在网络新媒体应用上已经取得了初步进展，但与团中央书记处对学校共青团工作的要求相比、与学校战线在全团工作重要性相比、与层出不穷的新媒体应用创新相比，学校战线网络新媒体应用工作还有很大提升空间。为此，这次会议专门下发了《学校共青团网络新媒体应用实施路线图》，力图通过建阵地、建队伍、建内容、建活动、建机制，积极推进组织体系建设转型、校园思想引领转型、服务学生和维护权益工作转型、线上线下活动互促融合转型、团学工作高效组织动员转型，真正将网络新媒体融合到工作全局之中。根据团中央要求，今年我们学校战线要抓好网络宣传员队伍建设，这要作为一项战略任务落实好。希望各地、各学校积极做好相关实施工作，努力实现学校战线在网络新媒体领域不仅有阵地、建队伍、发声音，而且重内容、出影响、见效果，力争走在全团前列。

六要抓好团学工作组织格局完善。教育治理体系和治理能力现代化是全面深化改革的应有之义，高校治理结构完善是教育治理现代化的重要内容。团学组织是高校治理结构的重要组成部分，是校园治理民主化的重要主体。学校共青团要构建以团组织为核心和枢纽、以学生会研究生会为学生“自我服务、自我管理、自我教育”主体组织的工作组织格局，切实发挥好学生社团在活跃校园文化中的作用。这三句话构成了我们对团学工作组织格局的定位，希望大家把思想认识和行动统一到这一定位上来。今年初团中央办公厅、教育部办公厅转发的《中华全国学生联合会关于加强和改进高校学生会研究生会建设的指导意见》，明确要求“校级学生会组织须明确一名主席团成员负责学校学生社团工作；已设立校级学生社团联合会的，其主要负责人须由校级学生会组织负责学生社团工作的同学兼任”。高校团学工作组织格局的完善是我们开展工作的组织载体，已经有清晰的定位和思路，希望高校团委要统一思想、统一行动，确保团委机构独立设置，确保团学组织格局正确摆布，确保各级学生会及学生负责干部的产生运行程序规范、公正透明。对于高校青年教师如何团结、吸引、凝聚，我们鼓励各地、各学校发挥主观能动性去积极探索。

以上六项重点工作可以简要概括为“四强”和“两抓”。“四强”就是强心、强体、强发展、强服务，思想引领是强心，“三走”是强体，创新创业创优是基于学生成长发展，学生帮扶体系建设是切实为学生服务；“两抓”就是抓好网络新媒体战略转型、抓好团学工作组织格局完善。希望大家要统筹兼顾、弹好钢琴，既要全面推进，又要突出重点。

4. 坚持科学管理，健全考核激励机制。要完成党中央赋予学校战线的光荣使命，要实现《学校共青团工作五年规划纲要》各项任务，要完成2014年的重点工作任务，我们就要建立科学合理、务实简洁的考核评比激励机制。按照团中央的要求，学校部结合战线工作实际和特点，初步提出了学校战线“三项全团考核、七项战线通报”的考核框架，确定了考核内容和机制，相关方案也已印发给了大家。这一方案具有定性与定量相结合、考核与通报相结合、自律与他律相结合的特点，请各省级团委参照执行。此外，为完善工作激励机制，团中央学校部还将重点开展两项工作：一是对重点工作项目进行总结通报激励；二是加大资源有效配置力度，尽量把整合来的各种资源通过具体项目配置到基层，激励各地、各学校做好工作。

三、努力提高学校共青团干部队伍的能力素质

打铁还需自身硬，各级团学干部要坚持学习、学习、再学习，实践、实践、再实践，努力提升能力素质。团学干部要带头践行习近平总书记对全体团干部提出的“四个必须”的要求。新时期要履行好学校共青团的工作职责，需要我们共同努力，切实增强四个方面的能力。

1. 切实增强改革创新力。一要不断解放思想。学校团干部思想活跃、素质较高，需不需要解放思想？我认为在新时期一样需要。学校共青团是群团组织，不能争权力、争地位，而要用自己的工作投入服务好学生、服务好党政工作大局，只要有利于青年学生成才发展、有利于党政工作大局的事，我们都可以大胆地去想、去闯、去争取、去突破。二要坚持问题导向。改革创新不是无的放矢，都是针对或宏观或微观的具体问题和现象去的。要增强改革创新能力，就必须找准真问题，就必须眼睛向下、重心下移，到基层、到实践中去调查研究、观察思考和总结提炼。比如，思想引领工作的针对性、有效性不强，究竟是内容问题还是渠道或方式方法问题，这必须具体问题具体分析，到实际中去确定。此次会上部署的17项创新试点工作，涵盖面广，就是坚持问题导向鼓励各地各学校因地制宜去试去闯，以改革创新的勇气和担当探索新路子。三要重视基层首创。实践是认识的源泉，也是检验真理的唯一标准，改革创新行不行、成不成，都需要在实践中验证，正确的路径方法也总是蕴藏在具体的生活或工作实践之中。我们要尊重基层、相信基层、依靠基层，激发各学校团委和各班级团支部的活力、创造力和主观能动性，要将一些地方和学校的典型经验做法予以及时总结提炼推广。四要坚持眼睛向外、整合各种资源。要有改革创新的力度，就要充分调动市场资源、承接政府资源、整合社会资源、争取政治资源、动员团学资源。大家不要觉得我们的力量弱，关键是要把各方面的积极性充分发挥出来。重庆大学团委在民政部门争取到了政府购买社会服务的100万元，安徽团省委积极借助党委组织部门的培训平台开展自己的工作，湖北团省委整合了社会保障部门的2000万资金，这都为我们提供了很好的借鉴。

2. 切实增强群众工作力。群众工作是我党的法宝，也是团的法宝。做好青年学生群众工作，既是根本的工作宗旨，也是重要的工作方法。一要牢固树立群众意识和群众观点。归根到底，党团组织的得以成立和发展的根基在于民众的支持和拥护，团学干部与学生是鱼与水、种子与土壤、仆人与主人的关系。新时期，我们要真正把学生作为我们的服务对象和

工作主体，心中始终有学生，深入学生，绝对不能高高在上，团学工作的影响力要靠我们对学生的服务来扩大。二要提高调查研究、专业工作的能力。没有调查就没有发言权，工作措施没有绝对性。面对庞大的青年学生群体，要及时有效掌握其思想意识特点和行为特征，需要有科学的调查分析能力，需要就青年学生群体进行科学的深入研究。每一名团学干部都要深入基层，深入青年学生，查实情、办实事，只有接好地气才能更有底气。新的时期，共青团工作的专业化越来越强、复杂性越来越高，越来越需要遵循客观规律，我们要摒弃团学工作较虚、随意性大的错误思想，要坚持“虚功实做”，努力提高对团学工作规律的研究和实施方案的科学论证，促进团学工作的科学化专业化。三要提高服务学生、解决问题的能力。要牢记做学生友，不做学生官，始终把服务学生作为工作的出发点和落脚点。建立健全有效的快速反应系统、执行系统，特别是在面对维护校园稳定突发事件和青年学生普遍性利益诉求时，能够迅速行动、及时处理，争取始终处于主动地位。四要提高组织动员学生的能力。行动最有说服力，新形势下我们能否真正做到组织动员学生，既是衡量我们群众工作力的一杆标尺，也是学校战线能否实现团的基本职能的重要保证。组织动员尤其要抓住学生的心、创造学生认可的价值，使学生更多地参与我们的基本工作和活动。

3. 切实增强思想传播力。团的工作，可以说是思想影响思想、人格影响人格的工作，思想传播力是我们的核心竞争力。一是提升在学校层面团学干部对自己的工作对象思想沟通传播影响的能力。简而言之，就是思想政治工作能力。学校团干部要能与普通学生说得上话，讲的话学生愿意听、听得进。二是学校战线各级团学组织之间信息沟通传递的能力。团中央的很多信号是要到达最基层的学校团组织的，如果各级团组织之间信息传递失效、阻尼过大，工作就会大打折扣。如何真正做到上传下达，如何将好经验好做法及时在全团范围内得到反映或者推广，如何将团中央书记处的指导思想、重点要求能快速传递到组织末端，需要各级团学组织之间的信息传递机制健全，畅顺通达。三是学校共青团自身和外界的思想传播影响的能力。学校共青团有时“只顾埋头干活，缺少抬头看路”，对外的信息报送和宣传工作做得不够。我们要切实改进工作短板，这次会议也专门下发了加强宣传和信息报送工作的方案。希望学校战线进一步加强思想传播宣传工作，改变“报上无字、电视无影、广播无声”的不利现象，因为我们是做人的工作的，必须要把好思想传播出去，不仅要生产制造内容，还要把它传播好，使好内容有穿透力、影响力和覆盖力。

4. 切实增强工作执行力。习近平总书记指出，一分部署，九分落实。提高执行力抓落实才能保持我们团学组织的战斗力。一要树立执行意识。思想决定行动，执行意识是增强工作执行力的重要前提。共青团本质上是政治组织，组织特性决定了它的成员必须要讲政治纪律和工作纪律。因此，各级团学干部要从内心树立起强烈的执行意识，要不折不扣地落实团中央和上级团组织的工作部署和要求，落到实处。当然我们反对简单的生搬硬套或者不讲条件的执行，支持各地、各学校实事求是地根据自己的实际情况创造性地执行。二要突出执行效力。有时一件工作及时部署了，但实际工作推进却是慢慢吞吞。我们要真正讲时间效率，破除“官僚主义”习气，突出执行效力。三要健全执行机制。谋划工作和推进工作要努力形成决策、咨询、监督、考核、评价的闭环机制，对于重点工作不是说一说而已，而是真正形成考核监督的机制，压力层层传递，任务层层分解，工作件件落实。四要强化务实作风。要真正想实事、出实招、办实事，少空谈清谈，多实干苦干，紧紧围绕团中央的工作要求，结合各自实际，实实在在进行部署，形成更为务实、更为高效的组织体系和工作格局。

同志们，习近平总书记指出，我们的事业是一点一滴干出来的，我们的道路是一步一个脚印走出来的。一年之计在于春，让我们认真贯彻团中央的决策部署，马不停蹄，实干当先，敢于担当，共同奋斗，努力谱写学校共青团事业的新篇章。

傅振邦在全国中职共青团工作研讨会上的讲话

2014 年 7 月 26 日，根据录音整理

在首届“挑战杯——彩虹人生”全国职业学校创新创效创业大赛决赛期间，我们专门召开全国中职共青团工作研讨会，相互交流工作，认真分析形势，积极探讨问题，共同谋划未来，努力推动新时期中职共青团工作事业取得新的发展。这次会议特别重要，非常及时，是一次具有独特意义的会议。第一，这次会议是在习近平总书记 6 月 23 日对职业教育作出重要批示和 6 月 27 日对共青团工作作出重要批示之后召开的；第二，这次会议也是在党的十八届三中全会对教育领域综合改革作出专门部署以及近期全国职业教育工作会议之后召开的；第三，这是团中央在全国层面以中职共青团工作为专题召开的第一次会议。通过本次会议，我们要贯彻落实好习近平总书记有关重要批示精神，贯彻落实好全国职业教育工作会议精神和工作部署，贯彻落实好团的十七大和十七届二中全会精神，进一步推动中职共青团工作实现新的发展。

刚才周艳同志和另外 7 位同志分别从省级团委、地市级团委、行业企业团委、中职学校校长以及中职学校团委的角度作了非常精彩生动的发言。大家的发言提供了很多很好的新鲜经验和做法，表明各地、各学校对中职共青团工作的探索和推进取得了新的成绩。谢俐同志代表教育部职成司作了非常重要的讲话，传达了习近平总书记重要批示精神和全国职业教育工作会议重要精神，对全国职业教育相关工作规划作了解读，并结合共青团实际提出了相关工作要求，大家要认真学习领会，切实抓好落实。

借这个机会，我讲三方面的意见。

一、坚定信心，增强做好中职共青团工作的使命感和责任感

6 月 23 日，在全国职业教育工作会议召开之际，习近平总书记就职业教育发展作出重要批示，李克强总理接见会议代表并发表重要讲话，他们充分肯定了职业教育的战略作用，明确了职业教育的目标任务，指明了当前和今后一个时期职业教育改革发展的方向和路径。6 月 27 日，习近平总书记对共青团工作作出重要批示，对当前和今后一个时期的共青团工作提出了明确要求，具有非常强的思想性、指导性，为共青团工作进一步指明了方向、提供了根本遵循。党中央对职业教育和共青团工作的空前关注和重视，为中职共青团事业的发展提供了前所未有的机遇。深刻把握中职共青团新的历史机遇，既要看到外部环境深刻变化带给中职共青团的广阔空间，又要抓住共青团事业发展对中职共青团的战略要求；既要看到中职共青团自身的优势和成绩，又要正视面临的困难和挑战。我们要在机遇面前不迟疑，在挑战面前不退缩，坚定信心，借职业教育事业迎来大发展的机遇，努力在新的起点上实现中

职共青团新的奋斗目标。

1. 深刻认识外部环境深刻变化带给中职共青团的广阔发展空间。党的十八大以来，习近平总书记提出了实现中华民族伟大复兴的中国梦。实现中国梦，既需要高端的科学家、企业家和各类专家人才，同时也需要过硬的工程师、高级技工、高素质劳动者构成的技术技能型人才。特别是当前，我们国家发展正处于全面建成小康社会的决定性阶段，面临着人类历史上规模空前的工业化城镇化进程和日益加剧的国际竞争。随着我国经济社会的快速转型，我国的经济结构、人才结构都在经历着深刻调整，建设社会主义现代化强国必须具有足够的大规模过硬的技术技能型人才支撑。习近平总书记在批示中专门指出，要努力培养数以亿计的高素质劳动者和技术技能人才。一定程度上讲，中职学生作为国家培养的与经济社会联系最密切的技术技能型人才，是实现中国梦的强大底盘。刚才谢俐同志对习近平总书记关于职业教育的重要批示已经作了非常深刻的解读。

升级版的中国经济，需要升级版的职业教育。党的十八届三中全会对"加快现代职业教育体系建设，深化产教融合、校企合作，培养高素质劳动者和技能型人才"作出了明确要求。前不久召开的全国职业教育工作会议上发布了《国务院关于加快发展现代职业教育的决定》，教育部等六部门又专门印发了《现代职业教育体系建设规划(2014—2020年)》，对职业教育的发展方向、重点领域和路径做了更加清晰、更加切实的安排。这些涉及职业教育的重要政策文件中，中等职业教育是重中之重，必然会为中职学校的发展带来重大机遇。

升级版的职业教育，需要升级版的共青团工作。习近平总书记强调，围绕中心、服务大局是共青团必须始终坚持的工作主线。对于学校共青团，这个中心和大局就是国家现代化建设和教育改革发展。这就要求我们，要从建设社会主义现代化强国的战略高度，从时代发展对人才需求的新要求，从职业学校对于人才培养的重要地位出发，深刻认识职业教育与当代青年成功成才的重要关系，深刻认识中职共青团工作在推进素质教育、服务学生成长成才中的重要作用，着力促进学生全面发展，着力提高学生的综合素质和职业能力，主动拓展工作空间和创新工作领域，积极服务近2000万中职学生成才成长，为中国特色社会主义事业培养合格的技术技能型建设人才。

2. 深刻认识共青团事业自身发展对中职共青团的战略要求。党的十八大以来，以习近平同志为总书记的党中央高度重视共青团和青年工作，尤其对青年学生格外关爱。去年以来，习近平总书记就共青团工作发表了5次重要讲话，连续两年的"五四"和"六一"都与青少年一起度过，在最近一年多的时间里先后8次给各类青年学生群体回信。6月27日，习近平总书记又专门就共青团工作作出了200多字的重要批示。这些充分表明习近平总书记和党中央对共青团工作高度重视，对青年尤其是青年学生无比关怀并寄予期望。党中央书记处对共青团工作的一系列重要指示和李源潮同志在团十七届一中、二中全会上的重要讲话中，都把做好学生群体、学校阶段的工作作为重点，反复强调，多次论述。李源潮同志深刻指出，学校阶段是一个人理想道德启蒙、形成的关键时期，学校是青少年最为集中的场所，共青团和少先队整建制的力量主要在学校。青少年理想信念教育和社会主义核心价值观培育，学校阶段是重中之重。去年年初团中央书记处根据党中央有关领导的指示精神，进一步加强学校共青团工作，设立了中等职业学校处，进一步加强了对中职共青团的指导。

学校共青团在全团工作中处于基础性、战略性、源头性地位。今年2月10日，团中央书记处第一书记秦宜智同志主持团中央书记处会议，专题研究学校共青团工作，要求全团把学校工作放到更加重要位置，抓实抓好。在2月28日的学校共青团工作会议上，秦宜智同志对学校共青团的基础性战略性源头性地位作了深刻论述，明确要求学校战线要在增强思想引领实效、运用网络新媒体、建设基层服务型团组织以及推进团的工作改革创新等方面走在全团前列。可以说，宜智同志代表团中央书记处对学校共青团给予了高度信任，同时也提出了更高的要求。中职共青团是学校共青团的重要组成部分。中职学生群体数量庞大、成长成才愿望强烈；中职阶段兼跨升学和就业，担负着为高校、农村、城市等各条战线输送合格团员的任务；中职共青团的工作水平影响到全团工作的水平。如果这个阶段抓得紧、抓得实、抓得好，就会起到事半功倍的效果。所以说，中职共青团是学校共青团基础性战略性源头性地位中的重要战略支撑。

3. 深刻认识中职共青团既具有良好的工作基础又面临极大的现实挑战。近年来，按照2009年团中央、教育部联合出台的《关于加强中等职业学校共青团工作的意见》部署要求，各级中职团组织特别是基层学校团组织围绕教育改革发展和中职学校工作实际，把握中职学生的思想特点和成长发展需求，突出立德树人这一核心，扎实开展了大量丰富多彩、富有成效的工作。这一意见出台后，各地、各学校安排和落实总体上是得力的，中职共青团的团组织建设、团干部配备、团的活力提升等方面都有新的进展。一方面，18岁成人教育活动、“三下乡”暑期社会实践活动、“文明风采”竞赛活动、职业技能大赛等传统工作继续深化；另一方面，新的工作领域不断拓展，比如，“彩虹人生——我的中国梦”主题教育实践活动取得了很好的成效，“彩虹人生——奋斗的青春最美丽”系列分享活动、“我为核心价值观代言”活动、优秀中职毕业生校园巡回分享活动等，在各地各学校都广泛开展，取得了比较好的社会效果。尤其是首次专门针对职业学校举办的“挑战杯——彩虹人生”全国职业学校创新创效创业大赛，得到了各方面的高度认可和积极支持。同时，推进全国中职共青团工作信息系统暨数据库建设，开展中职团的组织和工作创新试点等方面工作都在积极有序推进，很多工作为学校共青团工作创造和积累了经验。

看到这些成绩和良好基础的同时，我们更要看到当前中职共青团工作存在的困难和不足，看到工作中的问题和挑战。一是对中职学生的特点把握还不够。改革开放的历史背景，经济社会的快速发展，尤其是中等教育改革的深化，加之信息技术和网络新媒体的全面普及，这些因素都决定了当前中职学生有着不同以往的鲜明特点。去年8月，团中央专门组织了“走进青年、转变作风、改进工作”的大宣传大调研活动，我们到四川省仁寿县进行了三周的调研，农村学生多、留守学生多、贫困生多、单亲家庭多“四多”现象是3所中职学校生源的突出特征。全国各地的情况可能不尽相同，但总的来说我们对“四多”现象等新情况下的学生思想行为特征的把握还不够敏锐、不够及时、不够深入。二是中职共青团思想引领的针对性、有效性有待加强。今年4月，团中央学校部对参加全国首期中职团委书记培训班的学员作了一次问卷调查，结果显示，认为思想引领工作积极有效的只有45.9%。调研中还发现，当前中职学生的心理问题是困难帮扶中要解决的主要问题，有75.2%的人认为学生普遍感到自卑、缺乏自信心，54.1%的人认为学生受到人际关系困扰。面对这些问题目前还普遍缺乏有效、长效的工作载体和应对机制。三是中职团的工作领域一定程度上存在着“四重四轻”的现象。主要表现为重表象、轻影响；重文体、轻思想；重活动开展、轻组织建设；重因循稳定、轻开拓创新。有的学校把德育工作完全与团的工作混为一谈，把党政工作与团的工作混为一谈，不能突出团的工作的独特性和自身的功能发挥，团的工作旗帜不鲜明，影响不广泛，甚至有的学生不知道是团组织开展的活动，这种现象值得关注。四是协同资源和力量支持中职共青团工作的力度还不够，还存在着中职共青团政策文件没有落到实处的情况。有些省级团委重视高校工作，没有把中职工作放在应有的重要位置，中职共青团经常处于被遗忘被轻视的角落；有的地市级团委忙于完成党政交办的工作任务，对本该是自己重要工作领域的中职工作重视不够、抓得不紧；一些中职学校团委书记主要是兼职干部，专心做团的工作的不多。由于各方面因素的影响，基层学校总体上"自转"能力还不强。

面对新形势、新任务，要求我们切实增强机遇意识、责任意识和危机意识，牢牢把握职业教育改革的新趋势和共青团事业发展的新要求，直面当前中职共青团在自身的工作和组织建设、把握中职学生的脉搏以及资源整合等方面面临的困难和挑战，深入研究中职学生成长的特点和规律，努力把中职共青团工作提高到一个新水平。

二、开拓创新，全面推动中职共青团工作迈上新台阶

当前和今后一个时期，中职共青团要深入贯彻习近平总书记关于共青团工作和职业教育的重要批示精神，依据团十七大、十七届二中全会部署和全国职业教育工作会议相关部署，坚持立德树人，以实施中职学生中国梦成长工程为统揽，以服务中职学生成长成才为出发点和落脚点，构建起思想引领、素质拓展、权益维护和组织提升"四位一体"的工作格局，促进中职学生职业技能和职业精神高度融合提升，大力推进中职共青团组织和工作创新，切实发挥中职共青团的基础性战略性源头性作用。

1. 以服务中职学生成长成才为出发点和落脚点，构建中职共青团工作格局。竭诚服务青年，是共青团工作的出发点和落脚点。能否帮助中职学生解决好成长发展中遇到的实际问题，建设好基层服务型团组织，关系到共青团在中职学生中的吸引力和凝聚力，关系到团的工作的有效覆盖面。根据团的十七届一中、二中全会精神要求和《全面深化改革进程中共青团工作五年发展纲要》，学校共青团制定了《学校共青团工作五年规划纲要》。按照学校共青团的总体部署，中职共青团也相应对未来五年工作做出了专门的规划安排，提出来要构建思想引领、素质拓展、权益维护、组织提升"四位一体"的工作格局。

突出思想政治强引领。主要是着眼于以"我的中国梦"主题教育实践活动、培育和践行社会主义核心价值观为主线，全面强化新时期的思想政治工作，从而筑牢中职学生奋进中国梦的思想基础。我们要继续持续深入开展好"我的中国梦"主题教育活动，努力深化"彩虹人生——我的中国梦"主题活动、"彩虹人生——奋斗的青春最美丽"全国中职学校优秀毕业生校园巡回分享活动等具体活动载体，充分展示"人人皆可成才、人人尽展其才"的美好愿景，激励中职学生将个人和职业梦想与实现中华民族伟大复兴的中国梦有机地结合起来。重点抓好职业发展教育、成人教育、历史教育和理想信念教育。同时要综合抓好社会主义核心价值观的培育和践行、"爱学习、爱劳动、爱祖国"教育活动、中华优秀传统文化教育、民族团结教育、职业道德教育等工作。希望各地、各学校依据自身的情况，确立相关活动的载体和方式，不求面面俱到，而要结合实际着力形成本地本校的特色。做好思想引领，要创新引领方式和路径，做到四个方面的结合，一是把总体引领与分年级分专业引领结合起来，以更加精准化、精细化的方式加强思想引领；二是把课堂教育与实践教育结合起来，既要重视国民教育体系课堂内容传授对思想的引领，又要结合共青团的特点，大力提倡包括生产劳动、就业见习、社会实践、志愿公益、科技创新等宽泛意义上的实践教育；三要把线上的引领与线下的引领结合起来，我们处于网络新媒体的时代，要重视用新的信息技术、网络新媒体手段和时尚、情感的艺术形式去进行引领，刚才唐凌同志介绍的采用线上的微博大屏幕，就是一种很好的创造；四要把显性引领与隐形引领结合起来，中职学校的学生正处青春期，这是人生成长最关键的阶段，从一开始就要扣好人生的扣子，传统方式的显性教育宣传说教方式虽然依然有效，但是在形式和手段上需要改进，一定的显性灌输是基础，同时要积极探索植入式营销，通过丰富多彩的活动和载体隐性引领。

突出素质拓展强服务。主要是着眼于教育领域综合改革更加彰显素质教育的价值追求，通过科技创新、文化艺术、志愿公益、社会实践等团学工作传统，更加重视学生的实践和综合素质培养，从而筑牢中职学生实现中国梦的素质基础。结合共青团自身的优势和特点来说，服务好中职学生的素质拓展重点可集中在四个方面：一是服务好中职学生具备合格职业技术基础，这是中职学生所要具备的最基本最根本的素质，团学组织要帮助中职学生确立职业理想，制定职业规划，强化职业能力，掌握一技之长，练就过硬本领，要让广大中职学生将自身的职业技能看作最不可或缺的职业核心竞争力；二是要培养中职学生创新创效创业和持续学习的能力，中职学生掌握基本的职业技能是基础，个人的发展呼唤拥有创新创效创业能力和学习能力，只有这样，他们在激烈的人才竞争中才会有更多的比较优势，举办“挑战杯——彩虹人生”全国职业学校创新创效创业大赛正是基于这个目的，通过举办大赛，以赛促学，以赛促创，促进我们工作服务体系的建立健全；三要服务好中职学生健全人格，培养适应未来职业生涯的社会化技能，做事要先做人，尊道德，守道德，人格的健全非常重要，要面向中职学生未来走向社会走向成功需要具备良好的与人交流和沟通能力，将团组织是先进青年的群众组织和培养社会化技能的作用结合起来；四要服务好中职学生强健身心，提高综合素质，身体是革命的本钱，要引导中职学生从小养成良好的体育运动习惯，拥有强健的体魄，拥有健康的心理。

突出权益维护强帮扶。主要是着眼于共青团要代表广大中职学生普遍性的利益诉求，做学生权益的代言人，服务好学生的根本利益，真正服务学生创造价值，从而筑牢中职学生实现中国梦的权益基础。秦宜智同志在今年的学校共青团工作会议上，专门就做好中学中职团的工作作出了部署，其中强调要专门服务好各类困难学生，服务帮助各类弱势青年群体，使团组织真正成为广大青年遇到困难时想得起、找得到、靠得住的力量。具体到中职共青团来说，一要针对当前中职学校家庭经济困难学生多的突出特征，把困难学生帮扶工作摆在重要位置，让学生感受到党的温暖，感受到社会的关爱，增强爱党爱国的情感。二是针对中职学生自信心普遍不足、人际交往能力欠缺等心理问题，要善于通过典型激励、朋辈教育等方式，帮助中职学生树立自信心，激发学习动力。三是针对中职学生在顶岗实习、地方群体性事件中利益诉求不畅通、权益维护不到位的情况，更多地倾听学生利益诉求，做好学生权益的维护，协助学校做好维护校园稳定和社会稳定等相关工作。四要围绕教育治理体系和教育能力现代化在中职学校的全面推进，积极参与学校学生事务管理、学校的民主管理，代表学生权益，更好地代表好、维护好学生根本性的、普遍性的利益诉求。过去一年多来，个别地区发生了一些学生群体性事件，这也提醒我们中职学校团学组织要关心学生普遍性的诉求，及时掌握相关的情况和信息，协助学校党政积极主动处理相关问题，更好维护学生应有的基本权益。

突出组织提升强基础。主要是着眼于共

青团是党领导的先进青年的群众组织这一属性，实现中国梦，需要依靠青年，也能成就青年，学生自觉地在组织集体中间共同奋进，以组织的力量共同前行，从而为中职学生奋进中国梦提供坚实的组织基础。按照建设基层服务型团组织要求，在今年年初的团十七届二中全会上，秦宜智同志提出来要落实好“团建全覆盖，工作到支部”，通过“抓源头、抓支部、抓创新”，进一步提升中职共青团组织建设。具体来说，一要抓好团员发展。发展团员是中职共青团的重要任务，这几年由于对初中团员发展规模进行了适当控制，中职学校新生团青比一般不到10%，发展团员的空间很大、任务很重。中职学校是团员发展的重要领域，中职阶段是青年入团的重要源头。希望各地、各学校高度重视，坚持标准，规范程序，把握质量，强化入团仪式，把控好团员发展这个“入口关”。二要抓好班团支部建设。在经济社会发展、校园环境和学生需求发生深刻变化的条件下，一方面传统团支部的活动内容和活动方式显得陈旧落后，吸引力不够；另一方面由于教学模式的转变和调整，团支部的职能显得模糊甚至被边缘化。加强团支部建设，必须从明确团支部的职能入手。团中央学校部初步明确了班级团支部若干基本职责，包括发展团员、推优入党、组织志愿服务、开展思想引导等，突出班级团支部的政治性、思想性，突出班级团支部的制度化、规范化。三要处理好团组织、学生会和学生社团的关系，在中职学校也要旗帜鲜明地坚持在团委的领导和指导下，积极发挥学生会“自我教育、自我管理、自我服务”的主体作用，大力培育和规范发展学生社团，要把学生会和学生社团的工作作为我们团学工作格局中的基础性组成部分。

2. 以弘扬职业精神和养成职业道德为重点，突出社会主义核心价值观的培育和践行。党中央明确要求，培育和践行社会主义核心价值观必须突出青少年这个重点。培育和践行社会主义核心价值观，既要作为中职共青团思想引领的重要任务，更要融入中职共青团工作和建设的全过程，融入到中职学生职业精神培育和职业道德养成上。

刚才裘文意同志发言时提到，作为用人单位，一个学生是否受欢迎，除了他的专业知识、职业技能之外，更看重的是职业道德、工作态度。不管是从党中央培育和践行社会主义核心价值观的政治战略高度上，还是从中职学生自身面向社会、面向就业、面向自身发展的实际需求角度上，都应该弘扬职业精神、强化职业道德，大力培育和践行社会主义核心价值观。在培育和践行社会主义核心价值观方面，希望各地、各学校发挥自身的主观能动性和创造性，多去探索新的载体和形式，将培育和践行社会主义核心价值观要求落细、落小、落实，做长、做新、做常。要把注重宣传教育、注重实践养成、注重文化熏陶、注重典型示范以及注重制度保障等方面有机地结合起来。

一要注重宣传教育。注重宣传教育是基础，培育和践行社会主义核心价值观，前提是认知认同。要采取各种有效的方式，让中职学生全面、深入知晓“24 字”的社会主义核心价值观，让“富强民主文明和谐”“自由平等法治公正”“爱国敬业诚信友善”真正内化于心、外化于行。要通过各种有效的教育，做到春风化雨、润物无声。重点开展好“我为核心价值观代言”活动，这是适应中职学校实际和中职学生特点的有效载体，要将社会主义核心价值观的培育和职业精神的塑造紧密融合，特别要宣传生产建设服务一线敬业守信、精益求精的优秀毕业生典型代言的价值观，将“行行出状元”的理念播撒到全社会，让劳动光荣、技能宝贵、创造伟大的时代风尚化为生动的实践。

二是要注重实践养成。注重实践养成是关键，培育和践行社会主义核心价值观，关键在行动，知行要合一。要积极引导中职学生从具体事情做起，从基本规范做起，从小事做起，在参与社会实践、科技创新、生产劳动、志愿公益、社会调查等各类社会实践的过程中，积极发挥自身的职业技能，干一行、爱一行、钻一行、精一行，充分展示中职学生良好的品格和社会责任感。

三是要注重文化熏陶。注重文化熏陶是培育和践行社会主义核心价值观非常重要的内容，文化的熏陶是真正的润物无声。既要注重优秀传统文化与社会主义核心价值观的内在统一性，大力推进中职共青团的传统文化教育，形成尊重劳动的校园文化和职业文化，又要主动塑造符合现代职业教育发展趋势的校园文化和社会氛围。刚才几位同志在发言中提到，中职学校的学生社团发展非常迅速，希望学生社团在注重文化熏陶、培育和践行社会主义核心价值观方面发挥独特的作用。

四是要注重典型示范。注重典型示范是牵引。对于十多岁的中职学生，榜样的力量是无穷的，朋辈教育非常有效。既要善于从优秀中职毕业生、普通劳动者等中职学生身边的先进人物中挖掘树立可亲可敬可爱可学的典型，又要从典型人物的奋斗故事中升华在务实层面和精神层面的价值追求。近年来，中职学生涌现了一大批先进模范典型的人物，不管是在敬业爱岗还是在创新实践方面，都有杰出的代表。比如宁波港集团港吉码头经营有限公司的吊车司机竺士杰，16 年如一日在平凡的工作岗位上创造了以自己名字命名的操作法，为中职学生增添了光彩。刚才在参观中职学生创新创效创业大赛作品展览时，看到很多令人印象深刻的新发明新创造，表明这也是值得全国中职学生学习的典范。

五是要注重制度保障。制度安排是保障，培育和践行社会主义核心价值观，应构筑长效制度化安排。衷心希望在教育部门的领导支持下，学校共青团组织积极推动，在包括学生守则、学生成长成才的制度性、政策性文件、规定，以及共青团自身的评比表彰等方面，都要突出按照习近平总书记“勤学、修德、明辨、笃实”的要求来培育和践行社会主义核心价值观，通过我们的政策安排和制度设计，让更多的学生能够培育和践行社会主义核心价值观。

3. 以制度创新为突破口，提升中职共青团工作科学化水平。习近平总书记在职业教育的批示中指出，要牢牢把握服务发展、促进就业的办学方向，深化体制机制改革。李克强总理指出，推动职业教育取得更好更大发展，不能用老办法、旧思路，一定要勇于改革、善于创新。要深入贯彻落实好习近平总书记和李克强总理的指示精神，勇于改革，善于创新，提升中职共青团工作的科学化水平。既要坚持好做法、好传统，更要勇于创新突破，努力形成与中国特色职业教育体系相适应的中职团的工作体系。

一是要理顺中职团的管理关系。中职学校有相当多的是行业企业办学，组织体系和工作活动大多归口于城市共青团战线，一定程度上与学校共青团有脱节。据统计，全国有普通中专 3577 所、技工学校 2882 所，涉及中职学生 1158. 77 万人。下一步要积极推进行业企业办中职学校共青团的关系实现双重管理，既要接受所属行业企业团委的直属领导，又要接受所辖区域属地化学校共青团的指导。这方面，李海东同志介绍的鞍山职教城团的工作就是一个很好的探索，要积极总结，予以规范推广。

二是要构建分层的直接联系制度。在团中央学校部的层面，依托建立的全国中职学校团委书记联席会议，直接联系全国 200 所中职学校。希望各省、各地市团委要结合自身实际，也要建立对所辖区内中职学校团委的直接联系制度，这样可以更好保持各级团的领导机关与中职学校团委以及中职学生群体的直接联系，更好地去推动工作。

三是要加强规范指导。这方面团中央学校部已经在研究制定中职团支部工作实务操作手册，将提供基层团组织特别是班级团支部如何抓好团员发展、团员意识教育和活动设计等可操作性强的工作指南。希望各地、各学校加强对基层团组织的规范指导,通过实务指南、指导性的意见、示范性的标准等方式来开拓创新。

四是要抓好创新试点。今年我们在整个学校共青团开展了重点工作创新试点,经过反复论证研究,确定了499家单位申报的489个项目做为学校共青团重点工作创新试点项目,其中涉及中职共青团工作39家,既有省级团委、地市级团委,也包括中职学校。创新试点工作已经时间过半,希望涉及到的这39家单位要高度重视,继续在下半年抓实,既要防止泛化、弱化、淡化,又要防止虚化,没成果。要实事求是,扎扎实实做好创新试点工作,在适当的时候要专门召开创新试点工作推进会,最终还要总结评比。对于创新试点好的做法、重要机制的运用、制度化、机制性的思路,要向全团进行推广。

刚才谢俐同志提到,教育部正在牵头对中职德育政策文件做修订调整。2009年,在教育部支持下,我们共同下发了《关于加强中等职业学校共青团工作的意见》,下一步我们争取与教育部共同就文件落实情况进行相应督导检查,真正发挥文件的效力。同时通过深入的调研和督导检查,结合教育部中职德育文件出台的进程,也要适时对中职共青团工作做顶层优化设计。希望省级团委、地市级团委和各中职学校积极参与到这一历程中来,为中职共青团制度创新作出积极贡献。

三、提高认识,切实加强中职共青团工作的组织领导

加快发展现代职业教育的蓝图已经绘就,中职共青团工作的相应任务也已经明确。关键要把有关工作落到实处,切实加强对中职共青团工作的领导。

1. 抓好全局统筹,积极强化团内协同。一要提高认识。首先是共青团自身,从团中央到最基层的团组织,要提高对中职共青团工作重要性的认识,中职绝不能是被遗忘的角落,而要作为重要基础领域,主动从共青团事业和职业教育发展的战略高度来认识和处理中职团的工作。二要加强领导。只有深刻认识,才能增强行动自觉。团的各级领导机关要切实担负起领导责任,将中职共青团工作蓝图化为具体行动,有重点、有步骤抓好项目实施、抓好跟踪督办,建立定期评估机制,及时分析存在的问题和原因。今年以来,团中央学校部加强了相关重点工作的通报,中职共青团工作也是其中重要的内容。三要注重协同。在抓好全局统筹的同时,还要从大局出发,主动去融合去统筹共青团包括志愿服务工作等在内的其他战线工作,强化全团的协同。四要发挥团委书记作用。所有的工作部署和要求,团委书记是最关键的节点和枢纽。团委书记得力不得力,团委书记的能力素质、工作热情、激情能否跟得上,直接决定了所在中职学校团的工作活力。希望中职学校团委书记注重学习,注重提升,同时各级团组织,要为中职学校团委书记的履职提供必要条件,加强系统培训,积极给予支持。

2. 抓好协同育人,积极融入国民教育体系。育人是共青团的根本任务,这与职业教育的任务是高度一致的。中职共青团工作,要紧密配合教育行政部门,围绕促进高素质劳动者和技术技能人才脱颖而出,协作打造活动载体,协同推进重点工作。在教育部门推动的德育教育的大框架下,抓好学生的思想政治引领,配合好创业就业教育。在主动融入国民教育体系方面,也需要大力去创新,比如有的地方依托市、县教育局成立团工委,就是一个非常好的创新方式,有利于更好地找到团的工作和教育行政部门合作的平台。下一步随着全团创新试点工作的推进,对于地市、县教育局团工委的工作机制包括联席会议制度的建立要积极进行总结,在时机成熟的时候,在全国

进行推广。在这里也恳请教育行政部门和各级教育行政部门领导更多地重视支持中职共青团工作,为中职共青团工作创造更好的教育政策环境。

3. 抓好党建带团建,积极争取学校党政加强领导。团的事业是党的事业重要组成部分,党建带团建是党中央的要求,抓好党建带团建是中职学校党委的分内之事。2009 年,团中央、教育部联合下发的《关于加强中等职业学校共青团工作的意见》提出了明确要求,下一步要加强监督,对落实情况加强督导。希望各地、各中职学校的党政领导高度重视团委工作,要高度重视全国职业教育工作会议精神的贯彻落实和中职共青团工作研讨会相关会议的要求,将团委工作纳入学校工作大局中统筹谋划和推进,让我们的中职共青团工作在学校里要有组织、有干部、有时间空间、有资源,切实抓好中职共青团的建设、干部配备和必要的条件保障。

4. 抓好资源整合,积极协调社会各界支持。职业教育是面向人人、面向社会的教育。随着改革的进一步深化,市场在资源配置中起决定性作用,形成多元化的职业教育发展格局是大势所趋,这也对中职共青团通过社会化动员和市场化运作整合资源的能力提出了新的更高的要求。我们要充分调动市场资源、承接政府资源、整合社会资源、争取政治资源、动员团学资源,调动各方面的一切积极性来支持和服务中职共青团工作发展。统筹整合资源,不要忘了广大中职学生既是我们服务引领的工作对象,又是推动工作的力量源泉和依靠。要充分尊重中职学生的主体地位,不断激发他们的创造力。

推进中职团的组织和工作创新,关键在人,关键在团干部。当前,全团“走进青年、转变作风、改进工作”的大宣传大调研活动即将全面开展,地市以下各级团组织和各中职学校正在深入开展第二批党的群众路线教育实践活动。希望各地要以全团大宣传大调研和第二批群众路线教育实践活动为契机,认真学习贯彻习近平总书记重要批示精神,认真学习贯彻全国职业教育工作会议精神,树立问题意识,全面客观掌握当前中职学生和中职共青团工作面临的突出问题,努力探索解决问题的办法措施,在深入基层、走进学生中转变作风,接地气,增本领,真正与“00 后”越来越年轻的中职学生对上话、交上心、服好务。

同志们,新的形势赋予中职共青团工作新的工作内涵,新的时期需要中职共青团担当新的作为。新时期中职共青团使命光荣、责任重大,让我们牢牢把握中职共青团的职业属性和团的属性,敢于担当,开拓创新,扎实工作,努力做好中职共青团各项工作,切实巩固提升学校共青团基础性战略性源头性地位,为努力建设我国现代职业教育体系、为共青团事业不断发展、为中职学生的成功成才作出积极贡献!

第三部分

重 要 文 件

一、综合

共青团中央办公厅关于深化“我的中国梦——奋斗的青春最美丽”系列分享活动的通知

2014年3月8日

共青团各省、自治区、直辖市团委，解放军总政治部组织部，全国铁道团委，全国民航团委，中直机关团工委，中央国家机关团工委，中央金融团工委，中央企业团工委，新疆生产建设兵团团委：

为深入贯彻党中央和习近平总书记对青年和共青团工作的重要要求，落实共青团十七届二中全会和共青团宣传思想工作会议部署，深入推进中国特色社会主义和中国梦宣传教育，2014年全团将继续深化“我的中国梦——奋斗的青春最美丽”系列分享活动。现将有关事项通知如下。

一、基本思路

按照习近平总书记提出的“深化中国梦学习教育，关键是讲好故事”“讲好故事，事半功倍”的重要要求，紧密结合青少年思想实际，以“我的中国梦——奋斗的青春最美丽”分享团走基层活动为重点，充分发动各条战线、各个系统特别是广大基层团组织，普遍开展讲故事、树典型、抓实践等活动，形成“奋斗的青春最美丽”的鲜明导向，引导青少年自觉增强奋斗精神，努力在为实现中国梦艰苦奋斗、不懈奋斗的伟大征程中，实现人生梦想、争创时代业绩。

二、主要安排

1. 普遍开展“我的中国梦——奋斗的青春最美丽”分享团走基层活动

邀请各类青年典型，围绕“奋斗的青春最美丽”主题，深入基层单位和青少年中开展分享交流活动，通过讲述青春故事、分享人生感悟、沟通交流思想，引导广大青少年把个人梦想与中国梦紧密结合起来，勇于追梦、奋斗圆梦。

团中央继续开展分享团走基层活动。组织第三批分享团前往部分省份，集中举行1场较大规模的分享会，并深入农村、学校、企业、机关、社区等基层单位，举行3—5场小型分享会。

省级、地市级团委要参照团中央的做法，组建分享团开展走基层活动。县级团委要普遍开展分享活动，大力推动活动向基层延伸。省级、地市级、县级团委直接组织面向基层单位和普通青少年开展的分享活动，分别不少于20场、10场、5场。

各条战线、各个系统团委，要紧密结合本战线本行业实际和品牌工作，结合青年五四奖章、优秀团员、青年岗位能手、农村青年致富带头人、优秀青年志愿者等各类评选表彰，组织青年典型围绕“奋斗的青春最美丽”主题，开展“走进校园”“走进企业”“走进社区（街道）”“走进乡村”等系列分享活动。

2. 普遍开展“我的中国梦——奋斗的青春最美丽”主题团日活动

各条战线、各个领域的基层团组织要结合

“奋斗的青春最美丽”分享活动，广泛开展主题团日。邀请党政领导、专家学者、青少年典型参加，紧密联系工作实际和成长历程，讲述党史、国史、社会主义发展史故事，讲述改革开放和中国发展成就，讲述形势政策，讲述民族团结。通过学习座谈、交流讨论、入团宣誓、参观寻访、故事讲述、征文演讲等形式，增强广大团员青年的责任感、使命感，坚定在艰苦奋斗中实现中国梦和个人梦想的信心。每个基层团组织围绕这一主题开展1—2次团日活动。其中，重点结合纪念五四运动95周年，在五四青年节前后集中开展1次；同时，利用六一、七一、国庆及纪念甲午战争120周年等其他重要节点或契机，自主开展1次。五四期间，团中央领导将参加基层单位的活动；省级、地市级团委领导班子成员也要至少参加1场基层的活动。

3. 面向基层开展“奋斗的青春最美丽 · 身边好青年”推选活动

重点面向县级及以下基层团组织和团支部，把目光投向普通青少年，特别是围绕社会主义核心价值观关于“爱国、敬业、诚信、友善”等个人价值层面的实践追求，广泛发动青少年寻找、推选一大批身边“向上”“向善”的“好青年”，宣传、分享他们的青春故事和闪光点，引导青少年自觉向“身边好青年”学习。

4. 开展“奋斗的青春最美丽”媒体宣传系列活动

在共青团系统各类媒体上开设“奋斗的青春最美丽”专题，通过主动设置话题，形成正面宣传声势，积极营造崇尚奋斗、向上向善的青春正能量。深化“千网联动”展示活动，广泛宣传展示各地开展分享交流、主题团日等活动的情况，扩大活动社会影响。充分发挥共青团系统微博微信作用，通过微话题讨论、微直播互动、微寄语分享等方式，大力传播青年典型的奋斗故事和感人事迹，广泛分享青年参加活动的感受，吸引更多青少年参与。鼓励基层运用各类分众化、社区化、小型化的新媒体载体，围绕主题开展形式多样的新媒体宣传教育活动。团中央将联合中央有关媒体开展主题宣传活动，各地团组织要联合当地有影响力的报刊、电视台、广播电台、网站等媒体，有针对性地开展宣传活动。

三、工作要求

1. 做好组织发动。要面向各层级、各条战线团组织进行发动，注重面向基层、依靠基层、发动基层，大力推动活动深入基层和广大青少年。团的宣传战线要发挥好统筹协调作用，各条战线要紧密配合、分工协作、加强督导、抓好落实。

2. 真正贴近青年。要尊重青少年主体地位，多采用青少年喜欢的语言，多运用青少年喜闻乐见的形式和活动载体，把“大道理”转化为“小道理”，变“居高临下”的说教为“平等分享”的引导，让更多的青年典型、青春故事以青年乐于接受的方式走进青年、入脑入心。要注重实效，力戒形式主义。

3. 把握工作节奏。活动3月下旬全面启动，持续全年。要抓住“五四”“六一”“七一”“十一”等重要时间节点，逐次掀起热潮，形成整体声势。6月上旬和11月中旬，各省级团委、各战线要分别报送前一阶段活动的开展情况。

解放军和武警部队团员青年开展这项工作的有关安排，由解放军总政治部组织部根据本通知精神作出部署。

各地开展活动情况及重点新闻线索，请及时报团中央宣传部。

共青团中央办公厅关于印发共青团各战线2014年工作要点的通知

2014年3月25日

共青团各省、自治区、直辖市委，解放军总政治部组织部，全国铁道团委，全国民航团委，中直机关团工委，中央国家机关团工委，中央金融团工委，中央企业团工委，新疆生产建设兵团团委：

现将共青团各战线2014年工作要点印发给你们，请结合实际贯彻执行。

2014年共青团组织工作要点

2014年共青团组织工作的总体思路是：深入学习宣传贯彻党的十八大、十八届二中、三中全会精神和习近平总书记系列重要讲话精神，落实好团十七大和团的十七届二中全会的有关部署，切实落实党建带团建制度性安排，以基层服务型团组织建设为统揽大力推进基层团的组织建设和创新，逐步完善和发展团员证制度，推动团干部队伍进一步转变作风，加强团员队伍建设，促进共青团组织工作实现新发展。

一、进一步推动党建带团建制度安排的有效落实

继续推动省、市、县三级召开党建带团建会议和出台工作文件，力争各级开会和下文比例都达到100%。建立以县级为重点层级，以团干部配备、支持基层经费、工作制度建设为主要内容的量化考核机制，联合中组部对各省级团委出台的开展党建带团建工作文件的落实情况进行督导检查，各省级团委要联合组织部门开展专项督查工作，推动相关规定真正落到实处。坚持在党组织统一领导下，继续深入开展“推优”工作，研究制定“推优”工作规范性文件，重点加强对团员的培养教育，积极推荐青年工人、农民、知识分子中的优秀分子做党的发展对象。

二、发挥好组织部门在基层组织建设中的统筹作用，全力推进基层服务型团组织建设

认真贯彻落实《关于加强基层服务型党组织建设的意见》（中办发〔2014〕6号）精神和中央领导同志有关批示精神，积极发挥组织部门在团的基层组织建设工作中的统筹作用，联合各战线部门推动基层服务型团组织建设有关任务全面落实。深入开展基层服务型团组织建设调查研究，召开全团推进基层服务型团组织建设座谈会，对有关工作进行深入研讨并广泛征求意见。起草并下发《关于加强基层服务型团组织建设的意见》，明确基层服务型团组织建设的目标任务、方式方法、路径载体，促进各级团组织把服务青年成长发展作为基层团组织工作的立足点，增强服务意识、强化服务职能、构建服务平台、全力服务青年。抓好基层服务型团组织建设任务落实，适时开展督导检查，择机召开片区工作推进会，年底编印下发《全团基层服务型团组织建设工作指导手册》和《全团基层服务型团组织建设典型案例》，形成可供基层团组织选择的工作菜单。

三、以推动基层团组织规范化建设为牵引，大力强化基础团务工作

主动加强与各战线部门的沟通协调，在各领域团的基层组织建设中落实团的组织建设的基本原则和基本要求。针对新形势下不同领域基层团组织的基本职能、重点任务，联合战线部门出台或修订农村、城市社区、学校、企业、机关事业单位和社会组织、驻外团组织等领域的规范化建设条例，对各类基层团组织在组织建设、干部配备、团员发展、支持保障、职

责安排等方面进行明确规定，为基层团组织健康、有序发展提供制度保障。

在此基础上，大力强化各类基础团务工作。研究制定《新形势下做好团员发展工作的意见》，制定团员发展规划，把握团员队伍合理规模和结构，分阶段、分步骤调整团员发展数量特别是控制学生团员的发展比例，逐步降低团青比，确保团员队伍健康有序发展。在完整的电子团员证系统建成之前，着力完善现有共青团基本信息数据库，升级共青团基本信息采集系统和统计分析系统，充实完善各类基础信息，开发管理功能，进行数据分析，为建设电子团员证系统工作奠定基础。研究制定《关于中国共青团团费收缴、使用和管理的规定》和有关工作文件，按照支持基层、减轻负担、便于操作的思路，制定新的团费收缴、管理和使用办法，调整团费收缴标准和各级留存比例，加强对团费使用的监督检查。修订团旗团徽制作和使用的规定，进一步规范团旗团徽的使用和管理，明确团旗团徽的制作规格、使用范围和各级团组织管理责任，维护团旗团徽的庄严和严肃性。

四、完善和发展团员证制度

各地要进一步强化团员证在记录团员个人基本信息、团籍注册、团的组织关系接转等方面的基础功能，积极协调、开发基于团员证认证的服务团员青年的制度性安排和工作项目。在加强全团基本信息数据库和管理系统建设的基础上，在有条件的地方探索开发电子团员证系统，逐步实现网上实时团籍认证、团员注册、团组织关系转接和团员统计、团费收缴以及更多的服务功能，探索依托电子团员证系统实现开展团的工作，使电子团员证成为集团员管理终端、团的工作平台、团员服务凭证于一体的团员个人学习生活工作的重要工具。今年要重点加强调研论证，弄清完善和发展团员证制度工作可能涉及的法律、政策问题和可选择的实施模式；完成顶层设计，明确完善和发展团员证制度工作的任务、目标、内容、方法、路径及载体。完成全国电子团员证系统的可行性研究报告和设计方案，积极加强和有关部门的协调，争取相关支持，同时在部分地区开展电子团员证工作试点。

五、进一步深化驻外团组织建设

指导各地驻外团组织抓住外出务工青年集中过年、返城的有利时机开展实实在在的服务活动，扩大驻外团组织对外出务工青年的工作覆盖。按照联系为主、联系与服务相结合的原则，依托青年中心、青年汇、青年组织孵化基地、市民学校等阵地组织开展活动，继续深化联系普通青年、发展基层组织、服务青年需求、反映青年诉求、引导青年形成正确的社会观察等方面的工作，促进其在服务青年农民工的工作中走向活跃。推进全国驻外团组织微信公众平台建设工作。以融入区域化团建整体格局为主要内容，将驻外团组织纳入流入地团的组织和工作体系，联合城市战线召开“驻外团组织建设工作推进会”、下发进一步做好驻外团组织工作的文件，进一步强化流出地和流入地工作职责，推动各地分层级分阶段开展达标创建活动，促进驻外团组织增强自身活力。

六、以作风建设为重点加强团干部队伍建设

按照“信念坚定、为民服务、勤政务实、敢于担当、清正廉洁”和“坚定理想信念，心系广大青年，提高工作能力，锤炼优良作风”的要求，进一步加强团干部队伍建设。加强思想政治建设，引导团干部认真学习党的理论和路线方针政策，提高政治素质、增强政治定力，始终坚持正确的政治方向。组织团干部深入学习贯彻党的十八大和十八届三中全会精神，自觉做改革的拥护者、支持者、参与者。加强业务能力建设，推动团干部深入实际、大胆实践，锤炼过硬本领、打牢工作根底。加强作风建设，把党的群众路线教育实践活动成果制度化、常态化，加强对参加第二批教育实践活动团组织的指导,引导团干部发扬实干精神、弘扬务实作风,像习近平总书记要求的那样,做青年友、不做青年“官”。

继续抓好团干部配备工作。指导各级团组织切实履行团干部协管职责,主动加强同党组织的沟通,推动配强配齐各级团的领导班子,特别是团组织主要负责同志。继续实施市、县级团干部配备通报制度,对长期不配备团委书记、班子长期只配备一人、机关干部配备率低于 50% 的县(市、区)进行组织干预。拓展团干部配备督查范围,联合有关部门开展高校、国有企业团干部配备情况通报工作。

完善团干部管理考核制度。系统梳理关于加强团干部管理、改进工作作风、密切联系群众的有关制度规范,研究制定加强专职团干部管理的有关规定,用制度约束干部行为,靠制度促进作风转变。探索开展各个层级共青团组织影响力调查与测评工作。加强制度设计,依托专业力量,了解掌握党政部门、服务对象对共青团组织的评价和团组织在普通青年中的影响力,使其结果成为评价和改进工作的重要依据。

七、建立完善团干部直接联系服务团员青年的长效机制

改进调查研究制度。全团处级以上干部每年到基层调研时间不少于 60 天,每年至少进行 2 次典型蹲点调研、撰写 1 篇调研报告,其中有 1 次典型蹲点调研时间不少于 2 周。

完善基层联系点制度。全团处级以上干部都要建立基层联系点,联系点原则上为县(区)团委,一年一轮换,不重复交叉,可与典型蹲点调研点相结合。书记处成员联系 1 个县(区),每年深入联系点不少于 2 次;局级干部联系 2 个县(区),每年深入每个联系点不少于 2 次,每个联系点每次不少于 5 天;处级干部联系 2 个县(区),每年深入每个联系点不少于 3 次,每个联系点每次不少于 5 天。联系点工作主要任务是调查研究、指导工作、解决问题、优化环境、交青年友。广泛深入开展与各领域青年谈心活动,每个联系点访谈青年不少于 20 名;选择不同领域 3—5 名青年作为重点联系对象,结成对子,长期联系。

各级团组织都要积极探索完善团干部直接联系服务团员青年的长效机制,不断提高面对面做青年群众工作的能力。要注重加强对各领域青年人才的联系、服务和培养,进一步做好青年人才工作。

八、切实加强团的委员会建设

建立健全各级委员会、常务委员会工作机制,制定完善委员会、常务委员会工作规则,明确委员的职责、权利及义务,推进委员会、常委会工作制度化、规范化。以按期换届和提升民主参与质量为重点,改进和完善团内基层民主选举。优化基层团组织决策和管理工作流程,推动团情团务公开,切实落实团员的知情权、参与权、监督权。

九、做好团干部教育培训工作

大规模开展团干部分级分类培训。团中央重点负责省、地市级团委班子成员和县级团委书记的培训,组织部分省级团委班子成员开展集中专题研讨,对 2013 年以来新任职的地市级团委班子成员和县级团委书记进行任职培训,分片区、分批次对地市级团委班子成员和县级团委书记轮训 1 遍。省级团委负责将本地区县级团委班子成员轮训 1 遍,地市级团委负责将本地区乡镇街道团(工)委书记轮训 1 遍,县级团委负责本地区乡镇街道团(工)委委员及村和社区团组织负责人的培训,力争 2 年轮训 1 遍。企业、学校、机关事业单位等领域的基层团组织负责人培训,按照组织隶属关系和属地化原则,由各级团的领导机关战线部门分级分类组织实施。

加强团干部教育培训基础能力建设。建设全国团干部教育培训网络平台,依托网络平台开展团干部学习培训。设立全国团干部教育培训工作专项经费,推动各级团的领导机关设立团干部教育培训专项经费。加强各级团校、团干部教育培训基地的建设,充分发挥其培训主渠道作用,加强对中国青年工作院校协会的工作指导。进一步完善团干部教育培训内容体系,提高实践性内容比例,组织开展精品课程和教材评选。在团中央、省级团委层面建立由专家学者、党政领导、团干部、社会机构专业培训人员等组成的团干部教育培训师资库,推动各级团的领导干部上讲台。

完善团干部教育培训工作机制。结合党建带团建制度的落实,推动各地在团干部教育培训工作方面争取党政支持和制度保障。加强对团干部教育培训工作的统筹协调,确保各级团组织、各战线部门和团属培训机构协调有序地推进教育培训工作。强化教育培训工作的考核环节,建立规范的学员考试制度,狠抓学风管理,将团干部学习培训情况向组织人事部门反馈。建立团干部教育培训对口支援机制,结合国家对口支援工作安排,组织东西部地区团干部进行短期交流挂职,鼓励东部地区团组织承办西部地区团干部培训任务。规划今后五年的团干部教育培训工作,研究起草《关于进一步加强团干部教育培训工作的意见》。

十、做好各类评选表彰工作

完善评选表彰工作机制,切实提高评选表彰的公正性、代表性和科学性,扎实做好第18届“中国青年五四奖章”和2013年度“全国优秀共青团员”“全国优秀共青团干部”“全国五四红旗团委(团支部)”评选表彰工作。加强评选表彰工作与团的组织建设重点工作的结合,将评选表彰名额适当向近年来的团建重点领域倾斜。加强对历届(历年)奖项获得者(获奖组织)的联系、服务和宣传工作,持续发挥先进典型对团员青年和各级团组织的引领作用。

2014年共青团宣传工作要点

2014年是我国全面贯彻落实党的十八届三中全会精神、全面深化改革的第一年,也是全团在全面深化改革进程中推动共青团工作实现新发展的重要一年。团的宣传思想战线要深入学习贯彻党的十八大和十八届二中、三中全会精神,学习贯彻习近平总书记系列重要讲话精神和全国宣传部长会议精神,认真贯彻落实中央书记处的重要指示和李源潮同志重要讲话精神,贯彻落实共青团十七届二中全会部署,以中国特色社会主义和中国梦宣传教育为主线,以社会主义核心价值观教育为重点,强化新媒体在青年思想引导中的突破口作用,推动团的宣传思想工作迈上新台阶。

一、大力加强中国特色社会主义和中国梦宣传教育

牢牢扭住理想信念教育这个核心,把正面宣传教育与分类引导结合起来,把“大道理”转化为青年易于接受的“小道理”,广泛采取青年喜闻乐见的引导方式,增强青年理论武装和青年思想政治教育工作的吸引力、感染力,着力打牢广大青年紧跟党走中国特色社会主义道路、为实现中华民族伟大复兴的中国梦而奋斗的共同思想基础。

1. 深入开展青年理论武装工作。以高校学生和团干部为重点,扎实推进青年马克思主义者培养工程,通过举办青年理论骨干培训班、青年理论公开课、新媒体理论宣传产品推介等途径,广泛开展马克思列宁主义、毛泽东思想宣传教育,开展中国特色社会主义理论体系宣传教育,开展党史、国史、社会主义发展史宣传教育,开展习近平总书记系列重要讲话精神宣传教育,引导青年把理想信念建立在对科学理论的理性认同上,坚定道路自信、理论自信、制度自信。团中央将依托全国青少年井冈山革命传统教育基地举办青年理论骨干培训班,制作推出青年理论公开课,组织编创《团萱漫话·感悟中国道路》系列新媒体宣传片和系列长微博。各级团组织要开展相应的宣传教育活动。

2. 深化“我的中国梦”主题教育实践活动。按照习近平总书记提出的“深化中国梦学习教育，关键是讲好故事”“讲好故事，事半功倍”的重要要求，以“讲故事，明道理”为基本思路，把“我的中国梦”主题教育实践活动不断引向深入。

把握重要契机。充分利用五四运动95周年、新中国成立65周年等重要节点和“六一”“七一”等重要节日，在青少年中组织开展形式活泼、内涵丰富的教育活动，大力弘扬以爱国主义为核心的民族精神和以改革创新为核心的时代精神。结合纪念甲午战争120周年，在青少年中深入开展近现代史教育，让青少年重温历史、不忘国耻、奋发图强、实现梦想。

开展“我的中国梦”主题团日活动。发动广大基层团组织开展主题团日活动，通过邀请党政领导、专家学者走进基层等丰富多彩的形式，为青年讲述党史、国史、社会主义发展史故事，讲述中国发展成就，讲解当前国情形势，讲述民族团结，引导广大青年增强对实现中国梦的信心。每个基层团组织至少开展2场主题团日活动。

大力推进“我的中国梦·奋斗的青春最美丽”故事分享活动。团中央将继续组织开展分享团走基层活动。团的各条战线要组织开展分享团“走进校园”“走进企业”“走进社区”“走进乡村”系列活动。各级基层团组织要普遍开展分享活动。省级、地市级、县级团组织开展分享活动各不少于20场、10场、3场。

开展“我的中国梦”新媒体系列活动。依托“千网联动”平台和团属微博微信体系，发挥青少年主体作用，围绕党史国史、中国成就、父辈追梦、家乡巨变、青年奋斗等内容，通过国家层面和个人层面相结合的角度，生动展示中国梦征程上的追梦、圆梦故事，引导青少年深刻把握中国道路、中国精神、中国力量的根本要求。

二、引导青年努力做全面深化改革的拥护者、支持者和参与者

继续广泛开展报告会、宣讲会、改革成就体验、媒体专栏等宣传教育活动，广泛开展岗位建功、创新创造等实践活动，将学习贯彻党的十八届三中全会精神的活动不断引向深入，引导带领青年拥护改革、支持改革、参与改革。

1. 引导带领青年坚决拥护改革。大力开展宣传教育，让广大青年深刻理解全面深化改革的重大意义、指导思想、重大举措，充分认识“六个紧紧围绕”的全面深化改革路线图，以及经济体制、政治体制、文化体制、社会体制、生态文明体制和党的建设制度改革的各项重大举措，使拥护支持改革成为青年的广泛共识和坚定信念。

2. 引导带领青年踊跃投身改革。引导青年发挥敢闯敢干的优势，借助全面深化改革中创业创新环境优化的有利条件，紧密结合所在行业和岗位的实际，大胆探索，敢于创新，勇于创业，努力闯出干事业、促发展的新路子。引导带领青年发挥思维活跃、视野开阔的优势，围绕行业、单位改革发展中的重点问题，积极建言献策，为推动改革任务落实出主意、想办法。引导带领青年发挥思想解放、容易接受新事物的优势，理性、全面看待改革带来的利益调整，自觉维护改革发展稳定大局。

三、引导青少年积极培育和践行社会主义核心价值观

贯彻落实中央《关于培育和践行社会主义核心价值观的意见》，加强宣传教育，突出典型示范，强化实践养成，引导青少年牢牢把握富强、民主、文明、和谐作为国家层面的价值目标，深刻理解自由、平等、公正、法治作为社会层面的价值取向，自觉遵守爱国、敬业、诚信、友善作为公民层面的价值准则。

1. 选树宣传青年典型。大力宣传“中国青年五四奖章”获得者、优秀团员、优秀青年志愿者、最美青工等各行各业青年典型，影响带动广大青少年培育和践行社会主义核心价值观。

在基层开展“身边好青年”推选活动。发动各级团组织通过基层推选、青年互荐、网络投票的途径,挖掘宣传大批具有优秀闪光点和感人事迹的向上向善的好青年。

2. 大力开展优秀传统文化宣传教育活动。深入开展“国学讲堂”、经典诵读、“我们的节日”等丰富多彩的优秀传统文化教育活动,广泛借助媒体专栏、网络活动等渠道开展优秀传统文化主题宣传,引导青少年自觉传承中华传统文化的精髓,大力弘扬以爱国主义为核心的团结统一、爱好和平、勤劳勇敢、自强不息的思想和精神,继承中华民族讲仁爱、重民本、守诚信、崇正义、尚和合、求大同等优秀传统,帮助青少年用优秀传统文化滋养心灵、陶冶情操。

3. 积极运用文化、艺术、时尚手段。各级团组织要积极与社会力量和媒体合作,推出一批富有思想内涵和艺术感染力的图书、动漫、影视、歌曲等优秀文化产品和广播电视栏目。

团中央举办“向上·向善”全国青少年微电影大赛,创作、征集、推介一批引导青少年坚定理想、崇尚奋斗、锤炼品格的微电影作品。组织开展“国球走进青少年”等活动,引导青少年加强体育锻炼、提升意志品质。推动基层团组织广泛开展丰富多彩的青少年文化体育活动,让青少年愉悦身心、强健体魄。加强对文化创意产业工作者、签约作家、独立演员歌手等文化领域新兴群体青年的联系和引导。

4. 充分发挥阵地作用。基层团组织要积极组织团员青年到爱国主义教育基地、青少年教育基地、博物馆、纪念馆等场所,开展参观体验活动,让青少年受到精神震撼和思想触动。加强团属青少年宫等青少年文化活动场所建设和管理,充分发挥服务青少年提高素质、陶冶情操的作用。

5. 广泛开展道德实践活动。大力开展学雷锋志愿服务、“光盘行动”、节能环保等活动,倡导青少年养成优良道德品质。积极宣传青年文明号、青年安全岗等职业道德和职业精神实践活动。

四、强化网络新媒体工作

深入落实《关于加强共青团网络宣传引导工作的实施意见》,既注重渠道建设、更突出内容为王,努力提升运用新媒体联系、引导、服务青少年的水平。

1. 加强团属网站、手机报、移动互联网建设和应用

加强中国青年网、未来网、中国共青团移动频道,以及各地团属骨干网站、手机报建设,扩大在青少年中的影响力。

加强移动互联网嵌入式应用。有条件的团组织要与各类企业和社会组织合作,借助智能手机、平板电脑、电子阅读器、移动电视等平台,向青少年推出健康积极的网络文化产品。

2. 提升共青团系统微博微信的影响力

在已经实现“县县开博”基础上,积极推动县级以下团组织、学校、企业团组织、团干部开通微博微信,扩大覆盖多层级、多领域的共青团微博微信体系。

提高共青团微博、微信内容供应水平。通过策划精品栏目、主动设置议题、注重艺术时尚元素、加强与网友互动等方式,增强微博、微信内容对青少年的吸引力。

加强全团微博、微信系统联动。统筹推动各层级、各领域团系统微博微信的编创、转发、互粉,形成整体联动。

推出共青团系统微博影响力季度排名榜。以实际浏览量、传播数、评论数为主要评价标准,对团系统微博进行评估激励。

3. 积极开展网络舆论引导和舆论斗争

打造“青年好声音”品牌。把握重要时间节点等有利契机,依托团属网站、社会网站和团系统微博、微信,开展各类网络主题宣传教育活动,传播网上正能量。

积极开展网络舆论斗争。围绕青年关注的重大理论问题和网络热点问题,针对影响青

少年形成正确理想信念和价值观的错误思想认识，发挥网络评论员队伍作用，发出正面、理性声音，壮大网上主流思想舆论。

4. 加强与新媒体从业人员的联络

团中央加强青少年新媒体协会建设，有条件的地方团组织可参照建立新媒体组织或工作机构，积极加强与新媒体从业人员的联系，营造有利于青少年成长的良好网络环境。

推动新媒体企业团建工作。各地团组织要按照属地管理原则，积极在本地新媒体企业中开展团建工作，扩大对新媒体从业青年的组织和工作覆盖。

五、加强和改进团属新闻出版阵地建设和管理

推动团属媒体牢牢把握正确舆论导向，不断巩固壮大主流思想舆论，汇聚起推进改革发展、实现中国梦的青春力量。积极改进团的重要工作和重点活动宣传报道。切实增强报道内容和传播方式的亲和力、感染力，扩大共青团工作和声音的有效覆盖面。深入贯彻中央关于深化文化体制改革的有关部署，积极稳妥地做好转企改制等工作，推动团属新闻出版单位在传统媒体与新媒体融合发展中增强活力和效益。

六、做好团的理论学习和理论研究工作

1. 加强团干部理论学习

发挥团中央书记处集体学习的示范带动作用，帮助各级团干部特别是团的领导干部开阔视野、增长知识、启发思考、谋划工作，进一步推动全团形成浓厚学习风气。围绕建设学习型团组织的目标，推动团的各级领导机关学习制度化。

推进团干部“学理论·强党性·铸信仰”活动。组织发动广大专兼职团干部，通过集体学习和自学相结合，认真学习中国特色社会主义理论体系，学习习近平总书记系列重要讲话精神，坚定理想信念，增强政治定力，提高为党做好青年群众工作的能力。

2. 推动团的理论研究和理论建设

开展共青团中央2014—2015年度青少年和青少年工作研究课题申报工作，动员高校、党校、社科院、团校等各方面的专家学者参与青少年课题研究。重点围绕共青团如何在全面深化改革进程中应对挑战、发挥作用开展课题攻关，加强课题研究成果的转化利用，更好为全团和青少年工作提供理论支撑。加强与社会科学领域权威和中青年学者的联系，为谋划和推动团的工作提供智力支持。

2014年共青团城市工作要点

2014年城市共青团工作的总体思路是：深入贯彻落实党的十八大、十八届二中、三中全会和党中央书记处重要指示精神，认真落实团十七届二中全会部署，着力加强思想引导工作，着力促进青年创业就业服务体系建设取得突破，着力推进城市团的基层组织建设取得实效，创新深化城市共青团品牌工作，团结带领广大城市团员青年为推进改革发展充分发挥生力军作用。

一、增强思想引导的针对性和实效性

1. 深化“青春建功中国梦”主题教育实践活动。把中国梦和中国特色社会主义宣传教育放在突出位置，通过职业技能竞赛、宣讲交流、主题学习等形式，运用新媒体手段，弘扬主旋律，传播正能量，引导广大城市青年敢于有梦、勇于追梦、勤于圆梦，树立和坚定在中国特色社会主义道路上实现中国梦的理想信念。

2. 大力开展社会主义核心价值观宣传教育。一是拓展“最美青工”等社会化推荐渠道，发掘和宣传城市青年身边可亲、可信、可学的典型。二是开展“奋斗的青春最美丽”系列分享活动等社会实践活动，组织窗口行业青年文明号集体在岗位上践行职业道德规范，在城市青年中积极倡导富强、民主、文明、和谐，倡导自由、平等、公正、法治，倡导爱国、敬业、诚信、友善，使之融入城市青年生产生活和精神世界。

3. 积极参与城市文化软实力建设实践。围绕城市定位，宣传推广城市文化，塑造城市良好形象。一是开展学雷锋志愿服务活动，引导“新市民”和“老市民”共同追求讲道德、尊道德、守道德的生活，培养奉献友爱、互相帮助、共同进步的情怀追求，形成向上、向善的力量，涵养城市文明。二是开展公民意识教育，重点引导80后、90后新生代农民工养成公民意识、增强社会责任感，既“身入城市”，也“心入城市”。

二、进一步提高服务城市青年的水平

4. 扎实推进城市青年创业就业工作。强化创业主题，以创业带动就业，在创业就业意识教育、创业平台建设、创业就业服务、创业园区建设、社会组织作用发挥等方面下功夫，加强城市青年创业就业服务体系建设。一是举办首届中国青年创新创业大赛。联合有关部委，集聚投融资公司、民间创业服务机构等社会力量，整合政策、市场、社会资源，搭建创业青年成长展示平台和创业项目投资对接平台，建立创新创业项目库和青年人才库，选树一批青年创业带头人，培育一批具有市场价值、发展潜力巨大、符合青年实际的创业项目。各地要根据大赛组委会制定的统一评审规则和流程组织好地区赛。二是加强青年创业园区建设。以培养中小企业创业者为重点，整合各类资源，自建或依托各类创业基地、孵化器建设青年创业服务中心、青年创业园区，提供孵化服务。三是加强青年创业就业意识教育。举办青年创业就业大讲堂和创业故事讲述、创业感悟分享等教育引导活动。举办创业典型报告会、座谈会、推介会，大力宣传优秀青年的创业事迹。四是实施中国青年创业就业见习计划。联合金融机构、连锁企业等开发专项见习岗位，动员青联委员、青企协会员开展创业见习项目，依托重点技工院校、职业培训机构等公共就业人才服务机构实施青年见习订单培训项目。健全完善基地动态监管、见习青年管理和对接机制，继续抓好见习证、见习补贴制度，建好、管好、用好见习基地。五是继续深化城市青年创业小额贷款项目。完善与金融机构的合作机制，创新适应城市青年实际需求的金融产品和信贷服务，不断扩大小额贷款工作覆盖面。六是开展第八届“中国青年创业奖”评选活动。

5. 开展城市边缘青年群体试点工作。以就业不稳定、生活较为困难的“蚁族”和进城务工青年为主要工作对象，在部分城市开展试点工作，探索形成共青团做好城市边缘青年群体联系、服务、引导工作的基本模式。一是摸清城市边缘青年群体底数，设立重点区域调查点，着力扩大团组织对他们的有效联系。二是围绕成长成才、身心健康、创业就业、社会融入、婚恋交友等需求，开展有针对性的帮扶服务。三是注重人文关怀和心理疏导，充分运用信息化手段，依托城市青年中心等青年阵地，开展各类参与式、体验式活动，探索城市融入、思想引导的有效路径。四是创新工作方式，探索引入专业社工力量，承接政府购买服务，提高联系服务工作的专业化和职业化程度。五是发挥共青团的桥梁纽带作用，通过组织化渠道向党政部门反映城市边缘青年群体的动态和合理诉求，推动完善公共政策和公共服务。

三、切实加强城市团的基层组织建设

6. 推进城市街道（以及规模较大的社区）区域化团建工作。突出街道团工委的堡垒作用和枢纽功能，打破行业、层级、所有制界限，健全和完善在团组织领导下，由青少年服务阵地、各类青年社团和青少年社会服务机构等有机结合的工作网络，实现区域内组织共建、资源共享、阵地共用、工作联动，形成网格化管理、阵地化服务、社会化运作、功能化发展的区域整体性工作格局。2014年，在直辖市、省会城市、计划单列市以及部分地级市，先期开展区域化团建工作，并进行年终量化考核。一是推动区域组织共建。在街道党（工）委领导下，每个街道团工委建立1个区域青年工作共建委员会,通过联建共建、结对共建等方式,实现区域性组织建设联动。每个团工委专兼职委员负责新建2个直属团组织,所属社区普遍建立团组织。二是凝聚青年社会组织。加强与青年社会组织特别是其骨干人员的联系沟通,在具备条件的地区,每个街道至少联系2个青年社会组织。成立区域青年社会组织联谊会,发挥街道团(工)委"联系骨干、引导社团、协调资源"的枢纽作用。三是加强工作力量配备。巩固街道团工委班子至少9名专兼职团干部的组织格局,积极吸纳社区工作者、青年志愿者、青年社团骨干等群体成为工作力量。在具备条件的地区,为每个社区协调争取1名青少年社工(或专职志愿者)。四是拓展青年阵地。推进城市青年中心、青年汇、青年家园、新市民学校等工作平台和阵地建设,每个街道团工委建设1个青少年工作阵地,为区域化团建提供联系、服务团员青年的载体。五是加大资源整合力度。加强与政府职能部门的联系合作,积极参与城市社区公共服务。推动形成"上下流动、横向联动、分布合理"的团内资源分配机制,探索项目化、市场化的社会资源整合方式,工作资源向街道倾斜。六是搭建服务项目平台。打造"社区微公益行动""新市民培训计划"等区域品牌工作项目,注重争取和承接政府青年事务项目,形成"一街一品"的共青团特色项目体系。七是完善工作协同机制。建立区域青年工作联席会议制度,建立区域化的议事协商、资源整合、人才培养、活动共联、信息共享等机制,把参与街道区域化团建工作纳入各行业系统团组织考核标准。

7.继续抓好非公企业团建工作。按照"建起来、活起来"的要求,着力抓好"活力工程",坚持抓大带小、达标创优,把工作主线从增加覆盖面、新建团组织,进一步调整到理顺联系管理机制、提升已建组织活力、增强覆盖有效性上面来。一是保持适当建团规模。全年新建非公企业团组织30160家。二是抓大区域,加强经开区、高新区、商务区等区域和区域内企业的团建工作,推动各地成立省级经开区团指委。三是抓大企业,着力推动团建工作向从业青年多、经济规模大、社会关注度高、社会渗透力强的较大非公企业聚焦。四是抓大行业,继续在行业条线上建立工作平台,完善对已建行业团组织的联系、管理和运转机制。突出行业特色开展活动,探索通过"一行一品"提高行业团组织的活力和带动力。五是抓骨干网络,推动落实团的领导机关直接联系管理机制("174"机制即省级100家、地市级70家、区县级40家),形成工作骨干网络。六是以"达标创优"为抓手,落实团建指导员制度,严格靠前指导、整改提高、活力评估和示范带动等工作机制。七是积极推进电商、物流和新媒体等新兴领域团建工作。八是加强工作探索与整合,促进非公企业团建成果与城市战线各项重点工作、品牌项目更好地双向进入、相互带动。

8.巩固和加强国有企业、机关事业单位等传统领域团建工作。探索依托资产纽带、业务纽带等路径,推进控(参)股企业、关联企业团的组织覆盖和工作覆盖,探索在混合所有制企业开展团建工作。切实加强机关共青团工作,突出思想引领这一核心职责,围绕"育人"目标,完善组织设置,探索有效载体,融入区域团的组织体系。

四、深化品牌工作,组织动员城市青年在全面建成小康社会中发挥生力军作用

9.深化青年文明号活动。一是深化创建内涵。突出创建活动的思想引导功能,大力弘扬诚信文化和"敬业、协作、创优、奉献"的精神内涵,开展"青年文明号诚信示范月"等"我的中国梦"青年文明号主题教育实践活动,动员青年文明号集体引领职业文明新风。二是拓展创建领域。积极向电子商务、快递物流、餐饮行业、社会中介组织等新兴领域、网络虚拟领域延伸。在城市商贸商圈、交通枢纽、旅游景区、工业园区等功能区开展“青年文明号区域联创活动”，表彰一批“青年文明号联创示范区”。三是完善管理运行机制。出台《关于深化青年文明号活动的指导意见》和《电子商务领域青年文明号活动管理暂行条例》，修订《青年文明号活动管理办法（试行）》。推动各行业制定和完善行业性创建标准，加强各级青年文明号活动组委会建设。四是开展青年文明号20周年系列活动。开展选先树优、座谈研讨、服务示范、风采巡展、系列宣传等活动。团中央将召开“青年文明号活动开展二十周年座谈会”。五是开展2013—2014年度全国青年文明号评选。

10. 深化青年岗位能手活动。在企业中广泛开展技能培训、导师带徒、岗位技能竞赛等，为青年职工学习成才、人生出彩搭建平台、提供帮助。一是扎实开展“振兴杯”青年职业技能大赛，寻求更多行业协会支持，抓好大赛的初赛、区域性比赛、行业性比赛环节，推动大赛向新行业新工种特别是非公企业、进城务工青年拓展，扩大青年参与面。二是以“五小”、青年项目制等为主要载体，深入开展企业青年创新创效活动，动员企业青年增强创新意识、提升创新能力、投身创新实践。三是探索将青少年社工纳入“青年岗位能手”评选。四是深化青年安全生产示范岗创建活动。

11. 抓好青年企业家协会建设。一是坚持“开门办协会”理念，积极吸纳社会功能强的青年社会组织为会员单位，提高协会凝聚力和影响力，拓宽共青团联系、服务、引导青年企业家的组织化渠道。二是优化青企协组织功能，重点在培养高素质的优秀青年企业家、提升青年企业家政治素质、服务经济社会发展、支持和参与党的青年工作上下功夫。三是围绕区域发展总体战略，开展各类经贸考察、项目对接活动，动员青年企业家在全面深化改革、推动经济持续健康发展中贡献力量。四是引导青年企业家积极参与促进青年创业就业等工作，激发他们对社会公益活动的参与热情和奉献精神。五是召开中国青年企业家协会第十一次会员代表大会。

五、其他工作

12. 推进学习制度化建设。开展“学理论·强党性·铸信仰”活动，帮助城市战线团干部进一步坚定理想信念、提高思想政治素质、保持政治清醒。按照第二批党的群众路线教育实践活动部署，开展好“走进青年、转变作风、改进工作”大宣传大调研活动，帮助城市战线团干部打牢群众观点、群众意识，增强群众路线实践能力。加强城市战线基层团干部教育培训工作。

13. 健全工作制度推进考核机制。坚持系统协同、统筹协调、面向基层，将资源、力量、项目向基层倾斜，形成分级负责、整体联动的工作格局。强化目标导向，保持科学适度的考核力度，完善定量与定性相结合的考核体系，健全重点工作考评通报办法和督导落实机制，加强阶段性、区域性工作总结、交流和推进。

14. 加强调查研究。深入研究城市青年群众工作和城市共青团工作的重大课题，把握好进城务工青年、蚁族、北漂、新媒体从业青年等各类青年群体的动态变化，积极应对新型城镇化、社会治理体制创新、新媒体迅猛发展给城市共青团工作带来的新机遇新挑战。结合城市共青团工作实践，深入挖掘好做法、好经验。对优秀研究成果进行奖励。

2014年共青团农村工作要点

总体思路是：深入贯彻党的十八大、十八届二中、三中全会精神，全面落实团十七大、十七届二中全会部署，以“我的中国梦”主题教育实践活动为统揽加强农村青年思想引导，以扩大团的工作有效覆盖面为目标持续加强农村基层团组织建设，以促进农村青年创业就业为着力点服务现代农业发展，以保护母亲河行动为重点助力生态文明建设，努力开创农村共青团工作新局面。

一、加强思想引导，帮助农村青年树立正确的理想信念

以“我的中国梦”主题教育实践活动为统揽，以农村青年喜闻乐见、便于参与的方式，宣传党的“三农”政策，把农村青年的思想和认识统一到中央精神上来。一是通过宣讲会、报告会、主题团日等形式，组织农村青年学习习近平总书记系列重要讲话和党的十八届三中全会、中央农村工作会议精神，引导他们拥护改革、支持改革、参与改革，进一步增强道路自信、理论自信和制度自信。二是用好农村团的重点工作载体，选树优秀农村青年典型，把培育和践行社会主义核心价值观融入工作全过程，引导农村青年自觉树立积极向上的人生态度和自强不息的奋斗精神。三是举办文艺演出、体育比赛、民间歌会等乡村青年文化活动，开展关爱留守儿童和留守老人、扶贫济困送温暖、志愿服务等活动，倡导良好社会风尚。

二、持续加强农村基层团组织建设，扩大有效覆盖

坚持巩固、提升的原则，构建团的区域化组织格局，大力推进农村合作组织团建，加强基层服务型团组织建设，不断扩大农村团的基层组织和工作有效覆盖面。

1. 以县乡为重点，构建区域化组织格局。一是深化乡镇团的组织格局创新工作，建立乡镇团委动态更新调整或集中换届机制，将乡镇范围内符合条件的青年能人吸纳到乡镇团委，构建开放式乡镇团干部配备格局。二是深化乡镇实体化大团委建设，坚持“应建尽建”原则，根据青年流动聚集情况继续建设直属团组织，力争年内新增10万个；开展星级支部、示范创建等活动，提升基层团组织建设水平；强化乡镇团委的组织枢纽、资源枢纽、工作枢纽功能，推动区域内不同类型、不同隶属关系的基层团组织有效运转。三是发挥团县委的统筹协调作用，推动党建带团建制度和乡镇团委经费文件落实，完善乡镇共青团工作管理运行机制，推动县域内学校、机关、企业团组织与乡镇、村团组织结对共建；加强对团县委的工作指导和培训，发挥“全国百名优秀团县委书记讲堂”作用，大力推广基层工作典型经验。

2. 全力推进农村合作组织团建，加强村级团组织建设。一是适应培育新型农业经营主体要求，加强与农业、供销等部门合作，通过建设省、地市青年农民合作社联合会、建立县域合作组织团工委、创建青年示范社等方式，以服务农村合作组织生产经营为切入点，搭建政策、项目、组织平台，促进合作组织发展，推进合作组织团建，力争年内新增5万家；推动农村合作组织广泛开展思想引领、创业致富、文化联谊等工作，不断增强内生活力。二是加强村团支部建设，抓住村“两委”换届契机，推动村团组织同步集中换届，推进“两委”成员、致富带头人、大学生村官兼任村团干部；探索建立外出务工青年、学生等网络团支部；在有条件的地方，探索解决村团支部书记工作津贴问题。

3. 以建设基层服务型团组织为抓手，提升农村基层团组织影响力。一是完善服务机制。利用春节期间青年返乡契机，普遍开展“共青团联系服务农村青年月”等活动。通过菜单指导、工作考核等方式，推动基层团组织广泛开展创业就业、文体、公益等各类活动，为农村青年学习成才、情感婚恋、身心健康等提供有效服务；结合第二批党的群众路线教育实践活动，探索建立团干部直接联系青年制度。二是拓展服务渠道。注重运用新媒体手段，按照向下覆盖一级的原则，开通农村战线省市县乡团干部微信群，推动基层团支部建立微信群；发挥共青团农村基层组织建设网、全国党员干部现代远程教育网、“全国农村基层团建示范乡镇微博圈”的作用。三是建设服务平台。整合党员活动室、农家书屋、远程教育站点等资源，拓展青年中心、青年之家、青年服务站等团的工作阵地，使其成为联系和服务农村青年的重要阵地。

三、大力促进农村青年创业就业，服务现代农业发展

继续深化促进农村青年创业就业重点工作项目，增强服务农村青年的能力和实效，努力培养一大批农村青年致富带头人，为加快构建新型农业经营体系、推进农业现代化作贡献。

1. 实施农村青年创业致富“领头雁”计划。在普遍开展创业小额贷款、实用技能培训等工作的基础上，加大培养和扶持力度，年内培养20万名致富带头人。一是拓宽培养路径，加强与银行业金融机构和农业、人社、科技等部门合作，在创业资金、技能培训、科技服务等方面提供支持；建立省、市、县三级培训基地，健全创业导师、农业专家、团干部与致富带头人结对帮扶制度，完善考察交流机制。二是搭建活动平台，深化“倾听心声共促发展”活动；依托各级涉农青年组织，开展技能比武、产品展销、创业项目推介、开办农产品网店等工作，助力致富带头人事业发展。三是强化组织保障，推进省、市、县三级涉农青年组织建设；做好中国农村青年致富带头人协会换届工作，加强协会制度建设；以第九届全国农村青年致富带头人评选表彰活动为契机，大力选树各级农村青年致富带头人。

2. 深入推进小额贷款工作，帮助农村青年解决创业资金难题。继续将农村青年创业小额贷款工作向基层延伸，力争年内为20万农村青年协调发放贷款100亿元。一是巩固和提升与银行业金融机构的合作，着力创新农村青年专属金融产品和信贷服务；抓住国家出台农民土地承包经营权、住房财产权抵押担保等政策机遇，推动小额贷款担保方式创新。二是积极推进农村青年信用示范户、送金融知识下乡等工作，编印《农村金融服务手册》。三是做好选派银行业金融机构优秀青年干部赴县级团委挂职试点工作。

3. 扎实开展技能培训工作，帮助农村青年解决创业就业技术难题。以提高针对性和实效性为重点，力争年内培训农村青年200万人次。一是抓住培养青年农民纳入国家实用人才培养计划的机遇，巩固和扩大与农业、人社、科技、扶贫等部门的合作，继续做好农村青年创业就业行动、科技特派员农村科技创业行动等专项工作。二是联合种都、美涂士、北方汽修等企业，开展农村青年创业就业示范项目培训；联合中国青年创业就业基金会、微软（中国）有限公司实施好青年创业就业技能培训项目。三是逐步扩大全国农村青年信息服务平台建设试点范围，探索开展农村青年电子商务培训，提高农村青年运用新媒体手段创业就业的能力。

争取资源和项目，做好共青团参与扶贫开发工作。

四、不断深化保护母亲河行动，为生态文明建设作贡献

以保护母亲河行动实施15周年为契机，以植树育人为核心，以建设绿色工程、倡导绿色理念、培育绿色队伍为着力点，打造开放式工作格局，扩大品牌影响力，引导青少年投身美丽中国建设。

1. 广泛动员，建设绿色工程。一是联合绿化、林业、环保等部门，以统一植树周、环保实践活动周为载体，动员青少年参加爱绿植绿护绿活动；深化与解放军和武警部队的合作，建设一批解放军（武警）青年林和青少年绿色家园。二是与金融机构、大型企业建立战略合作伙伴关系，争取长期稳定的资源支持；结合商业模式、消费模式、环保时尚，探索面向普通公众的社会化筹资机制和“微公益”项目。三是指导、支持、推动基层团组织以“县县青年林，村村青年路”为五年工作目标，开展建设纪念林、认养爱心树、生态监护等广覆盖、易参与的生态环保活动。

2. 加强宣传，倡导绿色理念。一是利用暑期和环保纪念日，组织开展形式多样的生态环保主题教育实践活动，引导青少年增强生态文明意识。二是加强媒体合作，重点探索新媒体和文化手段运用，借助社会知名人士的影响，增强宣传引导的感染力。三是发挥“母亲河奖”作用，推动各省开展评选活动，选树宣传生态环保典型。

3. 扩大联系，培育绿色队伍。一是开展青少年生态环保组织调研，建立基础数据库。二是扩大青少年生态环保组织骨干培训和小额资助等项目覆盖面，牵动流域和省级生态环保组织联盟发挥作用。三是通过成立联盟、召开年会、推出共同行动计划等途径，探索建立全国性的青少年环保组织互动机制。

2014 年共青团学校工作要点

2014 年学校共青团认真学习贯彻党的十八大、十八届三中全会和习近平总书记系列重要讲话精神，全面贯彻落实共青团十七大、十七届二中全会部署，根据《学校共青团工作五年规划纲要》，以实施大中学生“中国梦”成长工程为统揽，努力开创学校共青团带领广大青年学生践行“中国梦”的工作新格局。

一、以“我的中国梦”为主题，实施思想引领行动

1. 学习宣传贯彻党中央重要精神活动。以习近平总书记系列重要讲话精神、党的十八届三中全会精神和中国特色社会主义理论体系、社会主义核心价值观为主要内容，通过举办报告会、专题讲座、研讨会、分享会等方式，利用校报、校广播台、校园网络、校园 APP 等途径，在各类学校学生中广泛开展形式多样、丰富多彩的学习宣传活动。重点组织基层团支部在新学期开学后集中开展一次学习宣传贯彻党中央重要精神的活动。将党中央重要精神学习作为各级各类团干部、大学生骨干、青年教师培训的重要内容。适时举办全国高校共青团学习习近平总书记系列重要讲话精神交流会。

2.“我的中国梦——奋斗的青春最美丽”系列分享活动。在大学、中学和中职学校深入开展思想研讨、奋斗故事分享、新媒体传播、文化活动等四大系列活动。广泛在校园和年轻校友中寻找、选树一批“身边的好同学”“最美青年学生”、西部基层就业榜样、创业先锋等可亲、可信、可学的典型。通过面对面的报告会、分享会、故事会等方式，激励广大学生奋发进取、奋斗成才，着重培养奋斗精神。充分利用各种校园媒体，推动典型事迹广为传播，营造学习先进、争当先进的浓厚氛围。

3.“与信仰对话”主题教育实践活动。举办“与信仰对话——飞 Young 中国梦”精品报告进校园活动。抓住纪念五四运动 95 周年、建国 65 周年、甲午战争 120 周年等重要契机，广泛开展“与信仰对话为中国梦奋斗”、践行社会主义核心价值观主题团日活动。鼓励发展理论学习类学生社团。挖掘和推广一批思想教育类校园精品文化活动项目。充分利用新媒体的独特优势开展“与信仰对话”的主题传播和微电影大赛等活动。

4. 青年马克思主义者培养工程。办好中国大学生骨干培养学校第七期学员暑期实践锻炼、总结交流和第八期学员理论学习周活动。按照“省级为主、双向自愿”原则，继续选派高校团干部（青年教师）到县域挂职锻炼；举办第二期全国高校青年马克思主义理论工作者研讨班；举办学校团干部系列培训示范班和专题班。联合有关部委出台在高校深入实施青年马克思主义者培养工程的意见，着力健全全国、省、校三级培养体系；继续开展“青马工程”专项课题研究。

5.“与人生对话——我的中国梦”主题教育实践活动。在普通中学逐步构建以“与人生对话——我的中国梦”为主题，以社会主义核心价值观为主要内容，以主题团日、实践寻访活动、励志报告会、成人主题教育活动和文艺作品展示为主要内容的活动体系，不断丰富活

动内涵，完善工作机制，引导学生爱学习、爱劳动、爱祖国，帮助中学生确立基本的世界观、人生观、价值观。重点推进“与人生对话——我的中国梦”成人主题系列教育活动。

6.“彩虹人生——我的中国梦”主题教育实践活动。在中职学校以重大节庆日为契机，通过开展学生社团展示、宣讲交流、主题团日等活动，培育和践行社会主义核心价值观，引导学生爱学习、爱劳动、爱祖国，牢固树立“梦想成就人生、技能铸就未来、共享出彩人生”的理念。重点举办1000场优秀中职毕业生报告会，广泛开展中职学生18岁成人仪式教育和学生社团风采展示活动，帮助中职学生增强自信、提高技能、强化职业道德、坚定理想信念。

7.中华优秀传统文化教育和民族团结教育。在大学、中学和中职学校通过支持一批国学类学生社团、开展微电影动漫话剧创作和展示、编写读本等方式，广泛开展优秀传统文化“进校园、进团课、进支部”活动。开展以践行中华传统美德、规范日常文明行为为重点的诚信教育和修身活动。组织力量研发贴近青少年的优秀传统文化产品。落实好“青少年民族团结交流万人计划”，举办“全国少数民族大学生骨干社会实践与社会观察”“全国各民族中职学生暑期同心营”“全国各民族中学生暑期同心营”活动。加强对内地少数民族学生的联系和服务。

8.舆情信息工作及维护校园稳定。（略）

二、以促进创业就业、创新实践为重点，实施素质拓展行动

9.2014年“创青春”全国大学生创业大赛。以“中国梦、创业梦、我的梦”为主题，以增强青年学生创新、创意、创造、创业意识和能力为重点，以深化大学生创业实践为导向，开展“创青春”全国大学生创业大赛。重点组织开展第九届“挑战杯”大学生创业计划竞赛、创业实践挑战赛、公益创业赛等主体赛事及MBA、移动互联网创业等专项赛，通过促进国家完善大学生创业政策扶持体系、设立大学生创业基金、加强与风险投资机构合作等，深化大学生创业实践。

10.创业就业教育。进一步加强学生创业就业观念引导。完善以KAB项目为主要载体的创业就业教育平台建设，提高项目质量，推动项目更多进入高校课堂教学。适时在中职学校试点推行KAB项目；争取政策、资金支持，在高校中探索实施创业实践类工作项目。继续实施“优秀大学生西部基层建功计划”。继续与中国移动合作实施“‘和你圆梦’百万青年创业就业计划”。积极支持、推广各地各高校开展有特色、有实效的工作和活动。

11.科技创新活动。积极筹备组织第十四届“挑战杯”全国大学生课外学术科技作品竞赛。开展第九届中国青少年科技创新奖评选表彰活动；举办第二届中国青少年科技创新营，创建“小平科技创新实验室”，遴选“小平科技创新团队”，支持全国部分地市级团委面向中学生开展科技竞赛。开展首届“挑战杯——彩虹人生”全国职业学校创新创效创业大赛。

12.暑期“三下乡”社会实践活动。在高校和中等职业学校继续开展暑期“三下乡”社会实践活动。加强社会实践和志愿公益活动研究，制定社会实践活动实施指导细则，发布社会实践活动年度报告。做好市场化推广和社会化运作，通过实施专项计划、成立活动基金、建立实践基地或共同体等方式，优化资源整合和投入。

13.中学实践教育活动。以中学共青团开展实践教育活动30周年为契机，适时召开全国中学共青团实践教育活动推进会，出台中学共青团实践教育大纲，探索中学团的实践教育活动融入国民教育体系的体制机制。广泛开展志愿服务活动和暑期实践寻访活动。探索打造全国中学生商业计划竞赛、全国中学生领导力竞赛和模拟联合国大会等实践类品牌活动。

14. 课外体育锻炼和校园文化建设。在全国高校范围内全面启动和广泛开展大学生“走下网络、走出宿舍、走向操场”主题群众性课外体育锻炼活动，加强体育意识教育、倡导体育锻炼文化；在部分省份和高校扎实开展大学生群众性课外体育锻炼活动试点工作。倡导和支持各地各学校广泛开展主题鲜明、积极向上、参与性强、寓教于乐的校园文化艺术活动。探索推出全国统一的校园文化活动展示或竞赛品牌。深化校园志愿服务和公益活动，引领社会文明新风。

三、以困难学生帮扶为基础，实施权益服务行动

15. 完善学生帮扶服务体系。广泛开展大中学团委“办实事”活动，每个学校团委至少推进学校解决一件学生最关心最现实最直接的实事。特别关注经济困难、学业困难、人际沟通困难、上进心不足和留守学生等困难学生群体。出台团学组织关于进一步加强大中学生帮扶服务工作的实施意见。探索筹建大中学生帮扶奖助基金。继续开展大学生“自强之星”寻访活动，探索将“自强之星”寻访活动引入中职学校。拓展校内资源和社会资源，支持学生开展勤工助学。在春节、元旦等节庆日集中开展留校学生慰问活动。

16. 帮助学生提升心理健康水平。深化实施“心理阳光工程”，继续举办“5·25”学生心理健康节，帮助同学缓解困惑和压力。特别关注新生群体，帮助他们在刚入校阶段做好学习规划、熟悉校园生活。与校内外有关部门进行合作，广泛开展心理咨询、学习减压、人际关系等方面的心理帮扶和谈心活动。

17. 完善学生组织化维权渠道。充分发挥团学组织的桥梁纽带作用和紧密联系学生的优势，推广开展“倾听日”活动。加强团(学)代会制度建设。协助学校做好“校长热线”“校长接待日”等工作。针对重大、紧急的学生合法权益受侵害事件，在党委领导下帮助予以疏导和解决。协助有关部门，做好普通中学和中职学校中的预防未成年人犯罪工作。

四、以扩大有效覆盖面为目标，实施组织提升行动

18. 中学中职基础团务规范建设和团员意识教育。进一步规范中学和中职学校的团员发展工作，科学控制数量，提高质量，加强团队衔接。严格执行戴团徽、唱团歌、举团旗和“三会两制一课”等制度。探索建立学生团员的电子团籍管理，研究毕业学生团员的团组织关系转接办法。编写有关规范性指导文件。联合教育部组织开展关于加强中学、中职共青团工作的意见落实情况的督导评估。推进全国各类学校共青团组织信息数据库和系统建设。

19. 高校基层团支部建设巩固和创新。将“团建全覆盖，工作到支部”落到实处，广泛开展“优秀班级团支部”创建活动，坚持“三会两制一课”制度，巩固班级团支部主阵地。继续探索“多种模式、多重覆盖”建团模式，不断扩大组织的有效覆盖面。研究出台加强民办学校和独立学院团建工作的相关意见，鼓励民办学校、独立学院结合自身情况和特点创新基层组织建设模式。适时召开高校团建工作推进会。

20. 基层团组织职能建设和活力提升。建立完善以团组织为核心和枢纽、以学生会研究生会为学生“自我服务、自我管理、自我教育”主体组织的工作组织格局，切实发挥好学生社团在活跃校园文化中的作用。研究制定高校基层团组织工作、中职学校基层团组织工作的细则或意见。修订、推广《高校团支部活力宝典》、《中学共青团干部教程》和《中职学校学生社团案例手册》。全面推广“高校对口中学团建促进行动”和“千校连千企团建促进行动”。

21. 学联、学生会建设。抓好《关于加强和改进高校学生会研究生会建设的指导意见》的贯彻落实，制定下发《高校学生会研究生会工作指导大纲》。推进完善学联组织标识系统和组织文化建设，发挥好学联专门工作委员会的作用。支持学生社团依章依律自主开展活动，加强规范管理。积极开展和拓展学联组织的对外交流，探索和加强对境外中国留学生的联系、服务和引导工作。

22. 团干部队伍建设。按照“全员化、科学化、专业化、基地化”思路，构建各级学校团干部培训体系和轮训机制。举办各级大学、中学、中职学校团干部培训示范班，全国性示范班培训不少于2500人。组织编发针对各类学校的团干部教程和重点工作指导大纲。研究制定高校团干部培养实施细则。对学校各级团干部的配备、使用、待遇、考核等进行检查督导，建立情况通报制度。广泛建立团干部与普通青年面对面谈心、谈话的思想交流制度和基层联系点制度。

五、以促进网上网下一体化战略转型为方向，推进网络新媒体建设

23. 加强顶层设计。推动在团中央学校部、省级团委学校部和高校团委成立专门的、跨界联合的新媒体工作小组，负责规划统筹推进学校共青团网络新媒体建设和应用工作。优化整体工作队伍建设，依托团学骨干，大力建设一批数量充足、较具影响力的信息员和网评员队伍，着力培养团有、团用的网上意见领袖。在团学干部中加强新媒体应用的教育培训。

24. 拓展阵地建设。加强高校团组织四级微博体系建设，完善中学、中职团组织微博群建设。以“团学小微”为示范，建立各省级团委学校部和不同类型学校的多层次、广覆盖的微信群。以中青网、中国共青团网为阵地，建设、整合和优化学校团组织专门网站或频道集群。在全国高校推广、整合“校园手机报”。依托网络影视中心“掌上校园”，提供“一校一品”的本地化移动APP应用和服务。

25. 强化内容供给。根据学生学习、生活的时间节点和规律，与大学生关注度、参与度较高的网络媒体合作，联合设计、打造新颖且有价值、受欢迎、影响大的品牌活动。做好“与信仰对话”、“创青春”创业大赛、“三下乡”社会实践等重点品牌活动的线上推广和传播，形成线上线下的良性互动。

六、以体制机制创新为驱动，夯实工作保障

26. 强化政策保障。认真贯彻落实《关于加强新形势下基层党建带团建工作的意见》，重点督促相关要求落到实处。对已出台的涉及学校团学组织建设和工作的政策和文件分轻重缓急推进“立、改、废”，加强有关政策工作落实督导。结合高校制定《大学章程》的契机，主动参与学校治理体系，优化高校团学组织工作格局。

27. 创新试点工作机制。针对学校共青团重点工作和急需破解的难题，围绕大学、中学和中职学校的思想引领、团组织建设、团的活动创新等方面确定重点试点课题，面向全国招募或选择不同地区、不同学校进行创新试点，给予必要的政策和资源支持。

28. 完善基层调研和工作交流机制。建立学校战线团干部与学校普通学生和基层团支部长期联系制度，保证每年每名团干部要用不少于2个月的时间，到基层团组织进行调研。推进工作分片实施、联席指导等机制，推广对学校共青团工作的扁平化指导机制。鼓励各级各类学校共青团成立工作交流、联谊组织，承接上级团组织的重点工作任务。

29. 优化资源整合机制。整合协同团内资源，坚持眼睛向外，积极依靠党政有关部门，建立健全工作联动机制。探索搭建各种有效的团学业务性平台，加强与行业协会、社会机构的联系和合作，拓展工作机制和平台。通过项目合作、设立基金、培训新组织等多种方式，加大政治、行政、社会、市场等资源整合力度。充分发挥基层团组织和广大青年学生的积极性创造性，采用试点创新、项目承办、申报等方式，把资源合理配置到基层。

30. 加强工作宣传和信息报送。重点加强学生思想新情况新动态、基层工作新思考新实践、机制保障新探索新经验等方面的挖掘、总结和报送工作。充分利用各类团属媒体和各主流媒体，逐步打造以大众传媒、校园传媒、网络新媒体、团属媒体和各种工作性信息发布渠道为载体的学校团学工作立体“全媒体”传播体系。推动各级团学组织建立信息宣传团队。研究制定团学工作宣传和信息报送实施指导细则。

2014 年共青团少先队工作要点

2014 年，少先队工作的总体思路是：认真学习贯彻党的十八届三中全会精神，按照共青团十七届二中全会部署，深入贯彻落实习近平总书记对少先队工作的重要指示精神和李源潮同志的要求，大力加强中国梦教育和社会主义核心价值观教育，牢牢把握组织属性，落实组织定位和根本任务，深入推进五项重点建设，增强少先队组织活力，研究加强少先队专业化建设，更好地为少年儿童服务，推进少先队工作取得新发展。

一、落实少先队组织定位和根本任务

1. 少先队组织定位和根本任务是：坚持少先队作为中国特色社会主义事业的战略预备队、少年儿童思想品德教育和精神素质培养大学校、党领导下的少年儿童群众组织的定位，培养少年儿童对党和社会主义祖国的朴素感情，抓好少年儿童思想品德教育和精神素质培养，发挥少先队员自主性，放手锻炼少先队骨干的自主活动能力，教育引导少年儿童立志向、有梦想，爱学习、爱劳动、爱祖国，为实现中国梦做好全面准备。

2. 少先队的思想品德教育主要包括：一是以“五爱”为基本内容、以爱国主义为重点的基本情感教育。二是以做社会主义事业建设者和接班人为目标的理想志向教育。三是以集体主义为基础的道德品质和行为规范教育。四是坚持中国特色社会主义方向的社会认知教育。五是积极向上、勇于创造的心理素质培养。

二、加强少先队活动载体和课程建设

3. 争取各级教育部门支持，深入落实《教育部关于加强中小学少先队活动的通知》（教基二〔2012〕3 号），将每周 1 课时的少先队活动课在中小学普遍落实到课表上，纳入教育督导和检查，在各级义务教育课程设置方案中明确。修订《少先队活动指导纲要》，为辅导员科学辅导、少先队员自主开展活动提供指导。深化试点工作。鼓励基层少先队组织积极创新。组织开展案例征集、互观互检、成果展示等，用好网络平台，健全激励机制、做好工作考核。推进少先队活动课动漫版复合出版工程。

4. 发动中小学少先队组织，以少先队员为主体，发挥实践育人的优势，以体验教育为基本途径，以“五四”“六一”“七一”“十一”、少先队建队纪念日等节庆日为契机，将日常性活动与集中性活动相结合，在少先队员中开展“红领巾相约中国梦”主题队日等活动。利用少先队活动课和课后时间，经常性、普及性地开展以爱学习、爱劳动、爱祖国为主要内容的“红领巾心向党”“手拉手”“少年军校”“少年科学院”“雏鹰争章”“平安行动”等丰富多彩的少先队活动。探索课间活动方式。

5. 创新开展少先队基本知识竞赛、少先队鼓号队展演、红领巾阅读体验等全国性活动。加强全国性少先队活动规范管理。

6. 利用暑期和假日，开展“各族少年手拉手”、科技、体育、军事、留守儿童亲子等红领巾夏令营活动，开展群众性文化体育活动。支持和倡导基层队组织因地制宜、创造性地开展活动。有条件的地方探索社区少先队活动方式。

7. 科学筹划、不断加强城镇少年儿童与农村留守儿童、进城农民工随迁子女的互助交

流，深化关爱服务。

8. 发挥各级少先队报刊的作用，联合电视、广播等大众传媒，积极运用互联网、微博、微信、手机报等新媒体，评选和宣传“最美少年”。

9. 加强学校标准化少先队队室、红领巾广播站(电视台)、中队角等校内阵地建设。拓展少先队校外活动阵地，建设少先队社会化活动阵地。

三、加强少先队小干部小骨干和队集体建设

10. 坚持和规范少先队小干部民主选举和轮换制度。组织开办队长学校，在全国青少年井冈山革命传统教育基地举办全国少先队小干部培训班，培养锻炼少先队小干部。发现在各方面有爱好、有特长的少先队小骨干并做好培养。

11. 建好小学少先队大、中、小队，规范少先队标志、标识和入队、离队、少代会、中队会、大队会等少先队组织生活，探索雏鹰假日小队、各类红领巾小社团等组织建设形式，加强少先队礼仪文化建设，聘请家长和各行各业优秀人士担任志愿辅导员。

12. 树立和宣传优秀少先队员和队集体的榜样，研究优秀少先队员成长道路。

四、加强少先队新媒体工作能力建设

13. 大力加强中国少年报、中国儿童报、中国中学生报、辅导员杂志、中国少年儿童杂志、少先队小干部杂志等全国性队报队刊和各级少先队报刊建设，扩大覆盖面，增强影响力，提高业务质量，加强规范管理。发挥好团属少年儿童报刊的积极作用。

14. 建好中国少年先锋队网，大力支持未来网及其红领巾集结号版块建设，建设好各级少先队网站、微博、微信等网络平台。积极争取各级党政宣传、网络管理部门支持，争取在中央和地方各级重点新闻网站或政府门户网站中建设红领巾频道或少儿频道。与大型网络公司和门户网站、移动通信运营公司合作，为少年儿童提供更多干净、有趣、有意义的网络资源。

15. 动员和支持少先队辅导员在网上开展工作，建立辅导员网上社交平台。聘请各行各业的优秀人士、明星、公众形象好的名人担任网上志愿辅导员，开展“忆童年生活”等网上活动。发现和培育网上的少年儿童正面偶像，为少年儿童提供正确导向。

16. 与社会专业力量合作，研发少年儿童喜爱的动漫、歌曲、图书、游戏、影视作品等文化产品，通过传统媒体特别是新媒体普遍推广。

五、加强少先队辅导员队伍和学科建设

17. 深入落实团中央、教育部、人力资源和社会保障部、全国少工委《关于加强少先队辅导员队伍建设的若干意见》(中青联发〔2010〕33号)和团中央、教育部、全国少工委《关于印发<少先队总辅导员设置管理办法(试行)>的通知》(中青联发〔2012〕23号)，全面推进少先队辅导员的配备、培训、工作考核、专业发展，加强少先队总辅导员队伍建设。

18. 推动中小学校普遍设立少先队大队辅导员专门岗位，严格标准选配合适人员，解决中层副职以上级别和待遇，推动省、市、县三级配齐配好少先队总辅导员。

19. 完善辅导员分级全员培训机制，争取将辅导员培训纳入教育系统各级教师培训计划，实现每位辅导员每年72小时培训目标。办好“国培计划”少先队骨干辅导员培训班。以中央团校为龙头建立各级少先队辅导员培训基地，持续开展辅导员培训。持续研发面向辅导员的培训教材。加强对辅导员培训的规范管理。

20. 争取将少先队辅导员工作普遍纳入学校教师绩效考核，少先队辅导员工作计入工作量。

21. 争取将少先队工作普遍纳入中小学

教师职称评审范畴，在中小学教师职称序列中专门设立“少先队活动”专业科目，或将少先队工作成果折算，实现少先队辅导员职称“双线晋升”。

22. 大力选树、宣传好优秀少先队辅导员的典型和事迹，培养辅导员有热情和责任心，有知识、经验和吸引力，品德好、在孩子们中有威信。

23. 加强对辅导员的人文关怀，创建“辅导员沙龙”“辅导员之家”，开展辅导员交流、研讨、联谊活动，增强辅导员的组织归属感。

24. 完善“少年儿童组织与思想意识教育”学科知识体系和高校研究生专业、本科课程，出版学科教材。健全学术学位培养。探索专业学位培养。发挥好专家学者和专业人才的作用。培育理论与实践紧密结合的专门人才，培养少先队名师，加强对辅导员的专业培训指导。

六、加强少工委和学校少先队工作机制建设

25. 健全和完善各级少工委工作机制。认真贯彻落实共青团对少先队工作的各项部署。认真学习研究教育部门重要工作举措。抓紧研究制定少先队工作规划纲要。认真学习研究党政相关部门的政策和工作安排。争取党委分管领导在“六一”参加少先队活动、在少先队建队纪念日召集研究加强少先队工作。健全教育部门和党政相关部门有关负责同志在少工委任职制度。健全各级少工委工作规则。深入研究、积极探索学校少工委建设。

26. 争取各级教育部门支持，将少先队工作纳入学校工作总体布局，进行规划、部署、检查、保障，加强对少先队具体工作内容的督导指导和考核评价。争取各级教育部门开展少先队工作专项督导。

27. 探索少先队工作和家庭教育的结合方式，发挥家长在少先队工作中的积极作用。

28. 建立各级少工委调查研究制度。扎实有效地开展集中性、经常性蹲点调研、专题调研和多种形式的调研。新任职少工委主任、少工委工作人员、总辅导员都要到中小学校蹲点调研。建立各级少工委和基层中小学校少先队组织的联系点制度。

切实加强中学少先队工作，探索适合当代中学少先队员特点的组织建设方式、活动方式和制度保障，加强团前教育和团队衔接。

大力加强各级少先队工作学会建设，支持各级少先队工作学会充分发挥作用，关注和研究少年儿童和少年儿童工作热点问题，做好课题研究，加强决策参考，推进学科建设，推动成果转化，服务基层实践，推动各级少先队组织科研活动的活跃。支持中国少先队工作学会开好全国代表大会。

积极努力争取省级党委下发政策文件，支持少先队工作，认真抓好政策落实，为加强少年儿童和少先队工作提供有力保障。争取党政有关部门支持，联合社会积极力量，为基层少先队组织办实事、好事。

着眼于推进工作，务实俭朴地做好少先队建队65周年、全国少工委成立30周年工作。开始筹备拟于2015年召开的第七次全国少代会。

按照有关管理部门的规定和要求，做好与台湾、香港、澳门地区青少年社团的交流，做好与国外少年儿童组织的交流工作。

2014年共青团统战工作要点

2014年共青团统战工作的基本思路是：深入贯彻落实党的十八大和十八届二中、三中全会精神，按照习近平总书记系列重要讲话精神和党中央书记处的重要指示精神，围绕共青团十七届二中全会、全国统战部长会议的工作部署，牢牢把握为实现中华民族伟大复兴的中国梦而奋斗这一青年运动的时代主题，更加广泛地团结青年，更加有效地引领青年，更加切实地服务青年，更加严肃地加强自身建设，推动共青团统战工作实现新发展。

一、广泛团结凝聚青年

1. 巩固对传统领域青年的团结凝聚。通过加强组织联系、增进思想共识、扩大工作参与等途径，加强对青年工人、青年农民、青年知识分子的团结凝聚。善于发现工人、农民、农民工中的优秀青年代表，物色培养一批少数民族优秀青年、宗教界青年代表人士、港澳台和海外杰出青年，积极团结凝聚其中的青年领军人才。

2. 拓展对新兴青年群体及其代表人士的引导和吸纳。加强调查研究，主动深入到北漂、蚁族、海归、海待、网络意见领袖、网络作家、签约作家、自由撰稿人、独立演员歌手、信教大学生等各类新兴青年群体，了解掌握他们的生活状态、思想状况和各自特点。加强与各类新兴青年群体的联系，通过面对面交流、情感联谊、网络互动等方式，了解他们的所思、所想、所盼，加强对他们的引导和服务。敏于发现、善于鉴别新兴青年群体中的代表人士，加强重点培养，吸纳优秀代表加入各级青联及会员团体。

3. 大力加强青年社会组织工作。主动发现联系，摸清各类青年社会组织基本情况，掌握青年社会组织的工作理念、骨干力量、项目经费、运行机制等情况。有效服务培育，及时发现青年组建公益性社会组织的意愿，探索设立孵化基地和孵化基金，为青年社会组织开展活动提供场地支持、业务指导、教育培训、资金扶助等方面的帮助。积极团结引导，吸纳有影响力的青年社会组织和青年社会组织骨干加入青联，推动各级青联组织增设青年社会组织界别，鼓励青年社会组织承接团的工作项目、参与政府购买社会公共服务项目，向有关党政部门推荐青年社会组织骨干人才，引导他们接受、融入、宣传主流社会价值导向。

二、加强思想引领工作

1. 加强对青年的思想引领。开展专题报告、座谈交流、学习考察等多种形式，引导广大青年深入学习贯彻党的十八届三中全会精神，鼓励青年拥护改革、支持改革、参与改革。广泛开展“我的中国梦”主题教育实践活动，通过宣讲交流、社会实践、国情教育等形式，引导广大青年深入学习贯彻习近平总书记系列重要讲话精神，积极培育和践行社会主义核心价值观，坚定不移地跟党走中国特色社会主义道路。加强青少年民族团结教育，深化“青少年民族团结交流万人计划”，继续开展民族地区团干部“培养计划”，促进各民族青少年团结互助、共同发展。做好内地少数民族青少年工作，深入调查研究，掌握思想动态，加强联系覆盖。举办宗教界青年代表人士学习考察活动，开展信教青年专题调研，发挥宗教界青联委员在引导、服务信教青年方面的积极作用。

2. 动员青年典型影响带动广大青年。拓展社会化推荐渠道，发现和推出一批可亲、可敬、可学的青年榜样。广泛开展“奋斗的青春最美丽”系列分享活动，将面对面交流与新媒体互动结合起来，引导激励广大青少年不断增强艰苦奋斗、团结协作、勇于担当的意识，培养正确的人生态度。

3. 充分运用新媒体。着力建设好青联网、12354 短信平台，推动各级青联组织开设微博，加大开通微信公共平台的力度，形成多层级、多领域、多互动的微博和微信工作体系。鼓励青联委员和青年统战干部以个人名义开设微博，帮助在青年中有较大影响力的青联委员策划管理好微博，积极营造良好舆论氛围，形成鲜明的社会导向。

三、动员青年充分发挥生力军作用

1. 引导广大青年创业创新创优。广泛动员社会力量，支持青年发挥自身优势，有效利用创业支持，到贫困地区、到基层一线、到祖国和人民最需要的地方去，磨练意志、施展才华、开创事业。深化青年科技创新工作，动员广大青年发挥创新精神，在自主创新的时代大潮中贡献才智。激励广大青年爱岗敬业，脚踏实地，努力成为行家里手，创造一流工作业绩。

2. 为青年人才发挥作用搭建舞台。大力开展"我为改革献计策"活动，组织动员青联委员、青科协会员围绕全面深化改革重大战略问题，组织专题调研，积极建言献策，为有关方面提供参考。举办"海外学人回国创业周""苏州国际精英创业周""中国留学生节""科技活动周"等活动，拓展与海外高层次人才的联系渠道，推动海内外青年科技人才开展深入的同业交流和产学研合作。继续配合中组部做好博士服务团成员的选派工作，组织第15批博士服务团赴西部地区、革命老区和边疆民族地区服务锻炼。

四、服务青少年实际需求

1. 服务有困难青少年群体。广泛深入开展"走进青年携手圆梦"主题活动，通过组织小规模、分散化的经常性活动，动员各级青联委员及时了解青年的意愿和困难，努力为青少年排忧解难。积极引导未就业大学毕业生树立正确的择业观念，提供技能培训、就业见习、创业指导、资金扶持等帮助。积极开展进城务工青年职业技能培训、心理咨询、法律援助、文化娱乐、权益维护等工作。大力开展"手拉手"结对活动，针对农村留守儿童、城市流动儿童做好学业辅导、亲情陪伴、自护教育、爱心捐赠等工作。整合社会资源，为农村青年提供融资、技术、项目、资金、信息等服务。认真做好促进少数民族地区和贫困地区青年就业创业工作，加大工作和资源倾斜力度，深化"科技之光"青年专家服务团活动，开展先天性心脏病救助项目等公益活动。

2. 服务青年人才成长发展。以中青科协换届为契机，努力拓宽视野，广泛吸纳优秀青年科技人才。扎实开展学习交流和实地考察活动，帮助青年人才不断提高知识素养、经受实践考验、锻炼增长才干。继续开展青少年科技创新评选表彰活动，配合实施好"千人计划""万人计划""青年千人计划"等工作，向有关部门推荐优秀青年人才。

五、深化港澳台青少年交流（略，另行印发）

六、继续加强自身建设

1. 完善青联组织运行机制。健全秘书处、界别、会员团体、委员之间和各级青联组织之间的沟通协调机制，提升青联组织的系统合力和整体效能。强化对会员团体的业务指导和管理服务，充分发挥会员团体在联系、团结、代表、服务青年方面的重要作用。动员各界别加强对所代表青年群体的调查研究和联系服务，切实完善界别工作机制，推动界别工作全面活跃和持续深入。健全地方青联组织换届审批和报备制度，完善常委会、主席会议、界别秘书长会议制度，促进青联工作规范开展。完善属地召集人制度，拓展委员参加活动、发挥作用的组织化渠道。加强青联之友联谊会建设，巩固传帮带的组织平台。

2. 加强队伍建设。引导青联委员坚定理想信念，带头培育和践行社会主义核心价值观，努力做青年中的爱国中坚、创业骨干、学习先导、道德榜样。引导青联委员加强实践锻炼，了解国情民情，不断提升综合素质。引导青联委员积极发挥联系和代表青年、热诚服务青年的作用，自觉承担社会责任，力所能及地帮助青少年解决成长发展方面遇到的困难。引导青联委员认真贯彻落实中央"八项规定"精神，倡导和践行良好社会风尚，维护青联组织的社会形象。完善青联委员退出机制，保证队伍的纯洁。加强青年统战干部的理论武装、业务培训和实践锻炼，努力锤炼迎难而上、积极进取、狠抓落实的工作作风。

2014年共青团民族地区工作要点

2014年共青团民族地区工作的总体思路是：深入贯彻党的十八大、十八届三中全会和中央有关会议精神，认真落实团十七大和十七届二中全会关于民族工作的重要要求和部署，牢牢把握以民族团结教育为主要内容的思想引导工作和以促进学业、创业、就业为主要内容的服务青少年成长成才工作两条主线，进一步加大对民族地区共青团工作的指导和支持，扎实推进民族地区和少数民族青少年工作。

一、深化民族地区青少年思想引导

1. 加强学校民族团结教育工作。结合“我的中国梦”主题教育实践活动和中华优秀传统文化教育活动，重点在民族院校和民族地区普通高等学校、中等职业学校，积极开展各种形式的民族团结主题活动，引导民族地区青少年牢固树立民族团结意识，不断增进国家认同、民族认同、文化认同和道路认同。

2. 组织青少年民族团结交流万人计划活动。实施少数民族大学生骨干社会实践与社会观察活动、全国各民族中学生（中职学生）暑期同心营活动、各族少年手拉手活动、新疆青少年融情教育活动、西藏中学生“民族团结促和谐心心相印共圆梦”学习交流活动、西藏藏传佛教青年代表人士和新疆伊斯兰教青年代表人士学习考察活动等。活动规模2000人，突出不同民族青少年之间的交流，注重融入中华优秀传统文化教育和民族团结典型事例学习等内容。

3. 加强青少年思想状况调研。在北京、上海、江苏、浙江、广东、四川、陕西、新疆等地，开展内地高校少数民族大学生、内地流动少数民族青年和新疆青少年思想状况专题调研。

4. 推广民族团结教育系列产品。深入挖掘和运用已有成果，推动民族地区各级团组织在开展民族团结主题活动中有效使用已出版书籍和动画片，向民族地区青少年赠阅民族团结主题文化产品。制作全国各民族中学生（中职学生）暑期同心营活动、各族少年手拉手活动专题片或微电影，制作相关专项活动宣传视频片。加强与电视媒体相关栏目的合作，推出青少年民族团结教育题材节目。

5. 落实“建设伟大祖国建设美丽家乡”主题教育活动有关安排。发挥学校团队组织的作用，积极配合各地民族宗教、教育部门在各级各类学校广泛开展“建设伟大祖国建设美丽家乡”主题教育活动。

二、切实服务民族地区青少年成长成才

1. 促进青少年学业和创业就业。依托就业见习、小额贷款、技能培训等既有工作项目，向民族地区基层团组织和青年倾斜资源和支持，为青年创业就业提供服务。加强对民族地区青年创业就业观念的引导，帮助青年找准自身定位，拓宽创业就业思路和渠道，大力营造崇尚奋斗、鼓励创业的积极氛围。继续举办全国少数民族大学生暑期实习计划等专项活动。加大“希望工程”在民族地区的投入，做好特殊困难青少年群体的扶贫助学工作。

2. 做好在内地务工、就学少数民族青少年的帮助支持工作。关注外来少数民族青少年群体，以高校、民族班（中学）、集中用工企业、聚居社区等为重点，探索有效工作机制，开展有针对性的思想引导和服务工作，力所能及地帮助他们解决思想上的困惑和生活上的困难。

三、培养凝聚民族地区各类青年人才

1. 加大团干部培训力度。进一步做好全国民族地区团干部、少先队辅导员以及民族地区高校团干部的专项培训工作，为民族地区的团干部培训提供支持。

2. 组织优秀年轻干部开展挂职锻炼。拓宽“培养计划”的推荐渠道，从民族地区各级专兼职团干部和党政机关、事业单位、高等院校、科研机构、国有企业等，选拔150名左右的优秀年轻干部赴中东部省份进行为期3个月的挂职锻炼。

3. 逐步加大“西部计划”志愿者选派力度。继续实施服务新疆、服务西藏专项，派遣人数在原有基础上有所增加。加大民族地区志愿者招募力度，加大向人口较少民族聚居区派遣力度，逐步增加承担招募任务的省（区、市）和研究生支教团高校数量。

4. 加大民族地区大学生骨干培养力度。

依托青少年民族团结交流万人计划、大学生骨干培养学校、寻访"中国大学生自强之星"等项目,加强对少数民族大学生骨干的培养。

四、继续支持民族地区共青团工作

1. 制定并下发《2014 年团中央支持民族地区工作方案》。突出民族团结教育和青少年交流活动、服务青年创业就业、青年人才培养、团干部和少先队辅导员培训等重点,有效统筹团中央机关各部门、各直属单位的资源和力量,细化工作项目,积极推动落实。

2. 推动共青团对口支援民族地区工作。充分利用中央对口支援工作机制,加强对相关工作的统筹协调,指导援藏、援疆省市和中央企业团委加强对口支援工作。

五、推动民族地区基层组织建设和基层工作

1. 加强基层团组织基础建设。积极推动学校团建、城乡区域化团建、新兴领域团建等重点工作在民族地区的实施,进一步扩大团组织对青年的有效覆盖,提升基层团组织在思想教育和维护稳定中的功能作用。

2. 加强青少年活动阵地建设。积极支持民族地区青少年文化活动场所建设,主要面向内蒙古、广西、云南、西藏、宁夏、新疆、四省藏区及相关地区自治州、自治县。

3. 加大对民族地区县级团委的支持力度。继续争取资金支持民族地区县级团委工作经费,积极协调相关项目向民族地区县级团委倾斜。

4. 加大对民族地区县级团委青少年生态环保工作的支持。支持内蒙古、贵州、云南、西藏、青海、新疆和新疆生产建设兵团建设保护母亲河青年林和青少年绿色家园项目。

2014 年共青团权益工作要点

2014 年共青团权益工作的总体思路是:深入落实《全面深化改革进程中共青团工作五年发展纲要》,按照法制化、组织化、社会化的工作方向,以"一推一试"(推广重点青少年群体试点做法、开展青少年权益工作创新试点)为载体,拓展共青团维权工作空间。继续深化"面对面"活动、预防青少年违法犯罪、建设 12355 青少年服务台等重点工作,不断取得维权工作新成效,提升团组织维护青少年合法权益的社会形象。

一、推进法制化维权进程

以贯彻《未成年人保护法》和《预防未成年人犯罪法》为重点,推动形成比较健全的青少年利益协调、诉求表达、权益保障法律体系。

1. 健全青少年权益保护法律体系。突出源头参与、提前介入,在全国及地方人大立法修法过程中,争取纳入有利于青少年成长发展的条款。加强未成年人福利、监护、救助等方面的法律研究。团中央继续推动修订《预防未成年人犯罪法》,各地继续推动完善"两法"地方配套条例。积极参与执法检查和专项行动,促进青少年权益保护法律法规得到贯彻落实。

2. 深化青少年法制宣传教育。贯彻国家"六五"普法规划,引导青少年形成制度规则意识,通过行为习惯养成接受并认同基本的道德底线、法制底线。继续与司法部门举办青少年网上普法知识大赛等活动,普及推广科学的家庭教育理念和知识。培育普法宣传志愿者队伍,建设青少年法制教育基地,增强青少年学法尊法守法用法意识。按照"临界预防"理念,加强对有不良行为青少年等重点群体的法制宣讲和感化教育。

3. 完善青少年法律援助和司法保护工作。依托全国律师协会的公益律师队伍,选择 10 个有较好工作基础的城市建设"青少年法律服务中心",帮助权益易受侵害的青少年群体依法维护自身权益。完善未成年人司法保护制度,推动落实《刑事诉讼法》中未成年人刑事案件诉讼程序,强化公检法司等部门在案件办理中的衔接配合。

二、完善组织化维权机制

借助人大、政协的社会利益表达功能,发

挥各级未成年人保护和预防青少年违法犯罪工作机构作用,推动政府职能部门完善公共政策体系,通过组织化渠道代表和反映青少年普遍性诉求。

4. 推广重点青少年群体试点工作成果。落实遂宁工作推进会部署,明确五类重点青少年群体服务管理和预防犯罪的目标定位,年内在确保1/3县区建立比较完善工作格局的基础上,落实好再增加1/3县区的任务。切实履行预防专项组工作职能,推动中央综治办下发《关于进一步深化预防青少年违法犯罪工作的意见》。按照综治部门统一部署,推动各地普遍建立信息汇总和动态监测、引入专门力量教育矫治、利用正面力量接触联系、动员社会力量关爱帮扶等工作机制。推动加强专门学校建设。深化各级"青少年维权岗"创建活动。加强"青少年犯罪学"学科建设。

5. 全面开展"青少年权益工作创新"试点工作。加强对45个试点城市(区)的指导支持,在9个试点方向以健全工作机制为重点,探索共青团在表达利益、反映诉求、协调矛盾、维护稳定等方面发挥作用的渠道,努力使试点取得实践成果。促进试点城市之间的工作交流,分片区进行培训指导,及时总结经验,解决难点问题。建立科学的考核评估指标,年底开展中期督导评估,加强对试点工作的统筹推进。

6. 深化"共青团与人大代表、政协委员面对面"活动。完善常态化倾听机制,定期深入不同青年群体开展倾听、恳谈活动,把倾听诉求、舆情收集、政策宣讲、释疑解惑和思想引导等有机结合起来。加强与人大、政协和提案建议办理单位的联系,跟踪落实答复办理过程,推动解决实际问题。推动政协共青团和青联界委员切实履行职责,在有条件的地方设立基层代表、委员青少年事务工作站。围绕2015年"面对面"活动主题,深入开展调查研究并进行优秀调研成果评选。

7. 活跃未成年人保护工作机构。争取党政支持,推动试点城市设立或完善未成年人保护工作机构和运行机制,建立会议和定期研究工作制度,每年至少召开一次全体会议。健全成员单位之间信息共享、协调联动、个案转接等工作机制,主动参与相关政策研究、制定和督办工作。推动落实未保工作机构人员配备、资金配套、激励表彰等保障措施。

8. 探索建立青少年权益典型案件和热点事件响应机制。取得党政充分授权,针对青少年权益典型案件和热点事件,积极稳妥地发出团组织的"声音",表明态度,提出建议。注意利用媒体和网络,借助专家力量,对舆论进行必要引导。协调相关职能部门,对典型事件进行会商研究,推动问题得到妥善解决。借助专业机构,探索建立青少年权益状况舆情监测体系,做好前瞻性分析研究。

三、构建社会化维权体系

打造12355综合公益服务平台,培育专业化维权工作团队,丰富网络和新媒体工作渠道,动员社会力量共同参与青少年权益保护工作。

9. 加强12355青少年服务台建设。在全国重点支持50个基础较好的服务台,使其成为具有较强区域辐射能力的综合性服务平台。稳定联系专家学者、公益人士、志愿者等,建立青少年权益工作咨询顾问队伍。继续集中开展中高考减压"阳光行动"和青少年自护教育等活动,鼓励各服务台深入家庭、学校、社区开展形式多样的专项服务。依托日常数据积累,建立青少年舆情及诉求研究报告机制。

10. 加强青少年社工队伍建设。推动相关部门落实好《关于加强青少年事务社会工作专业人才队伍建设的意见》,健全岗位设置标准、人才培养体系、考核评估制度、薪酬保障机制等,完善运行管理机制和配套政策制度框架。加强与高校、科研机构、专业协会学会的合作,针对权益工作基础理论和青少年社会工作开展专题研究,为预防犯罪和权益维护工作奠定扎实的专业基础。

11. 加强网络和新媒体平台建设。拓展权益战线新媒体工作渠道,综合运用网站、短信、微博、微信等,广泛开展青少年法制宣传、自我保护、心理健康和家庭教育等工作,扩大权益工作的社会影响力。继续推动和指导有条件的地方使用12355短信服务代码,提高团中央12355微博的影响力和活跃度,加强与各地12355微博的互动。

12. 凝聚整合社会化工作资源。依托心理、法律、社工等专业力量,加强与政府职能部门的联系,积极承接未成年人权益保护、预防青少年违法犯罪等方面的政府购买服务项目。区分具体情况,适当联系带有维权性质的民间社会组织,尝试建立信息交流、项目合作等工作联系,帮助其参与政府购买社会服务竞争,对其发展给予必要的引导。

四、其他工作

13. 加强权益部门自身建设和基础工作。加强对权益战线干部业务能力的培训,不断提高工作的科学化和专业化水平。强化理论研究,巩固全团"走进青年、转变作风、改进工作"宣讲调研活动成果,探索新形势下做好共青团权益工作的新机制新载体。加强权益工作信息化建设,健全并完善权益战线工作评价体系。

2014年共青团青年志愿者工作要点

2014年全团青年志愿者工作的总体思路是:深入贯彻党的十八大、十八届二中、三中全会和习近平总书记给"本禹志愿服务队"的回信精神,按照团的十七届二中全会总体部署,为落实《全面深化改革进程中共青团工作五年发展纲要》和《中国青年志愿者行动发展规划(2014—2018)》开好头、起好步,着力推进项目化运作、社会化动员、事业化发展、制度化保障,通过加强组织队伍、项目、平台、文化、机制等各项建设,推动中国青年志愿者行动科学发展。

一、加强组织和队伍建设

1. 全面推动青年志愿者组织建设。一是准确掌握青年志愿者组织建设情况。重点梳理全国各级青年志愿者协会建设情况,摸清农村、社区、高校、行业、企业、机关的青年志愿者组织建设情况和抢险救灾、环境保护、助老助残等专业性较强的志愿服务领域中志愿者组织建设情况。二是分类出台青年志愿者组织建设工作指导意见。总结各地好的做法和经验,研究出台指导意见,规范协会建设内容,扎实推进"县县建协会"工作以及高校、行业、企业和专业志愿者组织的建设工作,力争70%的市、县团委普遍成立规范的青年志愿者协会。完善"基层团组织+辖区志愿者组织"的组织框架,鼓励在符合条件的基层志愿者组织中逐步建立团组织。三是探索市级以上协会发挥枢纽作用的途径。按照创新社会治理体制的要求,加强协会自身建设,增强枢纽功能。坚持"开门办协会",鼓励各地结合实际,积极主动联络、吸纳各类社会志愿者组织,年底前,每个市级及以上协会吸纳10个以上在当地影响较大的社会志愿者组织成为其会员,并能够发挥示范引导作用。开展社会志愿者组织孵化工作交流活动,适时召开全团志愿者组织建设经验交流会。

2. 发展壮大青年志愿者队伍。一是规范志愿者注册工作。加强对新修订《中国注册志愿者管理办法》的宣传,加大注册志愿者制度实施力度,做好全国统一志愿者注册平台的运行研究和试点工作。到年底,使经过规范注册的志愿者达到4500万。二是加强骨干志愿者的选拔培育。认真总结"共青团关爱农民工子女志愿服务行动"项目专员实施经验,普遍推广在志愿服务项目中设立项目专员,并以此为基础加强骨干志愿者的选拔培育和队伍建设。在有条件的地区推动青年志愿者队伍与社会工作者的资源共享、协同工作。

3. 提升青年志愿者专业化服务水平。统筹全团力量，加强志愿者培训教材的研发，整合各地优秀教材资源，编制、推广一批通用教材。总结各地优秀课程资源。探索志愿服务培训师（导师）认证工作和志愿者培训机构建设工作。积极创新培训方式，不断提升志愿服务培训的质量和成效。年内各级团组织、志愿者组织按规范培训注册志愿者500万名。

二、加强项目建设

1. 全面启动中国青年志愿者助残“阳光行动”。联合中国残联对“阳光行动”作出统一部署。科学设计志愿助残工作目标和及时总结经验做法，摸清各地残疾青少年基本情况，逐步开展对残疾青少年的结对工作。整合利用有关政策、资金、人员、阵地、项目等现有资源，实现“阳光行动”在全国的良好开局、普遍发动和初步成效。

2. 继续深化共青团关爱农民工子女志愿服务行动。稳步扩大结对覆盖，力争实现已摸底的九年制义务教育阶段农民工子女较集中学校结对全覆盖、农民工子女结对覆盖率达到90%以上。探索建立常态化的项目专员培训机制，推行项目专员认证工作和集中上岗仪式。加大关爱行动筹资力度，建设“七彩小屋”等各类规范性活动阵地达到1万个以上。开展“七彩课堂”优秀课件评选展示活动，将关爱行动打造成共青团工作精品。

3. 深入推进大学生志愿服务西部计划。全面落实西部计划10周年座谈会中央领导讲话精神，积极争取中央财政支持，继续保持17000人整体实施规模，在扩大服务西藏专项实施规模的基础上，进一步加大对革命老区、连片贫困地区的志愿者派遣力度。统筹落实志愿者社会保险，适度提高志愿者待遇。研究制定西部计划相关配套政策，加强志愿者使用和后续培养。加大志愿者优秀典型特别是扎根民族地区、革命老区、贫困地区和边疆地区的优秀典型选树，大力宣传志愿者优秀典型先进事迹，切实扩大西部计划的示范引导作用。

4. 稳步推进中国青年志愿者海外服务计划、大型赛会志愿服务工作和应急救援志愿服务工作。做好现有海外青年志愿者项目的接力续派工作。联合有关部委和央企开拓海外志愿服务新模式。进一步优化工作机制、丰富派遣结构，广泛联系有关部委、孔子学院、中资机构、金融机构、国际组织等，稳步扩大海外志愿者项目的服务领域和实施规模，不断提升品牌影响力。以标准化为切入点，切实做好2014年青奥会（南京）、世界园艺博览会（青岛）等共青团承办的大型活动志愿服务工作，发挥其载体优势，推动成果转化，促进志愿服务常态化发展。积极参与应急救援体系建设工作，做好青少年防灾减灾的宣传教育工作，支持有条件的地方加强应急救援青年志愿者专业化队伍建设，完善工作机制。

5. 加强志愿服务项目库建设。指导和支持各地开展项目规范化建设，推广各地优秀项目的经验和做法。认真梳理青年志愿服务项目的基本模式、基本经验、主要特点和特色做法，初步建立志愿服务项目库。到年底，入库项目达到1000个。

三、推进志愿服务平台建设

1. 推进实体型平台建设。梳理各地实体型平台建设情况，汇总整理各地建设经验，研究制定标准化建设指导意见。开展实体型平台认证工作，到年底，经过规范认证的各类实体型平台达到10万个。

2. 推进网络型平台建设。研究出台网络平台建设标准，推进注册志愿者信息库建设和志愿者网上注册工作，探索建立各地信息交流渠道。加强“中国青年志愿者网”升级完善，深化新媒体平台建设及运行工作，启动全国青年志愿者工作综合信息系统建设。支持和开展网络“微公益”活动。

3. 举办“中国志愿服务广交会”。在总结前三届“志愿服务广交会”以及各地类似活动经验的基础上，加大运用市场机制调动资源力度，以团中央、中国青年志愿者协会名义举办“中国志愿服务广交会”，将其建设成全国性志愿服务展示交流合作平台。鼓励、支持各地打造区域性展示交流合作平台。

四、加强志愿服务文化和理论建设

1. 制定、推广中国青年志愿者品牌规范。研究、制订青年志愿者行动标识、服饰、旗帜以及理念、礼仪、口号、歌曲等的使用规范，在广泛征求各地意见的基础上予以发布并逐步推广。

2. 开展第十届“中国青年志愿者优秀个人奖、组织奖、项目奖”评选表彰活动。进一步创新评选方式，规范评选程序，扩大社会参与，增强评选活动的公信力和影响力，逐步将其打造成为中国志愿服务和公益工作格局中时尚化、常态化、社会化的知名品牌。

3. 提升与媒体合作的能力。拓宽与媒体合作，增强志愿服务的传播力。创新宣传形式，提升传播效果，面向全社会征集优秀志愿服务文化作品，联合相关部门和媒体开展“公益微电影”创意大赛，研发青年志愿者专属客户端。

4. 建立专家队伍，开展理论研究。争取社会各界支持，初步建立一支专家队伍。面向社会公开发布志愿服务方面的研究课题，有针对性地开展理论研究，加强理论成果的转化应用。

五、健全青年志愿者行动发展机制

1. 完善保险激励机制。积极争取有关部门支持，与专业机构合作，共同开发注册志愿者专项保险。统一志愿服务时间计量标准和认证办法，推广志愿服务时间计量制度，完善志愿服务星级认证制度，加大评选表彰力度，并以此为基础建立起内容丰富、形式多样、针对性强的志愿者激励机制。

2. 完善管理机制。推广中国建设银行“积分圆梦·微公益”平台与“七彩小屋——关爱农民工子女志愿服务行动”合作经验，争取更多金融机构参与支持青年志愿者行动。加强与有关部门沟通，积极参与政府购买公共服务并探索建立工作机制。启动中国青年志愿服务基金会的筹备工作。鼓励、支持各地结合实际，不断探索、完善志愿服务的各项工作机制，将志愿服务纳入团内外有关评选表彰的考评体系。

3. 建立志愿者队伍与社会工作专业人才联动机制。积极争取有关方面支持，在各级青年志愿者协会中设立社会工作岗位，建立青年志愿者和青少年事务社会工作专业人才相互协作、共同开展服务的机制。争取将青年志愿者纳入社会工作教育培训规划，鼓励符合条件的青年志愿者通过学习、培训、考证等方式进入社会工作岗位。

4. 建立全团青年志愿者工作管理考核制度。研究提出《中国青年志愿者行动发展规划（2014—2018）》任务分解方案，分层分级抓好落实。把全团重点志愿服务项目关爱行动、“阳光行动”等，纳入各级团委领导班子述职、考核范畴。加强各级共青团志愿者工作机构、青年志愿者协会的常态化管理考核。

六、加强志愿服务国际、港澳台交流合作。

共青团中央办公厅关于印发《全团“走进青年、转变作风、改进工作”大宣传大调研活动方案》的通知

2014年7月3日

共青团各省、自治区、直辖市委，解放军总政治部组织部，全国铁道团委，全国民航团委，中直机关团工委，中央国家机关团工委，中央金融团工委，中央企业团工委，新疆生产建设兵团团委：

现将《全团“走进青年、转变作风、改进工作”大宣传大调研活动方案》印发给你们，请遵照执行。

全团“走进青年、转变作风、改进工作”大宣传大调研活动方案

为把全团在第一批党的群众路线教育实践活动中形成的经验做法制度化、常态化，推动形成“全团抓研究”的氛围，深入持久强化团干部作风建设，根据团中央书记处的要求，今年在全团继续开展“走进青年、转变作风、改进工作”大宣传大调研活动，切实做到“机关下基层、调研到支部”。有关安排如下。

一、活动目的

1. 深入学习宣传贯彻习近平总书记关于青年和共青团工作的一系列重要指示精神特别是近期对共青团工作的重要批示精神，面向基层团干部和团员青年宣讲中央精神，进一步统一思想、明确方向、坚定信心。

2. 认真贯彻落实党的群众路线，组织团中央、省级团委、地市级团委机关副处级以上干部深入基层、走进青年，了解基本国情，了解青年诉求，了解基层工作实际，听取各方面对共青团工作的意见建议。

3. 在全团大兴调查研究之风，进一步强化团干部调查研究的能力水平，努力使团的工作部署紧紧围绕党政中心工作，更加贴近实际、贴近青年，切实提高决策的科学化水平。

4. 开展重点工作督导，了解各地团组织落实团十七大以来各项重点工作的基本情况，发掘和梳理好经验、好做法，查找工作中存在的问题和不足，深入分析原因，提出改进措施。

二、调研内容

1. 围绕习近平总书记对共青团工作提出的“提高团的吸引力和凝聚力”、“扩大团的工作有效覆盖面”这两大战略性课题，全面了解全团已经开展的各项重点工作的推进情况、实际效果、存在问题，深入研究进一步深化和改进的方向、举措。

2. 深入研究当代青年成长的新特点和新规律。分领域、分群体了解当代青年的思想意识状况、地域区域流动情况、职业分布及就业状况、具体需求情况，有针对性地提出工作对策建议。

3. 深入了解各地团组织开展团的组织和工作创新的基本情况，总结各地探索形成的党政重视、社会关注、青年欢迎的做法，提炼可供面上推广的经验。

4. 按照《共青团中央机关调查研究工作制度》的要求，结合本年度调研选题，深入基层了解情况、发现问题、提出对策。

三、时间安排

7月25日前，完成调研组的组建和培训。

团中央机关调研组分两批开展调研。第一批：8月4日至8月22日，按调研实施方案分赴各地开展调研；9月5日前，完成调研报告，汇总到办公厅。第一批人员相对集中，各部门除留一名局级干部在机关处理日常工作外，其余局级干部均参加第一批调研。第二批：8月25日至9月12日，按调研实施方案分

赴各地开展调研;9 月 26 日前,完成调研报告,汇总到办公厅。

9 月 30 日前,各省级团委将本级及所属地市级团委开展的调研情况形成综合报告,报团中央办公厅。

四、工作任务

具体包括以下六个方面:

1. 搞一次宣讲。每个调研组都要面向调研点作一次深入的宣讲,宣讲的内容主要包括:习近平总书记在北京大学师生座谈会上的讲话、在北京市海淀区民族小学主持召开座谈会时的讲话、对共青团工作的重要批示精神;团十七大以来全团重点工作取得的新成绩。

2. 办几件实事。深入了解基层团组织在工作开展中遇到的难题,深入了解基层团员青年在工作学习生活中存在的困难,力所能及地帮助协调解决,扎扎实实办几件实事。

3. 参加一次劳动。深入企业、农村、社区等基层单位,与普通青年一起至少参加一次劳动,实地了解青年工作生活情况,增进与基层青年的感情,增加对基层共青团工作环境的感性认知。

4. 交一批朋友。对各领域青年、团干部进行有针对性的一对一交流。每个调研组至少访谈 30 名以上普通青年和 20 名以上基层团干部,争取与 15 名以上普通青年和 10 名以上基层团干部交朋友,要保持经常性的联系和沟通。

5. 结一个对子。每个调研组都要与至少 1 个基层单位(如村、社区、企业、班级等)结成对子,开展实地调查,"解剖麻雀",深入了解青年工作生活状况,了解基层团组织状况和工作开展情况。结合部门工作,保持长期联系。宣传战线要注重深入新媒体领域有代表性的单位,城市战线要注重深入街道、社区,农村战线要注重深入村和专业合作社,学校战线要注重深入大学、中学(考虑到暑假的因素,学校战线可以待开学后再到学校进行调研)。同时,调研组每一个成员都要在"结大对"的基础上,与结对基层团组织的团员青年结成"小对子",交流学习体会、查找自身不足、制定改进措施。

6. 做一次沟通。在调研的基础上,与当地党政领导做一次深入有效的工作沟通,争取他们进一步重视和支持共青团工作。

五、调研要求

1. 认真落实作风要求。严格遵守有关团干部下基层调研的规定,不走形式,不搞排场,扎扎实实地深入基层、走进各类青年之中。调研组一行吃、住、行等所有费用均由派出单位按规定标准承担,不可以增加基层负担。

2. 注重形成声势。各省级团委配备 1 名处级干部,协助团中央调研组开展工作。各省级、地市级团委要参照团中央机关做法,结合自身实际,集中不少于三个星期的时间(原则上 9 月底前完成),围绕工作中面临的突出问题,抽调精干力量开展调查研究,形成全团上下抓调研、走进青年转作风的生动局面。

3. 树立问题意识。要针对当前青年和共青团工作面临的突出问题开展调研,一方面要全面真实地掌握第一手资料,另一方面要探索解决问题的办法措施。每个调研组都要紧扣调研主题,在认真梳理调研中获得的第一手资料的基础上,写一份基础材料扎实、思考研究深入、对策措施可行的调研报告。

4. 掌握方式方法。认真准备,细化调研具体方案,全面掌握调查研究的方法,既要做到工作有计划,又要根据实际及时调整方案。

二、组织

共青团中央办公厅关于印发《关于建立团干部基层联系点制度的意见》的通知

2014年3月10日

共青团各省、自治区、直辖市委，解放军总政治部组织部，全国铁道团委，全国民航团委，中直机关团工委，中央国家机关团工委，中央金融团工委，中央企业团工委，新疆生产建设兵团团委：

《关于建立团干部基层联系点制度的意见》已经团中央书记处同意，现印发你们。请结合实际，严格按照《意见》要求，研究制定实施方案，加强工作统筹协调，切实抓好贯彻落实。

关于建立团干部基层联系点制度的意见

为深入贯彻落实中央关于改进工作作风、密切联系群众的有关规定，按照团十七大、十七届二中全会部署，现就建立团干部基层联系点制度提出如下意见。

一、目的任务

基层联系点工作要以改进作风为主线，以联系和服务团员青年、指导和推动基层工作为重点，以定点轮换、直接联系为主要方式，推动团的各级领导干部深入基层、联系青年常态化，不断强化群众观点和群众路线，使作风转变在基层、本领提高在基层、服务青年在基层、工作落实在基层。

二、范围方式

全团地市以上领导机关副处级（含）以上干部都要建立基层联系点。

联系点原则上为县（区）团委，每个县（区）团委由1名团干部联系，一个联系点的联系时间不得少于1年，可以长期联系。团中央书记处成员联系2个县（区），每年深入每个联系点不少于5天；局、处级干部联系2个县（区），每年深入每个联系点不少于2次，每次不少于5天（以上均不含在途时间）。个别自然条件恶劣、交通不便的地区，经省级团委报团中央组织部同意，可在通过电话、网络、会议等加强联系的基础上，适当减少实地调研指导次数和时间。参加基层联系点工作的干部应合理规划时间，避免实地调研指导过于集中在一段时间内进行。联系点可与典型蹲点调研相结合。

基层联系点工作原则上以省份为单位，由省级团委统筹安排，覆盖本省份所有县级团委。直辖市、副省级城市下辖县（区）团委中的副处级（含）以上干部原则上以所在区域内乡镇街道、企业、高校、社会组织等基层团组织作为联系点；其他省份在联系点已覆盖县（区）团委后，对仍未安排联系点的副处级（含）以上干部，应在考虑联系点干部转岗后人员补充等因素的基础上，根据实际情况选择相应基层团组织作为联系点。团中央干部根据实际需要确定联系点。全团局级干部联系点原则上不安排在同一地市。

三、工作内容

一是调查研究。按照“机关下基层、调研

到支部”的要求，深入联系点所在地的企业、农村、机关事业单位、学校、街道社区、社会组织等基层团组织，认真听取基层团组织和团员青年的意见，了解和掌握当地团员青年基本状况、团的基层组织建设和工作开展情况以及存在的困难和问题。在每个联系点至少要有一次与普通青年同劳动同学习同生活的经历。

二是指导工作。要在联系点开展1—2次党的政策理论和全团重大决策部署宣讲工作，积极推动党建带团建制度的落实，围绕党政中心任务，结合团的实际，与联系点团干部一同研究、推动有关重点工作，向基层团组织介绍工作经验。

三是解决问题。深入了解基层团组织在工作开展中遇到的难题，深入了解基层团员青年在工作学习生活中存在的困难，力所能及地帮助协调解决，扎扎实实办几件实事。

四是优化环境。至少在联系点工作开始和结束时分别与联系点党政主要领导或分管领导进行一次面谈，介绍全团重点工作部署，听取他们对共青团工作的意见建议，就当地团的工作提出具体意见；在政策、资金、工作力量、阵地建设等方面争取支持，特别是要推动县（区）团委书记、副书记配备到位，书记岗位空缺应不超过3个月。

五是交青年友。广泛深入开展与各领域青年谈心活动，每个联系点访谈青年不少于20名；选择3—5名不同领域青少年作为重点联系对象，结成对子，长期联系。

四、制度保障

一是全面联系制度。基层联系点工作要把实地调研指导与长期联系紧密结合，加强日常联络，随时关注联系点情况，并给予指导和支持；要把广泛联系团员青年与结对子紧密结合，真正做青年友，不做青年“官”；要把指导、支持基层团的工作与全面了解当地经济社会发展状况紧密结合，在推动团的工作过程中，拓宽视野，增长才干。

二是工作台账制度。参加联系点的团干部要建立基层联系点工作台账，把当地基本情况、团员和团干部队伍情况、基层团组织情况、存在的困难和问题，以及在基层调研、与青年交流、与青年结对子、推动基层工作、有关思考和建议等内容记录下来，形成工作档案，联系点轮换时移交团县（区）委和接替的同志，并作为对其进行工作检查、考核的重要依据。依托中青网逐步建立基层联系点工作台账交流、检查、共享的网络平台。

三是长期接力制度。依托联系点工作台账，形成有效的工作积累。前任团干部要注重向后任介绍情况、传授经验，后任要注重继承创新，保持工作连续性，并逐步深化工作成效。做好转岗团干部基层联系点的人员衔接，确保工作不断线。

各省级团委要按照本意见抓好省级团委机关和地市级团委副处级（含）以上干部的基层联系点工作，积极为干部下基层创造条件，明确、细化工作任务和要求，研究制定考核评价办法，确保每一名干部把联系点制度要求落到实处。联系点工作期间，要认真贯彻执行中央八项规定和有关纪律要求，按照《党政机关厉行节约反对浪费条例》、国家关于差旅费管理的有关规定及团内有关要求严格执行食宿、差旅费用标准，不允许给基层增加负担。

铁道、民航、中直机关、中央国家机关、中央金融、中央企业等系统团委应将系统内基层团组织作为副处级（含）以上干部基层联系点，参照本意见落实好各项工作要求。

共青团中央关于印发《关于加强基层服务型团组织建设的意见》的通知

2014 年 7 月 11 日

共青团各省、自治区、直辖市委，解放军总政治部组织部，全国铁道团委，全国民航团委，中直机关团工委，中央国家机关团工委，中央金融团工委，中央企业团工委，新疆生产建设兵团团委：

现将《关于加强基层服务型团组织建设的意见》印发给你们，请结合实际，认真贯彻执行，并按照《意见》要求，尽快制定本地区、本系统加强基层服务型团组织建设的意见。

关于加强基层服务型团组织建设的意见

团的基层组织是团的全部工作和战斗力的基础，担负着直接组织青年、引导青年、服务青年、维护青少年合法权益，把党的要求和团的任务落实到团员青年的重要职责。新形势下，基层团组织服务青年、做青年群众工作的任务更加繁重，这对强化基层团组织的服务功能提出了新的要求。为深入贯彻落实党的十八大、十八届三中全会和习近平总书记系列重要讲话精神，根据党中央的要求和《关于加强基层服务型党组织建设的意见》（中办发〔2014〕6 号）的有关部署，现就加强基层服务型团组织建设提出如下意见。

一、基层服务型团组织建设的重要意义和总体要求

（1）建设基层服务型团组织，是建设学习型、服务型、创新型马克思主义青年组织的基础工程，是引领和统揽共青团全部基层建设和基层工作的重要载体，对于密切团组织与团员青年的联系，代表和维护青年利益，提高团的建设科学化水平，更好地履行团的组织职能、实现团的组织使命，都具有十分重要的意义。习近平总书记对共青团提出了“提高团的吸引力和凝聚力”“扩大团的工作有效覆盖面”两大战略性课题。面对新形势新任务，基层团组织要转变工作方式、改进工作作风，把服务作为自觉追求和基本职责，寓教育引导于服务之中，通过服务贴近青年、团结青年、引导青年、赢得青年。各级团组织要充分认识加强基层服务型团组织建设的重要性和紧迫性，把服务作为基层团组织建设的鲜明主题，更好地发挥联系和服务青年坚强堡垒的作用，努力成为广大青年遇到困难时想得起、找得到、靠得住的力量，不断巩固和扩大党执政的青年群众基础。

（2）建设基层服务型团组织，要高举中国特色社会主义伟大旗帜，以邓小平理论、“三个代表”重要思想、科学发展观为指导，以服务青年、做青年群众工作为主要任务，以改革创新为动力，以青年满意为根本标准，围绕中心、服务大局，分类指导、统筹兼顾，大力推进基层团组织增强服务意识、强化服务功能、提高服务能力、完善服务保障，千方百计为青年排忧解难，不断增强党对青年的凝聚力、青年对党的向心力、共青团的影响力，带领广大青年在全面深化改革、加快推进社会主义现代化、实现中华民族伟大复兴中国梦的历史进程中充分发挥生力军作用。

（3）建设基层服务型团组织，要坚持服务大局、服务青年、服务团员、服务基层团干部。服务大局，就是要围绕贯彻落实中央关于全面深化改革的重大决策部署，找准工作的切入点、结合点、着力点，组织和引导广大青年为推动经济社会持续健康发展、全面建成小康社会贡献力量。服务青年，就是围绕当代青年在成

长成才、身心健康、就业创业、社会融入、婚恋交友等方面的困难和问题，为青年提供有针对性的服务，维护青年利益。服务团员，就是要尊重团员主体地位，保障团员民主权利，从思想、工作、生活上关心团员，尤其是帮助生活困难的团员和流动团员解决实际问题，增强团员的归属感、光荣感、责任感，激发团员服务大局、服务青年的内在动力。服务基层团干部，就是团的领导机关要引导广大基层团干部在同青年人打交道、投身基层实践扎扎实实做工作的过程中，充实自己、提高自己，储备知识、砥砺品质、练实本领。

(4)建设基层服务型团组织，要实现“五有”目标：一是有坚强有力的领导班子，建设服务意识强、服务作风好、服务水平高的团组织领导班子；二是有本领过硬的骨干队伍，培养带头服务、能发挥表率作用的团干部、团员、青年志愿者等骨干服务队伍；三是有形式多样的服务载体和平台，打造贴近基层、贴近青年、贴近需求的工作抓手，建设分布合理、功能实用的综合阵地；四是有健全完善的制度机制，形成规范化、常态化、长效化的工作机制；五是有团员青年满意的服务业绩，取得青年欢迎、青年受益、青年认可的实际成效。全团应立足于经过3至5年努力，使基层团组织服务意识明显增强、服务能力明显提高、服务成效明显提升，各领域涌现出一大批符合“五有”目标的基层服务型团组织。

二、基层服务型团组织建设的主要任务

各领域基层团组织要牢牢把握建设基层服务型团组织的总体要求，按照“青年在哪里，团组织就建在哪里；青年有什么需求，团组织就开展有针对性的工作”的原则，全面履行团章赋予的职责，找准开展服务、发挥作用的着力点，不断提升服务水平。

(5)强化服务功能。各领域基层团组织要在深化现有服务品牌和项目的同时，根据改革发展的新要求和团员青年的特点，找准重点方向，拓展服务内容，提高服务的针对性和有效性，推动形成持久有效的社会功能。农村团组织要围绕创业致富、文化生活、关爱留守儿童等搞好服务，以乡镇团委、村团支部和农村合作组织团组织为核心，充分发挥大学生村官、青年致富带头人、返乡创业青年的作用，帮助农村团员青年解决生产、生活、发展中的实际问题，引导他们积极投身社会主义新农村建设。街道、社区团组织要围绕经济社会发展、建设文明和谐社区搞好服务，组织团员到社区报到，通过开展形式多样的文化活动、公益活动、志愿服务活动，为青少年业余生活和社会参与服务。企业团组织要围绕生产经营、学习成才、文化生活、权益维护搞好服务，开展人文关怀和心理疏导，帮助青年职工提高素质和岗位技能，推荐优秀青年进入更重要的生产和工作岗位，为企业发展作贡献。学校团组织要围绕思想引领、学习成才、就业创业、身心健康、困难帮扶搞好服务，通过建立服务组织、活动阵地、学习小组，开展社会实践、科技创新、校园文化、体育锻炼、骨干培训、志愿服务等方式，把解决思想问题与解决实际问题结合起来，促进学生全面发展。机关团组织要围绕服务中心、建设队伍搞好服务，落实团干部直接联系服务团员青年制度，推动机关团干部大兴调查研究之风，坚持走进青年、转变作风、改进工作。事业单位团组织要围绕深化分类改革、促进事业发展搞好服务，激发团员青年和各类青年人才创新创业创优，推动公益服务水平不断提升。青年社会组织团组织要围绕凝聚青年、激发活力、促进发展搞好服务，通过对青年的密切联系和有效服务，激发青年社会组织参与社会治理的正能量。各领域团组织都要把培养中国特色社会主义事业建设者和接班人作为根本任务，有针对性地开展青少年思想引导工作。

(6)健全组织体系。突出重点区域、重点领域、重点行业的团组织建设，实现有形覆盖与有效覆盖、组织覆盖与工作覆盖相统一。在巩固和活跃学校等传统领域团建工作基础上，抓住团建的薄弱环节和覆盖青年的关键点，拓展新兴领域团建，探索和加强非公企业团建、青年社会组织团建、行业团建、驻外团组织建设、农村合作组织团建、互联网团建、校友会团建，大力推进区域化团建，建立与青年流动、分布特点相适应，覆盖广泛、运行有效、充满活力的组织体系，做到凡是有团员青年的地方都有团的组织体系延伸，都有团的服务工作。要把规范基础团务作为团的基层组织建设和基层工作的基础性、经常性工作，科学制定团员发展规划，严格执行团员发展程序，完善和发展团员证制度，加强团籍日常管理，落实“三会两制一课”制度，改进“推优”入党工作。

（7）建设服务队伍。加强基层团干部队伍建设，选优配强基层团组织领导班子，强化教育培训、实践锻炼和作风养成，帮助基层团干部提高履职尽责能力，密切联系青年、真心服务青年。深化高校团干部基层挂职和“西部计划”志愿者、“三支一扶”志愿者兼任基层团干部工作，进一步充实基层干部力量。加强团员队伍建设，做好团员发展和团员管理工作，强化团员先进性教育，教育引导广大团员增强团员意识和服务意识，主动服务大局、服务青年，成为服务骨干。加强基层青少年事务社会工作者队伍建设，构建青少年事务社会工作专业人才培养体系，发展青少年事务社会工作服务机构，建立青少年事务社会工作专业人才与志愿者队伍联动服务机制。大力培养和使用各类青年服务人才，壮大共青团网络宣传员队伍，整合大学生村官力量，积极引导青年志愿者参与，夯实基层服务型团组织建设骨干力量。

（8）打造服务项目。紧密围绕青年新需求，形成和巩固一批贴近青年实际、具有独特和持久社会功能、运行机制相对完善的服务项目。要持续深化服务品牌，围绕服务青年成长成才，深入推进促进青年创业就业、青少年科技创新、大学生社会实践等工作；围绕服务困难青少年群体，深化“希望工程”、青年志愿者助残阳光行动、关爱农民工子女志愿服务行动等项目；围绕服务经济社会发展，深入实施青年文明号创建、农村青年致富带头人培养、大学生志愿服务西部计划等项目。各地区、各系统要根据自身实际，因地制宜谋划和实施各具特色的品牌服务项目。

（9）建设服务平台。新建依托于有形阵地的青少年综合服务平台，巩固和丰富“青年汇”“市民学校”“亲青家园”等已有综合服务平台，拓展和完善12355青少年服务台等专业化平台的服务功能，使各类青少年综合服务平台成为团组织联系青年的重要组织依托、整合社会资源的重要工作载体、开展活动的重要阵地空间，为青少年提供持久、有效、广泛的服务，推动团的组织网络、形象标识、工作力量、服务项目在青少年身边实现有形化、日常化。同时，要以电子团员证系统建设为重点，探索建设共青团网络综合服务平台。

（10）构建服务格局。以团组织为核心，既要“眼睛向内”，注重挖掘、整合和配置好团的内生资源，带动团属社团、企事业单位和青年社会组织共同参与，推动团属阵地率先向团员青年开展免费或优惠服务项目；更要“眼睛向外”，争取和协调面向基层的公共服务、市场服务和社会服务。鼓励团员注册成为青年志愿者，组织引导全体团员积极参与各类志愿服务活动，组织各类青年专业人才和实用人才开展服务，引导青年参与服务、自我服务、互相服务。

三、基层服务型团组织建设的方法举措

基层服务型团组织建设涉及团的工作方方面面、面临的情况千差万别，必须加强统筹协调，积极探索实践，改进方法措施，有重点、有计划、有步骤地推进工作落实。

（11）精心谋划设计。各地区、各系统团的领导机关要就基层服务型团组织建设开展专题调研，结合基层服务型党组织建设的总体要求、全团重点工作安排和本地区、本系统基层团组织的实际情况，研究谋划基层服务型团组织建设的基本思路、总体布局和推进步骤，制定实施意见和工作方案。要立足团的实际，在学习借鉴基层服务型党组织建设经验的基础上，创新工作形式和内容，体现共青团工作特色。要坚持统筹谋划，把基层服务型团组织建设与履行团的基本职能结合起来，与完成团的重点工作任务结合起来，使各项工作衔接紧凑、推进有序。

（12）协调服务政策。各级团的领导机关要加强服务工作的统筹协调，积极争取面向广大团员青年的普惠性服务，不断地积累和固化。不同层级团组织应有计划地分批、分类推出服务青年的政策项目，力争通过一段时期的努力，形成一个内容丰富、便利实用、青年喜爱的服务项目菜单。各级团组织在“两会”和“面对面”活动中应积极提交服务青年的相关建议。

（13）坚持上下联动。整合各方面力量和资源，以上带下，多方配合，多措并举，帮助基层团组织解决困难和问题。强化基层团组织主体地位，坚持问需于青年、问计于青年，主动深入基层、走进青年，了解青年想什么、要什么，真心诚意为青年办实事。推进基层联系点、城乡共建、校企共建等工作，实现不同层级、不同领域团组织优势互补、资源共享。加强对革命老区、民族地区、边疆地区、贫困地区基层团组织建设的支持。

（14）强化示范带动。开展各级优秀服务型团组织创建活动，推动广大基层团组织在建设服务型团组织过程中创先争优，带动一大批优秀基层服务型团组织的涌现。团员要通过参与志愿服务等方式发挥示范带动作用，基层团组织要组建志愿服务队伍，带动广大青年积极服务大局、服务社会。要及时总结推广基层在实践中创造的好经验、好做法。

四、组织领导

加强基层服务型团组织建设是各级团组织的重要责任。各级团的领导机关要按照党建带团建的要求，积极争取将基层服务型团组织建设纳入基层服务型党组织建设工作格局，加强系统指导，激发基层团组织内生动力，形成推进基层服务型团组织建设的整体合力。

（15）强化领导责任。团中央成立全团基层服务型团组织建设工作领导小组，负责工作的总体规划、整体推进和督促指导。领导小组办公室设在团中央组织部，相关战线具体负责本战线服务职能的推动落实和督促指导。各地区、各系统也要明确相应主责部门，建立主责部门牵头、各战线分工负责、基层团组织全面参与的工作机制。

（16）加强指导考核。各级团的领导机关要加强指导和协调。加大督促检查和跟踪落实力度，建立基层服务型团组织考核制度，将基层服务型团组织建设纳入基层服务型党组织考核内容。建立并落实各级团组织书记基层团建工作述职评议考核制度，每年组织开展一次专项述职和评议考核，把基层服务型团组织建设作为主要内容。

（17）关心支持基层。要坚持把工作资源向基层倾斜、工作力量向基层集中、工作载体向基层转移，帮助基层团组织提高服务能力。建立稳定的经费保障制度，全面落实乡镇街道每年2万元共青团工作经费纳入财政预算的制度性安排，支持基层团组织综合服务平台建设，为基层团组织开展工作创造良好条件。

共青团中央关于
全面推进青少年综合服务平台建设的通知

2014年10月22日

共青团各省、自治区、直辖市委，全国铁道团委，全国民航团委，中直机关团工委，中央国家机关团工委，中央金融团工委，中央企业团工委，新疆生产建设兵团团委：

按照中央要求和团十七届二中全会有关部署，团中央办公厅今年6月下发了《共青团中央办公厅关于支持各地加强青少年综合服务平台建设的通知》(中青办发〔2014〕36号)，支持在全国范围建设一批青少年综合服务平台。根据各地工作进展情况和服务平台建设需求，为扎实推进基层服务型团组织建设，加快推动团的组织网络、工作力量、服务项目在青少年身边实现有形化、日常化，团中央决定在全团全面推进青少年综合服务平台建设。现将有关事项通知如下。

一、推进青少年综合服务平台建设的任务要求

青少年综合服务平台是共青团组织使用管理的公益性、综合性服务场所，是一定区域内团组织联系青少年和开展活动的依托、整合各类资源的载体、开展服务青少年工作的阵地、共青团服务社会和青少年参与社会实践的平台。

1. 目标任务。一是新建一批：充分利用党政、社会和市场资源，开发、新建一大批青少年综合服务平台；二是转型一批：拓展已有专业化平台(如七彩小屋、12355综合服务平台等)的服务功能，丰富服务内容，转型为青少年综合服务平台；三是开放一批：团的领导机关、基层团组织、团属单位积极创造条件开辟场所向青少年开放，建设成为青少年综合服务平台。此外，各地可根据实际情况采取灵活多样的形式建设青少年综合服务平台，把城市街道(社区)、县城、乡镇作为重点建设区域。到2017年底，全国所有城市街道和东部地区80%、中部地区60%、西部地区50%的乡镇都要依托团组织建成1个以上青少年综合服务平台，建设目标由省级团委统筹掌握。全国铁道、全国民航、中央金融、中央企业等系统团组织要发挥窗口单位多、社会辐射面广的优势，建设一大批青少年综合服务平台。

2. 建设标准。一要有固定场所和必要设施。场所应位于青少年相对集中、交通便利、具有一定辐射面的地区，具有提供服务所需的足够面积，配备必要的服务设备。团组织应能够对场所进行长期有效的使用和管理。二要有统一风格标识。各省份应统一设计服务平台的整体风格和服务主题，体现共青团特色，突出实用和时尚元素，打造主题鲜明、青少年喜欢的公共活动空间。服务平台应悬挂团徽和由区县团委颁发的“青少年综合服务平台”牌匾(附件1)。三要有特色服务项目。针对本地青少年需求，设计开展各具特色的服务项目和活动，提高开展项目和活动的频度以及青少年的参与度，增强服务平台对青少年的吸引力。四要有骨干服务队伍。每个服务平台应配备1名以上的专职工作人员或者以服务平台工作为主的兼职工作人员，具备条件的地区可通过政府购买社会服务的方式配备专业工作力量。整合专兼职团干部、志愿者、大学生村官等力量，强化服务平台工作力量。五要有统一名称。所有青少年服务平台均纳入“青少年综合服务平台”项目品牌，统一悬挂“青少年综合服务平台”牌匾。已开展青少年服务平台或阵地建设的地区，可同时沿用青年中心、社区青年汇、市民学校、亲青家园等名称，未开展相关工作的地区新建青少年综合服务平台统一以“青少年之家”命名。

3. 工作机制。一要建立平台运行机制，按照“平台＋队伍＋组织＋项目”的模式，在建好平台和队伍基础上，注重发挥平台的枢纽功能，将其打造成团组织联系、服务、引导青年社会组织的载体，激发青年社会组织联系青年、服务社会的作用。团组织要在平台运行中发挥主导作用。二要建立资源保障机制。各级团的领导机关要通过争取党政配套资金、形成长期财政支持、整合社会和市场资源等方式为平台提供必要的政策保障和经费支持。三要建立区域化工作机制。服务平台建设要与区域化团建工作统筹谋划、协调推进。一方面，整合区域内资源为服务平台建设提供支持保障，区域内学校、企业、机关事业单位、社会组织等要积极参与服务平台的建设、使用和管理；另一方面，服务平台要成为区域化团建的重要工作依托，为区域内团组织开展工作和活动提供稳固阵地。

二、开展示范性青少年综合服务平台创建活动

为推动青少年综合服务平台建设的标准化、规范化、实用性和可持续发展，2015 年起，在全团开展示范性青少年综合服务平台创建活动，通过示范创建选树典型，带动服务平台的整体建设和发展。

1. 创建任务。示范性青少年综合服务平台分为国家级、省级和地市级三级，分别由团中央、省级团委和地市级团委认定。每年建设 100 个左右全国示范性服务平台、1000 个左右省级示范性服务平台，地市级示范性服务平台建设数量由省级团委与地市级团委协商确定。到 2017 年底，实现全国每个区县都有省级以上示范性青少年综合服务平台。所有青少年综合服务平台都应积极参与创建活动。

2. 创建方式。创建活动采取广泛参与、逐级创建、择优认定的方式。全国示范性服务平台由省级示范性服务平台提出创建申请，团中央组织部根据有关规定对申报的服务平台进行综合评价，对经认定的全国示范性青少年综合服务平台授予牌匾（附件 1），牌匾应悬挂于平台显著位置。按照谁授牌谁管理的办法，认定单位每年负责对所认定的示范性服务平台开展服务效果评估，对达不到要求的服务平台限期整改，到期整改仍不合格的予以摘牌。

团中央将制定全国示范性青少年综合服务平台创建办法，各省级团委根据办法，结合实际情况，制定本地区本系统创建活动的具体办法。

三、经费支持

团中央决定将每年 1100 万的“共青团基层组织建设和基层工作项目经费”专项用于支持各地青少年综合服务平台建设。各省级团委要加强对支持经费的监管，按照《共青团中央办公厅关于支持各地加强青少年综合服务平台建设经费使用管理办法（试行）》（附件 2）的要求，建立有效的监督机制，防止支持经费被挪作他用。各省级团委要参照团中央做法，安排专项经费用于支持青少年综合服务平台建设。

团中央根据各省、自治区、直辖市团委和新疆生产建设兵团团委上报的 2014 年团中央支持建设青少年综合服务平台候选单位名单，综合考虑候选单位的基本条件和地域分布，经研究差额确定 231 个支持对象（附件 3）。团中央为每个支持单位提供 10 万元经费（上海市、广东省所属每个支持单位为 5 万元）。

四、工作推进

1. 加强领导，做好规划。各级团的领导

机关要把青少年综合服务平台建设作为加强基层服务型团组织建设的重要举措,在深入调研基础上,摸清需求和目前各类青少年服务平台建设情况,根据所在地团组织建设情况和服务平台建设条件,制定到2017年本地区、本系统、本单位青少年综合服务平台建设规划、年度工作计划和示范性青少年综合服务平台创建活动方案。省级团委要在2014年12月1日前将工作规划、年度工作计划报团中央组织部。

2. 因地制宜,分类实施。各级团的领导机关要根据不同地方基础条件和实际需求确定推进步骤,可先在条件较好、青年集中的中心城区率先推进服务平台建设,然后逐步扩大建设范围。各系统团委要主动开辟场所、提供资源,与属地团组织共同建设一批高质量的服务平台。省级团委要切实发挥统筹作用,把全团工作任务部署与所属地区和单位实际情况结合好,因地制宜推进工作。

3. 分段推进,确保实效。2014年年底前,通过新建和推动已有平台转型方式,集中建设一批高质量的青少年综合服务平台。从2015年开始,全面推动青少年综合服务平台建设,各省(自治区、直辖市)应分别于2015年、2016年、2017年年底前完成建设目标的40%、70%和100%。要把服务效果作为检验青少年综合服务平台建设的根本标准,作为示范性青少年综合服务平台评定的主要依据。

4. 系统指导,加强督导。区县团委在推进青少年综合服务平台建设中负有主体责任,上级团组织要加强指导,给予支持,充分调动区县团委的积极性、主动性和创造性。按照属地原则,鼓励和推动驻区单位团组织积极参与地方青少年综合服务平台共建,以示范性青少年综合服务平台创建为牵动,加强服务平台活力建设,把青少年综合服务平台建设成效作为各级团组织推进基层服务型团组织建设工作的重要考核内容。

附件1

“青少年综合服务平台”牌匾样式“示范性青少年综合服务平台”牌匾样式(略)

附件2

共青团中央办公厅关于支持各地加强青少年综合服务平台建设经费使用管理办法(试行)

第一章 总则

第一条 为规范青少年综合服务平台使用、管理团中央支持各地加强青少年综合服务平台建设经费(以下简称“支持经费”)的行为,确保资金安全、有效使用,特制定本办法。

第二条 本办法(试行)适用于得到团中央专项资金支持的青少年综合服务平台。

第二章 经费使用范围

第三条 支持经费主要用于基层服务型团组织建设过程中青少年综合服务平台开展服务项目产生的费用。包括:

(一)制作平台统一标识的费用。

(二)购买团旗、团徽,订阅团报、团刊等团务用品的费用。

(三)购置基本服务设施的费用(根据需要,可购置1台台式电脑、1台电视机、1套音响设备,总价不超过2万元。)

(四)开展青年就业创业培训工作中发生的聘请专家、技能培训、职业规划、就业信息发布、就业岗位对接、指导申请小额贷款的费用。

(五)开展对闲散青少年、有不良行为或严重不良行为的青少年、流浪乞讨未成年人、服刑在教人员未成年子女、农村留守儿童等五类重点青少年群体关爱帮扶活动的费用。

(六)支持青年社会组织开展服务项目的费用。

(七)开展读书交流、文化讲座、文艺沙龙的费用。

(八)开展志愿者注册、微心愿对接、少年

儿童课后托管和辅导的费用。

(九)开展法律服务、心理疏导、12355专业咨询的费用。

(十)培训基层团干部、网络宣传员、社会工作者、大学生村官的费用。

(十一)参与项目和活动的无固定收入的农民、学生以及困难青少年群体在服务项目和活动开展期间的食宿、交通费用。

第四条　支持经费不得用于平台的公用经费、人员经费及其他业务支出(如房屋装修改造、工作人员补贴、招待费等其他用途)。

第三章　经费管理

第五条　团中央将支持经费拨付到各省级团委,各省级团委在收到支持经费的15个工作日内将经费拨付至平台。平台没有银行账户的,拨付至对其进行管理的地市级或县级团委账户。以上团组织不得滞留、截留、挪用支持经费。

第六条　对平台进行管理的地市级或县级团委要本着节约、高效的原则,严格管理支持经费的使用。要负责对支持经费的使用进行审批,属于项目或活动支出的,平台需提供项目或活动实施方案。

第七条　每笔支出必须有负责人和经办人两人签字,在发票或领款单上注明资金用途。

第八条　对应当实行政府采购或需要签约的项目,按照国家有关政府采购制度和有关规定执行。

第九条　用支持经费购置的固定资产属于国有资产,必须纳入活动场所管理单位的资产管理范围并做好资产帐务与实物的管理工作。固定资产登记表和发票复印件由各省级团委汇总后报团中央备查。

第十条　支持经费分3年使用(从获得支持经费的时间开始计算,12个月为一年),第一年使用不超过50%,第二年累计使用不超过80%,第三年使用完毕。未使用部分作为结余资金退回团中央。

第十一条　获得经费支持的平台一经批准,不得自行调整。执行中确需变更、终止的,须报团中央组织部同意后实施。

第四章　监督和检查

第十二条　省级团委须每年对平台支持经费的使用情况进行全面检查和绩效考核,团中央进行抽查。支持经费使用结束当年12月31日前,省级团委将支持经费使用和绩效考核结果报团中央组织部。

第十三条　团中央将对各平台支持经费的使用和绩效考核情况进行抽查,对违反支持经费使用和管理办法的省份,按照有关规定进行处理及通报,并核减下一年度支持单位分配名额。

本办法自通知下发之日起试行,由团中央组织部负责对本办法进行解释。

附件3

共青团中央2014年支持建设的青少年综合服务平台名单

北京市

北京市朝阳区十八里店地区老君堂新居民之家·社区青年汇

北京市昌平区回龙观中心·社区青年汇

北京市海淀区肖家河畔·社区青年汇

北京市通州区玉桥街道新通国际·社区青年汇

北京市密云经济开发区·社区青年汇

天津市

天津市西青区凌奥青年家园

天津市津南区双港镇青少年家园

天津市北辰区12355青少年综合服务平台

河北省

河北省石家庄市桥东区青少年服务中心

河北省徐水县青少年活动中心

河北省涉县青少年之家

河北省宁晋县麦微青年服务体验营

河北省张家口市高新区富强路社区青年汇
河北省滦平县青少年综合服务平台
河北省衡水市桃城区青少年发展中心

山西省

山西省太原市12355青少年公共服务平台
山西省灵丘县青少年活动综合服务中心
山西省五台县青少年事务综合服务中心
山西省太原市杏花岭区青年之家
山西省吕梁市离石区青少年综合服务平台

内蒙古自治区

内蒙古自治区科右前旗青少年之家
内蒙古自治区赤峰市红山区青年创业就业孵化中心
内蒙古自治区科左后旗双合尔团青俱乐部
内蒙古自治区乌兰察布市集宁区泉山街道青少年综合服务平台
内蒙古自治区巴彦淖尔市临河区中小企业创业园青年综合服务平台
内蒙古自治区额济纳旗青少年活动中心
内蒙古自治区固阳县青少年综合服务平台

辽宁省

辽宁省灯塔市青少年综合服务平台
辽宁省大洼县青少年综合服务平台
辽宁省沈阳市皇姑区青年服务中心
辽宁省抚顺市望花区青少年服务中心
辽宁省本溪市高新技术开发区青少年活动中心
辽宁省朝阳市龙城区新华街道青少年活动中心

吉林省

吉林省长白县青少年综合服务平台
吉林省辽源市西安区艺翔青年汇
吉林省榆树市青少年宫
吉林省四平市铁东区流动团员青年综合管理服务平台
吉林省安图县青少年之家

黑龙江省

黑龙江省哈尔滨市平房区共青团青少年综合服务站
黑龙江省哈尔滨市松北区共青团青少年综合服务站
黑龙江省齐齐哈尔市龙沙区共青团青少年综合服务站
黑龙江省共青农场共青团青少年综合服务站
黑龙江省穆棱市共青团青少年综合服务站
黑龙江省大庆市让胡路区共青团青少年综合服务站
黑龙江省望奎县共青团青少年综合服务站
黑龙江省佳木斯市郊区共青团青少年综合服务站

上海市

上海市闸北区青年中心
上海市闵行区青年中心
上海市青浦区青年中心
上海市松江区青年中心
上海市普陀区石泉社区青年中心
上海市长宁区繁花之上都市青年中心
上海市黄浦区打浦桥社区青年中心
上海市嘉定区丽景居民区青年中心

江苏省

江苏省南京市秦淮区青少年综合服务中心
江苏省常州市武进区凤凰谷青少年服务中心
江苏省苏州市相城区澄光青少年事务中心
江苏省淮安市清河区青年社会组织综合服务中心
江苏省盐城市亭湖区青少年活动中心
江苏省泰州市姜堰区青少年服务中心
江苏省无锡市滨湖区青少年服务中心

浙江省

浙江省杭州市12355青少年服务台
浙江省温岭市青年服务中心
浙江省宁波市镇海区富尔顿青少年综合服务中心
浙江省平湖市青少年综合服务中心
浙江省丽水市莲都区青少年综合服务中心
浙江省德清县青年汇

安徽省

安徽省铜陵市狮子山区青少年综合服务平台

安徽省萧县青少年宫

安徽省黟县青少年活动中心

安徽省怀宁县青少年活动中心

安徽省马鞍山市花山区金家庄街道青少年社会组织孵化中心

安徽省阜阳市颍东区河东街道訾营社区青年驿站

安徽省合肥市包河区滨湖明珠社区青少年综合服务平台

福建省

福建省漳浦县青少年综合服务平台

福建省永泰县青少年综合服务平台

福建省长汀县青少年服务中心

福建省泰宁县青少年综合服务中心

福建省武夷山市青少年综合服务平台

福建省宁德市蕉城区青少年校外活动中心

江西省

江西省新干县青年空间

江西省瑞金市青年空间

江西省井冈山市青年空间

江西省吉安县青年空间

江西省共青城市全国青年创业基地青年空间

江西省南昌市青山湖区 699 青年空间

山东省

山东省济南市槐荫区西街工坊青少年综合服务平台

山东省青岛市崂山区麦岛社区青少年服务中心

山东省淄博市张店区青少年综合服务中心

山东省东营市东营区文汇街道青华社区青少年服务中心

山东省潍坊市奎文区青少年启航驿站

山东省日照市岚山区青少年综合服务平台

山东省邹平县青少年综合服务中心

河南省

河南省原阳县青年创业服务中心

河南省郑州市郑东新区商务西街青年家园

河南省光山县新豫青少年综合服务中心

河南省漯河市郾城区心灵家园

河南省确山县青少年综合服务大厅

河南省濮阳市华龙区社区青年汇

河南省南阳驻郑团工委青年服务大厅

河南省汤阴县青少年服务中心

湖北省

湖北省红安县青少年活动中心

湖北省孝感市孝南区青少年之家

湖北省鄂州市葛店经济技术开发区青年服务中心

湖北省武汉市江汉区友谊青少年空间

湖北省武汉市青山区虹港青少年空间

湖北省宜昌市猇亭区青少年活动中心

湖南省

湖南省凤凰县青少年综合服务中心

湖南省张家界市武陵源区青少年服务中心

湖南省益阳市城区青年社会组织服务中心

湖南省邵阳市双清区青年中心

湖南省炎陵县青少年活动中心

湖南省衡阳市石鼓区石鼓亲青家园

广东省

广东省广州市越秀区青年创益工场

广东省广州市天河区青年地带棠下街社区服务站

广东省深圳市福田区华富街道青少年综合服务中心

广东省佛山市顺德区大良街道青年中心

广东省东莞市莞香花青少年服务中心

广东省中山市东区青年综合服务中心

广东省茂名市茂南区青少年综合服务中心

广东省梅州市青少年综合服务中心

广东省揭阳市榕城区东升街道社区亲青家园

广东省佛山市青少年 12355 综合服务平台

广东省惠州市惠城区中信青年汇

广东省湛江市 12355 青少年综合服务平台

广东省汕头市 12355 青少年综合服务平台

广东省河源市青年一家

广西壮族自治区

广西壮族自治区柳州市鱼峰区“雷锋超市”志愿服务站

广西壮族自治区南宁市江南区菠萝岭社区青少年综合服务站

广西壮族自治区三江县青少年忆苦思甜教育基地

广西壮族自治区苍梧县青友家

广西壮族自治区临桂县青少年活动中心

广西壮族自治区贺州市八步区青少年学生校外活动中心

广西壮族自治区平南县青少年家友站

海南省

海南省海口市琼山区青少年宫

海南省文昌市青年志愿服务站

海南省陵水黎族自治县青少年宫

重庆市

重庆市渝中区上清寺街道嘉陵桥西村社区市民学校

重庆市九龙坡区中梁山街道华龙家园社区市民学校

重庆市巴南区跳石镇青少年综合服务平台

重庆市潼南县寿桥镇染房村市民学校

重庆市丰都县青少年宫市民学校

四川省

四川省12355青少年服务台成都中心

四川省成都市成华区保和街道和美社区青年中心

四川省自贡市大安区盐义仓社区青少年综合服务平台

四川省攀枝花市12355青少年心理驿站

四川省泸州市江阳区青少年综合服务中心

四川省内江市东兴区青少年综合服务中心

四川省乐至县“蜀乐·青年汇”青少年综合服务平台

四川省江油市54℃空间

四川省大竹县青少年综合服务平台

贵州省

贵州省毕节市七星关区青少年综合服务平台

贵州省铜仁市12355青少年综合服务台

贵州省贵阳市白云区白沙关社区青少年综合服务平台

贵州省安顺市西秀区青年中心

贵州省赤水市大同古镇微笑小屋

贵州省凯里市青少年综合服务平台

云南省

云南省昆明市盘龙区“青乐汇”青少年综合服务中心

云南省宣威市青少年宫

云南省祥云县青少年综合服务平台

云南省景洪市青少年校外活动中心

云南省贡山独龙族怒族自治县青少年综合服务平台

云南省蒙自市青少年综合服务中心

云南省香格里拉县青少年文化活动中心

西藏自治区

西藏自治区拉萨市城关区青少年服务中心

西藏自治区工布江达县青少年综合服务中心

西藏自治区日喀则市青年汇

西藏自治区错那县青少年活动中心

西藏自治区昌都地区青少年活动中心

西藏自治区那曲地区青少年服务中心

西藏自治区噶尔县青春驿站

西藏自治区墨竹工卡县青少年活动中心

西藏自治区南木林县青少年综合服务平台

陕西省

陕西省西安市碑林区青春驿站

陕西省宝鸡市渭滨区青年中心

陕西省咸阳市秦都区青年社会组织培育发展中心

陕西省铜川市耀州区青少年综合服务中心

陕西省渭南市临渭区青少年综合服务平台

陕西省吴起县青春驿站

陕西省靖边县青年服务中心

陕西省汉中市汉台区青少年综合服务中心

甘肃省

甘肃省高台县青年中心综合服务平台

甘肃省华池县南梁青少年活动中心综合服务平台

甘肃省武威市凉州区青少年综合服务中心

甘肃省夏河县青少年综合服务活动室

甘肃省平凉市崆峒区青少年活动中心综合服务平台

甘肃省天水市麦积区青少年综合服务平台

甘肃省会宁县青少年综合服务平台

青海省

青海省海东市乐都区青少年综合服务平台

青海省平安县青少年综合服务平台

青海省互助土族自治县青少年综合服务平台

青海省湟中县青少年综合服务平台

青海省西宁市城东区青少年综合服务平台

青海省贵德县青少年综合服务平台

宁夏回族自治区

宁夏回族自治区银川市西夏区青年社会组织培育发展中心

宁夏回族自治区石嘴山市大武口区青少年综合服务中心

宁夏回族自治区盐池县青少年综合服务平台

宁夏回族自治区青铜峡市青少年综合服务平台

新疆维吾尔自治区

新疆维吾尔自治区奎屯市青少年活动中心

新疆维吾尔自治区塔城市青少年综合服务平台

新疆维吾尔自治区哈巴河县青少年综合服务平台

新疆维吾尔自治区克拉玛依市青年宫

新疆维吾尔自治区博乐市青少年活动服务平台

新疆维吾尔自治区昌吉回族自治州青少年综合服务平台

新疆维吾尔自治区奇台县青少年综合服务平台

新疆维吾尔自治区乌鲁木齐市天山区青少年综合服务平台

新疆维吾尔自治区乌鲁木齐县青少年综合服务平台

新疆维吾尔自治区乌鲁木齐市高新技术产业开发区青少年校外活动中心

新疆维吾尔自治区哈密市青少年综合服务平台

新疆维吾尔自治区吐鲁番市青少年活动中心

新疆维吾尔自治区且末县青少年综合服务平台

新疆维吾尔自治区阿克苏市青少年活动服务中心

新疆维吾尔自治区沙雅县托依堡勒迪镇青少年综合服务平台

新疆维吾尔自治区拜城县拜城镇青少年活动服务中心

新疆维吾尔自治区阿图什市青少年服务中心

新疆维吾尔自治区阿合奇县青情家园

新疆维吾尔自治区和田市青少年综合服务平台

新疆维吾尔自治区和田县青少年活动中心

新疆维吾尔自治区皮山县青少年活动服务中心

新疆维吾尔自治区策勒县青少年活动中心

新疆维吾尔自治区伽师县青少年活动中心

新疆维吾尔自治区巴楚县青少年活动中心

新疆维吾尔自治区莎车县青少年活动中心

新疆维吾尔自治区泽普县青少年综合服务活动中心

新疆生产建设兵团

新疆生产建设兵团八师石总场北泉镇龙福泉社区青年之家

新疆生产建设兵团七师一二四团政通里社区青年之家

新疆生产建设兵团十三师火箭农场友好社区青年之家

新疆生产建设兵团六师五家渠市军垦路街道

向阳路社区青年之家

新疆生产建设兵团八师石河子市向阳街道三十一社区青年之家

新疆生产建设兵团二师二十二团青年之家

新疆生产建设兵团四师七十三团金琪珊社区青年之家

共青团中央关于印发《关于推动团员成为注册志愿者的意见》的通知

2014 年 12 月 31 日

共青团各省、自治区、直辖市委，解放军总政治部组织部，全国铁道团委，全国民航团委，中直机关团工委，中央国家机关团工委，中央金融团工委，中央企业团工委，新疆生产建设兵团团委：

经共青团中央书记处同意，现将《关于推动团员成为注册志愿者的意见》印发给你们，请结合实际，认真贯彻执行。整体工作计划和 2015 年工作方案请于 2015 年 3 月 2 日前报送至团中央组织部。

关于推动团员成为注册志愿者的意见

为落实《关于加强基层服务型团组织建设的意见》要求，加强团员意识培育，建设服务大局、服务青年的骨干队伍，深化中国青年志愿者行动，共青团中央决定，在全团开展推动团员成为注册志愿者工作。现提出如下意见。

一、充分认识推动团员成为注册志愿者的重要意义

1. 加强基层服务型团组织建设的迫切需要。根据建设学习型、服务型、创新型马克思主义青年组织的要求，共青团中央作出建设基层服务型团组织的重要部署。团员是团的肌体的细胞，既是团组织的服务对象，更是团组织的工作力量；既面临作为青年个体共有的成长发展需求，更担负作为组织成员在社会生活中发挥模范作用的责任。当前，团员意识淡化已经成为团员队伍建设面临的最突出问题，直接影响着团组织的吸引力、影响力和战斗力。推动团员成为注册志愿者，能够促进团员权利和义务的有机结合，强化团员对团组织和社会的责任，对于增强团员意识，培养青年骨干队伍，更好发挥团员在青年中的模范作用，进而推进基层服务型团组织建设，具有重要现实意义。

2. 培育和践行社会主义核心价值观的重要载体。团员是青年中的先进分子，应该成为践行社会主义核心价值观的表率。青年志愿者行动是共青团倡导和发起的引导广大青年服务奉献社会的品牌工作，价值引领性强、社会认可度高、青年参与面广、组织基础健全，在青年中具有强大动员力，在全社会具有广泛影响力。注册志愿者作为青年志愿者行动的骨干力量，在广大青年中发挥着引领示范作用。推动团员成为注册志愿者，组织化动员广大团员参与志愿服务，既有利于调动团员参与志愿服务的热情、畅通参与渠道，又能够发挥团员示范带动作用，带动更多普通青年和社会公众参与志愿服务，从而把在广大青年中培育和践行社会主义核心价值观的要求落细、落小、落实。

3. 促进志愿服务事业科学发展的内在要求。经过 20 余年的发展，志愿服务事业在我国取得了巨大进步,“奉献、友爱、互助、进步”的志愿精神已经成为当代青年普遍认可和追求的价值取向。推动团员成为注册志愿者,对于引导和鼓励青年参与志愿服务,完善注册制度,拓展服务领域,健全组织网络,完善政策措施,加强机制建设,壮大志愿者队伍,进一步深化中国青年志愿者行动,具有重要意义。

二、注重实效、健全机制,积极推动团员成为注册志愿者

1. 加强教育,积极发动。“努力完成团组织交给的任务,在学习、劳动、工作及其他社会活动中起模范作用”“热心帮助青年进步”是团章规定团员必须履行的基本义务。参与志愿服务是体现团员先进性的具体表现,组织团员积极参加志愿服务应该成为团组织的一项经常性工作。各级团组织要坚持组织化推动与激发团员内在动力相结合,在入团积极分子和团员中做好志愿服务宣传、意识培养和教育培训工作,把志愿服务作为入团教育和团员日常教育的重要内容,把参与志愿服务作为团的组织生活的重要内容,引导入团积极分子和团员逐步认同志愿服务理念,积极参与志愿服务实践。在广大团员中大力开展团员意识和先进性教育,重点教育团员深刻认识和自觉履行作为团员的责任和义务,增强责任感和使命感。及时宣传团员注册志愿者工作的成效和经验,注重选树典型,强化引领作用。

2. 规范注册,壮大队伍。要按照共青团中央、中国青年志愿者协会于2013年修订的《中国注册志愿者管理办法》的有关要求,积极推动团员成为注册志愿者。各级团组织要采取有效措施,拓宽团员成为注册志愿者的渠道,推动志愿者注册工作的便利化、信息化。专兼职团干部要率先注册,国有企业、机关事业单位、高校等团组织要先行一步,组织推动所在单位全体团员注册成为志愿者。入团前,要将是否是注册志愿者、是否参加过一定时间的志愿服务活动作为考察内容;入团时,要积极同步推动新团员同时成为注册志愿者。在开展“推优”入党工作时,要将是否在注册志愿者中发挥骨干作用作为考察内容。

3. 开展服务,发挥作用。推动团员成为注册志愿者,关键要发挥团员在注册志愿者中的骨干作用。坚持以需求导向,设计组织好志愿服务内容,努力为注册志愿者提供丰富的志愿服务项目和载体,鼓励注册志愿者采取灵活方式开展志愿服务。组织动员团员围绕重点领域和项目开展志愿服务:一是参与扶贫济困、助老助残、社区服务、生态建设、大型活动、抢险救灾、网络文明、社会管理、文化建设、西部开发、海外服务等领域志愿服务;二是参加青年网络文明志愿行动,将团员的先进性和担当精神延伸到网络空间,在互联网上积极发声,用文明语言和理性态度宣传正面思想、驳斥错误言论,带头发出好声音,主动弘扬正能量,增强网络文明素养,在构建清朗网络空间中发挥生力军作用;三是参加中国青年志愿者助残“阳光行动”、共青团关爱农民工子女志愿服务行动、大学生志愿服务西部计划等全团志愿服务重点项目。根据就近就便原则,引导团员从身边做起、从小事做起,将志愿服务融入日常生活,灵活多样地开展志愿服务;倡导未满十八周岁团员立足居住社区、校园以及校园所在社区等随时随地随手参与志愿服务。倡导和支持团员发挥模范和骨干作用,以多种形式带动更多青年奉献社会,服务他人,共同进步。

4. 建立机制,提供保障。要把团员成为注册志愿者情况纳入基础团务工作内容,列入团务工作统计和相关考核。规范团员成为注册志愿者的工作机制,完善认证、培训、考核、激励和保障机制。加强志愿服务项目和载体的建设,加强与街道社区、学校、企事业单位、社会组织的联系对接,发挥好青少年综合服务平台的作用,完善供需对接机制。加强对注册成为志愿者的团员进行志愿服务理念、技能等方面的培训，不断提高服务能力。全面推广注册志愿者星级认证制度，将志愿服务经历作为开展团内评选表彰和选拔志愿服务重点项目志愿者的重要条件。建立健全团员参与志愿服务的档案管理、权益保障、服务时间认定等机制。有条件的团组织要为注册志愿者提供人身意外伤害等相应保险。

5. 健全组织，加强管理。各级团组织要以推动团员成为注册志愿者工作为契机，切实加强志愿服务组织体系建设，健全各级志愿者协会，鼓励以团支部为单位成立志愿服务队，高校要普遍建立青年志愿者协会，中学要成立服务总队，广泛推动网络文明志愿者队伍建设，逐步实现县有协会、基层建队。要按照《中国注册志愿者管理办法》，结合各地实际情况，加强对注册工作和志愿服务活动的管理。

三、加强对推动团员成为注册志愿者工作的组织领导

各级团组织要把推动团员成为注册志愿者作为团的基层组织建设的一项重要基础性工作，提高思想认识，加强组织领导，明确工作职责，抓好工作落实。要向党政领导进行汇报，主动加强与文明办、教育、民政等部门沟通协调，争取政策支持和经费保障。力争2015年、2016年、2017年逐步实现全国40%、70%、90%以上的团员通过各种途径成为注册志愿者。各级团组织要迅速启动推动团员成为注册志愿者工作，根据总体目标明确工作任务，制定工作计划。省级团委要做好本地区、本系统内的统筹、组织和协调工作。

三、宣传

共青团中央办公厅关于进一步加强共青团网络宣传工作的通知

2014年3月5日

共青团各省、自治区、直辖市委，解放军总政治部组织部，全国铁道团委，全国民航团委，中直机关团工委，中央国家机关团工委，中央金融团工委，中央企业团工委，新疆生产建设兵团团委：

当前，网络新媒体日益成为青少年重要的生活方式和成长环境，青少年也是互联网信息的重要生产者和传播者。在互联网上大力倡导社会主义核心价值观、弘扬网络主旋律，是共青团组织引导青少年健康成长、巩固和扩大党执政的青年群众基础的必然要求。为深入学习贯彻习近平总书记和党中央的重要要求，落实《全面深化改革进程中共青团工作五年发展纲要》和《关于加强共青团网络宣传引导工作的实施意见》部署，团中央决定进一步加强全团网络宣传工作，充分发挥团的优势，切实履行团的职责，在构建清朗网络空间、巩固壮大网上主流思想舆论中发挥积极作用。具体工作通知如下。

一、夯实工作阵地

各级团的领导机关要以团属微博、微信、

网站、手机报平台为重点，大力加强网络宣传阵地建设。微博建设方面，各省、市、县级团委每周发布原创微博分别不少于 4 条、2 条、1 条，每天至少转发(带评论)上级团组织微博 1 条。微信建设方面，各省级、地市级团委 4 月下旬之前开通微信公众平台，每周至少发布 2 期内容，鼓励县级团委和各高校、企业团组织开通微信公众平台。各级团属网站、手机报建设要进一步找准定位、优化栏目、突出线上线下互动，不断提升服务青年能力。

二、建设工作队伍

传播社会主义核心价值观、弘扬网上正能量，是广大团干部和团员青年的责任和义务，是共青团先进性的重要体现。各级团的领导机关要面向各层级、各领域专兼职团干部，广大基层团委、团总支、团支部的宣传委员，以及青年志愿者、大学生村官、学生干部、青年教师、青少年工作者、青少年事务社工、青联委员、优秀团员青年等青年骨干，按照政治素质好、熟悉网络工作、责任心强等要求，推选和建设一支覆盖全团各个层级的网络宣传员队伍，在网上积极发出正面理性声音。其中，团中央直接组织和联系约 600 人的共青团网络宣传员队伍，每个省级、地市级、县级团委分别联系约 500 人、400 人、200 人，各系统团委可参照这一规模。高校战线共青团网络宣传员队伍单独组建。四级团委分别建立起各自所联系的网络宣传员基础信息管理及常态化动员机制，做到有名单、能联系、常发声、起作用，使网络宣传员成为共青团宣传工作加快适应青年变化、尽快走进新媒体的一支活跃力量。

三、广泛开展活动

各级团组织要按照共青团在网络新媒体领域不仅“有阵地”、“建队伍”，而且“发声音”的目标，坚持正面宣传教育为主、与有针对性的网络舆论斗争相结合，深入推进“青年好声音”网络文化行动(方案另发)。要按照统一部署，结合各类重大时间节点，以编创传播内涵丰富、形式时尚的网文、动漫、图片、微访谈、微视频等网络文化产品为基本途径和载体，形成合力、打造品牌，集中传播“青年好声音”，在网络上大力唱响青年思想引导的主旋律，形成强劲的青春正能量。

四、强化机制保障

各级团的领导机关要充分认识新形势下加强共青团网络宣传工作的重要性和紧迫性，更加积极主动地进行专题研究部署、扎实推动落实，进一步建设完善工作的统筹协调机制、阵地联动机制、内容整合机制、舆情报送机制和干部培训机制，不断推动共青团网络宣传工作取得新成效。

4 月 15 日前，各省级团委将省、地市两级团委的网络宣传员名单及微博、微信建设情况报送团中央宣传部；各地市团委将地市、县两级团委的网络宣传员名单及微博、微信建设情况报送省级团委宣传部。团中央、省级团委将对队伍建设和阵地建设情况进行抽查核实和工作督导。

共青团中央关于在广大青少年中深入开展社会主义核心价值观宣传教育和实践活动的通知

2014年3月17日

共青团各省、自治区、直辖市委，解放军总政治部组织部，全国铁道团委，全国民航团委，中直机关团工委，中央国家机关团工委，中央金融团工委，中央企业团工委，新疆生产建设兵团团委：

培育和践行社会主义核心价值观，是推进中国特色社会主义伟大事业、实现中华民族伟大复兴中国梦的战略任务，是凝魂聚气、强基固本的基础工程。青少年是祖国的未来、民族的希望，青少年阶段是价值观形成的关键时期。培育和践行社会主义核心价值观，必须从小抓起，充分发挥广大青少年的生力军作用。为深入贯彻落实中央《关于培育和践行社会主义核心价值观的意见》，共青团中央决定在广大青少年中深入开展社会主义核心价值观宣传教育和实践活动，具体通知如下。

一、基本原则

按照中央统一部署和要求，紧密结合共青团和青少年工作实际，通过宣传教育、示范引领、实践养成相统一，努力让社会主义核心价值观在广大青少年中内化于心、外化于行。遵循以下基本原则：

1. 坚持以人为本，尊重青少年主体地位和成长需求，把引导青少年和服务青少年统一起来，促进青少年健康成长、全面发展。

2. 坚持以理想信念为核心，抓住世界观、人生观、价值观这个总开关，引导青少年牢固树立实现中华民族伟大复兴中国梦的理想、坚定走中国特色社会主义道路的信念，着力铸牢青少年的精神支柱。

3. 坚持联系实际，注重分层分类，针对不同年龄段、不同类别青少年群体，采取不同的目标、内容侧重点和方式方法，增强工作的针对性和实效性。

4. 坚持实践育人，发挥团属活动阵地和品牌工作项目的优势，让青少年在实践中了解国情、感受成就、受到锻炼，提升思想认识，养成良好品行。

5. 坚持以文化人、以文育人，积极运用文化产品、文化服务和文化活动潜移默化地进行价值观引导，尤其要发挥好优秀传统文化怡情养志、涵育文明的重要作用。

6. 坚持常抓不懈，全团动手，把培育和践行社会主义核心价值观作为一项长期任务，融入共青团工作和建设的全过程。

二、活动安排

1. 开展宣传教育

在青少年中广泛宣传社会主义核心价值观24个字的基本内容。围绕"富强、民主、文明、和谐"这一国家层面的价值目标，"自由、平等、公正、法治"这一社会层面的价值取向，"爱国、敬业、诚信、友善"这一公民层面的价值准则，分别制作专题动漫宣传片，在青少年中广泛传播，让社会主义核心价值观的基本内容在青少年中广为知晓。

深化中国特色社会主义和中国梦宣传教育，在青少年中唱响坚定理想信念、勇于追梦圆梦的主旋律。利用重要节日及党史国史上重大事件、重要人物纪念日等，组织开展内涵丰富的主题宣传教育活动。2014年，要围绕纪念五四运动95周年、甲午战争120周年、新中国成立65周年等重要契机，广泛组织开展主题团(队)日、交流分享、寻访实践等活动，引导青少年大力弘扬民族精神和时代精神。团中央将制作推出青年理论公开课、《团萱漫话·感悟中国道路》等多媒体宣传片，举办青年理论骨干培训班，帮助青少年加深对中国特色社会主义的理解认识。各地团组织要充分利用青少年教育基地、爱国主义教育基地等场所，深化革命传统教育、民族团结教育。

广泛开展公民意识和公民道德教育，提高青少年思想道德素质。深化仪式教育，在重要场所和重要活动中升挂国旗、奏唱国歌，结合入团、入队和主题团(队)日等活动，举行庄重简朴的仪式典礼。以14岁集体生日为起点，广泛开展"迈入青春门"教育活动；以18岁成人宣誓活动为标志，广泛开展"走好人生路"教育活动，引导青少年养成公民意识，增强社会责任感。结合团、队活动和团员管理，积极开展文明礼仪宣传、道德评议、"道德榜样面对面"等活动，在青少年中大力加强社会公德、职业道德、家庭美德和个人品德教育，加强法制宣传教育。

强化媒体传播，不断巩固壮大健康积极向上的主流思想舆论。团属媒体要牢牢把握正确舆论导向，把社会主义核心价值观贯穿到日常形势宣传、成就宣传、主题宣传、典型宣传、热点引导和舆论监督中，弘扬主旋律，传播正能量。全团重点报纸杂志，要拿出重要版面，策划重点活动，加强对青少年践行社会主义核心价值观的宣传。要突出运用新媒体，依托共青团系统微博、微信、网站、手机报，用好"千网联动"载体，积极编创、广泛传播内涵丰富、形式时尚的图片、文章、微视频、微访谈等网络文化作品。2014年，全团要深入开展"青年好声音"网络文化行动，集中在网上发出倡导青年理性思考、投身改革、励志奋斗、热心公益、创新创业等"青年好声音"，努力在网上形成强大青春正能量。要建设共青团网络宣传员队伍，为引导网络舆论健康发展发挥积极作用。

2.开展道德实践活动

深化青年文明号创建、诚信示范月等活动，组织窗口行业团员青年立足岗位践行职业道德。2014年，重点结合青年文明号活动20周年，积极开展选先树优、服务示范、风采巡展、系列宣传等活动，努力提高职业素质，大力弘扬诚信文化。

深化青少年学雷锋活动和青年志愿者行动，大力倡导践行文明新风。发动基层团组织积极开展形式多样的青少年学雷锋活动，推动学雷锋活动常态化。围绕扶贫济困、大型活动、应急救援、环境保护、海外服务、文明劝导等内容，广泛开展青年志愿服务。2014年，重点开展青年志愿者助残"阳光行动"，为残疾青少年提供有针对性的帮助和服务。继续深化共青团关爱农民工子女志愿服务行动，扩大结对覆盖，增强服务效果。积极利用互联网，开展青少年乐于参与、便于参与的各类线上线下"微公益"活动。

深化保护母亲河行动，动员青少年以实际行动建设美好家园。2014年，重点开展京津冀晋蒙青少年增绿减霾共同行动，广泛开展"光盘行动"、绿色出行、垃圾分类、节水节能等实践活动。同时，动员广大青少年积极投身文明城市创建、爱国卫生运动、全民科学素质行动、婚育新风进万家等群众性精神文明实践活动。

3.选树青少年典型

深入开展"中国青年五四奖章"、优秀团员、青年岗位能手、青年创业奖、农村青年致富带头人、青少年科技创新奖、优秀青年志愿者、优秀少先队员和辅导员等评选活动，选树表彰一批践行社会主义核心价值观的青少年典型，广泛挖掘、宣传他们的感人事迹和精神闪光点，树立鲜明导向，引导青少年学习先进、争当先进。

积极发挥同伴教育作用，引导青少年发现日常工作学习生活中的真善美，发现身边可学可亲可敬的青年榜样。面向各行各业和基层一线，广泛开展"大学生自强之星"、"最美青工"、"最美少年"等推选活动。2014年，重点面向县级及以下基层团组织，开展“身边好青年”推选活动，发动青少年寻找、推选一大批身边向上向善的“好青年”，宣传、分享他们的青春故事和精神力量。广泛开展“奋斗的青春最美丽”分享团走基层、杰出青年进校园等活动，经常性组织青年典型深入农村、社区、企业、学校、机关开展宣讲，以面对面交流、故事分享的方式，带动形成人人践行社会主义核心价值观的群体效应。

4. 实施文化引领

发挥精神文化产品育人化人作用，创作推介面向青少年、思想性艺术性观赏性相统一的图书、影视节目、动漫、游戏等优秀文化作品，弘扬真善美，贬斥假丑恶，为青少年提供更多优质精神食粮。广泛开展丰富多彩的文化体育活动，促进青少年愉悦身心、提高素质。2014年，围绕“向上·向善”主题，深入开展青少年微电影大赛、青春座右铭征集宣传、青少年书法美术大赛、优秀青少年出版物创作与推介等系列文化活动，展现当代青少年奋发向上、崇德向善的精神风貌。

大力加强中华优秀传统文化教育，引导青少年积极做中华民族传统美德的传承者、践行者、弘扬者。积极开展“国学讲堂”、经典诵读、传统礼仪培训、“我们的节日”等活动，引导青少年继承中华民族讲仁爱、重民本、守诚信、崇正义、尚和合、求大同的优秀传统，并结合新的时代条件将其发扬光大。

在青少年宫、青少年教育基地、青少年营地的活动中充分体现社会主义核心价值观的要求，强化教育功能和公益属性，为广大青少年提供优质的文化服务。

三、工作要求

1. 切实加强领导。各级团组织要加强组织领导，主要负责人要亲自抓，各部门各战线要紧密配合、分工协作、形成合力。要结合工作实际和不同青少年群体特点，细化工作方案和落实措施。要与有关部门加强沟通、密切配合，形成共同推进培育和践行社会主义核心价值观的良好局面。

2. 发挥骨干作用。广大团干部、共青团员和各行各业的青年骨干，要带头学习、宣传和践行社会主义核心价值观，用实际行动和人格力量，带动更多青少年在日常生产生活、工作学习等各个方面，落实体现社会主义核心价值观的内涵要求。

3. 广泛发动基层。在青少年中培育和践行社会主义核心价值观，重在基层、重在实践。要充分调动广大基层团组织的积极性、主动性和创造性，大力创新活动形式和载体，引导青少年广泛参与。要注重发挥以共青团为核心的各类青年组织的作用，努力扩大活动的覆盖面和影响力。要加强督促指导，抓好任务落实，挖掘基层经验，推动活动深入开展。

各地工作进展情况，请及时报团中央宣传部。

共青团中央关于组织引导广大团员青年认真学习宣传贯彻习近平总书记在北京大学师生座谈会上重要讲话的通知

2014年5月6日

共青团各省、自治区、直辖市委，解放军总政治部组织部，全国铁道团委，全国民航团委，中直机关团工委，中央国家机关团工委，中央金融团工委，中央企业团工委，新疆生产建设兵团团委：

5月4日，习近平总书记在北京大学考察，同师生代表座谈并发表重要讲话。习近平总书记的重要讲话站在建设富强民主文明和谐的社会主义现代化国家、实现中华民族伟大复兴中国梦的战略高度，深刻论述了社会主义核心价值观的战略意义、深刻内涵、历史渊源、实践要求，深刻指出了当代青年树立和培育社会主义核心价值观的时代责任和努力方向，充分体现了党中央对青年一代的高度重视、亲切关怀和殷切期望，是当代青年在实现中国梦进程中健康成长、建功立业的行动指南，是共青团推动新形势下青年群众工作不断发展的思想武器。各级共青团组织要高度重视、迅速行动，把组织引导广大团员青年和团干部学习宣传贯彻习近平总书记重要讲话精神摆在突出位置，切实抓紧抓好。

一、充分认识习近平总书记重要讲话的重大意义，切实把思想和行动统一到讲话精神上来

各级团组织、团干部和广大团员青年要深入学习习近平总书记重要讲话精神，深刻把握讲话的丰富内涵和精神实质。要深刻领会培育和弘扬社会主义核心价值观的战略意义，充分认识对一个民族、一个国家来说，最持久、最深层的力量是全社会共同认可的核心价值观，确立反映全国各族人民共同认同的价值观关乎国家前途命运，关乎人民幸福安康。要深刻领会社会主义核心价值观的基本内涵，理解社会主义核心价值观与五四精神一脉相承的内在联系，充分认识到广大青年对五四运动的最好纪念，就是在党的领导下，勇做走在时代前列的奋进者、开拓者、奉献者，同全国各族人民一道，担负起历史重任，让五四精神放射出更加夺目的时代光芒。要深刻领会社会主义核心价值观的民族特色，充分认识一个民族、一个国家的核心价值观必须同这个民族、这个国家的历史文化相契合，同这个民族、这个国家的人民正在进行的奋斗相结合，同这个民族、这个国家需要解决的时代问题相适应，培育和践行社会主义核心价值观就是要大力弘扬中华优秀传统文化，让中华民族以更加自信、自强的姿态屹立于世界民族之林。要深刻领会青年树立和培育社会主义核心价值观的时代责任和努力方向，充分认识青年的价值取向决定了未来整个社会的价值取向，青年处在价值观形成和确立的时期，必须把勤学、修德、明辨、笃实作为立身处世的座右铭，下得苦功夫、求得真学问，加强道德修养、注重道德实践，善于明辨是非、善于决断选择，扎扎实实干事、踏踏实实做人，努力把社会主义核心价值观的要求内化为日常行为准则，形成自觉奉行的信念理念。

二、广泛开展生动活泼、形式多样的活动，在各级团组织和广大团员青年中迅速掀起学习宣传贯彻习近平总书记重要讲话的热潮

各级团组织和广大团干部要以高度的责

任感和使命感，把学习习近平总书记重要讲话精神，同习近平总书记去年五四、“6·20”重要讲话以及给河北保定学院西部支教毕业生群体代表等各界青年的一系列回信精神紧密结合起来，全面把握讲话的丰富内容和深刻内涵。团干部要带头学习，把习近平总书记重要讲话纳入团干部教育培训内容，采取中心组学习、集中学习、专题讲座、个人自学等方式，认真学习讲话原文，深入交流学习体会，增强学习效果。要充分发挥团的组织优势，广泛发动学校、企业、农村、机关、社区等各领域团组织特别是基层团的组织，广泛发动青联、学联、青企协、青科协等各类青年组织和社团，广泛开展宣讲报告、座谈交流、主题团日等活动，覆盖影响更多青年。要突出抓好青年学生等重点群体，组织广大团员青年学习讲话精神、畅谈学习体会、明确成长道路、增强责任担当，切实加深对讲话的认识和理解。要大力创新学习宣传载体，充分运用各类媒体特别是新媒体，充分发挥共青团系统网站、微博、微信、手机报的作用，多采取图片、动漫、音视频等青年喜闻乐见、便于接受的方式开展学习宣传，把讲话精神更便捷、更有效、更广泛地传播到团员青年中去，不断扩大学习宣传的覆盖面和影响力。各级各类团属新闻舆论阵地，要通过开设专栏专版、组织重点文章等方式，加强对讲话精神的阐释解读，及时报道各地团员青年学习宣传贯彻讲话精神的情况，营造浓厚舆论氛围。

三、以习近平总书记重要讲话精神为指导，把在青年中培育和践行社会主义核心价值观作为一项长期工作、战略任务抓紧抓好

全团要从培养中国特色社会主义事业建设者和接班人、巩固和扩大党执政的青年群众基础的高度，把在青年中培育和践行社会主义核心价值观切实全面贯彻到团的各项工作和建设中。要持续深入开展各种形式的宣传教育和实践活动，引导广大青少年勤学、修德、明辨、笃实，从当下做起、从小事做起，努力将社会主义核心价值观内化于心、外化于行。

要广泛开展宣传教育。充分利用“六一”、“七一”、国庆及甲午战争120周年等时间节点，通过主题团(队)日、仪式教育、纪念活动等，深入开展中国近现代史教育和党史教育，深入开展改革开放教育和形势政策教育，引导广大青年坚定理想信念，增强道路自信、理论自信和制度自信。组织动员各行各业青年积极参加“我为核心价值观代言”活动，使“24字”基本内容在青年中广泛传播，并结合个人实际深化认识和理解。广泛开展经典诵读、国学讲堂、“我们的节日”等活动，积极探索更多有效载体，引导青少年热爱传统文化，深刻理解中国特色社会主义道路是在对中华民族5000多年悠久文明的传承中走出来的，孜孜以求地从博大精深的中华优秀传统文化中汲取明志向、润心灵、美德行的丰厚养分，积极继承弘扬中华文明独特价值体系中讲仁爱、重民本、守诚信、崇正义、尚和合、求大同等优良传统，夯实培育践行社会主义核心价值观的深厚文化根基。团属青少年宫、青年汇、青年中心等阵地场所开展的活动，要自觉把社会主义核心价值观的内涵和要求融入其中，体现鲜明价值导向。

要充分发挥榜样示范作用。积极选树青年五四奖章获得者、优秀团员、青年岗位能手、农村青年致富带头人、优秀青年志愿者、优秀少先队员等优秀青年典型，广泛开展“奋斗的青春最美丽”分享活动，大力宣传各行各业青年典型践行社会主义核心价值观的青春故事和精神品格，用身边人、身边事影响带动更多青少年形成“向上”“向善”的精神力量。

要大力开展实践活动。深入推进青年文明号、青年岗位能手、保护母亲河、青年志愿者、希望工程、“手拉手”等团的重点品牌工作，广泛组织动员青年立足岗位、成才建功，广泛组织动员青年服务社会、奉献人民，积极展现青年勇开风气之先、引领社会风尚的良好精神面貌，促进身体力行社会主义核心价值观在全社会蔚然成风。

各地学习宣传贯彻习近平总书记重要讲话精神的情况，请及时报团中央办公厅。

共青团中央关于在全国团员青年中开展“践行核心价值观争做向上向善好青年”主题活动的通知

2014 年 10 月 16 日

共青团各省、自治区、直辖市委，解放军总政治部组织部，全国铁道团委，全国民航团委，中直机关团工委，中央国家机关团工委，中央金融团工委，中央企业团工委，新疆生产建设兵团团委：

为把在青少年中培育和践行社会主义核心价值观的工作不断引向深入，共青团中央决定在全国团员青年中开展“践行核心价值观争做向上向善好青年”主题活动。现将有关事项通知如下。

一、活动主题

践行核心价值观争做向上向善好青年

二、目的意义

深入贯彻落实习近平总书记对青少年培育践行社会主义核心价值观的一系列重要论述和要求，面向各行各业和基层一线，寻找、发现、推选一大批模范践行社会主义核心价值观、带头传播正能量的身边好青年，通过广泛开展学习讨论、主题宣传、交流分享和实践活动，以可亲可信可学的榜样力量，引领广大青年见贤思齐、崇德向善，从我做起、从身边做起，争做社会主义核心价值观的倡导者、实践者。

三、活动时间

2014 年 10 月—2015 年 12 月

四、活动方式及推选对象

活动采取层层推选“向上向善好青年”的方式进行。被推选对象年龄应在 14 岁至 45 岁之间，侧重于来自基层一线，政治立场坚定，个人事迹突出。主要分以下类别：

1. 爱岗敬业好青年：具有高尚职业道德，热爱本职工作，艰苦奋斗，勤恳奉献，锐意进取，在平凡的岗位上做出不平凡的业绩。

2. 创业创优好青年：富有开拓精神，勇于创新创造，勤奋钻研，奋斗创业，敢于争先，积极追求卓越，努力争创一流，为推动改革发展作出突出贡献。

3. 诚实守信好青年：坚持诚信为本，对人对事始终信守承诺，一诺千金，言而有信，诚实不欺，有较高的信誉度和良好口碑。

4. 崇义友善好青年：讲公平守正义，履行社会责任和道德义务，倡导公序良俗、文明新风。在他人遇到困难和危险时能够及时挺身而出，伸张正义。乐于助人，扶贫济困，热心公益，见义勇为。

5. 孝老爱亲好青年：弘扬践行家庭美德，孝敬父母，尊敬长辈，爱护子女，关爱亲人，家庭和睦，在家人有伤病、残疾等困难时，不离不弃，守护相助，患难与共。

五、活动安排

1. 典型推选阶段(2014 年 10 月—2015 年 3 月)

各省(自治区、直辖市)、地(市)、县(区)团委和各系统团委于 10 月统一启动,广泛发动各领域各行业青年参与,使活动最大限度覆盖和影响广大青年。按照“爱岗敬业好青年”“创业创优好青年”“诚实守信好青年”“崇义友善好青年”“孝老爱亲好青年”等 5 个类别,通过团组织推荐与社会推荐、个人推荐相结合的方式,逐层推选出本县(区)、地(市)、省(自治区、直辖市)和本系统的“向上向善好青年”。

——团组织推荐:各级团组织逐级推荐“向上向善好青年”人选。

——社会推荐:各级新闻媒体、企事业单位和社会组织等,可以单位名义向本级或所在地团委推荐“向上向善好青年”人选。

——个人推荐:凡符合条件的青年可以个人名义向所在地团委自行申报或推荐他人作为“向上向善好青年”人选。

按照优中选优原则,各省级团委在组织层层推选基础上,向团中央推荐全国“向上向善好青年”候选人(每类不超 2 人、总数不超 10 人,尽量兼顾不同行业、职业领域,已获全国性表彰奖励的一般不再推荐),并于 2015 年 1 月 30 日(星期五)前报送候选人推荐表(见附件)及相关材料。团中央将通过组织社会公众投票、评委会投票等方式,最终产生 100 名事迹突出、感染力强、根植基层的全国“向上向善好青年”。

2. 分享交流阶段(2015 年 4 月—9 月)

各地区、各系统要结合推选活动,充分发挥青年典型作用,层层开展“向上向善好青年”故事分享活动。团中央将从全国推选产生的百名“向上向善好青年”中选取若干优秀代表,深入农村、学校、企业、机关、社区等基层单位,开展分享交流活动,讲述好青年的青春故事,分享青春感悟,传递鲜明价值导向,影响带动更多青年践行社会主义核心价值观。

3. 学习实践阶段(2015 年 9 月—12 月)

在团员青年中普遍开展“践行核心价值观”学习讨论活动,重点围绕“什么是核心价值观”“如何践行核心价值观”展开学习讨论,引导青年聚焦爱岗敬业、创业创优、诚实守信、崇义友善、孝老爱亲,明确努力方向。各行业各领域基层团组织都要至少开展 1 次主题讨论。要在讨论基础上,把核心价值观的要求转化为本地本单位团员青年的具体行为准则。每个基层团组织要结合实际和青年特点,设计开展 1—2 次参观寻访、岗位建功、技能竞赛、志愿服务等实践活动。团中央将适时面向基层征集遴选优秀活动案例。

六、工作要求

1. 高度重视,加强领导。“践行核心价值观争做向上向善好青年”主题活动,是全团深入贯彻落实习近平总书记重要要求、引导广大青少年培育践行社会主义核心价值观的重点工作。各级团组织要高度重视,成立相关组织机构,加强对活动的领导和组织协调。

2. 精心组织,发动基层。要通过层层动员,调动基层和团员青年积极性,把广大普通青年的参与面和参与程度作为评价活动的第一标准,使推选、宣传、学习、实践的过程成为教育引导团员青年的过程。要注重与“身边好青年”推选活动统筹衔接,结合各类评选表彰,把“向上向善好青年”推选宣传与寻找乡村好青年、寻访大学生自强之星等结合起来。

3. 大力宣传,扩大影响。要广泛开展全媒体宣传,对“向上向善好青年”候选人事迹和各地活动开展情况持续宣传报道,营造浓厚氛围。团中央将在中央有关媒体开设活动主题网页和专栏,开展新媒体传播等活动。县级以上团委要组织本地区有影响力的网站与活动主网页链接联动,积极利用微博、微信等新媒体开展活动宣传。

四、城市

共青团中央关于印发《关于加强共青团促进青年创业就业服务体系建设的实施意见》的通知

2014年1月7日

共青团各省、自治区、直辖市委，解放军总政治部组织部，全国铁道团委，全国民航团委，中直机关团工委，中央国家机关团工委，中央金融团工委，中央企业团工委，新疆生产建设兵团团委：

现将《关于加强共青团促进青年创业就业服务体系建设的实施意见》印发给你们。请结合实际，认真部署，抓好落实。

关于加强共青团促进青年创业就业服务体系建设的实施意见

为深入贯彻党的十八届三中全会和习近平总书记系列重要讲话精神，落实李源潮同志关于当代青年要为实现中国梦创新创业创优的重要要求和共青团十七大关于创业就业工作的具体部署，在原有促进青年创业就业工作基础上，进一步加强共青团促进青年创业就业服务体系建设，深入推进青年创业就业工作，特制定实施意见如下。

一、总体思路

以高校大学生和城乡社会青年为主要对象，高举创业旗帜，紧扣创业就业意识教育、创业平台建设、创业就业服务、创业园区建设、社会组织作用发挥等内容，进一步实现资源整合、工作融合、力量聚合，加强青年创业就业服务体系建设，以创业带动就业，推动共青团促进青年创业就业工作持续深入发展。

二、工作目标

力争在2014年至2018年的5年间，开展高校创业就业意识教育500万人次，开展青年创业就业培训1500万人次，帮扶120万名城乡青年获取创业贷款，帮助青年参加见习100万人次，培养80万名农村青年致富带头人和3万名开办中小企业的城市青年创业人才，建设1000个青年创业园区，其中全国级示范园区100个。

三、工作任务

1. 开展青年创业就业意识教育。结合“我的中国梦”主题教育实践活动，在各类青年群体中深入开展新时期创业就业文化传播活动，引导青年把创业梦、就业梦、实现个人抱负融入中国梦的伟大实践。举办青年创业就业大讲堂、讲述创业故事、分享创业感悟等教育引导活动，为青年创业就业答疑解惑，引导青年增强创业意识，激励更多的青年走创业之路。以中国青年创业奖、中国农村青年致富带头人等评选表彰为牵动，及时发现、培养、树立各级各类青年创业典型；举办青年创业典型报告会、座谈会、推介会，大力宣传优秀青年的创业事迹，推动全社会形成鼓励、支持、参与青年创业就业的良好氛围。

2. 加强青年创业平台建设。以青年创新创业大赛为牵动，联合政府机构，集聚社会力量，整合各种资源，针对有志创业或已经创业的城乡社会青年，通过比赛选拔一批青年创业带头人，培育一批具有市场价值、发展潜力巨大、符合青年实际的创业项目，为创业青年提供政策优惠、辅导咨询、投资融资、银行授信、园区孵化、宣传营销等链条式服务，优化青年创业的环境，提高青年创业的成功率，激发全社会关心青年创业的热情。以大学生创业大赛为牵动，在原有“挑战杯”中国大学生创业计划竞赛的基础上，通过强化品牌建设、完善赛制设计、拓展大赛内容等，促进高校大学生创业项目在全国大学生创新创业示范园区或大学科技园的落地孵化，提升赛事的权威性、专业性、实践性和影响力，发挥在引领和服务大学生投身创新创业实践中的示范导向作用，激励更多高校大学生开启创业理想、开展创业活动。

3. 深化青年创业就业服务。加强青年创业就业见习工作，实施中国青年创业就业见习计划，通过与有关政府部门、金融机构、人力资源服务机构等合作，推出青年创业就业专项见习项目，进一步整合见习资源，提升见习质量。推进青年创业贷款项目，创新贷款担保方式，优化贷款审核程序，加强农村青年信用示范户工作，努力扩大青年创业贷款发放的覆盖面，并积极会同有关部门建立创业专项扶持资金，多渠道拓展青年创业融资渠道。开展青年创业就业培训工作，建立完善的青年创业就业分群体、分层次培训机制，依托KAB创业教育等培训平台，推动高校创业就业教育课程体系建设、师资队伍培养、实践项目设计，鼓励高校大学生积极投身创业实践；加强青年创业导师库建设，建立一支由青年企业家、经济学者、创业就业培训师等构成的创业经验丰富、有社会责任感的青年创业导师队伍，为青年创业者提供项目开发、方案设计、风险评估、开业指导等“一条龙”创业培训服务；通过青年创业就业培训基地建设、开展专项技能培训项目、拓展海外培训交流项目等途径，帮助青年提升创业就业素质。积极加强青年创业就业信息服务，完善就业信息服务制度，依托创业就业信息化平台实现跨地区创业就业信息互联互通，通过专项活动平台帮助青年就近就便实现创业就业，增强共青团青年创业就业信息服务能力。加强青年创业项目库建设，建立具有较强普遍性和带动面的青年创业项目库，供青年创业者选择参考，引导支持青年网上创业和加盟创业，积极支持青年围绕生活性服务业进行创业，大力支持青年开展知识型、科技型创业。加强青年创业人才库建设，重视青年创业型人才培养，通过举办创业竞赛、组织推荐等方式，筛选、确定培养对象，建立相应的青年创业人才库，对人才库成员优先提供政策法规、创业培训、资金扶持等服务，并重点进行有针对性的人力资源开发。

4. 加强青年创业园区建设。以建成一批青年创业示范园区为目标，充分整合政府、企业、高校、社会团体等多方资源，依托中小企业创业基地、创新型企业孵化器等已有园区和孵化基地，加强青年创业服务中心、青年创业园区等阵地建设，为创业青年提供统一标识、统一政策的生产经营场所和企业孵化服务。将创业实训、创业指导、创业孵化相结合，细化、规范服务流程，建立全方位、阶梯型的创业孵化服务体系，使园区成为青年创业政策、资金、信息、人才、项目的汇集之地。积极争取财政、科技、人社、工商、税务等部门支持，为创业青年提供贷款贴息、租金补贴、税收优惠、工商注册、股权投资等方面的优惠政策。抓好天津滨海新区“全国青年创新创业示范园区”建设，为全团提供可复制、可推广的青年创业就业工作经验。

5. 充分发挥社会组织作用。充分发挥各级各类社会组织在促进青年创业中的积极作用，加强与相关国际国内创业就业机构和社会组织的合作，在信息、技能、资金等方面为青年创业就业拓宽渠道，提供便捷性、针对性服务。充分发挥城乡青年创业组织的积极作用，建立青年创业俱乐部、创业大学生联谊会、青年创业沙龙、青年创业联盟等组织和交流平台，增强对创业青年群体的组织凝聚。积极整合团内资源，切实发挥中国青年创业就业基金会、中国青年企业家协会、中国农村青年致富带头人协会、中国青年创业国际计划(YBC)等团内机构在服务青年创业就业工作中的作用。

四、工作要求

1. 加强领导，周密部署。各地要高度重视此项工作，切实加强领导，明确工作职责。要按照实施方案的要求，结合本地区实际，制定有针对性的工作方案，将目标任务和各项措施细化分解并落实。积极与相关部门联系沟通，加强协调合作，通过成立领导小组、召开会议、共同发文等方式，争取政策、项目、经费等方面的支持和保障。

2. 突出重点，强化推动。各地要因地制宜，选好工作的切入点和突破口，突出重点，积极探索具有地方特色的工作项目和工作模式。建立重点地区和重点行业工作推进机制，高校毕业生数量较多、创业环境较好的地区，要重点推进。积极推动将青年创业纳入本地区促进创业带动就业和创业型地区创建工作之中。

3. 整合资源，形成合力。服务青年创业就业是一项长期系统工程，要把组织化动员和社会化动员结合起来，在整合资源服务青年创业就业方面，健全制度、完善机制，努力形成管长远、有实效的制度安排。要借助党政之力、汇集社会之力、积聚团内之力，实现各种资源有效对接，形成服务青年创业就业的整体合力。

4. 狠抓落实，务求实效。要加强探索，大胆实践，确保推进工作有计划、有项目、有活动、有保障。注重把服务青年创业就业与非公企业团建、街道乡镇团组织格局创新、青年文明号、青年岗位能手等工作有机结合起来。团中央将适时深入各地，对工作的开展情况、实施效果进行督促指导，确保工作取得实效。

共青团中央关于在城市街道开展区域化团建工作的通知

2014 年 1 月 17 日

共青团各省、自治区、直辖市委，解放军总政治部组织部，全国铁道团委，全国民航团委，中直机关团工委，中央国家机关团工委，中央金融团工委，中央企业团工委，新疆生产建设兵团团委：

为贯彻落实团的十七大、团十七届二中全会精神，切实提高城市基层团组织的吸引力和凝聚力，扩大团的工作有效覆盖面，团中央决定在全国城市街道(以及规模较大的社区)开展区域化团建工作。现将有关事宜通知如下。

一、总体思路和工作目标

推进区域化团建工作，要突出街道团工委的枢纽功能，立足建设服务型团组织，强化属地化原则，打破行业、层级、所有制界限，实现区域内组织共建、资源共享、阵地共用、工作联动。在巩固街道团的组织格局创新成果的基础上，每个街道团工委建立 1 个区域青年工作共建委员会(以下简称“共建委员会”)、建设 1 个青少年工作阵地，每个团工委专兼职委员负责新建 2 个直属团组织，所属社区普遍建立团组织，力争实现新增 10 万个街道团工委直属团组织、社区建团 100% 全覆盖。在具备条件的地区，每个街道至少联系 2 个青年社会组织、为每个社区协调争取 1 名青少年社工(或专职志愿者)。通过两到三年的努力,在城市街道形成网格化管理、阵地化服务、社会化运作、功能化发展的区域整体性工作格局。

二、主要任务

1. 推动区域组织共建。坚持党建带团建,在街道党工委的领导下,组建以街道团工委为核心的共建委员会。凡属区域内的机关、事业单位、企业(包括非公企业)、学校、园区等,已建团的必须向街道团工委报到成为成员单位,承担工作并参加活动;未建团的单位,也可以吸纳为共建委员会成员单位。加强街道团工委直属团组织建设,积极推广行业建团、楼宇建团、市场建团、园区建团等联建共建模式。在青年聚集较多的商业街区、工业园区、集贸市场、居住区等区域,以及“两新”组织、文体兴趣组织、志愿者组织等功能性组织中,因地制宜建设团组织,力争实现社区建团全覆盖。建设街道社区“流动团员联络站”,探索流动团员及在未成立团组织单位工作团员的管理创新。

2. 凝聚青年社会组织。发挥街道团工委的枢纽作用,加强对青年社会组织的联系、服务、引导工作,使之成为团组织延伸手臂、增强活力的重要依托。要摸清底数,掌握区域内各类青年社会组织的基本情况,特别是加强与其骨干成员的沟通联系。要及时发现青年组建社会组织的意愿,积极孵化培育公益性青年社会组织。要提供服务,在活动场地、项目指导、教育培训等方面提供帮助,增强“开门办活动”意识,鼓励由青年社会组织承接团的工作项目。要分类管理,具备建团条件的,及时推动建立团组织;不具备建团条件的,可以成立区域青年社会组织联谊会进行联系。可以推荐青年社会组织骨干进入青联、青企协等团属青年社团。

3. 加强工作力量配备。巩固街道团工委班子至少9名专兼职团干部的组织格局,市级团委要推动街道团工委班子调整更新形成制度性安排,区县级团委每年要组织编制外委员参加集中培训,为区域化团建提供稳定的核心骨干队伍。同时,积极探索将青少年社工纳入“青年岗位能手”评选表彰等制度性安排,加大对青少年社工、青年社团骨干、青年志愿者等人员的培养使用力度,制定相应的评价激励措施,使之成为开展区域化团建的有生力量。

4. 积极拓展青年阵地。依托街道社区服务中心、社区服务站等公共基础设施建设青年中心,鼓励各地通过争取政府投入和募集社会资金,建设社区青年汇、青年家园、新市民学校等阵地,以及采取共建、挂牌等方式建设各类小型青年阵地,推动共青团工作在青少年身边实现有形化。主动争取党团组织共用活动场所,协调共建委员会成员单位共享活动阵地。利用微博、微信群、QQ群、飞信群、论坛等资源,广泛建立以“网上熟人社圈”为特征的团员青年“网上之家”,为青年提供交流、交友、社区参与的平台。

5. 加大资源整合力度。通过社会化运行、市场化运作等方式,挖掘、盘活各类社会资源。创新团的资源整合和配置方式。省、地市、区县级团组织要积极为街道团组织争取资源,并向工作突出、青年密集和经费短缺的街道倾斜。区域内机关事业单位、企业、学校等领域团组织要将工作资源进一步向街道延伸,青年文明号、青企协会员企业等单位要通过结对帮扶等形式实现资源共享。具备条件的街道,要积极开展“青年文明号街区”创建活动。

6. 形成区域工作品牌。围绕青年学习成才、就业创业、婚恋交友、社会融入等需求整合服务资源、设计活动项目,打造“社区微公益行动”、“新市民培训计划”等区域品牌工作项目,形成“一街一品”。构建区域化工作平台,使青年志愿者、青年文明号、大中学生社会实践、青少年维权岗等品牌项目在区域内实现落地和对接,建立开放性的服务项目体系。注重争取和承接政府青年事务项目,探索与社会组织和专业社会服务机构开展合作,为青年提供更有针对性的分众化服务项目。

7. 完善工作协同机制。明确共建委员会成员单位和区域各类团组织在区域化团建工作中的职责、分工，建立区域化的议事协商、资源整合、人才培养、活动共联、信息共享机制。改进评选表彰机制，把参与街道区域化团建工作纳入五四红旗团委（团支部）、青年文明号等评选表彰，开展评选时注重听取所在街道团组织意见。

三、责任分工

1. 省、地市两级团委要发挥领导作用。省、地市两级团委要切实担负起区域化团建工作的领导责任，协调出台配套政策，制定各个阶段的工作目标、工作重点和推进措施，加强分类指导和督促检查，确保各项任务落到实处。每个地市级团委领导班子成员要联系1—2个区，联系3—5个街道。

2. 区县级团委要发挥主导作用。区县级团委要充分发挥纵向指导和横向协调的作用，及时掌握基层工作动态，为区域化团建工作提供资源支持和具体指导。每个区县级团委领导班子成员要联系2—3个街道，联系3—5个社区，同时参加所联系片区的区域青年工作联席会议。

3. 街道团组织要发挥主体作用。街道团组织要强化属地责任，摸清辖区内团员青年、团组织、青年社会组织等基本底数。要主动与区域内各类团组织和青年组织联络，依托共建委员会等机制平台，推动组织有效融合、工作横向互动、资源充分共享。

4. 各级条属团组织要发挥协作和配合作用。区域内机关、事业单位、企业、学校团组织等要打破条块分割，主动与街道团工委进行协商沟通，将参与区域化团建作为自身工作的重要内容，将活动、项目、阵地和资源向街道延伸和开放，实现工作联动。

四、实施步骤

1. 第一批实施阶段。2014年，在4个直辖市、27个省会城市、5个计划单列市以及每个省推荐2—3个条件较好的地级市，共约117个城市先期开展区域化团建工作，并进行年终量化考核。

2. 第二批实施阶段。2015年，在剩余220个地级市及上一批未完成工作任务的城市中开展区域化团建工作，并进行年终量化考核。

3. 第三批实施阶段。2016年，在具备条件的县级市和县开展区域化团建工作。

五、工作要求

1. 高度重视，精心组织。各地要充分认识区域化团建工作的重要性，主动争取同级党委和组织部门支持，按照全团总体部署细化工作方案。各级团的主要负责同志要亲自抓组织领导和统筹协调，团的各条战线要分工协作、形成合力，城市战线要发挥好具体协调作用。1月27日前，各省要向团中央城市部报送第一批实施城市名单和细化方案。

2. 立足基层，靠前指导。区域化团建工作关键在基层，重点和难点也在基层。各地要充分调动基层团组织的积极性、主动性和创造性，切实增强工作针对性和实效性。区县级以上团的领导机关要强化工作督导和一线指导，保证严格按照时间节点高质高效推进工作。一季度，团中央将结合工作推进情况和基层意见建议，出台年终量化考核办法。

3. 及时总结，注重推广。区县级以上团的领导机关要及时发现、提炼基层的好经验和好做法，推广有特色、有实效、有价值的案例典型，并及时报送工作信息。团中央城市部将依托团报团刊团网、官方微博、微信公众号和微信群进行宣传推广，指导和示范带动各地工作整体提升。

附件

区域青年工作共建委员会细则

一、机构性质

区域青年工作共建委员会是在党组织的

领导下，按属地就近原则以街道团工委为核心组成的议事协调机构，具体承担加强区域内成员单位的交流联系，整合区域资源，立足本区域开展各类青年活动，实现对区域青年的联系和覆盖等职责（各地原来所建的各类街道、社区青年共建组织，要逐步调整规范，统一到这一名称上来）。

二、委员会构成

1. 区域青年工作共建委员会成员单位原则上不少于15个，凡属区域内的机关、事业单位、企业（包括非公企业）、学校、园区、市场、青年文明号单位等，只要有一定数量的青年，不论是否建立团组织，均可成为共建委员会成员单位。

2. 每个成员单位各委派一名代表担任共建委员会委员。已建立团组织的成员单位，应由团组织负责人担任委员；未成立团组织的成员单位，可由负责青年事务的相关负责人担任委员。

3. 秘书处设在街道团工委，具体负责联络、协调、督导工作。

三、工作任务

1. 组织共建。紧紧依托党建带团建，积极争取党政的工作指导和资源支持，将区域化团建工作纳入基层党建工作整体格局。委员会内部可按区域划分若干片区协作小组。团员较少的成员单位可成立联合团支部。在未成立团组织的单位工作的团员，可纳入所在街道团工委管理。

2. 资源共享。积极构建区域化团建工作平台，努力推进党团之间、团团之间、团青之间的资源共享。加强区域内机关事业单位、企业、学校等共建单位的资源整合，将各单位的工作项目、阵地、智力等资源进一步向街道延伸。

3. 工作联动。各成员单位要主动把本单位青年工作纳入区域化团建体系，把参与区域化团建工作作为自身工作的重要组成部分。重点打造具有区域特点的工作品牌项目。探索开展“团建工作联做、思想教育联抓、管理难题联解、精神文明联创”等同创共建活动。

4. 阵地共用。有效整合辖区内共建单位的各类阵地，采取共建、挂牌等方式实现共享。街道、社区等团的阵地要面向所有青年群体开放，发挥青年阵地在联系、服务青年中的作用。

四、工作机制

1. 轮值主席制。由区域内青年人数较多、规模较大的成员单位委员担任轮值主席，任期不超过3个月。

2. 联席会议机制。秘书处负责召集区域青年工作共建委员会相关成员单位参加青年工作联席会议，讨论和协商区域青年工作的重大事项及推选新一届轮值主席人选，相应包片联系的上级团组织负责人要出席，必要时可邀请相关党政领导出席。可定期或不定期召开专项会议。

3. 活动机制。每位轮值主席在任期内至少开展一次有2个以上成员单位共同参加的较大规模的青年活动。委员会秘书处提前将活动计划在一定范围公示，同时在区域范围内做好宣传。

4. 工作通报机制。委员会秘书处定期向成员单位党组织或相关负责人通报青年工作开展情况和各成员单位参与情况。

5. 激励机制。共建委员会中表现突出的委员可选配至街道团工委担任编外副书记或委员。上级团组织可通过评选、人才举荐等方式加大激励力度。

共青团中央办公厅关于在电子商务领域开展青年文明号创建活动的通知

2014 年 3 月 7 日

共青团各省、自治区、直辖市委，解放军总政治部组织部，全国铁道团委，全国民航团委，中直机关团工委，中央国家机关团工委，中央金融团工委，中央企业团工委，新疆生产建设兵团团委：

为适应我国电子商务迅猛发展的新形势，拓展青年文明号活动的新领域，共青团中央决定，广泛开展电子商务领域青年文明号创建活动。现将有关事项通知如下。

一、目的意义

电子商务是综合性、战略性、基础性新兴产业，对扩消费、稳增长、调结构、促转型、增就业、惠民生具有重要的积极作用，是经济社会发展的重要引擎。电子商务的发展，不仅深刻改变着青年的消费生活方式，而且为青年提供了大量就业创业岗位，青年已经成为电子商务领域从业人员的主体。

在电子商务领域开展青年文明号创建活动，旨在组织和引导广大从业青年自觉践行“敬业、协作、创优、奉献”的青年文明号活动理念，以践行职业道德、岗位建功成才、争创一流业绩的实际行动，为促进新兴经济创新发展，规范网络经营秩序、推动网上信用建设，扩大共青团工作网上影响力发挥示范作用，作出积极贡献。

二、创建主体

经营规范的电子商务企业（独立运营网店、平台注册网店）中的一线青年集体。

三、基本条件

1. 人数一般应在 10 人以上 200 人以下，35 周岁以下青年占 60% 以上，负责人中至少有一位年龄不超过 35 周岁，创建过程中成员一次性变动比例不超过 50%。

2. 模范遵守《电子商务模式规范》（SB/T10518—2009）、《网络交易服务规范》（SB/T10519—2009）、《第三方电子商务交易平台服务规范》等国家电子商务管理的法律法规，规范经营，无违法事件。

3. 自律守信，模范履行《中华人民共和国消费者权益保护法》关于网络交易的相关规定，无制售假冒伪劣商品、泄露消费者个人信息、发布虚假信息、发送货经常性迟缓、单方面违约、价格误导、质价不符等侵犯消费者权益的行为。

4. 业务操作规范、统一、专业，对各类客户诉求回应积极、处理妥善，客户满意度高。

5. 集体成员敬业爱岗、技能精湛、团结协作、勇于创新，精神面貌好。

6. 符合建团条件的集体和网店，按照团章要求建立团的组织，开展团的工作。

四、创建措施

1. 广泛组织发动。建立组织领导机构，为创建活动提供必要保障。通过企业网站、商户管理平台以及企业年会、动员会、现场会等方式，建立有效的组织动员渠道，广泛发动基层集体和网店参与创建。围绕诚信经营、优质服务、创新发展、树立形象等电商企业的内在发展需要，明确创建目标，制定契合本职、定岗定责、任务到人、切实可行的创建计划。

2. 亮明服务承诺。各创建集体要践行“诚信为本、有诺必践、恪尽职守、率先垂范”的青年文明号信用承诺，提供不掺假的信息、产品、服务。以客户需求为导向，不断在服务的便捷性、规范性、专业性、人性化等方面提高创建标准。强化品牌意识，主动为客户递送“青年文明号服务卡”，在办公场所、物流车辆、快递包裹、网站醒目位置、订单确定网页、在线咨询窗口等线上线下服务端口亮标识、亮承诺，接受社会监督，树立良好形象。

3. 开展创新创效实践。坚持青年为本的创建理念，激发青年的创新创造活力，开展创新型组织建设。通过开展金点子大赛、QC 小组、课题攻坚、“五小”活动等各类创造性活动，引导青年在营销模式、服务流程、内控体系、核心技术、节约增效等方面开展创新实践，运用并推广信息化、专业化、标准化的工作手段，努力做引领电子商务创新发展的生力军。

4. 加强员工队伍建设。通过具体有形的职业道德教育、诚实守信教育、企业文化教育、示范服务行动等，树立鲜明价值导向，培育青年职业精神。通过生动多样的技能培训、业务比武、经验交流、导师带徒等活动，提高青年职业技能，培养各类青年骨干。通过开展社会实践、志愿服务等活动，为青年成长提供实践舞台。

5. 健全团的组织。符合建团条件的创建集体，应按照“有组织、有队伍、有经费、有阵地”的标准，建立健全团组织，配齐配强团干部，为团的工作开展提供必要保障。

五、评选表彰

1. 电子商务领域青年文明号评选实行届期制，一般周期为 2 年。电子商务领域青年文明号应经创建、考核、评选等必要程序产生，可由地方团组织独立命名或地方团组织联合相关行业管理部门命名。

2. 电子商务领域青年文明号命名前必须进行不少于一周的社会公示。

3. 坚持“谁命名、谁监管、谁负责”原则。命名单位和青年文明号集体须对外公布社会监督和投诉渠道。命名单位须加强动态监督，对存在问题的集体应责令其限期整改，对于整改不到位、投诉数量较多、有重大失信行为、造成恶劣社会影响的，应撤销青年文明号称号或取消创建资格。

4. 电子商务领域青年文明号实行网络亮牌和实体挂牌的制度。须按全国青年文明号活动组委会要求，规范使用青年文明号牌匾和标识，并须标明命名单位。对撤销荣誉称号或取消创建资格的集体和网店，原命名单位应摘除并收回青年文明号牌匾，且不允许其以各种方式继续使用青年文明号标识。

5. 把握“统筹管理、分级负责”的原则。团中央城市青年工作部负责电子商务领域创建活动的统筹管理，并直接推动阿里巴巴、京东商城、苏宁易购、凡客诚品等企业开展示范创建。各级地方团委应将本地区开展的电商领域创建工作纳入管理范畴，将下一级命名的青年文明号集体纳入本级评选序列。

六、工作要求

1. 建立组织体系。要根据网络经济运行规律，建立与之相适应的创建工作组织体系。探索依托第三方电商平台、行业协会、行政部门、中介机构等，建立社会化组织动员体系，保证创建工作健康有序开展。

2. 培育示范集体。要结合本地实际，在有代表性和带动效应的电商企业、知名企业网上直营店中确定一批直接联系的企业和集体，开展示范创建，实现以点带面。

3. 创新管理机制。要强化创新意识，根据电子商务的经营业态、组织架构、运行机制、商业规则等，科学制定电子商务领域创建标准、活动载体、考评体系、激励和退出机制等，保证创建工作的整体质量。加强跟踪管理，着力建设信息化管理平台和社会化监督渠道，扩大公众参与、维护品牌形象。

4. 扩大网络宣传。要适应互联网传播规律，引导创建集体和网店在网上亮标识、亮身份、亮承诺，发挥网络的动员优势和辐射效应，弘扬网络文明，扩大青年文明号的网上影响力。

各地在推动工作中发现的经验和问题，需及时报团中央城市青年工作部。

共青团中央办公厅关于印发《“全国青年创业示范园区”管理办法(试行)》的通知

2014年9月26日

共青团各省、自治区、直辖市委,全国铁道团委,全国民航团委,中直机关团工委,中央国家机关团工委,中央金融团工委,中央企业团工委,新疆生产建设兵团团委:

根据全团促进青年创业就业工作部署,着力加强共青团促进青年创业就业服务体系建设,鼓励、支持青年自主创业、科技创业,共青团中央决定从2014年至2018年在全国范围内建设1000家青年创业园区。为加强青年创业园区建设,团中央研究制定了《“全国青年创业示范园区”管理办法(试行)》(以下简称《管理办法》)。现将《管理办法》印发你们,请结合实际,抓好落实。

“全国青年创业示范园区”管理办法(试行)

第一章　总则

第一条　为进一步加强共青团促进青年创业就业服务体系建设,鼓励各级团组织以“全国青年创业示范园区”为平台,大力培育青年创业主体,帮助青年创业就业,特制定本管理办法。

第二条　“全国青年创业示范园区”的定位。由共青团组织管理、使用,坚持社会效益为主,兼顾经济效益,通过为新创办的中小企业提供物理空间、基础设施和孵化服务,降低创业者的创业风险和创业成本,提高创业成功率,帮助和支持中小企业成长与发展,培养青年创业人才。

第三条　“全国青年创业示范园区”的主要功能。一是创业培训功能。开展针对普通青年的创业意识教育、针对意向创业青年的创业技能培训和针对正式创业青年的创业辅导,引导青年理性认同创业、积极投身创业、正确实施创业。二是金融扶持功能。建立与银行、小额担保机构等金融机构的合作,积极创新面向初创企业的金融产品和金融服务,缓解在孵企业遇到的资金瓶颈问题;加大与创业投资机构的合作力度,建立孵化体系内的天使投资网络,实现孵化体系内资金和项目的对接和共享。三是资源聚集功能。拓宽服务内容,进一步聚集政策、技术、人力资源、市场等优势资源,为企业提供全方位、多层次和多元化的一站式服务。四是孵化辅导功能。制定和完善创业导师管理办法和实施细则,加强对创业导师的认定和规范工作,建立“联络员+辅导员+创业导师”的辅导机制。

第四条　“全国青年创业示范园区”建设原则。一是突出共青团和青年特色。团组织应发挥政治优势、组织优势、人才优势和资源整合优势,在园区建设和运营过程中,提供具有鲜明青年特点的孵化服务。二是发挥示范带动作用。各地要以“全国青年创业示范园区”建设为参考,建设省、市管理的青年创业示范园区,使各级团组织管理的园区在人才聚集、资本驱动、市场渠道等方面发挥积极作用。三是提升专业服务水平。加强与各类创业社区、创业投资机构、创业辅导团队、创业媒体、创业教育机构的合作,引入专业力量、市场力量,提升服务能力和水平。

第二章　基本条件

第五条　创建“全国青年创业示范园区”应具备下列条件。

(一)经各级政府或有关部门正式批准成立,符合本办法规定条件的开发区、工业园区、创业孵化器和由民营企业或社会资本投资建设和管理运营的园区。各级团组织在“全国青年创业示范园区”管理建设中发挥主导作用。

(二)具有独立法人资格,实际运营2年以上,具有良好的发展前景和持续发展能力。

(三)团组织主导服务的面积不少于3000平方米,可容纳不少于20户创业实体入驻。

(四)园区内水电、道路、消防、通讯、绿化等基础设施完善,配套会议室、仓储、后勤服务等公用设施。

(五)孵化企业中青年创业型企业不少于80%。青年创业型企业须满足以下条件:一是创办期不超过两年;二是至少有1名35周岁以下的股东,且其所占股份不少于30%。

(六)能够提供创业指导、融资担保、管理咨询、事务代理等服务,集聚服务机构3家以上。年均服务青年创业型企业30家以上。累计毕业青年创业型企业10家以上,毕业企业及在孵企业提供就业机会100个以上。

(七)有规范的服务流程、合理的收费标准和较高的服务水平;对小型微型企业的服务收费要有相应的优惠规定,提供的公益性服务或低收费服务要占到总服务量的50%以上;有明确的发展规划和年度服务目标。

第三章　创建程序

第六条　“全国青年创业示范园区”实行自愿申报、逐级审核、择优创建的原则。

(一)提出创建申请。园区向企业注册地的地市级团委提交以下材料:

1.《“全国青年创业示范园区”申报表》。

2.工商营业执照副本复印件。

3.组织机构代码证复印件。

4.园区建设基本情况(含入驻企业数、生产总值、税收、企业获专利数、35周岁以下青年人数比例等)。

5.园区服务机构及人员名单。

6.园区规章制度。

(二)初审。地市级团委到申报单位实地审查,经省级团委复审后报送团中央城市青年工作部。

(三)复审。团中央城市青年工作部对申报园区进行审查。经审查合格的可悬挂“全国青年创业示范园区”牌匾。

第四章　考核与管理

第七条　凡获得“全国青年创业示范园区”称号的园区,要在工作现场的醒目位置悬挂牌匾。

第八条　团中央城市青年工作部牵头组成考核小组每年对“全国青年创业示范园区”进行一次抽查评估,对未达标的园区下发限期整改通知书。到期整改不合格的,撤销其“全国青年创业示范园区”称号,并收回其牌匾。

第九条　凡“全国青年创业示范园区”或其工作人员发生以下任一情况者,收回“全国青年创业示范园区”牌匾。

(一)有违法、违纪现象发生。

(二)在日常工作中发生重大责任事故。

(三)被新闻媒体曝光,造成恶劣社会影响,经核查确实存在其他不符合“全国青年创业示范园区”创建要求的情况。

第十条　团中央将在项目入驻、投融资对接、创业辅导、政策支持等方面为“全国青年创业示范园区”提供必要的帮助。

第五章　附则

第十一条　各省级团委可参照制定省级青年创业示范园区建设标准。

第十二条　本办法的修改、变更、解释权归团中央。

第十三条　本办法自发布之日起生效。

五、农村

共青团中央办公厅关于实施农村青年创业致富“领头雁”培养计划的通知

2014 年 2 月 7 日

共青团各省、自治区、直辖市委，新疆生产建设兵团团委：

为深入贯彻落实党的十八大、十八届三中全会和中央农村工作会议精神，充分发挥农村青年致富带头人（以下简称“带头人”）在构建新型农业经营体系、加快发展现代农业中的骨干引领作用，共青团中央决定启动农村青年创业致富“领头雁”培养计划（以下简称“培养计划”），示范带动更多农村青年创业致富。现将有关事宜通知如下。

一、目标任务

在普遍开展创业小额贷款、实用技能培训等工作的基础上，用 5 年时间培养 100 万名带头人，争取村村都有带头人，县县都有带头人协会；充分发挥带头人作用，领办或创办农民合作社、家庭农场等新型农业经营主体，发展多种形式规模经营，示范带动更多农村青年在发展现代农业中创业致富；为基层党组织和共青团组织培养储备一批青年后备人才，不断巩固和扩大党执政的青年群众基础。

二、培养方式

1. 推荐条件。以农村青年能人、返乡创业青年、大学生村官等为重点，推荐具有一定群众基础和创业经验，有较强示范带动能力的农村青年作为带头人培养对象。年龄原则上不超过 40 周岁。各地可结合地方实际制定具体的推荐标准。

2. 培养管理。培养对象经由农村青年自荐或村团支部推荐，乡镇团委审核，县级团委确定；对已开始创业的农村青年，经县级团委确认，可直接纳入培养计划。培养周期原则上为 1—2 年。建立带头人培养数据库和专题网页，对培养对象的推荐、认定和跟踪服务情况进行动态管理。

3. 考核认定。培养期结束后，由县级团委对培养对象进行考核认定，确定有一定产业规模、社会影响较好、示范带动作用较强的优秀培养对象为带头人，并颁发由团中央统一设计的“领头雁——农村青年创业致富带头人”证书。各地可结合本地经济社会发展水平，制定具体认定标准。

4. 联系扶持。对经考核认定的带头人继续加强联系和服务，为其事业发展创造条件。引导带头人通过培训见习、技术推广等形式，示范带动更多农村青年创业致富。通过导师指导、专家帮扶等方式，培养带头人成长为农民合作社、家庭农场等新型农业经营主体的领头人。组织带头人与农民工子女、农村贫困青年等结对帮扶，积极参与扶贫开发、乡村文化活动和社会公益事业。

三、培养路径

围绕破解制约农村青年创业就业的技术提升难、资金筹措难、人才培训难等问题，充分发挥共青团的组织化和社会化动员优势，整合党政、社会资源，不断深化创业培训、小额贷款、实用技能培训等重点工作，通过结对帮扶、考察交流、搭建平台等方式，着力提升带头人培养的工作实效。

1. 创业培训。抓住国家把青年农民纳入实用人才培养计划的机遇，整合政府、企业、社会和团属培训资源，按照种植、养殖、加工、农业社会化服务、电子商务等类别开展有针对性的专题培训。在全国范围内选择一批能够培育和孵化农村青年创业就业的职业学校、农业园区、优秀企业、社会组织等，作为县级农村青年创业就业培训基地；依托有实力、有影响的中国农村青年致富带头人协会会员，在每省建立一个以上的带头人培训示范基地。推选培养对象到专门培训机构和基地接受创业培训。每名培养对象在培养期内至少参加1—2次培训。

2. 金融服务。抓住国家赋予土地承包经营权抵押、担保权能的政策机遇，协调银行业金融机构，争取开发农村青年创业小额贷款专属信贷产品，提供金融服务。为培养对象做好项目论证、贷款发放、跟踪服务等工作。联合金融机构合作评定农村青年信用示范户，按照信用等级，为培养对象优先发放小额信用贷款，提高授信额度。根据实际需求，帮助培养对象或其带动的创业青年在培养期内至少获得1笔小额贷款扶持。

3. 结对帮扶。建立团干部联系点制度，乡镇团委委员与培养对象结成帮扶对子，了解培养对象实际需求，推动解决实际问题；组建专家服务团，组织高等院校和科研机构的农业专家、农业技术人员与培养对象结对帮扶，帮助解决创业致富中的科技难题；建立创业导师机制，为每名培养对象协调1名专家或涉农青年协会会员作为创业导师，传授致富经验，提供创业服务。

4. 考察交流。建立和完善同业考察交流机制，坚持分层分类设计活动。鼓励经济发达地区与欠发达地区之间互助合作，开展经验交流、项目对接、创业见习等活动。组织培养对象参加考察交流活动，每名培养对象在培养期内至少参加1次考察交流活动。

5. 搭建平台。组织带头人参与各级政府部门与带头人“倾听心声共促发展”活动，了解国家强农惠农富农政策，反映农村青年创业就业实际需求；开展农村青年致富项目大赛，联合风险投资机构、银行业金融机构对具有可行性的优秀创业项目给予一定的资金支持；借助淘宝网、京东商城、拍拍网等电子商务平台，开展农村青年电子商务培训，实施“乡村网商培育工程”，力争每年推动万名培养对象开设农产品网店；结合全国性的农业行业展会和各地农产品博览会，开展带头人产品展示展销推介活动，帮助带头人提升产品的品牌影响力、拓宽市场销售渠道。

四、保障措施

1. 加强组织建设。全面推进省、市、县三级涉农青年协会组织建设，推荐带头人加入县级以上涉农青年协会。争取党政支持，将带头人纳入各级党政青年人才培养体系，推荐进入村两委班子，充实基层后备干部力量。带头人创办的企业或领办的合作社符合建团条件的要建立团组织。吸纳带头人担任乡镇团委委员、编制外副书记或村团支部书记，带动基层团的组织工作整体提升。

2. 完善激励机制。以各级“农村青年致富带头人评选”、“青年合作社示范社评选”、“百强农产品经纪人排名”、“百佳农产品品牌推荐”等活动为依托，选树一批优秀农村青年典型，激发农村青年的创业热情，辐射带动更多农村青年创业致富。

3. 加大宣传力度。利用电视台、广播、报纸等传统媒体以及微信、微博、QQ群等新媒体，广泛宣传带头人的创富故事和经验，发挥典型示范作用，扩大社会影响，营造全社会关心、服务农村青年成长发展的良好氛围。

五、职责任务

1. 省级团委。负责省内培养计划和目标任务的制定、实施和督导落实等工作。制定培养对象的选树标准和带头人的认定标准；加强与政府涉农部门合作，为带头人培养争取政策支持；建设省级带头人培训示范基地，拓宽培训渠道，丰富培训项目；加强与银行业金融机构合作，探索创新适合农村青年的信贷产品和金融服务；建设和管理省级涉农青年协会组织。

2. 地市级团委。负责培养计划实施中的统筹协调、督导检查和宣传表彰等工作。组织培养对象参加同业考察交流活动；协调市域内的农业专家、农业技术人员与培养对象结对帮扶；建立创业导师团队；帮助县级团委争取相关部门的培训项目、补贴资金等；建设和管理地市级涉农青年协会组织。

3. 县级团委。负责培养计划的具体实施。建立县级农村青年创业就业培训基地；联合银行业金融机构为培养对象提供小额贷款支持；帮助培养对象申请扶持项目和补贴资金；组织培养对象参加县级以上涉农青年协会活动；督促和指导乡镇团委工作；建设和管理县级涉农青年协会组织。

4. 乡镇团委。负责乡镇内培养对象的审核、管理、服务和联系工作。落实乡镇团委委员与培养对象的结对帮扶制度；承办上级团组织开展的技能培训项目；协助银行业金融机构做好对培养对象的贷款发放和跟踪服务工作；收集、整理和推报培养对象的创业事迹。

5. 村级团组织。负责培养对象的物色和推荐；加强与培养对象的日常联系和服务；组织培养对象参加技能培训和涉农青年协会活动；协助上级团组织和银行业金融机构做好为培养对象争取小额贷款等金融服务工作；完成上级团组织交办的其他有关任务。

六、有关要求

1. 高度重视，加强研究。各级团组织要充分认识实施培养计划对于加快构建新型农业经营体系、推动现代农业发展、巩固和扩大党执政的青年群众基础的重要意义，高度重视，精心组织。要根据本地实际，加强调查研究，制定区域内带头人培养计划，确定培养目标，明确培养方案。各省级团委请于2014年3月31日将具体实施方案报团中央农村青年工作部。

2. 注重探索，不断创新。要注意从实际出发，根据当地经济社会发展水平和产业发展方向，探索带头人培养路径，创新培养方式，不断提高带头人培养的针对性和实效性；要注重总结经验，加大宣传力度，积极推广带头人培养过程中的成熟做法、成功经验。各省级团委每季度要形成工作总结，及时上报。

3. 沟通协调，健全机制。要健全协调机制，加强与党政部门的沟通合作，整合资源，形成合力，为带头人培养提供政策和制度保障；要建立督导机制，采取实地调研、数据库统计通报等方式强化督促指导，确保各项工作落到实处；要结合“三农”发展形势，不断探索带头人培养规律，着力形成联系扶持带头人事业发展、示范带动更多农村青年创业致富的长效机制。

共青团中央办公厅关于印发《农村区域化团建工作指导大纲》的通知

2014年8月7日

共青团各省、自治区、直辖市委，新疆生产建设兵团团委：

现将《农村区域化团建工作指导大纲》印发给你们，请认真贯彻执行，结合实际、细化要求、对照落实，扎实推进农村区域化团建工作，大力建设农村基层服务型团组织，不断夯实农村共青团工作的组织基础。

有关工作情况及时报送至团中央农村青年工作部。

农村区域化团建工作指导大纲

贯彻落实团十七大、团十七届二中全会精神，适应农业农村发展和青年流动分布特点，按照建设基层服务型团组织的总体要求，以农村区域化团建为统揽，以乡镇团组织为核心，以深化农村合作组织团建和实体化“大团委”建设为重点，不断夯实农村共青团工作的组织基础。

一、区域化建组织，不断扩大团的工作有效覆盖面

1. 完善基层团的组织体系

——深化乡镇实体化“大团委”建设。坚持提质扩面、增强活力，在乡镇驻地和新型农村社区继续建设直属团组织，力争直属组织数量稳步增长。

——大力推进农村合作组织团的工作。加强与农业、供销等部门合作，强服务、抓示范、重联合，推进合作组织团的建设，力争2014年底前建立县域合作组织团工委，2015年底本地符合建团条件的农村合作组织建团率达到90%以上。

——巩固农村行政村、学校、机关、企事业单位的团建工作；加强涉农非公企业和社会组织等团建工作，有效延伸组织覆盖。

2. 建立区域化运行管理机制

——强化乡镇团委枢纽功能，建立联席会议、定期会商、片区管理等制度，形成区域化的议事决策和工作联动机制；开展评议考核、年终述职等工作，建立区域化工作督导机制。

——开展基层团组织规范化建设。探索制定基层团组织规范化建设标准，开展星级创建、活力工程、标准化团建、青年示范社认定等活动，增强基层团组织自我运转和服务能力。制定下发基层团组织工作菜单、模板，指导基层团的工作。

——完善区域化青年联系机制。加强基层组织微信体系建设，构建联系动员青年的便捷渠道。通过开展团干部挂点、联系服务青年月活动等方式，密切与青年的联系。

二、区域化配干部，大力培育青年工作骨干队伍

1. 构建开放式团干部配备格局

——深化乡镇团的组织格局创新工作，建立乡镇团委委员更新调整机制和集中换届机制，将乡镇范围优秀的直属团组织、合作组织团组织负责人吸纳进乡镇团委担任委员、副书记。

——加强村团干部队伍建设，建立村团组织与村“两委”同步的定期集中换届机制，将优秀的大学生村官、青年致富带头人、农村合作组织负责人、金融机构干部等吸纳到村、合作组织团组织班子中来。

2. 加强基层团干部培养力度

——争取党政支持，探索建立村团组织书记进入村“两委”班子成员的机制，有条件

的地方可出台村团干部经济待遇政策。落实青年团员入党原则上由团组织推荐制度，对基层团干部和青年工作骨干在推优入党方面予以倾斜。

——加强基层团干部培训，建立乡、村两级团组织负责人轮训制度。争取组织部门支持，在师资、经费等方面予以倾斜。

三、区域化搞活动，进一步提升基层团组织服务能力

1. 培育区域性品牌活动

——在鼓励基层团组织自主开展活动的基础上，设计兼顾不同类型团组织的区域性品牌活动载体，推动区域内不同类型、不同隶属关系的团组织集中开展活动。

——推动区域内学校、机关、企业团组织与乡镇、村、合作组织和直属团组织开展结对共建工作。通过挖掘典型案例、组织片区交流、开展现场观摩等形式，推动区域内团组织沟通交流。

2. 强化基层团组织服务功能

——促进农村青年发展。实施农村青年创业致富“领头雁”计划，通过提供创业贷款、农技推广、培训交流等服务，促进农村青年就业创业。

——服务农村社会事业。开展志愿服务、扶贫助学、美化乡村、关爱留守儿童等工作，促进农村和谐稳定。

——丰富农村青年文化。开展寻找乡村好青年、奋斗的青春最美丽分享活动，培育和践行核心价值观。提供情感婚恋、文体联谊、社会参与等活动，引导农村青年健康成长。

四、区域化建阵地，切实强化基层团组织工作保障

1. 加强区域服务平台建设

——整合农村党员活动中心、农家书屋、便民服务站、农村文化站点、党员现代远程教育站点等资源，建设青年中心、青年服务站、社区市民学校、青年汇等阵地，构建联系和服务农村青年的综合平台。发挥县、乡团委统筹协调作用，推动区域内团组织阵地资源共享。

2. 强化对基层团组织的工作支持

——推动党建带团建文件和乡镇团委工作经费文件落实，建立完善乡镇团委工作经费管理制度。

——通过整合政府资源、争取上级团组织支持、社会化运作等形式，拓宽经费来源渠道。通过给予资金和项目，鼓励和支持基层团组织开展活动。

六、学校

共青团中央、全国学联关于在大中学生中深入开展培育和践行社会主义核心价值观活动的通知

2014年8月20日

各省、自治区、直辖市团委、学联，新疆生产建设兵团团委、学联，各大中学校团委、学生会（研究生会）：

培育和践行社会主义核心价值观是推进中国特色社会主义伟大事业、实现中华民族伟大复兴中国梦的战略任务。习近平总书记强调，要把培育和弘扬社会主义核心价值观作为凝魂聚气、强基固本的基础工程，从娃娃抓起、从小抓起、从学校抓起，希望广大青年自觉培育和践行社会主义核心价值观，带头倡导良好社会风气。为贯彻落实中央《关于培育和践行社会主义核心价值观的意见》精神及有关部委的部署要求，切实引导和帮助大中学生以习近平总书记系列重要讲话精神为根本遵循，自觉将社会主义核心价值观内化于心、外化于行，共青团中央、全国学联决定在大中学生中深入开展培育和践行社会主义核心价值观活动。现就有关事宜通知如下。

一、总体思路

高举中国特色社会主义伟大旗帜，以邓小平理论、"三个代表"重要思想、科学发展观为指导，深入学习贯彻党的十八大和十八届二中、三中全会精神以及习近平总书记系列重要讲话，牢牢把握立德树人的根本任务，以"我的中国梦"主题教育实践活动为统揽，围绕社会主义核心价值观"三个倡导"的基本内容，按照习近平总书记对青年提出的"勤学、修德、明辨、笃实"的要求，从认知、践行、传播、引领等环节入手，面向全国高校、中学、中职学校，深入开展主题鲜明、形式多样的培育和践行社会主义核心价值观活动，坚持将加强宣传教育、推动实践养成、强化文化熏陶、注重典型示范、健全长效机制相统一，将工作总体谋划与基层创新实施相结合、全国层面动员推进与各级纵深分类开展相结合、教育学生与引领社会相结合，努力落细、落小、落实，扩大覆盖面和影响力，不断增强活动时代感和实效性。

二、工作内容

1. 集中开展"社会主义核心价值观主题宣传月"活动。普及认知认同是培育和践行社会主义核心价值观的前提和基础。各大、中学校团学组织要在秋季新学年开学，集中在9月开展"主题宣传月"活动，通过报告会、分享会、研讨会、演讲赛等形式，利用校园报刊、广播台、电视台、宣传橱窗和网站、手机报、微博、微信、校园APP等途径，进行全方位、多渠道的宣传，实现对大中学生的全覆盖，让所有学生知晓、理解、熟记社会主义核心价值观的24个字的基本内容。在此期间，大、中学校基层团支部要开展1次以学习社会主义核心价值观为主要内容的主题团日活动；各高校团组织至少举办1场"社会主义核心价值观——校园明辨会"，通过研讨、辩论的方式帮助学生正确认知社会主义核心价值观的战略意义和深刻内涵。

同时,要结合“与信仰对话”“与人生对话”“彩虹人生”“奋斗的青春最美丽”等既有的教育活动品牌,加强对社会主义核心价值观的宣传普及。

2.深入开展“我为核心价值观代言”活动。引导学生个性表达、自我传播是培育和践行社会主义核心价值观的有效途径。各大、中学校团学组织要积极利用各种新媒体平台,继续深入开展“我为核心价值观代言”活动,结合“五四”“七一”“十一”等政治性节日,“五一”“六一”等国际性节日,端午、中秋等中华传统节日以及“一二·九”等重大事件、重要人物纪念日和教师节等,集中组织动员团员青年学生结合自身经历和体会,通过文字、图片、视频、动漫、微电影等多种方式表达对社会主义核心价值观的理解感悟,并通过微博、微信、网站、手机报等平台广泛发布,传播青春正能量,营造网络清朗空间。同时,围绕“我为核心价值观代言”主题,组织开展“我来代言”风采展示、优秀代言人分享交流等面对面的线下活动,将“我为核心价值观代言”环节有机融入到校园各类活动中去,成为学生校园生活的新风尚。

3.广泛开展践行社会主义核心价值观主题社会实践和志愿公益活动。促进实践养成、知行合一是培育和践行社会主义核心价值观的主要目标。各大、中学校团学组织要充分发挥实践育人优势,利用平时节假日和课余时间特别是“3·5”学雷锋纪念日、“12·5”国际志愿者日等契机,组织团员青年学生走进学校周边社区和群众中,围绕扶贫济困、应急救援、大型活动、环境保护等方面,围绕空巢老人、留守妇女儿童、困难职工、残疾人等群体,开展各种爱心公益、志愿服务活动;在暑期集中的“三下乡”社会实践活动中,组建大中专学生讲师团,开展以宣讲和践行社会主义核心价值观为主题的专项行动,组织学生深入到广大社会基层开展宣讲教育、社会调查、文艺演出、公益服务等活动,在干部群众中普及传播社会主义核心价值观,在实践中引领社会文明新风。着力建立一批大中专学生社会主义核心价值观实践基地。

4.积极开展社会主义核心价值观主题文化作品征集传播活动。推出贴近学生、贴近实际、贴近生活的文化作品并进行广泛传播,是培育和践行社会主义核心价值观的重要载体。各大、中学校团学组织要举办各种校园文化活动,在大、中学生中广泛征集以弘扬社会主义核心价值观为主题,以微电影、视频、动漫、歌曲、诗歌、短文等为主要表现形式的文化作品,通过互联网、手机等新媒体进行广泛传播,传递积极人生追求、高尚思想境界和健康生活情趣;要联合社会专业机构和力量,重点制作推出内容积极向上、风格青春时尚的文化精品,借助文化艺术的力量和大众传播的优势,引导和帮助大、中学生以及社会公众更好地认知、认同社会主义核心价值观;要建设体现社会主义特点、时代特征、学校特色的校园文化,营造良好、浓厚的文化熏陶氛围。团中央、全国学联将举办优秀文化作品评选、推荐活动。

5.大力开展弘扬中华民族优秀传统文化和传统美德活动。立足中华优秀传统文化和传统美德是培育和践行社会主义核心价值观的重要基础。各大、中学校团学组织要围绕培养学生对中华民族优秀传统文化和传统美德的知识普及和感情认同,抓住民族传统节日等契机,开展经典诵读、知识竞赛、十八岁成人礼等活动;组织大、中学生积极参与“道德模范进校园”活动、“礼敬中华优秀传统文化”系列活动;各高校要发挥相关专业的学科优势,支持国学类学生社团发展,在校园内开展形式多样的教育实践活动。通过各种活动,向大、中学生讲清楚中华优秀传统文化的历史渊源、发展脉络、基本走向,讲清楚中华文化的独特创造、价值理念、鲜明特色,深入挖掘和阐发其讲仁爱、重民本、守诚信、崇正义、尚和合、求大同的时代价值，增强学生的文化自信和价值观自信；帮助学生了解中华民族“一体多元”的历史形成过程，增强维护和促进民族团结的自觉性。

6.积极开展践行社会主义核心价值观先进个人寻访、优秀集体创建活动。发挥先进典型榜样的示范激励作用是培育和践行社会主义核心价值观的有效手段。要以社会主义核心价值观三个层面的基本内容和“勤学、修德、明辨、笃实”四个方面的基本要求为主要标准，在大、中学校中广泛开展践行社会主义核心价值观的先进个人寻访、优秀集体创建等活动，选树一批可亲、可敬、可学的校级、省级、全国层面的个人和集体典型榜样，大力宣传“校园好故事”“校园好声音”。要在大、中学生中广泛宣传和深入学习“全国道德模范”“大学生年度人物”“大学生自强之星”以及有关先进群体等各类榜样典型，广泛开展优秀宿舍、班级、社团等集体创建，引导学生崇德向善、见贤思齐。要把弘扬践行社会主义核心价值观作为高校“青年马克思主义者培养工程”的重要实施内容和评价标准，充分发挥学生党团员和骨干的示范带动作用。

7.建立健全培育和践行社会主义核心价值观的长效机制。培育和践行社会主义核心价值观是一项长期战略任务，必须长抓不懈。各大、中学校团学组织要把社会主义核心价值观教育纳入团学工作总体规划，落实到团学工作各环节，覆盖到所有学生。要在学校共青团开展思想引领和成长服务的各项工作、活动中，体现培育和践行社会主义核心价值观的内容和要求。要创新工作方式和工作载体，制度化、长期化地开展形式多样的社会主义核心价值观教育活动。要推动培育和践行社会主义核心价值观的活动与培养学生核心素养和完善学生守则相结合、与德育和思想政治的课程教学相结合、与学校治理改进和校风建设相结合，健全服务学校中心工作、与各部门加强协作配合的机制。

三、有关要求

1.加强组织领导。各级团学组织要充分认识培育和践行社会主义核心价值观的重要现实意义和深远历史意义，充分认识到在大中学生中加强社会主义核心价值观教育的极端重要性。要切实负起政治责任，认真落实本通知的工作部署和要求，在落细、落小、落实上下功夫，开展好各项工作；通过工作考核、现场观摩、互比互查等多种方式，定期进行工作指导督查，确保活动取得实效。

2.注重广泛动员。各级团学组织要结合本地本学校实际，面向所有团员学生开展社会主义核心价值观教育，工作和活动设计中要面向基层，注重参与性和互动性，广泛动员每一个团支部、学生会、学生社团等都参与进来，确保每一个学生都能参加至少一次活动，把基层和学生的参与面、参与程度作为评价活动成效的重要标准。要在工作中坚持以学生为本，尊重学生的主体地位，激发学生自我教育的主动性和创造性，大力支持学生自己设计、自主开展活动。

3.形成集中合力。各级团学组织要加强统筹协调和工作配合，积极争取党政支持和资源支持，要突出工作的整体性，做到上下一盘棋，确保各个层级工作主题聚焦、步调一致，努力实现工作整体优化和全程优化。要注重认知、践行、传播、引领等不同工作内容和策划、实施、宣传、评价等各个工作环节之间的相互呼应、相互衔接，提升工作成效。

4.坚持长效推进。要将培育和践行社会主义核心价值观活动作为一项长期性、系统性的工作任务，做好长期规划；在活动推进过程中结合各地、各校实际，着力把握重点难点，突出特色特点，结合学校共青团重点工作创新试点实施，注重把握规律，注重总结经验，注重完善机制；要集中力量，特别是发挥好高校的学科、专业和理论研究优势，深入研究培育和践行社会主义核心价值观的科学内涵、基本要素和实践途径，为工作深化创新提供理论支撑。

各地各学校工作进展情况请及时报送团中央学校部和全国学联秘书处。

七、少年

共青团中央、教育部、全国少工委关于深入贯彻落实习近平总书记重要讲话精神，在中小学少先队员中广泛开展培育和践行社会主义核心价值观活动的通知

2014 年 7 月 7 日

各省、自治区、直辖市团委、教育厅（教委）、少工委，新疆生产建设兵团团委、教育局、少工委：

为深入贯彻落实习近平总书记今年“六一”前在北京市海淀区民族小学参加少先队主题队日活动时重要讲话精神，在少先队员中培育和践行社会主义核心价值观，教育引导广大少先队员记住习近平总书记的关怀和要求，做到“记住要求、心有榜样、从小做起、接受帮助”，努力成为培育和践行社会主义核心价值观的小模范，共青团中央、教育部、全国少工委决定，在广大中小学少先队员中深入开展培育和践行社会主义核心价值观活动。具体通知如下。

一、总体思路

按照习近平总书记“记住要求、心有榜样、从小做起、接受帮助”的 16 字要求，开展社会主义核心价值观教育，结合中华民族优秀传统文化教育，利用校内、校外各种教育资源和阵地，开展少先队组织教育、自主教育、实践活动。充分体现“德育在行动”，广泛开展宣传教育和少先队主题队日活动，充分用好每周一课时的少先队活动课和雏鹰争章活动、手拉手活动、红领巾小社团活动等课内外、校内外活动，充分用好暑期、节假日等时间，广泛开展暑期“圆梦蒲公英”主题活动，组织少先队员学习榜样人物，选树可亲、可敬、可学的身边榜样，组织少先队员开展讨论，创设各种少年儿童喜爱的文化产品，教育引导少先队员牢记和理解社会主义核心价值观的“24 字”和内涵要求，帮助少先队员在日常的学习生活中自觉学习、践行社会主义核心价值观，养成良好的思想品德和行为习惯。

二、活动内容

1. 多渠道宣传解读社会主义核心价值观。各地中小学要将社会主义核心价值观教育的要求融入课堂教学、少先队活动、校园文化建设、学校日常管理等各方面和全过程，集中持续宣传社会主义核心价值观“24 字”要求和习近平总书记关于少年儿童培育和践行社会主

义核心价值观“16 字”要求，帮助少先队员熟记熟背、入脑入心。用好学校宣传阵地，通过红领巾广播站、学校队室、宣传栏、电子屏、海报、黑板报、墙报、手抄报等校内宣传载体，充分发挥校园网的引导作用。各级团组织、教育部门、少工委要用好校外教育宣传阵地，在各类青少年宫、青少年教育基地、爱国主义教育基地、社会实践基地等少年儿童校外活动场所，通过张贴海报、宣传画等形式，宣传解读社会主义核心价值观。要联合团属、教育系统的事业单位，并联合社会力量，制作推出童谣、歌曲、动漫、图书、宣传画等文化产品，通过文化、艺术的力量帮助少年儿童牢记和理解社会主义核心价值观。

2. 广泛开展“核心价值观记心中”主题队日等宣传教育活动。新学期开学两周内，各地中小学少先队组织要以中队为单位，开展一次“核心价值观记心中”主题队日活动，组织少先队员将社会主义核心价值观“24 字”要求和习近平总书记“16 字”要求牢记心中。各级少工委主任、团委少年部部长和少先队总辅导员要至少参加一次“核心价值观记心中”主题队日活动，并提前做好帮助辅导。各地要广泛、长期开展各种形式的主题队日、童谣传唱、儿童画征集、阅读体验、讲故事大赛、知识竞赛等活动，帮助引导广大少先队员牢记和理解社会主义核心价值观。

3. 广泛开展暑期“圆梦蒲公英”主题活动。一是开展“圆梦蒲公英・社会实践助成长”活动。今年暑假第一天，各地组织校外活动场所开展艺术、体育、科普、参观学习、职业体验、素质拓展等各类社会实践，进而为少年儿童提供丰富多彩的暑期生活。二是开展“圆梦蒲公英・乡村学生看县城”活动。暑假第一周，鼓励各地组织贫困地区学生和乡村留守儿童走入城市，在自然人文景观、科技园区、博物馆、科技馆及校外活动场所等开展活动，与城市学生交流互动，共同体验现代文明生活。三是开展“圆梦蒲公英・校外教师手拉手”活动。暑假期间，鼓励全国主要中心城市校外活动场所组织骨干教师赴中西部、农村、偏远地区开展圆梦蒲公英支教行动，定点帮扶欠发达地区青少年校外活动场所，帮助当地教师提高教学水平和业务能力。

4. 学习榜样和选树可亲、可敬、可学的身边榜样。全国少工委将依托中国少年报、未来网等单位开展“选树最美少年”活动。积极宣传我国历史上的英雄人物、各行各业先进人物和涌现出来的少年英雄。鼓励广大少年儿童向榜样学习，并推荐自己身边的“最美少年”，包括推荐个人和集体，也可以自荐。中国少年报、未来网将安排记者对特别突出的“最美少年”进行深度采访报道，并联合相关媒体进行集中宣传。各级团委、教育部门和少工委要积极挖掘优秀典型，推荐“最美少年”，也可根据各地实际开展当地“最美少年”的选树活动。

5. 广泛开展“争当美德小达人”雏鹰争章等实践体验活动。各地中小学要结合少先队活动课的开展，在少先队日常活动中引导少先队员从身边做起、从小事做起，自觉学习、践行社会主义核心价值观。全国少工委将修订少先队活动课指导纲要，进一步完善雏鹰奖章体系，将社会主义核心价值观的各项内容与少先队活动课和雏鹰奖章更好地融合。各地中小学要以雏鹰奖章为重要激励方式，在课内外、校内外广泛开展“争当美德小达人”雏鹰争章活动。广泛开展“手拉手”、“小小志愿者”、经典诵读、夏(冬)令营、少年军校、少年科学院、少先队鼓号、礼仪和文化交流等活动。在暑假、寒假和节假日，要引导和鼓励少先队员主动承担家务劳动，主动参加力所能及的志愿服务和社会公益活动，自觉遵守社会上的文明行为公约。

6. 广泛开展“说优点、讲不足，手拉手、同进步”主题队会。新学期开始后，各地中小学要以中、小队为单位，以“说优点、讲不足，手拉手、同进步”为主题开展主题队会。要让少先队员讲讲自己和别人的优点，同时请大家指出自己的不足，树立改进的方向和学习的榜样。学期快结束时，再开展一次主题队会，看看通过一学期的努力，大家是否认为自己在小伙伴、家长、老师的帮助下改进了不足。获得大家认可的少先队员可以获得雏鹰奖章“进步章”。要建立活动的长效机制，将“说优点、讲不足，手拉手、同进步”主题队会固化为少先队活动课的一项内容，每个中队每个学期至少开展两次这样的主题队会，让少先队员学会“接受帮助”，不断成长进步。

7. 积极开展少先队辅导员说课展示活动。各级团组织、教育部门和少工委要以如何开展社会主义核心价值观教育为主题，组织少先队辅导员积极开展优质少先队活动课说课展示活动，推出一批善于引导少先队员培育和践行社会主义核心价值观的优秀辅导员，推出一批优秀活动案例和活动课件，并在本地区进行宣传推广。全国少工委将开展全国少先队辅导员说课展示活动。

三、工作要求

1. 高度重视。各级团组织、教育部门和少工委要把在少先队员中深入开展社会主义核心价值观教育活动作为长期的工作任务来抓。要切实按照通知要求，逐一部署各项工作内容，并通过联合开展工作考核、示范活动、互观互检等多种方式，定期进行指导和督查，检查落实效果。要以社会主义核心价值观教育为重要内容，做好少先队辅导员培训工作。

2. 广泛发动。各级团组织、教育部门和少工委要迅速转发文件，层层抓好落实。要通过组织发动、新媒体发动、媒体宣传等多种方式加强工作引领，尽快将工作部署传达到每一所中小学，传达到每一名少先队工作者、教师和少先队辅导员。所有中小学都要行动起来，要求广泛开展的活动要努力动员到每一名少先队员、少先队辅导员。

3. 创新载体。各地要充分运用各种少年儿童喜欢的活动载体，用少年儿童易于接受的语言和喜闻乐见的方式，用好校内、校外各种教育资源和阵地，激发广大少先队员的参与热情。各级少先队报刊网站要充分发挥好宣传发动的作用。要发挥好少先队组织教育、自我教育、实践活动的特点，注重发挥少先队员的自主性和少先队小干部的带头作用。

4. 长抓不懈。各地要把在少年儿童中培育和践行社会主义核心价值观活动作为一项系统工程，要把有关工作和校园文化建设、少先队活动课、雏鹰争章活动、手拉手活动、红领巾小社团活动等紧密结合起来，融入学校日常教育教学管理，做好长期规划，注重机制建设。

有关工作进展情况请及时报全国少工委办公室。

八、权益

关于印发《关于加强青少年事务社会工作专业人才队伍建设的意见》的通知

2014年1月10日

各省、自治区、直辖市、新疆生产建设兵团团委，综治委预防青少年违法犯罪专项组（领导小组），综治办，民政厅（局），财政厅（局），人力资源社会保障厅（局）：

为深入贯彻党的十八大、十八届三中全会精神，切实加强青少年事务社会工作专业人才队伍建设，服务青少年健康成长，发展青少年社会事业，为构建社会主义和谐社会提供有力的人才支撑，经中央人才工作协调小组办公室同意，共青团中央、中央综治委预防青少年违法犯罪专项组、中央综治办、民政部、财政部、人力资源社会保障部共同制定了《关于加强青少年事务社会工作专业人才队伍建设的意见》。现将文件印发给你们，请结合工作实际，认真贯彻落实。

关于加强青少年事务社会工作专业人才队伍建设的意见

为深入贯彻党的十八大、十八届三中全会精神，全面落实《关于加强社会工作专业人才队伍建设的意见》（中组发〔2011〕25号）和《社会工作专业人才队伍建设中长期规划（2011—2020年）》（中组发〔2012〕7号）的要求，努力造就一支高素质的青少年事务社会工作专业人才队伍，服务青少年健康成长，发展青少年社会事业，为构建社会主义和谐社会提供有力的人才支撑，现就加强青少年事务社会工作专业人才队伍建设提出如下意见。

一、加强青少年事务社会工作专业人才队伍建设的意义

随着我国经济社会快速发展，当代青少年在学习工作生活条件总体改善的同时，在成长成才、身心健康、就业创业、社会融入、婚恋交友等方面也面临着新的困难和问题。特别是我国每年有600万左右的高校毕业生，有大量城乡贫困家庭青少年、残疾青少年、在城市和乡间流动的农村青年，有几千万的农村留守儿童，他们面对着很多难题，迫切需要帮助。解决青少年成长发展的困难和问题，必须大力加强青少年事务社会工作专业人才队伍建设，建立健全青少年事务社会工作服务体系和网络，广泛在青少年工作中引入专业社会工作，有效满足青少年的个性化社会服务需求。

2007年，团中央联合中央综治办、民政部、人事部、中央综治委预防青少年违法犯罪工作领导小组下发了《关于开展青少年事务社会工作者试点工作的意见》（中青联发〔2007〕41号），确定了13个城市（城区）作为全国首批青少年事务社会工作者试点城市（城区）。各试点城市（城区）紧密结合自身实际，围绕成立机构、投入经费、购买服务、建设队伍、构建机制等环节开展了大量实践探索，青少年事务社会工作专业人才队伍在组织青少年、引导青少年、服务青少年和维护青少年合法权益方面的作用日益突显。但从全国层面看，青少年事务社会工作专业人才队伍建设还存在政策制度不健全、岗位职责不明确、人才数量不充足、人才队伍不稳定、专业化水平不强、职业化程度不高等问题，与青少年社会服务需求不相适应，一定程度上制约了青少年社会事业的发展。

各地要从促进青少年健康成长、深化平安中国建设的高度，深刻认识加强青少年事务社会工作专业人才队伍建设的重要性和紧迫性，在创新社会治理的整体格局中，进一步加强调查研究，采取有力措施，切实加强青少年事务社会工作专业人才队伍建设。

二、加强青少年事务社会工作专业人才队伍建设的指导思想、工作原则和主要目标

1. 指导思想。以邓小平理论、“三个代表”重要思想和科学发展观为指导，建设一支数量足、结构优、能力强、素质高的青少年事务社会工作专业人才队伍，发挥社会工作专业优势，积极开展青少年事务领域服务工作，有效满足青少年发展需要、有效维护青少年合法权益、有效解决青少年问题，最大限度增加和谐因素，增强社会发展活力，提高社会治理水平，团结和带领广大青少年为实现中华民族伟大复兴的中国梦而努力奋斗。

2. 工作原则。坚持党委领导、政府负责，相关部门本着青少年利益优先的原则，切实履行依法规范、政策引导、资金投入等方面的职责，确保青少年事务社会工作专业人才队伍建设的正确政治方向；坚持社会参与、多方协作，鼓励相关社会组织、企事业单位和社会公众支持青少年事务社会工作专业人才队伍建设，合理配置人才，促进人岗相适、人尽其才；坚持突出重点、立足基层，加强基层社会治理领域与青少年事务相关的专业服务平台建设，引导青少年事务社会工作服务资源向基层倾斜，推动青少年事务社会工作专业人才向基层合理流动。

3. 主要目标。梳理青少年事务领域的社会服务工作，以政府购买服务等方式交由社会力量承担，逐步实现政府从对社会事务的直接管理向间接管理转变。承揽和办理好青少年事务，服务青少年成长发展，维护青少年合法权益，做好青少年特别是重点青少年群体的服务管理和预防犯罪工作。探索完善青少年事务社会工作专业人才队伍建设机制、管理机制、运行机制、政策措施，总结提炼符合我国国情和发展需要的青少年事务社会工作专业人才队伍建设经验和模式。到2020年，全国重点扶持发展10家培养青少年事务社会工作专业人才的高等教育机构，建立30家具有青少年事务社会工作继续教育资质的培训机构，建立50家青少年事务社会工作重点实训基地，建立100家青少年事务社会工作服务标准化示范单位，初步建立20万人的青少年事务社会工作专业人才队伍，并形成运行管理机制和配套政策制度框架。

三、青少年事务社会工作专业人才的主要服务领域

1. 服务青少年成长发展领域。思想引导：为青少年提供思想道德教育辅导，引导青少年积极践行社会主义核心价值体系，形成正确的世界观、人生观、价值观。习惯养成：为青少年提供正确的行为指导和良好的习惯训练，帮助青少年形成正确的生活、学习和行为习惯。职业指导：帮助青年培养正确的就业意识，提供就业信息服务，组织开展就业技能培训。婚恋服务：引导青年树立正确的婚恋观，帮助解决思想上、情绪上的困扰，为有需要的青年组织开展婚恋交友活动。社交指导：培养青少年良好的交往动机和交往品质，提高青少年的合作意识和能力、沟通交往技巧和能力，对社会交往有障碍的青少年进行社会关系调适，帮助其融入社会。

2. 维护青少年合法权益领域。困难帮扶：对贫困家庭青少年、残疾青少年，帮助他们获得政府救济和保障以及社会资助和帮扶，同时培养自强自助的生活态度。权益保护:为青少年提供个案维权服务,耐心解答青少年的求助咨询,及时跟进并协调解决家庭虐待、人身伤害、吸食毒品、沉迷网络等侵害未成年人合法权益的案(事)件。法律服务:为青少年提供法制宣传教育和法律咨询服务,帮助青少年增强学法尊法守法用法意识,提高自我保护意识和能力,必要时帮助联系法律援助部门给予援助。心理疏导:缓解或消除青少年的心理问题,帮助青少年提高情绪自我管控能力,促进健康人格的形成,特别关注农村留守儿童、服刑人员未成年子女、流浪乞讨未成年人等特殊群体的心理关爱问题。

3. 预防青少年违法犯罪领域。正面联系:通过个案、小组和社区工作等社会工作方法,加强对闲散青少年的接触联系,提供有针对性的引导和帮扶;加强对流动青少年群体的服务管理,进驻大型商企、市场、城中村等流动人员高度密集区域开展工作。临界预防:关注普通青少年向有不良行为青少年转化的边界,重视偷拿财物、逃学、抽烟喝酒、夜不归宿等早期典型行为,及时采取有针对性预防工作;防止青少年与家庭和学校关系紧张、联系断裂,避免青少年受外界不良行为影响产生不正常的社会化倾向。行为矫治:对有不良行为或有严重不良行为青少年,通过进驻社区、学校、戒毒所、拘留所、看守所等工作项目,加强制度规则意识教育和法制底线教育,纠正和改变不良行为习惯。社会观护:协助公安、法院、检察院等单位开展取保候审观护帮教、附条件不起诉监督考察、合适成年人参与未成年人刑事诉讼、社会调查等工作,帮助掌握未成年犯罪嫌疑人的基本情况,减少涉罪未成年人再犯罪。

四、加强青少年事务社会工作专业人才队伍建设的主要任务

1. 研究制定青少年事务社会工作专业岗位设置标准。各地要按照科学合理、精简效能、按需设置、循序渐进的原则,研究青少年事务社会工作专业岗位设置。重点在各级团组织特别是基层团组织以及12355青少年服务台、青少年宫、青年志愿者协会、少年司法机构、青少年维权岗、维权类组织、青年中心、社区青年汇、青年家园等青少年服务组织和机构开发设置社会工作岗位,纳入专业技术岗位管理范围。综合衡量不同社会工作岗位要求、服务对象、工作难易程度等因素,研究设定相应岗位等级、岗位数量以及与之相适应的青少年事务社会工作专业人才配置比例。建立健全青少年事务社会工作岗位岗前培训制度。

2. 发展青少年事务社会工作服务机构。各地要根据国家有关政策,积极培育、扶持青少年事务社会工作服务机构发展,为政府和社会购买社会工作服务提供承接平台,为社会工作专业人才提供就业渠道和专业提升的载体。通过改进登记服务方式等措施,鼓励社会工作专业人才创办民办青少年事务社会工作服务机构。通过落实税收优惠政策、拓展政府购买服务项目等方式,鼓励民办社会工作服务机构介入青少年事务领域工作。要加强对青少年事务社会工作服务机构的指导,帮助其提升专业化服务、规范化管理和社会化运作水平。

3. 构建青少年事务社会工作专业人才培养体系。要研究制定青少年事务社会工作专业人才教育培养规划,加快培养社会工作专业人才。推动大专院校设置青少年事务社会工作专业课程,完善相关理论研究、学科体系、教学规范,依托大专院校就业服务指导机构做好社会工作专业学生的就业服务工作。建立在职培训机制,通过进修、实习、短训、函授等方式,有计划、分层次地对实际从事青少年事务社会工作的在职人员进行培训。落实继续教育政策,定期对取得职业资格的青少年事务社会工作者开展政策法规、职业伦理、专业理论和实务技能等方面培训。依托国家专业技术人员继续教育基地、社会工作专业人才培训基地、大专院校特别是各级团校推动建立一批具有青少年事务社会工作继续教育资质的培训机构,逐步形成高等教育、继续教育互为补充、相互促进的青少年事务社会工作综合教育培训网络。鼓励支持现有青少年工作从业人员参加全国社会工作者职业水平考试。

4. 建立青少年事务社会工作专业人才考核评估制度。各地要研究制定青少年事务社会工作岗位职责规范和考核评估标准。以所属单位为主体,以岗位职责为依据,以思想品德、能力业绩、职业操守为核心,定期对青少年事务社会工作专业人才履行职责、学习进修、职业发展等情况进行动态考核评估,激励其爱岗敬业、开拓进取。通过职业水平考试和岗位考核评价,逐步健全青少年社会工作专业人才考核评估体系。

5. 建立青少年事务社会工作专业人才薪酬保障机制。事业单位聘用的青少年事务社会工作专业人才,根据所聘岗位,执行相应的工资待遇;在基层群众自治组织、社会组织工作的青少年事务社会工作专业人才,其薪酬以学历、资历、资格、业绩、岗位等多种指标为依据,按照以岗定薪、以绩定奖、按劳取酬的原则,由用人单位合理确定。用人单位应按照国家有关规定,为青少年事务社会工作专业人员按时足额交纳相应的社会保险费用。

6. 建立青少年事务社会工作专业人才与志愿者队伍联动服务体系。各地要建立健全青少年事务社会工作专业人才和青年志愿者相互协作、共同开展服务的机制,充分发挥青少年事务社会工作专业人才在组建团队、规范服务、拓展项目、培训策划等方面的专业优势,引导青年志愿者组织设置一定数量的社会工作岗位,将青年志愿者、少先队志愿辅导员等的培训纳入社会工作教育培训规划。广泛普及志愿服务理念,倡导广大青年参加志愿服务,鼓励符合条件的青年志愿者通过学习、培训、考证等方式进入社会工作岗位。

7. 建立青少年事务社会工作专业人才合理流动机制。各地、各相关部门在制定专业技术人员招聘和遴选计划中,要注意选拔基层青少年事务社会工作专业人才和社会工作、少年儿童组织与思想意识教育专业毕业生,在同等条件下可优先录(聘)用具有丰富基层实践经验、善于做群众工作的青少年事务社会工作专业人才。社会工作专业人才服务边远贫困地区、边疆民族地区和革命老区计划要重点向农村青少年事务社会工作服务倾斜。

五、加强青少年事务社会工作专业人才队伍建设的工作要求

1. 形成工作合力。各地要将青少年事务社会工作专业人才队伍建设纳入本地区经济社会发展规划和社会工作专业人才队伍建设规划,为青少年事务社会工作提供更有力的政策和机制保障。按照组织部门牵头抓总、民政部门具体负责、有关部门密切配合、社会力量广泛参与的社会工作专业人才队伍建设工作格局的总体要求,合力推进青少年事务社会工作专业人才队伍建设。组织部门要做好青少年事务社会工作专业人才队伍建设的宏观指导、综合协调。共青团组织要统筹规划青少年事务社会工作服务范围和规模,科学设置工作岗位,合理编制录(聘)用计划,强化日常管理和激励机制建设,努力推动形成社会力量广泛参与青少年事务的工作格局,推动中国社会工作协会设立青少年事务社会工作委员会。民政部门要切实履行好推进社会工作专业人才队伍建设的有关职能,统筹推进青少年事务社会工作实务发展及队伍建设。财政部门要贯彻落实《关于进一步支持和推动共青团基层组织建设和基层工作的意见》(中青联发〔2012〕20号)的精神,切实加强对团的基层组织建设和工作的财力保障,将由政府负担的青少年事务社会工作专业人才队伍建设经费纳入财政预算。人力资源社会保障部门要做好岗位设置及配套措施的实施与保障,明确相关事业单位社会工作专业岗位。综治组织要将青少年事务社会工作专业人才队伍建设纳入综治工作考评,推动各项工作任务落到实处。

2.加大资金投入。要建立健全财政资金、社会资金等共同参与的多元化投入机制,引导社会资金投向青少年事务社会工作服务领域。要按照《关于政府向社会力量购买服务的指导意见》(国办发〔2013〕96号)、《关于政府购买社会工作服务的指导意见》(民发〔2012〕196号)的要求,将青少年事务社会工作服务纳入政府购买支持范围,逐步加大财政投入力度。筹集社会资金设立"中国青少年事务社会工作专业人才基金",支持各地青少年事务社会工作服务机构发展和专业人才队伍建设。利用好各地青少年发展基金,鼓励和支持有条件的企业和个人设立非公募基金会。符合条件的青少年事务社会工作服务机构,按照国家税收法律法规的统一规定享受相关税收优惠政策。

3.广泛宣传引导。积极宣传加强青少年事务社会工作及其专业人才队伍建设的方针政策,提高各地、各相关部门对发展青少年事务社会工作、加强青少年事务社会工作专业人才队伍建设重要性和必要性的认识。及时宣传、交流和总结、推广各地、各相关部门青少年事务社会工作专业人才队伍建设的新思路、新举措、新经验,积极营造关心支持、理解尊重青少年事务社会工作专业人才的良好社会氛围。对工作成绩突出、群众满意、社会反响良好的先进典型和先进人物,加大宣传报道力度,按照国家有关规定予以表彰奖励。

第四部分

重点工作概述

2014 年全团重点工作综述

2014 年，在党中央的领导下，共青团深入贯彻落实党的十八大和十八届三中、四中全会精神，高举中国特色社会主义伟大旗帜，以邓小平理论、“三个代表”重要思想、科学发展观为指导，认真学习贯彻习近平总书记系列重要讲话精神，按照中央书记处重要指示要求，在李源潮同志直接指导下，围绕团十七大和十七届二中全会作出的各项部署，紧扣时代主题，把握根本任务，坚持虚功实做、难事长做，团结带领广大团员青年为实现中华民族伟大复兴的中国梦努力奋斗。

一、认真学习贯彻习近平总书记系列重要讲话精神，在全团广泛深入兴起热潮

习近平总书记系列重要讲话是新的历史条件下党治国理政的行动纲领，是坚持和发展中国特色社会主义的最新理论成果，是实现中华民族伟大复兴中国梦的强大思想武器。习近平总书记关于青少年和共青团工作的一系列重要要求，是共青团开展工作、加强自身建设的基本遵循。去年，习近平总书记在五四期间与北大青年师生亲切座谈，六一前夕参加主题队日活动与少先队员共度节日，并发表重要讲话；先后给大学生村官张广秀、河北保定学院西部支教毕业生群体代表、南京青奥会志愿者回信。特别是 6 月 27 日对团十七大以来的共青团工作作出重要批示。习近平总书记的重要讲话、重要回信、重要批示，指明了当代青少年健康成长的道路和共青团工作的努力方向。

全团上下倍受鼓舞、倍感振奋，广泛兴起学习贯彻习近平总书记系列重要讲话精神的热潮。去年团中央书记处先后举办 8 次集体学习，结合工作召开 25 次会议，切实做到先学一步、学深一层、学实一些。依托中央团校和各级团属培训阵地举办专题培训班，对团的领导机关处级以上干部、县级团委书记和团中央直属单位负责同志 3600 多人进行全员集训。高校团组织官方微博开设“学习天天见”专栏，总阅读量超过 1 亿人次。各级团组织广泛开展座谈交流、专题讲座、基层宣讲，组织引导广大团干部和团员青年学习领会讲话的重大意义、精神实质和重要要求。通过学习，全团对党的重大理论创新和重大决策部署的理解认识更加深刻，对在中国特色社会主义道路上实现中国梦的理想信念更加坚定，对青少年和共青团事业的发展方向更加明确。

二、紧紧抓住中国梦和培育践行社会主义核心价值观的主线，全面加强青少年思想引导

面对经济社会深刻变革、社会思潮交锋激荡、青年思想多样多变的形势，坚持全团抓引导、种好“责任田”，紧紧抓住中国梦和中国特色社会主义宣传教育、培育践行社会主义核心价值观的主线，全面加强青少年思想引导。

1. 抓住重要契机，做足做强正面宣传教育。深入推进“我的中国梦”主题教育实践活动、社会主义核心价值观宣传教育，抓住新中国成立 65 周年、甲午战争 120 周年、抗日战争

胜利纪念日、烈士纪念日、国家宪法日、南京大屠杀死难者国家公祭日等重要节点，广泛开展学习交流、报告分享、仪式教育、寻访实践、媒体宣传等活动，引导青少年在学习党史、近现代史中受到启示，在了解改革开放成就中受到鼓舞，加深对中国梦和社会主义核心价值观的学习理解，坚定跟党走中国特色社会主义道路的信念。

2. 发挥组织优势，广泛开展团队特色活动。广大基层团队组织常态化开展各种形式的学习教育活动。全团结合纪念五四运动95周年，集中开展“我的中国梦”主题团日活动15.5万场，1700万名团员青年参与。国庆前后，开展“青春践行核心价值观”主题活动34.9万场，吸引2880万名青少年参与。抓住元旦、春节前后，外出务工、就学农村青年集中返乡时机，开展共青团联系服务农村青年月活动，联系服务农村青年110.8万名。少先队组织普遍开展“红领巾相约中国梦——今天我入队·争当好队员”“核心价值观记心中”等主题队日活动，开展少先队基本知识学习实践、鼓号队交流展示，培养少年儿童从小向往中国梦、追求真善美。

3. 坚持分层分类，抓好针对不同青少年群体的教育引导。在大学生中，深入实施青年马克思主义者培养工程，完善课程体系和培养模式，发挥全国青少年井冈山革命传统教育基地等阵地作用，全国、省、校三级培训大学生骨干超过160万人次；通过开展核心价值观主题宣传月、校园明辨会、理论社团学习交流等活动，深化“与信仰对话”活动。在中学中职学生中，深入开展“与人生对话”“彩虹人生”“迈入青春门，走好成人路”等活动，帮助他们树立人生理想、形成正确价值观念。在少年儿童中，努力实现教育形象化、情感化、榜样化、行动化，广泛开展“说优点、讲不足，手拉手、同进步”“争当美德小达人”雏鹰争章等活动。在农村青年中，广泛开展传递核心价值观活动，覆盖25843个乡镇。在新兴领域青年中，深入开展调研交流，通过走访联谊、网络互动、提供帮助等方式，初步联系和吸纳了一批新兴领域优秀青年代表。同时，有针对性地加强对企业青年、青联委员等群体的思想引导。在青年官兵中，广泛开展“中国梦·强军梦·我的梦”主题团日活动，凝聚起强军兴军的强大力量。

4. 突出典型引领，积极发挥示范带动作用。在抓好青年五四奖章、优秀团员、优秀少先队员等表彰的同时，充分发挥青少年主体作用，发现身边人、聚焦身边事，广泛开展“争做向上向善好青年”“最美青工”“乡村好青年”“中国大学生自强之星”“最美少年”“最美青年科技工作者”等推选活动，涌现各类典型近3万人，为广大青少年树立了可亲可学的好榜样。深入开展“奋斗的青春最美丽”分享活动，团中央分享团深入基层开展活动380余场，现场听众超过3万人；各地团组织和学校、农村、中央企业等战线开展活动超过5万场，近千万青年参与，分享活动的网上主题微博发布量超过130万条；邀请80多名青年典型开展40余场在线访谈活动，网页访问量近4亿次。

5. 创新方式手段，充分运用新媒体和文化载体。组织开展“我为核心价值观代言”主题网络活动，利用网上流行的“代言体”，吸引青少年通过上传图片、短视频等方式“秀”出对“24字”的理解感悟，102万人参与创作主题微博作品，话题总阅读量3.97亿次。组织开展“我和国旗合个影”活动，吸引超过30万青少年在网上鲜明表达爱国情感，微博话题总阅读量达4.6亿次。发挥文化育人功能，重点开展中国青少年微电影大赛和书法美术大赛，超过2000部微电影、11万件书画美术作品参赛。推出动漫片、拼图、“童谣100首”等文化产品，生动活泼地传播核心价值观。广泛开展诵读经典、国学讲堂等文化活动，引导青少年学习传承中华优秀传统文化。

三、以推动青年创新创业创优为重点，积极服务改革发展大局

适应全面深化改革的新形势新任务，以推动青年创新创业创优为重点，充分发挥在促进经济社会发展中的积极作用。

1. 推动青年岗位建功，争创一流业绩。千千万万青年在本职岗位上的奋斗与实践，是推动发展的强大力量。在企业，组织百余个工种的480多万名青工参与“振兴杯”青年职业技能大赛，推选出585名全国青年岗位能手，广泛开展青年安全生产示范岗创建和青年突击队活动，推动广大青工岗位练兵、比学赶超。在窗口行业，以青年文明号活动20周年为契机，实施“两带头、双争创”行动，推动38个行业领域30多万家青年文明号集体在践行职业道德、推动行业改革发展中发挥排头兵作用。在农村，大力实施创业致富“领头雁”培养计划，广泛开展金融服务、技能培训、特色产业交流、与涉农部门和金融机构“倾听心声、共促发展”对接交流等活动，造就和表彰一批农村青年致富带头人。在军队，广泛开展各类学习成才活动，引导青年官兵爱军精武，积极为实现党在新形势下的强军目标作贡献。

2. 激发青年创造潜能，推动转型发展。全面深化改革为青年创业创新提供了广阔舞台。一是着眼营造创新的鲜明导向，深入推进科技创新活动。在邓小平同志诞辰110周年之际，充实3000万元中国青少年科技创新奖励基金，开展科技创新奖评选表彰、科技创新营等活动，扶持100个大学生科技创新团队、50个中学生科技创新示范竞赛、13所中小学科技创新实验室等项目，引导广大青少年热爱科学、勇于创新。二是着眼激发创业热情、促进项目市场对接，集中开展创新创业大赛。按照社会化、市场化整合资源的思路，分别面向城镇青年、乡村青年、大学生三个群体，举办中国青年创新创业大赛、青年涉农产业创业创富大赛和“创青春”全国大学生创业大赛，引入创业导师，引进创投资金，吸引18万个团队参加，实现意向融资26.4亿元，深受各领域青年的欢迎。同时，还开展了“海外学人回国创业周”“海外杰青汇中华”等活动，吸引来自36个国家4900多名高层次留学人才参加，523个项目正式签约。

3. 动员青年奉献社会，引领文明新风。发挥青年开风气之先的作用，积极走在全社会践行核心价值观的前列。一是投身社会建设。广泛开展青少年群众性精神文明创建活动，在社区服务、市容环境、文化生活、扶贫济困等方面积极贡献力量。中国青年志愿者行动开展20年来，在弘扬时代新风、促进青年成长、带动社会参与等方面发挥了重大作用。成功举办志愿服务广州交流会暨首届中国青年志愿服务项目大赛。在南京青奥会、亚青会、全运会等大型赛会，以及云南鲁甸、四川康定抗震救灾中，广大青年志愿者和青年官兵投身一线、甘于奉献，涌现出了袁雅逊这样一批事迹感人的团干部和团员青年典型。二是促进协调发展。向西部派遣支教研究生1828人，西部计划在岗志愿者共19067人；组织11万支团队、600余万名大中专学生参加“三下乡”社会实践；继续实施博士服务团、“科技之光”青年专家服务团、大学生村官等项目，促进智力和人才服务西部、服务农村、服务基层。三是参与生态环保。深入推进保护母亲河行动，持续推动解放军青年林等示范工程建设，大力实施“京津冀晋蒙青少年增绿减霾”共同行动，推出系列微捐产品，动员598.4万人次、募集资金物资2.1亿元，造林44.6万亩。召开全国青少年生态环保组织圆桌会议，凝聚更多生态环保力量。继续推进“光盘行动”、节能减排等活动，引导青少年从点滴做起保护环境。

四、突出重点需求和重点群体，切实服务青少年成长发展

认真贯彻习近平总书记提出的服务青少年成长需求和关注特殊困难群体的指示精神，

坚持大服务、大维权的理念,主动为青年办实事解难事,切实维护青少年的成长发展权益。

1. 大力促进青年就业创业。把促进青年就业创业作为服务青年的重中之重。一是开展就业见习。面向社会青年,开展2200余场见习对接活动,提供43万多个见习岗位,21万多名青年开展见习,其中5.3万人实现就业。面向高校学生,实施百万青年创业就业计划,提供35万个就业见习岗位。二是加强技能培训。在农村青年中,投入1.6亿元,培训212.4万人次。在大学生中,推广KAB创业教育,200多万人参加。三是深化金融服务。与邮储银行等金融机构加强合作,开发青年专属的金融产品,降低门槛、拓宽渠道,向21.6万名城乡青年提供创业小额贷款168.8亿元。四是提供阵地支持。各地广泛建设青年创业园、青年创业孵化基地等,命名40个全国青年创业示范园区,融创业指导、创业实训、政策支持、创业孵化为一体,为有志于创业的青年搭建平台。

2. 竭诚服务青少年学习成才。服务青少年的学习,是共青团在国民教育体系中发挥作用的重要切入点。一是广泛开展青少年阅读活动。通过"书海工程"、好书推介、读书沙龙、红领巾书屋等形式,帮助青少年开阔视野、培养良好阅读习惯。二是帮助青少年提高综合素质。着眼提升中学中职生适应现代社会需要的各方面素质,举办首届"彩虹人生——挑战杯"全国职业学校创新创业创优大赛和首届全国中学生商业大赛、模拟联合国大会,近千所学校组队参加。三是着力帮扶家庭困难学生。希望工程实施25年来,共募集捐款107.4亿元,援建1.86万所希望小学,资助困难学生近520万名;实施"圆梦行动",今年共资助7.9万名贫困大学生。

3. 着力服务青少年身心健康。针对我国青少年体质下降、心理健康问题凸显的状况,广泛开展群众性健身活动。一是大力倡导健康生活习惯。在1600多所高校开展"走下网络、走出宿舍、走向操场"主题活动,2800余万人次参与,"每天锻炼一小时、健康工作五十年、幸福生活一辈子"的理念更加深入人心。参与举办全国亿万学生阳光体育运动,开展"国球走进青少年"等活动,带动更多青少年参与。二是努力促进心理健康。开展中高考心理减压"阳光行动",动员7596名心理咨询师举办8100场讲座和咨询,为315.62万人次的中高考学生及家长提供服务。各地依托学校和社区的心理服务站点,帮助青少年缓解各种心理压力。三是积极服务婚恋交友。各地团组织举办了交友广场、青春之约等形式多样的活动,为青年婚恋交友牵线搭桥。

4. 热心关爱困难青少年群体。针对进城务工青年,启动实施服务引导试点工作;深化关爱农民工子女志愿服务行动,组织4.5万个基层志愿服务团队和599万名志愿者结对帮扶农民工子女;团中央募集3387万元建成1097个"七彩小屋",带动各地建设规范化服务阵地近5.3万个。针对残疾青少年,启动实施中国青年志愿者助残阳光行动,募集1.14亿元的资金和物资,建设助残服务阵地1.7万个,招募175.1万名专项志愿者,结对帮扶54万人。针对"蚁族"群体,在北京、武汉等8个城市探索联系服务的渠道和载体。

5. 切实维护青少年合法权益。按照让青年"想得起、找得到、靠得住"的要求,推进青少年权益工作创新发展。一是积极推动青少年法律体系建设。承担起草《网络空间未成年人保护条例》,全程参与全国人大常委会《未成年人保护法》执法检查。二是积极反映青少年普遍性利益诉求。深入开展"共青团与人大代表、政协委员面对面"活动,省级团委围绕"加强未成年人安全和身心健康法律保护""净化网络和新媒体环境"等主题,提出议案提案246件。三是大力开展青少年法治宣传教育。认真落实党的十八届四中全会提出的法治教育从青少年抓起的重要要求,广泛开展普法知识竞赛、法制报告会、模拟法庭等活动,引导青少年把认知和行为牢固建立在基本的道德底线上,积极培育民主法治精神;依托 12355 青少年服务台深入开展“青春自护”教育,在 17 个城市的服务台建设青少年法律服务中心。四是加强预防青少年违法犯罪工作。推动未成年人涉命案数指标纳入综治考核体系,推动 1085 个县完成重点青少年群体服务管理和预防犯罪首轮推开工作,安排部署第二轮推开工作,牵头推进对有严重不良行为青少年的教育矫治。五是加强青少年事务社工队伍建设。推动出台全国第一个专门领域社工队伍建设意见,研究制订相关工作标准,把 20 万人的目标任务分解到各地,设立专项基金,支持各地社工服务机构发展和专业人才队伍培养。

六、高举民族团结旗帜,扎实推进民族地区青少年工作

认真贯彻中央第二次新疆工作座谈会、对口支援西藏 20 周年电视电话会议和中央民族工作会议精神,把握长期性、群众性和科学性的特征,从 3 个方面着力做好民族地区青少年工作。

1. 深入推进民族团结教育。以“民族团结代代传”为主题,广泛开展文化艺术节、读书故事会等活动,推广《兄弟姐妹一家亲》动画片和少数民族语言版本青少年读本,引导青少年正确认识我国作为统一的多民族国家的历史、现实和未来。组织青联志愿者艺术团到新疆演出,开展“新疆学子百村行”大中专学生暑期社会实践活动,宣讲政策、开展服务、传递温暖。开展内地流动少数民族青少年思想状况调研,使民族团结教育有的放矢。

2. 大规模开展交流互助。组织超过 200 万新疆和内地各族少年儿童、中学生结成“手拉手”小伙伴,互通书信,增进感情。深入推进青少年民族团结万人交流计划,组织 2550 名民族地区青少年到内地学习考察。广泛开展各民族青少年夏(冬)令营、文体联谊、民宿等活动,增进他们对祖国大家庭的感情。

3. 积极推进对口支援。召开共青团对口支援新疆、西藏工作会议,集全团之力确定总价值 6.2 亿元的 548 个援疆项目和 481 个援藏项目,着力促进民族地区青少年教育、就业、人才事业的发展。拨付专项补助费 860 万元,支持民族地区青少年活动场所建设。扩大大学生志愿服务西部计划新疆和西藏专项规模,分别向新疆、西藏、四省藏区派遣志愿者 4076 人、1992 人、684 人,总人数比去年增长近 30%。深入实施民族地区优秀年轻干部培养计划,选拔两批共 150 人赴东中部省份进行为期 3 个月的挂职锻炼。选派两批共 77 名高校团干部赴新疆挂职工作;组织青年医疗专家服务团,深入少数民族地区开展免费医疗检查和救助。

七、拓展联系青年的组织方式,努力把青年社会组织纳入以共青团为核心的青年工作体系

青年社会组织的蓬勃发展,吸引了数以千万计的青年参与其中。做好青年社会组织的联系、服务和引导工作,是巩固扩大党执政的青年群众基础的现实需要,是整合壮大青年工作力量的重要举措。全团首次召开青年社会组织工作会议,确立了摸清底数、搭建平台、健全机制、合作参与的基本思路。一是掌握基本情况,加强联系覆盖。建立青年社会组织数据库和新媒体交流平台,广泛开展论坛、沙龙等联谊交流活动。直接联系 1.4 万家规模和影响力较大的青年社会组织,间接覆盖 9.7 万家。在青联中增设青年社会组织界别,吸纳骨干 224 人。二是积极服务发展,有效孵化培育。通过争取政府购买社会公共服务项目经费、社会化整合资源等途径,筹措资金 2.3 亿元支持青年社会组织开展工作。全面启动青年社会组织孵化培育阵地建设,重点为青年参与度高、公益性强的组织提供成长支持。培训

青年社会组织负责人近1.5万人次，帮助他们接受团的理念、提高工作能力。三是深化项目合作，强化价值引领。在各类公益活动中广泛动员青年社会组织参与，倡导公益互助健康的组织文化，引领青年社会组织积极践行社会主义核心价值观。

八、着眼扩大团的工作有效覆盖，积极探索团建创新

按照"青年在哪里，团组织就建在哪里；青年有什么需求，团组织就要开展有针对性的工作"的目标要求，紧跟青年的分布流动变化，适应青年的需求，突出基层服务型团组织建设，努力创新团的组织。

1.大力加强城乡区域化团建。巩固活跃基层，既要注重"点"上的建设，也要注重"面"上的整合。全团努力推动实现区域内组织共建、资源共享、阵地共用、工作联动。在城市，全国共有4125条街道建立了区域青年工作共建委员会，新建直属团组织7.3万个；在农村，持续深化实体化"大团委"建设和组织格局创新工作，在乡镇驻地和新型农村社区新建直属团组织9.8万个，乡镇团委委员总数达34.1万人。全团通过整合区域内学校、机关、企事业单位等领域资源，开展区域化活动3.98万次，150余万青年参加。

2.巩固传统领域团建、拓展新兴领域团建。继续加强机关事业单位、学校、国企、村镇、军队等领域团的基层组织建设。坚持把学校团组织建设和工作摆在基础性战略性源头性位置，推动"团建全覆盖、活力到支部"，在成立民办高校(独立学院)共青团联席会、中职共青团联席会和理工科高校共青团联盟等方面作出了探索。在新兴领域团建方面，一是深入推进非公有制企业团建，新建组织39435个，开展"达标创优"活动，覆盖35岁以下青年126.62万人；二是推进农村合作组织共青团工作，新建团组织5.8万个，推动建立县域农村合作组织团工委2183个，分别建立省级、地市级青年农民专业合作社联合会14个、225个，强化联系服务农村青年的新纽带；三是大力推进行业和园区团建，在深化钢铁、港口、煤炭、汽车、餐饮、国家级经济技术开发区共青团指导和推进委员会以及注册会计师行业团委工作的基础上，新成立全国国家高新区共青团工作指导和推进委员会，联合有关部门积极筹划建立互联网行业团工委，推动部分省份在骨干互联网企业中建立团组织1540余家；四是深化驻外团组织建设，累计建立省、市、县三级驻外团工委121个、1192个、4504个，派生基层团组织30余万个，积极为进城务工青年提供有效服务。同时，在19个省份设立新兴领域青年工作机构、配备专职工作人员，探索建设新兴领域青年数据库，稳妥吸纳他们加入团组织。

3.全面推动青少年综合服务平台建设。以强化服务青少年的功能为主题，推进青少年之家、青年汇、亲青家园、市民学校、青年中心等综合服务平台建设，推动团的组织网络、工作力量、服务项目在青年身边实现有形化、日常化。团中央拨付2200万元，支持全国231个项目；各地团组织因地制宜加大服务平台建设力度，努力实现融组织建设、工作阵地、资源整合、活动开展为一体，增强对青年的吸引和凝聚。

4.加强团员队伍建设。以增强团员的先进性为重点，加强团员队伍的教育和管理。按照初中毕业班30%和高中阶段毕业班60%的比例，在部分地区先行实施，控制学生团员规模。要求广大团员成为注册志愿者，增强团员意识，发挥模范作用，加入网络宣传志愿者队伍，带头发出好声音，弘扬正能量，奉献社会、服务人民。

5.规范创新基础团务。翻译出版蒙古、藏、维吾尔、哈萨克、朝鲜5种文字版《团章》，促进少数民族地区规范开展团的工作。推进部分省、市电子团员证系统建设试点工作，探索新形势下团员信息管理和联系服务新渠道。

6. 持续加大支持基层力度。团的各级领导机关持续把资源、载体、项目向基层倾斜。在制度保障方面，累计推动全国97.1%以上的地市和88.7%以上的区县召开党建带团建会议或出台文件，以县级为重点狠抓政策落实。在团干部配备方面，对长期不配备团委书记、班子长期只配备一人、机关干部配备率低于50%的县(市、区)进行组织干预。全团地市级团委书记、班子和机关干部平均配备率均在90%以上，县级均在87%以上。在经费保障方面，推动各级财政部门按照团中央与财政部联合下发文件精神，为基层团组织提供长期稳定的工作经费支持。团中央为1460个中西部地区和部分东部地区县级团委提供各2万元的经费支持。在力量支持方面，推动1800余名全团地市以上领导机关副处级以上干部建立基层联系点，每个点开展不少于10天的工作指导；选派第3批1067名高校团干部到县级团委挂职一年；选派1041名金融机构年轻干部赴县、乡两级团委挂职，服务青年创业就业。

九、不折不扣落实党的群众路线教育实践活动的各项任务，狠抓团干部队伍教育管理

去年，中央统一部署开展第二批党的群众路线教育实践活动，习近平总书记对从严治党提出了明确要求。团干部是党的干部队伍的组成部分。全团按照中央的部署和要求，持续狠抓团干部队伍建设。

1. 强化学习，锤炼党性修养。推进“学理论、强党性、铸信仰”活动，通过理论中心组学习、专题报告会、学习交流会等形式，组织团干部认真学习中国特色社会主义理论体系，坚定道路自信、理论自信、制度自信；深刻领会中央关于青少年和共青团工作的重要指示精神，进一步明确存在的问题、解决的思路和努力的方向；深入了解党政关心、青年关注的经济社会热点问题，努力帮助团干部开阔视野、把握大局。

2. 走进青年，改进工作作风。深入贯彻中央八项规定精神，坚持不懈地在团干部队伍中反“四风”，认真查摆问题，开展批评与自我批评，加强整改落实，建立长效机制，推动广大团干部自觉践行党的群众路线。特别是连续两年在全团处级以上干部中开展“走进青年、转变作风、改进工作”大宣传大调研活动，深入到农村、企业、学校、社区等基层单位搞宣讲、办实事、同劳动、交朋友、结对子，共开展宣讲会、座谈会2.5万场，与4.3万名青年建立起经常性联系，团干部普遍接受到了解基层、联系青年、发现不足的生动教育。

3. 完善制度，严格规范管理。着力巩固党的群众路线教育实践活动成果，大力推动建章立制，切实做到用制度管人、管事、管作风。一是建立完善团内决策制度，制定《共青团中央书记处工作规则》和《共青团中央请示和报告工作规定》，要求团的各级领导干部严格执行民主集中制。二是健全工作督导考核制度，制定省级共青团工作考核办法，推动各级团干部狠抓工作落实。三是强化密切联系青年制度，严格落实《共青团中央关于完善团干部直接联系团员青年制度的意见》，督促各级团干部每年至少2个月时间深入基层、深入青年。四是完善日常管理制度，对会议、文件、保密、财务、资产等管理作出明确规定，增强团干部遵纪守法的意识。

4. 感恩自省，明确成长方向。针对当前团干部队伍中存在的一些不足和问题，强调团干部要切实做到自省自励、懂得感恩，克服弱点、虚功实做，坚定信念、远离贪腐。团中央机关开展“团干部如何健康成长”大讨论活动，组织全体团干部通过谈话谈心、交流分享、自我剖析、警示教育等形式触及思想、触动灵魂，树立正确的成长观，正确对待组织、正确对待他人、正确对待自己，按照党的要求健康成长。

5. 加强培训，提高工作能力。把培训作为促进干部成长、增强组织活力、强化工作推动

的重要载体。制定团干部教育培训五年规划，建立领导干部上讲台、分级分类培训、课件审批备案、学员考核等制度，初步建成团干部教育培训网络平台，增强培训工作的规范性、科学性。全年对新任职的省级团委班子成员，以及全国地市级团委班子成员和县级团委书记约3300人进行了轮训；举办各战线工作培训班67期、省地两级培训班2223个，累计培训团干部近40万人次，基本实现了全覆盖。

过去一年，全面推动团的各项事业实现新发展。一是青联工作迈出新步伐。加强思想引领，高举中国特色社会主义旗帜，围绕中国梦、核心价值观、民族团结教育等主题广泛开展宣传教育和文化交流活动；积极服务大局，发挥青联人才智力优势，围绕全面深化改革献计出力，引领和帮助青年在各领域矢志创新创业创优；主动联系青年，以走进青年为基础，通过深入服务青年成长发展普遍需求，不断增强青联组织的吸引力；完善自身建设，进一步强化有关机制，推进对地方和行业系统青联的分类指导，加强对新兴领域青年和青年社会组织的研究、联系和吸纳，不断提升青联的代表性和广泛性。二是学联工作不断加强。坚持用中国梦筑牢青年学生的共同思想基础，服务青年学生全面发展，有序表达和维护青年学生正当权益。制定出台《关于加强和改进高校学生会研究生会建设的指导意见》，强化学联下属的7个专门委员会职能，加强对海外留学生组织的联系，学联组织的吸引力和凝聚力得到提升。三是少先队工作取得新突破。切实履行全团带队职责，指导少先队组织广泛开展各类主题教育实践活动，争取到各省级党委出台加强少年儿童和少先队工作的指导意见并督促抓好落实，扎实推进少先队活动课程、少先队辅导员专业化职业化和少先队学科建设步伐，各项工作保持良好态势。四是与港澳台青少年交流工作的针对性不断增强。在继续办好港澳青年领袖国情研习班、高级研讨班、香港大学生暑期内地实习计划，以及“两岸青年社团负责人圆桌会议”“海峡青年论坛”等活动的基础上，针对涉港重大事件加强与香港青年代表人士的联系，积极发声、主动作为；按照“往下沉，向南移”的思路，进一步加强对台湾南部基层青少年的交流。五是青年对外交流工作实现新拓展。顺应我国外交进入新的活跃期、发展期和开拓期这一大势，以加强思想交流和情感互动为着力点，以服务周边外交、大国外交和“一带一路”为重点，承接办好“中俄青年交流年”等重大项目，开展中国—东盟、中韩、中印、中欧等大规模青年交流，全年共组织2959人次中外青少年互访，有力配合了党政外交工作大局。六是团属企事业单位改革发展。团中央增设直属单位发展管理专门机构，加强对团属企事业单位的管理。完成中国青年科技工作者协会、中国青年企业家协会、中国青年志愿者协会、中国少年先锋队工作学会等团属协会的换届工作。各级团属企事业单位按照全团的统一部署，在青年就业创业、加强新闻宣传、青年志愿服务、推进公益捐助等方面发挥了重要作用。

团十七大以来，随着对党中央和习近平总书记关于共青团工作重要指示精神的学习贯彻不断深入，随着共青团工作实践的不断推进，全团对于做好新形势下共青团工作的特点和规律有了新的认识，越来越感到，团的工作和建设必须牢牢把握并始终坚持以下4个方面的要求。

第一，坚持虚功实做、难事长做。共青团的根本任务、政治责任看起来比较“虚”，但这恰恰是共青团工作的灵魂，是共青团作为党的助手和后备军的“内功”和“基本功”。对此，全团必须旗帜鲜明地抓、理直气壮地讲、坚持不懈地干。同时，当前全团推进的各项重点工作，既有中央交办的“新任务”，也有长期以来难啃的“硬任务”，都不是短期内能够见效的，必须付出坚持不懈的努力。越是面对“虚功”，团的工作越要切实而不表面、深入而不肤浅，团的干部越要务实而不浮躁、朴实而不浮夸，必须在思想武装上做到求实、在工作推进上做到扎实、在干部作风上做到务实、在调查研究上做到笃实、在考核评价上做到严实；越是面对难事，越要发扬水滴石穿、持之以恒的精神，具备“功成不必在我”的胸怀，把工作一项一项做深、做细、做持久、做出实效。全团要始终扭住虚功实做、难事长做这个原则不放，用“实”的作为、“长”的韧劲把“虚功”和难事干出更大成效。

第二，狠抓制度建设。深入贯彻落实党的群众路线教育实践活动有关要求和党的十八届四中全会关于全面推进依法治国的精神，要求共青团工作必须把制度建设摆在更加突出的位置。长期以来，党不断加强对共青团工作的领导，推动共青团在服务大局、服务青年中充分发挥作用，积累了许多带有规律性的宝贵经验，需要将其上升为制度，很好地坚持下去。党的群众路线教育实践活动开展以来，全团在完善团内决策、密切联系青年、加强调查研究、强化工作考核督查等方面形成了不少行之有效的制度成果。今后，全团必须适应全面深化改革的新形势，积极探索加强共青团工作新的制度安排，着力增强依章履职、依规办事、依制管人的制度意识，着力完善于法周延、于事简便、务实管用的制度体系，着力形成讲原则、守纪律、无例外的制度执行力，不断提升共青团工作的科学化规范化水平。

第三，大力推进创新。习近平总书记在“6·27”重要批示中强调，共青团要大力推进组织和工作创新。这就要求共青团面对青年价值观念多元、具体需求多样、群体流动频繁、社会组织兴起、网络生存成为常态的新形势，必须积极探索创新工作思路、工作方式和自身建设。近年来全团在网络宣传、区域化团建、基层服务型团组织建设、青年社会组织工作、学校共青团重点工作创新试点等方面进行了积极探索，取得了初步成效。下一步要深入研究当代青少年成长的新特点和新规律，深入研究当前青年群众工作面临的新形势和新挑战，以改革求出路，以创新求发展。

第四，强化从严治团。共青团有 8900 多万名团员和 27 万多名专职团干部，但组织庞大并不代表战斗力强、凝聚力强，而是意味着管团治团的任务繁重艰巨。要使全团目标一致、步调统一，要使团干部和团员真正作表率、体现先进性，必须坚持高标准、严要求。全团要继续认真落实从严治党的要求，大力推进从严治团，特别是从严管理团干部，以加强理想信念教育为核心、以持续强化作风建设为关键、以严格履行协管职责为重点、以做好团干部教育培训为基础，努力建设一支信念坚定、作风优良、素质过硬的团干部队伍，努力建设一支思想先进、朝气蓬勃、走在前列的团员队伍。

社会主义核心价值观宣传教育和实践活动

2014 年，全团深入贯彻落实习近平总书记关于社会主义核心价值观的重要论述和指示精神，贯彻落实中央《关于培育和践行社会主义核心价值观的意见》，把在青少年中培育和践行社会主义核心价值观作为重中之重，紧紧围绕宣传教育、示范引领和实践养成，有针对性地开展了一系列工作和活动。

一、认真学习宣传贯彻习近平总书记系列重要讲话

动员全团深入学习贯彻习近平总书记关于社会主义核心价值观的重要论述。围绕学习习近平总书记系列重要讲话，及时下发学习通知，广泛动员各级共青团、青联、学联、少先队和青年社团，重点抓好面向团干部、青年学生、各行各业青年骨干、少年儿童等群体的学习宣传。团中央微博采取将习近平总书记讲话原文摘要并配发图片、主题微博讨论等形式，累计发布微博300余条，阅读量超过5000万人次。中国青年报、中青在线、中青网等团属报刊媒体推出习近平总书记关于青年和青年工作重要论述大型专题报道，社会影响广泛。

二、抓住重要契机，大力开展核心价值观宣传教育

贯彻落实中央精神，部署全团充分利用五四、六一、七一、国庆、抗战胜利纪念日、南京大屠杀死难者国家公祭日、烈士纪念日、甲午战争纪念日等重要节点，广泛开展团队仪式、学习交流、报告分享、寻访实践等体现核心价值观内涵的主题活动。围绕庆祝新中国成立65周年，各级团组织开展“青春践行核心价值观”主题活动34.9万余场次，吸引超过2880万人参与。围绕纪念甲午战争120周年，团中央组织全国各地青少年代表在山东威海开展了“甲午殇·中国梦”主题实践营活动，激发青少年爱国情感。少先队组织普遍开展“核心价值观记心中”等主题队日活动，超过2400万少先队员参与。

三、坚持分层分类，抓好针对不同青少年群体的教育引导

面向大学生，围绕培育践行社会主义核心价值观，广泛开展主题宣传月、校园明辨会、理论社团学习交流等活动，举办“与信仰对话”主题报告超过2.4万场，覆盖学生1000万人次。面向中学中职学生，深入开展“与人生对话”“彩虹人生”“迈入青春门，走好成人路”等活动，帮助他们树立人生理想、形成正确价值观念。面向少年儿童，努力实现教育感染形象化、情感化、榜样化、行动化，广泛开展“说优点、讲不足，手拉手、同进步”“争当美德小达人”雏鹰争章等活动。面向新生代农民工，组织开展共青团联系服务农村青年月活动，采取专题讲座、问题活动、志愿服务、道德评议等方式加强核心价值观教育，积极联合法律援助中心、街道社区、学校等机构开展法制宣传教育。面向企业青年，集中开展“岗位践行价值观青春建功中国梦”“相约楷模为技能点赞”等主题活动，引导职业青年爱岗敬业，练技成才。

四、突出典型引领，发挥青年榜样示范带动作用

在抓好青年五四奖章、优秀团员、优秀少先队员等表彰的同时，充分发挥青少年主体作用，发现身边人、聚焦身边事。团中央开展了“践行核心价值观·争做向上向善好青年”主题活动，发动各级团组织从各行各业和基层一线层层推选100名全国向上向善好青年。全团面向企业青年、农村青年、大学生、少年儿童等群体，广泛开展寻找乡村好青年、最美青工、最美青年科技工作者、大学生自强之星、最美少年等推选活动，涌现各类典型近3万人，为广大青少年树立了可亲可学的好榜样。

五、创新方式手段，运用新媒体和文化产品传播“青年好声音”

以“强阵地、建队伍、发声音”为基本思路，全团构建中央、省、市、县四级微博矩阵体系，认证微博超过12.8万个，微信公众平台规模以上账号超过4000个。实施“青年好声音”系列网络文化行动，组织动员广大青年通过编创转发微博、图片、动漫、微视频等产品，生动传播党的理论路线方针政策和主流声音。推出“我为核心价值观代言”“我和国旗合个影”“马上秀光盘”“清明祭英烈”等主打网络活动,阅读点击量均达亿次,持续掀起弘扬主旋律热潮。发挥文化育人功能,重点开展全国青少年微电影大赛和书法美术大赛,超过2000部微电影、10万件书画美术作品参赛。面向青少年创作推荐了一大批体现核心价值观内涵的歌曲、影视、动漫等文化产品,开展了国学讲堂、经典诵读、"我们的节日"等形式多样的文化活动。

六、注重实践育人,广泛开展形式多样的实践活动

以青年文明号活动20周年为契机,大力倡导敬业精神,弘扬诚信文化,引导青年积极践行职业道德。深化保护母亲河行动,开展京津冀晋蒙青少年增绿减霾共同行动,组织动员91个县(市、区、旗)的17余万名青少年参与。以"为祖国勤学修德·以实践明辨笃实"为主题,开展2014年全国大中专学生暑期"三下乡"社会实践,组建国家级重点团队900支。普遍开展青少年学雷锋活动和青年志愿服务,启动实施青年志愿者助残"阳光行动",深化共青团关爱农民工子女志愿服务行动,实施2014大学生志愿服务西部计划,大力倡导和践行文明新风。送文艺下基层,组织全国青联志愿者艺术团赴新疆等地慰问演出。丰富团的品牌活动思想内涵,广泛开展"光盘行动"、绿色出行、垃圾分类、节水节能等"微公益"活动,使其成为青少年体验、参与和涵养社会主义核心价值观的有效载体。

"我的中国梦——奋斗的青春最美丽"系列分享活动

2014年,全团深入推进中国特色社会主义和中国梦宣传教育,紧密结合青少年思想实际,以"我的中国梦——奋斗的青春最美丽"分享团走基层活动为重点,充分发动各条战线、各个系统特别是广大基层团组织,普遍开展讲故事、树典型、抓实践等活动,在广大团员青年中唱响了"奋斗的青春最美丽"的青春主旋律。

一、开展"奋斗的青春最美丽"分享团走基层活动

充分发挥典型示范引领作用,全团普遍开展"奋斗的青春最美丽"系列分享活动,邀请各类青年典型,围绕"奋斗的青春最美丽"主题,深入基层单位和青少年中开展分享交流活动,通过讲述青春故事、分享人生感悟、沟通交流思想,引导广大青少年把个人梦想与中国梦紧密结合起来,勇于追梦、奋斗圆梦。团中央组建了由28名青年典型组成的"奋斗的青春最美丽"分享团,先后分4批深入全国31个省、区、市以及铁道、金融、中央企业、民航、中直机关、中央国家机关等6个系统,开展分享活动380余场,现场听众超过3万多人。全团开展分享活动超过2.28万场,超过267.7万人直接参与。

二、开展"奋斗的青春最美丽"主题团队日活动

全团各条战线、各个领域的团组织结合"奋斗的青春最美丽"分享活动,广泛开展主题团日。紧密联系青年工作实际和成长历程,邀请党政领导、专家学者、青年典型,讲述党史、国史、社会主义发展史故事,讲述改革开放和中国发展成就,讲述形势政策,讲述民族团结。通过学习座谈、交流讨论、入团宣誓、参观寻访、故事讲述、征文演讲等形式,增强广大团员青年的责任感、使命感,坚定在艰苦奋斗中实现中国梦和个人梦想的信心。结合纪念五四运动95周年，全团集中开展“我的中国梦”主题团日活动15.5万场，1700万团员青年参与。少先队组织普遍开展“红领巾相约中国梦——今天我入队·争当好队员”等主题队日活动，开展少先队基本知识学习实践、鼓号队交流展示，培养少年儿童从小向往中国梦、追求真善美。

三、开展“身边好青年”推选等青年典型评选活动

全团通过五四青年奖章、优秀团干部、优秀团员、优秀志愿者评选等不同形式，推选出一大批各领域优秀青年典型。同时，积极动员各条战线、各个领域的基层团组织，面向基层一线，把目光投向普通青少年，特别是围绕社会主义核心价值观关于“爱国、敬业、诚信、友善”等个人价值层面的实践追求，广泛开展寻找乡村好青年、最美青工、最美青年科技工作者、大学生自强之星、最美少年等推选活动，发动青少年积极寻找、推选身边“向上”“向善”的“好青年”，大力宣传、分享他们的青春故事和闪光点，在广大青少年中掀起了自觉向“身边好青年”学习的热潮。

四、开展“奋斗的青春最美丽”媒体宣传活动

各级团组织围绕“奋斗的青春最美丽”主题集中开展了形式多样的媒体宣传活动，综合运用报纸杂志、广播电视等传统媒体和团属网站、微博微信等新媒体，创新宣传方式，线上线下联动，通过开设专题专栏、微话题、微直播、微寄语等形式，传播优秀青年奋斗故事，广泛分享青年参加活动感受，在青少年中积极营造崇尚奋斗、向上向善的青春正能量。团中央“奋斗的青春最美丽”励志教育访谈活动，已累计开展144期，访谈嘉宾353人，采写专访文章346篇、活动报道144篇，联合参与网站达到2000余家，网络媒体总点击量达到11.2亿次，微博听众达430余万人。

共青团网络宣传工作

2014年，全团认真学习贯彻党中央和习近平总书记对共青团开展网络宣传工作的重要要求，落实团十七大、十七届二中全会会议部署，加强网络宣传阵地建设和队伍建设，广泛开展网络宣传引导活动，积极构建清朗网络空间。

一、加强网络宣传工作部署与督导

2014年3月、6月，团中央先后下发了《共青团中央办公厅关于进一步加强共青团网络宣传工作的通知》（中青办发【2014】13号）和《共青团网络宣传员队伍建设2014年工作安排》（中青办发【2014】30号），提出全团工作阵地、队伍建设和重点工作具体任务，明确全团网络宣传工作方向。2014年5月27日召开共青团网络宣传工作电视电话会，对全团团网络宣传工作进行动员和部署，团中央书记处全体同志、中央网信办负责同志，全国、省、市、县四级团的领导班子全体成员，宣传、学校战线全体干部，以及部分网络宣传员骨干总计约10万人参加。2014年11月，在河南省郑州市召开共青团网络宣传引导工作推进会，总结全团网络宣传员队伍建设和网络宣传工作阶段性进展情况，对网络宣传工作进行再动员。

二、加强网络宣传工作阵地建设

按照书记处部署，2014 年 2 月，团中央宣传部成立新媒体工作处，加强团中央微博、微信等新媒体阵地建设和网络宣传工作，带动全团新媒体工作发展。各级团属网站近 4000 家，其中中国青年网是中央重点新闻网站和国内最大青年主流网站，未来网成为全国最大的未成年人专属网站。团中央微博、微信影响力在中央部委中位居前列，荣获人民日报社和新浪网、新华网、腾讯网等媒体颁发的十大中央部委微博、新媒体创新奖等。各地团属网站、微博、微信蓬勃发展，上海、湖南等部分地方团属网站成为当地重点网站，全国地市级以上团委和部分县级团委、基层单位团委建起微信公众平台。各级团组织还加强手机报、手机 APP、网络客户端、网络电台等小型化、社区化、分众化新媒体阵地建设，组织网络宣传员队伍在腾讯、新浪、网易、搜狐等主要商业网站、社区论坛注册账号，扩大网络宣传工作阵地，为积极发声打下良好基础。

三、推进网络宣传工作队伍建设

2014 年 5 月，全团组建起规模较大的网络宣传员队伍，并在 11 月在河南省郑州市召开了中国青少年新媒体协会第二届会员代表大会，启动"清朗网络 · 青年力量"青年网络文明志愿行动，组织动员团员青年成为传播正能量、弘扬主旋律的志愿者。在 2014 年 5 月、6 月、9 月，先后在中央团校、井冈山革命教育基地和延安革命教育基地举办 3 期共青团网络宣传工作培训班，多次安排培训讲师赴各地为网络宣传员授课，并收集、整理全团好做法编订了《共青团网络宣传引导案例集》，制作了工作展示短片，给全团提供有益指导。全团省、地市、县级团组织也都举办了 1 期以上的网络宣传员培训。

四、开展正面网络宣传活动

各级团组织在清明、五四、七一、七七、九一八、十一等重要时间节点，主动设置议题，唱响"青年好声音"。"光盘行动"、"我为核心价值观代言"、"总书记北大讲话""今天是七一"、"勿忘七七事变"、"学习党的十八届四中全会"等 10 多项集中性正面宣传活动，得到广大网民积极参与。比如，"我为核心价值观代言"话题，吸引 90 万名青少年直接参与讨论，总阅读量超过 3.3 亿人次；"我和国旗合个影"微博主题活动，讨论量超过 28 万，总阅读量达 4.5 亿次，登上新浪微博话题排行榜第 1 位并长期位居前 3 位，在榜单排名、阅读人数等多项指标上创造了共青团新媒体工作新纪录。正面宣传活动多次被中央电视台、新华网、人民网、中国青年网、腾讯、新浪、优酷等多家中央媒体和主要商业网站集中报道，形成了强劲的青春正能量。

"向上 · 向善"中国青少年微电影大赛

党的十八大以来，中央高度重视社会主义核心价值观建设，明确强调要从青少年抓起。习近平总书记对培育广大青少年践行社会主义核心价值观提出具体要求、寄予殷切期望。为发挥优秀文化作品育人化人功能，充分借助微电影这一青少年喜闻乐见的方式传播核心价值观、促进青少年健康成长，团中央发起举办了 2014"向上 · 向善"中国青少年微电影大赛。大赛吸引了青少年热情参与，取得了较好的社会效果。

一、征集作品主题鲜明、量多质高

按照书记处要求，团中央宣传部联合中央电视台微电影频道于4月启动2014“向上·向善”中国青少年微电影大赛。大赛通过中国青年报、新华网、中青网等15家媒体和团中央官方微博、微信面向全国青少年发布活动启事，北京等20个省级团委组织了本地赛事。

从作品主题来看，参赛作品紧扣“向上·向善”的主题，运用微电影镜头诠释青年视角中的社会主义核心价值观，充分展现了当代青少年奋发向上、崇德向善的精神风貌；从作品数量来看，大赛共收到微电影成片近2000部、剧本120部，成为目前国内规模最大的微电影赛事；从作品质量来看，20余位青少年喜爱的“当红”青年演员出演，多家视频网络公司竞相参与剧本创投项目。

二、大赛评审专业程度高、青年参与广

大赛评审工作由专业评审和青少年网络投票组成。共设9个奖项，有最佳影片奖、“向上·向善”主题大奖、最佳编剧奖、最佳导演奖、最佳摄影奖、最佳剪辑奖、最佳配乐奖，网络人气奖由网友通过观影投票产生，优秀组织奖授予组织工作突出的省级团委。

大赛邀请中国电影家协会副主席尹力担任评委会主席，著名导演刁亦男、郭帆，著名演员徐帆等业界名人担任评委会成员。评委会按照主题思想突出、剧情创意新颖、符合青少年特点、富有艺术感染力等标准进行三轮评审。初评遴选出100部成片作品和10部优秀剧本，复审从100部作品中评选出26部作品入围终评。

为加深青年对社会主义核心价值观的认知认同，大赛依托新影网、团中央官方微信启动100部优秀微电影有奖互动投票，有效投票人数达到420万。

三、展映活动充满正能量、散发青春气息

2015年1月17日在北京师范大学举行2014“向上·向善”中国青少年微电影大赛作品展映活动。团中央书记处第一书记秦宜智出席活动并讲话。中国文联副主席、书记处书记夏潮，团中央书记处书记周长奎，北京师范大学党委书记刘川生以及中央宣传部、国家新闻出版广电总局、中央电视台有关负责人为获奖作品颁奖。

展映活动分为“致祖国”、“致青春”、“致梦想”三个篇章，通过微电影作品和短视频展现了青少年对社会主义核心价值观三个层面的理解。活动邀请3位大赛作品人物原型，以各自的亲身经历展示了当代青年弘扬社会主义核心价值观的生动实践。《我的成人礼》摘得最佳影片和最佳摄影两项大奖，《圆乐》、《我的父亲母亲》获“向上·向善”主题大奖。最佳导演奖、最佳编剧奖、最佳剪辑奖、最佳配乐奖分别由《彼岸花开》、《我的父亲母亲》、《致父亲》、《希望树》获得，《蜗牛的家》以8.1万票夺得网络人气奖。同时，大赛组委会还授予山西、内蒙古、上海、江苏、浙江、山东、湖北、湖南、广东、广西、海南、四川、云南、陕西省级团委优秀组织奖。

加强团的基层组织建设和基层工作

2014年,着眼扩大团的工作有效覆盖面,全团按照“青年在哪里,团组织就建在哪里;青年有什么需求,团组织就要开展有针对性的工作”的目标要求,根据青年分布变化,适应青年特点和需求,以基层服务型团组织建设为引领和统揽,进一步落实党建带团建制度安排,深入推进团的基层组织建设和基层工作,大力加强团员队伍、团干部队伍建设,各项工作取得新成效。

1. 巩固传统领域团建,拓展新兴领域团建。在传统领域,继续加强机关事业单位、学校、国企、村镇等领域团的基层组织建设。坚持学校团组织基础性战略性源头性地位,按照“团建全覆盖、活力到支部”的思路,巩固和提升学校团组织活力。探索成立民办高校(独立学院)、中等职业学校共青团联席会。在新兴领域,注重建设与提升活力并重:一是深入推进非公有制企业和社会组织团建,全年新建团组织9.47万个,覆盖35岁以下青年257.4万人、团员125.9万人,新建社会组织团组织7980家。二是稳步推进农业合作组织团建,新建团组织5.8万个;推动建立县域农村合作组织团工委2183个;建立省级、地市级青年农民专业合作社联合会14个、225个。三是大力推进行业和园区团建,在深化钢铁、港口、煤炭、汽车、餐饮、国家级经济技术开发区共青团指导委员会和注册会计师行业团委工作的基础上,新成立全国国家高新区共青团指导委员会。联合中央网信办下发《关于大力推进全国互联网行业团建工作的通知》,推动在互联网产业集中的地区建立行业团工委,在重点龙头企业、行业影响较大的互联网企业建立团组织。各省级团委建立了192个省级行业团组织,有效扩大了不同行业的共青团组织覆盖。四是继续深化驻外团组织建设,累计建立省、市、县三级驻外团工委121个、1192个、4504个,派生基层团组织30余万个,积极为进城务工青年提供有效服务。

2. 大力推动青少年综合服务平台建设。按照新建一批、转型一批、开放一批的思路,集中力量在青少年集中的区域建设青少年综合服务平台,努力推动团的组织网络、工作力量、服务项目在青少年身边实现有形化、日常化。团中央划拨2200万元专项经费,在全国重点支持了231个青少年综合服务平台建设。各地因地制宜地统筹青年中心、青年汇、市民学校、亲青家园、12355青少年服务台、七彩小屋等平台建设,努力把青少年综合服务平台打造成为区域内团组织联系青少年和开展活动的依托、整合各类资源的载体、开展服务青少年工作的阵地、共青团服务社会和青少年参与社会实践的平台。

3. 深化城乡区域化团建。全团以实现区域内组织共建、资源共享、阵地共用、工作联动为着力点,大力推动城乡区域化团建。在城市,全国近4000条街道建立了区域青年工作共建委员会,新建直属团组织7.3万个。在乡镇驻地和新型农村社区,新建直属团组织9.8万个,累计建立直属团组织64.5万个。通过整合区域内学校、机关、企事业单位等资源,全国开展区域化活动3.98万次,150余万青年参加。推进广州、中山、福建“智慧团建”试点工作,探索新形势下团员联系管理和服务的新渠道。

4. 以体现团员的先进性为重点,大力加强团员队伍建设。按照“坚持标准、控制数量,保持队伍合理规模和结构”的发展团员工作思路,加强学生团员发展调控,提出按照初中毕业班30%和高中阶段毕业班60%的团青比例，控制学生团员规模。着眼于更好地发挥团员的模范作用，开展推动团员成为注册志愿者工作，出台《关于推动团员成为注册志愿的意见》，推动广大团干部和团员成为注册志愿者，倡导团员成为网络文明志愿者，在现实生活中奉献社会、服务人民，在网络空间弘扬正能量、抵制负能量。

5. 持续加强支持基层力度。坚持眼睛向下、面向基层，团的各级领导机关持续把工作资源、载体、项目向基层倾斜。一是在制度保障方面，累计推动全国97.1%以上的地市和88.7%以上的区县召开党建带团建会议或出台文件，以县级为重点狠抓政策落实。二是在团干部配备方面，对长期不配备团委书记、班子长期只配备一人、机关干部配备率低于50%的县（市、区）进行组织干预。全团地市级团委书记、班子和机关干部平均配备率均在90%以上，县级均在87%以上。三是在经费保障方面，抓好团中央与财政部联合下发文件落实工作，推动各级财政部门为基层团组织提供长期、稳定的工作经费支持。团中央为1460个中西部地区和部分东部地区县级团委提供各2万元的经费支持。四是出台《关于完善团干部直接联系团员青年制度的意见》，研究提出九项具体制度，推动团干部作风进一步转变。五是扎实开展团干部基层联系点工作。团中央书记处领导及团中央机关副处级（含）以上干部共157人建立了基层联系点。推动1800余名全团地市以上领导机关副处级以上干部建立基层联系点，每个点开展不少于10天的工作指导；选派第3批1067名高校团干部到县级团委挂职一年；选派1041名金融机构年轻干部赴县、乡两级团委挂职工作。六是翻译出版蒙古、藏、维吾尔、哈萨克、朝鲜5种少数民族文字版《团章》，促进少数民族地区基层团组织规范开展团的工作。七是指导全团第二批党的群众路线教育实践活动健康深入开展。充分发挥系统指导作用，配合地方党委抓好三个环节的重点工作，确保教育实践活动高标准、高质量推进，取得实实在在的效果。

全国地市级团委班子成员和县级团委书记轮训工作

本次轮训依托中央团校、井冈山青少年革命传统教育基地、辽宁省团校、山东省团校、重庆市团校、陕西省团校等团属院校阵地，共举办30期培训班，培训干部3191人，调训率达93.6%。其中针对团的十七大以来新任职的团干部，在中央团校举办6期、各5天的培训班；针对团的十七大以前任职的团干部，分5个片区举办22期、各3天的培训班；针对重点民族地区团干部，举办2期专题培训班。

通过轮训，基本实现了对全国地市级团委班子成员和县级团委书的全覆盖，完成了团中央本级的目标任务，提升了干部素质，得到广泛好评。

加强顶层设计，多方共同参与。重点抓好“五个统一”。统一组织流程，对培训任务分工和工作要求进行明确，起草标准化的操作手册供各方对照执行。统一授课课件，由机关各部门结合书记处工作考虑和部门重点工作统一研发授课文字大纲并制作成 PPT,供有关师资参考使用。统一调配师资,在轮训工作启动前,对有关师资人员进行统筹安排并以通知形式下发,减轻了承办方的协调压力。统一调训学员,以团中央组织部名义下发调训通知,根据干部配备情况,动态更新调训名单,将培训对象精确到个人,确保不重复、不遗漏、不冒名顶替。统一经费管理,相关培训费用全部从全国团干部教育培训专项经费中列支,减轻了基层负担。

打造精品课程,聚焦团的主业。重点打造 3 个大类课程。一是政治理论类课程。每期培训班均开设"学习习近平总书记系列重要讲话精神"课程,突出总书记对共青团和青年工作的指示和要求。此外,还在中央团校开设了"多学科视角下的共青团工作"课程,请有关专家围绕管理学、组织行为学、社会学、传播学等学科理论分析当前团的工作。二是团的业务类课程。三是团干部实践类课程。为弥补传统课堂讲授方式的不足,在今年的培训中,探索开设了形式活泼、丰富多样的特色课程,多种角度帮助团干部提升实际工作能力。如开设案例分析、专题研讨课程,同时开设现场教学、情景模拟课程,组织学员到青年汇、市民学校等地点进行现场参观和讨论,组织学员分组模拟整合资源、沟通协调等实际工作场景,提升实战能力;此外,还开设成长观教育课程,邀请现任党政领导与学员进行交流,组织学员参观团史展览、接受革命传统教育。

选优配强师资,确保授课质量。本次轮训的师资力量主要来自团中央和省级团委,均为理论素养和工作经验丰富的同志。书记处同志带头走上讲台,在中央团校举办的培训班每期均有 1 名书记处同志进行授课。

严格管理考核,狠抓作风建设。一是建立入学考试制度。二是建立严格的考勤制度。三是建立结业证制度,将考勤、考试结果与结业证发放挂钩。四是培训期间实行封闭式管理。

非公企业团建工作

2014 年,全团牢牢把握"建活并重,以活促建"的总基调,深入推进非公团建工作。2014 年全团新建非公企业团组织 48621 万家,完成年度目标任务的 161.2%,覆盖 35 岁以下青年 155.85 万人,其中团员 75.82 万人。截至 2014 年底,全团累计建立了非公企业团组织 62.3 万家。

1. 以大区域、大企业和大行业为主攻方向,进一步扩大团组织有效覆盖面。重点加强了企业聚集且同质化程度较高的经济园区团组织建设,推动团建工作向较大非公企业聚焦,继续在行业尤其是新兴行业建立工作平台。召开全国行业团(指)委工作联席会,建立完善了行业工作联系机制;先后举办全国园区团组织负责人和全国骨干企业团委书记培训班和企业共青团和青年工作研讨会。截至目前,全国已成立省级以上经开区团组织 1269 家,省级行业团组织 182 家。

2. 着力抓好骨干网络,分层级增加团的领导机关直接联系管理的非公企业数量。重点对综合排名靠前的省级 100 家,地市级 70 家,区县级 40 家非公企业进行直接联系管理,制定直接联系管理的"四个一"标准,通过分层建立示范点、联系点、调整隶属关系等方式加强骨干网络建设。截至目前,全团初步形成了省级、地市级共30455家的骨干管理框架。

3.注入品牌工作,进一步激发非公企业团组织内生活力。以“岗位践行价值观 青春建功中国梦”活动为统领,借助青年岗位能手、青年文明号、“振兴杯”、创新创效、青年突击队等品牌工作,持续激发组织活力。逐步将非公企业团建有效纳入区域化团建格局,为非公企业团组织开展工作提供更多平台、项目和阵地。

第十届“振兴杯”全国青年职业技能大赛

作为国家级一类竞赛之一,“振兴杯”每年举办一届。大赛分为省级初赛和全国决赛两个阶段,获省级初赛各工种前3名的选手参加全国决赛,获全国决赛各工种前5名的选手,晋升为技师或高级技师,授予“全国技术能手”和“全国青年岗位能手”荣誉称号,并在“中华技能大奖”和“全国杰出青年岗位能手”评选中享有优先权;获各工种第6至20名的选手,在原有技术等级基础上晋升一级职称。

2014年,全国共有29个省份及铁道、汽车、煤炭、钢铁、港口、餐饮6个行业(系统)开展了省级初赛,比赛工种达百余个,超过480万青工参与各个层级的技能竞赛,活动覆盖面、比赛工种和参与人数均创历史新高。

第十届“振兴杯”决赛共有284名选手参加了焊工、计算机网络管理员、美发师3个竞赛职业(工种)的比赛。86名非公企业选手跻身决赛,占30.6%;解放军、汽车、钢铁代表队均为首次参加决赛,决赛代表队和选手人数均创十年之最。

全国青年安全生产示范岗

2001年,团中央和国家安监总局联合发起“青年安全生产示范岗”创建活动(以下简称“创建活动”),在全国企业中提出了“安全生产、青年当先”的主题口号。创建活动主要面向企业一线生产车间、班组等基层安全生产单位开展,采取“自下而上、逐级创建”的方式,截至目前,共创建1652个国家级青年安全生产示范岗、各级青年安全生产示范岗10万多个。

在承续往年经验的基础上,2014年的创建活动更加注意品牌深化和制度升级。在品牌深化方面,主要通过拉长工作链条、充实创建内容等措施,充分突出创建过程;广泛宣传“青年安全生产示范岗”创建工作好经验好做法,将“一家示范”变成“万家受益”。在制度升级方面,主要着眼于构建长效机制,积极鼓励各地区、各行业探索制定本地区、本行业创建工作标准;并鼓励有条件的地方开展差额化创建工作探索,突出创建工作的竞争性。共青团中央、国家安全生产监督管理总局决定认定北京京煤化工爆破器材公司雷管车间电子引火元件制造班等 287 个创建单位被认定为 2014 年度全国青年安全生产示范岗。

全国青年岗位能手

青年岗位能手活动以企事业单位青年职工争当青年岗位能手为统领，以“爱岗敬业、技艺精湛、业绩突出”为标准，以岗位练兵、导师带徒、技能比武、创新创效等活动为载体，通过基层广泛参与，日常培养训练，选树青年典型等方式，影响带动广大青年职工学技成才，持续培养适应企事业单位改革发展需要的优秀青年职工。活动在参与主体上，以生产一线职工为主，同时注重培养和提升科研人员和经营管理人员的职业技能；在培养过程上，针对不同青年，制定不同的培养路径，设计具有针对性、操作性、时代性的技能培养工作载体；在评价标准上，把技能水平作为核心要素，并把岗位文明程度和岗位业绩水平作为考核的重要内容；在评定方式上，立足普遍性、体现先进性，形成了企业、县、市、省、全国的逐层评选表彰机制；在活动领域上，立足全面活跃、注重行业联动，不断向企事业单位基层团组织扩展，向行业经济或社会组织中拓展。活动自 1994 年启动至今，涌现出全国青年岗位能手标兵 220 名（含全国杰出青年岗位能手 30 名），全国青年岗位能手 3392 名。

2014 年，为表彰先进、树立典型，共青团中央、人力资源社会保障部联合开展了全国青年岗位能手标兵和全国青年岗位能手评选活动，在综合技能竞赛、国家重点工程实施、全团“寻找最美青工”活动和日常工作实践等方面情况的基础上，经广泛发动、多种方式择优推荐和严格审核，决定授予山东省济南市城肥清运管理二处工人于海等 30 名同志“全国青年岗位能手标兵”称号，授予首钢京唐钢铁联合有限责任公司酸轧日修钳工陈云等 585 名同志“全国青年岗位能手”称号。

青年文明号活动

以创建青年文明号活动实施二十周年为契机，拓展新兴领域，深化创建载体，扩大品牌影响，进一步推动青年文明号活动成为在广大职业青年中培育和践行社会主义核心价值观的重要实践载体。

1. 丰富时代内涵。组织引导各级各类青年文明号带头践行和积极弘扬社会主义核心价值观，以青年文明号“两带头、双争创”活动为主线，组织青年文明号广泛开展主题学习、岗位创优、奉献社会、弘扬文明等具体行动。一是弘扬诚信文化。3 月，联合工商总局集中开展“青年文明号 3 · 15 消费维权日”活动，通过亮化信用承诺、扩大维权宣传、强化社会监督等举措,增强青年文明号守信维信意识。甘肃、江西等11省结合实际开展具有地方特色的信用示范行动。二是传播网上正能量。7月至9月组织开展青年文明号“网络倡文明”行动,征集青年文明号集体自创的微视频、微电影、微故事、微承诺等职业文化作品共884部,依托手机客户端、腾讯网、青年文明号官方微博微信等新媒体平台广泛传播,10万余人次团员青年在线参与活动。

2. 拓展创建领域。适应职业青年分布和流动规律的新变化,着力在青年集聚的非公经济组织和社会组织中拓展创建领域。4月至5月,团中央联合龙头企业和行业协会相继启动了电商、快递、餐饮等领域的创建工作,在创建载体、评价体系、组织机制等方面形成指导性文件,加强面上的工作牵动。目前,内蒙古、黑龙江等13省已启动电商领域创建工作;北京、辽宁等12省已启动快递行业创建工作;重庆、贵州等8个省已启动餐饮行业创建工作。福建、海南等地结合本地区产业特点,率先启动渔业、美发等行业的创建工作。

3. 举办青年文明号二十周年交流展示活动。9月16日,在京举办青年文明号二十周年交流展示活动,通过实地观摩、二十周年图片展、专题视频、各行业青年文明号集体代表示范承诺等环节,充分展示成果,体现时代方向。中共中央政治局委员、国家副主席李源潮同志出席活动并作即席讲话,20余个成员单位领导和各个行业青年文明号代表参加现场活动。为扩大工作覆盖,活动采用网络图文直播,据不完全统计,全国共有8万余个青年文明号集体、100.8万团员青年在当天收看了新华网直播。中央领导同志的讲话和内涵丰富的活动在广大青年中引发强烈反响,并进一步激发了各级各类青年文明号的使命意识、带头意识、创建意识。

4. 加强品牌建设。一是加强集中宣传。联合新华社、中青报、中青网、中国青年杂志等就活动发展进行全面深入报道,如新华社《国内动态清样》刊登了《青年文明号创建20年保持活力调查》,《中国青年杂志》刊登了《青年文明号:吹响职业文明的时代号角》;同时,依托中国共青团网、新华网、腾讯网开设“青年文明号二十周年专题网页”并开通青年文明号官方微信、微博等新媒体平台,集中展示各地区各行业工作动态。二是树立时代典型。以20周年为契机,推选产生100家“示范青年文明号集体”并加强典型宣传,在广大职业青年中弘扬敬业爱岗、创新创优的职业风尚。

夯实基层基础。结合青年文明号活动面临的新形势、新挑战,着力加强调查研究、经验总结、机制探索,为活动发展夯实理论和实践基础。一是加强基层调研。4月以来,组委会办公室深入公交、公安、金融、住建、邮政、铁路、民航等行业的21家全国青年文明号进行实地调研。二是加强理论研究。邀请中国青少年研究中心、中央团校等单位的专家学者,就深化活动功能,激发创建活力等进行理论研讨。三是加强基础工作。集中整理青年文明号活动二十年来的领导讲话、工作总结、典型事迹、新闻报道等大量历史资料。升级改版青年文明号网络办公系统,以及梳理筛查在库各级青年文明号基础数据。年内启动了2013—2014年度全国青年文明号评选表彰工作。

推进青年创业园区建设

制定园区建设规划和标准。以培养中小企业创业者为重点，制定下发《全国青年创业园区管理办法（试行）》，召开全国青年创业园区建设工作会。指导各地对原有各类团属园区进行整改提升，同时采用自建或依托建的方式新建青年创业园区，不断增强创业孵化、创业服务和资源对接功能。截至2014年年底，全国已建立各级青年创业园区305家，其中全国青年创业示范园区40家。

城市青年创业小额贷款项目

继续推动各地团组织发挥自身优势，结合城市青年创业融资的特点和规律，不断完善与金融机构的合作机制，创新适应城市青年实际需求的金融产品和信贷服务，扎实开展城市青年创业贷款工作，不断扩大小额贷款工作覆盖面，全年帮助创业青年获得小额贷款约4.2万笔。

区域化团建工作

开展区域化团建工作，是团的十七届二中全会提出的一项重要工作部署。自《共青团中央关于在城市街道开展区域化团建工作的通知》（中青发【2014】6号）文件下发以来，团中央城市部把区域化团建工作作为激发基层组织活力、扩大对青年有效覆盖的全团重点任务来抓，多措并举大力推进区域化团建工作。突出街道团工委的枢纽功能，立足建设服务型团组织，强化属地化原则，打破行业、层级、所有制界限，实现区域内组织共建、资源共享、阵地共用、工作联动。

2014年，各地街道区域化团建工作取得了阶段性成果。一是形成了整体推进的工作态势。全国31个省、区、市全部通过召开工作会议、下发实施意见等形式全面开展区域化团建工作。31个省份全部建立了工作联系点制度，北京、四川等省份及多个地市级团委与党委组织部门联合发文推动。二是重点任务推进有序。在建立区域青年工作共建委员会、加强骨干力量配备和培训、建设实体+新媒体工作阵地、整合各方资源等方面，各地做了大量扎实有效的工作。三是进行了有益的工作探索，形成了一些工作模式。在推进工作过程中总结梳理了党建带动型、区街联动型、双网互动型、平台促动型、资源撬动型、项目驱动型等不同的工作路径，同时对不同的街道社区类型总结了不同的特色工作模式。四是工作机制进一步完善。推动各地出台了条线团组织参与区域化团建工作制度、团组织和团干部到基层“双报到”制度，以及评选表彰双向征求等制度。

截至2014年底，全国城市街道区域化团建工作共有4226条街道建立了区域青年工作共建委员会，新建直属团组织9.03万个，联系青年社会组织2.09万个，配备青少年社工和专职志愿者共2.3万人，建立各类青少年工作阵地1.03万个，建立新媒体平台8677个，共开展区域性活动6.43万余次，参加活动青年244.9万人。经过一年的努力，区域化团建工作取得初步成效，达到了预期的目标。

驻外团组织工作

驻外团组织通过乡情这一社会机理实现对外出青年农民工群体组织化梳理，是传统层级化组织覆盖方式外的一种有效补充形式。团的各级领导机关以政府驻外机构、商会、企业、劳务品牌、社区、产业园区、行业协会、重大项目、流动党组织等各类载体为依托，建立了相当数量的省、市、县三级驻外团工委，并联系和建立了大批基层团组织，实现了对青年农民工的组织化梳理，填补了青年农民工组织覆盖的空白点。

主要工作举措：一是举办2014年全国驻外团组织负责人培训班。来自各省、市驻外团组织负责人、部分省级团委分管驻外团组织工作的部门负责同志120余人参加培训。二是召开两次专题座谈会，就驻外团工委工作和新生代农民工服务引导工作进行座谈交流。三是依托中国青年就业见习计划、青少年综合服务平台建设、新市民培训计划等项目，为驻外团组织提供就业创业和社会融入方面的服务。同时组织外来务工青年参加团中央开放日活动，并依托驻外团工委组织开展全团五四主题团日活动。

截至目前，全国建立的省、市、县三级驻外团工委分别达到121个、1192个、4504个，派生基层团组织30余万个，驻外团组织体系框架基本建立。

农村青年思想引导工作

按照全团动手抓思想引导的要求，突出中国梦和社会主义核心价值观宣传教育，大力开展“寻找乡村好青年”活动，在乡镇、县、地市、省、全国层面分别产生200509、20986、3975、407、101名乡村好青年，开展分享、代言等活动3.8万场、覆盖153.2万人；开展农村共青团微信体系建设，推动建立“两群一号”，共成立团干部微信群 7.7 万个、联系基层团干部 190.3 万人，成立团青微信群 19.8 万个、联系农村青年 459.9 万人，建设公共微信号 1534 个；开展“2014 共青团联系服务农村青年月”活动，共联系农村青年 110.8 万名。

1. 大力开展“寻找乡村好青年”活动，打造思想引导工作新载体。通过逐级选树和阶段推出相结合、认定公布与分享传递相结合、活动开展与广泛宣传相结合、寻找发现与培养使用相结合的方式，寻找农村青年身边榜样，用身边人身边事讲述和分享核心价值观。一是乡镇层级开展万场乡村好青年传递社会主义核心价值观活动。推动全国 25843 个乡镇开展活动，占乡镇总数的 77.8%，75.3 万人参加。二是开展千县联动、万名乡村好青年共话核心价值观活动。明确统一任务、统一时间，推动 1948 个县召开发布座谈会，组织 18793 名县级“乡村好青年”和 25.4 万名普通农村青年开展分享活动。三是开展“核心价值观我的价值观”乡村好青年青春格言大征集大讨论活动。开通专题网页，1.6 万余名乡村好青年通过短信、微博等方式发表奋斗感言和青春感悟，超过百万网友参与投票。四是开展省级“乡村好青年分享团”进校园、进农村活动。湖北、广东、四川、宁夏等省份联合省委宣传部、文明办、农委等单位开展活动，22 个省份协调省级电视台进行报道。五是加强跟踪培养。建设乡村好青年人才库，积极争取相关党政部门支持，将寻找发现与培养使用结合起来。天津、河南、重庆等省份提出对产生的“乡村好青年”可纳入推优入党人选，推荐到村两委、乡镇团委任职，在培训、项目、资金、小额贷款等方面予以扶持。

2. 开展农村共青团微信体系建设，拓展思想引导工作新渠道。组织建设与思想引导相结合，“键对键”线上联系与“面对面”线下活动相结合，积极运用移动社交媒体手段，打通团组织与团员青年“最后一公里”。一是加强“两群一号”建设。编发《农村共青团微信体系建设十问》，推动各级团组织把微信中的朋友圈建成网络上的团支部，实现逐级的圈层联络。在全国建立起覆盖省、市、县、乡、村 5 级团干部的微信群体系，将大量村团组织和直属团组织“搬上”微信。海南、陕西等省份就微信建设、运行对基层团干部开展培训。二是强化运行管理。建立工作队伍，培育活跃度高、有号召力的领头人，负责微信体系运行。建立管理机制，对信息发布、审核、管理员培训等作出规定，北京、广东、海南等省份出台微信群管理办法。建立激励机制，北京出台微信群管理员补贴办法，江苏开展全省农村基层团组织信息化建设评比。三是促进线上线下融合。运用微信群传递活动信息、收集青年普遍性需求、展示团的工作、开展团的活动。广东、重庆等省份与运营商合作推出微信套餐、流量赠送、智能手机优惠。

3. 集中开展“共青团联系服务农村青年月”活动，建立联系服务农村青年新机制。以乡愁、乡情为纽带，统一时间、统一主题，创新团组织联系和服务农村青年的方式。一是联系走访农村青年。组织基层团干部进村入户、召开恳谈会，了解青年基本情况、梳理普遍需求。上海开展“零距离·万名青年凝聚工程”，辽宁向全省农村青年发放调查问卷 7000 余份。二是开展农村青年文化活动。结合“乡村青年文化节”，举办歌手大赛、趣味运动会，开展送书、送歌、送戏、送电影下乡活动。安徽、重庆、宁夏等省份联合青联、文联送演出下乡。三是服务农村青年创业就业。争取政府部门支持、整合社会资源，开展政策宣讲、技能培训、现场招聘等活动，为农村青年提供了切实的服务和帮助。湖南、广东举办返乡青年创业座谈会，黑龙江开展新型农业经营主体培训会 70 场，陕西组织 135 家单位开展现场招聘、提供就业岗位 1.1 万个。四是开展扶贫济困送温暖。安徽、江西、湖北、四川等省份帮助农民工购票、开通“共青团号”大巴帮助农民工返乡；黑龙江、福建、海南、云南等省份开展结对帮扶等活动，重庆帮助54546名农村留守儿童实现新年心愿。

农村基层团组织建设和基层工作

按照“四个区域化”要求，以乡镇团委为核心，大力推进农村区域化团建工作，新建直属团组织9.8万个，乡镇团委委员总数达34.1万人、平均每个乡镇团委10.5人，推动2340个县（市、区）落实党建带团建制度、占总数的94.5%，推动25322个乡镇团委落实2万元经费、占乡镇总数的77.9%，全国新建农村青少年综合服务平台1.8万个；按照“强服务、抓示范、重联合”的要求，以建设县域团工委和新建直属团组织为重点，大力推进农村合作组织共青团工作，在农村合作组织中新建团组织5.8万个，累计建团超过10万个，建立县域农村合作组织团工委2183个、覆盖全国81.7%的涉农县（市、区），建立省级青农联14个、地市级青农联225个。

1.统筹推进农村区域化团建工作。发挥乡镇团委枢纽功能，通过组织联建、活动联办、干部联培、阵地联建等多种途径，发挥组织的聚合效应，实现基层团组织的融合发展。一是区域化建组织。建立全国联系点，制定区域化团建工作指导大纲，深化实体化“大团委”建设，坚持提质扩面、增强活力，在乡镇驻地和新型农村社区继续建设直属团组织，全国新建直属团组织9.8万个，平均每个乡镇团委新建直属团组织3个。推动基层团组织开展规范化建设，增强基层团组织自我运转和服务能力，天津、河北、内蒙古、浙江、广西等省份开展“五个有”标准化建设或星级创建活动。二是区域化配干部。建立乡村团干部开放式配备模式，推动乡镇团委委员到直属团组织、村团组织兼任团干部或担任团建指导员，河南开展“乡镇团委集中整建月”规范整顿乡镇团委班子、将信贷员吸纳为乡镇团委委员，贵州优选60名青年能人任乡镇团委副书记、向139个村选派村团支部书记。公布“2014年全国百名优秀团县委书记讲堂”名单，举办全国专题培训班，推动各省加强基层团干部培训，吉林、广西、重庆、云南等省份举办县、乡镇团委书记示范培训班。以村“两委”换届为契机，开展村团组织统一换届，18个省份启动村级团组织集中换届，辽宁、重庆、甘肃等9个省份完成换届工作。三是区域化搞活动。制定区域化团建工作指导大纲，出台《乡镇团委结构型菜单》，加强工作内容设计，推动基层团组织广泛开展活动，湖北编印《湖北农村共青团指导手册》下发到乡镇一级。建设服务型团组织，指导各省设计兼顾不同类型团组织的区域性活动载体，推动基层团组织集中开展活动，辽宁、安徽、福建、江西等省份及兵团开展农民读书月、图书漂流等活动。内蒙古、江苏、陕西、青海等省份推动基层团组织开展联建共建。四是区域化建阵地。整合农村党员活动中心、农家书屋、党员现代远程教育站点等资源，建设农村青少年综合服务平台，山东、重庆、新疆等省份建设数量较多。推动党建带团建文件和乡镇团委工作经费文件落实，建立乡镇团委工作经费管理机制，通过整合政府资源、争取上级团组织支持、社会化运作等形式拓宽经费来源，黑龙江、安徽、广东、重庆、云南等省份整合资金、项目、物资支持基层。

2. 着力推进农村合作组织共青团工作。以县域团工委建设为统揽，集成县域范围内各方面资源和力量，以产业链方式对农村青年进行组织梳理。一是建设县域农村合作组织团工委。下发《县域农村合作组织团工委工作指南》，推动建立“团工委——专（产）业团组织——团支部”组织体系，统筹推进县域范围内合作组织共青团工作。全国共建立县域农村合作组织团工委2183个、覆盖全国81.7%的涉农县（市、区），建立省级青农联14个、地市级青农联225个。江苏以县域团工委为统筹推进建团，河南指导在每个县成立3个产业团工委助推合作组织建团。二是推动农村合作组织建团。把握属地管理、行业推动的原则和产业布局特点，通过党建带团建、依托建团、联合建团、示范社建团、青年能人领创办农民专业合作组织并建立团组织、农业产业化龙头企业带动建团等模式，扩大组织覆盖。在农村合作组织中新建团组织5.8万个，累计建团超过10万个。安徽推动将农村合作组织建团纳入省农委工作考核；陕西向百强合作社、大型畜禽养殖场派驻大学生理事长助理。三是为农村合作组织发展搭建平台、提供服务。加强资金项目支持，为基层开展团建、扶持合作组织发展提供支持，云南在每个地市建设一个省级、一个地市级农村合作组织团建示范县、给予每个省级示范县1万元工作经费支持。搭建交流平台，通过举办座谈会、观摩会等形式，组织农村合作组织团组织负责人开展交流，辽宁、黑龙江为农村合作组织团组织开通网页，福建、广西、甘肃等省份参与开通省级淘宝特色馆。推动示范创建，扶持合作组织发展，北京、山东、湖北、广西、四川、甘肃等省份联合涉农部门培育农村合作组织青年示范社。四是推动农村合作组织团组织开展活动、发挥作用。天津、内蒙古、江西、山东、广东、四川等省份联合涉农院校、农业、供销、人社等单位对基层团干部、农村合作组织团组织负责人进行培训。江苏、河南、重庆等省份编发农村合作组织共青团工作菜单，山西、黑龙江、青海等省份在省级层面推动农村合作组织团组织开展创富大赛、志愿服务等活动。

促进农村青年创业就业工作

以创业致富“领头雁”培养计划为统揽，整合各类强农惠农富农政策和社会资源，丰富载体、拓宽平台，深化各项重点工作项目，全年累计帮助21.6万名农村创业青年获得168.8亿元小额贷款，培训农村青年212.4万人、落实培训经费1.6亿元、落实培训机构3304个；举办涉农青年创业创富大赛，共有28个省份开展地区赛事，3.7万多个项目、4万余名创业青年参与。

1. 着力培养农村青年创业致富“领头雁”。整合党政、社会资源，通过创业培训、金融服务、结对帮扶、考察交流、搭建平台等方式，培养“领头雁”。一是加强顶层设计，突出培养重点。与邮储银行签署框架协议、联合发文、召开电视电话会，在青年创业贷款、举办青年创业创富大赛、开展基层干部交流挂职、加强农村青年致富带头人协会建设等方面进行体系化的合作。各省以电商培训、创业扶持、考察交流等为载体，开展形式多样的培养工作。湖北、重庆、海南、陕西、青海、广西联合组织、农业、科技、金融等部门推进工作；黑龙江开展省级青年电商培训并推动网上创业；江苏实施农村青年创业项目和人才“两个一万”工作目标。二是开展交流活动，提升创业能力。结合第十五届中国（寿光）国际蔬菜科技博览会，组织150家会员企业开展全国农村青年创业致富“领头雁”特色产业交流活动。重庆等组织带头人开展跨省份或跨地域产业交流活动；内蒙古、宁夏、贵州等开展致富带头人与政府涉农部门负责人“倾听心声共促发展”、“银青面对面”等活动；黑龙江为3000名“领头雁”提供贷款6000万元；江苏举办“领头雁”示范培训班；四川在全省开展“农村青年致富带头人事迹报告会”50余场；浙江联合省农业厅、商务厅举办2014年全省农商对接大会。三是强化组织凝聚，搭建服务平台。推动22个省份建立省级涉农协会，服务会员产业交流、信息互享、互惠担保，搭建会员与政府涉农部门、金融机构负责人的联系和沟通平台。浙江联合农业、商务部门举办2014年长三角农超对接大会；江西组织会员赴台湾考察农产品营销；河南建立省、市、县三级青农联95个，吸引会员10661人；安徽农村致富带头人全部加入各级青年创业协会。

2. 深入推进创业金融服务。加强团银合作，推出专属产品，提供优惠便利，帮助农村青年解决创业融资问题。一是开发专属金融产品，聚合创业服务要素。坚持市场化和普惠性原则，探索信贷模式，推出聚合各类创业优惠政策的专属金融产品。山东、河南、江西分别与兴业银行、农信社等合作推出“青”字号专属产品；四川开发“蜀青邮贷”3类53项产品；吉林开发“吉青邮先”、“青创时贷”等专属金融产品，并与省农行、省农联社开展干部交叉挂职；黑龙江开发“农青加邮”专属金融产品；浙江与邮储银行合作建立长效机制，力争3年发放创业贷款100亿元。安徽连续4年每年从加快皖北地区发展专项资金中列支1000万元，用于皖北地区青年创业贷款贴息；青海帮助初次涉农创业的高校毕业生申请最高不超过10万元、为期2年的小额担保贷款并给予财政贴息。二是推动信用文化建设，构建青年信用体系。开展金融知识下乡、金融知识进社区等工作。围绕扩大工作覆盖面、提高评定结果使用率和建立长效机制，深入开展农村青年信用示范户创建工作。湖南争取省信用联社对信用示范户下浮贷款利率20%—30%；江苏联合省农行为80多个青年信用示范家庭农场授信；陕西联合信用社启动“金融知识普及月”活动。三是开展金融干部挂职工作，提升金融服务专业水平。选派1041名优秀青年金融干部赴县、乡两级团委挂职。福建、湖北金融干部挂职覆盖全部县区；山东制定细则明确挂职干部的工作任务和考核原则；四川农行为每位挂职干部匹配3万元专项工作经费，挂职干部为农村青年争取创业贷款3.6亿元；福建通过挂职工作，协调邮储银行为农村青年提供10亿元创业贷款授信。

3. 广泛开展农村青年创业就业培训服务。着眼破解农村青年创业的“技术难”，积极争取各方面资源，扎实推进技能培训工作。一是加强与政府涉农部门合作。与农业部、科技部、国务院扶贫办联合开展“青年星火带头人培训工作”、农村青年科技特派员创业行动”、“雨露计划·扬帆工程”助学行动等工作，为基层开展培训营造政策环境。举办新疆农村青年致富带头人星火培训班，培训种养殖大户、家庭农场主、农民专业合作社或农业企业负责人；举办青年电子商务建设与管理人才（涉农创业）高级研修班，培训青年电子商务协会组织负责人。北京、青海分别联合农委、人社、科技等部门开展农村实用技术人才培训；天津与市农委联合建立20个市级青年农业创业基地并给予资金支持；重庆争取200万财政培训经费；江苏、浙江、河南、湖北、云南等省份联合政府部门、涉农院校开展培训。二是联合企业开展示范培训。与种都、四季沐歌、微软等企业合作，实施一系列培训项目。与中国北方汽车教育集团合作开展农村青年汽修技能培训项目。山东、河南、湖北、广西等省份开展省级示范培训项目，与阿里巴巴等公司在电子商务培训、开设淘宝地方馆等方面开展合作。

青少年生态环保工作

围绕建设绿色工程、践行绿色生活、倡导绿色生产、培育绿色队伍，开展统一行动，创新工作载体，整合各方资源，推动社会化发展，全国31个省份和新疆生产建设兵团共动员青少年598.4万人次参加保护母亲河行动相关活动；募集资金及争取政府部门物资支持超过2.1亿元，造林44.6万亩，植树近3600万株；开展青少年生态环保组织专题培训743场次、培训近5.3万人次。

1.启动共同行动，参与京津及周边地区大气污染防治和生态环境保护。一是推进绿色工程建设。团中央募集资金825万元，开工建设4个解放军青年林和5个青少年绿色家园项目，共计1.57万亩；5省份和各系统团组织累计筹资4000余万，开工建设“共青团绿化带”10万亩。二是开展主题宣传实践。以“绿色承诺”为主要内容，开展身边增绿、绿色出行、节水节能等增绿减霾主题实践活动，累计180万人次青少年参与。三是培育环保组织。举办生态环保组织骨干培训，开展2014年度京津冀晋蒙青少年生态环保项目评审展示活动，资助3万家环保组织开展活动。河北成立省级青少年生态环保社团联盟，吸引17所高校35家青少年生态环保组织加入。

2.拓宽动员和参与渠道，推动社会化发展。一是拓展社会化捐赠渠道。与中国银联推出保护母亲河行动银联捐款项目“Union－Tree微捐”；与中国农业银行、交通银行、中国邮政储蓄银行、中国移动、中国电信、中国东方航空公司等6家单位联合实施生态环保领域的积分换礼及公益捐赠项目；与中国青少年发展基金会共同开发社会化募捐载体。二是运用新媒体创新“微公益”、“微捐”项目载体。广东、上海、内蒙古、黑龙江、湖北等省份推出“乐趣乐tree”小树苗求包养微信募资活动、“树刮刮”抽奖活动、“集赞送好礼”、“积分换树”等公益捐赠活动。三是建立战略合作伙伴关系。争取金融机构、中央企业支持，动员青联委员、青企协会员参与，资助建设冠名青年林。联合中国人民银行在内蒙古多伦县开工建设人行青年林；浙江与阿里巴巴公益基金等单位联合启动“水未来”学生环保社团项目，在12所学校资助设立治理水污染学生环保实验室；河北动员青联委员、青企协会员捐资1700万元建设万亩冠名青年林。

3.整合资源，开展植树造林活动。一是以“两个统一行动周”为抓手，开展集中性活动。推进“统一植树周”和“环保主题实践周”活动，指导推动基层开展“吹响绿色集结号，引领青年森呼吸”“种养纪念树，共建生态城”等多种形式的主题植树活动。二是以示范项目为牵动，推进保护母亲河工程建设。启动内蒙古阿拉善项目等17个解放军青年林示范工程，资金总额3400万元，规划面积6.8万亩；启动北京怀柔项目等24个青少年绿色家园，资助金额360万元，规划面积4800亩。推进“县县青年林,村村青年路”建设,广泛开展纪念林、感恩林、亲子林等活动,共造林44.6万亩。三是加强部委合作,为基层团组织开展工作提供政策支持。联合全国绿委、国家林业局下发年度青少年植树行动通知。29个省份团委与绿化、林业、环保、农业等部门联合发文开展活动。

4.创新载体,开展宣传实践活动。以广大青少年参与为目标,围绕生态保护和环境建设主题,推动基层开展丰富多彩的宣传和实践活动。一是开展流域性、区域性活动。山东17地市同步发动8万余市民开展驴友植树、亲子植树等活动;安徽省、市、县三级联动实施“种养纪念树,见证我成长”活动;北京、重庆、河南、广东等开展森林进城、立体植树种草活动。二是开展宣传实践活动。江苏、陕西、浙江等省份发起“倾听长江”、“治污降霾青年先行”、“暴走的小鱼”等活动。三是探索新载体、新方式。山东、广西、海南、青海、新疆等省份开展摄影、微电影大赛、绿植领养、话题讨论等活动。

5.培育扶持青少年生态环保组织,壮大保护母亲河力量。把青少年生态环保组织作为延伸手臂的重要方向,抓基础、抓建设、抓活动、抓支持。一是建立全国数据库。建立青年生态环保组织基础数据库,发布《全国青少年生态环保组织发展报告(2014)》。举办保护母亲河行动实施15周年总结交流活动,举行首次全国圆桌会议,发布年度倡议书。二是加强组织体系建设。以长江、黄河、珠江三大流域青少年生态环保组织联盟为牵动,推动成立19个省级或流域性环保组织联盟。三是加强活动指导和资金扶持。与国家林业局宣传办等共同主办2014年绿桥、绿色长征活动,指导首都大学生环保志愿者协会开展绿色咨询、志愿服务、科创竞赛等多项活动。黑龙江、浙江、福建、河南、湖南、广西、重庆、陕西等7省份对341家环保组织的活动项目直接给予资金扶持。上海、江苏、陕西等地推出街头快闪、绿色嘉年华、时尚环保秀活动。四是开展骨干和指导教师培训。举办全国青少年生态环保组织指导教师培训班,加强对青少年环保组织的指导,提升环保组织活动能力。上海举办面向环保组织骨干的生态文明建设主旨论坛;福建、陕西举办“母亲河奖”获奖者分享会;天津、内蒙、辽宁、吉林等14个省份开展环保组织骨干培训。

高校宣传思想工作

2014年,高校共青团以巩固和扩大党执政的青年学生群众基础和满足学生内在精神成长需求为目标,以学习习近平总书记系列重要讲话精神为统揽,以“中国梦”为主题,高校宣传思想工作取得新成效。

开展习近平总书记系列重要讲话精神学习活动。学生春季开学之初,下发专项学习通知进行整体部署;5月6日召开全国高校团干部学习总书记北大讲话座谈会,各地、各学校共开展各级座谈会、学习会、主题报告、团日活动等超过5.8万次,覆盖人数超过900万人次,高校团组织官方微博上开设的“学习天天见”专栏总阅读量超过1亿人次,广泛动员高校学生理论社团在校园内掀起学习习近平总书记系列重要讲话精神的热潮;党的十八届四中全会召开后,迅速组织动员各级各类团学组织在校园内和骨干培养中开展了形式多样的全会精神学习活动。

培育和践行社会主义核心价值观。联合教育部制定《关于在各级各类学校推动培育和践行社会主义核心价值观长效机制建设的意见》,下发《共青团中央、全国学联关于在大中学生中深入开展培育和践行社会主义核心价值观活动的通知》,面向高校、中学和中职学校部署开展"社会主义核心价值观主题宣传月"、践行社会主义核心价值观主题社会实践和志愿公益等7大类活动。2200余所高校开展"校园明辨会"活动1.7万场,3.7万余所中学和中职学校团组织开展主题团日活动近40万场;各地各学校以微博、微信为主要阵地,广泛开展"我为核心价值观代言"活动,直接参与人数超过1300万人次;联合中宣部、教育部在高校开展了"百位共产党人百篇小传"诵读和"校训育人"系列活动。

深化品牌教育活动。围绕"奋斗的青春最美丽"主题,全国各类高校共举办主题分享会、交流会23000余场,覆盖学生近900万;以"与信仰对话"为总品牌,在高校举办"飞Young中国梦"、"活力中国说"、"正青春"等主题精品报告进校园活动约1万场次,覆盖学生近500万;在大、中学校开展"千万青少年光盘行动微博接力"主题活动,超过1000万学生参与,连续多周蝉联新浪微博话题公益榜冠军,"光盘行动"话题讨论量28万,阅读量达1.3亿;结合全国第一个烈士纪念日,组织开展了"向烈士致敬——火红青春耀国旗"首届全国高校升旗手交流展示活动。

大力推进新媒体应用和工作网络化转型。一是规划建设,2014年初在福州召开全国高校共青团新媒体工作研讨推进会,制定学校共青团网络新媒体应用实施路线图,确定了"阵地、内容、活动、机制"四位一体的工作格局。二是阵地建设,建立了全国、省级、校级、团支部四级微博体系,覆盖各类学校4.5万所;建设全国中职学校共青团工作信息系统暨数据库,逐步实现对全国12000多所中职学校团的工作覆盖;所有省级团委学校部建立公共微信平台,全国建立校级团组织公共微信平台2083个,覆盖学生超过2000万,团中央学校部官方微信平台"团学小微"受到近9万人的关注;全新改版的学校共青团专题网站上线;各地、各高校积极研发APP等新媒体运用共329个。三是内容建设,组织专业高校编写分类引导读本,动员大学生骨干创作思想引领动漫,举办大中学生"社会主义核心价值观·校园行动汇"主题微电影大赛等,着力研发、征集富有思想性、时尚性的内容产品。四是活动建设,根据校园生活的规律特点,联合中青网、腾讯、新浪等共同打造五四、毕业季、迎新季等线上品牌活动,发起"青春当奋斗·践行中国梦"等线上主题活动,吸引超过7000万人次学生参与。五是队伍建设,在全团统一部署下,高校共青团共组建了超过40万人的网络宣传员队伍,建立了全国、省级、校级三级管理联动体系,编发《高校网络宣传员工作和新媒体应用案例选编》,举办了重点骨干队伍培训班,在部分高校试点成立"网络文明促进会"等学生网络专业和骨干组织,并集中进行多次网络动员活动。

选树学生典型。选树"自强之星"、"大学生年度人物",举办"道德模范进校园"活动,开展践行社会主义核心价值观先进个人寻访、优秀集体创建活动,通过身边可敬、可亲、可学的榜样激发广大学生崇德尚善、见贤思齐。

开展学校共青团重点工作创新试点工作。针对宣传思想工作中的重点难点问题,开展为期一年的重点工作创新试点工作,遴选499个省、地市、县级和各类学校团委参与"社会主义核心价值观培育和践行"、"分层分类思想引导工作体系建设"等17类试点,在重大挑战应对、主要制约破解以及相应的理论研究、实践探索上有所突破。

青年马克思主义者培养工程

2014年，青年马克思主义者培养工程从顶层设计、制度建设、培养过程优化、构建全国一体化培养体系等方面进行全面提升。

制定整体改革提升方案。围绕贯彻落实习近平总书记系列重要讲话及中央关于加强高校宣传思想工作的文件精神，结合新的形势发展和学生实际，就在大学生中深化实施“青马工程”进行了系统研究。从争取部委支持、成立专家指导机构、建立实体化培养基地等方面着力，推进和深化顶层设计及理论支撑等工作；从全国、省级、校级分工合作、资源共享等方面着力，构建和完善全国、省、高校三级一体化培养大学生骨干的工作格局；从增强指导力量、强化工作保障、优化培养过程、加强文化建设、抓好跟踪培养、注重总结成果等方面着力，加强和改进中国大学生骨干培养学校有关工作。

办好中国大学生骨干培养学校。一是举办中国大学生骨干培养学校第七期学员暑期实践锻炼活动。8月4日至14日，中国大学生骨干培养学校第七期学员在河南开展了实践锻炼活动，学员们分4路赴安阳、兰考、信阳、济源等地市，分别以“奋斗的青春”、“人格的魅力”、“信仰的光芒”、“精神的力量”为主题，接受红色教育，深入基层一线和人民群众从事生产劳动、开展志愿服务，学习体会“红旗渠精神”、“焦裕禄精神”、“大别山精神”和“愚公移山精神”。二是举办第七期学员结业活动。12月14日至15日，第七期学员来京参加了党的十八届四中全会专题学习。结业式上，4位学员代表从不同角度汇报了一年的学习收获和体会，团中央书记处第一书记秦宜智同志出席第七期学员结业暨第八期学员开班式并作重要讲话。三是举办第八期学员开班暨理论学习周活动。第八期于12月15日开班，招收了全国高校优秀学生干部、高校学生理论社团负责人以及在创新创业、校园文化、志愿公益等方面表现突出的学生205名。在为期一周的理论学习中，学员们参加了理论提升、学员论坛、能力训练、团队建设等4个板块课程。四是学校首次试点实施“导师制”，邀请了团中央机关及直属单位16名局级干部组成导师团，每位导师联系2名学员，与在第八期中遴选的32名优秀学员结对长期联系，给予思想、学业、成长等方面的指导。五是建立历届中国大学生骨干培养学校学员信息库，了解掌握学员去向。

省级、校级培养工作更加活跃。全国32个省级团委均设有专门的工作机构，部分省份联合省委组织部、宣传部、教育工委、党校以及教育厅、社科联等部门共同成立领导小组；32个省级直接培养大学生骨干人数逾6000人次，校级年度培养总人数达161万人次；部分省份打造“青马在线平台”，推出手机APP和“青马微课”，搭建可以“随时随地分享、自由自在交流”的动态时尚学习交流平台；部分省份和高校开展大学生骨干挂职锻炼工作，建立大学生骨干俱乐部，将大学生骨干纳入到网络宣传员和大型活动志愿者队伍，编写“青马”专用教材，积极整合社会资源为工作开展提供资源和物质保障。

青年教师工作有探索。在30所高校开展加强青年教师联系服务工作及开展工作示范点建设，开展专项调研，重点在健全组织、搭建平台、促进成长、服务需求等方面进行探索，总结提炼推广有价值的工作成果，探索有效工作机制；联合教育部开展选派高校团干部到基层挂职工作，省级、校级选派近800人，全国层面重点选派了40名高校团干部到新疆基层挂职。

“与人生对话——我的中国梦”主题教育实践活动

为了引导广大中学生深刻认识实现“中国梦”必须走中国道路、弘扬中国精神、凝聚中国力量，准确把握“我的梦”与“中国梦”的关系，引导广大中学生志存高远、刻苦学习、锻炼意志，把个人前途与国家民族命运紧密结合起来，自2013年开始，在全国中学生中广泛开展“与人生对话——我的中国梦”主题教育实践活动。各省结合本地实际，按主题团日、实践寻访、励志报告会、成人主题教育和文艺作品展示等活动载体，重点在普通中学开展活动。

主题团日活动以团支部为单位，通过交流讨论、参观考察、演讲比赛、诗歌朗诵、故事讲述等形式引导广大中学生思考人生，认识自我，树立梦想。实践寻访活动主要在暑期组织学生走向社会、接触社会、了解社会，感受我国经济社会发展取得的巨大成就，树立“劳动创造财富，奋斗成就人生”的价值观念，理解“我的梦”与“中国梦”的关系。励志报告会以“五一”等节庆日为契机，邀请道德楷模、创业典型、优秀校友、学生家长和社会知名人士等围绕职业生涯规划和成才励志等内容，与中学生面对面互动交流，畅谈奋斗历程，分享人生经验，憧憬美好未来。文艺作品展示活动发动广大中学生、各级团组织创作微电影、话剧、舞蹈等各类文艺作品，反映中学生思想、学习、生活，推进中学生文化艺术作品的大发展大繁荣。

成人主题教育活动在全国普遍开展，并已形成以14岁集体生日和18岁成人仪式为主的品牌效应。2014年，以14岁集体生日活动为起点，共有1625.6052万名初中学生参加了“告别金色童年，唱响青春梦想”的迈入青春门教育活动；在高中阶段，以18岁成人宣誓活动为标志，共有1179.5215万名高中学生开展主题为“树立远大志向，担当社会责任”的走好成人路教育活动。

为更好地推广成人主题教育活动，2014年3月30日，全国中学共青团18岁成人仪式现场会在河北衡水中学召开。团中央学校部负责同志出席并讲话，团河北省委、衡水市委负责同志和来自全国的200名中学团委书记参加会议，现场观摩了衡水中学18岁成人仪式。

“与人生对话——我的中国梦”主题教育实践活动开展两年以来，收到了良好的效果，共覆盖6万多所中学，5400多万学生。

2014年“创青春”全国大学生创业大赛

2014年11月1日至4日，由共青团中央、教育部、人力资源和社会保障部、中国科协、全国学联、湖北省人民政府共同主办，工业和信息化部、国务院国有资产监督管理委员会、中华全国工商业联合会支持举办，华中科技大学、共青团湖北省委、武汉东湖新技术开发区承办的2014年“创青春”全国大学生创业大赛终审决赛在华中科技大学成功举办，秦宜智同志和傅振邦同志参加了终审决赛闭幕式。

大赛以“中国梦、创业梦、我的梦”为主题，注重突出实践导向，丰富创业内涵，紧跟时代前沿。在过去“挑战杯”中国大学生创业计划竞赛基础上进行了提档升级，赛事体系由“挑战杯”大学生创业计划竞赛、创业实践挑战赛、公益创业赛3项主体赛事和MBA专项赛、移动互联网创业专项赛2项专项赛事组成，开创了“3+2”全新赛事模式。大赛设立指导委员会，由全国人大常委会原副委员长成思危担任主任，联想控股股份有限公司董事长柳传志担任副主任，邀请马云、俞敏洪等知名企业家、经济学家、金融界和风险投资界等人士担任成员。大赛不仅突出强调赛事的实战性和社会性，鼓励支持面向前沿经济领域、运用新型商业模式“真刀真枪”的实际创业运营，而且注重培育和催生能生存、可发展、有影响的非盈利性质的社会组织。

大赛启动以来，内地32个省级单位举办了省级竞赛或评审，1000多所学校举办了校级竞赛，参与竞赛的大学生创业项目近10万个，大赛覆盖全国所有省份和近2000所高校，形成了校级、省级和全国三级赛制，惠及全国数以百万计的高校学生。经过前期各校各地的层层选拔，来自内地200所高校及港澳9所高校的385个项目参加了终审决赛。通过公开答辩和专家评议，大赛评委会最终评定华中科技大学《“海投网”(大学生求职系统)》等65个内地高校项目和澳门大学《音乐熊猫诗词儿歌项目》等3个港澳高校项目为第九届“挑战杯”大学生创业计划竞赛金奖项目，清华大学《海斯凯尔医学技术公司》等35个创业实践挑战赛金奖项目，重庆大学《五彩石公益创业项目》等20个公益创业赛金奖项目。经评委书面评审，共有101件项目入围MBA专项赛终审决赛，通过现场答辩和评委合议，最终16个项目获得金奖，32个项目获得银奖，其他入围项目获得铜奖。经过校级推荐和复赛选拔，共有全国74所高校的100个优秀项目入围移动互联网专项赛终审决赛，经过项目陈述、PPT展示、接受评委问辩等环节的封闭答辩和来自全国各地的30名业内专家的评审，最终30个金奖项目脱颖而出，70个项目获得银奖，199个项目获得铜奖。团北京市委等21个省级团委和北京师范大学等141所高校获得优秀组织奖。上海交通大学、华中科技大学以团体总分并列第一的成绩共同捧得冠军杯，20所高校荣获优胜杯。

大赛注重帮助大学生解决创业融资难、落地难等实际问题，在健全共青团推动大学生创业的服务体系方面重点推进了几项工作：一是设立大赛基金委员会，整合社会资源，邀请著名风投、金融机构的负责人担任基金委员会委员，共募集意向性风险投资8.62亿元，为项目提供资金保障；二是与广州股权交易中心合作，首创青年大学生创业板，实现大学生创业项目与资本市场的对接；三是邀请18家创业园区为大学生创业项目提供直接的孵化服务，力促孵化园区与创业项目对接，帮助项目落地孵化，为创业项目搭建了平台，提供了智力、财力支持；四是推动出台了一系列大学生创业扶持政策，全国32个省级单位共有28个围绕大赛出台了大学生创业扶持文件，比例达到87.5%，共有27个省级单位建立了省级大学生创业基金，扶持大学生创业项目共计1031个。为吸引人才促进当地经济的发展，大赛期间，武汉、襄阳、宜昌等地还组织策划了“青桐汇”、创业人才政策及投资环境推介会、创业园区考察等活动，宣传湖北创业优惠政策，吸引全国学子来鄂创业，促进优秀项目落地孵化。

大赛注重创业理念的引领，采取多措并举的方式，不断强化创业教育在大学生创业过程中的基础性作用。一是举办大学生创业理论与实践学术研讨会，自7月启动以来，共收到论文242篇，经评审委员会初审、终审，共评选出80篇获奖论文，有效地加强了大学生创业理论研究和实践指导。二是举办全国大学生创业工作交流会，为全国各省级团委及各高校团委就进一步推动大学生创业工作搭建了交流的平台。三是开设了“创青春”大学生创业公开课，利用新媒体的广泛影响力，邀请了汪潮涌、刘庆峰、沈南鹏、周鸿祎等成功企业家、风险投资家给青年大学生讲授创业知识、分享创业理念。以上工作在高校大学生中广泛传播了创业文化，进一步推动了高校创业教育发展。

经过自主申报、实地考察，大赛组委会研究决定，电子科技大学等单位将联合承办2016年“创青春”全国大学生创业大赛。

大学生“走下网络、走出宿舍、走向操场”主题群众性课外体育锻炼活动

为更好地贯彻落实党的十八届三中全会关于“强化体育课和课外锻炼，促进青少年身心健康、体魄强健”的精神，针对当前大学生身体素质堪忧、体育锻炼意识不够、体育活动氛围不浓、网络依赖度过高和“宅男宅女”、“低头族”等问题，共青团中央、全国学联联合教育部、国家体育总局在全国高校开展了大学生“走下网络、走出宿舍、走向操场”主题群众性课外体育锻炼活动(简称“三走”活动)。结合全国高校区域分布、学校类型以及各地体育教育特点，学校部选取北京、天津、黑龙江等6省(自治区、直辖市)作为试点省份，选取中国人民大学、南开大学、宁夏大学等10所高校作为试点高校，先行先试，通过出台政策、协调资源、开展活动、创新手段等，着重促进以班级、社团、宿舍为单位的群众性课外体育锻炼活动，帮助和促进大学生增强体质认知、提高体育锻炼自觉性、提升身体素质的试点工作内容。秦宜智同志在1月份“三走”活动试点工作启动会上专门致信试点高校党政领导和全体师生就活动开展的目的、意义和基本要求提出希望，先后赴中国人民大学、清华大学、江西省实地调研并与青年学子一起参与“三走”活动。傅振邦同志也先后前往天津、黑龙江、广东等地以调研、召开专题工作会等形式推动“三走”活动深入开展。试点省份、试点高校的工作卓有成效，带动全国高校活动全面铺开。

自“三走”活动启动以来，10所试点单位及各地各校工作开展有声有色，全国1600多所高校共开展主题活动65000余场，覆盖学生2800余万人次，“每天锻炼一小时、健康工作五十年，幸福生活一辈子”的理念也更加深入人心。以“三走”为主题的微博点击量超过1.3亿次，微信“每日一报”共发布活动开展情况和典型做法172期，受众近1000余万人次；组织编写《青春在行动——大学生“走下网络、走出宿舍、走向操场”主题群众性课外体育锻炼活动优秀案例集》；组织开展寻访“中国大学生百炼之星”活动，共吸引了全国111320个学生宿舍报名参与，经过网络展示、基层推荐、评审公示等环节，产生了10个“大学生百炼之星”标兵宿舍、100个“大学生百炼之星”宿舍、1000个“大学生百炼之星”提名宿舍，微博关注超过3000万；开展创建百所“全国优秀体育公益社团”活动，经过网络

展示、基层推荐、评审公示等环节确定“百佳体育公益社团”，并于12月在上海海事大学举办“百佳体育公益社团”工作会，来自全国100余名学生社团代表参会。10月，刘云山、刘延东、刘奇葆、李源潮同志在“三走”工作专报上作出重要批示，对前期成果给予了充分肯定，对下一步的工作提出了明确要求。12月，“三走”活动推进会在京召开，对2014年“三走”活动进行了全面总结。秦宜智同志要求深入开展“三走”活动，坚持“深耕广植”，着力全员覆盖；坚持“内修外塑”，着力打造品牌；坚持“虚功实做”，着力综合育人；坚持“久久为功”，着力长效机制，要求从“抓广、抓响、抓实、抓长”四方面将“三走”活动进一步深入推进。

“彩虹人生——奋斗的青春最美丽”系列分享活动

为贯彻落实团十七届二中全会精神和2014年度学校共青团工作会议部署，深入推进中职学校“我的中国梦”主题教育实践活动，2014年4月和10月，学校部两次下发通知，在全国中职学生中广泛深入开展“彩虹人生——奋斗的青春最美丽”系列分享活动。活动以“以奋斗圆梦，为青春喝彩”为主题，主要包括普遍开展“彩虹人生——奋斗的青春最美丽”优秀典型寻访活动，集中开展“彩虹人生——奋斗的青春最美丽”优秀中职毕业生报告会活动，普遍开展“彩虹人生——奋斗的青春最美丽”主题团日活动，普遍开展“彩虹人生——奋斗的青春最美丽”社会实践和志愿公益活动。

2014年“五四”期间和“一二·九”前后，在各地推荐优秀典型的基础上，团中央学校部两次遴选组建“彩虹人生——奋斗的青春最美丽”优秀中职毕业生全国校园分享团，先后赴北京、浙江、福建、四川、重庆、辽宁、吉林、河北、湖南等省市的中职学校开展校园巡回分享，共举办全国分享活动34场，现场听众近2万人，在广大中职学生中旗帜鲜明地弘扬了“奋斗成就彩虹人生”的价值导向。

各地将优秀中职毕业生分享活动作为系列分享活动的统一抓手，上下联动，分层级、有步骤、全方位地推广开展。2014年，全国、省级、地市级团委和中职学校共组织开展分享活动2.9万余场，覆盖学生1300余万人。

第七届寻访“中国大学生自强之星”活动

寻访“中国大学生自强之星”活动是由共青团中央、全国学联主办，中国青年报社、中国高校传媒联盟承办，新东方教育科技集团协办，以“青年自强·圆梦中国”为主题，旨在引导和鼓励青少年尤其是大学生群体，挖掘自身潜力，积极向上、努力拼搏、自强不息，成长为能够承担国家和社会责任的有为青年。据统计,第七届寻访“中国大学生自强之星”活动覆盖了全国32个省级行政单位的1141所本科、专科院校,总报名人数11826人,较前一年的寻访活动总报名人数有了较大提升。经过为期五个多月的校级、省级、全国三级评审,于2014年1月13日评选出北京大学的申龙等100位“中国大学生自强之星”、清华大学大学的刘尧等800位“中国大学生自强之星”提名奖。另有10位学生从万余名参选人中脱颖而出,获得“中国大学生自强之星标兵”,他们中有震后用稚嫩的双肩担起家庭重任、用青春与热血谱写奋进篇章的王佳明,以青春名义起誓、以孝行者的身份践行中华孝道的邓榕,号召身边人参与“爱·尚”微公益、把梦带给偏远山区孩子的丁岩等,为当代大学生树立了自强、艰苦、勤勉、奋斗的目标与榜样。2014年2月26日,中国大学生自强之星颁奖分享会在山东中医药大学成功举行,团中央书记书记傅振邦、新东方教育科技集团董事长俞敏洪等领导和嘉宾参加颁奖分享会,并对自强之星标兵的事迹给予了充分的肯定与支持。

本次活动在沿袭去年以校媒采通平台为报名途径、以腾讯新浪微博为传播阵地的基础上,首次开通专题微信平台。活动自开展以来,充分发挥纸质类媒体、网络、新媒体平台等重要传播渠道的作用。其中,以微博为主的新媒体在“中国大学生自强之星”选拔过程中起到了非常重要的传播作用,尤其在高校中,收到了良好的传播效果。相较于前一年,微博的使用程度更为广泛。活动期间,腾讯微博有1115770条活动相关微博,新浪微博活动相关信息达到231878篇。网络监测数据表明本次活动参选同学积极利用网络平台展开事迹宣传,官方论坛发表文章数共计8478篇,阅读量高达1944000次,评论数达32090次。各省(市、区)团委官方微博也全面参与到传播当中,在活动结果公布前绝大多数省(市、区)的省级团委学校部官方认证微博和百余所高校团委官方认证微博发表了参与活动相关微博,传播效果良好。人民网、中国新闻网、中国青年报、中青在线、凤凰网、网易、“天涯社区”等平台进行了大量的传播。

“光盘行动”活动

2014年6月,团中央学校部、全国学联秘书处联合下发了《关于在大、中学校学生中广泛开展“光盘行动”主题活动的通知》,对深化广泛开展2014年“光盘行动”主题活动进行了专项部署。发出了《光盘行动,从我做起——全国学联致广大同学的倡议书》,进一步号召各级学联学生会深入学习习近平总书记在十八届中央纪委二次全会上指出的“要坚持勤俭办一切事业,坚决反对讲排场比阔气,坚决抵制享乐主义和奢靡之风。要大力弘扬中华民族勤俭节约的优秀传统,大力宣传节约光荣、浪费可耻的思想观念,努力使厉行节约、反对浪费在全社会蔚然成风”的重要讲话精神,号召每个青少年都要争做勤俭节约的继承者、实践者和示范者;设计发布了“光盘行动”主题活动LOGO和中英文宣传口号,进一步凝练“光盘行动”的核心内涵,打造了“光盘行动”的特色品牌。LOGO的中文宣传口号为“粒粒辛苦，餐餐光盘”，英文宣传口号为“Save Food，Me First”；将每年的1月10日确定为年度“光盘行动”主题活动日，同时，将每月的10日作为月度“光盘行动”主题活动日。并在主题活动日之际动员学生会、学生社团等学生组织，广泛开展“光盘行动”主题活动，号召青少年学生在社会上倡导厉行节约、反对浪费的良好氛围；广泛动员广大同学在校园内集中开展了“科学饮食、告别浪费”、“关注食品安全”等主题团日、班会，号召青年学生加入“光盘行动”，号召青年学生随手按下快门“晒美食”、“晒光盘”，记录身边的各种节约，曝光浪费行为，自觉养成勤俭节约的好习惯，将俭约作为一种生活时尚；利用网站、微博、微信公共平台、人人网公共主页等平台，通过文字、图片、视频等方式对开展的相关活动进行了宣传、交流并进行发散式传播，同时设立“节约小窍门”、“生活小贴士”等栏目，引导广大同学在网络平台开展主题讨论，引导学生从聚焦“舌尖上的浪费”到检视日常学习生活中的其他浪费现象，唤起学生对节水、节电、节纸等生活习惯的重视。

全国共有超过1000所高校团委、学生会在校内开展各类活动及宣传，借助新媒体的传播力，“光盘行动”主题活动一开始便吸引了青年学生的关注与参与，“光盘行动，从我做起”相关文章阅读数百万，引发150多万条相关讨论，1万多高校学子晒出了自己的俭约行为。全国学联秘书处联合新浪微博在高校开展“千万青少年光盘行动微博接力”主题活动，连续多周蝉联新浪微博话题公益榜冠军，“光盘行动”话题阅读量达1.3亿，讨论量28万。一时间，“光盘行动，从我做起”成为微博、微信热点，在校园中营造了勤俭节约、反对浪费的良好氛围。

“红领巾相约中国梦”主题教育实践活动

5月30日上午，中共中央总书记、国家主席、中央军委主席习近平来到北京市海淀区民族小学，参加学校少先队组织开展的“红领巾相约中国梦——今天我入队争当好队员”主题队日活动，参加少先队入队仪式，向全国广大少年儿童祝贺节日，了解学生们学习和课余活动、特别是学校开展活动积极引导学生培育和践行社会主义核心价值观方面的情况，并主持召开座谈会，发表重要讲话。5月30日下午，共青团中央、全国少工委召开座谈会，认真学习贯彻习近平总书记在北京市海淀区民族小学参加少先队主题队日活动时重要讲话精神，团中央书记处第一书记秦宜智提出贯彻落实总书记重要讲话的要求。

2014年以来，少先队组织以“红领巾相约中国梦”为主题，通过举办“六一”“十一三”少先队建队纪念日主题队日活动、每周1课时的少先队活动课、课外和校内外实践体验活动，教育引导广大少年儿童立志向、有梦想，爱学习、爱劳动、爱祖国，为实现中华民族伟大复兴的中国梦做好全面准备。通过组织动员、媒体宣传、举办示范性活动等途径，广泛动员基层少先队组织开展少先队基本知识学习实践活动，全国各地中小学少先队组织上报学习实践活动案例9万余个。“六一”期间，普遍开展“红领巾相约中国梦——今天我入队争当好队员”主题队日活动，举行少先队入队仪式，开展基本知识教育，31个省级少工委、215个地市少工委开展了示范性活动。10 月 13 日中国少年先锋队建队纪念日，发动各地少工委开展少先队鼓号队交流展示活动，全国少工委在北京举行“红领巾相约中国梦”中国少年先锋队鼓号队交流展示活动。

少先队开展培育和践行社会主义核心价值观活动

2014 年 7 月，团中央、教育部、全国少工委联合下发通知，面向中小学少先队员开展培育和践行社会主义核心价值观活动。各地持续普遍开展了“核心价值观记心中”主题队日、“说优点、讲不足，手拉手、同进步”主题队会、“最美少年”选树、“争当美德小达人”雏鹰争章等活动，帮助少先队员牢记并践行社会主义核心价值观和习近平总书记对少年儿童的要求。编辑出版《核心价值观童谣 100 首》。通过少先队报刊网站征集反映核心价值观内容的儿童画 1.2 万余幅。支持未来网建设“中国少年国学院”，开展中华优秀传统文化教育。

少先队辅导员队伍建设

根据团中央、教育部、全国少工委《少先队总辅导员设置管理办法（试行）》，继续推动建立省市县三级总辅导员制度。29 个省份配备了省级少先队总辅导员。

开展辅导员分级全员培训。在团中央北戴河培训基地举办全国优秀少先队总辅导员和辅导员培训班。在全国青少年井冈山革命传统教育基地举办 2014 年全国优秀少先队小干部和辅导员培训班。在中国青年政治学院举办“国培计划（2014）”中小学骨干少先队大队辅导员培训班。在江苏南京举办 2014 年少先队辅导员说课展示活动。指导各地按照分层培训的要求举办辅导员培训，选派优秀师资开展送训上门。

继续推动各地在辅导员职称评审系列中设立“少先队活动”专业科目，或将辅导员从事少先队工作内容、工作量和工作质量进行“成果折算”。截至年底，18 个省份联合教育或人力资源和社会保障部门对辅导员参评中小学教师职称作出制度安排。

组织各级少工委干部到中小学蹲点调研

为深入落实党的群众路线教育实践活动要求,全国少工委组织各级少工委主任、团委少年部长和少先队总辅导员于2014年初到中小学开展为期1个月的蹲点工作。截至4月,31个省(自治区、直辖市)和新疆建设兵团共安排5548人完成蹲点调研工作。其中,省级少工委主任、团委少年部长和总辅导员共91人;市级少工委主任、团委少年部长和总辅导员共975人;县级少工委主任、总辅导员共4487人。蹲点学校共计10632所,其中,小学5224所、中学5408所。蹲点干部按照全国少工委部署,了解基层情况,宣讲中央精神,解决基层实际困难,受到了教育,积累了经验,推动了工作。

百万新疆各族少年儿童与内地少年儿童书信手拉手活动

为认真贯彻落实习近平总书记关于民族团结教育的重要指示精神和第二次中央新疆工作座谈会精神,团中央、全国少工委从2014年7月起,在多年开展"各族少年手拉手"活动的基础上,动员新疆、兵团和19个对口支援省市少先队组织开展了"百万新疆各族少年儿童与内地少年儿童书信手拉手"等活动。活动开展以来,结对中学1162对、小学2864对。此外,新疆团区委、少工委还开展了南北疆之间、兵地之间的四级结对和相关活动。据对新疆、兵团乡镇中心校以上中小学不完全统计,52.5万新疆中小学生结交了其他省份的手拉手小伙伴,25.3万新疆中小学生在疆内结交了手拉手小伙伴。19个对口支援省市136.3万中小学生参加活动,向新疆、兵团发送信件超过90万封;新疆、兵团向对口支援省市发出信件超过22万封,疆内互通信件超过3.7万封。

"各族少年手拉手"夏令营活动

2014年7月22日至28日,全国少工委在陕西西安举办"各族少年手拉手"夏令营活动。来自9个省份的24个少数民族160名少先队员和西安的160名少先队员参加活动。活动期间少数民族少先队员与汉族少先队员一对一结对,在一周里同吃同住同行,共同开展集体活动和互动交流,少数民族少先队员还到"手拉手"小伙伴家中做客民宿一天。全体营员参加了实践体验活动，在体验中学习历史，立足传统文化开展核心价值观教育。暑期，北京、天津、河北、上海、江苏、安徽、河南、湖北、湖南、广东等省份少工委，组织新疆受援地区近千名少数民族少年儿童到对口支援地区开展“手拉手”夏令营活动

中国青年志愿者助残“阳光行动”

中国青年志愿者助残“阳光行动”是团中央联合中国残联于2014年在全国范围启动实施的全团重点工作。阳光行动以“心手相牵共享阳光”为主题，广泛发动各级共青团、残联、青年志愿者组织和广大青年志愿者，依托康复机构、托养机构、就业培训基地、扶贫基地、特教学校、助残站点、社会组织和残疾人家庭等，重点围绕日常照料、就业支持、支教助学、文体活动、爱心捐赠等5个方面，因地制宜，创造性地开展青年志愿者助残工作。

示范项目带动。2014年3月5日，团中央书记处第一书记秦宜智与中国残联党组书记鲁勇在中国盲文图书馆开展助残服务活动。2014年7月6日，“全国志愿助残阳光行动主题日”前夕，中央文明办、共青团中央、中国残联在广州市共同举办“心手相牵共享阳光”2014年全国志愿助残“阳光行动”主题日活动。团中央和中国残联成立阳光行动工作领导小组，协调100万元资金，支持首批评选出的100个示范项目，初步建立起阳光行动示范项目库。2014年首届中国青年志愿服务项目大赛设立了阳光助残志愿服务专项类别，并确保阳光助残志愿服务项目的入围获奖比例，各地共推荐339个阳光助残类项目进入全国赛，评出金奖项目22个、银奖项目95个。截至2014年底，全国31个省区市和兵团全部启动实施青年志愿者助残“阳光行动”，结对残疾青少年人数达212.2万人，覆盖比例达45.5%。

培训骨干队伍。各地认真做好阳光行动志愿者招募、培训和管理工作。一是坚持社会化动员，全国动员6.7万支志愿者团队，招募志愿者人数达126.8万人。二是落实专业化培训，团中央志工部举办了2期全国志愿者助残“阳光行动”骨干人员培训班，对省、市志愿者工作机构负责人、部分骨干志愿者及社会志愿者组织负责人进行了集中培训。团中央书记处书记汪鸿雁同志出席并讲话，强调要把握好青年志愿者工作面临的党政重视、社会关注、制度化建设的机遇，扎实推进青年志愿者行动的基层基础建设，奋力保持青年志愿者行动在我国志愿服务事业中的“排头兵”地位。全年各地团组织共开展专项志愿者培训共2649次，培训骨干24.7万人次。

打造项目品牌。阳光行动启动实施以来，各级共青团与残联紧密合作，统一行动，集中发力，多措并举，实现良好开局。团中央会同中央文明办、中国残联拍摄了阳光行动宣传片。各地坚持活动与宣传并重、传统媒体与新媒体相结合的办法，积极打造品牌影响力。据统计，中央级媒体共宣传报道各地“阳光行动”情况169次，省级媒体宣传报道1134次，中国青年志愿者官方微博发起“阳光行动”话题，受到34.7万人关注，省、市、县三级团属微博对阳光行动专题报道2.4万次。

共青团关爱农民工子女志愿服务行动

2014年，各级团组织按照“共青团关爱农民工子女志愿服务行动”（简称关爱行动）机制、队伍、内容、阵地“四位一体”的工作要求，科学统筹、稳步实施，扎实推进关爱行动深入开展。

稳步拓宽结对覆盖。各省、市级团委认真落实党组负责制，全国2800多个县市区旗都启动了关爱行动。以乡镇、街道团组织为主，开展了大量的调查、摸底和结对工作。截至2014年底，全国共结对农民工子女较集中学校5.96万所，结对农民工子女1586万人，动员志愿者组织5.56万个，志愿者服务人数达599万人，建设“七彩小屋”等各类规范性活动阵地5.3万个，其中团中央直接筹款建设七彩小屋1141个。其中，北京、内蒙古、辽宁、上海、广东、海南6省区市实现农民工子女较集中学校与农民工子女结对率“两个100%”；北京、天津、河北等16个省区市实现农民工子女较集中学校结对率100%；山西、黑龙江、江苏等13个省区市实现农民工子女结对率均在90%以上。各地还通过签订结对协议、创新结对方式等举措，提升结对与接力帮扶工作的实效。

广泛动员社会力量。通过发动团组织、志愿组织、民间社团、社工机构、专业机构、企事业单位、爱心人士等参与到关爱行动中，汇聚人力、财力、物力等资源支持关爱行动。上海、江西、山东、湖南、青海5省市分别发动医院、企业、机关、军队、青年文明号、青少年维权岗、民间组织、高等院校、西部计划志愿者等多方力量参与结对帮扶。重庆募集专项资金300多万元，建立多元化资金募集机制。贵州打造了志愿者阳光公益平台。同时，志愿者招募来源社会化程度明显提升，在参与结对的599万名志愿者中，大学生284万人、企业人员84万人、机关事业人员74万人、民间爱心人士及NGO组织人员112万人、其他人员45万。

不断完善和规范志愿服务内容。团中央志工部建立“七彩课堂”专题网页，集中展示“七彩课堂”示范课程方案、PPT及相关视频。各地围绕学习辅导、亲情陪伴、感受城市、自护教育和爱心捐赠等五项内容，分别精心设计本地特色的“七彩课堂”。北京、河北、内蒙古、广西、海南、云南、西藏、陕西8省区市深化了“七彩课堂”志愿服务内容管理办法。福建、江西、河南、海南、青海、宁夏6省区团委建立了省级“七彩课堂”精品库。山东团省委给予13个县市区专项资金扶持，深化和创新“七彩课堂”服务方式。海南开展了“七彩课堂”优秀课件征集和微博晒“七彩课表”活动。2014年“六一”期间，内蒙古在全区范围内推广“七彩雷锋课”精品课程；江西因地制宜推出了七彩环保、七彩科技、七彩艺术课堂等；广东打造“七彩课堂”菜单式服务项目，大力推广“四点半学堂”、“小红帽应急避险”、“健康同行”等主题课程。

全面落实“四位一体”工作思路。当前，关爱行动已形成“四位一体”的工作格局，即围绕结对覆盖的扩大、健全“结对+接力”工作机制，围绕骨干队伍建设、启动项目专员选拔，围绕服务内容深化、推行“七彩课堂”工作，围绕活动阵地建设、探索运行办法，在此基础上，不断推进整体工作的有形化、具体化和科学化。在推进“结对+接力”机制方面，依托关爱行动管理系统，完成了全国、省、市、县及项目专员（志愿服务团队）结对信息实时更新管理。在推进“七彩课堂”达标工作中，据统计，各地志愿者团队平均每月开展活动3.8次，时长2.3小时，均超过“七彩课堂”达标率规定的基本时次要求，“七彩课表”的平均制定率达100%。在推进项目专员队伍建设中，按照“1队1人”的方式基本实现了全国4.5万多个关爱行动志愿服务团队中，都有团中央的“项目专员”。各地采取了多种激励措施，保障了关爱行动骨干队伍的稳定性并长期发挥作用。

各地广泛开展新闻宣传。辽宁团省委组织项目专员参加了中央电视台《社区英雄》拍摄。湖北团省委会同华中农业大学排演了反应关爱留守儿童的话剧《牵挂》。广东通过发动社会各界开展创作教育动漫和童谣作品、拍摄公益宣传片以及征集微电影、微视频等方式，推出了过百件文化产品。与此同时，加强新媒体在品牌影响力提升工作中的运用。团中央志工部坚持推动政务微博体系，不断扩大全国、省、市、县和项目专员5级微博体系覆盖范围。截至2014年底，全国通过新浪认证的各类青年志愿者（协会）官方微博1409个，“七彩小屋”认证官方微博789个，各类微博发布的关爱行动和“七彩小屋”的微博内容超过70万条。29个省区市都建立了微信平台或手机APP。

大学生志愿服务西部计划

2014年，团中央与教育部、财政部、人力资源和社会保障部继续按照公开招募、自愿报名、组织选拔、集中派遣的方式实施大学生志愿服务西部计划，招募一定数量的普通高等学校应届毕业生，到西部基层开展为期1—3年的教育、卫生、农技、扶贫等志愿服务。

全年西部计划工作围绕党和国家工作大局，结合西部基层实际需求，认真贯彻落实中央部署要求和中央领导同志的一系列指示精神，工作有重点有亮点，取得了新成效。

一是以西藏、新疆专项为重点，圆满完成招募任务。全年招募派遣1.93万名青年志愿者（包括全国项目办统一招募、西藏地方财政支持的1000人）；实施领域涵盖基础教育、农业科技、医疗卫生、基层社会管理、基层青年工作、服务新疆、服务西藏7个专项，其中研究生支教团招募派遣1826人；为贯彻落实中央援藏、援疆工作精神，全年新增指标全部投放在西藏、新疆，西藏在岗志愿者规模达到2000人，超过过去历年总和，新疆达到4050人，包括西藏、新疆在内的全国民族地区志愿者在岗数量达到8793人，对西部地区、民族地区支持力度进一步巩固和加强；2014年面向高校毕业生广泛开展招募动员工作，共有1800多所高校近7万名应届高校毕业生报名参加，新招募志愿者中本科学历占72%，中共党员占25%。

二是以健康安全教育和联系服务为重点，提升日常管理水平。层层签订健康安全管理责任书，明确职责；组织开展2013—2014年度高校、服务县项目办年度绩效考核工作，共有205个高校项目办和117个服务县项目办取得年度绩效考核优秀等次；加大教育力度，针对性地开展岗前安全和保险知识培训；开通官方微信公众号“西部志愿汇”，1.8万名用户覆盖绝大多数在岗志愿者，畅通了全国项目办对志愿者和县级项目办的直接联系，提供了有效的咨询服务；举办各地项目办骨干和研究生支教团队长培训班，加强了西部计划工作队伍和志愿者骨干队伍建设；通过电话抽查、实地调研，开展大走访、大排查活动，提升了一线单位的健康安全管理能力。

三是坚持和完善资金使用制度，发挥好保障服务作用。首次通过公开招标方式为志愿者购买综合保险，大幅提高了赔付标准，并新增医疗送返等8个服务项目，受到志愿者普遍而真切的欢迎；在日常经费管理和使用工作中，严格按照资金申请拨付程序与制度，及时足额发放生活和交通补贴等；开展绩效考核，加强财政资金的监督和管理，进一步提高了使用效率，促进了地方财力配套。

中国青年志愿者研究生支教团工作

2014年，团中央、教育部培训派遣出2013—2014年度（第十五届）研支团1505名志愿者和2014—2015年度（第十六届）研支团1826名志愿者在中西部共19个省（区、市）200多个县从事基础教学工作。在教育部支持下，12月完成由全国184所高校2046名志愿者组成的2015—2016年度（第十七届）研支团组建工作。

2014年，制定下发《中国青年志愿者研究生支教团管理细则》，印发研支团有关工作的系列通知文件，对研支团的组织管理、政策保障、招募选拔、信息注册、服务地与服务单位设置、培训派遣、安全健康管理、考核培养等工作进行明确和规范。在全国青少年井冈山革命传统教育基地举办2014年中国青年志愿者研究生支教团队长培训班，来自全国168所高校的2014—2015年度（第十六届）研究生支教团队长共计168人参加培训。在年底对研究生支教团志愿者在岗情况及各级项目办志愿者管理工作进行了电话抽检。

全年积极推出研支团志愿者典型，进行激励表彰与典型宣传，报道优秀志愿者的事迹，营造支教奉献的大环境，不断扩大研究生支教团的影响。人民日报先后5次刊发清华大学、华中农业大学等5所高校研究生支教团事迹，对研究生支教团大篇幅地进行了系列深入报道。清华大学研究生支教团在中央电视台和光明日报社联合主办的2014“寻找最美乡村教师”大型公益活动中获得“最美乡村教师团体”称号，全国人大常委会副委员长、民进中央主席严隽琪，教育部部长袁贵仁出席颁奖典礼。在微信公众平台订阅号“西部志愿汇”中开设“支教团事”、“志愿进行时”、“志愿情怀”、“八方智识”等专栏，推送图文微信41期，吸引1.8万用户关注。与人民日报、光明日报等媒体深度合作，在报名工作启动、招募任务完成、志愿者全部到岗等关键环节刊发新闻报道、调查报告十余篇。

中国青年志愿者协会工作

成功召开中国青年志愿者协会第四次会员代表大会。2014 年 12 月 3 日，在第 29 个“国际志愿者日”到来之际，中国青年志愿者协会第四次全国代表大会在广州召开。中央文明办专职副主任徐令义、民政部副部长宫蒲光、团中央书记处常务书记贺军科出席会议并讲话，团中央书记处书记汪鸿雁代表中国青年志愿者协会第三届理事会作了题为《以青春梦想用实际行动推动青年志愿者事业在奋力实现中国梦进程中谱写新篇章》的工作报告，来自全国各地的 240 多名理事会员代表参加会议。大会选举产生了新一届理事会，汪鸿雁当选为中国青年志愿者协会会长，侯宝森、杨松、白岩松、申兆军、刘政磐、许晓艳、杨扬、佟丽华、徐本禹、谢海山、谭建光当选为协会副会长，杨松兼任协会秘书长。新一届协会会员由 704 名个人、343 个组织组成。其中，个人常务理事 61 名，个人理事 228 名，个人会员 704 名，单位常务理事 38 个，单位理事 119 个，单位会员 343 个。

加强协会组织建设，成立 7 个专门工作委员会。为充分发挥协会成员的专业优势，协会成立基金管理与社会合作委员会、项目发展委员会、权益保护工作委员会、文化宣传工作委员会、理论研究工作委员会、高校志愿者工作委员会、企业志愿者工作委员会等 7 个专门工作委员会，组织会员结合自身实际参与专委会工作，发挥协会成员的专业优势，将蕴藏在其中的专业知识、工作经验和社会影响力转化为协会发展的优势，为事业发展出谋划策、做好规划，进一步增强中国青年志愿者协会的能力和活力。

创新设置协会单位会员。为贯彻落实十八届三中全会关于“支持和发展志愿服务组织”的精神，按照《全面深化改革进程中共青团工作五年发展纲要》中的有关要求，结合当前各类志愿者组织，尤其是青年志愿服务组织蓬勃发展，以及各行业、机构和企业不断成立内部职工志愿者协会的现状，为进一步增强中国青年志愿者协会对这些组织的吸引和服务，在协会成员构成中增加“单位成员”，允许各类志愿者组织以及其他一些与志愿服务相关的社会组织，集体加入协会，并推荐优秀组织作为常务理事、理事候选单位。经过各省推荐和秘书处审核，共有 343 个组织成为首批中国青年志愿者协会单位会员。其中，各省（区、市）及 6 大系统志愿者组织为指定常务理事单位，15 个副省级城市志愿者组织为指定理事单位。

青少年民族团结交流万人计划

2014 年青少年民族团结交流万人计划包含 8 个交流项目，共有 2600 余名青少年参加活动。

1. 全国少数民族大学生骨干社会实践与社会观察活动。2014 年 7 月 22 日至 31 日，全国少数民族大学生骨干社会实践与社会观察活动在吉林举办。本次活动以“团结凝聚民族心·青春共筑中国梦”为主题，来自新疆、西藏等10个省、自治区22个民族的350名大学生骨干参加了活动。期间，各族大学生聆听了知名专家和中国青年五四奖章获得者的辅导报告，组织了“民族团结一家亲”主题辩论赛，参观了东北民族民俗博物馆、朝鲜族民俗展览等少数民族博物馆，拜谒了东北抗联烈士陵园，举办东北抗联革命史专题讲座，参观了伪满皇宫博物院、朝鲜族革命斗争史展览、珲春口岸等爱国主义和革命传统教育基地，开展了各民族学生“一对一”结伴行动、“精品文化惠青年”、“万人计划延边情”民俗体验活动，举办了“三走”大学生校园趣味运动会、“校园好声音”青春歌会，参观了长东北核心区规划建设展览馆、长影电影博物馆、吉林青年创业园、延边朝鲜族自治州成果展览，参与了“碧水蓝天环保行”、“绿色环保我先行”等志愿服务活动。

2. 全国各民族中学生暑期同心营活动。2014年7月15日至22日，全国各民族中学生暑期同心营活动在江苏省南通市举办，320名各族中学生和领队老师参加了活动。活动紧扣民族团结、我的中国梦和社会主义核心价值观教育，组织开展了民族团结教育、理想信念教育、家庭民宿体验、社会实践体验、地方经济社会发展和历史文化感受等“五大板块”26个子项活动。活动邀请了专家分别就感恩教育、民族事务、青少年发展、国学教育作了4场主题讲座；举办了绘制各民族同心墙、观看民族团结电影、“耀青春”篝火晚会、民族大联演等民族团结活动；组织了素质拓展训练、边防部队军营生活体验等活动；组织参观了现代高新技术企业、民族中学、博物馆、濠河等，感受了当地经济社会发展成就和传统历史文化；开展了“一对一”家庭民宿生活体验，增加不同民族营员之间的友谊情感；举办了“我为社会主义核心价值观代言”分享会、“与人生对话——我的中国梦”主题团日活动等。

3. 全国各民族中职学生暑期同心营。2014年7月30日至8月8日，全国各民族中职学生暑期同心营活动在广州举办。本次活动以“中国梦、民族情、青春志”为主题，共有来自新疆、内蒙古、西藏、广西、宁夏5个自治区和四川、云南、甘肃、青海4省藏区的300名各族中职学生参加。活动开展了理想信念及民族团结教育、红色广州之旅、人文广州之旅、科技广州之旅、家庭民宿体验、民族民俗交流和社会观察体验等充分展现广州特色、符合中职学生需求、促进民族交流的活动。

4. “红领巾相约中国梦”交流体验活动。2014年7月22日至7月28日，“各族少年手拉手”夏令营活动在陕西西安举办，来自9个省、自治区的320名各族少先队员参加了活动。活动组织营员参观西安飞机国际航空制造股份有限公司，与青年职工代表互动交流，聆听“奋斗的青春最美丽”故事分享会，引导他们树立为“中国梦”而奋斗的远大理想；安排少数民族少先队员与汉族少先队员一对一结对，在一周里同吃同住同行，共同开展集体活动和互动交流，少数民族少先队员还到“手拉手”小伙伴家中做客民宿，引导各民族少先队员交真朋友；组织全体营员参观陕西省历史博物馆、秦始皇兵马俑博物馆，到大明宫国家遗址公园开展参加模拟考古发掘、文物修复、拓片体验，引导少年儿童在体验中学习历史，立足传统文化开展核心价值观教育。同时，还组织拍摄了专题微电影，进一步扩大了活动的社会影响。

5. 新疆青少年融情夏令营活动。2014年暑期，新疆团区委组织全疆14个地州市和兵团部分师市的680名各族青少年开展“民族团结好伙伴”融情夏令营活动，依托各地青少年活动和爱国主义阵地，开展了形式多样的参观、交流、素质拓展等活动。8月14日至26

日,天山学子心向党——新疆中学生“红色·融情”实践活动在北京、哈密两地举办,活动以“热爱党、热爱祖国、热爱家乡”为主题,来自新疆各地的113名各民族中学生来到首都北京,围绕感恩融情、学习融情、交流融情、娱乐融情、成长融情五个版块,与内地的中学生一起开展了感恩演讲、参观红色教育基地、重走革命之路、重温入团誓词、民族才艺展示、主题话剧编演等丰富多彩的活动。同时,新疆团区委选取近年来发生的暴力恐怖、非法宗教活动等涉及青少年违法犯罪的典型案例,剪辑配音制作7集“新疆青少年法制宣传教育警示片”,并发放给基层团组织在团日活动中播放,累计覆盖青少年145万余名,起到了很好的教育效果。

6. 西藏青少年民族团结交流活动。2014年下半年,来自西藏7个地市的近400名各民族青少年,分8批次赴北京、河北、上海、湖南、湖北、安徽、广东等对口援藏省份开展了主题交流活动。来自西藏各行各业的青年代表和中学(中职)生走进内地高校,与内地青年学生进行面对面地互动交流;走进爱国主义教育基地,加深对党领导各族人民取得革命胜利伟大历程的认识;走进知名企业和各地乡村,直观感受改革开放以来国家社会发展取得的伟大成就;走进青年文明号、团委行政服务中心、青少年活动场所等共青团组织的品牌和阵地,了解各地共青团和青少年工作情况;走进各类文化场馆,聆听主题讲座和报告,品读中华文化的内涵和精髓。

7. 藏传佛教青年代表人士学习考察活动。12月1日至7日,2014年西藏藏传佛教青年代表人士学习考察活动在上海举办,30名来自西藏藏传佛教界的青年活佛及优秀青年教职人员参加了学习考察。在沪期间,代表团参观了玉佛寺、静安寺等具有代表性的佛教寺院,与当地佛教青年代表围绕“依法加强宗教事务,促进社会和谐稳定”、“发挥宗教积极作用,同心共筑中国梦”等主题开展座谈交流。期间,还听取了上海民族宗教工作、上海市经济社会发展状况等专题报告,走访了中国商飞、上海电视台、创新企业号码百事通等企业,参观了中共一大会址和河口科技馆等爱国主义教育基地,考察了新农村建设。

8. 伊斯兰教青年代表人士学习考察活动。10月31日至11月20日,新疆伊斯兰教青年代表人士学习考察活动分两批次分别在浙江省和山东省举办。本次学习考察活动重点做好了三个方面的工作。一是进一步扩大了人数规模。新疆伊斯兰教青年代表人士学习考察活动由往年的一批30人扩大至2批60人,同时名额重点向南疆倾斜。二是进一步优化了学习考察内容。更加突出党的民族宗教政策学习和国情考察,帮助宗教人士提高政策水平,开阔眼界,增进对经济社会发展成就的认识。三是进一步加强访谈交流。组织宗教人士围绕宗教与社会主义相适应、去极端化等主题深入座谈交流,做好个别深入访谈,及时掌握信教青年思想状况,引导宗教人士全面宣传党的宗教政策、正确阐述宗教教义。围绕信教青年思想状况形成专题报告报中央领导同志。

民族地区团干部培养计划

2014年团中央拓宽了"培养计划"推荐选拔渠道,扩大了人数规模,从民族地区各级专兼职团干部和党政机关、事业单位、高等院校、科研机构、国有企业等选拔两批共150名优秀年轻干部赴北京、天津、辽宁、上海、江苏、浙江、福建、山东、广东等省市开展为期3个月的挂职锻炼。

8月4日至9日,团中央统战部在全国青少年井冈山革命传统教育基地举办2014年"培养计划"第一批民族地区优秀年轻干部到经济发达地区挂职总结培训暨民族地区基层团干部学习培训活动。来自内蒙古、广西、西藏、宁夏、新疆等11个民族地区的76位在东部省份挂职优秀年轻干部和24位基层团干部参加了培训活动。本次学习培训活动组织学员们集中学习了党的十八大、十八届三中全会精神和习近平总书记系列重要讲话、党的民族宗教政策、团十七大和十七届二中全会精神、共青团工作实务等重点内容,学员们还参与了重走红军挑粮小道、三湾改编等革命传统教育活动,开展了丰富多彩的学习交流。

11月1日至6日,2014年"培养计划"第二批总结培训活动在中央团校举办。来自全国13个民族地区的74位在东部省份挂职的优秀年轻干部和26位基层团干部参加了培训活动。本次培训除了设置学习培训、专题研讨、总结座谈三个板块的培训内容外,同时结合本期培训班学员的特点和需求,组织学员参观了中华民族园,复兴之路展览及中央民族大学民族博物馆等。

截至2014年,已有1206名西部和民族地区优秀年轻干部参与了"培养计划"挂职锻炼和学习考察活动。

博士服务团工作与海外学人回国创业周

2014年,中央组织部、共青团中央从中央国家机关和东部省市选派210名具有博士学位的优秀青年人才,组成第15批博士服务团赴西部地区、革命老区和边疆民族地区进行为期1年的服务锻炼。中央组织部、共青团中央坚持"按需选派、人岗相宜、重在服务、加强锻炼"原则,按照党的十八大关于优先推进西部大开发,加大对革命老区、民族地区、边疆地区、贫困地区扶持力度的要求,第15批博士服务团继续扩大选派规模,为历年之最,其中155人具有副高以上专业技术职称,整体素质较好,年富力强,平均年龄39.5岁,大多是既有业务专长又有一定管理经验的复合型人才。在行前培训班上,组织方安排了西部大开发政策和西部地区经济社会发展总体情况、民族宗教政策、地方工作等专题讲座,并邀请优秀博士服务团成员代表介绍工作经验。共青团中央书记处第一书记秦宜智出席培训班并讲话,中央组织部副部长潘立刚主持开班式,共青团中央书记处常务书记、全国青联主席贺军科出席培训班。

2014 海外学人回国创业周分别在天津滨海新区、重庆高新区、陕西西咸新区、江苏苏州和广东珠海等地举行。吸引了来自 36 个国家和港澳台地区的 4900 多名海外学人参与,开展了青年企业家创业分享会、海归创业领袖峰会、千人计划创投论坛、商务沙龙等活动,举办了 2014“两岸四地及海外青年创新创业大赛”、第六届“创业姑苏”青年精英创业大赛、重庆高新区国际科技企业孵化园中英创业大赛、珠海“丹田杯海外学人创新创意创业大赛”等多项创业竞赛活动,推动由中华海外联谊会授予的“海外留学回国青年创新创业服务中心”正式落户天津市滨海新区中心商务区和苏州独墅湖科教创新区,欧美同学会授予的“留学报国基地”落户陕西西咸新区。活动期间共达成意向合作项目 1583 项,已签约项目 523 项,覆盖金融、科技、环保、生态等多个领域。

维护青少年权益工作

深化“青少年权益工作创新”试点。在全国选择 45 个城市(区)开展为期两年的“青少年权益工作创新”试点工作。围绕拓展共青团权益工作空间,确定 9 个试点方向。团中央根据各地权益工作基础和城市特点,进行分类指导和督导培训,部分省(市)参照开展省级试点,形成层层推动的良好局面。

各试点城市积极争取党政支持,整合社会力量,努力通过试点深化权益工作。了解和反映青少年诉求方面,成立舆情监测中心,及时发现和应对热点事件,建立个案转接机制,尝试触碰个案、解决实际问题。推动立法和政策实施方面,推动制定未成年人保护地方法规和《青少年事业发展规划》,涉及青少年的政策制定中充分反映青少年利益诉求,积极参与政府各类议事协调机构,完善与成员单位间的信息共享、定期会商、协调联动等工作机制。构建社会化工作体系方面,多数城市积极探索培育社会组织、社工队伍和专业力量的有效模式,建立项目设计、社工培育、专业服务、督导评价的完整流程。强化机制和基础保障方面,各地借试点契机,普遍新建或调整充实未成年人保护委员会,探索建立未成年人或青少年社会关护中心。部分试点城市在法制宣传、社区矫正、重点群体服务管理等方面,不同程度地实现了政府购买服务。

开展“共青团与人大代表、政协委员面对面”活动。围绕“加强法律保护,保障未成年人安全和身心健康”和“净化网络和新媒体环境,促进青少年健康成长”两个主题方向,各级团组织深入开展主题调研和集中活动,推动代表、委员在同级“两会”上发出集中呼吁。2 月,团中央召开“面对面”活动座谈会,邀请部分全国人大代表、政协委员研究提出政策建议。十二届全国政协二次会议上,贺军科同志代表团中央、全国青联作大会发言。各省级团组织共提出提案、议案和建议 245 件,部分被列为重点或优秀提案。为做好 2015 年“面对面”活动,各地围绕“健全青少年社会化服务体系”主题,开展调研并向团中央推报优秀调研报告 345 篇。

推动法治化维权工作。参与全国人大常委会对《未成年人保护法》执法检查,针对当前社会反响强烈的突出问题,重点检查与未成年人人身权利相关的法律实施情况,特别是依法惩处拐卖、虐待、遗弃、性侵未成年人等犯罪行为的情况。6月,与全国人大内务司法委员会共同召开执法检查重点问题座谈会,专题分析研究当前未成年人保护方面存在的突出问题,提出有关建议。受国家互联网信息办公室委托,起草《未成年人网络保护条例》初稿。在广泛征求各方意见、深入调研论证基础上,起草完成《条例》初稿。

推进12355青少年服务台建设。结合全团服务型基层团组织建设,鼓励各地拓展12355服务台功能,提升服务能力,有10个服务台列入团中央专项支持的综合服务平台建设。与全国律师协会未保委合作,在10个权益创新试点城市和7个省级12355服务台开展青少年法律服务工作,承接权益受侵害个案的法律援助。以"青春自护·平安春节"和"青春自护·暑期安全"为主题,开展涉水、交通、涉电、消防、饮食安全等方面的自护教育,与专业机构合作开发《青少年自护教育工作通用手册》。中高考前夕,动员7596名心理咨询师走进学校、社区,举办考前辅导、心理减压专题讲座和现场咨询8100场次,约有315万人次的考生及家长接受服务。壮大网络新媒体工作平台,团中央12355新浪微博有粉丝266万,各地权益部门和服务台开通工作微博800余个。

深化预防青少年违法犯罪工作。在县级地区全面推开重点青少年群体服务管理和预防犯罪工作。与中央综治委联合召开工作推进会,对第一轮推开的1085个县级地区工作成效进行评估总结,对第二轮推开工作作出部署,推动未成人年犯罪各项指标逐步下降。完善综治考核体系中的预防青少年违法犯罪相关指标,切实发挥综治考核的杠杆作用。联合相关部委指导各地加强专门学校建设,推动每个省会城市和有条件、有需要的大中城市新建和改建一所满足当地需要的专门学校。推动各地建立未成年人法制教育中心、教育矫治中心,探索在中职、高职院校开设专门班级,对有严重不良行为学生进行教育矫治。

推进青少年事务社工队伍建设。与中央综治办、民政部、财政部、人力资源社会保障部等联合制定《关于加强青少年事务社会工作专业人才队伍建设的意见》,提出到2020年建成20万人青少年事务社工的目标,明确队伍建设的基本原则、服务领域和主要任务。联合民政部召开全国工作推进会,细化12项工作任务,包括制定青少年事务社工界定标准,加强对各地工作进展的监测评估、督促激励等。联合民政部开展全国首批青少年事务社工队伍建设示范项目征集。目前已有23个省份出台了省级政策文件,11个省份推动青少年事务社工队伍建设纳入本地社会工作人才发展整体规划,18个省份建立起人才培训机制,部分地区还筹建了青少年社会事务服务中心,设立公益发展基金,有力推动了青少年事务社工队伍建设。

团干部如何健康成长大讨论活动

2014年10月以来,团中央机关广泛开展了"团干部如何健康成长"大讨论活动。团中央书记处第一书记秦宜智同志亲自提议开展这次大讨论活动,要求机关干部努力做到自省自励、懂得感恩,克服缺点、虚功实做,坚定信念、远离贪腐。秦宜智同志先后8次作出批示，既明确提出指导性意见，又不断给予鼓励和肯定，极大推动了活动的顺利开展。书记处全体同志带头参加所在党支部和机关各层级党员干部的讨论活动，面对面、推心置腹地与大家交流心得体会，受到机关干部的热烈欢迎，也使大家深受教育。在秦宜智同志和书记处的大力推动下，各部门党组织和广大党员干部踊跃参与，整个活动进展有序、扎实深入，取得了较好效果。

1. 加强组织化动员，形成全员参与的局面。活动伊始，以开一次专题学习会、讲一次心路成长、学习一次团史、研究一个反面案例、部门领导与每个年轻干部谈一次心的“五个一”讨论为载体，组织动员机关全体党员干部参与到大讨论活动中来，努力形成学习讨论的浓厚氛围。为了解掌握机关干部特别是年轻干部的思想状况和面临的困难困惑，机关党委向正处及以下干部发放《调查问卷》，形成了《关于机关干部健康成长问卷的分析报告》。团中央书记处对报告中反映出来的问题高度重视，要求各部门认真研究问卷结果及工作建议，为年轻干部工作、生活、成长进一步提供支持。为树立机关干部身边可亲、可敬、可学的正面榜样，10 月中旬开始，组织开展了“我身边的榜样”推荐活动，得到各部门和机关干部的热烈支持，共有 29 名同志、2 个集体被推荐为“我身边的榜样”。在开展正面教育的同时，机关党委会同组织部编发了《团干部廉洁自律手册》供机关全体干部认真学习，同时以党支部为单位组织观看廉政警示教育片。

2. 及时总结经验，巩固提高活动成效。11 月中旬，根据秦宜智同志、罗梅同志批示精神，机关党委在阶段性总结的基础上，进一步聚焦主题，通过多种形式的活动载体推动讨论不断深化。一方面围绕秦宜智同志提出的三点要求，用三周的时间分主题分阶段分批次分层级开展讨论，并将讨论结果以文字的形式落实到每个处室和个人。另一方面推动跨部门联合开展大讨论，提高活动开放度和参与度。鼓励各部门以小批多次的方式进行交流和分享，加强讨论的深度和针对性。同时，组织机关干部撰写文章，结合工作实际和个人成长经历，谈感受、谈收获、谈体会，把思想认识成果固化下来，进一步立足岗位、推动工作。各部门共推报征文 90 余篇，获奖征文将集结成册供大家学习交流。此外，注重梳理经验收获，分析存在问题，把“我身边的榜样”推荐活动、廉政案例剖析等受欢迎、有成效的项目转化为落实从严治党要求、加强机关党建工作的有形载体，为全团开展大讨论活动积累经验。活动中，机关各部门精心组织、讲求实效，扎实深入地推动讨论活动。

3. 活动取得的主要成效。一是进一步增强了为党做好青年群众工作的责任感使命感。同志们深刻认识到，作为党领导下的青年群众组织，共青团担负着巩固和扩大党执政的青年群众基础的重要责任，要不辱使命、不负重托，以更加扎实有效的工作引领广大青年在“四个全面”的伟大实践中作出更大贡献。作为团中央机关的干部，必须清醒认识肩上重任，不断增强做好工作的自觉性。二是进一步深化了对“三个正确对待”的认识理解。同志们认为，团干部要有感恩之心，感恩党中央和总书记的亲切关怀，感恩组织为我们提供了学习成长锻炼的大舞台。要正确对待组织，始终忠诚党的事业，热爱团的岗位；要正确对待自己，多从自身找不足、找差距；要正确对待他人，善于向身边的同志学习。三是进一步坚定了推动共青团事业发展的信心决心。同志们深入学习习近平总书记对共青团工作提出的两大战略性课题，认真思考三个根本性问题，对经济社会深刻变革给共青团工作带来的新情况、新挑战有了更深的认识，对书记处把从严治团、锤炼过硬团风作为今年工作重点有了更深的认识，对以深化为目标、以创新求突破、以制度作保障的“新常态思维”有了更深的认识，进一步坚定了做好共青团工作的信心决心。四是进一步锤炼了虚功实做、难事长做的优良作风。机关干部认真对照党中央部署和书记处要求,主动征求意见建议,认真查找自身不足,扎实开展批评和自我批评,坚决克服心态浮躁、本领不强、作风不实等问题,努力做到虚功实做、难事长做,思想作风得到明显提高。五是进一步提高了对守纪律、讲规矩的深刻认识。大家认为,守纪律、讲规矩是对党员干部党性的重要考验,是对党员干部忠诚度的重要检验,必须严格遵守政治纪律和政治规矩,在思想上政治上行动上同以习近平同志为总书记的党中央保持高度一致。针对个别团干部违纪违法被查处的情况,大家表示一定绷紧反腐倡廉这根弦,坚持做到自重自省自警自励,筑牢拒腐防变的思想防线。

青年对外交流工作

一、中日青年交流

5月25日至30日,应全国青联邀请,以日本创价学会青年部部长桥元太郎为团长的日本创价学会青年代表团一行20人,访问了北京、天津、广东等地。在京期间,全国人大常委会副秘书长曹卫洲会见了代表团;团中央书记处书记、全国青联副主席周长奎会见了代表团;全国青联主席助理万学军代表全国青联与创价学会青年部长桥元太郎签署了两组织第四轮为期十年的交流协议。7月29日至8月5日,应日本外务省邀请,以全国青联副秘书长贾波为团长的中国青年代表团一行60人赴日本东京、札幌、长崎、北九州等地进行友好访问。11月11日至20日,应日本创价学会青年部邀请,以全国青联主席助理万学军为团长的中国青年代表团一行19人访问了日本东京、大阪、京都、奈良、爱媛、香川等地。11月27日至12月8日,应日本内阁府邀请,以全国青联副秘书长张劲为团长的中国青年代表团一行30人访问了日本东京都、京都府和鸟取县等地。

二、中韩青少年大规模互访交流

2014年继续开展中韩青少年大规模互访交流活动。全年共实现两批共计380人规模中国青年代表团,以及两批共计494人规模韩国青年代表团的互访交流。5月8日至15日,应韩国女性家族部邀请,以光华科技基金会理事长任晋阳为总团长的中国青年代表团一行192人访问韩国首尔、庆州、光州、釜山、济州等地。6月4日至11日,应全国青联邀请,以韩国女性家族部青少年政策官孙爱利为总团长的韩国青年代表团访问北京、青岛、潍坊、大连、本溪等地。9月12日至19日,应全国青联邀请,以韩国青少年活动振兴院理事长金善东为总团长的韩国青年代表团一行297人访问北京、呼和浩特、合肥、上海、哈尔滨等地。10月22日至29日,应韩国女性家族部邀请,以全国青联副秘书长陈宗为总团长的韩国青年代表团一行188人访问韩国首尔、春川、高灵、济州等地。

三、中蒙青年交流

9月10日至16日,应蒙古外交部、蒙古青年联合会邀请,以共青团中央办公厅巡视员景临为总团长的中国青年代表团一行58人访问蒙古。访蒙期间,蒙古外交部国务卿礼包勒德巴特尔宴请全团,代表团主要成员拜会了蒙古外交部，访问了蒙古国内最大的以蒙语、中文双语教学的育才中文学校及蒙古青年文化中心，实地走访了十三世纪文化建筑群、成吉思汗大雕塑、特日勒吉国家森林公园，参观了戈壁公司羊绒生产厂。

四、中朝青年交流

4月24日至28日，应共青团中央邀请，以朝鲜金日成社会主义青年同盟中央委员会组织部部长陈承赫为团长的朝鲜青年友好代表团一行15人访问了我国北京、重庆两地。在京期间，团中央书记处书记周长奎会见代表团，国际联络部部长万学军宴请代表团。在渝期间，团重庆市委书记周波宴请代表团，副书记廖传锦陪同代表团在渝期间的访问。

五、中日韩圆桌会议

11月5日至15日，中日韩青年领导人圆桌会议先后在日本的东京、京都，中国的北京、厦门，韩国的首尔举行。会议由全国青联与日本国际交流基金会、韩国国际交流财团共同主办，来自中日韩政治、经济、教育、文化、青年组织等领域的16名优秀青年代表，其中包括由全国青联副秘书长董霞带队的共8名中方代表参加了此次论坛。在北京期间，全国青联主席助理万学军宴请了三国代表，在厦门期间，厦门市委副书记、政协副主席钟兴国会见了与会代表。

六、东盟青年干部培训班

为贯彻落实党和政府周边外交政策，培养东盟各国对华友好的青年一代，我自2002年3月起，在广西设立中国(广西)国际青年交流学院，并启动了东盟青年干部培训班项目。项目通过安排东盟各国青年干部来华开展教学、考察和交流活动，增进中国与东盟各国青年之间的相互了解和传统友谊。截至2014年底，我共举办培训班37期，为东盟10国培训青年干部1616名。其中，2014年度我举办了3期东盟青年干部培训班，为东盟8国培训青年干部165人。

七、中马百名青年互访项目

2013年10月，习近平主席在访问马来西亚期间倡议，为庆祝中马两国建交40周年暨中马友好交流年，双方互派100名青年访问对方国家。为落实国家领导人倡议，我与马来西亚青年与体育部合作，共同开展百名青年代表团互访。5月26日至6月1日，应全国青联邀请，以马来西亚青年与体育部部长凯里・嘉马鲁丁为团长的马来西亚青年代表团一行84人访问了北京。国务院总理李克强与马来西亚总理纳吉布在人民大会堂共同会见了两国青年代表。团中央书记处第一书记秦宜智会见代表团主要成员，全国青联主席贺军科宴请代表团全体成员。12月6日至12日，应马来西亚青年和体育部邀请，以全国青联副秘书长杨松为团长的中国青年代表团一行97人访问了马来西亚马六甲州、森美兰州、布城和吉隆坡。

八、中印百名青年互访项目

根据2010年中印两国发表的《联合公报》，中印双方于2014年继续开展百名青年互访活动。9月10日至20日，应印度技能发展、创业、青年事务和体育部邀请，以全国青联副主席周长奎为团长的中国青年代表团一行99人访问了印度德里、科钦和阿格拉。在德里，国家主席习近平会见中印两国青年代表并合影，习近平主席夫人彭丽媛、印度副总统安萨里参加。11月25日至12月2日，应全国青联邀请，以印度技能发展、创业、青年事务和体育部秘书拉吉夫・古朴塔为团长，联秘L・K・古朴塔为代理团长的印度青年代表团一行97人访问了北京、山东和上海。在北京，全国青联主席贺军科会见代表团主要成员，全国青联副主席周长奎宴请代表团全体成员。

九、中巴百名青年互访项目

根据中巴两国《联合声明》，中巴双方于2014年继续开展百名青年互访活动。4月11日至18日，应全国青联邀请，以经济事务部联秘库玛・萨瓦尔・阿巴西为团长的巴基斯坦青年代表团一行99人访问了北京和陕西。在北京,全国青联主席贺军科会见代表团主要成员,主席助理万学军宴请代表团全体成员。在西安,陕西省副省长张道宏会见代表团主要成员。

十、中印尼百名青年互访项目

2013年10月习近平主席访问印尼期间,两国政府发表《中印尼全面战略伙伴关系未来规划》,宣布今后5年双方每年互派100名青年访问对方国家。6月10日至18日,应印尼青年与体育部邀请,以全国青联副秘书长郭美荐为团长的中国青年代表团一行100人访问了印尼雅加达、西努沙登加拉省和巴厘省。印尼青体部部长罗伊·苏尔约在雅加达为代表团举行欢迎晚宴,中国驻印尼大使谢锋、印尼青体部副部长尤妮·波尔万缇参加。西努沙登加拉省副省长巴度尔·穆尼尔为代表团举行欢迎晚宴。巴厘省副省长伊·克度·苏迪克达会见代表团。

十一、第十四届中越青年友好会见

"中越青年友好会见"是我与越南胡志明共青团中央共同举办的大规模青年友好交流活动。活动发起于2000年,迄今已成功举办14届。2013年10月李克强总理访问越南期间,两国政府发表《联合声明》,再次强调要办好中越青年友好会见等活动,为中越友好事业培养更多接班人。3月25日至4月2日,应越南胡志明共青团中央邀请,以共青团中央书记处书记罗梅为团长的中国青年代表团一行97人赴越南参加第十四届中越青年友好会见,并访问了河内市、胡志明市、海防市和北宁省。

十二、中尼青年隔年互访项目

根据中尼两国政府《联合声明》,中尼双方于2014年继续开展青年隔年互访活动。6月10日至16日,应全国青联邀请,以尼泊尔青体部部长普鲁肖坦·鲍德尔为团长的尼泊尔青年代表团一行51人访问了北京、广州和天津。团中央书记处第一书记秦宜智会见代表团主要成员,书记处书记徐晓宴请代表团全体成员。中共中央委员、广东省委副书记马兴瑞在广州会见了代表团主要成员。

十三、第十届大湄公河次区域青年友好交流活动

2001年,我以全国青联名义与泰国社会发展与人类安全部合作,邀请越南、缅甸、老挝、柬埔寨青年机构共同参与,创意发起了大湄公河次区域青年友好交流项目。该活动迄今已成功举办10届。12月16日至24日,我与泰国社会发展与人类安全部合作,在泰国和我国广西共同举办了第十届大湄公河次区域青年友好交流活动。本次活动的主题是"促进大湄公河次区域互信、友谊与合作",共有来自次区域六国的64名青年代表参加。在广西期间,全国青联副秘书长贾波、共青团广西区委书记白松涛分别会见六国代表团团长,并宴请六国代表。

十四、"中俄青年友好交流年"框架下有关活动

2014年3月26日至30日,"中俄青年友好交流年"中方组委会委员、团中央书记处书记、全国青联副主席周长奎陪同"中俄青年友好交流年"中方组委会主席、中共中央政治局委员、国务院副总理刘延东赴俄罗斯圣彼得堡出席了"交流年"开幕式。全国青联与俄罗斯教育和科学部自2014年起执行中俄百名青年互访项目。2014年9月,双方在两国副总理见证下签署《中华全国青年联合会和俄罗斯联邦教育和科学部关于2014—2018年开展百名青年互访项目的备忘录》。7月7日至15日,应俄罗斯教育和科学部邀请,以团中央书记处书记、全国青联副主席汪鸿雁为团长的中国青年代表团一行93人对俄罗斯进行了友好访问。10月20日至27日,应全国青联邀请,以俄罗斯青年事务署署长波斯佩洛夫为团长的俄罗斯青年代表团一行100人访华。中共中央政

治局委员、国家副主席李源潮会见了代表团。

此外,我积极在“交流年”框架内发挥协调统筹作用。6月23日至27日,全国青联派代表团一行25人赴俄参加中俄青年友谊与合作大会。8月10日至17日,全国青联代表赴克里米亚参加了“塔夫里达2014国际青年论坛”。

十五、中俄人文合作委员会青年合作分委会有关活动

应俄罗斯教育和科学部邀请,中俄人文合作委员会中方委员、团中央书记处书记、全国青联副主席周长奎等一行3人于9月12日至15日赴俄罗斯莫斯科、乌里扬诺夫斯克参加了中俄人文合作委员会第十五次会议、青年合作分委会第四次会议,并与俄方签署了《中华全国青年联合会和俄罗斯联邦教育和科学部关于2014—2018年开展百名青年互访项目的备忘录》。

6月30日至7月4日,全国青联与俄罗斯青年事务署、俄罗斯青年联盟在首届中国—俄罗斯博览会期间,合作举办了中俄青年企业家俱乐部成立暨网站启动仪式、第一次主席会议、秘书处联席会议以及中俄青年企业家圆桌会议等。汪洋副总理和俄罗斯罗戈津副总理巡馆时参观了中俄青年企业家俱乐部展位并听取了有关介绍。

4月21日至26日,应全国青联邀请,以俄罗斯国家杜马议员索博列夫·维克托为团长的俄罗斯青年政治家代表团一行8人访问了北京和广东。9月25日至29日,应全国青联邀请,以俄罗斯青年联盟国际部部长塔吉亚娜为团长的俄罗斯青年联盟代表团一行6人访问了北京。10月14日至18日,应俄罗斯青年联盟邀请,以团中央维护青少年权益部部长刘涛为团长的中国青年代表团一行6人访问了俄罗斯。

十六、上合组织青年委员会有关活动

5月2日至7日,应俄罗斯青年联盟邀请,全国青联与文化部联合派遣50名青年代表赴俄参加在俄贝加尔边疆区赤塔市举行的“上海合作组织大学生之春”文化艺术交流活动。6月21日至25日,应塔吉克斯坦体育、旅游与青年委员会邀请,以全国青联副秘书长贾波为团长的全国青联代表团一行4人赴塔吉克斯坦参加上合组织青年委员会第七次会议。8月23日至27日,全国青联选派10名青年企业家代表赴俄参加上合组织第二届企业和跨境合作青年论坛。

十七、中英高级别人文交流机制框架下有关活动

4月23日,中英高级别人文交流机制第二次会议在京举办。全国青联副主席周长奎与英国英中协会主任裴士高签署了《中华全国青年联合会与英中协会关于促进中英青年交流的谅解备忘录》,我与英中协会举行了青年领域对口磋商。7月20日至26日,我与英中协会合作,在华举办了第四届中英青年领导者圆桌会。

十八、中欧高级别人文交流对话机制框架下有关活动

9月6日,中欧高级别人文交流对话机制第二次会议在京举办。11月19日至23日,我派代表出席欧洲青年论坛代表大会,开展工作会谈,促进交流合作。12月1日至5日,我在华举办了以“青年流动与社会融入”为主题的中欧青年政策对话暨青年社会融入问题专家研讨会。

十九、“筑梦丝路——欧亚青年领导人友好会见活动”

11月17日至28日,我以全国青联名义在华举办了“筑梦丝路——欧亚青年领导人友好会见活动”。来自俄罗斯、中亚五国(土库曼斯坦、哈萨克斯坦、吉尔吉斯斯坦、塔吉克斯坦、乌兹别克斯坦)、白俄罗斯以及丝绸之路国际青年联盟(阿塞拜疆)的51名青年领导人访问了陕西、宁夏、新疆三地。

二十、法国500名青年代表访华项目

2010年11月,时任国家主席胡锦涛访问

法国期间与法总统萨科奇在会谈中表示中方愿在今后 5 年邀请 500 名法国青年访华。2014 年 9 月 10 日至 18 日，应全国青联邀请，以法国展望与创新基金会法人代表伊蕾娜·科尔内为团长的法国青年代表团一行 32 人访问了中国。

二十一、中德未来之桥青年领导者交流营

2011 年，时任国务院副总理李克强与德国副总理兼外交部长韦斯特维勒会晤时，就进一步发展中德关系、加强中德青年交流达成重要共识，决定今后 10 年每年举办“中德未来之桥”青年领导者交流营。5 月 28 日至 6 月 8 日，应全国青联邀请，由德国墨卡托基金会选派的德国青年领导者代表团一行 19 人访问了中国，并参加了第三届“中德未来之桥”青年领导者交流营项目。

二十二、中德地方青年交流评估推进会

5 月 6 日至 10 日，为总结评估两国地方青年交流开展情况，巩固合作关系和友谊，全国青联与德青年部合作在中国青岛举办了第三届中德地方青年交流评估推进会。

二十三、中美人文交流高层磋商机制青年领域交流活动

7 月 7 日至 8 日在京举行第五轮中美人文交流高层磋商，团中央书记处书记、全国青联副主席周长奎出席有关活动。5 月 17 日至 26 日，美国青年政治领袖理事会代表团一行 9 人于访问了北京、云南。在京期间，团中央常务书记、全国青联主席贺军科会见代表团，全国青联副秘书长董霞宴请代表团。9 月 15 日至 26 日，应美国耶鲁大学邀请，全国青联副秘书长董霞率中国青年代表团一行 13 人赴美参加第二届“中国—耶鲁青年领袖对话”暨中国青年领导人研讨培训项目。2014 年 12 月 27 日至 2015 年 1 月 3 日，应全国青联邀请，以美国常青藤联盟理事会副主席、哈佛大学学生会主席斯蒂夫·特本为团长的美国常青藤学生代表团一行 10 人访问了北京、上海。在华期间，全国青联副秘书长董霞会见并宴请代表团。

二十四、实施中澳青年政治家互访交流项目

8 月 26 日至 31 日，应澳大利亚政治交流理事会邀请，团中央书记处第一书记秦宜智率中国青年代表团一行 5 人访问了澳大利亚。7 月 26 日至 8 月 1 日，应全国青联邀请，以澳大利亚昆士兰州布里斯班市议员米尔顿·迪克为团长的澳政治交流理事会代表团一行 7 人于 2014 年访问了北京、辽宁。在京期间，全国青联副主席周长奎会见代表团，全国青联主席助理万学军宴请代表团。

二十五、第五期拉美青年干部研修班

6 月 15 日至 26 日，应中共中央对外联络部和共青团中央邀请，来自阿根廷、巴西、智利、哥斯达黎加、墨西哥、秘鲁和乌拉圭 7 国主要政党青年干部、政府青年事务机构负责人和全国性青年组织领导人一行 20 人来华参加了主题为“全面深化改革与中国梦”的第五期拉美青年干部研修班。

二十六、古巴共产主义青年联盟代表团访华

6 月 3 日至 8 日，应共青团中央邀请，以古共中央委员、古巴共产主义青年联盟全国委员会第一书记尤妮亚斯琦·克雷斯波·巴克罗为团长的古巴共产主义青年联盟代表团一行 3 人访问了北京。在京期间，中共中央政治局委员、国家副主席李源潮会见了代表团并合影留念。团中央书记处第一书记秦宜智会见并宴请了代表团，团中央书记处书记周长奎陪同会见和宴请。

二十七、中国青年代表团访问阿根廷、秘鲁

12 月 2 日至 10 日，应阿根廷当代基金会、秘鲁基督教人民党和阿普拉党邀请，以共青团陕西省委书记李豫琦为团长的中国青年代表团一行 6 人访问了阿根廷和秘鲁。在阿根廷期间,当代基金会主席西蒙·贝斯塔尼会见了代表团。在秘鲁期间,基督教人民党主席劳尔·卡斯特罗和阿普拉党总书记豪尔赫·德卡斯蒂略分别会见了代表团。

二十八、2014 年世界青年大会

应斯里兰卡青年事务和技能发展部邀请,团中央书记处书记、全国青联副主席周长奎率中国青年代表团一行5 人于5 月5 日至9 日访问斯里兰卡并出席世界青年大会。周长奎在大会和圆桌会上分别就“让青年成为 2015 年后世界发展议程的主流”以及“促进青年充分就业和创业”议题发言。

二十九、南京青奥会青年交流活动

8 月 15 日至 20 日,全国青联邀请来自联合国、美国、德国、俄罗斯、澳大利亚、柬埔寨、印尼、新加坡、刚果(布)、莫桑比克等国家和国际组织的青年事务负责人一行 14 人访问江苏省南京市,观摩南京青奥会开幕式和部分体育赛事。在宁期间,共青团中央书记处第一书记秦宜智,江苏省委常委、组织部长王炯会见并宴请了代表团。8 月 16 日,以“青年参与、共同发展”为主题的“对话联合国秘书长潘基文”活动在南京大学举办。团中央书记处第一书记秦宜智、联合国秘书长潘基文分别致辞。8 月 26 日,团中央书记处书记傅振邦出席在江苏省南京市举办的“世界青年体育、文化与和平论坛”开幕式并致辞。

三十、“与世界对话”国际交流与传播系列活

2014 年,全国青联与中国青年报社、中国高校国际交流社团联谊会继续合作举办“与世界对话”活动,全年举办对话及传播交流活动 33 场,直接参加的大学生人数为 2000 余人。12 月 24 日至 26 日,由全国青联主办、中国青年报社和中国高校国际交流社团联谊会承办的第三届中国高校国际交流社团负责人和骨干培训班在京举办。全国青联副秘书长李青、中青报副总编辑翁翔出席培训班开幕式并致辞。

第五部分

重 要 表 彰

中国青年五四奖章

第十八届"中国青年五四奖章"

（共30人、组，按姓氏笔画为序）

王红兵　河南省尉氏县红兵禽业专业合作社理事长

王慧成　中国人民武装警察部队内蒙古自治区总队阿拉善盟支队副参谋长

牛国栋　太原钢铁（集团）有限公司不锈钢股份有限公司冷轧厂班长

艾沙江·尼扎木丁（维吾尔族）　国家电网新疆电力公司博尔塔拉供电公司运维检修部检修班长

白　宇　中央人民广播电台记者

乐焰辉　中国人民解放军96165部队72分队政治指导员

刘　屹　安徽艾可蓝节能环保科技有限公司董事长、总经理

刘　勇　新疆维吾尔自治区喀什市残友科技有限公司董事长

刘若鹏　深圳光启高等理工研究院院长

刘春林　中国船舶重工集团公司第七一九研究所型号副总设计师

江　帆（女）　上海交通大学医学院附属上海儿童医学中心党委书记

次仁曲宗（女，藏族）　西藏自治区江孜县拉则寺管委会科员

李素文（女）　中国第一汽车股份有限公司技术中心汽车电子部主查兼控制开发三室室主任

李智慧（女）　江苏省盐城市城乡建设局市政设施管理处下水道班班长

何宪恕（满族）　辽宁省海城市后英集团董事长

张　爽（女，满族）　吉林财经大学管理科学与信息工程学院学生辅导员

张晓炜　宁夏正丰建筑工程有限公司工程部部长

陈庆城　广州广船国际股份有限公司船舶电焊工

罗三中　中国科学院化学研究所分子识别与功能重点实验室主任助理

赵红亮　海南大学政治与公共管理学院教师

徐瑞明　山东机客网络技术有限公司董事长

爱新觉罗陈子一（女，满族）　辽宁省辽阳市宏伟区宏大生态创业园创业者

高亚飞　安徽省利辛县新农民养猪专业合作社理事长、安徽浩翔农牧有限公司总经理

郭　佳（女）　天津航空有限责任公司服务部乘务员

葛　军　青海省邮政公司格尔木市邮政局投递员

雷庆瑶（女）　四川省成都市广播电视台主持人

谭永峰（苗族）　湖南省泸溪县红山柑橘专业合作社理事长

谭忠能　广西壮族自治区防城港市公安消防

支队特勤中队中队长助理

农本豪(壮族) 广西壮族自治区防城港市公安消防支队特勤中队三班副班长

黎登贵 中国人民解放军77110部队副参谋长

颜 宁(女) 清华大学医学院教授、博士生导师

注:谭忠能、农本豪为同一事迹获奖组。

“中国青年五四奖章”集体

(共2个)

中国人民解放军71426部队88分队

沈阳机床(集团)有限责任公司中捷立式加工中心事业部青年团队

第十八届“中国青年五四奖章”提名奖

(共7人,按姓氏笔画为序)

孔令媛(女) 新疆生产建设兵团第八师石河子市银龄养老院院长

祁 峰 中国中煤能源集团有限公司张家口煤矿机械有限责任公司机电设备分厂车工

杨苗苗(女) 安徽省蚌埠市公共交通集团有限公司驾驶员

吴 艳(女) 四川省大英县鑫燕畜禽专业合作社理事长

陈 伦 浙江省奉化市西坞街道蒋家池头村党支部书记

郭 鑫(藏族) 南开大学政治学与行政学专业2011级学生、天津闯先生网络科技有限公司董事长

黄茂兴 福建师范大学经济学院副院长、教授、博士生导师

加授“中国青年五四奖章”

(共8个)

孙 岳 中国航天科技集团公司第一研究院十二所长征三号甲系列火箭控制系统副总设计师助理

梁 俊 中国航天科技集团公司第五研究院五〇二所嫦娥三号着陆器GNC分系统主任设计师

陈 展 中国航天科技集团公司第六研究院十一所高空发动机阀门设计师

薛 涛 中国航天科技集团公司第九研究院二〇〇厂特级技师

周向东 中国科学院光电技术研究所光电传感技术研究室副主任

王生旺 中国电子科技集团公司第十六研究所低温电子研发部副主任

俞少行 解放军63798部队地面设备站站长

赵凤才 解放军63920部队1室通信组组长

追授“中国青年五四奖章”

(共5个)

陆 晨 上海公安消防总队宝山支队罗店中队战士

孙络络 上海公安消防总队宝山支队罗店中队战士

朱长海 安徽省天长市金集初中青年教师

谢 樵 云南省公安边防总队医院中医科战士

袁雅逊 共青团四川省甘孜藏族自治州委副书记、自治州青年联合会副主席

全国优秀共青团员、全国优秀共青团干部、全国五四红旗团委(团支部)

2013年度“全国优秀共青团员”名单

(共193名)

宗　佳(女)　北京市朝阳区新源西里小学特教教师

赵红敏(女)　北京市延庆县四海镇四海种植专业合作社经理

李嘉盈(女)　首都师范大学历史学院城市传统与文化管理专业2011级学生

张子健　北京北重汽轮电机有限责任公司汽机技术部技术员

李铁森　北京市平谷区第一职业学校三年级机械制造班学生

钱悦越(女)　天津市女子监狱六监区分监区长

石添硕(回族)　天津市南开中学高三(2)班学生

杨亚星(女)　河北省深州市蓝天艺术学校执行校长

王云琦　河北省廊坊市三浦威特园区建设发展有限公司手续办理主管

陈成博　河北省邢临高速公路养护一工区助理工程师

魏方平　河北省秦皇岛市九龙山医院后备护士长

韩志刚　河北省张家口市住房公积金管理中心职员

李　漾(女)　河北省邯郸市冀南新区国家税务局工作人员

魏倍倍　河北省石家庄常山恒新纺织有限公司后纺车间技术员

张文俊(女)　河北省迁西县都市家园家居建材广场董事长

唐宏博　河北省石家庄外国语学校高二(10)班学生

李晓光　山西农业大学研究生学院研1312班学生

张璐超　山西省孝义市中小企业局科员

孟　磊　北方通用动力集团有限公司六一六厂质量管理部技术员

刘宏杰　山西省阳泉煤业(集团)有限责任公司五矿采煤工区技术区长

赵天胤　山西省晋中市榆次第一中学高1201班学生

王继炜　国家电网公司内蒙古东部电力有限公司兴安供电公司阿尔山市供电分公司安质部主任

于景亮　内蒙古自治区巴彦淖尔市公安消防支队磴口县大队办公室文员(大学生志愿服务西部计划志愿者)

张春阳　内蒙古自治区阿拉善盟公安局高速交警支队银巴大队警员

张　晨(女,蒙古族)　内蒙古自治区呼和浩特市第二中学高一(23)班学生

王丹丹(女)　辽宁省抚顺经济开发区管委会办公室工作人员

赵晓蕊(女,回族)　渤海大学管理学院辅导员

张津维　团辽宁省阜新蒙古族自治县委工作人员(辽西北计划志愿者)

李欣然(女,满族)　辽宁省沈阳市东北育才学校初中部直升3班学生

王东雪(女)　辽宁中医药大学第一临床学院中西医结合临床医学专业2011级3班学生

孙　萍(女)　北华大学经济管理学院2010级

工商管理专业1班学生
蔡竹欣(女) 吉林省四平市第一高级中学三年22班学生
陈冠达 吉林省长春外国语学校高三(3)班学生
赵 瑞 哈尔滨铁路局哈尔滨机务段“朱德号”机车组司机长
张小元(女) 牡丹江师范学院应用英语学院商务英语专业2011级学生
宫晨嘉 黑龙江省虎林市高级中学高二(4)班学生
尹思良 哈尔滨师范大学附属中学高二(6)班学生
蔡恒熙 上海松江柒加青年剧社副理事长、执行总监
杨彦君 上海市公安局普陀分局交警支队二中队民警
古成龙 上海左岸芯慧电子科技有限公司常务副总经理兼技术总监
叶心阳(女) 上海市五爱高级中学高二(8)班学生
冯泽凯 江苏省无锡市公安局技侦支队科员
邵 刚 南京中医药大学经贸管理学院社会医学与卫生事业管理专业2012级10班学生
宋 碧(女) 宿迁高等师范学校教师
陈 羽(女) 南京航空航天大学材料科学与技术学院材料科学与工程专业2011级0611102班学生
季 君(女) 南京师范大学新闻与传播学院2013级新闻与传播专业学生
倪明森 江苏省南京市六合区程桥镇竹程街道村民
居 政 江苏省苏州市吴江高级中学高一(4)班学生
钱雨桐(女) 江苏省常州高级中学高三(11)班学生
郁舒涵(女) 南京财经大学财政与税务学院税务专业2011级学生
林培丽(女) 浙江省温岭市青年志愿者协会干事
陈正奇(女) 中国美术学院传媒动画学院多媒体与网页设计2010级学生
杨 洋 浙江省宁波市第十五中学201班学生
沈 红(女) 浙江省桐乡市启新学校904班学生
陈炳南 浙江省磐安县安文初级中学901班学生
黄家强 安徽省宣城市宣州区水东镇祁梅村团支部书记
丁少丽(女) 安徽省淮北市邮政局综合办公室文件收发员
吕秀芝(女) 安徽省田径游泳运动管理中心田径运动员
胡 静(女) 安徽省黄山旅游发展股份有限公司云谷索道分公司售票员
郑娟娟(女) 中国移动通信集团安徽有限公司客服中心话务代表
汪 凯 安徽省马鞍山港口(集团)有限责任公司第三港务公司理货员
秦 畅(女) 安徽省岳西县汤池中学高二(3)班学生
张 涵 福建省莆田市秀屿区埭头镇村民
卓顺安 福建省寿宁县人民法院司法警察大队副大队长
邓婕婕(女) 福建省上杭县招商局科员
袁 帅 福州海关驻长乐机场办事处旅检一科科员
黄小芳(女) 中国建设银行晋江分行灵源支行客户经理
张荣荣(女) 中国银行业监督管理委员会厦门监管局科员
岳剑平 福建省南铝光电科技有限公司数控铣床班班长
江清浩 广东省深圳市卫生和计划生育委员

会雇员
潘振聪　福建省厦门第一中学高三(2)班学生
罗正伟　南昌航空大学信息工程学院 2011 级网络工程专业 61 班学生
何雪瑶(女)　赣州师范高等专科学校中文系 2009 级文史 1 班学生
刘闻欣(女)　江西省奉新县冯川镇第三小学教师
李睿之(女)　江西省临川第二中学高三(33)班学生
李雨舒(女)　国家电网江西省电力公司吉安供电分公司营销部大客户经理
马明涛　东营职业学院会计电算化专业 2012 级学生
武平平(女)　山东省济宁市第一人民医院护士
刘　超　山东省五莲县国家税务局街头税务分局科员
闫心斐　山东交通职业学院公路与建筑学院 11211 班学生
门志超　莱芜职业技术学院冶金与建筑技术工程系 2011 级建筑工程技术一班学生
王　娜(女)　山东省临沂垦兴源肉制品有限公司总经理
张海龙　山东省无棣县统计局埕口统计站科员
张尊涛　中国石油化工股份有限公司齐鲁分公司第二化肥厂群众工作科干事
徐　强　山东钢铁股份有限公司莱芜分公司焦化厂化产精制车间技术员
郭　送(女)　青岛农业大学外国语学院英语专业 2011 级学生
司文琪(女)　山东省淄博市淄川区第一中学高一(8)班学生
张耀文(女)　山东省临沂市第一中学高二(31)班学生
刘小祎(女)　山东省泰安第二中学高一(5)班学生
邢二朋　黄河水利职业技术学院交通工程系道路桥梁工程技术 1202 班学生
卫　欣(女)　河南省郑州市金水区经八路街道办事处社区工作人员(大学生志愿服务西部计划志愿者)
代芸铭　河南省驻马店市产业集聚区综合执法局科员
韩　笑(女)　河南大学经济学院金融系 3 班学生
刘鸣慧(女)　团河南省濮阳县委工作人员(河南省大学生志愿服务贫困县计划志愿者)
杨　萍(女)　河南省平顶山银行矿中支行客户经理
王志坤　郑州大学公共管理学院 2011 级行政管理专业学生
王李博(女)　河南省邓州市水利局科员
张海鹏　河南省林州市博超实业有限公司天津分公司办公室主任
王玖柒　河南省信阳高级中学高二(5)班学生
武烜宇(女)　河南省驻马店市实验中学九(1)班学生
石　锐　湖北省大冶市公安局刑事侦查大队民警
冯盘龙　华中科技大学光电学院电子科学与技术系 2010 级学生
朱郭亮　武汉船用机械有限责任公司液压机械部钳工
崔　帆(女)　湖北楚野生态农业科技发展有限公司董事长
雷博文　武汉音乐学院附属中学高一(1)班学生
邓子猷(土家族)　湖北省宜昌市机电工程学校大专 1201 班学生
付辽宇　湖南省衡阳县民政局求助站职工
陈　周　湖南省临武县舜峰镇曾家岭村村主任助理

陈盼盼(女)　湖南省长沙市青少年宫教师
李　蓉(女)　湖南省常德市市长热线办公室工作人员
王志文　张家界航空工业职业技术学院航空维修系数控技术专业113512班学生
邓斯杰(瑶族)　湖南省江永县第一中学高三317班学生
罗欣欣(女)　湖南省新化县水车完全中学高一C135班学生
陈泽鑫　广东省广州立白企业集团有限公司员工
李思思(女,苗族)　广东省深圳市粮食集团有限公司办公室主任助理
潘春凤(女)　广东省珠海市第二人民医院护士
谢开梦　广东省江门市人民医院质控科干事
林少婷(女)　广东省揭阳市人民医院对外宣传办公室副主任
黄牧云(女)　中山大学附属第一医院住院医师
林晓航　惠州学院化学工程系2010级应用化学1班学生
邹朝辉　广州铁路(集团)公司广州货运中心党群工作办公室宣传干事
张秋玲(女)　广东省茂名市高级技工学校农村经济管理高级班学生
钱泓竹(女)　广东省佛山市第一中学高一(20)班学生
陈依青(女)　广东省潮州市瓷都中学高三(6)班学生
周雅婷(女)　广西壮族自治区桂林市芦笛景区女子导游班班长
严怡云(女)　广西师范大学文学院2010级对外汉语专业学生
梁树炯　广西电网公司贵港供电局输电管理所输电运维五班技师
罗　婷(女)　海口经济学院2012级旅游管理(国际酒店方向)本科1班学生
梁其聪(女)　海南省农村信用社联合社琼中小额信贷总部屯昌小额信贷部经理
罗　珊(女)　海南省保亭中学高二(1)班学生
吕　涛　重庆市垫江监狱二级警员
张洪艺　西南政法大学行政法学院2010级法学专业学生
景　达　重庆银行股份有限公司西安分行金融同业部营销工作人员
周　斌　重庆市工业高级技工学校2010级数控技术应用班学生
罗兴美(女)　四川省石棉县先锋藏族乡小河坝中心小学教师(大学生志愿服务西部计划志愿者)
谢　璐　中国燃气涡轮研究院助理工程师
程　娟(女,藏族)　四川省色达县色柯镇政府办公室科员
唐雯丽(女)　四川省泸州市纳溪区大渡口镇天堂村村主任助理
欧阳开源　四川省自贡市沿滩区农牧林业局政策法规股工作人员
杨铖浩　中国石油天然气股份有限公司四川内江销售分公司员工
王　鹏　四川省遂宁市河东新区管理委员会养生谷管理办公室科员
黄子恒　宜宾职业技术学院经济贸易管理系财务11303班学生
周　勉　四川省犍为县环境监测站工作人员
仲　彬　四川省绵竹市公安局公共信息网络安全保卫大队民警
覃雁月(女)　四川省邻水实验学校2012级7班学生
郑文磊　四川省攀枝花市第三高级中学2011级7班学生
许期航　四川省南江中学高2011级8班学生
简娟娟(女)　中国航天科工集团公司061基地贵州梅岭电源有限公司工艺

员

张七仁　贵州省安龙县坡脚乡党政办工作人员（“三支一扶”计划志愿者）

彭　凌（女，侗族）　贵州省铜仁市碧江区水务局工作人员

刘思沛（女）　贵州省六盘水市第一实验中学高三（1）班学生

唐　宁（女）　贵州省兴义市第五中学高三（11）班学生

张朝周　十四冶建设集团有限公司云南第四建筑安装工程有限公司土建资料员

余福生（傈僳族）　云南省怒江傈僳族自治州怒江公路管理总段福贡段职工

朱　彪　曲靖师范学院数学与信息科学学院20101113 班学生

曾　林　云南省文山监狱一监区二级警员

许燕亭（女，哈尼族）　云南省勐腊县勐腊镇景岗社区居委会委员

和万象（傈僳族）　云南省迪庆藏族自治州民族中等专业学校临床 1 班学生

格桑达吉（藏族）　国家法官学院西藏分院后勤管理人员

赵景辉　西藏自治区扎囊县人民医院手麻科主任兼医务科主任

王重谊（女）　陕西省华山管理服务公司讲解员

于大卫　西北有色金属研究院凯立化工有限公司行政文员

史礼梅（女）　西安翻译学院人文艺术学院汉语言文学专业 104110201 班学生

王　超　陕西同昌建设工程有限公司职工

沈嘉禾（女）　陕西省宝鸡中学 2012 级 10 班学生

王沛玥（女）　陕西省安康市安康中学高三（1）班学生

常万辉　甘肃政法学院公安分院 2010 级侦查（1）班学生

姚遂明　甘肃省窑街煤电集团有限公司天祝煤业公司运输队副队长

刘建昌　甘肃省民勤县职业中等专业学校2012 级 8 班学生

汪　蕾（女）　青海省大通回族土族自治县农村信用合作联社风险经理

苏钰蓉（女，藏族）　青海省平安县第一中学高一（5）班学生

王　博（回族）　神华宁夏煤业集团公司羊场湾煤矿机电一队技术员

刘　鑫　宁夏回族自治区固原一中高三（10）班学生

胡尔西旦·阿尔肯（女，维吾尔族）　新疆大学政治与公共管理学院国际政治专业学生

周广春　新疆维吾尔自治区博湖县公安局刑侦大队民警

麦麦提·阿卜力米提（维吾尔族）　新疆生产建设兵团第十四师皮山农场中学教师

彭晓垌（女）　新疆生产建设兵团第二中学高三（3）班学生

宋绪磊　中国人民解放军 66391 部队 70 分队战士

祖帕尔（维吾尔族）　中国人民解放军 68304 部队 84 分队战士

要子为主（彝族）　中国人民解放军 71271 部队 73 分队战士

仁庆贡布（藏族）　中国人民解放军 78329 部队 34 分队战士

刘　洋　武汉铁路局武昌南机务段机车乘务员

李子燕（女）　中国铁路文工团舞蹈演员

王丽莉（女）　首都空港贵宾服务管理有限公司值班主任

赵　昊　中国南方航空公司机务工程部沈阳

飞机维修基地助理工程师
王　颖(女)　国家林业局幼儿园教师
陶俊宏(女)　中国出口信用保险公司资信评估中心员工
许　捷　中国国际航空股份有限公司湖北分公司地面服务部综合服务室班组长
刘　锦　中国联合网络通信集团有限公司天津市分公司网络建设部项目管理室主管
李　想　淮北矿业(集团)有限责任公司许疃矿综采一区机电检修工
杨凌云　重庆力帆实业(集团)公司质量中心进货检验部质检员
赵扬扬　东风乘用车武汉工厂涂装车间检查员
杨海固　致同会计师事务所厦门分所项目经理

追授“全国优秀共青团员”名单

(共2名)

西尔艾力·艾比　新疆维吾尔自治区库尔勒市公安局巡逻防控大队一中队协警
王　强　中国人民武装警察部队重庆消防总队石柱县大队双庆中队战士

2013年度“全国优秀共青团干部”名单

(共138人)

李　岩　北京市公安局刑事侦查总队团委副书记
殷秀颀(女)　北京市海淀区海淀街道团工委书记
李　康　南开大学团委书记
霍　凡(女)　天津市百利机械装备集团有限公司团委副书记
徐春晖　天津市新华中学团委书记
薛运波　团河北省南和县委书记
王　霞(女)　团河北省张家口市宣化区委书记
高士峰　河北钢铁集团唐钢公司团委书记
于　敬(女)　河北省保定市第三中学分校团委书记
赵　菲(女)　河北省邯郸市第七中学团委书记
张海伟　山西省公安厅机关团委书记
马　梅(女)　山西省大同市教育局团委副书记
王彦飞　山西省太原市财贸学校团委书记
陈玉柱(蒙古族)　内蒙古自治区扎鲁特旗香山农场团委书记
吴志华(回族)　团内蒙古自治区呼和浩特市回民区委书记
许　超　内蒙古自治区通辽实验中学团委书记
吕　艳(女)　辽宁省抚顺矿业集团有限责任公司团委书记
王　琪(女)　中国移动通信集团辽宁有限公司营口分公司团委书记
杨晨光　辽宁省大连市金州新区团工委书记
肖艳楼(女)　辽宁省葫芦岛市第二高级中学团委书记
宋学志　辽宁省大连交通技师学院团委书记
赵晓峦(女)　团吉林省榆树市委书记
朴吉峰(朝鲜族)　团吉林省延边朝鲜族自治州委志工部、学校部部长
王　艳(女)　吉林大学附属中学团委书记
艾　鑫　黑龙江省大庆油田钻探工程公司钻井二公司团委书记
邵金川　黑龙江省齐齐哈尔市教育局团委书记
李桂红(女)　黑龙江省大庆实验中学团委书记
姜　伟(女)　光明食品(集团)有限公司团委书记
张忠伟　上海市发展和改革委员会团工委书记

戴 冰 上海师范大学团委书记
杨丽婷(女) 复旦大学附属中学团委书记
张皓玮 团江苏省扬中市委书记
朱 琰(女) 江苏省文化厅团委书记
李荣伟 江苏省南通市公安局团委书记
柏 强 中国船舶重工集团公司第七二四研究所团委书记
夏镇波 南京农业大学团委书记
赵 晶(女) 南京林业大学团委书记
胡珍霞(女) 江苏省南京技师学院团委书记
冯泉瑞 江苏省东海县李埝乡连汪村党支部书记、团支部书记
孙开用 团浙江省宁波市委组织部部长
徐浩哲 浙江省杭州市城市建设投资集团公司团工委副书记
吕 敏 浙江省杭州钢铁集团公司团委书记
沈 蕾(女) 浙江省绍兴市中等专业学校团委书记
方 建 安徽省合肥市公安局团委书记
郭玉红(女) 团安徽省宣城市委组宣部部长
柳 风(女) 安徽省芜湖市镜湖区弋矶山公共服务中心团支部书记
王海山 福建省安全生产监督管理局团委书记
陈茂旺 福建驻京团工委书记、北京城市学院教务处副处长
孙光远 福建省厦门航空福州分公司团委书记
庄阳彬 福建省福州高级中学团委书记
许祖强 江西有色地质勘查局团委书记、党办副主任
万涵英(女) 团江西省新建县委书记
肖 青 团江西省赣州市委学少(权益)部部长
熊 菁 江西省九江市第三中学团委书记
李晓元 山东省青岛市教育局团委书记
刘晓莉(女) 淄博师范高等专科学校团委书记
代 辉(女) 团山东省诸城市委书记
孙作顶 聊城大学团委书记
许雁飞(女) 胜利石油管理局电力管理总公司团委书记
徐宝贵 山东省德州市实验中学团委书记
李庆彬 河南驻深圳团工委书记
余 磊 河南农业大学团委书记
张 宁 河南省焦作市公安局犯罪侦查支队团总支书记
李红霞(女) 河南省郑州煤炭工业(集团)有限责任公司团委书记
崔清占 河南省南阳技师学院团委书记
张力峰 湖北省武汉钢铁(集团)公司团委书记
文云冬 武汉大学团委副书记
蒋成林 团湖北省十堰市委组织部部长
王 俊 湖北省江陵县秦市乡团委书记
刘折谷 湖北省黄冈中学团委书记
李 欣 湖北省宜昌市消防支队东山中队团支部书记
刘 景 湖北省天门市皂市镇团委副书记、皂市镇泉堰村村主任助理
杨重明 湖南省涟源钢铁集团有限公司团委书记
欧阳展 团湖南省株洲市芦淞区委书记
杨太勇(土家族) 湖南省桑植县澧源镇中学团委书记
段 希(女) 团广东省广州市委宣传部部长
蓝 涛 团广东省深圳市委组织与宣传部部长
谢秀兰(女) 广东外语外贸大学团委书记
陈影然(女) 团广东省佛山市顺德区委书记
余国栋 广东省佛山市财经学校团委书记
郭飞雁(壮族) 广西壮族自治区鹿寨县农村青年创业者协会团支部书记
黄丽华(女) 团广西壮族自治区南宁市委维护青少年权益部部长
黄健铭 梧州学院数理系团委书记

周茂根　团广西壮族自治区武宣县委书记
杨可书　广西壮族自治区凌云县伶站中学团总支书记
李品礼(瑶族)　广西壮族自治区富川瑶族自治县白沙镇团委副书记、富川瑶族自治县威龙林化有限公司总经理
吴　昊(蒙古族)　琼州学院团委书记
柳海英(女)　海南省海南中学团委书记
罗　毅　团重庆市渝中区委书记
邹翔名　团重庆市长寿区委书记
侯明志　重庆师范大学团委书记
王　燕(女)　重庆市行知职业技术学校团委书记
朱剑松　西南交通大学团委书记
谢林江　团四川省简阳市委书记
张　玲(女)　团四川省宝兴县委书记
罗　丹(女)　四川省宜宾五粮液集团有限公司团委书记
王远康(藏族)　团四川省阿坝藏族羌族自治州委办公室主任
马千里(回族)　团四川省南充市委组宣部部长
刘　楠(女)　中国移动通信集团四川有限公司团委书记
张　宇　四川省凉山州职业技术学校团委书记
刘晓莉(女)　四川省成都市工业职业技术学校团委书记
蒋卓君(女)　四川省安县兴仁乡团委副书记、茶园村党支部副书记
吴东恒　贵州大学团委副书记
彭　姣(女)　贵州高速公路集团有限公司团委书记
盛　怡(女)　贵州省都匀一中团委副书记
张云婷(女)　团云南省昭通市委学少部部长
张炳晶(女,白族)　云南省大理白族自治州实验小学团支部书记
李林贵(彝族)　云南省临沧市第二中学团委书记
索　珍(女,藏族)　西藏自治区那曲地区高级中学团委干事
陈　欣(女)　西北大学团委书记
徐晓静(女)　团陕西省山阳县委书记
陆伟博　陕西省勉县新街子镇团委副书记
赵　晶　团甘肃省张掖市甘州区委书记
龚恒洋　甘肃省玛曲县直属机关团支部书记
陈颖辉　甘肃省徽县四中团委书记
王　婧(女)　团青海省西宁市城西区委书记
王金京(回族)　团宁夏回族自治区灵武市委书记
李晓强　宁夏回族自治区银川唐徕回民中学团委书记
姜双荣(女)　新疆维吾尔自治区皮山县木吉镇团委副书记
丁　喆(蒙古族)　新疆维吾尔自治区公安厅团委副书记
张大斌　新疆生产建设兵团第七师一二四团团委书记
范占国　新疆生产建设兵团第五师高级中学团委副书记
张建锋　空军工程大学理学院团委书记
刘　丁　中国人民解放军65334部队76分队团支部书记
邹凤礼　南京军区政治部组织部青年处正团职干事
李子建　广州军区政治部组织部青年处处长
马少杰　中国人民武装警察部队山西省总队晋中市支队第3中队团支部书记
赵亮程(满族)　兰州铁路局团委书记
吕英华　中国民航信息集团公司团委书记
陈　卫(满族)　中国航空集团公司团委副书记
宋一鸣(女)　中共中央对外联络部机关团委书记
李平一　外交部团委书记

蒋　怡(女)　国务院国有资产监督管理委员会直属机关团委书记
李　覃　中国工商银行总行系统团委副书记
赵洪军　北京有色金属研究总院团委书记
李　阳(女)　北京京东世纪贸易有限公司团委书记
翟宏宇　宁波港股份有限公司团委书记
张　鹏　鞍钢集团公司团委书记

2013 年度
“全国五四红旗团委(团支部)”名单
(共 390 个)

北京汽车集团有限公司团委
北京邮电大学团委
北京市十一学校团委
北京市密云县溪翁庄镇渔街联合团支部
安利(中国)日用品有限公司北京分公司志愿者协会团支部
北京市公安局西城分局牛街派出所团支部
北京市西城区第十四中学高一(2)班团支部
北京市丰台区南苑中学初二(3)班团支部
天津师范大学团委
天津市津南区双桥河镇团委
天津市工商行政管理局团总支
天津金耀药业有限公司水针二车间团支部
天津音乐学院附属中等音乐学校团总支
天津市体育运动学校团总支
河北大学团委
河北省涉县涉城镇团委
河北省石家庄市天俱时工程科技集团团委
河北省衡水中学团委
河北省石家庄市第一中学团委
河北省石家庄住房公积金管理中心团支部
河北省邯郸市民服务中心管理委员会团支部
河北省地质矿产勘查开发局第四地质大队工勘院团支部
河北省南皮县人民医院团总支
河北省张家口北宗黄酒酿造有限公司团支部
河北省秦皇岛保神交通建设监理有限公司团支部
河北省沙河市公安局团支部
河北国华定洲发电有限责任公司维护部团支部
河北省承德技师学院学前教育系团总支
河北省秦皇岛市第七中学初三(6)班团支部
河北省石家庄市第一中学 2011 级 22 班团支部
首钢长治钢铁有限公司团委
国家电网山西省电力公司阳泉供电公司团委
山西大唐国际临汾热电有限责任公司团委
山西省太原市外国语学校团委
中条山有色金属集团北方铜业股份有限公司铜矿峪矿出矿一队团支部
山西省公路局朔州分局勘测设计所团支部
山西经济管理干部学院建筑工程系团总支
山西煤炭运销集团临汾有限公司团支部
山西省古交市国家税务局团支部
山西省柳林县高级职业中学团总支
山西省太原幼儿师范学校 2011 级 55 班团支部
山西省长治市第一中学 439 班团支部
内蒙古自治区巴彦淖尔市公安局团委
内蒙古自治区乌兰察布市集宁区虎山街道团工委
内蒙古自治区包头市第九中学团委
呼和浩特铁路局包头电务段萨拉齐车间团支部
内蒙古大学计算机学院团总支
内蒙古自治区达尔罕茂明安联合旗达尔汗苏木哈沙图嘎查团支部
内蒙古自治区乌海市海勃湾区新华西街道滨水社区团支部
内蒙古自治区敖汉旗地方税务局团支部
鞍钢集团公司团委
中国人民武装警察部队辽宁省总队沈阳市支队团委

中航工业沈阳黎明航空发动机(集团)有限责任公司团委
辽宁医学院团委
辽宁省大连公交客运集团有限公司团委
辽宁省实验中学团委
辽宁省抚顺市第一中学团委
辽宁省沈阳鼓风机集团股份有限公司转子车间团支部
辽宁省盘锦市园林管理处造园队团支部
辽宁省铁岭经济开发区教育局团支部
中国联合网络通信有限公司辽宁省朝阳市分公司第四团支部
辽宁省营口市站前区跃进街道振华社区团支部
辽宁省本溪市公安交通警察支队辅警管理大队团支部
辽宁省大连综合中等专业学校(大连市综合高级中学)雷锋班团支部
辽宁省沈阳市旅游学校2011级学前教育1班团支部
国家电网吉林省电力有限公司直属机关团委
吉林师范大学团委
中国北方机车车辆工业集团长春轨道客车股份有限公司团委
吉林省四平市第一高级中学团委
中国移动通信集团吉林有限公司松原分公司机关运维团支部
吉林省通化市公共汽车公司行车二队团支部
吉林省德惠市夏家店街道腰窝堡村团支部
吉林省汪清县地球卫士环保新材料股份有限公司混料造粒团支部
吉林省松原市宁江区实验高级中学高一(2)班团支部
中航工业哈尔滨飞机工业集团有限责任公司团委
黑龙江省绥棱县上集镇团委
黑龙江省医院团委
黑龙江省大庆车友会联盟团工委
黑龙江省佳木斯市第一中学团委
黑龙江省逊克县人民检察院团支部
黑龙江省富裕县富路镇红星村团支部
黑龙江省大庆北国温泉旅游度假有限公司团总支
哈尔滨工程大学人文社会科学学院2010级法学专业1班团支部
黑龙江省哈尔滨市道里区爱建街道爱建社区团支部
哈尔滨电气集团哈尔滨锅炉厂有限责任公司锅炉设计开发处团支部
黑龙江省黑河市职业技术教育中心学校天使礼仪志愿服务团支部
黑龙江省牡丹江市第一高级中学学生团总支
上海市普陀区甘泉社区(街道)团工委
上海浦东发展银行团委
上海市建平中学团委
上海东方广播有限公司团总支
上海市浦东新区曹路镇阳光苑社区团总支
上海市崇明县堡镇小漾村团支部
上海对外经贸大学国际经贸学院2010级物流管理专业3班团支部
盐城师范学院团委
江苏海事职业技术学院团委
江苏省张家港市江苏沙钢集团有限公司团委
江苏省南通市广播电视大学团委
江苏省盐城中学(教育集团)团委
江苏省南京证券股份有限公司龙蟠路营业部团支部
江苏省常州市天宁区兰陵街道雷锋科技服务站团支部
江苏省昆山地方税务局团总支
江苏省无锡市南长区人民检察院团支部
江苏省徐州民政医院团总支
江苏省南通地方税务局第四税务分局团支部
江苏省连云港市连云区人民法院团支部
中国人民武装警察部队江苏省消防总队镇江市消防支队丹阳市大队云阳中队团支部

江苏民丰农村商业银行股份有限公司小微信贷工厂团支部
江苏省盐城地方税务局第三税务分局团支部
东南大学交通学院2010级茅以升团支部
中国电子科技集团公司第十四研究所装备部团总支
江苏省南京特殊教育职业技术学院公共管理系团总支
浙江省宁波市鄞州区中河街道团工委
浙江省江山市碗窑乡团委
浙江省丽水市中心医院团委
浙江省杭州高级中学团委
浙江省杭州市西湖区翠苑街道翠苑四区社区团支部
浙江奥康鞋业股份有限公司瓯北制造中心团总支
浙江省嘉善县泗洲小学团支部
中国电信股份有限公司浙江省绍兴分公司号百团支部
浙江省金华市金东区源东乡东叶村团支部
浙江省台州市黄岩区沙埠镇栅溪村团支部
浙江省缙云县新建镇笕川村团支部
浙江省丽水中等专业学校2011级3班团支部
浙江省衢州中专旅游幼教学部团总支
安徽省南陵县弋江镇团委
安徽华电六安发电有限公司团委
安徽中烟工业有限责任公司滁州卷烟厂团委
安徽省阜阳市第五中学团委
安徽省宿州市埇桥区桃源镇光明村团总支
安徽省淮南市大通区人民法院团支部
安徽省地质矿产勘查局311地质队地质调查研究院团支部
安徽省六安索伊电器制造有限公司团支部
保全世纪(北京)保安服务有限公司团支部
安徽省铜陵市公安局狮子山分局团支部
安徽省全椒县南屏初级中学团总支
福州大学经济与管理学院团委
国家电网福建省电力有限公司龙岩供电公司团委
福建省龙岩华侨职业中专学校团委
福建省莆田市中涵机动力有限公司团支部
福建省永安市人民检察院团支部
福建武夷山旅游发展股份有限公司环保观光车分公司团支部
福建省漳州依时代网络有限公司团支部
福建省石狮市青年志愿者分会团总支
福建省宁德师范学校附属小学团总支
福建省泉州第十一中学高三(7)班团支部
中航工业昌河飞机工业(集团)有限责任公司团委
江西铜业股份有限公司团委
江西驻上海团工委
江西省鹰潭市第一中学团委
江西省南昌市青山湖区湖坊镇永人村团支部
江西财经大学旅游与城市管理学院团总支
江西省分宜县湖泽镇水川村团支部
赣南师范学院音乐学院“兴国班”团支部
国家电网江西省电力公司鹰潭供电分公司电力调度控制中心团支部
江西省德兴市人民法院团支部
山东英才学院团委
海尔集团公司团委
山东高速集团有限公司团委
山东省烟台市公路管理局团委
山东师范大学团委
山东省聊城市水城中学团委
山东省淄博实验中学团委
江西师范大学附属中学青年教工团支部
山东省章丘市双山街道办事处三间溪村团支部
山东省东营市公路管理局省道228线东营收费站团支部
国家电网山东省电力公司潍坊供电公司营销部团支部
山东省日照市园林管理局团总支
山东省临沂市红十字会中心血站第一团支部

国家电网山东省电力公司济宁供电公司兖州客户服务分中心团支部
山东省德州市政务服务中心机关团支部
山东省滨州畜牧兽医研究院兽医生物技术重点实验室团支部
山东省荣成市人民检察院未成年人刑事检察科团支部
中铁十四局集团第二工程有限公司太兴铁路项目部团支部
中国人民武装警察部队山东省总队菏泽市支队成武县中队团支部
济南大学启航科技协会团支部
莱芜职业技术学院信息工程系团总支
山东省威海北洋职业技术学校团支部
河南驻大连团工委
河南省周口市中心医院团委
河南机电高等专科学校团委
河南省许昌市公安局团委
河南省商丘市梁园区李庄乡团委
河南省平顶山平临高速公路有限责任公司团委
河南省杞县高中团委
河南省辉县冀屯镇双孢菇示范园区团支部
河南省登封市电业局机关团支部
河南省漯河市郾城区人民检察院团支部
河南省新蔡县周寺村团支部
河南省许昌学院计算机科学与技术学院团总支
河南省南阳市统计局团支部
中铁隧道集团四处有限公司郑东新区房建项目部团支部
河南省宝丰县财政局团支部
河南省陕县人民检察院团支部
中国石油化工股份有限公司河南中原石油分公司第一片区团支部
河南省濮阳市审计局团支部
河南省修武县云台山风景名胜区管理局团总支
河南化工技师学院2011级分析技师团支部
东风汽车公司团委
中南民族大学团委
湖北省十堰市张湾区柏林镇团委
湖北省巴东县民族职业高级中学团委
湖北省襄阳市致远中学团委
中建三局第一建设工程有限责任公司华南公司深圳经理部团总支
湖北省荆州监狱特警大队团支部
湖北省荆门市第二人民医院眼耳鼻喉科团支部
湖北省卓尔控股有限公司汉口北集团机关团总支
湖北省武汉市武昌水果湖第一小学团支部
湖北省通山县九宫园蔬菜专业合作社团支部
湖北省武汉市交通学校机电部团总支
湖北黄冈艺术学校团总支
湖北省安陆市李店镇初级中学团总支
湖南省机场管理集团有限公司团委
湖南省安化县农村信用合作联社团委
长沙理工大学团委
湖南省长沙市第一中学团委
湖南省怀化万昌中等专业学校团委
湖南省长沙市雨花区侯家塘街道廖家湾社区团支部
中南大学湘雅医院团总支
湖南省衡阳师范学院外语系团总支
湖南省株洲百货股份有限公司天元购物广场一部团支部
湖南省南县人力资源和社会保障局团支部
湖南省煤田地质局第二勘探队第一联合团支部
湖南省株洲市九方中学宏志班团总支
南方报业传媒集团团委
广东省中医院团委
广东省中山市小榄镇团委
广东省博罗县石湾镇团委
广东实验中学团委

广东省东莞市商业学校团委
遵义医学院珠海校区 2010 级临床医学系团总支
中国石油天然气股份有限公司广东汕头销售分公司团总支
广东省河源市源城区新江街道龙尾坝社区团支部
中国移动通信集团广东有限公司五华分公司团支部
广东省东莞劲胜精密组件股份有限公司团总支
广东省阳江海事局团支部
广东省茂名市自来水公司团总支
广东省遂溪县公安消防大队团总支
广东省广宁县疾病预防控制中心团支部
广东省陆河县祥胜针织有限公司团支部
广东省郁南县实验中学团支部
广东省韶关市技师学院(韶关市高级技工学校)电气控制系团总支
广西壮族自治区防城港市防城区那良镇团委
桂林理工大学团委
广西壮族自治区南宁市第三中学团委
广西壮族自治区龙州县水口出入境检验检疫局团支部
广西壮族自治区北流市西埌镇平山村团总支
广西壮族自治区忻城县人民医院团支部
广西壮族自治区防城港海事局团支部
广西壮族自治区桂林市雁山中学团总支
海南省琼中黎族苗族自治县农村信用合作联社股份有限公司小额信贷总部团委
海南省呀诺达雨林文化旅游区团委
海南省三亚高级技工学校(海南三亚中等职业技术学校)团委
海南师范大学文学院汉语言文学系 2010 级 3 班团支部
海南省东方市港务中学初三年级团支部
重庆市公安局团委
重庆邮电大学团委
重庆市巴蜀中学团委
重庆大学学生科学与技术协会团支部
重庆市城口县修齐镇花坪村团支部
重庆钢铁(集团)有限责任公司品质部原料检验作业区团支部
重庆青年职业技术学院公共管理系团总支
重庆市合川中心血站团支部
重庆市第八中学校高一(8)班团支部
重庆市工业高级技工学校 2010 级电子技术应用班团支部
四川师范大学团委
国家电网四川省电力公司团委
四川省蓬溪县宝梵镇团委
中国第二重型机械集团公司检测中心团委
四川空分设备(集团)有限责任公司团委
四川省卫生学校团委
四川省仁寿县第二高级职业中学团委
四川省中江县集凤镇石垭子村团支部
四川省峨眉山·乐山大佛风景名胜区管理委员会金顶管理处团支部
四川川环科技股份有限公司福翔科技团支部
四川省东方电气集团东方锅炉股份有限公司工艺部团支部
攀钢集团钛业有限责任公司海绵钛厂还原蒸馏车间团支部
四川省广元市天然气公司团支部
四川省广安市前锋区代市镇岳庙村团支部
四川省通江县公安局巡特警大队团支部
四川省仁寿县文林镇双天酒家有限公司团支部
四川省绵阳好圣汽车零部件制造有限公司团支部
四川省南充市政府政务服务中心窗口团支部
四川省天全县创业联盟团支部
四川省遥感信息测绘院遥感四室团支部
四川省合江县佛荫镇中坝嘴村村企共建团支部
四川省宜宾市南溪区大学生村(社区)干部联

谊会团支部
四川省遂宁市职业技术学校 2012 级幼师 9 班团支部
四川省绵阳实验高级中学第三团总支
四川省自贡市第一中学校高二(6)班团支部
四川省雅安市名山中学第一团支部
四川省江安县职业技术学校 2013 级计算机 5 班团支部
中共贵州省委办公厅团工委
贵州省余庆县白泥镇团委
贵州省毕节市卫生学校团委
贵州省遵义市红花岗区红军街商业区团总支
贵州省贵阳学院志愿者指导中心团支部
成都铁路局贵阳供电段息烽供电车间团支部
贵州省黔南布依族苗族自治州民族青少年活动中心志愿者艺术团团支部
贵州省安顺市农业科学院团总支
贵州省铜仁市万山区中等职业学校 2011 级汽修专业团支部
昆明理工大学团委
云南省昌宁县大田坝乡团委
云南省昆明市外国语学校团委
昆明医科大学第一临床医学院门诊团支部
中国移动通信集团云南有限公司德宏分公司团总支
云南省大关县公安局麻柳湾综合警务工作站团支部
云南省保山市隆阳区职业技术学校青年志愿者团支部
云南省陇川县民族中学团支部
西藏自治区洛隆县孜托镇团委
西藏大学文学院团总支
陕西国际商贸学院团委
陕西省铜川市耀州区照金镇团委
西安铁路局团委
陕西定边驻北京团工委
陕西省西荷实业集团有限公司团支部
陕西省礼泉县烟霞镇袁家村团总支
陕西省延安杨家岭革命旧址管理处团支部
西北工业大学电子信息学院 081011 国际班团支部
陕西省铜川市王益区红旗街街道办事处红旗社区团支部
中国移动通信集团陕西有限公司网络管理中心团支部
甘肃省金昌市金川区桂林路街道宝林里社区团工委
中国石油长庆油田分公司第二采油厂消防大队团委
甘肃省靖远师范学校团委
甘肃省白银有色集团股份有限公司铜业公司综合车间团支部
甘肃省两当县杨店乡豆坪村团支部
甘肃省庆阳市西峰区南街办事处长庆南路社区团支部
甘肃省永登县第一中学高三(14)班团支部
甘肃省嘉峪关市酒钢三中高二年级团总支
国家电网青海省电力公司团委
青海湟川中学第二分校团委
青海盐湖集团元通钾肥有限公司团总支
青海师范大学生命与地理科学学院团总支
青海省海晏县寄宿制民族中学团总支
宁夏回族自治区石嘴山市星瀚市政产业集团有限公司团委
宁夏民族职业技术学院团委
宁夏回族自治区吴忠市利通区金星镇裕西社区团支部
北方民族大学电气信息工程学院团总支
宁夏回族自治区育才学校勤行学区团支部
新疆维吾尔自治区伊宁县胡地亚于孜乡团委
伊犁师范学院团委
新疆维吾尔自治区托克逊县第二中学团委
新疆维吾尔自治区鄯善县辟展乡克其克村团支部
新疆维吾尔自治区土地开发整理建设管理局团支部

新疆维吾尔自治区乌鲁木齐市八音和酒店有限公司团支部
新疆生产建设兵团第二师三十团团委
新疆石河子工程技术学校团委
新疆生产建设兵团第九师一六四团一连团支部
新疆生产建设兵团第十二师西山农牧场学校团总支
中国人民解放军 63833 部队团委
中国人民解放军 91526 部队团委
中国人民解放军 96617 部队团委
国防科学技术大学指挥军官基础教育学院团委
中国人民武装警察部队青海省总队第一支队团委
中国人民解放军 61889 部队二大队三中队团支部
南京政治学院马克思主义理论系学员一队团支部
中国人民解放军后勤工程学院学员旅团总支
中国人民解放军 92858 部队 331 艇团支部
中国人民解放军 95022 部队 65 分队团支部
中国人民解放军 96363 部队 33 分队团支部
中国人民解放军 65549 部队 77 分队团支部
中国人民解放军 66120 部队 74 分队团支部
中国人民解放军 69236 部队 76 分队团支部
中国人民解放军 72463 部队 71 分队团支部
中国人民解放军 73231 部队 73 分队团支部
中国人民解放军 75706 部队 41 分队团支部
中国人民解放军 77160 部队 52 分队团支部
中国人民武装警察部队 8691 部队 75 分队团支部
沈阳铁路局团委
北京铁路局丰台车辆段丰台西运用五车间团支部
济南铁路局济南机务段济南检修车间专修团支部
中国民航大学团委
中国民用航空飞行校验中心飞行部团支部
中国东方航空股份有限公司地面服务部浦东旅客服务中心中转团支部
新华通讯社团委
北京万寿庄宾馆团支部
经济日报社中国经济网传播中心采编团支部
交通运输部直属机关团委
中国银行业监督管理委员会上海监管局团委
中国人寿保险股份有限公司天津市滨海新区大港支公司团支部
中国航天科技集团公司团委
中国石油天然气股份有限公司北京销售分公司南湖加油站团支部
中国建筑工程总公司钢构有限公司福州片区项目团支部
河北钢铁集团承德钢铁集团有限公司团委
金杯汽车股份有限公司团委
山东新巨龙能源有限责任公司团委
冀中能源股份有限公司东庞矿掘进预备队团支部
江苏富华会计师事务所团支部
苏州工业园区人力资源开发有限公司团总支
青岛港国际股份有限公司前港分公司卸车队团支部

全国青年岗位能手标兵和全国青年岗位能手

全国青年岗位能手标兵名单

（30人，按姓氏笔划排序）

于　海　山东省济南市城肥清运管理二处工人

万文娜（女）　江西景德镇市艺术瓷厂艺术创作室主任

王　进　国网山东电力公司检修公司带电班主责

王　琪（女）　成都铁路局成都客运段列车长

王世磊　民航中南地区管理局海南安全监督管理局机场处副主任科员

王红凯　国网浙江省电力公司信息通信分公司网络组组长

叶朋云　中铁二十五局集团第一工程有限公司铺架分公司经理

白晓卫　陕西煤业化工集团西安煤矿机械有限公司车工

印斯佳（女）　江苏省电力公司扬州供电公司营业与电费部副主任

朱光海（彝族）　河南郑州宇通客车股份有限公司新能源技术部副部长

刘　娟（女）　招商银行股份有限公司青岛分行储蓄主管

刘世津　天津市公交集团三公司8路车队驾驶员

李　博　安徽省黄山国际大酒店大堂副理

李小龙　中国人民解放军73101部队86分队四级军士长

李芳芳（女）　北京公共交通控股（集团）有限公司第二客运分公司站务员

李茂林　山西焦煤集团西山煤电杜儿坪矿一采区生产副区长

吴昊琛　福建省电力有限公司南平供电公司调度班长

沈永全　河北省永年县公安交通警察大队副大队长

张　枫　中国人民解放军63723部队3室四级军士长

陈洪禹　辽宁省鞍山市岫岩满族自治县岫岩供电公司经理

罗启典（壮族）　广西南宁市高级技工学校教师

周啟龙（藏族）　青藏铁路公司格尔木工务段工长

赵　宁　中国航天科技集团公司五院总体部主任设计师

赵明涛　大庆油田钻探工程公司钻井二公司1205钻井队队长

保丽霞（女）　上海市城市建设设计研究总院ITS研究与设计研究员

夏　磊　武汉钢铁股份有限公司冷轧总厂计算机中心程序开发员

浣　兵　湖南龙骧巴士有限责任公司11路线驾驶员

黑保军（回族）　河北冀中能源股份有限公司邢台矿综采一队副队长

赛买尔江（维吾尔族）　新疆乌鲁木齐市公安局交警支队天山区大队新华路中队民警

穆　龙　重庆市綦江区扶欢镇安育村党支部书记、城乡社区市民学校校长

全国青年岗位能手名单

（585人，排名不分先后）

北京

陈　云（满族）　首钢京唐钢铁联合有限责任公司酸轧日修钳工

刘铭涛　北京市地铁有限公司运营四分公司南部站区值班站长
邴　建　北京汽车股份有限公司汽车研究院B80V项目总工程师
赵　君　北京奇虎科技有限公司产品总监
郭　磊　揖斐电电子(北京)有限公司二厂维修钳工
王华蓬　安利(中国)日用品北京分公司业务支援助理经理
赵　鹏　北京市人民检察院第一分院二审监督处处长助理
孙东梅(女)　北京市昌平区前锋学校任高中物理教师
吴　钶　北京市朝阳区疾病预防控制中心医师
王　祺　北京文汇中学教师

天津

胡会文　天津城建集团二公司机械施工分公司摊铺机班机长
慕建伟　天津市中环华祥电子有限公司技术中心主任
刘永娟(女)　中国农业银行天津市分行大港支行营业部综合柜员
王志文　中国天辰工程有限公司技术研发中心高级工程师
陈　思　天津住宅集团津城职业有限公司工长
所彤彤(女)　天津中新药业集团乐仁堂制药厂包装车间外包组组长
刘奇想　中国市政工程华北设计研究总院第三设计研究院设计师
才国伟　天津赛象科技股份有限公司操作工
张坤宇　天津卓朗科技发展有限公司总工程师
巩玉奎　西门子电气传动有限公司包装与发货车间经理

河北

崔　壮　河北省廊坊市邮政局投递班长
葛　玲(女)　承唐高速唐山管理处机场收费站副站长
刘辛南车　石家庄车辆有限公司软件工程师
李　凯　河北冀中能源峰峰集团万年矿副总工程师
马　明　河北邢台矿业工程有限责任公司主任工程师
杨晓亮(回族)　河北省气象台中短期预报科工程师
庞印成　河北承德热力集团有限责任公司副经理
乔　辉　河北保定供电公司检修试验工区二次检修一班班长
侯晓霞(女)　河北省衡水市节能办公室工程师
任西栋　河北沧州大化股份有限公司聚海分公司扩建工程指挥部技术员
李东晓　河北联拓汽车贸易有限公司技术培训师
王玉柱　河北大唐国际张家口热电有限责任公司副值长
李冬浩　中国电子科技集团第五十四研究所副主任

山西

冉　楠(女)　中国东方航空股份有限公司山西分公司客舱部三分部副经理
王红星(女)　山西省长治金威大酒店主管
郭一峰　山西省晋城市阳城县公安局指挥中心副主任
梁桐栋　山西佳镜律师事务所律师
张晓兰(女)　山西大同新建康管理公司大同康复医院副院长
刘晋斌　山西晋煤集团赵庄煤业井下机电队机电副队长
唐晓龙　山西同煤集团外经贸公司市场开发部部长
彭　东　中铁十二局集团第四工程有限公司测量队长

朱瑞强　山西省电力公司晋中榆次供电公司客服中心主任

范毅飞(女)　中国民生银行股份有限公司太原分行党群工作部经理

内蒙古

李　新　内蒙古呼和浩特白塔国际机场有限责任公司主管

孙晶炜　北方联合电力有限责任公司内蒙古上都发电公司单元长

胡子明　内蒙古平庄煤业(集团)公司古山煤矿一井机电队钳工班班长

李　刚　呼和浩特铁路局集宁车辆段二连运用车间技术员

程金营　华能伊敏煤电公司露天矿电工

黄兴国　包钢(集团)公司保卫部科员

徐冰鑫　中国石油呼和浩特石化公司技术员

贺官武　内蒙古集通铁路(集团)有限公司大板机务段内燃机车司机

巩　建　新内蒙古第一机械集团有限公司第四分公司406车间工人

辽宁

孙小聃　辽宁地质工程职业学院信息系党支部书记、副主任

邹德峰　辽宁省沈阳市急救中心主治医师

韩志强　东北特钢集团抚顺特殊钢股份有限公司锻造厂工程师

郑艳春(女)　辽宁爱尔创生物材料有限公司项目研发部经理

毛　毳(女)　辽宁大学外国语学院教师

孙　野　辽宁省铁岭市公安局工人分局春园社区警务室民警

樊宗昊　朝阳银行督查办主任

薛天志(满族)　葫芦岛银行海滨支行行长兼党支部书记

申　朕(女,蒙古族)　沈阳铁路局沈阳通信段网管中心核心网工区工长

甘海博　辽宁紫澜门国际酒店有限公司厨师

吉林

高金玉　国网通化供电公司安全工程师

屈哲奇　一汽吉林汽车有限公司项目主管

孙丙松　中国移动松原分公司综合部经理

齐　峰　大唐辽源发电厂技术员

姜祥超　吉化公司乙烯厂工人

孙铁萌(女)　吉林省白城市邮政局柜员

秦铭泽　国网长春供电公司业务员

代宝喜　吉林省四平市消防支队验收科科长

刘海涛　联通吉林分公司集团客户中心总监

刘世武　国网辽源供电公司安全监察

窦基刚　长春富士华眼镜公司配镜工

黑龙江

魏　巍　哈电集团哈尔滨电机厂汽发分厂下线工段转子下线一组组长

郭宗毅　哈电集团哈尔滨锅炉厂有限责任公司轻容分厂班组长

王文龙　中国第一重型机械集团公司核电石化事业部装配钳工

闫晓冬　黑龙江省龙建路桥第五工程有限公司项目经理

祁小乐　中国农业科学院哈尔滨兽医研究所副研究员

马　宁(女)　黑龙江佳木斯市中心医院护理部干事

李　强　哈尔滨铁路局三棵树车辆段质检员

孙　翠(女)　黑龙江七台河市精益眼镜验光师

姜　雯(女)　黑龙江哈尔滨福星职业技能培训学校高级速录师

李春郊　黑龙江鸡西矿业(集团)有限责任公司综合办公室主任

上海

吴建桔　上海航天局第805研究所主任设计师

刘　超　上海巴士二汽公共交通有限公司驾驶员

祝玉婷(女)　上海浦东发展银行上海分行理

财经理
尤贞敏（女） 上海海事局船舶监督处船舶安检员
汤家力 上海飞机设计研究院强度设计研究部机翼强度室副主任
罗 鑫 上海市机械施工有限公司技术中心副主任
黄 鼎 中国福利会国际和平妇幼保健院妇产科临床医师
陈一介 上海老凤祥有限公司设计中心设计师
曹逸文 中国电信股份有限公司上海分公司网优工程师
沈彦俊 上海昊熠机械制造有限公司数控加工中心操作工

江苏

权太琦（女） 江苏连云港市海通快速公交公司公交客运科副科长
李连海 江苏核电有限公司运行处运行三值值长
杨 斌 中石化扬子石油化工有限公司烯烃厂乙烯车间副主任
夏 萍（女） 江苏中天钢铁集团有限公司机修厂铆焊工
沈 霁 中石化华东分公司采油厂采油三队维护组组长
孙艳秋（女） 东方航空江苏有限公司地面服务部生产协调分部高级副经理
朱夏军 中核苏阀科技实业公司核电阀门事业部数控一组组长
朱 煜 江苏南通中远船务工程有限公司启东中远海工制造部项目经理
储祥冬 江苏中烟工业有限责任公司淮阴卷烟厂卷接维修工
王泽民 江苏省盐城技师学院教师
张守超 中能建江苏省电力建设第三工程公司焊工
王 安 国电泰州发电有限公司值长
陈 琛 江苏中能硅业科技发展有限公司生产七分厂装置负责人
朱加刚 江苏固丰管桩集团有限公司生产总监
杨凌虹（女） 江苏无锡广播电视集团（台）新闻中心记者

浙江

胡春美（女） 浙江缙云县高新机械制造有限公司工程师
姚 琳 中国移动杭州分公司市场部呼叫中心质检员
陈 宁 浙江宁波博物馆讲解员
左 超 浙江嘉善海力达工具有限公司技术部经理
罗超华 中海石油舟山石化有限公司副经理
倪国明 浙江杭钢高速线材有限公司钳工
王 泽 浙江省台州发电厂检修分场焊工班班组技术员
吴 波 杭州萧山机场航空地面服务公司旅客服务部
方樽平 国网新源水电有限公司富春江水力发电厂
徐桂芳 中国石油浙江衢州销售分公司常山振华加油站加油工
陈跃峰 中国石化浙江石油金华分公司油库主任
徐 继 浙江省人民医院胃肠外科主治医师
沈鸣雁 浙江大学医学院附属第二医院护士
金 晶 浙江省嵊泗县出入境检验检疫局检务工作人员
胡国良 上海铁路局杭州电务段工长

安徽

杜 宇 安徽省池州市烟草专卖局专卖内管办主任
吴雄飞 安徽合肥燃气集团管线运行公司蜀山区服务所维修班长
薛龙超 安徽省合肥市殡葬管理处火化班班长

吕菲菲(女)　徽商银行六安七里站支行柜员
王宏铭　中铁四局一公司郑机城际铁路项目部协理员
陈金平　中国人民解放军第五七二〇工厂十一车间钳工
徐景才　安徽六国化工股份有限公司生产部工艺室主管
江　文　安徽省淮南矿业集团谢一矿深部井采煤五队副队长
张婷婷(女)　徽商银行滁州分行龙蟠路支行营业部主任
李　芳　安徽江淮汽车集团有限公司安凯股份公司焊装一车间班长
朱珊珊(女)　安徽省宿州市砀山中学教师
刘婉春(女)　安徽省淮北矿业集团公司桃园煤矿保运一区班长

福建

管莉莉(女)　厦门航空有限公司空中乘务部乘务队副队长
付绪峰　中建海峡建设发展有限公司项目经理
陈雄才　福建省电力有限公司福州供电公司配电运检中心带电三班班长
郑慧芳(女)　中国移动福建公司厦门分公司职员
林永森　漳州天福茶业有限公司蜜饯厂配送部主任
洪　娜(女)　福建南安农村商业银行股份有限公司总经理
黄燕玲(女)　福建三明市烟草公司城区分公司营销员
潘新辉　中国电信股份有限公司莆田分公司主任助理
王福珍(女)　福建省龙岩市第一医院肾内科主治医师
蔡　振　福建宁德核电有限公司启动值值长
李耀亮　华能国际电力股份有限公司福州电厂值长
潘奇闻　福建联合石化公司机械设备部储运设备经理
高小超　福建湄洲湾氯碱工业有限公司 DBO 车间副主任
陈龙玉　中国石油福建泉州销售分公司石狮中心站油站经理

江西

陈景平　江西省基础测绘院分院院长
马　鸿　中建五局江西分公司总经理助理兼工会副主席
江　雁(女)　江西省九江市九江小学教务处副主任
徐　俊　江西省鹰潭市月湖区供电有限责任公司副经理
吴海峰　江西省核工业地质局二六四大队地质调查院副院长
谭军山　江西精英建筑装饰有限公司重点项目经理、工程部总监
李归宁(女)　江西井冈山革命博物馆副主任
喻　湘(女)　江西移动临川区分公司员工
李　斌　南昌铁路局向塘机务段技术科副科长

山东

赵皎皎(女)　山东省立医院心内科主管护师
韩成功　万达集团山东耐斯特炭黑有限公司工程师
路庆彬　山东兖矿集团北宿煤矿通风工区副队长
隋淑静(女)　山东省泰安市中心医院消化内一科主治医师
戚均乐　山东省威海市联通公司运行维护部工程师
郭春力　山东日照钢铁有限公司第二炼钢厂炉长
卢红书(女)　华电国际莱城发电厂运行分厂机组长
王成和　山东省临沂市天元集团六公司 606 项目部项目经理

秦立达　山东省聊城市东昌府区妇幼保健院康复科治疗师
刘庆东　山东省菏泽市路灯管理所维修组长
李连永　胜利油田临盘采油厂作业大队作业10队1班班长
李　佳　齐鲁石化第二化肥厂气体联合车间技术组长
哈小平　中建八局第一建设有限公司项目经理
张　斌　济南市交通警察支队市中区大队大纬二路中队民警

河南

刘凯燕(女)　河南省郑州市公共交通总公司71路车长
张明建　河南焦作煤业(集团)有限责任公司赵固二矿队长
李季节　中航工业新航平原航空设备公司机加分厂数控一组班组长
关科锋　一拖(洛阳)开创装备科技有限公司技术中心副主任
张　洋　河南郑州供电公司配电运检工区带电作业一班副班长
王国安　中铁隧道股份有限公司引洮供水一期工程项目部工程师
袁金芳(女)　河南省济源市公路局路畅养护处道班班长
孙建东　中国石化中原油田信息中心业务主管
张　滔　河南郑州煤炭工业集团告成煤矿综合自动化办公室主任
刘洪仁　河南能源开封空分集团有限公司设计院设计师主任
杨亮华　河南职业技术学院教师
李　强　河南油田第一采油厂江河油矿采油6队高级技师

湖北

方　可　富士康武汉科技园AP(Ⅰ)涂装厂制工课课长
张小红(女)　湖北省襄阳市中心医院质控办室主任、护士长
覃亚东　湖北省宜昌市劲森光电科技股份有限公司研发中心科长
冯喜成　东风德纳车桥产品研发中心工程实验室主任
李风标　葛洲坝集团柬埔寨达岱河水电站项目部工程师
李胜祖　国网武汉供电公司汉阳配电运检工区带电班工作副班长
张　炜　中建三局建设工程股份有限公司项目经理
张　芳(女)　武汉铁路局宜昌车务段货运营销科货运组织员
王子宽　华烁科技股份有限公司工程师
黄伟利　中铁第四勘察设计院集团有限公司线路室副主任
雷山彬　湖北能源集团股份有限公司会计
闵雪琴(女)　卓尔控股有限公司汉口北集团副总经理

湖南

许　宁(女)　中建五局长沙河西交通枢纽项目部工程师
胡　军　长沙银行股份有限公司东城支行行长
徐毅夫　中建五局土木工程工程项目有限公司项目经理
谢　尹　中国南方航空工业(集团)有限公司钳工
罗　兰　湖南省第六工程有限公司工程师
刘伟文　湖南省建筑工程集团总公司工程师
郑建平　湖南邵永高速公路有限公司邵阳收费分中心副主任
肖　双　湖南空港实业公司机务服务分公司质量管理部副经理
陈星亮　湖南省电力公司东江水利发电厂水轮发电机检修专责
罗俊涛　湖南华菱涟源钢铁有限公司炼铁厂8

#高炉炉内班长
彭　湘　江南工业集团有限公司数控加工分厂数控加工技术员
段相识　中国石油湖南销售衡阳分公司加油站管理部员工

广东

姚淑琴(女)　广州白云国际机场股份有限公司安检护卫部分队长
车智毅　中国石化茂名石化公司化工分部技术质量处副处长
石　艳(女)　广州海关《粤海新关》杂志编辑
朱伟英　广东省公安边防总队江门市边防支队崖西边防派出所副所长
吴漫东　中国电信股份有限公司揭阳分公司三级客户工程师
张　诚　中国移动通信集团广东有限公司珠海分公司室经理
李中定(回族)　中建四局安装工程有限公司副总经理
李传龙　粤电集团广东粤华发电有限责任公司控长
李　艳(女)　广东汕汾高速公路有限公司办事员
杨　波　金发科技股份有限公司高级工程师
费英英(女)　广东省深圳市宝安区社会福利中心护理员
唐卫军　广东省佛山市禅城区农产品质量安全监督检测中心检测员
黄松彬(女)　广东省河源市人民医院护士长
蔡浩辉　广东省佛山市顺德区梁銶琚职业技术学校教师
雷　雨　南方日报时政新闻部记者

广西

赵立春　广西中医药大学附属瑞康医院副研究员
龙海靖　广西柳州市公安局柳南分局柳南综合大队民警
谢丹丹(女)　广西南宁市邮政局西乡塘分局营业员
韦小欢(女,壮族)　广西来宾中兴汽车运输有限责任公司象州汽车总站职工
陈有凤(女)　广西贺州市国家税务局所得税科副科长
蒋利利(女)　南宁铁路局南宁火车站客运值班员
田光航(壮族)　广西建工集团第一安装有限公司焊工
鲁　莹(女)　广西桂林市秀峰区文化馆副馆长

海南

胡剑琛　海南电网公司电力调度控制中心科长
贾雪莲(女)　海南康泰国际旅行社有限公司导游
张胜强　粤海铁路责任有限公司助理工程师
韩善剑　海南省公路勘察设计院副总工程师
肖树广　海南省公安消防总队海口支队秀英中队中队长

重庆

谭栋明(土家族)　重庆广播电视技术中心卫星地球站机房副主任
刘春燕(女)　重庆高速集团有限公司南方营运分公司收费站收费员
朱峻永　国网重庆市电力公司南岸供电分公司调控中心副主任
幸宁波　重庆建设工业(集团)有限责任公司总装厂精度调校工
张树强　重庆机床(集团)有限责任公司齿轮分厂数控车工
洪海权　西南铝业(集团)公司压延厂精整制造部新横切班组员工
彭继勇　中建五局隧道公司重庆轨道交通六号线小什字项目总工
罗晓刚　重庆市科能高级技工学校焊接教师
廖　磊　重庆长安汽车股份有限公司汽车调

试工

周金伶(女)　重庆市南岸区弹子石街道东山坪社区城乡社区市民学校负责人、"周幺妹"青年志愿者服务队队长

四川

丁理杰　国网四川省电力公司电力科学研究院系统技术室主任

彭一村(女)　攀钢集团钒业有限公司生产技术室副主任

李　云　中物院材料研究所708车间维修电工

卓　勇　东方电机股份有限公司重金工分厂镗铣二组工人

曾　娜(女)　泸州老窖股份有限公司品创公司副总经理

郭劲松　国网乐山供电公司通信运维技术专责

王　抒　中国电信资阳市分公司网络技术管理员

付　宇　四川宜宾市国家税务局货物和劳务税科科员

黄　予(女)　中国移动四川有限公司核心网维护工程师

程孝顶　成都市第二人民医院中医师

陈　丹(女)　四川一佳造型培训美发学校校长

李胜利　四川燕京啤酒配电站电气技术员

贵州

李　荣　贵州水矿股份集团老鹰山煤矿采煤三工区班排长

黄锦煌　黔西南安龙县博爱医院副总经理

汪　祥　中航工业黎阳航空动力有限公司试装分厂技术室主任

杨　敏(女)　贵州省安顺市紫云供电局变电专责

李培松　遵义日报社首席记者

段　丹(女)　贵阳银行股份有限公司汇通支行营业部主任

李学俊　贵州黔南蓝海湾房地产开发有限责任公司项目经理

勾朝毅(蒙古族)　贵州省毕节市烟草公司卷烟营销中心主任

云南

肖　强　云南驰宏锌锗股份有限公司技术员

杨雪莲(女,白族)　云南省高速公路路政管理支队临沧大队财务科长

卿艳萍(女)　云南省第一人民医院主管护师

杨　博　云南省彝良驰宏矿业有限公司毛坪矿河西项目组安全负责人

张祥乐　云南省西双版纳傣族自治州人民医院医生

高保文　十四冶建设集团云南安装工程有限公司一分公司钳工

杨玉兰(女)　云南省芒市潇洒美业经理、美发师

闻慧溪(女)　云南省农村信用社联合社兰坪县农村信用合作联社会计

邢　山　一汽通用红塔云南公司工程车销售部服务备品室主任

胡明欣(哈尼族)　云南省普洱市江城县供电有限公司生产设备管理部主任

张　骞　云南红河钢铁有限公司轧钢厂生产组长

西藏王彦(藏族)　拉萨市堆龙德庆县公安消防中队抢险救援班班长

廖文政　西藏乃东县公安局泽当大道便民警务站民警

徐　辉(女)　西藏自治区生产力促进中心员工

白玛旺堆(藏族)　西藏林芝地区水文水资源分局奴下水文站站长

陕西

孙军锁　陕西省宝鸡市中医医院手足显微骨科医生

郝　莹(女)　中国东方航空股份有限公司西北分公司客舱服务部乘务员
贾明明　陕西省第三测绘工程院工程测量工
刘　晶(女)　陕西延安杨家岭革命旧址讲解员
宋刚伟　陕西省电力公司安康水力发电厂电气值班员
王月月(女)　陕西建工第十一建设集团有限公司设备安装公司工程造价员
付　强　中国航空工业集团公司第一飞机设计研究院航空工程师
陈　锴　中交二公局广东华盟路桥工程有限公司项目技术员
刘晓波　中航工业陕西飞机工业(集团)有限公司技术员
熊鹏刚　陕西鸿金鹏饮食文化有限公司厨师长

青海

晋　霞(女)　青海省西宁市公交二分公司三队2路驾驶员
任奎兴　青海省公路科研勘测设计院工程师
王明昭(满族)　中国移动通信集团青海有限公司业务支撑中心副总经理
王秋保　青海油田天然气开发公司维护管理中心工业自动化工程师
王有银　中国铝业青海分公司第二电解厂工区长
谢　涛(藏族)　青海省海西蒙古族藏族州海西电视台节目制作部主任
张　威　青海西宁中油商贸有限公司维修员

甘肃

孙　鹏　靖远煤业集团公司甘肃煤炭第一工程有限责任公司项目经理
黄玉明(回族)　甘肃天水星火机床有限责任公司主任设计师
文玛兰(女)　长庆油田第二采油技术服务处元城作业区采油技师
吴永胜　甘肃张掖发电有限责任公司检修组长
赵富升　酒钢集团宏兴股份有限公司检修工程部焊工
王文刚　玉门油田分公司机械厂工具车间钳工
武艳有　兰州铁路局兰州西车辆段车辆钳工
常红军　甘肃天水华天科技股份有限公司技术主管

宁夏

韦　鹏　国网宁夏检修公司银川东换流站变电检修班工程师
权润平　神华宁煤集团汝箕沟分公司白芨沟采区综掘队助理工程师
王君普　中铝宁夏能源集团马莲台发电厂工程师
唐　亮　宁夏回族自治区农牧厅农技推广员
孙彦军　宁夏宝塔石化集团设计院工程师
张晓炜　宁夏正丰建筑工程有限公司高级电工
刘文文(女)　宁夏石嘴山市地方税务局稽查局科员

新疆

张建民　特变电工进出口公司吉尔吉斯斯坦项目部经理
陈新豫　宝钢集团新疆八一钢铁有限公司焦煤集团矿山救护大队科员
周　燕(女)　吐哈油田公司机械厂加工车间车工
艾比布勒·赛塔尔(维吾尔族)　国网新疆电力公司乌鲁木齐供电公司技术主管
任文博　中石化西北油田分公司塔河采油三厂油田研究所所长
刘友亮　新疆华电吐鲁番发电有限责任公司安监部主任
谭　兴　中国石油西部管道乌鲁木齐输油气分公司生产技术科科长
万金绪　新疆地质矿产勘查开发局第四地质

大队班长

阿布都哈帕尔·伊米提(维吾尔族) 新疆喀什公路管理局塔什库尔干分局技术员

新疆兵团

邵旭鹏 新疆石河子开发区汇能工业设备安装有限公司电焊工

朱小林(女) 新疆辰茂伊力特酒店服务员

解放军、武警部队

景晓峰 南京炮兵学院训练部装备处火炮技术检查维修站四级军士长

肖海生 海军第330潜艇三级军士长

王　新 空军94647部队57分队四级军士长

王付忠 中国人民解放军96117部队246分队四级军士长

刘纪伦 中国人民解放军68302部队54分队三级军士长

姚安东 中国人民解放军78618部队4室主任兼工程师

樊孝云 武警西藏总队后勤部后勤基地修理所四级警士长

铁道

林文凤(女) 广铁集团广深铁路股份有限公司广州货运中心货运计划员

吕学文 中国铁路总公司运输局调度部调度处主任科员

孟　慧(女) 呼和浩特铁路局包头客运段列车长

郑小小 郑州铁路局郑州供电段郑州变电车间试验组副工长

刘　松 济南铁路局济南电务段泰山信号车间南驿信号工区工长

徐　凯 南昌铁路局南昌电务段电子设备车间工长

吴之军 乌鲁木齐铁路局乌鲁木齐机务段动车司机

刘小龙 铁三院集团公司工程实验室航遥测绘技术工程师

民航

单春禹 中国国际航空股份有限公司天津分公司飞行部飞行员

刘　伟 湖北机场集团公司武汉天河机场扩建工程指挥部工程师

熊　徽(女) 广州白云国际机场有限公司安检护卫部国际中队助理

刘　颖(女) 南京禄口国际机场运输服务部服务科广播问讯队带班长

杨　成 海南航空股份有限公司新疆分公司地面服务部经理

中直机关

焦　翔 人民日报社国际部记者

肖中仁 中国国际广播电台新闻中心采编部记者

黄小希(女) 新华通讯社国内部记者

佘惠敏(女) 经济日报社科技新闻部记者

王　浩 外文出版社有限责任公司翻译

徐国强 中国出版集团三联书店编辑

国家机关

唐金荣 中国地质调查局发展研究中心情报室主任

田　婵(女) 中国疾病预防控制中心病毒病预防控制所副研究员

王　翔 全国海关信息中心技术架构专家

李梦颖(女) 外交部北京外交人员服务局培训部副经理

毋　琦 环境保护部核与辐射安全中心电气设备室主任

张兴赢 中国气象局国家卫星气象中心研究所副所长

厉　征 中国税务报社记者

谭　林 公安部第一研究所物联网部主任

中央金融

兰璟露(女) 中国工商银行信用卡电话服务中心(成都)VIP座席组长

吕　涛 交通银行北京市分行东单支行市场推广经理

张明明(女) 国家开发银行股份有限公司北京市分行员工
易洪涛 中国民生银行零售银行部小微规划与营销策划中心经理
时国强 中国建设银行山东省分行潍坊经济开发支行业务员
王掌飞 中国银行陕西省分行西安长安路支行财管运营部信科经理
章亚君(女) 中国农业银行宁波市分行象山县支行副经理
周彩云(女) 中国人民财产保险股份有限公司包头分公司出单分中心主任

中央企业

张　杰 中国航天科工集团第四研究院江北公司车工
陈国军 中国航空工业集团直升机公司研发中心工程技术部副部长
李　雨 中国电子科技集团公司第二十一研究所高级工程师
葛　磊 中国石油化工集团公司胜利石油工程有限公司黄河钻井总公司钻井五公司副经理
周　柯 中国南方电网公司广西电网电力科学研究院科研管理部主任
苏方伟 中国华能集团公司华能沁北电厂专工
李建华 中国华电集团公司国际电力股份有限公司邹县发电厂
刘　鹏 神华集团神东煤炭集团公司哈拉沟煤矿机电队技术员
符兴斌 中国电子信息产业集团中国软件与技术服务股份有限公司中软信息系统工程有限公司副总经理
路胜利 中国第一汽车集团公司一汽技术中心汽车设计师
张　衡 东风商用车有限公司技术中心室副主任
齐　赞 哈尔滨电气集团公司哈尔滨锅炉厂有限责任公司工人
仪晓文(女) 鞍钢建设集团有限公司特种结构厂特结分厂技术员
金国宝 山钢铁股份有限公司硅钢部轧钢工艺主任工程师
肖弘明 武汉钢铁(集团)公司武汉钢电股份有限公司锅炉检修工
李　燚 中国东方航空股份有限公司上海飞行部飞行四部二分部机长
刘现辉 中粮集团有限公司屯河昌吉番茄制品有限公司主任助理
王　新 中国建筑西南勘察设计研究院有限公司院长助理
林鹏远 中国铁路工程总公司隧道集团二处有限公司项目经理
李设想 中国铁路物资总公司西安有限公司部长助理

注册会计师团委

薛晓琳(女) 毕马威华振会计师事务所高级经理
朱　艳(女) 华普天健会计师事务所(北京)项目总监
徐宇清 利安达会计师事务所部门经理
屠晓峰 浙江德威会计师事务所高级经理

煤炭行业团指委

张贵文(满族) 神华乌海能源有限责任公司苏海图煤矿综采一队技术员
刘玉华 中国煤炭地质总局江苏煤炭地质局长江机械化基础工程公司环境工程分公司经理
吴立忠 开滦(集团)有限责任公司唐山矿业分公司通风区监测队队长
朱英超 山西焦煤汾西矿业新峪公司信息中心车间工会主席
孙　彬 山东能源新矿集团协庄煤矿通防管理办公室技术员
熊祥林 中国平煤神马集团四矿掘进一队队长

餐饮行业团指委

张水清(女)　湖南省株洲市金龙大酒店副总经理

陈小霞(女)　徐州天勤后勤服务集团行政中心餐饮服务保障部宴会服务员

钢铁行业团指委

何腊梅(女)　重庆赛迪冶炼装备系统集成工程技术研究中心有限公司项目负责人

李博鹏　湖北新冶钢有限公司首席工程师

李　忠　江苏沙钢集团有限公司副班长

韩　宝　安徽马钢集团第四钢轧总厂炼钢分厂作业长

杨延鹏　西宁特殊钢集团有限责任公司原料分厂技术员

龙　广　杭州钢铁集团公司转炉炼钢厂主任技师

汽车行业团指委

赵尔相　中国重汽集团济南卡车股份有限公司见习副总经理

池贵义　华晨汽车集团控股有限公司华晨中华汽车公司值班长

邓留超　东风乘用车公司大区销售总监

港口行业团指委

逯志红　宁波港股份有限公司北仑第二集装箱码头分公司副班长

叶　军　中建港务建设有限公司项目经理

赵新华　天津港口医院麻醉科医师

国家级一类、二类技能竞赛及行业技能竞赛

李文远　广州市工贸技师学院计算机网络管理员

刘建亮　中航工业沈飞集团公司计算机网络管理员

翟靖轩　中国矿业大学科技园公共信息服务中心计算机网络管理员

崔升广　辽宁省交通高等专科学校计算机网络管理员

严宗浚　广州市工贸技师学院计算机网络管理员

张文良　沈阳东兴机电设备有限公司钳工

张旭光　天津百利机电集团钳工

吴　狄　江苏昆山钞票纸业有限公司钳工

李　想　中航工业沈阳黎明集团公司钳工

李宗阳　中航工业沈飞集团公司钳工

石未华　金杯汽车股份有限公司汽车修理工

刘维利　天津市公共交通集团(控股)有限公司汽车修理工

刘国辉　金杯汽车股份有限公司

孙宝明　金杯汽车股份有限公司

廖诗忠　厦门辉达汽车修配有限公司

黄金玲(女)　悦翔沈阳分公司多媒体制作员

刘雯方(女)　北京市新媒体技师学院多媒体制作员

陈　矗　广州市工贸技师学院多媒体制作员

陈　莉(女)　本溪钢铁(集团)有限责任公司多媒体制作员

张智嵩　中航工业沈飞集团公司多媒体制作员

李英全　中航工业沈飞集团公司车工

王　伦　天津百利机电控股集团有限公司车工

周红亮　陕西秦川机床工具集团有限公司车工

迟振洋　沈阳鼓风机(集团)有限公司车工

余晓冬　江苏徐工集团随车公司车工

吴　东　江苏徐州机械工程有限公司机械设备安装工

代继业　辽宁丰田金杯技师学院机械设备安装工

孙海锋　江苏马恒达悦达(盐城)拖拉机有限公司机械设备安装工

赵　阳　中航工业沈飞集团飞机钣金工

王　宇　中航工业动力所飞机发动机附件试验工

邵志永　中航工业导弹院航空电器调试工

于得水(土家族)　中航工业导弹院航空电器

调试工
孙志强　中航工业沈飞集团航空电器调试工
王保利　中国铁路工程总公司中铁隧道装备公司技术服务分公司电工
赵江涛　中国铁路工程总公司中铁隧道装备公司技术服务分公司技术员
李　吉　中国铁路工程总公司中铁五局集团电务城通公司副部长
王英锋　中国铁路工程总公司中铁二局五公司精测队电工
梅建峰　中国铁路工程总公司中铁科工集团九桥公司电工
张立创　中国铁路工程总公司中铁宝桥集团有限公司道岔车间电工
门学刚　中国铁路工程总公司中铁大桥局一公司技术员
刘立正(土家族)　中国铁路工程总公司中铁二局五公司精测队技术负责人
王光富　中国铁路工程总公司中铁大桥局一公司测量工
瞿　伟　中国铁路工程总公司中铁二局第五工程有限公司测量主管
杨　志　中国铁路工程总公司中铁一局第五工程有限公司高级技师
沈志强　中国铁路工程总公司中铁四局一公司精测大队
李朗焕　中国铁路工程总公司中铁五局电务城通公司副部长
龙　行　中国铁路工程总公司中铁五局电务城通公司盾构操作主管
崔岭峰　中国铁路工程总公司中铁二局五公司精测队副经理
刘琴梅(女)　中国铁路工程总公司中铁大桥局六公司高级技师
方苏波　中国铁路工程总公司中铁大桥局二公司实验室主任
邵　林　中国铁路工程总公司中铁四局四公司试验主管
曹国强　中国铁道建筑总公司中铁十二局集团三公司三淅高速公路项目部试验室副主任
陈玉达　中国铁道建筑总公司中铁十二局集团二公司计量试验中心科员
郑灿伟　中国铁道建筑总公司中铁十四局集团山东铁正工程试验检测中心建材室实验工程师
梁　迪　中国铁路工程总公司中铁九局集团工程检测试验公司检测部副部长
成鹏飞　中国北方机车车辆工业集团公司大同电力机车有限责任公司工艺技术与管理技师
李栋梁　中国北方机车车辆工业集团公司长春轨道客车股份有限公司铝车体二车间工人
唐建坤　中国北方机车车辆工业集团公司长春轨道客车股份有限公司高速动车组制造中心装配一车间工人
傅丽娜(女)　中国东方航空股份有限公司客舱服务部乘务四部客舱经理
赵婵雯(女)　中国东方航空股份有限公司西北分公司客舱服务部生产协调分部乘务长
武润泽　北京市测绘设计研究院工程师
瞿申润　广东省国土资源测绘院工程师
孙光文　河南省地图院工程师
任银萍(女)　江苏省测绘工程院工程师
向　勇　国家测绘地理信息局第三航测遥感院工程师
高何利　长江空间信息技术工程有限公司工程师
张　俊　上海中国青年旅行社导游
王　佳(女)　广东深圳市招商国际旅游有限公司导游
张　运　安徽马鞍山师范高等专科学校旅游与外语系教师

吴　怡(女)　江苏省南京江南贡院历史陈列馆讲解员
李德煜　浙江杭州市中国旅行社有限公司导游
李　涛　北京目的地国际旅游有限公司导游
焦永伟　神华准格尔能源有限责任公司
赵　成　龙神华宝日希勒能源有限公司
韩映春　神华准格尔能源有限责任公司
于海洋　内蒙古霍林河露天煤业股份有限公司
王新刚　华能伊敏煤电有限责任公司
张　帅　中国平煤神马能源化工集团有限责任公司
马黎明　西山煤电(集团)有限责任公司
王锦根　大同煤矿集团有限责任公司
李　岗　霍州煤电集团有限责任公司
李　军　中国平煤神马能源化工集团有限责任公司
汤　帅　新汶矿业集团有限责任公司
王树元　山西潞安矿业(集团)有限责任公司
高　杰　西山煤电(集团)有限责任公司
闫业帅　中国平煤神马能源化工集团有限责任公司
葛阳辉　福建省福州市雷诺美的售后技术主管
刘跃跃　湖南宏福家居有限公司技术主管
安海峰　北京嘉誉永诚技术服务有限公司大修工
郭东方　郑州海星电器有限公司工程师
周　�(女)　山东百特展览工程有限公司
苗　岭　复旦大学上海视觉艺术学院
李治锌　上海爱图平面设计有限公司
阿祖林(藏族)　神华宁夏煤业集团矿山救护总队救护工
靳晓军　山西焦煤汾西矿业集团矿山救护大队救护工
李凤民　神华宁夏煤业集团矿山救护总队救护工
周朝杰　神华宁夏煤业集团矿山救护总队救护工
陈　刚　神华宁夏煤业集团矿山救护总队救护工
王　刚　神华宁夏煤业集团矿山救护总队救护工
包　乃　强神华宁夏煤业集团矿山救护总队救护工
王　杨　山西焦煤汾西矿业集团矿山救护大队救护工
路　亮　山西焦煤汾西矿业集团矿山救护大队救护工
朱文艺　贵州省永贵能源公司矿山救护大队救护工
冀文俊　山西焦煤汾西矿业集团矿山救护大队救护工
廖丽娟(女)　中国兵器工业集团公司内蒙古北方重工业集团有限公司
吴　旭　中国兵器工业集团公司内蒙古第一机械集团有限公司
戚瑛瑛(女)　中国兵器工业集团公司中国北方化学工业集团有限公司
方玉龙　中国兵器工业集团公司中国北方化学工业集团有限公司
王士良　中国兵器工业集团公司中国北方重工业集团有限公司
刘　枢　中国兵器工业集团公司江麓机电集团有限公司
邓　涌　中国兵器工业集团公司内蒙古北方重工业集团有限公司
霍志锋　中国兵器工业集团公司内蒙古北方重工业集团有限公司
刘永弟　中国兵器工业集团公司凌云工业集团有限公司
刘大鹏　中国兵器工业集团公司内蒙古第一机械集团有限公司
赵春萍(女)　中国兵器工业集团公司内蒙古第一机械集团有限公司

李吉东　中国兵器工业集团公司内蒙古北方重工业集团有限公司

李　明　中国兵器工业集团公司北方通用电子集团有限公司

麦子荣　广州南沙海港集装箱码头有限公司场桥司机

程　浩　连云港港口股份有限公司东泰分公司机械队吊车二班司机

姚　乐　南通港口集团有限公司集装箱分公司值班长

杜　勇　青岛前湾西港联合码头有限责任公司吊车司机

郭继铭　青岛前湾集装箱码头有限责任公司轮胎吊司机

李常乐　青岛前湾集装箱码头有限责任公司轮胎吊司机

苏升伟　青岛港国际股份有限公司物流分公司叉车司机

唐海宁　青岛港国际股份有限公司大港分公司机械六队叉车司机

王加全　青岛港国际股份有限公司大港分公司机械二队吊车司机

成　文　日照港集团岚山港务公司金海岸装卸公司司机

张　永　日照港集团三公司设备二队内燃机械司机

高建强　威海港青威集装箱码头有限公司场内流动起重机司机

梁　洁　烟台港股份有限公司联合港埠分公司吊车司机

王俊杰　烟台港股份有限公司集装箱分公司场桥司机

于　洋　营口港务集团第六港务公司吊车司机

国家重点工程

“天宫一号”与“神舟九号”载人交会对接任务

顾华洋　中国航天科技集团公司第八研究院一四九厂主任工艺师

雷江利　中国航天科技集团公司第五研究院五〇八所副主任设计师

孙宝岗　中国航天科技集团公司第一研究院七〇三所主任工艺师

王健儒　中国航天科技集团公司第四研究院四十一所发动机总设计师

郭琳瑞　中国航天科工集团公司第三研究院三十三研究所副处长

袁再芳(侗族)　中国航天科工集团公司061基地贵州梅岭电源公司一室主任

曹狄峰　中国电子科技集团公司第四十三研究所设计师

邵淑伟　中国电子科技集团公司第十二研究所管型组长

2013年全团“寻找最美青工”活动

刘昌武(女)　北京建工集团三建公司测量中心测量技师

郭岐顶　北京京煤化工设备开发公司装配班副班长

成卫东　天津港第一港埠有限公司拖头队副队长

罗朝辉　国网天津市电力公司城西供电分公司营销部高压电费抄收二班副班长

刘福霞(女)　天津天纺投资控股有限公司棉纺织工厂织布挡车工

贾永青(女)　河北省定州市人民医院产科主治医师

张楠(女,满族)　河北省承德市国税局货物和劳务税科科员

贾向东　山西电建二公司高压焊工

王效时　辽宁联通物资采购与管理部信息化管理员

于　戈(满族)　一汽模具制造有限公司钳工

孟庆鑫　哈电集团哈尔滨汽轮机厂有限责任公司工具处数控铣工

肖　碧　上海市公安局刑事侦查总队刑事技术法医

陈　维(女)　上海浦东海事局危管防污处工

程师

李智慧(女) 江苏省盐城市城乡建设局市政设施管理处下水道班班长

陈 玲(女) 浙江省奉化市测绘院技术员

吴 杰 宁波广播电视集团编导兼摄像

邹宗伟 江西铜业集团公司德兴铜矿大山选矿厂钳工

付文韬 国家深海基地管理中心潜航员

郭 凯 青岛港集团有限公司前港分公司机械司机

常国丽 潍柴动力股份有限公司“三高”试验队队长

王晓菲 山东德棉集团有限公司操作员

胡洪炜 国网湖北检修公司输电检修中心运检三班副班长

刘仔才 中国能源建设集团广东火电工程总公司焊接公司焊接培训中心实操教师

柯 艺(女) 重庆西部公共交通有限公司465线乘务员

张艳芬(女) 中国石油云南销售公司昆明分公司经理

蒋卫真 西安昆仑公司车工

冯 攀 甘肃电投炳灵水电开发有限责任公司员工

周 欣 新疆天富热电股份公司热电厂检修分场汽机本体班副班长

刘 洋 武汉铁路局武昌南机务段西线车队机车乘务员

王晓睿 太原铁路局太原车辆段动车组随车机械师

黄国华 广州铁路公安处刑警支队广州站大队侦查员

李 松 中国北方机车车辆工业集团公司齐齐哈尔轨道交通装备有限责任公司方圆公司操作员

周 皓 阜新矿业集团(有限)公司机械制造分公司模锻分厂工人

王燕清(女) 内蒙古包钢医院护士长

万雪峰 鞍钢集团鞍山钢铁集团股份有限公司技术中心研发师

第十届中国青年志愿者优秀个人奖

第十届中国青年志愿者优秀个人奖名单

(共272个)

北京

杨方捷 刘 庆 曹一楠 李晓燕(女)

张鹊鸣 厉 莉(女) 张佳鑫 饶 睿

高 鹏 李 硕(女)

伊力凡·马合木提(维吾尔族) 朱冠臻

天津

张朝霞(女) 崔 军 韩 铮(女)

李志强 姚海英(女) 张春艳(女)

冯 乐(女) 王洪彬

冯 骅(女,满族)

河北

潘 援 张军建 王建伟 刘建峰 陈奇峰

徐丁壹(满族) 杨 艳(女,蒙古族)

山西

徐 嘉 高 英(女) 王玉军 甄德西

王晓恩 武 亮

内蒙古

乔高磊(满族) 翁兆平(满族)

杨旭坤(蒙古族) 宗珊娜(女)

毕　丽(女)　王　鉴
陈建钧(蒙古族)

辽宁

黄琪瑄　刘洪刚　赵　强　梁延恒
武文文(女)　李　红(女)　闫海祥
程　文

吉林

王陈雷　刘志刚　朴剑锋　邱立超(女)
解光宇(女)　谷爱兵(蒙古族)

黑龙江

刘　浩(女)　李俨国　李冰冰　何俊材
刘喆琼(女)　王天阔　王丹丹(女)

上海

韩　婧(女)　臧　熹　沈逸超　朱旭明
王引婷(女)　吕　琰　卜佳青　吴　政
张姗姗(女)

江苏

陆　迅　曹胜家　刘　俊　唐春弟　朱　毅
黄　鑫　胡　斐　田志浩　汪　婷(女)
李莎莎(女)

浙江

陈伟刚　方　明　姜哲挺　李舟雷　水鸿雁
田春来　曾　鹏　谢晓颖(女)

安徽

贺文郁(女)　刘丽艳(女)
王　敏(女)　仰时威　王珍　(女)
吴江玲(女)　叶秀芝(女)　张　宝

福建

杨　金　黄永茂　朱昌藏　王　桂
武陈瑶(女)　王桂珠(女)
陈立意(女)

江西

糜文宇　袁　奇　王　斗　唐飞泉
陈燕琼(女)　徐莉蓉(女)
徐国凤(女)

山东

辛　伟　张　辉　张　军　马　飞
郭　送(女)　张文莉(女)
徐　慧(女)　秦　谭(女)

河南

张明磊　赵　亮　栗　力　田晓辉
郭欣欣(女)　邢彦丽(女)
李　青(女,满族)　陈益民

湖北

刘海军　严昌筠　袁　霞(女)
李　傲(女)　和风帆　曹萍萍(女)
马晓岸(土家族)
尼加提·艾买提(维吾尔族)

湖南

邹　鹏　李　慰　康　雄　徐卫星　陈　亮
刘　芬(女)　肖　奇　何建军

广东

冯卓怡(女)　周　浩　黄伟相　何国炜
熊永兰(女)　王　波　万孟琳(女)
吴永光　聂二辉

广西

王红霞(女)　欧　雷　陈　全　徐良清
郑豆豆(女)　于　秀(女)
于　涛(壮族)

海南

符扬壮　陈文强　李　波　文　兵
蒲冰梅(女)　冯　勇(土家族)
方慧海(女,壮族)

重庆

王怀强　王　磊　郑　浩　黄　强
贺明芳(女)　董美霞(女)
李　英(女)　林新竹(女)
杨　辉(女)

四川

董政华　桑　扎(藏族)　秦　坤　周正彬
王之昊　李沁嵩(女)　文　韬　肖翔升

贵州

李　戟　马　明　李思缘(女,苗族)　袁连学
王萁淇　张　钱(土家族)
肖　娴(女,苗族)　何捷(女,布依族)

云南

周小琳(女)　苏丕超　葛永坤　郭羽韬
满晓明(女)　段连斌　张　勇　赵应彪
杨四龙(纳西族)　李光鹏(哈尼族)

西藏

牛　亮　李义真　张彦平(女,藏族)　张维东
苏明展　袁小宁(女,彝族)　杨　鹏
次仁多吉(藏族)

陕西

刘　洋　徐　英　仲婕婷(女)
李　筱(女)　兰艾青　贺　琼
马雯雯(女)　闫　敏(女)

甘肃

张金霞(女)　张　森　曲思宇　石　靖
马勇强　徐新云　龚大锁　王炯炀

青海

陈士生　陈有政　宫　辰　李　康　宋文轩
王涛

宁夏

周立梅(女)　祁　芸(女)　张　浩
肖春生　马国庆(回族)　曹亚蓉(女)
席佳福

新疆

焦爱斌　初　征　赵爱华(女)　乐　宏
曹永祺　张永霞(女)
达尼娅(女,哈萨克族)
热西旦·哈斯木(女,维吾尔族)
米娜瓦尔·买买提(女,维吾尔族)

全国铁道

潘　健　汤杰德央(女,藏族)　刘伟栋

全国民航

苏文志　李　杰　朱晓莉(女)

中直机关

朱　虹(女)　郑　涛
米尔扎提·木莎(维吾尔族)

中央国家机关

孙晓力(女)　熊晓青(女)　王　刚

中央金融

张田宇　刘飞宇(女)　蔡少红(女)

中央企业

徐玉林　吕洋洋　任东升

新疆生产建设兵团

赵　艳(女)　李万正　范宏霞(女)
王卫强　刘　震　宋　潮

第十届中国青年志愿者优秀组织奖名单

(共108个)

北京

北京市应急志愿者服务总队
北京市海淀区志愿者联合会
北京大学人民医院志愿服务团
共青团北京市委员会
北京市志愿服务联合会

天津

共青团天津市卫生局委员会
共青团天津工业大学委员会
南开大学青年志愿者协会
滨海新区青年志愿者协会

河北

保定学院西部支教毕业生群体志愿者团队
廊坊市“5.18”志愿者服务队
衡水爱心联合会

山西

阳泉市青年志愿者协会
共青团山西农业大学委员会志愿者工作部

内蒙古

呼和浩特天使公益协会
内蒙古自治区人民医院志愿者服务工作办公室
内蒙古青少年社会工作服务中心

辽宁

辽河油田总医院“阳光健康快车”青年志愿者服务队
葫芦岛鹏业爱心车队
鞍钢矿业集团弓长岭井下铁矿郭明义爱心团队

吉林

吉林大学白求恩志愿者协会

白城师范学院青年志愿者协会
松原市青年志愿者协会
黑龙江
黑龙江省青年志愿者协会
黑龙江大学青年志愿者协会
佳木斯市青年志愿者协会
上海
雨滴公益社
上海市浦东新区青年志愿者协会
12355 上海青少年维权志愿者俱乐部
江苏
共青团南通市委员会
共青团徐州市委员会
共青团苏州市委员会
共青团南京大学委员会
共青团国网江苏省电力公司委员会
浙江
宁波市志愿者协会
温州市爱心璀璨公益发展中心
浙江省公羊会公益救援促进会
安徽
六安职业技术学院蒲公英支教团
共青团安徽大学委员会
合肥市第一人民医院集团“志愿者服务队”
福建
厦门市青年志愿者协会
福建中医药大学青年志愿者协会
晋江青年志愿者协会
江西
南昌市青年志愿者协会
江西师范大学“先锋”青年志愿者服务队
山东
聊城大学雷锋义工队
安丘市爱心义工公益服务中心
山东师范大学研究生支教团
河南
国网河南省电力公司“电力雷锋”志愿服务队
河南工业大学网络文明志愿服务队
焦作城市青年志愿亭服务队
湖北
武汉市江汉区青空志愿者联盟
武汉大学青年志愿者协会
共青团华中农业大学委员会
湖南
益阳市青年志愿者协会
湖南师范大学青年志愿者协会
中国南方航空工业（集团）有限公司吴大观青年志愿服务队
广东
广州志愿者学院
佛山市南海区义务工作者（志愿者）联合会
茂名青年志愿者协会
广西
广西青年志愿者协会
防城港星光慈善群
广西大学法律援助中心
海南
海南大学爱心协会
三亚学院鸣鹰支教队
重庆
重庆青年创业导师志愿服务团
重庆邮电大学移通学院青年志愿者联合会
重庆北部新区金山街道民心佳园社区市民学校志愿服务队
四川
成都市青年志愿者协会
峨眉山市青年志愿者协会
四川协力公益发展中心
贵州
贵州省青年志愿服务基金会
遵义市青年志愿者协会
贵州师范大学“阳光使者”青年志愿者联合会
云南
昭通市海星行动
玉溪师范学院青年志愿者协会
曲靖医学高等专科学校青年志愿者协会

昭通市青年志愿者协会
景谷县青年志愿者协会
西藏
林芝地区志愿者服务队
共青团西藏大学委员会
廓瓦志愿者团队
陕西
陕西科技大学青年志愿者服务团
延安山丹丹青年志愿者服务队
西安外国语大学青年志愿者总队
甘肃
郭明义爱心团队西北师范大学"'爱·尚'微公益"分队
中国(甘肃)高校传媒联盟
定西市青年志愿者协会
青海
青海民族大学青年志愿者协会
西宁公益联盟
卓燃铁人志愿者服务队
宁夏
宁夏医科大学青年志愿者协会
宁夏阳光志愿者服务队
共青团盐池县委员会
新疆
新疆沙湾县志愿者协会顾海英爱心工作室
新医大一附院医务志愿服务直属总队
缘之梦志愿者舞蹈队
全国铁道
共青团成都铁路局委员会
共青团广州铁路(集团)公司委员会
全国民航
中国国际航空股份有限公司湖北分公司青年志愿者服务队
厦门白鹭志愿联盟
中直机关
经济日报社(集团)志愿者服务队
中央国家机关
审计署青年志愿者服务队
中央金融
交通银行志愿者协会
中央企业
共青团中国电子科技集团公司委员会
共青团国网四川省电力公司委员会
新疆生产建设兵团
四师63团青年志愿服务队
沙海老兵志愿服务队

第十届中国青年志愿者优秀项目奖名单

(共100个)

北京
北京市中日友好医院"健康守护·共享阳光"社区助残项目
北京市中国青年政治学院社会工作学院北京"学习伙伴"志愿服务项目
北京市志愿服务联合会志愿北京之青春伴夕阳项目
北京市东城区社区老年人群心理关怀项目
北京市山野救助指示标设立志愿服务项目
北京市北京林业大学A4210好习惯养成微行动
北京市志愿服务发展研究会"志愿北京之阳光阶梯计划"北京志愿者宣讲项目
北京市志愿服务联合会毛主席纪念堂志愿服务项目
北京市社区青年汇新青年学堂项目
天津
天津市红桥区关爱西于庄棚户区青少年志愿服务行动
天津市河西区天津文化中心城市志愿服务项目
河北
河北省衡水市关爱重点青少年群体"彩虹人生"工程
山西
山西省太原市财贸学校风华讲解团项目
内蒙古
内蒙古自治区内蒙古大学研究生支教团关爱

农牧民工子女七彩雷锋课堂项目

内蒙古自治区兴安盟科右中旗青年发展协会志愿者基地建设项目“12345”小区义工站

辽宁

辽宁省大连市“七彩家园”智障青少年日间照料站项目

辽宁省鞍山市呼吸联盟志愿者协会“蒲公英计划”项目

吉林

吉林省东北师范大学“厚普”农民工子弟公益辅导学校计划

吉林省东北师范大学“盐治有茶”环保志愿服务项目

吉林省白城市科尔沁沙地志愿服务项目

吉林省通化市宝贝回家志愿者协会千名宝贝回家计划

吉林省公安厅直属机关团委法制辅导员项目

黑龙江

黑龙江省牡丹江市特色化“青少年幸福号”社区志愿服务项目

黑龙江省黑龙江大学青年志愿者协会伍连德小学支教志愿服务活动

上海

上海市艺途无障碍工作室发现中国的梵高——人人都是志愿者计划

上海市黄浦区“爱心陪伴”黄浦青年关爱来沪青少年志愿服务行动

上海市音速青年志愿服务中心绘避险羊皮卷项目

上海市上海华信公益基金会“萤光支教”乡村教师培训项目

上海市公益事业发展基金会一个鸡蛋的暴走活动

江苏

江苏省南京市乐活公益发展中心“助力憨豆”项目

江苏省江苏师范大学“乐助”服务团队太阳盒子“赋权”反哺志愿服务行动

江苏省电力公司“国家电网希望来吧”关爱农民工子女项目

江苏省南京市南京雨花一爱一生志愿者联合会“关爱抗战老兵·抢救民族记忆”行动

江苏省南京理工大学“牵手计划”项目

浙江

浙江省台州市临海市志愿者协会“爱心手牵手·帮扶一对一”结对帮扶残疾青少年项目

浙江省嘉兴市志愿者协会“万封家书传亲情”关爱新居民(农民工)子女志愿服务项目

浙江省宁波市余姚市社区防减灾自救互救项目

浙江省杭州市“为垃圾找个家”家庭垃圾分类项目

浙江省杭州市志愿者协会雷锋广场志愿服务项目

安徽

安徽省电力公司光明驿站项目

安徽省安徽大学保护长江江豚行动

福建

福建省厦门市海沧区志愿者协会两岸义工志愿行动

江西

江西省国网江西九江供电分公司供电小红帽关爱洒鄱湖计划

江西省南昌市崛美行动公益发展中心老还童关爱空巢老人项目

山东

山东省枣庄市义工联盟“圆梦坊”爱心瓷盘项目

山东省日照市志愿者协会、山东科技大学团委“小草学堂”项目

山东省山东大学“心系商河,伴你成长”系列活动

山东省青岛市蓝丝带青岛海岸线徒步环保调查项目

山东省济南市 Music887 小桔灯爱心读书行动项目组爱心读书行动

河南

河南省郑州市和勤青年志愿互助中心“我以我言做你眼”文化助盲志愿服务项目

河南省安阳市第二实验中学“心心相连·筑梦未来”志愿服务项目

河南省志愿者联合会河南青年英雄共青团帮扶行动

湖北

湖北省武汉理工大学助残志愿服务队“声音绘光影”助残志愿服务项目

湖北省襄阳市樊城区为“折翼天使”护航——阳光家园残疾青少年日间照料站项目

湖北省武汉理工大学郎坤志愿服务队“卓越梦想家”成才计划

湖南

湖南省爱弥尔——长沙市爱乐社工服务中心“天才戏剧家”融合性戏剧教育项目

湖南省张家界市青年志愿者协会“圆梦”张家界青少年足球志愿服务项目

广东

广东省广州市明月关助服务中心明月云屋(残疾人网上创业与就业孵化基地)项目

广东省广州青年志愿者协会志愿在康园——康园聪明学堂项目

广东省茂名市青年志愿者协会“阳光行动”助残项目

广东省茂名市阳光社会工作服务中心含羞草&小松树——关爱留守儿童身心健康成长项目

广东省南方都市报社南都留守儿童圆梦行动

广东省志愿者联合会“健康直通车”医疗卫生志愿者援藏援疆行动

广东省深圳市城市志愿服务U站项目

广东省深圳市宝安区义工联合会“义工大学堂”项目

广东省广州市志愿驿站联合会“街头公益便利店,驿站爱心大平台”项目

广东省汕头大学“点亮心灯,重展欢颜”癌症患者关怀项目

广西

广西壮族自治区柳州市苗族深山留守儿的“护身铠”暨公益路上的开发之旅项目

海南

海南省海口市美兰区万福社区志愿服务项目

重庆

重庆市图书馆志愿者协会点亮心灵之窗,开启美好人生——视障人群志愿服务关爱行动

重庆市重庆工商大学义工志愿者协会“天使之约”阳光助残公益行动项目

重庆市合川区关爱农民工子女“七彩童心”项目

重庆市青年志愿者协会“三区”文化志愿服务行动项目

重庆市第一社会福利院院舍老人“心语心愿”志愿服务项目

四川

四川省成都市蒲江县“助残有我”青春关爱活动项目

四川省成都市武侯区新空间青少年发展中心新市民子女“城市融入”项目

四川省国网四川资阳供电公司“红细胞”工程项目

贵州

贵州省贵阳市同心思源助残促进会心语志愿服务项目

贵州省扬州大学研究生支教团“益往黔行·爱心一公里”项目

云南

云南省昆明市青年志愿者协会燃亮号云南流动教室项目

云南省玉溪市义工联合会布衣工程

云南省昭通市黑颈鹤越冬栖息地湿地保护项目

西藏

西藏自治区西藏大学青年志愿者行动总队阳光行动

西藏自治区西藏职业技术学院支教团水暖同欣项目

西藏自治区青年志愿者协会“平安建设志愿者服务总队”项目

陕西

陕西省西安交通大学红十字协会心心助残——用爱弥补残缺项目

陕西省西安志愿者协会关爱农民工子女“小葵花”关爱行动

甘肃

甘肃省兰州城市学院“萤火虫”计划——关注农村留守女童性安全教育项目

青海

青海省黄南自治州同仁县公益协会西部“1+1”农民工子女“家外家”项目

宁夏

宁夏回族自治区银川市驼铃文化艺术传播中心孤残儿童音乐梦想计划项目

新疆

新疆维吾尔自治区新疆医科大学第一附属医院“助聋就医”项目

全国铁道

全国铁道成都铁路局团委爱心小屋项目

全国铁道黎塘车站派出所青年志愿者扶贫助困活动

全国铁道沈阳铁路局路外安全宣传活动项目

全国民航

全国民航中国东方航空集团公司“爱在东航”公益志愿活动项目

中央国家机关

中央国家机关国家知识产权局保护知识产权志愿服务项目

中央国家机关中国人口宣传教育中心关爱女孩青年志愿行动项目

中央企业

中央企业国网重庆市电力公司国家电网春苗之家项目

中央企业南京熊猫电子集团地铁志愿服务项目

新疆生产建设兵团

新疆兵团第八师石河子暖羊羊阳光助残志愿服务项目

第九届中国青少年科技创新奖

第九届中国青少年科技创新奖获奖学生名单

（共100名）

北京

姜飞宇　北京市第二实验小学六年级学生

张及晨　北京一零一中学初中二年级学生

傅　彤（女）　中国人民大学附属中学高中一年级学生

吴佳俊　清华大学交叉信息研究院2010级本科生

黄毅超　北京化工大学化学工程学院2010级本科生

田耀斌　北京交通大学机械与电子控制工程学院2009级博士生

天津

王砚渤　天津市河西区水晶小学六年级学生

吕仲浩　北京师范大学天津附属中学高中三年级学生

武　涛　天津大学理学院2011级硕士生

李　丽(女)　南开大学化学学院2011级博士生

河北

程思佳(女,满族)　河北省石家庄外国语学校高中一年级学生

刘晓楠(女)　河北大学物理科学与技术学院2011级本科生

山西

李璐琦　山西省太原市44中学初中一年级学生

程远喆　山西省太原市第二十七中高中三年级学生

张建峰　太原理工大学数学学院2010级本科生

张哲滔　中北大学材料科学与工程学院2011级本科生

郭佩祥　山西大学中国社会史研究中心2013级硕士生

内蒙古

张　晨(女)　内蒙古呼和浩特市第二中学高中一年级学生

贾　佳(女,回族)　内蒙古科技大学文法学院2010级本科生

苏　洁(女)　内蒙古大学数学科学学院2011级硕士生

辽宁

杨　鹏(回族)　辽宁省本溪市第一中学高中二年级学生

王泽桑(女)　东北大学工商管理学院2011级本科生

吉林

陈　赫(满族)　吉林省东丰县第三中学高中二年级学生

于兴华　吉林大学动物科学学院2011级本科生

黑龙江

解欣艺(女)　黑龙江省哈尔滨市第六中学高中二年级学生

冷晓琨　哈尔滨工业大学计算机科学与技术学院2011级本科生

卢　芸(女)　东北林业大学材料科学与工程学院2009级博士生

上海

颜隽闻　上海市静安区教育学院附属学校六年级学生

王一飞　上海市梅陇中学初中三年级学生

张舒蕾(女)　上海市宜川中学高中二年级学生

解得官　上海电机学院机械学院2010级本科生

柯　全　上海交通大学电子信息与电气工程学院2013级博士生

江苏

秦欣然(女)　江苏省南京市江宁区铜山中心小学四年级学生

宗航晨　江苏省南通特殊教育中心盲部初中三年级学生

郭红军　中国矿业大学孙越崎学院2010级本科生

申来法　南京航空航天大学材料科学与技术学院2010级博士生

汪　超　苏州大学功能纳米与软物质研究院2012级博士生

浙江

卢思睿(女)　浙江省宁波市北仑区东海实验学校初中二年级学生

裴翔云　浙江育英职业技术学院2011级高职生

钟　麒　浙江工业大学机械工程学院2010级本科生

安徽

朱涧箐(女)　安徽省合肥市第一中学高中一年级学生

黄　璞　中国科技大学微尺度物质科学国家实验室2011级博士生

福建

李哲舟　福建省福州市第三中学高中三年级

学生

刘家昌　福建省泉州市第一中学高中三年级学生

丁陈禹(回族)　福建医科大学研究生院 2012 级硕士生

朱从青　厦门大学化学化工学院 2010 级博士生

江西

双超军　南昌工程学院机械与电气工程学院 2011 级本科生

彭巧巧(女)　江西师范大学财政金融学院 2012 级硕士生

山东

张涵瑞　山东省济南市经十一路小学四年级学生

刘小祎(女)　山东省泰安市第二中学高中一年级学生

郭亭亭　青岛农业大学机电工程学院 2010 级本科生

张　彦　济南大学化学化工学院 2011 级硕士生

河南

吴少哲　河南省平顶山市第一中学高中二年级学生

闫鹏飞　郑州大学水利与环境学院 2010 级本科生

高　源　河南工业大学经济贸易学院 2010 级本科生

湖北

张哲野　华中科技大学化学与化工学院 2010 级本科生

张一峰　武汉理工大学交通学院 2010 级本科生

湖南

周子惟　湖南省株洲市第二中学高中三年级学生

朱国姝(女)　湖南大学经济贸易学院 2011 级本科生

刘　路　中南大学数学与统计学院 2012 级博士生

广东

陈彦儒　华南师范大学附属中学高中二年级学生

邱燕璇(女)　广州大学化学化工学院 2013 级硕士生

刘石平　华南理工大学生物科学与工程学院 2012 级博士生

张丹伟　华南师范大学物理与电信工程学院 2012 级博士生

广西

林萱仪(女,瑶族)　广西梧州市第二实验小学六年级学生

青尚龙(壮族)　广西南宁市第三十一中学初中三年级学生

曾燕斌　广西大学机械工程学院 2010 级本科生

海南

赵龙辉　海南师范大学生命科学学院 2010 级本科生

重庆

蒋知函(女)　重庆市人和街小学六年级学生

谭清倩(女)　重庆市丰都县第三中学校初中二年级学生

王　颖(女)　重庆大学城市建设与环境工程学院 2011 级本科生

陈增顺　重庆交通大学土木建筑学院 2011 级硕士生

四川

王梦玲(女)　四川省峨眉山市峨山镇初级中学校初中二年级学生

廖　钢　四川大学锦江学院 2010 级本科生

周　帷(女)　四川农业大学资源 2011 级硕士生

贵州

王　蛟(女)　贵州大学理学院 2010 级本科生

云南

王佳冠　云南大学生命科学学院 2013 级硕

士生

陕西

孙玮泽　陕西省西安高新第一中学高中一年级学生

杨　洁（女，回族）　西北工业大学自动化学院2012级硕士生

徐　雪（女）　西北农林科技大学生命学院2011级博士生

甘肃

杨晨曦（藏族）　甘肃省甘南州合作第一小学四年级学生

青海

常博浩　青海省西宁市第五中学高中三年级学生

胡　媛（女）　青海大学计算机技术与应用系2010级本科生

宁夏

杨皓羽　宁夏回族自治区银川市西夏区回民小学五年级学生

张兴武　宁夏回族自治区银川外国语实验学校初中三年级学生

谢海波　宁夏大学新华学院2011级本科生

新疆

马　强　新疆伊犁哈萨克自治州新源县别斯托别中学初中三年级学生

艾麦尔·麦米提力（维吾尔族）　新疆农业大学食品与药学学院中语学院汉语预科2013级本科生

李东泽　新疆医科大学临床医学院2008级硕士生

李怡招　新疆大学化学化工学院2012级博士生

兵团

马海碧（女，回族）　新疆生产建设兵团第二中学高中一年级学生

解放军

王　野　第二军医大学学员旅临床医学专业2009级本科生

周继航　解放军电子工程学院一系十五队电子对抗指挥与工程专业2011级本科生

袁志方　海军工程大学电气工程学院电气工程系电气工程专业2012级博士生

香港特别行政区

缪　婧（女）　香港理工大学机械工程系2012级硕士生

唐　旻（女）　香港大学李嘉诚学院解剖系2010级博士生

澳门特别行政区

谭知微（女）　澳门培正中学高中三年级学生

王胜鹏　澳门大学中华医药研究所2012级博士生

台湾地区

魏欣如（女）　北京中医药大学台港澳中医学部中医学（台五）专业2011级本科生

钟耀贤　北京大学物理学院现代光学研究所2011级博士生

第六部分

省级团委工作简介

北京团的工作

在市委和团中央的领导下，北京共青团全面贯彻落实党的十八大和十八届三中全会，团的十七届二中全会，市委十一届四次、五次全会精神，以习近平总书记系列重要讲话精神为指引，牢牢把握首都全面深化改革新形势，紧密围绕“提高团的吸引力和凝聚力、扩大团的工作有效覆盖面”的新要求，立足城市共青团工作新变化，团结带领广大团员青年为首都改革发展作出新贡献。

一、认真学习贯彻习近平总书记系列重要讲话精神，全面加强青少年思想引导

1. 分群体推进青少年思想引导。一是细分青少年群体。针对大学生、中学生、小学生、企业青年、农村青年、流动青年、媒体青年、网络青年、流动艺术青年、创业青年、外籍青年等11类青年群体，制定了57个市级年度重点推进项目，大力宣扬社会主义核心价值观。如：邀请“北京青年五四奖章”获得者、北京榜样、青年明星名人为社会主义核心价值观代言，举办西沙十佳天涯哨兵“英雄父母首都行”、“西沙天涯哨兵与首都青年面对面”、社会主义核心价值观作品征集大赛、“与信仰对话”、新团员入团宣誓仪式等活动。二是广泛开展“我的中国梦”主题教育实践活动。举办了103场北京青年分享团市级示范分享会；在全市少先队组织中集中开展“红领巾相约中国梦”主题队日活动；动员5万余个基层团青组织围绕纪念五四运动95周年开展各类主题团日活动，参与青少年90多万人。

2. 构建和完善全媒体工作格局。一是推动新媒体建设。打造“@青年说”政务微博，梳理并带动2000个骨干微博组成微博矩阵，“@青年说”粉丝达131万人，获评新浪微博“最具青年影响力奖”；建设“青年说”、“北京青年”、“靠谱青年”、“青年汇”微信平台以及北京共青团网站群、青檬手机报等新媒体阵地，“靠谱青年”微信粉丝量超过10万。二是深化与各类媒体战略合作。与北京电视台联合推出《美丽中国年》等电视节目10部，制作《美丽北京青春力量》1分钟公益广告片，在BTV新闻、青年、生活等8个频道播出1万多次；与北京人民广播电台联合打造《青春晚自习》日播节目，累计制作播出395期；积极发挥《北京青年报》机关报作用，推出“青年说专版”，编发评论员文章20多篇；推动《北青社区报》发行，总发行量超过120万份，建立了100多个“社区驿站”。

3. 大力推进网络舆论正向引导。一是开发网络舆论引导产品。拍摄“靠谱青年”系列微视频30部，围绕时政热点制作系列微动画5部、漫画40幅，累计浏览量近200万次；开发“微杂志制作平台”，制作了“你不知道的警察故事”等5部“微杂志”；打造“靠谱青年”北漂网络春晚，实现了电视端、电脑端和手机端三屏联播，7日点播量累计逾3.5亿次；在机关事业单位青年中开展“网络正能量传递行动”，发布35个正能量讨论话题，总阅读量超过170万人次。二是注重线上线下互动交流。依托

北京网友组织协会,协同回龙观网、八通网、望京网等全市16家社区网,举办第二届北京“社区邻里节”,线上覆盖超过1200万人次,线下近15万人次实地参与;开展“靠谱青年”公益选秀活动,线上覆盖超过500万人次,线下1万余人次实地参与。三是加强网络宣传员队伍建设。组建了7万余人的网络宣传员队伍,全面开展网络正面宣传和舆论引导;举办了5期北京青年新媒体工作培训班,对全市机关、社会、企业、青农、社区、大学、志愿者等领域的近1400名学员进行集中培训。四是展现青年文明风采。以青年文明号活动开展二十周年为契机,发动253个“青年文明号”创建集体将创建视频上传到“首都青年文明号风采网”专题网站,并通过微信、微博转发等形式,生动展示广大青年创造一流业绩、践行职业文明的风采,活动期间各微记录视频总点击量达341万次,收到有效投票23.5万张。

二、以区域化团建和社区青年汇建设为重点,全力构建复合型组织体系

1.大力推进区域化团建。一是党建带动,强化顶层设计。联合市委组织部下发《关于加强全市区域化团建工作的意见》,并召开北京市深化党建带团建推进区域化团建工作会议,部署了全市推进区域化团建工作的重要任务。二是驻点推动,科学分类推进。选取52个流动青年聚集或区域特色鲜明的街乡、81个社区青年汇,组织团市委、团区县委两级团干部对接驻点,集中3个月时间,每周5个半天到街乡直接参与工作,并探索形成了按照街道、城乡结合部地区、郊区县街乡和特色街乡分类推进的模式。三是夯实基础,加强组织建设。开展区域化团建的重点街乡全部建立了党领导下的区域团组织工作会机制,并成立了青年工作共建委员会;100家国有企业团委、52所高校团委、74个机关团组织以及大量青少年社会组织深入街乡对接资源;新建4093个直属团组织,联系青年社会组织1414个,非公企业和社会组织新增建团数1522家,街乡团(工)委班子均配备到位。四是强化品牌,提升组织活力。围绕社会主义核心价值观主题教育、APEC志愿服务等主题,加强经费支持,打造“一街一品”和“一社一品”活动,全年开展区域联合活动1.6万余次,超过55万名青年参与。

2.加强社区青年汇建设。一是加强制度建设。进一步完善社区青年汇管理运行机制,制定并下发《关于进一步规范社区青年汇管理运行机制的意见》、《北京青少年社会工作专职社工职位设置及薪酬待遇指导标准》、《关于加强社工事务所社区青年汇专项经费管理和规范社工事务所专业督导工作的意见》等文件。二是开展扩面工作。依据青少年分布特征,重点在青年流动大学毕业生聚集区和万名以上青年居住的街道、乡镇新建社区青年汇,全年新增社区青年汇160家,全市社区青年汇数量达到502家,实现了对青年流动大学毕业生聚集区的全覆盖。三是打造品牌活动。继续开展新青年城市体验营、新青年学堂等活动,提升社区青年汇对广大青年的吸引力。其中,新青年城市体验营累计举办6期,参与青年近5万人次;新青年学堂累计开课5421次,共有3200余名大学生志愿者为11000余名学员提供各类培训。四是规范运行机制。成立了北京青少年社会工作协会,加强对事务所的专业化管理,强化专业督导职能,深化合作交流;实施社区青年汇专职社工专业人才培养与培训计划,进一步加强社工队伍建设。

3.完善志愿服务组织体系。一是健全组织网络。推动各区县建立志愿服务联合会,实现全市329个街乡志愿服务组织全覆盖;依托社区志愿服务站建立社区志愿服务组织,社区志愿服务组织总数达到12000余个;推动市级行业主管部门、“枢纽型”社会组织组建行业志愿服务总队,成立了市直机关志愿服务联合会、北京市法学会青年普法志愿服务队等;加强专业性志愿服务组织建设,重点建设了国际会议志愿服务、城市管理志愿服务、心理应急志愿服务等专业服务队伍。二是规范运行体系。全面深化志愿服务团队、志愿服务项目、志愿者实名注册、“志愿云”系统开发和志愿服务计时工作。推动社区服务站完善志愿服务职能,建立首都学雷锋志愿服务站、岗共2200个;全年实名注册志愿者2477751人,志愿团体38035个,志愿项目38417个;以“志愿北京”为基础,研发推出“志愿云”信息系统,目前已推广到12个省区市;受民政部邀请,参与制定《全国志愿服务信息系统建设标准》。三是完善保障体系。正式推出北京注册志愿者保险,是国内第一个由财政出资保障、社会企业让利履行社会责任、社会组织具体实施的志愿者保险项目;启动“北京市小微志愿服务项目支持计划”,首批共确定60个支持项目,资助资金45.9万元;出版了《北京志愿服务发展报告(2014)》、《大型活动志愿服务的组织与管理》、《中国志愿服务大辞典》等,为志愿服务发展提供理论支撑。

4.积极推进其他青少年组织建设。一是加强社会组织建设。联合市民政局社团办起草并试行《北京青年社会组织服务引导型备案工作细则》,启动对在京各类未登记青年社会组织的备案工作;建设青年社会组织信息管理服务平台,制定并推行《购买社会组织服务项目管理实施细则》,规范青年社会组织参与政府购买服务项目的申报、管理、审核和绩效评估;积极推荐青年社会组织申报政府购买服务项目,全年立项43个,批复资金471万。二是加强市青联建设。召开市青联十届五次全会,进一步强化自身建设,坚持以思想引导为主线,服务大局、服务青年、服务委员。全年共安排17个界别、800余名委员开展70余次类型多样的界别活动。三是加强市学联建设。加大对各学校学生会、研究生会及社团组织工作指导力度;完善首都大学生社团网上管理系统,加强对高校学生社团的引导、管理和服务。四是加强少先队建设。召开北京市少先队工作会议,下发《关于进一步加强北京少先队工作的意见》,突出全团带队职能,全面加强全市少先队的建设和工作。五是加强青年商会、青年企业家协会建设。引导青年企业家参与公益活动,履行社会责任。六是推进驻京团工委建设。完善联席会议和培训机制,加强网络团工委和服务平台建设,目前省级驻京团工委达到21家,地市级驻京团工委达到71家。

三、围绕中心,服务大局,在全面深化改革中做贡献

1.完成市委市政府交办任务。一是做好APEC会议等重大活动志愿服务工作。先后完成APEC非正式高官会、经济体领导人先遣组和东道主合作伙伴对话会等8项会议志愿服务工作,整个APEC会议年,共有3449名志愿者参与会议服务,累计服务时间超过28万小时。与此同时,圆满完成京交会、世界种子大会、世界葡萄大会等活动的志愿服务保障工作,展现了青年志愿者服务他人、奉献社会的良好形象。二是围绕庆祝国庆65周年开展服务工作。组织动员1600名志愿者在天坛公园、陶然亭公园、朝阳公园、玉渊潭公园、园博园五家公园,为游客提供信息咨询等志愿服务,营造良好节日氛围,累计服务时间超过25000小时;开展“民族团结见证辉煌少年圆梦牵手北京”活动,组织100名来自新疆和田、西藏拉萨、青海玉树的少数民族少先队员代表赴京,与北京海淀区民族小学的100名少先队员进行为期三天的圆梦之旅。三是做好烈士纪念日向人民英雄敬献花篮仪式的群众组织工作,以及纪念全民族抗战爆发77周年仪式的群众代表现场组织工作和青年代表、少年儿童代表宣誓工作。

2.为首都发展贡献力量。一是围绕科技创新,联合中关村管委会,开展首都大学生“挑战杯”课外学术科技作品竞赛,共有80所高校参与，作品数达到800件，并在全国比赛中勇夺“挑战杯”；联合市人力社保局、市国资委、市总工会共同开展北京市2014年度“百万青工岗位建功”行动，以青工技能培训、现场学习会、青年创新大讲堂、青年建言献策等多种形式开展岗位练兵活动，举办了包括青年环保大赛、青年电焊工、网络管理员等在内的9项市级比赛，带动全市数千名青年全面参与各层次技能竞赛。二是围绕深化改革，联合市委全面深化改革领导小组办公室、市直机关工委、市人力社保局开展“我为改革献一策”活动，围绕制约首都可持续发展的重大问题，群众关心的热点难点问题，“城市病”治理难题，本单位、本岗位具体要求等四个方面，征集创新项目476项。三是围绕热点问题，举办首都青年教师发展论坛（圆明园论坛），来自国家行政学院、市委党校、中央党校、社科院、中科院等多所研究机构以及北京、天津、河北39所高校的近百名青年教师、学者，为京津冀协同发展建言献策；推出“绿色出行·美丽北京·3510在行动”系列活动，响应市委、市政府在清洁空气、雾霾治理、缓解交通拥堵、提高城市管理等方面的部署，吸引5万余人参与。

3. 做好援建和共建工作。一是启动新一轮对口援建工作。落实市委和团中央安排部署，扎实推进北京共青团对口援建新疆和田、兵团十四师、西藏拉萨、青海玉树工作项目；牵头实施“阿达西”双语伙伴计划，组织京疆小学生开展在线视频交流，为促进南疆地区双语教育进行了有益探索；统筹团青工作资源，在少先队员结对交友、创业引导扶持、贫困学子圆梦资助、基层青年活动阵地建设、文娱产品制作、团干部挂职培训等方面采取帮扶措施，服务受援地青少年成长成才。二是与贵阳市开展共建活动。2014年，两地开展了“京筑情”北京·贵阳两地青年联谊活动、首都医疗专家赴黔讲学活动等一系列共建活动，进一步深化了两地区域合作和团青合作。

4. 加强青少年国际和港澳台交流。一是开展青少年外事交流活动。举办了“2014国际青年组织论坛暨北京友好城市青年交流营”活动、“中俄青年交流年”系列活动、“未来领袖·青春使者——国际青年夏令营”活动等，全年派出20个青年团组、500多名青年参与相关国际交流，接待23个青年代表团组、超过1500名青年代表来京交流。二是加大志愿服务交流力度。全年共派出7批、33人次赴俄罗斯、德国、澳大利亚等7个国家和地区交流志愿服务活动，接待16个国际志愿者组织和社会团体的14批、198人次来访，有力提升了志愿服务国际影响力。三是加强与港澳台青年组织之间的交流互访。积极开展“共创新世界共筑中国梦”香港大学生在北京政府机构暑期实习活动和“京澳小学生交流营”活动，并选派青联委员赴台湾交流访问，促进了合作，增进了感情。

四、突出重点需求和重点群体，提升服务青少年的实效性

1. 开展创新创业行动。一是举办2014年“联东U谷杯”首都青年创新创业大赛。全市有1254个创业团队报名参赛，通过海选、百强赛、复赛、决赛，产生金奖1名、银奖3名、铜奖6名，一同分享百万奖金奖励；举办2014年首都青年创新创业高峰论坛，发布了《北京青年创业政策汇编》和《北京创业青年群体发展状况调研报告》。二是开展青年创业就业培训。组织4万余名青年参加“青檬夜校区县分校”、就业技能培训班等创业就业培训活动，落实培训机构40多个，近5000人实现就业；举办了北京青年创业训练营、北京青年创业“面对面”、北京青年创业大讲堂、流动青年创业就业技能培训班等各类培训活动43期。三是为青年提供创业金融服务。继续做好“贷动青春”小额贷款项目，全年累计为500余名创业青年提供贷款5000余万元；累计开展120多期“阳光沙龙”活动，为创业青年搭建了投融资对接与交流平台，服务优秀创业项目100余个，辅导创

业青年3000余人,网络覆盖数十万人,帮助13家青年创业企业完成股权融资2.5亿元。

2.做好青少年权益保护工作。一是全面推动重点青少年群体服务管理和预防犯罪工作。完善三级信息管理系统,覆盖5454名重点青少年和2864名工作人员信息;探索建立市、区县、街乡联动工作机制,引入专业力量开展重点青少年群体个案帮扶试点,累计帮扶个案53例;研究制定《北京市重点青少年群体服务管理和预防犯罪工作实施方案》,形成相关部门分工负责的格局。二是积极构建涉诉未成年人服务保护体系。制定《北京市关于进一步建立和完善办理未成年人刑事案件配套工作体系的若干意见》,在全国率先形成了比较完备的6+3未成年人刑事案件配套体系,并积极推动全市公检法部门设立未成年人案件办理专门机构。三是加强预防青少年违法犯罪4+N工作队伍建设。全市备案法制副校长1650名,定期入校开展法制宣传教育;选聘合适成年人1190人,全面介入未成年人刑事案件从公安侦查到法院审判的各个阶段;组建了公益律师团和心理公益服务团,全年提供免费咨询近15000人次。四是积极开展工作创新。针对未成年犯罪嫌疑人、被告人开展社会调查工作,实现了16区县京籍全覆盖,非京籍覆盖率50%以上;在北京市未成年犯管教所成立全国第一家"未成年服刑人员成长指导中心",重点面向临释未成年犯和释放后三年内人员开展帮教工作;依托专业力量,开展社工入所、入校帮教试点工作,累计帮教青少年145名;动员社会力量,建立市级附条件不起诉社会考察帮教基地5家,指导区县依托社区青年汇建立帮教基地2家。

3.解决青少年的实际困难。一是健全党委政府青少年事务协调机制。构建北京共青团与人大代表、政协委员"面对面"长效机制,推动针对流动青年、特殊青少年、问题青少年等重点群体的服务工作。全年邀请人大代表、政协委员调研或参加青少年活动8次,主办、会办青少年相关提案7个。二是全力打造"希望工程"、"善薪计划"等爱心捐助品牌活动。全年共接收社会各界捐款、捐物合计3591.7万元;继续开展"温暖衣冬"捐赠活动,接收社会各界捐赠棉服4.6万件。三是建设北京国际青年营。联合高校与科研机构,围绕青少年的综合素质拓展、意志品质培养、核心价值教育等方面,开发了100余门课程,密云营全年完成105批、23000余人的培训。与此同时,积极推进青年营规模化发展,在朝阳、顺义、大兴新建四块营地。四是打造青年商店联盟。通过整合企业内部产品资源,向社会各界青年提供优惠商品和服务,吸纳北汽、纺织、移动、苏宁等在内的14家国企和非公企业团组织作为会员,服务青年切实需求,取得了较好的经济效益和社会效益。五是建设12355青少年心理与法律服务热线。开通了3条心理热线和2条法律热线,全年热线呼入量3000余次,提供公益咨询服务时间超过2000小时,同步开展轻松备考讲座、彩虹大讲坛等线下活动30场。六是深入开展青年助残"阳光行动"。与市残联联合下发《"志愿北京之阳光行动"助残志愿服务项目工作方案》,全年组织开展助残活动1494次,各级团组织和青年志愿者组织与13110名残疾青少年结对开展帮扶,结对比例达到30%。

五、开展"青年群众"大调研,提升团的建设科学化水平

1.大力加强调查研究。举全团之力,开展"青年群众"大调研,按全市青少年1%的抽样比例,完成10.8万份问卷调研,首次形成北京市各青少年群体结构分布图、22类青少年群体分类定义表,以及全市青少年群体1+22系列调研报告,调研成果陆续在中国社科院《社会蓝皮书》、人民论坛、新华网、《瞭望》、《中国青年报》、《北京青年报》等媒体上发布;根据调研情况拍摄了名为《奋斗的青春》的十四集社会学纪录片，反映北京各青少年群体状况；建设完成“青年群众”大调研数据库，包括全市青少年群体整体数据库和16区县分数据库。

2. 切实转变工作作风。积极落实党风廉政建设责任制，建立健全《团市委机关关于加强党风廉政建设的若干规定》、《团市委机关党风廉政建设责任制》、《关于进一步加强党风廉政建设和反腐败工作的意见》等制度；通过开展帮村扶户、干部驻点、集中学习等工作，大力推进机关干部工作作风的转变，努力打造一支作风过硬、务实进取的团干部队伍。

3. 加强青年人才和团干部队伍建设。开展第28届“北京青年五四奖章”评选活动，注重向基层一线青年倾斜，通过报名推荐、社会评审等阶段，共评出30名来自不同行业的首都优秀青年；开展北京市优秀共青团员、优秀共青团干部、北京青年岗位能手、北京市三好学生等各类评选表彰工作，积极选树、宣传各类青年典型；分层分类开展团干部培训，全年共举办培训活动2000余次，累计培训10万余名团干部和青年骨干；深入推进民族地区、基层团青骨干与团市委系统双向挂职交流锻炼工作，全年安排青年骨干挂职交流共123人次。

天津团的工作

一、青少年思想引领工作

1. 青少年科学理论学习旗帜鲜明。各级团组织建立理论学习中心组，推动理论学习进网络、进阵地、进讲堂、进团日活动、进学生社团，用中国特色社会主义理论体系武装青少年。深入实施“青年马克思主义者培养工程”，开展“第八期天津市大学生骨干培训班”“青联委员高级研修班”“少先队辅导员骨干培训”等活动，培养和发挥理论骨干的示范辐射作用。面向不同青少年群体，举办“学习习近平总书记系列讲话精神培训班”“共青团网络好声音志愿者系列培训”“企业团干部大讲堂”“城市青年大讲堂”“少先队辅导员分级全员培训”等活动，覆盖青少年56.1万人，不断坚定广大青少年的道路自信、理论自信、制度自信。

2. 青少年道德实践活动重在实效。全面深化“我的中国梦”系列主题教育活动，广泛开展“奋斗的青春最美丽”分享团走基层、“红领巾相约中国梦”“我的家乡 · 我的梦”青联委员家乡行等活动，举办主题团队日1100多场，引导青少年勇于创造、踏实奋斗，同心共筑中国梦。开展了“我为核心价值观代言”“践行核心价值观辨响青春中国梦”大学生辩论赛、“我的国学我的价值观”“我做美德好少年”等活动，通过青春感言、演讲、寻访、传统文化展示等形式，覆盖青少年45万多人，引导青少年做践行社会主义核心价值观的模范。通过开展“与信仰对话”“学习雷锋好榜样”等活动，帮助青少年树立了健康向上的生活态度和奋斗精神。深入开展援疆援藏工作，启动“各民族中学生结对子”“阳光下的石榴籽”天津新疆青少年手拉手活动，市青联筹措资金物资近400万元援建了30多个青少年项目，唱响了各族各界青少年民族团结之歌。

3. 青少年思想引导方式力求创新。新建“津彩青春”天津共青团微信公众平台，完善了天津共青团官方微博、天津共青团网站、手机报等市级新媒体阵地，指导和推动基层团属新媒体阵地建设，搭建了互联互通的交流平台。组建了近5万人的网络宣传员队伍，运用"微米"搭建网络好声音志愿者联盟，形成了"线上""线下"联动管理格局，努力营造清新清朗的网络环境。适应青年网络化聚集特点，积极开展正面宣传和舆情引导，开设"手抄·法治""创业故事"等统一微话题和专题页面，累计推送专题评论消息1.4万多条，参与话题讨论和阅读文章的青年60多万名，向全社会传递了青春正能量，弘扬了青春主旋律。

二、青年建功工程

1.动员青年推动天津市全面深化改革取得新成效。组织专家学者、团干部和优秀青年走进一线开展宣讲，举办专题报告会1000多场，带领青年衷心拥护改革、坚定支持改革。开展"我为改革献良策"等活动，组织各类优秀青年人才围绕推进产业结构调整、实施创新驱动发展战略开展研讨，激活青年为全面深化改革出新招、出实招、出硬招的潜能和热情。在全市重点工程项目中深入开展"岗位立新功""安全生产示范岗"等活动，展现了天津市青年在各项改革任务中有序融入、积极探索、攻坚克难的精神风貌。

2.组织青年参与美丽天津建设展现新风采。开展"寻找最美青春面孔"活动，吸引600多万人次上网关注，激励广大青年争做"最美天津人"。开展了"青年好声音""寻找最美代言人"等活动，广大团员青年弘扬了社会文明新风。积极投身"四清一绿"行动，组织团员青年对全市乡村、社区进行卫生清整50多场。积极投身美丽社区建设，推动青年文明号结对共建美丽社区，加快实施"四个五百"目标。积极投身美丽乡村建设，推动创建"青年绿色示范村镇""青年绿色示范村"，展示建设美丽天津的青春新风采。大力实施京津冀晋蒙"保护母亲河"共同行动，建设青年林10片、青年绿色家园10个，共植树60万株。重点培育青少年生态环保社团，凝聚更多生态环保力量。启动了"美丽天津·你我共建"绿色宣传实践活动，通过"光盘行动"、节能减排等活动，引导青少年从点滴做起共建生态家园。

3.引导青年投身天津市经济社会发展作出新贡献。成功举办"第三届百名港澳台青年企业家访津团""全国青联委员走进天津"等多项招商引资活动，共引进60多个优质投资项目。推动京津冀协同发展，通过"三地青年企业家经贸洽谈会""京津冀青年企业家加速营"等活动，争取风险投资4000多万元，促使20多家企业落户天津。召开了天津共青团促进科技型中小企业发展工作会议。2014年，全市共青团组织共引进转化升级了1024家科技型中小企业，累计帮助企业解决问题100多个，为天津市改革发展提供鲜活经验。持续推进"迎接'十二五'新挑战、青年突击队建新功"活动，广大青年立足岗位、创新创效。启动了青年文明号风采二十周年巡展，推动天津市窗口行业再上新水平。深化"三下乡"暑期社会实践和"美丽天津·青春同行"调研大赛等活动，激励青年学生服务基层、奉献社会。

三、青年文化建设

1.活跃青少年文化活动。发起了"我眼中的天津"等青年网络行动，吸引近500万人次关注。大力实施乡村社区文化品牌工程，广泛开展"送科技、送文化、送教育进乡村下社区"等活动。开展公益电影社区行活动，放映电影80场，服务社区居民近2万人。开展了"酷青春"天津市大学生"走下网络、走出宿舍、走向操场"主题活动，营造了良好的文化氛围。举办了天津市第五届青年体育节、天津市首届企业青年文化体育节，开展了第二届天津市青年新媒体创意创业节，举办了微视频、微电影、团属新媒体阵地等6项赛事。联合主办了"天津青年电影节""天津青年美术节"，促进了青年文化艺术发展。启动了天津市首届红领巾文化节，提升了少年儿童文化素养。

2.打造青少年文化产品。依托共青团新

媒体平台，编创推广内涵丰富、形式时尚的网文、动漫、图片、微访谈、微视频等网络文化产品1.5万多篇（个）。研发出主题APP手机应用程序，开创了高校运用新媒体开展青年文化活动的新模式。团市委主导拍摄了微电影《蜗牛的家》，荣获2014“向上·向善”全国青少年微电影大赛“最佳网络人气奖”。组织专业力量拍摄预青微电影《疯狂的鸡蛋》，并报送团中央参加微电影大赛。借助青联委员等人才优势，创造推广共青团品牌活动公益短片，扩大共青团影响力。积极整合社会资源，研发《我爱红领巾》动画片等深受少年儿童喜爱的文化产品。

3. 提升青年志愿服务水平。圆满完成了2014天津夏季达沃斯论坛、天津国际设计周、WTA天津网球公开赛等大型展赛会的志愿服务工作，为会务翻译、站点接待、礼仪引导、新闻宣传等工作提供了优质服务，充分展现了天津青年志愿服务工作水平。积极探索社会化筹资机制，建立天津青年志愿服务基金，开辟公益性志愿者保险项目，每年为全市5万名新增注册志愿者和优秀志愿者提供价值40万元保险，推动青少年志愿服务工作规范化。注重志愿工作品牌建设，11个志愿服务项目在“志愿服务广州交流会暨首届中国青年志愿服务项目大赛全国赛”中获奖。继续实施“大学生志愿服务西部计划”，选拔80名大学生志愿者赴新疆、西藏等地开展志愿服务工作，展现了天津青年的良好精神风貌。

四、青少年人才培养

1. 大力培育青年人才。深化青工技能振兴计划，在“振兴杯”全国青年职业技能大赛中，天津市获全国总分第二的历史最好成绩，培养了青年高技能人才。实施农村青年创业致富“领头雁”计划，培养了一批农村青年创新致富人才。举办首届“挑战杯——彩虹人生”天津市职业学校创新创效创业大赛，提高青年学生创新创效能力。联合天津师范大学举办了工商管理硕士（MBA）专业学位研究生班，促成“万名优秀青年素质提升”合作工程。圆满完成第16批“民族地区青年干部培养计划”工作。实施“创业青训营——青年电商培训计划”，举办了“大学、中学、中职学校团干部培训示范班”，为青年成才提供最直接的学习交流平台。充分发挥青联、学联、青企协、青中小企协等青年组织优势，举办“2014海外学人回国创业周”“京津青年创业节”等活动，广泛联系和凝聚海内外优秀青年人才来津创业发展，为天津改革发展提供人才和智力支持。

2. 大力选树青少年典型。开展“天津青年五四奖章”“天津市优秀共青团员”“天津市优秀共青团干部”“天津市五四红旗团委（团支部）”评选表彰活动，2人荣获“全国优秀共青团员”称号，3人荣获“全国优秀共青团干部”称号，6个基层团组织获“全国五四红旗团委（团支部）”称号。启动了“最美青工”“乡村好青年”“杰出青年科技创业新锐”“天津市大学生2014年度人物评选”“天津市优秀少先队员”等评选活动，激励广大青少年奋发进取、奋斗成才。继续联合新闻媒体播出“天津好青年”栏目，让可亲、可敬、可信、可学的青年典型真正走进青年、影响社会。6名青联委员当选“京津冀青年人才合作专家指导委员会”特聘专家。4名少先队辅导员荣获“全国少先队活动课展示活动优秀案例”。9名志愿者、4个志愿服务组织荣获第十届中国青年志愿者优秀个人奖、组织奖，1名志愿者荣获首批全国五星志愿者称号。

3. 大力促进青年对外交流。进一步规范外事接待标准流程。加强了外派和来访团组的制度化、规范化管理。完善修订了外事工作报批程序、出访外事纪律等文件。先后派出6个团组开展外事交流，成功接待4个青年代表团来津交流，拓展了天津市青年的国际视野。加强与港澳地区青年组织的互访，组派青联代表团参加“香港青年联会”“澳门菁英会”等活动，增进了港澳地区青年对国家和民族的认同。圆满完成了“2014年香港大学生暑期（天津）实习计划”，加强了青年间的交流与合作。

五、服务青年成长成才

1. 青年创业就业工作渠道不断拓宽。以“青年创业就业服务年”活动为载体，进一步完善创业指导、项目融资等服务体系建设，为青年创业融资近2亿元。举办创业培训2000多场，召开青年就业招聘会100多次，培训创业就业青年6万多人，开发就业岗位近3万个。实施青年微型创业项目扶持计划，推介扶持优质青年创业项目124个，发放小额贷款192万元。持续推进“全国青年创新创业示范区”建设，发布了《全国创新创业示范区（天津滨海新区）发展报告白皮书》。全年创建国家级青年创业示范园区2个，新建市级青年创业基地20个，规范建设了青年创业就业实习基地900个。圆满承办首届“盐商杯”中国青年创新创业大赛全国决赛，天津市获奖项目数占全国1/5。举办全国创新创业大赛天津赛区赛事、第四届“天津青年创业奖”评选、“于家堡杯”两岸四地及海外青年创新创业大赛，为创业者搭建展示成长和投融资对接平台。开展“创青春”大学生创业大赛，27项创业作品在全国大赛中获奖。发挥市、校两级大学生创业指导服务中心职能，深入推进服务大学生创业阳光助力行动，扶持“闯先生”网络科技有限公司等大批优秀创业团队，其中“闯先生”的创业事迹被中央政府网站头条报道。

2. 维护青少年合法权益能力不断提升。推动出台了《天津市预防未成年人犯罪条例》，填补了本市立法空白。联合公检法司等部门下发系列文件，为未成年人健康成长提供了法制保障，初步形成了天津市以“两法两例”为重点，以相关制度为辅助的青少年法制工作体系。推进“共青团与人大代表、政协委员面对面”等活动，新增基层“面对面”活动机构118个，扎实开展倾听、调研、座谈等活动50多场，解决实际问题60多件，进一步畅通青少年权益保障的渠道。深化“青少年维权岗”活动，推动维权岗进校园、进社区、进企业，维权覆盖领域进一步扩大。提升12355青少年综合服务平台建设，吸纳战略合作伙伴8个，建立区县分中心8家，进一步形成了党政支持、社会协同、全团参与、上下联动的工作格局。开展“12355与你同行”阳光行动、安全回家行动、自护行动等活动，更好地服务青少年多元化成长需求。

3. 关爱特殊青少年群体工作力度不断加大。深化“青少年阳光助力工程”，成立市、区两级“阳光助力服务队”17支，创建“四有两无”青少年零犯罪社区（村）223个，有效预防和减少了青少年违法犯罪活动。开展了“美丽天津·扮靓家园”活动，通过社会化运作方式募集资金，为全市44家青少年家庭进行基础装修，产生了积极的社会影响。开展青年志愿者助残“阳光行动”，为1.3万残疾青少年提供216万元物资支持。切实做好帮扶困难村、联系社区工作，筹措资金107万元，开展义诊义演110次，直接服务群众近5万人，团市委工作组获评市优秀驻村工作组。深化“红领巾送温暖行动”，为贫困少年儿童送去组织的关爱。启动“伴你成长”等服务项目，覆盖外来务工人员子女11万多人。深化“共青团关爱农民工子女志愿服务行动”，建立“七彩小屋”30多所，为农民工子女提供学业辅导、亲情陪伴、自护教育、心理关爱等实实在在的服务。

六、团组织自身建设

1. 基层团组织有效覆盖进一步扩大。大力实施“强基创先”工程，指导9685个基层团组织完成换届选举，占全市所有“应换未换”届团组织的98.5%。全面完成对天津市100强、区（县）70强、乡镇（街道）40强企业团组织的直接联系和管理。深化乡镇团的组织格局创新和三区联建大团委建设，年内新建乡镇街道直属团组织607个。将8家省级驻津工委纳入团市委工作体系，促成多个区县局级团委与兄弟省市地市级、县级团委签订了合作共管协议，扩大了对在津青年农民工的覆盖和影响。新建非公企业团组织853个，覆盖35岁以下青年3.1万人，重新找回团员青年1.2万人。推动建立区域青年共建委员会53个，指导街道建立直属团组织1451个，联系青年社会组织122个，配备青少年社工或专职志愿者452名，建立工作阵地115个，建立新媒体平台86个，组织活动307场，吸引近2万名青年参与。

2.团干部队伍建设进一步强化。联合市委组织部开展区县局级团委培训班6期。先后选拔10名优秀基层团干部到团市委机关进行挂职锻炼，帮助基层团干部拓宽视野，增长见识，提高了工作能力和水平。组织团市委、区县团委机关处级及以上干部在区县建立基层联系点140个，开展“走进青年、转变作风、改进工作”大调研活动，与基层700多名青年直接交流，了解真实需求。协助各级党组织把政治过硬、作风扎实、自律严格、善于做群众工作的优秀青年党员、团员充实到团干部队伍，全年新任区县局级团委书记、副书记32名，配齐配强区县团委干部。

河北团的工作

为充分发挥青年在京津冀青年协同发展和“大众创业、万众创新”两大国家战略中的生力军作用，团河北省委主动对接京津两地共青团组织，建立三地青年创新创业联动机制，深化合作交流，促进共赢发展。

一、联办青年创新创业活动

5月23日，京津冀青年创新成果与创业项目交易会在天津举行，团河北省委与京津两地团委签订了《京津冀共青团促进青年创新创业合作框架协议》，河北省动美O2O运动社交平台、乐校APP大学生生活服务平台和共济立体移动停车等项目在会上进行了交流展示，拉开了京津冀共青团携手推动青年创新创业的序幕。团河北省委围绕青年创新创业主题，与京津两地团委达成合作协议，每年各承办一次京津冀青年创业主题活动，推动三地创新创业要素充分流动，实现创业项目与社会资本有效对接。

二、互搭青年创新创业平台

根据京津冀共青团促进青年创新创业合作框架协议，结合《河北共青团促进科技型中小企业发展工作方案》，将在北京、天津设立青年创新创业工作站，在政策推介、信息发布、项目孵化、权益维护等方面提供联通三地的“一站式”服务，打造青年跨区域创业合作的直通车，借力促进科技型中小企业发展，以此搭建三地青年互助合作的交流平台。

三、实施团干部挂职与交流

与京津两地共青团在团干部挂职交流上达成一致共识，三方将选派工作态度积极、服务意识强、熟悉创新创业工作的骨干团干部分赴三地团委相关部门挂职，在工作中发挥各自优势，为创新创业青年提供更加全面的服务和信息，从日常工作抓起，促进三地共青团组织从工作层面深度融合，加强合作，推动京津冀青年创新创业工作的互动和连通。

四、共享青年创新创业资源

在青年创新创业中主动对接京津优势资源和要素，将共同成立京津冀青年创新创业联盟，进一步聚合三地青年创业政策、信息、项目、人才等各类资源，通过建立活动轮值制度、探索开办京津冀青年创业引导基金等措施，促进区域各类创新创业主体间的良性互动，培育具有京津冀区域特色的创新创业集群。

山西团的工作

2014 年，全省各级共青团组织在省委和团中央的正确领导下，深入推进“四力一化”工作布局，强化思想引领，积极融入大局，注重改革创新，坚持从严治团，各项工作取得了明显成效。

一、紧扣根本任务，坚持全团动手，团的思想引领力显著增强

1. 站在理想信念这个制高点上，深入开展“我的中国梦”主题教育实践活动，引导青少年不断增强道路自信、理论自信、制度自信。“奋斗的青春最美丽”系列活动，全社会推荐典型 226 个，全过程分享故事 630 场，直接参与青年超过 10 万人次，网络阅读量超过 550 万次。太钢不锈冷轧厂班长牛国栋，荣获第 18 届“中国青年五四奖章”。隰县见义勇为青年刘帅君、河津市村卫生室医生贺俊峰、阳泉郊区 80 后女村官田玲，荣获“全国乡村好青年”。

2. 把培育和践行社会主义核心价值观贯穿到共青团工作全过程，着力扣好青少年人生“第一粒扣子”。组建中华优秀文化青年讲师团，深入基层开展宣讲 533 场，帮助青少年从传统文化中汲取强大深厚的精神力量。开展“我为核心价值观代言”、“青年文明号 20 周年”等富有特色的实践活动，帮助青少年自觉做到内化于心、外化于行。

3. 注重将分类引导和阶段覆盖相结合。坚持少先队基础性地位，创新开展“绿色环保梦、蓝色科技梦、红色报国梦、金色童年梦”系列活动，中国梦在少年儿童中实现了生活化、有形化、具体化；坚持中学中职共青团源头性地位，承办全国中学实践教育活动座谈会，率先出台指导意见，推进实践教育在新时期深入开展；坚持高校共青团战略性地位，组织 25494 名大学生骨干参加“青年马克思主义者培养工程”，发动 34 所高校、51517 名学生参加“为祖国勤学修德·以实践明辨笃实”三下乡社会实践活动。

二、把握工作主线，积极融入大局，团的动员影响力不断扩大

1. 围绕产业转型，持续推进山西青年就业创业行动。组织上岗见习 30802 人次，开展技能培训 47975 人次，发放小额贷款 43.62 亿元。开展首届“山西青年创业奖”评选活动，首家电商青年文明号集体“慧虎山西特产网”，作为全团城市战线案例推广宣传。与太原市高新区管委会共同组建成立山西青年电子商务创业示范园，山西青年创业基地荣获“全国首批青年创业示范园区”。

2. 围绕生态修复，深入开展山西青年生态环保行动。推进青少年增绿减霾共同行动，新建青年林 22 个，新增绿化带 10000 亩。实施“小渊基金”保护母亲河·青年生态绿化示范林项目，植树 35 万株，绿化 2625 亩。成立山西青少年生态环保社团联盟，组织沿黄沿汾 7.03 万名青少年开展植树护绿活动，植树 27.86 万株，护绿 20481 亩。

3. 围绕城乡统筹，大力实施“万名农村致富带头人选培带计划”。全省共推选 11922 名带头人，引导和扶持他们发展专业合作、推广实用技术，为新农村建设作出贡献。静乐县汇河养殖专业合作社理事长王智勇等 16 人，成功晋级“第九届全国农村青年致富带头人”。

4. 围绕民生改善，积极参与法治山西、平安山西建设。拓展青少年法治宣传教育，开展第四届大学生模拟法庭大赛、“法律援助进校园”等系列活动。创新“共青团与人大代表、政协委员网络面对面”活动，成立全国首家“人大代表、政协委员青少年事务联络室”。发挥预防青少年违法犯罪专项组组长单位作用，督促 40 个推广县完成任务。省青少年维权中心被评为全国“六五”普法中期先进单位。深化服务安全生产“五个一”工程，被省政府评为全省安全生产先进单位。

三、注重改革创新，拓展工作载体，团的服务凝聚力得到加强

1. 积极进军网络新媒体。围绕建平台，初步形成以团属网站为基本阵地，以微博、微信为互动窗口，以 QQ 群、APP 软件为扩散载体的共青团新媒体格局。全省共建立官方微博 324 个、微信公众平台 133 个。团省委官方微博粉丝突破 64 万，全团排名第 4，全省排名第 9。围绕建队伍，全省发展青年网络文明志愿者 41322 人，建立大队、支队、中队组织模式。围绕发声音，组织开展“勿忘七七事变”、“山西不止有煤，还有最中国的年味”等网络话题，得到团中央和国家网信办充分肯定，在网络中发出了山西青年的好声音。

2. 全面推动青少年综合服务平台建设。以建设基层服务型团组织为目标，以强化服务功能为主题，争取团中央专项经费 50 万元，用于支持山西 12355 青少年公共服务平台、杏花岭区青年之家、灵丘县青少年综合服务中心等进行首批试点。12355 公共服务平台举办公益大讲堂 1216 场，服务青少年 17959 人次。

3. 大力关爱重点青少年群体。扎实开展关爱农民工子女志愿服务行动，新增结对组织 490 个。深入实施青年志愿者助残“阳光行动”，开展活动 512 次，累计服务 2026 小时。深化希望工程，全年筹资 1477 万元，援建希望小学 3 所，救助重大疾病青少年 85 名，资助贫困学生 2515 名。

四、坚持从严从实，强化自身建设，团的组织战斗力实现提升

1. 坚持高标准严要求开展学习讨论落实活动。深入贯彻落实省委有关要求，各级团组织将开展好这次活动作为当前重大政治任务、重大政治责任和重大政治考验，紧密结合共青团工作实际和干部实际，广泛征求意见，深挖思想根源，深查制度漏洞，深摆工作不足，做到了真学习、深讨论、严落实，将努力形成 5 个方面、25 项具体成果。

2. 加强各级团的领导班子和干部队伍建设。出台《山西共青团请示报告制度》等规章制度，增强了团的各级领导机关党内政治生活的政治性、原则性、战斗性。出台《关于进一步落实党风廉政建设主体责任和监督责任的实施意见》，“两个责任”得到落实。分层分类举办培训班 329 期，培训团干部 1.5 万人次，培训少先队工作者和大中队辅导员 7068 人次。选派省市副处以上团干部 77 名，按照“五个一”规定动作，到全省 119 个团县委蹲点联系，在实践中提升做好青年群众工作的本领。

3. 着力扩大团的有效覆盖面。抓住全省第十届村“两委”换届契机，大力推进村团支部书记进入村“两委”。共设立村团支部 23637 个，村团支部书记进入两委比例为 97.3%。新建非公企业团组织 1933 家，省市县三级建立驻外团工委 37 个。加强对新兴青年群体和青年社会组织的联系、服务和引导，与山西车友联合会等 15 家影响力较大的青年社会组织建立了广泛联系。

过去一年，青年对外交流工作实现新拓

展,对口援疆专项行动取得新进展,团属事业在推进团的重点工作进程中发挥了重要作用。各市、高校、企业团组织结合实际,创造性地开展了一系列影响广泛、成效显著、特色鲜明的工作。其中太原“圆梦龙城”六大平台建设、大同城市共青团区域化大团建、阳泉“全国青少年权益工作创新”试点工作、长治“团旗飘扬、团徽闪耀、团歌嘹亮”中学主题教育实践活动、晋城全国第二家“小平科技创新实验室”、朔州“青春的记忆”网络青年节、忻州“留守儿童关爱行动”、吕梁“百强青年创业项目竞赛”、晋中“高校园区共青团联席会议机制”、临汾“助学助困·献爱心”活动、运城青年“事事依法”带头人活动;山西大学“渊智”系列论坛、山西财经大学大型话剧《立秋》;民生银行太原分行“共青银行”、焦煤集团“青年安全监督岗”等工作,为全省共青团工作探索积累了好的经验和做法。

各位委员,一年来,山西省的工作得到了省委和团中央的高度重视。省委副书记楼阳生同志多次出席共青团、少先队活动,给予充分肯定,作出重要指示。团中央书记处第一书记秦宜智同志、书记处书记傅振邦同志莅晋调研时,对山西省的工作给予充分肯定。这些成绩的取得,靠的是省委和团中央的正确领导,靠的是社会各界的大力支持,靠的是全省团干部的共同努力。在此,向关心支持共青团工作的各级党委政府和社会各界,向辛勤工作在各级各条战线的团干部表示崇高的敬意和衷心的感谢!

内蒙古团的工作

2014 年,全区各级团组织按照自治区党委和团中央总体部署,紧密结合内蒙古自治区共青团工作实际,以提高团的吸引力和凝聚力、扩大团的工作有效覆盖面为主线,推进各项工作取得了新发展,重点工作实现了新突破。

一、引导青年

全区各级团组织深入学习贯彻习近平总书记系列重要讲话特别是考察内蒙古和“五四”、“六一”重要讲话精神,认真落实自治区党委、团中央有关要求和王君书记重要批示精神,按照自治区团委提出的“5657”工作思路,不断深化中国特色社会主义和中国梦宣传教育,扎实推进社会主义核心价值观教育。

1. 不断深化中国特色社会主义和“中国梦”教育。广泛开展“放飞青春梦想·聚力8337”、“庆祝新中国65华诞·青春践行核心价值观”、“红领巾相约中国梦”、“我与国旗合个影”等主题教育活动。在大中学生中开展“历史照进现实·梦想引领未来”国情区情教育实践活动730场次,吸引35.6万学生参与,被团中央评为优秀项目向全国推广。组织“奋斗的青春最美丽”系列分享会1972场,38万青年现场参加活动,覆盖影响青年100多万人。

2. 扎实推进社会主义核心价值体系教育。举办“我为核心价值观代言”团日活动7554场,覆盖青年98万。组织376.4万青少年开展“我们承诺:争当社会主义核心价值观的引领者、倡导者、践行者”线上线下签名承诺活动。在各级少年队组织开展“社会主义核心价值观进课堂”、“让红领巾心中有核心”、“道德讲堂”、“主题队日”等活动10191次,覆盖少先队员108万,有效提高了青少年对核心价值观的知晓率。深入开展“与信仰对话”、“与人生对话”系列活动，组织“名家报告进校园”活动，吸引15.8万大学生参与。组织“奋斗的青春最美丽”系列分享会1972场，38万青年现场参加活动，覆盖影响青年100多万余人。

3. 发挥典型示范作用。开展首届寻找“乡村好青年”活动，选树各级“乡村好青年”8953名。评选表彰了全区青年五四奖章等先进典型，建设全区优秀青少年典型库，建立3012名青年典型台账，举办“草原英雄小姐妹50年分享礼”，为青少年树立榜样。

4. 加强青少年法制宣传教育。认真贯彻自治区党委九届十二次全委会精神，制定《关于进一步加强全区青少年法制宣传教育工作的意见》，全面启动青少年法制宣传教育工作。开展“与法同行·健康成长”法制宣传月活动，在各高校和盟市举办了60场专题报告会。自治区团委参与主办的“凝聚青春力量，共筑法治北疆”全区大学生法律知识竞赛被评为全区“十大法治实践”。

5. 加强青少年民族团结教育。认真贯彻自治区党委民族工作会议精神，制定《关于进一步加强新形势下全区青少年民族团结教育工作的实施意见》，做出全面工作部署。广泛开展“民族团结一家亲，青春践行中国梦”主题团日和夏令营、“手拉手”、蒙藏少年儿童交流营等活动，积极编创推广核心价值观蒙语儿歌，取得较好效果。举办全区蒙古文儿童小说大赛和儿童文学青年作家培训班，积极扶持蒙古文青少年文学作品创作。向全区25万蒙语授课学生免费赠阅《花蕾》、《内蒙古青年》，充分发挥思想舆论阵地作用。

6. 利用新媒体开展工作。推动团属新媒体阵地合理布局，团属网站、微信、微博等阵地建设进一步加强，高校共青团公共信息服务平台覆盖面进一步扩大。组织“向上向善”青少年微电影大赛，自治区团委获全国优秀组织奖。建立了3.4万人的网络宣传员队伍并开展30多次集中培训，组建清朗网络志愿者总队，接种开展网络宣传行动，以各种形式在网上发出青年好声音，弘扬主旋律、传播正能量。

二、服务青年

1. 积极服务青年创新创业创优。围绕自治区党委、政府“创业就业工程”，着力构建“一体两翼三级多阵地”工作格局，加强观念引导，强化阵地建设，争取政策支持，提供跟踪服务，积极促进青年创业就业。举办首届内蒙古青年创新创业暨电子商务大赛，1145个项目团队参赛。与电视台联合开办“创业内蒙古”栏目进行12场全程转播，在青年中营造了勇于创新、崇尚创业、立志创优的浓厚氛围。举办全区大学生“创青春”创业大赛，47所高校、710个团队、3.5万名大学生参赛。加紧建设内蒙古青年创业就业服务中心，命名了第一批全区青年创业孵化器，强化了青年创业阵地建设。积极协调金融扶持，全区各级团组织共发放青年创业贷款8.5亿元，自治区政府每年从贴息创业贷款中划出部分授信额度，并与内蒙古银行、农信联社开发“青创易贷”专属金融产品，为创业青年提供10至50万元贴息创业贷款。认真做好促进就业工作，全区各级团组织开展青年就业培训9.78万人次，新建168家见习基地，4289名青年上岗见习。开展“中国梦·家乡情”共青团联系服务农村牧区青年月活动，针对返乡务工青年和学生开展走访慰问、创业就业等活动。培养农村牧区青年致富带头人，培育青年创业致富“领头雁”4716人。深化企业青工技能培训、导师带徒、技能比武等活动，提升青工职业精神和业务能力。

2. 扎实推进希望工程。募集资金1546万元，竣工和新立项希望小学20所，资助中小学生1188人，帮助370所农村牧区小学改善了办学条件。开展“希望工程圆梦大学行动”，以未达到低保水平但经济困难的家庭为重点，资助大学生1724名。

3. 积极维护青少年合法权益。联合自治

区人大、政协制定了《“共青团与人大代表、政协委员面对面”活动实施意见》，建立常态化“倾听”机制。进一步加强 12355 青少年服务台建设，成立心理咨询专家服务队伍，开展“心理减压及应试技巧”公益大讲堂等活动。命名 85 家自治区级青少年维权岗，首次评选了全区青少年维权工作年度十大案例。

三、组织青年

1. 引导青年在经济建设中发挥生力军作用。组织青联委员、青年企业家“盟市行”、“旗县行”、“口岸行”，参与地方经济社会建设，促进区域协调发展。成立内蒙古金融系统青年联谊会，举办了一系列银企对接服务活动，帮助中小企业解决融资困难。深化科普宣传和科技服务，组织青年科技工作者开展科普宣传和科技下乡活动近百场。

2. 组织青年服务社会。深化青年志愿者工作，推进共青团关爱农牧民工子女行动，实现了志愿者组织与农牧民工子女较集中学校、志愿者与农民工子女全部结对。积极开展“七彩雷锋课”、“助残阳光行动”等志愿服务。835 名西部计划志愿者在基层开展为期 1—3 年的志愿服务。在首届中国青年志愿服务大赛上，内蒙古自治区 2 个项目获金奖、7 个项目获银奖。组织开展大中专学生暑期“三下乡”社会实践活动，7 所高校被授予全国优秀组织奖，16 支队伍获优秀团队奖。扎实推进青少年事务社会工作，联合自治区有关部门制定《推进全区青少年事务社会工作行动方案》。在自治区未成年犯管教所开展的住所社工服务，实现了全国司法领域首家青少年事务政府购买服务。

3. 积极参与生态建设。围绕自治区建设祖国北疆生态安全屏障，以青少年生态环保宣传教育为重点，实施“青春绿伞”行动。开展“光盘行动”、“爱心认养”等生态环保公益活动，激发了青少年参与生态建设和环境保护的积极性。各级团组织协调落实资金 4377 万元，建设青年林 7.2 万亩。积极推进蒙京津冀青少年生态实践基地建设。承办了团中央京津冀晋蒙青少年生态环保组织骨干培训班暨全国青少年生态环保组织建设研讨会。

4. 加强青年对外交流。落实自治区党委、政府《关于进一步加强同俄罗斯和蒙古国交往合作的意见》，召开全区共青团对俄蒙青少年友好交往工作会议，制定《关于进一步加强内蒙古与俄罗斯、蒙古国青年组织友好交往合作的意见》，对今后一个时期全面活跃对俄蒙青少年交流做出了全面部署。组织开展“追梦大草原”香港大学生内蒙古暑期实习计划等青年交流活动，选派青年代表随中国青年代表团出访 8 各国家，圆满完成韩国、台湾青年代表团到访任务，进一步加强与国外及港澳台地区青年和青年组织的交流。

5. 夯实团组织建设基础。深入推进城市街道、农村牧区区域化团建，试点建设街道团建共建委员会 209 个、直属团组织 1253 各，社区建团率达到 100%。新建苏木乡镇团工委直属团组织 2541 个、农牧民专业合作组织团组织 1906 个，建立青年中心等工作阵地 379 个，新建非公企业团组织 802 家，建立各级驻外团组织 93 家。开展“百企强百乡”活动，组织企业扶持最薄弱的苏木乡镇团组织加强建设、活跃工作，已结对 70 家。制定《关于加强全区基层服务型团组织建设的意见》，积极打造基层服务型团组织。

6. 实施“团干部素质提升工程”。制定《关于进一步加强全区团干部教育培训的意见》，举办各级各类培训 279 期，培训团干部 1 万余人次。制定《关于完善团干部直接联系团员青年制度的实施意见》，开展团干部“走进基层、转变作风、改进工作”大宣传大调研活动，深化团干部基层联系点工作，进一步密切了团干部与团员青年的联系。

7. 促进团属事业发展。内蒙古团校（青年政治学院）办学质量和就业率不断提高，“双基地”作用更有效发挥。进一步活跃青联工作,制定了《关于加强新形势下青联组织建设的实施办法》,举办了纪念自治区青联成立60周年座谈会,青联影响力进一步提升。学联(学生会)组织切实为广大学生学习成才服务,凝聚力进一步增强。

四、加强自身建设

1. 思想建设方面。召开两次全委会和年中工作交流会广泛开展调研,深入研讨并进一步丰富完善了全区共青团工作思路,即,全面贯彻落实自治区党委九届十一次全委(扩大)会议精神,围绕建设祖国北疆六道风景线,深入实施全区共青团“六大行动”,思想引导上唱响走中国特色社会主义道路、奋力实现中国梦的主旋律,引导青少年在培育和践行社会主义核心价值观方面争当楷模。

2. 工作研究方面。服务青年上以支持青年创业就业为重点,千方百计帮助青年解决最紧迫最现实的问题,为青年“尽责圆梦”创造良好条件。紧紧围绕共青团“两大战略性课题”,扩大组织覆盖、增强组织活力、锤炼优良作风,打造让青年想得起、找得到、靠得住的共青团组织,团结带领全区广大团员青年打造祖国北疆亮丽风景线。

辽宁团的工作

辽宁各级团组织深入贯彻落实省十一届七、八次次全会和团中央十七届二中全会精神,紧紧围绕“提高团的吸引力和凝聚力,扩大团的工作有效覆盖面”两大战略性课题,抓住全面深化改革元年历史机遇,聚焦辽宁省深化改革的重点领域,找准结合点,把握切入点,积极作为,勇于实践,圆满完成各项工作任务,团结带领全省广大团员青年为辽宁全面振兴作出了积极贡献。

一、青少年思想政治引领工作有新提升

1. 认真学习宣传贯彻习近平总书记系列重要讲话精神。坚持把学习宣传贯彻讲话精神作为一项重大政治任务,摆在突出位置,精心组织部署。省市县三级团的机关干部面向基层青年宣讲3000余场次,青年马克思主义者培养工程专题培训1.5万名青年骨干。运用新媒体手段,延伸工作手臂,充分借助微博、微信、手机报、即时通信等渠道,全面准确在青年中传播讲话精神,始终常抓不懈,形成宣传热潮。

2. 深入开展“我的中国梦”主题教育实践活动。坚持用中国梦引领青春梦、用身边的榜样影响青少年、用共同的理想感召青少年。广泛开展“奋斗的青春最美丽”、“与信仰对话”、“彩虹人生”、“红领巾相约中国梦”、零零后入团仪式等系列活动,开展青年讲堂、同伴教育、榜样分享等活动1.1万场次,覆盖青少年150万余人,引导辽宁青少年心怀梦想、坚定理想信念。

3. 大力培育和践行社会主义核心价值观。紧密结合青少年特点,开展“我为核心价值观代言”活动,共青团网站、微博、微信均开设专栏,微博编发1.8万条,微信发送268期,发布青少年“价值观体”8.2万条,网络覆盖青少年1190万人次;各地广泛开展“学雷锋”、“学郭明义”活动。开展“寻找最美青工”、“寻找乡村好青年”、“最美辽宁、青春先行”青年微电影大赛等系列宣传教育活动,唱响青春主旋律。

二、围绕中心服务大局有新进展

1. 深入推动青年科技创新。围绕创新型辽宁建设，举办"中国（辽宁）青年科技创新创业大赛"、"创青春"大学生创业就业大赛，完善项目评审机制，广泛搭建平台，吸引62所高校5000余件作品参赛，5万余名青年直接参与，覆盖20万名青年，激励青年增强创新能力。

2. 大力培养青年技能人才。引导青年立足岗位建功立业，开展农村青年技能比武大赛、"幸福杯"现代服务业青年职业技能大赛。承办第十届"振兴杯"全国青年职业技能大赛，再创佳绩，并荣获全国优秀组织奖。全省200余家农村专业合作组织、300余家工业和现代服务业企业参与，影响覆盖65万名青年。

3. 积极参与生态辽宁建设。深化保护母亲河行动，推进爱护辽河、凌河行动，带领青少年参与全省村屯绿化，以筹资造林、环保宣传、队伍培育为重点，动员85万青少年、争取资金552.3万元、物资1098万元，栽种树木264万株，绿化面积3.4万亩。圆满完成"中日绿化交流基金"大凌河项目二期工程。辽宁省青年的生态环保项目荣获中国青年丰田环保奖。

4. 努力做好共青团对口援疆援藏工作。此项工作已纳入全省综合规划。邀请新疆50名各族少先队员代表来辽参加"民族一家亲"辽宁·新疆青少年冬令营活动，设计开发哈萨克语和汉语"双语"点读专刊，启动辽宁新疆两地青少年"四同"活动。择优选派200余名大学生参与西部计划、研究生支教团，赴新疆、西藏开展志愿服务；选派300名大学生志愿者参与辽西北计划，促进区域发展。

三、服务青少年成长有新成效

1. 全力服务青年就业创业。把促进青年就业创业作为共青团服务青年的重中之重，扎实做好岗位对接、技能培训、资金扶持等工作。新建见习基地1378家，见习上岗1.1万人。利用网络新媒体服务青年就业，发布10万余条就业岗位信息。发放青年创业小额贷款7.58亿元，培训青年7.5万人次。创建青年创业园区、孵化基地12家，沈阳浑南国家电子商务示范基地成为全国首批青年创业示范园区。

2. 关爱重点青少年群体。积极为青少年办实事、做好事、解难事。在全省普遍开展"三走"活动，精心设计体育节、读书节和社团节等载体，开展活动2600余场次，参与学生百万人次，此项工作得到了时任省委常委赵国红同志的批示肯定。启动青年志愿者助残"阳光行动"，深化共青团关爱农民工子女志愿服务行动，为4万名残疾青少年和19万名农民工子女提供关爱服务。扎实开展希望工程圆梦大学、快乐校园和曙光行动，募集资金2855.7万元，资助贫困学生3.7万人。

3. 切实维护青少年合法权益。深入贯彻实施"两法一规定"，充分发挥代表和反映青少年诉求主渠道作用。"共青团与人大代表、政协委员面对面"活动实现省市县三级全覆盖，2014年"两会"期间提交有关青少年提案、议案、建议160件。推动未成年人司法保护制度落实，依托专业社工力量深入开展"为了明天——预防青少年违法犯罪工程"，在中央综治委对辽宁省预防青少年违法犯罪工作的考核中连续五年获得满分。

四、基层组织建设有新举措

1. 不断扩大基层组织覆盖。传统领域团建重在活跃，新兴领域团建重在覆盖。区域化团建工作扎实有效，覆盖全省274个街道，团中央区域化团建现场会在辽举行。非公企业建团2372个，联系5万名青年；农村专业合作组织建团1860个，联系2.5万名青年；联系服务引导青年社会组织1743家，组织活动317场次，覆盖8.7万名青年。推动基层服务型团组织建设，制定青少年综合服务平台建设三年规划，示范创建6个国家级和32个省级平台，集中力量为基层配备物资。

2. 着力加强团的队伍建设。建立团干部基层联系点制度，省市县团的机关干部蹲点调研、面对面访谈团员青年2.3万人次。履行团干部协管职责,市县两级团干部配备率始终保持全团前列。分级分类培训团干部311期、3万人次。联合省委组织部等部门在全国率先出台加强青少年事务社会工作专业人才队伍建设的意见。加强团员教育,利用新媒体开展共青团基础知识学习教育活动。

3.切实履行全团带队职责。落实省委进一步加强少年儿童和少先队工作的意见,重点围绕少先队活动课程建设、学科建设、辅导员队伍专业化职业化建设,落实每周一课时少先队活动课。推动3所高校开设"儿童组织与思想意识教育"学科点,完成首批硕士研究生招生。联合省人社厅、教育厅在全国率先建立少先队辅导员参评中小学教师职称"双线晋升"制度。

一年来,青联、学联,青少年对外交流,青少年活动阵地建设,以及团属事业等工作取得新发展。特别是巩固了群众路线教育实践活动成果,坚持常态化长效化抓作风建设。

吉林团的工作

2014年,团吉林省委在省委和团中央的正确领导下,深入学习贯彻习近平总书记系列重要讲话精神,贯彻落实党的十八届四中全会、省委十届四次全会和团十七届三中全会精神,紧紧围绕中心、服务大局,按照"以工作'项目化、功能化、品牌化',推动团的组织'从机关型向服务型'、团的工作'从活动型向项目型'、团的干部'从团务型向综合型'转变,打造一支'阳光、实干、高效'的团干部队伍"的发展思路,团结带领吉林各级团组织和广大团员青年努力拼搏,全省团的事业迈上了新台阶。

一、围绕中心、服务大局,助力吉林发展作出新贡献

一是发挥青年组织作用,服务统筹发展。组织各级青联委员、青企协会员140余人次,分别赴松原、通化、延边三个地区10个县市,开展青年创业项目考察对接活动23场,创造性地建立了青联委员联系人制度,为促进地方经济发展和青联委员事业壮大搭建了桥梁。

二是整合调动各方资源,参与绿色发展。开展"生态环保美丽吉林"工程,先后投入资金700余万元,承接团中央"小渊基金"项目等多项造林工程,完成解放军"国防青年林"、解放军通榆青年林、解放军敦化绿色家园等10余个植树工程,全年共造林6万多亩,全省60个县(市、区)全部参与其中。联合省绿化委员会、省林业厅、省军区及中国银行吉林分行、吉林大学环境学院等15家单位和机构开展环保宣传活动60余场次。

三是促进对外交流交往,助力开放发展。由团省委班子成员亲自带队赴新疆、西藏受援地调研对接,先后启动实施了5个方面18项对口支援项目,在全团首创省、市、县三级对接和集中力量做好一个示范县试点的工作思路。圆满完成2014年吉林省与新疆阿勒泰地区"各族少年儿童民族团结手拉手结对子"融情教育夏令营活动。成功承办了全国少数民族大学生骨干社会实践与社会观察活动,组织来自全国10个省份22个民族的350名大学生在长春、延边等地开展系列活动,全面展示吉林地域特色和青少年风采。省委副书记竺延风、团中央书记处书记傅振邦出席开营仪式,秦宜智、罗梅等团中央书记处领导对活动的成功举办做出专门批示。全年接待来自美国、俄罗斯、香港等国家和地区的80多人来访,选派9批23名优秀青年代表赴俄罗斯、英国、日本、韩国、印度、越南、香港等国家及地区开展友好访问活动。

二、拓展载体、贴进青年,思想引领开创新局面

一是广泛开展主题教育活动。开展“我的中国梦”、“奋斗的青春最美丽”等主题教育实践活动5000余场,覆盖青少年300多万人次。举办吉林省各界青年深入学习贯彻党的十八届四中全会和省委十届四次全会专题座谈会、吉林省青年科技工作者座谈会。争取经费50万元,举办省级大学生社团活动推介会6场,组织省级大学生社团活动精品项目巡展活动3场。开展各类“青联大讲堂”、“文化沙龙”活动9场;深入学校、企业、社区等地开展“共享成长·对话杰青”交流活动8场,组织优秀青联委员代表与广大青年分享奋斗历程。成功举办“代言核心价值观,辩响青春中国梦”吉林省大学生辩论赛,活动覆盖省内高校33所。举办“精品文化惠青年”系列活动,开展吉剧、交响乐、相声、魔术、儿童剧等优秀艺术精品演出300多场。

二是充分发挥典型引领作用。开展吉林省青年“五四奖章”、“两红两优”、“十佳大学生”、“创业先锋”和少先队“三十佳”等典型选树活动,共树立个人典型535人,集体典型217个。14个基层团组织和先进个人被评为全国“两红两优”,另有李素文、张爽两人被评为第18届中国青年五四奖章,取得了历史性突破。采取百网(网站)联动、千博(微博)互动、万信(微信)转动的方式,开展吉林好青年寻找活动,吸引10余万青年参与,全省38家电视台对颁奖典礼进行转播,举办好青年故事分享会200多场,帮扶困难好青年7名。人民日报、中国青年报、人民网、吉林电视台等多家中省直媒体对好青年进行了宣传报道,活动做法得到省委常委、宣传部部长庄严和团中央书记处书记周长奎的批示肯定,并在第十届中国青少年发展论坛作典型发言。开设“长白山讲坛·青年讲坛”,创新采用“菜单式”讲座模式,举办省级讲坛20场、市县级讲坛212场。吉林日报、吉林电视台等省内媒体多次对活动给予报道,工作得到省委常委、省委宣传部部长庄严的批示肯定。

三是不断创新教育活动载体。投入补贴经费50万元,创建“吉青·红领巾之家”100家,通过“阳光诚信超市”、“爱心义卖吧”、“阳光维权岗”等服务板块,达成检验诚信行为、倡导友善互助、实现阳光维权、传播志愿理念的项目功能,帮助少年儿童打造良好道德行为品质,相关做法得到省政协副主席、省教育厅厅长张伯军的批示肯定。开展“我为核心价值观代言”线上线下活动,建立2万多人的青年网军和1.5万人的高校网宣员队伍,唱响网络“青年好声音”。发起“依靠青年、成就青年”,“国家公祭日投票”等多个话题,编创了12幅核心价值观漫画、“年豆”系列漫画,制作了多部微视频、宣传片。启动实施了2014年度吉林共青团调研奖评选工作,共收到各类调研报告89篇,评选出优秀调研成果16篇,陆续在《青年学研究》上发表。

三、创新创业、青年为本,服务青年收获新成效

一是继续优化青年创业环境。创立青年创业园“一园多区”和“一体两翼”建设运营模式,筹集资金1700万元,扶持青年创业园建设和发展。吉林青年创业园被评为国家级科技企业孵化器(全团首家)和全国青年创业示范园区。针对青年电商创业和复转青年军人创业,在全国首创“e青系列”和“戎青贷”两款金融产品。举办“创青春”吉林省首届青年创新创业大赛,吸引1600余支创新创业团队、1万多人参加比赛,获奖项目累计获得专项补助资金415万元，省委副书记竺延风出席活动闭幕式。

二是努力提升青年创业能力。开展青年电商培训，累计培训1万余人。开展高端青年创业人才培训，赴天津、上海、山东、深圳等地举办培训班7期，培训500余人。开展“微软创业就业信息技能培训”，争取培训经费70万元，培训学员1190人。投入20余万元，开展首届吉林省农村青年技能比武大赛，评选“吉林省农村青年创业创富基地”20家。在团中央举办的首届志愿服务项目大赛中荣获金奖5项、银奖14项，总成绩位列全国第三；在中国青年涉农产业创业创富大赛中荣获创意组第四，创业组第九；在全国创业计划竞赛中荣获金奖5项、银奖5项、铜奖33项，一所高校捧得“优胜杯”，取得吉林省历史最好成绩，团省委荣获全国优秀组织奖。

三是多措并举鼓励青年创新。举办青年创新创业项目推介会，设置4大展区，集中展出40余个创业创新项目，60多名企业家参与活动，现场达成投资意向4项，省委副书记竺延风亲临现场指导并讲话。建立吉林青年社团联盟网络平台，来自61所高校2660家社团的大学生参与活动，省委副书记竺延风出席网络平台启动仪式。组织开展中学生科技竞赛、小平科技创新团队评选、青少年科技创新“省长奖”评选等多项活动，营造科技创新氛围。

四、重视基层、打牢基础，基层组织建设实现新突破

一是实施“团组织覆盖扩容工程”。启动吉林共青团基层团建服务年，争取团中央专项经费50万元，支持基层建设服务型团组织，指导30个县级团委按照要求召开团代会，督导60个县级团委联合同级党委组织部门召开会议、出台团建工作指导文件。在中直驻省单位、驻吉部队中，建立了团省委直接联系的团组织53个，覆盖团员青年3万人，新发展团员2500余人，推优入党1006人，新增团的工作经费160余万元。推进街道区域化团建工作，新建街道共建委员会164个，新建驻外团组织217家，联系青年社会组织680个。在全团区域化团建工作会议上，吉林省作了典型发言。

二是实施“团干部素质提升工程”。先后投入170万元，举办市县两级团干部培训、优秀少先队辅导员培训、乡镇团委书记培训等各类专题培训班17期，培训5000余人次。在开展培训的过程中实施“五个结合”，即：社会＋财政，解决经费难题；培训机构＋党校，加强基地建设；团干＋专家，强化师资队伍建设；团内＋团外，完善课程设置；测评＋考核，提高培训效果，该工作经验被团中央作为典型案例在全团推广。联合省委组织部、省委党校共同开设优秀青年干部研究生班，首批入学青年干部421人。

三是实施“组织再造工程”。召开了青联主席办公会议和省青联十一届三次常委（扩大）会议，增补来自基层的优秀青年代表作为省青联委员，科学调整界别设置，将青联组织界别由11个拓展到19个，增设7个专门委员会，新增团体会员1个。出台《省青联委员队伍管理办法》、《省青联会员团体管理办法》，从制度上详细规范了对青联委员和会员团体的管理。通过推行完成一篇调研报告、建立一套运行机制、搭建一个工作平台、设计一个工作项目的“四个一”工作规范，进一步促进青年社会组织工作的健康有序发展。

五、多方联动、统筹推进，重点群体帮扶取得新进展

一是预防青少年违法犯罪和未成年人权益保护工作不断深化。召开吉林省青少年禁毒工作会议，印发了《关于加强青少年禁毒工作的意见》和《2015年“抵制毒品侵害珍惜美好青春”禁毒会战实施方案》，副省长、公安厅厅长黄关春对会议给予批示肯定。启动重点青少年群体服务管理和预防犯罪“经费保障项目”与“工作提升项目”，确定市级试点3

个，县级试点38个，累计支持基层经费28万元，打造重点青少年群体服务管理和预防犯罪工作新亮点。联合省司法厅开展“同在阳光下，青春共成长”全省服刑和刑满释放人员未成年子女关爱帮扶活动，初步构建了共青团组织和司法行政机关相互配合的横向工作格局和省、市、县三级联动的纵向工作体系。深化全省“共青团与人大代表、政协委员面对面”系列活动，开展全省“面对面”调研报告评选活动，全省形成“面对面”主题调研报告47篇，评选出优秀调研报告10篇。替省委代拟《省委关于进一步加强少年儿童和少先队工作的意见》，并以省委名义出台，实现吉林省首次以省委名义对少年儿童和少先队工作进行制度性安排。配合省人大完成了《吉林省志愿服务条例》修订工作，全国人大常委会执法检查组对吉林省开展未成年人保护工作给予了高度评价。

二是青年志愿公益项目稳步推进。新建“七彩小屋”23个。扶持七彩课堂创新项目15个，完成了全省新增项目专员定向保险工作，带动728支志愿服务团队常态化参与活动，提升了“关爱行动”品牌效应。实施青年志愿者助残“阳光行动”，开展各类助残公益活动3000多场次，与近3万名残疾人结对帮扶；与长城电脑合作建设省级示范项目“助力飞翔”网络培训教室，对350名残障青年开展了电商培训服务。在首届中国青年志愿服务项目大赛中，获得金奖5项、银奖14项、入围奖29项，总成绩位列全国第三，团吉林省委荣获“优秀组织奖”，得到中共中央政治局原委员、中国志愿服务联合会会长刘淇、贺军科等领导同志的高度评价。募集捐款1540万元，在松原地震灾区建设全省第一所全资希望小学，改善了100所农村小学办学条件，资助青少年1400余人。实施公益慈善项目“吉青·吉心工程”，累计募集资金400余万元，免费救治心脏病患者1000多人。吉林大学“白求恩志愿者协会”等3个组织获得第十届中国青年志愿者优秀组织奖；邱立超等5人获得优秀个人奖；长春心语志愿者协会获得第五届全国道德模范暨助残先进集体表彰。

黑龙江团的工作

2014年，团黑龙江省委在团中央和省委的正确领导下，全省各级团组织和广大团干部坚决贯彻落实省委和团中央的决策部署，认真实施“青春筑梦工程”、“青春建功行动”、“青春护航行动”和“团建活力工程”，着力加强团干部队伍建设，不换思路、不换频道，努力“求深度、上水平、务实效”，推动全省团的事业实现了新发展。

一、组织网络进一步完善

以扩大团的工作有效覆盖面为根本出发点，以提升基层组织活跃度和服务能力为最终落脚点，着力抓好传统领域团组织巩固与拓展，积极在新兴领域探索团建创新。

1. 通过盘活传统领域组织存量覆盖青年。推行“五制 管理”工作模式，巩固了乡镇、街道组织格局创新工作成果。依托乡镇实体化“大团委”台账，强化了对乡镇直属团组织的管理。深入实施“助成长·促活跃”校区共建接力计划，广泛开展乡村团组织“增活力·促活跃”达标创建活动和团干部“双岗双责”活动，继续在国企团组织、机关团组织、学校团组织中开展青年岗位能手、青年文明号、大学生“三走”、十八岁成人仪式等活动。积极推进城乡区域化团建试点工作,共建立乡镇、街道区域青年工作共建委员会439个,初步探索了组织共建、资源共享、阵地共用、工作联动的工作格局。

2. 通过扩大新兴领域组织增量覆盖青年。继续推进非公企业、行业协会和经开区建团工作,新建行业协会团组织8个、园区团组织18个、非公企业团组织803个。通过独立建团、区域建团、联合建团等模式,新建农村专业合作组织团组织2605个。

3. 通过用好各类青年组织储量覆盖青年。切实发挥枢纽作用,加强对青年社会组织和青年自组织的服务、引导和管理,全省共建立青年社会组织有形服务平台13个,累计服务青少年近60万人次。在市、县两级推动建立农村青年致富带头人协会157个,吸纳会员11563人,有效凝聚了农村优秀青年。

二、组织力量进一步壮大

坚持把人力资源作为推动团的事业发展的关键要素,通过优化结构、细化分工、提升素质、树立形象等一系列举措,打造适应新时期工作需要的复合型团的工作队伍。

1. 通过加强团干部队伍建设强化团的核心力量。集中配齐879个乡镇团委书记,共调整无编制或借调人员104人、兼任2职以上人员119人。全省基层团组织书记、副书记配备率和基层团组织干部配备率均保持在90%以上,位居全团前列。选派36名高校团干部、青年教师到县级团委挂职,充实了基层工作力量。实施团干部创新培训计划,全面推广“四化五法”培训模式,全省共培训团干部2.67万人次。深入开展“走进青年、转变作风、改进工作”大宣传大调研活动,拉近了同青年的距离,全省团干部的作风和面貌得到转变。

2. 通过加强团员队伍建设强化团的基础力量。进一步提升基础团务工作水平,科学制定团员发展规划,合理调控团员发展数量,提升了团员发展的质量。加强流动团员管理,进一步规范了团籍管理和团组织关系接转工作,建立了动态、协作的管理机制。规范“推优入党”工作,提高了推优的质量,对强化团员的政治意识、组织意识和模范意识起到了一定的作用。

3. 通过加强专业工作队伍建设强化团的支撑力量。联合有关厅局下发了《关于加强青少年事务社会工作专业人才队伍建设的意见》,社工专业人员培训、工作项目建设稳步推进。组建了两层级、四片区共41820人的网宣员队伍,下发了工作指南、开展了专门培训。推进少先队辅导员队伍建设,培训辅导员1984人次。加强青年志愿者组织建设,全省70%的市、县、高校成立了规范的青年志愿者协会。

三、组织阵地进一步拓展

以让青年能够看得见、想得起、找得到为目的,不断推动团的工作阵地的有形化建设,积极发挥阵地的依托作用,为团的工作提供了坚实的保障。

1. 依托传统阵地推动工作有形化。扎实推动团的固有阵地增量提质。截至2014年末,全省共有团属青少年宫16家,七彩小屋1032个,红领巾书屋796个,新命名省级青少年维权岗创建单位100家,新建青少年科技文化活动中心9个。推动基层团的活动和办公场所提档升级,并重点配备了团徽、团旗、工作看板等显性化标识,优化了工作条件,亮化了团的形象。

2. 依托专业阵地推动工作有形化。集中团的优势资源,积极推动青年创业服务体系实体化、有形化建设,通过自建、挂牌、命名等方式共建立青年创业基地(园区)19家,通过依托、联合、独立等形式成立青年创业技能培训学校27所,建设青年创业就业培训基地229个、创业指导服务站21个,使团组织的创业服务工作得到固化。

3. 依托综合性阵地推动工作有形化。为适应人口聚集趋势、实现青年工作社会化，积极探索建立集成化的工作阵地，大力构建青少年综合服务平台。整合党政部门、企事业单位、社会组织等各方面资源，成立共青团青少年综合服务站100个，为广大青少年提供了创业就业、权益维护、文化体验、志愿者管理、多媒体服务等多领域的有形化服务项目，促进了团的组织、项目、载体、品牌在基层工作阵地上综合集成，延伸了工作手臂、提升了服务能力。

四、工作载体进一步发展

以把握住广大青年的脉搏为根本遵循，注重用针对性、实效性强的工作载体承载团的组织功能和工作内容，与时俱进地推动工作载体创新发展，使新老载体焕发出活力。

1. 注重全团重点工作与龙江实际相结合。把“奋斗的青春最美丽”、“与信仰对话”等活动载体与龙江优秀精神教育相结合，全省共组织分享活动1523场次，主题团日活动7.5万余场次。在核心价值观教育载体中突出龙江特色，“向上·向善”微电影大赛、“龙江青少年好声音”经典诵读、“体味国学·走进经典”等活动为青少年传递了正能量。“走下网络、走出宿舍、走向操场”活动融入了冰雪运动元素，调动了学生的参与热情。各高校团组织因地制宜创新“三走”活动开展方式，有8项特色工作入选团中央的工作案例集。

2. 注重传统品牌与时代发展相结合。通过青年文明号“优环境·助发展”、“20周年纪念活动”、“践行群众路线”、“网络倡文明”等主题活动为青年文明号工作赋予新内涵。青工岗位技能大赛向非公领域延伸，共举办55个工种的比赛242场。“保护母亲河”行动动员青少年植树2.3万亩。希望工程全年共筹资2082.1万元，在传统的捐建、资助等公益模式基础上，创新开展了一系列促进少年儿童身心健康、提升捐助者公益体验的主题活动，向实施全过程助学育人服务的目标坚实迈进。

3. 注重载体设计与青年特点相结合。针对青年比学赶帮热情较高的特点，推出了青年创业系列竞赛载体。举办了全省首届青年创业大赛，并在省电视台播放了优胜选手纪录片。在大学生中举办了“创青春”大赛，38件作品在全国获奖；在农村青年中举办了“地王”大赛，评选“地王”606人，营造了青年自主创业、竞相创业的浓厚氛围。针对青年实现社会价值的普遍愿望，着力加强志愿服务项目载体建设，“关爱农民工子女志愿服务行动”、助残“阳光行动”、“弘扬雷锋精神、共建美好家园”、“文明与旅游同行”、“平安龙江”、“情暖重阳、孝行龙江”等志愿服务活动吸引青年广泛参与。针对青少年心理特点，以“寻找最美”系列活动促进典型选树，共宣传表彰“最美青工”、“乡村好青年”、“龙江最美少年”、“龙江最美少先队辅导员”等典型42人树立了龙江青少年的学习榜样。

五、工作手段进一步丰富

紧密跟踪时代的深刻变化和经济社会的深刻变革，牢牢把握青年群体的关注焦点、舆论热点、诉求重点，深入研究青年群众工作的发展脉络和社会机理，在工作手段上实现了丰富和发展。

1. 工作手段全媒体化。在继续巩固加深与广播、电视、报刊等传统主流媒体合作的同时，积极推出“黑龙江共青团”系列微博、微信、微站“三微”立体式互动宣传模式。设计制作官方卡通形象“龙小青”，创作系列漫画12期、动画片2部。加强“12355青少年成长导航”台网互动，在省广播电台97频道播出节目35期，在省电视台播放青年创业典型宣传片13部，形成了互联网、广播电台、电视台全媒体互动宣传模式。

2. 工作手段社会化。把社会化工作手段作为传统组织化、行政化工作手段的重要改进和补充，充分挖掘社会资源。省青年创业就业基金会开展“全省青年创业公益培训班——百人计划”，以社会化动员方式招募学员，三年来共培训创业青年3600余人次。通过邀请央视、省台主持人及新兴青年群体代表为核心价值观代言，对新兴青年群体形成了一定的带动示范效应。

3. 工作手段专业化。立足重点工作项目的专业化需求创新工作手段。借助电商平台开展青年电子商务培训项目，引导青年开展网上创业实践。全省全年共培训青年电商9847人。帮助农村青年开办网上店铺787家，平均销售收入6.2万元。通过聘请专业化的青年创业导师团队，在市场分析、项目评估、技术支持等方面为创业青年提供服务和指导，打造了青年创业“快车道”。联合金融机构推出专业化青年小额贷款产品，帮助青年解决创业资金难题，共推出新金融产品13种。面向全省广泛征集适合青年创业的中、小型创业项目，为青年创业提供了专业化项目支撑。少先队活动课程建设和少先队学科建设方面不断探索专业化建设路径，不断取得新成效。

六、工作机制进一步显效

通过不断的探索和积累，黑龙江共青团逐步建立起了一套务实有效的工作机制。通过强调问题导向和结果导向，研究工作、部署工作、落实工作、评价工作的制度更实更准，对团内外资源的整合运作趋于成熟、务实高效。

1. 更加注重基层实际。推行的乡镇、街道团委“五制一管理”，可操作性强，易于实施，不增加基层负担，以最小的制度安排取得最大的制度效果，已经逐步固化为活跃基层团的工作、提高基层团建工作专业化水平的基层团组织自转机制。在原有“增活力·促活跃”达标创建活动的基础上，设计开展的“百乡百村”团组织达标创建行动，以乡镇团委、村团支部为创建单位，细化66项、46项创建标准，每年达标率为10%，提供了明确抓手，制定了科学规划，成为活跃农村基层团组织的有效机制。

2. 更加注重整合资源。积极整合上级资源，以全国保护母亲河行动实施15周年为契机，从团中央争取到的武警青年林项目、解放军青少年绿色家园项目、日中绿化交流基金项目资金达500万元，助力黑龙江省生态文明建设。以团中央推动成立中俄青年企业家俱乐部为契机，通过积极争取，在首届中俄博览会期间承办了俱乐部成立系列活动，为黑龙江省对俄青年交流提升了层次和水平。积极整合横向资源，设计实施的“龙江青年创业助航计划”，联合了省工信委、省人保厅、省地税局、省工商局、龙江银行、邮政储蓄银行黑龙江省分行等多个系统，任务分解涉及团内多个部门，形成了整合团内外资源共同服务青年创业的工作机制。联合省委宣传部、省教育厅、省公安厅、省司法厅、省文化厅在全省广大青少年中开展“远离毒品、远离邪教、远离赌博、绿色上网”主题教育活动。在全省各地开展主题宣传活动200余场次。联合省农村信用社、邮储银行，选派优秀青年干部赴38个县级团委试点开展挂职工作，共同推动青年创业小额贷款工作。

3. 更加注重实际效果。以全面推行目标责任制为牵动，黑龙江省共青团系统的各项主要工作机制更加务实有效。工作量化、分解、督查、考核制度逐年优化、细化，更符合各层级工作实际，实现了分工明确、目标明晰、责任到位、评价客观，形成了较好的激励和约束氛围。与省委组织部联合制定并落实党建带团建工作机制，从8个方面督查和推进党建带团建工作，并定期进行落实情况检查，推动党建带团建的制度性安排落到实处。推动全省各级团组织和广大团干部定期深入青年，开展“倾听”活动，对青年群体实际需求和利益诉求的把握更加及时准确，促进了工作更加有的放矢、求真务实。

上海团的工作

2014年,上海团市委深入贯彻落实习近平总书记对共青团工作的重要批示精神,按照市委和团中央的要求,牢牢把握共青团"育人"的根本任务,集中力量抓好四方面工作。

一、大力实施"上海百万青年成长计划"

1. 构建青年人才工作体系。在宝钢、复旦、嘉定分别召开青年人才工作现场会,编制《青年人才工作法手册》,加强人才工作分类指导。设立"青年人才工作专委会",建立"青年英才信息库",为青年人才工作提供平台保障。聚焦"创新、创业、创优"推出十大计划,打造青年人才工作重点项目,努力让"人人皆可成才"的理念深入人心。

2. 提升青年创新能力。着力打造一条从"科技启明星"、少年科学院,到大中学生"挑战杯"、青少年科技创新市长奖,再到青年创意汇、职业青年创新创效的青少年创新培养链,为上海创新发展储备人才。选派团队参加2014年"创青春"全国大学生创新创业大赛,17支团队获得金奖,交大学子勇夺全国冠军。在"盐商杯"、"挑战杯——彩虹人生"和"振兴杯"等各类全国性创新创业创优竞赛中,上海青年风采竞显、捷报频传。

3. 搭建青年创业舞台。打造《梦想创业团》第二季,开展"青年创业先锋"、"青年经济人物"评选,为创业青年搭建更宽广的"追梦舞台"。积极推进郊区青年创业致富"领头雁"培养计划,建立农业青年人才培训基地,培训郊区就业创业青年1.2万人次。开展4场"走进区县"、22场"走进园区"系列活动,推动资源对接、智慧共融,助力青年企业家和中小微企业发展壮大。

4. 激励青年岗位创优。深化"文化新人"、"IT青年新锐"、"最美青工"、"杰出青少年事务社工"等品牌建设,推出一大批勤学敬业、岗位建功的好青年。开展纪念青年文明号20周年系列活动,引导全市7600多个青年突击队活跃在城市改革开放的最前沿。组织17万大学生赴各地开展暑期社会实践,实施调研3011项,服务群众300万人次。

二、努力培育和践行社会主义核心价值观

1. 唱响思想引导主旋律。开展纪念五四运动95周年主题团日活动,韩正书记在活动中畅谈上海的"昨天、今天和明天",勉励青年敢想敢闯敢干,以奋斗成就梦想。开展"改革路上,我们成长"系列活动,发动各级团组织开展主题团日活动7100余场,覆盖青年62万人次,激励团员青年勇敢肩负起改革发展的时代责任。连续举办7期"新青年说"思想分享会,推出"我为核心价值观代言"活动,举办"青年影响社会"公益创投项目评选,向社会传递青年"好声音"。广泛开展"美丽上海·青春同行"、"悦读青春"、"百日千里"、"我苦我酷"、"大手牵小手、红领大联动"等个性化、趣味性活动,让"有意义"的事情更加"有意思"。

2. 充分发挥榜样的力量。推出《超级家长会》第二季和《青年梦想分享会》,分别创下635万人次和340万人次的地区收视纪录。开展"青年五四奖章"、"十大杰出青年"等评选活动,挖掘、培育和树立陈维、张彦、杨晓燕等一批优秀青年典型。开展希望工程20周年纪念活动,成立"奋斗的青春最美丽"分享团,组织陆晨、孙络络烈士事迹报告演讲团,以榜样力量激发青少年内心共鸣。

3. 创新新媒体工作手段。全力打造"青春上海"、"萌动上海"等新媒体平台,相关微博粉丝总数达到130万,微信公众号总关注量达

到24万，在“全团公共微信榜单”综合评分中稳居第一。广泛组建网络宣传引导工作队伍，在网上积极发声。国庆期间，“带着国旗去旅行”活动在新浪微博获得947.1万的阅读量，“五星升旗手”微信游戏参与人次达7万，新媒体宣传形式既接地气、更有人气。

三、积极参与社会治理和基层建设

1. 推进线上线下平台建设。充分发挥“12355”平台青少年综合服务功能，“一对一”全年服务总量已逾10万人次。大力推进青年中心建设，依托社区、楼宇、园区等各类城市空间建立青年中心351家。建设线上“智慧公益”平台，进一步完善运行机制和动员模式，目前已有注册公益组织308家，累计发布公益项目327个，“公益淘宝”影响力逐步显现。

2. 努力整合各方面资源。一是借助政府力量。承接政府实事项目“爱心暑托班”，在全市开设229个教学点，为近1.5万名小学生提供暑期看护服务。深入推进重点青少年群体服务管理和预防犯罪“三个一”工作，与市人社局合作推进失业青年就业“启航”计划。推动青年工作联席会议制度在区县实现全覆盖，全面启动“青少年权益工作创新”试点，为共青团承接政府职能转移提供制度保障。二是吸纳社会资源。开展“冬日阳光”青春温暖行动，统筹发放资金440万元，覆盖困难青少年2.2万余名。举办“爱有我”各界青年新春公益晚会，成功募集2100余万元用于扶持青少年公益事业。

3. 加强基层工作力量。一是加大对基层共青团的支持力度。2014年，以各类方式支持基层工作经费达1500余万元，努力推动“重心下移、资源下沉”。加强对市属团组织换届的指导与协管，积极与相关单位党委组织部门沟通协商，推进协管机制建设。二是持续激发青年社会组织活力。举办“上海青年社会组织领袖沙龙”，提升青年家园民间组织服务中心辐射力，直接联系服务社会组织达1200家。三是优化少先队辅导员、青少年事务社工发展环境。在市委、市政府的支持下，分别出台加强少先队工作和青少年事务社工队伍建设的文件，拓宽少先队辅导员的发展路径，提高政府购买青少年事务社工服务的人均费用，调整社工人数配比，全市528名青少年事务社工全年共服务16万人次。四是推动上海青年志愿者品牌建设。组织志愿者参与亚信峰会、全国学生运动会等大型赛会服务保障工作。5个项目获得中国青年志愿服务项目大赛金奖，青年志愿者品牌的知晓度、美誉度进一步提升。

四、切实抓好团的自身建设

1. 深入调研谋划新思路。完成《社会治理现代化与基层服务型团组织建设研究》、《基于大众传播方式的共青团吸引力和影响力研究》两项重点调研课题。编撰出版“改革路上的上海青年”年度青年发展报告，通过对自贸区、互联网经济、社区治理等热点的研究，深入探讨时代背景下的青年发展特点及问题。

2. 基层团建取得新进步。加强“两新”组织团建，积极探索在“大居”、互联网企业中建立团青组织，不断扩大团建工作覆盖面。大力推进区域化、网格化团建，把“争红创特”活动作为团建创新的重要平台，培育“青春自贸区”、“青春热线联盟”等一大批团建联建项目，有效促进团组织互联互通和功能整合。

3. 队伍建设探索新机制。加强制度建设，建立团干部密切联系基层、挂职锻炼、青工团组织卓越绩效评价等一系列制度，推动基层团务信息化工作平台建设。加强团干部培养锻炼，依托团干部党性教育班、复旦国务训练营等项目，累计培训团、队干部7765人次。

去年，还胜利召开了市第七次少代会，承办了全团青年社会组织工作推进会、全国城市街道区域化团建工作现场会、少先队学科和少先队活动课程建设研讨交流会以及首届全国中学生商业大赛，为服务全团作贡献。不断深化海内外青年交流，开展沪台青年论坛、沪港澳青年经济发展论坛、香港大学生暑期内地实习计划等活动，接待俄罗斯等多个国家和地区的来访团队。不断深化对口援建工作，向中西部地区派遣志愿者 275 名，向新疆、西藏等地区捐款 760 余万元。团办事业按照“稳中求进”的总基调，主动适应当前国资国企改革的新政策、新要求，以改革创新精神实现新的发展。

江苏团的工作

2014 年，全省新发展团员 221377 人，团员总数达 5009000 人，占 14 ~28 周岁青年总数的 26.9%，经团组织推优入党的团员有 67315 人，占团员入党总数 88.76%。全省现有基层团(工)委 13771 个，团总支 7151 个，团支部 135826 个，共有团干部 235577 人，其中专职团干部 16546 人。

一、着力在广大青年中唱响永远跟党走的主旋律，构建从小学到大学的分层教育体系

针对少先队员，全力推进少先队活动课程建设，100% 进入中小学课表，开展“红领巾相约中国梦”活动，引领全省五百万少先队员参与到丰富多彩的队日活动和校外实践体验活动之中。针对中学中职学生，“入团第一课”、十八岁成人等仪式教育实现全覆盖，分别开展了以“与人生对话”、“彩虹人生”为主题的中国梦教育活动 1 万余场次，覆盖学生 150 万人次以上。针对大学生，举办“与信仰对话”报告会 1500 余场次，直接参与学生近 50 万人次；“奋斗的青春最美丽”分享会 307 场，参与人数超过 10 万人；全省 107 所高校实施“三走”活动项目 260 个，覆盖全省 120 万大学生；省、校、院三级联动开展青马工程培训班 135 期，培养优秀大学生骨干近 3 万人；9 月份，集中部署开展了全省大学生“社会主义核心价值观主题活动月”，组织“社会主义核心价值观——校园明辨会”，全省 155 所高校共开展校园明辨会 970 场，参与总人次 15 万人，开展主题团日活动 8 万余场，参与总人次达 150 余万人。广泛选树身边典型影响青年。在各行各业广泛选树青年典型，五四青年奖章获得者、江苏省十大杰出青年、青年岗位能手、最美青工、最美新型青年农民、优秀青年志愿者、大学生自强之星等通过各类媒体广泛宣传，持续掀起了青春榜样风。连续 3 年开展海选“我们身边的好青年”活动，活动本着不求高大全而求真善美、“多数人选多数人”的原则，最大限度地发现、推荐、宣传我们身边的好青年。3 年来，近 3 万名具有某一方面闪光点的各行各业青年典型被同事、朋友或家人推荐上来，推荐和投票期间的网页访问量累计近 2000 万人次。今年初，好青年活动被省委宣传部评为“江苏首届网络文化季”优秀项目一等奖，被团中央纳入《共青团五年工作纲要》，向全团推广。突出新媒体手段引导青年。各条线团的微博、微信实现全覆盖，建立江苏共青团“双微矩阵”。在中青报、南方周末报发布的全国中央及省级团委微信公号排行榜中，均排名前列。全力打造“网络红军”，5 万人网宣员队伍及时响应各类网络舆情，做好集中发声，传递主流思想。新媒体系列活动持续掀起热潮，“发出改革好声音”、“献出改革好计策”、“展望改革好梦想”等收到青年寄语、献策 3 万多条，活动微博阅读数达 150 万次以上。贴合青年实际推出更多文化产品，青春微电影、“青眼看改革”动漫片、“我的一封微家书”、“微视·青春正能量”等产品得到青年广泛关注和欢迎。

二、全力动员广大青年争当建设科学发展新江苏的主力军，打造青年创业服务链

举办2014年“创青春”江苏省大学生创业大赛暨江苏青年创业就业季活动，成立“大学生创业导师团”，举办培训320余场，建立了8000平方米的“省大学生创业实践示范基地”，筹措资金4630万元，推动全省青年小微创业“千人计划”，连续三年实施“总经理助理见习计划”，为大学生募集岗位3万多个，98.7%的大学生当年成功就业。举办“科技绿洲杯”江苏青年创新创业大赛暨首届中国青年创新创业大赛江苏地区赛，各市级团委共组织417名参赛选手，举办了65场“进校园、街道、企业、孵化园”海选比拼活动，海选决出100个优质项目参加省级赛。实施新型青年职业农民“星火”培育计划，今年以来扶持6836个农村青年创业项目。争当青年创新助推器。以少年科学院“小院士”课题研究活动增强少年儿童的科学素养，江苏共有64名少先队员获得中国少年科学院“小院士”称号；以“未来杯”中学生创意大赛带动青少年参与科技创新，江苏有5名青少年荣获科技创新奖；以“挑战杯”系列竞赛引导和激励高校大学生、职业院校学生锐意创新、勇于创造，江苏成绩连续多年名列前茅。倡导青年创优新风尚。大力推进助残“阳光行动”，与省残联联合推出首批11家服务基地，发布30个助残项目，积极营造社会青年志愿者、优秀助残资源向青年助残事业涌流的良好氛围。积极实施江苏大学生志愿服务西部计划、苏北计划，累计选派近万名大学毕业生到西藏、新疆、陕西、贵州、云南等西部和苏北五市开展志愿服务，其中有3500名志愿者扎根在苏北基层。组织动员数十万名青年志愿者服务于南京亚青会、南京青奥会、省城运会等各类大型赛会，为展示地区形象、服务赛会圆满成功作出了积极贡献。联合开展江苏青年志愿者服务春运“暖冬行动”，全省近4000名春运志愿者开展志愿服务13000余人次，服务时间超10万小时。组织开展“保护母亲河美丽中国梦”系列活动，引导广大青少年积极参与生态环保实践。全省共青团组织牵头组织植树近6023.5亩，活动覆盖青少年295137人次。

三、倾力构建密切联系和竭诚服务青年的主桥梁，以基层服务型团组织建设为统领，全面提升共青团服务能力

在前期深入调查、集体研究的基础上，重点在全省开展基层服务型团组织建设“四统筹两公开一争创”活动，“四统筹”是指“统筹优化服务项目、统筹壮大服务队伍、统筹强固服务阵地、统筹健全服务网络”，“两公开”是指“服务目标公开承诺、服务绩效公开评议”，“一争创”是指“示范创建联动开展”，作为当前和今后一段时期全省各级团组织的一项重点工作抓紧抓实。力争经过3至5年努力，使全省60%以上基层团组织达到领导班子好、干部队伍好、服务阵地好、制度建设好、服务实绩好的“五好”标准。以微项目为抓手，满足青少年多样化需求。针对进城务工人员子女，从2011年开始，实施“希望来吧”项目，已建成实体化阵地283个，覆盖全省大部分县（市、区），直接服务农民工子女33万人次，逐步成为江苏省共青团在基层发挥枢纽作用的综合性、服务型、实体化平台，得到了团中央领导的高度肯定，并向全国推广。针对家庭经济困难大学生，从2005年开始连续十年开展希望工程“圆梦行动”，累计募集助学资金1.05亿元，资助3万名贫困新生入学深造。针对城乡困难家庭青少年，每年元旦、春节期间开展“暖冬行动”，年均发放物资539万余元，惠及青少年42493人。针对重点青少年群体，从2013起，联合14个部门实施“成长护航工程”，合力打造政策、经费、组织、信息、阵地等“五大保障体系”，全省99个县（市、区）全部成立工作领导小组，并纳入党政工作内容,专项经费达 463.2 万元。以打造青少年综合服务平台为窗口,实现社会化资源对接。联合苏州团市委开展试点,进一步拓展 12355 的内涵和外延,整合职能部门、基层社区、社会组织、专业社工等各方资源,打造标准化"笑果青少年社区服务店",使社会化权益工作体系延伸到社区和青少年身边。开发运行"PU——江苏大学生成长服务网络平台",集成省内大学教育资源,服务大学生第二课堂和日常生活。PU 平台使用高校达到 73 所,活跃用户数达 721218 人。

四、努力成为广大青年信赖依靠的主心骨,认真开展规范基础团务工作

严格规范团的组织生活,落实"三会两制一课"制度、定期换届改选规定、团组织关系转接程序,并鼓励基层积极创新团的组织生活的内容和形式,不断提升团组织生活的吸引力;严格规范推优入党,抓住规范党员管理契机,联合组织、教育等部门开展了推优入党督查,确保"推优"的标准不降低、程序不倒置,经"推优"的团员来源范围广泛、先进性突出、得到群众认可,确保发展入党的优秀团员 100% 经过团组织推优程序;严格规范团费收缴管理,在省级团委实现团费收缴专人管理、专款专用、专设账户的基础上,下发《关于市级团委年度团费收缴和报送团费收缴、管理和使用情况报告的通知》、《团费收缴使用管理办法》,并将团费的收缴和管理纳入对基层的年终考核细则;严格规范团籍接转,制定《江苏省团籍管理制度》,并列入团干部培训内容,推动各地严格组织关系接转程序。抓好团干部配备。严格履行协管职责,建立了市级团委领导班子动态数据库,随时掌握干部配备现状。按照《党政领导干部选拔任用工作条例》有关要求,提前介入,把好协管关口,坚决避免出现违规提拔、高职低配等情况,保证团干部配备质量。建立定期督导通报制度。每两个月开展一次统计工作,印发市县团干部配备情况通报,进行有效督促。将团干部配备情况列为党建带团建工作落实情况考核指标,联合省委组织部开展督查,推动工作落实到位。连续三年将团干部配备情况列入市级团委考核重要内容,提高基层团委重视程度。截至年底,全省县级团委书记配备率为 83.3%,综合配备指数为 88.4。建立团干部挂钩联系基层制度,处级以上干部每人联系 2 个县(市、区)团委,每年深入每个联系点不少于 2 次,每次不少于 5 天;科级干部继续以"走听转办""4 + X"项目为活动载体,长期联系区域内 1—2 个乡镇街道、企业、高校、社会组织等基层团组织,为基层团组织指方向、出思路、做示范、教方法,切实帮助团组织解决工作中的实际问题和困难,有效激发基层工作活力。常态化推进"青春邀约走基层·服务青年听转办"活动,累计开展面对面交流活动 13000 余场,座谈会 2400 余场,直接联系青年 256184 人,帮助青少年实现"微心愿"1 万多个。上下联动抓好团干部教育培训。年初制定《2014 年度全省团干部教育培训计划》,预排全年培训项目、培训班次、培训对象、课程设置、培训时间及经费预算等内容,并着力构建师资、教材、课程、经费"四位一体"的工作体系和党校培训、专题培训、网络培训、基地培训"四位一体"的培训格局。全年省级共举办团干部培训班 27 个批次,共培训乡镇(街道)以上专兼职团干部 5121 人次;市、县两级团委共举办培训班 369 场,培训人数超过 35000 人。

五、"五联五化"推进街道区域化团建,认真贯彻落实团中央城市街道区域化团建工作要求

在 4 个省辖市所有街道全面推进的基础上,其他各市各选取 1 个区作为试点,推动区域内组织联建、干部联动、资源联享、阵地联用、工作联抓,努力实现团的基层组织网格化、工作力量枢纽化、工作影响有形化、工作资源均衡化、工作项目品牌化。着力推动组织联建。推动每个街道建立 1 个区域青年工作共建委员会，5月份，全省第一批实施区域化团建工作265个街道建设任务。探索在青年聚集较多的商业街区、工业园区、兴趣性组织等区域和功能性组织中，因地制宜建设团组织。搭建区域化团建信息平台，推进网格网络化建设，通过微博、QQ、微信等手段，实现双网互动。着力推动干部联动。进一步巩固街道组织格局创新成果，制度性地要求把选配编制外团干部作为常态化、基础性工作来抓。加强对街道大学生村官、青少年社工、社团骨干等队伍的工作引领。组织两期"五联五化"工程培训班，培训覆盖第一批所有街道团工委书记。着力推动阵地联用。推动各地通过争取党政投入和募集社会资金，建设社区伙伴汇、青年汇等阵地。广泛依托街道社区服务中心、服务站等建设青年中心。通过街道社区内团组织建设的"希望来吧"和公安、民政等其他组织的阵地，拓展功能，使其成为工作阵地。着力推动资源联享。探索团组织、团员到街道社区的"双报道"制度，推动区域内各领域团组织和团干部将工作资源向街道延伸。组织青年文明号、青商会会员企业等通过结对帮扶等实现资源共享。完善评选机制，从全省城市条线开展的各级各类表彰开始试点，需征求所在街道团组织的意见，并在申报表格上盖章。着力推动工作联抓。下发《关于深化街道区域化团建"五联五化"工程申报专题研究项目的通知》，优选一批街道，提供组织建设、工作力量等5大类20个小类的参考课题进行研究。积极推广区域化团建的三个工作法，即"资源地图工作法"、"菜单选学工作法"和"目标管理工作法"。与城市战线的重点工作相结合，协同推进园区团建、青年创业就业等工作。

六、打造过硬共青团网络宣传员队伍，建立通报制度，全面梳理队伍

各地对本地网络宣传员进行一次梳理，确保每个宣传员信息准确，能通过网络、电话及时联系，发挥作用。6月和7月下旬，团省委两次对网络宣传员进行抽查，并将抽查正确率进行全省通报。建立三级响应机制，提高传达效率。建立省市县"三级核心响应机制"，省级确定52名核心宣传员，各市确定10名市级核心宣传员，各县（市、区）确定5名县级核心宣传员，分级负责联系，确保工作任务迅速准确传达。分级举办培训，确保全员参训。推荐部分省级核心宣传员参加团中央举办的全国网络宣传员培训，组织部分市级核心宣传员参加省委宣传部举办的全省网络宣传员培训，8月举办全省共青团宣传员培训班，各市、县（市、区）开展分级培训，9月1日前完成了对全省所有网络宣传员的培训。利用管理软件，强化考核追责。开发全省共青团网络宣传员管理系统，利用"江苏青年荟"手机客户端对宣传员进行任务下达和考核。制定《全省共青团网络宣传工作管理办法》，对各市、县工作情况进行及时通报，对宣传员进行星级评定，明确网络安全事故追查机制，对发生网络安全事故的地区省级评优一票否决。开展网络活动，凝聚宣传员活力。通过开展丰富的网络活动，充分调动网络宣传员积极性。5至7月以"青春闪亮毕业季践行核心价值观"为主题开展江苏高校"青青毕业季"活动，近两万人次参与。6月以"用青春和阳光为核心价值观代言"为主题举办"我行我秀——行秀江苏，发现身边的美"随手拍活动，近12万人次参与。抓住重要时点，进行集中发声。广泛开展"我为核心价值观代言"活动，通过微博、微信、微视原创"代言体"7000余条，相关话题阅读数约15万次。围绕"总书记北大讲话"话题原创、转发微博8000余条，直接阅读数达180万人次以上。参加团中央"今天是七一"网络活动，省级话题当日话题阅读数970754次，在新浪微博"七一"主题榜单居首位。

同时，团省委还主抓了全省青年社会组织工作，组织举办"创青春"大赛服务大学生创新创业，这些工作都取得显著成效。

浙江团的工作

2014年,浙江共青团认真贯彻落实省委和团中央的决策部署,以深化开展党的群众路线教育实践活动为动力和保障,紧紧围绕省委常委会听取工青妇汇报时提出的重要指示,以"双网互动"为统揽,紧紧围绕三大根本性任务,着力破解两大战略性课题,强引导、助改革、优服务、重覆盖、转作风,团的各项工作取得新成效。

一、不断加强青少年理想信念教育,思想引导工作的参与面和实效性有效提升

1. 不断加强理论武装工作。紧紧抓住新中国成立65周年、纪念甲午战争120周年、首个抗日战争胜利纪念日和国家宪法日等契机,通过多种形式,深入学习党的十八届三中、四中全会、习近平总书记系列重要讲话精神和省委省政府一系列战略部署,不断坚定广大青少年跟党走中国特色社会主义道路的信念。

2. 广泛开展"我的中国梦"主题教育活动。各级团组织结合纪念五四运动95周年,集中开展"我的中国梦"主题教育活动1600多场次,540万名团员青年参与,普遍开展"青春中国梦,奋斗勇担当"、"红领巾相约中国梦,争做美德少年"等主题实践活动,培养少年儿童向往中国梦,追求真善美。五四期间,分别召开各界青年座谈会和纪念大会,纪念大会上表彰了第十届"浙江青年五四奖章"获得者、2013年度新锐浙商、2013年度浙江杰出志愿者、2013年度浙江杰出志愿服务集体代表。

3. 大力培育和践行社会主义核心价值观。综合运用群众推、逐级比、网络评、专家审的评选方式,在农村、社区、企业、高校等各个领域分类推出3.7万名"美德学子"、"乡村好青年"、杰出志愿者、"最美青工"等可亲可学的优秀典型,深入开展"奋斗的青春最美丽"等系列分享活动29万场次,影响带动更多青少年。同时,在职业青年中,抓住青年文明号开展20周年契机,部署开展"我为核心价值观代言——青春快闪"、"青年文明号促两富"等主题活动;在大学生中开展"文明寝室"创建、"走下网络、走出宿舍、走向操场"活动,在中学生中开展"与人生对话"活动,在小学生中开展"核心价值观记心中"活动,倡导青少年学生在日常生活中注重道德养成。

4. 创新运用新媒体手段开展网络舆情引导。不断壮大网络新媒体阵地,全省深化抓好212个团属网站、8万多个共青团微博、QQ群、微信群的立体网络体系建设。共青团"网军"形成规模,组建包含评论员、宣传员、监测员、高校微记者队伍在内的12万人舆情专业队伍。网络舆论斗争鲜明有力,依托全省573个监测站、5174名专业监测人员,建立快速舆情反应机制,主动设置议题,加强正面引导,动态收集、定期编报舆情报告,旗帜鲜明地参与10多起网络斗争,开展有针对性的引导工作。团中央书记处第一书记秦宜智到浙江专题调研时充分肯定了浙江共青团组织网络舆论引导方面的实践探索。

二、紧扣省委省政府决策部署,积极引领广大青年投身实践建功立业

1. 广泛开展形势政策教育。以团干部带头、典型引路、专家辅导、座谈交流等方式,引导广大青年深刻领会中央、省委全面推进深化改革、转型升级、法治浙江建设等重大举措,特别是与青年密切相关的改革举措,深刻认识自身的时代责任,把思想统一到中央、省委的要求上来,把力量凝聚到中央、省委的决策部署上来。

2. 大力助推经济转型升级。围绕"电商换

市”，继续实施“十百千万”、“电子商务进万村”工程，推出万名电商创业培养计划，建成县级电商服务中心30个、村级服务点4491个、电商创业园（孵化基地）114个，发放首批补助1400万元，培训青年9万人次，初步形成共青团主导农村青年电商发展的五种模式。围绕“五水共治”，深入开展青春治水三项行动，重点抓好共青团治水护水段长制，已配备段长1.2万人，组建“哨兵护水”等2.6万支志愿服务队，建立1000多个生态监护站（点），推动青少年形成踊跃参与治水的良好氛围。围绕新生代企业家培养，深化开展新生代浙商发展计划，培育一批传统产业转型升级的示范类群体；围绕信息、环保、健康、旅游、时尚、金融、高端装备等七大产业，推动80、90后新生代浙商投身新领域创业创新，积极参与杭州“梦想小镇”和各地特色园区的建设和运作。李强省长两次召开由团省委牵头组织的新生代企业家座谈会。成功向团中央申请，永久承办“创青春”——全国大学生互联网创业竞赛并永久落户“梦想小镇”。

3. 积极参与社会治理创新。以省志工委名义下发浙江省志愿服务事业发展纲要和注册志愿者管理办法，圆满完成首届世界互联网大会志愿服务工作，“共青团关爱农民工子女、留守儿童志愿服务行动”成功结对农民工子弟学校1785所，志愿者助残“阳光行动”成功结对残疾青少年5.4万名，招募治拥治堵志愿者10.5万人，组建拆违青年志愿者服务队1817支，积极引导广大青少年参与志愿服务，弘扬社会新风尚。切实履行好省委综治委预防青少年违法犯罪专项组组长单位职责，深入开展“共青团与人大代表、政协委员面对面”活动，扎实做好重点青少年群体服务管理和预防犯罪工作的30个省级试点，抓好12355平台建设，动态录入重点青少年信息20万条，办结率达到98.7%，全面开展青少年事务社会工作专业人才队伍建设，努力实现权益维护工作专业化、法治化、社会化。“心灵花园”体验活动连续四年被省文明办列为全省未成年人思想道德建设十件实事之一。建立省、市两级青年社会组织数据库，通过1.7万家青年社会组织的联系凝聚、培育孵化，有效拓展社会资源，延伸工作手臂。

三、牢牢坚持服务为本的理念，竭诚服务青少年的成长发展

1. 全面推动青少年服务体系建设。初步建立“市、县、乡、网格”四级省青少年综合服务平台，省市县三级组织资源重点向乡镇（街道）和网格倾斜，省本级下拨经费2293万元，依托全省7.6万支服务队，推动团的组织网络、工作力量、服务项目在青年身边实现有形化、日常化，着力解决服务青年“最后一公里”问题。目前，累计服务87万人次，解决青少年困难5万余件。

2. 有效服务青年创业创新创优。积极开展团银合作，联合省农行、省农信联社等涉农金融机构，选派50名青年干部到市县两级团委挂职。深化推进扬帆工程，安排偿还式无息资助专项资金500万元。全省累计发放小额贷款56.2亿元，开展培训近40万人次，帮助创业青年解决实际困难。积极开展校地合作，选派37名高校青年干部到地方挂职，选派252名“两项计划”大学生志愿者到基层服务，扎实推进产学研深层次合作，全省新建青年创业园区39家，培育3000多项扶持地方发展的优秀学生项目，部分优秀项目已进驻创业园区孵化发展，成立浙江省大学生创业联盟，深入开展新苗人才计划，成功承办“挑战杯——彩虹人生”全国职业学校创新创效创业大赛。

3. 竭尽所能满足青年的普遍性和特殊性需求。一方面，广泛开展各类有益于青少年成长成才、身心健康、社会融入、婚恋交友等方面的活动项目，竭诚为青少年的成长发展办实事。如大力开展青少年群众性体育活动，引导广大青年特别是青年学生“走下网络、走出宿舍、走向操场”,健康身心,强健体魄。开展各类形式多样的“玫瑰婚典”相亲活动,当好广大青年的“红娘”。另一方面,扎实推动公益事业发展,创新推广“希望工程”模式,通过众筹等方式进行捐赠,共筹资3000多万元,结对留守儿童、新居民子弟学校1785所,开展“流动少年宫”活动737场,服务青少年56万人次。

四、紧紧依靠党建带团建,坚持以改革创新的精神加强自身建设

1. 有效覆盖不断扩大。继续深化构建“网络+网格”的组织覆盖格局,在纵向网络上扎实推进机关、农村、社区、国有企业等传统领域团建,突出学校团建的基础性地位,抓好团队衔接。在乡镇(街道)以下,以区域为主、功能为辅的原则,全省划分成5.3万个网格,推动实现区域内组织共建、资源共享、阵地共用、工作联动。在新兴领域团建方面,全年新建非公有制企业团组织3347家、直属团组织5998家、农村合作组织团组织3759家,新增新社会组织建团1781家。持续创新网上与网下的互联互动,有效将网络发动与线下活动结合起来,网上宣传与网下服务结合起来,基层团组织活力进一步激发。

2. 做青年群众工作的骨干队伍不断壮大。一方面,重点做好团干部的选拔培养,联合省委组织部启动三年500名乡镇(街道)团委书记培养人选遴选计划,2014年已经完成180名遴选工作,从源头层面解决后备干部问题。系统安排团干部参加自身业务培训、党委政府组织的各类培训,努力提升团干部胜任岗位的能力。另一方面,加大对网格长、大学生村官、红色网络大V、大学生青年马克思主义者等核心骨干队伍培养,不断扩大团工作的影响力。目前,全省各级团组织共有30多万名各类骨干力量。

3. 团干部作风有效转变。认真开展好党的群众路线教育实践活动,参加第一批教育实践活动的团组织抓好整改落实,参加第二批教育实践活动的团组织抓好严格参与,与同期相比,2014年全省各级团组织“三公”经费支出减少130.9万元。结合团中央“走进青年、转变作风、改进工作”大宣传大调研活动,深入开展团省委“三进三服务”活动,省市县三级专职团干部共建立1330个乡镇(街道)联系点,开展活动3500多次,推动各级团干部在实践中锤炼作风,历练党性。出台完善团工作量化考核管理办法,通过省市县乡四级联动考核,推动团干部转变作风,求真务实抓工作。

4. 制度建设成效显著。首次以省委名义出台《中共浙江省委进一步加强少年儿童和少先队工作的意见》,联合省委组织部出台《关于进一步加强全省共青团干部队伍建设有关问题的通知》,在后备人才培养、改进和完善选拔方式、健全沟通协调机制以及落实基层党建带团建工作责任制等方面作出全面规定。积极完善各级党建带团建工作联席会议制度,强化各级团组织的协管职能,联合省委组织部建立市县乡三级团干部配备通报制,建立市县两级团委中层正职满三年干部数据库。

五、把握共青团工作核心要求,加强调研信息工作和青少年研究工作

1. 抓好调研信息,夯实工作基础。为提高团的调研工作水平,重点强化课题研究的制度建设,在下发《2014年度团省委系统重点调研课题》、《浙江共青团系统课题管理办法》等文件的基础上,严格执行文字复制百分比超过20%的课题不予结题的规定。完成2014年度青少年和青少年工作重点研究课题的申报、立项、部门初审、专家评审、中期评估等工作,完成2013年度浙江省青少年和青少年工作课题结题工作。加强基层信息工作,收集地方对完善信息工作的意见和建议。针对信息报送途径,制定下发信息报送手册,提升信息报送效率。创新信息工作考核办法,修订并下发《浙江省共青团信息工作考核奖励实施办法》,激发工作积极性。积极报送重点信息。通过《浙江青年工作专报》、《浙江信息》等途径，及时上报团省委有关工作开展情况，多位省领导和团中央领导对浙江团工作作出重要批示。

2. 加强青少年热点问题研究。省青年研究会举办《四类青年群体的变迁与共青团工作》学术沙龙活动，组织基层青年工作者就大学生群体、外来务工、企业青年、农村青年四类青年群体的变化和特征、青年变迁对共青团工作带来的影响等主题进行学术讨论，为青年工作者提供了更广阔的交流平台。在省社联第二届学术年会分论坛上，以“全面深化改革创新背景下青少年工作的实践探索”为主题展开研讨，为青年研究和青年工作者提供了很好的学习交流机会。

浙江共青团还认真贯彻落实全团援疆工作会议精神，积极与受援地沟通协商，深入开展民族统战工作，认真做好青海、西藏、新疆、四川和本地少数民族自治县的援建工作，牵头做好省级结对帮扶苍南工作；不断加强青学联、青企协建设，做好与港澳台以及 10 多个国家的青年交流合作，努力增强其服务大局、服务青年、服务自身发展的功能。

此外，团的各项事业协调发展。省团校注重学校转型发展的总体设计，以突出六大业务平台为主线，逐步理顺内部管理与体制机制关系，建立起顺应事业单位改革方向、适应经济社会发展需求、满足团青工作中心要求、保障教职员工价值利益、充满生机活力的体制机制和工作格局。浙青传媒在这一年完成了领导班子的调整，并在新班子带领下，完成了青年时报历史上最大幅度的调改，定下了浙青传媒新的发展战略。在今年浙江省新闻奖评选中，时报取得历史性佳绩，获奖作品总数达到 11 件，摘得两个一等奖，同时获得 5 个二等奖，4 个三等奖。牛通社现有小记者 15000 人，在杭州市基本实现了小学的全覆盖，已成为全省领先的青少年社团和小记者品牌。时报还从团中央拿到了全国首块中国小记者培训基地的牌子。省青少年事务所（青基会、青创会）公益事业和青少年事务工作的社会影响力不断提升，全年累计接受捐款 2310.45 万元，资助支出 2339.17 万元。首期“扬帆工程”共扶持青年创业项目 68 个，实现了扶持款 100% 回收，培育了一批创业青年典型，实施效果显著。浙江省青少年校外教育中心继续做好未成年人校外活动场所管理，优化场所发展环境，积极实施校外活动场所教师引航工程，坚持“分层分类”原则，以专业培训和专题培训相结合的形式，全面提升校外教育工作者队伍素质，提升校外活动场所服务水平。完成《浙江省流动少年宫的现状调研与对策研究》课题。

在 2014 年度团中央考核中，浙江共青团各条战线全优，综合评定等级为 A，位居全团前列。

安徽团的工作

2014 年，安徽各级团组织深入贯彻落实党的十八大、十八届三中、四中全会和习近平总书记系列重要讲话精神，紧紧围绕省委省政府中心工作，按照“坚定方向、服务大局、凝聚力量、强化组织、富于创造”的总要求，全省团的建设和各项重点工作扎实推进，取得新的进展。各级媒体积极支持参与共青团工作，省级和省级以上媒体刊发省本级活动新闻稿件 313

篇，其中中央媒体149篇，《中国青年报》头版报道15篇。3月份，人民日报内参以《安徽成立专业组织支持大学生村官创业》为题报道安徽团组织服务农村青年创业工作。8月份，李源潮同志在新华社《国内动态清样》专期刊登的《“现代青年农场主的摇篮”——安徽“团校企”协作在大学生中培育新型职业农民》上批示，对安徽“团校企”协作模式培养现代农业人才的办法给予高度肯定。

一、抓住党对共青团工作的根本要求，深化主题宣传教育，培育当代新青年

1. 深入开展主题活动。省本级集中开展“我的中国梦——奋斗的青春最美丽”主题团日活动，全省各级团组织累计开展“我的中国梦”主题团队日和“我的中国梦——奋斗的青春最美丽”分享活动近8800场，青少年直接参加人数170余万人，通过微博、微信、手机报等方式间接覆盖青年1800余万人次。全省各级少先队组织以“红领巾相约中国梦”“核心价值观记心中”“百万少年爱安徽”为主题，开展主题队日、少儿书信大赛等系列活动，全省6600所中小学校、158万余名少先队员参加活动。开展“与信仰对话”“与人生对话”“彩虹人生”系列活动，举办“与信仰对话——精品报告进校园”报告会近2000场次，覆盖在校学生50余万人。采取线上线下双重培养模式，省级直接培养“青马工程”大学生骨干14000余人。

2. 充分运用文化育人。用“小故事”讲好“大道理”，用“平凡人”传递“正能量”，探索运用青少年习惯和接受的引导方式和路径。联合安徽出版集团时代新媒体出版社，在全团率先策划出版《我们的价值观》漫画读本，销量突破10000册；传递“奋斗成就梦想”的青春正能量，出版发行《寻梦沃野——安徽省大学生村官创业故事汇》8000余册；开展大学生“走下网络、走出宿舍、走向操场”主题活动，举办首届“安徽省大学生活力运动季”，确定6月16日为全省大学生“三走日”活动日。

3. 注重典型示范带动。在全省开展“寻找乡村好青年”活动，累计推荐省市县乡四级好青年人选近5700名，覆盖全省96%的县（市、区）、79%的乡镇；开展“我为核心价值观代言”系列活动，邀请习近平总书记在韩国点赞的志愿者张宝、中科大28岁美女博导方璐、安徽中国好人孙燕飞等100个青年明星榜样参与，通过微博、微信形成省市县三级线上线下联动，收获超高人气，覆盖青少年群体67万余人次；广泛开展“最美少年”选树活动，号召少年儿童向全省“全国十佳最美孝心少年”袁德旗同学学习。选树“安徽青年五四奖章”获得者、省级优秀共青团员、优秀少先队员、优秀共青团干部、优秀少先队辅导员等青少年典型400多名。

4. 打造网络新媒体阵地。建立总数达44080人、覆盖省市县三个层级的共青团网络宣传员队伍，探索形成总队、支队、大队管理模式，参与团中央、省网宣办部署的网络宣传引导工作近50次，动员80%以上的网络宣传员参与到网络宣传工作中。通过优化栏目设置、丰富服务产品促进团属网站和团属手机报找准功能定位，拓展团青互动新空间。不断强化团属微博阵地建设，推进团组织和团干部认证微博近3500个，安徽共青团官方微博粉丝突破100万，微博排名一直位居全国前十。全力推动团属微信体系建设，制作团属官方微信开通教程，建成微信公众平台200多个，省市县三级团组织官方微信粉丝总数突破100万，安徽共青团省本级微信综合影响力始终位居全团前五。

二、围绕改革发展稳定大局，推动青年创新创业创优，创造时代新业绩

1. 健全服务青年创新创业体系。以“中国梦·创业行——安徽青年在行动”为主题，建设教育培训服务体系、项目孵化服务体系、资金融通服务体系、政策扶持服务体系、人文关怀服务体系和省级青年创业园等“五个体系、

一个平台”，全方位服务各类青年创新创业需求。举办5期“青年创业大讲堂”，邀请新东方创始人俞敏洪等知名创业者与青年分享交流，评选第三届安徽青年创业奖，举办第四届安徽青年创业大赛、邮储银行杯青年涉农产业创业创富大赛安徽区域选拔赛。“创青春”全国大学生创业大赛安徽再创佳绩。联合金融机构为9179名青年发放贷款8.91亿元，评定农村青年信用示范户1132户，发放贷款4678万元，为1145名皖北地区创业青年、45名大学生村官分别发放贷款财政贴息资金1000万元和47.5万元。联合省委组织部、省财政厅命名首批10个安徽省大学生村官创业示范基地（园），提供50万元资金扶持。联合省人社厅、省经信委、省科技厅评选20家首批“安徽青年创业园创建单位”，提供200万元资金支持，其中2家园区入选团中央首批命名的“全国青年创业示范园区”。连续11年举办青年就业招聘会，2014年省本级举办“共青团组织服务青年就业”系列招聘会9场，组织500余家用人企业提供就业岗位15000余个。

2. 引导青年立足岗位创先创优。以青年文明号20周年纪念活动为契机，亮出“青”字招牌，组织开展系列技能竞赛和岗位成才活动，引导广大青年爱岗敬业、创先创优。举办省级青年文明号培训班，开展寻找“最美青工”“青年岗位能手”评选活动，推动“青年安全生产示范岗”创建。启动青年文明号微电影大赛，筛选出79部微电影，开设专题网站进行展播。推动农村青年创业致富“领头雁”培养计划，联合中央电视台七套农业节目，在《致富经》栏目中推出两期《安徽青年致富榜样》特别系列节目，共播出创业人物事迹10个。

3. 深化青年志愿服务品牌活动。持续扎实开展学雷锋、春运志愿者、青年卫生志愿者、植树造林等品牌志愿服务项目。雷锋月期间，开展雷锋榜样进校园系列主题团队日活动7500多场次，覆盖青少年184万余名；春运期间，组织3000余名青年志愿者开展志愿服务23万人次，总时长达77万小时；全省各级团组织共登记助残志愿者6.78万名，建立助残服务阵地980个，开展助残活动3580场次，累计服务时间36600小时，捐款捐物总价值达1389万元；持续15年开展青年卫生志愿者扶贫接力计划；招募161名西部计划志愿者赴西藏、新疆、青海和安徽省部分县区团委开展志愿服务活动；动员8.8万名青少年开展植树造林，新增绿化面积达1.95万亩。主动加强与对口支援的团新疆皮山县委、团西藏山南地委联系沟通，推进青少年民族团结教育和对口援建项目逐步落实。

三、致力提高吸引力和凝聚力、扩大有效覆盖面，加强基层服务型团组织建设，激发组织新活力

1. 夯实团建基础。细化党建带团建工作落实措施，推动各地开展党建带团建专项督查，将党建带团建工作逐步纳入基层党建目标考核体系和党委领导班子党建工作考核内容。稳步推进城市街道区域化团建工作，在全国首批4个试点市的基础上扩大试点范围，推动全省40个市辖区的149个街道（社区）组织实施，并举办省级示范专题培训班。印发安徽省农村区域化团建工作指导大纲，结合全省村“两委”换届开展村级团组织集中换届选举工作，推动4038名大学生村官兼任镇村团干部。全省981个乡镇团委设立金融委员，1146个乡镇团委设立权益委员，现有乡镇团委委员总数达到12369人（全年退出乡镇团委委员1815人、补充团委委员2038人）。按照“五个一工作法”全面提升非公企业团建活力，推进农村专业合作社团建工作，全省已建合作社团组织2400多个，县域团工委75个，覆盖团员14万人，大力提升组织活力。

2. 倾力支持基层。出台《加强基层服务型团组织建设的实施意见》，从2014年度工作经费中专门划拨45万元，专项用于支持青少年综合服务平台建设。选派43名高校团干部到县级党政综合部门和基层团组织挂职。为县级团组织新输送西部计划志愿者92人。深化扶贫工作,持续推进“百企助百镇”青年徽商携手基层促发展公益行动,与阜阳市颍州区扶贫联系点开展结对帮扶。

3. 探索加强青年社会组织工作。推动省市建立青年社会组织孵化中心等青年社会组织有形化服务阵地,加强对青年社会组织的联系、服务和引导。与680多家青年社会组织建立有效联系。在省社会组织联合会下设青年社会组织工作委员会,在全团率先参与青年社会组织的登记、年审、扶持等工作。开展示范项目建设,联合省文明办、新华社安徽分社、省民管局、省社会组织联合会在全省青年社会组织中寻找“最暖公益项目”;举办省级志愿服务项目大赛,吸引140多家青年社会组织参赛。在各级青联组织中增设青年社会组织界别,省青联设立青年社会组织界别并吸纳16名青年社会组织优秀骨干加入青联委员队伍。

四、关注青少年普遍性利益诉求,深化重点青少年群体帮扶教育,服务青年新需求

1. 维护青少年合法权益。积极发挥预青组和未保委平台作用,以“安徽省青少年事务社会工作专业人才队伍建设体系”为主题,深入开展“共青团与人大代表、政协委员面对面”活动,探索青少年利益诉求表达和青少年个案维权的常态机制。进一步加强12355青少年综合服务台建设,完善热线电话、网络咨询等服务功能,接听、接待各类咨询500多次,办理法律援助案件20多件。继续开展服刑人员未成年人子女“阳光关爱”行动,通过社会化方式筹集资金240万元,帮助2200多名服刑人员未成年子女。

2. 关爱帮扶重点青少年群体。以五类重点青少年群体为重点,在深入推进全省第一批工作的基础上,部署推动第二批35个县(市、区)重点青少年群体服务管理和预防犯罪工作。推进关爱农民工子女志愿服务行动,建立农村留守小队,引导农民工子女自我管理。累计建成350余所留守未成年人之家和41所“七彩小屋”,结对帮扶农民工子弟学校近3800所、农民工子女共113万余名。关爱困难青少年群体,在春节期间开展“让你踏上回家的路”活动,为全省2000名家庭困难和西部偏远地区大学生资助往返交通费。继续开展大学生“自强之星”寻访活动。深化“希望工程”事业,省本级筹资1700万元,新建希望小学15所,资助各类困难学生2261名。

3. 加强青少年事务社工专业队伍建设。从基础保障、重点任务、配套机制三个方面入手,联合省民政厅、省财政厅、省人社厅等单位制订《关于加强青少年事务社会工作专业人才队伍建设的实施意见》,形成5年建设规划。联合安徽大学社会与政治学院、省团校,分别成立省青少年事务社会工作研究发展中心、省青少年事务社会工作服务中心;联合省民政厅开展“江淮社工行动”——“成长相伴”城市流动儿童和农村留守儿童社会工作服务示范项目。探索完善政策支撑、理论研究、项目建设、培训提升、激励保障和青少年事务社会工作服务中心“五个体系、一个中心”建设。

五、强化团的自身建设,巩固和拓展教育实践活动成果,锤炼团干新风貌

1. 切实加强作风建设。严格贯彻落实中央八项规定等相关文件精神,巩固和拓展教育实践活动成果,严肃党内政治生活,推动团省委机关作风建设形成新常态;精心指导全省共青团系统第二批教育实践活动顺利推进。不断完善团干部基层联系点工作,健全全省副处级以上团干部联系指导105个县级团委工作机制,各级专职团干部建立1500多个基层乡镇街道团组织联系点。在全省各级团组织和广大团干部中开展“下基层、访青年、送服务”和“走进基层,转变作风,改进工作”大调研大走访活动,推动团干部走进农村、企业、高校、社区“接地气”。

2. 加强团干部配备培训。充分履行协管团干部职能，做好直属团委班子的调整配备工作。按照团中央的统一部署，以乡镇、街道团组织格局创新为抓手，不断提高基层团组织干部配备率，截至目前，全省基层团组织书记、副书记和基层团干部配备率均达90%以上。全省各级团组织通过专题讲座、实地调研、送课基层、以会代训等多种形式，培训团干部3.6万余人次。团省委连续5年机关干部网络培训人均学时和人均学分均位居省直单位前列。

一年来，青联、学联、少先队工作迈出新的步伐，特别是成功召开了少先队安徽省第五次代表大会，争取省委出台了《关于进一步加强少年儿童和少先队工作的意见》。团省委直属单位稳步发展。省团校办学不断改革创新，安徽青年报社积极发挥宣传阵地作用，省希望工程办公室社会信誉和影响力不断提升，少年博览杂志社改制运行平稳，杂志发行量再创新高，野营基地、幼智中心等单位努力探索改革发展新路径。

福建团的工作

2014年，在省委和团中央的正确领导下，福建共青团认真学习贯彻习近平总书记系列重要讲话精神，深入贯彻落实省委和团中央一系列重大决策部署，持续推进“六大青春战役”，在盯重点、铸亮点、破难点中狠抓工作落实，推动全省共青团事业实现新发展。

一、以坚定理想信念为核心，狠抓青少年思想道德建设

1. 深入学习宣传贯彻习近平总书记系列重要讲话、来闽考察重要讲话、对共青团工作的重要批示精神和党的十八届四中全会、省委九届十一次全会等重要会议精神。先后召开团省委常委（扩大）会议、理论中心组学习进行专题学习部署，通过晨会、花园里1号讲坛、座谈交流、个人自学等方式，并运用“福建共青团”“海西新青年”和“共青早读”网站、微信、微博等新媒体手段开展学习宣传，组织团干部和团员青年持续学、深入学，准确把握重要讲话和重要会议精神实质，统一思想认识。

2. 广泛开展中国梦和社会主义核心价值观主题教育活动。在“五四”“六一”期间，省委书记尤权、省长苏树林等省领导亲自参加共青团和少先队的活动，代表省委、省政府向全省广大青年和少先队员致以节日问候，并寄予殷切期望。全省各地团组织开展“奋斗的青春最美丽”“中国梦·青年说”“红领巾相约中国梦”“青春梦·中国梦”等活动649场，参与人数22.1万多人次；举办“与信仰对话”“与人生对话”“彩虹人生”报告会、主题团日活动2276场，覆盖人数28.2万人次。联合省书法家协会、省美术家协会开展2014福建省“向上·向善”青少年书法美术大赛，共收到儿童、少年、青年、青年院校四个组别参赛作品4016幅。开展大中专学生暑期“三下乡”社会实践活动，组织20余万名青年学生深入基层一线学习实践。加大青年学生骨干培养力度，“福建省大学生骨干培养学校”第六期学员顺利结业，举办第七期学员集中培训班。

3. 大力加强网络新媒体工作。承办全国高校共青团网络新媒体工作研讨推进会，开展

高校共青团网络新媒体转型创新试点工作，积极推广福建师范大学“五微五阵地”做法，推动高校团组织微博体系建设。团省委腾讯官方微博被评为福建优秀政务机构微博，团省委官方微信被评为福建优秀政务微信。大力推进农村共青团和高校微信体系建设。在国庆期间策划发起“大大你好”微活动，短短一周时间，话题阅读量达到1235万、参与讨论2.3万人次。联合福建新闻广播，通过全省67家市县广播电台，在全省开展大型公益“鲜花送雷锋”活动。广泛开展“我和国旗合个影”“我为核心价值观代言”“青春美·爱相随”“网上祭英烈”“微笑福建”等主题网络新媒体活动，组织团干部和团员青年在网络上发出青年好声音，传播青春正能量。在省市县三级和高校建立了网络宣传员队伍，与省委网络办合作，举办全省网络评论员暨共青团网络宣传员骨干培训班，培训基层网络宣传员骨干120余人。

4. 积极选树青年典型。开展福建青年五四奖章、福建优秀共青团员、优秀共青团干部、身边好青年等评选活动，选树各界青年典型800多名。开展“寻找乡村好青年”活动，选树省、市、县、乡农村优秀青年典型3700余名，开展价值观分享、代言等活动637场次，参与人数3.6万人次。

二、以品牌活动为抓手，引领广大青年在新一轮改革发展中建功立业

1. 深化“青字号”品牌活动。以青年文明号活动开展二十周年为契机，组织开展青年文明号“优质服务示范月”等主题活动146场，2200多家青年文明号集体、23900余名青年参加活动。举办“追梦青春”青年文明号摄影大赛，在全省20多条公交线路、400多辆公交车、100多个加油站等公共场所刊登宣传海报，引导青年职工立足岗位创先争优。联合省直有关单位举办煤矿救援、金融服务等省级行业青工技能竞赛8场，有力提升青年职工职业技能。承办第八届“中国青年科技创新馆”，征集项目300余个，现场展示13个优秀项目，参观人数累计达40000余人次。联合省委组织部等部门正式实施福建省农村青年创业致富“领头雁”培养计划，成立了福建省农村青年致富带头人协会。

2. 积极参与生态省建设。启动“共青团员义务星期六活动”，引领广大团员青年通过开展美化一个村部、建设一条青年路、成立一支青年宣传队“三个一”活动参与“美丽乡村”建设，全省已建设“青春家园”示范点77个，建设生态青年林94片。泰宁青年生态林入选全团保护母亲河行动“解放军青少年绿色家园”项目，获得15万元的项目资金支持。举办“建设青春家园·共筑生态文明”——2014年全省青少年植树护绿统一行动，植树近33.39万株，达1.29万亩。广泛开展青少年生态环保主题教育活动，举办“生态文明与青年责任”中国福建·首届国际观鸟博览会和2014年国际生态保育交流论坛，促进对外环保交流合作。加强福建省青少年生态环保社团联盟建设，组织开展“大手牵小手——自然课堂进校园”、八闽生态学堂、手心上的文明进社区等活动11场。为20个生态环保社团项目各提供5000元资助，举办社团骨干培训17期、培训人数1102人次。

3. 启动首届全国青年运动会志愿者招募工作。牵头成立了第一届全国青年运动会筹委会志愿者工作部，举办青运会开幕倒计时一周年暨志愿者招募动员大会，发布了青运会志愿者标志，设立了15个“志愿者招募培训基地”，在福州三坊七巷、火车站等地建设“志愿服务小站”4个。启动了“迎接青运会、争当志愿者”暨“共青团员义务星期六”主题活动，正式开展志愿者招募工作。此外，还招募近6000多名青年志愿者开展服务春运、APEC财政高官会、第十二届海峡项目成果交易会、维护交通秩序行动、食品药品打假等重大活动的志愿服务工作。选派413名大学生到西部和福建省欠发达地区从事志愿服务。在21所高校开展省级志愿服务记录试点申报工作,实现团员青年志愿服务网络化管理。

三、以打造两岸青少年交流桥头堡为目标,对台青少年交流实现新突破

1.开展首届两岸学生起点营活动。邀请台湾23所高校、省外30所重点高校以及福建省13所主要高校的90名学生会负责人,参加两岸学生未来领袖圆桌会、参观寻访、素质拓展等活动,为深化下阶段两岸学生交流工作打好基础。

2.深化对台交流品牌项目。认真贯彻落实习近平总书记提出的“两岸一家亲”理念和省委“两个服务”要求,成功举办第十二届海峡青年论坛、第二届海峡青年节、第十届两岸大学校园歌手邀请赛、第九届海峡两岸青少年排球邀请赛、2014年海峡两岸青少年夏令营等活动,全面实施“千名台湾青少年福建行”项目,开展首届海峡两岸高校大学生记者挑战赛、首届台湾大学生暑期来闽实习计划等活动,共邀请了3040名台湾青少年来闽交流,进一步扩大了交流规模。

3.深化闽港澳青少年交流。深入实施2014香港大学生暑期内地实习计划,开展“十载浓情·闽港相聚”青年汇聚交流互访活动,与香港新界青年联会签订“共筑中国梦”友好合作协议,进一步强化了闽港澳青少年交流。此外,还从资金支持、扩大交流、干部培养、青年创业、基层建设等方面入手,对口帮扶西藏林芝和新疆昌吉共青团工作。

四、以青少年事务为己任,服务青年能力有新提升

1.助推青年就业创业。开展全省青年劳动力状况调研,会同省教育厅等部门开展大学生创业调研。在五四期间举办福建青年创业汇,集中展示福建省近年来大学生创业之星、“银团合作”、青年创业奖、农村青年致富带头人、杰出青年企业家等工作成果,吸引1.7万多人次参观。成立福建省农村青年创业导师团,选树“农村青年信用示范户”3044户,评定80家省级青年农民合作社优秀示范社,其中“十佳”优秀示范社及“十佳”优秀示范社提名奖各10家。深化“银团合作”,与邮储银行签订《支持福建银团合作的意向书》,为青年创业贷款提供10亿授信规模。遴选118名优秀青年干部到省、市、县三级89个团委挂职,开展“送金融知识下乡”活动1033场,发放小额贷款2.52亿。开展城市青年创业小额贷款发放工作,为2357名创业青年提供小额贷款1.6亿多元,带动8000多人实现就业。开展第三届大学生“创业之星”评选活动,共资助大学生优秀创业项目120项,资助金额达380万元。全省已建成并投入使用青年创业园区30家,并正在建设青企大厦和平潭综合实验区省级青年创业基地。举办青年创业大讲坛、就业创业训练营等活动,培训各类青年5万余人次,培养城市青年创业人才632人。加强就业创业见习基地建设,举办岗位对接活动50多场,组织7579名青年上岗见习。举办2014年“创青春”大学生创业大赛和首届福建省青年创业创新大赛,吸引了1174个创业项目(作品)参加。

2.加强12355青少年服务台建设。构建“省级平台、市级办理、一体运作”的工作体系,广泛开展“轻松备考阳光行动”、“进学校、进乡镇、进社区”等活动,举办各类讲座401场、195658人次参与,接听考前咨询电话4973人次。

3.启动青春同行·助孤行动。联合省民政厅实施青春同行·助孤行动,通过物质帮扶“三个一”(抚助金、赠书、医疗保险)和精神关怀“六个一”(学业辅导、交流谈心、爱心电话、家访慰问、体验活动、“微心愿”)关爱孤儿成长。2014年,家庭困难、急需帮扶并录入数据库的孤儿(含单亲子女)已有7652名,募集爱心资金682万元,“月月赠书”活动发入了三批书籍到孤儿手中。

4. 开展关爱帮扶活动。希望工程·圆梦行动募集社会各界捐款1281万元，资助了2536名农村经济困难家庭大学新生。成立许清水青少年医疗救助基金，资助37名家庭经济困难的患病学生每人1万元。在三明、南平、龙岩等地区援建5所希望小学。深入开展助残“阳光行动”和关爱农民工子女志愿服务行动，全省成立127个阳光行动示范基地，开展各类助残活动325场，已动员28874名青年志愿者与26012名残疾青少年进行长期结对。组建关爱农民工子女志愿服务队1746支，招募志愿者181898人，与1527所农民工子弟学校结对，结对率达100%；“一对一”结对帮扶农民工子女413598人，结对率达96%。

5. 推进青少年群体服务管理和预防犯罪工作。组织3187家预青成员单位挂钩社区，19323名干部和志愿者结对重点青少年群体，全年帮扶人数达25542人次。开展“面对面”活动，向省“两会”提交有关青少年民生提案、建议6件。举办“为了明天——关爱青少年彩虹行动”微电影大赛，征集微电影40余部，展播投票网站独立IP访问量达820万个。精选汇编51个先进典型案例，编辑出版《福建共青团权益工作案例》。举办预防青少年违法犯罪论文评选活动，征集论文337篇，编写《2014年预防青少年违法犯罪论文集》。

五、以扩大覆盖增强活力为重点，团建基层基础得到新夯实

1. 扩大组织覆盖。启动数字共青团工作，自主研发了“福建共青团综合管理系统”和“福建共青团团务服务系统”。截至2015年1月12日，全省共有1548089名团员在线激活了个人使用权限；共有4930个团委、2903个团总支、78867个团支部的负责人在线激活了团组织的管理权限。目前，系统已实现了线上团组织建设、团员注册、团情统计、团籍管理、开展团的组织生活和团的活动等基础功能。全省新建非公企业团组织1203家，覆盖青年3万余人，推进街道区域化团建工作试点，首批112个试点街道已建立共建委员会112个，建立直属团组织4394个、直属青年社团452个，覆盖团员青年131684人。新建合作组织团组织753个，覆盖团员8857人、联系青年17889人。成立了福建驻上海、山东团工委。

2. 加强基层服务型团组织建设。以“青春同行·助孤行动”“共青团员义务星期六”“数字共青团”“2014共青团联系服务农村青年月”等工作为抓手，通过组织基层团支部与孤儿结对、组织团员青年开展义务劳动和志愿服务、组织团支部书记把团员信息录入到数字共青团平台等，让团支部这一层级动起来，切实增强共青团员的荣誉感和责任感。

3. 加强中学和高校共青团工作。开展学校共青团重点工作创新试点，共有来自高校和中学的15个项目参与。开展首批“高校对口中学团建促进行动”试点工作，组织高校团支部与中学团支部结对共建。开展大学生“走下网络、走出宿舍、走向操场”活动1080场，超过72所高校的69000名学生参与活动。

4. 加强团干部建设。联合省委组织部出台意见部署县乡团委换届工作，并以集中换届为契机，选好配强基层团干部队伍。联合省委教育工委、省教育厅从全省高校选派2名团干部到新疆挂职，23名团干部到县级团委挂职。加强团干部教育培训工作，首次将团干培训纳入省委组织部全省干部教育培训范畴，在省委党校举办第一期全省共青团干部专题培训班。结合党的群众路线教育实践活动，以“四下基层”、“走进青年、转变作风、改进工作”为载体，推动团干部在深入基层、走进青年中锤炼扎实作风。

5. 深化全团带队工作。以省“两办”名义出台《关于进一步加强少年儿童和少先队工作的意见》，并积极推动市、县两级出台配套文件，三明、泉州、漳州、龙岩、福州、莆田、宁德等

7个设区市和晋江等9个县(市、区)出台相应《意见》。举办全省少先队辅导员骨干培训班,培训业务骨干269人,全省少先队大、中队辅导员57920人参加了网络培训,占辅导员总数的99.04%,合格率为96.2%。与省邮政局联合组建"鸿雁"志愿辅导员队伍,创建"福建少先队"和"福建省红领巾艺术团"微信公众平台,出版《少先队活动课辅导参考》,启动"百名红领巾上讲坛"系列活动,开展省级"先锋课堂"优质队课说课比赛和案例比赛。

江西团的工作

一、以增强有效性为首要目标,初步构建起青少年教育引导体系

1.突出教育引导重点,转变宣传宣讲方式,让青少年教育引导更加直接有效。以学习习近平总书记系列重要讲话精神、"我的中国梦"主题教育实践活动、培育和践行社会主义核心价值观为重点,坚持理论与实践相结合,举办学习习近平总书记系列重要讲话精神专题培训班175期,培训团干部2.68万人次,开展线上、线下学习活动1.35万场,覆盖团员青年112万余人次。组织开展"我的中国梦"主题教育报告会4058场、主题团队日活动2.67万场,在团员青年中唱响了"中国梦"的主旋律。特别是,重视发挥青少年的主体作用,通过开展1.27万余场分享交流活动,努力将"我讲你听"转变为"团青互动",将"单向灌输"调整为"同频共振",让青少年在自由表达、平等交流、相互碰撞中接受教育。

2.丰富教育引导载体,让青少年教育引导更加生动有效。一是丰富红色文化教育载体。充分挖掘丰富的红色资源,广泛开展"重走革命路"、"寻访红色足迹"等红色文化体验活动,极大地激活了青少年的红色基因。把全省近100个爱国主义教育基地和各类红色革命旧址建成少先队员校外活动阵地,组建2220人的"红领巾小小讲解员"队伍,带领少年儿童讲英雄、学英雄、做英雄。二是丰富实践载体。开展学雷锋活动3.6万场次、动员1000多家单位开展青年文明号20周年宣传,努力将思想引领融入青少年社会生活,让青少年在实践中受教育。三是丰富典型载体。广泛开展"最美青春人物"、"最美青工"、"乡村好青年"、"最美少先队员"等活动,依托"身边的雷锋"专栏,每周推出"最美青春故事",用青少年身边的"微榜样"示范、带动青少年。推出"夺刀少年"等960名"最美青春"代言人,示范带动1500万青少年为核心价值观代言。四是丰富文化产品载体。为了让青少年在精神上产生共鸣并从心理上真正接纳,大力开发并推出了歌曲《红色故乡》、微电影《好多肉炒粉·莲子汤》、漫画《酱菜青年》、动漫《逐梦少年》等青少年喜闻乐见的时尚文化产品,努力使青少年思想引领工作春风化雨、润物无声。

3.注重网上教育引导,把共青团员的先进性与担当精神延伸至网上空间。一是抢占网络新媒体。针对青年"手机网络不离手、微博微信随时玩"的生活方式,进一步完善了团属新媒体工作体系,全省团属微博总数超1.1万个,粉丝数超1000万;团属官方微信公众号403个,订阅数超30万。二是深化共青团网络宣传工作。组建了规模达3.38万人的江西青年网络赣军,建立了86人的网络评论核心队伍、5000 人的网络宣传快速反应队伍,举办 112 期专题培训班,培训网络宣传员 7000 多名,积极开展网络正面引导和舆论斗争。

二、以提升贡献力为着力点,初步构建起青年建功发展体系

1. 主动融入区域经济发展。一是全力支持共青城发展。履行好支持共青城发展领导小组办公室职能,在宣传推介、项目引进、协调服务上举全力支持共青城发展,直接帮助引进 8 个重大项目。争取到团中央 482 万元资金,用于支持共青城中小企业发展和青年创业就业、青少年校外活动场所建设、生态保护等。特别是,争取省委、省政府和团中央的支持,举办了首届中国青年企业家(共青城)发展峰会,启动了首届中国青年 APP 大赛,形成了支持共青城发展的"一会一赛"工作品牌。二是组织动员各级团组织结合实际,积极投身鄱阳湖生态经济区建设、赣南等原中央苏区振兴发展、昌九一体化等区域发展战略,在助推全省区域经济发展中贡献了青春力量。

2. 积极参与社会治理创新。一是扎实做好预防青少年违法犯罪工作,创新推进"阳光班级"专门教育,教育矫治有不良行为青少年 1130 人,成功转化 860 人。二是创新推进青少年法治宣传教育,深化法制副校长队伍管理,打造了"暑期前最后一课"和"开学第一课"的青少年法治教育"两课"品牌。三是深入推进青年志愿服务工作。坚持以留守儿童、残疾人、空巢老人、农民工为重点,广泛开展青年志愿服务进社区活动,推动青年志愿服务常态化。圆满完成了世界低碳大会、绿博会、瓷博会、省运会等重大活动的青年志愿服务工作。特别是,开发推广了集登记注册、信息发布、质量评估等功能于一体的江西青年志愿者电子服务认证平台及管理系统,实现了青年志愿服务工作的电子化、信息化。

3. 积极服务生态文明建设。筹集款物 450 万元,在 90 个自然村开展省级共青团生态文明示范村创建。深化保护母亲河行动,组建江西省青少年环保社团联盟,广泛开展"鄱阳湖行"、"青少年植树行动"等环保实践活动,组织 1.55 万青年参与植绿护绿,建设县域青年林 15 个,种植树木 1.6 万亩。

4. 扎实开展扶贫开发、援疆、援藏工作。一是认真做好扶贫开发。发动全省各级团组织对口扶贫,广泛开展"扶贫日"募捐活动,募集资金 108 万元。在瑞金市清水村开展驻村帮扶工作,投入帮扶资金 85 万元,帮助修建饮水工程 1 个,结对帮扶贫困户 21 人,结对助学 37 人。二是积极参与援疆、援藏工作。制定了江西共青团 2014—2017 年对口援疆规划,筹集资金 50 余万元资助阿克陶县 50 名贫困学生、援建 2 个"青年之家"。组织 1.6 万余名中小学生与阿克陶县青少年手拉手结对。选派 1 名高校团干部、38 名西部计划志愿者参与对口援疆,首次选派 20 名西部计划志愿者赴西藏服务。

三、以分类服务为突破口,初步构建起青少年成长服务体系

1. 服务青年创业就业。在积极构建青年参与、企业家资助、金融机构扶持、团委搭建平台、职能部门支持的"五位一体"青年创业工作体系的基础上,着力深化创业就业服务举措。一是激发创业热情。组建青年创新创业导师团,巡回开展青年创新创业宣讲活动;举办首届"盐商杯"江西青年创新创业大赛、"创青春"江西大学生创业大赛、"邮储银行杯"江西青年涉农产业创业创富大赛等,激发青年创业源泉。二是提升创业就业能力。以农村青年创业致富"领头雁"培养计划、"春风行动"、"见习助就业·牵手毕业生"活动为抓手,培训进城务工青年 16563 人,组织 2950 名青年上岗见习。三是提供资金帮扶。开发推广"邮青时贷"金融产品,为 800 余名青年发放创业贷款 2.2 亿元。组织参加"邮储银行杯"中国青年涉农产业创业创富大赛,为 82 个项目提供 1.5

亿余元贷款。四是搭建创业平台。建立2个全国青年创业示范园、8个省级青年创业孵化基地、3个省级大学生创业孵化基地，为入孵企业提供政策、资金、培训、推介等创业服务。特别是，结合农村青年创业实际，积极扶持农村电商发展，建立了新干县大学生电商创业基地、广丰县“51淘农村电商服务站”等一批创业孵化基地，搭建了服务农村青年创业的新平台。

2. 服务青年成长成才。针对困难青少年，深化希望工程、1%工程、“希望之星”成长计划、雷锋基金等公益品牌，援建希望小学25所，资助贫困学生5000余人。针对残疾青少年，广泛开展助残“阳光行动”，覆盖全部县（市、区）的城市中心社区，帮助残疾青少年13396人次。针对大学生，深化暑期“三下乡”社会实践，覆盖青年学生超28万人次。深化大学生志愿服务西部计划，引导大学生到基层建功立业。开展“走下网络、走出宿舍、走向操场”大学生群众性课外体育锻炼活动1.36万场次，覆盖74.5万人次，引导大学生增强体质。针对各类青年人才，启动了青年俊才工程，采取分类选拔、分类建库、分类培育的办法，对青年人才进行跟踪培养。

3. 服务青年婚恋交友和社会融入。针对青年婚恋交友需求，打造了共青团“爱的约定”婚恋交友品牌，累计开展婚恋交友活动860余场，吸引10.4万余名青年参与，创新举办“向幸福出发”江西青年集体婚礼。针对青少年社会融入需求，深化“杜鹃花”行动——关爱农民工子女志愿服务行动，建立关爱阵地1549个，为80余万农民工子女提供亲情陪伴、学业辅导、感受城市、自护教育等服务。

4. 维护青少年合法权益。创新推进“共青团与人大代表、政协委员面对面”活动，深化12355青少年服务台建设，规范青少年维权岗创建工作，新命名省级青少年维权岗180个。特别是，高位推动未成年人保护工作，首次召开了全省市、县分管领导参加的未保工作电视电话会议和省未保委全体会议，推动市、县两级全部成立了未保工作机构，建立了覆盖全部县（市、区）共2563人的合适成年人队伍。

四、以健全长效机制为保障，初步构建起枢纽型青年工作体系

1. 夯实团组织核心作用。一是创新推进区域化团建。在城市，按照“信息收集、服务青年就业创业、志愿爱心服务、社会民生服务、组织建设、X项特色品牌活动”的“5+X模式”，推进“青年空间”综合服务平台建设；在农村，推进农村区域化团建，建设乡镇直属团组织3.23万家；在机关事业单位，深入推进“团组织+青年工作委员会”工作模式。二是持续推进非公、农村专业合作组织、驻外等领域团建，新建非公企业团组织1844个、农村专业合作组织团组织1283个、市县两级驻外团组织17个。三是深化行业团建，在注册会计师、快递、律协、旅游等8个行业建立了团组织，探索推进“一行一品”工作模式。四是巩固团的外围组织。优化青联界别设置，常态化开展活动，提高委员“准入门槛”，创新建立委员评议退出机制。依托“赣港台青年交流协会”、“澳赣台青年交流促进会”，组织600余人次的赣港澳台青少年开展文化交流互访。指导学联、学生会组织不断提升工作科学化水平。加强对青企协、青商会、青宫协、青志协等团属协会工作指导。

2. 建立立体化资源整合方式。立足团组织自身资源不足的现状，积极整合各方资源，为做好共青团工作提供资源保障。一是争取省委、省政府支持，推动形成制度保障。积极争取省委重视和支持，省委常委会每年专题听取共青团工作汇报；首次以省委名义出台了加强少先队工作的意见；党建带团建工作特别是团干部配备情况纳入市、县两级党委书记抓基层党建工作专题述职内容，高校党建带团建工作纳入高校党建考核内容；建立了团省委机关

干部定期转岗输送机制;重点青少年群体服务管理工作纳入了综治工作和平安建设考评的重要内容。二是争取省直相关部门支持,努力完善政策保障。争取到省委组织部对党建带团建和“青马工程”的工作经费支持,联合打造了党员干部大讲堂——青春路上党旗扬学习平台;争取到省财政厅将“青少年事务”和“未成年人保护”列入省政府确定的政府购买社会服务内容,列支100万元经费专门用于团干部培训;争取到省人社厅5亿元小额贷款额度专门支持团组织推荐的青年创业项目,为省青商会争取到1亿元联保贷款;争取到省中小企业局80万元用于支持举办青年创业大赛;争取省民政厅将青少年社工纳入全省社工整体工作,下发了《关于加强青少年事务社会工作专业人才队伍建设的实施意见》,指导青年社会组织争取到公益创投资金支持项目20个;推动邮储银行与团组织互派干部交流挂职。三是争取社会力量支持,着力强化资金保障。近两年来,在支持青年创业上,筹资440余万元用于举办三大类青年创业创富大赛;筹资140万元成立“导师基金”,组建导师团,一对一扶持“赢在江西”创业大赛获奖选手;筹资200万元用于举办中国青年APP大赛;筹资300余万元,充实省青年创业就业基金。在帮扶困难青少年上,募集款物7600余万元用于“希望工程”助学助困,为农村学校捐赠了价值4000万码洋图书。在推动团的工作上,筹资40万元用于制作青少年自护动漫片《逐梦少年》;筹资80万元用于开发江西青年志愿者电子服务认证平台及管理系统;筹资50万元用于共青团开展政府向社会力量购买服务试点。

3.凝聚服务青年社会组织。把发挥团组织在青年社会组织中的枢纽作用作为参与社会管理创新的有效途径,加强对青年社会组织的联系、引导和服务。搭建平台,建立了江西省青年社会组织服务中心,推动建设市级青年社会组织服务平台。持续深化网络团建,全面推进网络团组织示范点建设、“百网十佳”创建活动,新建网络团组织17家,联系网络青年社会组织679家。广泛凝聚,创新实施“青领计划”,省级直接联系200名“青年意见领袖”、130名青年社会组织负责人,加强对网络作家、独立演员、流浪艺人自由职业青年的联系引导。

4.全面加强少先队建设。把贯彻落实好省委《关于加强新形势下全省少先队工作的意见》作为工作主线,推动10个设区市党委出台了实施意见,全面加强少先队活动载体、阵地建设,推进少先队辅导员专业化建设,少先队活动课开课率小学达84%、初中达69%,南昌大学“少年儿童组织与思想意识教育”硕士学位点首次面向社会招生。

五、着力加强团干部队伍建设,切实为党做好新形势下青年群众工作提供坚强保障

1.抓配备充实力量。将团干部配备作为团干部队伍建设的前提。狠抓党建带团建政策落实,通过督查通报、领导约谈等方式,着力加强市、县两级和高校团干部配备。特别是,首次对落实高校团委机构、编制、经费、工作“四个独立”开展专项督查并实行评优一票否决,推动全省61所高校落实了“四个独立”,比上一年增长90.6%,为高校共青团事业发展提供了坚强保障。

2.抓培训提升素质。坚持把加强教育培训作为提高团干部队伍能力素质的先导性工程来抓。按照“分级管理,下跨一级”的原则,对全省各级团干部开展了系统化的分级分类培训,举办培训班315期,累计培训6.7万余人次。

3.抓作风推动工作。以巩固党的群众路线教育实践活动成果为契机,加强团干部作风建设。在联系基层上,开展“连心、强基、模范”三大工程、深化“走进青年、转变作风、改进工作”大宣传大调研活动、扎实开展当代江西青年政

治参与状况专题调研，深化“三进四同一带头”、“双结双实双提高”、双休日志愿服务等活动，推动团干部在密切联系基层中接地气、改作风。在工作落实上，完善了督导考核机制，首次引入党政评价和社会评价，创新开展“看亮点、找特色、比优势”巡回拉练活动，倒逼基层多点开花，形成了狠抓落实的良好导向。在从严要求上，认真贯彻落实中央八项规定精神和省委、省政府及团中央的有关规定，新建并认真落实《团省委干部离任审计制度》，实行党组集体听取部门财务工作汇报制度，定期开展谈心谈话活动，加强对干部的日常教育管理。

山东团的工作

2014年以来，全省各级团组织在团中央和省委的正确领导下，深入学习贯彻党的十八大和十八届三中、四中全会精神，认真落实团十七届二中全会和省委十届九次、十次全会精神，以习近平总书记系列重要讲话精神为行动指针，以全团重点工作为核心支撑，以“五项行动”“两项工程”为总体牵动，突出“转、调、创”的动力提升作用，深入实施“基层基础年”，各项工作呈现出良好态势。

一、把牢根本任务不动摇，深入实施青春导航行动。围绕培养中国特色社会主义事业建设者和接班人，以“理想信念教育”为核心，把握“社会主义核心价值观教育”主线，充分发挥网络新媒体作用，不断增强引导青年工作的针对性、实效性和时代感。

1. 聚焦关键点。抓住五四、六一、七一、全民族抗战爆发77周年、甲午海战120周年等重要时间节点，广泛开展“我的中国梦”宣传教育、主题团（队）日、寻访实践等活动，1000余万青少年参与其中，集中展示了齐鲁青少年昂扬向上的精神风貌。抓住习近平总书记给张广秀复信、对共青团工作作出重要批示、十八届四中全会召开等重要事件节点，组织广大团干部和团员青年开展座谈会、分享会、交流会等活动，在全省共青团迅速兴起了学习热潮。

2. 聚合新优势。进一步发挥齐鲁优秀传统文化资源优势，举办省大中学生“国学达人”挑战赛、“孔子学堂”大学行、“中华学子孔子故里行”系列活动，探索建设弘扬优秀传统文化的载体和平台。进一步发挥优秀工作品牌优势，深入开展“青年马克思主义者培养工程”“奋斗的青春最美丽”“与人生对话”“与信仰对话”等活动，直接覆盖团员青年215万人次，使社会主义核心价值观在青少年心中生根发芽。

3. 聚集正能量。突出各级“青年五四奖章”“十杰青年”的示范带动作用，大力选树“山东好青年”“乡村好青年”“最美代言人”“优秀少先队员”等青少年典型，组织开展进校园、进企业、进社区、进农村、进机关、进部队活动，向35万人次青少年传递榜样力量。发挥文化产品的正向带动作用，通过组织“向上·向善”青少年微电影大赛、青年动漫创意大赛等挖掘大量优秀文化产品，加深了广大青少年对社会主义核心价值观的认知和了解。山东青年杂志、山东青年报和齐鲁少年报等团属舆论阵地进一步唱响主旋律。

4. 聚力新阵地。成立山东共青团新媒体中心，构建起以“山东共青团”为核心的微博体系和以“青春山东”为核心的微信体系，拥有

"粉丝"214 万余人,策划发起的"我与国旗合个影""青春山东范儿"等线上主题活动呈现出舆论引导的节点爆发效应。建立省、市、县三级 3.52 万人的网络宣传员队伍,加强对网宣员的管理、培训和保障,部署开展了"青年反占中"等一系列影响较大的统一发声行动,形成了舆论引导的集群优势,在网络宣传领域站稳一席之地。

二、扭紧工作主线不松动,深入实施青春建功、青春绿色行动。大力发扬"党有号召、团有行动"的光荣传统,紧紧围绕中心、服务大局,深入实施助力县域科学发展工程,团结带领青年在党政工作大局中选切入、找结合。

1. 激励青年投身改革、岗位建功。纪念青年文明号 20 周年,集中开展"唱响文明号,建功中国梦"团旗接力活动,深入开展百万青工岗位大练兵活动,成功举办第十届省青年职业技能大赛,进一步焕发了广大青年职工的职业精神。成立省会城市群经济圈青年发展联盟,组织青联委员开展"我为改革献计出力"等活动,组织青年企业家举办助推"转调创"地方行、"西部经济隆起带青企大讲堂"系列活动,组织青年学生开展"调研山东"社会调查活动,进一步激发了青年精英的报国热情。深入实施农村青年创业致富"领头雁"工程,承办全国农村青年创业致富"领头雁"特色产业交流系列活动,评选"全省农村青年致富带头人"和示范性青年农民专业合作社,进一步坚定了广大农村青年扎根乡村、创业致富的信心。

2. 组织青年奉献社会、服务群众。以秦宜智同志给济南大学"一平爱心服务队"回信为动力,深入推进"青春志愿行,共筑中国梦"青年志愿服务行动,启动省财政专项彩票公益金扶持"社区青年志愿服务站"项目,在省运会、世园会、全国工商联十一届三次执委会议等重大活动中,在乡村文明行动、文明城市创建、文明交通行动等重头工作中,诠释了奉献、友爱、互助、进步的志愿服务精神。成立省当代青年文化艺术交流中心,举办全省青少年"向上·向善"读书教育活动、省大中专学生社团节、省少年儿童征文大赛等活动,努力打造齐鲁青年文化高地。

3. 动员青年参与环保、改善生态。倡导"共建美丽山东"新风尚,新建 12 处省级青少年绿化基地和 4 处青年企业家林,组织全省 8 万名青少年集中植树 20 余万株。开展"保护母亲河"、"低碳减霾、绿动齐鲁"青年环保公益统一行动、"六五"环境日广场宣传活动等,广泛传递生态文明理念,引领青少年绿色低碳新风尚。建立省级和 11 市青少年绿色联盟,发动广大户外社团等青年社会组织,广泛参与"绿色骑行""无车日"等活动,汇聚了青春绿色正能量。

4. 鼓励青年关注基层、服务西部。组织数万支团队、60 万名青年学生深入基层开展"三下乡"社会实践活动,在企业基层班组大力开展青年突击队、安全示范岗创建活动,在农村建立 420 亩"青联农科示范田",影响和带动更多青年投身经济社会发展实践。招募 616 名西部计划志愿者赴祖国西部开展志愿服务,深入实施鲁疆青少年"手拉手"项目和新疆喀什地区团干部山东培训班,规划并签订山东共青团对口援助西藏日喀则市和青海海北州三年协议,积极开展对口援藏工作集中行动,有力推动了新一轮对口支援工作扎实开展。

三、担负政治责任不走样,深入实施青春创业、青春同行行动。通过增强服务意识、提升服务实效,深入实施服务青年项目创新工程,进一步增强了团组织的凝聚力和影响力,不断巩固和扩大了党执政的青年群众基础。

1. 服务青年创业就业。举办山东青年创业大赛、青年电子商务大赛、"创青春"大学生创业大赛、职业学校创新创效创业大赛,发挥联通未来青春创业社、KAB 创业项目基地的平台功能,组织开展创业报告会、青春创业大讲堂 381 场次,联合媒体开设“青春创业秀”“青春建功创富故事”等栏目,激发青年创新创业意识。协调向创业青年发放低息贷款 17.3 亿元、贴息资金 930 万元,建设青年就业创业见习基地 2581 个,建设、联系青年创业园区(孵化基地)29 处,大力开展“百校千企送岗”活动,新争取每年 5 亿元基准利率贷款和 1500 万元财政贴息资金,加大创业就业服务力度。组建 630 人的青年创业导师队伍,成立青春创业俱乐部,切实发挥青春创业促进会、青年创业就业基金会、青年(就业)创业服务中心等团内机构的作用,增加对创业青年群体的组织凝聚。

2. 帮助青少年健康成长。集成共青团扶贫济困的项目优势,全省各级希望工程实施机构累计筹资 5391 万元,资助贫困学生 1.53 万名,改善 104 所农村学校办学条件,“青春助力”关爱农民工子女志愿服务行动、“心愿直通车”少年儿童关爱行动、助残“阳光行动”、“青联公益大篷车”惠及青少年 85.6 万人次。大力开展青少年群众性体育活动,引导青年学生“走下网络、走出宿舍、走向操场”,140 所高校累计开展系列主题活动 2360 场,初步实现“校校有体育特色,班班有体育活动,人人有体育项目”。着力加强青少年校外教育阵地建设,依托省青少年活动中心和青少年素质教育中心等场所,加大综合实践、素质拓展、科普教育等活动力度,累计 36 万人次青少年走进共青团“第二课堂”。

3. 保障青少年合法权益。积极开展预防青少年违法犯罪工作,借助综治网格化管理成果,推动重点青少年群体工作向社区延伸、向基层下沉,做好了重点侵权个案的转办工作。不断深化“共青团与人大代表、政协委员面对面”活动,扎实推进“走进青年——政协委员”调研活动,全省各级团组织提出提案、议案和建议共 371 条。组建“青少年法制教育讲师团”,开展法制宣传教育系列活动,提升广大青少年学法遵法守法用法意识。通过开展“青春同行·益暖齐鲁”贫困家庭青少年关爱项目,深入推进青少年事务社会工作专业人才队伍建设,培育青少年社工服务机构 61 家,开发青少年社工服务项目 177 个,大力做好人才培养、岗位开发、项目孵化等工作。

四、把握基层导向不偏离,深入实施“基层基础年”。以基层服务型团组织建设为统领,切实打牢组织、资源、制度、作风“四个基础”,不断提高团的自身建设科学化水平。

1. 扩大组织覆盖。坚持“青年在哪里,团组织就建在哪里”,扎实推进城乡区域化团建工作,在城市街道建立 4248 个直属团组织,在乡镇驻区和新型农村社区建立 2064 个直属团组织,在农村合作组织中新建 4962 个团组织,在非公企业中新建 2283 个团组织。坚持提高基层工作活力,108 个县(市、区)、1062 个乡镇(街道)参加集中换届,将村(社区)团组织建设纳入“两委”换届选举工作统一部署。坚持延伸工作手臂,加强对青年社会组织的联系、孵化和服务,8 个市建成青年社会组织有形化服务平台,通过优秀公益项目评选等为青年社会组织提供资金、项目支持,切实做好了新经济组织、新社会组织、新文化文艺领域和新媒体领域从业青年的沟通联系。

2. 丰富基层资源。提供资金支撑,设立 2200 万元省青联公益发展基金和 1000 万元省青年志愿服务基金,成立 3000 万元山东青年高速创业基金,争取省财政专项彩票公益金 634 万元支持“社区青年志愿服务站”和县级青少年综合服务平台建设。开展定向帮扶,选派 54 名高校团干部、131 名金融系统青年干部到县级团委挂职副书记,招募 190 名山东计划志愿者赴 17 市基层社区开展志愿服务,明确 66 所高校与 163 所中学完成对口团建结对工作。争取党政支持,鼓励基层团组织在政府购买中发挥好购买主体、承接主体、合作伙伴和桥梁纽带四种作用,探索承接与青少年相关的政府购买公共服务项目。

3. 完善工作制度。争取出台《中共山东省委关于进一步加强少先队工作的意见》，推动省委办公厅、省政府办公厅转发《关于少先队工作委员会和少先队总辅导员设置有关事项的通知》和《关于进一步加强少先队工作经费保障的通知》，市县团组织积极协调有关部门推动文件落地，为少先队专业化建设提供了制度保障。出台《关于加强全省团员发展和管理工作的意见》，科学制定年度团员发展计划，免费发放入团志愿书、团员证28.73万套，集中更换专用钢印280枚，团员发展入口进一步扎紧。各级团组织以开展党的群众路线教育实践活动为契机，做好厉行节约反对浪费、公务接待管理、联系青年群众等方面的建章立制工作，进一步扎紧了制度笼子。

4. 锤炼过硬作风。重学习、抓思想，举办22期"山青学堂"、460期各级团干部培训班、112期少先队辅导员培训班，4.9万人次团干部和9000人次少先队辅导员参加学习，引导各级团干部和少先队辅导员用最新理论成果武装头脑、指导实践、推动工作。下基层、接地气，常态化开展基层联系点工作，大力开展"走进青年、转变作风、改进工作"大宣传大调研活动，省、市团的机关同2847名普通青年、1660名基层团干部建立经常性联系，与214个基层单位开展结对，实现了本领提高在基层、服务青年在基层、工作落实在基层。转作风、树形象，不断加强对第二批党的群众路线教育实践活动的领导指导，"逐级抓工作、隔级盯作风"的态势得到保持和加强。

河南团的工作

2014年，在省委和团中央的正确领导下，团省委按照十三届十次全会确定的工作目标，以共青团青春点亮行动为统揽，着力破解"团的吸引力和凝聚力不够、有效覆盖面不足"两大战略性课题，虚功实做，久久为功，扎实推动团的各项事业取得新发展。

一、注重理想信念教育，扎实开展青少年思想引领工作，始终把抓好青少年理想信念教育作为共青团的首要任务，始终以点亮青春梦想为导引，坚持以中国梦和中国特色社会主义宣传教育、培育社会主义核心价值观为主线，全面加强青少年思想引领

1. 选树青年奋斗典型，开展中国梦系列宣传教育活动。举办"我的中国梦"主题宣讲活动90.4万场，覆盖青年1108万人次，编创主题微博41万余条，发送手机报144期，推出网站专题52期。举办"奋斗的青春最美丽"系列分享、青春故事会等活动7.58万余场，录制励志视频20期，影响带动青少年500余万。评选第18届"河南青年五四奖章"、优秀共青团员、模范团干部、五四红旗团委（支部）集体255个、个人325名。寻找认定宣传省市县各级乡村好青年20541人，开展各类分享活动1032场次，参与青年5.3万余人。郑州、鹤壁组建优秀青年宣讲团，与近万名青年分享青春故事和人生感悟。

2. 打造青少年精神品牌，开展践行社会主义核心价值观活动。举办"追寻焦裕禄——纪念五四运动95周年青春诗会"，承办中国大学生骨干培养学校第七期学员社会实践活动，开展中国大学生践行社会主义核心价值观"青春汇"活动，组织近200名来自全国985、211高校学生会主席分五路奔赴河南各地参加实践锻炼，通过综合运用微博、微信等新媒体组织他们看河南、谈河南、赞河南、关注支持河南，全方位展示“四个河南”的发展成就。开展“核心价值观记心中”主题队日活动，560余万名少先队员参与。结合自身特点、依托河南本土文化生产的视频、诗歌等精神产品，被团中央在官方微博和微信公众号上广泛推广，这种发动青少年自己创造、自己生产的引导方法，得到了团中央书记处的充分肯定。

3. 发挥中原文化资源优势，开展“三传四讲”道德实践活动。举办“文明河南我先行”主题实践活动、家乡文化大寻访和河南青少年“精忠报国与我的中国梦”网络征文比赛等活动6576场，开展“追寻英烈坐标传承红色基因”河南青少年首个烈士纪念日系列活动1万余场次。抓住今年是新文化运动100周年和新年伊始的关键时间节点，集中力量撰写推出《用青春自信建设青春中国》一文，文章经河南共青团官微发布后，2小时内关注人数即破百万，当天进入全网微博话题排行榜首位，国家网信办在新华网、人民网、凤凰网等全国100多家网站予以集中推广，人民日报予以刊发，人民日报官微对该文点赞点评，网友称其为新版的《少年中国说》，河南共青团官微由此再次跻身全国政务微博排行榜前十。

4. 全力进军网络新媒体，开展共青团网络宣传引导工作。高标准组建了全省5.3万人的网络宣传员队伍，在全团首创了省级网络斗争指挥中心、市级网络斗争指挥部、高校网促会、新媒体青年突击队等四个层次的实体阵地，构建起省市县三级快速反应体系，形成了“队伍管理扁平化、网络斗争军事化、互联网阵地实体化”的河南工作模式，这套机制在“反占中”、“点赞总书记拉美行”、“点评APEC会议”等20多次全团重大舆论引导中，发挥了骨干作用。团中央对此予以充分肯定，为专题推广河南经验，自2005年全团组工会在河南召开后，于2014年11月再次在河南召开此种规格的现场会，并在2015年首期《全团要讯》上专期推广河南共青团网宣工作经验。郑州在全省率先建立市级网络斗争指挥部，河南工业大学、河南财经政法大学、华北水利水电大学在全省率先建立网促会，为共青团网络宣传引导工作做出了积极探索。

二、围绕党政中心工作，服务全省经济社会发展大局，紧紧围绕省委省政府的中心工作，积极适应全面深化改革的新形势新任务，以点亮青春担当为聚焦，以推动青年创新创业创优为重点，充分发挥团员青年在促进经济社会发展中的积极作用

1. 扎实开展“产业聚集区青春点亮行动”，组织青年积极投身经济建设主战场。发挥活动联络优势，服务大招商，经全省各级驻外团工委引进1000万元以上的投资意向项目50余个，落地项目签约资金30亿元，达成有意向入驻企业150余家。发挥组织动员优势，服务企业用工，累计帮助产业聚集区输送青年8万余名，培训从业青年33.8万余名。发挥青年人才优势，服务产业发展，全省各级团组织已协调30余所高等院校和100余家科研机构走进产业聚集区，开展服务60余次，服务企业2300余家，帮助企业培养青年骨干1600余人。加强组织化梳理，参与社会治理，直接组建产业聚集区青年突击队和青年志愿者服务队120个，依托或独立建设“青年之家”、“青年服务中心”等实体阵地96个。抓住互联网已经渗透到青年生活、工作、学习等方方面面的机遇，主动进军网络新媒体，先后在互联网行业建立团组织1020家，2014年4月在全团率先联合淘宝中国启动总投资3亿元的电子商务创业工程，对网上园区建设、网上产品交易、网创青年进行具体服务。

2. 发挥青年突击队作用，引领青年在经济建设中奋发有为。举办全省千支青年突击队集中誓师大会，启动“建功河南我先行·青年突击当先锋”竞赛活动，将青年突击队、青年文明号、青年岗位能手等团的青字号品牌以及争取到的团中央的资金、资源和项目植入全省180个产业聚集区，受到了地方党政领导的充分肯定。参加第十届全国“振兴杯”青年职业技能大赛，3名选手入围全国10强。郑州铁路局、中原油田大力实施青年岗位技能提升三年行动，为河南省在全国大赛中取得佳绩做出突出贡献。开展“青年突击建功三夏”活动，组织各级各类三夏青年服务队1580支，组织参加各类服务活动61万余人次，助收助种175万亩，驻马店、许昌、长垣等地依托青农联开展三夏服务工作，取得显著成绩。

3. 依托小额贷款和见习岗位，打造服务青年就业创业平台。开展大学生暑期万岗见习行动，为在校大学生征集见习岗位2.9万个、见习基地1682个，得到了高校师生的一致好评，岗位募集数位居全团首位。吸纳省级青年农民专业合作社联合会和农村青年致富带头人协会会员3000人，培训农村青年15万名，发放农村青年创业小额贷款6.7亿元、城市青年小额贷款5.3亿元、青年助业贷款19.765亿元，安阳、漯河、济源等地在农村青年创业贷款方面成效突出。河南青年创新创业创富大赛推出优秀项目1696个，河南省推出项目荣获全国大赛第一名。举办“创青春”河南省大学生创业大赛、“彩虹人生”全省职业学校创新创效创业大赛，完善KAB创业教育项目运行机制，推动创业教育项目在高校广泛开展。

4. 创新活动载体，引领青年在生态文明建设中积极作为。鼓励广大青少年树立生态文明理念，积极投身美丽河南建设，深化保护母亲河行动，启动青春“微五”·威武青春——河南省青少年生态环保“微五”宣传实践活动，开展2014年“行知大河”——青少年生态环保实践系列活动，举行“植树护绿告别雾霾”万人签名活动，持续开展春季植树、立体植树行动和环保志愿者专项行动等，全年共计植树71万株，植绿1.2万亩，立体植树3000平方米。洛阳、平顶山、开封等地积极开展青年生态林建设、青年抗旱救灾服务等工作，取得了较好成效。

三、紧扣青年现实需求，全力促进青年成长发展成才，始终把服务青年成长发展成才作为一切工作的出发点和落脚点，以点亮青年人生为指引，以大服务、大维权为理念，突出重点群体和重点需求，主动为青年办实事解难事，切实维护青少年的成长发展权益

1. 针对重点青少年群体，持续深化青年英雄帮扶行动。围绕青年英雄及其家庭需求，深化“五位一体”的志愿帮扶内容，依托社会爱心企业、慈善基金组织、专业志愿者等力量，采取一人一网、一人一档、一人一卡的管理办法，动员2600名志愿者组建青年英雄服务队伍185支，开展医疗卫生、子女家教、农业助收、就业帮扶等志愿服务超过14万小时，重点为青年英雄未成年子女成长服务，切实增强志愿服务的针对性和实效性。这一帮扶项目荣获首届中国青年志愿服务项目大赛金奖，濮阳、南阳创新帮扶形式、健全帮扶机制，取得良好成效。

2. 履行两办职能，持续推进维护青少年合法权益工作。广泛开展“开学第一堂法律课”、“12·4”国家宪法日青少年法制宣传周、青少年网上普法知识大赛等活动，举办各类维权活动2200余场，提供法律咨询26万人次。加强12355青少年服务台建设，推动青少年事务社会工作专业人才队伍建设，与16家社会工作机构签订协议。深化“共青团与人大代表、政协委员面对面”活动，两会期间提出10条建议。推动17个省辖市90个县成立未成年人保护委员会，创建国家级青少年维权岗92个、省级603个。

3. 深化希望工程和志愿服务工作，打造公益关爱平台。依托省青少年发展基金会筹资2186.66万元，开展“温暖冬天·点亮行动”、大学生圆梦行动、“5·19希望工程助学公益日”等活动，资助贫困学生2322名，援建希望小学15所，做好西华县定点扶贫村帮扶工作。深化关爱进城务工人员子女和留守儿童志愿服务行动，筹资2515万元建设“七彩小屋”等关爱阵地4019个，开封、焦作强化队伍建设、丰富活动内容，走在全省前列。实施青年志愿者助残“阳光行动”，结对残疾青少年33.07万余名。参加首届中国青年志愿服务项目大赛，16个项目中3个获得金奖、13个获得银奖。全省志愿服务组织6128个，注册志愿者达360万居全国第5位，累计向社会提供志愿服务22.6亿小时居全国第3位。扎实推进共青团对口援疆工作，与受援地签订框架协议，向受援地捐赠文化产品300套，组织两地千名青少年手拉手，促进青少年交流交往交融，捐赠援建款65万元，用于受援地基层青少年活动场所建设。

4.着眼青年现实利益需求，探索服务青年普惠性项目。以贴近青年需求、服务青年为宗旨，联合省电信公司共同推出了河南省“天翼青年”普惠工程，将团务管理、互动交流、生活服务汇聚于一体，通过提供“天翼青年”普惠卡品、综合互动手机客户端软件APP和网点服务，为团员青年提供专属业务办理、就业见习岗位、创业扶持、团员登记、志愿服务等工作内容。

5.围绕发展需求，大力促进青年学生成长成才。开展全省大中学生“三下乡”社会实践活动，累计开展政策宣讲、专题讲座1万余场，文艺演出900余场，捐赠图书等各类物品价值近200万元，受益群众700余万人次。举办“河南省第十四届大学生科技文化艺术节”，全省90余所高校、1万余名大学生、5000余件作品、1000余个文艺节目参赛。举办河南省大学生微电影大赛，充分借助微电影这一青少年喜闻乐见的方式传播核心价值观，促进青少年健康成长，形成一批高校大学生文化作品。广泛开展大学生“走下网络、走出宿舍、走向操场”体育锻炼活动，参与学生480万余人次。郑州大学、河南财经政法大学完善机制、丰富内容，把“三走”活动不断引向深入。

四、着眼探索团建创新，切实扩大团的工作有效覆盖，始终坚持以基层团委和青年社会组织为重点，以点亮组织活力为统揽，通过整建提升、联系引导、延伸手臂，激活基层组织活力，发挥团组织的枢纽作用，着力探索加强青年社会组织工作

1.全面推进基层服务型团组织建设。以“产业聚集区青春点亮行动”为抓手，新建2257家非公企业团组织。商丘开展产业聚集区“十强促百强”团建行动；信阳联合主城区60余家非公企业，探索成立市级中心城区非公企业青年联络中心，搭建非公企业青年区域服务平台；兰考采取团县委书记兼任产业集聚区团工委第一书记、选配青年能人等进入团工委等措施，充实了产业集聚区团的工作力量。实施“驻外团工委服务能力提升年”，新建驻外团组织1000余个，调整补充委员300余名，完善流动团员青年数据库360个，覆盖流动团员300万名。启动乡镇团委集中整建活动，深化乡镇团的组织格局创新和“实体化”大团委建设工作，整顿乡镇直属团组织5780个，新建9860个，覆盖团员青年65万名。以郑州、焦作、新乡为试点，推进城市街道区域化团建工作，建立直属团组织2152家，联系青年社会组织452个，覆盖青年12万名。探索农村区域化团建3315模式，新建县乡产业团工委358个，建设产业工作阵地297个，全国农村共青团重点工作推进会在三门峡召开，重点推广了此项工作。持续推进青少年综合服务平台建设，全省各级团组织共建有服务平台1348个，平均建设面积达50平方米，专兼职工作人员达1.5万名，郑州扎实推进“青春家园”青年服务平台建设，已建成青春家园22家，基本形成了纵向（示范点+分园）与横向（社区+企业+青年社会组织）交错并存的格局。

2. 履行全团带队职责。争取省委支持出台《中共河南省委关于加强少年儿童和少先队工作的意见》，联合省教育厅就辅导员培训纳入教师培训出台文件、达成协议，配合河南大学、河南师范大学加强少先队相关二级学科建设，开展少先队优质活动课评选和市县两级总辅导员配备工作，全省14个省辖市和147个县（市、区）配备了少先队总辅导员。

3. 加强青年外围组织和社会组织指导。推荐40名优秀青年企业家加入中青企协，首次推荐河南省青年企业家担任中青企协副会长。成立河南省青年社会组织孵化培育中心，申请社会工作服务项目3个、岗位2个、资金51万元。拓宽对外交流平台，打造“青春谊站”品牌，接待澳门、台湾青年交流团150人次，派出团组100人次赴韩国、日本等国家和香港、澳门地区交流访问。大力推进“豫青伙伴”计划，与300家青年社会组织结为“豫青伙伴”，辐射青年20余万。安阳着力为“豫青伙伴”提供全方位服务、全程化指导。

4. 创新推动团属事业发展。指导团校、杂志社、青旅等直属单位坚持正确方向，在开拓创新中不断取得新发展。青年报社通过强化党组织建设，调整配强班子，重组部门架构，人员定编定岗，规范运营管理，解决个性问题，逐步走向科学发展轨道，基本实现了整改日标。青发中心组建青年网创工程项目运营中心，建设省级网络舆论引导实体化阵地，组建网宣青年突击队，以项目化、市场化、社会化的运行方式，积极为团的重点工作提供支持。

五、坚持从严治团，锤炼团干部优良作风

全面贯彻中央、省委关于改进作风的各项部署，以点亮团干部信仰为根本，积极适应新常态新要求，扎实开展党的群众路线教育实践活动，持续强化团干部理想信念教育，加强共青团系统党风廉政建设，锤炼过硬团风，推进工作落实。

1. 扎实开展党的群众路线教育实践活动。抓整改，解决突出问题，召开“回头看”民主生活会，上下联动，三改合一，“新账”“旧账”一起抓，团省委领导班子确定“四抓”整改事项和班子成员“三件事”整改事项133个，班子成员确定中央巡视组反馈意见整改事项41个，“上下联动”专项整改事项13个，目前已全部完成。抓联动，指导第二批团组织开展活动，强化问题导向，紧紧聚焦“四风”，牢牢把握三个关键环节，以“一学三促四抓”为抓手，开展群众三评活动，征求收集基层团组织和团员青年意见近4万条。持续开展“走进青年、转变作风、改进工作”专题调研活动，建立市县团干部基层联系点192个。抓深化，促进活动成果制度化，出台了《团省委请示和报告工作规定》、《团干部基层联系点制度》等制度规则。

2. 持之以恒抓好团干部理想信念教育。进一步深化共青晨课、共青夜校等学习制度，学习党委抓骨干的传统工作方法，在抓好全省团干部的同时，重点抓好团的领导机关干部的学习。在深化每半月1次的读书交流会、每月1次的共青夜校等学习制度的基础上，开设每天1次的共青晨课，组织全体机关干部利用每天九点前的一个小时的时间，集中观看《苦难辉煌》、《复兴之路》等30余部反映党的光辉历史、辉煌成就的纪录片322集14490分钟，这种借鉴宗教日常化仪式教育的思想引导模式得到了省委和团中央的肯定和推广，并被中央媒体密切关注、深度报道。加强团干部队伍培训，培训市级团的领导机关班子成员45名，轮训全部县级团委班子成员，培训大学生村干部、驻外团工委等重点领域基层团干部8万名。不断提升团干部研究重大问题的能力，开展“青少年工作研究课题”领办活动，领办课题259项。濮阳、周口坚持开展的“天天读月月谈”、“团干课堂”、“团干论坛”等活动，为团干部素质提升完善了制度安排。

3. 加强共青团系统党风廉政建设。积极推动落实党风廉政建设“两个责任”，强化监督执纪问责，深入开展党的政治纪律、组织纪律教育，落实中纪委、省纪委各项禁令。持续落实中央八项规定和省委省政府20条意见，结合团中央和团省委实施细则，加强日常督查，加强廉政教育，开展“践行三严三实要求，弘扬焦裕禄精神”活动，引导团干部争做焦裕禄式的好干部、团员青年的贴心人。组织观看《四风之害》、《作风建设永远在路上》、《鉴史问廉》等专题片，引导党员干部受警醒、明底线、知敬畏。

湖北团的工作

2014年，全省各级团组织深入学习贯彻党的十八大、十八届三中、四中全会和习近平总书记系列重要讲话精神，高举中国特色社会主义伟大旗帜，以邓小平理论、“三个代表”重要思想、科学发展观为指导，紧紧围绕团的根本任务、政治责任和工作主线三个根本性问题，着力破解“团的吸引力和凝聚力不强、团的工作有效覆盖面不够”两个战略性课题，紧扣时代主题，把握青年脉搏，全面履行团的基本职能，积极创新团的各项工作，团结带领全省广大青年为建设“五个湖北”、加快“建成支点、走在前列”作出了积极贡献。

一、强化思想引领，抢占理想信念制高点，思想引导的吸引力有新提升

坚持以理想信念教育为核心，牢牢把握分类引导规律，精心策划主题教育实践活动，充分运用新媒体开展工作，青少年思想引领的针对性和吸引力得到增强。

1. 不断加强思想引领的渗透力。始终抢占理想信念这个制高点，采取丰富多彩的形式，深入学习宣传贯彻党的十八届三中、四中全会和习近平总书记系列重要讲话精神，以“我的中国梦”主题教育实践活动为总揽，以引导青年坚定理想信念、培育和践行社会主义核心价值观为主线，精心策划了“奋斗的青春最美丽”主题团日、“我为核心价值观代言”、“青春建功中国梦”、“我的三农梦”、“红领巾相约中国梦”、“美丽志愿心‘V’动中国梦”等形式多样、青少年喜闻乐见的教育实践活动5380场次，直接参与人数突破300万人次。大力实施青年马克思主义者培养工程，联合省委组织部、省教育厅、省委党校等单位，高质量完成首批53名学员遴选和第一期理论学习、暑期实践锻炼、重走长征路、社区实践等培养任务，省委书记李鸿忠以及张岱梨、傅德辉、贺家铁等省领导多次参加“青马工程”活动并发表重要讲话。举办荆楚英才学校和青年理论骨干培训班，省本级直接培训各类青年理论骨干500余人。

2. 不断提高分类引导的针对性。突出青年教师、大学生、中学生、青年农民工、企业青年职工、民族地区青少年和新媒体从业青年等重点群体，编撰《湖北省青少年一体化分层思想教育指南》，完善分类教育体系，深入推进一体化分层思想教育工作。积极开展青少年民族团结教育工作，广泛调研少数民族青年学生思想状况，在全国率先成立省级团委援藏援疆工作领导小组，设立专门机构、专职人员、专项经费，组织开展鄂博少年“手拉手”、鄂疆共青团“双结双促”等活动，1000余名青少年在互动交流中增进了民族感情。

3. 不断拓展网络引导的新阵地。适应全

媒体时代的新要求，发挥团省委文化传媒中心作用，联合中国青年报、湖北日报、中国移动湖北分公司推出《青春志》、青楚网和青楚 APP 客户端，组织向上向善系列微电影、书法美术大赛，制作原创漫画视频 20 余部，编发《青年网络舆情》20 期；加强网络宣传员队伍建设，全省网宣员达 4.5 万人，培训网络宣传骨干 2430 人。推动市、县、乡镇团组织普遍建立微博、微信平台，积极引导青年参与全团统一部署的话题讨论，基本形成了上下联动、高效一致的团属 QQ 群、微信、微博、手机报等新媒体矩阵体系。围绕重大节日、敏感事件等先后开展了“我和国旗合个影”、“秀出你的爱国心”、“我看香港占中”等系列网络主题宣传集中发声活动 20 余次，编创网评文章 200 篇，累计发送微博 11475 条，平均阅读量 8000，单条最高阅读量 45.2 万，覆盖青年 2000 万人次，在网络上吸引了大量青年点赞、转发、热评，彰显了教育引导的思想性、时尚感、文化味和影响力。

4. 广泛选树各类先进青年典型。突出榜样的示范引领作用，推选和宣传青少年中践行社会主义核心价值观的先进典型，积极开展“身边好人”、“荆楚楷模”推荐选树工作，推荐 49 人入围湖北好人榜和“荆楚楷模”英雄榜。广泛开展“寻找最美青年”、“践行社会主义核心价值观争做向上向善好青年”、“乡村好青年”、“大学生自强之星”等评选活动，采取分享会、微访谈等多种形式，广泛宣传报道跨国捐髓青年张宝、闫瑞、张晓莉，全国道德模范刘洋、刘培，在鄂优秀新疆籍大学生尼加提·艾买提、库尔班江·泰吾克力等青年典型，用青年身边的“群星故事”激励青少年。五四期间，湖北省原创校园话剧《牵挂》走进首都，在中国人民大学倾情上演；青年志愿者之歌——“本禹志愿服务队”先进事迹报告会在清华大学隆重举行。中共中央政治局委员、国家副主席李源潮，团中央书记处第一书记秦宜智等领导同志在京观看话剧《牵挂》并亲切接见“本禹志愿服务队”成员，省委书记李鸿忠同志对话剧《牵挂》赴京展演作出重要批示。这项活动在全省乃至全国广大青年中引起强烈反响，青年典型的示范效应得到升华。

二、围绕支点建设目标，找准融入中心切入点，服务发展大局的贡献度有新作为

坚持以“建成支点、走在前列”为统揽，找准团的工作融入中心、服务大局的切入点，发挥团的组织动员优势和人才集聚优势，团结带领广大青年为推动经济社会发展作出了新贡献。

1. 主动融入中心大局。深入落实与黄石、十堰、荆门等市政府战略合作框架协议，累计整合资金近 1.5 亿元，支持地方青少年事业发展。发挥全省农村青年致富带头人协会作用，实施农村青年创业致富“领头雁”培养计划，新建了一批培养示范基地；大力实施青农电商培养计划、青年农业科技示范推广行动，扶持了一大批农村青年创业项目。组织港澳青联委员、台湾青年企业家和省青联委员、青年企业家等走进市县，开展经贸考察和项目对接活动，支持地方经济社会发展。深入实施“博士服务团服务基层计划”，选派 97 名青年博士到四个集中连片特困地区开展为期一年的服务锻炼。募集款物 40 余万元参与巴东 12·16 地震、云南鲁甸地震爱心救助，组织 2 万余支大中专学生志愿服务队深入基层开展暑期“三下乡”社会实践活动，新招募 553 人参与西部计划、三支一扶志愿服务和研究生支教团，赴基层建功立业。开展“保护母亲河”、“绿满荆楚行动”，整合各类资金 600 余万元，新建一批省级生态文明教育基地，动员 51.2 万青少年开展植树造林活动 263 场次，植树 49 万株。

2. 推进青年创新创业创优。以青年文明号活动 20 周年为契机，深入开展助困进万家、诚信示范行动、优质服务大赛、寻找湖北最美青年文明号等系列活动，引导广大职业青年立足岗位、创新创效。联合省人社厅举办青年职业技能大赛，吸引近10万青年参与各级劳动竞赛、技能比武活动，近万名青工直接获得职业资格晋升和各类荣誉称号。联合省委组织部、省科技厅推出“青年英才开发计划”、“青年创新工作室”创建等全新品牌项目，一大批技能过硬、勇于创新的青年人才和青年集体脱颖而出，青年职工爱岗敬业、建功成才的氛围日益浓厚。圆满完成首届“创青春”全国大学生创业大赛承办工作，来自内地200余所高校及港澳9所高校的586个项目参赛，现场接待人数7000余人，筹集大学生创业项目基金8.62亿元，目前已有39个项目落户湖北。湖北省代表团以1个“冠军杯”、3个“优胜杯”优异成绩位居全国第一位。

3. 积极参与社会治理创新。坚持以志愿服务为载体，以文化活动为抓手，推动各级团组织、广大团员青年参与和促进社会治理创新。以贯彻落实习近平总书记给“本禹志愿服务队”重要回信精神为契机，广泛开展全省学雷锋志愿服务集中行动、“本禹志愿服务队”创建活动，创建省、市、县三级“本禹志愿服务队”700余支，“本禹志愿服务”品牌效应不断放大。通过开展志愿助残“阳光行动”、举办首届湖北青年志愿者公益嘉年华、优秀青年志愿服务项目团队集中展示等一系列活动，湖北省志愿服务特色品牌固本荣枝。全省各级团组织直接联系志愿服务队1.4万支，规范登记注册的志愿者236.1万人。举办湖北青年相亲文化节、大学生话剧艺术节，深入推进高校“三走”等活动，青年文化生活丰富多彩。精心打造“青春湖北”文化品牌，开展争创“青年书香号”活动，“青年书香号”创建纳入省级文明创建考评体系。

三、坚持以青年为本，打造“服务型团组织”支撑点，团的吸引力和凝聚力有新提高

围绕青年最现实、最紧迫、最普遍的需求，以促进青年就业创业为重点，进一步整合资源、搭建平台，努力为青少年成长发展办实事、做好事、解难事。

1. 促进青年创业就业。深入实施“青创工程”，充分发挥省青创中心职能作用，青年企业孵化器、市(县)青创中心等平台建设迈出新步伐。截至目前，全省已实现市州青创服务中心建设全覆盖，建成县(市)青创服务中心66个；在武汉、襄阳、宜昌、黄石、荆门、随州等多个城市已建成省级青年企业孵化器(创业园)20个，县级青年企业孵化器10个，总面积7万平方米，可免费吸纳1000个创业项目入驻孵化。累计整合资金10.8亿元支持青年创业就业，其中，争取省人社厅大学生创业扶持资金1971万元，扶持大学生创业项目652个，联合省高投设立5亿元“湖北青年创业天使投资基金”，联合省交投设立5亿元“湖北交投·青年创业风险投资基金”，有效解决创业青年“融资难”问题。大力推行“青春福贷”、“青春惠贷”、“青春邮贷”等项目，发放青年创业小额贷款18011笔、16.61亿元，带动就业5.61万人。以“百企万岗”、“新春送万岗”、“见习助就业·牵手毕业生”、“大学生支农见习岗位计划”等为载体，累计建成1088家稳定运行的高质量见习基地，全年组织2.1万名青年上岗见习。开展“湖北青年创业先锋训练营”、“青年创业大讲堂”等各类培训活动700余场次，培训17.1万余人。举办“创业湖北”2014湖北省大学生创业大赛、第三届中国创新创业大赛湖北赛区大赛、2014楚天青年(大学生)创业大赛、2014年湖北青年涉农产业创富大赛等创业赛事，吸引和聚集创新创业资源，进一步优化青年创业环境。

2. 推进青少年关爱行动。围绕困难大学生、留守儿童、农民工子女等青少年群体成长问题，筹措资金1000余万元，推进青少年“希望家园”等服务平台建设，组织开展“免费送农民工回家过年”、少年儿童爱眼护眼关爱行动、“走进七彩小屋、体验七彩课堂”志愿者体验日、“城乡少年手拉手、红领巾送温暖”等活动，惠及各类青少年近百万人。策划“希望工程25周年系列活动”,积极开展“十五助贫困大学生”活动,举办湖北省希望工程第五届慈善盛典,现场捐赠及拍卖共募得善款3953万元,全年筹资6533万元,建设希望小学38所,资助贫困学生8589人次,援建“希望厨房”1950个,湖北省希望工程筹资规模和项目成效位居全国前列,并荣获全国“希望工程影响力奖”。

3. 维护青少年合法权益。积极优化发展环境,完善利益诉求反映机制,围绕“未成年人安全自护”、“受侵害未成年人法律援助”等主题,深入开展“面对面”、“倾听日”活动,建立团组织与人大代表、政协委员的经常性联系机制,省、市、县三级团组织共提交建议提案168件,开展倾听活动200余场次。12355阳光行动实现市州全覆盖,开展各类活动3500余场次,惠及中高考学生及家长40余万人。组织开展“万名民警进校园”、“未成年人安全教育进社区”等讲座7000余场次,覆盖学生达50余万人。深入开展“四无”社区创建活动,实施困境未成年人社会保护试点,试行“社工+志愿者”联动工作模式,探索青少年事务社工队伍建设路径,为培育青少年事务社工机构、推动社会组织承接政府青少年事务、开展购买社会服务积累有益经验。争取省综治办支持,将预防工作纳入各级综治考评体系的重点内容,将重点工作、常规工作、工作创新等与考评挂钩,充分发挥考评在抓落实中的杠杆支撑和指挥棒作用。开展《湖北省预防未成年人犯罪条例》立法调研,对重点青少年群体服务管理和预防犯罪工作进行普遍性督办,实现了预防机构在全省17个市州和103个县、未保机构在17个市州的全覆盖。

四、坚持抓基层强基础,把握“活力团建”着力点,团的自身建设有新突破

坚持以扩大团的组织和团的工作有效覆盖为目标,把握“活力团建”着力点,不断加大对基层的联系指导和支持投入,团的基层基础得到夯实,团建科学化水平稳步提升。

1. 基层组织建设顶层设计进一步加强。注重从制度层面、着眼全省范围入手,加强共青团和青少年工作人、财、物的顶层设计。积极争取省委重视支持,出台《中共湖北省委关于进一步加强少先队工作促进少年儿童健康成长的意见》,在少先队组织建设、队伍建设、活动建设、阵地建设、机制建设等方面实现了突破。联合省委组织部出台《关于进一步加强共青团干部队伍建设的意见》,进一步健全完善党建带团建工作机制,切实加强团干部队伍建设。督促《关于进一步加强全省基层共青团工作经费保障的意见》的落实,省级财政每年直接支持乡镇(街道)共青团工作经费1083万元,确保了每个乡镇、街道每年2万元工作经费得到落实。

2. 团的组织有效覆盖进一步扩大。持续推进城乡“区域化团建”,狠抓园区建团,按照“建起来、活起来”的要求,坚持抓大带小、达标创优,以理顺管理机制、提升组织活力、扩大有效覆盖为核心,全年新增非公企业团组织1858家、社会组织团组织451家、农村专业合作社团组织2848家,创建省级青年示范社200个、市级农村青年致富带头人协会8个、县级农村专业合作社团工委84个,新覆盖35岁以下青年29.63万人,超额完成团中央下达的目标任务。推进2014非公企业团建活力提升行动、农村基层团组织“四个一百”示范创建活动,街道、乡镇团组织枢纽作用得到充分发挥。突出学校共青团的基础性、战略性、源头性地位,切实加强大专院校特别是民办独立学院、高职高专、中学共青团以及少先队组织建设。成立湖北青年社会组织研究与发展中心、湖北归国青年促进会、湖北青年志愿公益组织孵化中心、荆楚青年汇等平台阵地,开展全省青年社会组织普查,为1400余个青年社会组织建立工作台账。

3. 基层团组织的活力进一步激发。以开

展第二批党的群众路线教育实践活动为契机，在全省各级团组织中部署开展“走进青年、转变作风、改进工作”大宣传大调研活动和“团情大调研和基层团组织分类定级”工作，组织省、市、县、乡四级3573名团干部，深入16.7万个基层团组织，访谈青少年7.3万人，慰问困难青少年1.7万人，进一步盘清了“家底”，完善了团情“大数据库”。扎实开展团干部“学理论、强党性、铸信仰”活动，省级宣讲团开展示范性宣讲活动30余场。按照分级负责、分类培训的原则，指导市、县两级团组织加强团干部教育培训和实践锻炼，培训各级团干部、少先队工作者3.1万人次。选派机关、高校团干部、金融系统青年干部到县级团委挂职工作，推行大学生村官任村级团组织负责人，市县团干部配备率保持在90%以上。组织开展百家国企民企团组织结对共建活动，推行“组织联建、资源联享、工作联动、活动联办”的“四联”模式，形成了国企与民企共青团工作互联互动、优势互补的良好局面。深化学校共建式活力团委建设，建立全省中学中职基层联系点制度，建立省级基层联系点51个，市州级联系点91个。

4.调研信息工作和团属事业稳步发展。坚持“全团抓研究”，有效加强青少年研究“智库”建设，围绕党政关注的重点和青年关心的热点，深入开展调查研究，形成了一大批优秀调研成果，出版《追梦的青春最美丽——青年与“中国梦”湖北调查》、《青春谋导》、《“青马工程”访谈实录》、《湖北省基层团组织评估报告》等4本调研文集（报告）。充分发挥“湖北共青团”网站、《青年工作纵横》、《青联人》、“青春湖北”等团属宣传阵地的作用，及时发布团情信息，交流团的工作。省青联、省少工委、省学联、省青企协、省志愿者协会按照各自章程组织开展了一系列卓有成效的工作和活动，为共青团和青少年事业开辟了新的发展空间。顺利完成团省委直属事业单位分类改革，湖北青年职业学院（省团校）、省中青旅等团属事业健康发展。

湖南团的工作

2014年，团湖南省委在省委、团中央的领导下，深入贯彻落实党的十八大和十八届三中、四中全会精神，深入学习贯彻习近平总书记系列重要讲话精神，坚持围绕中心、服务大局，紧紧围绕共青团湖南省十四届三次全委会的工作部署，真抓实干、开拓创新，团的工作和建设取得了新的成效。

一、青少年思想引导工作进一步深化

1.坚持强化青年理论武装。一是深入推进中国特色社会主义理论体系宣传教育。紧紧围绕学习宣传贯彻党的十八大、十八届三中和四中全会精神、习近平总书记系列重要讲话精神，通过理论宣讲、座谈、培训和多媒体宣传等方式，使全省广大团干部、团员青年深刻领会精神实质，进一步坚定了中国特色社会主义信念。在深入学习宣传习近平总书记系列重要讲话精神中，全省青年通过新媒体共发布微博1.1万余条、微信276期。二是深入推进青年马克思主义者培养工程。着力深化实施“省—校—院（系）”三级青年马克思主义者培养工程，探索建立团学干部培养工程评价指标体系，今年省级共培养大学生骨干370人。三是广泛开展形势政策和党史国情宣传教育活动。各级团组织广泛开展了“青年看改革”“为改革献计献策”等活动，引导青年深刻认识湖南改革发展面临的形势和机遇，积极投身谱写中国梦湖南篇章的生动实践。

2. 大力开展“我的中国梦”主题教育实践活动。举办了全省纪念五四运动95周年暨“我的中国梦——奋斗的青春最美丽”创新创业事迹报告会，省委副书记孙金龙勉励全省广大青年自觉传承五四精神，在广大青年中引起强烈反响。全省各级团组织以“奋斗的青春最美丽”为主题，集中开展了主题团日、分享会等活动，省、市、县三级分别完成分享活动20场、156场、186场，进一步坚定了广大青年的理想信念，奏响了投身改革发展的主旋律。广泛开展“红领巾相约中国梦——今天我入队、争当好队员”主题队日活动，覆盖面达到90%。联合相关单位开展“中国梦少年梦”第五届湖南省少儿才艺大赛，覆盖全省50余万少年儿童。邀请市州党政主要领导加入省大学生“筑梦导师团”并参加各种形式的主题活动。以“我的中国梦”为主题，面向大学生举办“与信仰对话”活动45场、覆盖4.3万人，开展“与信仰对话·飞Young中国梦”活动8340场、参与学生73万人；面向中学生举办“与人生对话”主题报告会1876场、覆盖300多万人次；面向中职学生开展“彩虹人生”系列分享活动856场、参与学生65万人，取得了扎实的工作成效。

3. 着力引导青少年培育和践行社会主义核心价值观。一是推进青少年道德教育实践活动。广泛开展中学生成人主题教育活动，全省共有150万名中学生参与14岁集体生日活动、100万名高中生参与18岁成人仪式活动；深入开展“争当两型小先锋”“雏鹰争章”“少年军校”等活动，进一步提升了少先队品牌活动教育功能。二是广泛开展“我为核心价值观代言”活动。省级开展微博话题活动参与人数18万人，县级以上团组织原创专题微博、微信、手机报2万余条，全省各级团组织和少先队组织围绕“我为核心价值观代言”主题深入开展主题团日、队日活动。三是充分发挥青少年典型的引领作用。大力选树、宣传优秀团员青年典型，广泛开展“向上向善湖南好青年”“寻找乡村好青年”等典型选树活动，推出省级“向上向善湖南好青年”30名、“湖南乡村好青年”20名。四是大力培育向上向善的青少年文化。在全省高校开展“我要光盘，拒绝‘剩宴’”主题活动，10万学生参与，开展“走下网络、走出宿舍、走向操场”主题群众性课外体育锻炼活动，20万学生参与；联合湖南移动举办“G客G拍——向上向善”首届湖南省青年微电影大赛，深入开展青年文明号二十周年系列活动、保护母亲河行动，进一步弘扬了社会文明新风。

4. 积极运用新媒体创新引导青少年工作。一是构建全省团的网络新媒体工作阵地。成立湖南共青团新媒体中心，初步建立了覆盖省市县三级的“微博+微信+手机报”三位一体的新媒体工作体系；全省各级团组织和广大团干部、青年群体已开通官方或品牌工作微博、个人微博近1.1万个，全省共青团系统腾讯和新浪微博覆盖青少年粉丝不断扩大；团省委新浪官方微博入驻“湖南政务微博厅”，湖南共青团微信公众号荣获2014湖南省“十佳微信公众号”和湖南省“十佳政务微信公众号”。二是加强青年网宣员队伍建设。省市县三级切实加强青年网宣员队伍建设，完善了培训管理和快速动员机制，全省广大青年网宣员在重大网络舆情中及时发声、有序引导，在弘扬网络正能量上发挥了积极作用。三是深化青年网络思想引导活动。参与成立“湖南名家微信联盟”，启动实施“青微(V)工程”，联系团结有影响力的网络大V，参与成立由60名知名微博博主组成的“三湘名博沙龙”，积极参与“青年好声音”网络文化行动，唱响“湖湘好声音”，开展“青少年网络荐书读书活动”，培养青少年正确的阅读习惯。同时,注重团属传统媒体建设,《年轻人》杂志影响力不断扩大,《湖南青年》全面改版,品质不断提升,各级团属宣传阵地建设不断加强。

二、促进青年创新创业工作进一步深化

1. 强化宣传引导,推动形成浓厚氛围。一是通过选树宣传典型形成示范带动效应。开展首届“湖湘青年英才”支持计划推选活动,评选出 19 名“湖湘青年英才”。徐守盛书记亲自给入选“湖湘青年英才”支持计划的青年朋友回信,鼓励广大青年朋友善于创新、勇于创业,在青年中引起强烈反响。全省共推荐各类青年创新创业典型 366 人。二是通过举办主题活动强化工作声势。今年以来,全省各级团组织相继开展了创业大讲坛、“我们创业吧”、科技创新“沙龙”等各种活动 8900 场次、覆盖 75 万人次,形成了较大工作声势。三是通过加强资源整合赢得社会支持。整合青联、青企协、农村青年致富带头人协会的创业资源,考察创意新、有前景的青年创新创业项目,以入股、风投等形式注入社会资本进行帮扶。

2. 多方整合资源,搭建服务平台。一是搭建培训交流平台。成立湖南青年创业导师团,开设“SYB”“KAB”等创业教育课程。今年市级以上团组织共举办青年创业讲坛、典型事迹报告会、创业就业培训、融资直通车等 626 场、覆盖 20 万人次。市县团组织积极举办“倾听心声,共促发展”政府职能部门与农村青年致富带头人交流座谈会,共帮扶农村青年 1000 余名。二是搭建孵化平台。努力推动国家、省级青年创新创业示范园区建设,成功申请长沙市高新区信息产业园为国家级青年创新创业示范园区,规范建立青年创业就业见习基地 200 家、青年创新创业基地 40 家。三是搭建资金帮扶平台。充分发挥湖南青年创业就业基金会的作用,全年累计筹集资金 1626 万元,资助创业项目 276 个,有力地推动了青年创新创业工作。四是搭建赛事服务平台。多方筹集资金 500 多万元,联合 10 个厅局单位组织举办首届湖南青年创新创业大赛,共收到参赛项目近 2000 个,经过市州预选赛、集中晋级赛、省级总决赛的层层选拔,评选出一等奖 5 名、二等奖 10 名、三等奖 15 名、优胜奖 120 名,同时对获奖项目提供辅导咨询、银行授信、投资融资、园区孵化等链条式服务。开展“创青春”大学生创业大赛、“彩虹人生”职业学校创新创效创业大赛,大学生“挑战杯”竞赛项目现场签约 2000 余万元,多个项目获得湖南卫视等单位品牌推广合作协议。组织参加首届“盐商杯”中国青年创新创业大赛,荣获全国二等奖,7 个参赛项目与投资机构达成融资意向,累计金额近亿元。在 2014 年“创青春”全国大学生创业大赛中,湖南省获得金奖 2 项、银奖 9 项、铜奖 42 项;在参加全国青年涉农产业创业创富大赛中,湖南省获得一等奖 1 名、二等奖 1 名、三等奖 1 名。

3. 注重上下互动,释放基层工作潜力。一是注重高位协调推动。各市州、县市区党委、政府对青年创业工作的重视支持力度不断加大。协调争取省人社、经信委、财政等部门支持,相继对促进青年创新创业工作给予政策和资金支持。二是注重协会促动。充分发挥社会组织在推动青年创新创业方面的作用,组建省市县各类服务青年创业协会、农村青年致富带头人协会等各类社会组织 241 个,吸引 1.6 万余名创新创业者入会。三是注重项目带动。大力加强湘青返乡创业扶持计划、青年网商培育计划、青年创业示范园区创建、农村青年创业致富“领头雁”培养计划、“我的事业在家乡”创业主题活动等项目平台建设,着重做好项目引导、政策服务、项目对接、资金扶持等工作。全年共培训 1.7 万名农村青年,帮助 3.38 万名创业青年获得贷款 23.5 亿元。实施“北京大学湖南创业特训营”项目,培训青年企业家代表、移动互联网青年和青年创新创业精英等 65 名。四是注重制度驱动。建立联动协

调、督查考核、帮扶支持等工作机制，省、市、县三级团组织相继成立了促进青年创业工作领导小组，推动建立党政领导干部、青年企业家、创业导师与创新创业青年“一对一”帮扶机制。

三、服务青年成长发展进一步深化

1. 竭力帮扶困难青少年群体。一是深入推进雷锋号志愿者工作站创建活动。在全省城市社区和条件比较成熟的机关、企事业单位、学校、乡镇有序开展雷锋号志愿者工作站创建活动，全省已建设工作站 1507 家，其中城市社区 1392 家。二是深入开展关爱农民工子女志愿服务行动。各级团组织、青年志愿者组织与农民工子女较集中学校结对 3250 所、结对农民工子女近 100 万人，建设关爱农民工子女规范化阵地 1361 个，所有结对农民工子女较集中学校都设有“七彩课堂课程表”。三是重点开展帮扶困难学生工作。积极整合全省企事业单位资源为高校毕业生提供就业岗位、搭建就业平台；建立高校贫困大学生信息数据库，深入推进困难学生帮扶体系建设，联合湖南中烟工业公司举办“芙蓉学子·榜样力量”优秀大学生评选活动，对优秀贫困大学生进行资助并做典型宣传；开展“华融湘江银行·绿色助学行动”，筹集资金 320 万元，资助 1000 名贫困大学新生。四是大力实施关爱残疾青少年“阳光行动”。广泛开展“团队+残疾青少年”的结对工作，湖南省持证残疾青少年的结对率超过 30%。争取省财政安排 500 万资金开展了全省“手拉手贫困疾患儿童医疗救助”活动。五是深化希望工程。省青基会全年共实现收入到账 5448.32 万元，安排公益支出 5145.62 万元，奖励资助大中小学生 10544 人次，援建希望小学 4 所。微益中国全年实现捐助 63403 次，募集资金 17 万余元，完成项目 2689 个，受益学生 42.14 万人次。

2. 切实维护青少年合法权益。认真学习贯彻党的十八届四中全会精神，运用法治思维、法治手段开展青少年权益工作。一是积极做好预防青少年违法犯罪工作。对省综治委预防青少年违法犯罪专项组成员单位工作职责进行相应调整明确，科学制定预防青少年违法犯罪工作考核细则，强化工作落实；全面铺开全省第二批重点青少年群体服务管理和预防犯罪工作，指导长沙做实了“青少年权益创新”试点工作；联合省司法厅等单位开展了“情暖高墙·关爱孩子”帮扶工作。二是构建社会化维权工作体系。建设了一支以公检法司等相关部门为主要力量的维权志愿者队伍，初步形成了社会化维权工作有效机制；积极加强青少年社工队伍建设，为政府购买社会工作服务提供承接平台。三是制度化反映青少年利益诉求。继续深化“面对面”活动，今年共提交提案、建议或议案 47 份，重点抓好了涉及青少年健康成长的法律法规和政策的落实；发挥好 12355 青少年服务台、青少年维权岗的作用，今年共举办心理减压讲座 313 场。

3. 加强青年人才的联系服务。一是搭建平台吸引青年人才。积极争取省委人才工作领导小组将“湖湘青年英才”支持计划人选评审办公室设在团省委，建立常态化实施机制，对支持计划人选给予专项资金、创业项目、交流平台等支持；整合腾讯大湘网、红网等资源，建立湖南青年创新创业项目数据库、人才库，在全省范围内推动形成青年创新创业的“项目—资金—人才—企业”网络供需链。二是积极服务青年人才发展。充分发挥省青联、青企协、青科协的作用，积极争取省委组织部、人社、财政、科技、教育等部门的支持，加强对青年人才的联系服务。加大对选调生、“大学生村官”“西部计划”志愿者和“三支一扶”人员的服务力度，深化博士服务团、青年岗位能手、青工技能振兴计划、青联委员经贸考察、大中学生“三下乡”社会实践等活动。三是扩大青年对外交流。全年出访 14 批次共 94 人，接访 11 批次共 205 人；深化与港澳青年团体的交流互访，成功举办“两岸四地大学生暑期湖南实习计划”活动，组派“2014 湘台两岸青年交流团”“湖南青年生物科技代表团”赴台开展考察交流。进一步做好援疆援藏工作，分别对接做好7个方面共34个援助项目，并取得初步成效。

4.加强青年社会组织和新兴青年群体工作。积极引导青年社会组织依法参与社会治理，制定出台了《共青团湖南省委推进全省青年社会组织发展实施方案》，积极争取民政部门支持，通过会商共同构建促进青年社会组织发展的协同机制。筹建湖南省青年社会组织发展中心，着力打造以“青年社会组织发展中心为阵地、社会工作项目供需平台为基础、青年社会组织骨干为支撑”的青年社会组织工作体系。着力培育青年社会组织，举办了首次湖南青年社会组织负责人(骨干)培训班，对全省14个市州的150名青年社会组织负责人和业务骨干等开展专题辅导；注册成立全省环保志愿服务联合会，举办全省环保社团骨干和指导老师培训班，培训青少年环保社团骨干120余名。加强新兴领域青年的联系、引导和服务工作，加强对青少年重点需求的研究，开展“湖南省青年创业状况”“湖南省青少年发展状况”研究，对青年移动互联网络创业、返乡青年创业、新兴青年群体发展状况等课题进行了研究。面对青年的迫切需求，开展有针对性的活动，比如开展大学生“走下网络、走出宿舍、走向操场”活动、12355“阳光行动”“青春有约·缘来是你”单身青年相亲公益活动，各地团组织围绕青少年的重点需求，创新工作实践和载体，开展了形式多样的服务活动，取得了务实的工作效果。

四、团的自身建设进一步深化

1.党的群众路线教育实践活动成果进一步巩固。始终把作风建设作为一项政治任务抓紧抓好，以“钉钉子”精神巩固扩大群众路线教育实践活动成果。加强对参与第二批党的群众路线教育实践活动的市州团委的指导，各级团组织严格按照要求开展教育实践活动，取得良好成效。通过开展教育实践活动，各级团干部带头加强政治理论学习，提升了理论素养，加强了党性锻炼，站稳了群众立场。着力以制度机制巩固作风建设成果，狠抓制度执行，对群众路线教育实践活动中建立的制度，通过学习、考核、督查、通报等方式，推动各项制度落到实处。狠抓团干部思想政治教育，引导干部牢固树立群众观念、践行群众路线。通过巩固群众路线教育实践活动成果，进一步改进了干部队伍工作作风，提升了做好青年群众工作的能力。

2.扎实推进基层服务型团组织建设。一是坚持党建带团建。认真抓好湘委〔2014〕10号、湘办发〔2012〕41号、湘组〔2013〕20号等文件精神的落实，推动市州、县市区召开党建带团建会议和出台工作文件，确保党建带团建落到实处。二是完善基层联系点制度。省、市级团委处级以上干部分别联系全省123个县市区，通过广泛深入各领域青年进行调查研究，推动了团的重点工作有效落实。三是加强团的组织规范化建设。规范基层团干部队伍管理，选优配强基层团组织领导班子；规范团员队伍管理，进一步做好了团员发展和管理工作；严格团费收缴使用管理，积极加强对团费的收缴、使用和管理工作；规范驻外团工委管理，进一步配齐配优班子，有效服务外出务工创业青年。开展全省团的自身建设问题的研究，进一步摸准了目前团的工作和建设存在的问题，为加强规范化建设提供了工作参考。

3.强力推进城乡区域化团建工作。一是抓好城乡区域化团建。持续加大对市县团委工作经费支持，今年共下拨工作经费1047.5万元，推动各街道(乡镇)团组织每年2万元工作经费纳入财政预算，对全省250个区域化团建示范乡镇(街道)给予5000元/个的经费支持。推进城市街道区域化团建，整合区域内青年工作的组织、资源、项目，广泛联系服务区域内青年；全面完成了村级团组织集中换届选举工作,今年全省农村新建直属团组织6679个、超额完成479家。二是进一步加强非公企业团建。全省新建非公企业团组织1862家,覆盖团员青年9万余人,建立省市县三级团委分别直接联系管理本地区靠前100家、70家、40家非公企业团组织的框架体系,推进非公企业团组织“活力工程”建设。三是着力推动行业协会团建。目前已有13个行业协会建立团委,并带动在协会会员企业中建立团组织1412家;全省新建农村专业合作组织团组织1832家、超额完成532家,省市县三级共成立农村青年致富带头人协会44家。

4. 切实抓好团干部队伍建设。强化干部培训,今年省级投入经费近280万元,举办培训班18期,直接培训团干部1821名,覆盖所属领域95%以上的团干部。全省各基层团组织共培训团干部5.6万人,覆盖52%以上的基层团干部。加强团干部队伍配备,市级团委书记、班子、全体机关干部配备率达到92.9%、100%、91.1%。推动作风转变,出台了《关于团干部直接联系团员青年制度的实施意见》,建立调查研究、基层联系点、联系青年人才、团员注册志愿者等九项制度并狠抓落实;在全省各级团组织中广泛开展团干部带头开展志愿服务活动、“走进青年、转变作风、改进工作”大宣传大调研活动,引导广大团干部深入实际、贴近基层、走进青年。

青联、学联、少先队组织建设进一步加强。进一步完善青联工作制度,建立了以“界别——小组网格覆盖”的委员联系模式。进一步加强学联建设。规范省学联驻会制度、学联主席团例会制度、秘书处学生干部值班制度,严格目标管理,推动学生干部在工作实践中成长成才。进一步加强少先队专业化建设。推动省委下发《中共湖南省委关于进一步加强少年儿童和少先队工作的意见》,并狠抓督导落实。全面落实中小学少先队活动课时、总辅导员制度,进一步加强少先队学科建设和人才培养。团的其他各项工作和建设也取得了新的成效。

广东团的工作

2014年,全省各级团组织按照团中央和省委抓住主业和做好青年群众工作的总要求,贯彻落实团中央各项决策部署,勇于改革创新,狠抓项目落地,进一步巩固了广东共青团事业持续发展的良好态势。

一、在提升组织锻造队伍中抓紧“主业”

1. 青年思想引领取得新成效。广泛开展“我的中国梦”、“我为核心价值观代言”、“奋斗的青春最美丽”等主题活动23万场。开展大中学生“与信仰对话”、“与人生对话”等活动4670场,有效发挥“最美代言人”、“身边好青年”、“乡村好青年”典型引领功能。用好团一大纪念广场的教育作用,吸引24万名青少年参观。积极运用新媒体,省市县三级微博集群成员达4万个,微信集群成员1500个,其中广东共青团官方微博粉丝超过195万。打造创意载体,引入“喜羊羊、灰太狼”原创团队创作“保护母亲河”公益广告投放主流媒体,省青联会歌《我们正年轻》获省文明建设“五个一工程”优秀作品奖,广州制作团一大纪录片获南派纪录片一等奖;打造“团团菌”等虚拟形象,栏目总阅读量超5.7亿人次。实施“青网计划”,培养网络文明志愿者5.7万名,集结青年力量壮大网上正面声音。推进“青马工程”,制作《广东青马微课》,开发“爱马士养成记”手机APP,每年培养大学生骨干5.1万名。

2.组织队伍实现新拓展。作为全团创新试点,广州“智慧团建”引入云平台和大数据,构建线上线下互动的共青团网上组织体系和工作平台,吸引1.5万个团组织、36.9万名团员青年网签亮相。中山“电子团员证”试点推出“我是青年”卡,覆盖11万名团员、7000名团干。推进区域化团建,新建城乡直属团组织1.96万家。新建非公企业团组织3902家,新建社会组织团组织295家,新建农村专业合作组织团组织1399家,驻外团组织和在粤央企团组织建设取得新进展。全省累计培训团干部和青年骨干10万人次。做好青年人才举荐,刘勇、刘若鹏、陈庆城3人获第十八届“中国青年五四奖章”,周巍、王军芳2人被民政部评为全国首批社工领军人才。深圳联合市委组织部开展主业工程,探索“推优入团”和“推优入党”机制建设。汕头联合市委组织部启动大学生村官成长计划,茂名成立大学生村官成长促进会,探索大学生村官群体的常态化联系服务机制。云浮、河源等地借助村党组织换届契机全面完成村团支部换届工作。推动省委出台《进一步加强少年儿童和少先队工作的意见》,湛江、阳江、广州、汕尾、江门、揭阳等地相继出台实施意见,率先形成强化少先队工作力量的重要制度安排。

二、在围绕中心服务大局中彰显“青年”

1.服务创新驱动发展。以打造大型骨干企业后备梯队为牵引,继续实施第二期“领航100”计划,聚拢250家企业抱团发展,其中7家在新三板挂牌,5家入选广东年度经济风云企业,4位青年企业家入选风云人物;超过80%的企业年主营收入实现10%以上的增长,18家企业年主营收入首次突破10亿元,2家企业突破百亿元大关迈入省大型骨干企业行列。举办“盐商杯”、“南海大沥杯”等青年创新创业大赛,参赛作品数量居全国第一。承办“邮储杯”中国青年涉农产业创业创富大赛,广东省2074个项目获得4.91亿元贷款,国赛金奖项目获得2亿元风投资金。深圳打造深港青年创新创业梦工厂;佛山率先成立地市级金融团工委;河源推动青年创新创业列入市政府“十件民生实事”;清远承办全国“邮储杯”初赛半决赛服务全国600多名创业选手;汕头举办“银行行长与创业青年面对面”活动争取30亿元的综合授信;梅州承办“保护母亲河”解放军青年林植树活动服务生态建设;揭阳、茂名、清远成立广东青年网商联盟创业中心,助推粤东西北振兴发展。

2.参与深化改革任务。构建枢纽型组织强化对青年社会组织的“核心”引领,实施“亲青伙伴”计划,将831家组织纳入重点联系名录,推动承接“政府订单”2000万元;完善基层青少年综合服务平台,新建“亲青家园”166家。中山等地构建枢纽型组织综合改革实验区的试点初显成效;惠州发挥枢纽型组织功能凝聚了99家各行业的青年社团联盟;珠海扶持青年社会组织资金总额达1372万元;顺德将“青年坊”延伸至镇村一级。联合司法系统统筹推动青少年社区矫正全省试点,选取10个市县重点突破,配备95名社工和2555名志愿者,打造专业化的青少年社矫队伍。成立省青联广东立法社会参与和评估中心,承接省人大及省住建厅的立法评估项目,引导青联委员和青年代表为法治建言献策。

3.促进社会和谐团结。出台《关于推进广东志愿服务制度化的实施意见》,推广“广东志愿者(志愿时)”系统,注册志愿者达624万名,发起志愿项目12.8万个,承办全国志愿助残日活动,推出“益苗计划”,打造覆盖全省各行业各领域志愿服务“一张网”;承办志愿服务广州交流会,将志交会上升为全国性赛会;举办志愿服务高峰对话,成立广东志愿服务国际发展研究院，承接第六批中国青年志愿者海外服务计划塞舌尔和文莱项目，探索志愿服务国际化路径；深圳、广州加快建设“志愿者之城”，佛山创新打造“志愿V站”，惠州率先推出“社工+志愿者”名家工作室，肇庆创新推出“志愿服务号”巡回车，全省青年志愿服务蔚然成风。开展青少年民族团结教育，加大对口支援西藏林芝、新疆喀什、四川甘孜力度，实施“健康直通车”进藏进疆、粤喀青少年手拉手“千人计划”等项目，捐资超过3100万元。

4. 深化粤港澳青少年交流。对接香港中联办、澳门中联办等机构，加强与港澳各青年社团的互动，连续13年举办“爱我中华”两岸四地青少年火车团，连续3年组织开展香港大学生暑期来粤实习计划、“香港200”优秀中学生培养计划、“高飞远翔”明日领袖培训计划，进一步巩固常态化交流机制。创新开展“奏响青春·筑梦中华”、“寻找家乡的故事”等活动，邀请5200多名港澳青少年开展文化交流和乡情探访。珠海举办第二届“留学生节”，江门在香港举办“世界江门青年大会”，肇庆建立“台湾城·肇庆站”海峡两岸青年创业孵化基地，潮州实施“同根归心·潮归故里”海外潮籍青年领袖寻根之旅，有效加强与港澳台和海外青年的联系。

三、在服务青年成长中构建“枢纽”

1. 服务青年创业就业渐成体系。针对大学生实习，开展“展翅计划”，发布岗位16.9万个，惠及大学生9.23万人。针对城市青年创业，开展“启航计划”，全省建成154个创业孵化园区，新增孵化小微企业1501个，发放小额贷款项目3102笔，募集创业基金2.2亿元；举办“盐商杯”广东青年创新创业大赛，广东省项目获国赛创业组二等奖。针对农村青年创业，开展“领头雁计划”，打造“淘宝·特色中国·广东馆”，吸引435家企业进驻。针对大学生创新创业，举办第八届大中专学生科技学术节、第九届校园文体艺术节，开展“挑战杯·创青春”和“攀登计划”，首创“青创板”股权众筹平台并推动其成为全国性平台，实现赛事创新、金融创新和机制创新；联合粤科风投集团设立5亿元专项基金，推动省财政每年安排2000万元，由团省委专项支持大学生科技创新。

2. 服务青年发展深化品牌。继续实施“圆梦计划”，考录1万名青年工人上大学，培训学员骨干2701名。举办第二届“全国青年产业工人文学大奖”评选。以“青年文明号”创建活动20周年为契机，动员1.08万家文明号集体开展惠民服务。省青基会援建“幸福厨房”73个，总筹资3400多万元开展公益活动。红领巾基金新建“希望家园”81所，支持困难少年儿童项目超过800万元。开展“青春情暖”系列活动服务环卫工人、返乡青年、保安等20万人。每月举办“亲青创意沙面街”，为新兴领域青年搭建梦想舞台。打造“粤团聚”、“U婚恋”等靠谱平台，韶关、阳江等地积极服务单身青年婚恋交友。中山大学、培正学院作为团中央试点开展“走下网络、走出宿舍、走向操场”活动，获秦宜智书记批示肯定。

3. 维护青少年权益更加突显。召开省市两级预防青少年违法犯罪工作会议，在全省第二轮70个县区推进重点青少年群体工作。联合12个厅局优选100个基层青少年维权岗。开展与人大代表、政协委员“面对面”活动150场，组织青年律师开展法律服务1173场。12355各级平台接线4.3万个，受理青少年问题个案1.4万个，整合“找法网”等实现专业服务。东莞连续两年承接团中央“彩虹行动计划”项目，建立13个镇级“莞香花”服务中心对800名重点青少年开展持续帮教。潮州联合市综治办等出台《关于加强青少年事务社会工作专业人才队伍建设的意见》。

四、在加强改进团风上建立“机制”

1. 群众路线教育实践活动扎实开展。不折不扣落实中央八项规定和省委实施意见，省市两级扎实开好专题民主生活会，充分运用

"青春留声机"等广纳青年好声音，切实制定并有效落实整改措施，以制度化建设推进团工作规范化运行。

2. 学习研究型团组织建设走向深入。举办青少年事务社会工作专题培训班和粤港青年社工交流班，运用"网络学院"、"粤团早读"、"午餐论坛"、"青年夜校"、"党建茶点"、"权益早茶"等多种形式，利用微信微博等新媒体平台实现团干学习常态化、便捷化。着力建设团属新型智库，连续两年联合省社科联等开展全省青少年工作课题研究，出版广东省共青团与青少年发展蓝皮书。

3. 作风建设抓紧抓实。狠抓团干部队伍教育管理和作风建设，探索团干部作风状况考核评价制度，将从严治团不断引向深入。直接联系青年初步形成机制，探索专职团干部深入基层联系点与青年"结对子"等制度，深化"两进三同四争先"活动，全省177名处级以上干部共联系354个联系点，实现121个县区全覆盖。云浮建立团代表工作站24个，探索团代表坐班轮值制度。

此外，青联、学联、少先队工作取得新突破，团属企事业单位发展更顺畅，团的各项事业迈上一个新的台阶。

广西团的工作

2014年，在自治区党委、政府和共青团中央的正确领导下，共青团广西区委深入学习贯彻党的十八大和十八届三中、四中全会精神，深入学习贯彻习近平总书记系列重要讲话精神，认真贯彻落实团的十七大、十七届二中全会工作部署，紧密围绕团的四项基本职能和两大战略性课题，紧密围绕自治区"两个建成"目标，紧密围绕青少年成长发展需求，履职尽责、攻坚克难、务实创新，推动团的各项事业迈上了新的台阶。

一、坚持理论武装、主题实践和榜样引领相结合，引导广大青少年自觉培育和践行社会主义核心价值观，不断增强中国特色社会主义的道路自信、理论自信、制度自信，着力提升团组织的吸引力和凝聚力

1. 创新形式，坚持用科学的理论武装青年。广泛开展"学理论、强党性、铸信仰"学习活动。通过机关学习会、辅导报告会、民主生活会、主题公开课等多种形式，组织全区团员青年深入学习贯彻党的十八大和十八届三中、四中全会精神，深入学习习近平总书记系列重要讲话精神，切实将思想和行动统一到中央的决策部署上来，统一到自治区"两个建成"目标任务上来。一年来，全区各级团的机关举办理论学习座谈会428场次，邀请党政领导、专家学者深入一线对青年进行专题辅导55场次。此外，注重在理论学习过程中添加青春、时尚元素，通过微博、微信、微视、秒拍等青年人喜闻乐见的方式，激发青少年理论学习的热情。

2. 丰富载体，坚持用生动的实践培育青年。一是广泛开展"我的中国梦"主题教育实践活动。深入实施大中学生"1+1"基层培养计划，组织6000余名大中学生到户籍所在地的乡镇（街道）直属团支部、村（社区）团支部挂职锻炼；认真开展"传递知识·放飞梦想——广西在京（外）大学生返乡公益高考分享活动"，组织500多名大学生开展活动60余场次；广泛开展"红领巾相约中国梦——今天

我入队·争当好队员”主题队日活动,全区400多万少先队员参加活动;认真组织广西少年儿童“中国梦·我的美好生活”书画、诗歌、散文征集活动,征集到各类作品4万多件。开展“中国梦壮乡美”首届广西青少年微电影创作大赛,推荐2件作品入围全国决赛。二是深入引导青少年培育和践行社会主义核心价值观。以青年文明号创建20周年为契机,编辑出版《创号青春——青年文明号20周年理论与实践探索》,制作《广西青年文明号20周年》宣传片和动漫教学视频,开展“广西青年文明号二十周年活动座谈会”、“青年文明号诚信示范月”、“广西青年文明号创新服务大赛”、“广西青年文明号风采巡讲巡展”等活动,带头践行社会主义核心价值观。三是深入实施西部计划,新招募西部计划志愿者620名,其中80名志愿者远赴西藏、新疆等地服务;广泛开展青年志愿者助残“阳光行动”。四是成功举办“践行社会主义核心价值观弘扬中华优秀传统文化”广西青年书法展;携手广西军区政治部,共同启动广西军地青年培育和践行社会主义核心价值观活动;成功举办广西少先队鼓号交流展示活动、广西少先队基本知识竞赛,举办2期广西少先队小干部培训班,共150名少先队小干部参加培训学习,得到团中央肯定并在全国推广经验。

3. 选树典型,坚持用身边的榜样激励青年。认真组织开展五四评优工作,3人获评“全国优秀共青团员”、6人获评“全国优秀团干”、8个基层团组织被评为“全国五四红旗团委(团支部)”;广西壮族自治区授予22名同志“广西青年五四奖章”,表彰144名优秀团员,171名优秀团干部,72个五四红旗基层团委和80个五四红旗团支部;广泛开展寻找“我身边的好青年”、“最美志愿者”、“最美少年”、“最美辅导员”、“乡村好青年”等评选活动,评选表彰了一批广西青少年榜样。同时,在线下开展“我的中国梦——奋斗的青春最美丽”系列分享活动,邀请各时期、各领域的广西青年先进典型与普通青年代表座谈交流近500场次,直接覆盖和影响青年近10万人次;在线上与广西新闻网、广西电视台等主流媒体强强联合,对优秀青年代表的先进事迹和青春风采进行集中展示,并通过微博、微信等新媒体手段进行广泛传播,为青少年树榜样、立标杆。

二、坚持服务党政中心、服务青年创业、服务青少年成长、服务团干部发展相结合,搭建服务平台、创新服务手段、提升服务水平,在干事创业和贴心服务中增强团的吸引力和凝聚力

1. 围绕党政中心,服务发展大局,组织青年在全面深化改革进程中建功立业。一是围绕服务国家周边外交战略,继续面向东盟开展特色青年交流活动,举办第十届大湄公河次区域(GMS)青年友好交流活动和第八届中国—东盟青年艺术品创作大赛获奖作品北京巡展;推动团中央和自治区政府联合组建中国—东盟青少年交流活动中心领导小组,争取自治区财政划拨4300万元启动项目建设;加强中国(广西)国际青年交流学院建设,举办3期东盟青年干部高级研修班,年内培养东盟青年干部140多名。二是围绕自治区“双核驱动”战略,重点建设珠江—西江生态廊道,深入实施“绿满八桂”植树造林工程。全区落实植绿增绿护绿活动资金407万元,发动57.9万名青少年植树298.5万株。三是围绕服务自治区开放合作战略,深化与港澳台地区的交流合作,举办“共和国之旅——桂港青年携手同心共筑中国梦”专列团活动,邀请香港50多个爱国社团组织的583名青年代表到柳州参观考察;邀请台湾花莲县100多名少数民族少年儿童到广西考察交流;组织广西青年农业考察交流团一行37人赴台湾参加首届两岸青年农业合作论坛,并于台湾方达成4项合作意向。四是积极投身生态广西建设。在全区组建青年服务队18733支,发动40.3万名青年志愿者参与“美丽广西·清洁乡村”活动；选派3名机关干部组成“美丽广西”乡村建设(扶贫)工作队到蒙山县驻村帮扶，并在人力、物力、财力和项目等方面提供支持和保障；创新开展“一间阅览室·一支小牙刷”活动，组织捐建“梦想书屋”130个，向农村留守儿童赠送37500多个生活卫生小套装。

2. 积极搭建网络平台，大力扶持青年电商创业，鼓励和引导广大青年敢创业、能创业、创成业。一是实施“特色网货品牌培育”、“青年电商创业孵化基地建设”、“青年电商创业典型扶持”、“青年电商创业培训”等四项工程。二是实施广西青年电子商务创业公益行动。与中国联通广西分公司共同推进农产品溯源体系工程，为电商创业青年提供优惠网络服务。三是举办首届广西青年创业创新大赛和首届广西青年电子商务创业大赛。

3. 突出需求导向，服务重点群体，推动服务青年工作中再创佳绩。一是针对高校毕业大学生，举办了“百企入校——广西青年企业家协会高校毕业生专场招聘”活动，自治区和各地市同步推进，组织600多家企业入场招聘，提供的10000多个就业岗位，吸引了区内外高校约1.2万名毕业生前来应聘。二是针对青年婚恋交友，线上建立广西青年交友联谊平台，线下开展“青春携手·共创未来——广西青年联谊活动”，全区累计举办联谊活动1300场次，直接服务青年将近13万人次。三是针对困难外出务工青年，开展“让温暖一起回家”春节系列活动，发放慰问金152.1万元、慰问物资121.5万元，赠送春节返乡车票11293张。四是针对重点青少年群体，联合下发《广西壮族自治区加强青少年事务社会工作专业人才队伍建设实施方案》，成为全国第四部省级青少年事务社会工作政策文件；在2014年中央综治办等八部委组成的联合检查组对全国重点青少年群体工作第一轮推开情况考评中，广西合格率达100%。探索实施“青少年权益工作创新试点工作”，确立了5个区级示范县区和14个市级示范县区；加强青少年法制宣传教育，联合广西电视台共同录制未成年权益保护公益类精品节目——《与爱童行》56期，创作微电影《从这里起飞》、《藏蓝色的梦》荣获第三届全国“为了明天——关爱青少年彩虹行动”微电影大赛三等奖。五是针对少年儿童成长，推动出台《中共广西壮族自治区委员会关于培育和践行社会主义核心价值观进一步加强少年儿童和少先队工作的意见》。六是针对贫困地区儿童，扎实做好希望工程的资金筹集、项目推进工作，全年共筹集项目资金2878.784万元，资助2100名贫困生上学，为凌云县等30个县(市、区)新建“希望厨房”、“快乐体育园地”、“梦想书屋”等设施，受益师生达2万多人；开展“我的微愿望”帮扶活动，累计为2000多名农民工子女和经济困难家庭青少年实现了“微愿望”。七是扎实推进全区青少年综合服务平台建设。

4. 加强业务培训，锤炼思想品格，努力提升团干部的能力素质和工作作风。一是强化理论学习。坚持开展团区委机关“六个一”的学习制度，面向全区设立了62项共青团理论与实践研究课题，引导广大团干部在学习中争先进、做表率。二是实施全员培训。制定了《2014年广西团干部教育培训工作计划》，科学设置课程，创新培训形式，打造“青春引擎”培训品牌，培训注重联系实际，科学设置课程，创新培训形式，在讲授式教学的基础上推广研讨式、案例式、实践体验式、情景交流式教学，努力提高课堂学习效果及学员学习积极性。三是加强团干部和少先队辅导员的沟通和交流。举办2期少先队辅导员培训，建立了广西少先队辅导员交流QQ群和广西少先队官方微博、微信等青少年工作者交流平台，邀请区直机关团干、高校团委书记、高校学生会主席、少先队辅导员到团区委机关开展沙龙活动。四是认真落实团干部联系青年制度，建立“四个一”工作机制，直接覆盖和服务青年 12 万人。五是开展“走进青年、转变作风、改进工作”大宣传大调研活动。

三、坚持组织覆盖和网络覆盖“双管齐下”，延伸工作手臂，扩展服务范围，不断扩大团的工作有效覆盖面

1. 延伸工作手臂，推动团组织全面覆盖。一是着力加强学校共青团组织建设。突出学校共青团基础性、源头性、战略性地位，深入推进实施 15 项学校共青团重点工作创新试点项目。二是继续推进“强乡活村”工程。积极探索村团支部书记和农村致富带头人“双培双带”培养模式，推进农村专业合作组织团建，联合农业、供销部门以服务农村合作组织生产经营为切入点，搭建政策、项目、组织平台，促进农村合作组织发展，激发农村基层团组织活力。三是着力实施区域化团建。通过财政拨付、共建委和社会募集的方式，落实 440 多万元区域化团建工作经费。四是加强系统团建工作。将未纳入体系的中直机关企事业单位纳入直属机关团委管理。五是着力推进“两新”组织团建。截至 11 月 18 日，累计新建非公有制经济团组织 463 家，覆盖 35 岁以下青年 6847 人，团员 3557 人；新建新社会团组织 67 家，覆盖 35 岁以下青年 1152 人，团员 578 人。六是着力加强驻外团组织建设。目前，已在北京、广东等地建立了区、市、县三级驻外团工委 856 个，基层团组织 1.23 万个，有效联系和服务外出务工创业青年 34.3 万人。七是加强团组织对青年社会组织的联系、服务和引导。

2. 依托网络新媒体，拓展团的工作有效覆盖面。探索网络团建新模式，通过建立 QQ 群、微博群、微信公众号等青年人喜闻乐见的方式和渠道，拉近了与青年之间的距离。一是加强信息平台建设和创新，成立了广西共青团新媒体中心，改版了广西共青团官方网站，新建了“八桂青年信息交流平台”、“八桂青年志愿者信息平台”、“广西青年企业家协会网”、“广西青年文明号网”、“八桂青年联谊交友平台”以及广西共青团微博群、微信公众号、手机报等，构筑了全方位、立体式宣传格局。二是加强网络新媒体运营，既突出主题内容，又注意形式创新。三是重视网络宣传员队伍建设。

海南团的工作

2014 年，海南各级团组织按照省委和团中央的工作要求，认真落实团省委六届二次全会工作部署，强化措施、优化服务、深化建设、固化机制，全力提高团的吸引力和凝聚力、扩大团的工作有效覆盖面，全省共青团事业取得了明显进步。微电影大赛及优秀作品宣传推广、团属微信平台建设、志愿服务常态化建设和希望工程圆梦行动等多项工作成效显著，海南青年创业平台荣获“全国青年创业示范园区”称号；新华社内参、光明日报、中央电视台、中国青年报、海南日报等主流媒体多次对海南省共青团工作进行专题报道，有力地扩大了海南共青团的影响力。

一、把握根本任务，引导青少年培育和践行社会主义核心价值观工作扎实推进

一是深入开展“中国梦”主题教育实践活动。不断深化主题团日活动。以学习宣传贯彻党的十八大、十八届三中、四中全会和习近平总书记系列重要讲话精神为重点，围绕“我的中国梦”和社会主义核心价值观主题，在全省各级各类团组织广泛开展主题团日活动。“五四”期间，省委书记罗保铭、原省委副书记李宪生分别出席团省委举办的“我的中国梦——奋斗的青春最美丽”主题团日活动和青年典型座谈会，同各界优秀青年代表座谈并发表重要讲话，为激励和引导广大青少年培育和践行社会主义核心价值观营造了浓厚氛围。全省共开展主题团日活动400多场，覆盖团员青年近20万人。开展“中国梦·我的梦”城乡少年手拉手交流体验活动，共组织34所城市和农村小学少先队大队进行结对，结对少先队员达3万多名。举办2014年海南省青少年“中国梦——我心中的社会主义核心价值观”原创漫画大赛，共征集到作品近1000幅，评出获奖作品182件，所有获奖作品在“2014中国（海南）动漫游戏博览会”上进行了展出，现场参观青少年超过5万人次。

二是坚持分层分类正面引导。开展“我的中国梦——奋斗的青春最美丽”优秀青年走基层系列分享活动，共举办各类主题分享会360多场，参与青少年近10万人次。面向城乡青年，开展寻找乡村好青年、最美青工等青年典型选树活动，全省共选树各级“乡村好青年”477名、“海南乡村好青年”12名，入选“全国乡村好青年”3名；面向青年学生，举办“与信仰对话”校园报告会、大学生骨干培训班等活动，扎实推进青年马克思主义者培养工程；面向少先队员及辅导员，评选表彰一批海南省优秀少先队员、辅导员和少先队集体。通过选树、宣传典型，分享成功经验，积极引导青少年培育和践行社会主义核心价值观。

三是大力加强新媒体宣传引导。举办2014“青春正能量”海南微电影征集大赛。共收到参赛作品530部，评出获奖作品25部；大赛官网访问量超过230万人次。重点推动优秀作品在全省青少年中广泛展播，共组织观影活动近1500场，直接观影人数达25万余人，通过微博、微信观看等间接覆盖人数超过100万人；累计开展观影座谈会等活动近3000场，一大批青少年成为社会主义核心价值观的践行者和宣传员。继续推进新媒体格局系统化建设。组建省、地市、县三级网络宣传员队伍共4841人，并基本实现全员培训；团省委新浪官方微博粉丝数达41.2万人，腾讯微博粉丝数5万余人，两个官方微博阅读、转评量达到1200万次；开通微信公众平台62个，建立微信群（讨论组）12154个，覆盖团员青年53.7万人。运用微博、微信广泛开展了习近平总书记系列重要讲话精神宣传、志愿服务、就业创业、青少年维权等一系列引导、服务青少年工作，进一步扩大了团工作的覆盖面和影响力。

二、服务党政大局，组织动员青年投身深化改革发展实践成效显著

一是志愿服务常态化建设凸显海南特色。组织建设方面，完善“志愿海南”注册平台，推行实名注册志愿者制度，全省注册团体达2493个，注册志愿者28.6万人，发放志愿者卡10万余张。在全团较早推行的团干部、团员全员注册志愿者工作取得初步成效。项目建设方面，重点推进旅游、交通、社区、环保、支教、助残和关爱农民工子女等服务项目，继续做好大学生志愿服务中西部计划项目。举办全省志愿服务项目大赛，并为20个获奖项目提供经费支持。机制建设方面。联合省教育厅出台《关于推进学生志愿服务工作的意见》，推行将学生志愿服务活动折算成社会实践学分并与推优评优挂钩；建立实施重点项目情况周报、季度通报、年度考核等常态化督导机制；建立完善志愿服务保障和志愿者激励机制，设立“百分关爱·天涯海角公益基金”，选树、宣传志愿服务典型，40个志愿服务集体、个人和项目受到团中央、民政部和省委省政府表彰。主题活动方面，应对抢险救灾等重大事件，围绕春节、国庆、国际志愿者日等节庆契机及大型赛会等活动，深入开展主题志愿服务活动。特别是在抗击超强台风“威马逊”的危急时刻，及时出动47887人次志愿者参与救灾救助，筹集救灾款项和物资近300万元。2014年，全省常态化志愿服务站点达781个，参与志愿服务活动17.92万人次，服务总时长超过160万小时，在全面提升基层团组织活力、引导青年参与国际旅游岛建设等方面取得明显成效，省委书记罗保铭对全省志愿服务工作给予了高度肯定。

二是青年创业就业工作有序推进。举办2014海南国际旅游岛青年服务技能大赛，1153名选手报名参赛，覆盖涉旅企业932家，先后组织市县初赛和省级预决赛63场，在社会上引起强烈反响，在全省范围内营造了服务至上、爱岗敬业的良好氛围。实施农村青年创业致富“领头雁”培养计划，建立完善基础信息管理系统，全省共有2673人列入计划培养。努力扩大青年创业小额贷款规模，联合金融机构为8863名青年发放创业小额贷款2.54亿元。不断拓宽青年就业培训渠道，全年完成技能培训29224人次，实现就业8806人。稳步推进青年创业就业见习基地工作，保有见习基地97家，见习上岗青年数超过1200人。深化海南青年创业平台建设，先后发展入驻企业36家，12家企业顺利毕业进入市场，青年创业就业发展环境进一步优化。

三是“青春绿化宝岛”行动取得阶段性成果。继续以“知绿、植绿、护绿”行动为主线，采取校地结对、多头联动等方式，广泛开展了“保护母亲河”春季植树行动、共建“共青林”等植树活动；启动解放军青年林海南东方项目。全年共植树造林2.78万亩，累计7.6万亩，超额完成2012—2014三年目标任务(6万亩)。充分发挥鹦哥岭“海南青少年绿化宝岛教育实践基地”作用，组织动员团员青年、大中专学生到基地进行绿化、环保、生态教育实践；发挥绿化生态环保志愿辅导员在全省中小学全覆盖的优势，深入开展相关主题宣传教育活动；组织各级各类志愿者协会普遍开展“珍爱国土”、“保护海洋”等志愿宣教活动，定期深入农村及结对帮扶青年开展护林护绿活动，有效宣传了生态环保理念。

三、立足青年发展，服务青年成长成才各项工作取得积极进展

一是全力维护青少年合法权益。扎实开展“共青团与人大代表、政协委员面对面”活动，促成人大建议和政协提案共12个。全面推进重点青少年群体服务管理和预防犯罪工作，组织对第二轮推动的8个市县开展专项督导检查，推动“青少年权益工作创新”试点，建立健全全省预防青少年违法犯罪工作机制。召开省未成年人保护协调联席会议第二次会议，建立未保工作机制，牵头组织开展全省中小学校园周边环境综合执法检查。深入开展禁毒宣传及志愿服务活动，成立各级禁毒支队51个，禁毒志愿者达1800余人。深化12355服务台工作，打造“阳光伞”海南省青少年自护教育品牌，继续开展12355阳光行动和“海青缘”文明交友等活动。全年共开展青少年自护教育活动155场次，受益青少年6万余人；12355服务台接待来电来访2.2万次，举行团体咨询、沙龙研讨377次；建立“共青团海南12355”微博和公众微信，粉丝达25万人。

二是着力深化希望工程品牌。积极整合社会资源，共筹集2014年圆梦行动捐款1695.8万元，资助贫困大学生3533名。建设开通“海南助学网”，完善海南省爱心助学信息共享网络服务平台。开展高考服务公益系列活动，共组织1200多辆爱心车投入爱心送考，开设“高考志愿服务站”38个，举办心理及志愿填报公益讲座27场，累计为6.4万名高考学生提供助考、送考等爱心服务。此外，筹集捐款资助贫困中职及中、小学生1721名，募集社会捐款300万元设立志愿服务专项基金，进一步彰显了团组织的作为，海南省青少年希望基金会被评为“最美海南人”。

三是拓展服务青少年的工作载体。开展联系服务农村青年月活动，共走访联系青年1.2万人，举办各类活动4260场次、覆盖团员青年8.7万人。开展“创青春”全省大学生创业大赛，共29件创业作品进入全省决赛，选送作品参加全国决赛并首次获得金奖。广泛开展大中专学生志愿者暑期“三下乡”社会实践活动，组织102支省级重点团队分赴基层开展相关活动，两支实践团队被评为全国优秀实践团队；充分利用鹦哥岭全国大学生社会实践教育基地，组织北京林业大学等高校近百名师生赴鹦哥岭开展了2014年“情系鹦哥岭，共筑青春梦”社会实践活动。组织开展全省大学生“走下网络、走出宿舍、走向操场”主题群众性课外体育锻炼活动，在全省17所高校同步开展“三走”示范日活动，并开展了“三走”典型案例、优秀公益社团等评选活动。

四、聚焦基层基础，团的自身建设不断夯实

一是积极推进党建带团建工作。抓好省级和各市县、高校党建带团建文件的落实，以市县层级为重点，通过团干部配备、经费支持、工作制度建设、党团阵地共建共享等方式，继续推动党建带团建工作。2014年，通过深入开展处级干部联系点工作，主动加强与市县党委的沟通联系，争取支持，营造了良好的党建带团建工作氛围。

二是大力加强基层团组织建设。将“每年给予全省每个乡镇、街道团组织2000元工作经费支持”列入财政预算。出台《共青团海南省委关于推进基层服务型团组织建设的意见》。继续推动街道区域化、非公企业、农村专业合作组织及驻外团组织建设。完成海口21个街道区域化团建工作；全年新建非公企业团组织243家，农村专业合作组织团组织240家，县域农村合作组织团工委18个；驻北京、深圳两个团工委联系青年近两万人，有效增强了对基层从业青年的吸引和凝聚，基层团组织活力进一步提升。

三是切实加强团干部队伍建设。大力推进培训工作。在井冈山全国青少年革命传统教育基地和省委党校各举办团干部培训班两期；对各市县、高校及部分直属团组织负责人进行全员轮训；指导和监督各直属团委开展团干培训工作。全年共组织培训班49期，培训团干部4473人次。继续加强作风建设。持续深化党的群众路线教育实践活动，严格落实中央八项规定和省委省政府20条规定。在全省开展了为期3周的“走进青年、转变作风、改进工作”大宣传大调研活动；实施“约谈、督办、通报”工作方法，加强对各战线重点工作开展情况进行督查；做好市县团干部配备动态管理、团干部挂职锻炼和全省副处级（含）以上团干部联系点等相关工作，推进专兼职团干部注册志愿者工作，以团干部作风改进带动各级团组织工作活跃。

此外，推动省委出台《关于进一步加强少年儿童和少先队工作的意见》；成功举办第一届全国中学生模拟联合国大会活动。继续抓好非公企业团组织“活力工程”。加强青年人才工作，建立海南省高层次人才台湾联络站，继续做好来琼博士服务团的服务工作，统筹做好青年对外交流和港澳台青少年交流工作。《现代青年》杂志入选2014年度“中国最美期刊”。团省委荣获2013年度全省结算工作检查评比第一名、2014年度预算工作二等奖。

重庆团的工作

2014年,在团中央和市委的坚强领导下,重庆共青团以“促进青年创新创业创优”为“拳头”工作品牌,以“青年创新创业”和“城乡社区市民学校”为工作重点,团结带领全市广大青年为助推重庆全面深化改革和经济社会发展做出了积极贡献。

一、深入推进青春导航行动,引导青少年坚定理想信念

一是扎实推进“我的中国梦”主题教育实践活动,孙政才同志“五四”、“六一”期间会见全市各界青少年代表,勉励全市青少年勇立时代潮头,让青春在实现中国梦的伟大实践中焕发光彩。不断深化“奋斗的青春最美丽”系列分享、“红领巾相约中国梦”活动,覆盖青少年586万余人,央视《新闻联播》对重庆市少先队“六一”主题队日市级示范活动进行报道。开展“我为青春倡廉来点赞”——2014年“步入社会·廉留心中”主题教育活动,重庆市委办公厅上报的《重庆市深入开展青春倡廉行动为青少年扣好“清廉人生”第一颗扣子》专题信息获中央办公厅秘书局采用。

二是大力培育和践行社会主义核心价值观。深入推进“我为核心价值观代言”活动,邀请徐帆、熊乃瑾、袁姗姗等明星参加代言、录制短片。坚持以文化人,开展“我们的价值观·我们的中国梦”重庆市青少年书·画·文大赛,收集作品50万件;创新举办“中国梦·少年强”青少年成长电视大赛,被誉为重庆版的“爸爸去哪儿”节目;首次将体育锻炼纳入“校园之春”范围,活动覆盖60余所高校近20万学生。传承优秀传统文化,新编新译《弟子规》公益读本在城乡社区市民学校中免费发放10万册。以实践育人为重点,组织全市100余所高校、中职中学共计7000余团队开展“三下乡”活动,参加学生达23.9万人次。选树先进典型,开展“感动校园十大人物”评选、“寻找乡村好青年”等活动。创新传播载体,推出《奋斗的青春最美丽·践行社会主义核心价值观》主题公益宣传片,新浪微博转发后阅读量达66.7万次,在中央电视台黄金时段滚动播出;设计开发全国首个社会主义核心价值观关键词记忆游戏“团团接果果”,累计参与达30万人次。

三是加强网络新媒体工作。打造具备信息发布、交流互动、问卷调查、意见反馈和移动支付等功能为一体的“重庆共青团”、“青农重庆”微信公共号吸引5.2万余名青少年关注。发起“总书记北大讲话”、“我为核心价值观代言”等微话题讨论活动,在青少年中传播正能量。

四是深化青年马克思主义者培养工程。创新红岩菁英大学生骨干培训学校培养模式,在全国率先施行推荐、选拔、培训、实践、考核综合培养体系,同时将深入城乡社区参与领创办市民学校的实践培养运用于培训全过程,市、校两级分别培训241人和6155人。加强联系高校青年教师工作,团市委党组成员带头与全市高校青年教师代表面对面碰思想。

五是加强中学共青团工作。开展“与人生对话”等系列主题教育活动1400余场,覆盖学生65万余人次。积极参加“挑战杯——彩虹人生”全国职业学校创新创效创业大赛,获得二等奖11个,三等奖11个,校级优秀组织奖3个。开展中学共青团工作专项督查,推动71%的中学团委书记担任中层干部(或享受中层干部待遇),45%的中学、85%的中职学校配备共青团专项工作经费,校均工作经费为1.5万元左右。完成新任职中学(含中职)团委书记培训工作。942所中学落实“入团先当志愿者”工作,占总数

的77%，工作经验在团中央“推动团员成为注册志愿者”调研座谈会上作交流发言。

二、深入推进青春建功行动，引导青少年助推重庆实施五大功能区域发展战略

一是大力开展创业服务。大力扶持猪八戒威客网成长为全国最大的智慧交易平台和青年网络创新创业平台，目前已吸引全球注册威客超1100万，交易额每年以200%速度增长。推动其成为全国首个“中国青年创业园文化创意产业示范基地”、首批“全国青年创业示范园区”，引导青年零成本“网络”创业。推动少年先锋报社在全国率先出版青少年创新创业教育读本《创新力》10万册。加强技能提升，举办“创青春”全国大学生创业竞赛重庆赛区比赛，吸引5450个项目参与，推荐55件作品参加全国总决赛，获得3个金奖、9个银奖、37个铜奖、7个校级组织奖；举办重庆市第三届青年职业技能大赛，在全国率先搭建获奖选手职业资格等级晋升的“绿色通道”，吸引10万余青年职工和职业院校在校学生参赛；举办“金杯小海狮杯”重庆青年创新创业大赛，715个创业项目、2859名创业青年参与角逐，团市委荣获第十届“振兴杯”全国青年职业技能大赛和“盐商杯”全国青年创新创业大赛优秀组织单位奖；举办2014海外学人回国创业周暨重庆创业汇，吸引36个国家、220余名海外学人来渝展示创业项目；联合市农委等7部门出台《关于实施农村青年创业致富“领头雁”培养计划的通知》，共培养认定农村青年致富“领头雁”5245人。实施“未来企业家培养青锋计划”，募集市、区县两级资金1905万元，为567名创业青年提供资金支持，创业带动就业1.2万人，组建由515名专家学者组成的导师志愿者队伍，为4500余名创业青年开展帮扶，累计时长达5万小时。争取市财政局按照每年520万元的资金规模支持“三创”工作；截至11月，全市共发放青年创业小额贷款63230.9万元，获贷人数5320人，带动就业近3万人。

二是扎实促进青年就业。开展“见习助就业·牵手毕业生”活动，累计建成“青年就业创业见习基地”1187个，组织3万名青年上岗见习。以“中国梦·赤子心·家乡情”为主题，开展“2014共青团联系服务农村青年月”活动，整合资金525.3万元。开通渝籍深圳外出务工青年返乡专列，帮助2130名务工青年返乡。实施新型青年职业农民免费培训“新芽计划”，举办各级各类培训班465期，培训人数达2.5万人次。

三是深化城乡社区市民学校建设，着力打造有效覆盖基层的青少年综合服务平台。累计建成小区型、街居型、乡村型等市民学校共2143所，吸引152.4万团员和社区居民注册成为志愿者，仅网络登记志愿服务时长就超过290.4万小时。推行“专兼职团干部+社工+志愿者”模式，整合各方力量共同建设市民学校，营造了“温暖别人、温暖自己、温暖社会”的良好氛围。推出5大类、70余项活动项目，尤其是通过“莎姐”志愿者、“法帮”义工等渠道，为全市1500余各市民学校配备法制副校长，广泛开展法制宣传、禁毒宣传、防邪、心理矫正等活动。2014年市民学校成功申报中央财政支持社会组织示范项目并获125万元资金支持；推动市政府将乡村型市民学校建设纳入全市“美丽乡村”农村基本公共服务标准化建设项目体系，连续三年累计投入720万元购买全市83个乡村市民学校的公共服务。一些工作扎实的市民学校更被基层干部群众誉为“两个离不开”：群众离不开，村居离不开！但凡市民学校活动开展好的地方基层服务型团组织均得到极大的加强，不少村居团组织负责人因为市民学校工作搞得好而被大家公推直选为基层党组织负责人。

三、深入推进青春圆梦行动，切实服务青少年成长成才

一是推动志愿服务。推动《重庆市志愿服务条例》纳入市人大立法审议项目，目前已提交市人大常委会审议。开展青年志愿者助残“阳光行动”，社会化引导“青”字号单位、青年社会组织等与97个康复示范社区结对共建，服务1.28万名残疾青少年，募集资金130万元。深化共青团关爱农民工子女志愿服务行动，启动“冬日阳光·温暖你我”2015年新春关爱行动，计划征集并满足留守儿童新年心愿3万个。推动社会爱心力量与2286所农民工子女集中学校、69.4万名农民工子女结对，募集关爱专项资金525.32万元。全市“七彩小屋”达到266个，实现区县全覆盖。成立市民防志愿者总队，常态化保持200人规模。组织绿色志愿者参与“保护母亲河行动”，全年参与人数近6万人次，共计植树31.5万余株，植绿面积达到6000余亩。在志愿服务广州交流会上，重庆21个项目入围决赛参展，列西部第一，其中6个项目获得金奖，名列全国第三。中共中央政治局原委员、中国志愿服务联合会会长刘淇莅临志愿服务交流会重庆馆参观视察，团中央书记处书记汪鸿雁对重庆志愿服务工作给予充分肯定。

二是加强青少年事务社工队伍建设。推动将青少年事务社工队伍建设纳入《重庆市社会工作人才队伍建设中长期规划》。推动13家市级部门联合出台《重庆市关于加强青少年事务社会工作专业人才队伍建设的实施意见》。扶持成立重庆市仁怀社会工作服务中心，引进香港无国界社工作为专业督导，承接青少年事务社工项目6个，推动建立青少年事务社工组织孵化基地1个。出资20万元在28个城乡社区市民学校开展社工服务项目。

三是切实维护青少年合法权益。实施“为了明天·彩虹帮教”项目，累计推荐、资助246名未成年人入读不良行为转化率、就业率、高职升学率均达100%的重庆市行知职业技术学校，受到全国人大常委会《未成年人保护法》执法检查组高度肯定。合适成年人参与未成年人案件1000余件，切实维护涉案未成年人合法权益。市青少年发展基金会全年筹资2000余万元，资助困难学生4748名，援建希望小学6所。重庆市委办公厅上报的《重庆市强化四大举措维护未成年人合法权益促进少年儿童全面发展健康成长》被《中办信息》专题采用，李源潮同志批示肯定。

四、深入推进青春聚力行动，不断夯实团的基层基础

一是推进基层服务型团组织建设。出台《关于加强基层服务型团组织建设的实施意见》，对基层服务型团组织建设工作任务予以明确，推动将基层服务型团组织建设纳入全市基层服务型党组织建设的重要内容。以城乡社区市民学校为基层服务型团组织建设的重要阵地，动员五四红旗团委（团支部）、青年文明号集体、大学生村官、青年志愿者就近就便在所在社区市民学校为“四点半课堂”、“漂书角”、“孝心佳节”等公益活动提供志愿服务。在全团首次以市场化方式举办共青团服务青年群众“团团购”活动，实现交易额1.33亿元，受到广大青年普遍欢迎。

二是推进城乡区域化团建。在城市街道成立区域青年共建委员会173个，新建直属团组织1484个，社区建团率达100%。在农村以乡镇为重点，全市整改直属团组织1488个，新建直属团组织2507个，调整乡镇团委委员931人、补充团委委员数量1112人，初步呈现出网格化管理、阵地化服务、社会化运作、功能化发展的区域性组织格局。“两新”团建工作持续推进，截至11月底，全市新建“两新”团组织980个，完成团中央下达任务的130%。

三是推进农村合作组织共青团工作。在农村合作组织中累计建团2362个、新建团组织953个，覆盖团员青年3.2万人；成立县域农村合作组织团工委38个，覆盖涉农区县100%，覆盖团员1.3万人，直接联系35岁以下青年10.3万人，带动9.7万人脱贫致富。成功承办全国农村合作组织共青团工作专题培训会，徐晓同志专程来渝授课并调研指导。

四是加强团干部队伍建设。全市区县（自治县）团委书记、班子、机关三项配备率分别为97.4%，91.4%和93.2%。督促指导基层团组织开展第二批党的群众路线教育实践活动，全市3067名专兼职团干部参与领创办城乡社区市民学校。开展团的领导机关处级以上干部定点联系基层团组织工作，97名处级以上团干部联系38个区县团委和156个基层团组织。深化团干部教育培训，推荐4名区县团委书记入选2014年度“全国百名优秀团县委书记讲堂”；全市各级团组织举办市级专题培训班128期，10184名基层团干部参训；开通团干公开课平台，上传精品视频33部。

五是加强少先队工作。争取市委出台《关于进一步加强少年儿童和少先队工作的意见》。推动每周1课时的中小学少先队活动课落实到教育部门文件和中小学课表中。推动市级和38个区县全部配齐总辅导员。

六是推进青年社会组织工作。建立“重庆青年社会组织”微信群，常态化联系青年社会组织238个。推动政府、企业、基金会共投入1306.5万购买青年社会组织服务。启动重庆市首届青年公益创业大赛，建立市级社会组织孵化器3个。增设市青联青年社会组织界别，吸纳一批青年社会组织负责人。

七是做好新兴青年群体联系服务工作。团市委党组成员带头联系、服务和引导流浪歌手、网络作家、黄桷坪青年艺术家等新兴青年群体。扎实开展新兴领域青年群体试点工作，开展政策咨询、职业培训、岗位对接等服务1400余人次。积极引导街头流浪艺人成立重庆街艺公益委员会，定期开展公益演出。联合市委人才办举办2014年“重庆青年人才汇”活动，吸引17135名青年人才参与，收到涉及经济社会发展论文4678篇、金点子4059个。

八是做好青少年民族团结教育。联合市经信委共同制定《对口支援西藏昌都地区工作计划》，实施团干部培训、青少年培养、困难学生帮扶等援助项目，为当地无偿提供学校共建、干部互学、交流互访、产业共建、创业互帮、工业互助等22项服务，涉及金额568.82万元。2014大学生西部计划志愿服务项目招募104名志愿者赴新疆、西藏开展志愿服务。

四川团的工作

2014年，四川各级团组织和广大团干部深入学习贯彻党的十八届三中、四中全会和省委十届四次、五次全会，共青团十七届二中全会精神，紧紧围绕三个根本性问题和两大战略性课题，在中共四川省委和共青团中央的坚强领导下，按照“一根本两服务四驱动”的总体思路，以时不我待的担当、踏石留印的劲头、驰而不息的精神，奋力推动各项工作不断创新发展。

一、牢牢抓住根本，思想引导持续深化

1.深入开展主题活动。紧扣“三个自信”和社会主义核心价值观，在全省广泛开展“奋斗的青春最美丽”、“我为社会主义核心价值观代言”、“我的中国梦·最美四川”、“四川藏区团旗红”、“民族精神代代传”、“彝汉少年手拉手”等主题教育实践活动，组织开展了四川青年五四奖章评选等一系列形式多样的“身边好青年”评选活动。全省共举办各类交流、报告、

座谈会7900余场(次)。

2. 重点聚焦青年学生。针对全省青少年学生思想状况开展历时一年的专题调研,形成《新形势下四川省青少年学生思想状况调研报告》,为深化青少年学生思想引导提供科学指导。加大以学校为主阵地,分层分类引导青少年的实践探索。在大学继续深化"青年马克思主义者培养工程",在中学、中职组织开展"与人生对话"、"彩虹人生"主题教育活动,在小学广泛举办"红领巾相约中国梦"系列活动,加强团队衔接以及学校教育、社会教育协同,增强了青少年思想引导的适用性和针对性。

3. 不断创新方式路径。主动转换话语体系,用"小故事"讲述"大道理",用"平凡人"传递"正能量",积极探索适应青年、贴近青年的引导方式和路径。创新开展"不同年代,同样精彩"青春对话访谈、"青春分享会"、四川青年大讲堂等活动,变台上宣讲为"面对面"故事讲述,增强认同感和感染力。争取省委宣传部、省网信办大力支持,先后与四川日报、四川新闻网、腾讯网、新浪网等权威媒体深度合作,共同策划、多屏联动、同时发声、持续关注,借助成熟新闻媒体的平台和用户资源,形成扩大引导成效的"倍增器"。

二、围绕工作主线,"两服务"有效加强

1. 有效服务灾后重建。充分发挥省社会管理服务组核心作用,积极引导社会组织和志愿者依法、有序、有效参与"4・20"芦山强烈地震灾后重建,支持中国扶贫基金会、壹基金等101家社会组织在雅安建设基层服务站点90多个,组织动员5400余名社工和志愿者在一线服务。加大资源整合力度,累计直接对接项目1387个,总额31.3亿元。其中已完成项目667个,4.26亿元;正在实施项目692个,25.82亿元;正在洽谈项目28个,1.22亿元。康定"11・22"地震和乐山"1・14"地震发生后,第一时间筹集物资支援灾区,帮扶受灾青少年。

2. 积极参与社会治理创新。以志愿服务为切入,坚持举办"青年公益行"主题活动,建设志愿服务电子平台,广泛开展应急志愿服务、社区志愿服务以及助残志愿服务等专项工作。主动联系团结青年社会组织,牵头成立"四川省群团组织社会服务中心",联系基金会115家、社会组织719家,储备公益项目2000余个,开展"协力公益伙伴计划"协同爱心企业捐助资金4000万余元。以省青联换届为契机,成立社会组织界别,有效联系引领青年社会组织。牵头制定并推动藏区群团组织社会服务方案,积极参与藏区社会治理。

3. 有力促进青年就业创业。推动指导建设省级大学生创新创业示范俱乐部、示范园17家,开展"青春创业大讲堂"百场巡讲活动,配备省级创业导师团队200余个。通过举办"创青春"、高校毕业生创业大赛等省级竞赛活动,吸引风险投资8000万余元,促进200余个项目落地创业。首次实施"逐梦计划",全省共整合机关、企业、社会服务机构共2万余个实习岗位,帮助青年开展职业体验。巩固扩大与农业、扶贫等部门合作,累计培训农村青年13万余人(次)。共发放青年小额贷款5665笔,累计金额5.38亿元,建立青年就业见习基地1190家,组织青年就业见习1.2万余人(次),见习结束实现就业近4000人(次)。

4. 切实关爱帮扶青少年。突出留守学生、闲散青少年、"五失"青少年等重点青少年群体,全省共协同社会组织320余家,引入专业志愿团队800余支参与关爱帮扶,创新开展玩具总动员等关爱活动,不断提升关爱服务水平。积极发挥预青组和未保委平台作用,深入开展人大代表、政协委员与青少年"面对面"工作,推进青少年利益诉求表达和青少年个案维权的常态机制。进一步加强12355青少年综合服务平台建设,完善热线电话、网络咨询等服务功能,着力提升服务质量。持续深化"希望工程",全年累计筹集资金4629万元,资助大中小学生6787名,立项建设希望小学12所,配套学校附属设施设备202套。

三、聚焦薄弱环节,"四驱动"成效显著

1. 顶层设计有效突破。省委省政府先后出台推进群团工作转型发展、加强新形势下党建带团建、进一步加强少年儿童和少先队工作以及改革完善体制机制大力促进大学生和科技人才创新创业、加大力度促进高校毕业生就业创业等政策文件,进一步强化政策保障。推动形成党委常委会专题听取共青团工作汇报并纳入党委工作考核、政府定期召开群团联席会议以及群团购买社会服务等长效制度安排。

2. 基层基础更加夯实。加大对基层支持力度,通过项目申报方式,团省委累计支持基层700万余元项目工作经费。市、县、乡三级团组织基本形成工作经费保障的制度性安排。96%的县(市、区)落实青少年每人每年不少于1元的专项工作经费;83%的乡镇落实每年2万元工作经费。创新实施对市(州)团委组织工作季度书面评价制度,督促各地落实党建带团建政策。探索"电子团员证"工作,完成网络系统、服务终端等软件建设。结合基层联系点工作,全面了解基层团情,建设更加完备、准确的团情信息数据库。

3. 新媒体手段广泛运用。全省共青团组织共开通官方微博、微信1.7万余个,平均每天发送信息8000余条,年发送300万余条。其中县以上团组织开通官方微博345个、官方微信130个,基本实现各级团组织、团干部纵向互动、横向联通。建立突发事件新媒体应急响应机制,面对康定"11·22"地震,第一时间发布引导社会组织和志愿者理性有序参与救援"微倡议",12小时内覆盖人数达1938万人。

4. 队伍建设取得实效。巩固深化党的群众路线教育实践活动成果,扎实推进"庸懒散浮拖"专项整治,进一步规范议事决策、学习调研、督促检查等团的工作规章制度。建立团干部直接联系青年制度,推动团干部走进农村、企业、高校、社区"接地气"。出台《关于进一步加强四川省团干部教育培训工作的实施意见》,通过片区会、理论读书班、讲座、沙龙等各种方式加强团干部培训。团省委举办重点培训班22期,直接培训2976人;示范培训班14期,直接培训1048人。各市(州)举办培训班45期,培训乡镇(街道)团委书记4086人、副书记3866人,培训覆盖率分别达到93.3%、59.8%。

四、总结实践经验,提升工作水平

1. 准确把握大局争取重视支持。2014年,全省共青团牢牢把握全面深化改革以及创新驱动转型升级的新形势,发挥优势、创新思路、主动作为,加大力度推进促进大学生创新创业工作,省委省政府对此高度重视、充分肯定。省政府先后拨付团省委大学生创新创业专项资金320万元、大学生创新创业俱乐部建设资金2120万元、"四川青年创业促进计划"项目资金6600万元,用于支持共青团开展促进青年创新创业工作。

2. 坚持区域联动强化社会协同。建立"共青团区域协作工作机制",将工作区域划分为成都、川东北、川南、攀西及川西北"四大片区",结合片区实际突出重点开展工作,更好形成工作合力,推动资源配置最优化、服务成效最大化。坚持"眼睛向外",通过创新活动设计和工作模式,广泛联系凝聚社会力量,撬动对接社会资源,社会化开展了青年大讲堂、青年公开课等工作,成立了"四川省青少年工作决策咨询专家库",有效延伸工作手臂、弥补资源短板、提升工作成效。

3. 紧跟青年特点提升新媒体工作能力。加强各级新媒体工作平台和网宣队伍建设。全省初步建立起5.7万余人的共青团网络宣传员队伍、新媒体从业青年联盟和青少年舆情收集分析队伍。四川共青团官方微博粉丝突破80万人,在《人民日报》2014年10月首次推出的政务微博活跃度排名中,一直位居省级团委官方微博第1位,连续4年位列全省十大政

务微博;在腾讯中国2014年8月首次发布的政务微信影响力排名中,居全团前8位,位列西南政务微信10强。同时,在团的组织建设、困难帮扶、志愿服务等多个工作领域加大新媒体手段运用,有效提升信息化服务水平。

贵州团的工作

2014年,在贵州省委和共青团中央的坚强领导下,全省各级团组织认真学习贯彻习近平总书记系列重要讲话精神以及对青年和共青团工作的重要批示精神,坚持与党同心、与时俱进,围绕主基调主战略,突出"青春聚力·赶超跨越"主题,团结带领团员青年为书写"中国梦"的贵州篇章发挥生力军和突击队作用。

一、实施"青春向心力"工程,在思想引领上取得新成效

1.深入开展"我的中国梦"主题教育活动,激发广大青少年自觉践行社会主义核心价值观的内在动力。开展"我的中国梦"、"奋斗的青春最美丽"、"庆祝新中国65华诞青春践行核心价值观"、"青春与法治同行"、"红领巾相约中国梦"等活动3114次,开展分享活动1812场,影响覆盖青少年723.6万人次。开展"千校万师"培训30期4800人。完成省委重大调研课题《贵州省青少年社会主义核心价值观培养现状及对策研究》。团安顺市委开展了"扬爱国精神、担公民责任、展青春风采"活动。省属各高校开展"青年马克思主义者培养工程"和"与信仰对话"等活动。

2.加强运用新媒体和文化手段引导青少年,在青少年中凝聚和传递正能量。开发全国省级共青团首个移动互联网融媒体传播平台——"黔青小伙伴手机APP",56万人次浏览和点击。继续推动各级团组织和团干部微博认证,开通贵州共青团微信公众平台"团青微话",在贵州共青团官方微博开展微直播、微寄语、微话题等活动73次,影响覆盖青少年420万人次。建立了覆盖省、市、县三级23311人的网络宣传员队伍,培训网络宣传员1.6万人次。团黔西南州委开展了"金州青年'V'传正能量"网络媒体系列活动。

3.以"明礼知耻崇德向善"为重点,在广大青少年中弘扬中华民族优秀传统文化。以"传承文化·青春黔行"为主题,开展中式集体婚礼、成人礼、开笔礼、传统文化相声校园巡演、"贵青杯"全省青少年传统文化主题教育活动、中华优秀传统文化"青春使者"暨民族服饰"形象大使"评选等活动,活动共影响覆盖青少年579万人次。团仁怀市委开展了"畅览历史·做自信青年"活动。贵安新区举办了首届文化艺术活动月。

二、实施"青春争先力"工程,在服务大局上体现新作为

1.千方百计服务青年创业。全年发放创业帮扶资金650.6万元,培训青年4.8万人次,建立青年创业就业示范基地、见习基地和示范园区849个,提供见习岗位5000余个。启动"千人万店"创业圆梦计划,实施"大学生创业就业扶持计划"、大学生"千人千岗"实习活动,扶持大学生创业团队270个,开展大学生电子商务创业培训。联合贵州电视台推出"最美创业贵州人"系列人物寻访节目,排演大数据云创业校园音乐话剧《我在云端等你》。《思创电

子科技有限责任公司》创业项目获全国“创青春”大学生创业大赛金奖。团威宁县委深化“威青创”青年创业就业服务平台建设。

2. 搭建平台鼓励青年创新。建立青年突击队2863支,招募队员58407人,完成突击项目2554个,覆盖青年82万余人。举办贵州省青年职业技能大赛,涵盖6大行业30个工种,12.6万人次参加比赛,562名选手获职业技术等级晋升资格。以青年文明号创办20周年为契机,创建青年文明号示范集体,开展青年文明号风采巡展39场,出版纪念青年文明号20周年系列书籍。省国资委团工委、省国防电子团工委、061基地团委、011基地团工委、贵阳铁路团工委组织团员青年围绕企业生产经营开展创新创效活动。

3. 典型引路支持青年创优。开展贵州青年五四奖章、“两红两优”、优秀少先队辅导员、优秀少先队集体评选工作,开展“贵州好青年”、“乡村好青年”寻访活动,加大对各领域优秀青年典型的选树和宣传报道。团绥阳县委梁浩、团正安县委吕川、团罗甸县委刘安妮入选2014年度“全国百名优秀团县委书记讲堂”。徐梅、王鹏、商体梅、朱勋梅4名青年被认定为2014年“全国乡村好青年”。召开贵州省纪念五四运动95周年暨各族各界优秀青年代表座谈会,共同分享了奋斗的青春故事。团铜仁市委开展了“铜仁市十大杰出青年”评选表彰活动。

三、实施“青春攻坚力”工程,在扶贫攻坚中实现新突破

1. 扎实推进“山区希望工程”、“希望童园”,服务青少年成才。通过强化服务意识、提升服务质量,建立健全项目反馈机制,全年希望工程累计筹资2.2亿元。开展“国酒茅台·国之栋梁”、“习酒·我的大学”等大型公益助学行动,资助各类贫困学生9429名,在全省建立“希望童园”302个。“希望童园”项目荣获全国青基会共同体唯一的“希望工程创新奖”。

2. 深化拓展春晖行动,广泛动员社会力量参与扶贫攻坚。出版《核心价值与大众行为——春晖行动答卷》等书籍,成立春晖大学堂、全国高校春晖社联盟,在天柱县建立了以水库移民文化为主题的首个春晖乡土文化记忆馆,开展“全国高校春晖社走进多彩贵州”等活动。举办春晖黔归人才恳谈会,建立“春晖黔归人才创业示范园”,总结推广遵义县春晖行动“鸭溪模式”助推精准扶贫,开展春晖行动十周年系列活动。春晖行动发展基金会获“全国社会扶贫先进集体”。

3. 实施农村青年致富领头雁工程,带领农村青年脱贫致富、共建美丽乡村。建立培育农村青年致富带头人联席会议制度、成立农村青年致富带头人协会、组建农村青年创业导师服务团、构建农村青年致富带头人交流平台,培育农村青年致富带头人4226人。傅智建获第九届“全国农村青年致富带头人标兵”荣誉称号,肖晓俊等15人获“全国农村青年致富带头人”。成立贵州省生态文明建设志愿服务总队,各级团组织积极参与绿化荒山、涵养生态等植绿护绿活动,7.4万余名青年参与植树1.3万余亩。新建青年林14片,2200余亩。

四、实施“青春感染力”工程,在维权工作上打开新局面

1. 完善关爱留守儿童长效机制,促进重点青少年健康成长。联合相关部门实施雨露工程和育新工程,新建留守儿童自立自强中心42个,惠及5万余名留守儿童。整合社会资金472万元开展关爱重点青少年群体“百千万”活动。与贵阳美加国际学校合作举办农民工子女“追梦班”,为120名农民工子女减免学费936万元。实施“蓝天行动”,免费为600名进城务工人员随迁子女提供价值150万元的兴趣特长培训。举办“同在蓝天下,携手共成长”留守儿童公益夏令营,950名农村青少年参加活动。团贵阳市委探索建立“专业督导+专职社工+志愿者”的社区“青年之家”。团遵义市

委联合上海团市委举办“山海相连 · 幸福团圆——遵义留守儿童看上海”夏令营活动。

2. 深化青年志愿者行动，引领社会和谐新风尚。成立贵州省志愿者服务联合会，推动市、县两级成立规范的志愿服务组织。出色完成书博会、酒博会、生态文明贵阳国际论坛、“多彩贵州”国际原生态文化大会等大型赛会志愿服务工作。在第四届志愿服务广州交流会上获金奖2项、银奖11项。建成“志愿贵州”云服务系统。亮化“微笑小屋”、“志愿者阳光公益平台”等特色品牌。与宏立城公益基金会合作，筹资3000万元，启动涵盖15个县的公益类扶贫项目，并招募67名退休教师组成山区支教志愿服务队。全省注册志愿者人数达到155万，常年参与志愿服务720万人次。团六盘水市委启用“志愿云”服务平台。

3. 深化青少年维权工作，预防青少年违法犯罪。推动青少年事务社工专业人才队伍建设，建成742人的青少年事务司法社工队伍。探索建立“共青团组织＋媒体＋社会力量”的青少年权益典型案件响应机制。以“花季护航”为统领，深入开展“轻松备考12355与你同行”、“法治精神法律宣传进校园进社区”、“校园安全自护”等活动。深入开展“面对面”活动，探索建立常态化倾听机制。微电影《寸心草》获第三届“为了明天——关爱青少年彩虹行动”大赛最高奖。团毕节市委以青少年维权工作站、青年创业梦工场、毕节青年汇“三位一体”的模式打造开放式综合服务平台。

五、推进跨越型团组织建设，团的自身建设取得新进展

1. 强化学习培训。在全省共青团开展“黔青知行汇——团干部读书活动”，通过建“知行书屋”、设“知行讲坛”、评“知行之星”、创“知行平台”等方式，推进学习型团组织建设，以读书会、分享会等形式，营造知行合一的良好学习氛围。团省委机关每月开展两次“黔青知行汇”知行讲坛，目前已举办8期，编印《黔青知行汇》刊物4期。坚持分级、分类实施团干部培训工作，联合省委组织部举办贵州共青团干部培训班。团黔东南州委联合组织部门举办了“团干部提升服务经济社会发展能力”专题培训班。

2. 强化组织建设。坚持党建带团建，积极推动基层团建纳入党建总体格局，与党建工作同部署、同安排。省委下发了《关于进一步加强少年儿童和少先队工作的意见》，为少先队工作优化了工作环境。不断提高非公团组织的工作水平，推进街道(社区)区域化团建上新台阶。加大驻外团工委建设力度，整理制定了“五个一”考评机制，新建湖北、重庆两个省级驻外团工委，对省级已建的七个驻外团组织班子进行统一调整。团黔南州委成立了全省首个市州级学生联合会。省直团工委创设省直系统团青工作目标绩效考核。贵州银行团委在全省行业系统实现了团组织全覆盖。

3. 强化作风建设。以“钉钉子”的精神抓好群众路线教育实践活动的整改落实，坚持以反“四风”为重点，切实加强团干部作风建设。深入开展效能革命，按照“五去五求”和整治“六风一卡”的要求，向“庸、懒、散、慢、浮”开刀。建立和完善相关工作制度，着力解决服务群众“最后一公里”问题。落实党风廉政建设主体责任。从机关和直属单位选派6名处级干部到贵阳市挂任乡镇党委副书记，在市州、高校、企业团委以及基层选拔优秀年轻干部到机关挂职。扎实抓好同步小康驻村工作，投入资金100多万元，建立“移民创业街创业服务社”。

云南团的工作

一、引领青年思想抓好青少年理想信念教育，引导团员青年坚定信念跟党走，不断巩固和扩大党执政的青年群众基础

一是深入学习领会中央、省委和团中央重要会议和指示精神。通过召开会议、举办培训班、集中宣讲、分享座谈、编写专题读本等形式，认真传达学习习近平总书记系列重要讲话精神、对共青团工作的重要批示和省委重要指示要求，号召全省各级团干部在学习中精读深研、学深悟透，着力深化对重要精神的理解和把握。二是引导广大青少年积极培育和践行社会主义核心价值观。开展“学习雷锋精神践行社会主义核心价值观”、“我们的价值观我们的中国梦”、“我为社会主义核心价值观代言”、“践行核心价值观争做向上向善好青年”、“云南青年志在四方”、“践行核心价值观携手共筑中国梦”、“寻找乡村好青年”等一系列主题实践教育活动。在州市、学校和企业举办“我的中国梦——奋斗的青春最美丽”分享会。在高校、中职中学开展“与信仰对话”、“与人生对话”分享会，不断深化广大青少年的爱党爱国情感。建立老山作战纪念馆、杨善洲林场两个省级青少年理想信念教育基地，引导和帮助青少年积极树立和践行社会主义核心价值观。三是大力推进青年马克思主义者培养工程。举办省级培训班1期、州市级培训班40余期、高校培训班60余期，分级分层培训1.5万人次。四是大力发挥文化育人的重要作用。组织开展“开学第一课”、“青春第一课”、“走下网络、走出宿舍、走向操场”系列主题教育活动。积极强化入团仪式和成人仪式，坚持“三会两制一课”制度，运用好团旗、团歌、团徽、团员证等标志，强化团的有形化建设。

二、服务发展大局紧紧围绕省委全面深化改革、全面推进依法治省的战略部署，团结带领全省广大团员青年做解放思想、深化改革的先锋，为推进云南经济社会发展贡献力量

一是广泛开展“做好事做善事做志愿者”主题实践活动。积极号召和引导广大青少年、青年公职人员做举手之劳的公益活动，成为正能量的倡导者、传播者和参与者，成为社会主义核心价值观的实践者。深入开展共青团希望水窖“1 + X”公益活动，截止到2014年12月31日，共计筹款1200余万元，援建希望水窖2300余口，直接受益农户达3万余人。二是持续推进志愿服务工作。在第16届中国科协年会和第2届中国—南亚博览会期间，招募培训2500余名展区志愿者和10000名城市志愿者开展志愿服务。启动食品安全志愿服务活动，实施助残“阳光行动”、关爱农民工子女、禁毒防艾、党员团员进社区、敬老助老等形式多样的志愿服务活动。三是广泛参与生态环保建设。圆满完成保护母亲河解放军青少年绿色家园建设项目150亩的建设任务。与林业等部门联合，组织青少年4万余人次参与“七彩云南保护行动”和“森林云南”建设，建设青年林30片、植树7000多亩。组织各大高校的环保社团积极参与环保公益行动。四是深入实施希望工程。积极整合社会资源，省青基会公益平台年度募集社会资金突破亿元大关，达10378万元，援建希望小学38所，援建希望图书室、快乐体育园地、希望电脑教室等设施141个，培训山区教师550名；资助家庭经济困难学生15610人，救助先心病患儿217名，先天性斜视患儿36名。五是鲁甸地震志愿服务活动

成效明显。向社会招募献血、医疗护理、心理抚慰、爱心捐赠、寻亲等类别的志愿者共8000余人，并建立志愿者数据库，逐步实现志愿服务工作常态化。积极开展公益募捐活动，截至目前，省青基会已收到地震捐款1800余万元；全国青基会系统累计接受社会捐款6000余万元，在鲁甸、巧家、会泽地震灾区援建希望小学26所，募捐资助大、中、小学生5292人。六是青年交流活动有声有色。

三、引导社会舆论针对信息化深入发展对青少年思想观念、生活方式、组织形态、动员模式产生的深刻影响，全力整合传统媒体与新兴媒体资源，深入探索新形势下舆论引导工作的有效路径

一是加强与各级各类新闻媒体的合作。找准宣传重点，创新报道方法，扩大共青团工作的有效覆盖面。2014年，全年媒体报道共计503条；中国共青团网站发布云南共青团信息590多条；中国共青团移动频道手机报共发布云南信息155条；《中国共青团》杂志刊载报道6篇。二是提升新兴媒体运用水平。加强团属网站、手机报及共青团系统微博、微信体系建设。借助云南网等重点新闻网站，以及新浪、腾讯等知名商业网站，围绕工作重点，开展多种形式的线上线下互动活动。三是开展各类新媒体活动。在昆明暴恐事件、鲁甸地震、景谷地震、香港占中等事件发生后，通过微博、微信、QQ、网站等方式与广大网友互动，及时正面发声。设计制作了“培育和践行社会主义核心价值观”、“学习宣传贯彻党的十八届四中全会精神——聚焦依法治国”、“青年文明号20周年”、“践行核心价值观携手共筑中国梦”、“寻找乡村好青年”等专题网页，持续、全面、深入地向青年宣讲党的路线、方针和政策。四是加强共青团宣传队伍建设。发动各级团干部、青联委员、青年典型、大学生骨干等，在各类社会舆论活跃的网络空间主动发声，引导网络舆论，传播云南青年正能量。

四、优化成长成才环境围绕广大青年的普遍性需求和重点群体的特殊性需求，准确把握青年特点，努力实现青年需求与团组织工作和活动的有效对接

一是服务青年创业就业工作多样化推进。小额担保贷款项目共发放贷款9亿多元，扶持青年15165名，带动就业3万多人。启动实施“两个10万元”微型企业培育扶持工作，组织开展业务培训，帮助2035户符合条件的微型企业获得财政资金补助6000多万元。二是农村青年培训工作成效明显。联合工信委、工商局、就业局、农信社、邮储银行等部门为“领头雁”培养对象提供全方位帮扶。在16个县（市、区）开展农村青年创业致富“领头雁”劳动力转移示范建设，举办培训班16期，共投入资金支持32万元。全省完成“领头雁”培养工作任务8000多人，超额完成任务。三是努力培养学生的创业精神和创业意识。组织开展了“创业英雄进校园”、“就业大讲坛”活动，充实“云南青年创业就业导师团”，邀请“云南省青年创业省长奖”获得者走进高校开展“奋斗的青春最美丽创业分享会”。四是积极选树青年典型。积极组织开展云南青年创新创业大赛暨中国青年创新创业大赛云南地区赛各项工作，为创业青年提供资金支持、导师配备、创业辅导等服务，在全国获优秀组织奖。开展青年文明号“杰出号”、寻找“最美青工”、“创青春”云南省大学生创业大赛、“挑战杯——彩虹人生”职业学校创新创效创业大赛、大学生创业大赛路演推介会等活动。五是持续深化创业就业见习基地工作。截至目前，全省新增青年就业创业见习基地110多家，符合续签的各级见习基地300多家，提供就业见习岗位4000多个，累计上岗人数6000余人。六是积极维护青少年合法权益。深入开展“面对面”和“倾听日”活动。大力提升12355品牌功能，开展进校园、进社区活动145场次，志愿者成长活动45场次，综合性活动40场次。全面推广重点青少年群体全国试点经验，配合省人大对省预防未成年人犯罪条例进行执法检查。

五、夯实基层基础以提高基层团组织服务能力为核心，不断扩大团的基层组织有效覆盖，努力把广大基层组织作为做好青年群众工作的落脚点

一是扎实推进党建带团建工作。对各级团组织党建带团建工作推进情况及贯彻落实2013年省委工青妇工作会议情况进行了督查。将"党建带团建工作"列为专项考核内容，积极推动学校、机关、企业、"两新"组织党建带团建工作。二是有序推进城市街道区域化团建工作。以街道团工委为核心，大力推动区域化团建工作。截至目前，第一批开展区域化团建的州（市）共有街道133个，其中，建立区域化团建共建委员会133个。通过共建单位轮值制度，实现跨所有制形式、跨行业部门、跨组织层次的开放性、协作性、充满活力的区域化大联合。三是持续推进乡镇实体化"大团委"建设工作。对整顿和新建乡镇直属团组织进行了全面的安排部署，在确保完成总体任务的基础上，根据各地青年聚集情况，差异化设定各县和乡镇的工作任务。四是扎实推进农村专业合作组织共青团工作。开展农村专业合作组织摸底调查，形成农村专业合作组织团建工作基础台账资料。初步完成农村合作组织共青团工作示范县（市、区）创建工作。五是扎实推进"两新"组织团建工作，尤其抓好"活力工程"。截至目前，云南省在团中央"两新"组织数据库中共录入非公有制经济团组织572家，新社会团组织74家。六是推进学校共青团重点工作创新试点。在全省共建立了15个试点项目，推动学校共青团工作的新发展和新突破。

六、发挥社会组织作用依托青联、学联、青企协、志愿者协会、少先队学会组织，积极为各类青年社会组织搭建服务平台，努力发挥团组织的枢纽作用

一是加快推进青年社会组织工作。采取"政府资金资助、民间力量运作、业务部门指导、政府公众监督、社会民众受益"的运营模式，在西南林业大学设立云南省青年社会组织孵化培育基地。二是积极推动青少年综合服务平台建设。制定《云南省青少年综合服务平台建设工作规划》，先期拨出40万元青少年综合服务平台建设工作经费。三是全力推动青少年事务社会工作专业人才队伍建设和试点工作。积极与省委组织部、省综治办、省民政厅、省人社厅、省财政厅等相关单位沟通协调，推动青少年事务社会工作纳入综治工作考评；推动财政部门加大对青少年事务社工经费的投入；推动相关部门出台青少年事务社工队伍岗位建设、考核评价、薪酬保障等方面的配套文件。四是强化平台建设。通过开展各协会小组活动、商业讲座、委员互访、深入基层、边境行等活动，为各协会成员搭建起联系沟通交流的平台，充分调动广大优秀青年的积极性、主动性和创造性。加强青年志愿者注册招募工作，通过"云南青年志愿者"网络平台开展网上注册、线下注册、项目征集等活动。目前，网上注册志愿者机构达6560个，注册志愿者人数达104万人。五是坚持全团带队，加强少先队建设。联合省教育厅共同推动《中共云南省委关于进一步加强少年儿童和少先队工作的意见》文件精神的贯彻落实。继续深化少儿组织与思想意识教育硕士点学科和研究基地建设，优秀少先队工作课题立项34个。成功举办了少先队基本知识竞赛、少先队鼓号大赛及少先队活动课设计比赛。

七、加强干部队伍建设不断深化"走、转、改"大宣传大调研、团干部基层联系点工作制度，努力做到想在前面、把在前位、走在前列、闯在前头

一是不断巩固和拓展党的群众路线教育实践活动成果。在团省委机关开展"学理论、铸信仰、强党性"理论学习活动，书记班子带头为机关干部和基层干部上党课、团课。"两方案一计划”贯彻落实成效明显，制定了3方面20项66条整改措施，并全部完成整改，其中6项长期坚持整改。二是加强团干部配备管理。指导各州（市）、省属厅局（企业）、高校团组织换届工作。建立省、市、县级团干部配备按季度通报机制，加强工作督导，推动团干部配备率不断提高。三是切实加强团干部基层联系点工作。制定下发《云南省团的机关干部随机调研联系服务青年制度》，并对各地基层联系点工作情况及团干部调研天数等情况进行了随机抽查。四是扎实推动团干部教育培训工作。组织新任职团干部、各级团委业务骨干等分批开展了10个专题培训。五是继续深入推进团干部的挂职、交流、驻点工作。选派23名基层优秀干部到团省委机关挂职锻炼，选派5名机关处级干部到县区挂职，选派8名边疆少数民族地区团干部到沿海发达地区挂职，选派60余名州（市）级以上团的机关干部分两批到县级团委开展驻点工作；选派16名高校团干部到县级团委挂职。六是制定下发了《共青团云南省委关于贯彻落实 < 全面深化改革进程中共青团工作五年发展纲要 > 的意见》等一系列指导性文件，坚持用指示精神指导团的工作，创新工作方法，拓展工作载体，着力激发云南各族青年主动投身云南经济社会发展的创新潜能，努力汇聚实现中国梦的青春力量。

西藏团的工作

2014年，团西藏区委在团中央和自治区党委的坚强领导下，深入贯彻落实党的十八大和十八届三中、四中全会精神，深入学习贯彻习近平总书记系列重要讲话精神，围绕自治区党委八届六次全委会和团中央十七届三中全会工作部署，全面履行团的基本职能，改革创新团的各项工作，持续狠抓团干部队伍建设，团结带领各族团员青年为实现西藏长治久安和经济社会又好又快发展作出了积极贡献。

一、深入学习宣传贯彻习近平总书记系列重要讲话精神

团区委党组通过召开中心组学习会、干部职工大会、党支部学习会等形式带头学，切实做到先学一步、学深一层。全区各级共青团、青学联组织广泛开展专家辅导、座谈交流、理论研讨、基层宣讲，组织引导广大团干部和团员青年深入学习。全年累计开展各类学习宣传活动320余场次，覆盖团员青年5000多人次。根据不同年龄段青少年认知特点，把习近平总书记系列重要讲话的新思想、新要求，及时转换成青少年听得懂、易接受的语言和方式，进行生动有效宣传；作为“走进青年、转变作风、改进工作”大宣传大调研活动一项重要任务，面向基层广泛开展宣传；有效发挥《西藏青年报》、西藏青年移动阅读平台、西藏共青团官方微博微信等团属宣传舆论阵地作用，深度解读讲话精神，及时宣传报道各地学习贯彻的好做法、好经验。将学习贯彻讲话精神与深入推进全团各项重点工作结合起来，进一步明确工作方向、落实工作要求、强化具体措施，不断提高共青团工作科学化水平。

二、引导青少年坚定中国特色社会主义理想信念

1. 用“中国梦”感召青年。通过宣讲交流、主题团日、典型宣传等多种形式，深入持久开展“中国梦・青春行”主题教育实践活动，帮助

广大青少年树立和坚定为实现中国梦而奋斗的理想信念。全年累计开展各类宣传教育活动2110余场次，覆盖青少年13余万人次。

2. 用核心价值观引领青年。持续开展爱国主义、和反分裂斗争教育，广泛开展道德实践活动，深化学雷锋、志愿服务、群众性精神文明创建等活动，选树"最美少年"、"青美青工"等身边道德模范，引导各族青少年勤学、修德、明辨、笃实。全年累计开展各类主题教育活动100余场次，覆盖青少年150余万人次。

3. 深入开展民族团结教育。通过深化青少年"民族团结万人交流计划"、"民族团结代代传"、"手拉手"等活动，全年组织400余名青少年分8批次赴内地参加民族团结万人交流活动，组织208名青少年参加各类社会实践、互访交流活动，促进各民族青少年增进感情，牢固树立"三个离不开"、"四个认同"的思想。

4. 深化青年马克思主义者培养工程。全年累计培训优秀团学骨干、青年理论工作者、大学生骨干1200余人次。

5. 运用新媒体推进团的工作。开设"青春牵手新西藏"广播电视报纸专栏，推进西藏青年移动阅读平台规范运行，加强青少年微博微信建设，组建总规模4766人的西藏共青团网络宣传员队伍并有针对性地开展网上引导工作。

三、激励青年在围绕中心任务中建功立业

1. 推动青年岗位建功。在企业，组织开展了青年职业技能大赛，广泛开展青年安全生产示范岗创建和青年突击队活动，推动广大青工岗位练兵、比学赶超。在高校，举办"创青春"全区第四届"成才杯"大学生创业大赛、"挑战杯——彩虹人生"全区职业学校创新创效创业大赛，激发青年创造潜能。在窗口行业，以纪念青年文明号20周年为契机，规范青年文明号、青年岗位能手、青年安全生产示范岗创建，深化青工技能振兴计划，引导青年立足本职、承担重任、积极探索、攻坚克难。

2. 组织青年奉献社会。争取团中央、解放军政治部支持，启动建设总投资704万元的解放军青年林项目，计划造林267公顷。立足"平安西藏"建设主题，招募志愿者1100余人，推动各地市组建平安建设志愿服务支队，重点围绕矛盾纠纷排查、社会治安巡逻、流动人员服务等广泛开展志愿服务。立足生态西藏建设，组建生态建设志愿服务总队，招募志愿者685人，围绕植绿护绿、涵养水源等开展生态环保实践。

3. 动员青年投身基层。继续组织团干部赴各行政村开展强基惠民活动，在促进当地发展稳定过程中提高团干部素质能力。以"为祖国勤学修德·以实践明辨笃实"为主题，组织5所高校10余支全国重点团队开展"三下乡"社会实践活动。

4. 加大西部计划西藏专项实施力度。推动大学生志愿服务西部计划西藏专项志愿者招募规模由2013年的500人扩大至2000人。协调区党委组织部将大学生志愿服务西部计划西藏专项作为西藏人才引进的重要渠道，联合区党委组织部制定下发了《关于深入实施大学生志愿服务西部计划西藏专项的意见》，对于志愿服务满两年、表现优秀、自愿留藏的大学生志愿者，按组织程序报批办理留藏工作手续。扎实开展了西部计划西藏专项志愿者的招募、进藏、培训等工作，重点围绕基层教育、文化、农牧、科技、医疗、卫生、驻村、驻寺和社会管理等行业领域将2000名志愿者派遣至全区七地市39个县开展志愿服务。

5. 服务自治区重点工作。成立团区委服务首届藏博会工作机构，制定工作方案，选派137名志愿者服务首届藏博会，圆满完成组委会安排的各项礼仪服务工作。组织西藏青年代表团出访尼泊尔开展青年交流活动，进一步巩固藏尼青年之间的传统友谊，深化西藏青年组织与尼泊尔青年组织的交流与合作。围绕区党委、政府"培育旅游主导产业"战略要求，与中国旅行社协会、中青旅控股股份有限公司、自治区旅游局共同举办中国旅行社年会暨“世界屋脊·神奇西藏之百家旅行社西藏行活动”，三方签署战略合作框架协议，为打响“世界屋脊、神奇西藏”旅游主题形象，推动2014年西藏旅游打造升级版作出积极贡献。

四、竭诚服务青少年成长成才

1. 提前谋划共青团“十三五”规划。深入基层开展调研，广泛听取各方意见建议，梳理形成西藏共青团“十三五”规划发展思路，明确发展目标、重点任务和重大举措，为起草编制好《西藏自治区“十三五”时期共青团和青少年事业发展规划》奠定坚实基础。

2. 努力帮助青少年学习成才。筹集爱心资金1205万元，配套升级希望小学、资助贫困学生、实施高原绿色希望工程。积极开展培养岗位能手、致富带头人等活动。鼓励和服务青少年参与科技创新实践。争取团中央290万元建设经费，着力推动青少年活动中心和综合服务平台建设。启动西藏青年志愿者助残“阳光行动”，建立50支志愿服务团队，覆盖残疾青少年10000余人。

3. 着力促进青年创业就业。筹建西藏青年创业就业基金，争取到中国青年创业就业基金会基础基金1000万元、团中央匹配资金500万元，以扶持、培训、资助等方式对西藏自治区青年(农牧民)开展全方位就业创业服务。争取500万元各类培训资金，培训各类青年2225人。实施农村青年创业致富“领头雁”培训计划，培树700名青年致富带头人。规范全区68个青年创业就业培训基地建设，推动9家培训基地通过认证。

4. 扎实做好青少年权益维护工作。开展“青春热流·心手相牵”关爱农民工子女志愿服务活动，申报诺亚东舟优学工程项目10个，申报中央财政支持七彩小屋示范项目5个，扎实服务进城务工青年及其子女。组织开展《西藏自治区实施＜中华人民共和国未成年人保护法＞办法》执法检查，推动《西藏自治区实施＜中华人民共和国预防未成年犯罪法＞办法》、《西藏自治区志愿服务条例》进入立法程序，规范开展“共青团与人大代表、政协委员面对面”活动，积极开展青少年权益工作创新试点，推动预青专项经费指标列入各地(市)综治考核并实行“一票否决”制，持续推进“青春与法同行”——青少年法律大课堂活动，继续开展“12355阳光行动”高三考前心理辅导活动，扎实做好青少年权益维护工作。

五、积极推进团的组织和工作创新

1. 扩大基层团组织有效覆盖。继续推动县级团组织机构单设。巩固乡镇团组织格局创新和乡镇实体化“大团委”建设成果。紧紧抓住村居“两委”换届契机，协调将村级团组织换届工作纳入全区村居“两委”换届整体部署，明确要求由40岁以下的“两委”班子成员担任或兼任团支部书记。探索城市街道区域化团建工作，探索在城镇便民警务站和寺庙管委会建团。加强非公企业、行业团建，大力加强农牧民专业合作组织团建，新增非公企业建团32家，推进农村合作组织建团1895家。

2. 努力激发基层工作活力。全面推进基层党建带团建有关制度的落实，全区7地市均已召开党建带团建工作会议，6地市出台相关政策文件，74县中62县已召开党建带团建会议，58县下发了相关政策文件。把团干部教育培训纳入党的干部教育培训总体规划，持续加大对专兼职基层团干部的培训力度，指导基层做好团员队伍发展和“推优入党”工作。筹集40万元经费，向全区692个乡镇(街道)团委发放团务用品。指导全区692个乡镇(街道)用好用活2万元基层组织建设专项工作经费。

3. 进一步凸显强化学校共青团的基础性战略性地位。推动召开学校团建工作党政联席会议，六一前推动区党委印发《关于进一步加强少年儿童和少先队工作的意见》，切实解决学校共青团和少先队工作发展中的一些突出问题。

4. 积极推动全团援藏工作。加强与团中央的汇报沟通，积极与17个对口援藏省（市）团委衔接协调，推动共青团对口支援西藏工作会议9月10日在拉萨召开。会议突出教育援藏、就业援藏、人才援藏三项主要任务，确定了2015年至2017年三年援藏项目459个，涉及资金2.4亿多元，着力破解西藏共青团事业发展面临的薄弱环节和突出问题，推动形成全团支援西藏共青团工作新格局。

六、持续狠抓团干部队伍建设

1. 加强思想建设。持续深入开展团干部"学理论·强党性·铸信仰"活动，引导团干部提高政治素质、增强政治定力，始终坚持正确的政治方向。

2. 强化能力培训。实施团干部大规模分级分类培训，推动团干部深入实际、大胆实践，锤炼过硬本领、打牢工作根底，不断提高青年群众工作的能力水平。全年培训团干部、青年骨干、少先队辅导员84期2340人。

3. 改进工作作风。认真落实党中央、区党委和团中央关于加强作风建设相关文件精神，把党的群众路线教育实践活动成果制度化、常态化，指导地（市）县两级团组织开展好第二批教育实践活动。组织开展"走进青年、转变作风、改进工作"大宣传大调研活动，密切联系青年，深入调查研究，务实奋斗创新，不断增强各级团干部的党性修养、群众观念和青年群众工作能力，不断培育"三严三实"的好作风，以作风建设的新成效凝聚起推动西藏共青团事业蓬勃发展的强大正能量。

陕西团的工作

2014年，共青团陕西省委深入学习贯彻习近平总书记系列重要讲话精神，认真落实中共陕西省委共青团中央关于共青团工作的重要指示，持续推动省委7号文件等重大决策部署落实，创造性开展工作，先后完成中共中央青委延安旧址修复陈列布展，建成全国第二家青少年革命传统教育基地，成功举办欧亚青年领导人友好会见暨丝绸之路国际青年圆桌会议，少先队活动课程教材编写工作在全国首家完成，编写了全国首部省级青年发展与社会组织蓝皮书，与省文明办联合成立全国首家省级志愿者培训学院，少先队、青年社会组织、青少年环保、西部计划志愿者等多项工作在全团进行了经验交流，在全国大学生挑战杯竞赛、"盐商杯""邮储杯"青年创业大赛、大学生税收辩论赛、志愿服务项目交流会等赛会中荣获大奖，未成年人安全状况和青年电商创业两个课题被评为团中央调研成果一等奖，全省共青团工作取得了新的进步。

一、持续实施青春导航计划，青少年思想教育引导成效显著

1. 着力筑牢青少年思想道德基础。以报告会、宣讲会、座谈会、主题团队日等形式，充分发挥团属报刊、网站、微博、微信、手机报等宣传舆论阵地的作用，认真学习领会党的十八届三中、四中全会和习近平总书记系列重要讲话的深刻内涵和精神实质。全省各级团队组织以"我的中国梦"为主题，结合"青春学堂""红领巾相约中国梦""与信仰对话"等载体，广泛开展各类宣传教育活动3600余场次。举办"我的中国梦——奋斗的青春最美丽"分享活动800余场次，影响覆盖青少年130多万人次。借鉴空军工程大学“红色传人培育工程”德育新模式，培养大学生骨干13000人，省级示范培养180人。加强对团属青少年宫等青少年文化活动场所建设和管理，更好地促进青少年全面发展、健康成长，成功申报照金为全国青少年教育基地。

2. 积极引导青少年培育和践行社会主义核心价值观。以“向上·向善”为主题，举办了青少年数字影像大赛、青年音乐季、书法美术大赛等活动，承办了2014中国少年宫文化艺术节语言类专场。开展“我为核心价值观代言”网络宣传教育活动和“核心价值观记心中”少先队主题活动7000余场次。推报了全国优秀共青团员（团干部）、五四红旗团组织、中国青年五四奖章等先进典型，运用新媒体手段开展第13届陕西青年五四奖章、2014年度陕西省优秀少先队员、第二届“‘中国梦·青年志’——寻找身边的好青年”等活动，选树了一批可亲可敬可学的青春榜样。

3. 注重运用新媒体开展青少年思想引领工作。以专兼职团学干部、大学生骨干为主，组建了4.7万名共青团网络宣传员队伍。与省网信办联发了《关于发挥共青团组织和团员青年作用加强青少年网络宣传引导工作的意见》，建立与网信部门合作机制、快速动员响应机制和分级分类培训机制，促进网络宣传员发挥作用。全省各级团组织和专职团干部累计开通实名微博1.4万余个，直接影响青少年400余万。团陕西省委官方微博粉丝量突破50万，微信粉丝量达到1.7万，全年自主发布微信、微博累计1.1万条，获得“2014西北政务微博影响力奖”“陕西2014最佳微博团队管理奖”。市县两级团委全面开通官方微信，骨干高校、重点企业团委陆续跟进，形成了陕西共青团微信矩阵。稳步推进“青V”工程，团省委两名干部入选新浪微博全国“惠民公职人员”奖，进入全省公职人员微博影响力前十名。下发了《关于加强全省团属网络新媒体平台运行管理的实施办法》等文件，建立健全团属新媒体运行机制。设计“传承经典·青春更深厚”等线上线下活动，将网络空间打造成共青团开展思想教育工作的重要阵地。

二、持续实施建功成才计划，投身“三个陕西”建设勇立新功

1. 竭诚服务青年创新创业创优，广泛参与富裕陕西建设。围绕丝绸之路经济带建设，邀请知名专家学者举行高层次研讨，为“一带一路”建设建言献策。举办“曲江杯·创赢新力量”第二届陕西省青年创新创业大赛、海外学人回国创业周、“创青春”陕西省大学生创业大赛，评选第九届陕西青年创业奖，组织“创业英雄进校园”活动100余场次，在全国青年创新创业系列大赛中取得佳绩。新建青年见习基地365个，新增见习岗位10359个，到岗见习青年8859人；以大学生、进城务工青年、农村青年致富带头人为重点，开展创业就业培训6.8万人次，为1.66万名青年发放小额创业贷款12.34亿元；开展了“倾听心声·共促发展”农村青年致富带头人与政府部门面对面活动，完善创业就业支持。举办陕西省青年文明号二十周年系列活动，命名省级青年文明号集体97个，持续开展青年职业技能大赛。先后成功接待俄罗斯、韩国、巴基斯坦等国家和港澳台青少年代表团200余人来陕友好交流；选派19名青年代表出访英国、韩国、印度、阿根廷等国家和地区，取得良好效果。

2. 关爱特殊青少年群体，协同推进和谐陕西建设。希望工程募集资金及物资价值2000余万元，资助贫困家庭大中小学生8681名、先心病患儿100名。捐建希望小学、希望音乐教室、希望电脑教室等30个；建设手拉手红领巾书屋17个，联合省民政厅开展“公益福彩——红领巾手拉手行动”，筹资100万资助500名低保贫困家庭的少年儿童；发动青联委员为延安等受灾地区青少年捐资70余万元，为2000余名失足青少年举办“乐动青春”交响音乐会。

以青年志愿者行动20周年为契机，深化学雷锋和志愿服务工作，开展青年志愿者助残“阳光行动”，招募西部计划志愿者1350人服务陕西省和新疆、西藏地区；关爱农民工子女行动共结对农民工子女较集中的学校2096所、结对42.99万人。通过抓信息、建机制、勤研判，努力做好高校维护稳定工作。圆满完成全国少工委“各族少年手拉手夏令营”活动，积极开展共青团援藏工作，牵头做好吴堡县“两联一包”扶贫工作。

3. 扎实推进青少年生态环保工作，积极投身美丽陕西建设。开展“治污降霾·青年先行”青少年生态环保主题活动，依托高校环保社团、社会环保公益组织、团属青年志愿服务队三大团队系统，围绕低碳文明出行、节能减排生产、环保自然生活、宣传践行环保四方面，开展环保宣传实践九大示范活动，吸引25万人次参加。大力建设绿色工程，组织实施了保护母亲河行动——解放军青年林宁强项目，26.5万名青少年参与各类植树活动，累计植树58万株。积极倡导绿色消费，开展节约粮食公益宣传活动，提倡“光盘”行动，弘扬了勤俭节约的社会正气；对全省30个青少年环保社团进行培训，资助青少年环境保护项目33个，继续开展秦岭环保志愿行动、大学生环保创意大赛等活动，示范带动青少年环保生态实践活动开展。

4. 关注青少年普遍性诉求，切实维护合法权益。履行预防青少年违法犯罪专项组组长单位职责，召开省综治委预防青少年违法犯罪专项组第三次全体会议，全面督导各市(区)推进五类重点青少年群体服务管理和预防犯罪工作，确定76个县区推广具有普遍性的工作方法和工作机制。联合省司法厅开展“知心律师助成长”活动，聘任“青少年成长导师”220名，多种形式开展青少年法制宣传和自护教育活动6300多场次。开展共青团与人大代表政协委员“面对面”活动118场次，形成反映青少年利益诉求的建议、提案135个。修订青少年维权岗创建实施办法，举办创建单位负责人专题培训，命名省级青少年维权岗145个。

三、持续实施枢纽构建计划，服务青年载体不断创新

1. 加强阵地建设，构建活动新平台。按照“市有中心县有站”的基本要求，采用社会化募集的方式多方筹措288万元资金，支持57个县级团委建设“青春驿站”，共建成省市级青年社会组织培育发展中心13个、“青春驿站——青少年综合服务平台”164个，实现了市县全覆盖。以“零”门槛、“零”费用，吸引“能承接共青团相关事务、具有社会功能”和“立足青年兴趣爱好、体现青年自主性”的两大类青年社会组织364家入驻各级社会组织培育发展中心。

2. 整合多方资源，建立服务新机制。建立培训机制，每月开展一期青年社会组织培训，全年培训12期；建立服务机制，提供阵地功能、资源整合等九类服务项目，对不同发展阶段的青年社会组织提供定制服务；建立引导机制，在省青联新增青年社会组织界别，首批将15名青年社会组织骨干吸纳为省青联委员；建立培育机制，重点联系扶持了一批青年社会组织与团组织结成亲密伙伴关系，协调指导入驻省级培育发展中心的青年社会组织开展活动674场次；建立沟通交流机制，开发建设了“陕西青年社会组织培育发展中心”网站，开通了官方微博、微信，组建了全省青年社会组织工作交流群。

3. 彰显社会功能，形成发展新常态。围绕青年成长成才、权益维护、情感交流、应急救援、帮困助残、志愿服务、生态环保、文化传播等，支持扶持青科协、青书协等各类社会组织开展活动2000余场次。初步形成了以团组织为“龙头”“核心”，以青年社会组织为集群，以社会管理和公共服务为目标的工作态势。团中央先后两次在陕西省召开青年社会组织西部片区推进会、交流会，总结推广陕西青年社会组织工作成功经验和做法。

四、持续实施固本强基计划，基层基础进一步夯实

1. 狠抓陕西省委《关于进一步加强少年儿童和少先队工作的意见》贯彻落实工作。联合教育、人社、文化等部门出台贯彻落实文件 15 个，督促 106 个市县下发了本地实施意见。联合教育部门对重点工作情况进行督导通报，推动成立市县两级少工委 112 个，配备省市县级总辅导员 61 名，落实大队辅导员副校级待遇 1252 名。少先队活动课程教材新学年征订下发 200 万册。

2. 全力推动党建带团建制度落实。督导 95 个市县召开了党建带团建会议、101 个市县出台了党建带团建制度性文件。深化“推优入党”工作，进一步突出团员的培养教育。坚持市县两级团的领导机关干部配备情况通报制度，推动市县两级团委书记、班子和机关干部配备率超 80%。联合省委组织部、省民政厅下发《关于在全省村“两委”换届选举中同步做好村团组织换届选举工作的通知》，推动村团支部与村两委会同步换届。

3. 强化团干部教育培训。组织召开全省团干部教育培训工作座谈会，制定下发了《2014 年度全省团干部教育培训计划》，组织承办团中央西北片区非新任职市级团委班子及县级团委书记培训班两期，培训学员 260 人；按照分级分类原则，集中对乡镇、街道团委书记及村、社区团组织负责人进行培训，统筹安排国有企业、规模以上非公企业、社会组织、大中专学校、少先队辅导员等培训工作，省级示范培训 23 期共 3076 人次。

4. 创新构筑团的组织格局。全面开展城乡区域化团建工作，建设乡镇直属团组织 23390 个，农村专业合作社团组织 2650 个，街道区域青年工作共建委员会 203 个、直属团组织 2453 个，新建非公企业团组织 1739 个，对省级驻外团工委进行了换届调整；探索大中专学校社团、公寓团建新模式，实现对全体青年学生的立体交叉多重覆盖；在机关事业单位，建立青年工作委员会和青联，进一步扩大了团组织对团员青年的有效覆盖。在农村，开展微信体系建团，建立微信群 6179 个，覆盖团员青年 8.9 万人。加强省青联委员队伍建设，进一步提高青联组织的吸引力和凝聚力。

5. 持续支持基层团组织工作。选派 50 名银行业金融机构优秀青年干部、44 名高校团干部赴县级团委挂职；继续实施大学生助理计划，累计向全省 210 个农民专业合作社、大型养殖场选派大学生助理 369 名；统筹资源，继续向 100 个乡镇街道团委提供项目支持；动员 160 个县级以上团组织与乡村团支部结对共建。实施“科技、文化、卫生三下乡”“乡村青年文化节”等活动，通过社会帮扶、爱心慰问、志愿携手、关爱成长等六大类示范活动，为基层团组织联系服务青年作出示范和引领。

五、深化群众路线教育实践活动，团干部队伍建设再上台阶

1. 认真抓好问题整改。深入推进党的群众路线教育实践活动整改工作，结合落实中央 21 项整改任务和陕西省委常委会 28 项整改任务，从加强班子建设、解决突出问题、改进服务青年工作、科学建立长效机制等四个方面梳理出 26 项具体整改任务，制定了《团陕西省委领导班子党的群众路线教育实践活动整改工作方案》，组织召开整改落实推进会 3 场，完成整改任务 25 项，另有 1 项常项任务正有序推进落实。

2. 注重领导班子建设。修改完善机关干部学习规定，开展中心组集中学习 19 次，专题学习 41 次。通过三秦大讲堂、专题讲座等形式不断加强理论学习。领导班子带头开展“破解两大战略性课题”青年群众工作大调研、团干部基层联系点活动、干部职工联系包抓年度重点工作，进一步了解分析问题，强化工作责任，解决实际困难。扎实推进中央“八项规定”和省委《实施意见》的贯彻落实，开展“庸懒散浮”专项治理，领导班子率先垂范，将规定落到实处。

3.强化干部队伍建设。深入推行“一线工作法”，广泛开展“亲青暖心行动”，发放“连心卡”，兑现“八承诺”“十帮助”，转变团干部作风。坚持每周一组织机关全体干部开展青年微讲堂活动，累计举办124期；选派17名干部参加省级以上培训，推选30人参加省直机关第二届业务技能（知识）竞赛，取得优异成绩。选拔第8批共16名优秀基层团干部到团省委机关挂职，推动团省委干部与基层团干部的工作交流。

一年来，陕西共青团不断提高团的吸引力和凝聚力，努力扩大团的工作有效覆盖面，陕西省委和团中央领导多次出席陕西团的活动，对陕西共青团工作给予充分肯定，并对相关工作作出重要指示。下一阶段，全省各级团组织要从巩固和扩大党执政的青年群众基础、永葆共青团生机活力的高度，切实肩负起从严治团的职责，政治生活要严肃，执行纪律要严明，改进作风要严格，拒腐防变要严厉，大力弘扬延安精神，大力倡导“实事求是、朝气蓬勃、保持本色、埋头苦干”的共青团文化，始终做到让党放心、青年满意。

甘肃团的工作

2014年，在团中央和省委、省政府的坚强领导下，全省各级团组织高举中国特色社会主义伟大旗帜，认真贯彻党的十八大和十八届三中、四中全会精神，认真学习习近平总书记系列重要讲话精神特别是对共青团工作重要批示精神，按照省委十二届八次全委会议和团十七届二中全会工作部署，牢牢把握培养中国特色社会主义事业建设者和接班人这一根本任务，自觉担当责任，切实履职尽责，主动融入大局，立足服务青年，坚持面向基层，突出重点，聚焦难题，打造特色，统筹推进各项工作创新发展。“学子返乡”、植树护绿、“5个双联”、“一村一电”、“共青团品牌希望小学”、“虚拟工读学校”等重点工作和创新举措得到了省委省政府、团中央的高度重视、大力支持和充分肯定，部分工作被团中央作为重点工作在全团进行部署推进。在团中央年终各项考核中，甘肃团的工作除一项指标为“一般”外，其余都为“好”或“较好”，在全团树立了新形象。一年来，全省主要抓了以下几个方面的工作：

一、把握时代脉搏，强化思想政治引领

一是吃透精神抓引领。通过召开会议、举办培训班、集中宣讲、分享座谈等形式，认真学习习近平总书记系列重要讲话精神特别是对共青团工作重要批示精神，学习贯彻中央、省委和团中央重要会议精神，广泛深入兴起学习贯彻热潮，不断加强思想政治引领。推进青年马克思主义者培养工程，举办大学生骨干培训班350期，培训学生骨干2万人次。二是创新载体抓引领。以“中国梦·陇原情——学子返乡”活动为有效载体，发布“学子返乡”原创微博10万多条，影响覆盖粉丝120万人；开展“我的中国梦”主题教育活动4万多场次，覆盖影响青年420余万人次。召开甘肃省纪念五四运动95周年暨“学子返乡”推进会，选树了一批优秀青年和“学子返乡”典型。举办“学子返乡”报告会146场次；组建省级以上“学子返乡”重点服务团（队）92支，动员10余万青年

学生暑期赴基层服务;举办“学子返乡”校园招聘会90余场次,提供就业岗位5015个。联合下发《关于实施大学生创业引领计划的通知》,从税收减免、金融支持等方面争取了更多政策保障。三是突出重点抓引领。坚持把培育和践行社会主义核心价值观作为思想政治引领工作的重点,邀请郭明义同志出席“青年志愿者2014助残阳光行动”暨甘肃省郭明义爱心团队授旗仪式,广泛宣传“五四青年奖章”获得者、“乡村好青年”等各类典型,激励青少年积极践行社会主义核心价值观。以“社会主义核心价值观”为主题,面向大中小学生开展主题教育活动2000多场次;开展“我为社会主义核心价值观代言”活动,发布主题原创微博12000多条;举办首届中小学生作文大赛、首届青少年动漫文化节,生动地进行社会主义核心价值观教育。四是立足源头抓引领。开展少年儿童“红领巾相约中国梦”主题队日活动11000多场次,参与少先队员289万人次。举办中学生“与人生对话”主题教育活动,基本实现了全省中学全覆盖。举办中职生“彩虹人生——奋斗的青春最美丽”系列分享活动324场次,覆盖16.4万人次。举办大学生“与信仰对话”精品报告进校园活动400余场次,覆盖38万人次。五是着眼民族团结抓引领。深入甘南藏区调研,发放问卷4000份,初步形成了《甘南藏区青少年思想引导调研报告》。举办民族团结巡回宣讲153场次,开展主题团日活动7.6万多场次,举办知识竞赛2380场次、文艺表演活动7100余场次。加强各族青少年交流交往交友,促成中小学生手拉手结对14000多个。六是建设阵地抓引领。推动建成南梁全国青少年教育基地。建成和政县全省青少年教育基地。4万多名青少年通过红色之旅,接受了革命传统教育。争取全国青少年校外活动场所专项补助经费150万元,支持省青年宫、金昌市、山丹县、夏河县青少年活动中心建设。

二、围绕中心服务大局,助推转型跨越发展

一是服务经济转型,带领青年建功立业。第19届兰洽会青年企业家专场签约项目121个,签约金额241亿元,落地资金156.39亿元,落地率64.9%。成功举办“聚焦陇原·共谋发展”浙商陇上行主题活动,一批全国重量级企业家以及浙江商会、温州商会、义乌商会的200多位会长参加,在第20届兰洽会期间签约项目120个,签约金额460.33亿元,落地资金230.66亿元,落地率50%。二是投身生态建设,发动青年植绿护绿。全年植树282万株,建设青年林192片、2.1万亩,美化身边路195条,组建“青年绿色志愿者”队伍198支,县级以上团委开展集中植树活动789次。开展“保护母亲河·共筑绿色梦”青少年生态环保实践行动。联合兰州新区发起“同植希望树·共圆绿色梦”大型公益活动。完成了华池县南梁镇解放军青少年绿色林项目。与兰州银行联合开展“共建美好家园——回收废旧电池大型公益活动”,回收废旧电池210万枚。三是助力扶贫攻坚,组织青年帮扶济困。以“5个双联”和“5个100”为统揽,深入推进双联行动,协调帮扶项目63个,项目金额3400万元,办实事好事346件。开展“爱在路上·心在远方”文具捐赠活动,向团系统80个双联村学校捐赠价值120万元的文具;协调筹资95万元修建宕昌县旧城村乡村道路。组织“2014共青团联系服务农村青年月——暖冬行动”,开展送温暖活动409次,捐赠价值1323.3万元的生活物资。开展“1017,邀您一起”扶贫系列主题实践活动,广泛开展政策宣传、志愿服务和爱心募捐,慰问贫困家庭1000多户。

三、顺应深化改革实践,抓好青少年社会事务

主动谋划、积极争取承接政府职能转移,着力做好党和政府交给团组织承担的青少年社会事务。一是广泛推动青年志愿服务。选

拔309名西部计划志愿者，招募135名研究生从事支教服务，选派225名高校毕业生赴新疆、西藏开展西部计划专项服务。全省各级志愿者组织开展系列主题活动231场次。1万多名志愿者参与第23届金鸡百花电影节、第20届兰洽会、天水伏羲文化节等大型赛会志愿服务工作。全省青年志愿者参与各类志愿服务活动112万人次，累计服务时长达960万小时。二是不断加强预青工作。指导32个县区开展重点青少年群体工作第一轮县级推开工作，第二轮推开工作全面启动。完成重点青少年群体数据摸底工作，建立了动态数据摸排工作机制。开展"虚拟工读学校"建设试点。推开"1+1+X"结对帮教模式，招募志愿者7730人，建立帮教队伍504个，覆盖有不良行为或严重不良行为青少年3968人。以"健全青少年社会化服务体系"为主题，开展"共青团与人大代表、政协委员面对面"活动。培训中小学法制副校长（辅导员）4300多人。举办"珍爱生命·青春自护"主题讲座600余场次；开展"珍爱生命·远离毒品"主题宣传453场次，发放宣传材料167万份。三是积极加强青年社会组织联系管理。出台《关于进一步做好青年社会组织服务管理工作的若干意见》。开展调研摸底，建立了全省青年社会组织数据库。省市两级团组织联系各类青年社会组织897个，组织开展公益环保、户外交友等活动1547场次，参与青年8万余人。与益润陇原公益团队等一批网上青年公益自组织建立了联系。

四、坚持新媒体主攻方向，积极开展网络舆论引导

一是打造共青团网宣员队伍。组建了近3万人的网宣员队伍和110名的网评员队伍，培训网络宣传骨干14000多名，建立网宣工作QQ群、微信圈6400多个，形成了组织动员、激励培训、运行管理、信息传导等工作机制。二是建设新媒体工作阵地。成立甘肃省青少年新媒体中心，省市两级团委和40%的县级团委开通了官方微信平台。开通官方微博8965个、个人微博和社区工作账号32758个，甘肃共青团新浪微博粉丝量突破52万。三是策划开展新媒体活动。开展"今天是七一""甘肃党员靓豁"等微博话题活动，发布原创微博1万多条，阅读量达458万。特别是围绕民族团结、反恐维稳、鲁甸地震、兰州水污染等突发事件，鲜明有力地开展网络舆论斗争，为构建清朗网络空间积极作为。举办"青春志·中国梦"甘肃省大学生微电影原创大赛，推荐50多部优秀作品参与2014"向上·向善——中国青少年微电影大赛"，2部作品入围百部中国青少年优秀微电影，《卓玛的轮回》获得"中国青少年微电影发展基金会"10万元的创投扶持资金。四是加强工作宣传报道。密切与各级各类新闻媒体的联系，加强特色工作宣传报道，扩大共青团工作影响力。人民日报、中国日报、新华网、光明网、中青在线、中国青年报刊发甘肃共青团工作和活动信息165篇，甘肃日报、甘肃电视台、甘肃广播电台、中国甘肃网、每日甘肃网等省级主流媒体刊发、播报甘肃共青团工作和活动信息120余次。

五、把握现实需求，服务青年成长成才

一是服务青少年学习成长。筹集资金2397万元，立项希望小学6所；资助贫困学生3909人，发放资助金773万元。向全省少年儿童捐赠价值1000万元的图书。为云南鲁甸、景谷地震灾区募集紧急救灾助学善款106万元。开展大学生"三走"体育活动1800余场次，覆盖42.2万人次。开展阳光助残行动，结对3.7万名残疾青少年。实施农民工子女关爱行动，结对农民工子女59.6万名。开展"微"公益捐助行动，甘肃站接受捐助9746次，完成349个项目，35000余人受益。二是培养青年创新精神和创业意识。组织40所高校参加全国"创青春"大学生创业大赛，20件作品入围终审决赛，1件获银奖，19件获铜奖。参加首届"挑战杯——彩虹人生"全国职业学校创新创效创业大赛，获二等奖 5 件、三等奖 6 件。举办第九届“振兴杯”全省青年职业技能大赛，8 名优胜选手参加全国大赛。举办“华龙杯”首届甘肃青年创新创业大赛，16 个优秀项目获得 3300 万元的项目投资。KAB 创业教育项目培训大学生 22 万人，MM 百万青年创业计划培育实体创业团队 2000 余支。三是支持青年就业创业。实施农村青年创业致富带头人“领头雁”培养计划，培训农村青年 26696 名，落实培训资金 125.91 万元。发放青年创业小额贷款 3.48 亿元，争取团中央创业就业工作经费 150 万元。创建青年创业园和科技创业园 131 个，新建见习基地 25 家，保持 440 家见习基地正常运转，组织上岗见习青年 2215 人，见习后录用 587 人。开展“寻找乡村好青年”活动，2 人被评为全国“乡村好青年”。返乡创业与服务青年“致富梦”取得阶段性成果，1 人荣获第九届“全国农村青年致富带头人”标兵称号，11 人被评为第九届“全国农村青年致富带头人”。四是帮助藏区青少年健康成长。与天津团市委协调沟通，确定了 5 大类 24 个援建项目，已协调落实项目资金和物资近 150 万元。召开全省共青团对口支援藏区工作会议，确定兰州、天水等 10 个市级团委对口支援福建省 9 个藏区市县团委，围绕青少年思想引导、交往交流交融、服务成长成才、青年人才培养输送、基层组织建设等 5 个方面，确定了 10 大类 112 个援建项目，涉及资金 1618.5 万元。

六、夯实团建基础，加强组织网络覆盖

一是巩固传统领域团建。新建乡镇直属团组织 2026 个，成立县域农村合作组织团工委 86 个。加强中学中职共青团工作，不断强化团员意识教育。推动高校团的工作向网络新媒体转型，建立全省高校四级微博体系，校级和二级学院微博覆盖率均达 100%，大学生参与网上主题活动达 41.6 万人次。二是拓展新兴领域团建。新建农村专业合作社团组织 1076 个、青年电子商务协会团支部 100 个、非公企业团组织 527 个、网络团组织 60 个。推进城市街道区域化团建试点，新建区域青年工作共建委员会 60 个、青年中心 60 个。推动新兴领域青年工作，摸底联系新经济组织 900 多个，联系微博达人、意见领袖等新兴领域青年 300 余人。三是强化“全团带队”。积极争取省委出台了《关于进一步加强少年儿童和少先队工作的意见》；省市县三级少先队总辅导员实现 100% 配备，并落实了中层副职待遇；100% 实现了“少先队活动”进课表；联合西北师大招收“少年儿童组织与思想意识教育”专业全日制研究生 3 名。四是夯实基础保障。推动《关于进一步支持和加强共青团基层建设和基层工作的意见》有效落实，14 个市（州）团委全部联合财政局下发了解决乡镇团委工作经费的文件，66 个县（区）按 2 万元标准纳入 2014 年财政预算，837 个乡镇团委、91 个街道团委工作经费按 2 万元标准拨付到位；21 个乡镇团委工作经费按 1 万元拨付，22 个乡镇、8 个街道团委按 5000 元拨付；34 个乡镇按 2000 元拨付。

七、坚持改革创新，提升基层工作活力

一是服务农村青年“致富梦”，着力解决农村基层团组织“建而不活”问题，创新实施“一村一电”工程。积极争取，省政府出台了《关于加快电子商务产业发展的意见》。联合省商务厅下发《关于实施“一村一电”工程推进电子商务发展的通知》，制定工作方案，明确了工作目标、工作内容和推进步骤。成立了全省青年电商联盟。省市县团委举办电子商务培训班 40 期，培训电商青年近 6000 人；全省各级团组织联合有关部门、企业和学校开展培训 410 期，累计培训青年 13000 多名；聘请 92 名专家学者和电商精英组成甘肃青年电商创业导师团，开展电商知识讲座 290 场次。依托微信平台，加强电商知识宣传，发布电子商务信息。在 20 所高校集中开展“特色中国・甘肃馆”宣传活

动。依托电商协会和团支部，开展“头脑风暴——青年电商创新大讨论”等系列活动230场次。各级团组织引导青年开办网店2.17万个，从业青年10.5万人，带动就业18.6万人。二是服务农村青年“教育梦”，推进“共青团品牌希望小学”建设。整合希望工程项目和各类团属资源，统一规划，统一建设，统一管理，每年在一个县（区）集中建成规模适度、设施完善、特色突出的“共青团品牌希望小学”，使之成为引导少年儿童的新阵地、培训农村青年的新基地、团的基层工作的新载体。确定临洮县新添镇小学为全省第一所“共青团品牌希望小学”，争取中国青少年基金会支持资金503万元，团省委筹集资金200多万元，完成了选址立项、地质勘探等前期工作，捐赠资金和配套资金全部到位。

八、着力从严治团，加强干部队伍建设

一是强化教育培训。举办各类培训班429期，培训团干部和团员青年37379名；参加团中央各类调训271人次。开展“送团课下基层”活动14期，培训1300余人。二是加大转岗输送。继2013年团省委机关3名厅级干部、9名处级干部、3名科级干部顺利转岗后，争取省委和省委组织部的关心支持，促成1名副厅级和2名科级干部转岗。经积极汇报协调，省委常委、组织部长吴德刚同志对后续9名40岁以上处级干部转岗已作出批示，正在抓紧落实。市县两级团委班子中30人转岗。三是加强实践锻炼。选派机关3名干部到双联村任职，选派机关7批58人次、全省团系统1023人次驻村帮扶。择优筛选9名基层优秀年轻干部到团省委机关挂职锻炼，选派7名民族地区团干部赴发达省份挂职锻炼。四是加强协管配备。落实《关于进一步规范市（州）、直属高校和企事业单位团委换届工作的意见》，坚持反馈通报制度，团干部综合配备指数为89.24。五是加强机关自身建设。提拔6名处级干部，晋升10名主任科员，调动了工作积极性。稳妥解决团省委机关和下属单位历史遗留问题，营造了安定有序、团结和谐的良好氛围。六是持续改进作风。出台调查研究、干部考核等20项制度办法，持续推动群众路线教育实践活动整改措施落实，深入开展“工作落实年”和“大宣传大调研”活动，坚决杜绝不作为、慢作为等不良行为，着力强化执行落实，干部作风明显改进，工作执行力不断提高。

青海团的工作

2014年，全省各级团组织深入学习贯彻党的十八届三中、四中全会精神，习近平总书记系列重要讲话精神，省委十二届六次、七次、八次全体会议精神和团十七届二中全会精神，紧扣中心，履职尽责，求真务实，开拓创新，团结带领全省各族团员青年在奋力打造“三区”、建设全面小康的生动实践中发挥了生力军作用。

一、思想政治引领取得新成效

深入开展中国特色社会主义和中国梦宣传教育，利用团属宣传阵地，在青海共青团网站、青海青年报、青海共青团手机报等媒体开辟专栏，深入解读核心价值观；举办青年马克思主义者培养工程——社会主义核心价值观专题培训班，开展“缅怀先烈、心系祖国”、“国庆勿忘祭英烈”、“我和国旗合个影”、“我为核心价值观代言”、“谋青海发展与世界对话”践行核心价值观大讨论等主题活动,引导青少年积极培育和践行社会主义核心价值观,进一步坚定道路自信、理论自信、制度自信。开展“红领巾心向党——手拉手民族团结一家亲”主题队日活动,参与少年儿童30万余人次。骆惠宁、王建军、苏宁等省领导分别深入不同地区的基层小学,与少年儿童共度六·一,寄语少年儿童健康成长、快乐成长。加强共青团网宣工作,建设了一支以青年骨干为重点,由1.25万名团员青年组成的共青团网宣队伍。注重运用新媒体和文化吸引凝聚青少年,构建了以团属网站为基础,覆盖微博、微信、手机报、短信平台为支撑的全省“青”字号网络新媒体工作体系。以青年好声音、我为核心价值观代言为载体,通过手机报、微博、微信等平台,广泛开展“青春正能量、圆我中国梦”、“聚焦两会、圆梦中华”、“弘扬雷锋精神、聚力中国梦”等活动,引导青少年加深对党、对团的认识和情感。累计编发手机报100期、微博6528条、微信768条,覆盖青少年20余万人。联合广播电视媒体,积极打造青年文化产品,强化对青年的思想引领,制作推出《攒劲2014“锋蜜”在行动》31集情景剧,推出“永庆和—全城热恋”电视公益性相亲活动。

二、服务中心大局迸发新活力

动员广大青年积极投身“三区”建设,为全面深化改革注入青春活力。积极投身循环经济发展,深入开展“两带头、双争创”活动,选树全省示范青年文明号集体20个,争取申报表彰全国示范文明号集体和突出贡献单位各1个。争取团中央、中青企协支持,组织47名优秀青年企业家到青海考察洽谈,成功举办“全国青年创业导航计划”启动仪式。首次在“青洽会”设立青年创业成果展区,招募120名青年志愿者服务会展工作。统筹六州团组织对口支援工作,落实意向性项目资金1170余万元,兑现260余万元。主动参与生态文明建设,持续开展“爱我三江源、保护母亲河”行动,筹资337万元建设青年林10处近5000亩,组织青少年义务植树6000余亩,培养青年植绿护绿带头人129名,开展生态环保宣传实践活动数百场。自觉维护民族团结稳定,以“民族团结青年当先、携手圆梦共创和谐”为主题,开展青年民族团结进步创建宣传月,广泛宣传党的民族宗教政策,引导青少年自觉维护民族团结稳定。组织800余所小学30余万名少先队员,开展“手拉手民族团结一家亲”主题队日活动。招募大学生志愿服务西部计划、青南计划、基层专项计划、研究生支教团志愿者1513名。组织青联委员开展“大爱母亲河、感恩心相连”民族团结进步宣教活动,筹资11万元为黄河沿线部分民族地区学校捐赠了鼓号队等设施。健全和完善省州县三级团的领导干部与宗教界青年代表人士联系制度,切实加强与信教青年的普遍联系。扎实开展定点扶贫工作,积极响应万名干部下乡驻村号召,选派6名骨干分赴基层乡镇、村开展帮扶工作,为群众办实事做好事。积极筹措资源,帮助基层实施了一批水、电、路、通信、教育、文化等项目,累计投入1259.5万元。组织省青联委员通过慰问扶贫、义诊体检等方式,开展“服务基层、携手圆梦”新春送温暖活动。协调解决帮扶资金10万元支持高原美丽乡村建设。

三、服务青年需求呈现新作为

加强青年创业就业服务阵地建设,印发《关于开展促进青年创业就业服务体系建设的实施方案》,依托青海青年创业园,推动青年创业就业服务体系建设,健全青海青年创业网、创业青年俱乐部QQ群、创业导师QQ群、创业园微信公众平台、微博等新媒体创业服务体系,荣获首批“全国青年创业示范园区”称号。截至2014年底,青海青年创业园园内孵化企业124家,园外孵化企业520余家。推动青年创业就业政策落实,与省信用担保集团、省人社厅等单位联合签订并推动落实《青年融资担保协议》,为青年创业就业提供政策支持和资金帮助。联合省扶贫局筹集创业担保金2000万元,在全省20个项目县全面开展“青春创业扶贫行动”。与省金融办、省股权交易中心合作,为17家企业提供零门槛免费挂牌。强化团银合作,与邮储银行签订《关于合作开展促进青年创业就业工作的合作协议》,重点帮助农村青年创业就业。发放青年创业小额贷款331笔,发放贷款1682余万元,扶持创业青年164名,带动1638名青年就业。认真组织实施中国青少年科技创新奖励基金项目3个,争取项目资金34万元。提升青年创业就业技能,联合举办挺进“微”时代创业政策培训和SIYB培训班,培训青年1.5万余人次。实施农牧区青年创业“领头雁”培养计划,协调省财政厅、农牧厅争取资金100万元,对全省选树的1200多名农牧区青年创业创富领头雁开展创业培训。组建“青海创业青年俱乐部”,定期开展创业经验交流和故事分享活动。加强创业就业见习基地建设,建立基地835个,提供见习岗位2900余个,录用1263人。组织青联委员及委员企业开展高校毕业生就业招聘活动,提供就业岗位1000余个,意向性签约300余人。联合相关部门,成功举办第四届青海青年创新创业大赛、“创青春”大学生创业设计大赛、“邮储银行杯”2014中国涉农产业创业创富大赛等活动,帮助青年提升创业就业技能,夏吾派唐卡、“叶之峰”室内空气净化及增氧系统等创业项目分别荣获全国奖项,并获得创业资金支持。深化共青团关爱行动,筹资208万元,实施阳光助残、关爱农民工子女、扶老助贫等项目129个,参与青年志愿者2万余名,直接受益人群约100万人次。建成关爱之家、七彩小屋、集善之家、艺术流动课堂等阵地44个,摸底农民工子女学校528所12.9万人,结对学校660所7.45万人。举办共青团梦想剧场126场,覆盖青少年3.7万余名。开展“阳光行动”考前辅导及减压活动76场,利用微博、微信发布考前提醒和减压资讯500余条,覆盖青年3.5万名。切实维护青少年合法权益,督促建立或规范市州、县区未成年人保护和预防青少年违法犯罪工作机构,协调落实工作经费,指导推进工作开展。组织开展“共青团与人大代表、政协委员面对面”、“法律七进”、“青春与法同行”法制教育、“青春伴成长、家长大课堂”、未成年人保护“六个一”、青少年寒暑假自护教育、“手挽手共创美好明天”禁毒联合帮教、“红丝带健康包百校进千企”防艾宣传、“知路、爱路、护路,共铸平安天路”等主题宣传实践活动。积极参与全省未成年人保护法律法规执法调研。组织开展五类重点青少年群体调查摸底,建立青海省未成年人法制警示教育基地。实施希望工程和圆梦助学行动,筹资1905万元,实施希望小学及配套设备、青少年活动中心、希望之星高中班、平安青年林、小学分布式太阳能发电、贫困学生资助、教师培训等项目33个,资助学生总数达到2229人。启动“传递爱心、情暖高原”2014暖冬行动,募集240余万元,为贫困地区27所寄宿制小学4500余名贫困学生送去爱心包裹,推动“暖冬行动”常态化。开通青海省青少年发展基金会网站,对捐赠物资进行全程公开,接受社会各界监督。

四、基层组织建设实现新突破

夯实基层组织,联合省委组织部出台《关于加强共青团“三基”工作推动基层服务型团组织建设的实施意见》,明确目标任务,细化责任分工,全面推进共青团“三基”工作。争取团中央60万元经费支持,对6个青少年综合服务平台进行升级改造。抓住村级“两委”集中换届契机,扎实推进村级团组织按期集中换届。推进新兴领域团建,加大街道和农牧区区域化团建工作力度,建立青年共建委员会35个,街道直属团组织538个,农牧区直属团组织7833个,覆盖团员4.64万人,联系青年13.94万人。建立非公团组织102家,覆盖团员871人,联系青年2056人。建立农牧区专业合作组织团组织762家,覆盖团员8085名,联系青年1.36万人。促进团的外围组织健康发展,成功召开青年企业家协会第八次会员大会、青年志愿者协会第二次会员代表大会、青年联合会十届二次常委(扩大)会议。加强对委属事业单位的工作指导,充分发挥青海青年报、省团校、省青少年活动中心等团属阵地作用,推动团的事业统筹发展。认真履行全团带队职责,推动出台《关于进一步加强少年儿童和少先队工作的意见》,联合有关部门印发《关于进一步加强少先队工作经费保障的通知》,就完善各级少工委工作机构和制度建设、队伍建设、阵地建设、全员培训、工作考核和职称评定、经费保障等方面提出了明确要求。年内,各级少工委总辅导员配备率达100%,学校少先队大队、中队辅导员普遍配备齐全。组织编写《青海省少先队课程指导手册》,全省中小学少先队活动课进入课表率达89%。资源向基层倾斜,为16所小学配发鼓号队设备。

团干部素质得以全面提升。结合全省团干部教育培训工作实际需求,探索"1+1+X"团干部培训模块化方式,落实下跨一级培训工作制度。切实抓好中心组学习、党支部学习,坚持每周一次学习制度,通过邀请省内外专家教授进行专题辅导,组织观看电视政论片,开展交流研讨、撰写心得,微博话题讨论等形式,不断提高团干部政治理论水平和履职能力。年内中心组集中组织学习29次,召开专题民主(组织)生活会1次。注重基层团干部能力建设,从各市州、高校、企业选派14名优秀青年干部赴山东、广东、浙江、江苏开展为期3个月的挂职工作。组织8批52人,赴英国、韩国、日本、马来西亚、台湾、香港开展友好访问和交流。举办各类培训班22期,培训各级团干部2200余人次。

五、机关效能建设扎实推进

深入开展群众路线教育"回头看"工作,结合团省委工作实际,扎实开展"夯实基础、转变作风、提升效能"主题实践活动,对机关内部25项制度进行全面梳理,制定了《团省委机关效能建设九项制度》,扎实推进机关效能建设。切实改进团的作风,结合第二批党的群众路线教育实践活动和全团大宣传大调研工作部署,狠抓"下基层、接地气、办实事"、"四双"等活动,制定下发《各级团的机关干部去机关化行政化持续转变作风的规定》,建立团干部联系基层工作档案,实行下基层情况定期公示制度,用制度推动团干部联系青年、服务基层常态化。举办委系统第十三届职工运动会和知识竞赛等活动,营造健康向上的文化氛围。加强党风廉政建设,落实"两个主体责任",巩固和完善廉政风险防控机制,通过组织参观爱国主义教育基地、举办廉政教育测试、廉政党课、观看廉政影视展播、举行法律任职资格考试等形式多样的系列活动,扎实推进反腐倡廉主题教育活动。

宁夏团的工作

过去的一年里,自治区党委高度重视共青团工作,全年两次专题听取团区委工作汇报,自治区党政军领导多次参加纪念五四、庆祝六一、青年外事、捐资助学等会议和活动,先后对共青团网络宣传、青年志愿服务、青年社会组织、青年创业就业等工作作出了12次重要批示。团区委承办了全团农村共青团工作年中调度会、全团学校共青团重点工作创新试点西北片区推进会。各级团组织和广大团干部围绕自治区党委、政府和团中央的一系列部署要求,扎实履行职能,狠抓任务落实,各项工作取得了新的成绩。

一、青少年思想引导工作取得新成效

坚持把“我的中国梦”主题教育实践活动、培育和践行社会主义核心价值观、加强青少年民族团结教育、网络新媒体工作贯穿青少年思想引导工作始终,形成了全区上下齐动手、团干部齐参与、各条战线齐发力,共同抓好思想引导工作的良好局面。组织开展了“奋斗的青春最美丽”分享团走基层、“我的中国梦”主题团队日、“社会主义核心价值观你我共践行”主题公益广告展播、“向上·向善”微电影大赛、“鲜花朵朵送雷锋”志愿服务等主题实践活动2万多场次,覆盖青少年100多万人次,吴忠市开展了青少年民族团结百场话剧巡演活动。发挥榜样示范带动作用,开展青年五四奖章、最美青工、乡村好青年等评选活动,推荐的青年农民工代表张晓炜荣获第18届“中国青年五四奖章”,并被中宣部确定为“全国重要青年典型”。强化网络新媒体工作,累计开通实名微博1046个、手机报28个,建立网站58个,团属官方微博粉丝达69万人,实现了区本级和五市团组织微信平台全覆盖;组建了1万余人的网宣员队伍,银川市网络宣传活动得到了市委点名表扬。开展了第二届“青春约你看宁夏”微博(微信)系列活动,阅读点击量达到3700多万人,入选全团新媒体工作优秀案例。中卫市创作了中学生成人礼微电影《青春逐梦》。结合建国65周年等重大时间节点,开展了“我和国旗合个影”“我为核心价值观代言”等微活动,中国矿大银川学院、神华宁煤集团青年主动“秀”出自己对核心价值观的理解感悟,受到网友热捧。

二、服务经济社会发展做出积极贡献

积极发挥团的工作品牌引领和青年骨干带动作用,激励和引导广大青年踊跃投身各项建设事业。围绕开放宁夏建设,开展了“青春大讲堂”“我为改革献计策”等活动。青年外事交流力度加大,与港澳台青少年开展交流活动12批次,选派26名青少年出访俄罗斯、英国、印尼、韩国等国家,“筑梦丝路——欧亚国家青年领导人友好交流活动”列入团中央青年外事交流五年计划。围绕富裕宁夏建设,引导青年立足岗位创新创业创优,开展了“吹响文明号,共筑中国梦”宁夏青年文明号20周年系列活动,创建全国青年文明号8个、命名自治区级青年文明号71个,石嘴山市举办了青年职业技能大赛。助力企业发展,举办了“新丝绸之路创新品牌行”活动周和中国注册会计师协会青年专家宁夏行活动。围绕和谐宁夏建设,开展了“鲜花朵朵送雷锋”等志愿服务活动800余场次。深化大学生志愿服务西部计划,1100名志愿者活跃在全区教育、卫生、科技、文化等基层一线。着力在志愿服务项目打造和制度建设上实现新突破,启动实施了宁夏志愿者助残“阳光行动”,在首届中国青年志愿服务项目大赛中,宁夏回族自治区1个项目获得金奖、12个项目获得银奖,青铜峡市“生态移民学生微笑行动志愿服务项目”荣获第二届全国优秀志愿服务项目一等奖,大武口区探索建立了志愿服务激励机制。主动参与禁毒人民战争,开展了“禁毒宣传月”和“拒绝毒品、珍爱生命”志愿服务等活动,同心县组建了500人的禁毒志愿者队伍。围绕美丽宁夏建设,积极参与生态文明实践,开展了青少年生态环保宣传、共青团青年林等活动,植树造林5767亩,争取资金600万元,分年实施吴忠、固原、中卫三个青年林项目。认真履行成员单位工作职责,组织引导青年在精神文明、社会治理、安全生产、农业农村、扶贫开发等领域中做出积极贡献。

三、服务青少年成长发展取得新成绩

坚持把服务青少年作为工作的出发点和落脚点,将团的工作力量、项目和资源更多地向大中专毕业生、城乡贫困家庭青少年、进城务工青年及其子女等困难青少年倾斜，协助解决实际问题。发放小额贷款3752万，扶持创业青年811人，固原市、泾源县农村青年信用示范户创建试点工作受到青年欢迎。积极打造服务平台，宁夏青年创业就业孵化基地投入使用，盐池县建立了青年创业园，永宁县开展了创业青年故事电视展播，原州区举办了青年创业就业论坛。开展培训、上岗见习等工作，培训青年13170人，实现就业5727人，新建青年见习基地349个，提供见习岗位762个。建立了区、市、县三级青年创业就业导师服务团。在全团率先将青少年服务项目列入省级政府民生计划中，"希望工程"筹集款物3568万元，资助困难学生2万多名，配置爱心课桌12840套。举办青年公益相亲交友会29场次，参与单身青年7500人次，灵武市举办了宁东产业青年交友文化季活动。争取资金230万元，为7个青少年活动阵地配备文体设备，新建青年中心20个。切实维护青少年合法权益，积极开展"面对面"活动，各级团组织累计提出意见建议54件，有效推动相关问题解决。抓好社会闲散青少年帮扶工作，累计帮助343名闲散青少年实现就业或复学。银川市实施的全团"青少年权益工作创新"试点工作扎实推进，在引入社会力量参与12355平台建设方面进行了有益尝试。

四、团的工作有效覆盖面进一步扩大

突出基层覆盖、阶段覆盖和群体覆盖，不断延伸团的工作手臂。学校共青团工作持续活跃，成功举办了"创青春"大学生创业大赛、"挑战杯——彩虹人生"职业学校创新创效创业大赛。争取资金30万元，实施了银川一中"小平科技创新实验室"建设项目。宁夏大学全团大学生"三走"活动试点工作圆满结束，在宁夏医科大学、宁夏民族职业技术学院开展了区级试点工作。在13所学校开展了重点工作创新试点。扎实推进乡镇实体化"大团委"、城市街道区域化团组织、农村合作组织团组织建设，新建团组织1070个。加强非公企业团建，建立了团的领导机关直接联系服务非公企业团组织"174"机制，累计建立团组织2504个。推动成立了宁夏金融团工委，覆盖银行、保险、证券等20家金融单位的青年1.2万余人，实现行业团建工作新突破。指导宁东能源化工基地、黄河出版传媒集团、宁夏国大药房连锁有限公司等单位成立了团组织，覆盖青年5万余人。认真履行全团带队职责，争取自治区党委出台了进一步加强全区少先队工作的意见，13个市、县（区）制定了贯彻意见。召开了宁夏青年企业家协会第十次会员大会。新增注册志愿者7万余人。适应青年社会组织发展需要，建立动态数据库，联系青年社会组织300余家，影响覆盖户外运动、出租车行业、民间公益等领域青年10万余人。自治区青联增设了青年社会组织界别。建成宁夏青年社会组织协力发展中心，主动为青年社会组织提供场地支持、信息共享、政策咨询等服务，吸纳青年社会组织10余家。联合青年社会组织开展各类活动30余场次。成立了宁夏生态文明促进会，整合全区44家环保社会组织及大学生环保社团，影响覆盖青年2万余人，逐步形成了环保社团、社会环保组织及志愿者之间的组织融合、工作联动、资源共享机制。

五、团干部队伍作风建设不断加强

持续推进作风建设，自治区团委党的群众路线教育实践活动重点整改任务全部完成，共废止制度4件、修改40件、合并21件、新建28件；清理评比达标表彰项目13项，下降81%。基层团委群众路线教育实践活动扎实开展。认真执行中央和自治区有关规定，团的机关会议、文件简报、公务接待费用与上年相比进一步下降。开展了"下基层"、群众评议机关和干部作风、"走进青年、转变作风、改进工作"大宣传大调研活动，健全完善了团干部直接联系服务普通青年和基层团建联系点制度，走访慰问青年

7000多人次，送去物资230多万元。举办了全区青年干部暨市、县(区)团委书记培训班、“青年马克思主义者培养工程”暨第七期全区大学生骨干培训班等，区直机关团工委“三同”实践锻炼活动形成长效机制，区市县高校分层培训大学生骨干、青年教师和团队干部1.6万余人。

新疆团的工作

全区各级团组织以贯彻落实党的十八届四中全会、第二次中央新疆工作座谈会和自治区党委八届七次、八次全委(扩大)会议精神为指导，围绕推进新疆社会稳定和长治久安的总目标，创新思路，突出重点，不断深化和推进各项重点工作，全区共青团和共青团工作在巩固中提高，在提高中突破，实现了新的发展。

一、始终坚持党的领导，深刻学习领会中央、自治区和团中央一系列会议精神，夯实团员青年团结奋进、共同发展的思想基础

结合共青团实际，在各族团员青年中掀起学习贯彻党的十八届四中全会、第二次中央新疆工作座谈会和自治区党委八届七次、八次全委(扩大)会议精神的热潮。自治区团委迅速下发通知，号召各级团队干部、各族团员青年围绕共青团履行职能、发挥生力军作用，通过中心组、辅导班、座谈会培训班、网上讨论等方式和途径，创新学习方式，深化学习内容，增强学习的针对性和实效性，不断提高团干部，团员青年对中央、自治区关于建设团结和谐、繁荣富裕、文明进步、安居乐业的社会主义新疆系列决策部署的认识，进一步增强了在推进新疆社会稳定和长治久安进程中建功立业的政治意识、大局意识、责任意识的紧迫感、使命感，夯实了团结奋进、共同繁荣的思想基础。全区各级团组织积极发挥团组织优势，发动学校、企业、农村、机关、社区等各领域基层团组织积极走进青年，通过组织宣讲团、分享团深入基层宣讲解读，广泛宣传、深刻领会党中央、自治区和团中央对青年一代的关怀和期望，在青少年中营造争做民族团结的模范、网上传递正能量的模范、培育和践行社会主义核心价值观的模范、维护社会稳定和实现长治久安的模范、实现中国梦的模范的浓厚氛围。与此同时充分发挥团属网站、微博矩阵、微信公众平台、报纸杂志的优势和主渠道作用，发布学习解读文章、原创帖文200余篇，制作发放汉、维、哈三种文字的PPT课件，供全疆基层团组织学习宣传使用；新浪微博开通话题讨论量260余条，阅读量达220万次。其中原创推出《图解八届八次全委扩大会议》微信，阅读量超过2.3万人次，点赞1600余个，增强了宣传的实效性和感染力。

二、重点工作推进情况

一年来，全区各级团组织加强组织领导，科学制定规划，合理配置人力，狠抓工作落实，不断深入和推进青少年民族团结教育和去极端化工作、服务青年成长成才和巩固团的基层组织建设三项重点工作，取得里明显成效。

1.围绕新疆长治久安，通过新举措推进新疆青少年民族团结教育和去极端化工作。通过对今年来开展青少年民族团结教育的薄弱环节进行深入分析，根据不同地域、不同民族不同年龄等各族青少年在情感认同、行为塑造、情感融合等方面存在的差异，开展系列工作。一是以“我的中国梦”主题教育实践活动为重点，引导各族青少年坚定在中国特色社会主义道路上实现中国梦的理想信念。深入开展“我的中国梦”主题教育实践活动，累计举办“我的中国梦——奋斗的青春最美丽”分享团走基层活动1500余场，覆盖各族青年20余万人次。结合学习总书记重要讲话精神，大力弘扬和践行社会主义核心价值观，联合自治区“访惠聚”办公室在全区1万余个村（社区）开展“我与国旗合个影，我给祖国说句话”活动，累计收到原创微博5196条，阅读2000万人次；利用网络平台开展“我为核心价值观代言”、“唱团歌、传视频”等主题活动，发布2000余条首创微博，累计上传视频2000多部，点击关注量超过40万次。坚持实践育人，深化青年志愿者、青年文明号、青年突击队等青字号品牌工作。选树五四青年奖章、最美青工、最美大学生、乡村好青年等青年优秀典型，发挥榜样的引领示范作用。二是以“融情实践”活动为重点，深入开展青少年民族团结教育工作。通过对今年来开展青少年民族团结教育工作的薄弱环节进行深入分析，在自治区民族团结教育月期间，指导全区各级团队组织开展“民族团结从我做起”和“戳穿‘圣战殉教进天堂’等荒唐谬论”主题团队日活动24800余场次，覆盖青少年66万人次。同时，继续抓好全区不同层次、不同地域间的融情结对和融情实践营活动，组织460余名少年儿童开展了南疆、北疆、东疆、地方—兵团和乌鲁木齐5个融情夏令营分营活动，10万余名青少年参与到“你来我家吃馓子，我到你家吃月饼”、“我在城里（农村）有个家”等日常性融情活动，促进各族青少年玩在一起、学在一起、成长在一起。积极推进新疆和内地各族少年儿童、中学生结对子活动，全区有2900所中小学校与内地学校结对，覆盖中小学生200万名，开展了书信和网络交流活动，截至目前，已发出信件28.6万封，收到回信25.6万封，多层次、多形式、多地域、多民族的青少年交往交流交融局面正在逐步形成。在新媒体平台同步开展“民族团结大家SHOW”活动，通过传视频、晒照片、讲故事，展示各族青少年日常生活中团结和谐的生动场景。通过公益广告片、事迹分享会、走进直播间、网络微互动等形式，大力选树宣传青少年民族团结先进典型。开展自治区十佳百优“民族团结好伙伴”评选工作，36名青少年获得自治区十佳“民族团结好伙伴”称号，348名青少年获得自治区优秀“民族团结好伙伴”称号，在全社会广泛传播民族团结正能量。在各族青少年中初步形成了“人人都讲民族团结的情，人人都说民族团结的话，人人都做民族团结的事”的良好局面。三是以“现代文化与青年同行”活动为重点，抵御宗教极端思想渗透。以南疆乡村为重点，深入开展“现代文化与青年同行”活动，引导各族青少年践行现代文化、远离宗教极端。深入开展面对面的宣讲交流，引导各族青少年认清宗教极端思想的本质。选取新疆近年来暴恐活动真实案例拍摄制作的维吾尔语去极端化警示片《新疆青少年法制宣传教育警示片》，在全区范围内开展为期3个月的播放、讨论主题团队日活动，共播放1.9万余场，观看青少年145万人次，取得了较好的警示教育效果。广泛开展青少年喜闻乐见、积极参与的文化体育活动。组织开展的VBA乡村篮球联赛、VVA乡村排球联赛、巴扎大舞台、乡村文艺巡演、青年麦西来甫、青少年阿肯弹唱大赛等活动2万余场，活跃了基层文化生活，在一定程度上抵御和对冲了宗教极端思想的影响。积极创新教育载体，举办了“现代文化与青年同行”相声小品大赛，全区各级团组织共举办比赛1037场，共有51850名选手参加比赛，20万余群众观看了比赛；为扩大影响力，将此次获奖相声小品视频制作成光盘发放到全区基层团组织播放传播。开发制作贴近新疆青少年认知特点的现代文化产品，“现代文化与青年同行维吾尔文年历”、《阿凡提告诉你》、《灰太狼遇到熊出没》系列动漫等一批倡导民族团结、抵御宗教极端思想的文化产品，受到基层广泛欢迎，在潜移默化中教育引导各族青少年。四是以网络宣传员队伍建设为重点，推进共青团网络新媒体工作。建立2万余名新疆共青团网宣员队伍，其中自治区本级青年网评员队伍574名，少数民族占40%。在2014年“3·01”、“4·30”、“5·22”、“7·28”、“9·21”等暴力恐怖案件发生后，自治区团委迅速行动，调动线上线下各方力量，第一时间组织网宣员、青年代表等主动发声亮剑，揭批“圣战殉教进天堂”等荒唐谬论，形成了强有力的舆论正能量。

2.围绕改善青年民生，以“牵手行动”和“助力行动”为重点，服务青少年成长成才。始终把服务青少年成长成才问题作为当前青年最关心、最直接、最现实的问题，通过对青年合理利益诉求的尊重和服务，培养青年未来发展过程中需要的社会化技能，增强对青年吸引和凝聚。针对自治区青年就业创业的实际，扎实推进重点青少年群体服务管理和预防犯罪“牵手行动”，各地共招募基层团干部、公检法司、教育、社会爱心人士、志愿团队力量14916人，与重点青少年群体结成21895个对子。根据目标群体的共性需要和个性需求，科学设计工作内容，引导他们融入社会、回归生活，使一批重点青少年群体得到了关爱帮扶。积极推进青年就业创业“助力行动”。针对新疆青年尤其是少数民族青年就业观念落后的现状，组织开展“奋斗的青春最美丽”、“创业导师进校园”、“就业创业报告会”等形式的宣讲活动，引导各族青年树立正确的就业观念。选择和田县、拜城县、吐鲁番市、伊吾县、岳普湖县、富蕴县等6个县市为新疆青年就业创业试点县(市)，依托各县市共青团组织开展电子商务培训、送岗位下乡、创业导师宣讲等点对点就业创业帮扶支持工作。承办自治区创业大赛，900名选手参赛，创业项目达到750余个，针对基层开展青年创业培训班35期、培训青年1059人次。为服务农村青年增收致富，开展“科技播火”专家行1619期，覆盖农村青年11.9万人次。筹备建立地、县、乡三级青年创业致富组织，努力实现对全疆80后、90后青年群体的广泛组织化梳理和积极服务、有效引导。

3.围绕巩固党执政的青年群众基础，以新的举措加强团的基层组织建设。继续坚持党建带团建，从政策、资金、工作指导等方面加大对基层的支持力度。与自治区党委组织部联合下发《全区基层党建带团建工作推进情况通报》。争取自治区财政从2014年起每年直接拨付全区所有乡镇、街道1万元年工作经费(每年1002万元)，并将此项经费纳入自治区财政年度预算，形成制度性安排。在各地州市团委的共同努力下，全区所有乡镇(街道)团委工作活动经费均已达到2万元以上。推动各地加快落实村团支部书记报酬，全区已有13个县市解决村团支部书记报酬，人均1500元/月。在前两年工作的基础上，启动强基固本“三三三”工程活力攻坚年，下大力气加强基层团组织建设，全区基层农村、社区团组织累计录入活动信息11.8万余条，基层组织活力不足的问题正在逐步解决。做好“三三三”工程收尾总结工作，加强与“三级联创”工作的有效衔接。加强基层团干部培训力度，启动南疆五地州乡村团干部大培训工作。以团员规范化管理为重点，探索加强基础团务工作。为切实加强团员信息管理工作，在阿克苏地区试点开展团员规范化管理工作。根据《团章》、《团员证管理暂行条例》的有关规定，在团员中推行“一证一卡一档一信”(团员证、团员基本情况信息卡、团员档案、团员组织关系介绍信)，推进团员信息规范化管理。

在做好三项重点工作的同时，围绕重点青少年群体开展了一系列摸底排查、教育引导、关注帮教工作；以共青团对口支援新疆工作会议为契机，助推新疆共青团事业实现新发展。

在团中央的高位推动下,2014 年 7 月召开共青团对口支援新疆工作会议,对全团支持新疆工作做出了总动员、总部署,初步确定了具有共青团特色的 548 个援疆工作项目,折合人民币约 2 亿元。全区各级团组织已落实援疆项目 122 个,已到位援建资金 3000 余万元,其中团中央到位资金 1080 万元,各省区市团委到位资金 2000 万元。在团中央和对口援疆省市团委的大力支持下,"新疆学子百村行"大学生暑期社会实践活动的 50 支重点团队在南北疆基层开展政策宣讲、支农支医、社会调查等实践活动;承办团中央、全国青联志愿者艺术团走进新疆文艺交流联谊活动;2014 年新招募西部计划大学生志愿者 1858 名,全区在疆西部计划大学生志愿者规模达到 2750 人;配合志愿者招募工作,组织 50 名优秀志愿者赴 16 省市、120 余所高校开展宣讲;全区各级团组织开展不同层次的融情夏令营活动 36 次,直接参与中小学生 2680 人。

三、全面落实从严治团各项要求,切实加强团干部作风建设

作风建设是团干部立德修身、治学治业的永恒主题。做好新疆团的工作任重而道远,没有过硬的作风,一切目标都难以实现。全区各级团组织要从全面落实中央从严治团的要求出发,以党性党风党纪为重点,在机关党员干部中倡导正风正气,树立廉洁从政观念,营造了崇尚廉洁正气的良好氛围。

坚持"走进青年、转变作风、改进工作",不断加强团干部作风建设。规范调查研究、建立基层联系点等工作制度,在全区启动大宣传大调研工作,自治区团委党组成员分别带领五个调研组深入到南北疆四个地州的 60 个基层团支部开展走访调研工作,累计面向 1100 名基层青年(主要是农村青年)发放调查问卷,个别访谈基层青年 300 名,访谈基层团干部 300 名,访谈村党支部书记或社区、学校负责人 60 名,形成了高质量的调研报告,张春贤书记、秦宜智书记等领导分别在调研报告上作出批示给予肯定。各地州市围绕"搞一次宣讲、办几件实事、参加一次劳动、交一批朋友、结一个对子、做一次沟通"工作任务,继续撰写民情日记,收集、反映青年诉求,形成了各地的重点调研报告,各级团干部思想研究工作的能力有了很大提升。

各直属单位面对激烈的市场竞争,攻坚克难,开拓创新实现了各项事业的持续健康发展。青少年出版社完成 2846 种出书品种,实现销售收入 2.01 亿元,31 中图书在全国各类评奖活动中获奖。青少年杂志社进一步扩大经营范围,期刊出版外延性经营收入有较大增加。中青旅新疆分公司实现营业收入 1.85 亿元,较上年增加 1900 余万元。新疆团校以团队干部培训、青年职业技能培训、全日制专科教育、成人继续教育和公务员岗前培训等为着力点,不断拓展培训领域,提升办学能力,经济效益和社会效益进一步提高。青少年发展基金会抓住对口援疆有利契机,募集各类资金 1126 余万元,希望小学 1 座、希望幼儿园 3 所、希望电脑室 1 间、希望语音室 2 间、民族团结快乐图书园地 3 个、希望书库 10 间、音乐教室 3 间、救助贫困学生 4113 人,有力支持了自治区教育事业的发展。新疆青年就业服务中心围绕搭建就业平台、创新创业项目。以培训促进就业创业三条主线,加大服务青年力度,实现收入 497 余万元。青年网络影视中心加强对青少年的宣传引导,拍摄制作《新疆青少年法制教育宣传警示片》4 集,共 1300 套,《科技播火实用技术光盘》5500 套,专题片《文明始于形象》腾讯视频点击量超过 10 万次,微电影《维汉母子情》点击量超过 23 万次,充分发挥了网络平台服务青年的作用。

新疆生产建设兵团团的工作

2014 年,新疆生产建设兵团第五次团代会胜利召开,描绘了未来五年兵团共青团事业发展的新愿景、新方向。兵团各级团组织和广大团员青年在兵团党委和团中央的正确领导下，以建设一个有强大凝聚力的兵团共青团为目标，以“青春五项工程”为统揽，将兵团第五次团代会的各项部署真正落到实处、推向前进。

一、完善顶层设计，“一盘棋”格局展示新气象

团的组织建设更加完善，工作思路更加清晰，工作任务更加明确。一是圆满完成了兵、师、团三级团组织换届，胜利召开了兵团第五次团代会，配齐配强了三级团组织领导班子，为今后五年兵团共青团事业的发展奠定了坚实基础。二是确定了未来五年的奋斗目标和主要任务，为各级团组织开展工作明确了方向、振奋了精神、增强了信心。三是站在兵团开启新甲子的历史起点，找准围绕中心、服务大局的切入点，牵头起草了了《兵团共青团南疆强基计划》、《关于进一步加强少年儿童和少先队工作的意见》、《兵团青年民兵连建设的意见》，启动了“青年文体大舞台”活动，赴南疆6个团场开展了慰问演出。

二、着眼根本要求，思想引导取得新成效

一是持续深入开展“我的中国梦”主题教育活动，举办“奋斗的青春最美丽”、“与人生对话”、“红领巾相约中国梦”等主题活动300多场次；邀请中央党校、中国社科院等知名学者举办“兵团青年讲坛”5场；选派兵团基层一线优秀青年代表赴兵团各地开展“奋斗青春最美丽”分享活动8场次；在中职学校举办优秀毕业生报告会10场。二是开展培育和践行社会主义核心价值观活动，以“践行核心价值观，携手共筑中国梦”为主题，举办演讲比赛、“我为核心价值观代言”、宣讲会、主题团日等活动700多场次；少先队组织开展“社会主义核心价值观记心中”主题队日、“说优点、找不足，手拉手、同进步”等活动3000多场次。三是大力弘扬兵团精神和老兵精神，举办了“牢记光荣使命，传承兵团精神”为主题的第二届兵团少年军校军事技能大赛，共有十四个师级单位、50多所学校、近2000名学生参与。四是不断加强民族团结教育，组织开展以“增进民族团结，构建和谐校园”为主题的民族团结教育活动，通过与少数民族学生“面对面”、民族风俗风情展、民族特色食品DIY、“我身边的民族团结故事”演讲比赛、民汉青少年“手拉手”等活动形式，增进民汉学生感情，加强民族团结。民汉青少年“手拉手”结对1500多对。五是充分发挥媒体作用强化青少年思想引导工作，在兵团日报开设“青年时空”专版24期，在“青春兵团”微博、微信平台发布信息1000多条，组建了一支500人的网络宣传员队伍，及时发声亮剑，积极传播正能量。六是举办兵团第七期青年马克思主义者培训班，培养大学生骨干218名，各高校培训学生骨干1000多名，选送8名学生骨干参加了全国大学生骨干培训班。

三、围绕中心任务，青春建功获得新业绩

一是召开“我与兵团共奋进”——兵团青年群英会暨“三化”建设青年积极分子表彰大会，表彰“三化”建设积极分子92名，来自兵团社会各界和不同年代的新老青年典型代表汇集于一堂，弘扬“五四”精神、分享“兵团”故事。二是实施“青年创业增收引领计划”，加大项目、资金扶持力度，帮助青年增收致富。向基层下发扶持资金600多万元，撬动青年创业小额贷款1.2亿元，扶持青年3540人，扶持项目1784个。三是实施“青年文明社区”创建计划，联合兵团民政局命名表彰了首批30家兵团“青年文明社区”，并确定了50家第二批创建试点名单，不断提升创建水平。四是选树典型，发挥示范引领作用，表彰“青年文明号”20周年优秀组织奖10个、20周年优秀标兵10个，评选表彰最美青工10名、青年安全生产示范岗20家、青年岗位能手28名、农产品标准化生产青年示范基地10家、兵团青年职工“项目带头人”100 名，培养认定团场青年创业致富“领头雁”929 名。五是继续推进“西部计划”、“三支一扶”大学生志愿者工作，新招募志愿者1063 名，实施总规模达1581 人；联合党委组织部做好第 15 批博士服务团接收工作，增补 10 名年龄在 40 周岁以下的博士服务团成员为兵团青联委员。六是开展大学生“三下乡”社会实践活动，组建社会实践团队 281 支，其中国家级重点团队 10 支，兵团级重点团队 100 支，各师、学校本级团队 171 支，参与学生近 6000 人。六是开展“保护母亲河”青少年植树行动，努力打造一批青少年植绿护绿基地，组织动员 5.87 万余名青少年参与，造林 62104.7 亩，植树 541.1 万株。

四、立足青年需求，服务青年形成新局面

一是服务青年就业创业。开展创业技能、金融知识等培训，培训人次达 18032 人次，转移就业少数民族劳动力 4000 多人次。举办兵团“创青春”大学生创业计划大赛和“彩虹人生”中职学生创业计划大赛，“创青春”大学生创业计划大赛上报 10 件作品参加全国比赛，获得金奖 1 名、银奖 2 名、铜奖 5 名，“彩虹人生”中职学生创业计划大赛上报 13 件作品参加全国大赛，3 件获二等奖，4 件获三等奖。二是关爱重点群体。实施“爱心兵团”公益慈善计划，全年共募集资金及物资 1379.42 万元，资助品学兼优、家庭困难学生 1820 人次，培训基层教师及医务工作者 88 人，建设希望工程双语幼儿园和梦想操场各 1 个、素质教育中心 3 个、希望厨房 12 个、红云图书室 35 个；开展关爱农民工子女活动，全年共结对 6665 对。三是切实维护青少年合法权益。开展青少年与人大、政协代表“面对面”活动，完成“倾听”活动 23 场、“面对面”主题调研报告 7 篇；开展青少年维权岗创建验收工作，命名 30 家兵团级青少年维权岗；开展重点青少年群体数据库建设，举办了两期培训班，培训数据库操作人员 50 多名，开展基础数据摸底排查工作，为全面使用做好前期准备工作。

五、锤炼优良作风，自身建设实现新发展

一是组织建设方面，召开了兵团共青团第五次代表大会，选举了第五届委员会和领导机构；联合兵团党委组织部召开了基层党建带团建工作现场推进会，出台《关于加强新形势下基层党建带团建工作的实施意见》并得到有效落实。联合兵团财务局推动师、团两级团委工作经费列入年度财务预算，并在兵团本级财务设立专项经费支持师、团两级团的建设，每年整合资金近 400 万元用于支持基层工作，实现了经费保障的突破；成立了兵直企业团工委、驻上海团工委，指导建工师成立了驻安哥拉、巴基斯坦、委内瑞拉团工委，扩大了组织覆盖；新建非公团组织 41 家，团场直属团组织 153 个，联系青年人数超过 10 万名。二是在队伍建设方面，组织新一届兵团团委委员、候补委员 40 多人在全国青少年井冈山培训基地参加“同心汇聚中国梦”2014 年民族地区团干部第一期培训班；举办了团干部秋季主体培训班，来自团场、企业、学校的 58 名基层团委书记参加了培训；承办了团中央组织部兵团团干部培训班，170 多名团干部人参加了集中培训；选派了 14 名团干部参加“培养计划”，前往北京、福建、广东等地挂职。三是在作风建设方面，深入开展“走进青年、转变作风、改进工作”大宣传大调研活动。书记班子分为三组分赴南北疆 4 个少数民族聚居团场驻点调研，召开座谈会 40 多场次，访谈基层青年 600 余人，发放调查问卷 200 多份。

六、强化交流共赢，对口援疆工作实现新突破

一是与自治区团委共同承办了共青团对口援疆工作会议和全国青联“相亲相爱一家人”慰问演出，团中央机关各部门、中央企业团工委、中央金融团工委和 19 个对口援疆省市团委继续加大对兵团共青团的支持力度。

二是认真落实秦宜智书记在兵团调研时讲话材料，兵、师两级团组织主动与对口支援省市对接工作与援疆项目，先后邀请团中央、北京团市委、江西团省委、山西团省委、中央企业团工委等来兵团调研考察座谈。7个师团委与对口援疆省市签订了框架协议，形成了对口支援的长效机制。全年共落实项目39个，到位资金634.85万元。三是开展内地与中学生、少先队员“书信手拉手”结对子活动，共有168所中学13.6万名中学生，159所小学14.5万名少先队员参与结对子活动，互通书信3.3万封。

军队青年工作

2014年，全军青年工作认真贯彻习主席系列重要讲话精神，坚决贯彻落实军委、总政的决策部署，聚焦强军目标，适应青年特点，着力在坚定理想信念、强化军魂意识，树牢打仗思想、增强打仗本领，弘扬优良作风、培养高尚品格上下功夫求实效，充分发挥共青团的助手和生力军作用，进一步凝聚起了强军兴军的青春能量。

一、紧扣时代主题，青年工作目标方向更加明确

坚持把实现中国梦强军梦作为新形势下军队青年工作的时代主题，把培养有灵魂、有本事、有血性、有品德的新一代革命军人作为军队青年工作的根本任务，引导青年官兵系统学习、深刻领会、全面落实，在实现中国梦强军梦伟大实践中放飞青春梦想。2次召开全军青年处长座谈会，学习习主席关于青年和共青团工作重要指示，研究贯彻落实的措施办法；制定下发《全军青年工作贯彻落实习主席关于青年和共青团工作重要指示的具体措施》，明确当前和今后一个时期军队青年工作的目标任务；编发《习主席关于青年和共青团工作重要指示摘编》，引导青年官兵系统学习、深刻领会、全面落实，在实现中国梦强军梦伟大实践中放飞青春梦想；协调解放军报、中青报和全军政工网开设专栏，及时反映部队学习贯彻动态，兴起了学讲话、用讲话的热潮。军委许副主席和总政张主任分别作出批示，对党的十八大以来军队青年工作给予充分肯定，就学习贯彻习主席重要指示提出明确要求。

二、贴近官兵实际，系列主题团日活动活跃有效

认真贯彻习主席关于在青少年中开展“我的中国梦”主题实践活动指示要求，研究制定《关于在全军和武警部队开展“中国梦·强军梦·我的梦”系列主题团日活动的意见》，明确“点亮梦想”读书学习、“放飞梦想”演讲竞赛、“托举梦想”帮促互助、“追逐梦想”岗位建功4个活动环节和相关要求。以总政传真报形式转发沈阳军区开展“中国梦·强军梦·我的梦”群众性演讲活动的经验，撰写《在实现中国梦强军梦伟大实践中放飞青春梦想——全军和武警部队开展“中国梦·强军梦·我的梦”主题团日活动综述》在解放军报、中国青年报、中国青年杂志等媒体刊发。会同全军政工网开办“中国梦·强军梦·我的梦”系列主题团日活动专题网站，组织网上梦想感言征集，为主题团日活动开展营造了浓厚舆论氛围。各级高度重视、扎实推进，全军210多万名官兵积极踊跃参加，共组织演讲比赛9500多场、实践活动12000多次、征集梦想感言900余条，形成了敢于有梦、勇于追梦、勤于圆梦的生动局面。筹备组织全军主题团日活动成果汇报展示，遴选13个讲得好、做得更好的先进单位和个人，通过小人物、小故事、小情节反映广大青年官兵积极投身强军实践、争当新一代革命军人的崭新精神风貌。

三、弘扬传统品牌，学雷锋学习成才活动彰显新风

坚持以活动促活跃，抓住学雷锋、学习成才等品牌活动持续用力。指导40军工兵团和北大团委共建共育实现常态化，组织召开学雷锋共建共育故事分享会，推动官兵与师生深入交流互动，共同开掘雷锋精神的时代价值，用雷锋精神建团育人、建校育人成效日益显现；总结驱逐舰第2支队用雷锋精神导航军旅人生的基本做法，在《组工情况》刊发推广，解放军报进行报道。坚持把参加社会公益活动作为学雷锋活动常态化的重要项目，会同团中央并协调有关大单位，在28个省(区、市)兴建面积达55600亩的13个解放军青年林和24个解放军青少年绿色家园建设项目，收到良好生态和社会效益。精心组织实施第十五届全军学习成才表彰，组成评选委员会，通过审查申报材料、观看事迹录像片、实名投票的方式，公开评审确定10名全军学习成才标兵人选，表彰10名全军学习成才标兵、41名全军学习成才先进个人、22个人才培养先进单位，引导部队推动学习成才活动朝着增强官兵打仗所需、任务急需、岗位必需的素质本领上聚焦用力。

四、着力建强组织，党建带团建工作在新起点上发展

大力加强团的干部骨干培训，依托中央团校，分3批组织50名青工干部参加团中央组织的团干部培训班，系统学习团建理论知识和法规制度，积极学习借鉴地方团的工作新鲜经验，深入研讨推动军队青年工作创新发展问题，形成了一批有价值的成果；指导部队采取“党支部带团支部、党组织书记带团组织书记、党员带团员”等方式，着力提高团组织和团干部谋划工作、开展活动、解决问题、抓好落实的能力。为加强青年学员思想引导及院校共青团工作，2次到8所院校进行调研，掌握了大量第一手情况，研究提出相关对策建议，形成的调研报告得到总政张主任批示肯定。各级按照习主席对共青团建设提出的要求和团十七大精神，抓好团干部培训，健全落实团的各项制度，研究解决面临的新情况新问题，部队团建水平和团干部队伍素质能力不断提高。

五、注重示范引领，先进典型影响力进一步扩大

积极挖掘、总结和宣扬时代特色鲜明的青年典型，为官兵成长树标杆、做样板。遴选推荐5名个人、2个集体被授予“中国青年五四奖章”，9名个人和19个单位被团中央表彰为全国优秀团员、团干部和红旗团组织，3名个人获“中国青年科技创新奖”。协调组织总政领导与“中国青年五四奖章”军队获奖代表座谈，总政张主任对军队学习贯彻习主席五四重要讲话提出明确要求。遴选推荐54名优秀青年科技工作者加入第五届中国青年科技工作者协会，组织代表参加会员代表大会，11人当选为协会理事。协调团中央与中宣部、总政治部联合举办海军372潜艇官兵群体先进事迹报告会。以总政名义通报表彰19个全军红旗团委、36个红旗团支部(总支)、35名优秀团干部、18个党建带团建工作先进旅团党委和政治机关，10名全军学习成才标兵、41名学习成才先进个人和22个人才培养先进单位，营造了崇尚先进、争当先进的浓厚氛围。“五四”期间协调军内外媒体集中搞好军队青年工作的宣传报道，先后刊播发访谈、消息等36篇，增强了军队青年典型和青年工作的感召力。

铁道系统团的工作

2014年,全路各级团组织深入贯彻落实铁路总公司党组和共青团中央的工作部署,围绕铁路中心任务,紧扣青年思想引领、学技练功,结合青年特点在企业文化建设、人力资源储备、社会形象展示等方面积极开展工作,并取得良好成绩。全年选树全国先进典型集体51个,先进个人24名。

一、强化教育引导,凝聚青年思想合力

1. 深化理想信念教育,引领青年牢固树立人生观和价值观。广泛开展社会主义核心价值观教育。贯彻团中央要求,先后两次下发文件专题部署,组织全路荣获路局级及以上荣誉共计233名优秀青年参加代言活动,梳理评选出有代表性的微视频7个、微电影5个、微故事6个、微承诺14个报送团中央。扎实开展"践行核心价值观争做向上向善好青年"主题活动,在全路普选符合条件的优秀青年。联合有关部门积极开展"我的中国梦"主题读书活动,表彰115个集体,401名个人。按照团中央关于"推动各级团的领导干部上讲台"的要求,开展"争做四有青年"主题团课活动,各级铁路专职团干部深入基层,从征集上报的"四有"团课教案中,评选出优秀教案22个公布在办公网上,供全路各级团干部参考借鉴。开展"奋斗的青春最美丽"主题分享活动,号召并组织各级各类青年典型走车间、进班组与基层一线青年面对面,分享交流自己的成长经历,全年各级团组织开展各种形式的分享会2000余场。

2. 开展形势任务教育,引导践行新时期铁路精神。以"安全优质,兴路强国"的新时期铁路精神学习宣传为重点,积极参与"安全风险管理大家谈"活动,以路情局况段史教育为主要内容,帮助新职工认识了解铁路,加速身份认同,尽快融入铁路工作环境。开展"5·26"铁路青年爱路行动日活动,以5月26日为时点,打造铁路青年专属节日,发动各级团组织广泛开展学习座谈、参观寻访、故事讲述等活动,用服务人民、助人为乐的实际行动提升铁路企业的社会形象。

3. 推动铁路青年文化建设。开展春运爱情故事征集活动,收集故事120个,评选优秀作品39篇。开展"美丽铁路"手绘图大赛活动中,征集到作品575幅,初选66幅进行二次创作,再经专家评审,表彰优秀作品10幅。全路征集"向上向善"书法和美术作品,梳理评选出38幅作品推荐上报团中央。组织青少年开展主题漫画创作,推动《火车宝宝历险记》公开发行。以团属微博、微信、网站、手机报平台为重点,构建并完善全国铁道团委、路局级团委、站段级团委三级共青团网络宣传阵地。鼓励基层团组织研发手机APP客户端延伸宣传触角。春运期间开展"寻找春运智多星"等微活动、微话题,为各级团组织开展志愿活动和青年典型提供展示风采、交流学习的平台。新职工技能竞赛活动中,每周通过微信平台及时发布周、月冠军,激发一线团员青年学练热情。截至2014年底铁道团委官方微信公众平台关注人数已逾11000人。

二、适应改革发展,围绕中心彰显力量

1. 在服务人力资源储备上下功夫。联合有关部门开展新入路青年职业技能竞赛。按照全员赛、复赛、决赛三个阶段组织,采用青工全员网络闯关,各局晋级选拔,组队参加总决赛形式,为广大新入路青工搭建凸显平台,为铁路培养储备人力资源。截至2014年底共产生周冠军64名,月冠军4名。全路各级团组织通过邀请技术骨干上技术团课、组织一线青工开发业务学习课件、青年骨干担当小教员和

业务比赛等形式,引导广大团员青年学业务、提素质。开展“加速融入”活动,倡导各级团组织结合本单位实际和青年关心的热点问题编印下发了入职指南,为新入路青年编发《铁道团讯》专刊,增印18000余册下发至基层一线。帮助新职工快速适应铁路工作生活。开展“职业生涯导航”活动,帮助青年职工找准自身定位,明晰铁路青年立足岗位成长途径。设立“铁路青年成才圆梦奖学金”,由铁路青少年发展捐助中心筹集150万元专项资金,联合西南交通大学教育基金会助力一线优秀青年职工学习成长,全年共计资助全路30余名优秀青年进入大学深造。

2. 在服务企业安全生产上下功夫。下发专题文件,按照业务相近原则,成立三个活动小组,坚持开展“双创杯”青年原创业务课件征集、团员背规竞赛、青年先进工作法提炼和青年安全文化创作等活动。上半年先后在济南、昆明、呼和浩特局召开片区工作会议,分别现场观摩济南机务段、红果站区和包头电务段萨拉齐异地车间,进一步推进活动开展。全路各级团组织落实文件要求,结合工作实际,创新活动形式,在全路各系统青年中营造了理论强基、争当尼红式青年的浓厚氛围。全年共征集青年原创业务课件178个,评选出青年安全生产示范岗11个,安全生产先进团支部13个,尼红式青年14个。

3. 在服务企业经营管理上下功夫。一是加强青年文明号管理。理顺层级关系,修订创建管理办法,经逐级推报,逐一审核命名首届全路级青年文明号200个,对全路35个示范青年文明号进行集中宣传报道。创新工作理念,开展青年文明号整线、跨局的联创共建活动,推动形成联劳协作、互相促进、自我超越的创建氛围。9月16日,按照团中央总体部署,在北京铁路局丰台大机维修段成功举办青年文明号二十周年全国交流展示活动。中共中央政治局委员、国家副主席李源潮出席活动,对铁路青年文明号工作给予了高度评价。服务企业营销工作,全路各级团组织围绕客运、货运,开展市场营销和客户走访活动,有效服务企业效益提升。二是深化青年志愿者工作。春运期间,全路招募2.2万名社会青年志愿者,在362个重点车站为旅客提供志愿服务,服务旅客1641万余人次、服务时长逾168万小时、好人好事4.8万件,被省部级以上平面媒体报道578篇、网络媒体报道775篇。落实团中央、中国残联工作部署,开展志愿助残“阳光行动”,发动全路各级团组织组织志愿者开展以亲情服务、就业助学为主要内容的活动,昆明工务机械段“阳光爱心”志愿助残服务队代表铁路志愿者组织在中国青年志愿者助残“阳光行动”暨共青团关爱农民工子女志愿服务行动骨干人员培训班作题为《青春阳光行共圆爱心梦》交流发言,受到团中央和与会代表的好评。积极参加全国志愿者广交会项目展示。推报的沈阳、成都、南宁局团委铁路志愿者优秀项目获得荣誉,扩大了铁路青年志愿者工作的社会影响力。

4. 在服务企业隐形知识显性化上下功夫。联合总公司科技部、中国铁道学会设立全国铁路青年科技创新奖,并开展首次评选活动,评选出48个项目为首届“全国铁路青年科技创新奖”。由铁路青少年发展捐助中心筹资70万元联合北京茅以升科技教育基金会设立全国铁路青年科技创新基金,扶持获奖者创新成果的专利申请或产品化,激发铁路青年发明创造激情,助推铁路发展。广泛开展青年智库建设,发动各级团组织挖掘并提炼青年标准化作业自控互控的先进工作法和岗位绝活,为铁路安全生产和经营创效汇集青年智慧。

5. 在服务企业社会形象提升上下功夫。开展铁路青年植树活动。在“京津冀晋蒙青少年增绿减霾共同行动”中,北京、太原和呼和浩特三个铁路局近200家基层团组织参与活动,开展绿化活动近500场次,修建青年林

100余处，种植共青团小菜园200余处，参与活动青工达7000余人，共计种植树木、花草等绿色植被超过50万株。开展路外安全宣传活动。各级团组织抓住寒、暑假等关键时点组织护路宣传小分队深入铁路沿线结对的小学校、村庄、企业开展形式多样的路外安全知识宣传教育活动，营造爱路护路的良好氛围。开展扶贫济困工作。在铁路扶贫点开展“国酒茅台——圆梦助学活动”，共资助200名农村贫困大学新生，总资助金100余万元。联合有关部门继续开展“圆梦希望”助学活动，资助2014年全国普通高校统招录取的385铁路困难职工子女，资助资金达154余万元。组织开展“希望工程昭通紧急救灾助学行动”，共收到捐款82.6余万元，由中国青基会进行专项管理和统筹管理使用。开展“希望小学”援建活动，为甘肃省兰州市陇西县文峰镇仙源火车头希望小学捐赠建校款50万元。截至年底，由铁路青少年发展捐助中心筹资援建的湖南省韶山市韶山冲希望小学、四川省广安前锋镇铁路希望小学以及甘肃省静宁县界石铺镇慕勤希望小学获得青基会“快乐希望小学”称号。

三、夯实基础建设，促进团建工作常态化

1.狠抓作风建设，提升团干素质。一是务实开展党的群众路线教育实践活动，按照推进时间表扎实做好整改措施逐条落实。根据总公司“回头看”的工作部署，再次对整改落实情况开展逐项盘点自查，对整改工作措施的落实和成效进行分析，巩固铁道团委党的群众路线教育实践活动成果。明确组织部为责任部门负责督促指导基层团组织开展好第二批教育实践活动。二是扎实执行联系基层制度。全国铁道团委全体人员坚持工作重心下移，全年先后深入南宁、昆明等18个铁路局和基层站段开展调研活动，与近1000名一线基层团干部、团员青年面对面交流、探讨铁路共青团工作。全年铁道团委人员累积下基层40余次，开展座谈交流80余场次。三是在全路团干部当中开展“走近青年、转变作风、改进工作”活动，从严落实团中央关于团干部联系基层的相关制度要求，对铁路团干部联系基层的范围、对象、频次、方式等提出明确要求，提倡做背包式团干部，认真倾听基层声音，切实改进团干部作风。

2.完善制度建设，促进团组织建设规范性。相继出台了《铁路共青团工作评价办法(试行)》、《全国铁路系统共青团统计工作管理办法(试行)》、《铁路青年文明号活动管理办法》3个工作制度和《铁路共青团领导机关请示和报告双向工作规范》。同时，加强内部工作规范化建设，制定并明确内部工作规范和要求，进一步推进制度建设。

3.注重队伍建设，增强团组织建设力量。一是坚决贯彻执行总公司党组下发《关于优化铁路局党群机构编制的指导意见》(铁总党[2014]11号)总体部署，落实文件明确的全国铁道团委内设部门和定员要求，新招录正式工作人员4人。同时，紧盯铁路局、站段团工作力量配备情况，了解并掌握各铁路局落实进度，及时研究处置特殊情况，确保各级团组织必要的工作力量及时到岗履职。二是落实总公司青年人才培养规划要求，全年选送100余名铁路团干部参加团中央培训班，全路举办4期团干部示范培训班培训300余人。三是落实总公司“走出去”战略，组团出席俄罗斯铁路公司第八届俄铁青年大会国际单元的有关活动，加强与国际青年同行们的交流。同时，积极争取资源，全年选派并推荐优秀团干部13人次分别到蒙古国、越南、韩国、俄罗斯、日本出访，拓宽团干部国际化视野，为中国铁路“走出去”战略，储备青年人才。

4.加强理论研究，找准团建针对性。一是联合中国青年政治学院完成铁路青年自组织调研，自2013年11月至2014年6月，抽样组

织了沈阳、北京、郑州、西安、广州、昆明等6个路局各系统、各层级青年代表填写问卷，回收分析问卷3045份，组织开展了18场次，覆盖737名青工的深度访谈，于2014年7月起草完成了《铁路青年职工需求现状及青年自组织工作调查报告》，通过调研发现青年参与网络非正式组织的情况，了解青年职工组织、参与网络自组织的、发现网络自组织的运行特点及其负责人的特征，并在此基础上有针对性地提出相关的工作意见建议，以期实现一个自发且良好运行的青年工作组织生态体系。二是开展重点工作创新试点，拟定了站区团组织共建委员会建设、单身宿舍青年中心建设、青年创效载体创新、团支部台账电子化建设、社会志愿者服务旅客常态化项目培育、青年社团孵化、异地工作青工家政志愿帮扶机制等7个课题，由各级团组织结合实际，选题开展创新试点工作。三是做好年度调研成果征集表彰工作，全年共计征集上报创新课题工作总结和调研成果116篇，表彰24篇。四是研发铁路共青团通用版教案，分铁路共青团发展史、铁路共青团服务企业功能定位、与其他群团组织的差异、共青团工作基本理念及团干部选拔与培养、党政指导团干部工作六个方面，全面梳理总结铁路共青团工作基本经验，为全路各级团干部提供工作参考。

全国民航系统团的工作

按照共青团中央和民航局党组的工作部署，2014年，全国民航团委领导、组织、指导民航各级团组织，坚持党的领导和团有作为相统一，坚持服务大局和服务青年相统一，坚持擦亮品牌和创新工作相统一，进一步突出工作重点、体现民航特色、创新方式方法、丰富活动载体、完善工作机制，团结带领广大团员青年为推进民航安全改革发展较好地发挥了生力军作用。

一、坚定青年理想信念，民航共青团的政治价值充分体现

一是始终把握正确的思想引导方向，广泛开展理想信念教育。持续推进中国特色社会主义的宣传和教育，组织开展了科学理论课程学习，指导和推动各级团组织开展了青年理论课堂、网络理论园地等多种形式的科学理论教育和宣传；持续推进社会主义核心价值观的培育和践行，指导和推动各级团组织开展核心价值观网络代言、核心价值观志愿宣传等活动；持续推进国情形势教育和行业文化教育，教育引导广大团员青年进一步增强同以习近平同志为总书记的党中央保持高度一致的自觉性坚定性，进一步增强责任意识、服务观念和进取精神。二是积极搭建有效的思想引导平台，大力开展主题分享活动。配合团中央开展“奋斗的青春最美丽”系列分享活动；重点开展“青春故事汇”主题活动，直接推动举办了地区性大型“青春故事汇”4场，指导行业各单位举办“青春故事汇”百余场，覆盖青年超过10万人。活动邀请了行业行政企事业单位领导、先进模范、优秀青年代表等老、中、青民航人走进基层，深入青年，通过分享个人成长经历，教育引导广大团员青年树立正确的人生观、成长观，为建设民航强国凝聚了青春力量。

二、围绕行业中心工作，民航共青团的行业价值不断凸显

一是推动展示交流，强化民航青年职业精

神。深入开展职业精神主题教育活动，举办“我和我的职业精神”微电影大赛，共有35家行业单位推荐了82部参赛作品，30余万人次通过网络为活动投票；联合有关单位（部门）举办了航空器地面服务、签派员、收入结算员岗位职业技能大赛；指导和推动各级团组织开展各种形式的职业精神宣传交流和岗位实践活动。职业精神主题教育活动的深入开展，引发了广泛的社会关注和行业影响，使更多的行业青年深刻认识理解职业精神的丰富内涵，并在工作实践中外化为行为自觉，在民航持续安全科学发展中更好地发挥了生力军作用。二是突出工作主题，激励民航青年建功立业。紧紧围绕保障安全、提升服务的工作主题，以青年文明号活动20周年为契机，广泛开展了专题推进、评审交流、快闪展示等活动，并将飞行等行业安全核心岗位纳入青年文明号创建集体。开展青年安全生产示范岗创建和青年岗位能手评比活动，组织青年围绕中心、服务大局，结合民航安全生产实际，通过岗位实践，增强安全生产意识、提高安全生产技能、提升安全管理水平。

三、组织青年奉献社会，民航共青团的社会价值稳步提升

一是助力生态建设。积极参与团中央“增绿减霾”共同行动，并结合民航实际，充分发动多方力量，积极引入多方资源，大力开展植树造林活动，服务行业节能减排，助力建设“绿色民航”；积极开展以“绿色承诺”、“绿色出行”等为主题的绿色主题团日活动，得到了近10万行业青年的广泛参与和响应。二是推进志愿服务。广泛深入开展学雷锋活动，教育引导团员青年从日常做起，从身边做起，践行雷锋精神；推动各级团组织积极参加阳光行动和关爱行动，在服务社会和服务旅客两个层面，大力开展志愿服务；深化青年志愿者行动，大力弘扬“奉献、友爱、互助、进步”的志愿精神，指导志愿服务项目建设，亮出工作品牌，履行社会责任；组织青年志愿者积极投身春运、广交会、南博会、亚信峰会、青奥会等重大保障任务的志愿服务保障工作，塑造了民航行业和民航青年的良好形象。

四、贴近青年实际需求，民航共青团的服务价值显著提高

一是了解青年真实想法。组织开展了西藏调研活动，采取座谈、个别访谈、走访交流、基层岗位实践等方式，深入西藏民航青年工作一线，走访体验基层岗位，并撰写了调研报告和心得体会。调研期间，联合相关医疗机构开展“走基层、送健康”活动，为西藏民航青年职工提供免费体检。指导各级团组织和广大团干部广泛开展调研走访活动。二是加强青年人文关怀。组织开展青年联谊、户外交流、亲子活动、央视栏目录制等活动；指导和推动各级团组织在联谊交友、情感婚恋、身心健康、交流融合、心理疏导等方面开展工作，努力帮助团员青年解决思想问题和实际困难。这些活动的开展，丰富了青年业余文化生活，增进了青年沟通交流，营造了和谐氛围。三是提升青年综合素质。以加强培训为着力点，畅通青年提升能力的渠道。深入开展“千名民航青年人才提速工程”，选派团员青年骨干、团内表彰荣誉获得者、网络宣传员等优秀青年参加培训；指导各级团组织开展了青年论坛、青年讲堂、青年加油站等形式多样的青年培训品牌活动，提升了团员青年的政治素质、业务素质、创新素质和身心素质，为民航发展提供了人才支持。四是选树青年先进典型。深化青年五四奖章、优秀共青团员等评选表彰工作，以选树典型为抓手，做好民航先进团员青年典型事迹的宣传工作，发挥先进典型的模范引领作用，激励更多团员青年学习先进、奋斗成才。

五、扩大组织有效覆盖，民航共青团的自身建设得到加强

一是把统一思想与加强学习相结合，打造高素质团干队伍。及时传达中央精神，把各级团组织、广大团干部的思想认识统一到中央要求上来，始终与党保持高度一致；开展科学理论专题培训，加强党性教育，提高团干部的思想政治素质，进一步坚定对中国特色社会主义的道路自信、理论自信、制度自信，进一步树立党的意识、大局意识、组织意识、责任意识。二是把加强制度建设与树立规矩意识相结合，完善规范化工作机制。根据实际工作需要，在梳理各项工作的基本经验和初步成果的基础上，推进制度建设，修订和完善《民航青年文明号管理办法》，制定《民航共青团请示报告制度》，通过不断完善制度和规范程序，保证工作有序开展。三是把提升组织活力与创新工作方式相结合，实现新媒体工作效应。通过工作推动和组织建设，扩大了对基层团组织的有效覆盖；通过分类交流和区域联创，提升了共青团组织建设的科学化水平；通过新媒体传播和微平台建设，增强了民航团组织对青年的吸引力和凝聚力。

中央直属机关团的工作

2014 年是全面深化改革的开局之年。在中直工委和共青团中央的领导下，团工委在工作中深入学习贯彻党的十八大、十八届三中、四中全会精神和习近平总书记系列重要讲话精神特别是关于共青团和青年工作的重要指示精神，紧扣时代主题，牢记根本任务，坚持改革创新，团结带领中直机关广大团员青年为推动中直机关各项工作充分发挥生力军作用。

一、引导中直机关广大团员青年树立和坚定在中国特色社会主义道路上实现中国梦的理想信念

充分认识加强理想信念教育是培养中国特色社会主义事业建设者和接班人的核心任务，是十八大以来党中央对共青团最集中、最鲜明的要求。坚持站在理想信念的制高点上，帮助中直机关广大团员青年树立中国特色社会主义共同理想，坚定走中国特色社会主义道路的信念，增强实现中华民族伟大复兴中国梦的信心。

1. 认真组织深入学习贯彻习近平总书记系列重要讲话精神。按照中直机关 2014 年党的工作会议部署，在中直机关广大团员青年中扎实开展深入学习贯彻习近平总书记系列重要讲话精神活动，掀起争做“三个表率”、践行“五个坚持”的热潮。工委常务副书记张建平围绕深入学习贯彻习近平总书记系列重要讲话精神和习近平总书记“5·8”重要讲话精神，两次为中直机关千名团员青年作辅导报告，在中直机关广大团员青年中引起热烈反响。举办了中直机关团员青年深入学习贯彻习近平总书记系列重要讲话精神交流会和中直机关团干部培训班。

2. 广泛开展中国特色社会主义教育和“我的中国梦”主题教育实践活动。结合纪念建国 65 周年和五四运动 95 周年等重大活动，开展党史、国史、社会主义发展史宣传教育，引导中直机关青年了解党领导人民开辟中国特色社会主义道路的艰辛探索，了解中国特色社会主义的现实任务和发展方向，坚定走中国特色社会主义道路的信念。以“我的中国梦——奋斗的青春最美丽”为主题，在全国政协机关、新华社、中国外文局组织开展了 3 场青春分享会，推荐中直机关优秀青年代表参加团中央组织的分享活动。承办中直机关青年“中国梦·我

的梦”主题演讲活动，得到了工委领导同志和中直机关各单位机关党委的高度肯定。

3. 引导团员青年培育和践行社会主义核心价值观。把培育和践行社会主义核心价值观作为一项重要任务，贯穿到中直机关共青团和青年工作的各方面和全过程，不断提高思想引导的吸引力和感染力。组织中直机关青年五四奖章获得者和优秀团员、团干部参加“我为核心价值观代言”活动。深入开展多种形式学雷锋志愿服务活动，组织中直青联委员和团员青年参加“保护生态·共享蓝天”义务植树活动。动员中直机关团员青年参与团中央、全国保护母亲河行动领导小组共同组织开展的“京津冀晋蒙青少年增绿减霾共同行动”。

二、组织中直机关团员青年在全面深化改革、推动中直机关各项工作中发挥生力军作用

按照工委要求部署，紧紧围绕全面深化改革、推动经济社会持续健康发展这个中心任务，紧紧围绕中直机关党的建设中心工作，组织动员广大团员青年建功立业。

1. 组织广大团员青年深入学习党的十八届三中、四中全会精神。加强形势政策教育，引导中直机关广大团员青年把握党和国家大局需要，把思想统一到中央决策上来，把力量凝聚到落实中央部署上来。通过主题团日、主题报告会、宣讲会、读书班和团干部恳谈日等形式，把中央精神迅速传达到广大团员青年当中。引导广大团员青年正确认识全面深化改革、全面推进依法治国面临的形势和要求，深入学习领会“人民是改革主体”的重要思想，增强法治思维，不断增强贯彻落实中央各项决策部署的自觉性坚定性。

2. 组织动员机关团员青年立足本职岗位建功立业。积极搭建舞台、提供平台，帮助优秀青年脱颖而出、岗位成才。通过选树青年典型，用身边人、身边事教育引导广大团员青年爱岗敬业、奋发进取。组织申报中国青年五四奖章、全国优秀共青团员、全国优秀共青团干部、全国五四红旗团委（团支部）、青年文明号活动开展20周年突出贡献单位和青年文明号示范集体、全国青年岗位能手、中国青年志愿者优秀个人奖组织奖等；评选表彰2013—2014年度中直机关优秀共青团员、优秀共青团干部、五四红旗团组织。结合青年文明号20周年，组织中直机关各单位团组织深入开展“创建青年文明号、争当青年岗位能手”活动，举办中直机关青年文明号命名表彰暨青年文明号活动20周年交流会，激励团员青年把力量凝聚到中直机关各项事业中，立足本职创造一流业绩。

3. 组织动员团员青年在服务基层中贡献力量、得到锻炼。着眼于服务基层、锻炼干部，不断深化支教扶贫工作。组织指导第十六批支教队员做好支教、扶贫、调研、挂职等各项工作，发挥青年思维活跃、视野开阔的优势，围绕当地经济社会发展重点问题进行调研、认真讨论，为推动当地发展出主意、想办法，为当地群众做好事、办实事。为进一步完善工作机制、提高工作实效，按照工委领导要求，看望慰问支教队员并开展调研，分别召开各单位团组织负责人和往届支教队员代表座谈会，广泛听取意见建议。组织召开第十六批支教队员汇报座谈会，汇报一年来工作情况。认真做好第十七批支教队员选派工作，继续选派10名青年干部参加支教工作。举办第十七批支教队员培训班。第十七批支教队在以往工作基础上，几个月来扎实开展工作，开局良好，得到了工委领导和有关方面的充分肯定。

三、真诚服务团员青年成才发展，提高团的吸引力凝聚力

深刻认识共青团工作和青年工作面临的新情况新挑战，努力把工作做到青年最需要的地方去，使中直机关各级团组织成为联系和服务广大团员青年的坚强堡垒。

1. 大力建设基层服务型团组织。把服务团员青年成长发展作为基层团组织工作的立足点,以服务吸引青年,以服务活跃组织,以服务增强基层团组织凝聚力。在促进团员青年能力素质提升方面,组织开展业务培训、技能竞赛等活动,激发青年学习热情,优化知识结构,增强业务能力,提高工作水平。满足青年文化需求,帮助青年解决实际困难。团工委全年共选派12名青年参加中国青年代表团出访。

2.积极推进团的组织与工作创新。坚持以改革创新精神谋划团的工作,推进工作理念创新、载体创新、手段创新,增强共青团的组织动员能力。进一步适应新媒体条件下对共青团工作的要求,依托中直机关团干部微信群,延伸团的工作手臂和工作空间。组织参加团中央举办的网络宣传员培训班,中直机关107名团员青年担任团组织网络宣传员,做好网络集中宣传工作。组织青年文明号单位开展“青年文明号网络倡文明”行动。组织参加全国青少年新媒体协会第二届会员大会、中国青年科技工作者协会第五届会员代表大会、中国青年企业家协会第十一次会员代表大会、中国青年志愿者协会第四次会员代表大会。

3.加强团干部队伍建设。按照“坚定理想信念、心系广大青年、提高工作能力、锤炼优良作风”的要求,加强中直机关团干部队伍建设。深入开展“学理论·强党性·铸信仰”活动,带头学习贯彻党的理论路线方针政策,带头学习贯彻习近平总书记系列重要讲话精神,坚定中国特色社会主义理想信念。增补卸免了10位团工委委员,指导全国政协机关、中央对外联络部、中直工委、全国妇联、中国科协、中国外文局等单位团组织按期换届。组织两期中直机关团干部培训班,加强团干部思想政治、业务能力和作风建设。

四、凝心聚力,广泛开展中直青联“同心逐梦”主题活动

围绕中国梦和践行社会主义核心价值观,突出思想引领和示范表率,以中直青联成立20周年为契机开展“同心逐梦”主题系列活动。组织青联委员参加专题学习报告会、青联读书会,广泛开展深入基层、深入青年、深入委员的活动。组织青联委员参加“拿什么与世界对话”主题论坛,深入粤西基层与乡村电商青年结对、开展电商培训基地建设、共植青年林;组织委员参与浑善达克沙漠绿化志愿者活动,动员青联委员继续为全国县以上团组织赠阅《中直党建》杂志3000份,为西柏坡600名中小学生捐赠羽绒服;组织青联委员为纪念中直青联成立20周年创作歌曲《同心逐梦》并获中央宣传部文艺局等单位组织的“我们的中国梦——讲述中国故事”文艺作品征集活动二等奖;组织委员参加书法绘画讲座和走进荣宝斋、走进宋庆龄故居等活动,组织委员学唱、录制青联歌曲,举办委员书画作品展,打造中直青联向上向善、和谐奋进的组织文化,增强青联组织凝聚力、号召力。加强对委员的联系、服务和引导,通过主席联系界别、界别召集人负责制和微信群等方式,灵活开展活动,密切委员之间沟通联络和互学互帮、相互激励,影响和带动更多青年共同学习进步。中直青联常委廖理纯多年坚持自费组织绿化荒漠行动而荣获“北京榜样”称号。

中央国家机关团的工作

2014年，在中央国家机关工委和团中央的领导下，团工委以学习贯彻党的十八大、十八届三中、四中全会精神和习近平总书记系列重要讲话精神为主线，紧密结合新时期机关青年工作面临的新情况、新问题，创新工作思路和方式方法，扎实做好各项重点工作，在增强思想凝聚、深化品牌工作、服务青年成长、强化自身建设等方面取得了新成效。

一、以社会主义核心价值观教育为主线，大力加强青年思想引导工作

1. 切实加强理想信念教育。指导各级团组织开展中国特色社会主义宣传教育和“我的中国梦”主题教育实践活动。习近平总书记五四重要讲话、给河北保定学院西部支教毕业生群体代表回信发表后，及时下发学习贯彻通知，召开动员部署会和优秀青年代表座谈会，迅速掀起了学习贯彻总书记重要讲话精神的热潮。在外交部、国资委、海关总署等部门分别举办“奋斗的青春最美丽”青春故事系列分享活动，邀请基层优秀青年代表讲述自己的奋斗历程和先进事迹，1200多名青年干部参加。

2. 开展社会主义核心价值观宣传教育活动。广泛开展读书座谈、征文演讲、诗歌创作、岗位练兵、参观寻访等宣传教育活动。五四前后，有76个部门开展了形式多样、喜闻乐见的主题活动，26个部门的主要领导同志出席，5万多人次团员青年参与。分批召开青年典型代表座谈交流会，近年来受到各级表彰的200多名优秀青年参加。推选多名优秀青年参加工委、团中央开展的先进事迹分享活动，发挥青年典型的示范带动作用。通过举办“青音汇”青年沙龙座谈、青年干部小型交流活动等，为青年搭建启迪思维、展示风采的平台，同时掌握青年思想动态。

3. 抓好党的十八届四中全会精神学习贯彻。四中全会闭幕后，团工委及时召开团工委委员（扩大）会和学习贯彻四中全会精神青年代表、青年委员等多个层面的座谈会，传达学习会议精神，部署贯彻落实工作。指导各部门组织团员青年紧密联系思想和工作实际开展研讨交流，不断深化对四中全会精神的理解和把握。充分运用团组织网站、博客、微博、微信等新媒体反映部委青年的学习体会和成效，切实增强学习和研讨交流的效果。

4. 开展青年干部宣讲团走进高校活动。在2013年试点开展基础上，采取自愿报名与部门推荐相结合的方式，正式产生第一批60多名宣讲团成员。围绕职业规划、社会热点、成长经历等大学生关心的问题，走进南开大学、天津大学、北京理工大学等6所高校，以“点燃梦想绽放青春”为主题与大学生进行面对面交流，参与大学生3000余人次，网上留言600余条。通过活动，实现了青年干部与其他青年群体的双向教育，促进了青年干部在与群众面对面交流中正确认识自己、提高综合素质。

二、以实践锻炼和创先争优为重点，引导带领青年在全面深化改革进程中成长成才

1. 扎实开展“根在基层·情系民生”调研实践活动。坚持把基层一线作为培养青年的重要阵地，推动活动成为青年践行党的群众路线的重要载体。活动期间，84个部门的3000多名青年组成318个调研团，分赴全国31个省区市的300多个调研点进行为期一周的调研实践，在活动参与人数、参与部门和调研地区上均实现突破。在同工同勤、同吃同住的基础上，组织青年围绕教育、卫生、社会福利、边防4个专题开展调研，召开座谈会近千次，访谈基层干部群众数千人，形成了一批有价值的调研报告。杨晶同志出席活动总结汇报会。“根在基层”活动开展7年来，已成为机关青年了解国情、坚定信念、锤炼作风、增长才干的重要阵地，在中央国家机关形成了广泛持久的影响力和号召力。

2. 开展中央国家机关青年走进新疆活动。按照工委领导指示和工委援疆工作总体部署，9月下旬组织30个部门的30多名青年干部赴新疆5地市，开展了以“根在基层 · 情系天山”为主题的中央国家机关青年走进新疆活动。活动中，团工委捐助了价值300万元助学款物，捐建了4个安康图书馆，青年干部在与新疆各族群众广泛交流、互助结对中，加深了对新疆实情的了解，增强了服务新疆发展的责任感。

3. 深化青年志愿者工作。召开中央国家机关青年志愿者协会成立大会，产生了第一届理事会理事、常务理事。推动73个部门成立了青年志愿者组织，注册会员人数达万余人。按照“低门槛进入、低标准起步、广范围覆盖”的思路，指导各部门由低到高、由小到大广泛开展青年志愿服务活动。在成都市双流县建筑工地现场举办“阳光行动 · 我们在一起”关爱农民工系列志愿服务活动，1000余名农民工在活动中受益。广泛开展扶残助残公益活动，举办“心手相牵共享阳光”文化助盲活动、“心之韵爱行天下中国展演”公益晚会、青年志愿者助残阳光行动高校励志讲唱会等活动，弘扬了社会新风。参加首届中国青年志愿服务项目大赛，国家卫计委、知识产权局的2个志愿服务项目获得金奖。

4. 开展“与院士面对面”活动。利用中央国家机关顶尖人才集中的优势，连续两年开展“与院士面对面”活动，共举办活动17期，组织300多名优秀青年与17名院士进行面对面访谈交流。通过与院士进行思想观点的直接对话，仰大师之德，循大师之行，习大师之学，帮助青年干部找到成长方向与动力。编辑出版《与院士面对面》访谈问答实录第一辑，扩大了活动影响力和覆盖面。

5. 做好青年典型选树工作。向团中央推荐全国优秀团员1名、团干部2名、五四红旗团组织1个。开展了两年一届的中央国家机关青年五四奖章、青年文明号和两优一红的评选表彰工作，表彰第三届五四奖章标兵10名、奖章90名，对第四届“十大边防卫士”10名青年首次授予中央国家机关青年五四奖章。命名2013—2014年度中央国家机关青年文明号104个。分别表彰2011—2013年度中央国家机关优秀共青团员、团干部、五四红旗团组织158名、169名、131个。

三、以探索引导服务青年新路径为关键，提高机关团组织的吸引力和凝聚力

1. 运用新媒体推进机关团的工作。在水利部、国资委、建设银行等部门分别召开座谈会，摸清机关青年对新媒体平台建设的真实需求。经过多轮修改和反复测试，国青社区APP于10月正式上线试运行。国青社区APP以增强参与性、互动性、服务性为重点，为青年提供开放共享、互动互利的综合服务，受到广大青年的认可与好评，被央广网评为“2014年度十大APP”。目前，团工委已初步形成以网站、博客、微博、微信公众账号、手机APP“五位一体”的新媒体工作格局，全年累计发布各类信息近万条，覆盖青年数万人。

2. 加强网络舆论引导工作。认真落实共青团参与网上舆论引导工作的重要指示，按照智勇同志“弘扬主旋律，传播正能量”的批示要求，以团委书记和近年来受表彰青年为主体，组建了200余人网络宣传员骨干队伍，并分5批召开了网络宣传员动员培训会。组织动员网络宣传员积极参与网络主题教育活动，传播网上正能量，对网上错误言论和模糊认识进行辨析引导。

3. 试点“大学生中央国家机关实习计划”。为加强青年人才培养，促进中央国家机关在青年学生与社会公众中透明度的提升，团工委与团中央学校部、全国学联秘书处于7—8月启动了“大学生中央国家机关实习计划”试点工作。科技部、文化部、卫生计生委、人民银行、国资委接收来自北京5所高校的38名大学生进行为期一个月的实习。通过活动，进一步提升了中央国家机关的透明度，搭建了大学生与机关青年相互学习、共同成长的平台。

4. 开展“多彩年华”主题活动月活动。着眼于丰富青年文体生活、促进青年健康成长，团工委于3—11月先后举办了“手牵手大环保京津冀大格局”青年植树护绿活动、“根在基层”摄影大赛、青年篮球赛、青年龙舟赛、先锋青年创新创意大赛、单身青年交友联谊等一系列贴近青年、寓教其中的主题活动。其中，青年篮球赛共进行270多场比赛，72个部门的1400余名青年报名参加，观赛人数超过2万人次；先锋青年创新创意大赛吸引了来自中央国家机关和高校的近千名青年参与，入围作品200余件。这些活动形式多样、内容丰富，注重运用新媒体手段，线上线下有机结合，受到机关青年的热烈欢迎。通过活动，建立了开展青年群众性文体活动的长效机制，形成了多部门协作推进的工作格局，对于增强基层团组织的凝聚力和活力也有较好的促进作用。

四、以团干部作风建设为抓手，不断提高团组织的凝聚力和战斗力

1. 加强团干部队伍建设。在2013年开展团干部作风建设活动基础上，团工委部署开展了以争做“学习型、实干型、开拓型、服务型、自律型”团干部为主要内容的作风建设年活动。各部门机关团委认真组织实施，通过召开青年座谈会、交流会、建立团委负责人基层联系点制度等方式，广泛征求团员青年意见，指导基层团组织工作，切实帮助基层团组织解决实际问题。团工委坚持定期开展团干部“下午茶”活动，通过个别谈心、集体座谈等方式，与基层团干部沟通思想、交流认识，充分调动工作积极性。开展新任团委书记集中培训，帮助他们快速进入角色、提高能力素质。举办中央国家机关团校第2期团干部培训班，30名团干部经过扎实深入的理论学习、党性锻炼、专题研究和工作交流，取得了显著的学习效果。探索建立青年骨干基本情况数据库，充分发挥青年骨干的带动作用。

2. 加强团的基层组织建设。推动各部门贯彻落实《工委关于加强中央国家机关基层团组织建设的意见》。做好团工委委员及团组织联络片片长两年一次的集中调整工作。召开团工委委员扩大会议，带头开展集体学习，指导各级团组织采取多种方式，认真学习中央精神，特别是习近平总书记系列重要讲话。推动部门机关团委及时换届，全年新任部门团委书记8名。继续做好地方团干部到部门机关团委、部门团委书记到地方挂职工作。广泛开展机关共青团工作品牌案例征集和宣传推广活动。做好青年外事、团内统计和团费收缴等工作。

五、以开放共享、开拓进取的精神，做好机关青年统战工作

1. 建设学习型青联组织。以界别“联讲联学”活动为主要载体，通过举办报告会、专题辅导、座谈会、研讨会等方式，认真学习中央重要精神和习近平总书记系列重要讲话精神，把思想统一到中央决策部署上来。打造委员“周末下午茶”学习品牌，既有专家深入浅出的讲解，也有委员自己走上讲台，全年开展各类活动30多次，参与人数1500多人次。通过内容丰富、形式多样的学习交流活动，进一步加强对青联委员的思想引领。

2. 丰富青联活动内容。依托“阳光行动我们在一起”青年公益活动平台，支持青联委员积极投身社会公益，关注和帮扶弱势群体，为促进社会和谐多做贡献。创建“国青群”微信

公众账号,发挥“青英汇”微信群作用,鼓励委员发起有主题的微话题讨论,实现线上线下互动交流和信息共享。协助做好中国青年科技工作者协会和中国青年企业家协会换届工作。

3. 增强青联组织凝聚力。做好青联副主席、界别主任委员和秘书长的增补调整工作,建立各界别与秘书处定期交流联系的工作机制。举办新委员培训班,帮助新委员快速融入组织,进一步增强责任感和归属感。举办“青子音乐会”暨青联委员子女夏令营、组织委员观看“中国美丽乡村快乐行”演出、参加“2014北京长城森林音乐节”等活动。加强了与全国青联、各省市青联组织的交流互动。

六、以教育实践活动整改落实为动力,抓好团工委自身建设

坚持把培养锻炼队伍、加强自身建设作为重要保证,实现以人为本、党建工作与业务工作深度融合,在加强学习、创新方式、形成合力、提高能力上下功夫,营造了积极进取、创先争优的浓厚氛围。一是抓好教育实践活动整改落实。按照工委统一部署,坚持高标准、严要求,对团工委6个方面23项整改任务,逐一分解,逐项整改,逐一检查,逐项落实,认真、扎实做好教育实践活动整改落实各项工作。截至2014年底,明确时限的15项全部完成,长期坚持的8项,都在扎实推进。二是提炼总结支部工作法。把抓党建作为自身建设的关键,总结提炼了项目带动工作法,即以年度重点工作为平台,以项目管理人负责制为抓手,让每名党员从项目设计、活动创新、组织实施、监督落实、宣传推广、总结复制全环节中发挥主导作用,通过项目带动和激发党员干部主动参与的热情,为支部建设注入了活力。三是多层面培养锻炼干部队伍。围绕时政热点、青年工作和个人专长等主题,定期开展“读讲辨”好声音活动,形成读书学习交流的长效机制。建立“日积一策”制度,让大家在具体工作中总结经验、分析问题、查找不足,实现点滴积累、共同进步。建立“团工委大家庭”微信群,深入开展交心谈心活动,营造团结和谐向上的工作氛围。

中央金融系统团的工作

2014年,中央金融团工委按照团中央、全国青联,一行三会党委和中央各金融机构党委的意见要求,深入学习落实党中央、团中央重要指示精神,紧密结合金融行业特点,紧紧围绕服务中心工作,团结和带领金融系统广大青年,不断创新工作模式、创新工作方法,锐意进取,全面推进,积极打造针对性强、覆盖面广、号召力大、实效性高的青年工作品牌,在建设体制、提升实效、扩大影响等方面取得了重要突破,推动中央金融系统青年工作迈向新阶段。主要工作开展情况如下:

一、主动把金融系统青年工作融入金融行业中心工作,服务党委、服务大局的能力进一步增强

坚持围绕各金融机构党委决策部署找准青年工作的切入点和突破口,为金融系统青年立足岗位建功立业搭建良好的奋斗和展示平台。

1. 拓展工作外延,使“青春风采杯”成为促进银行业监管中心工作、服务青年成长的大舞台。按照“更加紧密结合监管中心工作、更加紧密结合青年发展实际需求、更加广泛覆盖系统全体青年、更加广泛覆盖各类型青年工作项

目”的思路，把2014年“青春风采杯”活动的主题定位为“青年精品工作项目展示”，通过挖掘展示一批以青年为骨干力量的工作精品项目，来促进激励各级团组织在服务大局和服务青年方面大胆探索、勇于创新；通过大力营造学榜样、争先进的良好氛围，来引导激励广大青年以更加饱满的精神状态围绕党委确定的中心工作凝心聚力、积极进取。此次活动打破了往年单项竞赛形式与中心工作联系不够紧密、青年参与面偏窄的局限性，银监会机关、36家银监局和8家直属机构共推报以青年为骨干力量的工作精品项目120个，覆盖了监管重点工作、机构经营管理、业务创新探索、干部队伍建设和履行社会责任等各个方面，充分展现了系统青年的责任意识、担当精神与创新活力，总结推广了大批工作新思路、新举措和新探索，在系统内引起了强烈反响。

2. 发挥青年优势，推动“送金融知识下乡”成为青年助力三农、推动普惠金融发展的新亮点。着眼长效机制建设，结合青年思维活跃、热情高、有闯劲的特点，在深入调研的基础上，紧贴金融服务对象的实际需求，设计推出了一批青年喜爱、易于参与、便于推广的持续性、品牌化工作载体，其中，针对“送金融知识下乡”工作，在继续推进七集金融知识专题宣传片在全国县域以下基层网点全覆盖播放的同时，创建了金融广播站、金融电视汇、金融微讯通等新颖平台，推进金融知识普及教育多层次渗透农民日常生产生活。

3. 构建有效平台，引领青年成为服务党委决策、贯彻党委意图的积极力量。广泛组织金融系统青年参加以“金点子”创新创效大赛为主题的第二届金融青年“岗位大练兵、争做服务明星”活动，激励系统青年弘扬职业精神、争当岗位能手，为提高监管效能积极探索创新思路和方法。组织开展以“互联网金融的健康发展与风险管理”为主题的2014年青年论坛征文活动，鼓励和调动系统青年勤于思考、钻研业务、增强学习的积极性，培养专家型、知识型青年人才，为金融改革发展献计献策。组织金融青联委员切入金融业改革前沿热点，以跨界别工作组为载体启动“互联网金融”系列调研及智库建设活动，42个子课题、35场论坛及专项调研、20万字调研报告、《国内动态清样》系列内参的产出，搭建了混业化青联组织与监管部门、互联网企业、学术研究及政策智库的交流平台，得到国务院领导和业界的充分肯定。深入开展“促监管政策进基层行”活动，进一步加强宣讲队伍建设，丰富完善宣讲模板，增强宣讲内容、方式的针对性和实用性，促进银行业基层网点对监管政策的理解和落实。

4. 整合系统资源，以“银团合作”为切入点组织银行业青年在服务基层、服务社会中作出更大贡献。与团中央联合开展“银团合作”试点工作，选取东、中、西部等具有不同代表性的6个省，由银监部门牵头，地方团委牵线，共选派372名优秀金融干部到县级及县以下团委挂职。通过开展“银团合作”，基层团组织得到金融助力，工作成效大为提升；金融机构借助团委平台，拓展了业务，争取了市场份额；农村青年和企业得到金融支持，提升了金融意识，解决了创业致富的困难；挂职干部深入基层，工作能力得到极大锻炼和提高。多方共赢，开辟了金融团组织支持三农、扶助青年、推动团建的新渠道。截至2014年底，“银团合作”工作共对农村青年致富带头人开展金融知识培训55000多人次，发放农村青年创业小额贷款近116亿元，扶持青年创业近11万人，培养农村青年致富带头人20000余人，为87万余名农村青年创建了电子信用档案，建立了接近3200个金融挂职干部乡村联系点。

二、立足改进服务、提升形象打造金融青年工作品牌，加大金融系统团组织服务社会的工作力度

1. 深化“岗位大练兵、争做服务明星”活动，促进金融青年提升服务能力、提升服务水

平。以“金点子”创新创效大赛为主题组织开展了第二届金融青年“岗位大练兵、争做服务明星”（即“双提升”活动），从优化服务流程、创新创效等环节入手，银监会和14家中央金融机构全面深入推进。活动共推选金融青年岗位能手129名、服务明星127名，推报“金点子”方案85个，经过面向全社会的微信投票，最终选出全国金融青年服务标兵10名，全国金融青年岗位标兵10名。16个“金点子方案”在全国金融青年“双提升”工作推进会暨“金点子”创新创效大赛上进行了现场展示。

2. 打造“积分公益”统一捐赠平台，探索金融优势与社会化动员相结合的公益新模式。以广大银行卡持卡人的积分为捐赠载体，充分发挥金融机构的比较优势，通过搭建一个覆盖广泛、操作便捷的公益捐赠平台，盘活沉淀积分、降低用户门槛、提升用户体验，为普通人从事公益提供便利。为推动项目开展，先后召开积分公益专题研讨会、下发专项工作通知、召开专题工作推进会等方式，完善组织架构、明确工作要求。目前，积分公益捐赠平台已顺利面向社会发布，在中信、民生、招行、建行、交行、浦发、平安等金融机构成功落地。

3. 开展绿色环保和志愿服务活动，树立金融青年积极履行社会责任的良好形象。开展“增绿我行”主题活动，倡导绿色发展健康生活，按照响应中央关于生态文明建设及京津冀地区污染防治整体工作部署，组织中央金融机构承担落实团中央“增绿减霾”行动中2万亩绿化带建设任务。积极党中央的要求和团中央的号召，大力开展援疆援藏工作，制定了对口援助工作计划，邀请了500多名新疆、西藏青少年到北京、上海、南京等地开展“融情夏令营”活动，在银监会信科部的支持下向新疆中小学捐献了60台电脑，得到团中央的高度肯定和新疆团区委的专门感谢。

4. 针对残疾人对金融服务的特殊需求，开展金融青年阳光助残“五个一”行动。摄制专题公益广告片在中央电视台九个频道循环滚动播放，使一套温馨服务标准、一本无障碍交流手册、一个爱心服务窗口、一支青年志愿服务队、一小时阳光服务成为金融青年践行为民服务宗旨、促进普惠金融发展的基本工作规范，新闻联播专门进行了报道，通过网络配套发起的“体验身障，传递温暖——感受黑暗一分钟”活动话题阅读量超过1.1亿人次，郎朗、海霞、朱迅、宁泽涛等社会名人主动参与，各界响应的体验视频达到1000余条，且仍在持续发酵升温中，成为深化普惠金融服务的一个关注热点和独特焦点。

三、积极有为加强工作方法手段的创新，加强服务青年、凝聚青年的工作能力

注重把握新时期青年工作的规律，关心青年成长，关注青年困难，用青年人听得懂、听得进、易于接受的语言体系和方法手段来开展工作，增进青年对共青团的认同感和归属感，引领系统青年和金融青年更自觉主动地响应党委号召、奉献智慧力量。

1. 加大对青年成长的辅导。广泛推广“老带新、一帮一”青年成长计划，推动健全导师辅导和部门协作的制度安排，通过搭台结对、薪火传承，帮助各层面青年加速成长。针对系统内和金融机构团干分别举办了两期培训班，坚持以培训质量为根本，培训学员超过400人，通过加强师资遴选，实行学员自我管理机制，采取老师授课与交流讨论相结合、课堂教学与实践体验相结合、团务工作辅导与专业知识辅导相结合、个人能力培养与团队精神建设相结合的教学模式，有效调动了学员学习的积极性和主动性，取得了良好的培训效果。

2. 营造关心青年的温馨和谐氛围。按照会党委要求，组织开展了系统青年员工经济状况调研，分析提出缓解青年压力、凝聚和调动青年事业归属感及工作积极性的对策建议，为党委进一步稳定青年队伍、凝聚青年力量提供了决策参考。落实上级团组织与下级青年定期沟通联系机制，通过分区调研、基层走访，加强与系统内外青年的纵向交流频度与广度。推动金融系统开展“领导与青年面对面谈成长活动”，促进各级党委倾听青年声音、了解青年需求、把握青年脉搏，帮助青年理解党委意图、接受党委指导、切身感受党委的关心和温暖，强化青年对党委的感情和信任。

3. 完善青年工作的交流分享平台。进一步健全工作要情、板报、青年 E 站、微博、微信群、微信公众号和今目标信息系统管理，研究创设面向全系统青年的电子期刊，组织体现青春奋斗正能量的微视频、微故事征集活动，充分运用青年喜闻乐见、易于接受的新媒体形式，打造多元化、分层次的宣传阵地和辅导平台，全面展示银监青年朝气蓬勃的精神风貌，引导青年塑造积极健康的精神文化追求、树立正确的人生价值取向、培养丰富的生活娱乐情趣、孕育积极向上的青年工作文化。

4. 强化先进典型的示范引领。深入开展“我的中国梦——奋斗的青春最美丽”活动，积极组织青年人身边的先进模范通过主题演讲、互动交流等方式讲述青春故事、分享人生感悟、共话青春梦想，并通过现场与线上的互动延伸覆盖到金融行业的广大青年，大力颂扬践行社会主义核心价值观的典型青春故事和精神品格。科学统筹“五四奖章”、“青年文明号”、“青年岗位能手”、“青年服务标兵”等各类评先评优管理，在鼓励创新、表彰奉献、鼓舞士气的同时，注重搭建青年工作经验推广和交流展示平台，探索创新网络、微信投票和评选展示方式，编印优秀事迹和典型案例、优秀成果汇编并分送各机构党委领导和机关各部门负责人，树立一批青年可见、可敬、可学的身边先进榜样，弘扬比学赶超、积极进取的正能量。

5. 加强对外交流和学习访问。积极争取团中央支持，安排金融系统和优秀青年先后到日本、韩国、印尼、蒙古等多个国家交流学习。组织“2014 大陆青年菁英访问台湾交流团”赴台，与台湾主要金融机构就利率市场化、民营金融、中小企业金融服务、农业金融服务、两岸服务贸易等问题深入探讨，并在台北举办了两岸金融青年交流论坛，探索建立两岸金融青年的长效交流与互访机制。此外，圆满完成 100 名香港大学生暑期内地实习计划，促进了香港青年学生对内地的了解，增强了国家归属感。

四、紧紧抓住重点，推进金融系统共青团组织建设实现历史性的突破

1. 不断加强团的基层组织建设。截至 2014 年底，中央金融系统共有 38 个基层团工委，4706 个基层团委，2718 个团总支，28797 个团支部，50420 名团干部，407513 名团员。2014 年，金融系统共青团组织团委、团总支数、团支部数、团员数、专职团干部数、兼职团干部数均实现较快增长，增幅分别为 36.17%、13.17%、19.70%、37.34%、18.04%。一方面，随着金融业发展，一些金融机构规模扩大、基层网点增多，使青年数量、团组织、团干部数量有所增加，同时网络、手机等新领域金融业务快速发展，使相关领域基层团组织、团干部数量和团员、青年数量有所增加（包括应届毕业生招录、社会招考等）；另一方面，金融系统的基层团组织建设工作不断加强，基层团组织更加健全，团员发展工作不断规范、深入，越来越多的青年加入专、兼职团干部队伍，也使基层团组织、团员、团干部数量有所增加。

2. 全国金融青联实现十年来第一次换届。全国金融系统青联成立于 1999 年，2004 年第一届委员会任期届满，因各种原因一直未能换届。2012 年以来，在新一届会党委的指导下，经过前期大量细致周密的沟通准备，团中央、全国青联明确表示支持金融团工委牵头组织全国金融青联换届工作。经过精心筹备，2014 年 1 月 25 日至 26 日，金融团工委在北京组织召开了全国金融青联第二届委员会第一次全体会议，选举产生了第二届全国金融青联领导班子。委员从十多年前的 300 多人增加到本届的 548 人，从银行、证券、保险3个界别扩展到银行、保险、证券、民营金融、外资金融、金融教育、金融媒体、金融管理等9个界别,体现了十四年来金融总量、金融机构类型数量和金融青年人数的巨大变化,扩大了青联组织的覆盖面,提升了金融团工委和金融青联的吸引力和凝聚力,在整个金融系统和全团产生了较大影响。

3. 银监会成立以来,中央金融团工委领导体制首次得到团中央书面明确。金融团工委成立于1998年。2003年银监会成立后,承接了原金融团工委的相关职责,但团中央一直未有文件正式明确,致使银监会牵头金融团工委的工作有实无名,在相当长时期内一定程度影响了工作开展。2007年4月23日,银监会向团中央上报了《关于建议明确中央金融团工委组织领导关系的函》,团中央一直未复函予以明确。近两年来,团中央金融系统抓住共青团十七大换届机遇,经过积极争取和不懈努力,2014年4月25日,团中央书记处同意以团中央组织部和统战部名义,联合下发了《关于当前金融系统共青团和青联组织建设的几点意见》,向各中央金融机构以书面形式明确维持中央金融团工委由银监会牵头的领导体制和组织格局,为全面推进金融团工委的组织建设奠定了基础。

4. 银监局牵头省级金融团工委组建工作取得全面突破。领导体制和组织机制明确后,金融团工委根据会党委指示,经认真调研、审慎沟通,提出了省级金融团工委按"分片试点、积累经验、有序推进、稳步开展"的原则,选取和指导全国东、南、西、北、中五个区域浙江、广东、宁夏、黑龙江和湖南等五个省以及一个计划单列市青岛开展金融团工委组建试点工作。六个银监局党委高度重视,积极与所在地团委以及主要银行、证券和保险机构协商,精心组织,认真筹备,成功组建了省(市)级金融团工委。从实践情况看,各省(市)级金融团工委组成具有广泛代表性,覆盖银行、证券和保险的综合优势得到显现,以银监局牵头的体制得到广泛认同,有力促进了金融系统青年工作的深入开展。

中央企业系统团的工作

2014年,中央企业团工委在国资委党委和团中央书记处的正确领导下,在国资委主任张毅、副主任徐福顺同志的重视关心下,在国资委群工局和有关厅局的大力支持下,认真贯彻习近平总书记系列重要讲话和党的十八大、十八届三中、四中全会精神,按照中央企业、地方国资委负责人会议和共青团十七届二中全会的要求,结合中央企业共青团实际,进一步理清工作思路,明确工作重点,坚持服务企业改革发展、服务青年成长成才,坚持"虚功实做",持续转变工作作风,注重狠抓工作落实,指导带领中央企业各级团组织不断推进团的组织建设和工作创新,努力提高团组织的吸引力和凝聚力、扩大团的工作有效覆盖面,各项工作取得了新的进步和成效,为促进中央企业改革发展作出了积极贡献。

一、认真学习领会上级指示精神,明确工作思路和重点工作安排

5月初,国资委党委对团工委主要负责人进行了调整,国资委党委领导和团中央书记处领导对做好新时期中央企业共青团工作提出了明确要求。5月16日、19日,团工委召开2

天务虚会，认真学习习近平总书记等中央领导同志关于做好新时期共青团工作的重要讲话精神，学习领会国资委党委张毅、徐福顺同志和团中央书记处秦宜智、贺军科、汪鸿雁同志的指示精神，研究提出了“准确定位、理清思路，围绕中心、服务大局，突出特点、满足需求，把握节奏、注重实效，加强学习、勇于创新”的总体考虑，确定了每年重点抓好“四个一”（即抓好一项主题活动、搞好一次评选表彰、宣传一批先进典型、开展一项专题调研）的工作思路和具体工作安排，得到了国资委领导的充分肯定。

7月7日，团工委召开部分中央企业团委负责人座谈会，传达学习国资委党委、团中央领导的指示精神，统一思想，明确重点，对进一步做好中央企业共青团工作进行了安排部署。7月23日，团工委召开团工委委员（扩大）会议，传达学习习近平总书记对共青团工作的重要批示精神和团中央书记处要求，对中央企业共青团系统学习贯彻批示精神、抓好重点工作落实进行了安排，并要求各中央企业团委结合实际，指导各级团组织抓好团干部和团员青年对习近平总书记系列重要讲话精神的学习贯彻。

二、全面深入开展“奋斗的青春最美丽——对话央企青年”走基层分享活动，加强青年思想引导

根据团中央的统一部署，团工委把“奋斗的青春最美丽——对话央企青年”走基层分享活动（以下简称分享活动）作为贯穿全年始终的主题活动，全面深入扎实推进。3月24日，团工委印发了《关于开展“奋斗的青春最美丽——对话央企青年”走基层分享活动的通知》，并召开了部分中央企业团委书记座谈会进行动员部署。4月25日，团工委联合中国兵器工业集团公司举行了启动仪式及首场分享活动，随后中央企业共青团系统广泛组织开展了主题突出、内容丰富、形式多样的分享活动。根据安排，上半年分享活动以纪念五四运动95周年为重点，青年典型结合继承和发扬五四精神，联系团员青年思想和工作实际，分享如何扎根基层、拼搏奋斗、成长成才。团中央召开年中工作交流会后，团工委结合实际，又提出了组建分享团、深入到基层的要求，确定以庆祝国庆65周年为重点，组织分享团成员重点围绕社会主义核心价值观的“爱国、敬业”进行分享。

据统计，中央企业共青团系统全年集中开展分享活动938场，现场直接参与活动团员青年5万多名，并通过网络、微博、微信等新媒体平台影响覆盖了上百万央企青年，发挥了青年典型的示范带动作用，弘扬了社会主义核心价值观，向社会传递了央企青年正能量。分享活动得到了中央企业各级团组织的广泛响应，受到了基层团员青年的普遍欢迎，充分激发了基层团组织的工作活力，有效调动了广大团员青年参与企业改革发展的热情。除本企业的青年典型外，各企业团委、部分协作区还采取“请进来、走出去”的方式，跨行业、跨企业、跨协作区组织分享活动，促进了不同行业、不同企业间青年的交流。分享活动得到了各级党组织的充分肯定和高度评价。

三、认真做好评选表彰，服务企业改革发展和青年成长成才

1. 择优推报，中央企业多个青年集体和个人荣获团中央表彰。在2013年度全国五四评选表彰中，中国航空集团公司湖北分公司地面服务部综合服务室班组长许捷等16名团员荣获“全国优秀共青团员”称号，北京有色金属研究总院团委书记赵洪军等10名团干部荣获“全国优秀共青团干部”称号，中国航天科技集团公司团委等38个团组织荣获“全国五四红旗团委（团支部）”称号。

在第18届“中国青年五四奖章”评选表彰中，国家电网公司新疆电力公司博尔塔拉供电公司运维检修部检修班长艾沙江·尼扎木丁等3名青年荣获“中国青年五四奖章”，中国中

煤能源集团公司张家口煤矿机械公司机电设备分厂车工祁峰荣获提名奖。

在全国青年文明号20周年展示活动中，中国航天科工集团公司二院北京航天长峰股份公司安保科技部等7个集体被命名为“示范青年文明号集体”，中国石油天然气集团公司团工委等4个单位被命名为“突出贡献青年文明号活动组织单位”。

“嫦娥三号”发射任务圆满成功后，团中央、全国青联专项表彰了一批做出突出贡献的集体和个人，授予中国航天科技集团公司一院一部十一室长征三号乙运载火箭总体研制团队等5个青年集体“中国青年五四奖章集体”荣誉称号，授予孙岳等5名个人“中国青年五四奖章”荣誉称号。

2. 开展了2013年度中央企业“五四”评选表彰。根据工作计划，经国资委党委会议研究同意，团工委开展了2013年度中央企业“青年文明号”、“青年岗位能手”和“五四红旗团委”、“五四红旗团支部”、“优秀共青团员”、“优秀共青团干部”等6项“五四”评选表彰。经过企业团委申报、协作区初审、团工委复审、网络公示和国资委领导审定等环节，团工委命名中国核工业总医院门诊药房等362个青年集体为“中央企业青年文明号”；授予周义江等513人（其中包含技能竞赛获奖选手275人）为“中央企业青年岗位能手”；授予中国核工业理化工程研究院团委等196个团委“中央企业五四红旗团委”称号；授予中国核工业高功率准分子激光实验室团支部等139个团（总）支部“中央企业五四红旗团支部”称号；授予梅超等142人“中央企业优秀共青团员”称号；授予余佳等312人“中央企业优秀共青团干部”称号。

3. 专项表彰中国核工业建设集团公司2名见义勇为青年。中国核工业建设集团公司刘彦龙、杜永利2名同志见义勇为、勇救落水群众的先进事迹，受到当地社会和群众的一致好评，在当地引起了强烈反响，彰显了中央企业青年正能量，弘扬了社会正气。经报请国资委党委同意，团工委授予2名同志“中央企业优秀共青团员”称号。

4. 开展2014年度全国青年安全生产示范岗创建活动。为激励引导广大青年职工强化安全生产意识，提高安全生产技能，参与安全生产管理，团工委积极开展创建活动，向团中央择优推报了中央企业2014年度表现突出的全国青年安全生产示范岗创建集体。

5. 完成了第十届中国青年志愿者优秀个人奖、组织奖评选表彰工作。为贯彻落实《共青团中央关于开展第十届中国青年志愿者优秀个人奖、组织奖评选表彰活动的通知》（中青办发〔2014〕48号）文件精神，激励广大青年弘扬“奉献、友爱、互助、进步”的志愿精神，团工委经过组织申报、初步评审，向团中央进行了推荐提名，共青团中国电子科技集团公司委员会荣获第十届中国青年志愿者优秀组织奖，中国建筑工程总公司吕洋洋、中国五矿集团公司徐玉林、中国铁路工程总公司任东升等3人荣获中国青年志愿者优秀个人奖。

四、以“提高团组织的吸引力和凝聚力”为主题广泛开展调研活动

根据团中央关于在全团开展“走进青年、转变作风、改进工作”大宣传大调研活动的总体工作部署，团工委下发了《关于在中央企业共青团广泛开展调研活动的通知》，以“提高团组织的吸引力和凝聚力”为主题，组织各中央企业团委广泛深入开展调研活动。调研活动分两个层面开展：各中央企业团委普遍开展调研，围绕调研主题深入基层进行不少于3个批次的调研活动；团工委负责同志重点深入青年员工流动性较大的中央企业基层团组织进行调研。

调研由团工委和企业团委主要负责人亲自带队，与基层单位团干部和青年员工进行面对面交流。通过实地调研、召开现场座谈会、发放调查问卷等形式，深入了解党建带团建、

团组织建设、团干部队伍建设、团的活动开展以及青年员工对团的评价等方面情况，总结经验，发现问题，分析原因，研究提出工作对策和意见建议。

通过调研发现，中央企业青年整体理想信念不断统一，思想素质持续提升。在围绕企业经济建设中心、服务企业改革发展大局过程中，中央企业各级团组织结合新形势、新任务，不断创新团青工作思路，通过科学合理规划，搭建青年成长成才平台，适时开展多种形式的建功竞赛活动，效果明显。调研发现了一大批青年优秀典型，有很多好的团青工作经验和做法得到推广和借鉴。通过调研，同时也发现部分中央企业基层单位存在党建带团建力度欠缺，共青团工作定位和职能有待进一步明确，企业基层团组织和团干部队伍建设亟需加强，团的工作活动覆盖面不够，工作方式和对象比较单一，以及新媒体运用能力比较薄弱等问题，为团工委和各企业团委今后指导基层团组织做好团青工作提供了基础和参考依据。

五、积极开展援疆援藏和志愿服务工作，树立中央企业良好形象

1. 认真落实团中央统一部署，启动中央企业共青团援疆援藏工作。团工委根据团中央要求，在国资委援疆援藏办公室和群工局的指导下，经过和新疆、西藏团区委沟通，并报国资委党委领导同意，研究确定了中央企业共青团援疆援藏工作思路、主要内容和具体项目。8月27日，团工委、国资委援疆办公室在中国电子科技集团公司举行了“2014年中央企业牵手新疆各族青少年融情实践营”开营式暨中央企业共青团援疆工作启动仪式，徐福顺同志和罗梅同志出席并讲话，标志着中央企业共青团援疆工作正式启动。

8月27—9月2日，团工委开展了“2014年中央企业牵手新疆各族青少年融情实践营”活动，组织新疆各族青少年90余人在京进行为期一周的融情实践活动。9月23—24日，团工委主要负责同志带队赴新疆团区委和兵团团委对接落实其他援助项目，进一步明确了2014—2017年中央企业共青团援疆工作四项主要任务。同时，团工委还与西藏团区委充分沟通，研究确定了2015—2017年中央企业共青团援藏工作四个项目。

2. 积极开展志愿服务工作。组织有关企业参加志愿服务广州交流会暨首届中国青年志愿服务项目大赛。根据《共青团中央、民政部、中国志愿服务联合会关于举办志愿服务广州交流会暨首届中国青年志愿服务项目大赛的通知》(中青联发〔2014〕20号)文件精神，团工委通过精心组织，认真评选，向团中央推报了21个中央企业优秀志愿服务项目，其中国家电网公司重庆市电力公司春苗之家等6个志愿服务项目入围全国赛。通过全国赛专家评审委员会终审，中央企业推报的国家电网公司重庆市电力公司国家电网春苗之家项目和中国电子科技集团公司南京熊猫电子集团地铁志愿服务项目荣获金奖。国家电网公司“川电留守学生之家”关爱留守学生项目、中国电力投资集团公司“映山红”爱心助学志愿者公益行动项目、中国冶金科工集团有限公司中国五冶医院青年志愿者对口支援服务项目和中铁股份关爱劳务工人“地球站”活动项目等4个志愿服务项目荣获银奖。

六、贯彻落实全国青联意见精神，积极做好新形势下的中央企业青联工作

1. 坚持和深化开展青联重点活动，服务企业改革发展和委员学习交流。央企青联组织开展了“体验节能环保·助力美丽中国”、“走进青海·情系玉树”、“科技创新·央企未来”等3期“行动学习”活动，启动并开展了3期“青春央企大讲堂”活动，联合全国青联经济界别举行了“混合所有制与国有企业改革”研讨活动，通过调研、参观、讲座、研讨、培训等多种形式，服务企业改革发展，服务广大青联委员学习进步。

2. 成功举办“共创新世界 2014”香港大学生北京暑期实习团赴中央企业实习活动。中央企业青联连续第 6 年联合主办香港大学生北京暑期实习活动，今年圆满完成 69 名香港大学生在 16 户中央企业的实习任务。活动期间举办了面向全体实习同学的“香港大学生对话央企高管”活动。通过实习交流，让香港青年充分了解到中央企业改革发展成就，充分感受到伟大祖国日新月异的变化，极大地激发了香港青年的爱国之心、报国之志。

3. 贯彻全国青联意见，努力加强央企青联自身建设。7 月 2 日，召开了央企青联三届四次主席会议，履行了主席卸职替补等有关程序。10 月 31 日，在京召开了央企青联三届四次常委（扩大）会议，会议听取了中央企业青联常委会工作报告，修改了《中央企业青年联合会工作细则》，接纳了团体会员，审议通过了人事变动及工作机构人员调整等有关事项，进一步完善了中央企业青联的组织结构，优化了中央企业青联委员队伍。

七、做好外事工作，为青年提供国际化学习交流平台

一是根据团中央外事工作安排，累计推荐 20 名中央企业青年代表参加中国青年代表团赴 7 个国家访问交流。二是为适应中央企业“走出去”战略和国际化发展要求，加快培养具有跨文化沟通能力、多元化团队领导力和跨国经营管理水平的中央企业高素质青年经营管理人才，2014 年 5 月 26 日至 6 月 6 日，国资委与韩国三星集团继续联合举办第二期中央企业青年领导人员国际化经营管理学习交流项目（三星班），从中国航天科技集团公司等 22 家央企中分别选派 1 名 45 岁以下的青年经营管理人才，组成研修团赴韩学习。三是根据国家外国专家局批复的国资委 2014 年因公出国（境）培训项目计划，经国资委外事局授权，于 2014 年 11 月 16 日至 12 月 6 日组织 18 名中央企业优秀数控机床操作技能人才赴德国开展培训。

第七部分

2014 年团中央及省级团委工作大事记

2014 年团中央工作大事记

1 月 2 日 罗梅同志在北京市朝阳区就“完善和发展团员证制度”以及团的基层组织建设工作进行调研。组织部负责同志参加。

1 月 3 日 团中央维护青少年权益部在北京召开重点青少年群体服务管理和预防犯罪工作以及青少年权益工作创新试点督导调研情况通报会。汪鸿雁同志出席并讲话，维护青少年权益部负责同志参加。

1 月 3 日 团中央青年志愿者工作部与中国残联组织联络部在北京召开全国青年志愿助残志愿服务研讨会。汪鸿雁同志，中国残联党组成员、副主席吕世明出席会议，青年志愿者工作部负责同志参加。

1 月 3 日 周长奎同志在北京参加全国宣传部长会议。

1 月 4 日 秦宜智同志在北京参加刘云山同志主持召开的培育和践行社会主义核心价值观座谈会并发言。

1 月 5 日 团中央举办慰问进城务工青年活动，邀请 21 个驻京团工委组织的 200 多名在京务工青年代表到团中央机关礼堂做客，为他们送上一场由团中央机关干部自编自演的节目和新春祝福。秦宜智同志出席并致辞，书记处全体同志共同为务工青年代表送上了新春礼包。

1 月 6 日 中共中央政治局常委、中央书记处书记刘云山主持召开中央书记处办公会议，听取团中央 2013 年工作情况和 2014 年工作安排的汇报。刘奇葆、栗战书、杜青林、杨晶同志出席会议，李源潮同志列席会议。秦宜智同志代表团中央书记处作汇报，团中央书记处全体同志参加。会议对 2013 年共青团工作给予肯定，对 2014 年工作作出重要指示。

1 月 6 日 《人民日报》刊发秦宜智同志署名文章《汇聚实现中国梦的青春力量——深入学习贯彻习近平同志关于青年和共青团工作的重要论述》。

1 月 7 日 秦宜智同志在北京参加中央政法工作会议第一次全体会议。

1 月 7 日 秦宜智同志主持召开共青团第十七届中央书记处 2014 年第 1 次会议。

1 月 7 日至 8 日 汪鸿雁同志在北京参加中央政法工作会议。

1 月 7 日 团中央下发关于印发《关于加强共青团促进青年创业就业服务体系建设的实施意见》的通知。

1 月 8 日 秦宜智同志列席国务院第 35 次常务会议。

1 月 8 日 贺军科同志在北京参加纪念中央国家机关青联成立 20 周年座谈会。

1 月 8 日 汪鸿雁同志在北京参加全国综治办主任会议并代表中央综治委预防青少年违法犯罪专项组办公室发言。

1 月 8 日 徐晓同志到中国青年实业发展总公司调研。

1 月 8 日 全国高校共青团网络新媒体工作研讨推进会在福建师范大学召开。傅振邦同志，福建省委常委、教育工委书记陈桦出席并讲话,全国100多所高校的团委书记、部分省级团委学校部部长、福建各团市委分管书记和福建师范大学师生代表等共500多人参加会议。

1月8日 团中央、全国创建“青年文明号”活动组委会联合下发关于开展青年文明号活动二十周年系列活动的通知。

1月9日 秦宜智同志主持召开团中央常委会议,贺军科、罗梅、汪鸿雁、周长奎、徐晓、傅振邦同志以及其他团中央常委参加。

1月9日 团十七届中央书记处举行第六次集体学习。中央财经领导小组办公室副主任、学习贯彻党的十八届三中全会精神中央宣讲团成员杨伟民围绕党的十八届三中全会精神进行讲解。秦宜智同志主持并讲话,贺军科、罗梅、汪鸿雁、周长奎、徐晓、傅振邦同志,团中央其他常委,机关全体干部、直属单位主要负责同志和部分代表参加学习。

1月9日 第100期“我的中国梦——奋斗的青春最美丽”青春故事分享活动举行,南京龙渊微电子科技有限公司总经理陈勇、南京爱之翼儿童公益服务中心发起人陈岑通过中青在线网站分享青春奋斗故事并与网友互动交流。

1月10日至11日 共青团十七届二中全会在北京召开。会议传达学习了党中央书记处的重要指示,总结了2013年全团重点工作推进情况,对2014年的工作进行了研究部署。会议审议通过了《关于深入学习贯彻党的十八届三中全会精神,带领广大青年在全面深化改革进程中走在前列的决议》和《全面深化改革进程中共青团工作五年发展纲要》,确认李全林等4名同志递补为团中央委员。10日,中共中央政治局委员、国家副主席李源潮出席第一次全体会议并发表重要讲话。会前,李源潮同志会见了卸职的团中央常委、委员和候补委员。秦宜智同志作工作报告,贺军科同志作总结讲话,罗梅、汪鸿雁、周长奎、徐晓、傅振邦同志,团中央委员、候补委员,团中央机关各部门、各直属单位、各省级团委和副省级城市团委主要负责同志参加会议。

1月10日 团中央、中央综治委预防青少年违法犯罪专项组、中央综治办、民政部、财政部、人力资源社会保障部联合下发《关于加强青少年事务社会工作专业人才队伍建设的意见》。

1月13日 秦宜智同志在北京参加中央港澳工作协调小组青年专项工作会议。

1月13日至15日 罗梅同志在北京列席十八届中央纪委三次全会。

1月13日 汪鸿雁同志在北京参加国务院农民工工作领导小组第二次全体会议。

1月14日 秦宜智同志在北京参加十八届中央纪委三次全会有关会议。

1月14日 秦宜智同志在北京参加中央精神文明建设指导委员会第二次全体会议。

1月14日 汪鸿雁同志在北京参加2014年国务院防震减灾工作联席会议。

1月14日 大学生“走下网络、走出宿舍、走向操场”主题群众性课外体育锻炼活动试点工作启动会在北京工业大学召开。会上宣读了秦宜智同志致活动试点高校的信。傅振邦同志出席并讲话。教育部思想政治工作司、国家体育总局青少年体育司、北京工业大学党委负责同志,北京、天津等6个试点省份团委学校部部长及中国人民大学、北京交通大学等10所试点高校团委书记和学生代表参加会议。

1月14日 团中央城市青年工作部召开电商龙头企业开展青年文明号创建工作专题协调会,阿里巴巴、京东商城、苏宁易购、腾讯电商、当当网、凡客诚品相关负责人参加会议。

1月15日 秦宜智同志听取中央第22督导组关于团中央书记处第二次民主测评情况的反馈。

1月15日 汪鸿雁同志在北京参加第二十七次全国“扫黄打非”工作电视电话会议。

1 月 15 日　汪鸿雁同志在北京参加全国安全生产电视电话会议。

1 月 15 日　周长奎同志在北京参加团中央书记处原书记、北京市政协原主席刘导生同志遗体告别仪式。

1 月 15 日　中国光华科技基金会、全国铁道团委、铁道影视音像中心启动“把爱带回家——《农家青年宝典》捐赠行动”，志愿者分别在北京铁路局、上海铁路局、广铁集团公司所属的农村进城务工青年客流较为集中的 18 个车站，以及 36 列“共青团号”临时旅客列车上组织发放《农家青年宝典》。傅振邦同志在北京西站的志愿者服务点向旅客发放《农家青年宝典》。

1 月 16 日　秦宜智同志主持召开共青团第十七届中央书记处 2014 年第 2 次会议。

1 月 16 日　团中央机关举行 2013 年乒乓球团体比赛决赛及颁奖仪式，秦宜智、贺军科、罗梅、汪鸿雁、周长奎、徐晓、傅振邦同志为获奖集体和个人颁奖。

1 月 16 日　全国青联界别秘书长工作会议在北京召开，贺军科同志出席并讲话。

1 月 16 日　周长奎同志在北京参加全国双拥工作领导小组全体会议。

1 月 16 日　第 101 期“我的中国梦——奋斗的青春最美丽”青春故事分享活动举行，北京贝亚特服装有限公司总经理崔杰、河南德行丰民种植专业合作社理事长王灵光通过中青在线网站分享青春奋斗故事并与网友互动交流。

1 月 17 日　团中央机关干部到北京市东城区前门街道开展元旦、春节送温暖活动，慰问生活困难群众。罗梅同志参加。

1 月 17 日　周长奎同志在北京参加国家体育总局召开的贯彻实施《全民健身计划》工作座谈会。

1 月 17 日　团中央下发关于在城市街道开展区域化团建工作的通知。

1 月 20 日至 21 日　秦宜智同志在北京参加党的群众路线教育实践活动第一批总结暨第二批部署会议的两次全体会议。

1 月 20 日　秦宜智同志主持召开共青团第十七届中央书记处 2014 年第 3 次会议。

1 月 20 日至 21 日　全国城市战线共青团工作会议在北京召开。秦宜智同志出席并讲话。汪鸿雁同志作总结讲话。会议分析研究了全面深化改革、推进新型城镇化背景下城市共青团工作面临的新形势，对今年和今后一个时期的城市共青团工作进行了安排部署。各省、自治区、直辖市团委分管城市青年工作战线的负责同志、城市青年工作部（青工部、社区部）部长，副省级城市、省会城市团委主要负责同志，团中央城市青年工作部联系的各行业团委、团指委负责同志参加会议。

1 月 20 日　贺军科同志在北京参加中共中央办公厅副主任王仲田召集的研究 2014 年重大事件和纪念日有关工作会议。

1 月 20 日　中央综治办、团中央、中国法学会在北京举办未成年人健康成长法治保障研讨会。第十六届、十七届中央政治局委员、中国法学会会长王乐泉，十届全国人大常委会副委员长、中国关心下一代工作委员会主任顾秀莲，中央政法委副秘书长、中央综治办主任陈训秋，汪鸿雁同志出席并讲话，中国法学会党组书记、常务副会长陈冀平主持。全国人大内务司法委员会、全国人大常委会法制工作委员会、最高人民法院、最高人民检察院、教育部、民政部、司法部、全国妇联、全国律协等单位有关同志和专家学者近 150 人参加。

1 月 20 日　周长奎同志在北京参加教育部举办的中俄青年友好交流年中方筹备会。

1 月 20 日至 26 日　应全国青联邀请，以社会党青年国际联盟副主席萨缪尔·穆伊兹为团长的社会党青年国际联盟代表团一行访问北京、天津。21 日，周长奎同志会见代表团。

1 月 20 日　徐晓同志在北京出席中国青

年政治学院新农村发展研究院工作座谈会并讲话。

1月21日 秦宜智同志主持召开共青团第十七届中央书记处2014年第4次会议。

1月21日 秦宜智同志在北京参加中央港澳工作协调小组全体会议。

1月21日 贺军科同志在北京参加全国组织部长会议。

1月21日 罗梅同志在北京参加首都各民族人士迎春茶话会。

1月21日 徐晓同志在北京参加中国青少年研究中心年度工作总结会。

1月22日 团中央召开直属机关党的群众路线教育实践活动总结大会。秦宜智同志、中央第22督导组组长刘德旺出席并讲话，贺军科、罗梅、汪鸿雁、周长奎、徐晓、傅振邦同志出席会议。会前，书记处全体同志与中央第22督导组沟通有关工作。

1月22日 第102期“我的中国梦——奋斗的青春最美丽”青春故事分享活动举行，山东良庄镇鲁岳农作物专业合作社团委委员马广超，山东济宁微山县墓前村村委会主任、卫生室负责人张波在线分享青春奋斗故事并与网友互动交流。

1月22日 团中央办公厅、教育部办公厅联合转发全国学联《关于加强和改进高校学生会研究生会建设的指导意见》。

1月23日 秦宜智、周长奎同志与到团中央走访的武警部队副政治委员张瑞清一行交流工作。办公厅、组织部、宣传部负责同志参加。

1月23日 全国青联文艺界青联之友座谈会在北京召开。贺军科同志出席并讲话。

1月23日 团中央举行机关第20批挂职干部座谈会。秦宜智同志出席并讲话，罗梅同志出席。会后，书记处全体同志与挂职干部合影。

1月23日 傅振邦同志在北京参加国家教育体制改革领导小组第十次全体会议。

1月24日 团中央举行直属机关离退休干部迎春茶话会。秦宜智同志出席并讲话，罗梅同志主持，汪鸿雁、徐晓、傅振邦同志出席。

1月24日 贺军科同志在北京参加2014年对台工作会议。

1月24日 贺军科同志在北京出席印度第65届共和国日招待会。

1月24日 周长奎同志在北京参加全国双拥工作领导小组、民政部、解放军总政治部举办的2014年军民迎新春茶话会。

1月24日 周长奎同志在北京参加中央对外联络部举办的中直机关外事工作交流会。

1月24日 团中央学校部召开大学生“小平科技创新团队”和地市级团委中学生科技创新竞赛评审会。

1月25日 汪鸿雁同志在北京出席全国金融青联二届一次全委会开幕式。

1月26日 汪鸿雁同志到中央综治办与中央综治办主任陈训秋就中央综治委预防青少年违法犯罪专项组全体会议有关事宜沟通意见。

1月27日 秦宜智同志主持召开共青团第十七届中央书记处2014年第5次会议。

1月28日 秦宜智、贺军科、罗梅、汪鸿雁、周长奎、徐晓、傅振邦同志到解放军总政治部走访，与中央军委委员、总政治部主任张阳等同志进行工作交流。办公厅、组织部、宣传部负责同志参加。

1月28日 共青团中央、全国绿化委员会、国家林业局联合下发《关于开展保护母亲河——2014年度青少年植树行动的通知》。

1月29日 秦宜智同志参加中共中央、国务院举行的2014年春节团拜会。

春节前夕，秦宜智、贺军科、罗梅、汪鸿雁、周长奎、徐晓、傅振邦同志分别到中国青年政治学院、北京航空航天大学、中央民族大学、北京科技大学、北京外国语大学、中国农业大学、中国传媒大学慰问寒假留校学生。

春节前夕,秦宜智、贺军科、罗梅、汪鸿雁、周长奎、徐晓、傅振邦同志分别看望慰问团中央直属机关离退休老同志。

2月7日 秦宜智同志主持召开共青团第十七届中央书记处2014年第6次会议。

2月10日 秦宜智同志主持召开共青团第十七届中央书记处2014年第7次会议。

2月11日 秦宜智同志在北京参加国务院第二次廉政工作会议。

2月11日 罗梅同志主持召开团中央民族地区工作领导小组2014年第1次会议,回顾总结2013年工作,研究部署2014年工作。组织部、宣传部、学校部、少年部、统战部、青年志愿者工作部有关负责同志参加。

2月11日 傅振邦同志分别到中国光华科技基金会和中国青旅集团公司调研。

2月12日 秦宜智同志会见中国香港(地区)商会会长赵淑楷一行。

2月12日至18日 贺军科同志主持召开团中央资产管理领导小组会议,专题听取21家直属单位工作汇报,研究安排有关工作。汪鸿雁、傅振邦同志,办公厅、组织部、机关党委负责同志全程参会。罗梅、周长奎、徐晓同志分别听取分管单位的工作汇报。

2月12日 罗梅同志在北京参加国务院妇女儿童工作委员会六届一次全体会议。

2月13日 全国少工委六届五次全会在北京召开,会议总结了2013年少先队工作,研究部署了2014年工作。秦宜智、罗梅同志和全国少工委常务副主任、教育部基础教育一司司长王定华出席并讲话。

2月13日 贺军科同志看望慰问团中央书记处原第一书记韩英。

2月13日 汪鸿雁同志在北京参加发展家庭服务业促进就业部际联席会议第六次全体会议。

2月13日 京津冀晋蒙保护母亲河统一行动协调会在团中央机关召开,会议专题研究筹资建设共青团绿化带、组织"增绿减霾"共同行动、开展青少年生态环保组织"双百培育工程"等工作。徐晓同志主持会议,农村青年工作部和北京、天津、河北、山西、内蒙古团委,解放军总政治部组织部、全国铁道团委、全国民航团委、中央直属机关团工委、中央国家机关团工委、中央金融团工委、中央企业团工委有关负责同志参加。

2月14日 共青团宣传思想工作会议在北京召开,会议对当前和今后一个时期共青团宣传思想工作进行了全面部署。秦宜智、周长奎同志出席并讲话。各省级团委负责同志、宣传部部长和副省级城市团委负责同志,团中央有关直属单位负责同志参加会议。

2月17日至21日 秦宜智同志在中央党校参加省部级主要领导干部学习贯彻十八届三中全会精神全面深化改革专题研讨班。

2月18日 贺军科同志在北京参加中办调研室主任孟祥锋召集的加强和改进群团工作文件起草组第一次会议。

2月18日 罗梅同志在北京参加全国未成年人思想道德建设工作电视电话会议。

2月19日 贺军科同志在北京会见台湾各界人士参访团青年界代表一行。下午,参加"深化交流、共同发展"两岸各界人士座谈会。

2月19日至21日 罗梅同志到福建福州市调研数字化团建和少先队活动课程建设等工作。

2月19日 徐晓同志在北京参加全国绿化委员会第三十二次全体会议。

2月19日 2014年"创青春"全国大学生创业大赛筹备工作会在湖北武汉市召开。傅振邦同志,湖北省人民政府副省长、大赛领导小组副组长甘荣坤出席并讲话。团中央学校部、湖北省人民政府办公厅、华中科技大学、团湖北省委、武汉东湖新技术开发区及襄阳市、宜昌市、三峡大学等单位相关负责同志参加会议。

2月19日至20日 傅振邦同志在湖北武汉市调研学校共青团工作。

2月19日 团中央、中国残疾人联合会联合下发关于实施中国青年志愿者助残“阳光行动”的通知。

2月20日 第103期“我的中国梦——奋斗的青春最美丽”青春故事分享活动举行，湖北省英山县草盘地镇党委委员、副镇长高金磊，湖北省宜昌扬子果园生态农业有限公司总经理罗伟通过中青在线网站分享青春奋斗故事并与网友互动交流。

2月21日 贺军科同志在团中央机关参加中办调研室召集的团中央、全国妇联、中国科协、全国侨联合作调研课题交流会。

2月21日 傅振邦同志在天津调研学校共青团工作。

2月21日 大学生“走下网络、走出宿舍、走向操场”主题群众性课外体育锻炼活动天津推进会在南开大学召开。傅振邦同志出席并讲话。团天津市委以及南开大学、天津大学、天津师范大学、天津工业大学等高校代表作了交流发言。

2月24日 秦宜智同志在北京列席十八届中央政治局第13次集体学习。

2月24日 团中央举行2014年“共青团与全国人大代表、全国政协委员面对面”活动座谈会，邀请7位全国人大代表、11位全国政协委员和有关专家围绕“依法保护未成年人安全健康成长”主题进行交流讨论，为在全国“两会”期间提出有关建议、提案凝聚形成共识。秦宜智同志出席并讲话，贺军科、罗梅、傅振邦同志出席，汪鸿雁同志主持。

2月24日 徐晓同志在北京参加全国政协十二届二次会议大会发言汇稿会并发言。

2月25日至26日 全团青年社会组织工作会议在上海召开，对全团全面推进青年社会组织工作进行了研究和部署。秦宜智同志、中共上海市委副书记李希出席并讲话，贺军科同志作总结讲话。各省（区、市）、新疆生产建设兵团团委负责同志和有关工作部门负责同志，以及计划单列市、省会城市团委负责同志参加会议。期间，秦宜智同志在上海调研共青团工作。

2月25日至26日 傅振邦同志在山东调研学校共青团工作。

2月26日 罗梅同志列席国务院第40次常务会议。

2月26日至27日 徐晓同志到辽宁调研农村共青团工作。

2月26日 团中央、全国学联主办的2013年度寻访“中国大学生自强之星”活动颁奖分享会在山东中医药大学举行。傅振邦同志、新东方教育科技集团董事长俞敏洪出席。

2月27日 秦宜智同志在北京列席中央网络安全和信息化领导小组第1次会议。

2月27日至28日 贺军科同志在北京参加全国政协第十二届常委会第四次会议。28日，参加全国政协第十二届常委会第三次学习讲座。

2月27日 第104期“我的中国梦——奋斗的青春最美丽”青春故事分享活动举行，江西赤田春晓水稻种植专业合作社理事长、宜春市赤田村党支部副书记方月萍，第十二届全国人大代表、江西省贵溪市樟坪畲族乡黄思村党支部书记桂千金通过中青在线网站分享青春奋斗故事并与网友互动交流。

2月28日 学校共青团工作会议在北京召开，对当前和今后一个时期学校共青团工作进行部署安排。秦宜智同志出席并讲话，傅振邦同志作总结讲话。各省级团委负责同志、学校部部长，副省级城市和省会城市团委负责同志、学校部部长，部分高校团委书记参加会议。

2月28日至3月1日 团中央、中国残联在北京共同召开中国青年志愿者助残“阳光行动”启动工作会议，秦宜智同志，中国残联党组书记、理事长鲁勇出席并讲话，中国残联副主席、党组成员吕世明主持会议，汪鸿雁同志出席。

2月28日　罗梅同志在北京参加2014年中央直属机关党的工作会议。

2月28日　汪鸿雁同志在北京参加国务院就业工作部际联席会议全体会议。

2月28日　全团青年志愿者工作会议在北京召开。汪鸿雁同志出席并讲话。

2月28日　周长奎同志在北京列席中央宣传思想工作领导小组会议。

2月28日　徐晓同志在北京参加纪念"三八"国际妇女节暨全国三八红旗手(集体)表彰大会。

3月1日至6月6日　傅振邦同志在中央党校参加省部级干部高级研修班。

3月2日　周长奎同志在北京参加第十一届中国公民道德论坛。

3月2日　团中央、全国学联、教育部、人力资源社会保障部、中国科协、湖北省人民政府共同主办，工业和信息化部、国务院国资委、全国工商联支持举办的"创青春"全国大学生创业大赛启动仪式在华中科技大学举行。

3月3日　中国青年志愿服务日来临之际，各级共青团、青年志愿者组织会同残联等部门，以"心手相牵，共享阳光"为主题，集中开展中国青年志愿者助残"阳光行动"。当天秦宜智同志，中国残联党组书记、理事长鲁勇，中国残联副主席、党组成员吕世明到中国盲文图书馆参加文化助盲志愿服务活动。

3月3日至12日　贺军科、罗梅、汪鸿雁同志参加全国政协十二届二次会议。3月9日，贺军科同志在第四次全体会议上代表团中央、全国青联作题为《突出特殊优先保护保障未成年人安全健康成长》的发言。

3月4日　中国青年创业就业基金会理事会换届大会在北京召开。秦宜智、徐晓同志出席并讲话，徐晓同志当选理事长。

3月4日　徐晓同志到国务院国资委沟通有关工作。

3月5日　秦宜智同志旁听十二届全国人大二次会议开幕会。

3月5日　秦宜智、贺军科同志会见来京参加全国"两会"的部分港澳地区全国人大代表、政协委员，就如何做好港澳青少年工作、推进内地与港澳青少年交流交换了意见。

3月5日至13日　傅振邦同志参加十二届全国人大二次会议。

3月6日　秦宜智同志在团中央机关会见青海省委常委、青海省总工会主席苏宁一行。

3月6日　周长奎同志在团中央机关会见韩国驻华使馆新任政务公使朴俊勇一行。

3月6日　第105期"我的中国梦——奋斗的青春最美丽"青春故事分享活动举行，上海国学新知公益组织创办人、执行理事徐渊，2012大学生年度人物、复旦大学环境科学与工程专业本科生赵政通过中青在线网站分享青春奋斗故事并与网友互动交流。

3月7日　秦宜智同志列席全国政协十二届二次会议共青团、青联界别联组会议。

3月7日至23日　团中央组织部会同机关相关部门组成7个专题调研小组，分赴12个省(市)和2个系统开展基层服务型团组织建设调研。

3月8日　周长奎同志在北京出席中国—东盟青年艺术品创作大赛成果暨广西青年艺术家作品联展活动。

3月9日　秦宜智同志旁听十二届全国人大二次会议第二次全体会议。

3月10日　秦宜智、汪鸿雁同志到中国志愿服务联合会，与第十六届、十七届中央政治局委员，中国志愿服务联合会会长刘淇沟通工作。中国志愿服务联合会副会长兼秘书长赵津芳，团中央青年志愿者工作部负责同志参加。

3月10日　秦宜智同志旁听十二届全国

人大二次会议第三次全体会议。

3月10日至28日 团中央在中央团校举办学习习近平总书记系列重要讲话精神培训班。机关处级以上干部和直属单位领导班子成员共约270人分3批参加培训。秦宜智同志为全体参训学员作集中辅导讲话,罗梅同志出席开班式并作动员讲话。

3月10日 周长奎同志参加中央政治局委员、国务院副总理刘延东主持召开的中俄“青年友好交流年”筹备工作会议。

3月11日 团中央举行第21批挂职干部座谈会。秦宜智同志出席并讲话,办公厅、组织部、机关党委、机关服务中心负责同志参加。

3月12日 秦宜智同志主持召开共青团第十七届中央书记处2014年第8次会议。

3月13日至15日 汪鸿雁同志到福建厦门市、漳州市调研区域化团建工作。

3月13日 第106期“我的中国梦——奋斗的青春最美丽”青春故事分享活动举行,中国大学生自强之星、福建师范大学经济学院2010级学生苏丽惠,第十一届中国青年五四奖章获得者、福建晋江市闽南水产开发有限公司总经理施性江通过中青在线网站分享青春奋斗故事并与网友互动交流。

3月13日至17日 2014年全国地市级团委学校工作分管书记培训班在全国青少年井冈山革命传统教育基地举行,300多名地市级团委学校工作分管书记参加培训。

3月14日 傅振邦同志在北京参加国家教育体制改革领导小组召开的全面改善贫困地区义务教育薄弱学校基本办学条件电视电话会议。

3月15日 团中央、国家工商总局在福建漳州市举行全国工商系统创建“青年文明号”座谈会暨3·15消费者权益日现场观摩活动,汪鸿雁同志、国家工商总局副局长刘玉亭出席。

3月17日 秦宜智同志在团中央机关与全国政协人口资源环境委员会主任贾治邦商谈加强青少年生态文明教育有关工作。

3月17日至21日 贺军科同志到安徽歙县调研青年创业就业工作。21日,在当地参加保护母亲河行动解放军青年林植树活动。

3月17日 中国青少年宫协会五届二次理事会议在北京召开。罗梅同志出席并讲话。

3月18日 团中央在北京举行电子商务领域青年文明号示范创建授牌仪式。汪鸿雁同志出席并讲话,团中央城市青年工作部,商务部、工业和信息化部相关司局负责同志,阿里巴巴、京东集团、苏宁易购、凡客诚品等电商企业负责同志,10家电子商务领域示范创建集体的代表等参加活动。

3月18日 周长奎同志参加中央政治局委员、国务院副总理刘延东主持召开的中俄“青年友好交流年”工作会议。

3月18日 团中央维护青少年权益部与国家互联网信息办公室网络信息服务管理局共同召开《未成年人网络保护条例》立法座谈会。

3月19日 秦宜智同志列席国务院第41次常务会议。

3月19日 周长奎同志在北京参加国家公共文化服务体系建设协调组成立暨第一次全体会议。

3月19日至21日 徐晓同志到广东揭阳市、梅州市调研农村共青团工作。20日,在平远县参加保护母亲河行动解放军青年林植树活动暨“绿满南粤·卫士同行”植树活动。

3月20日 秦宜智、罗梅、傅振邦同志到教育部与部长袁贵仁、副部长杜占元举行会谈,研究进一步加强团教合作,深入推进服务青少年有关工作。团中央办公厅、学校部、少年部、中国青年政治学院,教育部办公厅、基础教育一司、思想政治工作司、高校学生司、学位管理与研究生教育司、国际司负责同志参加。

3月20日至28日 “保护母亲河美丽中

国梦”2014 青少年春季植树活动陆续开展。秦宜智、贺军科、罗梅、汪鸿雁、周长奎、徐晓、傅振邦分赴江苏张家港市、安徽歙县、湖北郧县、陕西宁强县、天津北辰区、广东平远县、广西扶绥县与当地青少年共同参加植树劳动。

3 月 20 日　第 107 期“我的中国梦——奋斗的青春最美丽”青春故事分享活动举行，全国优秀人民警察、娄底市公安局巡特警支队巡逻处警大队大队长李贝，2013 年全国道德模范提名奖获得者、长沙理工大学工商管理专业学生毕明哲通过中青在线网站分享青春奋斗故事并与网友互动交流。

3 月 20 日　团中央、中国电信集团在北京联合举办 2014 年“与信仰对话 · 飞 Young 中国梦”精品报告进校园活动启动仪式暨首场报告会。清华大学教授胡鞍钢作“从两会看中国的政府决策机制”的主题报告。

3 月 21 日　“创青春”全国大学生创业大赛指导委员会全体会议在北京举行。指导委员会主任、第九届、十届全国人大常委会副委员长成思危，指导委员会副主任、联想控股股份有限公司董事长柳传志等指导委员会成员就大赛举办及促进青年创业就业工作提出指导意见。秦宜智同志，教育部党组成员、部长助理林蕙青，人力资源社会保障部副部长信长星，中国科协党组成员、书记处书记徐延豪为指导委员会成员颁发聘书并讲话，傅振邦同志主持会议。团中央学校部负责同志代表大赛组委会在会上作了组织筹备工作汇报。

3 月 21 日　秦宜智同志会见应国务院发展研究中心邀请来访的日本东京海上控股集团董事长隅修三一行。

3 月 21 日至 23 日　罗梅同志到湖北十堰市、襄阳市调研基层服务型团组织建设、少先队活动课程建设等工作。21 日，在郧县参加保护母亲河行动解放军青年林植树活动。

3 月 21 日　汪鸿雁同志在北京出席中国残疾人福利基金会成立 30 周年纪念会。

3 月 21 日　团中央机关举办第 47 次年轻干部学习交流会，围绕“新媒体和共青团”这一主题进行学习交流。周长奎同志出席，机关副处级以下年轻干部参加。

3 月 21 日　周长奎同志到国家互联网信息办公室与专职副主任任贤良商谈网络宣传员队伍建设相关工作。宣传部负责同志陪同。

3 月 21 日　周长奎同志会见应中央对外联络部邀请来访的以日本民主党干事长代理中川正春为团长的日本民主党国会议员代表团。

3 月 22 日至 23 日　傅振邦同志到广西南宁市、桂林市、崇左市调研学校共青团工作。22 日，在扶绥县参加保护母亲河行动解放军青年林植树活动。

3 月 23 日至 4 月 15 日　团中央第三批“我的中国梦——奋斗的青春最美丽”分享团先后在海南、福建、安徽、河南、山西、内蒙古、宁夏、新疆、青海、西藏等 10 个省份开展分享交流活动 52 场，现场听众超过 6000 人。

3 月 24 日　秦宜智同志在北京参加中央宣传部、中央组织部召开的党委中心组学习贯彻习近平总书记系列讲话精神座谈会。

3 月 24 日　团十七届中央书记处举行第七次集体学习。国家教育行政学院院长、《世界社会主义五百年》编写组首席专家顾海良围绕社会主义的历史渊源、思想发展、实践过程和中国特色社会主义的发展历程等问题进行讲解。秦宜智同志主持并讲话，贺军科、罗梅、汪鸿雁、徐晓同志，机关全体干部、直属单位负责同志参加学习。

3 月 24 日至 25 日　周长奎同志到天津调研共青团新媒体工作。24 日，参加“统一行动、共创美好生态”植树活动。

3 月 24 日　徐晓同志在北京参加国务院扶贫开发领导小组第二次全体会议。

3 月 24 日至 25 日　团中央维护青少年权益部在浙江杭州市举办 2014 年第一期“青少年权益工作创新”试点城市培训会。

3月25日 秦宜智同志列席国务院第42次常务会议。

3月25日至4月2日 应越南胡志明共青团中央邀请，以罗梅同志为团长的中国青年代表团访问越南。期间，分别会见越共中央对外部部长黄平君、越南胡志明共青团中央第一书记阮德荣、书记处书记黎国峰。

3月25日至28日 汪鸿雁同志到陕西西安市、汉中市调研维护青少年合法权益工作和区域化团建工作。27日，在宁强县参加保护母亲河行动解放军青年林植树活动。

3月25日 团中央学校部在山东青岛举办2014年"创青春"全国大学生创业大赛组织工作培训班。

3月26日至27日 全国农村合作组织共青团工作暨共青团农村工作会议在江苏镇江市召开。秦宜智同志出席会议并讲话，徐晓同志作总结讲话。各省、自治区、直辖市和新疆生产建设兵团团委负责同志和农村部部长，部分市、县团委书记140多人参加了会议。

3月26日 贺军科同志在北京参加中央对台文化宣传工作部际协调小组会议。

3月26日至30日 周长奎同志随中央政治局委员、国务院副总理刘延东赴俄罗斯圣彼得堡参加"中俄青年友好交流年"开幕式、中俄组委会联席会议等活动，并与俄罗斯教育和科学部青年政策司司长斯特拉杰、俄罗斯青年联盟主席巴维尔进行工作会谈。

3月27日至28日 秦宜智同志到江苏镇江市、苏州市、南京市围绕基层服务型团组织建设情况开展调研，分别前往镇江市天王镇有机农业园区、捧花农业合作社、镇江农村青年创业就业实训基地，苏州市12355青少年综合服务平台、青年公益组织孵化园、西庄花苑"青春创益客厅"、永联现代农业实施基地，南京市"炫动1066"青年电台、北京东路小学等地。期间，与江苏省委书记、省人大常委会主任罗志军就共青团工作作了交流，还到团江苏省委机关看望了全体工作人员。

3月27日 贺军科同志在团中央机关参加中办调研室召集的有关文件征求意见座谈会。

3月27日 傅振邦同志在北京交通大学出席"共和国的脊梁——科学大师名校宣传工程"原创话剧《茅以升》公演活动。

3月27日 第108期"我的中国梦——奋斗的青春最美丽"青春故事分享活动举行，优秀农民工、广东珠海市斗门区白蕉镇政府干部邹粟，全国最美青工、2013年全国道德模范提名奖获得者、中国能源建设集团广东火电工程总公司实操教师刘仔才通过中青在线网站分享青春奋斗故事并与网友互动交流。

3月28日 中国青少年发展基金会召开第七届理事会第二次会议。贺军科同志出席并讲话。

3月28日 徐晓同志在北京参加全国政协"我国大学毕业生创业政策的优化问题"情况介绍会并发言。

3月29日 秦宜智、贺军科、汪鸿雁同志在北京参加全国绿化委员会、中央直属机关绿化委员会、中央国家机关绿化委员会、首都绿化委员会联合举办的共和国部长义务植树活动。

3月30日至4月3日 团中央学校部在河北衡水市举办第二期全国中学团委书记培训班，来自全国各地的200名中学团委书记参加培训。

3月30日至4月3日 应全国青联邀请，以总会长陈家浚为团长的国际青年商会台湾总会访问团到北京、天津参观访问。

3月31日 教育部、公安部、国务院妇儿工委、团中央、全国少工委、北京市人民政府等单位在北京海淀区上地实验小学共同举办以"强化安全意识，提升安全素养"为主题的第19个全国中小学生安全教育日活动启动仪式。教育部党组副书记、副部长杜玉波出席并讲话，汪鸿雁同志等主办单位负责同志出席。

3月31日至4月1日 团中央城市青年工作部在河北承德市召开2014年全国行业团(指)委第1次工作联席会议,中国注册会计师行业团委,全国煤炭、餐饮、钢铁、汽车、港口行业团指委,全国国家级经开区团指委秘书处负责同志参加会议。

4月3日 团中央宣传部、中国青年网启动第十三届青少年“网上祭英烈共铸中华魂”网络活动。秦宜智、贺军科、罗梅、汪鸿雁、周长奎、徐晓、傅振邦同志分别在活动网页为英烈献花并留言。

4月3日 中央综治委预防青少年违法犯罪专项组全体会议在团中央机关召开。秦宜智同志作工作总结和部署,中央政法委副秘书长、中央综治办主任陈训秋出席并讲话,汪鸿雁同志主持会议。中央综治委预防青少年违法犯罪专项组21家成员单位的部级成员、司局级联络员参加。

4月3日 第109期“我的中国梦——奋斗的青春最美丽”青春故事分享活动举行,广西师范大学生命科学学院学生刘仁路,全国人大代表、陆川县乌石镇陆河村党支部书记梁丽娜通过中青在线网站分享青春奋斗故事并与网友互动交流。

4月4日 秦宜智同志主持召开共青团第十七届中央书记处2014年第9次会议。

4月4日至5日 团中央农村青年工作部在北京林业大学举办全国青少年生态环保组织指导教师培训班,来自全国30个省(自治区、直辖市)和新疆生产建设兵团的高校大学生生态环保组织指导教师参加培训。

4月5日 全国保护母亲河行动领导小组办公室、国家林业局宣传办公室、团北京市委、北京林业大学、北京市学联在北京林业大学举办2014年绿桥、绿色长征活动推进会暨绿色志愿者双选会,徐晓同志出席。

4月7日 周长奎同志出席中国—东盟文化交流年开幕式。开幕式前,周长奎同志陪同中央政治局委员、国务院副总理刘延东会见东盟秘书长黎良明及东盟各代表团团长。

4月9日 秦宜智同志出席“中国梦·人大情”中国人民大学中华传统文化体育主题活动日并讲话,与青年学生一同参与传统文化体验和群众体育锻炼活动,深入调研大学生“走下网络、走出宿舍、走向操场”主题群众性课外体育锻炼活动开展情况。

4月9日 人民银行、财政部、银监会、证监会、保监会、国务院扶贫办和团中央联合召开全国扶贫开发金融服务工作电视电话会议。国务院扶贫办主任刘永富,徐晓同志,人民银行党委委员、行长助理郭庆平出席并讲话,人民银行党委委员、副行长刘士余主持会议,财政部、银监会、证监会、保监会有关负责同志出席。

4月10日 汪鸿雁同志参加全国人大常委会未成年人保护法执法检查组第一次全体会议,并就团中央贯彻实施未成年人保护法情况作介绍。

4月10日 第110期“我的中国梦——奋斗的青春最美丽”青春故事分享活动举行,中国最南端供电局——海南电网公司三沙供电局最年轻的女电工陈皇言,2008年度中国大学生自强之星、海南大学政治与公共管理学院教师赵红亮通过中青在线网站分享青春奋斗故事并与网友互动交流。

4月11日 团十七届中央书记处举行第八次集体学习。北京师范大学党委常委、副校长、《马克思主义哲学十讲》编写组专家杨耕围绕《马克思主义哲学十讲》进行讲解。秦宜智同志主持并讲话,贺军科、罗梅、汪鸿雁、周长奎、徐晓同志,机关全体干部、直属单位主要负责同志及代表参加学习。

4月11日至18日 应全国青联邀请,以巴基斯坦经济事务部联合秘书库玛·萨瓦尔·阿巴西为团长的巴基斯坦青年代表团访问中国。11日,贺军科同志会见代表团。

4月11日 共青团中央、人力资源社会保障部共同组织开展的2012—2013年度全国青年岗位能手标兵和全国青年岗位能手评选揭晓。

4月11日至15日 全国青联在中国青年政治学院举办国情研习班,国际青年商会香港总会代表40人参加学习。

4月12日 全国青联在北京举行"汇聚青春力量共创美好生态"义务植树活动。贺军科、罗梅同志,中共昌平区委、团北京市委负责同志,部分全国青联、北京市青联委员,团中央机关干部,部分青年社会组织成员共600余人参加活动,栽下树木1800余株。

4月13日至17日 秦宜智同志到基层联系点、团中央定点帮扶县山西灵丘县蹲点调研,考察基层共青团工作和团中央定点扶贫工作。期间,分别到东河南镇清泥涧村、武灵镇韩家房村、独峪乡花塔村、团县委机关、县青年创业服务中心、县青少年活动中心"集善之家"、平型关20万亩生态林建设工程山地、大同宗银公司、上寨中学、灵丘一中等地调研,并看望了团中央扶贫工作队、研究生支教志愿者和大学生村官。

4月13日 团中央组织部在北京召开第18届"中国青年五四奖章"初评会议,罗梅同志主持并担任评委。

4月14日 贺军科同志在北京出席武警部队第二次青年工作会议并讲话。

4月14日至17日 团中央学校部在全国青少年井冈山革命传统教育基地举办2014年第一期全国高校团委书记培训班,151名高校团委书记参加培训。同期,举办首届全国中职学校团委书记培训班,并建立了全国中职学校团委书记联席会议机制,近200名中职学校团委书记参加培训。

4月15日 徐晓同志在北京参加全国政协人口资源环境委员会举办的加强青少年生态文明教育工作会议并发言。

4月15日 解放军总政治部、团中央联合开展的2014年度"保护母亲河行动"解放军青年林共青城项目启动。

4月16日 贺军科同志主持召开共青团促进青年就业创业工作领导小组第一次会议,汪鸿雁、徐晓同志,办公厅、城市青年工作部、农村青年工作部、学校部、中国青年创业就业基金会、中国青年企业家协会负责同志参加。

4月16日 团中央、教育部、财政部、人力资源社会保障部召开2014年大学生志愿服务西部计划部际联席会议。汪鸿雁同志出席并讲话,教育部、财政部、人力资源社会保障部相关司局负责同志出席。

4月17日 贺军科同志主持召开专题会议,研究统筹团干部教育培训和会议管理有关工作,罗梅同志,办公厅、组织部、宣传部、城市青年工作部、农村青年工作部、学校部、少年部、统战部、维护青少年权益部负责同志参加。

4月17日至20日 徐晓同志赴山东济宁市、滨州市、潍坊市调研农村共青团工作。

4月17日 第111期"我的中国梦——奋斗的青春最美丽"青春故事分享活动举行,全国公安系统一级英雄模范、重庆市北部新区分局刑警支队民警陈冰,中国青年志愿者优秀个人奖获得者、重庆綦江扶欢镇安育村党支部书记穆龙通过中青在线网站分享青春奋斗故事并与网友互动交流。

4月18日 秦宜智同志在北京参加中央党的群众路线教育实践活动领导小组召开的部委企业高校深化整改工作座谈会。

4月18日至23日 应全国青联邀请,以日本前首相、友爱协会理事长鸠山由纪夫为名誉团长的日本友爱协会植树绿化代表团访问中国。18日,贺军科同志会见代表团。

4月19日至20日 傅振邦同志在黑龙江哈尔滨市调研大学生"走下网络、走出宿舍、走向操场"主题群众性课外体育锻炼活动开展情况。

4月19日 团中央、全国青联、全国学联、联合国国际劳工组织在哈尔滨工程大学联合举行2014年KAB创业教育年会。傅振邦同志出席并讲话。

4月20日至21日 中国农村青年致富带头人协会在山东寿光开展全国农村青年创业致富“领头雁”特色产业交流活动。徐晓同志出席并讲话。

4月20日 全国青联在北京举办学习习近平总书记系列讲话精神专题报告会，邀请全国人大教科文卫委员会委员、国家教育行政学院原院长、《世界社会主义五百年》编写组首席专家顾海良作“世界社会主义五百年”专题报告。全国青联副主席、中粮集团总裁于旭波主持，全国青联、中央企业青联、天津青联约200名委员参加。

4月21日至27日 应团中央邀请，以老挝国家建设阵线团委书记科程乐为团长的老挝青年代表团访问中国。22日，秦宜智同志会见代表团及在华参加培训的老挝青年干部，合影留念并讲话，周长奎同志参加。

4月21日 团中央、教育部、财政部、人力资源社会保障部在北京召开2014年大学生志愿服务西部计划视讯会议。汪鸿雁同志，教育部党组成员、部长助理林蕙青，财政部、人力资源社会保障部有关司局负责同志出席并讲话。

4月21日 汪鸿雁同志在北京参加中央文明委召开的推进志愿服务制度化电视电话会议。

4月21日至26日 应全国青联邀请，以俄罗斯国家杜马议员索博列夫·维克托为团长的俄罗斯青年政治家代表团访问中国。21日，周长奎同志会见代表团。

4月21日至24日、5月26日至28日、6月19日至21日、6月25日至27日 团中央统战部分别在北京、上海、广东、陕西举行地市级团委青年社会组织工作分管书记培训班。

4月22日 团中央、全国保护母亲河行动领导小组在北京举办“京津冀晋蒙青少年增绿减霾共同行动”启动活动，并在北京、天津、河北、山西、内蒙古开展首个统一行动日活动。秦宜智、徐晓同志，中国人民银行行长助理金琦、国家林业局党组成员彭有冬、解放军总政治部组织部副部长蔡善飞出席启动活动并植树，10余万青少年分别在各地分会场参与统一行动日活动。

4月22日 周长奎同志在北京参加中央国安办召开的境外非政府组织规范管理任务部署会。

4月23日 团中央和全国青联指导、中国青年科技工作者协会和中国青年报社主办的青年科技工作者创新驱动发展座谈会在北京举行。贺军科同志，全国青联副主席、中国科协副主席、中国工程院院士邓中翰，中国青年科技工作者协会副会长、中国科学院院士、北京协和医学院院长曾益新等出席。

4月23日至28日 应中央台办邀请，在全国青联协调安排下，以国民党中央常委曾文培为团长的国民党青工总会参访团访问大陆。24日，贺军科同志会见参访团。

4月23日 罗梅同志在北京参加中央直属机关工委召开的传达学习贯彻王岐山同志在中央直属机关工委、中央国家机关工委调研时的重要讲话精神和栗战书同志重要批示精神有关会议。

4月23日 周长奎同志参加中英高级别人文交流机制第二次会议，并与英国英中协会主任裴士高签署了《中华全国青年联合会与英中协会关于促进中英青年交流的谅解备忘录》。

4月23日 徐晓同志在北京参加2014年科技特派员农村科技创业行动协调指导小组会议。

4月24日 秦宜智同志主持召开共青团第十七届中央书记处2014年第10次会议。

4月24日 秦宜智同志在团中央机关会

见中国邮政储蓄银行行长吕家进一行，就深化青年创业就业工作进行专题研究。徐晓同志、中国邮政储蓄银行副行长邵智宝代表双方签署了合作意向。办公厅、城市青年工作部、农村青年工作部、学校部负责同志参加会见。

4 月 24 日至 28 日　应团中央邀请，以朝鲜金日成社会主义青年同盟中央委员会组织部部长陈承赫为团长的朝鲜青年友好代表团访问中国。24 日　周长奎同志会见代表团。

4 月 24 日　徐晓同志在北京八宝山革命公墓参加原团中央青工部部长、中国儿童中心原党委书记、原主任勾德元同志遗体送别仪式。

4 月 24 日　第 112 期“我的中国梦——奋斗的青春最美丽”青春故事分享活动举行，爱有戏社会工作服务中心主任助理杜灿灿，四川省抗震救灾先进个人、成都心家园社会工作服务中心副主任吕小英通过中青在线网站分享青春奋斗故事并与网友互动交流。

4 月 24 日至 25 日、5 月 9 日至 10 日、6 月 5 日至 6 日、6 月 18 日至 19 日　团中央城市青年工作部分别在湖北、浙江、辽宁、重庆举行全国街道区域化团建工作调度会暨示范培训班。

4 月 25 日　团中央机关举办第 47 次年轻干部学习交流会，围绕“五四精神的时代意义”这一主题进行学习交流。贺军科同志出席，机关副处级以下年轻干部参加。

4 月 25 日　罗梅同志主持召开机关各部门、各直属单位党组织、纪检组织负责同志会议，传达学习王岐山同志在中央直属机关工委、中央国家机关工委调研时的重要讲话精神和栗战书同志重要批示精神，并对贯彻落实有关精神作出部署。

4 月 25 日　汪鸿雁同志赴山东泰安市参加 2014 年全国煤炭行业“五四”表彰大会暨“我的中国梦——奋斗的青春最美丽”分享会。

4 月 26 日　秦宜智同志在北京出席纪念任弼时同志诞辰 110 周年座谈会。

4 月 27 日　团中央在北京举办“青年好声音——我为核心价值观代言”新媒体传播活动。周长奎同志出席。

4 月 27 日至 29 日　周长奎同志在湖南岳阳市参加纪念任弼时同志诞辰 110 周年学术研讨会并调研网络宣传工作。

4 月 28 日　秦宜智同志在北京参加中央港澳工作协调小组办公会议。

4 月 28 日　罗梅同志在北京出席全国总工会主办的庆祝“五一”国际劳动节大会暨全国五一劳动奖状奖章表彰大会。

4 月 28 日　汪鸿雁同志在北京出席共青团国家电网公司第二次代表大会并讲话。

4 月 28 日至 30 日　团中央维护青少年权益部在全国青少年井冈山革命传统教育基地举办 2014 年第二期“青少年权益工作创新”试点城市培训会。

4 月 29 日　团中央举办“开放日”活动，包括企业青年、进城务工青年、农村青年、高校青年学生和青年网友在内的 53 名青年代表，应邀到团中央机关做客，亲身感受团的发展历程和主要工作。秦宜智同志与青年代表座谈交流，团中央办公厅、组织部、宣传部、城市青年工作部、农村青年工作部、学校部、机关党委、青年志愿者工作部负责同志参加。座谈会后，秦宜智同志与青年代表合影留念。中午，秦宜智、贺军科同志与青年代表共进工作午餐。此前，团中央还在中国青年网举行线上“开放日”活动，城市青年工作部、农村青年工作部、学校部负责同志围绕“创新创业创青春”主题与青年网友进行互动交流。

4 月 29 日　汪鸿雁同志在北京参加国务院残工委全体会议。

4 月 29 日　团中央、交通运输部、国家邮政局在北京召开快递行业青年文明号创建工作现场会。汪鸿雁同志、国家邮政局党组成员、纪检组长谢畅出席并讲话。

4 月 29 日　徐晓同志在北京参加关注森

林活动组委会 2014 年主任工作会议。

4 月 29 日 徐晓同志在北京参加国务院安委会安全生产重点工作专项督查汇报会。

4 月 29 日 香港爱国工会青年骨干访京团拜访中国青少年发展基金会。

4 月 30 日 秦宜智同志列席国务院第 46 次常务会议。

4 月 30 日 全国人大环境与资源保护委员会、中央宣传部、团中央、财政部、环境保护部等部门共同主办的 2014 年中华环保世纪行宣传活动启动仪式在北京举行。全国人大常委会副委员长陈昌智出席并宣布活动启动，全国人大环境与资源保护委员会主任委员、中华环保世纪行组委会主任陆浩，环境保护部副部长吴晓青出席并讲话，徐晓同志等主办单位负责同志出席。

4 月 30 日 澳门中华青年进步协会访问团拜访全国青联。

5 月 2 日至 6 日 全国青联工作组赴香港、澳门出席“金紫荆广场五四升旗礼”“五四菁英论坛”“2014 澳门青年纪念五四马拉松音乐会”活动，并与香港中联办、澳门中联办相关部门进行工作沟通。

5 月 3 日至 4 日 五四青年节期间，团中央统一部署开展“我的中国梦——奋斗的青春最美丽”主题团日活动，各地以多种方式纪念五四运动 95 周年，激励广大团员青年大力发扬五四精神，以奋斗实干的行动成就出彩人生，共筑伟大的中国梦。3 日，秦宜智同志在中华世纪坛参加“走向青春，追梦中国”新团员宣誓仪式。3 日至 4 日，贺军科、罗梅、汪鸿雁、周长奎、徐晓、傅振邦同志分别参加北京青年突击队成立 60 周年主题教育活动和陕西驻京团工委、国家知识产权局专利受理服务大厅、第二炮兵基层单位、北京昌平区社区青年汇、北京东城区第六十五中学组织的主题团日活动。

5 月 4 日 秦宜智同志陪同习近平总书记等中央领导同志考察北京大学。

5 月 4 日 团中央在北京人民大会堂召开“我的中国梦——奋斗的青春最美丽”优秀青年座谈会。中共中央政治局委员、国家副主席李源潮出席并讲话，秦宜智同志主持座谈会，贺军科、罗梅、汪鸿雁、周长奎、徐晓、傅振邦同志以及第 18 届“中国青年五四奖章”获得者和“中国青年五四奖章集体”“全国优秀共青团员”“全国优秀团干部”“全国五四红旗团委”的代表参加了座谈会。会前，李源潮同志接见参加座谈会的优秀青年代表并合影，团中央书记处全体同志陪同。

5 月 4 日 团中央、教育部、湖北省委在北京举办“青年志愿者之歌”——话剧《牵挂》展演活动。中共中央政治局委员、国家副主席李源潮，秦宜智、汪鸿雁同志，教育部党组副书记、副部长杜玉波，湖北省委常委、统战部部长张岱梨和“中国青年五四奖章”获得者等优秀青年代表、首都高校青年志愿者代表一起观看演出。演出结束后，李源潮同志亲切看望剧组演职人员和“本禹志愿服务队”报告团成员，并发表即席讲话。

5 月 5 日 团中央、全国青联、全国学联在北京召开学习习近平总书记在北京大学师生座谈会上的重要讲话精神座谈会。秦宜智同志主持会议并讲话，贺军科同志代表全国青联发言，全国学联驻会执行主席、中国科学院大学研究生会主席王轩代表全国学联发言，罗梅、汪鸿雁、徐晓、傅振邦同志参加座谈会并交流学习体会，在京团中央常委、团中央机关各部门部长参加。

5 月 5 日 中央文明办、团中央、教育部、湖北省委在北京共同举办“青年志愿者之歌”——本禹志愿服务队先进事迹报告会，秦宜智同志出席并讲话，中央文明办专职副主任徐令义，湖北省委常委、统战部部长张岱梨，清华大学党委书记陈旭出席，汪鸿雁同志主持。

5 月 5 日 秦宜智同志在清华大学调研大学生“走出宿舍、走下网络、走向操场”主题群众性课外体育锻炼活动开展情况。

5月5日至9日 应斯里兰卡青年事务和技能发展部邀请，周长奎同志赴斯里兰卡出席2014年世界青年大会。期间，分别就“让青年成为2015年后世界发展议程的主流”和“促进青年充分就业和创业”两个议题作了发言，出席了斯里兰卡总统马欣达·拉贾帕克萨举行的欢迎晚宴，并与联合国秘书长青年问题特使艾哈迈德·汉达维、与会部分国家部长级官员分别举行双边会谈。

5月6日至9日 秦宜智同志赴江西赣州市、南昌市、九江市，围绕在青年中树立和践行社会主义核心价值观、发挥广大团干部和团员青年作用做好网上舆论引导工作开展调研，分别考察了江西财经大学、赣南师范学院、中华贤母园爱国主义教育基地、柴桑小学等地。期间，与江西省委书记强卫，省长鹿心社就共青城发展、青年企业家协会等工作进行交流。

5月6日 贺军科同志在北京参加党的群众路线教育实践活动视频会议。

5月6日 团中央学校部在北京大学召开全国高校共青团学习习近平总书记在北京大学师生座谈会上的重要讲话精神座谈会。傅振邦同志出席并讲话，全国学联、团北京市委以及有关高校团干部和青年学生代表参加。

5月7日至9日 中国青年企业家协会、团江西省委、江西省工商业联合会、九江市委、九江市政府等单位在江西共青城举办首届中国青年企业家(共青城)发展峰会。5月8日，全国政协副主席、全国工商联主席王钦敏，秦宜智同志，江西省委书记强卫出席并讲话，江西省省长鹿心社，江西省政协主席黄跃金，汪鸿雁同志，全国工商联副主席李河君出席，江西省委副书记尚勇主持。峰会以“创新创业创优——机遇与使命”为主题，来自全国工商联、中国青年企业家协会的企业家代表共计400余人参加。7日，秦宜智、汪鸿雁、尚勇同志会见出席峰会的部分青年企业家。

5月7日至8日 罗梅同志到山东推动省委下发关于进一步加强少年儿童和少先队工作的意见，并在济南市就服务型团组织建设、少先队活动课进行调研。期间，与山东省委有关负责同志进行沟通。

5月7日 徐晓同志出席共青团农业部直属机关第七次代表大会开幕式并讲话。

5月7日 东风汽车公司、中国青年创业就业基金会、东风公益基金会在北京举办“东风梦想车”中国青年环保汽车创意设计大赛启动活动。徐晓同志出席并讲话。

5月8日 “彩虹人生——奋斗的青春最美丽”全国中职学校优秀毕业生校园巡回分享活动启动，在北京市信息管理学校开展首场分享活动，随后奔赴浙江、福建、四川、重庆等地开展巡回分享活动。7日，贺军科同志与“彩虹人生——奋斗的青春最美丽”全国中职学校优秀毕业生校园巡回分享团成员座谈交流。7日，分享团成员作客中国青年网分享青春奋斗故事。

5月9日 全国青联在北京举办学习习近平总书记系列讲话精神专题报告会，邀请国防大学战略教研部教授舒健作“甲午战争失败教训及启示”的报告。全国青联委员及部分省级青联委员约230人参加报告会。

5月10日至12日 徐晓同志在内蒙古阿拉善盟出席保护母亲河行动解放军青年林内蒙古阿拉善项目植树活动并在阿拉善盟、乌海市调研农村共青团工作。

5月10日 团中央学校部、中国电视艺术家协会、中央新影集团、中国传媒大学等单位在北京举办中国大学生微电影创作大赛启动仪式。

5月12日 中央直属机关工委副书记杨金永一行到团中央机关调研党的建设情况。调研座谈会前，秦宜智同志与杨金永同志交换意见。罗梅同志主持调研座谈会并介绍相关情况。团中央办公厅、组织部、机关党委和中国青年政治学院负责同志参加调研座谈会。

5月12日 中国—东盟青少年交流活动中心筹建工作领导小组第一次工作会议在团中央机关举行。秦宜智同志会前会见张晓钦同志。周长奎同志、广西壮族自治区政府副主席张晓钦出席并讲话。

5月12日至17日 罗梅同志到基层联系点吉林延吉市蹲点调研。12日,在吉林长春市推动省委下发关于进一步加强少年儿童和少先队工作的意见并调研。

5月12日至17日 全国青联组织2014年度第三批内地杰出青年赴港交流,在香港举行15场交流分享会,并通过网上青年协会和M21香港青年协会赛马会媒体空间进行网上直播和交流,参加交流的香港青年学生7500余人。

5月13日 团中央召开定点扶贫工作领导小组会议。秦宜智同志会前会见山西灵丘县负责同志。贺军科同志出席并讲话,徐晓同志主持,机关各部门、各直属单位负责人及扶贫工作联络员,山西灵丘县负责同志,团中央第十四批驻灵丘扶贫工作队成员参加。

5月13日 汪鸿雁同志在国务院小礼堂参加全国普通高等学校毕业生就业创业工作电视电话会议。

5月13日 全国人大环境与资源保护委员会、全国政协人口资源环境委员会、环境保护部、团中央等单位在北京人民大会堂举行第八届中华宝钢环境奖颁奖典礼。全国人大常委会副委员长沈跃跃、全国政协副主席马培华、九届全国人大常委会副委员长蒋正华,徐晓同志等主办单位负责同志、中华环境奖组委会委员、评委会专家约300人出席。

5月14日 秦宜智同志主持召开共青团第十七届中央书记处2014年第11次会议。

5月14日 秦宜智、贺军科同志会见韩国三星集团大中华区总裁张元基一行,并出席中国青少年发展基金会与三星中国合作协议签字仪式。

5月14日 团中央维护青少年权益部在团中央机关举办议案建议提案办理答复会,邀请部分提出建议提案的全国人大代表、政协委员围绕未成年人保护相关主题进行座谈交流。汪鸿雁同志出席并讲话,全国人大和全国政协相关部门同志参加会议。

5月14日 国家卫生计生委、团中央、全国妇联、全国老龄办、中国关工委在北京举行2014年国际家庭日中国纪念大会。全国政协副主席刘晓峰出席并讲话,中国关工委主任、十届全国人大常委会副委员长顾秀莲,中国人口福利基金会会长、十届全国政协副主席王忠禹启动“中国家庭儿童安全计划”和“新家庭计划——家庭发展能力建设”项目,国家卫生计生委主任李斌出席并讲话,世界家庭组织主席黛西·库斯特拉致辞。周长奎同志、全国妇联副主席赵东花、全国老龄办副主任朱勇、中国计划生育协会常务副会长杨玉学、中国人口福利基金会理事长赵炳礼出席,国家卫生计生委副主任王培安主持会议,并发布《中国家庭发展报告》。

5月15日至7月15日 贺军科同志参加第55期中央党校省部级干部进修班学习。

5月15日 汪鸿雁同志到中央文明办,与专职副主任徐令义就志愿服务广州交流会暨首届中国青年志愿者项目大赛有关工作沟通意见,团中央青年志愿者工作部负责同志陪同。

5月15日 第114期“我的中国梦——奋斗的青春最美丽”青春故事分享活动举行,第18届中国青年五四奖章获得者、吉林财经大学管埋科学与信息工程学院学生辅导员张爽,安徽浩翔农牧有限公司总经理高亚飞通过中青在线网站分享青春奋斗故事并与网友互动交流。

5月16日 汪鸿雁同志在北京人民大会堂参加第五次全国自强模范暨助残先进集体

和个人表彰大会。

5月16日 团中央学校部在北京交通大学召开首都高校团委书记工作会。北京大学、清华大学等15所在京高校团委书记参加。

5月17日 科技部、中央宣传部、中国科协、团中央等单位主办的2014年科技活动周暨北京科技周开幕式在北京举行。中共中央政治局委员、国务院副总理刘延东宣布活动开幕,中共中央政治局委员、北京市委书记郭金龙,全国政协副主席、科技部部长万钢出席,贺军科同志等主办单位负责同志,北京市委市政府负责同志和首都科技教育工作者、科普专家、青少年学生、社区居民等参加活动。

5月17日至26日 应全国青联邀请,由美国青年政治领袖理事会组派的青年领导人代表团访问中国。18日,贺军科同志会见代表团。

5月17日 团中央、中国科协、教育部、中央文明办等单位在天津实验中学举行"创新在我身边——2014年青少年科学体验活动"首发活动。

5月18日 傅振邦同志在北京出席团北京市委、北京市学联等单位主办的"走向网络、走出宿舍、走向操场"——"五四"杯2014年首都大学生乒乓球团体总决赛开幕式。

5月19日至22日 秦宜智同志赴浙江杭州市、嘉兴市、宁波市,围绕发挥广大团干部和团员青年作用做好网上舆论引导工作开展调研,分别考察了团浙江省委、浙江大学、中南卡通公司、"嘉兴第九区"论坛、平湖青年社会组织服务中心、鄞州区青年少年舆情监测中心等。期间,与浙江省委书记夏宝龙就共青团工作、网上舆论引导工作进行交流。

5月19日 汪鸿雁同志在北京出席北汽集团"奋斗的青春最美丽"主题青年大会并讲话。

5月19日 团中央召开团属媒体贯彻落实中央《关于当前意识形态领域情况的通报》精神专题会议,研究部署加强团属媒体管理、把握正确舆论导向、促进团属媒体健康发展有关工作。周长奎同志主持会议,团中央宣传部、中国青年报社、中国青年出版(总)社、中国少年儿童新闻出版总社、中华儿女报刊社、团中央网络影视中心主要负责同志参加。

5月20日 汪鸿雁同志在北京参加全国老龄工作委员会第十六次全体会议。

5月20日 全国创建青年文明号活动组委会、中国烹饪协会联合下发《关于餐饮行业开展创建青年文明号活动的通知》。

5月21日至23日 应全国青联邀请,以日本东京青年会议所2014年度理事长菅原敬介为团长、日本东京青年会议所日中友好之会最高顾问奥山忠为名誉团长的日本东京青年会议所代表团访华。21日,周长奎同志会见代表团。

5月22日 第115期"我的中国梦——奋斗的青春最美丽"青春故事分享活动举行,第18届中国青年五四奖章获得者、广州广船国际股份有限公司船舶电焊工陈庆城,国家电网新疆电力公司博尔塔拉供电公司运维检修部检修班长艾沙江通过中青在线网站分享青春奋斗故事并与网友互动交流。

5月23日至8月18日 团中央在全国25843个乡镇广泛开展"践行核心价值观携手共筑中国梦"寻找乡村好青年活动,共计产生17.1万名乡镇级乡村好青年,开展分享传递活动1.8万余场,75.3万余人参加。8月5日至6日,"乡村好青年·传递核心价值观"全国示范活动分别在黑龙江、湖北、浙江举行,秦宜智、徐晓同志分别参加黑龙江、浙江的活动。

5月23日 团中央机关举办第49次年轻干部学习交流会,围绕"年轻干部要扣好廉洁的'第一颗扣子'"这一主题进行学习交流。罗梅同志出席并讲话,中央纪委纪检监察干部监督室副主任李欣然作专题讲座,机关副处级以下年轻干部参加。

5月24日 全国学联秘书处、民建北京市委、朝阳区政协在北京举办大学生“走下网络、走出宿舍、走向操场”主题健康日暨 2014 年第三届“为爱而走”春季慈善健走大会,5000 余名大学生及各界青年参加。

5 月 25 日至 30 日 应全国青联邀请,以全国青年部部长桥元太郎为团长的日本创价学会青年代表团访华。26 日,周长奎同志会见代表团。

5 月 26 日 秦宜智同志主持召开共青团第十七届中央书记处 2014 年第 12 次会议。

5 月 26 日 团十七届中央书记处举行第九次集体学习。中央宣传部思想政治研究所副所长戴木才围绕培育和践行社会主义核心价值观进行讲解。秦宜智同志主持并讲话,罗梅、汪鸿雁、周长奎、徐晓同志,机关全体干部,直属单位主要负责同志及代表参加学习。

5 月 26 日至 6 月 1 日 应全国青联邀请,以青年与体育部部长凯里・嘉马鲁丁为团长、工程部部长法迪拉・尤素夫为副团长的马来西亚青年代表团访华。5 月 31 日,中共中央政治局常委、国务院总理李克强与马来西亚总理纳吉布共同会见中马两国青年代表并合影,秦宜智、周长奎同志陪同。5 月 27 日,秦宜智同志会见代表团主要成员,贺军科同志宴请代表团全体成员。

5 月 26 日 团中央、中国残联在团中央机关召开中国青年志愿者助残“阳光行动”工作领导小组第一次会议暨首批示范项目评审会。汪鸿雁同志,中国残联副主席、党组成员吕世明出席并讲话。

5 月 27 日 团中央召开共青团网络宣传工作电视电话会议。秦宜智同志,中央网信办、国家互联网信息办副主任任贤良出席并讲话,贺军科、罗梅、汪鸿雁、徐晓、傅振邦同志出席,周长奎同志主持会议。县级以上团的领导机关负责同志、相关部门同志、部分共青团网络宣传员骨干和各级网信部门负责同志 10 万余人参加会议。

5 月 27 日 秦宜智同志会见应中央对外联络部邀请来访的,以统一俄罗斯党总委员会副书记、国家杜马(议会下院)副主席热列兹尼亚克为团长的俄罗斯统一俄罗斯党青年干部考察团。

5 月 27 日 汪鸿雁同志到中国残疾人福利基金会与理事长汤小泉、副理事长兼秘书长费薇就志愿服务广州交流会暨首届中国青年志愿者项目大赛有关工作沟通意见,团中央青年志愿者工作部负责同志陪同。

5 月 27 日 周长奎同志在北京参加中央宣传部召开的节俭养德全民节约行动电视电话会议。

5 月 27 日至 30 日 团中央农村青年工作部在重庆举办全国农村区域化团建暨合作组织共青团工作骨干培训班。徐晓同志出席并讲话,部分分管农村共青团工作的地市级团委副书记、县级团委书记共 158 人参加培训。

5 月 27 日 团中央学校部、全国学联秘书处、北京卫视、阳光传媒集团等单位共同主办的 2014“正青春——奋斗的青春最美丽”名人名师校园分享会在清华大学、上海交通大学、西安理工大学同步启动。十届全国政协副主席、中国工程院主席团名誉主席徐匡迪以及相关主办单位负责同志在清华大学主会场出席活动。

5 月 28 日至 29 日 秦宜智同志在北京参加第二次中央新疆工作座谈会。

5 月 28 日至 29 日 徐晓同志在重庆调研农村共青团工作。

5 月 28 日 全国青联在北京举办学习习近平总书记系列讲话精神专题报告会,中国人民大学国际关系学院副院长金灿荣作题为“当前国际形势与中国外交的理论与实践”的报告。全国青联委员及部分省级青联委员、中国青年政治学院学生代表约 300 人参加报告会。

5 月 29 日 秦宜智、贺军科、罗梅同志在中南海参加李源潮同志召集团中央、全国妇联、中国科协、中国侨联负责同志研究落实第二次中央新疆工作座谈会精神的有关会议。

5月29日 第116期“我的中国梦——奋斗的青春最美丽”青春故事分享活动举行，第18届中国青年五四奖章获得者、中国科学院化学研究所分子识别与功能重点实验室主任助理罗三中，上海交通大学医学院的附属上海儿童医学中心党委书记江帆通过中青在线网站分享青春奋斗故事并与网友互动交流。

5月30日 中共中央总书记、国家主席、中央军委主席习近平到北京市海淀区民族小学看望少年儿童，参加少先队员入队仪式，了解学校开展培育和践行社会主义核心价值观教育活动情况，并同少先队辅导员、教师、少儿工作者、家长、学生代表座谈，代表党中央向全国各族少年儿童致以节日问候。王沪宁、刘延东、李源潮、栗战书、郭金龙等党和国家领导同志以及秦宜智、罗梅同志，全国妇联党组书记、副主席、书记处第一书记宋秀岩，教育部部长袁贵仁，中央办公厅副主任、总书记办公室主任丁薛祥等陪同参加活动。

5月30日 共青团中央、全国少工委召开座谈会，认真学习贯彻习近平总书记在北京市海淀区民族小学参加少先队主题队日活动时重要讲话精神。秦宜智同志出席并讲话，罗梅同志主持会议，部分少先队员、辅导员、教师、校长、家长、少年儿童工作者代表参加。

5月30日 贺军科同志在北京参加党的群众路线教育实践活动领导小组召开的中央各部门各单位党的群众路线教育实践活动专项推进会。

5月30日 汪鸿雁同志到科技部与党组书记、副部长王志刚，党组成员、副部长、秘书长李萌就成立全国高新区团指委有关工作沟通意见。随后，汪鸿雁同志出席第一届科技部青年“五四”评优表彰会暨“奋斗的青春最美丽”分享活动并讲话。

5月30日 汪鸿雁同志到民政部与副部长宫蒲光及社会工作司负责同志就志愿服务广州交流会暨首届中国青年志愿者项目大赛有关工作沟通意见，团中央青年志愿者工作部负责同志陪同。

5月30日 徐晓同志在北京参加中央组织部召开的全国大学生村官工作座谈会。

5月31日 秦宜智同志主持召开共青团第十七届中央书记处2014年第13次会议。

5月31日至6月27日 教育部、天津市人民政府、团中央等单位共同举办的2014年全国职业院校技能大赛在天津主赛场和北京等12个分赛区举行。6月26日，傅振邦同志出席中国优秀传统文化艺术表演赛。6月27日，中共中央政治局委员、天津市委书记孙春兰出席闭幕式并宣布大赛闭幕，十一届全国政协副主席、中华职业教育社理事长张榕明出席闭幕式，教育部部长袁贵仁出席闭幕式并讲话，教育部副部长鲁昕主持闭幕式，傅振邦同志等主办单位负责同志出席闭幕式。

5月31日 全国青年文明号活动组委会、中国烹饪协会在山东烟台市召开“餐饮行业青年文明号创建工作推进会”。团中央城市青年工作部，中国烹饪协会和各地烹饪（饮食、餐饮）协会有关负责人，餐饮企业负责人和员工代表300余人参加。

5月31日至6月1日 团中央学校部、全国学联秘书处主办，中国青少年科技创新奖励基金支持的第13届全国机器人大赛在山东邹城举行，来自29所高校的900多名大学生参赛。

六一国际儿童节期间，全国少工委统一部署开展“红领巾相约中国梦——今天我入队争当好队员”主题队日活动。贺军科、汪鸿雁、周长奎、徐晓、傅振邦同志分别参加希望工程少先队鼓号队公益汇演活动和北京市朝阳区呼家楼中心小学、北京市朝阳区安慧里中心小学、重庆市渝中区马家堡小学、北京育英学校小学部的主题队日活动。

6 月 3 日至 8 日 应团中央邀请，以古巴共产党中央委员、古巴共产主义青年联盟全国委员会第一书记尤妮亚斯琦·克雷斯波·巴克罗为团长的古巴共产主义青年联盟代表团访华。5 日，李源潮同志会见代表团，秦宜智、周长奎同志陪同。4 日，秦宜智、周长奎同志会见并宴请代表团。

6 月 4 日至 11 日 应全国青联邀请，以女性家族部青少年政策官孙爱利为团长的韩国青年代表团访华。9 日，周长奎同志会见代表团主要成员。

6 月 5 日 秦宜智同志主持召开专题会议，研究贯彻落实第二次中央新疆工作座谈会精神，部署做好共青团系统对口援疆工作。罗梅同志，团中央办公厅、统战部、团新疆区委、新疆生产建设兵团团委主要负责同志参加。

6 月 5 日 第 117 期“我的中国梦——奋斗的青春最美丽”青春故事分享活动举行，贵州大方百里花食品有限公司董事长岳心武，“中国最美乡村医生”、贵州省绥阳县黄杨镇洗马池村村医方晓美通过中青在线网站分享青春奋斗故事并与网友互动交流。

6 月 5 日 团中央、全国少工委下发《关于认真学习宣传贯彻习近平总书记在北京市海淀区民族小学参加少先队主题队日活动时重要讲话精神的通知》，要求各级共青团、少先队组织认真学习、宣传、贯彻习近平总书记重要讲话精神，教育引导少年儿童从小培育和践行社会主义核心价值观。

6 月 6 日 罗梅同志在北京参加全国政协委员“推进农村义务教育学生营养改善计划贯彻实施”专题视察团组团会议。

6 月 6 日 团中央、全国人大内务司法委员会在北京召开未成年人保护法执法检查重点问题座谈会。全国人大常委会委员、全国人大内务司法委员会副主任委员陈秀榕，汪鸿雁同志出席并讲话，教育部、公安部、民政部、最高人民法院、最高人民检察院等单位和相关专家学者、未成年人保护工作者代表参加会议。

6 月 6 日 全国青联在北京召开“京津冀晋蒙青少年增绿减霾共同行动”五省市青联秘书长工作会议，就动员青联委员广泛参与行动作出部署。

6 月 7 日 中国科协科普部、团中央学校部在北京举行 SOLVEFORTOMORROW 探知未来 2014 年全国青年科普创新实验暨作品大赛启动仪式。傅振邦同志出席。

6 月 7 日 团中央学校部在陕西延安市召开全国中学共青团重点工作创新试点项目推进会。团中央学校部相关负责同志和承担项目的 58 个试点中学团委书记参加。

6 月 7 日 全国青联在北京举办青联之友联谊会“走进中国农业科学院农业科技展示园”活动。

6 月 9 日至 14 日 罗梅同志参加全国政协委员“推进农村义务教育学生营养改善计划贯彻实施”专题视察团到云南视察。

6 月 9 日至 11 日 汪鸿雁同志在青海西宁市参加“2014 中国·青海绿色发展投资贸易洽谈会”开幕式并调研青年创业就业工作。

6 月 10 日 国务院食品安全办、中央文明办、教育部、工业和信息化部、团中央等部门在北京举行以“尚德守法提升食品安全治理能力”为主题的 2014 年全国食品安全宣传周主场活动暨第六届中国食品安全论坛。中共中央政治局委员、国务院副总理汪洋出席并讲话，国务院副秘书长毕井泉、国务院研究室副主任黄守宏和傅振邦同志等主办单位负责同志，国内外食品企业、协会代表出席活动。

6 月 10 日至 16 日 应全国青联邀请，以青年体育部长普鲁肖坦·鲍德尔为团长的尼泊尔青年代表团访华。13 日，秦宜智同志会见代表团主要成员。13 日，徐晓同志宴请代表团。

6 月 10 日 中国青年企业家协会在青海西宁市举行“全国青年创业导航计划”启动仪

式。汪鸿雁同志，青海省委常委、省纪委书记多杰热旦，全国近50名优秀青年企业家和青海省150余名创业青年、在校大学生代表参加了启动仪式。

6月11日 秦宜智同志列席国务院第51次常务会议。

6月11日 国家机关事务管理局、教育部、团中央在北京大学举办“厉行节约，高校在行动”节约型校园建设主题宣传活动，傅振邦同志出席并讲话。

6月12日 秦宜智同志主持召开共青团第十七届中央书记处2014年第14次会议。

6月12日 团中央书记处全体同志在北京参加李源潮同志召集的培育和践行社会主义核心价值观工作汇报交流会，秦宜智、罗梅同志分别代表团中央和全国少工委发言。

6月12日 第118期“我的中国梦——奋斗的青春最美丽”青春故事分享活动举行，中国残奥游泳运动员、云南师范大学体育学院2011级运动训练本科班学生王家超，第十二届全国人大代表、云南省公路开发投资公司昆明东管理处小喜村收费站副站长铁飞燕通过中青在线网站分享了自己的青春奋斗故事，并与网友进行了互动交流。

6月13日 汪鸿雁同志在北京参加全国政协社会和法制委员会社会组织专题调研预备座谈会。

6月13日 中国移动视频基地、团中央学校部、团中央网络影视中心、中国网络电视台在北京举行“和你圆梦——2014年G客G拍原创视频大赛”启动仪式。

6月14日至15日 全国青联在福建厦门市举行第十二届海峡青年论坛、第六届两岸青年社团负责人圆桌会议、首届海峡两岸青少年新媒体文创论坛。贺军科同志，中共福建省委常委陈桦，厦门大学党委书记杨振斌，全国台联副会长、全国青联副主席纪斌，厦门市委副书记钟兴国，中华青年交流协会创办人李钟桂，台湾青年创业协会总会总会长许旭辉，台湾无党团结联盟主席林炳坤等出席有关活动，两岸及港澳地区60家青年社团负责人、港澳台300多位嘉宾和近600名青年代表参加了活动。

6月15日至26日 应中央对外联络部和团中央邀请，来自阿根廷、巴西、智利、哥斯达黎加、墨西哥、秘鲁和乌拉圭7国主要政党青年干部、政府青年事务机构负责人和全国性青年组织领导人一行20人来华参加主题为“全面深化改革与中国梦”的第五期拉美青年干部研修班。16日，周长奎同志会见研修班全体成员。

6月15日至16日 全国青联委员、中国青年企业家协会会员“走进广安·携手圆梦”活动在四川广安市举行。16日，全国首个“小平科技创新实验室”授牌仪式在四川广安思贤国际学校举行。傅振邦同志分别出席授牌仪式和爱心捐赠活动。

6月16日 秦宜智同志在北京参加中央对外联络部组织的李源潮同志访问赞比亚、坦桑尼亚行前协调会议。

6月16日 团中央直属机关党委组织党员干部观看电影纪录片《永远的焦裕禄》。罗梅、汪鸿雁、周长奎、徐晓同志，机关全体党员干部，各直属单位党组织负责同志观看了电影。

6月16日 全国人大环境与资源保护委员会、全国政协人口资源环境委员会、环境保护部、文化部、国家新闻出版广电总局、团中央、中国人民解放军环保绿化委员会等单位在北京举办2012—2013绿色中国年度人物颁授仪式，环境保护部副部长潘岳出席并讲话，徐晓同志等主办单位负责同志为获奖者颁奖。

6月16日起，团中央、香港中联办共同主办的“2014香港大学生暑期内地实习计划”在北京、上海、天津、重庆、江苏、浙江、广东、福建、广西、湖南、内蒙古等11个省份陆续启动，共有1000余名来自香港高校的学生赴内地实习，并与当地大学生一起进行国情考察、社会服务、文体联谊等活动。

6月16日至18日 团中央在中央团校举办2014年全国地市级团委班子成员和县级团委书记轮训工作专题研讨班，来自团中央机关和各省级团委的轮训授课教师代表、部分参训学员代表、各片区牵头省级团委组织部和承办轮训任务的培训机构负责同志共90余人参加。

6月16日 团中央学校部、中国青少年科技创新奖励基金在四川广安市联合召开“小平科技创新实验室”项目推进会，团中央学校部负责同志、13所“小平科技创新实验室”创建学校及相应地市级团委负责同志参加会议。

6月17日 中国青年政治学院举行2014年毕业典礼。秦宜智同志为毕业生颁授学位并讲话。

6月17日至19日 傅振邦同志赴广东广州市调研共青团学校战线培育和践行社会主义核心价值观、大学生创新创业大赛筹备、“走下网络、走出宿舍、走向操场”活动等工作。

6月18日至27日 秦宜智同志陪同李源潮同志访问赞比亚、坦桑尼亚。按照代表团工作安排，当地时间19日，秦宜智同志单独会见赞比亚青年体育部部长坎布维利；24日，秦宜智同志单独会见坦桑尼亚革命党青年团副主席姆希塔、总书记马彭达。

6月18日 汪鸿雁同志在北京参加全国总工会、国家安监总局联合召开的全国“安康杯”竞赛表彰暨经验交流电视电话会议。

6月19日 团中央召开共青团对口支援新疆工作协调会，罗梅同志出席并讲话，团中央有关部门和直属单位负责同志，中央金融团工委、中央企业团工委负责同志，对口援疆省市团委负责同志，团新疆区委、新疆生产建设兵团团委负责同志，以及新疆各地州市团委、兵团有关师市团委负责同志参加。

6月19日至25日 汪鸿雁同志赴江苏无锡市滨湖区基层联系点蹲点调研。

6月19日 第119期“我的中国梦——奋斗的青春最美丽”青春故事分享活动举行，中国航天科技集团公司六院十一所阀门研究室主任助理孙亮、长庆油田第七采油厂百宝作业区采油工李时伦通过中青在线网站分享青春奋斗故事并与网友互动交流。

6月20日至21日 2014年中国青年院校发展论坛暨中国青年工作院校协会第三届理事会第二次会议在北京召开。20日，傅振邦同志出席开幕式并讲话。

6月22日 徐晓同志在北京会见中国青年创业就业基金会理事、澳门基金会监事会主席、澳门中华总商会副会长崔世昌。

6月23日至25日 贺军科同志在北京参加政协十二届全国委员会常务委员会第六次会议。

6月23日至25日 团中央城市青年工作部在江苏昆山市举办全国国家级经济技术开发区团组织负责人示范培训班。25日，召开全国非公企业团建“活力工程”推进会。团中央城市青年工作部、商务部机关党委和外资司有关负责同志，以及来自全国112家经济体量较大的国家级经开区团组织负责人参加培训班。各省、自治区、直辖市和新疆生产建设兵团团委城市部长，副省级城市团委副书记参加推进会。汪鸿雁同志出席推进会并讲话。

6月23日至27日 徐晓同志赴甘肃高台县基层联系点蹲点调研。

6月23日至24日 傅振邦同志在北京参加国务院召开的全国职业教育工作会议。

6月23日 全国少工委下发《关于组织各级少工委干部、总辅导员深入宣讲习近平总书记今年“六一”重要讲话精神的通知》。

6月23日至26日 团中央青年志愿者工作部在全国青少年井冈山革命传统教育基地举办2014年西部计划优秀项目办骨干人员培训班，在2012—2013年度西部计划绩效考核中被评为优秀等次的65个服务县项目办和211所高校项目办的骨干人员共276人参加培训。

6月24日 团中央机关举办第50次年轻干部学习交流会,围绕"汲取中华优秀传统文化丰富营养,践行社会主义核心价值观"这一主题进行学习交流。机关副处级以下年轻干部、挂职干部参加。

6月24日至27日 团中央青年志愿者工作部在全国青少年井冈山革命传统教育基地举办2014年中国青年志愿者研究生支教团队长培训班,来自全国168所高校的2014—2015年(第十六届)研究生支教团队长参加培训。

6月25日 罗梅同志到中国少年儿童新闻出版总社调研。

6月25日 周长奎同志在北京参加中央党史研究室召开的党史教材编写协调小组第二次工作会议。

6月25日 周长奎同志会见应中央对外联络部邀请来访的、以党首吉田忠智为团长的日本社民党代表团。

6月25日 中学实践教育活动座谈会在山西太原召开。山西省委副书记楼阳生、傅振邦同志出席并讲话,团中央学校部、教育部基础教育一司、全国部分省级团委相关负责同志、部分中学团委书记以及山西省各地市级团委、教育部门负责同志约80人参加座谈会。

6月26日 罗梅同志到中国青少年发展服务中心调研。

6月26日至29日 汪鸿雁同志随全国政协社会和法制委员会调研组赴四川调研社会组织工作。

6月26日 周长奎同志在北京参加中华体育总会第九次全国代表大会。

6月26日 第120期"我的中国梦——奋斗的青春最美丽"青春故事分享活动举行,新疆大学国际政治专业硕士研究生胡尔西旦·阿尔肯、新疆奇台县天山宏业建筑安装有限公司项目经理唐兴彦通过中青在线网站分享青春奋斗故事并与网友互动交流。

6月27日 团中央直属机关党委举办团中央直属机关"中国梦·共青情"书画笔会暨团中央直属机关书画摄影协会成立仪式。罗梅同志出席协会成立仪式,机关各部门、各直属单位书画摄影爱好者参加。

6月27日 傅振邦同志在天津市第一商业学校调研,并与天津市中职学校团干部代表座谈。

6月28日 秦宜智同志在北京参加"和平共处五项原则"发表60周年纪念大会,并参加晚上举办的庆祝宴会。

6月28日 团中央、全国学联主办的2014年"新疆学子百村行"自治区大中专学生暑期社会实践活动出征仪式在新疆农业大学举行。

6月29日至7月2日 应全国青联邀请,以香港杰出青年协会会长罗宝文为团长的香港杰出青年访京团访问北京。7月1日,中共中央政治局委员、国家副主席李源潮同志在人民大会堂会见由该团与香港其他青年学生团体所组成的香港各界青年学生联合访京团,贺军科同志参加会见。7月1日,秦宜智同志会见香港杰出青年访京团全体成员。

6月29日 秦宜智同志主持召开共青团第十七届中央书记处2014年第15次会议。

6月29日 2013年度全国高校赴新疆挂职团干部座谈会在新疆乌鲁木齐市举行。

6月29日 全国青联在北京举行学习习近平总书记系列讲话精神专题报告会,国家海洋局总工程师、中国海警局副局长孙书贤作"海洋权益形势与强国战略"专题报告。全国青联、中央国家机关青联、中央企业青联和北京市青联委员约200人参加。

6月29日至7月1日 作为首届中国—俄罗斯博览会的配套活动,全国青联、俄罗斯青年事务署、俄罗斯青年联盟在黑龙江哈尔滨市举办中俄青年企业家俱乐部成立暨网站启动仪式、第一次主席会议、中俄青年企业家圆桌会议以及交流晚宴。周长奎同志、俄罗斯10余个企业家团体推荐的60余名青年企业家以及中国50名青年企业家参加活动。

6月29日至7月3日 团中央学校部在全国青少年井冈山革命传统教育基地举办全国民办高校和独立学院团委书记培训班。

6月30日 团十七届中央书记处举行第十次集体学习。中央新疆工作协调小组办公室副主任,国家民委党组副书记、副主任李昭围绕第二次中央新疆工作座谈会精神进行讲解。秦宜智同志主持并讲话,罗梅、汪鸿雁、徐晓、傅振邦同志,机关全体干部,直属单位主要负责同志及代表参加学习。

6月30日 秦宜智同志列席中央政治局第十六次集体学习。

6月30日 团中央直属机关党委在中央团校举办团中央直属机关新发展党员培训班,新发展党员、入党积极分子100余人参加培训。

7月1日 汪鸿雁同志到中国志愿者联合会与会长刘淇、副会长兼秘书长赵津芳商谈有关工作。

7月1日至6日 应俄罗斯国家杜马邀请,根据全国人大统一安排,傅振邦同志率全国人大青年代表友好访问团访问俄罗斯莫斯科和圣彼得堡。在俄期间,访问团与俄上下两院领导举行了会谈,与俄杜马相关专门委员会及各党派青年议员进行了专题交流,并访问了圣彼得堡市议会,考察了有关企业和高校。俄罗斯国家杜马主席纳雷什金、第一副主席梅利尼科夫、副主席热列兹尼亚克及联邦委员会副主席乌马汉诺夫分别会见了代表团。

7月2日 秦宜智同志列席国务院第53次常务会议。

7月2日 秦宜智同志到海淀区彩和坊小学调研中华传统文化教育有关工作。

7月2日至3日 罗梅同志赴辽宁大连市就基层服务型团组织建设、少先队培育和践行社会主义核心价值观等工作专题调研。

7月2日至4日 团中央、全国青联、欧美同学会在天津滨海新区举办“2014海外学人回国创业周——创新创业·活力津门”活动。来自美、英、日、德、法等13个国家的160多名海外留学人员参加。3日,汪鸿雁同志,天津市委常委、组织部部长尹德明出席海外学人回国创业座谈会并讲话。天津市委常委、滨海新区区委书记袁桐利,天津市副市长、滨海新区区长宗国英,中央统战部、欧美同学会有关负责人参加相关活动。

7月3日 第121期“我的中国梦——奋斗的青春最美丽”青春故事分享活动举行,新疆电视台维吾尔语新闻综合频道节目主持人夏姆斯娅·艾拜都拉、新疆农业厅种子管理总站工作人员王燕娜通过中青在线网站分享青春奋斗故事并与网友互动交流。

7月4日 团中央、工业和信息化部、人力资源社会保障部、农业部、中央电视台、天津市人民政府、广东省人民政府在北京举行首届“盐商杯”中国青年创新创业大赛启动仪式暨青年创业论坛。秦宜智同志、全国工商联副主席林毅夫出席并讲话,人力资源社会保障部副部长邱小平、农业部副部长张桃林出席,汪鸿雁同志主持,徐晓同志介绍大赛情况。大赛各主办单位、承办单位、支持单位有关负责同志以及创业青年代表、创业服务机构代表、创业投资机构代表等260余人参加。

7月4日 团中央、民政部、广东省人民政府、中共广州市委在广州召开志愿服务广州交流会暨首届中国青年志愿服务项目大赛全国组委会第一次工作会议。团中央青年志愿者工作部、中国青年企业家协会等相关主办、承办单位负责同志与各省(自治区、直辖市)团委、中直机关团工委、中央金融团工委等单位志愿服务工作机构负责同志、志愿者代表等100余人参加会议。

7月5日 团中央、中国残联、中央文明办在广州举办“心手相牵共享阳光”2014年全国志愿助残阳光行动主题日活动。汪鸿雁同志、中国残联副主席吕世明、广东省人民政府副省长邓海光出席活动,并以志愿者身份参与助残志愿服务。

7月6日至12日 团中央组织部在中央团校举办第1期全国新任职地市级团委班子成员培训班,71名新任职地市级团委班子成员参加培训。7日,周长奎同志出席开班式并授课。

7月7日 秦宜智同志在北京参加纪念全民族抗战爆发77周年仪式。

7月7日至10日 秦宜智同志到新疆阿克苏地区、乌鲁木齐市和新疆生产建设兵团一师等地调研青少年和共青团工作。调研期间,中共中央政治局委员、新疆维吾尔自治区党委书记张春贤,新疆维吾尔自治区政府主席努尔·白克力,新疆生产建设兵团政委车俊会见秦宜智同志,并就做好新疆地区青少年工作、共青团对口支援新疆工作交换意见。

7月7日至15日 应俄罗斯教育和科学部邀请,汪鸿雁同志率中国青年代表团对俄罗斯进行友好访问。

7月7日 团中央学校部和中国青少年发展基金会在北京召开第九届中国青少年科技创新奖评审会。傅振邦同志出席并讲话,中国科学院杨乐院士主持,中国科学院副院长丁仲礼院士、中国科协副主席冯长根教授、北京交通大学校长宁滨教授等评审专家参加。

7月7日 团中央、教育部、全国少工委联合下发《关于深入贯彻落实习近平总书记重要讲话精神在中小学少先队员中广泛开展培育和践行社会主义核心价值观活动的通知》。

7月8日 中国产经新闻报社在北京召开“走基层,转作风,改文风”座谈会,周长奎同志出席。

7月8日 团中央学校部在北京召开2014年“创青春”全国大学生创业大赛筹备工作汇报会,傅振邦同志出席。

7月9日 周长奎同志在北京参加第六轮中美战略与经济对话和第五轮中美人文交流高层磋商联合开幕式。

7月9日 徐晓同志在北京列席国务院第54次常务会议。

7月10日 共青团对口支援新疆工作会议在新疆乌鲁木齐市召开。中共中央政治局委员、新疆维吾尔自治区党委书记张春贤出席会议并作重要讲话。秦宜智同志出席并讲话,罗梅同志主持会议并作总结讲话,新疆维吾尔自治区人民政府主席努尔·白克力,新疆生产建设兵团政委车俊,自治区党委常委、秘书长白志杰,自治区党委常委、总工会主席尔肯江·吐拉洪,自治区党委常委、副主席艾尔肯·吐尼亚孜,兵团党委常委、副政委阿布力孜·尼牙孜出席会议。团中央机关有关部门负责同志,承担对口援疆任务的19个省市团委,中央金融团工委、中央企业团工委,新疆维吾尔自治区团委、新疆生产建设兵团团委,以及自治区12个对口受援地市州团委和兵团12个对口受援师市团委的有关同志100余人参加了会议。全团围绕青少年思想引导、青少年成长成才服务、青年人才培养、基层组织建设等主题,初步形成了548个工作项目。其中,涉及夏令营、手拉手和企业家互访等交流交往项目92项,计划参与人数约87000人;涉及文化活动88项,文艺演出40场,文化产品17种;涉及阵地建设86个;涉及团干部和优秀年轻干部培训79项,计划培训人数约16000人;涉及就业创业培训帮扶75项,受益人群约30000人;社会实践项目32项,参与人数约为3000人;希望工程投入项目59项,累计3000多万元人民币。另外,还包括生态环保、经贸拓展、医疗救助等20个工作项目,为有效整合全团对口支援民族地区工作资源,做好民族地区共青团和青少年工作奠定了基础。

7月10日 周长奎同志在北京出席第五轮中美人文交流高层磋商全体会议。

7月10日至12日 团中央、全国青联、欧美同学会在江苏苏州市共同举办“2014海外学人回国创业周暨第六届苏州国际精英创业周”。徐晓同志出席创业周开幕式，出席“创业姑苏”青年精英创业大赛颁奖典礼并讲话。期间，在苏州市调研农村共青团工作。

7月10日 第122期“我的中国梦——奋斗的青春最美丽”青春故事分享活动举行，西藏当雄县公塘乡拉根村党支部第一书记洛桑顿玉，西藏乃东县昌珠镇党委组织委员、克松居委会党支部第一书记张小波通过中青在线网站分享青春奋斗故事并与网友互动交流。

7月11日至13日 罗梅同志到新疆喀什地区、克孜勒苏柯尔克孜自治州、新疆生产建设兵团第三师调研民族地区共青团和青少年工作。

7月11日 周长奎同志到中国青年出版总社青年文摘党支部调研。

7月11日 由中华全国律师协会、中国法律援助基金会、团中央青年志愿者工作部等单位联合主办的“1+1”中国法律援助志愿者行动2014年总结派遣工作会议在北京人民大会堂召开。十届全国人大常委会副委员长、中国关心下一代工作委员会主任、中国法律援助基金会名誉理事长顾秀莲，十一届全国政协副主席、中国法律援助基金会名誉理事长李兆焯，司法部部长吴爱英、副部长赵大程，周长奎同志等出席会议。

7月11日 傅振邦同志在北京出席2014北京航空航天大学暑期创业训练营开营仪式。

7月11日 由团中央、香港中联办主办的香港大学生暑期内地实习计划广西总结分享会在广西南宁市举行，广西壮族自治区党委书记、自治区人大常委会主任彭清华，自治区党委副书记危朝安，自治区党委常委、秘书长范晓莉，团中央统战部负责同志出席分享会。

7月13日至19日 团中央组织部在中央团校举办2014年度第1期全国新任职县级团委书记培训班，118名新任职县级团委书记参加培训。16日，罗梅同志为学员授课。

7月14日 罗梅同志在北京参加全国培养和选拔年轻干部工作座谈会。

7月14日至18日 周长奎同志赴河北平山县联系点蹲点调研。

7月14日 团中央、中国邮政储蓄银行印发《关于合作开展促进青年创业就业工作的通知》，就推进青年创业小额贷款、合作开展农村青年创业创富大赛、实施邮储银行青年干部与共青团干部交流挂职等工作进行部署。

7月15日 秦宜智同志在团中央机关会见中国民用航空局副局长董志毅。

7月15日 秦宜智同志主持召开共青团第十七届中央书记处2014年第16次会议。

7月15日至17日 团中央、全国青联、欧美同学会主办，中国青年科技工作者协会、团陕西省委、陕西省青联、西咸新区管委会等单位联合承办的“2014海外学人回国创业周”在陕西西咸新区举办。陕西省政协副主席李冬玉、欧美同学会副会长董浩、全国青联副主席杨扬参加相关活动。

7月15日至18日 团中央城市青年工作部在全国青少年井冈山革命传统教育基地举办2014年全国骨干企业团组织负责人培训班，来自全国22家中央企业、中央金融企业，38家地方国有企业，以及84家规模较大非公企业的团组织负责人参加培训。汪鸿雁同志出席并讲话。17日，召开企业共青团和青年工作研讨会，汪鸿雁同志出席并讲话。

7月15日至22日 团中央学校部、全国学联秘书处、团江苏省委在江苏南通市举办第六期全国各民族中学生同心营。来自全国5个自治区和江苏省的320名各民族中学生和领队老师参加活动。22日，傅振邦同志出席闭营仪式并讲话。

7月16日　秦宜智、贺军科、汪鸿雁、徐晓同志在团中央机关分别会见广东省委副书记、政法委书记马兴瑞。

7月16日　秦宜智同志会见应中联部邀请来访的以党首海江田万里为团长的日本民主党代表团。

7月16日　团中央与中国邮政储蓄银行合作开展促进青年创业就业工作座谈推进会在北京召开。徐晓同志出席并讲话。中国邮政储蓄银行小企业金融部和战略发展部负责同志，部分省级团委负责同志和农村部负责同志，以及中国邮储银行广东省分行负责同志参加会议。

7月17日　贺军科同志召集会议，专题研究2015年部门预算有关项目经费申报事宜，办公厅、组织部、城市部、农村部负责同志参加。

7月17日　罗梅同志在北京参加全国妇联十一届三次全委会。

7月17日　团中央主办，团中央网络影视中心、团新疆区委共同承办的“少年志 民族情 中国梦——各族少年心向党”文艺联欢会在团中央机关礼堂举行。秦宜智同志出席活动并发表即席讲话。罗梅同志参加活动。

7月17日　第123期“我的中国梦——奋斗的青春最美丽”青春故事分享活动举行，甘肃省临夏州和政县大学生兴农养殖营销专业合作社理事长、城关镇咀头村党支部副书记杨胜强，甘肃省成县电子商务协会副会长段国强通过中青在线网站分享青春奋斗故事，并与网友互动交流。

7月18日　秦宜智同志与2013—2014年度全国学联驻会执行主席座谈，学校部负责同志参加。

7月18日　贺军科同志参加统战部党支部专题组织生活会。

7月18日　傅振邦同志在北京参加国家教育体制改革领导小组第十一次全体会议。

7月20日至25日　应全国青联邀请，以英国国会议员，工党影阁的大学、科学与技能部国务部长利亚姆·伯恩为团长的英国青年政治家代表团访华并参加第四届中英青年领导者圆桌会议。22日，周长奎同志出席第四届中英青年领导者圆桌会议和中英青年领导者友好之会联谊活动。23日，贺军科同志宴请代表团。

7月20日至23日　团中央学校部、全国学联秘书处、团上海市委在复旦大学附属中学举办“我是未来企业家”——第一届全国中学生商业大赛。来自全国25个省(市、区)44所中学的300余名选手参与比赛。23日，傅振邦同志、上海市有关单位负责同志参加闭幕式并为获奖代表颁奖。

7月21日　汪鸿雁同志在北京参加全国人大常委会未成年人保护法执法检查组第二次全体会议。

7月21日　团中央、全国学联、中央国家机关工委联合主办的大学生“紫光阁”实习计划在北京启动。来自北京大学、清华大学、北京科技大学、中央财经大学、中国青年政治学院等高校的38名在校学生，将在科技部等部委机关开始为期一个月的实习生活。

7月21日至25日　团中央组织部在陕西省团校举办2014年度第2期全国非新任职地市级团委班子成员和县级团委书记培训班，共有150名学员参加。

7月21日至25日　团中央宣传部在全国青少年井冈山革命传统教育基地举办共青团网络宣传骨干培训班。全国各省级团委宣传部、新媒体工作机构，部分地市级团委，高校、企业、机关团委以及团中央有关直属单位的网络宣传工作骨干140余人参加培训。

7月21日至25日　全国少工委在全国青少年井冈山革命传统教育基地举办以培育和践行社会主义核心价值观为主题的2014年全国优秀少先队小干部和辅导员培训班，

217 名少先队小干部和 97 名少先队辅导员参加培训。

7 月 22 日 汪鸿雁同志在北京参加国务院安全生产委员会全体会议。

7 月 22 日至 23 日 傅振邦同志赴上海调研学校共青团工作。

7 月 22 日至 28 日 全国少工委主办，陕西省少工委、中国青少年发展服务中心等单位承办的 2014 年“各族少年手拉手”夏令营在陕西省西安中学举行。来自 9 个省份 24 个民族的 160 名少年儿童与西安当地的 160 名少年儿童共同参加活动。

7 月 23 日 秦宜智同志列席国务院第 57 次常务会议。

7 月 23 日 由中国青少年发展基金会、中国贵州茅台酒厂（集团）有限责任公司联合全国 33 家省级青少年发展基金会主办的“国酒茅台·国之栋梁——2014 希望工程圆梦行动”大型公益助学活动捐赠启动仪式在团中央礼堂举行。秦宜智、贺军科同志，贵州省政府副省长陈鸣明，贵州茅台集团有关负责同志出席启动仪式。

7 月 23 日至 25 日 傅振邦同志赴吉林长春市调研学校共青团工作。

7 月 24 日 秦宜智同志在团中央机关会见总政治部组织部副部长蔡善飞。

7 月 24 日 贺军科同志在北京参加北京市少先队工作会议并讲话。

7 月 24 日 汪鸿雁同志在北京参加中华全国供销合作总社成立 60 周年纪念会。

7 月 24 日至 27 日 周长奎同志赴山东威海市调研共青团宣传思想工作和新媒体工作。

7 月 24 日至 29 日 团中央学校部在山东威海市举办第四期全国中学团委书记培训班，来自全国各地的 120 名示范性中学团委书记参加培训。

7 月 24 日至 30 日 团中央、中共吉林省委、全国学联在吉林举行 2014 年全国少数民族大学生社会实践与社会观察活动，来自 22 个民族的 350 名大学生参加活动。24 日，中共吉林省委副书记竺延风、傅振邦同志、吉林大学党委书记陈德文出席启动仪式并讲话。

7 月 24 日 第 124 期“我的中国梦——奋斗的青春最美丽”青春故事分享活动举行，青海省邮政公司格尔木市邮政局投递员葛军、北京大学研究生支教团青海分团成员宋文轩等通过中青在线网站分享青春奋斗故事，并与网友互动交流。

7 月 25 日 中宣部、公安部、团中央等单位共同主办的第十二届见义勇为英雄模范表彰大会在人民大会堂召开。会前，中共中央政治局委员、中央政法委书记孟建柱会见了见义勇为英雄模范代表，国务委员、公安部部长郭声琨参加会见并在表彰大会上讲话，贺军科同志参加表彰大会和会见活动。

7 月 25 日 汪鸿雁同志在团中央机关会见俄中友谊之家负责人马克西姆。

7 月 25 日至 26 日 团中央主办，团山东省委、中共威海市委承办的“甲午殇·中国梦”主题实践营活动在全国青少年爱国主义教育基地山东威海市刘公岛举行，来自全国各地的中小学生代表和中学团委书记代表共 240 余人参加活动。25 日，周长奎同志出席开营式并讲话。

7 月 26 日至 8 月 1 日 应全国青联邀请，以布里斯班市议员米尔顿·迪克为团长的澳大利亚政治交流理事会代表团访华。28 日，周长奎同志会见代表团。

7 月 25 日至 28 日 团中央、教育部、中国科协、全国学联和浙江省人民政府在浙江杭州市共同主办 2014 年“挑战杯——彩虹人生”全国职业学校创新创效创业大赛决赛。26 日，傅振邦同志，中国科协副主席、中国工程院院士陈赛娟，浙江省人民政府党组副书记、顾问王建满出席开幕式。

7 月 26 日 团中央学校部在浙江杭州市

召开全国中职共青团工作研讨会。傅振邦同志出席并讲话。教育部职业教育与成人教育司负责同志,各省级团委分管副书记、学校部负责同志,部分地市级团委负责同志,部分行业企业团委书记和参加首届“挑战杯——彩虹人生”全国职业学校创新创效创业大赛决赛的中职学校校长、团委书记共230多人参加研讨会。

7月26日 由团中央、香港中联办主办的香港大学生暑期内地实习“共创新世界”项目在北京召开北京总结分享会。

7月27日 全国青联在北京举办学习习近平总书记系列讲话精神专题报告会。全国政协委员、原国务院研究室副主任、国务院发展研究中心副主任侯云春同志作《如何应对中国经济“新常态”》专题报告。全国青联、北京青联和天津青联的委员约150余人参加报告会。

7月28日至29日 团中央在北京召开全团学习贯彻习近平总书记重要批示精神暨2014年年中工作交流会。各省级团委主要负责同志围绕学习贯彻习近平总书记重要批示精神和上半年重点工作推进情况分别发言,秦宜智同志出席并讲话,贺军科、罗梅、汪鸿雁、周长奎、徐晓、傅振邦同志,机关各部门负责同志参加会议。7个全国性行业团指委负责同志、团中央机关部分正处级以上干部列席全体会议。

7月28日 第12届全国学生运动会组委会第一次全体会议在上海召开,傅振邦同志出席会议。

7月28日 教育部、国家体育总局、团中央主办,上海市人民政府承办的第12届全国学生运动会在上海东方体育中心开幕。中共中央政治局委员、国务院副总理刘延东出席开幕式并宣布运动会开幕,教育部部长袁贵仁、上海市市长杨雄分别致辞,傅振邦同志等主办单位负责同志出席开幕式。

7月28日 秦宜智、贺军科同志与中央台办副主任叶克冬沟通有关工作,办公厅、统战部负责同志参加。

7月28日 傅振邦同志在上海参加全国学校体育工作座谈会。

7月28日至8月1日 团中央、全国保护母亲河行动领导小组在内蒙古呼和浩特市举办京津冀晋蒙青少年生态环保组织骨干培训,并召开全国青少年生态环保组织建设研讨会。徐晓同志出席并讲话,北京、天津、河北、山西、内蒙古近百家青少年生态环保组织的骨干参加。

7月29日 由团中央、香港中联办主办的香港大学生暑期内地实习“共创新世界”项目在上海召开上海总结分享会。

7月29日至8月2日 团中央组织部在团中央北戴河培训基地举办2013年度全国优秀共青团干部、全国五四红旗团委负责同志工作研讨活动,216名获表彰的团干部和团组织代表参加活动。

7月30日 秦宜智同志列席国务院第58次常务会议。

7月30日 贺军科同志主持召开团中央资产管理领导小组会议,徐晓、傅振邦同志,办公厅、组织部、宣传部、机关党委、中国青年实业发展总公司负责同志参加会议。

7月30日 周长奎同志在北京参加推进诚信建设制度化工作座谈会。

7月30日 团十七届中央书记处举行第十一次集体学习。全国青联委员、对外经济贸易大学研究生院副院长廉思围绕社会转型背景下的当代青年进行了讲解。秦宜智同志主持并讲话,贺军科、周长奎、徐晓、傅振邦同志,团中央机关全体干部、直属单位主要负责同志及代表参加学习。

7月31日 秦宜智同志在北京参加中央港澳工作协调小组全体会议。

7月31日至8月7日 团中央、全国学联在广东广州市举行 2014 年全国各民族中职学生暑期同心营活动，来自西部省份的 150 名少数民族中职学生与广东省选拔的 150 名中职学生结对参加活动。7 月 31 日，罗梅同志出席开营式。

7 月 31 日 团中央青年志愿者工作部与西藏自治区党委组织部、宣传部、教育厅、财政厅、人力资源社会保障厅在西藏拉萨市共同召开 2014 年西部计划西藏专项志愿者出征动员大会。汪鸿雁同志，西藏自治区党委常委、组织部部长梁田庚出席并讲话。

7 月 31 日 傅振邦同志在北京参加国务院扶贫开发领导小组第三次全体会议。

7 月 31 日 第 125 期"我的中国梦——奋斗的青春最美丽"青春故事分享活动举行，中国人民解放军某部队副参谋长黎登贵、中国人民解放军某部队 58 分队政治教导员拉巴次仁通过中青在线网站分享青春奋斗故事，并与网友互动交流。

8 月 1 日 秦宜智同志主持召开专题会议，研究贯彻落实中央港澳工作协调小组全体会议精神，贺军科、傅振邦同志，统战部、学校部负责同志参加。

8 月 1 日 秦宜智同志主持召开共青团第十七届中央书记处 2014 年第 17 次会议。

8 月 1 日 周长奎同志会见应中日友协邀请来访的以副会长酒井哲夫为团长的日中友协代表团。

8 月 2 日 徐晓同志到中国青少年研究中心调研。

8 月 3 日至 5 日 全国少工委办公室在团中央北戴河培训基地举办 2014 年全国优秀少先队总辅导员和辅导员培训班。来自全国各地的 213 名少先队工作者、总辅导员、辅导员参加培训。

8 月 4 日至 22 日 团中央在全团部署开展"走进青年、转变作风、改进工作"大宣传大调研活动。期间团中央机关第一批调研组分赴各地开展调研。秦宜智、罗梅、汪鸿雁、周长奎、徐晓、傅振邦同志分别率调研组赴黑龙江、贵州、湖南、福建、浙江、河南等地调研。

8 月 4 日至 14 日 团中央、河南省委、全国学联在河南举行"走中原大地，挺民族脊梁"中国大学生骨干培养学校第七期学员实践锻炼活动，全国近 200 所高校的中国大学生骨干培养学校第七期学员深入河南各地感受学习红旗渠精神、焦裕禄精神、大别山精神和愚公移山精神，体验中华优秀传统文化，了解国情社情民情。4 日，傅振邦同志、河南省委副书记邓凯出席开班式并讲话。14 日，学员与河南省高校学生代表共同参加践行社会主义核心价值观"青春汇"活动，河南省委常委、纪委书记尹晋华，全国学联主席齐兴达出席活动。

8 月 4 日 贺军科同志主持召开团中央抗震救灾工作领导小组会议，研究共青团参与云南鲁甸地震抗震救灾工作，办公厅、宣传部、青年志愿者工作部负责同志参加。

8 月 7 日 贺军科同志在团中央机关会见"2014 清华——顶新两岸领袖生计划"学员。

8 月 7 日 第 126 期"我的中国梦——奋斗的青春最美丽"青春故事分享活动举行，宁夏贺兰县兰光村党支部书记秦文博、宁夏驼铃文化艺术传播中心执行总监邢成通过中青在线网站分享青春奋斗故事并与网友互动交流。

8 月 8 日 贺军科同志主持召开团中央贯彻执行中央八项规定严肃财经纪律和"小金库"专项治理工作动员部署会，办公厅、组织部、统战部、国际联络部、机关党委、机关服务中心和有关直属单位负责同志参加。

8 月 8 日至 10 日 2014 年"创青春"全国大学生创业大赛复赛在湖北华中科技大学举行。

8 月 9 日至 10 日 国务院台办、全国青联、民革中央、台盟中央、全国台联、中国高等教育学会、福建省政府在福建福州市举行第九届两岸青年联欢节暨第二届海峡青年节。10 日，全国台联会长汪毅夫，周长奎同志，国务院台办副主任龚清概，民革中央副主席郑建邦，福建省委副书记于伟国，福建省委常委、福州市委书记杨岳，福建省副省长李红出席其间举行的海峡青年（福州）峰会。

8月10日至11日 全国省级团委办公室、研究室工作会议在团中央北戴河培训基地召开，贺军科同志出席并讲话。部分省级团委负责同志，各省级团委办公室、研究室负责同志共58人参加会议。

8月10日至14日 全团办公室、研究室系统培训班在团中央北戴河培训基地举行，来自全团办公室、研究室系统的191名团干部参加培训。

8月11日 中国法学会、团中央主办，司法部、教育部协办的2014年港澳青年内地法律制度研修班在北京人民大会堂举行开幕式。全国政协副主席周小川、中国法学会会长王乐泉出席并讲话，中国法学会常务副会长陈冀平主持，中国法学会副会长张鸣起，中国法学会副会长、司法部副部长张苏军，贺军科同志等出席活动。来自香港大学、香港中文大学、香港城市大学、澳门大学、澳门科技大学等港澳高校法学院学生和部分青年律师共计87名学员参加研修班。

8月13日至15日 贺军科同志在新疆和田地区调研民族地区共青团和青少年工作。

8月13日至15日 团中央、全国青联、欧美同学会在重庆举办2014海外学人回国创业周暨重庆创业汇，220余名留学归来的海外学人参加活动。全国青联副主席、中科院院士王曦，重庆市人大常委会副主任周旬出席活动启动仪式并讲话。

8月14日至16日 团中央、全国青联志愿者艺术团走进新疆，与新疆青少年共话成长，交流联谊，并开展慰问演出活动。16日，在乌鲁木齐举办“相亲相爱一家人”联欢晚会，贺军科同志、新疆维吾尔自治区党委常委尔肯江·吐拉洪出席。

8月14日 第127期“我的中国梦——奋斗的青春最美丽”青春故事分享活动举行，新疆生产建设兵团铁门关市第二师二十一团个体工商会会长宋敏、新疆生产建设兵团第八师石河子市石河子镇农民许登金通过中青在线网站分享青春奋斗故事并与网友互动交流。

8月15日至20日 应全国青联邀请，来自12个国家和2个国际组织的青年事务负责人来华观摩2014年第二届夏季青年奥林匹克运动会。15日，秦宜智同志在南京宴请外方代表。

8月16日 秦宜智同志在江苏南京市参加第二届夏季青年奥林匹克运动会开幕式。在南京期间，秦宜智同志看望慰问了南京青奥会志愿者。

8月16日 全国青联在江苏南京市举办以“青年参与、共同发展”为主题的“对话联合国秘书长潘基文”活动。秦宜智同志、联合国秘书长潘基文分别致辞，江苏省委常委、副省长徐鸣，南京大学校长陈骏，国际奥委会委员、全国青联副主席、奥运冠军杨扬等出席活动。中国高校国际交流社团联谊会、中国（江苏）高校传媒联盟选派的学生代表，江苏省高校学生代表、青奥会青年志愿者代表、国际青年组织代表等200余人共同参与了讨论。

8月17日至25日 全国学联、台湾中华杰出青年交流促进会在福建举办首届两岸学生起点营。24日，傅振邦同志、全国学联主席齐兴达参加首届两岸学生未来领袖圆桌会并讲话。

8月19日至21日 团中央、中央综治委预防青少年违法犯罪专项组、中央综治办、民政部在北京召开全国青少年事务社会工作专业人才队伍建设暨重点青少年群体服务管理和预防犯罪工作推进会。秦宜智同志，中央政法委副秘书长、中央综治委副主任、中央综治办主任陈训秋，民政部副部长宫蒲光出席会议并讲话，汪鸿雁同志主持会议。中央综治办、最高人民法院、最高人民检察院、教育部、公安部、民政部、司法部、团中央等中央综治委预防青少年违法犯罪专项组成员单位局级联络员，各省级综治办副主任，各省级民政厅（局）分管副厅（局）长和相关处级干部，各省级团委分管副书记和权益部负责同志，以及相关专家学者、基层一线工作人员代表参加会议。全国首批青少年事务社会工作者试点城市（城区）、全国青少年权益工作创新试点城市（城区）团委负责同志列席会议。

8月19日 贺军科同志列席国务院第59次常务会议。

8月19日至21日 应全国青联邀请，以2014年会头铃木和也为团长的日本青年会议所代表团访华。20日，傅振邦同志会见代表团。

8月19日至25日 团中央、全国青联、全国学联、全国少工委主办的第二届青少年科技创新营活动在北京举行，第九届中国青少年科技创新奖获奖学生100人参加。

8月20日 团中央、全国青联、全国学联、全国少工委在北京人民大会堂举行第九届中国青少年科技创新奖颁奖大会。中共中央政治局委员、国务院副总理刘延东出席会议并讲话，十届全国政协副主席、中国工程院主席团名誉主席、中国青少年科技创新奖评委会名誉主任徐匡迪出席会议，秦宜智同志主持会议，中国青少年科技创新奖评委会主任、中国科学院院士杨乐介绍评审情况，贺军科同志宣读表彰决定，邓小平同志亲属邓楠，罗梅、傅振邦同志，中央文献研究室、中央党史研究室、中国科协、教育部、科技部、中国科学院、中国工程院等有关部门负责同志，第九届中国青少年科技创新奖获奖学生、中国青少年科技创新奖励基金支持的大学生"小平科技创新团队"所在学校团委负责同志和学生代表、中学生科技创新示范竞赛项目负责同志、"小平科技创新实验室"创建学校负责同志，以及北京市大、中学生代表约600人参会。

8月20日 秦宜智同志在北京参加纪念邓小平同志诞辰110周年座谈会。

8月20日 贺军科同志在团中央机关会见中国工程物理研究院党委副书记田东风一行。

8月20日 2014年共青团权益工作会议在北京召开，汪鸿雁同志出席并讲话。各省、自治区、直辖市团委分管权益工作的副书记、权益部长，全国首批青少年事务社会工作者试点城市（城区）、全国青少年权益工作创新试点城市（城区）团委主要负责同志参加会议。

8月21日 李源潮同志召集团中央书记处全体同志交流研讨共青团承接政府职能转移有关工作。

8月21日 第128期"我的中国梦——奋斗的青春最美丽"青春故事分享活动举行，新疆天业股份有限公司副总经理陈林、新疆生产建设兵团第十四师四十七团党委政工办副主任党芳通过中青在线网站分享青春奋斗故事并与网友互动交流。

8月22日至23日 中国青年科技工作者协会在北京召开第五届会员代表大会，全国250多名科技战线各领域青年科技工作者参加大会。22日，中共中央政治局委员、国家副主席李源潮出席大会开幕式并讲话，秦宜智同志致词，中国科协党组书记尚勇代表人民团体致贺词，第四届中国青年科技工作者协会会长、河北省人民政府省长张庆伟作工作报告，贺军科同志主持。23日，贺军科出席大会闭幕式。

8月22日 秦宜智同志主持召开共青团第十七届中央书记处2014年第18次会议。

8月22日 完美（中国）有限公司、中国青少年发展基金会、中国妇女发展基金会、中国禁毒基金会、中国华文教育发展基金会在北京举办"公益中华·四海同心——完美20周年慈善盛典"，贺军科同志，国务院侨办副主任任启亮，全国妇联副主席、书记处书记喻红秋等出席活动。

8月22日 团中央、全国学联下发《关于在大中学生中深入开展培育和践行社会主义核心价值观活动的通知》。

8月23日 周长奎同志参加刘延东同志主持召开的中欧高级别人文交流机制对话第二次会议、中俄人文合作委员会第十五次会议中方筹备会。

8月24日 秦宜智同志在北京参加中央电视台、光明日报社主办的“寻找最美乡村教师”颁奖典礼录制。

8月24日 全国学联、台湾中华青年交流协会在福建厦门市举行第十届两岸大学校园歌手邀请赛梦想嘉年华活动。傅振邦同志、全国学联主席齐兴达出席。

8月25日 中国科协、团中央、教育部、科技部、环保部、国家体育总局、全国妇联、国家自然基金委共同主办的第29届全国青少年科技创新大赛在北京举行闭幕总结会,中共中央政治局委员、国家副主席李源潮出席并讲话。秦宜智同志,中国科协党组书记尚勇,科技部党组书记、副部长王志刚,教育部副部长杜占元,北京市副市长戴均良等主办单位负责同志参加。

8月25日 秦宜智、罗梅同志在北京参加对口支援西藏工作20周年电视电话会议。

8月25日至27日 贺军科同志在北京参加十二届全国政协常委会第七次会议。

8月25日至9月5日 中央对外联络部、团中央在北京共同举办南亚国家青年领袖研修班。9月4日,周长奎同志会见研修班学员。

8月25日 全国青年创业就业基金会座谈会在安徽合肥市召开,徐晓同志出席会议并讲话。全国27个省级青年创业就业基金会有关负责同志参加会议。

8月25日至31日 团中央在中央团校举办全国新任职团县委书记培训班。29日,徐晓同志为培训班授课。

8月25日 傅振邦同志在福建厦门市主持召开高校网络宣传员工作座谈会。

8月26日至9月2日 应澳大利亚政治交流理事会和印度尼西亚青年与体育部邀请,秦宜智同志率中国青年代表团访问澳大利亚和印度尼西亚。在澳期间,澳大利亚众议长布朗温·毕肖普,参议长斯蒂芬·帕里,联邦议员凯文·安德鲁斯、利普·鲁多克、迈克尔·罗纳德森、唐妮亚·普利博赛、马克·巴特勒,澳政治交流理事会主席阿兰·弗格森,悉尼市副市长罗宾·凯米斯分别会见代表团;代表团观摩了参议院、众议员质询会,并与工党、自由党和国家党党务工作者进行座谈;代表团拜会了澳选举委员会新南威尔士州办公室,与澳中商会新南威尔士州分会、澳中青年联合会、悉尼市社区青年项目官员进行了会谈。在印尼期间,代表团与印尼青体部部长罗伊·苏尔约、印尼青企协、全国青年理事会等进行会谈,并参观访问了印尼国家青年和体育促进中心及蓝鸟集团。

8月26日至28日 徐晓同志在安徽调研农村共青团工作。其间,徐晓同志在安徽合肥市参加安徽村级团组织集中换届观摩推进会。

8月26日 联合国教科文组织、南京青奥组委会、全国青联在江苏南京市共同主办“世界青年体育、文化与和平论坛”,傅振邦同志出席开幕式并致辞。

8月27日 贺军科同志主持召开团中央出售职工住宅委员会第一次全体会议。

8月27日 罗梅同志在北京出席“2014年中央企业牵手新疆各族青少年融情实践营”开营式暨中央企业共青团援疆工作启动仪式。

8月28日 第129期“我的中国梦——奋斗的青春最美丽”青春故事分享活动举行,第九届中国青少年科技创新奖获奖者、河北大学物理科学与技术学院2011级本科生刘晓楠,北京师范大学天津附属中学高三年级学生吕仲浩通过中青在线网站分享了青春奋斗故事,并与网友进行了互动交流。

8月29日 中国青少年发展基金会、中国贵州茅台酒厂(集团)有限责任公司、团贵州省委联合全国 33 家省级青少年发展基金会,在贵州遵义市举行“国酒茅台 · 国之栋梁——2014 希望工程圆梦行动”助学金发放全国启动仪式。贺军科同志、贵州省副省长陈鸣明出席活动。

8 月 29 日 团中央召开共青团对口支援西藏工作协调会,深入学习贯彻对口支援西藏工作 20 周年电视电话会议精神,认真总结共青团对口支援西藏工作的经验,统筹共青团系统工作资源和工作力量。罗梅同志出席会议并讲话。机关有关部门、直属单位负责同志,中央金融、中央企业团工委负责同志,17 个对口援藏省市团委负责同志和相关工作部门负责同志,西藏和青海、四川、云南、甘肃四省藏区团委负责同志和有关部门负责同志,以及受援地州团委负责同志参加会议。

8 月 29 日 团中央下发《关于进一步推动“寻找乡村好青年”活动深入开展的通知》。

8 月 29 日至 9 月 7 日 贺军科同志在重庆潼南县参加团中央机关第二批“走进青年、转变作风、改进工作”大宣传大调研活动。

9 月 1 日 罗梅同志在北京参加全国公务用车制度改革电视电话会议。

9 月 1 日 质检总局、团中央、科技部、公安部等部门联合主办的 2014 年全国质量月活动在北京举行启动仪式。质检总局局长支树平宣布全国质量月活动启动,质检总局副局长陈钢主持启动仪式,汪鸿雁同志、全国工商联专职副主席庄聪生、北京市副市长戴均良等主办单位负责同志出席启动仪式。

9 月 2 日 罗梅同志列席国务院第 61 次常务会议。

9 月 2 日 汪鸿雁同志会见并宴请应全国青联邀请来访的台湾青创总会访问团。

9 月 2 日 团中央在北京召开学校共青团重点工作创新试点京津冀片区推进会,傅振邦同志出席会议。团中央学校部负责同志,北京、天津、河北学校共青团负责同志出席会议。

9 月 3 日 秦宜智同志在北京参加纪念中国人民抗日战争暨世界反法西斯战争胜利 69 周年向抗战烈士敬献花篮仪式。

9 月 3 日 秦宜智同志在北京参加纪念中国人民抗日战争暨世界反法西斯战争胜利 69 周年座谈会。

9 月 4 日 中国青年政治学院举行 2014 年开学典礼,秦宜智同志出席并讲话,团中央办公厅、组织部、学校部负责同志陪同。

9 月 4 日 团中央、全国学联主办的全国大中学校“社会主义核心价值观活动主题宣传月”活动在北京航空航天大学启动。秦宜智同志出席活动并讲话,傅振邦同志、北京航空航天大学党委书记胡凌云出席活动。团中央学校部、团北京市委负责同志及首都部分大学、中学、中职团委书记和学生理论社团代表共 200 余人参加活动。

9 月 4 日 罗梅同志在北京参加刘延东同志主持召开的足球工作座谈会。

9 月 4 日 团中央直属机关召开中秋国庆期间严格落实中央八项规定精神狠刹不正之风动员部署会,罗梅同志出席并讲话。

9 月 4 日 团中央、中国邮政储蓄银行共同召开合作开展促进青年创业就业工作电视电话会议,围绕深化青年创业贷款工作、推进青年创业创富大赛、开展基层干部交流挂职等内容及推动各级共青团组织与邮储银行各分支机构的体系化合作,促进青年创业就业等工作进行部署。徐晓同志、中国邮政储蓄银行行长吕家进出席会议并讲话。省、市两级团组织和邮储蓄银行的负责同志及有关部门负责人,部分县级团委负责同志 5800 余人参加会议。

9 月 4 日 第 130 期“我的中国梦——奋斗的青春最美丽”青春故事分享活动举行,第九届中国青少年科技创新奖获奖者,太原理工大学硕士研究生张建峰、石家庄外国语学校高二年级学生程思佳通过中青在线网站分享青春奋斗故事，并与网友互动交流。

9月5日 秦宜智、罗梅、汪鸿雁、傅振邦同志出席庆祝全国人民代表大会成立60周年大会。

9月5日 秦宜智同志列席研究进一步加强和改进新形势下高校宣传思想工作的中央政治局常委会议。

9月5日 团中央少年部、中央宣传部宣教局、中央文明办三局、教育部基础教育一司在北京联合召开《核心价值观童谣100首》出版使用座谈会。罗梅同志主持座谈会，中央宣传部副部长王世明出席并讲话。北京市和部分区县党委宣传部、教委、团委负责同志，海淀区民族小学负责同志和少年儿童代表，少年儿童教育、报刊和电视媒体等方面同志参加座谈会。

9月6日 周长奎同志在北京参加刘延东副总理主持召开的中欧高级别人文交流对话机制第二次会议。

9月8日至12日 团中央在山东省团校举办2014年度全国第6期非新任职地市级团委班子成员和县级团委书记培训班，来自北京、天津、河北、山西、内蒙、河南、山东等地的140名学员参训。9月9日，傅振邦同志在北京参加党和国家领导人接见全国教育系统先进集体和先进个人代表活动。

9月9日 秦宜智同志在西藏拉萨市调研并看望西部计划志愿者，罗梅同志陪同。

9月9日 团中央在清华大学举行"创青春"大学生创业公开课首讲，"创青春"大赛基金委员会副主任、信中利国际控股有限公司董事长汪潮涌作了《创新创业让青春融进中国梦》的主题演讲，与青年学子一道分享了自己的创业故事和创业心得。来自北京大学、清华大学等十多所高校的学生现场听课，公开课通过中青网进行了网络直播。

9月10日 团中央在西藏拉萨市召开共青团对口支援西藏工作会议。会议听取了西藏、四川、云南、甘肃、青海团委负责同志关于近年来全团对口支援西藏和四省藏区工作情况的汇报，听取了河北、江苏、福建、山东、湖北5省团委及中央金融、中央企业团工委负责同志关于开展对口支援西藏和四省藏区工作的汇报，研究确定今后一段时期共青团对口援藏工作项目安排。秦宜智同志、西藏自治区党委书记陈全国出席并讲话，西藏自治区主席洛桑江村等出席会议，罗梅同志主持会议并作总结讲话。团中央机关有关部门负责同志，承担对口援藏任务的17个省市团委，中央金融团工委、中央企业团工委，西藏自治区团委，四川、云南、甘肃、青海四省团委主要负责同志，以及西藏自治区7个对口受援地市团委、四省藏区12个对口受援自治州和自治县团委主要负责同志140余人参加会议。

9月10日 贺军科同志在北京出席首都建国65周年庆祝活动领导小组会议。

9月10日 贺军科同志在北京参加栗战书同志主持召开的党的群团工作文件征求意见会。

9月10日 中国残联、团中央、教育部、北京大学在北京大学邱德拔体育馆举办"我的梦·中国梦·心教育"全国百所高校公益行活动启动仪式暨北京大学2014级新生生命教育公开课。中国残联党组书记、理事长鲁勇，汪鸿雁同志，中国残联党组成员、副主席吕世明出席活动。中央有关部门的团员青年代表和全国重点高校的师生代表、爱心企业家代表以及北京大学2014级新生代表6000余人参加活动。

9月10日至15日 团中央在井冈山基地举办2014年度全国第7期非新任职地市级团委班子成员和县级团委书记培训班。

9月11日至12日 秦宜智同志赴青海西宁市就基层服务型团组织建设、青少年民族团结进步、服务青年创业等工作调研。调研期间，青海省委书记骆惠宁、省长郝鹏与秦宜智同志就共青团工作进行了深入交流。

9 月 11 日 周长奎同志在北京参加刘延东副总理赴俄罗斯举行中俄人文合作委员会第十五次会议行前集训会。

9 月 11 日 傅振邦同志在北京参加国家教育体制改革领导小组第十二次全体会议。

9 月 11 日 中央宣传部、教育部、团中央主办的“百位共产党人百篇小传”朗诵在中国人民大学举办首场活动，傅振邦同志、中央宣传部副部长王世明以及中国人民大学等 10 所首都高校的党政领导和师生代表参加活动。

9 月 11 日 第 131 期“我的中国梦——奋斗的青春最美丽”青春故事分享活动举行，南宁铁路局柳州电务段融安信号车间技术员覃陶叶、北京铁路局北京西站客运车间 036 候车室值班员王琳娜通过中青在线网站分享青春奋斗故事，并与网友互动交流。

9 月 12 日至 13 日 贺军科同志在北京参加中央宣传部召开的培育和践行社会主义核心价值观工作经验交流会。

9 月 12 日 汪鸿雁同志在北京参加中央办公厅召开的《关于加强协商民主建设的意见》征求意见座谈会。

9 月 12 日至 15 日 应俄罗斯教育和科学部邀请，周长奎同志赴俄罗斯参加中俄人文合作委员会第十五次会议、青年合作分委会第四次会议。

9 月 12 日至 19 日 应全国青联邀请，以韩国女性家族部下属青少年活动振兴院理事长金善东为团长的韩国青年代表团访华。12 日，徐晓同志会见代表团主要成员。

9 月 13 日 贺军科同志在北京参加中央宣传部召开的第十三届精神文明建设“五个一工程”表彰座谈会。

9 月 13 日 全国青联在北京中国人民抗日战争纪念馆举办青联之友联谊会主题活动，缅怀抗战先烈，重温中国人民浴血抗战的历史，学习伟大的抗战精神。

9 月 15 日 秦宜智同志主持召开共青团第十七届中央书记处 2014 年第 19 次会议。

9 月 15 日 罗梅同志在北京参加党的群众路线教育实践活动理论研讨会。

9 月 15 日 徐晓同志在北京出席国家质检总局主办的中国质量(北京)大会。

9 月 15 日至 19 日 团中央在辽宁省团校举办 2014 年度全国第 8 期非新任职地市级团委班子成员和县级团委书记培训班。

9 月 16 日 团中央、全国创建“青年文明号”活动组委会在北京铁路局大型养路机械运用检修段举办青年文明号 20 周年交流展示活动。中共中央政治局委员、国家副主席李源潮出席并讲话，秦宜智同志出席并讲话，中国铁路总公司总经理盛光祖、中华全国供销合作总社理事会副主任骆琳等组委会成员单位负责同志出席，汪鸿雁同志主持，100 多位青年代表参加活动。交流展示活动前，李源潮同志和组委会成员单位有关负责同志一起观摩了铁路系统青年文明号创建工作、观看了青年文明号二十周年图片展。

9 月 16 日 贺军科同志主持召开团中央公务用车制度改革小组会议，办公厅、组织部、服务局负责同志参加。

9 月 16 日至 19 日 团中央城市部在井冈山基地举办 2014 年全国驻外团组织负责人培训班。来自各省、市驻外团组织负责人，部分省级团委分管驻外团组织工作的部门负责同志 120 余人参加培训。19 日，汪鸿雁同志出席结业式并讲话。其间，召开了城市两类青年群体(“蚁族”、进城务工青年)服务引导试点工作座谈会，汪鸿雁同志出席。

9 月 16 日至 20 日 应印度政府技能发展、创业、青年事务和体育部邀请，周长奎同志率中国青年代表团访问印度。在印期间，正在访问印度的国家主席习近平及夫人彭丽媛与印度副总统安萨里共同会见代表团部分成员。代表团部分成员聆听了习近平同志在印度世界事务委员会发表的题为《携手追寻民族复兴之梦》的演讲。代表团主要成员还会见了印度政府技能发展、创业、青年事务和体育部国务部长索诺瓦勒。

9月16日至20日 傅振邦同志赴新疆和田县联系点调研。

9月16日至22日 傅振邦同志在新疆和田县参加团中央机关第二批“走进青年、转变作风、改进工作”大宣传大调研活动，并在乌鲁木齐市出席2014年学校共青团重点工作项目创新试点新疆地区推进会和“新疆学子百村行”社会实践总结会。

9月16日至21日 团中央在井冈山基地举办2014年度全国第9期非新任职地市级团委班子成员和县级团委书记培训班。

9月17日 秦宜智同志在北京列席国务院第62次常务会议。

9月17日 贺军科同志在中国侨联参加中办调研室六组召集的群团工作合作调研课题交流会。

9月17日 徐晓同志在北京参加新丝绸之路创新品牌行活动周暨新疆创新品牌推进会。

9月18日 秦宜智同志在辽宁沈阳市陪同中共中央政治局常委、中央书记处书记刘云山同志参加“勿忘九一八”撞钟鸣警仪式。

9月18日 团中央在北京科技大学召开高校基础团务工作调研座谈会。罗梅同志出席，组织部、学校部负责同志陪同。

9月18日 第132期“我的中国梦——奋斗的青春最美丽”青春故事分享活动举行，中国民航上海航空器适航审定中心试飞工程师张海涛，中国民航华东地区管理局飞行标准处主任科员、上海航空公司安全运行主任监察员王秋野通过中青在线网站分享青春奋斗故事，并与网友互动交流。

9月19日 徐晓同志在团中央机关会见国务院扶贫办副主任洪天云一行。

9月20日 团中央、全国学联在新疆医科大学召开2014年“新疆学子百村行”大中专学生暑期社会实践活动总结交流会，来自50支重点实践团队的青年学生共同交流实践活动经历和成果。傅振邦同志出席并讲话。

9月21日 秦宜智、贺军科同志在北京参加中国人民政治协商会议成立65周年大会。

9月22日 秦宜智同志会见应中国国际青年交流中心邀请来访的日本丸红株式会社会长朝田照男一行。

9月23日 周长奎同志会见了应中央对外联络部邀请来访的以国际部副部长兼青年部副部长中川俊直为团长的日本自民党新生代国会议员一行。

9月23日 团中央、农业部、中国邮政储蓄银行、广东省人民政府在广东广州市共同召开“邮储银行杯”2014年中国青年涉农产业创业创富大赛媒体见面会暨中国青年涉农产业创业创富分享会。徐晓同志出席活动并讲话。团中央、农业部、中国邮政储蓄银行、广东省人民政府相关部门负责同志，大赛评委导师代表、风险投资机构负责人、媒体记者、参赛青年代表等参加活动。23日至24日，徐晓同志在广东清远市调研大赛筹备工作。

9月23日至27日 团中央、教育部、人力资源和社会保障部、中国科协、全国学联、湖北省政府主办，工业和信息化部、国务院国资委、全国工商联支持，团湖北省委、宜昌市政府、襄阳市政府承办的2014年“创青春”全国大学生创业大赛移动互联网创业专项赛、MBA专项赛终审决赛相继在湖北宜昌市、襄阳市举行。25日，湖北省委常委、宜昌市委书记黄楚平出席移动互联网创业专项赛终审决赛闭幕式。26日，傅振邦同志出席MBA专项赛终审决赛闭幕式并讲话。闭幕式前，傅振邦同志，湖北省委常委、襄阳市委书记王君正会见来自全国各地的企业家代表。

9月25日 团中央、中央国家机关工委、全国学联在团中央机关举行“大学生中央国家机关(紫光阁)实习计划”总结交流会。会前，秦宜智同志会见参与实习计划的大学生并合影。傅振邦同志、中央国家机关工委副书记姚志平出席并讲话。

9 月 25 日 罗梅同志到北京市海淀区彩虹之家青少年服务中心调研推动团员成为注册志愿者有关工作，团中央组织部、青年志愿者工作部，团北京市委负责同志参加调研。

9 月 25 日 周长奎同志会见了应中央对外联络部邀请来访的以主席史蒂芬·佩里为团长的英国 48 家集团俱乐部代表团。

9 月 25 日 团中央学校部在中国农业大学召开首都部分重点高校团委书记工作会。傅振邦同志出席并讲话。

9 月 25 日 第 133 期“我的中国梦——奋斗的青春最美丽”青春故事分享活动举行，中国妇女发展基金会“母亲水窖”项目部主任冯星会、中央人民广播电台记者白宇通过中青在线网站分享青春奋斗故事，并与网友进行互动交流。

9 月 26 日 团中央机关举办第 51 次年轻干部学习交流会，中央组织部研究室副主任徐文秀就学习贯彻习近平总书记重要讲话精神、着力选拔培养党和人民需要的好干部作专题讲解，秦宜智同志出席交流会并即席讲话，罗梅同志主持，机关 170 余名年轻干部参加学习。

9 月 26 日 贺军科同志在北京参加李源潮同志召集的青年科技工作者代表座谈会。

9 月 27 日至 28 日 周长奎同志赴甘肃庆阳市参加陕甘边区苏维埃政府成立 80 周年纪念活动并调研。

9 月 27 日 贺军科同志在北京参加“美丽中国光荣梦想”庆祝中华人民共和国成立 65 周年音乐会排练审看活动。

9 月 27 日 全国青联在北京举办第七场学习习近平总书记系列讲话精神专题报告会，邀请中国社会科学院近代史研究所研究员、博士生导师马勇作题为“甲午战争 120 年祭”的专题报告。全国青联委员、北京市青联委员、天津市青联委员 40 余人参加了报告会。

9 月 28 日 全国青联在北京召开十一届六次主席会议。贺军科、罗梅、汪鸿雁同志参加会议。

9 月 28 日至 29 日 中央民族工作会议在北京召开，秦宜智同志参加 28 日会议，罗梅同志参加 29 日会议。

9 月 28 日 罗梅同志在北京出席中央金融系统团组织援疆青少年“融情夏令营”活动。

9 月 28 日至 29 日 徐晓同志在黑龙江共青农场调研支持共青农场发展有关工作。

9 月 29 日 全国青联十一届五次常委（扩大）会议在北京召开，审议并通过《关于加强新形势下青联自身建设的意见》，全国青联常委，各界别工作委员会秘书长、副秘书长，各省级青联秘书长共 220 余人参加会议。上午，中共中央政治局委员、国家副主席李源潮与十一届全国青联常委座谈，秦宜智同志主持座谈会，贺军科、汪鸿雁、周长奎同志出席。下午，秦宜智同志出席全体会议并讲话，贺军科同志作工作报告，汪鸿雁、周长奎同志出席会议。

9 月 29 日 傅振邦同志在北京参加全国禁毒工作会议。

9 月 29 日 秦宜智同志在北京参加“美丽中国光荣梦想”庆祝中华人民共和国成立 65 周年音乐会。

9 月 30 日 秦宜智同志在北京参加烈士纪念日向人民英雄敬献花篮仪式。

9 月 30 日 秦宜智同志主持召开共青团十七届中央书记处 2014 年第 20 次会议。

9 月 30 日 秦宜智、贺军科同志在北京参加 2014 年国庆招待会。

国庆前夕，团中央农村青年工作部在全国开展千县万名乡村好青年“共话核心价值观共迎建国 65 周年”活动。1948 个县召开县级“乡村好青年”发布座谈会，18793 名县级“乡村好青年”和 25.4 万名普通农村青年分享了自己的创富故事和道德实践。

10月8日 秦宜智同志在北京出席党的群众路线教育实践活动总结大会。

10月8日 秦宜智同志参加国务院部门负责同志会议。

10月8日 团十七届中央书记处举行第十二次集体学习，中国行政体制改革研究会副会长、国家行政学院公共管理教研部教授汪玉凯围绕“共青团承接政府职能转移工作”进行了讲解。受秦宜智同志委托，贺军科同志主持集体学习并讲话，罗梅、汪鸿雁、周长奎、徐晓、傅振邦同志，机关全体干部，直属单位主要负责同志及代表参加学习。10月11日，中共中央政治局委员、国家副主席李源潮先后到北京呼家楼中心小学与陈经纶中学调研少先队工作，秦宜智、罗梅同志，教育部副部长刘利民，北京市委副书记吕锡文参加调研。

10月8日 贺军科同志主持召开书记处专题会议，研究香港青少年工作，傅振邦同志参加，办公厅、宣传部、学校部、统战部负责同志参加。

10月8日至13日 团中央在中央团校举办2014年度全国第2期新任职地市级团委班子成员培训班。11日，贺军科同志为培训班授课。

10月9日至12月12日 秦宜智同志在国防大学参加第45期国防战略研究班学习。

10月9日 第134期“我的中国梦——奋斗的青春最美丽”青春故事分享活动举行，中国气象局国家卫星气象中心遥感应用室副主任张兴赢、公安部消防局作战训练处高级工程师何宁通过中青在线网站分享青春奋斗故事，并与网友互动交流。

10月10日 团中央直属机关党委下发《关于印发〈关于在团中央机关开展“团干部如何健康成长”大讨论活动的方案〉的通知》。

10月11日 团中央、全国少工委在机关召开少先队辅导员、少先队工作者和少先队员代表座谈会，李源潮同志出席座谈会并讲话，秦宜智同志主持座谈会，罗梅同志、教育部副部长刘利民出席。

10月11日 团中央、中国移动通信集团公司在北京举行2014—2016年“和你圆梦”百万青年创业就业计划战略合作协议签约暨启动会，团中央学校部和中国移动通信集团公司数据部负责同志代表双方签署了战略合作协议。傅振邦同志、中国移动通信集团公司副总裁沙跃家出席会议。

10月11日 团中央机关召开新入职年轻干部座谈会，专题学习秦宜智同志在第51次年轻干部学习交流会上讲话精神。

10月11日至14日 团中央学校部、教育部思想政治工作司在复旦大学举办2014年第三期全国高校团委书记培训班。全国100所重点高校团委书记参加培训。

10月13日 全国少工委主办、中国青少年发展服务中心承办的“红领巾相约中国梦”中国少年先锋队鼓号队交流展示活动在北京举行。罗梅同志参加活动并讲话。来自全国各地的16支少先队鼓号队进行了交流展示。

10月13日 李源潮同志在中国少年儿童新闻出版总社青少年阅读体验大世界看望部分长期从事少先队工作的老同志并座谈。秦宜智、罗梅同志参加活动。

10月13日 周长奎同志到中华儿女报刊社调研。

10月13日 团中央学校部、国务院国资委宣传局、国务院国资委新闻中心、中国青年报社在北京大学举行“走进央企·与信仰对话——神华与大学生面对面”活动。

10月14日 受秦宜智同志委托，贺军科同志主持召开共青团第十七届中央书记处2014年第21次会议。

10月15日 团中央农村青年工作部、北方汽修集团在河北邯郸市举办“扶贫助困千人圆梦计划——农村青年技能培训北方汽修项目”2014级新生入学活动。徐晓同志出席并讲话。200多位来自西藏、新疆的新生参加活动。

10月14日至21日 贺军科同志在湖南醴陵市基层联系点调研。

10月14日至25日 应全国青联邀请，以日本青少年对策本部原次长川口雄为团长的日本青年代表团访华。15日，周长奎同志会见代表团。

10月14日至23日 教育部、全国少工委在中国青年政治学院举办“国培计划(2014)——中小学骨干少先队大队辅导员培训班”。100名来自全国各地的优秀少先队大队辅导员和50名民族地区少先队大队辅导员参加培训。

10月15日 团中央机关召开“团干部如何健康成长”大讨论活动动员会，深入学习贯彻习近平总书记在党的群众路线教育实践活动总结大会上的重要讲话和李源潮同志有关指示精神。罗梅同志出席并讲话，机关各部门党支部书记参加。

10月15日 周长奎同志会见应中央对外联络部邀请来访的以欧洲左翼党副主席、保加利亚左翼党联合主席玛格丽特·米列娃为团长的欧洲左翼党青年政治家考察团。

10月15日至16日 徐晓同志在河北石家庄市、廊坊市和保定市调研农村共青团工作并参加河北市县团干部农村共青团工作座谈会。

10月16日 汪鸿雁同志在北京出席中国志愿服务基金会理事会。

10月16日 团中央在清华大学举办2014年世界粮食日和全国爱粮节粮宣传周主会场活动，傅振邦同志出席。

10月16日 第135期“我的中国梦——奋斗的青春最美丽”青春故事分享活动举行，招商银行青岛分行营业部储蓄总管刘娟、人保财险电子商务南方运营中心文化建设专员吴文苑通过中青在线网站分享青春奋斗故事，并与网友互动交流。

10月17日 秦宜智同志在北京出席中央社会治安综合治理委员会全体会议并代表预防青少年违法犯罪专项组发言，汪鸿雁同志参加会议。

10月17日 徐晓同志在北京参加全国社会扶贫工作电视电话会议。

10月20日至24日 秦宜智同志在北京参加党的十八届四中全会。

10月20日 周长奎同志宴请以日中友好协会常务理事小野寺喜一郎为团长的1984年中日青年友好交流30周年纪念访华团。

10月20日至21日 徐晓同志在江西景德镇市调研青年创意创业及农村共青团工作。

10月20日 团中央学校部在宁夏大学召开2014年学校共青团重点工作创新试点西北片区推进会，傅振邦同志出席。内蒙古、甘肃、青海、宁夏等4省(区)团委负责同志、学校部部长及银川市内15所大专院校团委书记参加。

10月20日 教育部党组与团中央联合下发《关于在各级各类学校推动培育和践行社会主义核心价值观长效机制建设的意见》，从推动社会主义核心价值观融入教学、社会实践、文化育人、制度建设等方面推动社会主义核心价值观培育践行长效化、常态化、科学化。

10月20日至27日 应全国青联邀请，以俄罗斯青年事务署署长波斯佩洛夫为团长的俄罗斯百名青年代表团访华。24日，中共中央政治局委员、国家副主席李源潮与全体团员合影留念并即席讲话，贺军科、周长奎同志参加。24日，贺军科同志会见代表团主要成员。24日，周长奎同志宴请代表团。

10月21日 罗梅同志会见到团中央机关调研的中办调研室一行。

10月21日 团中央在北京举办志愿服务广州交流会暨首届中国青年志愿服务项目大赛全国评审委员会成立仪式，汪鸿雁同志出席并讲话。

10月21日 中国青年创业就业基金会、中国景德镇国际陶瓷博览会组委会主办的全国青年陶瓷艺术大赛在江西景德镇市举行颁奖大会。徐晓同志出席并为获奖选手颁奖。

10月22日 团中央召开2014年度团中央机关"走进青年、转变作风、改进工作"大宣传大调研活动汇报会,贺军科同志主持并讲话,罗梅、汪鸿雁、周长奎、徐晓、傅振邦同志出席,机关各部门负责同志和调研组成员参加。

10月22日 罗梅同志主持召开团中央民族地区工作领导小组2014年第3次会议,组织部、宣传部、学校部、少年部、统战部、青年志愿者工作部负责同志参加。

10月23日 贺军科同志主持召开书记处专题会议,研究中国青少年科技创新奖励基金有关工作。傅振邦同志,办公厅、学校部、少年部、统战部、中国青少年发展基金会、中国少先队事业发展中心负责同志参加。

10月23日 团中央在北京召开志愿服务广州交流会暨首届中国青年志愿服务项目大赛全国组委会第二次工作会议,汪鸿雁同志出席并讲话。

10月23日 周长奎同志会见由台湾主要青年社团负责人组成的台湾青年领袖参访团。

10月23日 第136期"我的中国梦——奋斗的青春最美丽"青春故事分享活动举行,中国海洋石油工程公司维修管道公司潜水班长楚金勇、中国国际航空公司"金凤"乘务组主任乘务长孟繁玉通过中青在线网站分享青春奋斗故事,并与网友互动交流。

10月24日 贺军科同志列席国务院第66次常务会议。

10月24日 受秦宜智同志委托,贺军科同志主持召开共青团第十七届中央书记处2014年第22次会议。

10月24日 团中央、中国人民银行、中国银联在上海召开保护母亲河行动银联网络捐赠项目专题研讨会,徐晓同志、中国银联总裁时文朝出席并讲话。在沪期间,徐晓同志与中国银联、交通银行负责同志沟通了有关合作事宜,并调研共青团工作。

10月27日 贺军科同志会见到团中央机关调研有关预算工作的财政部行政政法司调研组一行。

10月27日至29日 贺军科同志在北京出席全国政协十二届八次常委会。

10月27日 贺军科、傅振邦同志在团中央机关会见来访的EMC董事会主席兼首席执行官图斯一行。

10月27日至31日 周长奎同志在江苏徐州市调研网络宣传、新媒体等共青团重点工作。

10月28日 贺军科同志在北京陪同中央领导同志接见全国公安机关爱民模范集体代表和爱民模范,并参加先进事迹报告会。

10月28日 徐晓同志在北京参加贯彻落实《国务院关于进一步做好为农民工服务工作的意见》电视电话会议。

10月28日 团中央农村青年工作部在河南三门峡市、广西桂林市分别召开农村共青团重点工作推进座谈会。

10月29日 秦宜智同志国务院第67次常务会议。

10月29日至31日 团中央维护青少年权益部在重庆渝北区、江苏苏州市分别召开"青少年权益工作创新"试点城市分片培训会。

10月30日 贺军科同志在中国青年政治学院会见香港政团社团青年领袖培训班学员并座谈。

10月30日 全国少工委在团中央机关举办少先队工作者学习会,深入学习贯彻习近平总书记重要讲话精神,学习贯彻李源潮同志对少先队工作的要求,研究进一步做好在少年儿童中培育和践行社会主义核心价值观工作。罗梅同志出席并讲话。中小学少先队辅导员、校长、市区总辅导员、少先队报刊网站、新闻出版单位和少工委代表参加。

10 月 30 日 全国保护母亲河行动领导小组办公室、团中央农村青年工作部在北京召开京津冀晋蒙青少年“增绿减霾”共同行动第二次协调会。徐晓同志出席并讲话。

10 月 30 日 傅振邦同志在北京出席中央国家机关团工委举办的“根在基层 · 情系民生”调研实践活动总结报告会。

10 月 30 日 第 137 期“我的中国梦——奋斗的青春最美丽”青春故事分享活动举行，全国青年岗位能手标兵、济南市城肥清运管理二处历下大队三班班长于海，全国青年岗位能手标兵、北京公交集团第二客运分公司 13 车队站务员李芳芳通过中青在线网站分享青春奋斗故事，并与网友互动交流。

10 月 30 日 团中央、商务部、中国青年志愿者协会在广东广州市举行中国青年志愿者海外服务计划第六批援助塞舌尔志愿服务队出征仪式。

10 月 31 日 汪鸿雁同志在北京出席中央企业青联三届四次常委(扩大)会议。

10 月 31 日 秦宜智同志参加李源潮同志召集的共青团中央、全国妇联、中国科协、中国侨联主要负责同志学习贯彻党的四中全会精神会议。

10 月 31 日 中央组织部、团中央在北京举办第 15 批博士服务团成员集中培训。秦宜智同志出席培训班开班式并讲话，中央组织部副部长潘立刚主持开班式，贺军科同志出席。

10 月 31 日 团中央召开直属机关党员干部大会，传达学习党的十八届四中全会精神。贺军科、罗梅、汪鸿雁、徐晓、傅振邦同志出席，机关全体党员干部、直属单位班子成员参加。

10 月 31 日 贺军科同志在团中央机关会见上海合作组织青年委员会轮值主席、俄方联络处负责人、俄罗斯联合火箭—航天集团总裁克拉夫琴科。

10 月 31 日 团中央机关党委组织召开机关各部门、各直属单位主要负责同志会议，传达学习党的十八届四中全会有关精神。罗梅同志出席并讲话。

10 月 31 日 徐晓同志与中国银行行长陈四清商谈保护母亲河行动社会化合作有关事宜。

10 月 31 日至 11 月 5 日 团中央统战部在中央团校举办 2014 年“培养计划”民族地区基层团干部学习培训暨第二批挂职干部总结培训活动，来自少数民族地区的挂职干部和县乡两级团干部代表共 96 人参加活动。

11 月 1 日至 4 日 团中央、教育部、人力资源和社会保障部、中国科协、全国学联、湖北省政府在湖北武汉市华中科技大学举行 2014 年“创青春”全国大学生创业大赛终审决赛，来自全国的创业园区、金融机构、风险投资机构代表，评审专家和参赛师生代表 5000 余人参加。4 日，秦宜智同志出席闭幕式并讲话。湖北省政协主席杨松，人力资源和社会保障部副部长、国家公务员局局长信长星，傅振邦同志，中国科协党组成员束为，教育部党组成员、部长助理林蕙青，湖北省委常委、统战部部长张岱梨，湖北省副省长甘荣坤，华中科技大学党委书记路钢、校长丁烈云参加闭幕式。

11 月 1 日至 2 日 团中央、农业部、中国邮政储蓄银行、广东省人民政府在广东清远市举办“邮储银行杯”2014 年中国青年涉农产业创业创富大赛全国赛初赛。初赛期间，大赛组委会召开第四次工作协调会，研究半决赛、总决赛相关工作。

11 月 1 日 团中央、教育部、人力资源和社会保障部、中国科协、全国学联、湖北省政府在华中科技大学举办 2014 年“创青春”全国大学生创业大赛终审决赛开幕式。傅振邦同志出席并讲话。湖北省副省长甘荣坤，华中科技大学党委书记路钢、校长丁烈云，中航工业集团党组成员、纪检组长孙卫福以及教育部、中国科协等主办单位负责同志出席开幕式。来自全国31个省(区、市)及港澳地区的近5000名参赛师生参加开幕式。

11月2日 徐晓同志与中国电信集团公司总经理杨杰商谈保护母亲河行动社会化合作有关事宜。

11月2日 团中央、教育部、人力资源和社会保障部、中国科协、全国学联、湖北省政府在武汉理工大学举行2014年“创青春”全国大学生创业大赛创业实践挑战赛电视公开赛。傅振邦同志、中国高等教育学会会长瞿振元、湖北省人大常委会副主任赵斌出席活动并为获奖选手颁奖。

11月3日至4日 秦宜智同志在湖北武汉市参加中央政法委、中央综治委举办的深化平安中国建设会议等活动。

11月3日 2014年“创青春”全国大学生创业大赛组委会在中南财经政法大学举办2014年“创青春”全国大学生创业与实践学术研讨会。傅振邦同志出席。

11月3日至7日 团中央学校部在全国青少年井冈山革命传统教育基地举办2014年第二期全国中职学校团委书记培训班,来自全国各地的198名中职学校团委书记参加培训。7日,傅振邦同志出席结业式并讲话。

11月3日 汪鸿雁同志在北京出席中国航天科技集团公司第二次青年工作会议。

11月4日 汪鸿雁同志在北京出席中国石油化工集团公司第一届青年辩论赛。

11月4日 受秦宜智同志委托,贺军科同志主持召开共青团第十七届中央书记处2014年第23次会议。

11月4日至7日 团中央、人力资源和社会保障部在辽宁沈阳市举办2014年中国技能大赛——第十届“振兴杯”全国青年职业技能大赛决赛系列活动。7日,汪鸿雁同志出席“相约楷模为技能点赞”——与青工榜样面对面活动,全国劳模许振超、郭明义、陈新海,全国“最美青工”黑保君、王晓睿,历届青工技能大赛选手代表,优秀青年典型,部分高、中职学生代表近百人参加。7日,汪鸿雁同志,人力资源和社会保障部副部长杨涛,辽宁省委常委、省人大常委会副主任、省总工会主席赵国红出席大赛闭幕式暨寻找“最美青工”(第二季)活动启动仪式。

11月4日 团中央机关举办第52次年轻干部学习交流会,围绕“年轻干部如何健康成长”的主题座谈交流。

11月5日 贺军科同志主持召开团中央保密委员会全体会议。

11月5日至15日 周长奎同志在中国延安干部学院参加第七期省部级干部党性教育专题培训班。

11月5日 傅振邦同志在江西南昌市主持召开江西部分高校团委书记座谈会。

11月5日至7日 团中央学校部在全国青少年井冈山革命传统教育基地举办2014年第四期高校团委书记培训班,来自全国各地的136所普通高校和10所部队院校的团委负责人参加培训。7日,傅振邦同志出席结业式并讲话。

11月6日 罗梅同志主持召开书记处专题会议,研究辅导员杂志社转企改制工作。办公厅、组织部、宣传部、少年部、中国少先队事业发展中心负责同志参加。

11月6日 团中央印发《关于组织引导广大团员青年认真学习贯彻党的十八届四中全会精神的通知》,要求各级团组织高度重视、迅速行动,采取有力措施,切实抓紧抓好组织引导广大团员青年和团干部认真学习、宣传、贯彻党的十八届四中全会精神这一重大政治任务。

11月6日 第138期“我的中国梦——奋斗的青春最美丽”青春故事分享活动举行,全国青年安全生产示范岗负责人、武汉市政建设集团桥梁公司青年岗岗长罗艳,全国青年安全生产示范岗负责人、兖矿集团济宁三号煤矿综掘三区生产一班班长商杰通过中青在线网站分享青春奋斗故事，并与网友互动交流。

11月8日 贺军科同志主持召开专题会议，研究香港青少年有关工作，统战部、学校部负责同志参加。

11月13日 汪鸿雁同志会见以会长扬原安磨为团长的日本青年会议所访华团。

11月13日 团中央宣传部、团陕西省委和中共延安市委共同联建的全国青少年延安革命传统教育基地揭牌成立，中共中央青委延安旧址同日恢复开放。周长奎同志出席揭牌仪式并讲话，随后参加教育基地首期培训班。

11月15日 傅振邦同志在北京出席国家教育体制改革领导小组第13次全体会议。

11月15日 贺军科同志在北京列席国务院第69次常务会议。

11月15日 团中央维护青少年权益部、中央综治办一室和中国预防青少年犯罪研究会在北京举办第三届“为了明天——彩虹行动”微电影大赛定评会，汪鸿雁同志出席并讲话。

11月15日 全国农村青年致富带头人协会在广东清远市召开创业青年与政府部门负责人面对面活动暨第三届政府部门与农村青年致富带头人“倾听心声共促发展”活动总结座谈会。徐晓同志、中国邮政储蓄银行副行长邵智宝出席并讲话。

11月15日至16日 团中央、农业部、中国邮政储蓄银行、广东省政府在广东清远市举办“邮储银行杯”2014年中国青年涉农产业创业创富大赛全国赛半决赛系列活动，徐晓同志出席。

11月15日至16日 汪鸿雁同志在江西南昌市调研维护青少年权益工作。

11月16日至21日 团中央组织部在中央团校举办2014年度全国第3期新任职县级团委书记培训。19日，汪鸿雁同志为培训班授课。

11月16日至20日 周长奎同志在陕西西安市等地调研共青团工作。

11月16日至22日 应全国青联邀请，以主席尼克斯·帕帕迪米特里奥为团长的世界民主青年联盟代表团访华。19日，周长奎同志在陕西西安市会见代表团。

11月17日至19日 贺军科同志在北京参加十二届全国政协第三期新任委员学习研讨班。

11月17日 中国预防青少年犯罪研究会在江西南昌市举办2014年“为了明天——预防青少年违法犯罪研究论坛”，汪鸿雁同志主持开幕式并致辞。

11月17日至28日 应全国青联邀请来访的俄罗斯、哈萨克斯坦、吉尔吉斯斯坦、塔吉克斯坦、乌兹别克斯坦、土库曼斯坦、白俄罗斯、阿塞拜疆等8个国家及“丝绸之路国际青年联盟”组织的51名青年领导人来华参加“筑梦丝路——欧亚青年领导人友好会见活动”。18日，周长奎同志在陕西西安市出席活动开幕式并致辞。18日，周长奎同志会见各国代表团团长，并宴请全体团员。

11月18日 傅振邦同志在北京参加最高人民法院联系全国人大代表有关活动。

11月19日 罗梅同志列席国务院第70次常务会议。

11月19日 徐晓同志与中国农业银行党委书记刘士余商谈深化创业青年金融服务、开展母亲河行动公益合作有关事宜。

11月20日至21日 团中央、科技部在北京举行全国国家高新技术产业开发区共青团工作会议暨全国国家高新技术产业开发区共青团工作指导和推进委员会成立大会。20日，汪鸿雁同志、科技部副部长李萌出席会议并讲话。

11月20日 团中央、中国科协在北京举办“探知未来”2014年全国青年科普创新实验暨作品大赛决赛。傅振邦同志，中国科协书记处书记徐延豪出席。

11月20日 中国国际青年交流中心、日本友爱协会在北京举办友爱国际摄影大赛颁奖仪式。傅振邦同志，日本前首相、友爱协会理事长鸠山由纪夫出席。19日，傅振邦同志宴请鸠山由纪夫一行。

11月20日 第139期“我的中国梦——奋斗的青春最美丽”青春故事分享活动举行，全国青年文明号号长、北京市颐和园管理处导游服务中心副主任董艳蕾，全国青年文明号号长、北京公交集团1路64682号车组驾驶员常洪霞通过中青在线网站分享青春奋斗故事，并与网友互动交流。

11月20日 团中央、全国学联、中国电信集团公司、深圳广电集团在北京举行“飞Young中国梦校园好声音”校园歌手全国总决赛。

11月21日 汪鸿雁同志在北京出席北京市区域化团建工作会议。

11月21日 受秦宜智同志委托，贺军科同志主持召开共青团第十七届中央书记处2014年第24次会议。

11月21日 团中央青年志愿者工作部在北京召开第十届中国青年志愿者优秀个人奖组织奖评选表彰活动评审会，汪鸿雁同志出席。

11月21日 团中央学校部、中国电信集团公司及新浪微博在合肥工业大学举办2014年“天翼智慧城镇调研计划”全国大学生暑期社会实践专项活动和第二届“圆梦中国，公益我先行”大学生暑期社会实践总结表彰活动。

11月23日至29日 团中央组织部在中央团校举办2014年度全国第4期新任职县级团委书记培训班。26日，傅振邦同志为培训班授课。

11月24日 汪鸿雁同志在北京出席全国妇联主办的反家庭暴力高层倡导会议。

11月24日 傅振邦同志在北京清华大学出席“社会主义核心价值观协同创新中心”揭牌仪式。

11月24日 汪鸿雁同志在北京参加国务院防治艾滋病工作委员会第二次全体会议。

11月24日 团中央在河南郑州市召开共青团网络宣传引导工作推进会，贺军科同志、中央网信办副主任任贤良出席并讲话，周长奎同志主持，河南省委常委、宣传部部长赵素萍出席并致辞。各省级团委主要负责同志、宣传部部长和副省级城市团委主要负责同志参加会议。

11月25日至26日 中国青年企业家协会在北京召开第十一次会员代表大会，审议并通过了第十届理事会工作报告、财务收支情况的报告和《中国青年企业家协会章程修正案》，选举产生了新一届领导机构，汪鸿雁同志当选第十一届协会会长。25日，秦宜智同志出席大会开幕式并讲话，贺军科同志主持，汪鸿雁同志、国务院国资委副主任徐福顺等出席。会议期间，还开展了青年企业家践行社会主义核心价值观主题活动，举办了江西共青城、山西灵丘县、黑龙江共青农场招商推介活动以及志愿服务广交会项目推介。

11月25日至26日 罗梅同志在上海调研推进基层服务型团组织建设及少先队工作。26日，罗梅同志主持召开推动团员成为注册志愿者工作调研座谈会并讲话，团中央组织部、青年志愿者工作部负责同志，有关省级团委负责同志参加会议。

11月25日 中国青少年发展基金会在北京召开七届四次理事会，贺军科同志出席。

11月25日 中国青少年发展基金会在北京举行“希望工程25年暨公益新项目发布”活动，贺军科同志出席。

11月25日至12月2日 应全国青联邀请，以青年事务和体育部秘书拉吉夫·古朴塔为团长的印度青年代表团访华。26日，贺军科同志会见代表团主要成员。26日，周长奎同志宴请代表团全体成员。

11 月 25 日至 26 日　全国少工委在上海华东师范大学召开少先队学科和少先队活动课程建设研讨交流会，罗梅同志、上海市委副书记应勇出席并讲话。中央国家机关有关单位代表，各省份共青团、少先队和中小学教育系统代表，中国少年先锋队工作学会专业委员会代表，相关学科专家代表，开设少先队相关学科的高校代表，老同志和有关方面的代表参加会议。

11 月 25 日至 26 日　中国少年先锋队工作学会在上海召开第五次会员代表大会，罗梅同志当选学会第五届会长。

11 月 25 日　中国青少年新媒体协会在河南郑州市召开第二届会员代表大会，审议通过了中国青少年新媒体协会第一届理事会工作报告和《中国青少年新媒体协会章程（草案）》，选举产生了协会第二届领导机构和理事会，周长奎同志当选协会指导委员会主任。周长奎同志、河南省副省长张广智出席并讲话。中国青少年新媒体协会会员代表、各省级团委主要负责同志和宣传部部长共计 290 余人参加会议。会议期间，举办了“清朗网络 · 青年力量——青年网络文明志愿行动”启动仪式。

11 月 26 日至 29 日　团中央、工业和信息化部、人力资源社会保障部、农业部、中央电视台、天津市政府、广东省政府在天津滨海新区举办首届“盐商杯”中国青年创新创业大赛决赛，来自全国 30 个赛区的 150 名创业青年及企业家、投资机构代表参加活动。29 日，秦宜智同志，天津市委常委、组织部部长尹德明出席闭幕式并讲话，人力资源社会保障部副部长信长星，汪鸿雁同志，天津市委常委、滨海新区区委书记、区长宗国英，天津市副市长孙文魁出席。

11 月 26 日　中共中央政治局委员、国家副主席李源潮与参加大会的部分青年企业家代表座谈并讲话，秦宜智同志主持座谈会，贺军科、汪鸿雁同志参加。

11 月 26 日　徐晓同志在北京参加全国离退休干部先进个人和先进集体表彰大会。

11 月 26 日　傅振邦同志在北京参加全国青少年校园足球工作电视电话会议。

11 月 27 日　中国青少年发展基金会在北京召开全国青基会共同体会议，贺军科同志出席。

11 月 27 日　第 140 期“我的中国梦——奋斗的青春最美丽”青春故事分享活动举行，“领头雁”培养计划优秀典型代表、河南省红兵禽业合作社总经理王红兵，“领头雁”培养计划优秀典型代表、四川省青川海伶山珍商贸有限责任公司总经理赵海伶通过中青在线网站分享青春奋斗故事，并与网友互动交流。

11 月 28 日至 29 日　秦宜智同志在北京参加中央外事工作会议。

11 月 28 日　徐晓同志在团中央机关主持召开支持共青农场发展领导小组第一次联席会议并讲话。组织部、宣传部、城市青年工作部、农村青年工作部、学校部、少年部、统战部、青年志愿者工作部、中国青旅集团公司、中国青年创业就业基金会、中国青年企业家协会负责同志，北京、天津、河北、黑龙江、山东省（市）团委以及团哈尔滨市委相关负责同志，共青农场负责同志参加会议。

11 月 29 日　团中央在天津滨海新区召开全国青年创业园区建设工作会，汪鸿雁同志出席并讲话。31 个省级团委的分管书记、城市部负责同志以及首批全国青年创业示范园区代表等 110 余人参加会议。

11 月 30 日至 12 月 1 日　中国青少年研究中心、清华大学高校德育研究中心、中国青年政治学院、中国青少年研究会、清华大学马克思主义学院在北京清华大学共同举办第十届中国青少年发展论坛。11 月 30 日，秦宜智同志出席开幕式并讲话，徐晓同志主持，清华大学党委书记陈旭致辞，求是杂志社社长李捷作主旨演讲。

11月30日 团中央、国家卫生和计划生育委员会、国务院防治艾滋病工作委员会办公室在北京大学举办2014年“世界艾滋病日”主题宣传暨“美好青春我做主——红丝带健康大使青春校园行”启动仪式，汪鸿雁同志出席并致辞。世界卫生组织结核病和艾滋病防治亲善大使、国家卫生计生委防治艾滋病宣传员彭丽媛，国家卫生计生委主任李斌、副主任王国强，中国性病艾滋病纺织协会会长张文康，北京大学党委书记朱善璐、校长王恩哥出席。

11月30日 团中央学校部、中国青年政治学院、中青旅控股股份有限公司在中国青年政治学院举办“团学道·新思享”高校共青团思想沙龙活动启动仪式，傅振邦同志，中国工程院院士、原华中科技大学校长李培根出席。

12月1日 团十七届中央书记处举行第十三次集体学习，国务院发展研究中心副主任张来明围绕“党的十八届四中全会精神解读”这一主题进行专题讲解。受秦宜智同志委托，贺军科同志主持集体学习并讲话，罗梅、周长奎、徐晓、傅振邦同志，机关全体干部，直属单位主要负责同志及代表参加学习。

12月1日至4日 团中央、民政部、中国志愿服务联合会会同广东省政府、广州市委共同在广东广州市举办志愿服务广州交流会暨首届中国青年志愿服务项目大赛。3日，汪鸿雁同志、广东省委副书记马兴瑞出席开幕式。

12月1日至7日 团中央统战部、全国青联秘书处在上海举办2014年西藏藏传佛教青年代表人士考察活动，30名来自西藏藏传佛教界的青年活佛及优秀青年教职人员参加。

12月2日至6日 贺军科同志在广东广州市调研共青团工作。

12月2日至3日 汪鸿雁同志陪同十六届、十七届中央政治局委员、中国志愿服务联合会会长刘淇在广东深圳市、中山市、广州市调研志愿服务工作。

12月2日 周长奎同志会见委内瑞拉部长会议副主席兼教育部长罗德里格斯·卡斯特罗一行。

12月2日 徐晓同志与中国邮政储蓄银行总经理李朝晖商谈保护母亲河项目合作有关事宜。

12月3日 周长奎同志在中国国际青年交流中心调研。

12月3日 徐晓同志在北京出席中央金融团工委主办的“青春金融普惠服务助残圆梦”——金融青年阳光助残“五个一”行动启动仪式。

12月3日 罗梅同志在北京参加全国人大常委会组织召开的“深入开展宪法宣传教育大力弘扬宪法精神”座谈会。

12月3日 中国青年志愿者协会在广东广州市召开第四次会员代表大会，贺军科同志出席并讲话，汪鸿雁同志代表中国青年志愿者协会第三届理事会作题为《以青春梦想用实际行动推动青年志愿者事业在奋力实现中国梦进程中谱写新篇章》的报告，中央文明办专职副主任徐令义、民政部副部长宫蒲光出席并讲话。大会选举产生了新一届理事会，汪鸿雁同志当选中国青年志愿者协会会长。

12月3日 团中央、农业部、中国邮政储蓄银行、广东省政府在广东广州市举办“邮储银行杯”2014年中国青年涉农产业创业创富大赛全国赛决赛，汪鸿雁同志，中国邮政储蓄银行行长吕家进出席。4日，贺军科同志、中国邮政储蓄银行行长吕家进与获奖项目代表座谈并讲话。

12月3日 团中央直属机关党委组织部分处级干部召开“团干部如何健康成长”座谈会，徐晓同志出席并讲话。

12月4日 团中央、民政部、中国志愿服务联合会在广东广州市举办第十届中国青年志愿者优秀个人奖、组织奖、项目奖颁奖典礼。十六届、十七届中央政治局委员、中国志愿服务联合会会长刘淇，贺军科、汪鸿雁同志，民政部副部长宫蒲光,中国残联副主席吕世明出席并颁奖。

12 月 4 日 周长奎同志在中国青年出版(总)社调研。

12 月 4 日至 7 日 团中央、全国青联、欧美同学会在广东珠海市举办第二届留学生节暨 2014 海外学人回国创业周系列活动,来自全球的约 1500 名海外学人参加。6 日,广东省委常委、珠海市委书记李嘉会见海外学人代表。

12 月 4 日 第 141 期“我的中国梦——奋斗的青春最美丽”青春故事分享活动举行,第六届“母亲河奖”获得者、江苏靖江市第一高级中学教师鞠鑫,第六届“母亲河奖”获得者、辽宁盘锦市大洼县环境科普公益协会会长钱亚超通过中青在线网站分享青春奋斗故事,并与网友互动交流。

12 月 5 日 汪鸿雁同志在团中央机关主持召开国家禁毒委第 26 督导组行前协调会。

12 月 5 日至 7 日 团中央、国务院新闻办、教育部、科技部、文化部、公安部、工业和信息化部、国家新闻出版广电总局等单位共同支持开展的 2014 第十届 IEF 国际青年嘉年华系列活动在广东广州市举行。5 日,广东省省长朱小丹、贺军科同志在广东广州市共同会见韩国京畿道知事南景弼等韩方组委会主要成员。

12 月 6 日至 13 日 团中央学校部举办第二期“彩虹人生——奋斗的青春最美丽”优秀中职毕业生校园巡回分享活动。分享团分两路在北京、辽宁、吉林、河北、湖南等五个省份的 19 所中职学校集中开展活动。8 日,傅振邦同志在团中央机关与分享团成员座谈交流。活动期间,分享团成员分别做客新浪微博、中国青年网参加网络访谈活动。

12 月 7 日 贺军科同志在广东深圳市出席前海深港青年梦工场开园仪式并为梦工场“青年创新创业跨境合作示范区”授牌。

12 月 8 日 汪鸿雁同志在北京出席银监会团委主办的银监会系统 2014 年“青春风采杯”——青年精品工作项目展示活动并讲话。

12 月 8 日至 12 日 根据国家禁毒委的统一安排,汪鸿雁同志率国家禁毒委第 26 督导组在黑龙江督导检查贯彻落实中央领导同志关于禁毒工作指示批示、《中共中央国务院关于加强禁毒工作的意见》以及全国禁毒工作会议精神的情况。

12 月 8 日 徐晓同志在北京出席澳门特别行政区政府主办的“同心协力共创繁荣——澳门特别行政区成立 15 周年成就展”开幕式。

12 月 8 日至 12 日 团中央在新疆乌鲁木齐市举办新疆维吾尔自治区团干部培训班,106 名自治区团干部参加。

12 月 8 日至 12 日 团中央在新疆乌鲁木齐市举办新疆生产建设兵团团干部培训班,147 名兵团团干部参加。

12 月 9 日至 11 日 秦宜智同志在北京参加中央经济工作会议。

12 月 10 日 团中央学校部、国家税务总局办公厅在北京举办以“青春梦想,税与争锋”为主题的全国大学生税收辩论赛总决赛。秦宜智同志、财政部部长楼继伟、国家税务总局局长王军等出席并颁奖。

12 月 10 日 周长奎同志到中央宣传部沟通深化中国梦和社会主义核心价值观教育有关工作。

12 月 10 日 傅振邦同志在中国光华科技基金会调研。

12 月 11 日 罗梅同志在团中央机关主持召开城乡义务教育阶段农民工子女关爱服务工作专题会议,农村青年工作部、学校部、少年部、维护青少年权益部、青年志愿者工作部、中国青少年研究中心、中国青少年发展基金会、中国青少年发展服务中心、中国少先队事业发展中心、中国青少年宫协会相关负责同志参加。

12 月 11 日 团中央直属机关党委组织

部分经推选产生的“我身边的榜样”召开“团干部如何健康成长”座谈会，周长奎同志出席并讲话。

12 月 11 日 周长奎同志在团中央网络影视中心调研。

12 月 11 日至 12 日 傅振邦同志在贵州遵义市、贵阳市调研学校共青团工作。

12 月 11 日 第 142 期“我的中国梦——奋斗的青春最美丽”青春故事分享活动举行，天津市峰占农业科技有限公司董事长张占峰、黑龙江省逊克县车陆乡卫东村村委会主任孟庆永通过中青在线网站分享青春奋斗故事，并与网友互动交流。

12 月 12 日 团中央在机关举行直属机关保密专题党课学习活动，贺军科同志围绕“做好新形势下的保密工作”这一主题进行授课。机关全体党员、各直属单位有关同志参加了学习活动。

12 月 12 日 团中央在北京召开电子团员证系统建设工作座谈会，听取了福建省、广州市、中山市等试点地区和团中央网络影视中心、中国软件与技术服务有限公司等具有相关网络应用的单位的工作介绍，并进行讨论交流。罗梅同志出席并讲话。

12 月 12 日 周长奎同志列席国务院第 73 次常务会议。

12 月 12 日 周长奎同志在北京出席中国电子科技集团公司举办的熠星创新创意大赛决赛路演活动。

12 月 12 日 中国青年创业就业基金会在团中央机关召开青年创业风投机构座谈会，徐晓同志出席并讲话。

12 月 13 日 秦宜智同志在江苏南京市参加南京大屠杀死难者国家公祭仪式。

12 月 14 日至 15 日 全国学联在北京召开第二十五届主席团第五次会议，认真学习党的十八届四中全会和习近平总书记系列重要讲话精神，听取并审议了全国学联主席齐兴达所作的全国学联 2014 年度工作报告，通过了《关于深入学习贯彻党的十八届四中全会精神，团结凝聚广大同学为全面推进依法治国而努力奋斗的决议》，通过了全国学联致全国大中学生《争做社会主义核心价值观的学习者崇尚者践行者传播者》的倡议书，听取和审议通过了全国学联各专门工作委员会工作安排、全国学联会徽标识征集的候选方案等有关文件。15 日，秦宜智、傅振邦同志会见与会人员。

12 月 14 日至 21 日 团中央、全国学联在中国青年政治学院举办中国大学生骨干培养学校第七期学员结业暨第八期学员开班系列活动。15 日，秦宜智同志出席第七期学员结业暨第八期学员开班式并讲话，傅振邦同志主持。19 日，傅振邦同志在团中央机关出席第八期学员导师见面会并讲话。

12 月 15 日至 19 日 团中央在中国青年政治学院举办全国省级团委班子成员学习习近平总书记系列重要讲话精神专题培训班，中央纪委、中央党校、最高人民法院、中国社会科学院的有关专家分别围绕中国特色社会主义理想信念、宏观经济形势与全面深化改革、全民推进依法治国、党风廉政建设与反腐败斗争等内容进行授课。2012 年底以后任职的 46 名全国省级团委班子成员参加。15 日，秦宜智同志出席开班座谈会并讲话。培训期间，贺军科、罗梅、汪鸿雁、周长奎、徐晓、傅振邦同志分别为学员作辅导报告。

12 月 15 日至 16 日 团中央直属机关团委组织开展“温暖衣冬”爱心捐赠活动，广大机关干部积极参与，累计捐赠御寒衣物 85 件。书记处同志带头参与捐赠活动。

12 月 15 日 贺军科同志在团中央机关主持召开研究机关青年公寓工作专题会议，办公厅、组织部、机关党委、机关服务中心有关负责同志参加。

12 月 15 日 徐晓同志在北京出席国务院扶贫开发领导小组第四次全体会议。

12月16日 秦宜智同志调研团中央青年公寓维修改造工程，办公厅、组织部、机关党委、机关服务中心主要负责同志陪同。

12月16日 全国保护母亲河行动领导小组办公室在北京林业大学召开全国青少年生态环保组织圆桌会议，来自31个省（区、市）的圆桌会议发起单位负责人参加会议。徐晓同志出席并讲话。会议通过了《全国青少年生态环保组织圆桌会议议事规则》，发布了《全国青少年生态环保组织圆桌会议2015年度共同行动倡议书》，发布了全国青少年生态环保组织发展报告。

12月16日至17日 贺军科同志陪同中央领导同志访问缅甸。

12月16日 罗梅同志在北京出席全国政协办公厅组织召开的全国政协2014年委员视察工作座谈会。

12月16日 傅振邦同志在北京参加刘延东同志主持召开的第八次足球工作专题会议。

12月17日 团中央、全国保护母亲河行动领导小组在北京林业大学举办总结交流活动，回顾母亲河行动15周年发展历程，启动保护母亲河行动系列微捐项目。全国人大常委会副委员长、全国妇联主席沈跃跃出席并讲话，全国政协副主席罗富和出席并为保护母亲河行动合作伙伴颁发纪念牌。秦宜智、徐晓同志，全国绿化委员会、全国人大环境与资源保护委员会、全国政协人口资源环境委员会、环境保护部、水利部、农业部、国家林业局等保护母亲河行动主办单位负责同志以及合作单位、母亲河奖获得者、爱心使者、全国青少年生态环保组织代表等200余人参加活动。

12月17日 团中央农村青年工作部、全国保护母亲河行动领导小组办公室在北京林业大学举办京津冀晋蒙青少年生态环保项目展示评审会，来自5个省份32家青少年生态环保组织的项目参加了评审展示。秦宜智、徐晓同志观摩评审会活动。

12月17日 汪鸿雁同志在北京出席中国计生协第七届常务理事会第七次全体会议。

12月17日 周长奎同志在朝鲜驻华使馆参加金正日逝世三周年纪念活动。

12月17日至20日 团中央学校部、全国学联秘书处、团海南省委、海南省教育厅、海南省学联在海南海口市共同举办第一届中学生模拟联合国大会，来自全国各地46所中学近400名学生参加。

12月18日 秦宜智同志列席研究关于加强和改进党的群团工作意见的中央政治局常委会议。

12月18日 秦宜智同志主持召开书记处会议，传达中央政治局常委会议有关精神。

12月18日 第143期“我的中国梦——奋斗的青春最美丽”青春故事分享活动举行，第九届“中国大学生年度人物”获得者、北京大学国际关系学院2012级本科生、国际象棋女子世界冠军侯逸凡，第九届“中国大学生年度人物”获得者、山西黎城绿翼核桃专业合作社理事长、黎城利斌生态种植专业合作社联合社理事长江利斌通过中青在线网站分享青春奋斗故事，并与网友互动交流。

12月18日 团中央发出通知，就2015年共青团联系服务农村青年月活动进行部署，要求各级团组织充分利用春节前后外出务工青年和学生返乡、农村青年相对集中的有利时机，以“守望家乡 · 青春建功”为主题，充分发挥各级“乡村好青年”的典型示范作用，广泛联系、服务和引导农村青年，进一步扩大团的工作有效覆盖面，不断提高团的吸引力和凝聚力。

12月19日 秦宜智同志在北京出席全国组织部长会议第一次全体会议。

12月19日 周长奎同志在北京参加人力资源社会保障部组织召开的全国机关事业单位“吃空饷”问题治理工作电视电话会议。

12月20日至21日 团中央、国家禁毒委员会办公室、中国禁毒基金会在重庆联合举办全国青少年禁毒师资和青年志愿者骨干培训班。来自海南、云南、广东等13个重点省(区、市)团委从事青少年禁毒宣传教育及禁毒志愿者服务工作的负责同志、从事禁毒志愿宣传服务的高校教师及有关专家学者、基层禁毒志愿者组织代表100人参加培训。

12月21日 团中央、教育部、国家体育总局、全国学联在北京交通大学举办大学生"走下网络、走出宿舍、走向操场"主题群众性课外体育锻炼活动推进会。秦宜智同志出席并讲话,傅振邦同志主持。教育部、国家体育总局相关司局负责同志,各省级团委负责同志,"三走"活动试点高校负责同志,部分高校团委负责人和学生代表参加会议。会前,与会同志在北京交通大学体育馆观摩了学校举办的"极致青春、运动有你"运动嘉年华活动,观看体育社团展示,与同学们互动交流。

12月22日至23日 徐晓同志在北京参加中央农村工作会议。

12月23日 团中央直属机关党委在机关举办"团干部如何健康成长"座谈会,贺军科同志出席并讲话,机关各部门负责同志、年轻干部代表参加。

12月23日 中国青年志愿者协会、中国保险行业协会在中国人民大学举办2014大学生保险责任行动成果汇报会暨2015活动启动仪式,汪鸿雁同志、中国保监会副主席陈文辉出席并讲话。

12月23日 周长奎同志在北京出席国务院新闻办公室组织召开的《国家人权行动计划(2012—2015年)》中期评估总结会。

12月23日至28日 团中央维护青少年权益部、民政部社会工作司在中央团校举办首期全国青少年事务社会工作专业人才队伍建设专题培训班。

12月24日 中共中央政治局常委、中央书记处书记刘云山主持召开中央书记处办公会议,听取团中央2014年工作情况和2015年工作安排的汇报。刘奇葆、赵乐际、栗战书、杜青林、赵洪祝、杨晶同志出席会议,李源潮同志列席会议。秦宜智同志代表团中央书记处作汇报,团中央书记处全体同志参加。会议对2014年共青团工作给予肯定,对2015年工作作出重要指示。

12月24日 中央宣传部、总政治部、团中央在北京举办海军372潜艇官兵群体先进事迹报告会。会前,中共中央政治局委员、中央军委副主席范长龙会见报告团成员。报告会上,海军某潜艇支队支队长王红理,372潜艇政治委员张学东、舵信班班长赵满星、家属代表曾晓燕,中央人民广播电台记者李琳讲述372潜艇官兵群体的先进事迹。中央军委委员、总政治部主任张阳陪同会见,周长奎同志、中央宣传部副部长王世明陪同会见并出席报告会。

12月25日 秦宜智同志主持召开共青团第十七届中央书记处2014年第25次会议。

12月25日 汪鸿雁同志在北京出席民政部组织召开的全国流浪乞讨人员救助管理工作部际联席会议第四次全体会议。

12月25日 团中央、全国青联、丰田汽车在北京举办第七届"中国青年丰田环境保护资助行动"项目资助发布仪式。周长奎同志出席并会见丰田汽车公司中国区总裁大西弘治一行。

12月25日 第144期"我的中国梦——奋斗的青春最美丽"青春故事分享活动举行,2013年"中国大学生自强之星标兵"称号获得者、西北师范大学音乐学院2011级本科生丁岩,2013年"中国大学生自强之星标兵"称号获得者、湘潭大学历史系2013级国际关系专业研究生邓榕通过中青在线网站分享青春奋斗故事,并与网友互动交流。

12月25日至26日 全国少工委办公室、中国少先队事业发展中心、辅导员杂志社、江苏省少工委在江苏南京市举办2014年全国少先队辅导员说课展示活动，来自全国 28 个省份及新疆生产建设兵团的 180 名辅导员代表参加。

12 月 26 日 中共中央政治局委员、国家副主席李源潮到中国青少年研究中心所属团中央青运史档案馆、团中央宣传部调研，亲切看望团中央机关干部职工，出席座谈会并作重要讲话。秦宜智同志主持座谈会并作工作汇报，贺军科、罗梅、汪鸿雁、周长奎、徐晓、傅振邦同志，机关各部门、各直属单位主要负责同志参加座谈会。

12 月 26 日 团中央直属机关党委在机关举办团中央直属机关 2014 年乒乓球团体比赛闭幕式，秦宜智同志出席并颁奖。

12 月 26 日 徐晓同志与中国邮政储蓄银行有关负责同志商谈体系化合作有关事宜。

12 月 26 日 团中央、九三学社中央在团中央机关联合召开"中国青少年科技兴趣调查"课题座谈会。贺军科同志，全国政协常委、九三学社中央副主席赖明，全国政协常委、九三学社中央副主席、中国科学院院士卢柯出席并讲话。

12 月 26 日 傅振邦同志在北京参加国家教育体制改革领导小组第十四次全体会议。

12 月 27 日 汪鸿雁同志在北京参加全国敬老爱老助老主题教育活动组委会组织召开的全国敬老爱老助老主题教育活动表彰大会。

12 月 29 日 秦宜智同志在北京列席研究关于加强和改进党的群团工作意见的中央政治局会议。

12 月 29 日 汪鸿雁同志在北京出席人力资源社会保障部组织召开的第十二届高技能人才表彰大会。

12 月 29 日 傅振邦同志在团中央机关主持召开部分高校团委书记座谈会并讲话。

12 月 29 日 秦宜智、贺军科同志参加李源潮同志召集的研究贯彻落实中央政治局会议精神有关工作的会议。

12 月 29 日 中国青年政治学院、中央团校在北京举办第十次党代会开幕式。秦宜智同志出席并讲话，贺军科、罗梅同志出席。

12 月 29 日 团中央、农业部在北京联合举办第九届"全国农村青年致富带头人"评选工作评审会，徐晓同志主持并讲话。

12 月 29 日 团中央印发《共青团中央关于做好 2015 年元旦春节期间有关工作的通知》，要求全团按照中共中央办公厅、国务院办公厅联合下发的通知精神，重点围绕集中为困难青少年群体送温暖办实事、广泛开展青少年法治和安全自护教育、努力丰富广大青少年的精神文化生活、着力抓好各领域各单位安全生产工作、严格执行关于加强作风建设各项规定、认真做好节日期间的值班和应急工作等方面做好"两节"期间有关工作。

12 月 30 日 秦宜智同志主持召开 2014 年度民主生活会征求意见座谈会，听取机关部门、直属单位党员干部，党的十八大代表，全国政协委员的意见建议，中央第 22 督导组组长刘德旺、罗梅同志参加。

12 月 30 日 贺军科同志在北京出席中央港澳工作协调小组组织召开的传达学习习近平总书记关于香港工作重要指示的会议。

12 月 30 日 周长奎同志在北京出席中华全国体育总会九届二次常委会会议。

12 月 30 日 周长奎同志在北京出席 2015 年新春戏曲晚会。

12 月 31 日 秦宜智同志在北京出席 2015 年新年茶话会。

12 月 31 日 团中央学校部、团湖北省委在湖北武汉市举办 2014 年"创青春"全国大学生创业大赛总结会议暨"奋斗的青春最美丽"分享会。

2014 年省级团委工作大事记

北京

2 月 21 日　2014 年全市共青团工作会议在市委党校大礼堂召开。市委副书记吕锡文、市委副秘书长王翔等出席。市委市政府有关部门负责同志,全市各区县及部分机关事业单位、企业、高校主管共青团工作的领导,全市各区、县、局、总公司、高等院校、市直属单位团委负责同志,全市各区县团教工委、少工委负责同志,各行业团工委、驻京团工委负责同志,团市委机关全体干部、直属单位负责同志等 500 余人参加会议。

3 月 4 日　由市委社会工委、首都文明办、首都综治办、市民政局、团市委主办,北京市志愿者联合会承办的“邻里守望——2014 年北京学雷锋志愿服务推动日”活动在北京国际会议中心举行。中国志愿服务联合会会长刘淇,中央文明办副主任、中国志愿服务联合会副会长徐令义等出席活动。

4 月 30 日　北京市志愿服务联合会第一次会员代表大会在北京会议中心召开。中共中央政治局委员、北京市委书记郭金龙,中国志愿服务联合会会长刘淇出席会议并讲话。市委副书记、市长王安顺,市委副书记吕锡文,市领导赵凤桐、李伟、梁伟、戴均良、赵文芝出席大会。

5 月 3 日　“走向青春追梦中国”新团员宣誓仪式在中华世纪坛隆重举行。市委副书记吕锡文参加活动。

5 月 6 日　首都青年纪念五四运动 95 周年座谈会召开,北京市委书记郭金龙,市委副书记、市长王安顺,市委副书记吕锡文出席座谈会。

7 月 7 日　纪念全民族抗战爆发 77 周年仪式在中国人民抗日战争纪念馆举行。北京团市委负责 1000 名各界群众代表现场组织及 240 名青年代表、少年儿童代表宣誓工作。

7 月 24 日　北京市少先队工作会议在北京会议中心召开。市委副书记吕锡文、副市长杨晓超出席。会议传达了习近平总书记 5 月 30 日在北京市海淀区民族小学参加“红领巾相约中国梦——今天我入队争当好队员”主题队日活动时的重要讲话精神,并下发《关于进一步加强北京少先队工作的意见》。

7 月 27 日　由团市委和市志愿服务联合会共同举办的 2014 年 APEC 第三次高官会及相关会议志愿者培训班正式开班。年内,先后完成 APEC 非正式高官会、经济体领导人先遣组和东道主合作伙伴对话会等 8 项会议志愿服务工作,共有 3449 名志愿者参与 APEC 会议服务,累计服务时间超过 28 万小时。

9 月 30 日　烈士纪念日向人民英雄敬献花篮仪式活动在天安门广场举行,团市委圆满完成群众组织工作。国庆 65 周年群众游园活动期间,团市委组织 1679 名志愿者在天坛公园、陶然亭公园、朝阳公园、玉渊潭公园、园博园五家公园为游客提供信息咨询等志愿服务,国庆期间累计服务时间超过 25000 小时。

11 月 21 日　北京市深化党建带团建推进区域化团建工作会议召开,部署全市推进区域化团建工作。北京市委副书记吕锡文出席会议并讲话。年内,选取 52 个流动青年聚集或区域特色鲜明的街乡、81 个社区青年汇,组织团市委、团区县委两级团干部对接驻点,集中 3 个月,每周 5 个半天到街乡直接参与工作,探索形成了按照街道、城乡结合部地区、郊区县街乡和特色街乡分类推进的模式。

12月24日 由团市委与市经信委、市科委、市人力社保局、市农委和中关村管委会等部门联合举办的2014年“联东U谷杯”首都青年创新创业大赛决赛落下帷幕，本次大赛有1254个创业团队报名参赛，通过海选、百强赛、复赛、决赛，产生金奖1名、银奖3名、铜奖6名。副市长戴均良出席活动。

天津

4月30日 团市委召开天津市纪念五四运动95周年座谈会。市委常委、市委组织部部长尹德明出席并讲话。市人大常委会副主任张俊滨、副市长何树山、市政协副主席魏大鹏出席会议。

5月29日 市少工委举办“向着梦想快乐出发——天津市庆祝‘六一’国际儿童节主题队日”活动，时任市委书记孙春兰等领导同志出席，并为新入队的少先队员佩戴上鲜艳的红领巾。

7月3日 由团中央、全国青联、欧美同学会主办，团市委、市青联等部门联合承办的“创新创业·活力天津——2014海外学人回国创业周”活动在滨海新区举行。市委常委、市委组织部部长尹德明出席会议并讲话。来自13个国家的百余名海外学人参加了活动。活动期间启动了“于家堡杯”两岸四地及海外青年创新创业大赛。

8月16日至17日 举行2014年天津市青工职业技能大赛暨“振兴杯”全国青年职业技能大赛天津赛区选拔赛。来自全市的130名选手参加了决赛阶段的比赛。

7月至9月 团市委开展“走转改”大调研，围绕当前共青团工作热点问题，书记班子带领机关7个调研组带队走访了16个区县的32个基层单位，广泛征求了163家区县局级团委和324名青年代表对团市委工作的意见和建议。全市区县局级团委共走访了1024个基层单位，召开了1024个座谈会，与20567名普通青年进行了面对面的交流。

10月24日 团市委、市青联在滨海新区举办以“创新创业·携手共赢”为主题的第三届百名港澳台青年企业家访津团活动。市委常委、市委统战部部长刘长喜出席主题会议并讲话。时任副市长、滨海新区区长宗国英会见港澳台青年企业家代表一行。以香港霍英东集团副总裁霍启刚为团长的170多名港澳台青年企业家参加活动。

11月29日 全国青年创业园区建设工作会在滨海新区召开。津京互联科技创业主题活动中心、凌奥创意产业园等40家单位命名为首批“全国青年创业示范园区”。来自全国27个省市的省级团委分管副书记及城市青年工作部负责同志以及首批全国青年创业示范园区负责人110余人参加了会议。

12月30日 团市委召开2014年度党员领导干部民主生活会，市委党的群众路线教育实践活动第8督导组组长周思纯出席会议。团市委领导班子全体成员以“严格党内生活，严守党的纪律，深化作风建设”为主题，以认真贯彻中央八项规定精神、坚决反对“四风”、持续抓好整改落实为重点，开展了诚恳的相互批评并进行了深刻的自我批评。

河北

2月25日至28日 举办“学习贯彻习近平总书记系列重要讲话精神”青年读书班启动仪式暨第一期大学生骨干读书班。学员由省属高校学生会干部、市属高校学生会干部和省学联主席团代表共计100人组成，团省委机关全体干部也参加了此次读书班学习。25日，省委副书记赵勇为读书班学员做首场授课辅导。

3月5日 “青春服务进万家”暨青年志愿者助残“阳光行动”在石家庄市义东社区举行。活动旨在动员广大青年志愿者、青年文明号传承雷锋精神，依托全市24个党建示范社区、10个残疾人日间照料中心的“青年志愿者服务站”，为社区群众和残疾人提供固定化、常态化、规范化的志愿服务。

3月31日 举办“学习贯彻习近平总书记系列重要讲话精神”第二期青年读书班。省、市、县三级专职团干部代表共计300余人参加了培训。

5月5日 河北省召开学习贯彻习近平总书记指示精神暨河北省纪念五四运动95周年表彰座谈会，认真学习贯彻习近平总书记给保定学院西部支教毕业生群体代表的回信和5月4日在北京大学考察时的重要讲话。

5月30日 省长张庆伟、省委副书记赵勇等到石家庄市东风西路小学看望小朋友，与优秀少先队员代表、残疾儿童代表、留守儿童代表、进城务工子女儿童代表等以及来自北京、天津两所小学的少先队辅导员代表、少先队员代表一起参加“京津冀少年手拉手红领巾相约中国梦”主题队会活动。

7月8日 团省委组织省、市青联委员及各团市委书记40余人组成经贸考察团对新疆巴州、农二师的9个县（市）和14个场（团）进行考察交流。9日，河北共青团对口支援新疆工作座谈会在巴州库尔勒市召开。河北各地市团委与巴州县市团委逐一签订结对共建协议。

7月13日 在中国少先队事业发展中心、辅导员杂志社主办的全国少先队北戴河辅导员培训班上，省少工委以“辅导员如何扣好人生第一粒扣子”和“如何让社会主义核心价值观在少年儿童心中生根发芽”为题，举行示范性辅导员沙龙展示。全国各地骨干辅导员、少先队工作者以及部分学校分管德育校长、德育主任200余人观摩了整个活动。

8月20日 第十届“振兴杯”全国青年职业技能大赛河北省初赛暨2014年河北省青年职业技能大赛启动仪式在南车石家庄车辆有限公司举行。

8月28日 由团省委主办的首届“盐商杯”中国青年创新创业大赛河北赛区暨2014第三届中国（河北）青年创业创新大赛的启动仪式在河北省青年创业服务中心举办。

10月9日 召开省青年企业家协会成立暨河北省青年商会第六次代表大会。省委副书记赵勇，人大常委会副主任马兰翠，政协副主席崔江水等省领导参加接见。全省青年企业家协会、省青商会第六届会员代表400余人参加大会。

11月12日 团省委、省学联共同开展的培育和践行社会主义核心价值观系列活动正式启动。这次系列活动的主题是“践行核心价值观，传播青春正能量”。

12月23日 召开省农村青年致富带头人协会成立大会协会由团省委组织筹建，会员主要为涉农行业中作出突出贡献的青年人才和青年专家。

12月24日 召开省青年联合会第十一届委员会全体会议和省学生联合会第十一次代表大会。

山西

1月24日 团省委召开党的群众路线教育实践活动总结大会。山西省人大常委会农村工作委员会主任、省委党的群众路线教育实践活动第四督导组组长刘巩讲话。

3月10日 召开共青团省委第十四届委员会第三次全体（扩大）会议。递补了共青团山西省十四届委员会委员7名，候补委员1名。

3月14日 召开山西省少先队工作会议。山西省少工委传达了全国少工委六届五次全会和团省委十四届三次全会精神，安排部署2014年全省少先队工作。

5月4日 团省委在太原市高新区电子商务产业园区举办山西省纪念五四运动九十五

周年“我的中国梦——奋斗的青春最美丽”主题团日活动。

5 月 21 日 “红领巾相约中国梦”——山西省少年儿童“我的蓝色科技梦”主题教育实践活动在省科技馆启动。团省委、省教育厅等部门有关负责人出席活动。

5 月 29 日 山西省少年儿童庆六一暨“我的蓝色科技梦”主题队日活动在太原市万柏林区第二实验小学举行。

6 月 25 日 全国部分省市中学实践教育活动座谈会在太原召开。山西省委副书记楼阳生出席座谈会并讲话。

8 月 6 日 省委副书记楼阳生到团省委机关走访看望干部职工,并进行调研。

8 月 18 日 召开山西共青团 2014 年年中工作推进会。

9 月 9 日至 12 日 团省委书记赵雁峰与 11 个地市团委书记、团省委机关相关部门及单位负责人,赴新疆兵团第六师五家渠市、昌吉州阜康市开展对口援疆工作。

10 月 13 日 山西省庆祝少先队建队 65 周年暨“我的金色童年梦”主题教育实践活动在太原市北大街小学举行。山西省委副书记楼阳生出席活动并讲话。

11 月 10 日 团省委开展为期一周的机关干部学习调研督导活动。赵雁峰、安华、任忠、马皖东、刘娟、马慧健带队分赴 11 地市对团工作进行调研督导。

12 月 12 日至 14 日 团省委举办全省共青团干部培训班。来自全省各级各系统团干部及山西省对口支援的新疆地区团干部共 240 余人参加动员培训。省人大内务司法委员会副主任委员郭贵仁出席。

12 月 15 日 山西省青联十届四次常委(扩大)会议在太原召开。

12 月 31 日 团省委召开党组 2014 年度民主生活会。山西省委副书记楼阳生、省委副秘书长张克强、省纪委副书记辛旭光等出席会议。

内蒙古

1 月 8 日 内蒙古 2014 年“共青团与人大代表、政协委员面对面”观摩座谈活动在呼和浩特市赛罕区兴康社区举行,自治区人大内司委副主任苏远方以及全国、自治区部分人大代表、政协委员,自治区有关单位负责同志,青少年社会工作者、青年学生、学生家长和新闻媒体代表等 40 余人参加了观摩座谈活动。

1 月 23 日 召开共青团内蒙古自治区十三届三次全委会。

3 月 30 日 促进全区高校毕业生创业就业暨扶持贫困家庭大学毕业生到乌海创业就业行动专场招聘会在内蒙古工业大学举行。自治区党委常委、组织部部长李鹏新,自治区人大常委会副主任杭桂林,自治区政府副主席白向群等出席招聘会。

4 月 22 日 京津冀晋蒙青少年增绿减霾共同行动“共青团绿化带”内蒙古多伦项目暨中国人民银行青年林启动仪式举行。

4 月 30 日 纪念五四运动 95 周年暨全区各族各界青年代表深入学习习近平总书记考察内蒙古重要讲话精神座谈会在呼和浩特召开。团自治区委书记常青出席并主持会议。全区各族各界青年代表 150 余人参加座谈会。

5 月 8 日 由中国人民银行团委、内蒙古自治区团委、多伦县委、县政府联合组织开展的“情系北疆,心系多伦”为主题的“央行青年林”植树活动在多伦举行。中国人民银行团委书记王英杰,自治区团委副书记李中增同来自北京、天津、上海、南京、呼和浩特、太原、石家庄、张家口等地以及多伦县周边三个旗县央行系统干部职工和青年志愿者代表 150 余人参加了植树活动。

5 月 29 日 召开中国少年先锋队内蒙古自治区第六次代表大会。自治区党委常委、组织部长李鹏新,自治区人大常委会副主任杭桂林，自治区政府副主席白向群，自治区政协副主席陈羽出席会议。

6月15日 2014年全区高校毕业生就业创业典型及政策宣讲校园行活动启动，自治区政府副主席白向群，自治区人大常委会内务司法委员会副主任萨仁，自治区政府副秘书长姜华参加启动仪式。

7月2日 “追梦大草原”香港大学生内蒙古暑期实习计划2014启动礼在呼和浩特举办。内蒙古党委常委、组织部部长李鹏新，香港中联办青年部部长陈林、全国青联副秘书长王阳及黄英豪、郑志刚、霍启刚、吴杰庄等香港嘉宾并出席了启动礼。实习单位负责人、两地大学生130余人出席了相关活动。

7月28日至8月1日 全国保护母亲河行动领导小组在内蒙古自治区呼和浩特市举办京津冀晋蒙青少年生态环保组织骨干培训，并召开全国青少年生态环保组织建设研讨会，来自北京、天津、河北、山西、内蒙古五省（区、市）的近百家青少年生态环保组织骨干参会。

8月25日至8月28日 以中国国民党中央委员、青年部副主任、南台湾理事长联合会总召集人任施明豪为团长的台湾青年代表团一行13人在内蒙古开展交流访问。自治区党委常委、组织部部长李鹏新会见代表团。

10月9日 “中国梦·我为社会主义核心价值观代言”草原英雄小姐妹50年分享礼活动在内蒙古大学艺术学院音乐厅举办。自治区人大常委会副主任杭桂林、自治区副主席白向群、自治区政协副主席郑福田出席活动。

辽宁

1月13日 共青团辽宁省十三届二次全会召开，省委常委、省总工会主席赵国红出席会议并讲话。

3月28日 团省委党的群众路线教育实践活动总结大会在团省委机关召开。团省委书记田野对教育实践活动作总结，对巩固和深化教育实践活动成果进行部署。省委第十一督导组组长庄敏出席会议并讲话。

4月15日 辽宁省少工委六届四次全会在沈阳召开。会议学习了党中央对少先队工作的重要指示精神。

5月13日 团省委与中国电信辽宁分公司共同召开战略合作签字仪式暨有关工作部署电视电话会议。

5月26日 由团省委、省科技厅联合开展的“2014年辽宁省农村农业科技培训工程”在沈阳农业大学启动。

6月5日至6日 2014年全国街道区域化团建工作第三片区调度会暨示范培训班在沈阳举办。

7月14日至18日 2014年度第1期全国非新任职地市级团委班子成员和县级团委书记培训班在沈阳举办。

10月24日 召开全省市级团委工作会议。

11月3日 召开全省省直属单位团委工作会议。总结了省直属单位团委2014年各项工作开展情况，交流了2015年工作设想和思路。

11月4日 由共青团中央、人力资源和社会保障部联合举办的第十届“振兴杯”全国青年职业技能大赛决赛在辽宁沈阳隆重开幕。

12月3日 召开全省高校共青团工作交流会。团省委书记赵红巍出席会议。

12月5日 召开全省国有企业共青团工作座谈会。

12月8日 举办学习党的十八届四中全会精神专题报告会，中华全国律师协会法律援助委员会主任、未成年人保护委员会主任佟丽华应邀作“全面推进依法治国”的报告。

12月9日 由团省委联合省多家单位举办的第三届“幸福杯”辽宁青年现代服务业技能大赛金融服务项目省级决赛在阜新开赛。

12月12日 由团省委联合多家单位举办

的农村青年第三届技能比武大赛家禽加工项目决赛在鞍山市台安县举行。

12 月 9 日至 12 月 11 日 由团省委学校部承办的"彩虹人生——奋斗的青春最美丽"优秀中职毕业生校园分享活动在全省多所中职学校举办。

12 月 18 日至 24 日 由团省委、省经合办、省少工委共同主办的"民族一家亲"辽宁·新疆青少年冬令营活动在沈阳、大连两地举行。

吉林

1 月 16 日 团省委围绕"构建和完善重点青少年群体服务管理工作机制"主题开展了"共青团与人大代表、政协委员面对面"集中活动。全国政协委员、省政协副主席赵吉光以及部分省人大代表、省政协委员、相关厅局代表出席了活动。

2 月 17 日 共青团吉林省十五届二次全委(扩大)会议在长春召开。审议通过了《吉林共青团工作五年发展纲要》和《共青团吉林省委工作内容项目化管理办法》。

2 月 21 日 《中国青年报》专版刊发吉林共青团工作内容项目化的报道。同日,《中国青年报》、《吉林日报》刊发团省委书记程龙的署名文章《以项目化推动共青团应势转型》。

2 月 28 日 中央电视台《焦点访谈》栏目以"奋斗的青春最美丽"为专题,报道了省农村青年致富带头人德惠市夏家店街道团工委副书记、腰窝堡村党总支书记夏善朋的奋斗故事。

4 月 29 日 举办"解放军青年林——吉林通榆项目"启动仪式,解放军总政治部青年局副局长陈军大校、吉林省军区副政委刘伯和少将等领导出席活动。

5 月 6 日 吉林省青年联合会十一届三次常委(扩大)会议在长春国际会展中心举行。

5 月 6 日 举行吉林省学生联合会第九次代表大会,省委副书记竺延风出席开幕式并致辞,会上表彰了第三届吉林省十佳大学生,举办了吉林省大学生社团活动项目推介会。

5 月 26 日 全国人大常委会执法检查组检查吉林省预防青少年违法犯罪工作,团省委向检查组就贯彻实施《中华人民共和国未成年人保护法》情况进行了汇报。

5 月 30 日 吉林省青年创新创业项目推介会暨 2014 年"创青春"吉林省大学生创业大赛颁奖仪式在长举行。省委副书记竺延风出席了相关活动。

6 月 5 日 省长巴音朝鲁到吉林青年创业园调研青年创业就业工作。巴音朝鲁同志首先听取了吉林青年创业园及团省委服务青年就业创业情况介绍,详细了解团组织在服务青年创业方面的具体举措,对中小企业在吸纳青年就业方面给予了高度评价,对团省委正在开展的以"项目化"为载体的工作思路给予了充分肯定。

7 月 21 日 举行"奋斗的青春最美丽"吉林好青年颁奖典礼,省人大常委会副主任周化辰、省委宣传部副部长杨长虹等领导出席典礼。

7 月 24 日 举行 2014 年全国少数民族大学生骨干社会实践与社会观察活动开营仪式,来自新疆、西藏、内蒙古、宁夏、广西等 5 个少数民族自治区和甘肃、云南、四川、青海 4 省藏区以及吉林省内的 22 个民族的 350 名优秀大学生代表欢聚一堂。省委副书记竺延风出席开营仪式并讲话。

9 月 23 日 国务院李克强总理给吉林省白求恩志愿者回信,勉励志愿者要"继续以爱心和知识帮助需要帮助的人,与千千万万志愿者在一起传播守望相助的正能量,在全社会形成崇德向善的好风尚"、"在这一过程中潜心研学、砥砺品行,在为国家发展、人民福祉奉献中成长进步"。

11 月 1 日 首届吉林省青年创新创业大

赛在长春落下帷幕，共有72个创新创业项目和电商团队分获大赛金、银、铜奖。省委副书记竺延风出席了颁奖仪式并为获得金奖的选手颁奖。

12月3日至4日 参加团中央、民政部共同举办的志愿服务广州交流会暨首届中国青年志愿服务项目大赛，全省共有400个志愿服务组织、近万人参加。29个项目获得入围奖，总成绩位列全国第三，团省委荣获"优秀组织奖"。

12月12日至13日 全国"彩虹人生——奋斗的青春最美丽"优秀中职毕业生校园巡回分享会在吉林省举行，分享团分别走进长春市第二中等专业学校、吉林省孤儿学校、松原职业技术学院向广大中职学生讲述自己的人生经历，分享个人的奋斗体会。

12月19日 吉林省青少年禁毒工作会议在长春市会展中心召开。省政府副秘书长苏衡出席会议并讲话。

黑龙江

3月28至29日 共青团黑龙江省十三届二次全委(扩大)会议在哈尔滨召开。

5月4日 黑龙江省纪念五四运动95周年座谈会在哈尔滨召开，省委副书记陈润儿出席座谈并讲话，省人大常委会副主任庞义华、副省长孙永波、省政协副主席杜吉明出席。

5月26日 省委组织部、团省委联合在黑龙江大庆干部学院举办全省共青团干部培训班，团省委书记李豪岩做了专题讲座。

6月10日 副省长孙永波出席"创青春"黑龙江省大学生创业大赛决赛开幕式并讲话。

6月29日 团省委书记李豪岩、副书记关威、王淑滨、陈苏、副巡视员李井泉参加中俄青年企业家俱乐部成立暨网站启动仪式。

6月30日 团省委书记李豪岩参加中俄青年企业家圆桌会议，省政协副主席杜吉明会见中俄双方主要领导致辞。

7月16日 全省青少年"远离毒品、远离邪教、远离赌博、绿色上网"主题教育暑期宣传月活动正式启动，副省长孙永波出席仪式并讲话。

上海

1月14日 共青团上海市第十四届委员会第三次全体(扩大)会议召开。市委副书记李希出席会议并讲话。市委副秘书长彭沉雷、市委研究室副主任傅爱明出席会议。夏科家代表团市委常委会作工作报告。

2月15日 "爱有我"——2014上海各界青年新春公益晚会在上海国际会议中心举行，近千名社会各界人士参与。夏科家出席活动并作关于"给年轻人更多机会"的主题演讲，徐彬、徐未晚、王宇、刘刚、杨元飞、赵亮、周建军、赵国强出席活动。

5月4日 举行"改革路上，我们成长"上海市纪念五四运动95周年主题团日活动。中共中央政治局委员、市委书记韩正出席活动并与全市各界团员青年交流，回顾上海的过去、分析现在面临的机遇挑战、展望面向未来的发展。市委副秘书长、市委研究室主任张道根，市委副秘书长王为人出席活动。夏科家主持活动。市重大工程建设领域青年突击队队长及一线职业青年、现代服务业、先进制造业领域青年文明号号长及职业青年、大学生骨干培训班学员、大学生"选苗育苗"工程对象、大学生"村官"、创业青年、青年社工、青年志愿者及团干部等各界青年代表等共约450人参加活动。

6月1日 举行中国少年先锋队上海市第七次代表大会。市委副书记、市长杨雄参加会议并作重要讲话，代表市委、市政府热烈祝贺市第七次少代会召开，并向全市少年儿童致以节日的问候。市委常委、市委组织部部长、市少先队队长学校名誉校长应勇带领新一届上海市红领巾理事会理事就职宣誓。市人大常委会副主任薛潮，副市长时光辉，市政协副主席周汉民向上海市“星星火炬奖章”获得者、“十佳少先队员”、“十佳少先队辅导员”颁奖。市委副秘书长、市政府秘书长李逸平，市政府副秘书长吴建融出席大会。夏科家代表共青团在大会上致贺词。来自各区县、本市后方基地初中、小学的1600 余名少先队员、少先队辅导员及少年儿童工作者参加会议。

6 月 22 日 我们的年轻范——“为孩子·留下爱”上海青年全城劝募行动在全市 17 个区县的商业中心、繁华路段举行，市慈善基金会理事长冯国勤、副市长时光辉出席启动仪式。

7 月 12 日 由团市委、市青联、市海峡两岸交流促进会共同主办，市青少年教育协会承办的第七届沪台民间论坛——暨 2014 年沪台青年论坛举行。副市长翁铁慧出席论坛并致辞，市政协副主席周汉民出席并作《给年轻人更多机会》主旨演讲，中国国民党中常委、青工总会总会长曾文培，中华青年交流协会名誉理事长张昌吉出席论坛，徐彬主持论坛，来自台湾青年团体的青年代表以及两岸大学生代表共 600 余人参加论坛。

7 月 23 日 共青团上海市第十四届委员会第四次全体（扩大）会议在上海青年管理干部学院召开。夏科家代表团市委常委会作工作报告，徐未晚主持会议，王宇、刘刚、杨元飞、赵亮、周建军、赵国强出席会议。团市委委员、候补委员，在沪团中央委员、候补委员，各区（县）团委、各系统团工委，各委、办、局、公司、大专院校团委，各中央直属单位团委，各省级驻沪团工委、各驻沪部队政治部组织部门主要负责同志，团市委机关全体干部、各直属单位主要负责同志出席会议。

10 月 1 日 夏科家、徐未晚、王宇、刘刚、杨元飞、赵亮、周建军、赵国强出席“青春上海祝福祖国”上海青少年庆祝新中国成立 65 周年升国旗仪式。

11 月 19 日 “上海百万青年成长计划”上海大学生社会实践 30 周年成果展示会暨 2014 年上海市大学生暑期社会实践总结大会在上海交通大学隆重举行。市政府副秘书长吴建融出席活动并讲话。

11 月 21 日 “互联网经济：城市发展新动力——2014 沪港澳青年经济发展论坛”活动在锦江小礼堂举办，市委常委、市委统战部部长、上海海外联谊会会长沙海林，中央人民政府驻香港特别行政区联络办公室青年工作部部长陈林，澳门经济局副局长戴建业，香港特区政府驻上海经济贸易办事处主任邓仲敏等出席论坛。夏科家、徐未晚出席论坛。来自上海市青年联合会和上海信息化青年人才协会的代表与来自港澳台的 200 余名各界嘉宾和优秀青年共同参与了相关活动。

11 月 25 日 少先队学科和少先队活动课建设讨论交流会暨中国少先队工作学会第五次代表大会在华东师范大学科学会堂举行。市委副书记应勇出席会议并致词，华东师范大学校长陈群致词，夏科家、刘刚、赵国强参加会议。中央国家机关有关单位代表，各省、自治区、直辖市共青团、少先队和中小学教育系统代表，学会专业委员会代表，相关学科专家代表，开设少先队相关学科的高校代表，老同志和有关方面的代表 296 名参加了会议。

12 月 13 日 第十七届“上海十大杰出青年”评选颁奖活动在中国金融信息中心召开，市委副书记应勇为第十七届“上海十大杰出青年”颁奖，并作重要讲话，市政协副主席周汉民出席活动，夏科家、徐未晚出席活动。

12 月 23 日 由共青团上海市委员会、上海市法学会、上海市政协社会和法制委员会主办，12355 上海青春在线青少年公共服务中心等共同承办的“依法治国与青年成长”暨第三届 12355 上海青少年权益保护论坛在市政协举行。市政协副主席姜樑、市法学会会长陈旭出席论坛，团中央权益部部长刘涛和上海交大凯原法学院院长季卫东分别作主旨发言。夏科家、刘伟、周建军出席论坛。

江苏

1月2日至3日 团江苏省委十四届二次全会在南京召开，深入学习贯彻党的十八届三中全会和习近平总书记系列重要讲话精神，认真落实省委十二届六次全会和团中央工作要求，专题就在“五个融合”中推进服务型团组织建设进行部署。省委常委、组织部长杨新力出席会议并讲话。

5月4日 省委书记罗志军出席在南京大学举办的“改革伴我成长·放飞青春梦想”纪念五四活动，并与各界青年代表座谈。

5月30日下午 省委书记罗志军到徐州市解放路小学，参加少先队主题队会活动，代表省委、省政府向全省少年儿童致以节日的祝贺，向全省少儿工作者致以崇高的敬意。省委下发加强少先队工作意见。

6月3日下午 2014年“创青春”江苏省大学生创业大赛暨江苏青年创业就业季启动仪式在南京邮电大学举行。江苏省委副书记、省长李学勇出席并作讲话。

7月22日 “民族团结一家亲同心共筑中国梦”第六期全国各民族中学生暑期同心营活动在南通落下帷幕。

7月31日至8月6日 联合举办2014年江苏新疆少年手拉手夏令营活动，来自新疆伊犁州、克州9个民族的60名少先队员、11名少先队辅导员走进江苏，与江苏南京、常州、南通等地的60名少先队员一对一、手拉手开展观摩、交流、比赛、联欢等活动，增强民族团结，共享祖国发展成果。8月4日下午，副省长史和平看望参加“江苏新疆少年手拉手夏令营”的少先队员，并出席夏令营联欢活动。

8月16日 以“青年参与共同发展”为主题的“对话联合国秘书长潘基文”活动在南京大学举办。联合国秘书长潘基文致辞，省委常委、副省长徐鸣，南京大学校长陈骏出席对话活动。

8月16日至28日 第二届夏季青年奥林匹克运动会在南京成功举办。两万名赛会志愿者为204个国家和地区代表团、3787名运动员、27个竞赛场馆的观众提供了礼宾接待、语言翻译、医疗卫生、交通抵离等志愿服务超过两百万小时。省委常委、组织部部长王炯看望青奥志愿者。

10月20日 2014江苏好青年百人榜揭榜典礼暨“我为核心价值观代言”分享会在南京举行。省委常委、组织部长王炯出席典礼并为2014江苏好青年百人榜揭榜。

12月13日 南京大屠杀死难者国家公祭仪式在南京举行，习近平总书记出席并发表重要讲话。团省委、省青联、省学联在国家公祭日期间开展了“勿忘国耻、圆梦中华”主题教育、“万名师生虚拟城墙捐砖”、“12·13全省青年同祭”新媒体活动等加强青少年思想教育。12月18日下午，召开全省各界青年学习习近平总书记在国家公祭仪式上的重要讲话精神座谈会。

浙江

1月2日 省人大内司委、浙江省政协社法委、浙江团省委联合开展了2014年浙江省“共青团与人大代表、政协委员面对面”集中座谈交流活动。

2月17日 团省委书记周艳主持召开培育和践行社会主义核心价值观座谈会，部分高校党委宣传部长、青少年思想教育专家、基层团干部代表参加了座谈会。

3月4日 省志愿服务工作委员会办公室主任、团省委副书记朱斌在浙江省政府新闻办公室召开的浙江省志愿服务工作新闻发布会上，介绍了浙江省志愿服务事业的发展状况。截至目前，浙江省共有注册志愿者293万余名，其中2013年共组织567万余人次志愿者为社会提供了2536万余小时的志愿服务。

3月22日 团省委和浙江省青联共同主办的浙江青年科技创业精英峰会在绍兴举行。

5月4日 省委书记、省人大常委会主任夏宝龙出席浙江省纪念五四运动95周年活动与青年代表一同参观主题展览并座谈。

5月18日上午 浙江省与新疆阿克苏地区、兵团一师两地未成年人校外活动场所结对帮扶现场签约仪式在杭州青少年活动中心举行。

5月20日 第二届中国（浙江）青年微电影节在杭州启动。本次活动由共青团浙江省委、新浪浙江、新浪微博联合举办，中国电影家协会指导。

7月1日至8日 浙江省少工委举办2014省少先队“手拉手学榜样”夏令营，36名优秀少先队员和18名辅导员代表赴北京、河北参加活动。

8月5日至6日 举办浙江省共青团干部读书会。

8月15日 浙江省青少年网络舆情监测工作站在宁波市（鄞州区）青少年舆情监测中心挂牌成立。

9月1日 2014年浙江省团委书记培训班在省委党校开班，这是该班连续第三年被列入浙江省委组织部和省委党校的主体班次。来自各团市委、团县（市、区）委，省属企业、高校团委、省直机关团工委、部分“双重管理”非公企业团委的30余名团委书记参加培训。

9月12日 团省委书记周艳带领团市委书记、青联委员一行赴那曲向浙江援藏指挥部汇报浙江共青团援藏总体安排，并就对口支援工作与那曲团地委进行具体对接。

9月28日至29日 浙江省“双网互动”工作现场推进会暨青少年综合服务平台建设动员会在宁波镇海和嘉兴平湖召开。

9月30日 国家设立的首个烈士纪念日。浙江省共青团学校系统在线上线下广泛开展“烈士纪念日”纪念活动。

10月17日 由团省委、省学联主办，杭州市西博办、浙江大学城市学院承办的浙江省大学生创业联盟成立暨第四届大创节主题展智慧点亮生活启动仪式在浙江世贸国际展览中心举行。

10月19日 由团省委、省文明办和省学联共同开展的“青春快闪”活动启幕，浙江学子们以艺术的形式诠释和传递社会主义核心价值观，引起社会各界的广泛关注。

10月30日 团省委召开浙江省青少年事务社会工作专业人才队伍建设工作会议，部署推进浙江省青少年事务社会工作专业人才队伍建设工作。

11月7日 团省委联合阿里巴巴公益基金会、绿色浙江等单位共同发起的浙江“水未来”学生环保社团项目，在杭州正式启动。

12月5日 省委领导夏宝龙、李强、王辉忠等同志在《关于浙江共青团扶持农村青年电商创业工作的情况汇报》工作专报上作出批示，对这项工作给予充分肯定，并希望共青团在促进青年互联网创业中发挥更加积极有为的作用。

安徽

1月20日至21日 共青团安徽省十三届三次全委会在合肥召开。省委副书记李锦斌出席会议并作讲话。

2月27日 安徽少工委四届六次全委会在合肥召开。会议传达学习了全国少工委六届五次全会精神。

4月28日 由团省委联合省委宣传部、省教育厅等组织开展的第三届“安徽青年创业奖”顺利落下帷幕，共评出第三届“安徽青年创业奖”10名，“安徽青年创业奖”提名奖20名。

4月30日 第17届安徽青年五四奖章评选揭晓，王欢等30位同志被授予第17届安徽青年五四奖章荣誉称号。

5月4日 省委书记、省人大常委会主任张宝顺来到合肥国家大学科技园，参加“我的中国梦——奋斗的青春最美丽”主题团日活动。省委副书记李锦斌，省委常委、省委秘书长唐承沛，省委常委、合肥市委书记吴存荣，副省长花建慧参加活动。

5月30日 召开中国少年先锋队安徽省第五次代表大会，来自全省各地的300名少先队员、辅导员和少先队工作者代表参加会议。省委书记、省人大常委会主任张宝顺，省委副书记、省长王学军等出席开幕式。

7月14日至15日 全省共青团网络宣传工作专题培训班在合肥举办，团省委书记李红出席开班式并讲话，省网宣办主任章理中出席开班式并为学员授课。

8月4日至5日 召开团省委常委（扩大）会议。学习习近平总书记对共青团工作重要批示以及全团学习贯彻习近平总书记重要批示精神暨2014年年中工作交流会精神。

9月19日 省政协主席王明方，省委常委、合肥市委书记吴存荣出席省政协共青团界和青联届委员调研青年社会组织参与创新社会治理活动。

10月24日 省人大常委会副主任陈先森率常委会妇女儿童和青少年工作专门小组，赴安徽青年电子商务产业园，就青年创业工作情况开展调研。团省委书记李红陪同调研。

11月6日 团省委、省青联学习党的十八届四中全会精神报告会在合肥召开。报告会邀请省法制办党组书记、主任张杰专题解读党的十八届四中全会决定精神。

12月29日至30日 团省委书记李红赴阜阳市颍州区调研综治及平安建设工作，走访慰问留守儿童并开展“两节”送温暖活动。

福建

1月8日 全国高校共青团网络新媒体工作研讨推进会在福建师范大学召开。福建省委常委、教育工委书记陈桦出席会议并讲话，全国100多所高校团委书记、部分省级团委学校部负责人、福建省各设区市团委分管书记参加会议。

2月8日 福建省政协主席张昌平带领副主席张燮飞、雷春美、杨根生、陈向先到团省委机关看望干部职工。

2月25日 共青团福建省委十三届三次全体（扩大）会议在福州召开，省委常委、教育工委书记陈桦出席会议并讲话，团省委书记何明华代表团省委常委会在会上作了题为《立足新起点把握新机遇引领全省广大团员青年在投身福建全面深化改革伟大实践中创造新业绩》的工作报告。

4月15日 福建省委常委、教育工委书记陈桦率省直有关部门负责同志在福州调研大学生创业工作。

5月4日 福建省纪念五四运动95周年暨“身边好青年”青年典型分享会在省博物院举行。省委常委、教育工委书记陈桦，省人大常委会副主任刘群英出席分享会，团省委书记何明华主持分享会，各行业优秀青年代表共200多人参会。

5月4日 福建省委书记尤权、省长苏树林到部分高校调研，并与青年创业者代表座谈，省委常委、福州市委书记杨岳，省委常委、教育工委书记陈桦，省委常委、秘书长叶双瑜，省政府副省长李红参加调研和座谈。

5月31日 福建省委书记尤权到福州市鼓楼区青少年校外体育活动中心，和少年儿童们共庆“六一”。省委常委、福州市委书记杨岳，省委常委、秘书长叶双瑜，团省委书记何明华以及省直有关厅局有关负责人参加活动。

6 月 14 日 以“中国梦 · 中华情”为主题的第十二届海峡青年论坛在厦门大学举行。福建省委常委、教育工委书记陈桦出席主旨论坛并致辞,来自两岸四地的嘉宾、青年学生代表共 850 多人出席了大会。

6 月 14 日 第六届两岸青年社团负责人圆桌会议在厦门大学举行,两岸及港澳地区的 60 家青年社团负责人参加了圆桌会议。

8 月 17 日至 25 日 以“中华起点,共创未来”为主题的首届两岸学生起点营活动在福建福州、厦门、泉州、莆田等地举行。

8 月 24 日 “情动两岸 · 梦圆鹭岛”两岸大学校园歌手邀请赛十年梦想嘉年华晚会在厦门举行。厦门市委副书记钟兴国,台湾中华青年交流协会创办人李钟桂,团省委书记何明华等出席活动。

11 月 21 日 福建省石狮市青年商会“新风行动”动员大会在石狮举行。省委副书记、省长苏树林出席大会并讲话,省政府秘书长刘道崎、团省委书记何明华等出席动员大会。

12 月 30 日 2014 年全省预防青少年违法犯罪工作会议暨重点青少年群体服务管理和预防犯罪工作推进会在福州召开。省人大常委会副主任刘群英出席会议并讲话,团省委书记何明华作总结。

江西

1 月 6 日 江西省第二届“赢在江西”青年创新创业大赛暨第一期“导师带徒”活动总决赛在南昌举行,江西省委副书记尚勇,江西省委常委、常务副省长莫建成现场观看比赛并为获奖选手颁奖。

1 月 18 日 共青团江西省十五届二次全体(扩大)会议在南昌召开,省委副书记尚勇出席并讲话。团省委书记曾萍在会上代表团省委常委会作题为《汇聚江西团员青年改革创新和实现中国梦的青春正能量》的工作报告。

2 月 28 日 省委书记强卫主持召开十三届省委第 72 次常委会,听取江西省工青妇工作汇报,团省委书记曾萍代表团江西省委党组作专题汇报。会上决议,以省委名义出台《关于加强新形势下全省少先队工作的意见》的文件。

5 月 4 日 江西省举行纪念五四运动 95 周年 · 江西青年学生学习习近平总书记系列重要讲话座谈会举行,省委书记强卫出席并发表了题为《知行合一学以致用用系列重要讲话指导学业指导人生指导事业》的讲话,江西省委副书记尚勇主持,省领导姚亚平、朱虹等出席会议,团江西省委书记曾萍参加并代表团省委发言。

5 月 5 日 “五四魂 · 井冈情 · 中国梦”江西省大中学生主题团日活动在全国青少年井冈山革命传统教育基地举行,省委副书记尚勇出席并讲话,团省委书记曾萍出席并带领全体团员宣读入团誓词。随后,在全国青少年井冈山革命传统教育基地举行全省青年学习习近平总书记五四在北京大学重要讲话精神座谈会,省委副书记尚勇出席并讲话,团省委书记曾萍主持。

5 月 8 日 由中国青年企业家协会、共青团江西省委、江西省工商业联合会、中共九江市委、九江市人民政府共同主办的“创新创业创优——机遇与使命”首届中国青年企业家(共青城)发展峰会在共青城举行,全国政协副主席、全国工商联主席王钦敏出席开幕式并讲话,省委书记强卫致辞。省长鹿心社、省政协主席黄跃金、全国工商联副主席李河君等出席开幕式,省委副书记尚勇主持开幕式。共青城市委、市政府与部分企业现场签约 113 亿元。团中央书记处书记汪鸿雁出席创业成就梦想论坛。来自全国工商联、中国青年企业家协会、深圳手机协会的企业家代表共计 400 余人参加此次峰会。

5 月 25 日 “向幸福出发”江西青年集体

婚礼活动在南昌举行,省政协主席黄跃金出席并为新人证婚,团省委书记曾萍出席。

6月3日 召开江西省未成年人保护工作电视电话会议,副省长、省未成年人保护委员会主任胡幼桃出席会议并讲话,江西省政府副秘书长、省未成年人保护委员会副主任林彬杨主持会议,团省委书记曾萍作工作报告。出台《江西省未成年人保护委员会工作制度》、《江西省未成年人保护委员会成员单位工作职责》等文件。

10月12日 省委书记强卫到江西革命烈士纪念堂亲切看望红领巾小小讲解员,省委常委、省委秘书长龚建华陪同,团省委书记曾萍参加活动。

11月17日 2014“为了明天——预防青少年违法犯罪论坛”在南昌举行。中国预防青少年犯罪研究会名誉会长、原江西省委书记、第九届全国人大常委、内务司法委副主任万绍芬出席开幕式并讲话,省委常委、政法委书记周萌出席论坛开幕式并致辞,中国预防青少年犯罪研究会副会长、最高人民法院审判委员会专职委员胡云腾出席开幕式,团省委书记曾萍做大会主旨发言。

12月30日 举行江西省青年联合会成立60周年纪念大会,省政协主席黄跃金出席并讲话,团省委书记曾萍致辞。

山东

1月22日 共青团山东省十三届二次全委(扩大)会议在济南召开。团省委书记张涛作工作报告。

1月28日 习近平总书记复信山东省大学生村官张广秀,对张广秀康复良好、重返工作岗位感到欣慰和高兴,希望大学生村官热爱基层、扎根基层,增长见识、增长才干,促农村发展,让农民受益,让青春无悔。省委书记、省人大常委会主任姜异康作出批示:习近平总书记的复信,充分体现了对张广秀同志在内的所有大学生村官的亲切关怀和谆谆教导,充分体现了对广大农村基层干部带领农村群众改变农村面貌的殷切期望和重托,是巨大的精神力量。我们一定要以此为指引,更好地发挥大学生村官以及农村基层干部的作用,带领农民勤劳致富,把农村建设得更美好。

4月25日 全国煤炭行业共青团工作指导和推进委员会一届四次全委会暨2014年煤炭行业“五四”表彰大会、“我的中国梦——奋斗的青春最美丽”煤炭青年分享会在新汶矿业集团召开。中国煤炭工业协会副会长赵岸青出席,团省委书记张涛参加。

5月23日 山东省委印发《关于进一步加强少先队工作的意见》。同日,省委办公厅、省政府办公厅转发《省编办、团省委关于少先队工作委员会和少先队总辅导员设置有关事项的通知》、《省财政厅、团省委关于进一步加强少先队工作经费保障的通知》。

7月25日 由团中央举办,团山东省委、中共威海市委承办的“甲午殇 · 中国梦”主题实践营活动在威海市刘公岛举行。

8月7日至8日 全省共青团工作会议在济南召开。会议学习传达了习近平总书记对共青团工作重要批示精神。

8月18日 出台《关于加强全省团员发展和管理工作的意见》,从坚持团员发展标准、严格团员发展程序、规范团员发展资料、加强团员教育培养、做好推优入党工作等五个方面规范团员发展和管理工作。

11月27日 团省委联合省委宣传部、省委高校工委、省文化厅、中国孔子基金会、省学联共同主办的2014年山东省大中学生“国学达人”挑战赛总决赛暨齐鲁学子国学盛典在山东师范大学举行。

河南

1月13日 由省委宣传部、省文明办、省科技厅、省文化厅、团省委、省妇联等15家省直单位主办的2014年河南省文化、科技、卫生“三下乡”集中服务活动启动仪式在漯河临颍县杜曲镇岗张村文化广场举行。省委常委、宣传部长赵素萍出席活动。

2月21日 共青团河南省十三届十次全委(扩大)会议在郑州召开。大会号召全省广大团员青年踊跃投身全面深化改革大潮中,在打造“四个河南”、推进“两项建设”的伟大进程中贡献青春、智慧和力量。省委副书记邓凯出席会议并讲话。

4月28日 由团省委、省青联、省学联共同主办的河南省五四颁奖典礼暨“追寻焦裕禄——纪念五四运动95周年青春诗会”,在河南省电视台演播大厅举行。省委副书记邓凯、省人大常委会副主任蒋笃运、副省长李亚出席诗会并观看演出。

4月29日 召开河南省综治委预防青少年违法犯罪专项组工作会议暨重点青少年群体服务管理和预防犯罪工作推进会。省委常委、政法委书记刘满仓出席会议并讲话。

5月4日 团省委、省委省直工委联合举办“青春与改革同行”——省直机关青年干部成长论坛。省委常委、省纪委书记尹晋华出席活动并讲话。

5月4日 由团省委主办,团郑州市委、中建五局承办的“建功河南我先行·青年突击当先锋”全省千支青年突击队集中誓师大会郑州主会场活动在郑州航空港区机场二期项目工地隆重举行。副省长张广智出席活动并讲话。河南功勋青年突击队代表、省会100支青年突击队代表,共约1000余人参加郑州主会场誓师大会。

5月30日 由团省委、省妇联、省教育厅、省少工委联合开展的庆六一“红领巾相约中国梦——今天我入队争当好队员”示范性主题队日活动在郑州市二七区幸福路小学举行。省委副书记邓凯、蒋笃运、张广智、龚立群等领导参加活动。

8月4日 “中国大学生骨干培养学校第七期学员暑期实践锻炼河南行”启动仪式在省委党校举行。省委副书记邓凯致辞并为学员授课中国大学生骨干培养学校第七期179名学员及39名河南高校学生会主席代表等参加了启动仪式。

8月14日 由团省委承办的中国大学生践行社会主义核心价值观“青春汇”访谈节目在河南电视台演播大厅举行。省委常委、省纪委书记尹晋华出席活动并讲话。来自中国大学生骨干培养学校暑期实践河南行的179名学员和河南大学生骨干暑期实践团的学员们以及来自全省各行各业的优秀青年代表共600余人参加活动。

8月19日 由省纪委青年工作委员会、省希望工程办公室、西华县委联合举办的2014西华“贫困县希望工程圆梦行动”青春励志汇在郑州举行。省委常委、省纪委书记尹晋华出席活动并讲话。团省委副书记李若鹏出席活动。

9月24日 省法院、省关工委、省文明办、团省委等8家单位共同在郑州外国语学校启动了“关爱留守儿童,城乡孩子手拉手”活动,呼吁全社会伸出援手,传递爱心,给予留守儿童以更多的关爱,让他们健康成长。省高院党组书记、院长张立勇出席活动并讲话,省关工委常务副主任刘玉洁出席活动。

10月28日 2014年河南青年涉农产业创业创富大赛决赛在郑州河南电视台演播大厅举行。省政协副主席靳克文出席活动。省直单位(部门)相关处室负责同志、12支参赛代表队以及社会各界青年代表600余人参加活动。

11月25日 由团中央、中国青少年新媒体协会主办、团河南省委承办的“清朗网络·青年力量——青年网络文明志愿行动”启动仪式在郑州举行。

湖北

1月24日　由团省委联合多家单位主办的“爱心接力·帮农民工兄弟姐妹回家过年”活动在武昌洪山礼堂举行，省领导李鸿忠、王国生、张昌尔、尹汉宁、傅德辉，团省委书记张桂华等领导出席活动，为返乡过春节的农民工送行。

2月10日至11日　召开团湖北省委十三届二次全体(扩大)会议。省委常委、统战部部长张岱梨出席会议并讲话。省委副秘书长刘凯春，团省委书记张桂华、副书记吴朝安、邹霞、张澍、金鹏等出席会议。

3月4日　由省委宣传部、省文明办、团省委、省残联、省民政厅、省交通厅等部门主办的湖北省学雷锋志愿服务集中行动暨“本禹志愿服务队”创建活动和志愿助残“阳光行动”启动仪式在武汉市第一聋哑学校举行。省委常委、省委宣传部长尹汉宁出席并讲话。

3月14日　团省委、省文明办在武汉市民之家举行湖北省“青年文明号”二十周年系列活动启动仪式。省委常委、省委统战部部长张岱梨出席并讲话。省委副秘书长刘凯春主持仪式。团省委书记张桂华、副书记吴朝安出席仪式。

4月10日　省综治委预防青少年违法犯罪工作领导小组2014年全体会议召开。省人大常委会副主任、省综治委副主任、省综治委预防领导小组组长赵斌出席会议并讲话。团省委书记张桂华主持会议。

4月30日　举办湖北各界青年纪念“五四运动”95周年主题团日暨“奋斗的青春最美丽”分享会。省委常委、省委统战部部长张岱梨出席活动并讲话，副省长甘荣坤出席活动并为“湖北青年五四奖章”获得者颁奖。省委副秘书长胡菊萍、省政府副秘书长聂昌斌出席活动。

5月4日　湖北省原创校园话剧《牵挂》在中国人民大学倾情上演。

5月17日　由省青联和国民党青年部联合举办的湖北·台湾青年创业发展论坛在台湾高雄市成功举行，省委常委、常务副省长王晓东出席论坛并讲话，国民党副主席兼秘书长曾永权为论坛题词祝贺。

7月15日　湖北省第一期“青年马克思主义者培养工程”在省委党校开班。省委书记李鸿忠出席开班式并讲话。省委常委、统战部部长张岱梨主持开班式，省委常委、省委秘书长傅德辉，团省委书记张桂华出席开班仪式。

8月4日至6日　湖北省2014年大学生村官岗前培训在华中农业大学举行。省委书记李鸿忠，省长王国生，省委组织部常务副部长梁伟年等领导出席培训班开班和结业仪式。团省委副书记邹霞主持结业式。

11月4日　2014年“创青春”全国大学生创业大赛在汉闭幕。省政协主席杨松出席会议并为获得团体总分第一的高校颁发冠军杯，省委常委、统战部部长张岱梨代表省委、省政府在闭幕式上致辞，副省长甘荣坤主持团体奖项颁奖仪式及会旗交接仪式。团省委书记张桂华席闭幕式。

湖南

1月17日至18日　共青团湖南省第十四届委员会第三次全体会议在长沙召开。省委副书记孙金龙出席并讲话。会议审议通过了《共青团湖南省委促进青年创业三年行动计划》。

1月22日　省青联十届二次常委(扩大)会议在长沙召开。会议选举汤立斌为十届省青联主席，替补了7名省青联常委、6名省青联委员。

3月11日　省委组织部、团省委、省人力资源和社会保障厅联合下发《关于开展湖南省

“湖湘青年英才”支持计划工作的通知》，正式启动湖南省“湖湘青年英才”支持计划申报工作。计划将在全省支持 20 名 35 周岁以下创新、创业类“湖湘青年英才”。

4 月 2 日 湖南青年创业大讲坛开幕，长沙、株洲、湘潭、常德等地的青年企业家和高校有创业意愿的大学生代表 100 余人参加活动。

5 月 4 日 湖南省纪念五四运动 95 周年暨“我的中国梦——奋斗的青春最美丽”创新创业事迹报告会在长沙举行。省委副书记孙金龙出席并讲话，省人大常委会副主任谢勇、省人民政府副省长黄兰香、省政协副主席杨维刚、省军区副政委刘建新出席。

5 月 17 日至 18 日 由团省委、省委教育工委、省教育厅、省人社厅、省经信委、省科协、省学联举办的湖南省“创青春”大学生创业大赛和“挑战杯——彩虹人生”职业学校创新创效创业大赛终审决赛在中南林业科技大学举行。17 日上午举行开幕式，副省长李友志出席并讲话。

5 月 30 日至 6 月 1 日 由团省委、省关工委、省少工委、湖南日报报业集团主办，省青少年活动中心、三湘都市报、华声在线承办的“为梦奋进，快乐成长”湖南省第五届体验式儿童节在省青少年活动中心举行。31 日下午，原省人大常委会副主任、省关工委主任沈瑞庭，原省人大常委会副主任、省关工委副主任高锦屏，汤立斌，冯海燕出席，与现场的 1000 多名少年儿童欢庆六一儿童节。

6 月 27 日 由团省委举办的湖南省百名博士服务团赴大湘西创新创业帮扶社会实践活动培训班暨出征仪式在中南大学举行，汤立斌出席并讲话，来自中南大学等 9 所高校的 100 名博士服务团成员参加。

7 月 4 日 由团省委、省科技厅、省经信委、省财政厅、省人社厅、省农业厅、人民银行长沙中心支行、湖南银监局、湖南广播电视台、长沙银行举办的第一届湖南省青年创新创业大赛启动仪式在湖南大学举行。省人大常委会副主任谢勇出席活动并宣布大赛正式启动。汤立斌出席并致辞。来自省内的高校学生、青年创业者代表近 400 人参加活动。

8 月 20 日 省委书记、省人大常委会主任徐守盛走访团湖南省委机关，看望机关干部职工。走访中，徐守盛了解了机关建设和共青团工作，询问了机关干部职工工作和生活情况，对干部职工的精神面貌表示了赞许，对网络新媒体、青少年活动载体建设等工作给予了肯定，对共青团工作提出了要求。

8 月 25 日 “手拉手，心连心，民族团结一家亲”湘疆少年融情交流活动结对仪式在湖南大学子弟学校举行，来自新疆吐鲁番的 40 余名维吾尔族、回族、汉族少先队员，走进湖南，与长沙、湘潭、岳阳等地的少先队员结成一对一手拉手小伙伴。

11 月 6 日 省委书记、省人大常委会主任徐守盛来到湖南大学，看望师生并作题为《把握大局顺应大势投身大业坚定道路自信理论自信制度自信》的形势报告。徐守盛勉励当代大学生和广大青年朋友，珍惜青春、燃烧青春、奉献青春，敢于有梦、勇于追梦、勤于圆梦，在实现中国梦的伟大实践中放飞青春梦想，创造灿烂美好的未来。省委常委、省委秘书长韩永文以及省委政研室、省教育厅、团省委等部门及单位负责人参加报告会。

广东

1 月至 2 月 在全省统一开展“青春情暖”广东共青团 2014 年元旦春节期间困难青少年关爱行动，重点围绕外来务工青年、农村困难青少年、留校大学生、“广漂”等群体开展节前送温暖行动，帮助他们解决实际困难，把党的关怀和团组织的温暖送到他们心中。该系列活动总共开展关爱行动 6322 场次，慰问帮扶困难青少年近 700 万人，筹集整合各类资源共计3912万元。积极发动7490家非公团组织、1468家社会组织团组织和全国17个省驻粤的600多家团组织开展节日慰问、联谊活动和文化活动，直接服务青年群众近300万人。

4月20日 中国创业榜样走进广东暨广东青年创业启航奖电视大赛决赛在广东电视台演播大厅举行。

5月4日 中共中央政治局委员、广东省委书记胡春华，省委副书记马兴瑞，省委常委、秘书长林木声，副省长林少春等省领导集体赴天河智慧城考察了广东共青团"智慧团建"试运行情况和天河区智慧党建工作情况，参观了广州互联网产业园区的星辉天拓互动娱乐、万有网络技术等两家由"70后"青年创办的互联网企业，就青年创新创业工作进行调研。胡春华同志寄语青年要成为创新创业的生力军，为实现中华民族伟大复兴的中国梦而不懈奋斗，还与在广州互联网产业园举办的广东创业首领营黄埔三期上课青年进行交流。

5月4日 纪念五四运动95周年暨"智慧团建"试运行上线启动仪式在广州青少年中心总部举办。

5月17日 "挑战杯·创青春"广东大学生创业大赛终审决赛暨第八届广东大学生科技学术节开幕式在广东金融学院举行。省委副书记、政法委书记马兴瑞，副省长陈云贤出席活动。本届科技学术节以"创新·创业·创未来"为主题，设置创新创业、实战竞赛、社科普及等三类共11项活动。

6月20日 省委印发《关于进一步加强少年儿童和少先队工作的意见》，对今后一个时期少年儿童和少先队工作的指导思想、教育内容、总体目标、具体任务和组织领导提出明确要求。

8月4日 "南海·大沥杯"广东青年创新创业大赛暨首届中国青年创新创业大赛广东地区赛在南海大沥正式启动。

9月26日 广东省重点青少年群体服务管理和预防犯罪工作暨青少年事务社会工作人才队伍建设工作电视电话会议召开。省委副书记马兴瑞出席会议并讲话。

12月3日至4日 志愿服务广州交流会暨首届中国青年志愿服务项目大赛系列活动在广州举行。中央文明办副主任徐令义，民政部副部长宫蒲光，中国残联副主席吕世明，省委副书记、政法委书记马兴瑞等出席有关活动。

12月3日 "邮储银行杯"2014年中国青年涉农产业创业创富大赛电视总决赛在广东电视台举行。团省委书记曾颖如出席了总决赛。

广西

2月19日 共青团广西区委组织的百场青年创业创新沙龙进社区、百场青年创业创新沙龙进高校、百场青年创业创新沙龙进农村"三个百场"活动在南宁市人民路北一里社区启动。

3月8日 由广西青年联合会与中国—东盟青年艺术品创作大赛组委会共同主办的"东盟青年艺术品创作大赛成果暨广西青年艺术家作品联展"在北京红木博物馆举行。

3月12日 "保护母亲河·美丽中国梦"桂粤港青少年绿满西江生态环保系列活动在梧州市万秀区生态茶园举行，来自广西、广东、香港三地青年代表200余人参加活动，共青团广西梧州市委与桂港青年交流促进会签署了合作框架协议。

3月22日 "保护母亲河·美丽中国梦"解放军青年林植树活动在崇左市扶绥县举办，本项目计划造林4000亩。中国人民解放军总政治部向广西扶绥县捐赠资金200万元。

4月18日 团区委承办的"共和国之旅——桂港青年共筑中国梦"专列团活动在柳州举行。香港各界50多个社团组织，570多名青年齐聚柳州。广西壮族自治区党委书记彭清华出席活动并致辞。

5月3日 团区委、广西少工委共同主办首期"践行社会主义核心价值观弘扬中华优秀传统文化"广西少先队小干部培训班,来自南宁市的50名少先队小干部接受培训。

5月19日 团区委争取自治区党委下发《关于培育和践行社会主义核心价值观进一步加强少年儿童和少先队工作的意见》。

6月7日 团区委在广西财经学院举办第三届"百企入校——广西青年企业家协会高校毕业生专场招聘"活动,广西建工集团等100多家知名企业入校揽才。

6月14日 由团区委发起的广西青年智库研究会在广西党校成立。研究会成员多为年轻博士和高级别、高职称的青年人才,凝聚青年人才力量为广西经济社会发展献计献策。

6月23日 淘宝中国·广西青年水果电子商务创业公益行动暨首届荔枝芒果聚划算专题营销直播仪式在南宁正式启动,对广西时令水果荔枝、芒果聚划算专题营销情况进行直播。

7月15日 团区委组织的广西大、中学生"1+1"基层培养计划启动仪式在桂林举行,来自全区高校、中学的200余名"1+1"基层培养计划的优秀学生参加了本次活动。

12月16日 团区委主办的广西首届青年创业创新大赛决赛在南宁学院举行,活动设置了高额奖金和银行授信,并邀请了高德软件创始人侯军等知名企业家担任青年创业导师。

海南

1月15日 举办以"校园安全与未成年人权益保护"为主题的2014年海南省"共青团与人大代表、政协委员面对面"主题活动,省人大常委会副主任贾东军出席活动并讲话。

2月18日 共青团海南省委六届二次全体(扩大)会议在海口召开。省委副书记李宪生出席会议并代表省委作讲话。

2月25日 团省委召开党的群众路线教育实践活动总结会。团省委书记盖文启主持会议并讲话,省委第九督导组组长冯刚出席会议。

3月6日 海南省少工委五届三次全会在海口召开。

4月29日 团省委在海口举办青团2014年五四表彰暨青年典型座谈会,省委副书记李宪生出席会议并讲话。

5月4日 团省委在海南大学思源学堂举办"我的中国梦——奋斗的青春最美丽"主题团日活动。省委书记、省人大常委会主任罗保铭出席活动,同各界优秀青年代表座谈并讲话。

6月16日至20日 团省委在井冈山全国青少年革命传统教育基地举办2014年直属团组织负责人培训班,来自全省各市县、高校团委、省直属团组织负责人和团省委副处级以上(含)团干部参加培训。

8月14日 团省委召开2014年全省年中工作交流推进会。

8月15日 "青春正能量"2014中国移动海南共青团微电影全国征集大赛在海口举行颁奖礼。大赛历时六个月,共征集530部作品,评选出25部优秀获奖作品。

9月24日 由团省委、省旅游委、省人社厅联合举办的2014海南国际旅游岛青年服务技能大赛景区导游决赛暨总结大会在海南大学落幕。省政府副秘书长符琼光等出席大会。

8月11日至31日 团省委机关副处级以上干部分赴全省11个市县开展为期3周的"走进青年、转变作风、改进工作"大宣传大调研活动。

10月14日 团省委、海南省军区在东方市举行全国保护母亲河行动解放军青年林海南东方项目义务植树活动,正式启动"保护母亲河，美丽中国梦”——解放军青年林海南东方项目。

重庆

1月27日 团市委召开党的群众路线教育实践活动总结大会。教育实践活动开展以来，共汇总梳理形成团重庆市委党组“四风”问题11条，制定并提出具体整改举措22项，积极构建以“一制度两办法两规定四意见”为主体的团干部践行党的群众路线“接地气、去官气”长效机制，以机制建设巩固教育实践活动成果。

3月6日 共青团重庆市四届四次全委（扩大）会议在东方花苑饭店召开。会议学习传达了党的十八届三中全会、市委四届四次全会和团十七届二中全会精神，通过了重庆共青团带领全市广大团员青年在全面深化改革进程中走在前列的决议。

5月4日 中共中央政治局委员、重庆市委书记孙政才在市委礼堂会见重庆各界青年代表，对广大青年提出殷切希望。

5月4日 团市委举办“我的中国梦——奋斗的青春最美丽”各界青年纪念五四运动95周年座谈会。重庆市委常委、组织部部长曾庆红出席会议并讲话。

5月30日 中共中央政治局委员、重庆市委书记孙政才，重庆市委副书记、市长黄奇帆，与少年儿童一道欢庆节日。团重庆市委、重庆市少工委在全市各级少先队组织中广泛开展“红领巾相约中国梦”六一主题队日活动。

6月11日 由团市委联合市委宣传部、市委教育工委、市教委主办的第33届重庆市大学生“校园之春”活动闭幕式暨“奋斗的青春最美丽”第三届感动校园十大人物优秀事迹分享会在重庆师范大学举行。市委副书记张国清，市委宣传部部长燕平出席活动并颁奖。“校园之春”文化艺术体育等各项活动累计超过20万名大学生参与。

12月1日至4日 团市委组队参加志愿服务广州交流会暨首届中国青年志愿服务项目大赛，获得6项金奖、15项银奖，夺金数量位居全国第三。

四川

1月3日 全省关爱留守学生（儿童）工作电视电话会议在成都召开。省委常委李登菊，省委副秘书长马波，团省委书记刘会英，省妇联主席吴旭，省教育厅巡视员何绍勇出席会议。省关爱领导小组副组长及办公室成员，市（州）、县（市、区）分管群团工作领导及关爱领导小组成员单位负责人，中小学校长，幼儿园园长，社会组织代表，志愿者代表，基层社区代表等7000余人分别在成都主会场和各市（州）、县（市、区）分会场参加会议。会议由省委副秘书长马波同志主持。

1月14日 四川省高校毕业生创业大赛总决赛在绵阳举行。绵阳市委书记罗强、团省委书记刘会英、绵阳市长林书成以及省人社厅、教育厅等有关部门负责人，高校、企业、各市（州）创业青年代表及省市新闻媒体代表等800余人参加总决赛。

1月14日 召开2014年四川省“共青团与人大代表、政协委员面对面”活动座谈会。部分人大代表、政协委员，省精神文明办、省教育厅、省人力资源和社会保障厅、省社科院相关部室负责人，企业代表、大学生创业园负责人、研究青少年事务的专家和工作者共40余人参加了座谈。

1月24日 召开共青团四川省十三届三次全委（扩大）会。

2月8日 《中国青年》杂志2014年第三期专访团省委书记刘会英，并以《四川：关爱让心灵不留守》为题刊发专题访谈内容。

2月28日 团省委书记、省青联主席刘会英会见了到访的台湾中华菁英发展协会荣誉理事长、国民党台南卓越青工总会长、台湾台南议员李崇智一行。

3 月 5 日　四川省群团组织社会服务中心成立,并举行及项目发布活动。省委副秘书长马波出席活动。

3 月 26 日　接待以柬埔寨中央外委会副主席兼国会外交委员会副主席索斯亚拉为团长的柬埔寨人民党高级干部考察团一行 20 余人,在川实地考察了四川省群团组织社会服务中心,学习交流了非政府组织管理工作。

3 月 27 日　团省委邀请省委十届四次全会精神宣讲团成员、省直机关工委巡视员许家勇同志在机关就省委十届四次全会精神作宣讲报告。

4 月 2 日　团省委、省残联联合开展四川青年志愿者助残“阳光行动”启动仪式暨第一期骨干青年志愿者培训班开班典礼。

4 月 9 日　四川省群团组织参与社会治理协调小组第一次联席会议在成都召开。省委常委、省总工会主席、省群团组织参与社会治理协调小组组长李登菊,省委常委、常务副省长、省群团组织参与社会治理协调小组副组长钟勉出席会议并讲话。

5 月 4 日　省委办公厅直属机关团委组织机关青年干部举办了“汇聚青春正能量、建功四川新发展”主题活动,省委常委、秘书长陈光志与大家座谈交流。

5 月 4 日　“回望·改革·青春·担当”四川省纪念五四运动 95 周年座谈会在成都举行,省委副书记柯尊平,省委常委、省总工会主席李登菊,省政府副省长黄彦蓉等出席会议。

5 月 5 日　团省委召开各族各界青年代表座谈会,传达学习了习近平总书记北大重要讲话精神和省委、省政府致全省青年的慰问信、省委王东明书记给电子科大青年辅导员的回信精神。

5 月 16 至 18 日　接待了以香港青年联会主席、霍英东集团副总裁霍启刚为团长的香港青联代表团一行 40 余人。省委常委、省总工会主席李登菊专程前往资阳雁江区丰裕镇中心小学参加香港青年联会、香港青联交流基金希望工程快乐中心揭牌暨留守学生之家授牌仪式。

6 月 15 日　由省委组织部、团省委、省教育厅、省人社厅、省科协和省学联共同举办的 2014 年“创青春”四川省大学生创新创业大赛闭幕式暨作品展示在成都信息工程学院举行。省委常委、省总工会主席李登菊出席了活动。

6 月 15 至 16 日　团中央、全国青联、中青企协主办,团省委、省青联承办了“走进广安·携手圆梦”主题实践活动。

6 月 19 日　省委常委、省总工会主席李登菊在四川省群团组织社会服务中心召开专题工作会,研究部署当前和今后一个阶段的重点工作。省总工会、团省委、省妇联主要负责同志参加会议。

6 月 27 日　根据建立全省共青团区域协作工作机制的工作安排,召开成都片区共青团半年工作会议。

8 月 7 至 8 日　团省委书记刘会英赴宜宾就基层服务型团组织建设、青年就业创业等工作进行调研。

9 月 23 至 25 日　举办 2014 年全省团干部学习习近平总书记系列总要讲话理论读书班,共计 130 余人参加学习。

9 月 30 日　我国首个烈士纪念日,四川各级团组织在全省范围内开展了一系列形式多样、内容丰富的线上线下纪念活动,引导广大青少年学习革命历史、缅怀革命先烈,进一步增进爱党、爱国、爱社会主义的思想情感。

10 月 13 日　“红领巾相约中国梦”——四川省暨成都市纪念少先队建队 65 周年主题队日活动在龙泉二小举行。省委常委、省总工会主席李登菊,省人大常委会副秘书长吕华与近 2000 名少先队员、少先队辅导员共同参加了现场活动。

10 月 13 至 15 日 2014 年全省县(市、区)团委班子成员第一期培训班在南充举行。10 个市下辖各县(市、区)团委班子副职共 68 人参加了培训。

10 月 20 至 22 日 2014 年全省县(市、区)团委班子成员第二期培训班在乐山举行。9 个市(州)下辖各县(市、区)团委班子副职 57 人及乐山市基层团干部共计 140 人参加培训。

10 月 25 日 2014 年四川省青年创新·创业·创富大赛暨中国邮政储蓄银行创富大赛(四川赛区)决赛在成都电视台成功举行。省政协副主席赵振铣,中国邮政储蓄银行副行长徐学明,省人大常委会副秘书长王杨出席决赛颁奖仪式。来自市(州)团委代表、创业青年代表、高校学生代表 200 余人参加了活动。

11 月 26 日 为深入学习贯彻省委十届五次全会精神,落实中央巡视组反馈问题整改意见,团省委召开“庸懒散浮拖问题”专项整治工作视频会议。

12 月 7 至 9 日 召开四川省青联第十三届换届大会。审议并通过了省青联十二届委员会工作报告,回顾总结了省青联第十二届委员会的工作,明确提出了今后五年省青联工作的总体要求和工作任务。

贵州

1 月 26 日 省委书记赵克志对贵州共青团工作作出重要批示,要求全省各级共青团进一步团结青年、组织青年、关心青年、服务青年,引导青少年树立和坚定在中国特色社会主义道路上实现中国梦的理想信念,动员激励广大青年在全面深化改革、推动全省经济社会快速健康发展中发挥生力军作用。

1 月 26 日 召开团省委系统党的群众路线教育实践活动总结会,团省委书记马宁宇作总结讲话,省委第八督导组组长姜燕在讲话中对团省委开展教育实践活动给予充分肯定。

3 月 27 日 贵州省志愿服务联合会在贵阳成立并召开第一次会员代表大会,省委副书记李军发来贺信,代表省委、省文明委向贵州省志愿服务联合会成立和大会召开表示热烈的祝贺!并对全省志愿服务工作围绕扶贫济困、应急救援、大型赛会、社区服务、生态保护等方面发挥的重要作用、取得的成绩给予了充分肯定。

4 月 11 日至 12 日 团省委十三届三次全会在贵阳召开,省委副书记李军、省政府副省长陈鸣明、省政协副主席陈敏出席开幕式,团省委书记马宁宇代表团省委常委会作工作报告并就 2014 年工作进行了安排部署。

4 月 27 日 省委书记赵克志给贵州理工学院青年学生回信,深情勉励勇敢肩负起时代赋予的重任,情系国家人民,坚定理想信念,勤奋刻苦学习,练就过硬本领,锤炼高尚品格,勇于创新创造,努力成长为栋梁之材、有用之才,创造出无愧于祖国、无愧于人民、无愧于时代的辉煌业绩,在贵州全面小康征程中书写出绚丽的青春华章。

5 月 30 日 省委书记赵克志、省长陈敏尔来到贵阳市师范学校附属实验小学,参加“红领巾相约中国梦——绿色贵州欢乐城”主题队日活动。赵克志、陈敏尔代表省委、省政府向全省少年儿童致以节日的祝福,向全省教育工作者表示亲切慰问。

10 月 10 日 团省委启动“黔青知行汇——团干部读书活动”,通过建“知行书屋”、设“知行讲坛”、评“知行之星”、创“知行线上平台”,引导团干部构建多方位学习体系,努力做到学以致用、知行合一。

11 月 5 日至 7 日 为落实全省同步小康驻村工作推进会精神,组织动员团干部参与驻村工作,团省委书记涂妍一行深入天柱县就党建带团建、同步小康驻村及农村青年创业就业等工作开展专题调研。

云南

1 月 20 日 团省委召开会议专题传达学习共青团十七届二中全会精神,还组织学习了中国共产党第十八届中央纪委三次全会公报和中共云南省委关于贯彻落实《中共中央关于全面深化改革若干重大问题的决定》的意见。

2 月 20 日 召开共青团云南省十三届四次全委(扩大)会议。团省委书记杨军出席会议并作工作报告,团省委副书记景绚、任远征,青基会理事长沈光鑫出席会议。

3 月 19 日 召开云南省少工委五届三次全会,团省委书记杨军,省委高校工委副书记、省少工委主任陶晴,团省委副书记、省少工委主任景绚出席会议,来自省直机关及 16 个州市的 80 余名少工委成人委员参加了会议。

4 月 11 日 团省委召开机关全体干部职工会议,专题传达学习习近平总书记在省部级主要领导干部学习贯彻十八届三中全会精神全面深化改革专题研讨班上的讲话精神。

5 月 5 日 团省委在省工青妇干校召集各族各界青年传达学习习近平总书记 5 月 4 日在北大考察重要讲话精神,并开展“奋斗的青春最美丽——做好事做善事做志愿者”主题分享活动。

7 月 23 日 团省委书记杨军为 2014 年云南省大学生志愿服务西部计划的志愿者们作主题报告,与大家交流和分享了如何在志愿服务中实现自我发展。

8 月 4 日 团省委下发了《关于做好云南省鲁甸“8.03”抗震救灾志愿者招募工作的通知》,在“云南青年志愿者”网络平台组织开展“鲁甸‘8.03’抗震救灾志愿服务”活动,面向社会公众专项招募义务献血、医疗协助、亲情陪护、心理干预、自护教育、爱心捐赠、物资保管与分发、网络舆论声援与寻亲等九类志愿者,组建志愿者数据库。

10 月 17 日 团省委、云南省民政厅联合召开云南省青年社会组织工作推进会。团省委书记杨军同志、省民政厅副厅长王建新出席会议并讲话。

11 月 18 日 召开云南省青年企业家协会第八次会员代表大会。云南省委副秘书长钱恒义、团省委书记杨军、副书记罗永斌、景绚、任远征、副巡视员沈光鑫出席大会开幕式。

12 月 8 日 召开云南省志愿者协会第二次会员代表大会。团省委书记杨军、省文明办专职副主任李联斌出席会议并讲话,团省委副书记任远征代表云南省志愿者协会第一届理事会作了题为《凝聚青春力量志愿服务社会在实现富民强滇进程中谱写新篇章》的工作报告。来自全省各州(市)、高校、企事业单位的 240 多名会员代表参加会议。

西藏

3 月 13 日 西藏自治区平安建设志愿者服务总队在拉萨成立,自治区副主席曾万明出席成立仪式为平安建设志愿服务总队授旗帜并讲话。拉萨市 200 多名平安建设志愿者参加成立活动,七地市同步启动此项活动。

5 月 1 日 团西藏自治区委在拉萨市朋布日山举行“保护母亲河 · 美丽中国梦”——西藏生态建设志愿服务总队成立暨拉萨解放军青年林启动仪式。自治区副主席曾万明出席启动仪式。各行业各领域的青少年代表共 800 余人参加启动仪式并参与义务植树活动。

5 月 4 日 团西藏自治区委和自治区青年联合会组织召开纪念五四运动 95 周年暨第 10 届“西藏青年五四奖章”表彰大会,区党委常委、组织部部长梁田庚代表区党委出席大会并讲话,来自全区各族各界青年代表 800 多人参加了纪念表彰大会。

5 月 15 日 共青团西藏自治区九届三次全委会在拉萨召开。会议传达学习了习近平总书记在北大师生座谈会上的重要讲话和区党委书记陈全国给全区各族青年的信，总结了2013年全区共青团重点工作推进情况，对2014年的工作进行了研究部署。

5月31日 争取区党委发文《中共西藏自治区委员会关于进一步加强少年儿童和少先队工作的意见》。

6月19日至25日 团自治区委与中国旅行社协会、中青旅控股股份有限公司、自治区旅游局在拉萨共同举办中国旅行社年会暨“世界屋脊·神奇西藏之百家旅行社西藏行活动”。区党委副书记、政府主席洛桑江村出席活动并讲话，团区委与中青旅控股股份有限公司、自治区旅游局签署战略合作框架协议，推动2014年西藏旅游打造升级版。

6月24日至28日 团区委书记、区青联主席程四曲率西藏青年代表团一行7人赴尼泊尔开展青年交流访问活动。

7月31日 2014年大学生志愿服务西部计划西藏专项志愿者出征动员会在拉萨举行。区党委常委、组织部部长梁田庚同志出席会议并讲话。

9月10日 共青团对口支援西藏工作会议在拉萨召开，区党委书记陈全国，区党委副书记、自治区主席洛桑江村出席会议。

9月24日至10月5日 团区委党组班子成员和机关主要部门负责人牵头，会同各地(市)、高校团委组成6个调研组，带着6项工作任务，分赴全区7个地市、38个县、61个乡镇、80个村居、26所大中小学校、27家企事业单位、28个农牧民专业合作组织、27个共青团项目实施点，采取自主调研和委托调研相结合的形式，综合运用问卷调查、座谈交流、个别访谈、听取汇报等方式，深入开展了“走进青年、转变作风、改进工作”大宣传大调研活动。

陕西

3月27日 “保护母亲河，美丽中国梦”解放军青年林项目在汉中市宁强县青木川镇启动。宁强县各界青年代表、青年志愿者等300余人参加植树活动。该项目实施期为1年，总投资334万元。

5月4日 “奋斗的青春最美丽”集中分享会在西安邮电大学举办，分享团成员由陕西省35名优秀青年代表组成。当天下午，分享团走进西安市碑林区环城南路社区开展分享会，陕西省委常委、西安市委书记魏民洲，陕西省委常委、省委组织部部长毛万春，陕西省政府副省长张道宏作为现场的普通听众出席了活动。随后，省级分享团分为5组，由团陕西省委党组成员带队，赴全省10市1区，深入学校、企业、农村、社区、机关等基层单位举办分享活动115场，现场听众近两万人。

6月23日 由团陕西省委、陕西省委高教工委、陕西省学联、西安高新区管委会主办，西北工业大学承办的2014“创青春”陕西省大学生创业大赛落下帷幕。本次竞赛陕西省共有41所高校的695件作品参赛，直接参与竞赛的大学生达到近10万人。

6月25日 陕西省综治委预防青少年违法犯罪专项组第三次全体(扩大)会议在商洛召开。会议全面督导各市(区)推进五类重点青少年群体服务管理和预防犯罪工作，确定76个县区推广具有普遍性的工作方法和工作机制。陕西省委常委、省委政法委书记安东出席会议并讲话。

6月25日 由共青团陕西省委联合陕西省人力资源和社会保障厅、陕西省财政厅、西安曲江新区管委会主办的“曲江杯·创赢新力量”——第二届陕西省青年创新创业大赛在西安启动。副省长张道宏、省政府副秘书长徐春华、团省委书记李豫琦等出席启动仪式。陕西省青年创业奖获得者、青年创业导师、创业青年代表、青年企业家等共计300余人参加仪式。

7月7日 为加强陕西省少先队课程和学

科建设，由团陕西省委、省教育厅、省少工委委托西安交通大学出版社编写的《少先队活动》(16 册)教材，经陕西省中小学教材审定委员会审查通过，纳入陕西省地方教材目录，在全省中小学普遍配发使用。

9 月 4 日 “国酒茅台・国之栋梁——2014 陕西希望工程圆梦牵手行动”助学金发放仪式在西安外事学院举行。团省委书记李豫琦、贵州茅台酒厂(集团)有限责任公司副总经理谭定华等主办单位领导及社会爱心单位、受助贫困大学生代表 200 余人参加了发放仪式。共有 7796 名贫困家庭学子获得资助，圆梦大学。

9 月 26 日 陕西志愿者培训学院挂牌仪式在陕西省团校举行。省委常委、省委宣传部部长、省文明委副主任景俊海出席并讲话。作为全国首家省级志愿者培训学院，旨在培育陕西特色志愿服务文化，弘扬志愿服务精神，传播志愿服务理念，坚持立足陕西、服务西部，努力建成在全国具有独特影响力的全省志愿者培训中心、志愿者组织及志愿者交流中心、志愿服务理论研究中心、志愿服务项目研发孵化中心。

6 月至 10 月 团省委下发《关于在全省各级团组织中开展“破解两大战略性课题”大调研活动的通知》和《关于团省委机关干部职工深入基层开展“破解两大战略性课题”调研暨蹲点督促年度重点工作活动的通知》，组织机关全体干部职工深入陕西省 107 个县(市、区)，围绕全团两大战略新课题，结合工作实际和思考，与普通青年同吃、同住、同学习、同劳动，对 10 方面问题进行调研，对 5 类重点工作进行督导落实，找到破解两大战略性课题的路径和办法。

11 月 13 日 中共中央青委延安旧址恢复开放，陕西省近百名团干部与革命老前辈任弼时之女任远芳等共同重温入团誓词、上团课。旧址位于延安市杨家岭革命旧址群内，陈列布展内容从中共中央青委诞生背景、领导抗日根据地青年运动、指导国统区青年运动、加强国际联系、重新建立青年团等五个方面，全面准确反映中共中央青委在延安时期的组织机构和工作概况。

11 月 18 日 由中华全国青年联合会主办的“筑梦丝路——欧亚青年领导人友好会见活动”在丝绸之路起点——古城西安拉开帷幕。活动以“青年参与丝绸之路经济带建设”为主题，旨在促进欧亚各国青年进一步了解中国社会经济发展状况，探讨欧亚各国青年更好地参与“丝绸之路经济带”建设的方式和途径。来自俄罗斯、哈萨克斯坦、吉尔吉斯斯坦、塔吉克斯坦、乌兹别克斯坦、土库曼斯坦、白俄罗斯、阿塞拜疆等 8 个国家及“丝绸之路国际青年联盟”组织的 51 名青年领导人和 200 多名陕西青年学生代表参加开幕式。

12 月 31 日 2014 年，团省委采用社会化募集的方式筹措资金 288 万元，支持 57 个县级团委建设“青春驿站”，共建成省市级青年社会组织培育发展中心 13 个、“青春驿站——青少年综合服务平台”164 个，实现了市县全覆盖。以“零”门槛、“零”费用，吸引“能承接共青团相关事务、具有社会功能”和“立足青年兴趣爱好、体现青年自主性”的两大类青年社会组织 364 家入驻陕西省各级社会组织培育发展中心。

甘肃

1 月 24 日 召开共青团甘肃省十二届三次全委(扩大)会议。省委副书记欧阳坚出席大会并讲话。省人大常委会副主任孙效东、省委副秘书长刘玉生出席大会。团省委书记陶军锋传达了共青团十七届二中全会精神，并代表团省委常委会作了工作报告。

3 月 5 日 团省委举行以“青春志愿中国梦”为主题的 3・5 学雷锋“青年志愿者 2014

助残阳光行动”暨甘肃省郭明义爱心团队授旗仪式。全国道德模范、中共中央候补委员、全国总工会副主席、“当代雷锋”郭明义，省委副书记欧阳坚出席仪式。多家单位的有关负责同志参加了仪式。郭明义爱心团队志愿者和在兰高校青年志愿者团队1000多人参加了活动。

4月12日 由团省委主办的“保护母亲河·共筑绿色梦”——甘肃省2014年青少年生态环保实践行动启动仪式在兰州市南滨河路湿地公园举行，全省各界优秀青年代表、少数民族代表、机关、企事业、高校、解放军、武警志愿者代表共800余人参加了活动。省委副书记欧阳坚、省人大常委会副主任孙效东出席启动仪式。

4月30日 召开甘肃省纪念五四运动95周年暨“学子返乡”推进会。省委副书记欧阳坚出席会议并讲话，省委常委、省军区政委傅传玉，省人大常委会副主任李慧，省政府副省长张广智，省政协副主席李沛文，武警甘肃总队司令员尤寒波等省上领导出席会议，团省委书记陶军锋同志主持会议。

5月22日 省委副书记、省长刘伟平专程来到淘宝大学兰州培训中心，看望全省首期青年电子商务培训班的学员们，与他们进行了深入交流，并详细了解了淘宝网的运营和甘肃产品的线上销售情况。省政府秘书长张生桢，省政府副秘书长、办公厅主任常正国，团省委书记陶军锋，商务厅厅长杨志武一同调研。

7月5日 团省委等单位举办的“聚焦陇原·共谋发展——浙商陇上行主题活动”在兰州举行，省委副书记欧阳坚出席并致辞。省委常委、兰州市委书记虞海燕，副省长李荣灿出席活动。来自北京、上海、广东、湖北、新疆、四川的浙江商会代表团和浙江省的近200位企业家代表参加了活动。企业家所在企业有中国500强11家，民营500强5家。

8月15日至16日 团省委学习贯彻习近平总书记重要批示精神暨2014年年中工作交流会在兰州召开。会议传达学习了习近平总书记等中央领导同志重要批示、省委书记王三运等领导批示精神。来自市州、高校、企业等18家单位团组织的主要负责同志分别就2014年以来的工作作了总结汇报，与会同志谈思考、谈问题、谈建议，进行了充分深入的交流。

11月26日 甘肃省重点青少年群体服务管理和预防犯罪工作推进会在兰州召开。省人大常委会副主任、省预防青少年违法犯罪专项组组长孙效东，省预防青少年违法犯罪专项组成员单位和省民政厅、省妇联负责人出席会议，全省各市州预青专项组、综治办、预青办、教育、民政部门负责同志参加了会议。

12月12日 由团省委、省工信委、省人社厅、省财政厅、省农牧厅、省广电总台、华龙证券公司开展的奋斗的青春最美丽“华龙杯”首届甘肃青年创新创业大赛决赛暨颁奖典礼在甘肃省广播电影电视总台演播大厅隆重举行。省委常委、宣传部部长连辑，副省长夏红民出席。

12月26日 甘肃共青团对口支援藏区工作会议在兰州召开。省委副书记欧阳坚出席会议并讲话。他强调，对口支援藏区工作是一项重大政治任务，全省各级共青团组织和广大团员青年要增强政治自觉，发挥自身优势，找准切入点、着力点，积极参与援藏工作，努力为我省藏区实现跨越发展和长治久安做出更大贡献。

青海

1月27日 共青团青海省十三届二次全委(扩大)会议在西宁召开。省委常委、省总工会主席苏宁出席大会并代表省委作重要讲话。

2月27日 少先队青海省工作委员会六届四次全委(扩大)会议在西宁召开。

4月4日 青海省综治委预防青少年违法

犯罪专项组召开2014年全体会议，省人大常委会副主任、省综治委副主任、预青专项组组长沈何出席并作重要讲话。

4月24日 青海省未成年人保护委员会全体会议在西宁召开。省委常委、副省长、省未保委主任王晓出席会议并讲话。

4月29日 共青团青海省委在青海青年创业园举办纪念五四运动95周年“我的中国梦——奋斗的青春最美丽”青春分享会。省委副书记王建军，省委常委、副省长王晓，省委常委、省总工会主席苏宁出席了分享会。全省各级团组织广泛开展了青春分享会和送奖到基层活动。

5月26日 省委书记骆惠宁在黄南州尖扎县第一民族寄宿制小学参加“红领巾心向党——手拉手民族团结一家亲”主题队日活动，并与少先队工作者座谈。

5月28日 青海省委出台《关于进一步加强少年儿童和少先队工作的意见》。

6月10日 “全国青年创业导航计划”启动仪式在青海省西宁市隆重举行。省委常委、省纪委书记多杰热旦出席了启动仪式。青海青年创业园被共青团中央命名为首批“全国青年创业示范园区”。

10月29日 团省委联合省委组织部共同出台《关于加强共青团“三基”工作推动基层服务型团组织建设的实施意见》。

11月21日 团省委印发《关于开展“义乌温度情牵西部传递爱心情暖高原”捐赠活动的通知》，省委书记骆惠宁、省长郝鹏带头认捐，活动筹资240余万元，为青海15个国定和10个省定贫困县的27所学校的4500余名贫困生送去“爱心包裹”。

11月28日 青海省青年志愿者协会第二次会员代表大会在西宁召开，省委常委、省总工会主席苏宁，省人大常委会副主任马伟出席会议。

宁夏

1月4日 团区委召开2014年度领导班子民主生活会。自治区政协副主席张学武出席会议并作讲话。自治区纪委、自治区党委组织部、区直机关工委有关同志及团宁夏区委机关各部室负责人列席会议。

2月3日 共青团宁夏区委十一届三次全体（扩大）会议在银川召开。自治区党委副书记崔波出席会议并作重要讲话。团区委书记马金元主持会议并作工作报告。

2月15日 团宁夏区委、宁夏青联联合宁夏网虫在银川穆斯林商贸城举办“2014·遇见”大型公益相亲交友会。自治区团委书记马金元出席活动并致辞。自治区团委副书记杨文，宁夏青联副主席康军、哈利民，宁夏网虫董事长麦杰出席活动。来自全区的2500余名单身青年参加活动。

2月18日 召开团区委党的群众路线教育实践活动总结会。团区委书记、党组书记马金元主持会议并讲话，自治区党的群众路线教育实践活动第六督导组组长吴建国发表讲话。

3月28日至30日 “我的中国梦——奋斗的青春最美丽”分享团来到宁夏开展活动。

4月15日 北京银行向宁夏希望工程捐款100万元。自治区党委书记、人大常委会主任李建华在银川会见了全国政协经济委员会副主任、北京银行董事长闫冰竹。团区委书记马金元代表自治区团委接受捐款。

4月25日 宁夏青年社会组织协力发展中心正式挂牌成立。团区委书记马金元为协力发展中心揭牌。

5月4日 “宁夏青年五四奖章”表彰暨分享活动在西北轴承股份有限公司举行，自治区党委副书记崔波、人大常委会副主任刘慧芳、政协副主席张学武出席会议，崔波同志讲话。

5月5日 团区委、宁夏人力资源和社会保障厅、自治区文明办、宁夏志愿者协会联合举办的第三届“自治区优秀志愿者”表彰暨分享活动在宁夏医科大学召开。

5月30日 “红领巾相约中国梦——今天我入队争当好队员”主题队日活动在银川市金凤区良田镇光彩回民小学举行。自治区主席刘慧、自治区党委副书记崔波、自治区副主席姚爱兴出席活动。

6月1日 自治区党委书记李建华给银川市穆斯林孤儿院全体师生回信，向他们和全区少年儿童致以节日的祝贺。

9月24日 宁夏生态文明促进会第一次会员大会在银川召开，团宁夏区委副书记王伟、宁夏林业厅副厅长金韶琴、宁夏环保厅副巡视员刘粟民出席会议。宁夏生态文明促进会为全国首家由省级团委主管的生态文明促进会。

11月19日 团宁夏区委联合宁夏互联网信息办公室在银川举办第二届“青春约你看宁夏”微博（微信）系列活动优秀博主颁奖仪式，标志着历时5个月的第二届“青春约你看宁夏”微博（微信）系列活动圆满落幕。自治区党委宣传部副部长贾捷频出席活动并颁奖。团宁夏区委副书记王伟，获奖优秀博主、各领域青年和高校学生代表参加活动。

新疆

2月25日 团自治区委召开2014年党的建设工作会议。会议签订了《自治区团委党组党风廉政建设责任书》和《自治区团委机关部室、直属单位负责人党风廉政建设责任书》，进一步加强自治区团委党风廉政建设和反腐倡廉建设。

4月2日 在乌鲁木齐市烈士陵园举行“纪念先烈·报效祖国·圆梦中华”为主题的清明节祭扫英烈活动，团区委机关干部、自治区青联委员代表、区直机关团员代委、高校团员代表及少先队员代表650人参加了活动，缅怀先烈的丰功伟绩，弘扬先烈的爱国精神。

4月3日至4月5日 自治区少工委五届三次全委（扩大）会议在乌鲁木齐市召开。自治区党委常委尔肯江·吐拉洪、自治区团委书记阿依努尔·买合赛提以及少工委主任，副主任，各地州少工委负责人一共80人参加会议。

5月3日 召开“我的中国梦——奋斗的青春最美丽”的新疆各族各界青年代表座谈会。中共中央政治局委员、自治区党委书记张春贤出席座谈会。

7月25日 团区委开展天山学子心向党开展2014年天山学子心向党——“红色·融情”实践团活动。

8月2日 团区委组织开展了“2014年新疆学子百村行”自治区大中专学生暑期社会实践活动。

10月13日 团区委书记班子部分成员参加主题队会、慰问等活动，庆祝中国少年先锋队建队65周年。

新疆生产建设兵团团委

1月21日至22日 兵团青联二届二次常委（扩大）会议在乌鲁木齐召开，会议增补了5名常务委员，增选王子彬为副主席，增补了26名青联委员，审议通过了《关于加强新形势下兵团青联组织建设的意见》和《兵团青年联合会主席、副主席联系界别组安排》、《兵团青年联合会委员参加青联组织活动的若干规定》、《兵团青年联合会界别工作委员会工作制度》、《兵团青年联合会属地召集人制度》等4个制度文件。

5月20日至22日 召开共青团兵团第五次代表大会，自治区党委副书记、兵团党委书记、政委车俊出席大会上并讲话，芮宏同志当选为共青团兵团第五届委员会书记，陈宗、王子彬（女）、张硕当选为副书记。

5月4日 为纪念五四运动95周年和兵

团成立60周年，兵团团委、兵团青联在乌鲁木齐召开“我与兵团共奋进”——兵团青年群英会暨“三化”建设青年积极分子表彰大会，来自社会各界的新老青年典型代表200余人参会，弘扬“五四”精神、“兵团”精神。

5月13日至17日 第八师第十一小学足球队代表兵团赴北京参加2014斯凯孚“与世界有约鲅希望工程足球邀请赛”夺得冠军。7月，代表中国前往瑞典参加“哥德堡杯”世界青少年足球锦标赛，在12—13岁组排名第17位。

5月15日 联合兵团民政局命名表彰首批兵团“青年文明社区”30家，确定第二批创建试点单位50家。同时，划拨30万元工作经费为首批创建单位配发了电脑、打印机、乒乓球桌等用品。

7月10日 由新疆维吾尔自治区团委、兵团团委共同承办的共青团对口支援新疆工作会议在乌鲁木齐召开。北京、河北、上海、浙江、广东5个援疆省市团委和中央金融团工委、中央企业团工委负责人作了交流发言。

7月29日 兵团团委、西部计划兵团项目办举行2014年大学生志愿服务西部计划兵团服务团出征仪式。兵团党委常委、纪委书记、副政委刘向松，兵团党委常委、副政委阿布力孜·尼牙孜出席出征仪式并讲话，兵团党委、兵团副秘书长曲德林，兵团团委党组书记、书记芮宏出席出征仪式。

8月28日至29日 联合兵团党委组织部在第二师铁门关市召开了兵团党建带团建工作现场推进会，兵团党委常委、副政委、纪委书记刘向松出席会议并讲话，各师团党委分管组织、共青团工作的领导和团委书记等近百名会议代表参加会议。

10月23日 兵团青联与正和岛西域部落、正和岛非创意不传播部落联合主办的“放眼丝路走近兵团——企业创新与转型”夜话活动在乌鲁木齐成功举办。兵团团委书记、青联主席芮宏出席活动并做了题目为《丝路兵团机会无限》的主旨演讲。60余名兵团青联委员和来自疆内外的近100名企业家参加活动。

12月17日 兵团青联志愿者艺术团成立大会暨“青年文体大舞台”活动启动仪式在第一师5团召开，兵团青联志愿者艺术团成员于12月18日至21日陆续在第一师5团、第一师2团、第三师51团、第三师图木舒克市、第十四师224团、第十四师皮山农场举办了6场“青年文体大舞台”活动。

总政组织部青年局

1月12日 总政治部组织部召开全军青年处长座谈会，认真学习贯彻习主席关于青年和共青团工作重要指示，紧扣中国梦强军梦时代主题研究部署全军青年工作。总政组织部副部长蔡善飞参加会议并讲话。

4月24日 经军委领导批准，总政治部下发通报，表彰19个全军红旗团委、36个全军红旗团支部（总支）、35名全军优秀共青团干部、18个全军党建带团建工作先进旅团党委（政治机关）。

5月5日 总政治部以传真电报形式下发《关于认真学习贯彻习主席 <在北京大学师生座谈会上的讲话> 的通知》，要求全军和武警部队认真学习贯彻习主席在与北京大学师生代表座谈时的重要讲话精神，激励引导广大青年官兵树立和践行社会主义核心价值观，为实现党在新形势下的强军目标不懈奋斗。

7月29日 总政治部主任张阳在组织部《关于学习贯彻习主席对共青团工作重要批示精神的请示》呈批件上批示：“党的十八人以来，军队青年工作围绕大局、紧贴中心、主动作为，抓得很有成效，汇聚了实现强军目标的青春正能量。党中央、习主席对青年成长和共青团工作高度重视，提出一系列明确要求。6月27日，习主席对共青团作出的重要批示，为新形势下团的工作进一步指明了方向、提供了根本遵循。军队青年工作要把学习贯彻习主席重要批示作为重要政治任务，结合实际认真抓好落实，坚持紧扣中国梦强军梦时代主题，坚持研究把握新特点新规律，坚持聚焦推动团的工作创新发展，切实把广大青年官兵凝聚到党的周围，在强军兴军的生动实践中实现人生梦想。座谈会要注重研究问题、拿出举措、开出成效。”

8月8日 总政治部下发《表彰第十五届全军学习成才标兵、学习成才先进个人和人才培养先进单位通报》，表彰10名个人为全军学习成才标兵、41名个人为全军学习成才先进个人，22个单位为全军人才培养先进单位。其中，唐自力、张若飞、宋辉、吴学科、巴兴、满广志、魏巍、祖国昌、邓细波、陶训国等10名同志被表彰为全军学习成才标兵。

8月20日 经总政治部领导批准，全军学习贯彻习主席对共青团工作重要批示座谈会在北京召开。会议围绕学习贯彻习主席重要批示精神和军委、总政领导指示要求，深入开展“中国梦·强军梦·我的梦”系列主题团日活动，大力培养强军兴军新一代青年官兵，交流学习体会，研究对策措施。来自全军18个大单位的青年处长参加了座谈。

9月1日 中央军委副主席许其亮在组织部《呈报印发<全军青年工作贯彻落实习主席关于青年和共青团工作重要指示的具体措施>事》呈批件上批示：“要认真贯彻习主席指示，紧贴青年实际，把工作搞实、搞活、搞新，搞出意义。”

9月3日 总政办公厅印发《全军青年工作贯彻落实习主席关于青年和共青团工作重要指示的具体措施》，要求全军青年工作要认真学习贯彻习主席关于青年和共青团工作的重要指示，始终围绕中心、服务大局，紧扣中国梦强军梦时代主题，紧贴青年官兵成长新特点新规律，抓活动促活跃，抓典型树导向，抓创新激活力，抓团建强功能，推动各项工作落细落小落实，汇聚青年官兵实现强军目标的青春力量。

12月24日 中央宣传部、总政治部、团中央在北京举办海军372潜艇官兵群体先进事迹报告会。报告会前，中央军委副主席范长龙会见报告团成员，总政主任张阳陪同会见。

全国铁道团委

3月10日 联合有关部门部署开展志愿助残“阳光行动”。在全路60个大型车站成立阳光爱心服务队，成员约7000人，开展一加一结对帮扶，服务对象达50万人次。同时，开展春暑运常态化志愿服务活动。

3月21日 部署开展“京津冀晋蒙青少年增绿减霾共同行动”。近200家基层团组织开展活动近500场次，修建青年林100余处，种植共青团小菜园200余处，植树50万棵。

3月至7月 联合中国青年政治学院开展铁路青年网络行为调查，进一步加强青年分类指导的针对性。加强新媒体工作，探索手机APP在共青团工作中的应用并取得初步成效。

5月7日 制定下发《铁路共青团工作评价办法（试行）》、《全国铁路系统共青团统计工作管理办法（试行）》，加强共青团机制建设，强化对各单位工作的督导和激励。

5月7日 修订下发《铁路青年文明号活动管理办法》，对铁路青年文明号创建的层级、基本条件、评比办法等方面进行明确和规范，并于三季度在北京铁路局丰台大机段承办团中央举办的“岗位建功创一流 文明点亮中国梦”青年文明号二十周年交流展示活动。

6月2日 联合铁路青少年发展捐助中心筹集150万，在西南交通大学设立“铁路青年成才圆梦奖学金”，助力一线优秀青年职工学习成长，全年共计资助30余名优秀铁路青年进入大学深造。

6月30日 联合业务部门开展首届"美丽铁路"手绘图大赛,征集作品575幅,表彰优秀作品10幅。创立"青仝"文化品牌并实现产品化,开发《火车宝宝历险记》丛书并公开发行。

7月2日 联合有关部门设立全国铁路青年科技创新奖,评出48个项目为首届"全国铁路青年科技创新奖"。筹资70万由铁路青少年发展捐助中心联合茅以升基金会设立铁路青年科技创新基金,扶持首批14件创新成果申请国家专利。

10月8日 联合有关部门组织开展新入路青年职业技能竞赛,包括全员网络答题闯关、分区域理论及实作复赛和总决赛三个环节。

12月20日 由铁路青少年发展捐助中心筹集善款50万元于雅安地震受灾地区甘肃省陇西县文峰镇援建仙源火车头希望小学,帮助灾区儿童改善学习条件。此外,募集80余万善款用于昭通地震灾后重建工作。

全国民航团委

2月中旬 在全行业启动了青年文明号活动20周年系列活动,并先后在7月、8月举办了全国民航机场专题、航空公司及直属单位专题的推进交流活动。10月中旬,组织开展了民航青年文明号评审交流活动,评选出2013—2014年度民航青年文明号集体,展示了民航青年文明号创建活动的最新成果。

4月初 在全行业启动了"青春故事汇"主题活动,全年共举办了地区性大型"青春故事汇"4场,指导行业各单位举办"青春故事汇"百余场,覆盖青年超过10万人。

4月23日 在"五四广场"联合开展了第二季"青春绽绿"主题团日活动,引导民航青年树立和践行绿色发展理念,发挥民航青年在推动绿色民航建设中的生力军作用。

5月2日 民航局党组书记、局长李家祥寄语民航青年,号召广大民航青年用不懈奋斗,铸就无悔青春。寄语原文已在《中国民航报》5月2日头版头条刊出。

5月4日 "全国民航团委"微信公共平台正式开通,面向全行业团员青年传播民航青春正能量。

9月14日 举办"民航百名共青团干部培养发展工程"第二期培训班。

11月中下旬 举办"民航千名青年人才提速工程"第三期、第四期培训班。

12月22日 2014年民航共青团工作会在京召开,会议总结了2014年工作,明确了2015年工作任务,并对《民航青年文明号管理办法》和《民航共青团请示报告制度》两个文件的征求意见稿进行了讨论。

12月23日 在京举办"我和我的职业精神"微电影大赛决赛。民航局党组书记、局长李家祥接见获奖作品代表和全行业各单位团组织负责人并讲话。

中央直属机关团工委

2月28日 召开中直机关2014年团的工作会议。中直工委副书记杨金永出席会议并讲话。中直团工委书记王晓锋主持会议,副书记吴佳松、李海翔出席会议。

3月18日 中直团工委、中直青联组织开展"保护生态·共享蓝天"义务植树活动,团工委副书记李海翔出席活动,中直机关团员青年、中直机关青联委员200余人参加了活动。

4月1日至3日 组织中直机关团干部深入学习贯彻习近平总书记系列重要讲话精神培训班。中直团工委书记王晓锋主持会议并讲话,副书记李海翔出席会议,中直机关各级团组织负责人120余人参加了培训班。

4月25日 召开中直机关青年深入学习贯彻习近平总书记系列重要讲话精神辅导报告会。中直工委常务副书记张建平围绕习近平总书记系列重要讲话中事关党的建设和青年工作的一系列重大问题，从概念内涵、主要论述、总体要求及重大意义等方面作了认真梳理和深入讲解。会议还对“中央直属机关优秀共青团员”、“中央直属机关优秀共青团干部”和“中央直属机关五四红旗团组织”进行了表彰。会议由中直工委副书记杨金永主持。中直机关各单位团组织负责人、团员青年代表、中直青联委员等350余人参加会议。

5月7日　中直团工委、中直青联组织学习习近平总书记五四重要讲话精神座谈会，中直青联副主席、中直机关团工委委员、中直机关优秀团干部代表、中直机关所属高校团委书记及学生会主席参加座谈会并交流发言。

5月21日　召开历届支教队长座谈会，交流学习习近平总书记五四重要讲话精神体会，汇报各届支教队员近年直接联系老区群众、开展扶贫助学情况。中直团工委书记王晓锋出席会议并讲话，中直团工委副书记吴佳松、李海翔参加会议。

5月28日至29日　中直青联组织青联委员到广东省揭阳市开展下基层活动，与乡镇电商青年结对。参加中国青年报社和中直青联共同组织的“同心逐梦·中国拿什么与世界对话”座谈会，与广东团省委、青联有关同志进行工作交流。中直青联主席吴佳松带队参加活动。

6月26日　举办中直机关青年“中国梦·我的梦”主题演讲活动，中直工委常务副书记张建平及副书记杨金永、周福启、李勇，中央办公厅副主任、机关党委书记丁薛祥，人民日报社副总编辑、机关党委书记阎晓明，国家新闻出版广电总局党组成员、副局长孙寿山，中直机关有关单位党委负责人出席活动，中直各单位团员青年共700余人参加。

7月10日至11日　中直机关第16批支教队员圆满完成为期1年的支教扶贫工作，中直团工委书记吴佳松带队前往平山县西柏坡接支教队员返京，并与当地教育系统相关同志围绕如何进一步开展好中直机关青年支教扶贫工作进行座谈。

7月30日　召开中直机关团委2014年年中工作会议，中直机关各单位团组织负责人参加会议。

8月19日至20日　组织中央直属机关第十七批青年支教扶贫志愿者培训班。

9月23日至25日　举办中直机关团干部培训班，学习团的基础知识，交流学习习近平总书记5·8重要讲话精神的体会。中直机关各级团组织负责人110人参加了培训班。

10月15日　组织召开中直机关青年深入学习贯彻习近平总书记“5·8”重要讲话精神专题报告会。中直工委常务副书记张建平作专题报告，中直工委副书记王秀峰主持报告会。中直机关各单位团组织负责人、中直机关青联委员、团员青年代表、中直党校青年干部培训班学员共600余人参加会议。

11月4日　举办中直机关团员青年深入学习贯彻习近平总书记系列重要讲话精神交流会。中直工委副书记王秀峰出席会议并讲话，中直团工委书记吴佳松主持会议。中央纪委、中央办公厅、全国政协机关、中央组织部、中直工委、共青团中央、新闻出版广电总局、新华社等单位的团员青年代表作了交流发言，中直机关各单位团组织负责人及团员青年代表50余人参加会议。

11月27日　召开中直机关团委书记支教工作座谈会，中直工委副书记王秀峰主持会议并讲话，参与支教工作的相关单位团委书记共10人参加会议。

12月3日　召开中直机关历届支教队员代表座谈会，中直工委副书记王秀峰出席会议并讲话，中直团工委书记吴佳松主持会议。

12月29日　召开2013—2014年度中直机关青年文明号命名表彰暨青年文明号活动20周年交流会。中央直属机关工委副书记王秀峰出席会议并为获得青年文明号称号的集体颁奖。

中央国家机关团工委

4 月 23 日 中央国家机关团工委召开“根在基层·情系民生”2014 年中央国家机关青年基层调研实践活动启动仪式暨中央国家机关青年志愿者协会成立大会，工委副书记姚志平出席会议并讲话。

5 月 6 日 中央国家机关团工委召开优秀青年代表学习贯彻习近平总书记在北京大学师生座谈会上重要讲话精神座谈会。各部门结合开展纪念五四运动 95 周年系列活动，通过多种形式组织青年干部认真学习、深刻领会讲话精神，形成了学习贯彻习近平总书记重要讲话的热潮。

5 月 24 日 中央国家机关团工委、青联与中信集团团委在四川成都双流项目工地现场联合举办“阳光行动我们在一起”关爱农民工志愿服务活动，在送上精彩的演出节目同时，为 1000 多名农民工兄弟免费提供健康体检、专题讲座、心理咨询等服务。

6 月 5 日 中央国家机关工委下发通知，决定授予王林清等 10 名同志第三届中央国家机关青年五四奖章标兵，授予王瑾等 90 名同志第三届中央国家机关青年五四奖章。

6 月 12 日至 14 日 中央国家机关团工委在外交部、国资委、海关总署等部门分别举办“奋斗的青春最美丽”青春故事系列分享活动，邀请基层优秀青年代表讲述自己的奋斗历程和先进事迹，1200 多名青年干部参加。

6 月 20 日 第四届中央国家机关青年篮球邀请赛总决赛暨颁奖闭幕式在北京大学生体育馆举行，工委副书记姚志平及团中央、有关部门领导为获奖球队和个人颁奖。1400 余名青年报名参加，观赛人数超过 2 万人次。

8 月 25 日 “根在基层·情系天山”中央国家机关干部走进新疆活动动员培训会召开，工委常务副书记李智勇、副书记姚志平出席会议并讲话。活动期间，团工委捐助了价值 300 万元助学款物，捐建了 4 个安康图书馆，参加活动的青年干部加深了对新疆实情的了解，增强了服务新疆发展的责任感。

9 月 25 日 与团中央学校部联合召开“大学生中央国家机关实习计划”总结交流会。

9 月 编辑出版《与院士面对面》访谈问答实录第一辑。团工委利用中央国家机关人才集中的优势，连续两年开展“与院士面对面”活动，共举办活动 17 期，组织 300 多名优秀青年与 17 名院士进行面对面访谈交流。

10 月 26 日 组织开发的国青社区 APP 正式上线试运行。国青社区 APP 以增强参与性、互动性、服务性为重点，为机关青年提供开放共享、互动互利的综合服务，被央广网评为“2014 年度十大 APP”。

10 月 30 日 “根在基层·情系民生”2014 年中央国家机关青年干部调研实践活动总结汇报会在京召开。中央书记处书记、国务委员兼国务院秘书长、中央国家机关工委书记杨晶，工委常务副书记李智勇、副书记姚志平，教育部、公安部、民政部、卫生计生委有关负责同志出席会议。活动期间，84 个部门的 3000 多名青年组成 318 个调研团，分赴全国 31 个省区市的 300 多个调研点进行为期一周的调研实践，召开座谈会近千次，访谈基层干部群众数千人，形成了一批有价值的调研报告。

10 至 12 月 中央国家机关青年干部宣讲团走进南开大学、天津大学、北京理工大学等 6 所高校，以“点燃梦想绽放青春”为主题与大学生进行面对面交流，参与大学生 3000 余人次。

中央企业团工委

1 月 15 日 国资委副主任、党委委员徐福顺与部分中央企业青联特邀委员座谈。国资委群工局局长谢俊出席座谈会，中央企业团工委副书记赵玉坤主持座谈会。

4月25日 在中国兵器工业集团公司举办“奋斗的青春最美丽——对话央企青年”走基层分享活动启动仪式。在京中央企业一百余位青年代表参加了此次活动。

5月5日 国资委人事局宣布国资委党委关于中央企业团工委书记任免决定:李伟同志任中央企业团工委书记,免去赵玉坤同志的中央企业团工委书记职务。

7月2日 中央企业青联召开三届四次主席会议。会后国资委副主任、党委委员徐福顺与中央企业青联主席团成员座谈交流。

7月18日 中央企业团工委、中央企业青联在中国铁路工程总公司举办“共创新世界2014”北京暑期实习团——“香港大学生对话央企高管”活动。210名香港大学生参加活动。

7月23日 中央企业青联在北京海淀外国语实验学校举办第41期“行动学习”——“体验节能环保·助力美丽中国”活动。国资委副主任、党委委员徐福顺出席活动并即席发表了讲话。中央企业团工委书记李伟代表中央企业青联致辞。

8月27日 中央企业团工委、国资委援疆办公室在中国电子科技集团公司电科国际公司举办“2014年中央企业牵手新疆各族青少年融情实践营”开营式暨中央企业共青团援疆工作启动仪式。国资委副主任、党委委员徐福顺出席活动并讲话。

8月28日至30日 中央企业青联、中国移动通信集团公司在青海联合举办中央企业青联第42期“行动学习”——“走进青海·情系玉树”活动。国资委副主任、党委委员徐福顺同志出席活动。

10月31日 中央企业青联三届四次常委(扩大)会议在京召开。国资委主任、党委书记张毅发来贺信。国资委副主任、党委委员徐福顺出席会议并讲话。

12月27日 中央企业青联在京举办第43期“科技创新·央企未来”活动。国资委副主任、党委委员徐福顺出席活动并讲话。

中央金融团工委

1月25日 全国金融青联第二届委员会第一次全体会议在京举行。中国银监会党委委员、副主席郭利根出席活动并讲话。中央金融团工委主要负责人、全国金融青联主席郭鸿代表第一届常委会作工作报告。

3月14日 中央金融团工委对团中央、中国银监会联合推进的选派银行业金融机构优秀青年干部赴县级团委挂职试点工作情况进行总结。

3月25日 启动开展以“互联网金融的健康发展与风险管理”为主题的中国金融青年论坛征文活动,鼓励和调动金融青年勤于思考、钻研业务、增强学习的积极性,为金融改革发展献计献策。

4月4日 启动第二届金融青年“岗位大练兵争做服务明星”活动,通过设计开展系列主题项目,帮助金融青年提升岗位能力和服务水平。

4月19日 按照团中央“增绿减霾”行动要求,全国金融青联部分委员在北京市丰台区王佐镇林场开展“增绿我行”植树护绿活动,并举行“绿色环行”健步走活动。

4月30日 中央金融团工委印发文件,对2013年度“全国金融青年五四奖章”、“全国金融优秀共青团员”、“全国金融优秀共青团干部”、“全国金融五四红旗团委(团支部)”表彰,激励金融系统广大团员、青年、团干部和各级团组织进一步发挥生力军作用。

5月4日 中国银监会党委书记、主席尚福林寄语系统青年,希望金融青年志存高远、敢于担当、勇于创新、勤于学习,以青年人特有的朝气和锐气投身深化金融改革发展的潮流。

5月5日至9日 在中央团校举办2014

年中央金融系统基层团干部第一期培训班。

6 月 16 日 正式启动为期一个月的香港大学生暑期实习活动，发动金融团组织接收 100 名香港大学生赴内地实习，帮助他们加强对内地的了解，增强国家归属感。

7 月 2 日 中央金融团工委委员（扩大）会议在湖南长沙召开，研究部署下半年“积分公益”行动、“双提升”活动和金融青年助残阳光“五个一”行动三项工作。中央金融团工委负责人郭鸿、康华平，中央金融团工委各位委员等参加会议。

8 月 18 日 印发《关于深化“送金融知识下乡”工作的指导意见》，提出金融广播站、金融电视汇、金融服务站、金融阅览室、金融大讲堂、金融微通讯等六项三农金融知识普及工作机制。

9 月 1 日至 5 日 在中央团校举办 2014 年中央金融系统基层团干部第二期培训班。金融团工委主要负责人郭鸿出席开班仪式。

9 月 18 日 全国金融系统首个海外青年志愿者协会——中信建设非洲区联合舰队青年志愿者协会正式成立。协会共组建了 9 支青年志愿者分队，共计 180 名青年志愿者。

9 月 18 日至 20 日 中青年改革开放论坛（莫干山会议 2014）在浙江省德清县莫干山举行，探讨全球化背景下的大国治理。中央金融团工委主要负责人、全国金融青联主席郭鸿致开幕词。

9 月 28 日 中央金融系统团组织援疆青少年“融情夏令营”活动圆满落幕。中国银监会党委副书记、副主席周慕冰，保监会纪委书记陈新权出席活动，与新疆青少年代表现场交流。

11 月 17 日至 23 日 以全国金融青联委员为主体的“2014 大陆青年菁英访问团”赴台湾开展访问，就两岸金融、青年工作等领域开展交流，并研讨搭建两岸金融青年常态化对话交流机制。

12 月 3 日 联合中国银行业协会、中国证券业协会、中国保险行业协会、中国残疾人联合会在京共同举办“青春金融普惠服务助残圆梦——金融青年阳光助残‘五个一’行动启动仪式”。中国银监会党委委员、副主席阎庆民出席活动并致辞。活动期间，中央电视台九个频道同时播出中央金融团工委组织拍摄的“青春金融温馨服务助残圆梦”公益广告片。

12 月 8 日 举办 2014 年“‘青春风采杯’——青年精品工作项目展示”活动。中国银监会党委委员、副主席郭利根出席活动并讲话。